III\ 见识城邦

更新知识地图　拓展认知边界

William H. McNeill

THE RISE OF THE WEST

A History of the Human Community

西方的兴起

人类共同体史

[美] 威廉 · 麦克尼尔 著
孙岳 陈志坚 于展 等 译
郭方 李永斌 译校

中信出版集团 · 北京

图书在版编目（CIP）数据

西方的兴起：人类共同体史 /（美）威廉 · 麦克尼尔著；孙岳，陈志坚，于展译. -- 2 版. -- 北京：中信出版社, 2018.5 (2025.4 重印)

书名原文: The Rise of the West: A History of the Human Community

ISBN 978-7-5086-7723-1

Ⅰ. ①西… Ⅱ. ①威… ②孙… ③陈… ④于… Ⅲ. ①世界史—研究 Ⅳ. ①K107

中国版本图书馆CIP数据核字(2017)第130902号

西方的兴起：人类共同体史

著　　者：［美］威廉 · 麦克尼尔
译　　者：孙　岳　陈志坚　于　展　等
出版发行：中信出版集团股份有限公司
（北京市朝阳区东三环北路 27 号嘉铭中心　邮编　100020）
承 印 者：北京通州皇家印刷厂

开　　本：787 mm × 1092 mm　1/16　　印　张：64.5　　字　数：1200千字
版　　次：2018年5月第2版　　印　次：2025年4月第5次印刷
京权图字：01–2013–3486　　审图号：GS（2024）2344号
书　　号：ISBN 978-7-5086-7723-1
定　　价：168.00元

第二篇　欧亚文明的均势（公元前500—公元1500年）　0253

第6章　**希腊文明的扩张**（公元前500—前146年）　0261

一、希腊文化的繁荣（公元前500—前336年）　0262

（一）引言　0262

（二）政治演变（公元前500—前336年）　0264

（三）希腊诸文化形式的完善　0267

二、希腊文明向欧洲野蛮地区的扩张　0280

三、东方的希腊化（公元前500—前146年）　0284

（一）军事和政治　0284

（二）社会和文化　0293

第7章　**欧亚生存圈的联结**（公元前500—公元200年）　0303

一、引言　0303

二、欧亚大陆非希腊文明的扩张与发展（公元前500—前100年）　0306

（一）印度　0306

（二）中国　0312

（三）远西：罗马和西欧（公元前336—前146年）　0321

三、欧亚生存圈（公元前100—公元200年）　0325

（一）政治与社会的发展　0325

（二）文化的发展与交流　0336

（三）高度发达的欧亚文化传统的其他方面（公元前100—公元200年）　0362

第8章　**野蛮人的进攻与文明人的反应**（公元200—600年）　0369

一、引言　0369

二、印度文化的繁荣（公元200—600年）　0372

（一）政治与社会结构　0373
（二）文化成就　0377
三、印度文明的扩张（公元200—600年）　0386
（一）东南亚　0387
（二）东地中海、伊朗和中亚　0389
（三）中国　0391
四、北部边界：野蛮人的侵入与文明人的反应
（公元200—600年）　0394
（一）大迁徙　0395
（二）迁徙的后果　0400
五、外部边缘地区（公元200—600年）　0421

第9章　中东的复兴（公元600—1000年）　0427
一、引言　0427
二、到公元1000年为止的伊斯兰世界　0432
三、基督教世界　0452
四、印度　0467
五、中国和远东　0473
六、外缘地带　0490

第10章　草原征服者与欧洲的远西部（公元1000—1500年）　0495
一、引言　0495
二、来自草原的渗透和征服　0497
三、伊斯兰世界对来自草原的压力的反应　0505
（一）政治和社会反应　0505
（二）文化反应　0510
四、穆斯林统治下的印度教徒、基督教徒和犹太教徒　0517
（一）穆斯林中心地带　0517

（二）印度河文明　0087
三、文明向雨水灌溉地区的传播：小亚细亚和克里特　0092
（一）引言　0092
（二）小亚细亚　0096
（三）克里特　0097
四、文明对农业世界外围的影响　0101
（一）原始巨石文明　0101
（二）欧亚大草原的高级原始状态　0105

第 4 章　**中东世界性文明的兴起**（公元前 1700—前 500 年）　0113
一、引言　0113
二、军事、政治的变化　0120
三、管理体制　0126
四、社会结构　0134
五、文化的保守和进步　0140
（一）巴比伦尼亚　0141
（二）埃及　0144
（三）中间地区　0150
（四）琐罗亚斯德教与犹太教　0158

第 5 章　**印度、希腊、中国三个外围文明的形成**（公元前 1700—前 500 年）　0175
一、引言　0175
二、印度文明的形成　0179
三、希腊文明的形成　0196
（一）政治发展和社会发展　0197
（二）文化发展　0213
四、中国文明的发轫（至公元前 500 年）　0226
五、公元前 500 年以前蛮族世界的变化　0240

目 录

致中国读者 i
推荐序 iii
二十五年后再评《西方的兴起》 xvii
英文第一版前言 xxxvi

第一篇 中东统治的时代（至公元前500年） 0001

第1章 历史的发轫 0003

第2章 美索不达米亚文明的勃兴 0029

第3章 文明的传播：早期阶段 0065

一、引言 0065
二、公元前1700年前尼罗河及印度河流域的文明 0071
（一）古代埃及 0071

（二）印度　0519
（三）东正教世界　0522
五、远东　0532
（一）中国　0532
（二）中国的外围　0542
六、远西　0545
（一）引言　0545
（二）政权之争　0547
（三）西方的扩张　0552
（四）文化发展：中世纪盛期　0554
（五）西欧文明的独特性　0566
七、人类生存圈的边缘　0567

第三篇　西方统治的时代（公元1500年至今）　0573

第11章　遥远的西方对世界的挑战（公元1500—1700年）　0579
一、欧洲大扩张及其世界性影响　0579
二、欧洲的演变（公元1500—1650年）　0589
（一）政治　0589
（二）经济　0593
（三）文化　0596
三、欧洲的外围：美洲和俄国（公元1500—1650年）　0609
（一）美洲　0609
（二）俄国　0614
四、世界平衡格局的改变（公元1500—1700年）　0621
（一）伊斯兰世界　0621

（二）伊斯兰世界的从属宗教社会　0641
（三）远东　0647
（四）非洲　0658
五、结语　0660

第 12 章　踌躇起步的世界均势（公元 1700—1850 年）　0663
一、引言　0663
二、欧洲的旧制度（公元 1650—1789 年）　0664
（一）欧洲在新地区的扩张　0667
（二）早期欧洲外围地区的文化同化：美洲和俄国　0676
（三）旧制度在欧洲的妥协　0687
三、伊斯兰世界坚守阵地（公元 1700 — 1850 年）　0710
（一）奥斯曼帝国的改革和基督教徒的起义　0712
（二）伊朗和突厥斯坦　0717
（三）印度莫卧儿帝国的分裂　0718
（四）伊斯兰教在非洲和东南亚　0721
四、印度教和佛教的亚洲（公元 1700—1850 年）　0721
五、危机四伏的远东（公元 1700—1850 年）　0726
（一）中国　0726
（二）日本　0734
六、野蛮状态的退却（公元 1700 — 1850 年）　0740

第 13 章　西方的兴起：全球范围的世界主义（公元 1850—1950 年）　0743
一、引言　0743
二、西方的扩张（公元 1789—1917 年）　0748
（一）领土扩张　0748
（二）工业化　0749
（三）民主革命　0763

（四）艺术和知识领域　0772
三、非西方世界（公元1850—1950年）　0786
（一）人类居住地区的形态和生活方式的变化　0788
（二）伊斯兰世界　0798
（三）印度教的印度　0801
（四）中国　0807
（五）日本　0812
（六）世界其他地区　0818
结　语　0819
一、政治的规模　0819
二、政治的范围　0820
三、政权的困境　0824

注　释　0832
索　引　0945
译后记　0973

图表目录

地图

农业的起源　0026
古代美索不达米亚　0042
古代埃及　0072
公元前3000—前300年的海路和大草原　0108
公元前1700年左右的中东　0114
古代印度　0182
古代希腊　0202
古代中国（公元前1500—前221年）　0228
欧亚生存圈的第一次联结　0325
希腊化的传播　0341
世界各宗教的传播　0394
装甲骑兵的传播　0407
伊斯兰教的兴起（公元750年之前）　0436
古典和中世纪的贸易模式（到公元1000年以前）　0461
蒙古扩张（至公元1300年）　0502
穆斯林和欧洲人的扩张（公元1000—1700年）　0588
欧洲的扩张，1500—1850年　0668

示意图

一年的周期　0020
两性间经济作用的变换　0025
美索不达米亚社会的进化（一）（二）　0044
汉谟拉比的大社会　0057
埃及社会的演变　0078
文明在雨水灌溉地区的成长　0099
从青铜器到铁器　0121

古代东方的社会经济基准面　0137
一神教的发展（一）（二）　0172
旧世界诸文明之间的关系　0178
印度的社会与世界观（一）（二）　0192 ~ 0193
希腊社会的演化（一）（二）　0211
希腊的世界观与东方的世界观　0222
中国社会的演变（公元前 1500—前 220 年）　0236
远古的移民环境　0248
希腊化时代　0291
希腊人世界观的变化　0300
中国人的世界观　0320
中国和东方草原　0327
世界宗教图　0359
印度社会结构　0375
萨珊波斯　0413
印度和伊斯兰教（至公元 1000 年）　0471
唐代社会结构　0478
衰落的拜占庭　0524
中国社会平衡的变更　0535
中世纪的欧洲远西部分（一）（二）　0549
西方基督教世界的政治结构　0551
基督教的世界观（一）（二）　0557
交流模式的改变带来的人口学后果　0583
欧洲文化：公元 1000—1700 年（一）（二）　0606 ~ 0607
家庭类型与种族混合　0612
伊斯兰教内逊尼—什叶派分裂　0631
满族统治下的中国　0650
日本（1500—1650 年）　0656
边疆的不同选择　0674
彼得大帝统治下的俄国　0683

理论和实际中的旧制度　0692
知识界对旧制度的挑战　0702
1850 年前后印度人的世界观　0725
西方的兴起　0744
工业革命　0762
法国大革命的双重性　0764
变小的世界（一）（二）　0792 ～ 0793
民主与共产主义　0797
甘地的教诲　0806
国际政治重组（1918—1950 年）　0821
1917 年以来的政府与社会　0823
现代独裁的理论弓实践　0826

图版

旧石器时代的手斧　0006
旧石器时代的洞穴壁画　0008
新石器时代彩陶　0016
美索不达米亚的祭司或神　0035
圆柱形印章　0037
雪花石膏瓶　0038
作为神和征服者的纳拉姆辛　0049
阿卡德的萨尔贡和巴比伦的汉谟拉比　0055
好奇的山羊　0059
埃及出土的石刀　0069
法老纳尔迈—美尼斯的深红色调色板　0076
上下埃及之王哈夫拉　0080
印度河文明的印章　0086
印度雕像　0090

赫梯的巴斯神信仰　0098
海洋与米诺斯王宫　0102
欧洲的三处巨石建筑　0104
疾驰的战车　0118
两个亚述头像　0125
真相是什么　0146
埃及（艺术）的主题　0148
人类与群兽之王　0155
巴比伦的宫墙　0157
波斯波利斯的石柱　0160
迈锡尼城门　0198
方阵　0205
希腊艺术的模仿期　0215
希腊艺术风格的形成　0217
中国艺术风格的出现　0230
中国古代的青铜器　0232
骑兵的变革　0242
中国艺术品与美洲印第安人艺术品　0247
古典希腊文明的双重性　0278
希腊文化的扩张　0286
希腊化时代　0298
阿育王的印度　0311
希腊化高潮，东方和西方　0335
犍陀罗和中国雕塑风格　0338
桑奇的大舍利塔　0340
斯基泰和中国的动物造型风格图　0342
笈多时期印度的艺术　0385
萨珊战士　0404
一个古罗马皇帝雕像　0416
狄奥多拉皇后　0420

索菲亚大教堂的内部　0422
一座早期的清真寺　0438
一部爱尔兰福音书　0465
印度教神庙　0469
一尊中国菩萨塑像　0481
中国宫廷生活的华丽和雅致　0485
开罗一座清真寺的圆顶　0516
舞者湿婆　0523
拜占庭武士　0526
上帝和救世主耶稣基督　0531
中国圣哲　0539
神圣大公教会　0556
佛兰德的市民　0565
葡萄牙人在日本　0584
文艺复兴和宗教改革　0599
新的高度和深度　0608
莫斯科圣巴西尔大教堂的两份视图　0619
17 世纪的伊斯兰教　0635 ～ 0636
波斯清真寺和礼拜堂　0638
波斯地毯和印度窗户　0639
旧制度下的上层阶级和下层阶级　0695
一位 18 世纪的中国贵族　0731
三幅日本画　0738
欧洲的新制度　0773
20 世纪愤怒的不安　0774
原始时代的妇女　0787
结束与开始　0829

致中国读者

非常高兴拙著《西方的兴起：人类共同体史》(以下简称《西方的兴起》)中文版问世。为此，我首先要感谢中信出版社和首都师范大学全球史研究中心的积极努力，同时也希望本书能够对那些试图以新颖的路径洞悉人类历史的中国读者有所裨益。在日益全球化的当今世界，我们比以往任何时候都更需要以全球视角审视整个人类的历史。

《西方的兴起》一书最初是在1963年出版，也就是半个多世纪以前。我最初构想这本书是在我的学生时代，即20世纪30年代，而潜心撰写则是在20世纪50年代。因此，本书可以说是反映了当时那个时代的史学状况。比如，本书很少论及早期非洲史，这是因为当时这一领域的研究还尚未展开。

《西方的兴起》出版后便引起很好的反响，但不久我就觉察到该书在全球史研究的某些方面存有欠缺。因此，我又写了两本书试图加以弥补，这就是1976年出版的《瘟疫与人》(*Plagues and Peoples*)和1982年出版的《竞逐富强》(*The Pursuit of Power*)；前者讲述疾病在人类历史上的作用，后者继续围绕技术与政治力量之间关系的主题并将叙述推进至20世纪。事实上，这一主题在整部《西方的兴起》一书中多有阐发，但在对上一个千年的处理上却不甚明显。因此可以说，上述三部著作共同构成了我的世界史观。后来，我和我的儿子约翰·麦克尼尔(John R. McNeill)一起撰写了第四部著作《人类之网》(2003

年），试图总结我（和约翰）对世界史的总体思考。

在上述四部著作中，《西方的兴起》是最初也是最为详尽的一部，它反映出我的一种信念和主张，即所有人类社会在不同程度上都是相互关联的。当然，这一认识在当今时代比在此前的数千年里更显真实，但在部分关联这一点上却是恒久真实的。这部书反映的我的另一个信念是，社会变革常常是与其他社会接触后的产物，采取的方式要么是模仿，要么是应对。这一强调不同社会、不同文化间关联（而不是彼此独立的发展）的研究思路在世界史学者间获得了不少认同。当然，许多史学家为发展这一研究范式做出了贡献，甚至迄今还在致力于完善它、细化它。我衷心希望《西方的兴起》一书能够推进这一研究范式。

无论如何，我还是希望读者觉得《西方的兴起》这部书值得一读，希望它对读者探求整个人类历史的努力有所助益。

威廉·麦克尼尔
美国科尔布鲁克
2013年4月7日

推荐序

一、《西方的兴起》的学术渊源

美国历史学家威廉·麦克尼尔（William H. McNeill，1917—2016）所著《西方的兴起：人类共同体史》[1]是一部在西方史学界影响巨大的并具有承先启后作用的“全球史”和“总体世界史”著作。要探讨这种承前启后的学术源流，应当把它放在20世纪世界形势的变化和西方史学发展的总趋势中才能了解其重要意义。

西方史学自19世纪起逐步形成了系统研究和有教学规范的一门学科，但当时的历史条件也造成了其局限和缺陷，即“西方中心论”和狭隘的民族国家立场。这种立场将历史学变成了西方发展、扩张和宣扬个别民族“优越性”的国别史，而漠视世界其他地区的历史和人类整体的历史，注重以文字材料为依据的政治史和重要人物与事件的历史，而忽视了经济、社会、科学文化发展的历史和普通民众的历史。此后，由于社会科学和哲学在19和20世纪之交的迅速发展，也由于考古学、人类学在世界各地的新发现和新成果的陆续出现，在20世纪上半叶出现了一批从不同于传统史学的角度研讨论述整体世界史的著作。它们独特的历史哲学视角论述人类各个文明的历史进程，比如斯宾格勒的《西方的没落》，汤因比的《历史研究》，思想新颖、文笔生动的威尔斯的《世界史纲》，房龙的《人类的故事》，威尔·杜兰的《文明的故事》等。这些著作在西方思想文化界有相当大的影响，但在专业史学界却未被广泛接受。史学家们往往认为，这些著作从史学研究的角度而言失之空泛或肤浅，不符合史学研究的规范，并且其论述多有偏离史实之处。他们中的许多人更认为从专业史学研究的角度而言，除了教科书和多人合编的通史而外，撰写“整体世界史”是不切实际的。但麦克尼尔就是西方专业史学家中首先做了这种尝试并取得重大成就者。

麦克尼尔于1917年生于加拿大的温哥华，其父也是一名历史学家。他后来进入美国芝加哥大学学习历史，1947年在康奈尔大学获博士学位后，一直在芝加哥大学历史系任教，现为荣誉教授。麦克尼尔于1949年撰写的《西方文明史纲》[2]，半个世纪以来多次修订再版，成为西方最畅销的教科书之一。他有关中世纪欧亚大草原、中世纪威尼斯的商贸枢纽作用、第二次世界大战中美、英、苏三国的合作与斗争的专著，[3]也为史学界和社会科学界经常引用。麦克尼尔从1936年起就开始构思一部综述世界各文明自古至今相互影响的进程的著作，1954年开始动笔，1963年，他的这部《西方的兴起》出版。这期间的27年，世界经历了第二次世界大战、战后两大阵营的冷战对峙、亚非众多国家摆脱殖民统治而独立和兴起，以及经济、科技的迅猛发展，等等，所有这些使全球各地的联系远比以往更加密切。在这种巨变形势下，社会科学的重大发展进一步影响了史学研究，比如社会科学类型模式与比较方法的应用，马克思主义经济与社会思想在学术界影响的增强，社会学、经济学、人类学、心理学等学科研究的新进展和新理论的层出不穷，西方专业历史学界如年鉴学派、新马克思主义历史学派等也取得了显著成就等。在此背景之下，处于头号超级大国地位的美国有了对一部新的整体世界史的需求，《西方的兴起》就是在这样的背景之下被写了出来，也正是在这样的背景之下，它一出版就产生了较大的反响并获得了较高的评价。

二、全球历史观的学术源流

麦克尼尔的《西方的兴起》与斯宾格勒的《西方的没落》以及汤

因比的《历史研究》显然有着某种渊源。麦克尼尔与汤因比有着密切的学术交往，后来写过汤因比的学术思想评传。[4] 麦克尼尔对汤因比在大多数专业历史学者趋于专精之时，以文明的概念为世界史研究注入新活力所做的贡献给予很高评价，认为汤因比试图将世界所有文化融为一体，表现了从宏观角度探究历史的卓越洞察力。但麦克尼尔也指出汤因比《历史研究》的缺陷，他认为汤因比没有充分认识到各个文明之间的相互影响和处于不同文化的人群之间的交流接触是使文明发展演变的主要动力。并且，他认为，汤因比过分依赖希腊、罗马古典文明的模式，对其他文明尤其是非西方文明缺乏理解，因而对各文明的取舍过于武断，在分析其他文明时有许多明显错误。此外，汤因比的《历史研究》往往是先确定观点，再选择适用的史实材料支撑，这就难以为专业历史研究者所接受。[5] 正如汤因比要以英国的经验主义来弥补斯宾格勒德国的先验主义方法的不足那样，麦克尼尔要以美国历史学和文化人类学的成果来弥补汤因比历史哲学方法的不足。他不但以相当多的各国史学权威著作作为注脚来支持自己的论述，同时也吸收威尔斯、房龙、杜兰等人著作生动新颖的特点，以大量的插图、地图和图解鲜明形象地体现了自己的世界史构想。因而《西方的兴起》同时引起了专业历史学者、思想文化界人士和普通读者的广泛兴趣。

曾对此书的写作提供意见的汤因比说："《西方的兴起》是我所知道的这种形式的世界史中写得最为清晰透彻之作。我确信任何读这本书的人，将会对造就我们今天生活的这个世界漫长而复杂的历史进程获得更深邃的洞察力。"而对汤因比的《历史研究》持强烈批判态度的英国史学家特雷弗－罗珀（H. R. Trevor-Roper）也认为："这不仅是一本最有学识和最有见地的书，也是曾经出版过的叙述和解释整个人类史的书中最具吸引力的，阅读这本书是一种令人非常满足的体验。"[6]《西方的兴起》的出版被西方史学界认为是开创了世界史研究的一个新时期，是专业历史学家撰写的第一部综合世界史。十几年后，英国史学家巴勒克拉夫在《当代史学主要趋势》一书中说："近年来在用全球观点或包含全球内容重新进行世界史写作的尝试中，恐怕要以 L. S. 斯塔夫里阿诺斯和麦克尼尔的著作最为著名。”[7] 而斯塔夫里阿诺斯在其 1970 年出版的《全球通史》中也首先提到了《西方的兴起》这本书的重要意义。30 多年来，《西方的兴起》多次再版，在西方众多的史学著作、史学评论和史学史中常常被论及和引用，有人将麦克尼尔与斯宾格勒、汤因比并称为“20 世纪对历史进行世界性解释的巨人”。

三、“大生存圈”与西方的兴起

《西方的兴起》采用了从古到今的叙事史结构，将全球文明作为一个不断运动变化的整体，并以“比较宽泛的唯物主义立场”，认为农业、战争以及其他领域内的技术进步显然是人类发展的关键因素；对于各个文明的比较和兴衰的评价，以及它们之间的相互影响的探讨应以此为出发点。麦克尼尔认为，研究世界史必须将各文明及其历史作为一个整体加以考察，文明的演变首先是由于生态、人口变化的推动，接着是同拥有较高阶段的生活方式和思想文化之间的接触交流促进，只有学习和掌握先进的技术和文化者才能生存和发展。这需要从世界史的高度考察，才能明了推动文明和历史演变的主要因素。只有发展一种世界范围的史观，才能有充分的空间容纳人类全部复杂性所造成的多样化事实。

《西方的兴起》全面具体地体现了这种思想。全书对西方读者较为熟知的西方史（特别是近现代史）的重要史实只是简约叙述，而对世界其他非西方文明的演变与成就的阐述却较一般西方通史系统详细，这使作者认为“西方的兴起”这个题目也许会造成读者的误解，但他希望这种“误解”会使读者通过思考而掌握这本书的思想和观点，即“西方的兴起”只是人类漫长文明史进程中经历了各文明的交替兴衰之后，在近 500 年才出现的一个历史时期的特定现象。[8] 全书分为三篇 13 章，译为中文近百万字，第一篇为《中东统治的时代》（至公元前 500 年）；

第二篇为《欧亚文明的均势》(公元前500—公元1500年);第三篇为《西方统治的时代》(公元1500年至今)。全书布局的中心是“欧亚大陆生存圈”(Eurasian Ecumene)的观念,书中纵览了在这个大生存圈中几千年来各个文明相互影响、兴衰演变的宏观全景。

第一篇论述了原始社会人类从采集、狩猎到游牧、农耕生产生活方式的转变及相应的村落与部落关系开始形成,使文明有了产生的条件。文明首先在中东特别是两河流域获得突破,在约公元前1700年至公元前500年形成了中东占统治地位的多种文明相互影响的世界性文明。本篇强调了作为经济、政治、文化中心的古代城市的形成是文明创立的标志和传播的条件,城市成为商贸、文化交流的出发点和中心枢纽。这些枢纽的联结就逐步形成了一种往往超越政治权力控制和某一文明范围的“大社会”。在中东周边,中国、印度、希腊各自发展出了独特的文明,与中东一起组成了欧亚大陆(及北非)大文明圈。这个大文明圈中各个文明相互影响,这种相互影响通过游牧、农耕、工商等不同生活、生产方式和技术交流、人口增长迁徙、生态变化、商贸和战争各种途径得到实现。

第二篇论述的是公元前500年至公元1500年这段欧亚文明的“均势”时代,在欧亚大陆形成了希腊—罗马、中东、印度、中国几个主要文明中心,并且都有伴随着军事—政治扩张和相互之间的贸易而带来的经济文化圈的扩大与相互碰撞交叠,特别是这个大生存圈游牧、农耕与工商三种地带及生活、生产方式的相互吸引与碰撞,较广泛迅速地刺激了技术、工艺、生活方式和思想文化的发展变化。尤其是欧亚大陆北部大草原地带对文明中心的一系列大冲击,其中包括日耳曼人、突厥人、蒙古人等的冲击,使各个大帝国统一和分裂的混乱局面在整个欧亚大陆交替出现。本篇分章论述了希腊及希腊化文化、印度文化、阿拉伯—伊斯兰文化、草原游牧帝国蒙古、欧洲“远西”文化各自占优势的时势,却唯独没有专章总论中国文化,只在各章中有分散的论述。麦克尼尔后来自己也承认此为本书最大的失误,它破坏了

“生存圈”理论的系统性和完整性。[9]这样，他有关“欧洲在1500年之后的世界性成功首先是从中国得到借鉴”的看法，在实际上并没有做出充分的论证。[10]

第三篇为西方统治的时代（公元1500年至今）。这才到了此书的点题之笔——西方的兴起，即论述欧亚大陆位于“远西”的这一小部分向全世界扩张的进程。第一步的扩张是16、17世纪，欧洲最初的航海与发现在美洲和俄国形成了其外围地区，并渗入了亚洲、非洲的边缘，开始改变了世界平衡的格局，但奥斯曼土耳其帝国、印度和中国等仍在欧亚大陆腹地的游牧和农耕世界中保持着已呈不稳的均势。在欧洲进行了工业革命和政治革命后，凭借其工业、科技带来的军事优势和经济力量，原有的游牧、农耕世界及一些保留着原始文化的角落都被陆续纳入其体系之中，从约1850年起，西方的急剧扩张形成了全球范围的“世界主义”。这种“西方的兴起”的扩张模式虽然较以往著作对其他地区的历史演变予以更多的关注，但实际上仍是将世界“非西方”各部分视为先进科技、文化、政治、经济体制的被动的接受者以至“受惠者”，而忽视了这些地区人民对现代化所做出的巨大贡献与牺牲。对于这个模式，作者后来也做了反思，尤其是在美国学者沃勒斯坦写出了《现代世界体系》(三卷)之后，认为将现代世界只看作西方文明的扩张是片面的，同时麦克尼尔也认识到古代各文明也常常形成类似的跨文明世界体系的形态，只将文明的世界整体性限于各文明交合处与商贸、征战方面的相互影响是不全面的。[11]

书中最后一部分概述当代形势时，没有摆脱20世纪五六十年代“冷战”时期两极思维的模式，而忽视了亚、非、拉美广大地区反对帝国主义、殖民主义和独裁统治的斗争与经济、政治的发展变化。虽然作者也认识到这种“冷战”形势未来会发生改变，但认为这类变化必然会建立在“西方的兴起”的经济、科技和社会基础之上。总之，《西方的兴起》仍然没有摆脱欧洲中心主义的影响，甚至被批评带有某种形式的文化帝国主义色彩，以文化渗透的概念理解世界历史，反映了当时美国的自信及扩张主义，麦克尼尔后来也承认也许是受了当时美国人的情绪和时代的不自觉的影响。[12] 但这本书毕竟为整体世界史研究开创了新局面，预示了此后西方史学界及历史社会学界整体世界史著述的繁荣。正如英国史学家巴勒克拉夫所言："'宏观历史'长时间失去信誉，如今又恢复了有利地位，但不是我们惯于将其与阿诺德·汤因比相联系的那种。今天它以长篇的、学识高深的著作的形式出现……W. H. 麦克尼尔在多年前称之为'西方的兴起'，但新模式实际上是由沃勒斯坦以'世界体系'分析开创的。"[13]

在写出《西方的兴起》之后，麦克尼尔将其主要思想，即社会群体的接触和文化传播是改变人类历史的主要力量，转向研究在大范围区域内产生过影响的特殊事件过程。在 1976 年，麦克尼尔发表了《瘟疫与人》一书，考察了地方病和流行病在世界历史上的影响。不同社会的人群之间接触不仅会推动技能和工艺的传播，也会把外来的疾病传播到对此无抵抗力的人群中。流行疫病会对原有的社会秩序造成巨大破坏，比如 14 世纪开始流行的黑死病不仅夺去大量生命，并对 14 至 17 世纪大部分欧亚地区的贸易、工业、金融和社会造成破坏性的冲击；欧亚大陆一种不知名的瘟疫曾破坏了古代丝绸之路的交往和贸易，加速了罗马帝国和中国汉王朝的灭亡。西方殖民扩张过程中，从 16 到 19 世纪，天花和其他外来疾病毁灭了美洲和大洋洲、太平洋岛屿上的土著，彻底摧毁了当地的传统政治体制，为欧洲人提供了建立殖民地并在遥远的大陆上建立欧洲式社会的条件。历史上从古到今的许多例子中，人类活动的一个后果是加速了疾病的传播，对原有政治、社会、经济和文化秩序造成沉重甚至毁灭性的打击。

麦克尼尔在 1982 年发表了另一部重要著作《竞逐富强：公元 1000 年以来的技术、军事与社会》。在书中，他研究了人类的政权组织从民众中榨取剩余财富，用以维护和巩固他们掌握的权力的历史。在对内统治和对外扩张中特别重要的是与军事有关的技术的传播，这种传播具有改变现存政治和军事秩序的力量。麦克尼尔将几千年文明史中有关权力的技术或技能的发展展示出来，如铜铁金属的传播、战车、先进的骑马技术、黑色火药、大炮、火器以及军事组织模式、战争与武器生产的商业化，等等。在每个阶段每一项技术或技能的发明，都增强了统治者控制社会的权力。而在每一个阶段，邻近的人群也相对容易获得这些新发明的技术或技能，结果欧亚大陆的大部分地区迅速地获得了这些技术。其中，成吉思汗的蒙古军队借用宋朝发明的火药、军事技术及工匠横扫欧亚大陆，将许多军事技术传到欧洲，并在欧洲加以改进，成为后来欧洲向外扩张的军事技术基础。他还着重论述了中国科技文化成就对世界历史进程的影响。他认为，这类与军事有关的技术或技能一次次的传播，有助于理解世界政治与军事史上一些重要发展的来龙去脉。[14]

通过这一系列著作，麦克尼尔在全球的范围内勾勒了历史发展的景象。在探讨全球史这个主题时，他以接近历史唯物主义的立场，避免了漫无边际的推测和历史哲学家著作中那种受先定知识影响的弊端。在探讨形成现代世界的动力时，他避免过多地陷入社会理论的纷争。麦克尼尔比大多数专业历史学家更多地以全球视野分析了历史进程，对这种进程的分析采用了史学家能够理解和认可的方式和用语。麦克尼尔的写作方法和思路为在一个大的跨地区或全球范围内研究历史进程的影响，或是按照不同学科的观点和方法进行全球性研究指出了新的方向。近年来，许多学者开始研究不同社会和文化区域之间人群的交流和碰撞过程，这显示了麦克尼尔的研究方法的重要影响。

四、麦克尼尔史学思想在近年的发展

《西方的兴起》问世以来，麦克尼尔又以一系列著述与学术活动，发展、补充和修正了此书的学术内容与思想观点。麦克尼尔在《西方的兴起》的基础上，于 1967 年写出了更为简要的《世界史》。有的评论认为其显著特点是能摆脱西方人的观点，相当客观地描述亚洲社会的发展。有的华人史学家认为麦克尼尔“关于世界史的讨论比较不一样，他比较能将中国历史纳入其他的历史圈中”。这些华人史学家还发展了麦克尼尔有关欧亚大陆的“脉动”作用来说明中国早期的商周文化的来源。麦克尼尔也进一步注意到中国及其他地区的历史，于1970年主编了《古典中国》一书。1971年麦克尼尔在《学派中的世界史》中认为，犹太人、中国人与希腊人自古就有从“世界性的”历史视野持续叙事的传统，“希罗多德纵览他所知道的整个世界，作为其论述波斯战争的背景。中国学术性史学传统的奠基者司马迁，较之希罗多德更进一步，对他所见所闻的一切进行了远为系统化得多的考察”[15]。在讨论中国史与世界史的关系时，麦克尼尔认为：“忘记中国的过去，或憎恶中国的过去，就如同20世纪初传统中国显著衰微时有些人所做的那样，我认为这与盲目固守陈腐的信仰是同样可悲的。儒学就像英国的辉格派传统及许多其他褪色的信仰一样，需要以我们现代的环境与我们应用的最好逻辑标准予以重新考虑和重新评价。简单地拒绝与盲目的信仰同样是没有答案的。”[16] 由此可见，在《西方的兴起》发表后，麦克尼尔加深了对中国史在世界史中地位的认识。他曾说如果有机会改写世界史，就应“将欧洲中世纪贵族之间的争吵放在历史舞台的边缘，而以公元1000年前后的中国作为论述的重心”[17]。

麦克尼尔在研究全球史的过程中，逐步突出了他的主要思想，即对整个人类命运的关怀。他认为影响整个人类历史的因素是疾病（它与人口增长和流动、生态环境等一系列普遍问题相关，并长久深远地影响着各个文明的经济、社会与政治体制的兴衰）和战争（它与科学、技术、工艺、财富、商贸、经济社会体制等一系列普遍问题相关）。各个民族与国家在战场与政治斗争中的胜负兴亡的深层根本原因，往往取决于这一系列因素在竞逐中是先进还是落后，是变革还是停滞。疾病与战争是人类自古至今主要的灾变异数，但它们从来都不是孤立的事件，而往往是人与自然、人与人之间具有的普遍共同性的各种关系互动的结果，因而人类在本质上有一部共同的历史。麦克尼尔由此又进一步探讨全球性的生态史问题，在1980年写出了《人类状况：一个生态学和历史学的观点》及其他著述，这体现了麦克尼尔的价值判断和理想追求，他希望在未来的时代人类社会能够吸取历史教训，使文明与科技的发展不致导致无限制的利润追求和恶性竞争，先进的科技不致用于会导致人类毁灭的生态灾难和战争。

麦克尼尔提倡全球史的另一个主要思想是要克服狭隘的民族史观。他在1985年作为美国历史学会主席发表的演讲《神话—历史：真理、神话、历史和历史学家》[18]中写道："所有的人类群体都喜欢受到奉承。历史学家于是永远处于迎合某种期望的诱惑之下，按该民族的愿望来描述他们的历史。结果是真实与虚假相混合，主观意识混杂在历史中……结果是神话般的虚构，往事像我们希望的样子，被着实简化成好人和坏家伙，'我们'和'他们'之间的争夺。大部分民族史和大部分集团史皆属这一类。"麦克尼尔又说："我们完全应该问一下，我们面前是否有其他道路。在理论上，答案是明确的，全人类具有共同性，历史学家可望深刻地理解它，如同他们理解把较小的团体团结起来的事物一样。一部透彻的世界史可望培养出个人与整个人类休戚与共的感情，缩小各团体冲突的毁灭性，而不是如狭隘史学那样不可避免地加剧这些冲突。这作为我们时代历史专业的道德责任，确实深深地打动着我。我们需要发展一种世界范围的历史，为人类全部复杂性造成的多样化留有充分的余地。"[19]

麦克尼尔对于世界各文明及其相互关系也有进一步的阐述。他认为过去的历史学家往往根据某些"边界"为各种文明传统下定义，而低估了各文明超出"边界"之外那些贸易与交流的作用。而且，各文明及其发展与它们同其原初社会之间的相互影响是不可分割的，是更大范围的贸易和生态体系的组成部分。在各个文明中，人们共同拥有的经典文献发挥着中心作用，上层阶级制定了行为规范，但下层阶级或"边缘群体"也以自己的道德法则和习惯与这种行为规范适应与抗争，形成了文明规范的实践。整体文明维持要依靠不断的沟通交流，而沟通交流的内容与方式的不断变化又促进了文明的演变。各个文明间的交流和市场交换体制的形成减少了各文明的孤立性和自足性，将众多的民族和文化纳入不断变化的市场活动的世界体系之中，这种世界体系最初兴起时的作用是边缘性的，到今天已演变为具有中心性的性质。在世界整体史研究中必须阐明几个关键问题，即信息交流和市场体制的交换性和相互依存性、文化的多样性、政治的多元性，并且要注意我们与共同构成地球生态体系的其他生物的关系。[20]

在麦克尼尔等学者的努力和影响下，美国和世界各地（包括中国）的学者成立了“世界史学会”，在1990年创办了《世界史杂志》，并有中国历史学家担任编委。麦克尼尔以《二十五年后再评〈西方的兴起〉》一文作为发刊词（在1991年新版的《西方的兴起》中以其作为代序）。在这篇文章中，麦克尼尔全面检讨了《西方的兴起》一书的优缺点和得失。总的来说，他还是以满意的心情回顾了自己这部著作在整体世界史发展进程中的里程碑地位，同时认为世界历史学家今天面临着更为艰巨的任务，“因为历史的学术成就已经以前所未有的条件研究全球整体，而历史概念的进化已经达到了一个较高的水平，使得世界历史研究的所有成果，甚至如我这样新近的成果，看来基本上也过时了，明显地也需要被取代”。[21]十几年来，《世界史杂志》的编委中有些人发展了《西方的兴起》中的思想，以新的视野写出了有杰出成就的全球史著作。

菲利普·柯廷（Philip D. Curtin）的《种植园经济的兴起和衰落：大西洋历史论文集》，提出了关于大西洋沿岸地区一体化的分析，奴隶贸易是随着蔗糖和其他日用品的贸易、交通运输技术的发展而进行的，这本书把大西洋世界的所有人群的生活复杂地交织连接起来。柯廷在另一部著作《世界历史中的跨文化贸易》中，分析了散居的犹太人的贸易现象，商人、代理商、经纪人和其他为了远距离贸易的利益而跨越文化边界的人的社会生涯，指出远距离贸易和商人的作用是世界历史中最有效的跨文化经纪人。由此从大范围特定的经济社会研究出发，勾画出与此相关的人类发展模式。[22]艾尔弗雷德·克罗斯比（Alfred W. Crosby）的著作《哥伦布大交换：1492年以后的生物影响和文化冲击》，研究了随哥伦布等西欧冒险家而来的毫无限制的生物流通给全球带来的影响。欧洲与美洲的不同农作物和牲畜的大交流，欧洲人带来的疫病对美洲、大洋洲居民的毁灭性打击，极大地影响了后来全球的经济社会进程。克罗斯比的另一部著作《生态扩张主义：欧洲900—1900年的生物扩张》中，试图解释为什么欧洲的植物、动物和人能够在世界不同的广大地区立足并发展，欧亚大陆的疾病给美洲和大洋洲居民带来了毁灭性的灾难，使欧洲人"发现"的大片土地向他们以及他们带来的庄稼、牲畜及非洲黑奴开放。这打破了当地的生态平衡，使欧洲物种在当地物种衰败的条件下繁衍起来。在1500年至1900年，这些相互依赖和促进的过程导致"新欧洲"在遍及世界的温和地带建立起来。[23]《世界史杂志》主编杰里·本特利的著作《旧世界的冲突：前现代时期的跨文化接触与交流》《传统的碰撞：从全球视角看历史》，对于全球历史进程中各种文化接触、交流与冲突产生的种种历史事件及影响做了全面深入的考察。从这些史学家的杰出成就可以看到，《西方的兴起》所开辟的全球史研究之路正在不断获得更丰富的成果，向着更为深入的层面发展。《世界史杂志》以鼓励全球史的系统学习和研究为己任，主要刊登从全球观点分析历史的论文和书评，对推动整体世界史的研究起了重要作用。这份杂志在第2期就刊登了《中华人民共和国的世界史研究》的文章，对我国近年的世界史研究成果做了较全面的介绍。[24]主编本特利教授于2004年秋再次访问中国，与中国的世界史学者进行了广泛的交流。

2003年，麦克尼尔与他的儿子、史学家约翰·麦克尼尔共同出版了新著《人类之网：鸟瞰世界历史》[25]，这本书纵览了人类从新石器时代发展原始农业和畜牧业，从自然界获取营养、能源和财富起，人类就形成了村庄、城市这种密切接触和信息交流的网络。随着人口增长，个人和人类团体之间的接触互动越来越紧密，形成了集体性的技艺与共识不断强化的过程，也就是早期文明的出现。早期各个文明又在世界范围的人口增长、生态变化的压力和推动下相互间结成越来越紧密，越来越广泛的信息网络，在每个文明的生产、生活实践和精神生活领域中，实际上都有着其他文明逐步渗透的痕迹。在近500年来，这种“人类之网”已以越来越快、越来越有效率的趋势将地球上所有的社会联结起来。这种人类之网的迅速发展远远超过了如历史上那样形成新的和谐共识的进程，因而避免规模空前的生态破坏和毁灭性的高科技战争，是当今人们必须达成的共识。这部著作在21世纪初继续发展了《西方的兴起》的主要思想。

对于《西方的兴起》，今天我们研读时当然不应限于了解和接受，更需要的是获得启发和深入思考。除了此书的论述、观点和理论体系外，大量的注释和注释中的说明也是值得重视的。书中各章各节都引用了研究各时代、各地区史的多种权威著作，并对各种不同的学术观点予以比较分析，印证了《西方的兴起》这样一部宏观世界史著作是以严谨的史学著作为基础的。鉴于这些著作多写于20世纪前60年这段世界史研究的重要发展时期，了解这些著作的学术成果与观点，对深入理解世界史今天的发展与成就是不可少的。书中的注释为我们提供了一个全面简要的资料来源。《西方的兴起》的另一个特点，如麦克尼尔所说，书的正文、照片、地图和图表如同一个凳子的三条腿不可或缺，这些照片和图表将各文明的经济、社会、政治结构、经典思想、文化模式、“生存圈”与“扩张体系”的形成、特点、兴衰变化等，予以形象鲜明的呈现和说明（尽管也许某些图表会被认为过于简单化或是不够准确）。这将使读者对本书论述的巨大历史时空能有系统清晰的理解。当然如前所述，这部著作有着明显的不足与不当之处，对中国史的史实与中国文明的了解也有欠准确之处，并且这部著作的一些主要论点，比如文明的起源和发展的具体史实和脉络，文明诸重要因素起源的一元论与多元论的争论，文化扩散论或传播论在多大程度上符合历史的真实，各文明之间的相互影响和联系，大文明“生存圈”的形成是否具有普遍性，西方现代化的“兴起”是否体现了历史发展的必然趋向等，都还是处于探讨之中的重大问题，有待于继续研究和论证。在研读《西方的兴起》这部著作时，更应借鉴和反思的是，在进入21世纪的今天，如何修正世界史研究传统的西方中心论而又能避免狭隘的封闭的治史态度，在坚实的学术基础上以全球的宏伟视角全面研究世界史，并能透过各个国家和地区的事件把握影响全球的历史力量和历史运动趋势。而且，当代史的实质就是具有全球性的历史，只有以世界性的眼光察古知今，以古为鉴，才能理解世界史未来发展的总趋向。

郭方
中国社会科学院世界历史研究所研究员

二十五年后再评《西方的兴起》[1]

历史学家是从他们自己时代的移动舞台上研究课题的，其结果是使过去不断改变着轮廓。任何活着的人在很久之后再度阅读他本人的著作，必然希望能辨认出时间带给对历史的理解不可避免的变换迹象和印记。使我明了这个公认的真理的，是威廉学院（Williams College）在我于1988年作为访问教授时，专门为我的主要著作《西方的兴起——人类共同体史》开设的讨论讲座，这是25年中我第一次重读这本书，重新访问一位老朋友——也是一次梦魇[2]——的体验是既惭愧又兴奋。

当这本书在1963年出版发行时，是一次出乎意料惊人的成功。休·特雷弗—罗珀（Hugh Trevor-Roper）在《纽约时报书评》上做了过分的赞美，在圣诞节购物季开始后不久，它就上升到最畅销书排行榜中；这本书从那时起一直在印刷，到现在累计销售超过7.5万册，一种便宜的简装本（828页才1.25美元！）在一年之内就将初版售完。

如今回顾起来，显然《西方的兴起》在当时被看作美国战后帝国态度的一种表现。它的论述范围和概念是知识帝国主义的一种形式，因为它将世界看作一个整体，并试图在20世纪30年代美国人类学者阐发的文化传播论的基础上理解全球历史。特别是《西方的兴起》是建立在这样的概念上，即促进历史上重大社会变革的主要因素是与拥有新技术的外来者的接触。这种见解的一个推论是，科技发达（也就是文明）的中心以向其邻邦展现有吸引力的新事物的方式使他们骚乱不安。周围科技水平较低的民族于是被驱迫试图掌握这些新事物，以便使他们自己获得科技文化赋予其拥有者的财富、权力、真理和好处。而这种努力也在拼命效仿和同样强烈地想要保存传统的习惯与制度的愿望之间产生了一种痛苦的矛盾，这些自愿的借用者想以此与文明生活也具有的腐败和不公正划清界限。

与其他文明的接触是社会变革的主要动力这一见解的第二个推论是，同时代各文明之间的接触应当是世界史学者所研究的关键问题，因为这种接触能够使每种文明所拥有的科技的种类和表现发生变化，而它们由此影响到上面所述的各地科技传播的方式。不论什么时候，一种文明通过其科技文化表现出来的明显优越性，就能够影响到与其发生接触的任何人，世界历史本质上可以说就开始向单一方向运行；因而通过考察在遥远的地方对新科技和新思想的接受，一位历史学家能够赋予细节的混乱以模式和意义，否则它们就会使得世界历史（按其严格的定义）不可理解。

在 1954—1963 年本书写作的时期，美国由于先进的科技与巨大的财富积累，正处在战后有能力对其他国家施加影响的顶峰。由此我对世界过去的想象可以看作不过是对美国霸权的一种合理化而不予理会，即通过回顾第二次世界大战后几十年的形势来看待整个世界的过去，宣称类似的文化统治与传播模式是一直存在的。（当然明显的反驳是，有人指出第二次世界大战后的时代是世界历史的重要组成部分，并以一种那时美国人尚未认识到的方法去适应其先例。）

没有任何一个历史学家能够否认，他对过去的观点反映着他自己时代的体验，并与一种学术传统相互影响，这种传统带有它成长的时代和地域的一切痕迹。但是我至少可以说，当我在写这本书的时候，我完全没有意识到我理解世界历史的方法，其方式与美国对当时世界的体验相一致。回顾起来，似乎值得欣慰的是，这本书在 60 年代早期被接受，确实在很大程度上出于这种一致性。但若果真如此，无论是我还是评论者们当时都没有注意到这方面。如果说我对整个人类历史的评述和美国在当时世界上所起的作用（如果确实起了作用的话）之间有紧密的联系，若果真如此，那么所有的关联也完全是潜意识的。

从这25年间历史学发展的道路来看，对我考察过去的方式的第二种责难看来更为明显。《西方的兴起》倾向于与强者一道前进，从胜利者的角度看待历史——也就是有技艺和特权的社会控制者，对历史变革的牺牲者们的遭遇表现得漠不关心。这无疑反映了个人的心理特征——家庭、种族、阶级和其他个人特点与经验，这导致我对人类所积累的控制自然与社会的能力很尊重，并使其成为我们的希望。当每个人，包括今天生活最贫穷的人们不断从这些技术中获益时，我想我们必须钦佩那些开创这些事业的人们，并将人类在地球上的冒险看作一个令人惊奇的成功故事，尽管所有这些都包含了苦难。本书明确的理想是对人类的每一个新成就所带来的收益和代价做明智的衡量，但是在我看来公正的平衡的东西，易于被其他人看作一种可怜的辩护，即为世界上每个伟大文明中从事各种事务的上层（成年男子）而辩护。

这些总体上的考虑很少在威廉讨论讲座上提出来。讲座是一周一章的形式，因此不同章节在质量上的不一致越加令人痛心地显现出来。最低点出现在第4章，标题为“中东世界性文明的兴起（公元前1700—前500年）”。在一个简短的介绍之后，这章就担负起叙述军事—政治变化、行政系统、社会结构和文化上的保守与进步的任务，跨越12个世纪，涉及几十个民族和国家，其结果是令人疲惫和支离破碎，更加混乱而没能阐明问题，甚至对于一位有恒心和耐心的读者也是如此。

第4章的根本错误是放弃了按年代而是按专题在错误的地方安排材料。它将应该按顺序考虑的两个时代混在了一起：一方面是战车武士和贵族统治的青铜时代，一方面是民主的武士和文化发轫的铁器时代。这种拙劣是不可原谅的。新出的资料与我写作时所了解的资料没有太大改变，从1963年起当代社会对古代中东地区出现的世界性特点的感受也没有任何改变。这完全是一个在论述方式上有缺点的例证，它违反了事物的本来性质，装扮出一种更简单、更真实、更适合的以专题来理解的方式。而且，青铜时代和铁器时代连续性的概念在现存文献中是完全为人所熟知的，回想起来，我想象不出我为什么使用这种次序把这章安排在一起。

另一个缺陷更进一步破坏了这一章的结构，这一缺陷在本书的其后部分也是明显的，我将稍后说明。《西方的兴起》认为不同的文明构成了真正的和重要的人类群体，并且他们的相互作用构成了世界历史的主题，但是在这一章中我讨论的是，各个曾经是独立的文明共同融合到一种新的扩展到整个中东地区的世界性文明之中，而又没有消除各地方的差异。这些差异是很多的，因为在公元前2500年之后，一连串处于文明空隙之中和文明周围附属的社会（每个都拥有着文明的一切标志）兴起于埃及和美索不达米亚冲积平原的周围和两者之间雨水灌溉的土地上。

结果是，只要我主要考虑的是从各个不同文明的角度出发，这个历史舞台就变得格外拥挤。意料之中的是，这一章凌乱无序的原因在于，我努力想要说明，每个有其独特文化的民族是如何表现或证实我所强调的每个主题。这就需要我更坚定地集中在世界化进程本身，更仔细地考虑将中东地区各民族凝合在一起的各种新的活动，并且应该更明晰地强调这些。但是，这需要新的设想和概念，而在那时我是缺乏这些的，只是随后尝试性地进行了一些探索。

第二个不那么困窘但是更为重要的失误发生在第10章，这章论述的是公元1000—1500年间的世界事务。在这方面，自1963年以来新的学术研究已经指出了一条更确切、更好地理解欧亚大陆世界发生了什么的途径。因而一个很明显的问题就是为什么我会忽略中国和中国文明在这几个世纪的中心地位，而是集中在“大草原地带的征服者们和欧洲的远西部分”，并以此作为这一章的标题。然而我的错误完全是情有可原的，对大草原地带的征服者们和中世纪欧洲的兴起如此强调，反映了我所受教育的偏颇。这一章纯粹是从西方的观点来看欧亚大陆的。在西方人看来，突厥人和蒙古人从东方地平线上突然地，可以说是神秘地乘马飞奔而来。虽然我确实提到官僚系统使得成吉思汗的军队如此强大，即便如此，我仍然没能把游牧强权的兴起与蒙古人使用了直接从中国借用来的军事行政官僚手段这个事实联系起来。结果是我忽略了这个时代世界平衡的最终打破者，这个破坏者也是中华文明的一个结晶，它使得中国的文化、财富和权势达到一个新水平，它在4～5个世纪长的一个时期内远超过了世界所有其他地区。

并且，由于迫切要寻找出在1500年之后欧洲上升到世界领导地位的根源和征兆，我给予了拉丁基督教世界以过多的关注。这是有充分道理的，但是它最好应该放在下一章作为前言。从50年代的学术成就中我应该看到，尽管西欧文明是有活力的新发展，但它仍处在这个生存圈的边缘，并且应当强调这一点，就如我强调在这同样几个世纪中日本文明的成熟一样。取而代之的是，我将突厥人和蒙古人的征服者和中世纪欧洲的兴起给予了在世界事务中同等重要的地位。我甚至将中国贬低到遭受游牧者袭击的文明牺牲者的次等地位，将伊斯兰世界的转变放在首位并给予更多篇幅，主要是因为我对此知道得更多。

回顾起来令人感兴趣的是，看到一些对中国在公元1000—1500年之间的领先地位的恰当评价的材料，在1963年之前我是可以利用的。特别是我使用了白乐日（Stefan Balazs）论中国在唐代经济变化的文章，[3] 我还看到了李约瑟（Joseph Needham）的长篇研究著作《中国科学技术史》（*Science and Civilization in China*）的头几卷。但是直到郝若贝（Robert Hartwell）揭示了宋朝有色金属冶炼术的规模和经济管理的复杂性，[4] 斯波义信提供了宋朝商业经济的整体形象 [5] 和伊懋可（Mark Elvin）宣称对整个中国的过去有一个富于想象力的理论解释 [6] 之前，我完全没有注意到中国在大约公元1000年左右变革的意义。

我的可原谅之处是一代人之间可利用的史学成就，仍然反映了对中国过去传统的评价，因此在中国历史上，若一个政权不能控制最北部的省份，在某种意义上就不能与中国在一个相当有能力的皇帝统治下保持完整和统一的那些时代相提并论。因为宋朝（960—1279 年）从未能控制北方的蛮族，几乎从一开始就将中国最北部的省份丢给它们，可以说这个朝代不是中国的一个伟大时期，尽管长期以来人们认为艺术和文学在宋朝有着前所未有的繁荣，但是这不能弥补政治上的失败。在谢和耐（Jacques Gernet）[7] 之前似乎没有人注意到这一事实，即中国的技艺是如何伴随着宋朝军队在草原地带边疆的败绩传播到这个国家的传统边界之外，打破了中国和它的游牧邻邦之间以前的平衡，并且如成吉思汗的事业不久后表现出来的，同样打破了欧亚大陆大部分地区从前的平衡。

从《西方的兴起》的研究视角来看，我没能理解中国在公元 1000—1500 年间的领先地位是特别令人懊悔的。因为如果我那样做了，这本书就会有一种优美简洁的结构。照目前的状况，这本书的中间部分，标题为“欧亚文明的均势，公元前 500—公元 1500 年”是建立在这样的想法上，即地中海古希腊文化（前 500—公元 200 年）、印度（200—600 年）和在穆斯林统治下再度统一的中东地区（600—1000 年）进入了连续的几个文化繁荣时期，确保了它们中每一个在古老世界民族中的一个时期的领先地位。接着这个过去的简单结构是中国的远东（1000—1500 年）和欧洲的远西（1500—2000 年？）的繁荣和在生存圈中处于领先地位的时代，就有着看来可以用事实证明的清楚条理和准确性。[8] 但是我的无知（和残留的欧洲中心论）使我在 1963 年看不到这一点。

这确实是本书的主要失误。当然，从 1963 年以来学术研究的进展使得本书中的部分内容过时了，不过这几乎都是在细节方面。一个例外是非洲，过去 25 年来相关的学术研究所揭示出的民族间与文化间的相互作用，远比我在写《西方的兴起》时所能了解的复杂得多。而撤哈拉以南的非洲从来没有成为一个主要文明的中心，因此这个大陆对于世界其他地区来说一直处于边缘地带，直到包括我们今天的时代。因而有关非洲历史简短的段落现在是过时的和不充分的，这个缺点并没有像第10章未能认识到中国拥有世界领导权那样扭曲了历史的整体画面。

总之，认为与其他文明接触产生的反应是历史变革的主要动力，在我看来仍然是正确的。而选择强调什么则是由这种认识发展而来的，除了没有能给予中国在1000—1500年之间以其应有的地位之外，我认为其他部分仍然是合理的。因此在这个意义上，重览《西方的兴起》是一种激励人心甚至令人愉快的体验。尽管它有缺点，但仍是一本好书，并且应当算作是在更为纯粹的全球历史学研究发展史上的一个重要的节点。

而在另一个层面上，现在看来，这本书的瑕疵只是因为，它认为能够辨识为独立文明的社会实体，它们的相互作用确定了全球历史的版图。不过，“文明”这个名词真正的意义是什么，一直是模糊不清的，虽然我遵循戈登·柴尔德（V. Gordon Child）[9]和其他人，将文明等同于一个这样的社会：它的职业专业化使得较高技艺得以产生——行政、军事、工艺、文字和艺术的技艺。这也适用于与新石器时代农村社会有区别的早期文明，但是它对后来时代众多文明兴起时的地域和社会界限说明不了太多，一旦至少是部分时间的职业专业化很广泛地扩展到向遥远的、为文明化消费者提供原料的民族中之时，这些人很难说是由于他们自身的能力而文明化了。

这就引发了一个问题，即什么人真正属于一个文明。新生的婴儿很明显不能取得成员地位，直到学到了他们的文化角色。但是穷人和没有技艺的人又是什么呢？他们的作用充其量也是有限的吗？那些生活在遥远的，也许臣属于一个更有优势的力量（至少有时是如此）的人们只不过是外国人吗？在一个文明中所有这些不同的技艺和习惯，及享有者的不同状况，是如何共同适应而成为一个或多或少有凝聚力的整体的呢？我回到用“生活方式”这种表述来确认这种凝聚力的现实。但是这个借用自艺术史的隐喻也只是个隐喻，并且在实践中没什么用处，因为观察生活方式的密切关系远不如一个人比较人类的习惯和精神状态时那么容易，正如这还不如一个人观察艺术品和其他物质器件那么容易。

也许一个历史学家不需要明确地对待这些问题。如果一个人坚持名词的精确定义，论述就立刻会变成认识论的辩论，似乎永远不能从迷宫中出来。因此在我看来，完全可以说，文明所做的，是在事实上联合了几百万平方英里的千百万人并经过了无数个世纪的重要方式，但是他们不是世界历史阶梯上仅有的演员。这是我在《西方的兴起》中未能充分强调的。请允许我更充分地解释我现在的观点。

一个共有的文字准则，和由这个准则构成的人类行为的期望，也许是我们认为的一个文明的核心部分。但是没听说过存在所有人都运用的这样一个准则。一个上层阶级人士，受到教育要尊重一部文献，它确定了什么是人类应有的行为规则，因而在实际上就界定了一个文明是什么。没有多少特权者在不同程度上共享了这样的观念，而没有一个人能完全体现它们，甚至最神圣的道德家们也不行。传统的期望原谅个人和群体的缺点，而较低的阶级和社会的边缘成员调整和适应他们自己更为地方性的道德法则和习惯实践，以给上层阶级的习惯留出余地——在某些方面他们必须顺应和服从，在某些方面他们能够保留私人领域和各异性。

但是要保持一个文明的凝聚力，还必须有信息的持续流通及其意义的微小变化，从一个城市到另一个城市，一个地区到另一个地区，在不同社会阶层和种族群体中流动，以形成一个社会实体。这些信息的持续流通需要维持被视为一个单一整体、跨越空间和时间的足够凝聚力，即一个单一的文明，很明显凝聚力有各种程度的不同，而共有的特征在向边界地区发展时逐步减少。在一张地图上画出精确的边界差不多总是武断的，但是文化上的坡度确实存在，而当它们变得急转直下时，地理上的界限对于一种既定生活方式而言可能确实对一切使用目的变得非常明显。

在一个已经形成的文明内部，交通和通信方式对信息流通是非常关键的，当它们改变时，这个文明的边界和范围就会发生变化。这就提供了一个新范围，随着交流方式的改进，各种文明开始越来越经常地相互影响，并且其方式也越来越急迫，因为在这些环境中各个文明的自主性和独立性开始萎缩，而一个新的世界性实体——沃勒斯坦（Wallerstein）称之为一个世界体系——开始能够取而代之成为历史进一步发展的关键因素。这个进程我在第4章中处理得如此拙劣，而在处理基督教时代的1000年中，几乎将1850年之前的部分完全忽略掉了。

这样，除了第4章的问题外，拙著方法论上的主要弱点是，当它强调跨越文明边界的相互作用时，没有充分注意到我们今天生活的生存圈世界体系的产生。相反，在组织本书时，我只是围绕着这样一个概念，即一系列的繁荣先体现在一个文明中，然后又体现在另一个不同的文明中，而我们本应该为生存圈的进程留下余地。怎样做到这一点尚待考查。对跨越过去2000年的各个文明（和地球上所有其他规模较小和技艺较低的文化）的评估，必须与一个越来越多的人跨越文明边界联系起来，与正在出现的世界体系的这幅图像结合起来。

要使之成为一种可行的事业，人们需要对世界体系有一个清楚明确的概念；这个世界体系在古代中东地区首先显现，并在现代世界第二次出现，并且必须考虑到，这两个体系是如何将它们遇到的更为地方性的文明和文化景象贯穿在一起的。当然，这不是说这两个世界体系是相同的。很显然，在每个体系依靠的交通和通信扩张网络的程度上，技术基础的不同是非常显著的。因为每个世界体系以某种方式起源于政治、军事和经济行为，所以值得记住的是，公元前二千纪和一千纪制度上的传统与公元后一千纪和二千纪是十分不同的。

如果人们考虑到从大约1870年以来的世界，此时即时通信和机械动力的交通开始在全球基础上显示它们的影响，很明显现代世界体系首先是建立在经济互补性和交换之上的；其次是建立在制度的安排上——首先是在军事政治方面——和观念、技艺与趣味随着变化了的经济和政治行为而流通。人们也许会认为经济交换类似的首要地位在较早的时代也存在，所有这些都可以追溯到文明最早的开端——古代美索不达米亚。即使如此，在很长一个时期，这样的交换是最低限度的，从它们局限于战略和奢侈物品方面可见。当然几乎不可能不如此，因为只要交通时断时续、经常受阻，人们就不能安全地依靠从远处运来的货物来供给日常需要。

尽管如此，城市却是这种情况的例外。当然所有的城市必须依靠食品输入，并经常发现难以在相邻的内地找到足够的粮食。很久以来，在形成能够从远处供给城市所需的市场体系之前，一些大的首府城市依赖从相对较远的地方运来的贡赋或税收形式的食品。中国的运河系统最初就是用来运送食品和其他货物以满足宫廷、军队和生活在京城的人们的日常所需的。类似的，罗马帝国用从埃及和北部非洲的贡赋补给它的人民；麦加和麦地那这些伊斯兰教的圣城，也从哈里发统治的早期就依靠从埃及运来的粮食补给；还有许多帝国和宗教中心的繁荣和壮大，也是依靠从遥远的地方运来、以食品供给为形式的税收和贡赋之力。

不夸张地说，早期文明中文化的繁荣和军事力量的强大，依靠的是运用直接控制的手段，将食品和其他货物集中到宫廷和神庙中心。分离的、自立的文明的真正概念的标志是这种早期劳动分工：许多人在田地中劳作；而有特权的少数人消费租税产品，实验文明的所有技艺。而从一开始，纳税者和消费税收者这种简单的两极就被一些局外人弄复杂了，他们被免除了通常租税的负担，然而起着如商人那样重要的作用，也就是渴望得到稀有珍品的人的承办商，他们不能处于被控制之中，因为他们来自确立的权力能及的范围之外。

对于那些想要这类货物的人，一种可能性是派出武装远征队伍去寻求在国内不能获得的东西。吉尔伽美什对黎巴嫩森林的出访，提供了这样一次较早的远征的文字例证。而阿卡德和萨尔贡的军事作战（约公元前2350年），其目标可能是掳获金属和其他战略上有价值的供给；它们在美索不达米亚运用武力从日常行政和税收范围之外的地方收集战略物资，比起依靠交换是远为缺少效益的。特别是由专业手工艺人为文明的神庙和宫廷生产的奢侈物品，能够供给原料的聚集地遥远的君王，他们能够组织当地的人力采矿、伐木或生产文明中心所需要的粮食。用这种方式，每个早期文明在它周围创造了一个贸易伙伴的边缘地带，他们对文明工场生产的货物的有弹性的爱好如同文明人对原料和其他稀有物品的爱好那样一致。甚至在很早的时代，这样的联系就延伸千万英里之遥。牲畜驮运商队和航海船只早在至少公元前三千纪就经常被用来进行这种长距离贸易，当时贩运货物的商人的特殊法律地位建立起来，而他们的旅行必须使他们穿越政治和文化的疆界。

这些供给者依靠航船和牲畜驮运商队将稀有物品从它们的产地运到它们的消费地，只要每个文明被一个供给者网络这样围绕着，分离的、自立的文明概念就为历史的理解提供了一个适当的模式。当然，技术和思想随着货物交流，来自边缘地带的蛮族不时征服文明的中心，因为统治者与被统治者之间的不信任常常会抵消文明民族经常能依靠的数量上的优势。

在古代中东地区，生活于不同地域、有着各种语言和其他多样外部特征的民族间的相互影响，促使公元前1700—前500年间一个广阔的世界体系的产生。不像最近几个世纪的世界体系，在古代中东地区，主要的控制权先后保留在几个不断扩大疆界的大帝国手里——埃及人、赫梯人、亚述人、巴比伦人和波斯人。但是掌管着这些帝国的税收和贡赋征集的官僚体系与驮运商队和航运网络共存，这些网络先于政治帝国存在，它们的活动地带常常扩展到甚至范围最广大的政治疆域之外。因而商人们活跃起来，有时甚至在租税体系留有的裂缝和空隙中成长壮大起来，他们供应传统的或时新的商品，在市场销售中获取利润。

这种结果可以看作某种独立的文明从进化而来的领土扩大的形式。

这就是我在《西方的兴起》一书中所述的。而这种思考方式忽略了在新帝国兴起后长期存留的宗教、语言和道德伦理体系继续下来的多样性，也低估了市场和长途贸易将古代中东地区联合在一起，并将中东地区与范围不断扩大、政治上独立的边缘地带联系起来的经济作用。市场关系，就其起源于非强制性的人类选择而言，是一种简单但是重要的方式，有别于较古老的靠租税集中资源的方法。人们在他们情愿这样做的时候会工作得更有效率。当他们能够自己选择买卖什么东西时，和通过这样做至少能满足他们的某种需要时，结果就很可能是财富的总增长，在我看来，它在公元前二千纪开始出现，并在下一千纪的进程中变为常规性和可以预期的，至少是在这幅以商业为基础的图景的中心场所，也就是越来越世界化的中东地区是这样。

这一切在《西方的兴起》中都描绘了个轮廓，但是未做深究。例如，我使用过“大社会”（the great society）这个术语来表述贸易和市场在汉谟拉比时代的美索不达米亚进入与租税共生状态的情况，但是这个思想没有用来组织随后几个世纪的历史，而是完全从这本书的其余部分消失了。我过于全神贯注于文明这个概念，而把事情搞砸了，没有给予一个跨文明进程的最初出现以应有的不断强调。

确实有一种看法，认为在爱琴海岸（后来是地中海）和印度公元前1500年后的文明，是并且一直是以中东地区为中心出现的世界体系的一部分。历史学家们一直知道，古风时代的希腊人从亚洲和埃及技艺更先进的民族得到大量借鉴。某些类似的情况也发生在北部印度。所有这三个地区和其中的各民族在整个古典时代一直有着密切的、不间断的接触，这种交流终结于亚历山大的军队推翻了波斯帝国并使马其顿人和希腊人成为中东地区的统治者。因而，为什么希腊人不应被看作加入这个共同的和不断世界化的事业的民族大家庭的一员呢？无疑，对这个问题的传统回答大部分建立在后来发生的事情的基础之上，反映了基督教与伊斯兰教之间，印度教的印度和这个土地上的伊斯兰统治者之间历史上的敌对——虽然在这些后来的时代里，商业和其他的联系跨越敌对的文化和宗教边界总是保持着活力，并随着时代的前进而趋于增长。

无论如何，我对这种选择没有任何真正的考虑，而是遵循前例，围绕着三个分离的和独特的文明：中东的、印度的和希腊的来组织公元前一千纪西部欧亚大陆的历史。而所发生的可能正如已经描述的中东地区“大社会”囊括新地区和新民族的扩张那样，具有他们自己多变的文化特征。从这个生存圈的观点来看，甚至遥远的中国在公元前100年后也开始与这个体系联系起来，当时驮运商队将叙利亚和中国联结，开始沿着丝绸之路经常进行商业活动。大约在同时，海上航行作为驮运商队的补充，也将地中海世界与印度、印度与中国联系起来。

这个古代世界体系在经过了仅仅两三个世纪的扩张后，就遇到了严重的挫折，主要是由于沿着新商路传播的致命疾病，造成灾难性的大批人死亡，特别是在罗马和中国。人口的下降招致或是使得蛮族入侵，造成了欧洲历史上黑暗时代的降临。类似的破坏性较小的崩溃也发生在公元220年汉朝被推翻之后的中国。因此，横跨欧亚的长途贸易由于这个生存圈两端遍布的贫穷和政治上的不安定而衰落到无足轻重的地步。在另一方面，印度洋和邻近水域的海上航行的衰落也许没有比之更甚者，尽管有关信息稀少得令人困扰，以致没有人能确定是如此。

尽管最早的世界体系的崩溃继黑暗时代而发生，但是不久复兴就变得明显了。这在很大程度上与在铁器时代的蛮族入侵瓦解了青铜时代初期的世界一统后，在中东地区长期接触的复兴的方式相同。并且当复兴在进行中时，中东地区是如以前那样的中心。骆驼的驯养这个事实有助于这一解释，它开始被由战士和商人们用作交通工具。据理查德·布利特（Richard Bulliet）说，[10]骆驼的驯养是一个长期的持续很久的过程，开始于南部阿拉伯半岛，可能早在公元前3000年，但是它对文明世界起决定性的重要作用的时间仅限于公元300—500年之间。在这些世纪中，骆驼取代了轮车在中东地区用作交通工具，不久就成为中亚、北非和相邻地区主要的货物运载工具。

骆驼能够穿越通过其他方式不能进入的沙漠。在陆地上如同远为知名的欧洲海员于1500年之后开拓海洋那样，在地理上和文化上达到的效果是类似的。对于骆驼商队来说，先前是与世隔绝的地方现在可以到达了，文明贸易网随之延伸扩大了。阿拉伯半岛与中亚绿洲和沙漠、它们北方的大草原、撒哈拉以南的非洲一道是这种驮运商队交通的增长最强有力影响的地区。它们全都被卷入与文明生活已有中心——首先是中东地区与中国——较之从前要远为密切的接触。结果是在公元500年到1000年之间，一个加强了的生存圈世界体系开始蚕食掉文化的自主性。一个表现得比任何其他方式更为显著的进程，是伊斯兰教传播到旧世界新近开放的边缘地区。

确实，伊斯兰教的兴起和一个延伸到跨越文明和其他文化疆界的世界体系的复兴是齐头并进的，并可以认为是同一进程的两个方面。的确，在穆斯林的头几个世纪，赞同穆罕默德的启示的信徒团体只是中东及邻近地区的许多其他宗教团体中的一个。由于《古兰经》的训示要求穆斯林容忍基督教徒和犹太教徒，宗教和文化上的多元化在事实上被制度化了。伊斯兰教中心地区的文明因而成为一幅镶嵌画，其中分离的各宗教团体在相当广阔的范围内处理它们自己的事务。公元1000年之后的征服和皈依，将伊斯兰教带入了印度、东南亚，并跨越大部分欧亚大草原地带，还有东南欧和撒哈拉以南非洲大片地区，给这幅镶嵌画添加了更大规模的多样性。只是在这个文明世界的两端，在中国、日本和北欧与西欧，更为古老形式的社会与文化同质性仍居于优势地位。

在伊斯兰教统治区域持久的文化多元化，是与伊斯兰教律法施加给政治当局的特别限制相适应的。这意味着要比伊斯兰教以前时代一般意义上给贸易和市场行为更大的自治权。在穆斯林事务的规划中，商人社团很少有完全的自治权，但是他们受到尊敬，并且通常能够指望从穆斯林政权当局得到保护。毕竟，在成为先知之前，穆罕默德是一位商人，可以想象，对商人生活模式的赞许，没有比这更高的了。

这个兴起的商业世界体系在历史上的又一个里程碑，是源自中国人从中东地区借鉴，而在一个不同的自然环境和使用一种新的、更有效的交通系统中的运作。中国人从中东地区借鉴的是一系列维持地方和长途贸易网的惯例、实践和道德观点。佛教沿着中亚的贸易路线传入中国，起了主要的转运代销者的作用，输入了与作为一个商人的生活协调得很好的思想习惯和道德规范。(比较而言，儒家一直鄙视商业，将商人看作社会的寄生者，靠贱买贵卖谋生，没有给他们掌握的货物增加任何价值。)

但是赋予中国商业习惯和前景的传播以特有的重要性的，是一个运河网络已经存在这个事实，它将黄河流域和更为广阔的长江流域联系起来。驳船和运河船能够容易地在这些运河上往来航行，并几乎是绝对安全地运载相对大批量的货物。中国的运河在许多世纪中一直为了农业和税收征集而建造。而到了公元605年，当连接这两条大河流域的大运河完工时，中国的国内水路网络就能够联结有差别的和资源互补的地区。结果，贸易和商业的规模与重要性在中国内部就能上升到远超过在中东或其他地区所能达到的程度。旧有的互相依赖和地区交换的最高限度被打破了。一种经人为努力造就的市场整合的新范围正在全面起作用，普通人民甚至贫穷的村民为此能够放心地依靠买卖来付税，甚至为他们自己提供食品和日常消费的其他用品。

人们对此不应夸大。例如，并不是所有的农民买稻米都是为了使养蚕专业化，他们中大多数人仍然自己生产他们所消费的大部分或所有食品。然而，当专业化证明能够以这种形式支付甚至略微改进生活水准时，中国的农民和市民开始在一个文明社会中前所未有的规模上专业化。其结果当然是技艺得到了改进，一个社会整体财富的大量增长。一个标志是中国的人口在宋朝几乎翻了一番。另一个标志是中国手工技艺开始超越世界其余地区这个事实。丝绸、瓷器、火药和造船是显示中国优越地位的几个典型产品，但是还有许多其他方面。无数市场繁忙的交易和运河的庞大船队保持着货物的流通，并使得一个地区的剩余产品与其他地方生产的剩余产品以前所未有的可靠性和效率进行交换。

中国的商业化影响从未局限于政治疆界之内。相反，加强了的驮运商队贸易跨越了中国所有的陆地边界，而大规模扩大的海上商业不久也同样发展起来，将中国的货物以比从前大得多的数量运到印度洋，以及跨海运到日本。这个曾经的中心在中东地区的大城市和集市的世界体系，于是获得了一个新的和强有力得多的生产中心，并且并非偶然地将它的范围扩张到遥远的西欧和像日本这样以前是边缘的其他地区。[11]

中世纪研究学者早已认识到在公元1000年之后城市的兴起对欧洲的重要性，以及将欧洲消费者和遥远的印度群岛上的生产者联系起来的香料贸易的作用。但是历史学界尚未习惯于这个想法，即这只是一个更大的现象的一部分——一个正在出现的世界体系的扩展和加强，现在几乎包括了全部欧亚大陆以及非洲大部分地区。欧洲和伊斯兰的历史学家都还没有认识到，中世纪欧洲文明在公元1000年以后的兴起是与这个世界体系的中心从中东地区向东转移到中国同时发生的。这不足为奇。我们的中世纪研究者惯于在过去专注于英格兰和法兰西的国家历史——专断地以19世纪后期的环境来投射整个人类的过去，当时法兰西和不列颠帝国确实覆盖了地球大部分地区——这需要在想象上有一个真正的飞跃来承认中国的首要地位，尽管马可·波罗也持对立的观点。

下一个大章节是现代世界体系的兴起，当然是更为人所熟知的。确实，使这个词组闻名的学者伊曼纽尔·沃勒斯坦，曾经相信它只是在大约1500年随着欧洲人的航海发现和资本主义的兴起开始的。这些发现当然确实改变了世界贸易模式和世界文化关系，将南北美洲和无数大洋上的岛屿卷入了扩张中的世界体系的旋涡。在令人惊奇的几十年内，创新活动最活跃的中心从中国转移到欧洲面临大西洋的一面。在1500年之前，资本家们在一些意大利和北欧城市国家已获得相当大的自治权；甚至在这种政治结构衰落后，某些新的君主国和正在出现的民族国家在欧洲取代了城市政权，继续给予商人和银行家几乎不受阻碍的空间扩张市场活动；而在中国以及伊斯兰世界大多数地方，对私人资本主义积累不抱同情的政治仍占上风。以好政府的名义，亚洲的统治者们一方面用没收性的税收，另一方面以消费者的利益管制市场价格，有效地阻止了大规模企业的兴起。这就将大规模商业企业，不久又将矿业和种植园农业越来越多地留给了欧洲人。因此，西方的兴起以至在近几个世纪取得世界霸权的进程就启动了。

对于在中国发生了什么和为什么明朝在15世纪30年代之后选择了放弃海外冒险的学术研究，比起欧洲人通过航海开拓向他们敞开的新世界的丰富文献来，一直是很薄弱的。对中国和欧洲的扩张的动力在约1450年到1500年到达的转折点之前和之后的情况进行比较研究，为今天的历史探讨提供了一个特别吸引人的题目，尤其是考虑到在我们面临21世纪时，我们虽然已知道远东被远西取代这个发生在16世纪的情况可能会扭转过来。

然而值得注意的是，正如中国在公元1000年之后的兴起依靠的是从中东地区首先得到借鉴，欧洲在1500年之后的世界性成功也是首先从中国得到借鉴。如果日本在第二次世界大战后的经济发展成为环太平洋地区进一步获得成功的前兆，很清楚的是这种成功也将依靠首先借鉴欧洲（和美国）的技艺。这看来似乎是世界历史最清楚的模式之一。也有一些事情是可以预料的，因为没有什么民族或国家可以不利用地球上任何地方已知的最有效和最强有力的工具，而能够赶上和超过世界其余地区的。因而世界领导权在任何地理上的转移必然是以成功地从先前确立的最高优越技艺的中心借鉴为开端的。

世界体系的这种波动性成长，伴随着变换着的中心和将大量多种民族和文化囊括进来，现在在我看来，这是世界历史的一部分，而我在写《西方的兴起》时却对其大部分未予注意。甚至对于1500年之后的几个世纪，我本打算用文明的包装来组织我的观点，只是在1850年之后，我确实认为亚洲分离的各文明的自主性被打破了，屈从于一个新的全球性世界。但是自主性在1850年以前很久就一直被侵蚀着，在1500年以前很久，甚至在1000年以前很久也是如此。我现在认为，这种进程可追溯到文明史的真正开端，并且应当如其本来面目展现出来，即分离的各文明和它们相互作用的历史是并行的。

准确地说，一种记叙如何能够将人类过去的这两个方面结合起来，是不容易具体说明的，只有进行尝试才能检验这种可能性，而现在这应当成为世界史学家应做之事。文化的多元性和差异性是人类历史的一个主要特点，而在这种多元化之下也有着一种重要的共同性。这种共同性通过一个世界体系的兴起表现出来，它超越了政治和文化的边界，因为人类希望拥有这个体系运作的结果。换言之，他们要得到他们不能在附近找到的稀有和贵重的物品，而不久他们就也有通过市场交换回报给有效率的生产者而激发和维持的致富愿望。与此相关的是，当越来越多的个人把他们越来越多的时间花在与市场交换有关的活动上，世界体系就从它最初的边缘地位成长为在我们当代所享有的显著的中心地位，而这种互相交换和互相依存仍然是可以与文化的多样性完全相容的，并且至少就目前而言，也与政治的多元化和对抗可以相容。这三者都属于一部这个世界本来的历史——不管这是因为什么。

最后，还有人类另一个层面的经验值得历史学家们注意，即我们与构成地球的生态系统的所有其他有机物的相遇和冲突。农业是这个历史中的一章，各种疾病的影响也是如此。而科学理解的新近兴起和这种理解有时能够做到的广泛控制也是这个历史的第三维度。如上面所提示的，疾病在基督纪元的头几个世纪中影响了交换世界体系的历史。在14世纪更短的时间内，黑死病蹂躏了中国、中东地区和欧洲。更重要的是，文明化带来的疾病传染经常摧垮文化精神和新近暴露在疾病蹂躏之下的民族的独立性。这种疾病在1492年之后打击了土生的美洲人，当时他们突然暴露在欧洲人（后来是非洲人）的疾病之中。这是最富戏剧性的，但绝非是这种现象的唯一例证。[12] 农作物、驯养动物和不受欢迎的害虫和传染病是生态史的另一方面，关于这方面历史学家所知甚少。这些也明显地影响到经济和政治史，在很大程度上其方式与流行瘟疫相同，一些人群因此得以繁荣，而另一些人群则因此惨遭惩罚甚至毁灭。

人类历史的这些层面因此也应当在对过去任何真正满意的记叙中有一席之地，它们也应当被编入记叙各文明和文化的兴起和精致化的进程中，而且，人类生存圈的发展进程的重要性应与一个经济上互补、文化上共存的世界体系的兴起相提并论。

这样的任务对于世界历史学家而言也许是望而生畏的。正如我们现在所理解的，缺少对任何一方面的了解显然都不足以阐明人类状况的复杂性。这并没有使我认为它是不可能的——虽然需要极大努力。资料是存在的，需要的是将它们搜集起来并编排好，然后构建起一种清楚优雅的论述，用以表现如我们现在所理解的人类历史的不同方面及其相互作用的潮流。历史学家常常面对的正是这样的任务，即使是在写有关一个人数相对少的民族和有限的时期时。资料几乎总是过于丰富的，只有经过选择和安排才能够清楚理解。如何才能用一系列话语在读者心中激发出对过去的一幅肖像画，这是一种历史学家经常在培养的技艺，而我们现在处于应用这种技艺更正确、丰富和精确地描述人类过去整体历史的阶段；这只是因为历史的学术成就以空前的广度来研究全球整体，而历史概念的进化已经达到了一个经验丰富的水平，使得研究世界历史的所有成果，甚至如我这样新近的成果，看来也基本上过时了，明显也需要被取代了。

威廉·麦克尼尔

英文第一版前言

本书构思于1936年，1954年开始写作，1962年完成。脚注列举了大多数在写作过程中参考的著作，但是我没有做系统的努力来记录我事先积累的思想和知识的资料来源，这就造成了在引证中的偏重现象，因为这本书中有关欧洲史的部分，是我的专业兴趣所在，几乎完全缺乏学术性的资料。更严重的偏重现象存在于正文之中，因为我认为大家对西方史是相当熟悉的，所以在讨论我们自己的过去时，有选择地强调了过去一直被低估的事件，只是顺带提及一下我们更熟悉的背景，有时甚至根本没有谈到。这使本书不适用于学校教学，而我希望它适用于西方世界受过历史教育的成年读者。我也希望，其他文明的继承者会从本书中得到激励，但他们也会发现本书中明显的不必要解释之处和不应有的模糊之处交织在一起。

读者所熟悉的知识与作者所预想的不一致，往往会造成书中的这种不平衡。一本书企图讨论全世界历史这样大的一个题目，会招致非常大的误解。而只有当其他人掌握了作者所想的和所说的观点，以便发展、修正或重新解释他的思想来适应他们自己的偏好或解答他们自己的问题时，冷冰冰的印刷页才有了生命力，而如果经常发生这种情况，像这样的一本书才能在人类文化史中具有真正的力量。所以这样讲并无嘲讽之意，我希望这本书能完全地一再引发论辩。

《西方的兴起》这本书设计得像一个三条腿的凳子，正文、照片和贝拉·帕特奥（Béla Petheö）的地图与图表是用以相互支持和加强说服力的。在原则上，并可能在实际上，留心地阅读本书三个组成部分的任何一个，都能对人类社会史提供它本身有限的但却合乎逻辑的观察，而把这三个部分结合起来，就是为了比其中任一部分更能加强说服力和丰富其意义。

在某种意义上，我曾见过的任何人和我读过的所有书都与本书有关。与本书有着更密切的和更个人化的关系的，包括在撰写本书时作为我的助手的学生：Hsio Yen Shih，Albert S. Hanser，George W. Smalley，还有 Jean A. Whitenack，我特别感谢他们编辑的眼光和不知疲倦的录入工作。阅读全部或部分手稿并提出批评意见的同事和朋友有：Robert M. Adams，Robert J. Braidwood，Michael Cherniavsky，Pinhas Delougaz，Mircea Eliade，Louis Gottschalk，Robert M. Grant，David Grene，Stephen Hay，Marshall G. S. Hodgson，Bert F. Hoselitz，Walter Johnson，Donald Lach，Christian W. Mackauer，J. A. B. van Buitenen，Karl J.Weintraub and John A.Wilson of the University of Chicago；Edward Bastian of Earlham College；Pratulchandra Gupta of Jodavpur University，Calcutta；Peter Hardy of London University；Bryce Lyon of the University of California；Walter Porges of Pierce College，California；Earl Pritchard of the University of Arizona；Arnold J. Toynbee of the Royal Institute of International Affairs；G. E. von Grunebaum of the University of California，Los Angeles；Y. C. Wang of the University of Kansas；Martin Wight of Sussex University；还有我的父亲 John T. McNeill of Union Theological Seminary，New York。所有这些人都对这本书的改进做出过贡献，但本书的一切错误概由本人负责。

福特专门研究员身份（Ford Faculty Fellowship，1954—1955 年度）使我得到空闲，并鼓励我开始撰写这本书，纽约卡内基公司（Carnegie Corporation）的慷慨赠款使我从 1957—1962 年每年有 6 个月时间可以集中全力从事本书写作。没有这种帮助，本书可能永不会写作，更可能至今仍无法完成。

最后，芝加哥大学为我提供了良好的研究环境，在这里我开始了思考和研究。现在这些思考与研究已成形，而我的家庭则慷慨大度地在过去八年里容忍了本书这个不速之客。我对两者感激不尽。

威廉·麦克尼尔

第一篇

中东统治的时代

（至公元前 500 年）

法国中南部拉斯科克斯附近洞穴内发现的旧石器时代壁画

第 1 章

历史的发轫

人类历史之初是一片混沌。虽然我们已经在世界很多地方发现了 3
类似人骨的碎片，但它们未必能使我们了解更多有关人类起源的情况。比较解剖学家和胚胎学家们把智人作为动物的一个物种，同猿、猴和狒狒一起归入灵长目；但有关人类进化的全部细节尚模糊不清。经过打制的石块、陶器碎片和其他考古学遗物都是消失了的人类文化的证据，可惜这些证据都不充分。有经验的考古学家能通过对遗物的型制、组合情况及其所处地层的比较研究推断出有关人类工具逐渐演进的大量情况，并且推断出另外一些我们今天所不知道的人类生活方式的某些特点。但是，从上述调查方式中得到的图景也依然是非常模糊的。因此，专家们的意见分歧和学说上的争议是相当正常的，我们不必为此感到惊讶。

从旧大陆各地发现的各种头骨和其他骨骼清楚地表明，在更新世地质时代已经出现了不止一种，而是若干种人类生命形态。[1] 木器和石器的使用不限于现代人种，因为人们发现，中国的北京人已经毫无疑问地使用这类人工制品了，至于当时非洲和东南亚的其他猿人遗迹
是否有人工制品，尚未完全确定。北京人在他们居住的洞口也留下了 4
用火的痕迹，欧洲的尼安德特人同样既会使用工具，也会用火。

在非洲发现充足的类人和人类化石说明这片大陆是人类诞生和发展的主要摇篮。[2] 今天位于非洲赤道雨林地带东部和北部的大片弓形

热带草原为人类生活提供了极好的自然条件，我们最早的人类祖先可能就是在那里繁衍发展起来的。这是一个巨兽出没之地，在茫茫草海中生长着密集粗壮的树林，而且没有冰冻之虞。大约在过去的 50 万年内，气候一定有过剧烈的变化，可能当冰川覆盖了欧洲部分地区之时，在非洲，也许还有阿拉伯和印度部分地区，可能存在着一个位置变幻不定的热带大草原。在这片陆地上，人类可以用植物充饥，并以动物性食物做补充，高大的树木是人类夜间栖息和遇险时的避藏所，那里的气候也允许人类赤身裸体。人类的幼儿出生时无法自立，生长发育又十分缓慢，这给成年人带来沉重的负担。因此，对于最初出现的人类来说，这样的地方无疑是最适合居住的了。

当初，幼年的人类毫无自立能力，他们能够生存下来，的确是一种极大的偶然。但这种不利条件得到了补偿，并最终促成人类独具的优点，因为它不仅在生物学上，尤其在文化上为人类的进化打开了宽阔的大门。尽管人类祖先的牙齿和肌肉并无出众之处，但一旦时机适当，文化进化就变成一种手段，使人类得以从群兽中脱颖而出，无可争议地确立了他的突出地位。根据条件许可，当然也是为环境所迫，人类教他们的孩子掌握各种生存技能。人类的婴儿期和童年期比较长，使人类群体有可能最终超出他们开始时的那种动物水平。生存的技能是可以逐步积累，并不断完善的，到一定的时候，人类就能掌握动物、植物以及矿产资源，从而越来越成功地让它们为人类服务。

*　　*　　*

文化进化一定是从现代人的祖先那里开始的。幼年期的初步教育在许多高等动物中都可以观察到，与人类祖先在亲缘关系上最为接近的那些动物，其生活方式都是社会性的，而且习惯于用嗓子发声。可以设想，正是这些特征为原始人群作为狩猎者而发展其高等技能提供了基础。当男人们学会通过语言和使用工具越来越有效地协调他们的活动时，他们便能经常地获得大量猎物。在这种情况下，我们可以想象，甚至在他们本人饱餐之后也常会留些多余的肉给女人和孩子吃，这就有可 5
能在两性间产生新的分工。男人可以不再频繁地采集野果、根茎及其他食物（以前这些东西是他们的主要食品），而把精力集中在打猎上。相反，女人则像以前那样继续采集食物，她们可以从自我供养的艰苦生活中解脱出来，抽出更多的时间和精力去保护和养育她们的婴儿。初生婴儿毫无自立能力，长大成人的时间又很长，只有生活在这种原始人类群体中，且主要食物由熟练的猎手提供，这些幼儿才可能生存下来。[3]

现代人的起源仍是考古学和体质人类学上未能解决的疑题之一。现代人的不同种族可能是人类各支祖先在旧大陆各个相互隔绝的地区平行地向着完全形成的人进化的过程中形成的，[4] 但我们手头一些十分零碎的证据也许同样能有力地支持另外一种假说：智人是在某一个中心地区兴起的，在向世界各地迁徙的过程中产生了种族的变异。[5]

大约在三万年以前，当最后一次大冰川开始向北消退之时，智人出现在欧洲。有理由认为，他们是从西亚分两路而来，一条是地中海南岸，另一条是地中海北岸。[6] 这些新来者都是熟练的猎人，他们无疑是被鹿群、猛犸象、野马和其他食草动物吸引到欧洲这块沃土上来的，因为这些动物就栖息在冻土带和冰川退却后的南部稀疏森林地带。尼安德特人在欧洲生活的时间比智人早，但随着智人的推进，尼安德特人却消失了。也许是新来者把他们赶尽杀绝了；也许是发生了其他变化，比如流行病，致使尼安德特人遭到了毁灭。尽管在欧洲没有发现具有混合特征 6
的骨骼，但也不能据此推断没有发生过杂交。与之相对照，在美洲，智人出现在一个过去从未有人到过的地方，但是他们到达的时间（公元前 10000—前 7000 年？）以及第一批美洲移民的骨骼特征至今仍不清楚。

在世界上那些冰川消退而且几乎没有引起剧烈的生态变化的地区，生产工具看起来也几乎没有什么发展。[7] 确实，在旧石器时代晚期，人类的发明创造事实上可能已经在欧亚大陆有人居住的北部边缘大部分地区发挥作用，特别是在偏西一带。[8] 这里气候比较严酷，动植物

旧石器时代的手斧

这块被打制过的燧石，是在英国的泰晤士河岸发现的，也许有50万年的历史了。它有5.5英寸长，粗端很钝，正适合手握。从现代人的眼光看，这把手斧似乎既美观又有实用价值。即使当时制造者的头脑里还没有美的观念，能把粗糙石头打制成如此平稳而匀称的工具，我们也为他所掌握的熟练技术而赞叹。

群变化剧烈，迫使人类为生存而接受大自然的挑战。因此，我们在欧洲找到的一些旧石器时代的杰出遗物，或许不能说是偶然的发现。

智人看来从初次到达欧洲那时起就能自如地使用大量的各种各样的工具。用骨头、象牙、鹿角制作的工具补充了此前尼安德特人所使用的燧石器（可能还有木器）。骨头和鹿角能做成燧石所做不到的某些形状，像针、鱼叉头这类有用的工具，就只能利用那些比燧石柔软而富有弹性的材料来做。制作骨质或角质工具的秘密是在制作特殊的削石器的过程中发现的。用工具来制造工具似乎首先是智人发明的，这是人类能成功地适应欧洲近北极地区自然条件的一个关键。[9]

根据当代孑遗的这类狩猎民族推测，旧石器时代的人类可能生活在一种不超过 20 ~ 60 人的小群体内。这样的集体便于迁徙，一年中只有部分时间回到他们居住的洞穴或其他固定的避藏所。狩猎过程中的领导权很可能是以某个人为基础发展起来的，他以技术娴熟、本领高强而赢得了权威。估计在分布得相当分散的猎人群体之间存在着一种关系，或者至少是邻近的群体之间划定了猎场范围。可能还存在着族外婚姻和集团间的礼仪性交往。毋庸置疑，当一个集团侵犯了另一个集团的领地时，有时也会发生争斗。有证据表明，当时已经有了远距离贸易，[10] 但往往很难断定，某件物品究竟是从远方通过交换带进来的，还是在季节性迁移或其他形式的迁移过程中偶然拾到的。

在法国和西班牙的一些洞穴深处发现了一些粗糙的雕刻、奇怪的 8
记号和出色的动物壁画，[11] 它为我们提供了旧石器时代人类宗教思想和宗教活动的几乎是唯一的证据。对这些遗迹的解释还不是很肯定。宗教仪式可能就在黑暗的洞穴深处举行，很可能人们把自己装扮成动物的形象参加舞蹈仪式，其目的也许想使猎人与他们将要猎取的动物保持亲密的关系——为了抚慰动物的灵魂，或是为了本族的人丁兴旺。之所以利用洞穴举行仪式，大概是因为他们把这些黑暗的洞穴看成是通向大地之母（Mother Earth）腹部的路，人和动物都从那里来，又都要回到那里去。但这仅仅是推测而已。[12]

旧石器时代的洞穴壁画

这头黑公牛是在法国中南部拉斯科克斯（Lascaux）附近的一座洞穴内发现的多个类似的壁画图案之一，可能是马格德林时期的猎人所作，他们曾在大约16000年以前居住在这个地区。他们为什么要跑到地底下去并将这些画绘在黑暗的洞穴深处，至今尚不清楚。精细的观察使他们那时就能捕捉住动物的某一特征姿态，如在这个例子中，牛的角和耳朵在视觉上画得并不正确，但这样的细节却赋予这些画以非凡的动感和力感。用现代人的眼光看，这幅画使人感觉到这头野兽具有令人惊叹的潜在力量，同时又感觉到一种隐隐的威胁。实际上，这种感觉在某种轻微程度上可能同把古代猎人与猎物联结在一起的那种模糊意念相一致，而这些洞穴壁画的作者们在作画时设法表达的，也是这样一种意念。

洞穴艺术中的动物形象如此突出，可以使我们想象到旧石器时代猎人们的猎获情况很不稳定。他们的生活依赖猎物，而猎物的生存又依赖于变化着的生态平衡。大约一万年以前，覆盖欧洲和北美表面100万年之久的冰川开始了最后的退却。开阔的冻土带和长着白桦、云杉的稀疏森林随着冰川向北推移，而密集的落叶树林开始进入西欧。原先的野生动物也随之北移到靠近北极的栖息地，而在新的密林区则出现了大批新动物，必须用不同的方法猎取。

因此，大约在公元前 8000 年左右，西欧居民中开始流行一种新的生活方式。[13] 有证据表明，这些新来者可能来自东方。究竟是入侵者同原先的居民混合了，还是老居民随着他们原先经常捕猎的动物北去或者东移，而留下了几乎无人居住的空地，都不得而知。[14] 不管怎样，新来者给欧洲旧石器时代的工具系列增添了一些新的重要类型：弓箭、渔网、独木舟、小雪橇、滑雪板以及驯养的狗——估计是用来帮助打猎的。

整体而言，所谓中石器时代（约公元前 8000—前 4500 年）的遗物还不如刚过去的旧石器时代的遗物那么令人印象深刻。燧石器的特点是较小，岩画（大多发现于西班牙）也不是特别出色、漂亮，但如果由此而以为欧洲的人类文化在倒退，那是错误的。尽管箭头和鱼钩乍看 10
起来没有鱼叉那样引人注目，然而弓箭以及钓线却能更有效地捕获食物。中石器时代的宗教生活几乎没留下什么痕迹，但也不能据此推断当时人们的宗教意识变得淡薄或者说他们已忘却旧的宗教传统。必须承认我们对此一无所知。

在旧石器时代和中石器时代，从人类是食肉运动之首而且适应性最强这个意义上说，他已成了动物王国的主宰；但是，尽管人有工具，有社会组织，以及他所特有的发展、传播文化的能力，却仍然只能依赖于自然界本身的平衡。在人类上升为大地主人的过程中，紧接着迈出的伟大一步，就是找到了某些改造自然环境的方法，从而使环境能适合于人类的利益和需要。随着栽培植物和驯养动物的开始，以及把自然森林改造成农田这种方法的发展，人类达到了一种新的生产水平。从此他就成了其周围的动植物生命的创造者，而不再是单纯的捕食者和采集者了。

这个进步揭开了人类历史上崭新的一页。以狩猎、采集为生的生活方式自发地限制着人口数量，像早期人类和现代狮子这样体形庞大的食肉动物，在大自然中必然是相对稀少的。因此，较多的人口只有组织成一定形式的人类共同体才得以维持生存；由于人多，可以按专长进行社会分工，这样就可摆脱过去单纯依靠狩猎采集为生而受到的天然限制了。这也许是人类全部进化中最基本的一环。毋庸置疑，整个人类文明史的发展依赖于通过农业和动物驯养来扩大食物资源。然而，人类也确实为此付出了代价，因为狩猎中所能体验的那种强烈的乐趣、力量的恣意发挥以及人在本能上的满足，现在却被枯燥单调的田间耕作所代替。因此，人类一开始施展自己的力量，就暴露了其深刻的两面性：农耕扩大了人类对自然界的控制，摆脱了早先食物供应上的局限，但同时也就意味着人类陷入了无休止的耕耘、播种和季节性劳动的束缚之中。

然而考古发现并不能告诉我们很多关于人类生活这一重大转变的情况。早期的原始人可能就已经开始无意识地影响着那些引起他们注意的特定植物种类的分布和形成。猎手们可能特别注意那些可以从中提取染料、麻醉剂、兴奋剂或毒药的植物。也许，培育和繁殖植物的尝试最初就集中在上述一些种类，后来才转到正规农业生产。[15]

植物的驯化是一个长期的过程，而不是在一朝一夕之内突然发生
11 的。遗传学上的组合、复合，人工栽培的植物同野生植物的杂交，以及人类有意无意的选择[16]，实际上就是空前地加快了某些植物种类朝着更有效地与人共生的方向发展的生物进化过程。在某些情况下，驯化植物可以使该植物的生存依赖于人的行为，比如玉米，就属于这种情况；反之，人类的生存终究也同样要依赖于谷物。

看来农业的发明不止一次。哥伦布到达美洲前，那里的庄稼从植物学的观点看，与旧大陆的大不相同，这个事实已说服了研究这个问题的大多数学者承认，农业在美洲是独立发展起来的。[17]甚至在旧大陆，农业可能至少有两个不同的发源地。主要证据是，直到最近，欧亚大陆的农业还分为两种明显不同的类型，并形成基本的对比：一种是欧洲和中东的大田农业，实行播种繁殖，谷类植物是主要农作物。另一种是园圃式的农业，人们把植物母体的幼苗进行分株移植，这种方法在亚洲季风带的许多地区和太平洋岛屿上很盛行，块茎类作物在

这儿占有很大比重。[18] 这种差别非常明显，原因可能是人们通过有意识的探寻，各自独立地发现了提高农作物产量的可行途径。但也可能只是因为在不同气候条件下人们巧妙地开发了各地不同的植物品种。[19]

以谷类植物为中心的中东农业为最早的文明社会奠定了基础。考古学家的细致工作使我们知道自然条件的某些因素也造成了农业发展的可能性。根据放射性碳测定的时间推算，我们推测的中东农业大约开始于公元前 6500 年，就是冰帽从欧洲大陆消失，地球上的气候带大体上被分割成现在这种状态的时候。在西欧和中欧，这意味 12
着密林开始出现，人类相应地从旧石器时代转入了中石器时代。再往南，干燥的信风已经开始把原先人类居住的重要中心地区变成撒哈拉（Saharan）、阿拉伯（Arabian）、格德罗西亚（Gedrosian）和塔尔（Thar）沙漠。在上述两类地区之间有个过渡地带，这里一年中只有部分时间刮信风，而在冬季，来自大西洋的气旋风暴会带来赋予生机的雨水。这就是地中海气候带，中东的大部分地区就在其间。这里的植被比不上北方雨水充足的地区那样茂密，但在人类和驯养的畜群破坏这里的自然景观以前，这块大平原上到处都有星星点点的树林，其间生长绿草，春天茂盛，夏天因为干燥而枯萎，冬天降雨后又复滋萌生。与此相比照，在丘陵和山坡上，其迎风面则是一年四季雨水丰沛，林木丛生。

这个区域多样化的自然环境特别适于人类生活。[20] 其北部的落叶林尚无现成的食物资源，有待中东的居民前去开发。八九千年以前在安纳托利亚（Anatolia）和扎格罗斯（Zagros）山脉之间的丘陵地带可能到处长有结籽的野草，这些野草实际上就是现代谷物的前身，诸如至今仍在种植的小麦和大麦等。如果是这样，我们可以想象，从远古时代起，这些地区的妇女们就已经在种子成熟季节寻找小块地的小麦和大麦，并且用手或借助简单的收割工具采集这些野生作物。这些妇女可能渐渐地发现了有助于这些作物生长的办法，譬如，把竞生的其他植物拔掉。也许在严格意义上的农业兴起以前很久，人们为了加快收割速度，早已发明了原始的镰刀。

一旦野生谷物的采集者开始懂得，在收获季节把一部分种子撒在地里，第二年肯定会获得更好的收成，从这时候起，一个重大的转折就到来了。也许这种思想与谷物有灵观念相联系，为了安抚谷物的灵魂，一个虔诚的收割者如果把部分宝贵的种子留在地里，就会得到好报。第二个突破是发现种子应该撒在经过适当翻耕过的田里，妇女们甚至可以把那些连草都不能自然生长的地方开发为良田。人们用掘棒挖地，用土把种子覆盖起来以免被鸟类啄食。即使人们懂得这样做未来定会带来回报，这些劳动经验仍然传播很慢，因为猎人群体很少能在一个地方停留足够长的时间以从事扩展耕地的劳动。

然而，中东农业的发展与人类早期进化过程相比速度还算快的。农田的扩展大大增加了人类的食物来源，从而明显超越了他们过去单纯地依赖狩猎采集的状况，不再受人口数量和密度的限制——这种限
13 制使得人类直到那时为止在自然平衡中仍然数量较少。[21] 我们无法确定这个伟大的起点的具体年代，确实，考古学也还未能对这一转变提供完全令人满意的证据。但是可以设想，一旦这种新的粮食生产方法充分显示出它的优越性，就会在中东的野生谷物采集者中广泛传播；还可以进一步设想，食物来源的扩大导致了人口增长速度的相对加快。这种最早期的农业也许不会早于公元前 6500 年太多。村庄是为了适应人们更长期的定居需要而出现的，这时候土地需要耕作，庄稼需要防止动物践踏。迄今为止尚未发现有公元前 6250 年（±200 年）以前的村庄遗址，而在此后的几个阶段中，其数量不断增加。[22]

中东的农业最初一定是小规模的，而且是妇女的工作，打猎仍然是男人们的任务。但在农业奠定初期，妇女们就粗暴地破坏了微妙的生态平衡。此时猎人的人数开始过剩，农田周围可猎的野兽必然会很快趋于灭绝。[23] 在这种情况下，农业生产逐渐取代以狩猎为中心的群体生活。弓箭对男人来说已基本失去了作用，他们中的一部分人不得不从事农业劳动，如修筑篱笆防止动物进入农田，在紧张的收获季节

帮助收割庄稼，以免果实过熟后散落到地上无法收集。最后，当一年的食物逐渐地主要取决于农田面积的大小时，某些群体中的男人也许不得不拿起铲子或锄头，悻悻然地同女人们一起从事田间劳动。

但是还有另外一种可能性。男人可以驯养一些他们经常能捕捉到的野兽。当时猎物越来越少，明智的猎手懂得必须保护他们未来的狩猎对象，不让竞争对手猎走，同时保存一部分猎获的动物供以后食用，这样做对于他们来说是合乎逻辑的。但当时饲养牲畜还没有做到综合开发，即牲畜的奶、皮毛，甚至血等均未被利用。

无人能真正了解在农业和畜牧业发展以前，狩猎—采集式的生活方式是如何或通过哪些步骤而逐渐消失的。也许，最初正式驯养动物是想借以引诱他们猎区内的野兽，随着野生动物数量减少，人们才逐渐发现这些动物的其他用处。毫无疑问，这些创造者并没有预料到驯养野兽会改变他们由来已久的习惯。引起这种变化的主观原因几乎难 14
以猜测，因为人类与动物之间的整个关系浸透在奇妙而不可思议的观念之中。把捕获的野兽杀了祭神是某些狩猎民族宗教活动的内容之一。他们希望通过定期的、丰富的祭品来祈求神灵保佑他们打猎成功，而保护和饲养牲畜以备将来宰杀似乎是弥补日益短缺的野生动物来源的唯一办法。

能肯定的一点是，中东的居民在其农业发展初期就成功地驯养了山羊、绵羊、猪和牛，从而维持甚至可能扩大了肉类和其他畜产品的供应。可以设想，甚至在农业引起的人口增长超过单纯依靠狩猎、采集所能维持的那种水平之前，人们就已经开始驯养动物，但即便如此，在猎手们发现他们日常的捕猎收获越来越少之前，饲养家禽和家畜一直没有占据重要位置。如果狩猎可以继续提供与通常数量一样的肉食，那么何必要放弃这种世世代代传授下来，并且被坚定的宗教和道德价值观视为神圣的谋生方式呢？[24]

中东出现的上述情况说明，一旦农业开始改变人们的生活，新的耕作集团所需物资装备的范围就会迅速扩大。分层考古发现的新式装备反映了当时明显的突变，部分原因可能是由于历史遗物的空缺，但新的日常生活必定需要新的工具和方法，人类对这种新的需求反应较快。不难想象，从狩猎向农业和畜牧业的巨大转变定会把人类的创造力从旧习惯的束缚中解放出来。创新遇到的普通阻力会暂时减少，直到一系列辉煌的发明创造和对旧方法的改进能够满足新生活的需要并为之打下基础之后，才又一次形成了一个稳定的习惯模式：即新石器时代的村落社会。

考古学使我们能了解一些这种社会转变中技术和材料方面的情况。农耕和畜牧业是与酿酒、纺织、陶器以及磨光石器的制作联系在
15 一起的。某些前陶器时期的遗址中已经发现有农业的痕迹，毫无疑问，在中东的原始农业社会发明和采用一整套完善的、被考古学家们称为“新石器时代”的工具之前，一定已经历了数百年时间。

一旦人类群体开始依靠谷类食物为生，其成员会自然而然地扎根在他们所生活的地点，而改变狩猎经济时代那种游徙不定的情况。[25]在作物生长季节，群体中至少有一部分成员必须看护农田以防动物啃食。即使在其余时间，由于搬运收获的粮食任务较重，再加上原来的农田需要整修，还要开垦新地，就使得该群体中的妇女几乎一年四季都得留守在固定的地点。

由于永久定居生活的形成，人们有可能积累起一些庞大、沉重、易碎的家庭用品。例如，泥罐就比较适用，代替了过去用动物毛皮、葫芦壳、柳条制成的既轻又不易破碎的容器。最初在式样上与原先的东西差别很小。很多早期的陶器似乎是用黏土从篮子和葫芦上脱胎制成的，可以想象人们设法在原来的容器外面涂上一层防火防水的黏土，以便烧煮让人感到新奇的麦粥，于是就出现了第一批陶器。烤肉毕竟可用木签，但煮谷类食物则需要一种既不怕火又不漏水的容器，一句话，就是需要一口锅。

迄今所知最早的布的痕迹出自新石器时代遗址。这并不能证明以前人们不知有布，因为织布也像制罐一样，以旧石器时代的编篮技术

为先例。但是，即使当时的人熟悉编织技术，由于可供使用的纤维太少，也不能大量织布。直到开始种植亚麻，饲养的动物也可以提供毛发之后，这个问题才得到解决。农业和驯养动物扩大了纤维的供应，从此，织布对人类适应新的生活方式起了重要作用。

磨光的石器，尤其是石斧，是每个新石器时代遗址的标志。燧石片经加工琢削可得到锋利的刃，很适于制作猎人所需要的箭头、小刀和刮刀，但这种燧石易碎，如用来剥树皮、砍树枝或伐倒树木，就很容易损坏。合用的斧头只能用较坚韧的石头来做，而这种石头用传统敲击的办法不能变成所需的形状。直到人类又发现了更硬的石头媒介物并采用粗切和磨光的办法后，这个难题才基本解决（这种方法早先长期用于骨和角的加工成形）。因此，磨光的石斧和其他工具就成了农业居住地的特征。磨光的石斧与先前的燧石工具之间差异明显，使考古学家早在弄清工具制作技术与社会变化后的需要之间的关系之前很久，就把这些遗物命名为“新石器”。

最初的农耕者并不是完全定居不动的，因为土地反复种过几年后就失去了肥力，为了保持收获量，人们就不得不一次次地抛弃旧地而
开辟新地。最适合于原始农业的土地是那些密林丛生的地方，在大树 16
覆盖之下，地面植物难以生长。在这样的地区，一旦人们把树皮剥光使树木枯死，土壤暴露在阳光下，就容易用棍、铲或锄在树桩周围挖掘。这种土地在种植一两季后，人们再把干枯的树枝和树干烧成灰撒在地里，肥力又可恢复。相反，天然的草地顽固地阻挠着木棒的挖掘，而且不可能防止原有的杂草从粮食作物中长出并挤掉粮食作物。因此，中东最早的农民像 18 世纪美洲的开拓者一样，喜欢开垦林地，最初是沿着山坡或山脚开垦。在这些地方，树木能自然生长。也许，古代中东“成熟的”新石器时代的村民就是从事这种“刀耕火种”式的农业，过着半迁移式的生活。事实上，在热带雨林区和靠近我们农业世界边缘的亚北极白桦林和云杉林地区的原始农民至今依然如此。[26]

在中东农业发展的时候，粮食种植与畜牧饲养相结合的混合经济

新石器时代彩陶

这个精致的陶罐是在中国甘肃省的一个新石器时代遗址中发现的。陶罐上的曲线装饰图案与乌克兰（Ukraine）和多瑙河（Danube）下游新石器时代陶器的风格如此相似，以致许多考古学家相信，制作这类陶罐的技术一定有着共同的起源，后来由种植谷物的半流动农民带到了东方或西方。

成为当时的特征。可以肯定，某些群体可能在农业或畜牧业之间有所侧重。沿森林边缘低海拔处的草地逐渐变成荒漠，那么驯养家畜就有可能成为这些地区的主要生活方式。正如亚伯拉罕（Abraham）带着大批畜群和随从的人们从迦勒底（Chaldees）的乌尔（Ur）出发来到这儿一样，[27] 在其前后一定还有许多别的人群来到此地。

游牧民族几乎没有给考古学家们留下什么踪迹，所以很难确定畜牧业和农业这两种生活方式之间何时开始出现明显差别。人们是逐步进入草原和沙漠的。确实，游牧生活的潜力直到人类学会并习惯于骑马才被充分认识，时间不会早于公元前 900 年。最早，人们赶着他们的畜群来到草场上，同时也耕种小块合适的土地，因此，最初两种生活方式之间的区别与其说是截然不同，不如说是各有侧重。

很可能，只有在下述情况下，畜牧业才会从农业中完全分离出来：有些群体一直保持着他们的狩猎习惯，直到兼养牲畜的农民在迁移扩展中带来的新的生活方式吸引了他们——或许是后者侵占了他们传统使用的一部分猎场。很清楚，猎人们发现农田劳动引不起他们的兴趣，而畜牧技术却很适合于他们并且很容易融合进他们的狩猎传统。因此，如果由于某种原因猎人们必须改变自己熟悉的生活习惯，我们不难相信，他们可能十分愿意饲养动物而拒绝农田耕作：他们已经自由自在惯了，对农业劳动不屑一顾。正因为如此，靠近最早的农业生活中心边缘带的那些地区——欧洲和中亚的大草原、阿拉伯北部，这些地方的天然草场开垦为耕地比较困难——就成了畜牧民族的主要家乡[28]。

游牧民族占领草原意味着人类两种不同的生活方式在中东地区开 18
始同时存在，部分程度上它们相互依存，又能不断地相互影响。牧民们一定从很早的时代就把牲畜赶到庄稼地里啃茬子，直到今天他们还是这样做。无疑他们一开始就同农民有贸易往来，因为农民和牧民生产出来的剩余产品很自然地要进行相互补充。牧民生活的流动性较大，自然就容易运送一些特殊而珍贵的物品，像做石斧用的硬石、装饰用的贝壳以及珍贵而易腐的东西（当然不会留下任何考古遗迹）。最后，农民和牧民间不断地发生冲突，正如《圣经》中该隐和亚伯的故事所述的那样，必定给新石器时代人的生活带来经常性的暴力。

猎人群体的生活方式在相当广泛的地区内基本上都是一样的。他们技艺高超，适应当地的环境条件，因而几乎不可能在与邻近集团的接触中得到足以促成社会改革的外力。但是随着农业和畜牧业的发展，生活方式就不再是千篇一律的了。一种新的、要求变革的强大推动力出现在人类历史舞台上。一旦人类起来再次改造他们的环境使之适合于自己的需要，那时，对社会发展的各种陈旧的束缚就会消除，在控制自然力方面朝着与我们同时代的技术水准奋力进取的壮观征途开始了。

*　*　*

对农民和牧民来说，季节的循环变化至关重要，已经不能同旧的狩猎生活相比。在那些靠农田和牧场生活的群体中，暴风雨和干旱在大致可以预见的季节变化范围内不定期地反复出现，构成了他们生活的基本节律。也许，当时中东的气候变化基本上和现在相同——有时也不正常，但总的说来季节分明。这个地区现在还是冬天雨水多，春天植物生长繁茂，夏天酷热干燥。大西洋气旋风暴的最南端带来的雨水并不永远可靠。有的年头雨量充沛，给人们带来丰收和茂盛的牧草；有的年头雨水缺乏，给人、畜都带来饥荒。[29]

气候与季节的反复无常必然会给中东新石器时代的宗教提供主题。农民意识到，大地、雨水和阳光能赐人以生命，也能给人以毁灭。为
19 了祈求或迫使自然力适合人类的愿望，宗教仪式也相应有了发展。他
们继续以动、植物神灵为主要崇拜对象，以往对这些神灵表示赎罪或祈求丰产丰育的宗教仪式又很快同对新的天、地、日诸神的重要崇拜融为一体，产生了中东的“生殖崇拜”。

由于从狩猎向农耕的转换，导致人际关系的广泛变化，从而又影响到新石器时代的宗教崇拜。随着妇女成为群体中主要的食物供应者，她们的威望和独立性可能也提高了。这个时代遗留下来的各种物品说明母系氏族制度在许多新石器时代的群体中盛行。与之相应，农业的推广到处都伴随着女祭司和女神地位的显著上升。[30] 大地本身明显被想象为一个女人，即后期宗教中“大母神”的原始形象；从新石器时代遗址中发掘出来的大量女像，可能就代表着这位多产的大地女神。[31] 另外，石斧（能伐树造田）、圣火（使土地肥沃、炉火熊熊）、圣山、树木、石头似乎都在新石器时代的宗教活动中起着各种不同的作用。

确实，我们可以想象，正如旧式工具通过适当的改革过程后发展成新式工具一样，新的农业社会的知识、感情和道德也可以很快地通过神话使之合理化，通过宗教活动使之仪式化，从而充满了神圣的意义。

尽管宗教活动的中心、象征及仪式被相当彻底地更换，但并没有与旧石器时代和中石器时代古老的万物有灵思想基本断绝。然而在一个方面，新石器时代的生活方式和宗教形式确实显示出一个重要的区别，在宗教仪式上表现为对月亮的崇拜，在生产实践上肯定了计时的必要性。月亮的圆缺给原始人提供了唯一明显的日历，而且，因为牛角类似新月形，所以最初的农人逐渐把母牛和月亮女神与计算季节的难题联系起来，其方法相当繁杂，详情无从得知。[32]

度量和计算在中东农业常规中的重要性对后来人类社会和思想的发展产生了深远的影响。对于猎人来说，时间和空间的度量无关紧要。在他们的生活中，盛宴般的饱餐和饥肠辘辘的日子常相交替，有时把剩余的肉类冰冻起来或晒干，或者适当地贮存一些野生种子和块根，以解燃眉之急。但下次何时可以捕杀到猎物，则难以预计，要保存和储藏多少食物以备来日之缺，亦无法预料。在农人那里情况则全然不 20
同。对他们来说，季节构成了生活的基本节奏，食源充足和匮乏的时间是固定的并且可以预测。粮食的定量消费可让人们维持到收获季节，节约余粮以防歉收，此外，计算需要多少种子，要耕多少土地，什么时候开耕——所有这些与预测和度量有关的类似活动，都是原始农民所必须做的。预测季节的循环周期，确定何时播种、何时收割，是这类计算中最基本的项目。因此，在中东的自然条件下，度量和计算技术在农业设施中是不可缺少而且绝对重要的一部分。

对面积的粗略测量能使人们更精确地估计一块田需要为它准备多少种子，这对早期农民来说大概是轻而易举的事。拇指也被用作度量的工具。每块田需要一篮子种子，篮子就成了土地面积测量的工具。直到人们开始大规模的水利灌溉和兴建巨大的建筑物时，精确的空间度量才成为必要。时间的度量却是个难题，因为在中东的自然条件下，

一年的周期

每年冬雨的到来难以用精确的方法预测，夏秋的不规则暴雨也许容易导致那些饥饿的农民过早播种，造成种子发芽后又干旱而枯死。月相与太阳年不完全吻合使这个问题变得更加复杂。只有当人们学会了正确地观察和解释月亮、太阳和星星的季节性运行规律之后，他们才能确切地知道在月亮的哪一个周期内播种庄稼。精确计算季节的极端重要性以及这样做的困难性对中东的知识和科学的发展起了根本的促进作用。[33] 直到苏美尔文明和埃及文明兴起，这个问题才因为有了可靠的历法而得到完全解决。

值得注意的是，在亚洲季风带，时间计算问题不是很重要，除了边缘地区，季风发生时间相当精确，随着雨季来到，作物生长季节即告开始。不存在种植过早或过迟的问题，也不需要精确的历法。所以，这样的设想也许并非荒唐：印度文明对时间计算很不重视，这与它的农业周期根本不同有关。相反的，中东最早的农民预测时间的执着精神基本传给了西方人和穆斯林，并且像在过去的地中海和中东一样，在西方和穆斯林中也扎下了根。

在农业社会中，男子的领导地位不再像狩猎时那么重要。当狩猎集团的纪律衰退时，最早的村落的政治结构也许接近于无政府状态。这种无政府状态从那时以来就一直是全世界爱好和平的农民的理想。

大地赐予丰年还是歉岁，人类无法捉摸，也无能为力。在这种情况 22
下，宗教人员作为人类与大地的中介者，可能提供了一种重要的社会领导形式。强壮的猎人和武士，其作用消失或后退到社会生活的边缘，失去了他们一度所占有的明显的首要地位；与此同时，随着谷物种植成为人们生活的中心，原先比较紧密的、对于首领的个人从属关系可能也松弛了，而在猎人集团内，这种从属关系是进行成功的狩猎所必需的。

然而，在以畜牧业为主的民族中，政治宗教结构发生了十分不同的转变。为了保护畜群不受野兽伤害，需要有像从前猎人那样通常具备的勇气和社会纪律。牧民的主要经济活动，如以往猎人一样依赖动物为生，并且仍保持以男人为主，因而形成了父系家族制度。若干父系家族结合成一个在族长领导下的亲缘集团，族长享有权威，决定日常事务，譬如寻找和选择最适合于畜牧生活条件的牧场。此外，参加战争和遵守作战纪律在牧民生活中占有重要地位。强占他人的牧畜或草场是最容易、最快的致富办法，也是他们在荒年缺草之时能幸存下来的唯一手段。

从事农耕的集团对尚武精神已完全陌生。从早期新石器时代村落中发现的考古遗物可以明显地看出，当时是一种和平的社会。只要耕地充足，只要单个家庭的劳动不能生产一定数量的剩余产品，基本上就不会引起战争。暴力传统和猎人集团组织在这种社会内可能已经消失。除非当牧民征服者把战争强加到这些和平的村民头上时，他们才会把祖传的尚武精神和军事组织恢复起来——文明化的政治结构无一例外地都是从这样的军事组织中发展出来的。

尽管当时的技术水平有限，古代中东的农业生活在物质上还是优于原先的狩猎生涯。如果生活不太骚动的话，食物几乎能得到更可靠的保证。在一定范围的土地上可以养活更多的人口。农业必然要从其发源中心向外传播，哪儿最易于开垦，它就在哪儿扎根。至少在欧洲，人们总是选择轻质土，尤其是以黄土和白垩土为覆盖层的山坡地作为耕种区，因为这些地方自然排水好，土质容易耕作。

欧洲农业浪潮的兴起分地中海南北两路展开。北部的浪潮较大，由所谓“多瑙河文化”（Danubian）部落的垦殖者推动着在公元前4500—前4000年间进入欧洲中部和西部。开创南部潮流的种植者和饲养者穿过非洲北部，跨过直布罗陀海峡（Straits of Gibraltar），与多瑙河的农业潮流汇合。欧洲原先的猎人们没有被淘汰。即使在农民占领了山顶和山坡之后，他们仍然在林区的山寨中生活了许多世纪。很可能发生了人口的混合，猎人们有时也可能借用新来者的技术，使自己与农业群体同化起来。[34]

23 在垦荒者进入西欧之后大约1000年，一个非常类似的农业发展浪潮在哈萨克斯坦（Kazakhstan）和中西伯利亚（Central Siberia）形成了。到大约公元前2500年，这些地区的狩猎经济已经开始衰落而转向以畜牧业和农业为生的社会，他们制作的陶器与中东的非常相似。此外，这些人已经有了少量青铜器。在一些金属矿区，有些居民开始从事采矿。[35]

在世界其他地区，有关新石器时代的农业扩展情况几乎一无所知。在印度，尽管新石器类型的工具在金属出现以后好几千年里仍继续使用，但我们却没有发现明显的证据可以说明这里曾经有一个只用石器和木器耕地的时期。[36] 然而，看来无可怀疑的是，中东形式的农业和畜牧业至少扩展到了印度北部，为印度河流域文明奠定了基础。[37] 另一方面，在中国，新石器时代的直接的考古证据已经在黄河流域发现。在中国古代村落遗址中找到的一些陶器，式样与西方大草原——俄罗斯南部和伊朗东部——遗址中发现的陶器十分相似，说明这两个地区的新石器文化存在着某种联系。中国新石器时代的遗址在时间上可能较晚一些，大约为公元前 2400 年，这样就给当时半流动的农耕者以足够的时间，在公元前 6500 年以后从中东丘陵地区逐步向东移动。他们沿大河两岸，顺林木茂盛的山坡越过中亚，一路上开拓新地，在各个阶段还可能同当地居民混合。最后，走到最东边的那些开拓者把中东农业技术的基本要素带到了黄河流域。与此同时，中国新石器时代的遗物足以证明在黄河流域以南存在着原始农业社会的假设。最能说明这个问题的是水稻的发现。据信，水稻作为一种粮食作物，起源于亚洲的季风带。[38] 由此看来，在 24
公元前第三世纪，起源于中东的粮食种植技术在华北地区同起源于亚洲季风带的另一种种植技术相会并融合在一起。这个事实有力地支持了农业分别起源于旧大陆的两个不同地区的假说。

*　*　*

早在掘棒、锄和铲在欧亚大陆上扩展到它们的最大极限之前很久，在中东已经兴起了另一种更为发达的农业生活形式。也许是因为可耕种的土地逐渐缺乏，迫使或者鼓励人们去进行技术革新和创造。由于原始农业人口不断增长，或早或迟会出现这样的情况：在某一群体所及的范围内，所有适合耕种的土地都被开垦完了。在这种情况下，或者是迁移——某些群体就是这样做的；或者是越来越频繁地使用开垦过的土地。这些土地由于每年耕种，肥力已消耗殆尽。

习惯于刀耕火种的农民所面临的难题被两项基本发明解决了：一是休耕，二是牵引犁。这两项发明之间有着密切的联系。如果不利用畜力，人们必须筋疲力尽地劳作才能使大片休耕地保持良好的耕作层。有人想出一个办法，就是把一柄略经改造的铲子用绳拴在一头或几头牲畜后面，利用畜力去翻地，这样，一个普通家庭就能比较容易地耕种除供应全家所需口粮以外更多的土地。让部分耕地休耕，而且在生长季节反复翻耕几次，把杂草翻下去并保持好温度，土的肥力就能无限地保存下去，尽管远不如新开发出来的林地。

牵引犁是怎样或什么时候被发明的，至今还不太清楚。大约在公元前 3000 年之前的某个时候，中东就开始使用犁了。我们所知道的简单的拉犁出自苏美尔和埃及最早的文献记载，其时间略同于上述那个
25 年代。但究竟比公元前 3000 年早多少，又究竟在哪里首先成功地利用牲畜去拉像铲一样的装置，我们至今尚不确定。[39]

看来，当时还没有出现重大的技术革新。所谓的脚犁（foot-plow）确实很早就已经被设计出来，而且同最早的锄耕、铲耕法一起，或紧接在它们之后向世界各地传播。所谓脚犁，是把普通的铲子稍加改装。它的柄很长，一端有钩，使用者可以抓住柄向下压而翻土，不必举起。柄的下端有一条横木，脚踩横木，利用人的体重即可使犁片同地面呈锐角切入土中。[40]

由这种装置转变成牵引犁是很简单的事情，所需要的就是一根绳子（或皮带）和一头牲畜；绳子（或皮带）的一端系在犁柄的下半部，另一端固定在牲畜身上。牛可能比较容易被人们用绳子在它的角上打结。苏美尔和埃及遗迹上画出的某些最早的犁就是用这种方式拉的。[41]因此，牛，特别是公牛，成了最早为人类服务的挽畜。有角的动物与土地的肥力之间由此而产生了一种新的关系。[42]

狩猎与采集　　锄耕农业　　犁耕农业

两性间经济作用的变换

最初的犁没有翻沟的推板，只是简单地挖土：牵引切入地面以下几英寸深的犁铧，就把田面翻松了。交叉作业是犁耕的特点，也许最初就这样了。因此，方形的田块几乎总是同这种原始的轻犁耕作方式有关。

最初的犁在技术上的局限性，部分地决定了人类定居的地理态势。由于犁小而轻，不容易插进难以耕作的土壤，特别是黏土。所以，早期的欧洲农民即使在犁耕已成为他们正式的耕作方法以后，还是喜欢耕种黄土、白垩土或轻壤土。

人类利用畜力代替人力耕作，这一步具有明显的重要意义。人类的资源因此大大增加，因为这是人类第一次获得比他们自己体力大得多的能源。畜力的应用也进一步确立了家畜饲养与农业生产之间的缺 26
一不可的关系。动物饲养与谷物种植相结合的混合农业逐渐成为欧亚大陆西部农业的一个明显特征。同那些主要或完全依靠自身体力去干活的人相比，这种混合农业有可能使人们达到较高的生活水平或得到较多的闲暇。

牵引犁的广泛使用也改变了两性在农业中的作用。狩猎和驯养牲畜一直主要是男人的工作，如今牲畜被使用于田间劳动，男人也就跟

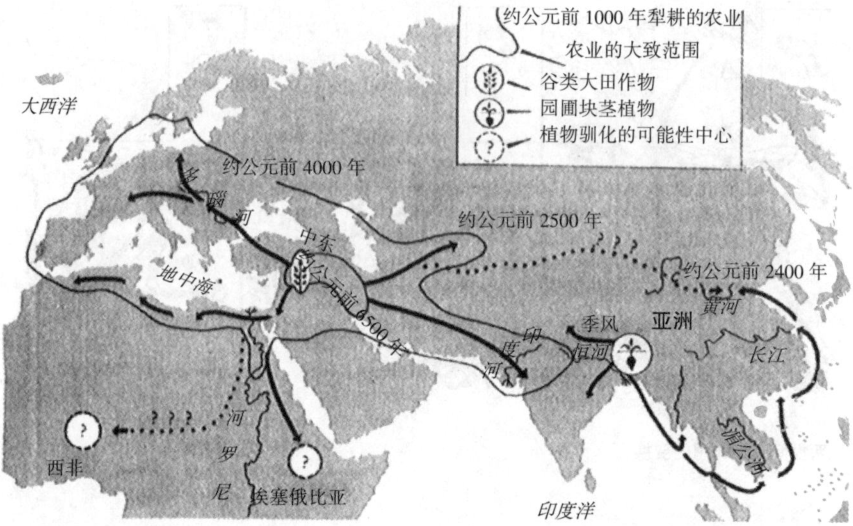

农业的起源

随着它们一起下田。妇女失去了她们早先在田间的主要地位，而跟在犁后面跑的男人则又一次成为食物的主要提供者。于是，他们又加强或者说恢复了男性在家庭和社会中的优势地位。到最早的文字记载出现之前，父系家庭和男人处于统治地位在中东的犁耕民族中已经是一种普遍现象，尽管早期制度还有很多遗迹保留下来说明上述现象并非到处都是独步一时的。男神和男祭司的出现大概也同男性在农业中发挥了新作用有关，并且成为苏美尔和埃及宗教的既定特征。政治组织也许受影响较少。管理制度以长老会议提出非正式的决定为基础，这方面的遗迹一直保存到美索不达米亚的历史时期；[43] 这种“原始民主制”看来可能是最初从事犁耕的村民所需要的一种管理模式。

犁耕农业像早先的铲耕和锄耕文化一样，从它在中东的发源中
27 心向四方扩展开来。在丹麦发现了犁耕土地的证据，时间约为公元前1500年。[44] 另一个间接的证据是，雅利安人（Aryans）入侵印度西北部大约也在这时候，他们第一次将犁带进了南亚次大陆。[45] 然而在中

国，最早使用犁的确切证据始于周朝，时间约晚至公元前 350 年。[46]

不论使用锄、铲还是犁，新石器时代的农民在一年中的特定时段总要延长劳动时间，增加劳动强度。特别是在收获季节，所有的男人、女人和孩子都得出动，因为全年的食物供应就靠这几天紧张而有序的工作。但在其他季节，很长时间田里没有太重要的活儿可做。在这些轻闲的日子里，男人们无须急于寻找食物，从而为发展人类文化提供了前所未有的好机会。

农民们最初怎样利用因勤劳而赢得的闲暇时间，我们不完全清楚。只能猜测，有歌咏和舞蹈，以及那些其结果几乎不会很快就消失的技术，如文身、染布、木雕、毛皮加工，乃至对各种易腐物品的装饰等。陶片以及用黏土烧制成的少量雕像和模型在遗留下来的人工制品中数量最丰富，而磨光的石器最引人注目。在一些村落遗址中发现的少量铜片证明了冶金技术的发端。这些遗存至少有力说明，新石器时代的 28
技术种类与以前相比增加了许多，并趋于复杂。

这种技术有它的局限性。除了个别技艺非凡的人以外，新石器时代的任何村民都不可能专门从事某种技术工作，而一般只能利用一年中的农闲时间。因此，在农村条件下不可能出现完美的具有专业水准的技艺。这种专业化技艺的出现是最早的、文明化的城市社会的突出标志，它于公元前第四千纪末出现在中东地区。

*　*　*

从年代上说，新石器农业和村落生活在旧大陆的扩展，与底格里斯河—幼发拉底河（Tigris-Euphrates）、尼罗河和印度河流域文明社会的兴起是部分重合的。这些地域的人进入文明社会后，强烈地影响着他们的近邻，进而影响遍及欧亚大陆的广阔地区的村落生活。因此我们下面将转入对这些河谷流域文明发展史的研究，并且探索其邻近地区各民族对这些文明兴起的反响。

汉谟拉比法典以成文法代替了过去口耳相传的法律

第 2 章

美索不达米亚文明的勃兴

中东地区树林繁茂的山坡上适宜农耕的土地被开垦出来，土地被 29
利用得越来越多，人口激增的压力使得定居者不得不向四外迁移。几条发源于山区的大河向南穿过草原和沙漠流入大海，由它们冲积而成的河谷地带一方面吸引着未来的定居者，另一方面却排斥着他们。大量的鱼类和水鸟栖息于此，冲积土壤肥沃且易于耕作，枣椰树结出的丰富果实能够补充以谷物为主的饮食所不能带来的营养。然而，随着人们顺流而下到达低海拔低纬度的地区，降水量渐少甚至消失殆尽。春洪过后，湿软的腐殖土便于播种，但直到人们发明了人工灌溉之后，作物的幼苗在盛夏烈日的炙烤下才得以生存。

公元前 4000 年伊始，在底格里斯河与幼发拉底河下游的河谷地区出现了农业定居点，就规模及发展程度而言，这些定居点与那些位于天然雨水灌溉之地的定居点不相上下。由此不难看出，开垦者们已经掌握了人工引水浇灌作物的技术。起初，对于这种技术的尝试无疑是小规模的。灌溉技术也许首创于水量较少的河道两岸，一般的农作物在这些地区难以成活，因为发源于水量较丰沛的山间溪水很快就流入了美索不达米亚（Mesopotamian）的荒漠低地。[1] 然而，一旦人工灌溉的可行性得以证明，位于两河流域下游广大干旱地区的农业定居点就
为开垦者的社区提供了一系列新的可能性。 30

最初，下美索不达米亚的居住点大概集中于邻近河道的狭长地带。

在这一地带，灌溉简单易行，只需挖开河流沿岸洪水淤积而成的堤坝就可以使河水流入地势较低的田地中去。唯有当农民把他们的田地推向离河道更远的地方时，才需要修建比较复杂的人工河渠灌溉系统。

新的环境和农业发轫的丘陵地带截然不同。纵横交错的河流与星罗棋布的沼泽，使捕鱼和套猎水禽成了一项重要活动。此外，畜牧业也占有同样重要的地位。[2]狭长的河谷地带十分富饶，这导致该地带的人口密度相对较大，迫使渔民、牧人和农耕者们不得不调整他们迥异的利益与观点，以求紧密地相依为生。此时，过去那些本质相同，彼此间却保持适当距离的村落便再也不能不改其旧地无限增殖。

这样的情况需要一种比一般新石器时代村落更大的社会单位。在相对稠密的人口中，由于职业利益不同所引起的冲突时有发生，这就呼唤一个管理阶层的产生，由管理阶层的人员用手中的权威来调节这类矛盾。早期美索不达米亚农业技术的两个特征可以有效地解决上述政治问题。第一，两河流域下游平坦无石的地理环境极大地促进了农耕，[3]这一点与肥沃的冲积土壤相得益彰，因此人们很容易产出剩余的粮食，足够养活一个管理阶层。第二，每年的洪水为这里的田地带来新鲜肥沃的淤泥，使土地的肥力不断更新，[4]因此人们不必休耕。剩余农产品为地域鲜明、由神秘专业人士管理的社区的产生提供了可能性。人类社会最古老的基础——血亲关系——为一种新的社会凝聚原则所补充，甚至逐渐为之取代，这就是近邻关系。[5]

31 公元前4000年后，先驱性的农业村社散布于两河流域的下游地区，荒漠河岸的地域特性很大程度上解释了这些农业村社的社会发展趋势。这一栖息地所处的更为广大的地缘背景激发了人们的创造性——他们引入了规模较大的长距离运输和交通，并使之成为必需。换言之，在早期定居者的活动范围内，从不缺乏与外乡人交流的刺激因素。他们驾着小船和木筏自如地航行在本区域的河流、湖泊和小溪上，如果不遇到大自然的风浪，还能沿着（甚至离开）波斯湾远航。陆路交通也是如此，没有地理障碍横亘途中——阻碍他们前往环绕美索不达米亚平原东、西、北三个方向的群山。下美索不达米亚的冲积平原缺乏石头、木材和金属，这一事实本身就为他们远行提供了强烈的动机。由于河谷居民需要这些物品，所以他们要么就得组织远征队去寻找、加工并带回他们所需的东西，要么就得与邻近民族达成协议，用平原剩余的农产品换取当地的石头、木材和金属。随着河谷居民社会结构内部向专门化的发展，上述那种平原和山区之间贸易的规模和重要性便与日俱增。沿河一带出现的城邦变成了交流中心，并促进了整个周边地区的发展。

因此，相对稠密的人口在美索不达米亚河谷地带能够维持其生存。而且，为数众多的人口为修葺神庙，为年复一年在新的土地上建筑河渠排灌系统，为日益复杂的生活模式所需要的长途运输提供了大量的劳动力。

当然，这类村社的扩张也受到了一些制约。比如，由于不能引水上山，山上的作物便无法灌溉；低地不能排干积水。但是，除了隆起的河堤之外，两河流域下游地带自成一个极其坦荡的平原。人工河渠利用几乎感觉不到的高低势差，将水送到离河堤几英里远的地方。但是，这种精心开凿的河渠也有严重的弊端，每逢水位较低的年头，河水就不足以到达较远的田地。更危险的是洪水异常迅猛的年头，那时主要的沟渠都会被淹没。有时，威力强大的幼发拉底河自己就会改道， 32
致使人口密集地区面临干旱的威胁，唯有他们及时地重整灌溉工程才能躲过一劫。总之，美索不达米亚的水利工程建筑得越是精细，维持生活的任务就越重，不时分崩离析的概率就越高。残酷的讽刺是，当依赖于沟渠的人们将浇灌技术发展到登峰造极的时候，他们也将自己推到了周期性灾害的威胁前。

除了自然环境的制约外，人类环境也限制了美索不达米亚灌溉系统的完善。对一个依靠河渠之水灌溉田地的社会来说，他们的水源很有可能在上游被切断，因此他们在战争时不堪一击。也正因如此，上游地区在美索不达米亚的政治和战争中总是具有极其重要的战略地位，而下游地区的人们则总是而且必然是处于那些控制水源的人的支配之下。

因此，自然和人为因素共同限制了两河流域下游地区灌溉农业的发展。但是这种限制形成之前，出现了一种新的人类生活模式，以复杂丰富、令人难忘为特征，堪称“文明”。大约在公元前3900年到前3500年之间，美索不达米亚灌溉农业的潜力得以开发，苏美尔平原较南的地方也建成了定居点，农业和人类适应新环境的拓荒阶段以成功告终。然后，大约在公元前3500年，各种制度、思想、仪式和技术迅速地趋于完善。已解读出来的文献使我们对这个古代社会有了更精确的认识：截至公元前3000年左右，一些古老的、定性的，并且真正成熟的因素呈现在社会中供我们审视——这便是苏美尔人的文明。

苏美尔人究竟是什么人以及他们何时来到这里，还不为人知。他们的母语似乎和目前任何一种已知的语言都不相关，他们的骨骼也难以提供任何种族属性方面的证据。苏美尔的宗教和艺术特别注重动物，这表明他们中的某些人曾经是牧民。某些有关他们传统习惯的文字记录似乎说明他们是从南方经海路而来。但这些线索不足以让我们分辨出具体哪个地区才是他们的发祥地。[6]

从有历史记录以来，不同民族的人就混居于两河流域。我们大概可以想象，当土地被开垦成农田，定居者便从四面八方涌入，直到有史时期依然如此。已知最早的记录显示，苏美尔人与说闪米特语的人同时存在。[7] 苏美尔人主要占据南部，而闪米特人则控制着北部，但
33 在很多地方，二者是广泛混居的。[8] 尽管这样，我们通常还是称最早的文明为“苏美尔文明”，因为最古老的文字记录是以苏美尔人的语言写成的，而且第一批蓬勃发展的城邦集中于冲积平原的南部，在那里，说苏美尔语的人占了大多数。

苏美尔文明是一种城邦文明。有一种观点认为，苏美尔的城邦不过是一个高速发展的村落，因为其中的大部分居民是农民。但就规模，更重要的是就社会结构而言，苏美尔的城邦和新石器时代的村落完全

不同，理由很简单——因为对人类生死攸关的水利工程需要有组织的集体力量。苏美尔人不再像新石器时代的村民那样耕作小块的家庭份地，而是把可灌溉的土地分为若干大块，归神“所有”，由祭司代为管理。一个或多个这样的神庙公社组成一个城邦。

这种土地制度的实际作用是，把苏美尔人分为若干工作组，每个组都拥有几百个甚至几千个壮劳力。这样的工作组使用简单的手工工具，负责修建并维护大规模的灌溉工程。为了能够充分利用河水，这样的灌溉工程是必需的。通过零星的文字记录难以再现这些工作组是如何组织工作的，而且对于那些没有任何线索留存的城邦来说，情况也许并非如此。从拉格什（Lagash）发现的泥板文书表明，该城邦的土地（因而也包括收获的作物）被分为三类：（1）归神所有并且为神耕作的土地；（2）每年租给私人耕种的土地；（3）永久性地授予个人且不收租金的土地，地块大小不一。[9] 我们还没有从其他的城邦得到直接相关的资料。

但显而易见的是，祭司经常充当众多劳力的管理者、计划者和协调者；没有他们，苏美尔的文明就不会产生，更不会长期存在。他们监管土地的分配，维护界标，确保有大量收获的作物储藏于神庙的粮仓，指导工作组每年清理河道并加固堤坝。因此，祭司群体的威信很 34
高，而他们的工作对公社的重要意义也与其威信旗鼓相当。祭司群体掌握的技能包括推算时节，规划水渠和记账。没有他们做这些事情，公社的全部工作就不可能有效地协调。尽管如此，祭司权力更为重要的基础是他们拥有一种超自然的力量，伟大的诸神打算通过他们来与人类进行对话。祭司凭借这种威信，在日常事务和宗教活动中可以无拘无束地发挥组织才能，直到他们成功地将苏美尔社会推到原始文明的高度。

随着神庙公社在苏美尔的建立，耕作者们生产出剩余农产品以供应专职人员（祭司）变成了司空见惯的事，这些祭司不用再亲自下地劳作。这种社会分化是所有文明的基础，但是它不会自然、自动地发生。

在同时存在的原始社会中，人们一般不会想到要产出剩余的农产品；但在美索不达米亚，数以万计的农民被劝服，尽他们所能为别人提供食物。这种令人难以理解的行为源于人们早些时候就有的对神的恐惧，正是这样的恐惧驱使他们从远古时期就开始为有嫉妒之心的神明贡献食物，以讨欢心，不然人们可能会常年饥饿，永远不能兴旺。根据后来的文字记录，苏美尔的神学认为，人类被创造出来就是专门为了使诸神不必再为生活而劳动，因此人被看作神的奴隶，不得不在痛苦和十分可怕的灾难（洪水或干旱，以及它们带来的饥荒）中永远勤勤恳恳地为神服务。无疑，这些思想在被文字记载下来之前已经存在很久了，而且可能用于解释最早将粮食和其他物品集中到神庙仓库的行为；在这里，祭司用这些东西来满足诸神的需求。

在人们相当古板的思想里，每一座苏美尔神庙都被认为是某一个特定的神的住所。祭司和其他侍从组成了神的内室。[10] 他们主要的任务是，通过仪式和祭品来满足神的需要；其次的职责是，在神和人（神的奴隶）之间充当调解者：体察神的意愿，平息神的怒火，或决定人类做重要事情的时间以免触犯神意。随着神庙的财富越来越多，祝圣仪式也更加恢宏、细致，直到为神提供足够的服务成了一种主要的经济事业，引起了职业性的关注。这些关注不仅来自祭司群体，还来自各种各样的手艺人。

上述行为大概是基于一种设想，即必须取悦于神并给予安抚，以免他降下灾祸——用洪水、干旱、疾病或凶恶的敌人来对付人类。灾祸频繁降临，在现实中折磨着美索不达米亚的城邦，导致这些城邦为神的反复无常以及不可理喻的行事手段感到焦虑。

36 于是，避免无意间冒犯神意，正确领会神赐予的迹象和预兆便成了当时最为重要的大事。只有学识广博、经验丰富的祭司群体才能为普通百姓提供这样的帮助。

因此，早期苏美尔城邦并不安宁的生活恰恰确保了祭司的权力和影响力。反过来，祭司的统治又造就了一大批专业管理人员及手工艺

美索不达米亚的祭司或神

这些雕像是在伊拉克泰尔·阿斯玛尔（Tell Asmar）的古庙废墟里发现的，年代为公元前三千纪，来自美索不达米亚落后的边区。这些样品显示出的比较粗糙的雕刻技术在发展上远远落后于比较活跃的苏美尔文明中心区。因此，这些雕像体现了更古老的技术水平，使我们得以洞察苏美尔文明起源时的情况。这些雕像神情呆滞，两手紧握于胸前，好像是在做祈祷。他们一个个睁大眼睛，举目向上，显示出期待、思索的样子，说明古代美索不达米亚人急于寻求方法来服务于变化无常的神。正是在这种急切的寻求过程中，他们创造了世界上最早的文明。

者。这些人将自己的才能和全部的时间都投入到了非农业性的工作中，为各种技能与思想的飞速发展开辟了新的路径。但在一个密切协作的社会构架中，出现的从事不同劳动的各类社会群体是相互关联的，这种构架便是神庙。

手工业的专业化为农民带来了多少好处，目前还不清楚。大概在很长一段时间内，祭司和后来的军士成了手工艺产品的主要消费者。但在很早的时候，农民和手工业者之间可能就发生了某些交换。适逢丰年，农民在履行了对神的义务之后可能还有余粮，因此他们可以和手工业者进行物物交换，用谷物或海枣换取锅和工具。然而，这种交换在苏美尔的经济中始终处于边缘地位，神庙经济才是引导主宰苏美尔社会劳动力的主流。

关键的一点是：苏美尔的神庙公社开创了人类历史之先河，从技术和精神上允许并促成了农业剩余产品的产生，并且利用这些剩余的农产品养活了大批的专业人员。从此，这些人作为城邦居民，成了文明生活的创造者、维护者和组织者。

*　*　*

在前文字时期（即公元前 3000 年以前），苏美尔文明中的主流迅速成形，最突出的表现是在艺术方面，因为在文字记录产生之前，苏美尔风格的主要形式和主题业已十分发达，其“成熟”令人叹为观止。支持苏美尔人及其后裔在美索不达米亚走过各个历史时期的神学世界观大概也是在这一阶段形成的。技术方面也是这样，一些伟大的发明，如人工灌溉、带轮的车、航船、冶金术、烤炉和轮制陶器，非常突然地出现在前文字时代的考古记录中。但在文字出现以后，相对重要的发明反倒停滞了。另一方面，在政治、管理和军事组织方面，美索不达米亚的生活在各个历史时期继续发展。同时，更加军事化和世俗化的政府的出现，剧烈地改变了最早的时候以神庙为中心的经济体系。

圆柱形印章

这枚发现于泰尔阿斯玛尔的圆柱形印章年代约为阿卡德的萨尔贡统治时期。它显示了美索不达米亚印章雕刻家的高超技艺。这件艺术品的体积是极小的，所示图片为实物大小的两倍。另外，图案形象不仅雕刻在印石背面，而且还雕刻在相当小的圆柱体侧面。如果在湿泥上滚动这种印章，一长串连续不断的图案就会重复出现，上图中两只重复出现的跳跃着的羚羊就是这样来的。这幅场景也许含有某种不为现代人所知的神话意义。

但是，即便是古代美索不达米亚文明最稳定的部分，在几个世纪中也不断呈现出小的波动。这一点，通过仔细观察圆柱形的印章——一种微缩的艺术品，印于密封的坛、罐口标记所有权——便可以得到最好的说明。从各个时期流传下来的这种印章有几千个，为研究美索不达米亚的艺术史提供了无与伦比的实物材料。

最早的印章要追溯到前文字时期。它们的“完美程度甚为惊人”[11]，而且只要人们还制作这种印章，就会沿用最早的印章所采用 38

雪花石膏瓶

这种花瓶可能用于神庙仪式。它是在乌鲁克（Uruk）发现的，制于前文字时期。浮雕所描绘的可能是新年庆典的场面。瓶身上部刻的是一位女神正在接受她的奴隶，即人类，贡献的礼物。她掌握着人类的命运，人类为她服务，正如瓶身底部刻的那些动物和植物——为人类的需求服务是它们的使命。在瓶身中部，根据古代美索不达米亚人的想象，描绘了一群人正抬着贡品献给女神。因此，石膏瓶描绘出了苏美尔神庙公社的基本结构。

的图形。后来，艺术水平有所下降，可能是大规模生产的结果，也可能是因为最初的设计和技艺问题得到了解决后，艺术的创造力转入了其他方面。随后，艺术风格方面产生了一系列的波动，部分是由于生产技术的微小改变，部分是因为图形库中图形的种类在一点点增加。但是，艺术始终停留在比较严格的范围之内，继续坚持早期形成的惯例。

尽管苏美尔其他艺术的历史不像圆柱形印章那般有详尽的实物证据，但它们似乎也遵循着同样的发展模式。在雕刻和手工饰品两方面，风格习惯早已成形，后来只出现了较小的波动。建筑方面却表现出较大的变化。神庙建筑的规模和精致程度都有明显提高，直到乌尔第三王朝（约公元前 2050—前 1950 年）出现了金字形神塔这样的经典建筑。在苏美尔城邦生活的初始阶段，神庙只是一个简单的长方形房屋，供神居住，建造在高台之上，大概是为了使之免遭洪水之害。后来，神庙越筑越高，在地面和中央圣殿之间加入了好几层平台；同时，在神庙的底层还加入了各种辅助的圣区。但是，神庙基本的格局依然不变。[12]

没有什么文献资料能够比一系列的圆柱形印章更好地说明美索不达米亚宗教的发展了。在各个历史时期（而且可能是从苏美尔文明诞生开始），这片土地上的神就被人们构想成人的形象，代表了自然界的各种强大力量——天空、太阳、大地、水和风暴。人们用一位生命垂危的植物神的故事来解释季节的循环，这位植物神周期性地隐藏到地狱，导致了植物的枯萎，直到他再次出现，万物才得以复苏。其他的神话故事涉及世界的创造、文学和艺术的产生、神的系谱，以及人与神的关系等内容。[13]

每逢新、旧农历年交替之时，就会举行相应的盛大庆典，由专业的祭司主持，仪式十分壮观。高耸于城邦的神庙用各种雕刻、珍品装饰得富丽堂皇，给人留下深刻的印象。普通百姓在这种公共仪式中仅仅是旁观者。但是，每户居民的家中都设有壁龛，壁龛中供奉着地位较低的神，每个人都可以和这些神保持直接的关系。只有在特殊情况 40
下，个人才能直接接触到神庙中地位更为重要的神。[14]

在苏美尔城邦建设初期，神庙公社祭司管理权得以巩固的同时，宗教祭祀和神学教义大概都形成了持久的模式，这二者是相互依存的。每个城邦都被看作某个神的财产，城邦的居民是他的奴隶。但是，每个地方神都要服从众神集体的意志，他们每逢新年就会聚在一起，决定接下来12个月的命运，以及他们中哪位神将统治众神。因此，即使某个神的奴隶在各个方面都尽力取悦他，但与之对抗的众神仍旧可以按他们的意志降下灾祸。在这种情况下，苏美尔人相信，风暴之神恩利尔（Enlil）行使着最高权力，他可以根据众神集体的意志，摧毁这个或那个城邦。[15] 因此，苏美尔的神学似乎颇为合理地解释了在两河流域灌溉农业状况不稳定的背景下，人类生活的变化无常，并且通过人是神的奴隶的教义，有效地向人们灌输了唯祭司之命是从的思想。

宗教方面甚至是艺术方面的保守主义对我们现代人来说是相当熟悉的观点，然而，技术在现代却是一个永远积极创新的领域。在苏美尔，情况却不是这样。当人们刚开始定居的时候，专业人士致力于发展手工艺、人工灌溉技术、管理农业剩余产品的技艺；长距离运输迅速扩张，一系列重要的发明出现了或者首次被广泛应用。在前文字时期，古代美索不达米亚文明基础的技术设备就出现了，后来仅仅只是在此之上做微小的改进。

技术上的停滞无疑反映出社会其他方面的稳定。一旦神庙公社确立，能够通过书写、犁地、有轮的车、航船、青铜工具和武器组织财富的生产、集中和分配，一切基本的需求就得到了充分的满足。生活朝着一种神圣的固定模式发展。没有任何刺激因素足以克服社会的惰性。

41 但是，如果说技术上没有一点儿变化也是不对的，因为在某些领域，比如造船业，少量的资料不足以让我们做出判断。但是，在资料证据充足的领域，微小的改变在这种固定的大范围内随处可见。在很早的时候，美索不达米亚人就发明了用尺寸和形状固定的泥砖筑造大型建筑的方法。这种方法一直被沿用，贯穿了美索不达米亚人的整个历史。然而，某些建筑的规模和外形确实发生了改变，而他们用来砌造这些建筑的砖头大小也在变化。因此，判断建筑年代的一个重要方法便是确定该建筑中砖头的确切尺寸。

在冶金方面，也有充足的实物证据表明，在有文字的时代最早的时候，苏美尔人就已经相当熟悉青铜器了。但是到后来，工具和兵器几乎是由纯铜制造的。这种退化——纯铜比它的合金青铜要软——可能是由锡的匮乏引起的。因为当青铜器在萨尔贡时代（约公元前 2350 年）再次出现时，人们不得不到很远的中欧去寻找锡。[16] 虽然在（材料的）供给方面有这样那样的困难，但随着时间的推进，金属工具，特别是金属武器却越来越多，这明显地反映出苏美尔各邦之间长期战争的开始。战争对扩大金属供应产生了硬性需求，因为没有金属的头盔、矛头和盾，一支军队便无法抵挡具有此类装备的敌人。虽然兵器的数量大规模增长，但在兵器的设计方面却没有任何显著的变化。我们又一次看到了，变化是在近乎凝固的传统范围内发生的。

*　*　*

战争引起的金属用量的增加突显了一个事实——独立的苏美尔城邦既不能在文明社会内部维持良好的社会秩序，又不能抵御蛮族入侵者来保护自身的安全。苏美尔文明直到公元前 1700 年才有了进一步的发展，这大抵是苏美尔生活方式（大约在公元前 3000 年之前就已形成）中上述那种根本的政治缺陷所造成的。

早期苏美尔社会政治上的不稳定很大程度上是由其地理位置决定的。与埃及不同，美索不达米亚没有御敌的天然屏障，河谷的每一个方向都暴露在入侵者面前。平原上的城邦一繁荣起来就吸引了周边的蛮族，迅速地成了他们的劫掠对象。而早期苏美尔神庙公社的社会风气是沉湎于对神慷慨而虔诚的祭祀，而不是战争，因此他们在竭尽人力优势抵御以游牧为生的入侵者方面并不占据有利地位，反倒是这些入侵者一贯的生活模式向苏美尔人灌输了军事（至少是准军事的）风气和倾向。

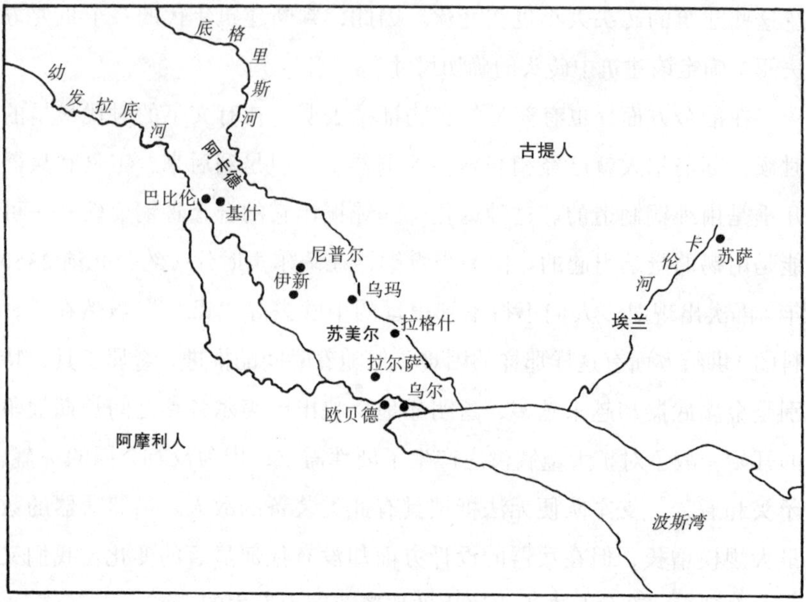

古代美索不达米亚

城邦之间的关系也出现了同样严重的问题。只要不同的公社还是
42 由未开垦的沼泽和荒漠分割开来，就不会发生严重的冲突。事实上，苏美尔史前文化惊人的同质性表明，所有城邦的祭司之间自由地交流、交换他们的专业知识。城邦尼普尔（Nippur）的宗教威望，以及早期苏美尔神学赋予该城主神恩利尔的核心地位可能反映出，有一个时代，尼普尔的神殿是苏美尔各个神庙祭司们定期集会的中心。[17] 但是，一旦下苏美尔易于灌溉的土地被开垦殆尽，一个公社的田地便与另一个公社的田地直接相邻了，于是上述那种可能存在的和谐关系便发生了根本改变。由于没有任何权威能划定城邦之间的边界，在水源短缺的时候，也没有任何法定程序来分配水源，共同的边界便引起了城邦之间反复的摩擦和长期的战争。

到公元前 3000 年，城邦之间的战争已经很频繁了。神庙公社成了一个太小太过专业化的管理单位，以至于不能处理公社之间的问题，这些公社依赖于多多少少相互毗邻的灌溉系统，而这一灌溉系统覆盖了整个两河流域的下游地区。祭司管理缺陷导致的第一个后果就是，在旧的神庙体制管理之外兴起了半宗教半世俗的王权。这个过程是怎样发生的还不清楚。但根据后来的传说，世界洪水过后，众神把王权赐给了基什的统治者。历史上好几个君主都称自己为“基什之王”，似乎借此来承认这个古代头衔的威望，甚至在这个城邦已完全失去了政治重要性之后也依然如此。[18] 基什位于早期苏美尔的北部边境，后 43
来主要是说阿卡德语的人居住在这个地方。“王权”这一思想大抵与神庙体制明显不同：神庙体制看来完全发源于苏美尔本土，而“王权”却是由闪米特游牧部落的后裔引入美索不达米亚的。他们定居灌溉冲积平原后，可能希望将传统的部落首领转化为领地王权。[19]

无论最初的起源是什么，王权制度通过将军事关系附加在古老的宗教政治体制之上，在苏美尔建立了稳固的地位。地方首领之于其军队的权力便是国王之于城邦的权力的原型。因此，王权的兴起可以被看作一个过程，即战争时期被委以的非凡权力转变为和平时期的正常权力。[20] 国王将最高军事和司法权收归自己所有，并效仿神庙公社神的内室组织自己的王室。国王的这种做法侵犯了祭司集团的管理权，因此毫无疑问，二者的关系往往是不融洽的。调节这种矛盾通常大概不需要旷日持久的争执或公开诉诸武力。但据我们所知，拉格什的国王乌鲁卡吉那（Urukagina，约公元前 2400 年）公然和祭司对抗，提议要恢复旧日的好传统，使穷人和弱者不受祭司的压迫。然而，随着时间的推移，王者的篡夺通过神话和仪式变得合法了，这种仪式最核心的内容是每年国王都要和城邦的主神举行一次礼仪性的婚礼。

随着战争趋于频繁而长久，王权也就相应地变成了不可或缺的事物。到了公元前 3000 年，政治权力集中于一人之手在苏美尔的城邦中似乎已成了惯例。毋庸置疑，这种改变必然有助于增强地方对蛮族入侵的

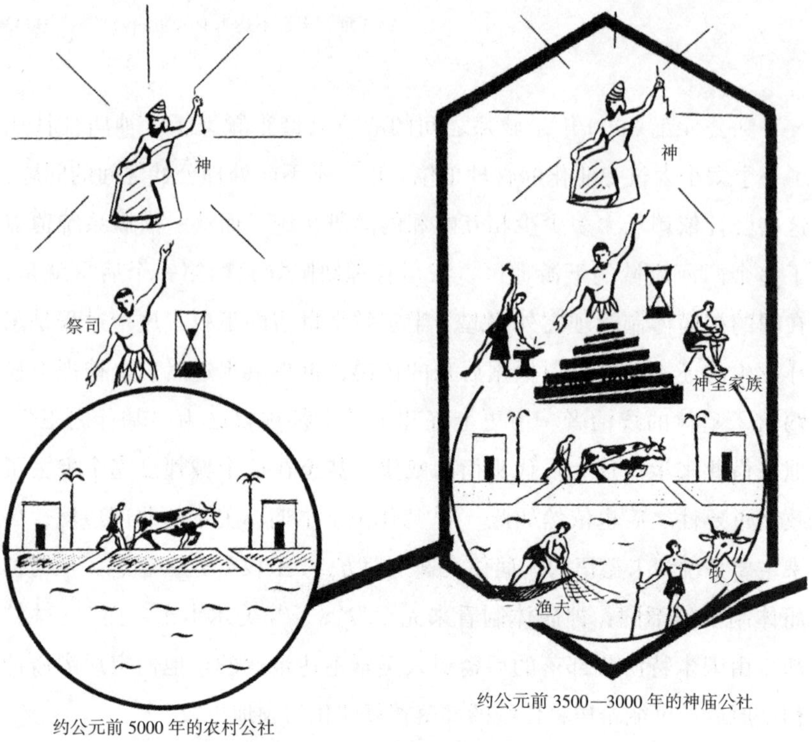

美索不达米亚社会的进化（一）

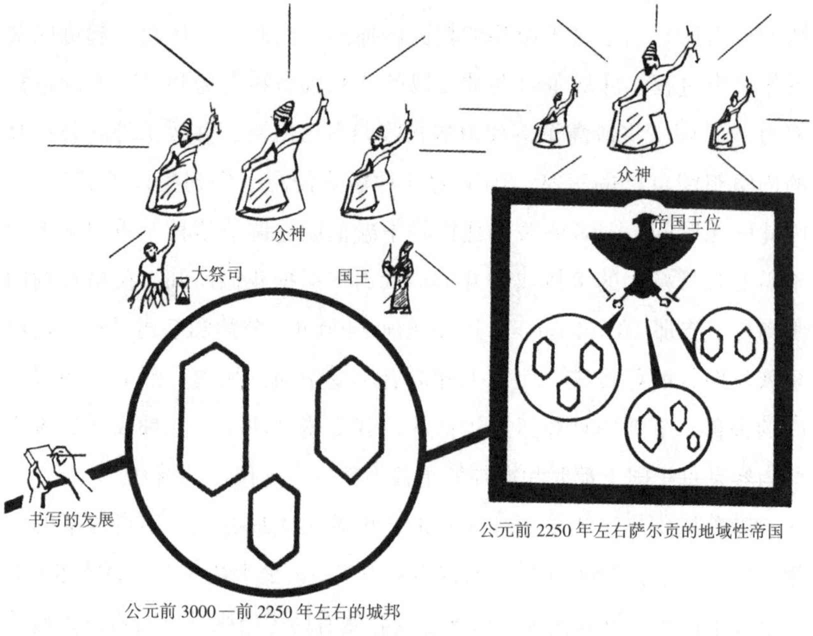

美索不达米亚社会的进化（二）

防御力，尤其是当它和巨大城墙的防御力相结合以后。但是，城邦之间的斗争却愈演愈烈，而且大概消耗了苏美尔人中不断增长的那部分力量。

在公元前三千纪，城邦之间关系的发展大致与后来的城邦制度是 44
平行的。关于城邦制度，有充分的史料留存了下来。可以设想，毗连公社之间的局部争端一旦出现，最终必然会导致包括平原大部分文明城邦的敌对联盟的产生。从留存下来的资料中可以看出，大约从公元前 2500 年开始，拉格什和乌玛（Umma）是城邦中的领导者，敌对联盟分别围绕着这两个城邦形成。逐渐地，至少比较弱小的城邦的自治权被削弱了。实力特别强大的统治者往往通过联合、控制几个城邦，建立起他们的小型“帝国”。但是，这种组织是极其不稳固的，一有机会便分崩离析。古典希腊和意大利文艺复兴时期的城邦就是在这样一种总的模式里发展的，而零星留存下来的证据表明，古代苏美尔城邦的发展情况同样如此。

无论如何，帝国的统治为公元前三千纪后半叶美索不达米亚的政 45
治开辟了新的领域。[21] 乌玛的卢伽尔扎吉西（Lugalzaggisi）是将苏美尔的大多数城邦纳入其统治之下的第一位统治者（大约公元前 2375 年）。[22] 但是，更为持久的统一是由他的下一代阿卡德的萨尔贡实现
的。阿卡德位于流域上游，这里的居民说闪米特语，这种语言与苏美 46
尔语毫无关系。根据古代的传统，萨尔贡最初只是苏美尔最北部基什国王的侍酒者。当他开始独立的征服事业时，大概招募了阿卡德的同乡组成了军队，壮大了实力。此时，阿卡德位于南方高度文明和边区野蛮落后之间的过渡地带。因此，阿卡德处于一个有利的位置，能够把蛮族的英勇和文明的技术有机结合，组成一支强大的军队。事实上，有很多边界领主成功地利用文明和野蛮交接的战略位置，建立了他们各自的帝国，萨尔贡只是他们中最早的一个。

萨尔贡的征服似乎并没有使原先的苏美尔城邦发生任何深刻变革。神庙公社一如既往，当地的那些国王成为征服者的附庸。但在阿卡德，萨尔贡的事业标志着一场重大的变革已到达高潮。这一地区长期受到

苏美尔的影响，而在萨尔贡时期，苏美尔文明在两河流域中游已经根深蒂固了。

然而，神庙公社在阿卡德从来没有获得过它们在苏美尔那样的重要地位。部落和氏族的首领管理着阿卡德大部分的农田和牧场，而不是祭司。随着时间的推移，旧的部落关系由于受到了定居生活和城邦环境的影响而削弱了，与此同时，一些类似于私人土地所有制的东西开始发展了起来。苏美尔模式的神庙建成了，但神仅仅是众多地主中的一个，有时甚至要依靠国王来获取经济支持。结果，美索不达米亚中部的祭司从未享受过他们在早期苏美尔所享有的那种近乎垄断的土地管辖权。[23]

鉴于阿卡德人选了一条不同的道路走向文明，上述的差别便可以得到解释。我们可以想象，说闪米特语的部民们，他们传统生活的核心是羊群和牛群，因此，他们对挖河筑堤等艰难而乏味的工作毫无热情，但唯有挖河筑堤才能在美索不达米亚发展农业。然而，到了公元前三千纪后半叶，阿卡德出现了灌溉农业，为高度文明向两河流域冲积平原的这一带扩张提供了经济基础。无疑，正是灌溉农业的明显效益引起了这一转变，但它是在一个适合畜牧业需要而发展起来的社会结构内发生的。更重要的是，它意味着一个社会由部落首领领导，首领的职能是为了保卫兽群而指导合作，把它们从一个牧区移到另一个牧区。当灌溉农业在阿卡德扎根后，部落首领的传统权力得到了扩张并发生了转
47 变：首领开始调遣和监督工作组，他们负责修建和维护灌溉工程。这一过程主要的障碍是骄傲的牧民对掩沓艰苦的劳动十分鄙视。因此，灌溉农业向两河流域中游移动可能与部落中贫困阶层的出现同步，这些不再能靠畜牧为生的人发现自己只能去挖河筑堤。战争中被俘虏的奴隶可能也在灌溉农业向北扩展的过程中发挥了重要的作用。[24]

显而易见，对阿卡德初事灌溉农业的人来说，唯有既知道如何抵御洪水又了解如何对待神灵，才能够指望获得好的收成。因此，他们从苏美尔的祭司那里既借鉴了水利工程技术，又学习了与神交往的技

巧。就这样，他们也学到了苏美尔的文化艺术传统，因为这是祭司职业的组成部分，是与神成功交往不可或缺的辅助手段。作为求知若渴的学生，阿卡德人还学会了苏美尔人对传统，即一切权力和技能的源泉的敬畏。因此，文明向阿卡德的扩张并没有使美索不达米亚过去的文化表达形式发生根本变化。[25] 语言是个重要的例外。阿卡德人始终保留着他们的母语闪米特语，这个语言逐渐成了整个美索不达米亚常用的交际媒介。苏美尔人用于书写的楔形文字毫无困难地适应了阿卡德人的母语。[26] 同时，为宗教仪式而保存苏美尔语需要编纂双语的字典，这种字典的发现大大简化了现代学者们译解苏美尔文献的任务。

阿卡德语的兴起和苏美尔语的衰退是一个循序渐进的过程，直到萨尔贡时代约 500 年后才完成。同样，以萨尔贡的成功经历为标志的政治和经济力量的北移也是一个长期发展的过程。我们不应该设想阿卡德的入侵和征服是突然的、大规模的，而应该追溯到苏美尔文明发展的最初阶段那种稳定的侵入和缓慢、渐进的文化互渗。正因如此，在公元前 2000 年以后，阿卡德地区的文化成就或多或少达到了苏美尔文化经长期发展才达到的水平。当这种情况发生时，闪米特人数量上的优势——边缘草原地带的人不断渗入加强了这一优势——使他们的语言在美索不达米亚占据了上风。[27] 48

高度发达的苏美尔文明向两河流域中游阿卡德人的成功转移标志着文明扩张中的一个重要阶段。文明生活仅限于由祭司组织和领导的公社内的社会障碍到此为止第一次得到了突破。随苏美尔文明一道发展起来并作为其组织中心的这种神庙公社，要向新的地方转移天然就是困难的。在驯服外来人之前，祭司必须以某种方式说服所有人，让他们屈从于超自然因素的约束和异于当地宗教传统的思想，这本身就是困难的。更具有局限性的是，掌握着宝贵宗教知识的这些人千方百计地保守自己的技术和秘密——这已经被证实是通向超自然境界的途径。他们为什么要把自己拥有的这种有利条件与外来人和潜在的敌人分享呢？[28]

相比之下，任何征服者都能够效仿阿卡德人，利用军事力量来组织劳动力，兴建水利工程。通过这种方式，大规模的农业以较快的速度向上游扩张。阿卡德人的社会组织基本上像早期苏美尔神庙公社那样，成功地积累并有效地利用农业剩余产品。此外，阿卡德人把部落、私人、王室以及神庙土地所有制相结合，由国王和祭司分别行使管理职能，他们这种更为松散多样的社会结构促进了美索不达米亚文明的成长，这是近乎封闭的、更为紧密团结的苏美尔神庙公社所不曾做到的。

* * *

帝国的王权联合起平原上所有的城邦，并将边界地区置于强大王权的威慑之下，显然解决了那些困扰着苏美尔城邦的政治难题。但萨尔贡的帝国只存在了不到一个世纪。在萨尔贡的孙子纳拉姆辛（Naram Sin）统治末年，来自底格里斯河上游的蛮族——古提人（Gutians）对帝国的进攻愈演愈烈，此后不久，帝国就分崩离析了。

地方主义肯定在萨尔贡帝国的瓦解中起到了一定的作用。更为严重的是，帝国的地理位置使之易受攻击，各方潜在的敌人都虎视眈眈，窥伺军事懈怠的迹象。

50 第三个难题是萨尔贡征服本身所固有的，因为那个时代尚未发展完善的管理方法以有效地控制广阔的领土。纳拉姆辛将一些地方统治者解职，以自己的亲属代之，并力图给自己披上神的外衣。但美索不达米亚和其他地方的情况一样，王室宗亲并不总是服从于国王，而精心杜撰出来用以支持最高政治的神又很难变成有活力的神。在政治机构发展不充分的情况下，中央集权的范围必然是极其狭窄的，也许很少超出国王个人所关心的圈子。国王在哪儿，他的权力就真正到哪儿。而在其他地方，当地的首领、祭司或者其他显贵大概更多是理论上的服从，而不是实际上的。

但是，使帝国得以巩固的力量继续存在。国王的中央集权一旦衰落，昔日城邦之间的战争和外交就再度活跃起来，为通过征服来进行

作为神和征服者的纳拉姆辛

这幅图描绘的是萨尔贡的孙子，即他的继承者，在扎格罗斯山（Zagros Mountain）打击敌人的情景，此山在离美索不达米亚中心地带很远的东北方向。这种圆锥形的山以及落叶树枝的纹理表明，这种自然景观的特征对于公元前三千纪末期的美索不达米亚雕刻者来说是多么的新奇。纳拉姆辛戴的那种角冠在美索不达米亚艺术中是为众神设计的。因此，这块石碑不仅宣称了国王的军事力量，还显示了他的神性。当帝国王权形成了新的基础时，这种表现方式后来在美索不达米亚就被放弃了。

政治统一创造了新的机会。在这个混乱的过程中，强有力的君主在权力方面所受的实际限制慢慢减少。也正因如此，美索不达米亚后来的帝国显示出比萨尔贡时代更为有效的统治。然而，政治上的长治久安从未有过。随着美索不达米亚帝国越来越强大，其周边民族的力量也相应地加强。那些已经掌握了文明的技术并且垂涎于巴比伦这块肥肉的蛮族，即使对这片冲积平原上最好战的帝国来说也是可怕的邻居。无论什么时候，美索不达米亚的中央集权一旦削弱，这些民族就会乘虚而入，进而掠夺或征服这个文明的核心地带。

分裂和统一趋势的相互影响造成了美索不达米亚政治史上的交替循环。来自文明生活边缘地带的征服者，如萨尔贡，确实可以建立一个有效的中央集权国家，但经过几代之后，征服者们很可能放弃原有的军事特质，转而喜欢上城邦更为舒适、奢侈的生活方式。反过来，军纪的松弛和尚武精神的衰退为内部叛乱或外部边缘地区新的征服提供了可乘之机。内部叛乱常常与来自四方的侵略同时发生，因此，随着伟大征服者权力的衰落，美索不达米亚往往会出现一个漫长的动乱时期，直到一个新的统一帝国从相互角逐的国家和民族中脱颖而出。

从萨尔贡到汉谟拉比，美索不达米亚诸王朝的历史都相当符合这一模式。当萨尔贡帝国日落西山时，古提人从东北方侵入了冲积平原，建立起一个松散的中央集权国家，统治维持了将近一个世纪。内部叛乱推翻了古提政权，所谓的乌尔第三王朝（Third Dynasty of Ur）又统治了苏美尔和阿卡德将近一个世纪（约公元前 2050—前 1950 年）。美索不达米亚文化的巨大繁荣出现在苏美尔政治独立的最后阶段。石雕艺术变得更加精美纯熟，许多口头传说和神话第一次有了文字性的记载。乌尔王朝的国王们似乎探索出了比前人更为有效的管理方法。铭文证明，当时存在着某种王室官僚体系，通过委任王室宗亲担任祭司从表面上控制了神庙。[29]

51 由于不断受到东方半文明的埃兰人（Elamites）和西方野蛮民族阿摩利人（Amorites）的侵袭，乌尔王朝受到削弱，大约在公元前 1950

年被推翻。在接下来的两个半世纪中，美索不达米亚的政治呈现四分五裂的局面。起初，政权为分别建立在拉尔萨（Larsa）和伊新（Isin）的两个敌对政权零散地瓜分了，但不久，阿摩利入侵者就在巴比伦建立了第三个帝国。此时，文明化的社会组织已经广泛扩展到了美索不达米亚冲积平原以外的地区。在美索不达米亚文明发祥的古老中心周围，一些强大而相对稳定的王国随之出现。因此，势力平衡不再是苏美尔和阿卡德内部结盟的问题，而是包括了更大的单位和更广阔的地域。确实，原先的苏美尔城邦看来已经成了外交棋盘上的一只小卒，甚至有宗主权的伊新和拉尔萨也逐渐开始依靠阿摩利和埃兰的支持了。

这种不利于平原城邦的均势在公元前 18 世纪末被阿摩利的统治者巴比伦的汉谟拉比推翻了（约公元前 1700 年）。汉谟拉比征服了伊新和拉尔萨，和萨尔贡一样统一了美索不达米亚，并将它的政治中心向北推进了一步。但这位新征服者的王朝只稳稳当当地统治了不到一个世纪，接着就又出现了我们所熟悉的那个交替循环过程。北方的蛮族加喜特人（Kassites）骚扰了阿摩利政权一个多世纪，然后就完全取而代之（约公元前 1525 年）。但是，加喜特人的征服不仅仅是早期蛮族胜利的简单重现，它是民族大迁徙的一部分，这场民族大迁徙影响了从克里特（Crete）到埃及和印度的整个文明世界，从而标志着古代文明史上一次具有重大意义的转折。

* * *

如果我们要从这些混乱纷繁的事件中找到美索不达米亚文明发展的主线，那么可以肯定，新发展的核心动力必然存在于政治军事领域。冲积平原的居民一直怀有一种忧患意识，他们几乎一直生活在压力之下——要不断改进防御工事以对抗战争的威胁或应对眼下的战争，这种压力在实际中成了促进政治中央集权的力量。因此不足为奇，到了汉谟拉比时代，美索不达米亚生活的四个方面都有了长足深远的发展，这些发展全部旨在加强最高权力的集中化和世俗化。这四个方面分别是：(1)帝国政治理论和更广泛的政治忠诚的发展，用以对抗苏美尔初期就已形成的极端地方主义；(2)官僚机构和常备军的发展；(3)管理技术的改进，特别是通过书面文字进行沟通；(4)城邦间和地区间贸易的增长和独立的商人阶级的出现。以上每一点都值得我们关注。

52 (1)政治理论和效忠。统治者的权力来源于神是古代美索不达米亚信仰的一条基本原则。显然，这种观点可以为任何成功地得到巩固的政权辩护：成功的征服者根据这一事实证明自己是神选中的工具。随后，一种更为复杂的政治理论大概在当地居民起义反抗古提人的时候(大约公元前2050年)出现了。根据这一理论，“土地”，即两河流域的文明世界总是统一于一个君主之下的；为了支持这个信仰，古代的传说的记录都被编纂成一部文献，称为“苏美尔王表”。[30]这部经过加工改造的文献成了中央政府鼓吹宣传集权的得力工具。很明显，如果这块“土地”历来就是统一在一个最高君主之下，那么它现在和将来仍是如此便也正当合理。[31]

美索不达米亚的一些最高君主宣称自己是神，这一现象在乌尔第三王朝期间(大约公元前2050—前1950年)尤为突出。这种思想可能是从埃及人那里学来的，但它在美索不达米亚并没有长期存在，后来的统治者们便不再宣称自己是神。[32]然而，由于国王本人亲自参加神庙仪式，所以最高王权还是被宗教的光环笼罩着。

很难找到令人满意的证据，来证实政治效忠从城邦转移到一个更大的整体范围内。但是，随着城邦丧失了实际上的独立性，王室官员补充或取代了地方官员，以及共同经历了蛮族征服，对旧日城邦的效忠一定已经逐步削减。强大的巴比伦的自我意识存在了几个时代，甚至当巴比伦本身在更为强大的亚述帝国和波斯帝国内失去了政治独立性后也一直持续着，这就是一个很好的佐证。巴比伦神马都克(Marduk)被抬升到众神至尊的地位，这标志着更加广泛的效忠，尽管没有明确的证据表明这个变化在汉谟拉比时代以前就发生了。[33]

（2）官僚机构和常备军的发展。早期的统治者，比如卢伽尔扎吉西和萨尔贡缺乏一种稳定的官僚体制来帮助他们控制被征服的土地。然而，萨尔贡确实支配着一个很大的内府。据铭文记载，其数目不少于 5 400 人。这些人“每天都和萨尔贡一起用餐”。[34] 这些人也许大多数都是士兵。在和平时期，要将这样一批人维持在国王周围无疑是困难的，因为只有一个相当有机严密的组织才能把这么多人所需的粮食、武器和衣服集中到一个地方来。萨尔贡缺乏这样一种组织，但是把军队分散开，让他们驻扎在离他本人较远的地方又可能有对他们失去控制之虞。明显的解决办法就是每年出征一次，因为在战场上，军队可以指望通过劫掠来供养自己。这是一个推测，但它似乎可以解释在萨尔贡和他的孙子及继承人纳拉姆辛统治下所特有的那些无休止的军事行动。 53

到汉谟拉比时代，上述两难的困境被突破。[35] 汉谟拉比时代的官僚机构已十分发达，使他既能把军队分散到远离他本人的不同驻地，又能在需要时随时将他们召回。这个体制比萨尔贡时代的体制经济得多，因为它既不用将大量的物品集中在一地，也不用依靠不断的劫掠为生；但它要求有一个复杂严密的官僚体系来记录成千个士兵的名字、驻地及其所承担的义务。

纳拉姆辛用自己的亲属代替地方的统治者和祭司，迈出了建立官僚机构的第一步。从这最初的一步开始，王室官员的人数便激增，到了汉谟拉比时代，王室的法官、税官和卫戍长官已遍布全国，王室内府本身也更加复杂化和专门化了。许多官员的头衔一直流传至今，尽管他们的具体职能和行政级别还不为我们所知。[36] 像汉谟拉比这般勤勉的国王，事无巨细，皆躬亲处理，正如他的上百封书信所佐证的那样。但在一个不那么勤勉的国王的统治下，中央对地方官员的控制无疑就比较松懈了。那时，王权的实质可能很快消失，国土便很容易因来自边境的新骚乱而陷落。

（3）管理技术的改进。中央对于官僚机构以及作为军事土地占有者遍及各地将士的控制，有赖于文字交流的广泛应用。利用书写克服距离遥远的困难对今天的我们来说是再熟悉不过的事了，以至于我们很难想象一个文字信息还没有成为日常生活组成部分的社会是怎样运转的。不过，事情并非一直如此。美索不达米亚人似乎是为此目的而采用文字符号的第一例。

54 在苏美尔，文字最初作为计算符号，用来记载进出神庙仓库的物品。简单的象形文字和数字符号很好地为这个目的服务，但表示私人借贷账目的个人名字却有困难。也许正是这种记录专有姓名的需要促使苏美尔的抄写员赋予某些象形文字一定的音值。总之，这一原则的普遍化最终使所有日常连贯的语言转换为书面文字成为可能，但在很长一段时间内，这种技术的潜力未得到充分开发。文字主要用于神庙记账，其次用于记载私人间的经济契约，而很少用于其他目的。

很明显，正是集权统治的需要使文字的使用范围得以扩展。追溯到某一时代，一个统治者单凭记忆就能记住他和他的下属之间商定过什么，正如在近代官僚体系中，某些口头和未经笔录的事务在相关当权者在位时始终是一个秘密。但是，早在汉谟拉比时代之前，政府机构就已经变得相当复杂，以至于没有人能够单凭记忆就能把各个方面的事情都锁在脑海中。而文字记载可以用作日后查询的依据，因而成了政府的一种不可或缺的管理工具。土地所有权的记录、个人义务的记录、司法判决的记录以及行政命令的记录，这一切都是为了使政府在长距离、长时间内的作为具有一致性，并在一定范围的约束内行使职权。[37] 能够记录日常讲话的书面表达方式的发展也有助于在全国范围内建立统一的王室法律。《汉谟拉比法典》就是达到这种效果的一个著名实例，即以成文法代替了过去所制定的口耳相传的法律。[38]

（4）贸易增长与商人阶层。大部分苏美尔和阿卡德农民的日常生活可能很少受到政治中央集权的影响。从远古时代起，农民的常规作息就基本没有任何改变：播种、收获、清理灌溉水渠以及交纳租税。无论他们的统治者是王室官员、神庙祭司还是私家地主，对他们来说大概都没有区别，因为他们本人与王室或高官很少有接触。

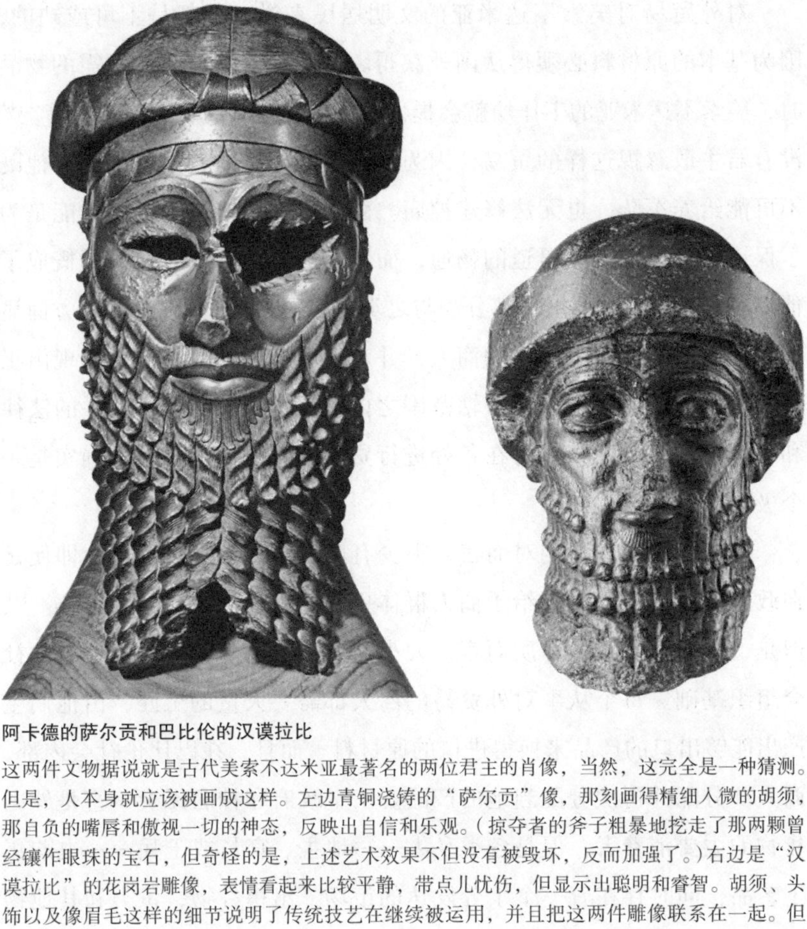

阿卡德的萨尔贡和巴比伦的汉谟拉比

这两件文物据说就是古代美索不达米亚最著名的两位君主的肖像，当然，这完全是一种猜测。但是，人本身就应该被画成这样。左边青铜浇铸的“萨尔贡”像，那刻画得精细入微的胡须，那自负的嘴唇和傲视一切的神态，反映出自信和乐观。（掠夺者的斧子粗暴地挖走了那两颗曾经镶作眼珠的宝石，但奇怪的是，上述艺术效果不但没有被毁坏，反而加强了。）右边是“汉谟拉比”的花岗岩雕像，表情看起来比较平静，带点儿忧伤，但显示出聪明和睿智。胡须、头饰以及像眉毛这样的细节说明了传统技艺在继续被运用，并且把这两件雕像联系在一起。但是，两件作品明显不同的艺术效果又说明，在传统构思范围内可以产生许多不同的风格变异。

但到了汉谟拉比时代，在大众群体和官员之间出现了一个小型的、类似中间人的社会团体，他们是做长途贸易的职业商人，部分的生意代表政府，部分的生意代表自己。在汉谟拉比这般强大君主的统治下，对外贸易主要是代表君主进行的，尽管过去的对外贸易是代表旧时的苏美尔神庙公社进行的。[39] 但即便是在汉谟拉比时代，私人贸易也继续存在，但需要获得王室的准许。 56

对外贸易对美索不达米亚的文明居民来说一直都是不可或缺的，因为基本的原材料必须得从国外获得。当不可能直接获得所需的物品时，美索不达米亚的工作坊就会提供各式各样精美的产品用来交易。[40]没有君主敢忽视这样的贸易，因为没有金属、石材和木材的话，他既不可能给养军队，也无法修建神庙。萨尔贡的一些战争很有可能是为了保证获得外国产品渠道的畅通，而且在战争中俘获的奴隶大概成了他内府和政府的重要组成部分。与之类似，《汉谟拉比法典》一方面显示了国王力图控制王国内的商人，并对他们征税；另一方面体现出王室法律将商业往来纳入其管辖范围之内，保护商人群体。统一的法律和王室执法官员的存在对在各处进行贸易的职业商人来说，确实是一个极大的有利条件。

现存记录表明，相对而言，很少有商人参与大规模贸易，即便是在政府比汉谟拉比时期给予商人群体更大的独立性之后也是这样。[41]但是，就商业活动的本质而言，大小商人都在逐渐转变他们原有的社会组织基础。每个从事对外贸易的商人都需要大量的工匠，由他们生产出能够出口的产品来换得进口的原材料。而且，在巴比伦社会内部，商人要分配并再次分配当地的产品。王室政府和神庙无疑一直是外国货物的主要消费者，但是各类私人——地主、官员或士兵——也购买工艺品，同时存在着一个十分发达的市场，出售谷物、鱼类和其他物品，满足古巴比伦城的市民消费。

随着市场联系重要性的增强，一个规定社会和个人劳动的新原则
57 出现了。在原有的农民群体之外——无论是神庙公社还是地主庄园——出现了一个结构松散且地域分布广泛的“大社会”。这个社会的个体成员直接与王室的法官和税官直接打交道，他们政治观念不像农民、依附工匠和土地管理者构成整个文明社会时的观念那样褊狭。这个“大社会”的主要目标不是为神服务，而是满足人们的日常需要，尽管神继续理所当然地接受他们的传统奉养。调节这个“大社会”内部成员的决定部分取决于官员、法官和士兵，部分取决于普通的商人和工

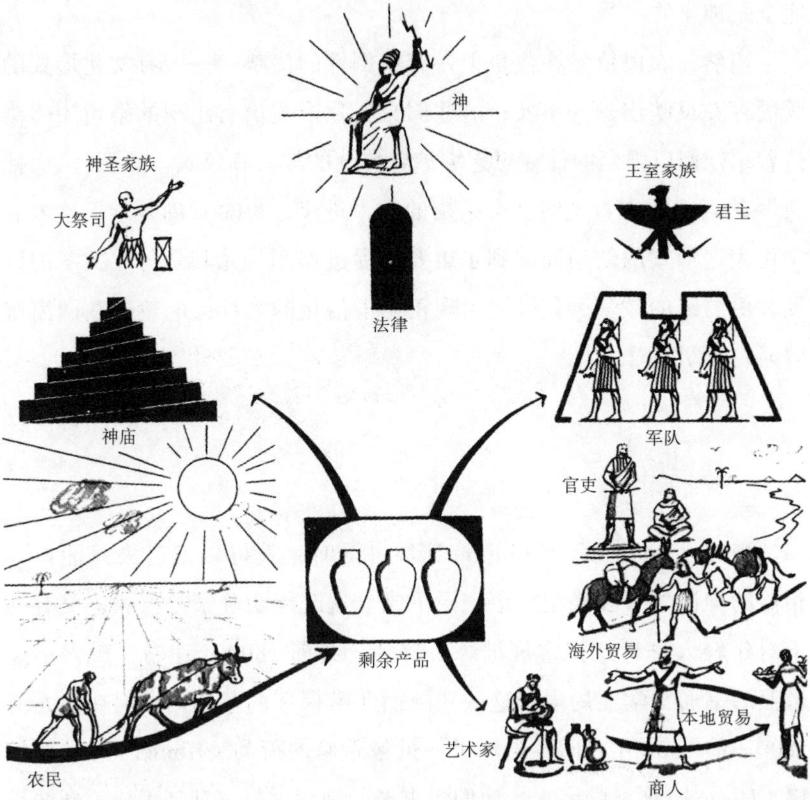

汉谟拉比的大社会

匠——他们能够独立做出的决定数量有限，但又都至关重要。（比如，质量、价格、商品分类）。毫无疑问，所有的参与者经常盲目地遵循传统，但是他们中的个体又能根据自己的意图改变其行动。无限的发展和持续的社会变化的可能性是在这个“大社会”内部做出有效决定的相对广泛的分散性所固有的。成功的发明家总是能够找到效仿者。而且，没有一个权威能够轻易阻止接受新方法。这些新方法可能是通过客观的市场运转而有效引进的——因为最初影响市场运转的因素看似 58

完全是神秘的。[42]

当然，农民依然在数量上占有压倒性的优势——旧有文化形式的顽固存在反映出这一事实；这些旧有文化形式由有组织的祭司团体维持着，他们以强烈的保守思想维护着传统的教义和仪式。然而，“大社会”的兴起标志着文明社会结构的一大进步，也对开创美索不达米亚文化表达形式的新局面起到了重要的促进作用。尤其是写成文字的诗歌和更高级的数学，其最初出现正当世俗化的大社会的轮廓在两河流域渐趋明朗之时。

*　　*　　*

当文字发展到了足以记录日常讲话时，就可以把过去只能口耳相传的神话故事和祭祀用语记录下来。这既能明确祭祀仪式，又有助于对年轻人进行祭祀常规训练。直到公元前 1800 年左右，美索不达米亚的书面文学还局限于这些狭隘而非常保守的范围内。但在公元前 1800—前 1600 年之间，出现了一批像希腊的荷马（Homer）和赫西俄德（Hesiod）那样的诗人。他们将古老的神话材料整理加工成了新的长篇艺术作品。

此类作品中有两篇最重要，这就是《吉尔伽美什》（*Epic of Gilgamesh*）和《创世记》（*Epic of Creation*）。每一篇都选用了不同的神话材料构成一个故事，反映出对世界的本质和人在这个世界中的地位相当一致的观点。《吉尔伽美什》的主题是，人类想逃避死亡的一切努力都是徒劳的，即使是像长诗中主人公那样“2/3 是神，1/3 是人”的英雄。《创世记》的主题是，对巴比伦主神马都克的高度赞美。为了证明马都克在神间和人间的至高无上，作者用了几乎一半篇幅叙述创世过程以及马都克在其中所起的作用；另一半则是通过对礼拜仪式的描绘列举了神的名字和权力。尽管有些诗句在现代读者看来似乎很难理解，但诗中的主题——生与死，却依然与发展到今天的人类思想和感情息息相通。

好奇的山羊

这件艺术品是用金子、青金石、珍珠母和银子在沥青黏合剂上镶嵌而成的，发现于乌尔第三王朝的王陵之中，年代大约为公元前2000年。这种山羊爬树的主题在美索不达米亚艺术中时常可以见到。它最初的用途或象征意义目前尚不清楚，因为金匠和珠宝匠没有留下任何可与之媲美的作品，供后人分析。这只山羊站立起来高达20英寸。以现代人的眼光来看，这件艺术品同保存下来的大多数美索不达米亚艺术和文学作品相比，更好地显示了该文明轻快而奢华的一面。

60 如果你在读这些诗篇时对自己的思路略做调整以适应其神话形式和某些故事情节上所表露的天真稚拙，那么你就会深刻感觉到自己同构思和撰写这些诗歌的诗人们是一脉相承、血缘与共的。[43]

两部长诗都体现了对既有宗教信条的否定。《吉尔伽美什》认为神拒绝赐予人永生是不公正的，为此表示反抗；而《创世记》则有意识地改造古老神话传说，以提高马都克及其所在城市的地位。这种精神在接下来提到的第三篇诗中得到了进一步体现，这首诗有时被称作“咏受难的诚实人”（*Righteous Sufferer*）。[44] 该诗的风格与《约伯记》（*Book of Job*）类似，描写了一个无可责难的虔诚之人莫名地遭受着神的折磨，折磨以恶疾的形式呈现。作者的结论是，神的行为是深不可测的，但在诗的结尾部分，由于受难者恢复了健康，重新得到了幸福，传统的虔诚信念多多少少得到了不完全的补救。

《咏受难的诚实人》显然认为，神应该公正地对待人类，而不能恣意妄为。这个信念以明确而积极的形式在对太阳神沙马什（Shamash）的颂诗中表现出来。沙马什被赞为替人类伸张正义、惩恶扬善、扶危救困之神。[45] 在刊刻着著名的《汉谟拉比法典》的那根玄武岩石柱顶部就刻有沙马什神的形象：他正在把他的法律授予汉谟拉比。“神应该是公正的”这一思想的发展可能正好与王室法律在民众间开始有效地实施相辅相成。[46]

但这种思想在旧有的宗教观念中并无地位。当政治上的混乱又一次打碎了美索不达米亚的法律机器时，神的公正便无处可寻了。在这种情况下，好奇心只会导致对神的不虔敬。因此，当我们发现——大约在公元前 1500 年之后，祭司和抄写员放弃了对神学、宇宙和道德的沉思冥想，而是专心致志地修编庞大的目录和词条（它们逐渐发展为已有知识和教义的百科全书）时——也不必为之惊讶。知识取代了文学，作者们那种敢于质疑或修改已确立的宗教解释的胆略已不复可见。古代美索不达米亚人不再利用神话作为新的史诗或哲理剧的基础，而是像希腊人后来所做的那样，满足于既有的成就，因循守旧，故步自封。

这一结果概括了革新的模式，继革新之后而来的是早期的稳定，
这种稳定业已成为早期苏美尔艺术的一个特点。祭司集团与艺术家、
作家的密切联系也许可以解释，为什么文学和艺术的革新恰恰在那一
刻——以现代人的眼光来看，正是当问题和前景变得真正令人感兴趣
之时——戛然而止。然而，我们应该记住，当神和英雄被形象化时—— 61
不论是用词句还是用雕刻——这种新奇事物必然是近乎异端邪说的。
真正的教义是旧有的教义，适当的虔敬要求恭敬地保护古代的方法和思想。此外，古代巴比伦的学校制度也大大加强了僧侣的保守主义。培养抄写员的学校组织得就像手工业行会，很快就变成了一种高度戒备的组织——既要用不偏不倚的严格性保护其职业水准，又要以同样的态度维护其职业特权。掌握错综复杂的阿卡德语和苏美尔语以及楔形文字符号需要很长的学徒期，更不用说数学和音乐了，这两门课也包含在全部课程之内。到了公元前 1500 年，由于有了一系列的教科书和对既有知识的概括资料，课程的负担得以减轻；这些学习资料使求知若渴的学生能够比较容易地接触到他们想要习得的事物。那些在这一标准之外的东西都会被忽略、被遗忘，同时，古代美索不达米亚知识内部存在的所有矛盾和疑点也都被概括资料的编撰者和课本作者用技巧掩盖了。结果是，确保了求知所需的长期训练几乎能在每一位合格学生的头脑中培植出完全的传统主义思想。[47]

考虑到古代巴比伦知识的制度背景，少数人竟然还有灵感创作伟大史诗的这一事实比这种进取精神未能长久持续更令人吃惊。上述两部史诗似乎就是智力活动和社会状况紊乱的短暂时期的产物，它们出现在汉谟拉比向苏美尔和阿卡德的古代城市扩张势力的时代。那个时候，阿摩利的征服者依旧倾向于他们原先的游牧生活方式，他们原有的宗教思想及宗教态度可能同文明程度较高的阿卡德人和苏美尔人有所冲突。而且，巴比伦的崛起必然意味着要把该城的保护神马都克提高到两河流域至高神的地位。但马都克的篡位又要求他的祭司克制因篡改原有神话和宗教故事所产生的职业性顾虑。他们在这方面的努力

显然是相当成功的，《创世记》就充分证明了这一点：这部史诗为他们冷酷无情的野心和极端彻底的虔诚竖立了一座丰碑。

我们没有发现《吉尔伽美什》和《创世记》的背后隐藏着类似的明显动机。然而，在政治和社会变革的年代，当阿摩利人同更古老的文明民族融合之时，当权力、财富和宗教的最高权威都向巴比伦的新都转移之时，旧有的宗教明显被扰乱了。就像春潮激荡下的冰海一样，已有宗教的明确表达膨胀了、破裂了；旧有模式的不足之处被明显地察觉出来了；于是，有些人成功地利用了改善了的书写技术，记录了
62 他们对已有传统的异议。

但这种不虔敬以及诱使它发生的条件为时不久，祭司和抄写员的保守主义很快就做出了自我调整，适应了对于早期传统的改造，并坚决打消了进一步改革的念头。抄写，而非创造，乃是真正的虔诚态度和学术行为；而这种抄写工作的不断进行对现代学者十分有益，他们发现了多种大型史诗的抄本，虽然这些抄本分别遭到了不同方式、不同程度的损害，但它们的内容相似，因而可以用一种抄本去校勘和补充另一种抄本的脱漏。

据我们所知，巴比伦的数学也是按同样的曲线发展的。大约是汉谟拉比时代的一些泥板展示了当年所运用的一流的六十进位法，它使用的位置原则是我们今天在使用“阿拉伯”（Arabic）数字时所熟悉的。确实，公元前18世纪巴比伦的计数符号与我们现在的相比只缺少“0”这个符号。巴比伦的数学体系是从用来记账的数字记号法中发展起来的，它的六十进位制则来自巴比伦银的度量单位——汉谟拉比时代一个很重要的价值度量单位——它是以六十的倍数计算的。大约与此同时，数学超越了纯功利的范围；一些泥板显示了他们在理论上对复杂的代数关系很感兴趣，并有所掌握。他们已经会解一元二次方程，甚至会解一些特殊的高次方程。数字及其关系一直是巴比伦数学研究的中心，从而与希腊人以几何学为重点形成了鲜明的对比。

保存和发现的偶然性也许严重歪曲了巴比伦数学发展的本来面貌。

然而很明显，创造力在汉谟拉比时代一下子爆发之后，没有再显示出进一步的发展，直到塞琉古（Seleucid）时代（公元前 312 年—前 63 年），当古代巴比伦文化与希腊科学接触并受到刺激后，才又出现新的活力。同文学一样，数学上的革新很明显也是为时短暂的。在一些数学先驱者获得相当大的成就之后，他们的后继者似乎已满足于这些既得成就，直到一千多年后，希腊几何学向他们提出新的挑战才引起了他们的注意。[48]

*　*　*

总之，截至公元前 1700 年，美索不达米亚取得的成就以两个伟大的里程碑为标志。首先，通过神庙公社这种农民生活方式的组织，古代苏美尔人为文明的出现创造了条件。以宗教世界观为基础，同时也由于祭司集团为农民提供了实际服务，神庙公社得以集中大量的剩余农产品，并利用这些剩余产品去供养专业祭司和大批依附工匠。这种 63
专业化促进了技艺的迅速发展，以及文化、技术和智力活动传统的超前定型。到公元前三千纪末，苏美尔的神庙公社得到了另外一些世俗类型的土地所有制的补充。在这种制度下，土地所有者接管了曾经由祭司集团所掌握的经济权，并成功地把财富集中到了自己手中。他们不是作为神的代理人，而是借助了军事力量或是利用了社会领导阶层的传统特权。

既有神庙又有世俗类型的农业公社一直是古代美索不达米亚社会的基本组成单位。这种公社给大多数居民提供了生活和劳动的场所；他们那跨越几代、几世纪、几千年的长期稳定不断遭受到洪水、饥荒或战争的破坏，但又总是能够得到迅速的重建，表现出美索不达米亚在灾难面前有着非凡的凝聚力和惊人的再生力。

美索不达米亚的第二个伟大成就是缓慢而不完全地发展起一种比较松散的社会单位——“大社会”，其作用有如液体一样，填补在各个农业公社间的空隙中，使它们形成一个更大的整体。宗教约束力对它来说在部分场合同样存在，但不那么严格。此外，法律、行政管理、军事力量以及非个人的市场关系也都作用于它的组织。与农业公社相比，这种大社会的凝聚力较弱，容易发生严重的崩溃。在依靠土地为生的人们中，受“大社会”生活方式直接影响的只有一小部分。而且，这种影响从来没有渗透到农业公社日常生活的深处。但是，尽管存在上述弱点，这种组织形式，特别是世俗方面，为美索不达米亚本身文明的进一步发展提供了原始的背景环境，在这片古老国土的疆域之外，其影响尤为显著。

*　　*　　*

美索不达米亚各个民族并不是孤立生活的：他们一直处在异族的包围之中。这些异族人有时以进攻相威胁，但更经常的是在贸易中提供各种物品。光辉灿烂的美索不达米亚文明也影响着这些民族。从一开始就可以发现一个传播的过程，邻近民族借此效仿美索不达米亚人所做的一切，或是在美索不达米亚成就的激发下开始了他们自身社会及文化的建设。我们将在下一章中追溯这个过程的各个阶段。

第 3 章

文明的传播：早期阶段

一、引言

约从公元前 6500 年开始，中东最初的那种小而简单的农业村庄倍 64
增，并且发展延伸到了新的区域。这个过程贯穿了公元前 5 千纪和 4 千纪，直到公元前 3000 年，谷物种植的农业公社扩展到了欧洲、北非沿岸，又进入印度，横跨伊朗高原到达中亚。与此同时，农业领域出现了社会分工。在那些条件特别有利的地方，譬如美索不达米亚，社会分工的进程导致了文明的兴起。

美索不达米亚位于中东农业发源中心附近最大的灌溉河谷，这一点无疑使这个区域在文明化进程的开端就占据了领先优势。而且，随着这个冲积平原发展农业的潜力日益明显，外加文化不同的各个族群之间错综复杂的相互作用，文明兴起的步伐加快了。第一批美索不达米亚农民从未能安全地定居下来进而形成一种固定不变的生活常规。相反，我们所见的是，临近地区各种外族人带来的压力迫使他们融合为一个有机体，并且创造了许多方法来开发他们貌似贫瘠实则非常富饶的环境。直至公元前 3500—前 3000 年，在他们中出现了我们所称的“文明社会”。

但是，文明的出现并没有终结社会反应的过程。相反，在两河流域下游出现了一个技术纯熟、举止优雅、强大而富庶的社会，这个社

金字塔这一非比寻常的工程是埃及早熟的政治统一的必然结果

会需要大量的进口物资，这就给文明的进程注入了新动力。这些文明 65
开化的人需要远方的金属、木材和石料，否则他们就得亲自长途跋涉去山上伐木，从地下挖掘矿石，或者从悬崖开采矿石，要么就得引导各地的原住民为他们负担这类劳动。在这种情况下，这些有文化、有技术的文明人和他们未开化的蛮族伙伴之间建立起了紧密联系。美索不达米亚的商人和军队无论去到哪里，都会在当地引起一系列的社会巨变。结果，文明生活方式中那些对当地居民极具吸引力且能够融入当地社会结构、生产技术以及地理环境的元素便日趋广泛而深入地传播开来。

从某种意义来说，风俗习惯和生产技术的传播并不是什么新鲜事。从人类发展伊始，这样那样的人群便从他们的邻里借鉴做事的技术并加以改良。但是，文明社会给予那些未开化的人甚多，却很少能从他们那里学到东西。所以，在文明的初始阶段，社会中借鉴的进程近乎是单向的，是从文明中心向农业世界的外缘传播。因此，从公元前 4 千纪后半叶直到公元前 3 千纪，两种社会界限浮出旧世界表面：一种是新石器时代野蛮状态和旧石器时代蒙昧状态之间的农业界限，另一种是城市状态与野蛮状态之间的文明界限。

但是文明传播和村庄扩展的方式不尽相同。从处女地上开垦出新的耕地并不需要特别的条件，掌握了基本的农耕技术即可。适宜耕种的土壤分布广泛，新的居民可以在旧的居民点不远处定居下来，从而基本上形成了一个连贯的农业地带。但是文明并非以这种方式传播。在起始阶段，文明需要非常特殊的地理环境才能繁荣起来，即一个可灌溉的冲积平原。

水利灌溉对于早期文明来说十分重要，部分是因为它让原始农民在其能力所及的范围内容易得到持续稳定的剩余产品。更重要的是，水利灌溉由于要求社会的大力协调，促进了一种社会机制的产生，由此剩余产品集中于管理集团的手中。一旦管理集团确立了集中农民部分剩余产品的能力，不仅可以雇用越来越多的人开河挖渠，而且可以更周到地祭祀神灵，进行军事活动，还可以使越来越多的人担任专职的工匠、艺术家或者音乐家。简而言之，可以去创造文明。

上述这些在仅仅依靠雨水灌溉的土地上是不可能实现的。没有河流淤积以及可靠的湿度这些有利条件，要得到大量的剩余产品是很困难的或者说是不可能的。没有对使用大规模有组织的集体劳动开凿河渠的需求，管理集团想要确立对剩余产品的控制也是同样困难的，无论有多少剩余产品。

66 因此，文明的传播是以蛙跳式的运动开始的。它越过一段较远的距离，从一个可灌溉的河谷跳到另一个可灌溉的河谷。主要的可灌溉河谷之间间隔着荒无人烟的广阔地带，所以当新的文明兴起之时，它们基本上都是相互独立的。当地的社会因素，即风俗习惯、宗教崇拜、政治制度，都是新的河谷文明得以形成的基础元素。但是，在向文明过渡的关键阶段，当创造一个复杂社会所固有的问题尚未找到就地解决的方案之前，外界的刺激至关重要。这些外界的刺激促进并加快了新的文明类型在美索不达米亚影响下所有条件适宜的地点的兴起。

在公元前 4 千纪有限的农业范围内，有许多适合进行水利灌溉的河谷。其中有一些面积较小，比如卡伦河，该河现流入底格里斯河与幼发拉底河（Tigris-Euphrates）下游，而在古代，它却单独流入波斯湾。这条河与附近的其他一些河流一起构成了早期埃兰文明兴起的基础。但是由于这个区域太靠近面积更广阔的两河流域，所以，原本独立发展的埃兰文明不久就淹没在美索不达米亚文明之中了。[1] 同样，约旦河（Jordan River）附近的大型泉水为耶利哥城（Jericho）早期的兴起提供了条件。它是一个孤立、面积较小但文化高度繁荣的岛屿，坐落于未开化的汪洋大海中。[2] 毋庸置疑，在中东还存在其他灌溉农业的小型中心，这些中心支持着一些小型城市，它们的居民甚至在公元前 4 千纪就成功地为自己创造了文明的生活方式，至少算是初期的文明生活方式。但是，这种孤立发展的小岛并不能幸免于蛮族的袭击。在公元前 2 千纪，当全盛的美索不达米亚和埃及文明以雷霆万钧之势

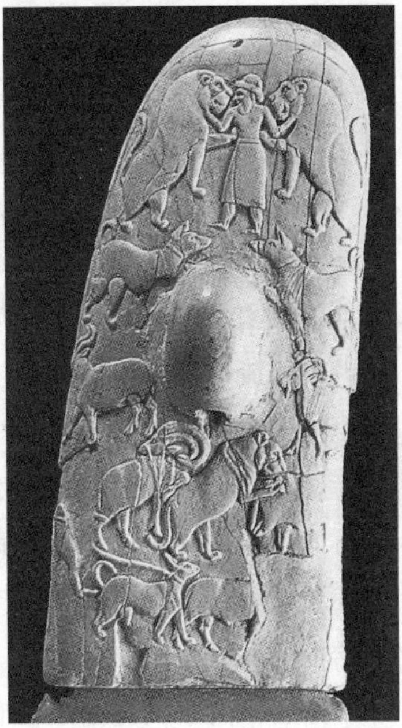

埃及出土的石刀

这件兵器是在埃及阿拉克山（Gebel el-Arak）发现的，时间为前王朝时代后期。象牙刀柄两面的雕刻如图所示，表明出明显的美索不达米亚文明的影响。左图中，刀柄上倒下的尸体与船只混合在一起，这些船只的式样与美索不达米亚印章上所雕刻的很相似；而在柄的后部末端，一场相当壮观的战斗正在进行。苏美尔的航海者在进入红海沿岸时也许经常同当地居民发生这样的混战。柄的另一面再现了美索不达米亚的主题：一个大胡子男人的两侧各站着一头直立的狮子，这样的画面在美索不达米亚艺术中很常见，类似的主题也见于浮雕下方，一只狮子正在向它的猎物背部扑过去。浮雕给人总的印象是在模仿美索不达米亚的高级艺术，虽然巧妙，但依然原始且具有地方性。

向它们强力袭来时，这些小岛最终被吞没在那个慢慢在中东形成的疆域更加辽阔的世界性社会中。

但是，在中东边缘，有三块面积较大的流域非常适宜发展大型的文明共同体。其中两个分别是尼罗河流域和印度河流域，事实上在公元前3000年，这两条河已经为人们所驾驭，为人类的目的服务。不久，这两条河流的沿岸出现了能与美索不达米亚文明并驾齐驱的文明。第三个边缘河系是奥克苏斯河和锡尔河流域（Oxus-Jaxartes），据目前所知，这一流域不能与那些早期文明的发祥地相提并论；[3] 但一些考古学家可能会在这一流域中发现那些已经消失的和被人遗忘的文明。毕竟，苏美尔文明直到19世纪90年代才被发现，而早期印度文明在1922年以前也根本不为人知。

68 然而，由于奥克苏斯河和锡尔河流域地处内陆，与印度河流域、尼罗河流域相比，受到美索不达米亚的影响较小。在公元前4千纪，甚至就有从苏美尔始发的船只通过波斯湾到达阿拉伯半岛，并驶入红海，从而建立了与古埃及的联系。[4] 尽管没有确切的证据表明苏美尔和印度地区也建立了如此之早的海上联系，但上述到达红海的船只一定能够到达（而且可能已经到达了）印度河口。但是，美索不达米亚与奥克苏斯河和锡尔河流域之间还没有开辟海上航线。因为陆路交通从本质上来说比海上交通更昂贵也更危险，所以从苏美尔向外延伸出来的纤弱却令人震惊的触角，尽管加速了文明在尼罗河及印度河流域的兴起，却没能向同样遥远的东北方渗透。如果上述情况属实，那么未来在奥克苏斯河和锡尔河流域发现被遗忘的早期文明的可能性便微乎其微了。

尼罗河及印度河流域在灌溉农业方面的天然潜力使埃及与印度在公元前3000年后不久就产生了文明，而且与苏美尔技艺的零星接触也加快了文明兴起的进程。但是，只有当埃及人和印度人出于自己内在的动力向文明社会发展时，他们才能真正接受苏美尔的影响。苏美尔的纪念性建筑当然不错，但唯有当地社会对建造纪念性建筑产生了兴趣并且有能力支配必要的劳动力时，苏美尔的工艺模式才有意义。同样，即使是相对简单的器械，比如制陶轮盘，也像大型建筑一样，似乎也是从美索不达米亚传入埃及的，但一直到专业的陶工在埃及出现时，制陶轮盘才算在埃及站稳了脚跟。这些专业的陶工既萌生了对这门手艺的兴趣，又有能力学会快轮制陶的专门技艺。

随着埃及和印度发展出了自己风格独特的文明生活，它们便成了社会纷乱的新中心，对附近欠发达的民族施加影响，与美索不达米亚文明曾经并继续影响外界的方式一样。因此，野蛮民族和文明民族文化之间的互动范围拓宽了，程度加剧了，整个中东及外缘地区社会进化的步伐也加快了，直至一种结合了河谷文明多种元素的高级野蛮状态在欧亚两洲广泛扩展开来。考古学家一致把人类历史的这一阶段称作青铜时代，在欧洲大约是公元前 1800—前 1000 年。

高级野蛮状态的发展彻底改变了世界的均势。文明民族比以前任 69
何时候都更易面临蛮族的征服，这些蛮族掌握了文明战争的技术和武器时就变得更令人生畏了。这种被称作欧亚大陆“社会梯度”的根本变革在公元前 1700 年后不久就发生了，可以把它看作文明史第一阶段终结的标志。

接下来就让我们简要地看一下早期埃及和印度类型的河谷文明，在粗略证据的许可范围内，追溯一下它们和美索不达米亚文明一起对野蛮世界产生的影响。

二、公元前 1700 年前尼罗河及印度河流域的文明

（一）古代埃及

与酝酿了 1000 年之久的苏美尔文明相比，埃及社会和文明的形成是一种早熟。但是，早期埃及建成了国家，完善了宗教体系，创制了新的艺术，总而言之，形成了一种风格独特、极具魅力的文明生活方

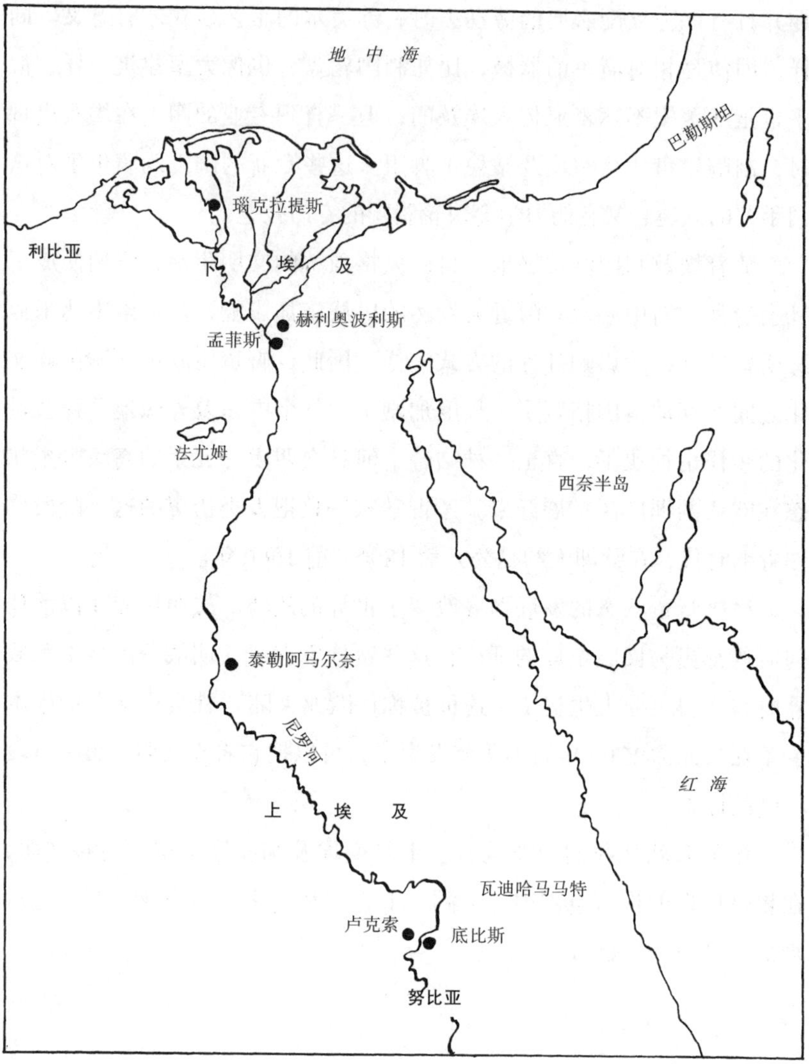
地中海
巴勒斯坦
瑙克拉提斯
利比亚
下 埃 及
赫利奥波利斯
孟菲斯
法尤姆
西奈半岛
泰勒阿马尔奈
尼罗河
红海
上 埃 及
瓦迪哈马马特
卢克索
底比斯
努比亚

古代埃及

式。这是一种巨大的成功，这种成功使后代人背负了沉重的压力。当埃及历史上第一个伟大的时期过去后，人们觉得要改进祖先所形成的范式是根本不可能的，他们甚至认为要保住过去的成就也是有难度的。这个国家的地理位置保证了它长期以来感受不到外界的强大压力，因此埃及人也几乎没有从外界得到新的动力。尽管埃及文明拥有一个辉煌的开端，但到后来，在某些重要领域却落后于更加动荡却不断发展的美索不达米亚社会。

埃及社会的早熟在政治方面的表现最为明显。大约在公元前 3100 年，尼罗河谷的大部分地区大概还是未经开垦的沼泽和荒漠，当地公社还未从新石器时代的村落中发展起来，埃及的文化艺术传统还未形成，这个国家却被一个人统一了。这位统一了埃及的国王通常被叫作美尼斯（Menes）。[5] 尽管后来历经王朝的更迭，在某些情况下可能还伴有短期的动乱，但埃及的政治统一确实持续了约 900 年。

埃及的国王缺乏美索不达米亚社会那种历经艰难才发展起来的行政管理手段，在这种情况下，他是如何从埃及历史初期开始就把这样一个庞大的国家控制在自己手里的呢？

地理环境很大程度上解释了上述反常现象。四周的荒漠使埃及界限分明，易守难攻，尼罗河是它的天然脊柱和神经系统。对埃及的国王来说，守卫边防抵御外敌并不是什么难事。当然，有时候埃及人需要沿三角洲部署军事行动，来抵御从西方入侵的利比亚人（Libyans）和从东方入侵的亚细亚人（Asiatics）；也有小规模的边界战争，来抗 71
击从南方入侵的努比亚人（Nubians）。但在公元前三千纪，这种蛮族入侵的危险很小，并不会对古埃及法老的王权构成严重威胁。因此，美索不达米亚政治史上最大的一个分裂因素对埃及来说影响是微乎其微的。

这片土地早早地形成了一个统一的国家，直接有赖于尼罗河的通航之便。河水载船顺流北行，同时非常幸运的是，埃及主要刮北风，因此，扬帆起航溯流而上就变得相当容易。国王通过控制航运，便自然而轻易地控制了大部分货物和人口的流向，从而掌握了统治埃及的有效手段。[6] 相反，美索不达米亚的统治者却没有现成的、有利于他们自己的自然条件来捍卫其集权统治，然而他们缓慢而艰难地发展出了法律和官僚机构，用这种人工手段替代了地理环境赋予埃及的那种天然优势。[7]

社会因素强化了地理环境为埃及所带来的集权效果。在公元前3100 年之前，埃及没有强大、富有且自觉的社会组织能与苏美尔的神庙公社和城邦相提并论。从远古时代开始，地方行政区叫作诺姆，被认为是王国以下的行政单位。上埃及与下埃及之间，即狭窄的尼罗河河谷与平坦的尼罗河三角洲湿地之间的二元性，在官方的名称中始终十分突出。诺姆的划分大概是以某些政治单位为基础，这些政治单位的形成早于上下埃及两片土地的统一。但是，在埃及的史前史中，由牧师、首领或祭祀国王所掌握的地方权威，与同类的苏美尔统治者相
72 比一定是脆弱的、不发达的。[8] 不然，古王国时期盛行的将最高权力集中于王室手中的事情便不可能发生。再者，传统上认为，上埃及和下埃及的第一任国王是来自南方游牧部落的征服者。如果这种观念正确的话，那么后代法老拥有的非凡特权可视为把广泛的权力应用于被征服农耕民族的结果，而这些权力是由某个成功的游牧民共同体赋予其领导人的。

埃及早熟的政治统一的必然结果是，尼罗河流域没有出现像美索不达米亚那样的大型城邦作为高级文化的发源地；相反，早期埃及文明是王室的产物，王室内迅速衍生出多个部门，在各个部门专业化的过程中，王室本身就成了一个城邦。王室的管理者和工程师能够支配全国为数众多的农民，他们发现可以利用这些劳动力去从事一些非比寻常的工程，比如建造伟大的金字塔；同时，王室的工匠们显示出了杰出的技艺，创造了深奥精妙的埃及雕塑与绘画。最令人惊叹的是，在尼罗河流域文明伊始的短短几个世纪内，他们就已经取得了上述成就。

埃及的基本社会单位仍是乡村。在埃及历史最初的那些世纪，显然没有重要的社会集团存在于乡村和王室二者之间。后来，某些主要的神庙可能雇用了一些管理人员、工匠和侍者，从某些方面来说与美索不达米亚的模式相同。但在埃及人的生活中，这类中心从来没有得到过同类中心在美索不达米亚所获得的重要地位。地方贵族发挥了比较重大的作用，他们中的很多人原本是王室的行政官员；从第一中间期到中王国时期（公元前 2200—前 1800 年），这些土地贵族和小王公将自己插足于农村和中央王权，成了介乎二者之间的一个层级。对农民来说，这样的情况可能只相当于更换主人。农村生活的组织和与之相关的、埃及社会的基本结构大体上没有改变。美索不达米亚意义上的城邦是独立于王室统治者的工商业中心，但此类城邦在帝国时代之前并没能在埃及生根，而且即便是到了帝国时代，此类城邦的数量也始终稀少，它们犹如埃及社会组织架构中的异类。

早期埃及像一个扩大了的神庙公社。统一的埃及最初的统治者们似乎采用了苏美尔的社会制度并且加以改进，通过拓展疆域将尼罗河下游整个可以通航的河段囊括进来，这样也就自然而然地解决了这片古老土地上由于临近各国之间的冲突所引起的政治问题。

至少在以下两个方面，埃及的经济和社会组织与早期苏美尔的神庙公社类似。第一，社会的基本区分是农民大众与神的家族之间的区分。在埃及，人类的统治者是神的化身；在美索不达米亚，神是超乎凡人的，只能以祭司作为代言人与人类对话。两种情况虽有所区别，但区别不能掩盖其真正的相似。第二，贸易和所有大规模的经济 74
事业都由神圣王室指派的官员控制。法老不时地派遣半军事性质的远征部队去叙利亚（Syria）伐木，去西奈（Sinai）开采铜矿，去努比亚（Nubia）掘金，去法特（Punt）采集药材。在国内，从上埃及探采花岗岩和其他奇特的岩石，征收各种赋税纳入王室国库。这些财物不是被神化的国王直接所用，用于维持自己的宫廷，修建自己的陵墓或其他建筑，就是分赐给王室的各种侍臣。苏美尔神庙公社最初的经济组织

法老纳尔迈—美尼斯的深红色调色板

这两幅浮雕同阿拉克山出土的刀柄上那种模仿式的图案（见第 69 页）形成了鲜明对照。埃及艺术后来形成的独特风格在这时候已经开始逐步定型了。这块调色板也许是第一王朝时期为庆祝美尼斯统一上、下埃及而制作的。这块调色板之所以引起了人们的兴趣，还因为它看起来比象形文字的成型时间还早，以后象形文字的设计元素从左边那个猎鹰图案中能看出来。实际上，可以把浮雕的这一部分当作象形文字来读。把这里出现的动物形象同阿拉克山刀柄上的形象相比较，特别具有启发意义，因为埃及人注重图案设计，而对表现肌肉组织或姿态的细微变化不感兴趣，这些特点通过对比可一目了然。同样，根据每个形象的重要性来确定其尺寸的原则在这里也得到了很好的发展。正如右图上栏所示，国王正在视察被斩首了的敌人尸体，其形象表现得特别高大。

大概与此十分相似。美索不达米亚的商人和俗界的承包人在不同的神庙公社之间找到了自己的活动空间，但是在埃及，古王国大一统的组织阻碍了这方面的发展。

从长远看来，完全统一的内聚力很可能妨碍了埃及文明的发展，但是在最初，它提供了一切可能的有利条件。法老的神圣地位为中央政府带来了稳定，这样的稳定是美索不达米亚最高王权所不曾取得过的。由于埃及宗教的教义赋予神圣国王以统治国民的权力，没有任何一个地方的统治者可与之相比，因为无论那些统治者的权力多么强大，他们本身都没有神性。

在埃及，法老作为神，被认为是永生的。因此，必须为他的肉身提供适当的保护措施，并为他的灵魂提供合适的安置之所，这样就出现了金字塔。但在古王国时期，埃及人认为，任何普通人都不可能凭借一己之力获得永生，即便是最虔诚的祭司或最有权力的官员也不可能。死后能否幸存，取决于能否成为已逝法老的随从。出于这个原因，古王国的官员们煞费苦心地修建自己的陵墓，在神圣国王恩准的范围内，使自己的陵墓尽可能地靠近法老的陵墓。而且，他们陵墓内的墓壁铭文也强调，死者是为神圣国王服务的，大概希望（尽管这样的希望貌似有失理智）已逝法老的不朽灵魂将因此记住他确实需要这些死去的官员为其效劳尽忠。

死后的生存似乎一直是埃及人最关心的问题。他们确信，死后永生的唯一希望就是法老的恩惠。因此，一个国王即便地处遥远，也容易获得臣民对其训示忠诚且及时的拥护。违背国王将受到严厉惩罚，唯命是从却能得到好报，还有谁会故意触怒神圣国王呢？这确实是古王国统治的一个秘密。埃及法老不像汉谟拉比那样用法律和频繁的通信来控制官员，这不过是凡人所用的一种可怜的方式，埃及法老以死后永生为奖赏，回报那些完全服从于他的意志的人。

但是，即使是在古王国的鼎盛时期，社会表层下还是潜藏着地方 75
主义。法老和王室高踞于农民之上，但农民却深深扎根于当地。除了王室的管理机构，几乎没有其他力量能把一个地方和另一个地方联结起来。在埃及的宗教中可以找到这种潜藏的、离心的地方主义之最佳佐证。埃及众神异乎寻常的混乱反映出各种各样地方崇拜的存在、残留及发展，这些地方崇拜最初几乎互不相关，而且在一个统一的政权已经把两块土地联合起来以后，它们也还是难以完全协调一致。埃及文明非凡卓越的统一和始终如一的风格是王室的创造物，而不是来自

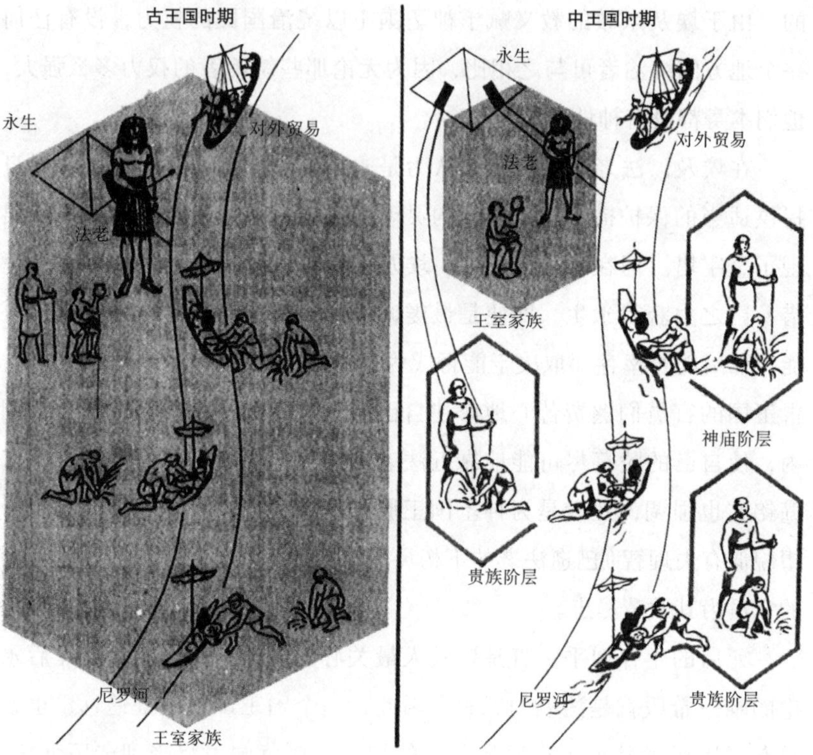

埃及社会的演变

全体民众。在宗教方面，当地村民的态度值得审视，呈现于我们眼前的不是一致性，而是极端的混乱。

埃及在最初三个王朝统治下的历史（约公元前3100—前2650年）鲜为人知。在这一时期，美索不达米亚的影响对埃及文化的加速发展
76 仍然起到了一定的作用。这一时期的许多艺术品都精准地再现了苏美尔的图案。冶金工艺的改善，制陶轮盘的引进以及用泥砖建造大型建筑也都可归结为美索不达米亚的影响。或许，用书写符号记录语言的想法也源于美索不达米亚。但是，埃及的象形文字与美索不达米亚的

楔形文字并无关系，二者的创制肯定是相互独立的。然而，近期的许多实例表明，有发明能力的人可能重新创制了一种书写体系，这是与文明民族交流的结果。埃及文字在王朝初期就已经存在了，但事实上在此之前并没有文字发展的痕迹。因此，象形文字很有可能是在美索不达米亚文明的促动下突然发明出来的。[9]

无论如何，埃及受外来文明影响的时期是短暂的。不同于美索不达米亚，在埃及，沿尼罗河两岸荒凉的崖壁很容易找到优良的建筑石材。不久，埃及的建筑师就懂得了开发石料建筑的各种可能性。第一座石墓是为第三王朝末期的一位法老（约公元前 2700 年）建造的。此后，埃及人在一个非常惊人的短时期内便掌握了石匠的技术，继而，他们的建筑远远超过了美索不达米亚的那些范例。在第一座石墓完工一个半世纪后，最大的金字塔得以建成，其规模之大不言而喻，建筑本身的精准无误和精雕细琢令后世望尘莫及。[10]

迅速掌握石建筑技术只是整个发展高潮的表现之一。在这关键的几个世纪中，埃及文化的几乎各个方面全都成熟了，其中最突出的表现是雕塑和壁画，这两种艺术都与石雕工艺密切相关。

然而在宗教方面，无论是信仰还是宗教仪式都没能形成一个公认的且经久不衰的定则。地方的传统根深蒂固，即便是在一个神圣国王统一了这片土地，对各种各样的原始宗教崇拜和神学施加了中央集权的压力之后，它们也难以趋于一致。但是，将实践和逻辑协调起来的 78
尝试势在必行，特别是从法老宣布自己为神这一点上来看。在位的国王起初采用了荷鲁斯，即天上鹰神的头衔，确立了自己在众神之中的位置，同时，他把自己王室的祖先们（假设他们是永生的）视同冥界的统治者奥西里斯（Osiris）。荷鲁斯和奥西里斯最初可能起源于埃及的不同地区。他们的特征必定使人想到，其中一个与过去从事游牧生活且相对好战的时代有关，另一个则明显地与农业、季节和植物的荣枯有关。[11] 在埃及的历史上，人们始终将在位的国王视为荷鲁斯，将先王视为奥西里斯。但到了第五王朝（公元前 2500—前 2350 年），法老

上下埃及之王哈夫拉

这件闪长岩坐雕像是在基泽（Giza）哈夫拉殡葬的神庙里发现的，它表现了既是人又是猎鹰荷鲁斯（Horus）的神王形象。雕刻者克服了雕刻固有的笨拙，完成了这件宏伟的艺术品，成功地使猎鹰的保护翅膀把两个形象永久地结合在了一起；法老庄严肃穆的面容与猎鹰严峻无情的神态相得益彰。这种雕刻是象征性的，也许有利于加强和明确神王在古埃及发挥的全面而重要的作用。这件在技艺和风格上都堪称完美的作品是在第四王朝统治期间制成的（公元前 2650—前 2500 年），在此期间，整个埃及的资源都用于建造大金字塔（哈夫拉的金字塔规模仅次于他的父王基奥普斯，这是希罗多德对他的称呼，而埃及学家称之为胡夫）。

也开始宣称自己是太阳神拉（Re）的儿子。这种思想无疑反映出赫利奥波利斯（Heliopolis）神庙祭司们的影响，而且古老的传统也有这种说法，即第五王朝是由该神庙太阳神拉的祭司们建立的。

现代人很难理解当时埃及人的做法。他们把奥西里斯之子、太阳神拉之子以及鹰神荷鲁斯拼凑成一个不可调和的三位一体，然后又将上述混合所产生的多种形式的神性与法老本人等同起来，然而这种混乱却遍布埃及宗教。诚然，大部分埃及人在坚持遵循传统的、历史悠久的宗教规则和仪式时，感觉不到其中存在的不一致。[12] 但随着埃及文明的历史定义日趋明确，一些善于思考的人便因神话和宗教仪式的地方性差异颇感烦恼。因此，这些人力图构建一种纯理论的神学体系，这种体系能够协调分歧，用更符合逻辑、更令人满意的方式来阐释不同神灵之间的关系。

上述三个体系发源于强大且重要的神庙，已为现代学者所熟知，尽管一些相关的记录残缺不全。这三种神学理论都试图在众神中建立血缘谱系，从第一个创世神开始，一对对神夫神妻世代相继。[13] 孟菲斯普塔赫神（Ptah）的祭司大概首创了这些最为有趣且复杂的故事。无论如何，孟菲斯神学赋予了普塔赫神创世者的角色，总的来说，带有明显为他做宣传的痕迹。有关文献将普塔赫神的创世行为描述成他心中的意念，然后脱口而出。通过这种方式，他不仅创造了物质世界，而且还创造了神族、人类以及人类社会的交往原则。普塔赫神的行为 79
似乎是以法老在处理人类事务中所扮演的实际角色为蓝本的。毕竟，正是神王所想、所说使金字塔得以建成，使他的忠实仆从得到了永恒的生命，使蛮族陷入了混乱。

然而，使埃及宗教传统合理化的系统性努力并没有奏效，即使普塔赫的祭司在王都孟菲斯可以把该神的地位提高到其余所有神之上，但仍有其他一些祭司忠于其他圣地的其他神，他们的虔诚使他们反对任何背离当地宗教传统的做法。因此，埃及人最终选择了一条对各种已经确立的宗教表达方式兼容并蓄的易行途径，而不是尽力去改造它们。官方宗教冷静地将那些逻辑上并不相容的教义并列起来，只有当某个忠于它自己的神和宗教崇拜的新王朝兴起时，陈旧的习俗才得以改变。所以，当上埃及底比斯（Thebes）的统治者巩固了他们对国土的控制时，底比斯的阿蒙神（Amon）也同他们一起掌了权，并且很快就同太阳神结合了起来，成为阿蒙—拉神（Amon-Re）。但原先的大神位并没有因此而被废弃：法老继续把自己称作荷鲁斯；奥西里斯在与拉神的竞争中仍然赐予死者永生；所有各种地方性习惯继续维持，甚至当地方神与某些王室政府敬仰的最高神名义上同化而使这些习惯受到部分的掩饰时，情况依然如此。

复杂而多样的宗教遗存只能理解为是地方性圣地和祭司集团长期存在的结果，他们至少不是完全受王室政府支配的。一些文献资料表明，随着时间的推移，这些祭司集团中有一些人通过损害中央政府的利益来扩展他们的权力。[14] 但是，神庙祭司集团没有那些不忠的官员们所起的作用大，这些官员一直在破坏并且最终摧毁了神王的权威。

令人惊奇的不是这种反抗的发生，而是它如此姗姗来迟。在第四和第五王朝的统治下（公元前 2650—前 2350 年），古王国正处于鼎盛时期，这时似乎就有数量相对较小的一批官员统治着整个埃及。他们中的许多人都是法老的亲属。他们所有人，作为神王王室中的成员，都直接依靠王室的优厚恩惠，得到他们生前死后所希望享受的一切荣誉和特权。但随着时间的推移，官员的数量增加了，仅仅这一点就足以削弱神王和他的随从之间的心理纽带。一个远离朝廷的小官，如果神王根本不认识他，他又怎能信心满满地指望自己作为国王的随从而得到永生呢？或许，更重要的是，官职逐步变为世袭制，这种情况必定使有识之士难以脱颖而出，而那些不称职的继承人却得以稳居高位。当儿子在边远地区继承了父亲的职位时，与当地的人、地、神的联系就会加强，直到这种联系破坏了之前对国王的自动服从。

80 结果，管理机器逐渐崩溃了。在第六王朝（公元前 2350—前 2200 年）时，瓦解过程就开始了；此后不久，各地的权贵和诸侯竞相追逐最高权力，其中有些人同时称王，但没有一个人能制服对手而行使真正的最高王权。

艺术在所谓的第一中间期（公元前2200—前2050年）衰落了。纪念性建筑的规模锐减，同时，未成熟的、带有明显地方变异性的建筑风格和技术出现了。[15] 高级艺术早先是王室的产物，从这个观点看来，上述现象便可以理解了。但在思想和文字领域，这一社会困难时期却促成了埃及传统的明显扩张。文人在社会等级中的地位由于有序政府的衰落受到严重干扰，他们仰天长叹，执笔记录在埃及土地上所发生的一切，以此表达他们的抗议。这一时期留存下来的文献一些显示了人们惶惑而绝望的心理，一些表现了极度的享乐主义，还有一些主张通过个人的正直不阿来为社会秩序的恢复寻找基础。[16]

这第三类作者所表达的道德理想有时会赢得当代学者的钦佩。[17] 但是，这些义愤填膺的文人所提出的激动人心的道德原则却从未融合进埃及的宗教体系。当刺激埃及文学迸发异彩的社会动乱再次平复时，在困难时期提出的这些理想也随之枯萎，在埃及文明上并未留下任何持久的痕迹。[18] 埃及宗教根深蒂固的保守主义先前就击退过以孟菲斯神学为代表的理性主义，现在又湮没了对人生之本的文学新解读，甚至完全没有感受到它的影响。只有在一个方面，古王国的崩溃在宗教中引起了永久性的变革：此后，生命不朽的希望不再完全依赖于同神王的关系，而是向所有人敞开，只要他们有适当的坟墓、咒语和随葬品。

埃及文学具有明显的现世性[19]，这些作品出自那些从事世俗或半
世俗工作的文人，正是现实的人类世界吸引了他们的注意力。因此， 81
那些典型地出自高级官员之口的行为准则在古王国的文献中占有很重要的地位。这些行为准则旨在教导年轻人通过取悦上级和正确对待下级来使自己出人头地。美索不达米亚人敬畏神灵，但这样的思想在埃及文人的脑海中是不存在的，即使是在古王国衰落后的动乱时期，他们还是认为，应该对灾难和骚乱负责的不是神，而是那些桀骜不驯、犯上作乱的人。

埃及文学的现世性无疑表明，古代美索不达米亚人和埃及人在思想观念上存在着根本差别。这种差别部分是由于埃及相对安全的地理环境，少受外族入侵和自然灾害侵袭[20]。在一个国家，神灵如此值得信赖，洪水的到来如此规律，充满敌意的蛮族不会突然出现在视野范围内，除了在某些特定的宗教仪式场合，文人便可以置神灵于不顾。不为现世的生存问题所累，宗教热情便集中在获取来世的永生上。文学作品可以心安理得地直接谈论纯世俗世界的事情。美索不达米亚的情况则不同：在那里，自然灾害和军事威胁一直存在，因此神灵被认为是任意妄为、喜怒无常的，会带来无法预料的危险或是出乎意料的好运，也是绝对不能被忽略不理的。

书面文献和口头流传的宗教神话之间存在着差异，这使埃及的文人比他们美索不达米亚的同行拥有更大的自由度。正因如此，埃及文学的产生先于美索不达米亚，并且很早就出现了一些完全世俗化的载体，如故事、谚语、对话和情歌，而在美索不达米亚，这类载体几乎是不存在的，或者说还没被人们发现。[21]

毋庸置疑，古王国崩溃之后的动乱给埃及人民带来了深重的灾难。当然，那种国土统一、神王当权的理想从未消失过。最后，大约在公元前21世纪中叶，埃及南方底比斯的君主取得了军事优势，再次统一了国家，从而开创了所谓的中王国时期（公元前2050—前1800年）。[22]这个新的王朝（第十二王朝）恢复了某些类似于古王国时期的中央集权
82 制，但这个相似掩盖着一种真正的区别。地方权贵和祭司集团没有被取代，他们的权力依然存在，成了联系王室官员和各地农民之间的中间环节。中央的权威不再像过去那么崇高和绝对。整个埃及的劳动力不再被拉去为国王修建陵墓，所谓只有与神王保持联系才能在来世获得永生的官方说教也失去了效力。[23]艺术风格在古王国遗留下来的规范内继续显示出细微但却可以察觉出的地域性差异，表明埃及生活的基础正在发生变化。[24]软弱的统治者很容易丧失手中的权力，但在第十二王朝，某几位精明强干的国王确实在整个埃及取得了至高无上的权力。

大约到公元前 1800 年，埃及又一次失去了政治上的凝聚力。因此，埃及人没能对他们历史经验中一种崭新而陌生的现象，即外族大规模入侵，表现出有效的抵抗。从大约公元前 1730 年开始，一个叫作喜克索斯（Hyksos）的民族穿越西奈（Sinai）沙漠进入了埃及，轻而易举地征服了这个国家的北部，建立起了外族的统治，并且一直维持到公元前 1570 年。

喜克索斯人为埃及人深恶痛绝。埃及的祭司和贵族长期以来以居高临下的姿态傲视其他所有的民族，这时却发现自己不得不臣服于他们所蔑视的东方蛮族，这些人侵占、亵渎了他们的神庙，将他们最为珍爱的传统视如草芥。这一经历在埃及人的头脑中引起了一个根本性的变化，甚至在一位来自南方的新国王从可恶的喜克索斯人手中解放了两片国土之后，埃及人也不再认为躲在沙漠的屏障后是安全的了。于是，他们结束了与外部世界长期隔绝的状态，在后来的几千年里，作为一个庞大的帝国参与到了中东地区错综复杂的权力斗争中。所以，随着喜克索斯人被驱逐出境，埃及的统治者们踏上了世界征途，与另一个伟大的河谷文明，即美索不达米亚文明，发生了直接接触，并展开了竞争。我们对埃及人的叙述到此告一段落，他们那独特的生活方式将从这里开始进入一个更广阔、更凶险的活动天地。

总之，在公元前三千纪，埃及人在某些方面取得的成就超过了我们所知道的其他任何地区。埃及的艺术和建筑给现代人留下的印象比美索不达米亚的强烈得多。某些文学作品中所提倡的道德思想也在现代人的脑海中引起了特殊的共鸣。[25] 最后，我们不得不对古王国早熟的政治统一表示赞叹，大金字塔的巍然耸立、坚不可摧就是这种统一最完美的象征。

但从另一个意义上来说，埃及的成就还落在美索不达米亚之后。在尼罗河流域，没有出现像美索不达米亚那样的“大社会”。神王及 84
其家族和乡村村民之间存在着极其强烈的反差，甚至到了中王国时期，这种反差依然鲜明。薄弱的中间环节，即地方权贵和神庙祭司集团，不能为埃及社会提供美索不达米亚社会结构中所潜在的那种内在弹性、

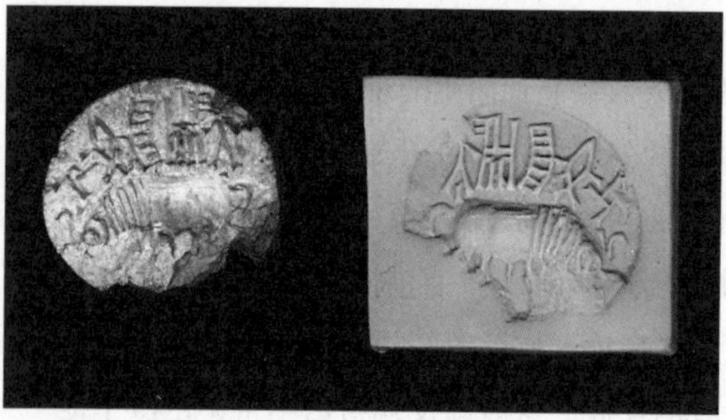

印度河文明的印章

证明美索不达米亚和印度河文明之间有联系的是上图前两枚印章。左边的一枚是在苏美尔乌尔城港口废墟中发现的，而第二枚出自摩亨佐—达罗，它是印度河文明的两大首府之一，在那里还发现了许多别的风格上基本类似的印章。显然，前者也许是一些商人从印度河带到乌尔的。第三枚印章的意趣则迥然不同。图中那个有着三面脸，在老虎、大象和其他野兽中间盘腿而坐的形象，其姿态与印度教的湿婆神（God Shiva）十分相配，当后者以百兽之王帕鲁帕提（Parupati）的身份出现时，恰好就是这样一种姿态。这种连续性有力地说明了在后来的印度教中保存着印度河文明的一部分因素。现代学者还未能解读这些印章上的文字。

多样性以及发展的能力。在美索不达米亚，最高王权得到了政治理论、成文法律和巨商大贾的支持，而埃及缺乏这样的组织机制。相反，政府的全部负担，如它的文人、石匠、建筑师、艺术家、政府官员和祭司，都直接落在了那些顺服的农民头上。在这种社会内几乎找不到进一步发展的余地了。甚至随着新王国而来的同外族人更加广泛的接触，最终只是导致埃及人重申了其旧思想的合理性，以及尽可能完全地拒绝了外族人的影响。尽管帝国在政治上受到外来侵扰，但在精神方面，埃及人却始终有效地保持着他们的独立。埃及人仍旧作为一个独特的民族而存着，即便是在并入罗马帝国之后，他们仍一直保持着古老的传统，没有再创造任何新的事物。

（二）印度河文明

埃及文明与几乎同时兴起于印度河流域的另一种文明颇为相似。大约在公元前 2500 年到前 1500 年之间，在印度河沿岸及其支流所经之地，出现了两个繁荣的大城市、一大批小镇和村庄。这些定居点的居民已经懂得书写，会使用铜和青铜器；他们用烧砖建造巨大的建筑物，并且以独特的风格雕刻人像和印章。简而言之，其文明的物质方面可与同时期的美索不达米亚或埃及相提并论。但是，由于证据不足，特别是现代学者还没有解读印度河文字的能力，所以，人们对该文明的非物质方面知之甚少，对它的历史发展更是一无所知。

摩亨佐—达罗（Mohenjo-daro）和哈拉帕（Harappa）这两座大城市以完全成熟的面貌出现在我们面前，没有从初期比较原始的状态发展而来的痕迹。地下水使考古学家至今无法揭示这些遗址地下的情况，已经挖掘出来的岩层一定是几千年前的废墟，似乎仅仅显示了从最初的成就以来的衰落。[26] 对较小遗址的分层挖掘也没能揭示在哈拉帕和摩亨佐—达罗所见的那种系统的城市布局从初始阶段发展到全盛时期的清晰迹象。[27] 只有从美索不达米亚发现的少量印度河印章使学者得以粗略地确定，印度河文明的年代大约是从公元前 2500 年到前 1500 年。[28] 85

大约从公元前 2500 年起（也许还要早几百年），印度河流域和美索不达米亚之间就存在着贸易关系，这表明苏美尔人在印度河文明的最早阶段起到了他们在埃及所起的那种作用。与苏美尔人的海上联系大概为印度人带来了现成的模式和观念，印度人对它们加以改造，使它们适应了当地文化传统的特性。[29] 如果是这样，印度河文明的兴起也许是很迅速的，至多只用了几个世纪。

摩亨佐—达罗和哈拉帕系统的城市布局证明了另外一些推断。两个城市的平面结构都呈棋盘状 [30]，西部边缘都有一座高耸的城堡。两个城市也都有容积很大的粮仓，以一种固定的模式有规则地建成，城区住房的几何形格局大概也是事先为建筑者设计好的。所有这些都说明，一个高度集中的行政机构掌握着大量的谷物贡品，控制着规模足以建造整个城市的劳动队伍。同时也说明，这两个城市是按照一个总体规划在预留的不受阻碍的地方建造的。因此，摩亨佐—达罗和哈拉帕可能是作为一个巩固的，至少是半文明化国家的孪生都城而建成的。[31]

进一步看，这两座遗址明显的统一性说明，印度河文明的政治结构早在它的历史初期就已经高度集中化了。这两座都城相距大约 350 英里，小一些的市镇的间距远达 1 000 英里。迄今为止，具有这种文明痕迹的 60 多个遗址既发现于印度河及其支流所构成的冲积平原，也发现于阿拉伯海沿岸，向南远至纳巴达河（Narbada）河口。但在这个相当广泛的地域内 [32]，在已经发现的考古遗址中，没有出现地区性或地方性的风格变异。只有用埃及那样早熟的政治统一才能解释这种一致性。

86 这样一个疆域辽阔的国家是怎样被组织团结在一起的，这是不可能说清楚的。在公元前三千纪下半叶，当印度河文明全面繁荣之时，当地城市的建设似乎很少考虑到军事防御等安全问题。没有发现城墙，武器、盔甲之类的残骸也很罕见，缺少同时代美索不达米亚常见的某些形式。[33] 因此，它不是像萨尔贡帝国那样的军事帝国，而是像埃及古王国那样，是个依靠宗教进行统治的国家，有着相似的政治模式。

除了大量的雕刻印章有时能与美索不达米亚最好的印章相媲美之

外，印度河遗址出土的艺术品少得可怜。而且，少数所发现的艺术品呈现出令人困惑的风格差异。[34] 女性小雕像往往很粗犷，有时故意夸张女性的特征，大概证明当时存在祈求富饶多产的仪式以及某种形式的“大母神”崇拜。对大树和男性生殖器的崇拜也是出于同样目的。但由于未能解读印度古文字，所以无法再现其神话，这些神话能够解释遗留下来的零星的图像和符号。

有充分的迹象显示，印度河文明的活力和社会秩序在两都最后崩溃之前就已经严重衰落了。比如在摩亨佐—达罗，毁灭性的水灾迫使人们不得不一再重建整个城市。老街和旧建筑起初完全是按照原样修复的，但在城市生活的最后阶段，重建的屋墙不再是每例必循早先街道所划定的界限，在以前大型建筑物的原址上，出现了一些较小的、偷工减料的建筑。显然，原先那种决定并长期维持着城市精确几何平面布局的社会秩序，不知为何已经衰落了。

引起这种衰退的原因只能凭猜测。大概是气候干燥或森林被砍伐加剧了洪水的破坏性，农业收成也不如从前了。[35] 但根据我们所了解的埃及古王国衰落的原因来看，印度河社会秩序的衰落同样应归于内部的政治变化。如果集权政府对印度河平原上臣民的控制由于某种原因而放松的话，那么这些都城一定会立刻陷入贫困和混乱，就像摩亨佐—达罗所证实的那样。

来自北方和西方山区的入侵对削弱中央集权也起到了一定的作
用。[36] 但当那些操印欧语（梵语的祖先）并自称是雅利安人的好战蛮 88
族从山上下来，在印度河流域一路烧杀劫掠的时候，最终的致命打击大概就降临了。他们以真正野蛮的狂怒，把印度河城市变成了一片冒烟的废墟。

哈拉帕和摩亨佐—达罗一直未恢复元气，曾经维持这对孪生都城城市生活的社会秩序崩溃了；摩亨佐—达罗城址后来被一帮涉水而过的外族人所占领。尽管这两座都城及其政府机构毁灭得如此彻底，以至于一切有关印度河文明存在的记忆都消失了，但一些简陋寒酸的村

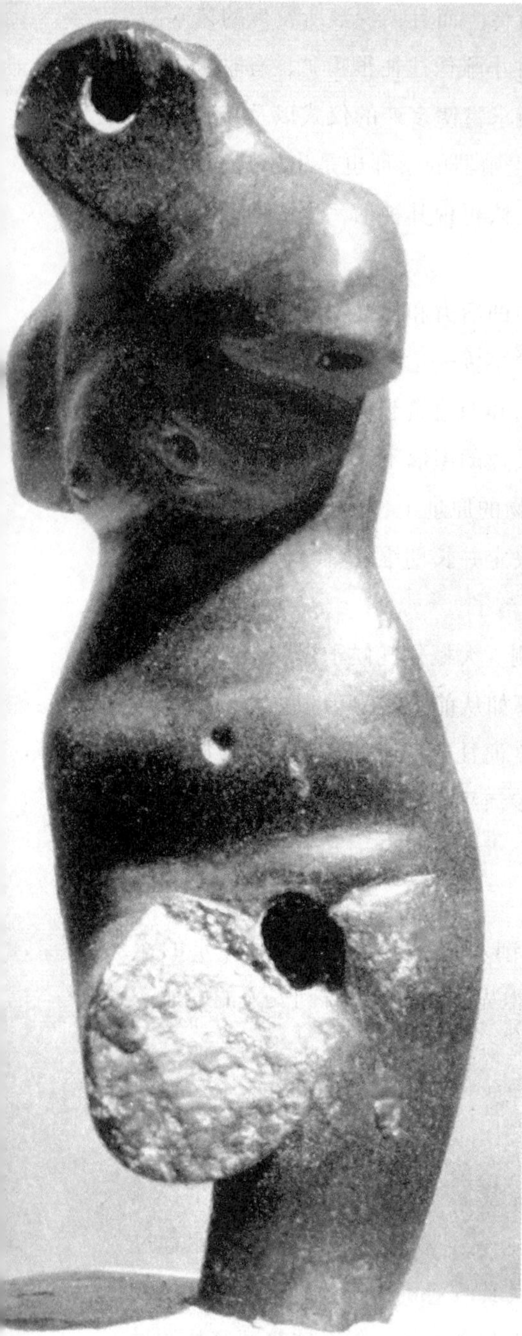

印度雕像

这两个雕像，左边的断头缺臂，赤身裸体；右边的虽然粗糙，但神情高傲；它们分别发现于哈拉帕和摩亨佐—达罗。没有人会认为它们源自同样的艺术传统，而且有些学者已经提出，那个断头缺臂的雕像可能是混入的，原属于时间上晚得多的佛教时代。发掘者保存的不完全记载证实，这个假设以及认为这两个雕像可能共同代表着古代印度河雕刻艺术全盛阶段的观点都是不可能的。一个柔和优美，另一个傲慢自负，两种形象常常萦绕在研究印度河文明学者的脑际，使他们感到困惑不解。

庄却留存了下来。也许正是由于这些村庄的继续存在，印度宗教信仰的主旨才得以代代相传，并在以后的印度教中惊人地再现。

* * *

为什么印度河文明在蛮族的侵袭下土崩瓦解，而美索不达米亚文明和埃及文明面对同样的攻击却能幸存下来，甚至重振雄风，这确实是有必要一问的。也许，蛮族对印度的攻击人数更多，手段更狂暴无情；也许是因为印度河文明比较脆弱，没有深深植根于受少数统治者控制的村民心中。

现存的资料尚不能证明哪种假设更加合理。但是，在《梨俱吠陀》（*Rig Veda*）中却可找到令人兴奋的线索，[37] 其中的一些大概要追溯到雅利安人征服时期，[38] 例如，有关战神因陀罗（Indra）的描述，讲述了他如何攻击有城墙的堡垒以及无情地歼灭了那些黑皮肤的敌人。不同的章节可能都显示出：早期雅利安人非常厌恶印度河土著居民的宗教行为，以至于他们对于露骨的性宗教仪式表示出极度的震惊。[39] 而且，正如《梨俱吠陀》本身所明示的那样，入侵的雅利安人拥有一种相对复杂精密的神学理论以及组织精良的祭司集团，此二者似乎都是在与苏美尔和巴比伦宗教思想接触后并在其影响下形成的。[40]

因此，雅利安人的入侵很可能包括了两种宗教制度和两类祭司集团的冲突。也许，征服者带着满腔的宗教热情，有条不紊地清除着敌人的宗教痕迹，那样的宗教为他们所憎恶。但如果古代印度河社会实际上是由祭司统治的，那么消灭他们的祭司集团就等于是消灭那些缔造并维护文明的社会管理者。进一步说，如果印度社会像古王国时期的埃及一样，在身居宏伟城堡的祭司国王和主张原始平等主义的乡村居民之间缺乏社会中间层的话，那么祭司集团覆灭便意味着印度河文明突然消失，而且不可能复兴。只有零星的、易于为乡村所用、为乡村居民所理解的古文化因素才能幸存下来，而历史的实际状况也的确如此。[41]

89

三、文明向雨水灌溉地区的传播：小亚细亚和克里特

（一）引言

公元前三千纪初期，中东农民的社会组织和技术设备依然十分原始，因此，文明社会只可能出现在可以进行人工灌溉的地区。但到了公元前三千纪末，情况便有所不同了：公元前2000年前不久，在狭长的冲积平原之外，许多风格各异却又相互关联的文明开始兴起，这一突破使文明发展的整个区域扩大了数倍。任何地区只要有适于农耕的优良土地，现在都成了潜在的文明生活中心。文明的进一步扩张在广阔的地域内呈连绵起伏之势，而不再像初期那样，以蛙跳式从一个流域发展到另一个流域。

90 文明从人工灌溉地区到非人工灌溉地区的转移是如何发生的呢？

只有充分发挥想象力，才能就这个问题给出概括性的回答。我们必须假设，一个分为若干自治村社，并且或多或少地实行平等主义的农业社会是文明生活的共同起点。随着犁的广泛使用，乡村农民能够产出余粮，甚至是在只靠雨水灌溉的土地上也可以。休耕制通过频繁的犁地清除杂草以保持土地肥力，它使人们可以永久地利用某些土地，从而废止了过去那种半迁移性的耕作方式，农民们发现自己从未像现在这样固定在一个地方。如果听其自然，思想简单的农民就会由于人口增长，迅速地消耗掉因农耕技术改进而产出的那些余粮，直到更稠密的人口与扩大的食品供应量之间达成一种新的平衡。[42]这样，人口密度较大的农业聚居点就会发展起来，同时不产生任何重大的社会阶级分化或任何重要的生活方式转变。[43]

但是，生活在大河流域文明范围内的村社并没有像上述那样自然地发展。战争和贸易使村民接触到了冲积平原的生活方式，与此同时，来自农业世界边缘地区的游牧民族不断地骚扰他们，有时甚至是征服他们。在两面夹击之下，古代中东的村社难以保持他们主要的生活方式；在公元前三千纪期间，村民们发现他们自己已经被外族人严格地

控制了。正是这个原因使得文明向靠雨水灌溉的地区传播。地主和农民之间原始的而且往往是相当之大的社会差别，使前者得以在有利的条件下充分地积累财富，以供养一批能够创造或维持独立的文明生活方式的专业人员。

不难设想游牧民族的征服是怎样导致这样的结果的。游牧生活中固有的战斗纪律使他们在对抗分散而和平的农民时极具优势。他们习惯于依靠牧群过一种寄生生活，一旦发现一些村社富裕到足够满足他们需求，同时又毫无防御能力不得不臣服于他们，他们就会把自己的寄生生活转嫁到这些人头上，认为这样做比依靠牧群更为容易，也更为有利。只有在犁耕技术稳定下来以及农业产量在靠雨水灌溉的土地上有所增加后，这类村社才出现在人工灌溉地区以外的地方。因此，由好战的土地贵族统治的松散国家，其出现是和犁耕的传播齐头并进的。[44]

文明的征服者不像游牧民族那样喜欢住在偏远地区的农民当中， 91
因此相应地，他们的入侵对当地农村生活面貌产生的影响也较小。但无论是上述哪一种情况，一个地方权贵阶层都会伴随征服而产生或更加巩固，他们声称自己有权支配农民的产品。来自冲积平原的军事征服不会早于萨尔贡时期（约公元前 2350 年）。不过，萨尔贡的军队大概到达了地中海，也许还到达了黑海，向东横越了扎格罗斯山脉的关隘，并进一步深入，远达底格里斯河上游地区。[45] 这位伟大的国王无论去到哪里，都一定会索取各种贡品，并派出手下去聚敛所到之处能够提供的产品。凡是遵从萨尔贡命令去组织必要劳动力的人都发现，自己在村民之中能够扩大并巩固那种可以被称作“原始工业”（proto-industrial）式的社会分化。更重要的是，村民（villagers）变成了农民（peasants）；从这个意义上来说，他们社会生活的方方面面都得到了扩展，部分地融入了伟大的文明世界。[46]

贸易对村社的影响更为复杂，而且各地的情况肯定是大不相同的。商人们没有军事力量的支持，只得通过利诱来获得他们想要的产品。起初，那些组织严密的自治村社里的成员大概采取了抵制的态度，拒绝精致的布匹和小玩意儿的诱惑，他们更想保持传统的生活习惯而不愿为外来人做工。但是，另一些村庄的良田日益匮乏，他们可能非常愿意派人去砍树或开矿来交换商人的货物。通过扩大地方贸易，长途贸易商人逐渐与山区农民建立了贸易关系，那些山区本地的食物供应短缺，但能出产木材、矿产、羊皮及羊毛。于是，山区和平原之间、食物匮乏和食物丰腴的村庄之间便出现了分化，时至今日，这依然是中东和地中海地区社会生活的基本特征。

随着山区居民部分的食物供应开始有赖于平原居民，在农业世界的边缘地区出现了一种新的干扰力量。甚至遥远的政治动乱也会扰乱山区居民赖以生存的复杂的商品流通。每逢贸易被中断，山区居民就被迫要用武力来夺取不再能通过交换而得到的货物。如果平原上的村社既无实力反击，又无法恢复某种互惠互利的贸易模式，那么这种劫
92 掠就很容易发展成为全面的征服。从而，山区居民作为平原的劫掠者和征服者，与游牧民族展开竞争便贯穿了此后的历史。

对于已经受制于某个征服者的村社来说，贸易的扩大仅仅是增加了他们的从属性。失去自由的村民再也不能自行决定命运，他们被迫按外国商人的要求生产原材料。作为交换，这些外国商人向村民的贵族统治者提供文明世界的奢侈品。换言之，贸易扩大了军事贵族下属臣民的服役范围，军事贵族通过索取役务而获利。同时，贸易也使蛮族武士对文明世界的物品产生了兴趣。一旦了解了外部世界的富庶和奇妙之处，一批又一批渴求战利品和荣誉的武士就会受到诱惑，不断地将手伸向文明的中心地带。因此，在公元前 2000 年之后，中东地区的文明民族就发现，自己越来越频繁地受到袭击，袭击者是半野蛮民族，他们统治着偏远的农业区，不惜长途奔袭，而且始发之处也越来越远。

因此，文明地区的商人和征服者的活动在公元前三千纪有助于加固对边缘地区农业居民的外族军事统治，但却因反作用于文明社会自身而终结。到了公元前两千纪，文明地区的农民和边缘地区更为原始

的村民一样，发现自己已经处于游牧民和山民的夹击之下。更加可怕的是，那些前游牧民和山民通过剥削农民村社使自己从日常劳务中解放出来，能够倾其全力地提高自身战斗力，发动战争。中东地区的社会局面因而变得格外复杂。一方是农民、工匠、祭司、商人和官僚，另一方是游牧民、山民和军事贵族，双方形成了一种不甚稳定但却不可避免的共生局面。

逐渐地，一拨一拨的军事贵族主宰了社会舞台。但是，任何一拨贵族的地位从本质上来说都是不稳定的。在征服初期，当这样的集团取得了非凡的军事胜利，并成功地在某个农业地带巩固了他们的权力之时，其中半野蛮的成员还能够接受首领对他们无休止的支配。然而，这些成功的蛮族军事集团的首领（或他们的继承人）总是力图实行由文明社会发展起来的那些专制和官僚统治原则，借以摆脱传统对他们个人权威的种种约束和限制。因此，君主与贵族之间关系紧张就成了常态。当这种紧张关系最终导致蛮族军事集团的军纪崩溃时，也就为新征服、新君主、新贵族以及集权统治者与他那些难以驾驭的追随者之间新摩擦的出现扫清了路障。

不管表面上如何混乱，这种政治征服、巩固而后崩溃的外在循环模式推动着某些更为缓慢而持久的变化。边缘地区统治者的权力和财富主要依靠租税和农民的强制劳动，同时在不同程度上以贸易收入为补充。除了组织生产、输出原材料以及自己从事贸易之外，国王可能还以保护商队过境为由向他们索取报酬。随着时间的推移，兴起了一 93
些受王室庇护的工匠集团，他们的生产部分用于出口，部分用于满足当地王室的需求。总之，边缘地区的社会结构逐渐地与古代美索不达米亚冲积平原一样走向多样化；文明的艺术和技能也相应地渗透到了新的地区。

换言之，这个过程就是：大约到了公元前 2000 年的时候，美索不达米亚的“大社会”已经开始衍生出一个由众多半文明社会组成的边缘地区，这些半文明社会仅仅是部分地被包含到了它的政治机体之中。

这一发展使城市和村庄、牧民和武士、商人和工匠、祭司和农民在更为广大的区域内比从前更加紧密地联结在了一起。除了在最偏远的地区之外，公元前五和四千纪那些星罗棋布、自给自足的村社在中东再也不可能继续生存下去了。

但是，经济、社会和文化上的相互依赖超出了政治团结的范围。这就使中东社会面临着一个当年曾经同样困扰苏美尔城邦的问题，这个问题最终也以类似的方式得到了解决。正如在公元前三千纪，苏美尔城邦之间两败俱伤的争斗直到在整个美索不达米亚冲积平原出现了一个帝国力量才告终止；在公元前二千纪以及公元前一千纪，当中东城邦国家间的冲突达到顶点时，出现了一个比那些城邦国家都要庞大许多的帝国组织，这便是波斯帝国，它把整个东方文明统一在一个行政机构之下。

（二）小亚细亚

对美索不达米亚边缘地区向文明发展的这类概述必然不是十分可靠的，因为这方面的详细资料非常匮乏。然而，考古还是允许我们对那片地区的情况略见一斑的。比如，亚述（Assysian）商人用楔形文字书写的泥板就告诉了我们公元前1900年左右安纳托利亚东部地区的一些情况。当时，该地区被划分成许多个小国，其中某些国已经呈现出城市中心的特征。那里出现了一些建造整齐的商业据点，这些据点的居民与他们家乡阿舒尔（Ashur，它本身是美索不达米亚文明一个遥远的前哨基地）的同行有书信往来，这就证明了：当时存在一种高度发达的长途贸易。这种贸易产生了强大的文化影响，所以当赫梯（Hittite）帝国于公元前1800年后在安纳托利亚兴起之时，其宫廷艺术、宗教以及文字都显示出与美索不达米亚文明有着极为密切的关系。[47]不过，对美索不达米亚技术和风格的模仿并没有导致完全摒弃地方传统。相反，野蛮者和文明者两种因素的混合在适当的时候便产生出一个风格独特的衍生物，那就是赫梯文化和赫梯社会。[48]

赫梯文明只是于公元前 2000 年左右在美索不达米亚边缘地区发展起来的几种文明之一。胡里安人（Hurrians）、迦南人（Canaanites）、亚述人、加喜特人（Kassites）、埃兰人（Elamites）也都形成了某些接近文明的东西；[49] 除了迦南人，他们都为建立强大的军事国家奠定了基础。甚至在遥远的爱琴海沿岸，特洛伊人到公元前 2000 年前也已经建立了一个虽小犹富的城市，并且了解某些文明的便利设施。[50] 很可能，特洛伊人的财富主要来自对当地农民的剥削，但海运和贸易大概也是这个城市繁荣兴旺的原因。因此，特洛伊人的生活方式代表着一种中间类型，介于由军事贵族发展起来的文明和以航海为基础的文明之间，前者以赫梯为代表，后者以米诺斯时代的克里特（Minoan Crete）为主要代表。

（三）克里特

来自小亚细亚的入侵大概开创了米诺斯文明的第一阶段。[51] 因此，征服者与被征服者之间的明显差别可能导致了克里特最初的社会分化。但是，攻击一个岛屿相对来说比较困难，这就意味着：军事对于文明的刺激多多少少不能像在大陆上那样持续地发挥作用了。相反，米诺斯是从另一途径走向文明的：正是海上贸易所积累的财富，以及在贸易过程中接触到更加先进的民族所产生的刺激，使克里特的居民创造了高雅优美的艺术品，这些艺术品已从克诺索斯（Knossos）的废墟中发掘了出来。

地中海的航海业想必始于公元前 4000 年左右，此时，克里特第一次出现了新石器时代的居民点。[52] 来自大陆的文化影响跨过海洋，零零星星地持续了至少 1000 年之久；在年代为公元前 3000 年后不久的岩层中，发现了与埃及进行贸易的确定无疑的证据。这种贸易是如何起源的，从考古学上还无法推断。但可以肯定的是，与埃及和其他国家不断增长的贸易促进了商人与普通人之间的社会分化。必须有人组织砍伐木材和输出橄榄油，这二者大概是克里特海上贸易的主要商品， 96

赫梯的巴斯神信仰

这幅图刻描绘了国王（右侧较小的人像）正在为他的臣民向植物神做祈祷。美索不达米亚艺术影响的痕迹很容易从国王穿戴的样式和雕刻者对胡须和头发的处理方式上清晰地分辨出来，但图中人物那臃肿矮胖的体态仍然保持着赫梯艺术的特点。

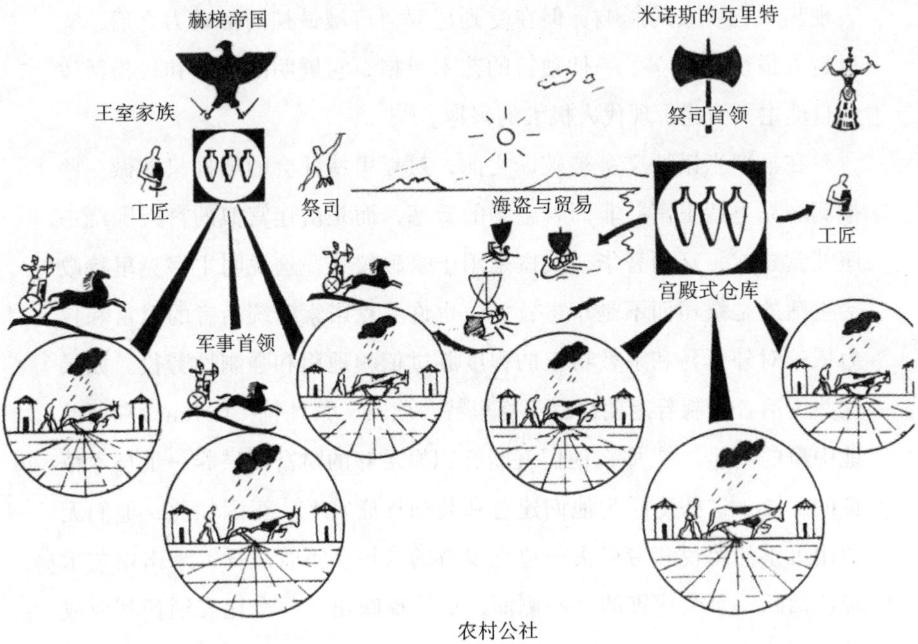

文明在雨水灌溉地区的成长

而成为组织者的人就在增加财富和权力方面占据了有利的战略地位。

无声的实物证据不能揭示米诺斯社会内部的演变过程，但考古学的遗物确实说明，到公元前 2100 年左右，一个全面发展的文明（中期米诺斯文化 I 期）已经出现在克里特岛上。米诺斯的巨大宫殿大概就是那时建造的；青铜工具和武器也随之出现；快轮制陶法创造出了优美而华丽的陶器；某种形式的象形文字也开始投入使用。

由于贸易把克里特同地中海沿岸地区联系在了一起，克里特文化显示出同后者各种各样的类似性也就不足为奇了。克里特的宗教似乎也起源于小亚细亚，因为大母神的形象也常见于米诺斯艺术，她以双面斧为标志，并与神蛇和神牛相关，同安纳托利亚有史时期受到人们崇拜的诸神有着紧密的亲缘关系。另一方面，克里特的绘画也明显地表现出来自埃及的影响。但在受到尼罗河流域最初的推动力之后，克里特人很快就建立了一种独特的艺术风格，它鲜明的色彩和轻松活泼的自然主义引起了现代人极大的兴趣。[53]

97 在早期米诺斯文字被破译之前，对克里特社会的结构只能做一些推测。克里特王宫并非固若金汤的要塞，而是由迷宫似的宫殿围绕一座礼堂建成，富丽奢华，大概是用于宗教仪式，这说明主宰克里特政治生活的是祭司而不是军事首领。也许，克诺索斯统治者的财富和权力依赖对外贸易和宗教特权的程度胜过依赖地租和强制性劳役。如果这些统治者控制着定期往返于克里特、埃及、黎凡特（Levant）和西部地中海的商船，[54]那么他们就能够积累足够的财富来供养一批技术精良的工匠，这些工匠为他们建造和装饰神庙宫殿，正因如此，他们无须用沉重的租税和劳役去压迫克里特的农民。不管怎样，米诺斯艺术轻快活跃、繁荣优雅的某些侧面，似乎反映出了一个比安纳托利亚或美索不达米亚更为自由自在、无忧无虑的社会，但这一点我们还不能十分肯定。

从米诺斯时代的克里特艺术中去发现后来成为希腊文明特征的那种自由精神的先兆，这也许不是荒诞无稽的空想。直到希腊古典时代，人们还对“米诺斯制海权”记忆犹新，[55]而且，古典希腊宗教的某些神和仪式也是从克里特继承而来的。[56]不过，尽管克里特的传统因此通过希腊人以某种削弱了的形式而渗入后来欧洲历史的主流，但不能否认的事实是，克里特文明即便是在鼎盛时期也好像一株温室里的植物，它的生存和繁荣需要岛屿地形的特殊保护。大约在公元前两千纪中叶，当好战的印欧语系部落作为海盗和掠夺者侵入海上时，米诺斯的舰队没能捍卫住自己的制海权。不久之后，克里特高度发达的文明遭到了彻底的摧毁，其程度不亚于几乎与此同时在文明世界另一端的印度河文明所遭受的浩劫。

摧毁了米诺斯制海权的亚该亚人（Achaean）并没有蓄意要这样
98 做。[57]但在劫掠商船和贸易中心的过程中，他们可能搅乱了为克里特文明提供经济活力的商品交换活动。结果，在公元前 1400 年左右，当一些劫掠集团袭击并烧毁了克诺索斯城后，克里特文明便一蹶不振了。直到公元前 7—前 6 世纪，随着更加军事化的希腊制海权的建立，在爱琴海地区才兴起了第二个海上文明。

四、文明对农业世界外围的影响

我们刚才已经看到，美索不达米亚和埃及的大河流域文明是如何与来自农耕边缘地区的山民和游牧征服者协同作用，使一种群星式的次文明得以产生。但是，文明生活方式的变革力量并没有在此停止。距离上更为遥远的民族同样为传播到它们那里的文明成就所吸引，对其瑰丽产生反应。正如公元前两千纪的大陆文明在某些重要方面有别于克里特的海上文明，文明特征从陆地上向更遥远的世界边缘传播，其方式也与从海上传播有根本性的区别。

（一）原始巨石文明

一种合理的观点要求我们将克里特文明的兴起看作更为广阔的航海发展的组成部分。不仅仅是克里特的船只在风平浪静的地中海上航行。在西边很远的地方，一座次要的、比克里特更小的岛屿马耳他（Malta）成了广阔的海上文化的主要中心，这种海上文化最终扩张到了西部地中海之外，进入了大西洋。相关的证据是考古学方面的，以难解而著称。因为那些早期航海者所留下唯一明确的踪迹就是他们的坟墓和其他巨石建筑，这些遗迹星罗棋布地分布于欧洲和非洲的大西洋沿岸，从瑞典南部到撒哈拉沙漠。

如何正确解释这些巨石已经成为学术界长期争论的一个热点，因为它们的类型各不相同，而且建造的年代也难以确定。也许，最初的形式是爱琴海地区那种著名的石窟陵墓；与此同时，更为简单的形式在西欧发展起来，因建造者的财富和技艺不同而表现出地方性的差异。

海洋与米诺斯王宫

这条弯曲的章鱼和克里特岛上的克诺索斯的米诺斯王宫墙上这幅壁画的细节，也许都是公元前15世纪所画。从现代的眼光来看，这个妇女轮廓清晰、眼神迷离，给了她一种调皮的表情。然而，米诺斯艺术的常规可能已经使当初的欣赏者免于对此类奇异现象产生任何这样的反应。一个从正面看到的眼睛却被画在面部侧面的轮廓之中，因为庄严和神圣也许是画家真正所要表现的主题。但如果我们将赫梯沉闷的艺术风格拿来同米诺斯艺术常规所要求的微小的敏锐加以比较，则二者鲜明的对照确实反映出了一种根本的区别：一方面是公元前两千纪以陆地为基础的军事帝国，另一方面是靠海洋获得财富以维持其欢乐生活的自由自在的民族。

从某种意义上来说，马耳他岛似乎是巨石文化向西传播所依赖的一个重要中心。该岛当时是地中海东部和西部之间的贸易中心，几座规模宏大的神庙和其他建筑说明它又是一个独特的圣地。[58]

总而言之，各式各样的巨石墓广泛分布于西部地中海沿岸及海上 100
诸岛，并且沿着大西洋沿岸远传到法兰西、不列颠和波罗的海诸国。在偏远的加那利群岛（Canary Islands），一种与巨石文化有关的生活方式一直存续到公元 14 世纪。[59]

这种巨石文化的扩张大概与某种宗教的传播有关，这种宗教承诺人死后能享受某种形式的生活。这种推测本身似乎就足以说明为什么要花这么大的力气去建造巨石墓。我们无从得知，是什么样的宗教教义驱使思想简单的西欧村民去开凿和搬运建造此类石墓所需的巨石。但是，建造备加引人注目的建筑肯定需要大量的人力。[60] 石匠技艺和对死后生活的重视表明，它们与埃及文明存在关键联系，尽管来自其他方面的影响（尤其是爱琴海地区）也参与了巨石文化的发展。[61]

欧洲巨石文化的分布情况以及对其年代的猜测要求我们展开想象：大约从公元前 2500 年起，熟悉某些航海技术并受到某些思想（与中东文明中心盛行的那些思想有关）启发的航海者在地中海西部和大西洋沿岸扎根下来，并且成功地改变了当地思想简单的农民和渔民的某些生活方式。巨石文化似乎是和平地传播的。很可能，祭司和商人中的少数精英一块又一块地开拓着殖民地，就像他们精神的传承者，即那些中世纪早期爱尔兰僧侣后来所做的那样；每到一个新地方，他们既能（或许是通过对死后生命不朽的承诺）把当地人的思想纳入新轨道，又能把他们的劳动组织起来用于新目的。

巨石建筑绝不仅仅存在于地中海和大西洋沿岸。东非、南印度、东南亚沿海地区和太平洋的某些岛屿上也有此类建筑。正如在西方一样，这些建筑大多数集中在海岸线上，似乎证明它们都是从海上传播过来的；而将这种传播运动的起源最终追溯到中东地区似乎是合情合理的。然而，无论东方和西方的巨石建筑有什么密切关系，它们之间

欧洲的三处巨石建筑

这些照片展示了统称为“巨石建筑”的几种变异类型。左上图是马耳他神庙的内部景观，可能代表了史前阶段留下的所谓“圣母教堂”，巨石文化的传教士也许就是从那里渡海前往西欧和非洲的。右上图为爱尔兰的支石墓（dolmen），是一种更加普通的巨石建筑类型，但图中这一样本比大多数的同类建筑更为壮观。下图为直立巨石圈，两块立石被一条沉重的横石结合成一对，就像英格兰的巨石阵（Stonehenge）那样；这种类型相对比较罕见。

最大的区别就是年代不同。

现代考古学的调查结果似乎表明，印度的巨石建筑不会早于公元前一千纪。如果这些建造者再从印度向东移动，那么东南亚和太平洋岛上的巨石墓和直立巨石的年代就应该更晚了。[62] 因此，巨石建筑的观念和实践在向东推移时，不知出于什么原因耽误了约 1 500 年，这种情况是如何发生的，我们就不甚清楚了。[63] 102

虽然巨石文化传播的地理范围乍看也许令人惊奇，但实际上，沿海岸航行在地中海和印度洋里都是风平浪静的，对原始的小型船只来说没有太大的困难，无论坏天气何时袭来，这些小船都能够及时抵达几乎任何一处海岸。而陆路的情况则大不相同了，陆上行进的困难使文明在大陆上的传播只能限制在一定的范围内。

（二）欧亚大草原的高级原始状态

文明社会对周围大批原始社会的深入探索似乎主要是由对于金属贪得无厌的追求而引起的。例如，努比亚的黄金促使埃及人向尼罗河上游渗透；也许，类似的原因促使印度民族进入了德干高原。但在公元前三千纪，文明扩张最主要的方向是往北进入西部和中部大草原。文明伊始，美索不达米亚东部和北部的大片弧形山区地带就已经成了金属的重要来源。到了公元前 2500 年，陆上商路交叉穿过亚美尼亚高原（这里可能是最古老、最发达的古代冶金中心）进入小亚细亚、高加索和扎格罗斯山区（Zagros Mountains）。

冶金术的早期传播一定是由那些流动的探矿者和铁匠引起的，他们严格保守其职业秘密，身上配有特殊的标识；在他们所为之工作的异乡人眼里，他们具有一种半神圣化的身份。[64] 没有什么能够阻止这 103
些原始的手艺人从盛产金属的山区向北或向南移动，因为大草原上的蛮族部落及其首领很快就知道，要欢迎和尊敬这些懂得制造有价值的物件如金属斧、刀和胸针之秘密的外乡人。冶金术向北传播进入大草原的第一个考古学证据年代约为公元前 2500 年，当时，北高加索库班河（Kuban）流域的部族首领开始得到金属兵器和饰品。[65] 在接下来的几个世纪，文明技术，尤其是那些对战争有用的技术进一步为当地人所熟悉，并且继续向西部大草原渗透。

这一过程具体的地理和年代分期是不太清楚的。在文明战争和技术的影响于黑海北部地区变得重要之前，入侵者已经开始向西扩张，进入欧洲森林地带，考古学家将这些人称为“战斧文化”民族。他们与中东高度发达的文化相距甚远，但确实存在关联，下述事实可以很好地佐证这一观点：入侵中欧时，他们最独特的兵器仍旧是石制的，但其形状却是模仿苏美尔的金属兵器。

虽然草原民族向欧洲移动始于“战斧文化”民族，但只是在他们的后代掌握了青铜冶炼技术之后，这种扩张的速度才大大加快了。因此，到公元前 1700 年前后，属印欧语系并使用青铜器的蛮族已经到达了欧洲大陆西部边境，他们在这里遇见并征服了大西洋沿岸和平的巨石文化民族。这些征服者大概作为贵族定居了下来，并把当地人变成了纳贡的居民。当然，巨石文化的遗风没有被完全根除。巨石建筑中规模最大的那些直立巨石圈，看来很可能是按照征服者所要求的规格建造的，它们被改造成了树干状的石圈，这是一种大概发源于北欧和东欧的宗教建筑风格，随着印欧语部落传入了西欧。[66]

这种武士文化的传播给欧洲人的生活带来了巨大的变革。那些和平的村民、边远地区的猎人和渔夫的住地，现在被熟识青铜冶炼术的好战蛮族所控制。从语言学的角度来说，欧洲被欧语化了，因为这些
104 武士民族的语言最终取代了这个大陆上之前存在的各种语言。[67] 从更深层的意义上来说，青铜器时代的勇武气质使欧洲社会产生了一种独特而持久的偏好：欧洲人变得比其他的那些文明民族（除日本人之外）更好战，更重视个人的英勇；这些态度的源头是与西部大草原上勇武牧民相适应的生活方式，它们一直作为欧洲人遗传特征中的基本部分保存至今。

欧洲青铜器时代的高级原始状态与中东文明中心只有间接的联系，

因为翻越安纳托利亚和高加索群山的艰难险阻将文明技术向北的传播仅限在金属兵器以及其他便携物品和技艺的范围之内。但在再东边一点儿的地方，伊朗高原紧靠着欧亚大草原中部地区，那里没有群山屏障阻碍美索不达米亚文明的扩散。从公元前四千纪起，农业公社就集中分布于这个高原水源充足的小块土地上；在公元前两千纪中，农业大概日趋重要。[68] 在这些农业点之间及其周围的草原上，居住着蛮族游牧民，在语言上同西部大草原的武士有着亲缘关系。通过农业公社在他们中间的媒介作用，这些游牧民越来越多地受到来自遥远的美索不达米亚中心地区的文化影响。在这种环境下，到公元前 1700 年前不久，文明社会的技术似乎与蛮族的威武勇猛发生了一次十分重要的融合，因为轻便的二轮马拉战车很可能就是在这时发明的（或许只是加以完善），这种战车不久便成了整个欧亚战场的最高主宰者。

草原民族大约在公元前 3000 年开始驯养马，最初只是为了食用。[69] 用套住的马（或像马一样的“野驴”）来拉动带轮车的想法起源于美索不达米亚，在早期苏美尔时代已为人们所熟知。但苏美尔的四轮车只能靠轮子侧着滑动才能前进，无论它们在列队行进方面给人留下了多么深刻的印象，又或是在拖拉重物方面起到了多么重要的作用，由于太慢且太笨重，它们在战场上不具有任何价值。必须从根本上改进车的设计才能使马拉的运载工具获得速度和灵活性，完善了的二轮马拉战车正是具备了以上这两点才变得难以对付；特别是需要一种轻便的、能围绕一根固定的轴转动的辐条轮和一套能使马承担部分车重的挽具，二轮战车的出现才得以实现。

这种新型的成本组合形式由三个各自独立的部分组成：二轮战车 105
本身、强劲的复式弩弓以及在开阔的土地上搭建的简易四边形的土木防御工事。从蛮族方面来看，其主要发明是用马做挽畜；毋庸置疑，这种思想与制造有辐条的车轮、钻洞的轮毂和适用的挽具所需要的木工和制革技术，都源自美索不达米亚。[70]

复式弩弓在公元前两千纪可能也不是一种全新的事物，[71] 但它对

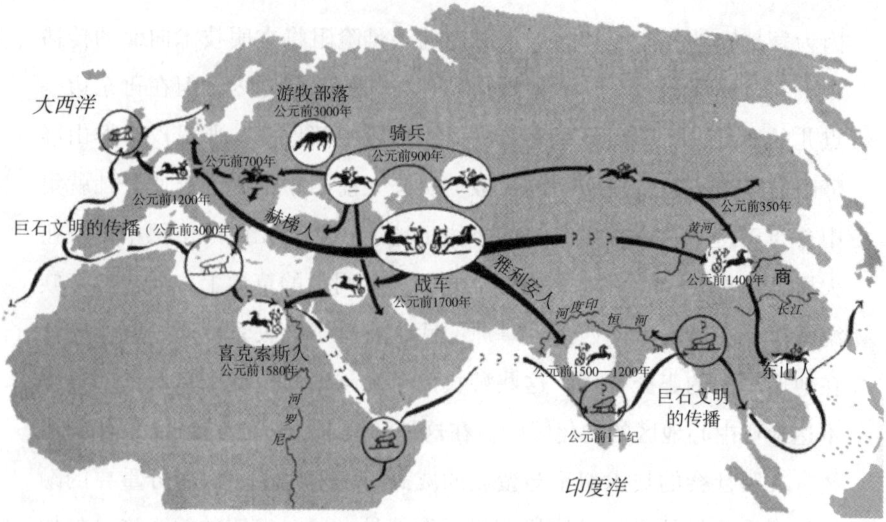

公元前 3000—前 300 年的海路和大草原

车战的适用性却给予了它全新的意义。一张木弓用骨和腱加固来增强其弹力之后，拉起来就毫不费力了，这就使一个武士能够站在狭小的战车内，轻松自如地从战车的护胸墙顶部开弓放箭。这样，一组战车兵就能够在战场上任意驰骋，车之所至，箭即随之。在公元前两千纪，即使是军纪最为严明、装备最为精良的步兵队伍也难以抵挡从安全流动的战车上发起的这种箭雨的进攻。当不幸的步兵被箭雨打乱后，战车集团猛攻便可以决定战斗的结局。这样的战术几乎是不可抵挡的。

旧式军队胜利的唯一希望就是趁战车兵不在车上并且解下马具之时向他们发起进攻。为了防范这种情况下的突袭，在中东称雄一时的战车兵在战场上搭建起了简易四边形的防御工事。[72]

当大草原中部地区的蛮族养马者采取了这种新的战争技术后，他们确实变得所向披靡了。他们的游牧生活方式包含着这样一种传统，既强烈赞赏个人的英勇，又生活在一个有权威部落首领领导的政治组织中，这二者的结合进一步加强了他们的军事威力。

新的战术很快地改变了整个欧亚大陆的社会均势。在文明世界中，没有哪个民族或国家能够抵挡这种马拉的二轮战车。全面迅猛的征服和分布广泛的民族动荡遍及整个大陆，这些都是由均势局面的突然转变而引起的。蛮族战争集团兵锋所指，到处改变着被征服民族的生活方式。这种改变有时很剧烈，有时仅限于表面。在蛮族邻居面前，文明社会不再拥有军事优势。社会态势不再像公元前三千纪时那样，从中东文明的顶峰向农业世界外围平坦地倾斜了，而是由时有发生的逆向运动，即大批半开化民族的征服者巨浪般涌入古代文明的中心地带，变得错综复杂。其结果是，这些蛮族征服者，如美索不达米亚的加喜特人、埃及的喜克索斯人、叙利亚的米坦尼人（Mitanni）都凭借精通新式的战车技术建立起了他们的政权。

诚然，印欧语系民族对欧洲远西地区的征服过程并未得力于二轮战车。来自大草原的部落无须最新最好的战术就可以制服欧洲半岛上和平的村民和弱小的猎人部落。退一步说，他们也可能缺乏技艺娴熟的工匠来制造有辐条的车轮、马具和其他为车战所需的装备。随着时间的推移，新式的高级兵器在欧洲慢慢传开，但更多的是作为礼仪性和象征性的设备，来显示其拥有者的高贵和伟大，而不是作为战场上具有实用性的兵器。以弓箭为基础的战车技术需要开阔的地带，而这种开阔的地带在森林密布的西欧和北欧是非常罕见的。[73]

亚洲北部同样没有曾经用战车打仗的迹象。[74] 诚然，早在公元前 107
两千纪，某个同黑海草原文化有着密切联系的草原民族已经向东渗入，远达叶尼塞河上游，在西伯利亚中心地区建立了一个贵族型的社会。在这个地方和欧洲北部比较偏僻的地区一样，没有什么东西可以吸引那些以掠夺战利品为生的人。一旦中东和印度的财富被他人抢先夺取，装备着杀伤力致命且价格高昂的战车的战争集团就可能更愿意把他们的注意力转向地盘虽小却人烟稠密的农业绿洲地带。这些绿洲延展分布于亚洲中部和南部，从伊朗和奥克苏斯河、锡尔河流域经中国新疆直到黄河。

由于对新疆的考古研究尚未充分开展，无法确定那个地区的绿洲中是否有入侵的战车兵墓葬的遗迹。[75] 但在黄河流域，马和战车，连同青铜盔甲和兵器、复式弩弓以及长方形的防御工事在公元前1300年左右，全都出现并且已经相当发达了。[76] 它们与中东的作战方式和武器装备如此相似绝非偶然。武士集团源自伊朗高原的边缘地带，或许是更东边的阿尔泰山，他们必定是一步一步地从一个绿洲推进到另一个绿洲，经过中国新疆到达黄河流域，并征服了居住在那个地区的新石器时代农民。[77]

108 正当这些战车兵所向披靡地驰骋于整个亚洲时（这个过程大约延续了200年甚至更久），一场语言和种族上的深刻变化也许就在他们之中发生了。胜利者每征服一块新的绿洲并在那里暂时留居时，必然会娶当地的女子为妻。可能在隔了一代人之后，他们会打发子孙继续向另一个绿洲进军。因此，不难想象会有一批操印欧语的人曾经征服过中国。如果征服者经由这条绿洲路线而来，他们的人数也不可能太多，因为塔里木盆地（Tarim Basin）的绿洲太小，不可能维持一大帮战车兵、他们的马匹以及复杂的装备。确实，绿洲面积狭小，很难在其固有范围内为年轻一代找到生存的空间，必然是这个原因为他们不断向东推进提供了强大的动力。

由于缺乏必要的考古学研究，对西亚和中国之间联系的重构仍然只能是试验性的。西亚和印度的联系则清楚得多，因为大约在公元前1500年到前1200年之间，雅利安的战车兵和弓箭手连续涌入，从伊朗东部向南移动，进入印度河流域。[78] 我们已经看到，在那里，他们利用其军事优势摧毁了印度河文明。

这种大规模的征服意味着，那个把美索不达米亚边缘地区较早地纳入文明范围之内的历史过程重演了，只是带有适当的地方变异；这个过程是在从大西洋到太平洋的整个辽阔的欧亚大陆上进行的。征服者和被征服者之间的社会差别则意味着，财富可能以某种方式集中起来，以维持欧亚大陆农业世界中任何一个地方的文明技艺。但事实上，只有在少数条件特别适宜的地方，这种发展才紧随战车征服而来。短期看来，大草原武士戏剧化的军事扩张所带来的社会军事化往往起着破坏作用，如同在印度那样。地方上的战争、习惯性的暴力还有对依附农民经常性的残酷剥削未必能为新文明的兴起提供适宜的基础，尽管与草原征服者相联系的尚武精神成功地给欧亚大陆上所有值得入侵的人口稠密地区居民的生活带来了新的格调。只有东南亚丛林和北极一带比较偏远的要塞才逃脱了公元前两千纪的蛮族军事袭击。

欧亚社会的军事化阻碍了海上原始文明的发展。草原武士秉持着他们狭隘的军事荣誉准则，既不理解也不尊重商人的生活方式，把商品只看成是一种丰富而易得的战利品。在这种情况下，一些早期的史前海上贸易航线突然中断了，远程航行也因为地方上的劫掠而变得不再安全，因而不得不放弃。只有在孟加拉湾和太平洋西南部，和平的远距离航海还保持着其早期的特征和重要性，直到公元前一千纪，因为东南亚沿海依然是和平的社会生存之地，没有被文明化的畜牧生活方式的尚武精神所触动。然而，在欧亚大陆北部和中部，政治军事平 109
衡逐渐集中于陆地，海上航线失去了它早先的价值。在战争的冲突和骚动背后，一种相当复杂、不曾休止而且不可避免的文化交流以盲目而有效的方式进行着。不同民族间尖锐的冲突以某种形式引起并维持着社会的变化，不久便压垮了像古风时代一样比较和平的东南亚居民。不断地受到外部可怕的军事挑战，任何社会都不可能长期保持某种固定不变的生活常规。尽管战争和破坏造成了频繁的地方性倒退，但有助于文明生活中权力使用和权力生成的周期性规律却因此得到了保障。

巴比伦尼布甲尼撒帝国宫墙上绚丽的彩色装饰画

第 4 章

中东世界性文明的兴起

（公元前 1700—前 500 年）

一、引言

大约从公元前 1700 年起，蛮族入侵的浪潮在中东的政治文化地图 110
上引起了一系列意义深远的变化；紧接着，战车战术的发展又极大地推动了蛮族社会的前进。

公元前 1700 年前后，叙利亚和巴勒斯坦到处都是享有主权的小王国和城邦，而埃及自从第十二王朝衰落以来已陷入混乱状态。这些国家中没有一个能有效抵抗来自南方沙漠和北方山区各部落的入侵和劫掠。这些侵略集团最初在种族上和语言上也许是同源的，但不久以后，许多来源极其不同的集团也加入进来了。结果，喜克索斯人内部在种族和文化上的亲缘关系至今仍是一个谜。他们首先渗入埃及和巴勒斯坦，然后，大约在公元前 1680 年，在那里建立起了一个比较正规的政权。

就在此前不久，美索不达米亚同样感受到了入侵者的压力。汉谟拉比的集权统治也未能防止山区蛮族的零星袭击。汉谟拉比死后不久，这些袭击变得严重起来，并持续了一个多世纪，直到野蛮的加喜特人约于公元前 1525 年在美索不达米亚大部分地区建立了一个松散的霸权
111 统治后才告结束。加喜特人的国王们像喜克索斯人一样，统率着一个

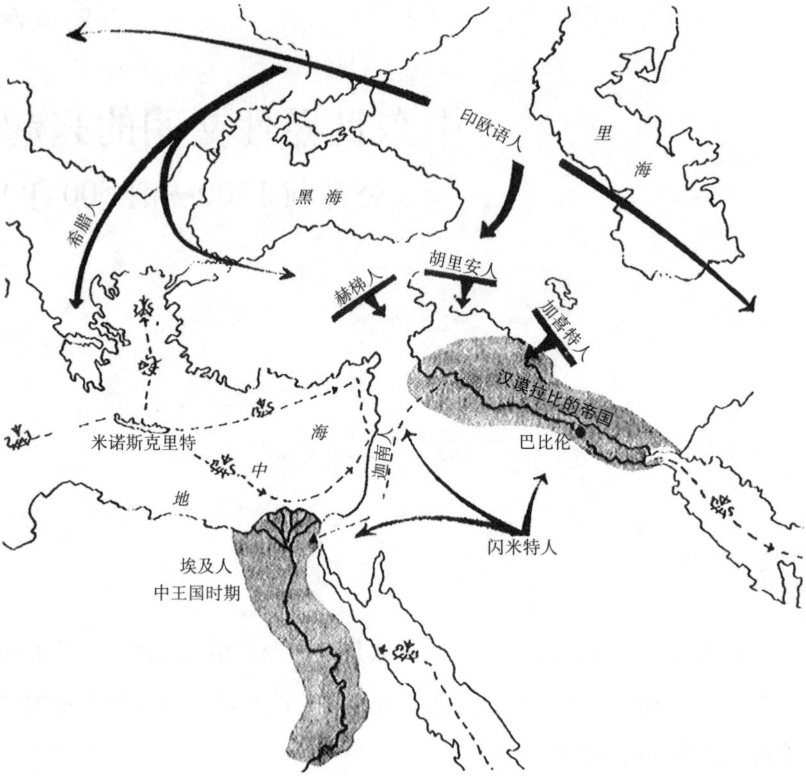

公元前 1700 年左右的中东

混杂的武士集团，其内部至少有两种语言成分。

总之，共三路入侵者联合起来控制了古代中东文明中心。他们分别是：来自南方草原地带操闪米特语的人，来自山区的胡里安人和加喜特人，以及来自远方大草原的操印欧语的人。也许，操印欧语的武士依仗他们的战车技术，在山区民族对平原文明社会的猛烈攻击中起着组织者和领导者的作用。不管怎样，统治着美索不达米亚中部的加喜特人的国家以及在幼发拉底河上游崛起的米坦尼王国，其国王所崇祀的神，使用的都是印欧语名字。

有一些不太肯定的证据表明，在喜克索斯人中也有印欧语人。总的 112
说来，印欧语人在数量上似乎极少。作为一个小小的统治阶层，他们不久便采用了其下属的语言，不管是胡里安语、加喜特语还是闪米特语。结果，他们本身的语言特征只有一些细微的迹象得以保存下来。[1]

长时期面对蛮族的袭击和征服，中东文明生活的地理界线暂时消退了。美索不达米亚和埃及由于人口众多并具有强大的文化传统，能在这样的打击下免遭覆灭；但冲积平原以外的地区，文明没有深深地扎根，蛮族的偶然袭击就把他们的文明生活全部破坏了。有些城市被摧毁得如此彻底，以致成了一片荒凉的废墟。在另一种情况下，半野蛮民族在较发达城市的旧址上建立起他们的生活秩序。然而无论他们怎样施暴和抢掠，蛮族从根本上说不是要破坏，而是要享受文明的甜果。在某种程度上可以说，当新的征服者定居下来并着手保护他们已经得到的一切时，城市生活和文明社会的结构便又恢复了。到公元前 15 世纪，强大的文明国家瓜分了古代东方肥沃的农业地区，并且开展了活跃的外交、贸易和文化交流活动，而这些国家多数是由早先几代蛮族入侵者的后裔统治着。旧的地理和文化界线被彻底打破，一个把埃及和美索不达米亚结合为更大整体的世界性文明开始在中东出现。

人类组织和行为范围内的这种变化在一个更大的地理和社会范围内再现了早期美索不达米亚社会的发展史。美索不达米亚第一个文明化的政治和社会组织单位是神庙公社，这些神庙公社又聚合为许多各自独立的城邦。此后，随着萨尔贡帝国（约公元前 2350 年）的创立和瓦解，这些城邦被更大的政治社会组织所覆盖。在美索不达米亚冲积平原及其毗邻地区，帝国或部族联盟成为政治、军事组织的主要单位；同时，新的社会和职业团体兴起，把这些扩大了的政治单位结合成一个松散的“大社会”。然而到了公元前 15 世纪，美索不达米亚平原及
其边缘地区不再构成一定程度上独立的政治和社会活动舞台。相反， 113
从埃及经巴勒斯坦和叙利亚直到美索不达米亚，整个这一片新月形农业地带成了文明的核心地区，而在此之前，这个角色是由美索不达米

亚和埃及（在较小的范围内）分别充当的；与此同时边缘地区扩大，把南方半肥沃的荒漠地带和北方的高原及与之相邻的草原地带也包括进来。此外，在东、西两个方向上，伊朗高原和安纳托利亚高原也从一开始就明显参与了势力的平衡。

公元前18世纪至公元前16世纪的蛮族入侵极大地减弱了埃及与世界其他地区隔离的状态。当然，埃及依然是一块特殊的地方，从来不会长期背叛它的古代神祇和文化传统；美索不达米亚独特的宗教和艺术形式在两河流域的土地上也依然是一个活生生的现实。但是，尽管存在着这些文化差异，存在着众多地方性文化传统的创造和变革，一种基本一致的社会结构还是逐渐而明确地在中东形成了。换言之，在大约公元前1500年至公元前500年之间，一个“大社会”在整个广阔的新月形地带兴起，这个过程由专职的管理者、士兵、商人和工匠，通过法律和市场的调节来完成。

在以后的时期里，波斯帝国成功地为这种世界性社会提供了一个独一无二的政治框架。正如阿卡德的萨尔贡统一了苏美尔城邦世界，汉谟拉比统一了美索不达米亚众多的部族国家，居鲁士大帝也统一了中东的部族国家和帝国。波斯帝国比以前任何一个国家都更成功地安定了中东文明生活的核心地区，并深入蛮族边境，建立起一个广阔的起保护性作用的缓冲地带。

*　　*　　*

我们已经看到，从萨尔贡到汉谟拉比的美索不达米亚政治史显示了在帝国统一时期与蛮族入侵和内部分裂时期之间的一种不规则变化。此后，在更大的地理和年代范围内，类似的变化继续出现。因此，从公元前1700年至公元前500年的中东政治史可以归纳如下：

1. 当蛮族战车入侵的巨大浪潮在公元前1500年左右平息下来时，反对侵略者的“土著反应”却取得了进展。在埃及，喜克索斯人被当地王朝驱逐导致了埃及帝国（公元前 1465—前 1165 年）的创立。这个国家成为当时的主宰力量，势力扩张到努比亚和幼发拉底河（直到赫梯帝国把埃及人逐出叙利亚北部）。在北方和东方，“土著反应”不那么显著，因为米坦尼、加喜特和赫梯的统治者在很大程度上接受了其臣民的文化传统，可以说他们已经不再是外国人了。然而，亚述的部族国王们还是摆脱了米坦尼的统治（约公元前 1380 年），并迅速将他们的国家发展为第一流的强国，势力强大到足以在大约公元前 1270 年消灭米坦尼王国并控制了加喜特王朝。这样，亚述人就成了远方赫梯 114
人和埃及人的强大竞争者。

2. 公元前 1200 年后不久，一个新的蛮族入侵浪潮冲向中东文明民族，打破了在埃及、亚述和赫梯帝国之间形成的三足鼎立的均势。山区、沙漠和草原诸民族在这次浪潮中又一次混合。第二次入侵浪潮的破坏性比第一次要小，因为埃及和亚述都没有被完全控制。但是这次攻击的威力却有效地把三大帝国分开了，并在很大程度上改变了语言和种族的分布状态。正是这个动荡不定的时期，当今人们所熟悉的那些部落和民族，如希伯来人（Hebrews）、非利士人（Philistines）、亚美尼亚人（Aramaeans）、弗里吉亚人（Phrygians）、多利亚人（Dorians）、迦勒底人（Chaldaeans）和米底人（Medes）找到了他们各自的历史归宿。

3. 当这些入侵浪潮在公元前 1100 年后不久平息下来时，第二次“土著反应”又抬头了，这次主要集中在亚述。通过几乎连年不断而且残暴无比的战争，亚述人逐步扩张他们的势力，其帝国发展到极盛时（公元前 745—前 612 年），几乎囊括了整个中东文明区域于一国之内。但亚述军队对巴比伦尼亚（Babylonia）和埃及的成功征服给它自己带来了报应，因为这些古老的文明国家已经证明在文化上是很难被同化的。巴比伦人和埃及人深知其古代的伟大，对亚述人这样的暴发户十分憎恨，对令他们感到屈辱的政治依附从来不会长久地默认。其结果是，巴比伦的又一次造反，埃及和巴勒斯坦特有的骚乱，使亚述人面临了一个他们从未能解决的难题。

疾驰的战车

位于古代东方北部边缘地区三个局势不稳的文明国家的艺术家们在这里记录了当年的主要武器——双轮轻便战车表现的壮观场面。这种战车当时主要用于打猎，而不是用于更重要的战争目的。上图为一个金盘，发现于叙利亚的沙姆拉角（Ras Shamra），这里可能是米底人的发祥地。中间一幅描绘的是赫梯战车兵，公元前14世纪时，他们正在向他们的邻国米坦尼学习驾驭战车的要领，让马匹全速飞奔对他们来说似乎还有点儿困难。底下一幅刻在迈锡尼印章上的图画，为了表现骏马扬蹄飞奔的情景，竟然粗心地忘了画马具，也忽视了物体的重心法则。

因此，亚述帝国建立在一个并不牢靠的基础之上。也许亚述的人力不足以维持整个中东地区的驻防军队和政府官员，也许为了这样做而使亚述的人力资源变得过于分散和稀薄。总之，蛮族进攻（来自伊朗的米底人和来自北方草原的斯基泰人）同国内造反力量（以巴比伦尼亚为中心）的密切配合，终于导致了亚述政权的突然崩溃（公元前 612—前 606 年）。首都尼尼微（Nineveh）变成了荒凉的废墟，亚述民族作为一个政治实体从此便永远地销声匿迹了。

4. 就在米底人、迦勒底人和埃及人瓜分倒台的亚述帝国遗产这一简短的插曲发生之后不久，另一个半野蛮的征服者又搅乱了这三个民族之间很不稳定的均势。波斯人居鲁士大约在公元前 550 年从伊朗高原西南部冒了出来，并且在相当惊人的短时间内扫荡了中东大部分地区。当他的儿子和继承人冈比西斯（Cambyses）于公元前 525 年征服埃及时，波斯帝国的疆域从尼罗河一直延伸到了奥克苏斯河。

波斯的霸权主义并未取消埃及和巴比伦尼亚的自治，这两个地区激烈的反抗运动比以前任何时候都多。但是，波斯人手里或许掌握着一支比亚述人强大得多的军事力量，因此，他们在任何情况下都能镇压反抗势力。

而且他们的亚述先辈已经尽全力镇压过各地反抗帝国统治的叛乱， 116
甚至埃及和巴比伦的自尊心在屡遭军事失败后也开始动摇了。因此，在贸易和文化交流的支持下，又由于在行政管理和交通手段上做了重要改进，波斯的军事力量给他们的帝国带来了比较稳定的政治局面。

由于这个成就，古代东方的政治发展得出了一个逻辑性的结论，如果不是历史性的结论的话：古老的文明世界在一个行政机构下统一起来了；蛮族世界则被有效地震慑住了。但在他们的西北边境，波斯人面临着一个以自身力量不能解决的问题。甚至在居鲁士统治时期之前，一群小小的希腊城邦已经开始创造一种文明，它在许多方面吸收了东方文化，但在本质上又有着深刻的区别。这种文明不久就成为马其顿（Macedonia）、色雷斯（Thrace）和俄罗斯南部诸蛮族追随的目标，甚至波斯也开始羡慕这一文明。早在公元前 479 年，希腊人在萨拉米（Salamis）和普拉提亚（Plataea）战役中取得的意想不到的胜利就迫使波斯人退居防守地位。一个半世纪以后，希腊化的马其顿人和他们的希腊同盟者侵入波斯帝国并摧毁了它（公元前 334—前 330 年），从而给老化的中东文明带来了崭新而强大的文化影响。

希腊文明从中东文化的一个边缘分支发展到与古代文化中心并驾齐驱，又进而超越其上，这是文明史上的一个根本转折点。以中东为主导的时代由此而告结束，一种错综复杂的文化互动在欧洲、中东、印度和中国的主要文明社会之间开始发生。在幼发拉底河出现了某种类似文化均势的局面，这种均势一直持续到公元 1500 年以后，这时，欧洲才开始在全世界所有的民族和文化面前显示出新的优势。

为中东居主导地位的时代确定任何终止的日期都必定是武断的。但公元前 500 年为我们提供了一个使用起来比较方便的整数，它标志着在公元前 499 年爱奥尼亚（Ionia）反抗大流士一世的叛乱之前，波斯的权力和威望在希腊和古代东方世界的印度边疆所达到的顶峰。到公元前 500 年，希腊、印度和中国的文明也在多方面形成了它们与众不同的特点。希腊艺术和哲学开始出现，而同一时期中国的孔子和印度的佛陀都建立起他们的学说和教义，在很大程度上成为中国和印度文明的杰出代表。

二、军事、政治的变化

在公元前 1700—前 500 年期间，文明国家与他们的蛮族邻邦之间的均势一直是中东军事—政治史上的中心。这种均势从来不是一个简单的平衡问题。总的来说，人口众多、有规则的秩序以及财富和技术
117 资源丰富是文明民族的有利条件；但由于压迫产生的，和有时因对文化上异己的统治者或官员的强烈不满而激起的经常性内部叛乱往往使上述优势化为乌有。再者，蛮族在创造或利用新的战术方面时偶尔会

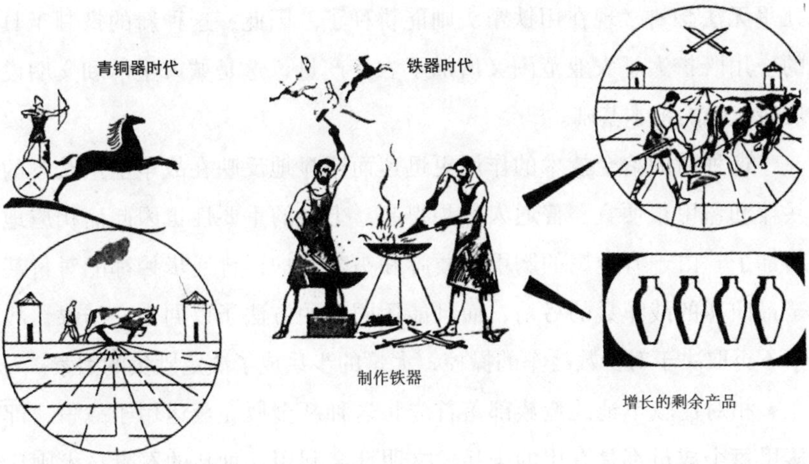

从青铜器到铁器

显示出高度的灵活性。公元前 17 世纪，来自美索不达米亚世界东北边境的蛮族对战车战术的改进就是一例。由于采用铁制（更可能是钢制）兵器，蛮族的军事打击力量同样明显加强，从而促成了第二次入侵浪潮（公元前 1200—前 1000 年）。

在公元前 1400 年，炼铁技术在安纳托利亚东北部已普遍应用，但在很长时间内，这种新技术依然是保密的，而且局限于当地。[2] 后来，大约到公元前 1200 年，随着赫梯帝国的覆灭（可能是由于弗里吉亚人的入侵），过去从属于赫梯人的小亚细亚铁匠似乎才把这一技术广泛传播开来。此后，铁器制作在中东和欧洲开始普遍取得重要地位，到公元前 1200—前 1000 年间，半钢在这些地区代替青铜成了制造兵器和工具的主要金属原料。[3]

古代不完善的钢制品很少能真正优于青铜器，而且易于生锈。发明冶铁的重要性在于铁矿在自然界中的蕴藏十分丰富，因此比较廉价，一般农民都买得起铁制的犁头和镰刀。这些工具有效地减轻了劳动强度，并且提高了农业产量。尤其是，坚实的硬土用木制或石制的犁头几乎无法翻耕，现在用铁犁头则能耕种了。因此，这种新的铁制工具的应用既扩大了农业范围又增加了农业产量，这是城市生活和文明发展所依赖的根本基础。[4]

这种新的冶金技术的作用更迅速而明显地反映在战争上。铁制的兵器和盔甲很便宜，普通人都买得起，士兵的重要性也因此而相应地增加了。由于有金属的胸甲、盾牌和头盔保护，普通步兵都能对付甚至最凶猛的战车兵的弓箭，而且能用同样的方法予以回击。结果，战争不再取决于对少数战车的操控，大量的步兵成了决定胜负的因素。

118 相对比较单纯的蛮族部落首先将这种新金属充分运用于战争，部落里每个成员都是有用的士兵。文明社会利用这种新的军事技术则比较困难。文明世界的统治者，那些高傲的贵族，很少有人愿意屈尊，而且一般不敢武装大批民众。因此，文明世界的军事力量由于武士贵族与手无寸铁的臣民之间的明显社会区分而受到削弱。在许多情况下，其臣民与统治者的不和导致前者积极或消极的背叛。所以，那些比较原始的蛮族部落能够打垮安纳托利亚的赫梯人和希腊的迈锡尼人的战车武装，使这两个地区退回到新的原始状态，也就不足为奇了。

然而在中东核心地区附近，文明生活的结构证明是比较强固的。埃及和亚述虽然都在蛮族入侵者的打击下失去了帝国的属地，但毕竟还是使其本土免遭征服。因此，中东文明的两个主要中心保住了它们的政治主权，而在整个新月形地带的边缘，种族、语言和政治状况却发生了剧烈改变，尤其是连接埃及和美索不达米亚之间的那个比较暴露的中间地段。

*　　*　　*

这些技术原因足以解释蛮族入侵为什么得以成功，这种入侵在公
119 元前第二世纪末暂时打断了古代东方的政治史。但“土著反应”的对抗行动在很大程度上需归因于心理因素。征收租税的人可能从来不会

得到其征收对象的主动赞同，我们可以猜测，蛮族统治者在他们的臣民中几乎不受欢迎。而且，统治者和被统治者之间的文化差异为部落领袖煽动民众的普遍不满提供了现成的借口。当初，战术的改进会使蛮族征服得以成功；而现在，对这些技术的观察又使部落领袖们得以向压迫者学习，从而加强了他们叛乱时的打击力量。当原住民的军事力量在这种方式下逐步加强时，这个互补过程却同时削弱了当地异族统治者的力量，因为蛮族武士和他们的后代习惯了文明生活的奢侈享受，逐渐丧失了其军事上的内聚力和作战的英勇。于是，一个成功的“原住民反应”阶段就到来了。

喜克索斯人统治下的埃及历史对这种双重过程提供了一个明显的例证。后期的喜克索斯统治者接受了埃及文明的外在标志。而当地的反抗者从他们所憎恨的异族统治者那里学会了战车作战技术，并为其所用，最终取得了决定性胜利。埃及法老在恢复统治后立即进攻巴勒斯坦和叙利亚，并且一直打到了幼发拉底河，并确立统治地位。这支新式的埃及军队是一支职业性的战车兵雇佣军，大部分来自埃及周围的蛮族地区，统治者用战利品以及从臣民那里征收来的租税支付他们的报酬。[5]

就这样，在埃及古老的中央集权制基础上，法老们创造了一种军事组织，超过了蛮族军事领袖或他们的后人所拥有的任何军队。法老的战车兵都是雇佣来的，他们可以集中驻扎在帝国境内各战略要地的堡垒中，并保持高度的战备状态。这支军队与地方相比具有一种内在的优越性：后者的兵源有限，只能从他们所辖地区征集以前获得胜利的蛮族武士的后裔去打仗。但与此同时，如果一个法老不能保持他个人对军队的控制，那就会很快地出现分崩离析的危险。这种情况，事实上在法老埃赫那吞（Ikhnaton）统治期间（公元前 1380—前 1362 年）就发生了，他毕生致力于宗教改革而忽视了为保护帝国所必须进行的军队建设。

在埃赫那吞统治时期的军事混乱之后，法老哈列姆赫布（Haremhab，公元前 1349—前 1319 年）开始重新组织军队。值得一提的是，他本人就是个职业军人，通过篡权取得了王位。这位第十九王朝（公元前 1349—前 1200 年）好战的法老用他重新组织起来的武装力量再次征服了巴勒斯坦和叙利亚部分地区，但往昔的帝国盛威已一去不复返。公元前 1280 年以后，埃及在“海上民族”日益严重的进攻面前，只能退居守势。这些
120 “海上民族”是一大批来自北方和西方的、种族成分很复杂的流民，至少在将近公元前一千纪末时就已经用大量价格低廉的铁制兵器武装起来。埃及人很难击退他们的进攻，终于在公元前 1165 年后失去了除尼罗河流域以外的所有领土。那些受过良好训练的职业性战车军曾经缔造了埃及帝国，现在却变得过时了。而且，由于尼罗河流域缺乏铁矿，对埃及人来说要取得新的军事技术优势是很困难的。事实上，他们几乎没有这种企图。埃及放弃了重建帝国的雄心，尽最大可能奉行着一种以四周沙漠为屏障的孤立政策。[6]

亚述人在领导“原住民反应”对抗蛮族方面的形势较好，蛮族在公元前 12 世纪和公元前 11 世纪几乎完全制服了周围的文明国家。铁矿在美索不达米亚北部山区蕴藏丰富，因此，公元前一千纪的亚述国王们很容易用这种新的金属兵器武装他们的士兵。他们也确实利用比较丰富的铁矿优势把军队扩大到了前所未有的规模。当情况紧急时，亚述国王可以召集国内所有的男性公民，组织起数量庞大的军队以抵抗蛮族侵略者。

起初，士兵是从亚述本族能吃苦耐劳的农民中征集的，地方贵族为这种军队提供半职业性军官。但随着帝国规模扩大战线越拉越长，亚述本族人已不敷使用了。于是便采取了整批地收编降兵以及征集家奴和被征服地区的居民来扩充亚述军队的帝国政策。这种做法种下了祸根。到亚述崩溃前夕（公元前 612 年），其军队已经是大部分由异族和被征服民族的人组成了。他们不可能矢志不渝地效忠他们的君主和主人。

在帝国时代后期，亚述军队也许已经缺乏粗野强悍的民族精神，这一缺陷被技术化的、系统化的组织和严格的纪律所弥补。在亚述扩张最迅猛的时期（公元前 8 世纪中叶及以后），军队分成四个主要兵

两个亚述头像

这是两个亚述国王的雕像，左为亚述拿西拔二世（Ashur-nasir-appl，公元前883—前859年），右为萨尔贡二世（Sargon Ⅱ，公元前722—前705年）。两座雕像分别说明了亚述帝国的宗教保守主义以及它残酷的行政制度的合理性特征。亚述拿西拔二世被处理成早期苏美尔雕像所采取的那种做祈祷的姿势（参见第35页），像他们一样焦急地等待着神的旨意。这种祈祷仪式以祭司集团为媒介，他们的技能是从最古老的苏美尔一脉相承的。萨尔贡二世表情严厉的侧面像在美索不达米亚很早以前的艺术作品中也有先例（参见第55页，左图）；但他到处推行的军事扩张和强化帝国的传统打破了旧的风俗习惯和旧的虔诚。十足的保守主义和激进的合理性之间，祭司和国王之间，神庙和宫廷之间的紧张关系是美索不达米亚全部有文字记载的历史的中心。亚述人只是把古代的倾向导向一种新的、最终令人难以容忍的极端；他们帝国的特征在这里的石头上得到了有力的体现。

种：轻装步兵、重装步兵、骑兵（约公元前875年采用）和老式的战车兵。其中，步兵数量最多，并组织成正规的单位。此外，亚述军队又进一步分为精锐兵团，即驻防的常备军，和由退伍老兵及其他人组成的“后备军”。他们每人可得到一块土地，一旦情况紧急，就必须承担服兵役的义务。军官团由亚述本族人中的一个特殊社会阶层组成，高级军官则似乎仅从范围相当小的若干军事家族中招募。军队职务的委派和升迁是以国王的名义正式宣布的，一个新的统治者即位必然意味着对高级军官的普遍撤换。

122 关于亚述人的战术我们几乎一无所知。他们在战场上似乎并不保持有规则的队形：散兵队形也许能给弓箭手以更大的发挥余地，同时分散了敌人的射击目标。当时用来装饰王宫的战场浮雕说明使用弓箭的步兵构成了主要的防卫力量。每一名弓箭手都有一名重装的盾牌手保护，后者持矛同敌人进行短兵相接的格斗。骑兵和战车兵居于侧翼，但是其地位受到高度的尊敬，他们主要用于追击溃散的敌军。亚述人发展了各种可以用来摧毁或攀越城墙的重型机械，而且特别善于围攻城池。另外，他们有这样的本领：能驾驭战车履崎岖如平地，能载着人员和装备渡过湍急的河流，能以空前的速度长途奔袭，出其不意地咬住敌人，这一切对他们来说都习以为常，反映了亚述军事组织上的普遍优势。

总的说来，亚述军队的组织和管理似乎惊人的先进。近三百年来欧洲军队的风格在许多方面很像亚述的军队，罗马和波斯帝国的军队风格也像。[7]这些嗜杀成性的亚述人肯定已经熟练地掌握了像组织庞大的步兵军团这样的基本治国本领。必须承认，无论我们怎么贬低他们所做的这一切，这都是他们的一个巨大成就。[8]

三、管理体制

在公元前1700年至前500年间，中东膏腴之地各民族和军队的兴衰使治理大国的行政管理手段得到陆续改善。然而，这些进步往往被一些长期的停滞或倒退所打断，因此，直到亚述和波斯帝国兴起，汉谟拉比式的管理方式才出现明显的改进。

公元前 1700 至前 1500 年间在中东横行一时的战车兵建立了松散 123
的集权制“封建”国家。那些得胜的战争集团的首领把所征服的土地简单地分给了他们的主要追随者。在蛮族组织全部传统精神的支配下，任何其他政策都不可想象，因为一个国王如果为自己寻求公共权力和私人特权，就像汉谟拉比所实行的君权一样，那么，他在其武士追随者眼里就会变成一个僭主和篡权者。因此，汉谟拉比所赖以建立其权力的管理机器被部分地拆除或任其衰败了。

毫无疑问，这些征服者最初以为他们的部落和军事传统不会发生大的变化，其军事组织可以继续在他们所熟悉的基础上发展：当战争进行得似乎很顺利的时候，国王能召集其本族各阶级人员，全副武装，并配备以战车，准备下一次的冒险。但已经牢固地拥有了大片土地的权贵们，很容易被新的观念以及他们作为地产主和文明民族的统治者而得到的奢侈享受所腐蚀，而放弃他们的英雄主义精神。这些人可能并不总是欢迎出现另一次战争，也不会自动服从王室的指挥。地方上的离心与王室的野心在同时增长，因为国王统治着熟悉中央集权的官僚政治传统的城市居民，他总是企图恢复其前人在国内享受的专制权威。因此，胜利了的战争集团定居在文明民族之中必然会导致国王与贵族之间关系紧张，中央和地方权贵之间均势的形成方式因人因地而异。

现存的文献记载中可资利用的详情极少。在巴比伦尼亚发现的石刻说明，旧君权的某些东西依然存在。铭文记载着加喜特国王们如何豁免王室对贵族的司法权和税收，有时对某个市镇也这样，但比较少见。这类豁免情形相当多，加喜特国家在诸国争霸中地位的削弱使得中央王权基本上名存而实亡。[9]

再向北，文明区域边缘，蛮族类型的封建政府取得了较大的成功。大约在公元前 1600 到前 1400 年间，米坦尼的国王们建立了一个幅员辽阔的、松散的中央集权制国家，对美索不达米亚北部、叙利亚，也许还有安纳托利亚部分地区普遍行使其宗主权。在这些地区，城市生活基础比较薄弱，同时要不断地努力对付来自北方山区和大草原的蛮族的攻击，因此，尚武精神和军队纪律也许不像巴比伦尼亚的加喜特人那样迅速衰退。当米坦尼的势力削弱进而最终崩溃时（约公元前1380—前1270年），另一个封建国家即赫梯帝国沿着中东文明社会的西北边境逐渐强大起来。因此，似乎蛮族的勇猛强悍和军事纪律的衰落最早始于加喜特人，接着出现在米坦尼，最终才转到遥远的赫梯，
124 后者在公元前14世纪还在向米坦尼专家学习驾驭战车的要领。[10]

这些蛮族帝国的主要继承者是强大的埃及，但致力于征服的法老们并没有对行政管理做出任何重要改进。在埃及本土，神圣国王古老而绝对的专制权力在驱逐了喜克索斯人后表面上得到了恢复，但有趣的是，甚至在尼罗河流域，实际的管理方式与当年蛮族君主政体所特有的地方分权相类似。尤其是一些大神庙的财富和特权趋向于创造一种基督教会式的国中之国（Imperium in imperio）；现役军队则构成另一种崭新的权力手段，有时在宫廷阴谋和军事政变中起着决定性作用。因此，尽管旧的管理形式和准则被完整地保存了下来，但享有特权的祭司和职业军人改变了埃及本土政府管理的内在实质。

在埃及边界之外，南方的努比亚被并入埃及国家的行政结构；但在北方的巴勒斯坦和叙利亚，法老像先前的蛮族一样，让当地的王公、邦君留在原地，只要求他们缴纳贡品，并在战时派遣武装小分队加入埃及皇家部队。埃及对这些行省的直接管理仅限于军事范围，驻地的指挥官被安置在战略要地，处于法老的官员控制之下。[11]没有像汉谟拉比时代那样的法典或从事行政管理的官僚等级集团来把埃及的亚洲行省结合成一个比较紧密的整体。也许，埃及本土的管理制度依靠的是尼罗河和那些使法老成为人间之神的神学原理，这种制度无法移植到国外，因为那里无论就地理环境还是宗教、文化传统而言都是不适宜的。除了在努比亚，似乎还没有做过这样的尝试。埃及帝国对亚洲的统治仅仅是对彼此迥异的狭小公国构成的集合体的一种松散的霸权。

* * *

公元前 12 至公元前 11 世纪所建立的蛮族国家在一些重要方面与公元前 18 至公元前 16 世纪中期前人所建立的国家不同。铁器的大量应用使军事行动民主化，以致广大的贵族帝国的存在不再符合军事现实。[12] 相反，海盗部落和集团在公元前 1200 至公元前 1100 年间渗入 125
中东，建立起一批独特的小国。这些国家中的小地主和自由农民反抗政治集权，顽固地坚持那种在战斗中以一个人的武装力量及其所表现的坚定勇气来衡量其价值的原始平均主义传统，但最终还是失败了。

在这些新的国家中，只有希伯来人的政治制度为人所祥知，可以帮助我们了解其发展过程中的某些情况。在扫罗（Saul）时期（约公元前 1020 年）之前，希伯来人由“士师”（judges）领导，但几乎不算统治，各部落只是松散地联合为一个宗教同盟。他们偶尔举行集合，由夏伊洛（Shiloh）圣所的祭司主持。[13] 巴勒斯坦的这种局势或许是一种例外，即入侵的希伯来人对于他们所进攻的迦南人只占有很微弱的军事优势。因此，他们的居民点一般集中在高地和巴勒斯坦东南部的农业边缘地带，而较富裕的沿海平原地区落到了装备较好的非利士人手中，他们那儿的铁矿也比希伯来人那里的更丰富。[14]

在入侵者拥有较大军事优势的地区，他们独特地把自己列为一个特权阶级，有时像非利士人一样住在市镇上，而把田里的农活留给原住民奴隶去干。在叙利亚和美索不达米亚南部，亚美尼亚人和迦勒底人征服者似乎也采用这个制度，希腊的多利亚人同样如此。城邦或小的部落联盟因此开始逐渐取代战车战争时代所特有的封建强权形式的政府。这些小的政治实体天生就是不稳定的。因为毗邻国家和民族间的斗争相当迅速地导致权力越来越多地集中到战争领袖手里，他们按照自己获胜的程度建立起越来越大的国家，并且产生了至少是初步的职业军队和行政官僚体制。

《圣经》关于扫罗、大卫（David）和所罗门（Solomon）领导下的希伯来王国（公元前1020—前925年）兴起的记述，为我们提供了古代以色列人在这个发展过程中的某些生动细节。从《圣经》对大卫数点百姓的“过失”的记述中可以看到对王室政府强派税收和劳役的普遍反抗。[15] 先知拿单（Nathan）对大卫个人行为的谴责 [16] 则说明了在
126 传统道德规范与缠绕着一个强大国王的各种诱惑之间的冲突。支持国王的是一个强大的职业性集团，其中既有以色列人，也有外国雇佣兵，正如赫梯人乌利亚（Uriah）的名字所告诉我们的那样。到所罗门时代，政府对腓尼基和叙利亚北部政府机构的吸收和文明模式的崇拜非常活跃。但随着希伯来王国本身的文明化，其统治者也逐渐背离旧的传统习惯和行为准则。这种分歧随着时间的推移日益扩大，促使公元前8世纪的伟大先知们以耶和华（Yahweh）和纯洁宗教的名义起来谴责国王及其追随者的邪恶创新。

毋庸置疑，希伯来王国的发展在某些方面是很独特的，而先知主义宗教的发展在各地也是前所未有的。但是那些邻近国家如大马士革（Damascus）、推罗（Tyre）、哈马特（Hamath）、阿勒颇（Aleppo）和卡赫米什（Carchemish），可能也是以多少类似的方式从部落集团或地方性城邦发展成了小王国。因此，铁器时代的政治发展重演了苏美尔和阿卡德在公元前三千和两千纪的历史。但这个时期的步子大大加快了，因为中央集权制的近便模式在埃及和巴比伦这样既衰颓但依然有影响的国家中保存着。一个野心勃勃、精力充沛的小国王总是牢牢地抓住他所追求的文明制度的现成模式。全盘借用汉谟拉比的官僚体制要比重新发明一种制度容易得多，因此一代人所达到的政治一体化程度可以达到在古代美索不达米亚经过整整1000年的发展才能取得的成就。

当然，政治上的合并和官僚制度化并没有随着一系列中央集权但疆域狭小的国家在中东的出现而趋于停止。恰恰相反，以前有利于王室统治集权化的军事、政治压力都在继续起作用，而且是在更为广泛

的地理范围内进行着。到此时，亚述国家已经成为一个疆域辽阔的帝国，因此它的行政管理一体化赶上甚至在某些方面超过了汉谟拉比的成就。

从提格拉特帕列沙尔三世（Tiglath-Pilesar Ⅲ）时代起（公元前 745—前 727 年），亚述政权中心附近的领土被分成若干省，由皇家官员管理，他们监督税收，征调人力为皇家服劳役或兵役，调解法律上的纠纷，以及保持与朝廷的固定联系。在帝国的边缘地区，推行中央政权比较困难，亚述人就把当地统治者变成自己的附庸。但在后来的罗马帝国，出现了一种很强大的趋势，即把这些附庸国先后改变为统一管理的行省。

作为古巴比伦丰富文化的合适继承者，亚述人很早就制定了一套成文法。亚述人的某些法律条文明显地模仿了著名的《汉谟拉比法典》，其他条文则反映了某种比较粗野而原始的状态和态度。这些法律似乎被应用于帝国的所有行省，从而为中东主要地区提供了一个共同的法律体系。但在那些附庸国中，地方法律和具体做法依然是多种 127
多样的。

将亚述帝国结合在一起的另一个重要纽带就是贸易。在帝国极盛时期，亚述人本身并不是一个很活跃的商业民族。相反，当时的内陆贸易为亚美尼亚人所控制，腓尼基人则控制着海上贸易。很明显，正是广大文明地区的不完全统一促进了商业的发展；而亚述法律扩展到帝国大部分地区也许起着类似的作用。但比这两种因素更重要的是亚述人因军事需要而修建的驿道系统。在有些地方，这些驿道是用石头铺筑的，其宽度足够让马车通过。但因为军队转移和货物运输实际上都是以同一种方式进行的，所以修建这些驿道的一个重要结果就是极大地促进了长途运输和贸易。

尽管亚述国王及其官员们努力保障帝国的稳定，但地方上的叛乱仍然不断造成威胁。许多亚述皇家铭文中所自豪地夸耀的那种恐怖政策并没有能够消除危险，甚至可能会激起反抗，因为一旦推行恐怖政策，人们便更绝望以致铤而走险。不过，亚述人用来更大限度地减少叛乱成功可能性的两种管理手段在中东历史上产生了重要的结果。一是在骚动不安的居民中进行军事殖民，这种殖民最初或许是为了给渴望土地的亚述农民提供一条生路；但在帝国臻于极盛之前就已找不到多余的亚述农民。因此，新的军事殖民团体便由混血族的后裔组成，从而把许多种类各异的文化分支聚合到了一起。亚述人的第二个预防性措施是大规模转移安置那些反叛的民族，强迫他们离乡背井迁居到帝国某些遥远的地区。这种做法深刻而又明显地动摇了社会内聚力的传统格局，保证了不同的民族和传统在前所未有的更大规模上的融合。

以上这些政策，加上亚述军队中的多语种特点、贸易的兴起，以及亚美尼亚语言和文字作为一种混合语的传播，促进了世界性文化在中东的迅速发展。这种文化吸收了诸多不同的地方性传统，但又使地方性差异或多或少地淹没在一个粗陋的共性之中。这种早期的国际主义也许是亚述帝国最为持久的成就，而带有文化演变的那种军事、行政结构则是一个杰作，它为中东和地中海地区继起的各个帝国提供了有力的榜样，使他们得以在此基础上创造出自己的管理体制。[17]

波斯人从模仿亚述人的管理方法中受益匪浅，尽管这是大流士一世（Darius the Great，公元前522—前486年）即位以后的事，直到这
128 时波斯的政府结构才告定型。居鲁士和冈比西斯除了战争以外几乎无暇他顾，在他们所征服的领土上没有建立起统一的管理体制。确实，居鲁士允许甚至鼓励恢复那些被强大的亚述人践踏在脚底下的地方性宗教机构，从而毁掉了他的前人所做的一部分工作。也许，他的轻易取胜在很大程度上正是归功于这一政策。这种政策使他充当了一个解放者的角色，他不仅释放了那些被囚于巴比伦的犹太人，而且也同样解放了其他民族。

但帝国发展的必然逻辑不久就迫使波斯人回到亚述的先例上去。大流士一世是在内乱中宣布继承王位的，他不可能像居鲁士和他的儿子冈比西斯[18]那样把他的权威简单地建立在民族战争领袖这一传统角

色之上。他完善了常规化的官僚体制，把他的军队按统一的等级组织起来，并且颁布了一整套法律。他的这种做法直接借鉴了亚述和巴比伦的先例。不过，大流士一世也做了一项首创性的重大改进：他不时派出专门的督察者，即“国王的耳目”。这些人随时向他汇报各省的情况，以及地方官员是否效忠王室，恪尽职守。[19]

到大流士一世统治末期，尤其是在他的儿子及继承者薛西斯在位期间（公元前 486—前 465 年），波斯国王们不得不进一步仿效亚述人的做法。居鲁士给予神庙祭司集团和其他的地方性政教合一组织以广泛的自治权，这一政策就为那些野心勃勃的当地领袖组织叛乱提供了现成的权力工具和表达不满的发泄口。在大流士一世统治末期，埃及反叛了；紧接着，在巴比伦尼亚发生了类似的造反行动。薛西斯为了替自己报仇，摧毁了巨大的马都克（Marduk）神庙并驱散了长期以来作为古代巴比伦文明主要堡垒的古典祭司集团。埃及直到公元前 343 年才遭到极其严重的惩罚，当时在镇压了另一次叛乱之后，波斯人彻底洗掠了这个古老国家的主要神庙并驱散了它们所有的祭司。

巴比伦尼亚和埃及的神庙组织被波斯人摧毁，标志着这两大文明内部坚持的独立的古老传统的实际覆灭。诚然，古代的祭司集团后来又恢复了，但至少在美索不达米亚，其连续性已遭到无可挽救的破坏。在以后的年代里，巴比伦尼亚的祭司们不能再盲目地维持以往那种对远古以来强大力量的极端自豪。相反，他们开始通过对他们的文化遗产进行积极的重新估价来对周围世界做出反应。尤其是琐罗亚斯德教（Zoroastrian）和巴比伦尼亚宗教的主题和思想之间发生复杂的
同化作用，开始使这两个部分融合起来，这种变化甚至在由亚历山大 129
（Alexander，公元前 334—前 323 年）带进的希腊化浪潮淹没了古代东方文化并且在美索不达米亚开创了一个文化新纪元之前就已经发生了。

另一方面，古埃及文化却没能很快地突破这个保护层，甚至在托勒密王朝（Ptolemies，公元前 323—前 30 年）统治时期，尽管有影响的希腊化居民出现在埃及土地上，但埃及的祭司和农民似乎依然我行我素。

直到罗马征服之前，埃及本地传统与国际化的希腊—东方传统之间富有成效的文化互动迹象依然很少出现。而在此后，埃及人就像在他们之前的美索不达米亚人一样，开始失去其在古代文化的特性而逐渐消融于他们周围更大的文明中。与此同时，他们对东方世界其余地区同样的文化影响产生反作用，并开始再次展示其成长和创新的能力。

四、社会结构

如果我们对公元前1700至公元前500年之间的中东社会结构做一个概览——包括从埃及边境到伊朗高原、从安纳托利亚到波斯湾的所有不同地区——总的印象是整体提高并趋于稳定。在这个时期初期还只有部落和村社的那些地区，现在出现了一大批城市；社会的凝聚和组织原则过去被限制在美索不达米亚及其紧邻地区之内，现在则传播到了整个中东地区。简言之，汉谟拉比时代的“大社会”经受住了蛮族入侵所带来的挫折和倒退，比以前更有生气地恢复了自己的活力并向整个古代东方伸出了它的触角。

农民的公社依然保持着它们从新石器时代起就有的那种基本社会单位，人类的大部分成员都生活在这样的组织内。在山区，这种公社也许依旧比较自由，几乎不受平原地区政治文化发展的影响。同样，沙漠地区的部落生活也还是同公元前三千纪的情况一样没有变化。因此，这两种原始遗留保存了值得骄傲的精神财富和原始平等主义传统，从而与文明地区平原上受压制的农民所特有的对其社会优胜者在心理上的疏远形成了鲜明的对照；早在公元前1700年之前很久，那儿的地主已经确立了他们的权力，直接支配着农民的劳动并分享其收成。以后几个世纪的蛮族入侵并没有给这种关系带来什么变化，尽管地主集团的语言和文化结构随着军事、政治事件的兴衰有过波动起伏。

铁的引进和公元前12至公元前11世纪蛮族的再次入侵对中东农民的生活产生了较深的影响。这次的蛮族入侵者不是一小撮隐蔽在战车里的贵族征服者、渴望统治依附的农民，而是大批以铁制兵器武装起来的部民，准备尽最大的努力以保持他们祖先的原始平等主义生活。其结果是在中东某些地区产生了一种自由而独立的农民，他们对军事 130
首领和士师只承认某些含糊的、部落或个人的从属关系。

铁器时代移民运动如何广泛地导致中东自由农民确立地位，还无法做出肯定的说明。在巴比伦和埃及，依附祭司、王室或私人地主的传统明显地保存下来而无多大改变；甚至在以色列这种落后的社会中，当地的军事首领到公元前 1000 年时也开始征派租税、兵役和劳役，从而削弱了农民的独立地位和个人自由。政治和军事因素得到了经济分化过程的补充，后者在货币占了重要地位的地方作用尤其明显，[20] 因为金钱和商业精神会滋生高利贷，而高利贷能很快地使农业公社的自由趋于瓦解。在收成不好的季节里，独立的农民可能陷入无法偿还的债务，先是失去他们的土地，然后是人身自由，而落到那些以某种方式积累了大量货币或种子的人手中。《圣经》对高利贷的禁止和先知对富人的谴责可能就是在这种背景下出现的。[21]

到亚述帝国兴起并控制了中东大部分地区时，大庄园和依附农又一次明显地盛行起来。然而，亚述法律对依附农提供某种保护（例如，粮食借贷要到协定偿还的日期过了以后才开始计算利息），甚至奴隶在法律上也有某些权力，同时承担为国家服兵役的义务。[22] 也许在这些法律条文中还微弱地保留着过去比较自由和平等的时代的某些残余因素，但整体说来，中东的农民公社似乎又陷入了像公元前二千纪那样的半自由状态。

然而正如亚述和波斯帝国的农民继续享受他们从铁器时代的入侵者那里继承过来的遗产——金属犁头和镰刀所带来的利益一样，他们回到依附状态并不排斥他们适当地扩大参与中东“大社会”的市场经济。因此，公元前二千纪状况的恢复不是完全的；即使在地主、收税 131
人和高利贷者取走了他们的份额之后，至少有些农民还有剩余产品拿到市场上出售。这样，他们就可以去购买工具和其他手工业产品。金属工具减轻了农业劳动的强度，提高了农作物产量，从而有助于保障农民获得一定的剩余产品。反过来，冶炼金属和制作金属工具需要专门的设备和技术，这是任何一个普通农民力所不及的，因此他们购买这种工具的新需要就促使农民去寻求必要的剩余产品。

我们无法了解到农民与手工业者之间进行地方性贸易的广泛程度。毫无疑问，它是因时因地而异的。整体说来，农民在经济上被迫以租税和利息的形式无偿交付的产品越多，他们能通过城市市场卖出的东西就越少。但是鉴于整个公元前一千纪城市生活越来越发达，从大体上看，各地农民可能依然拥有少量剩余产品用来同城市中的工匠和店主交换。如果没有城市和农村间这种地方性的商品流通，没有城市手工业者和乡村农民间不断扩大的专业化分工，那么，城市将依然像公元前二千纪那样主要是一种行政和宗教中心。城市中心在规模和数量上不断增长，这一事实意味着手工业者开始不仅为贵族地主服务，而且也为更广大的农民群体和地位低下的城市平民服务。

这种专业化分工的重要性当然不应该过分夸大。中东绝大部分农民依然生活在农村公社这种狭小而封闭的圈子内，那儿的市场关系并不发达，城里人总是被看作外乡人，即使他们掌握着如冶金和制作陶器这类实用技术的秘密，也很难得到信任。然而事实毕竟是，在起源上比最早出现的文明社会还要早大约 2000 年的农业公社，现在被稳定地（即使比较边缘化）纳入了围绕主要文明城市逐渐形成的“大社会”之中。农民不再像公元前四千纪那样自给自足，也不再单纯地作为社会优胜者的牺牲品，像公元前三千纪末和公元前二千纪的大部分时间那样被迫用他们的贫困或劳役去支持其主人的文化。相反，农民自己开始怯生生地，但又明显地迈进“大社会”，用他们的一部分剩余产品去换取铁器和其他对改进农耕方式有用或必需的物品。其结果就使这个社会地位最低下的阶级从城乡差别和专业化分工中得到适当又现实的利益。

这种地方性交换模式为中东提供了一个新的经济基准面。甚至当政治或军事事件打断了远距离贸易并且迫使当地人们依靠本身的资源

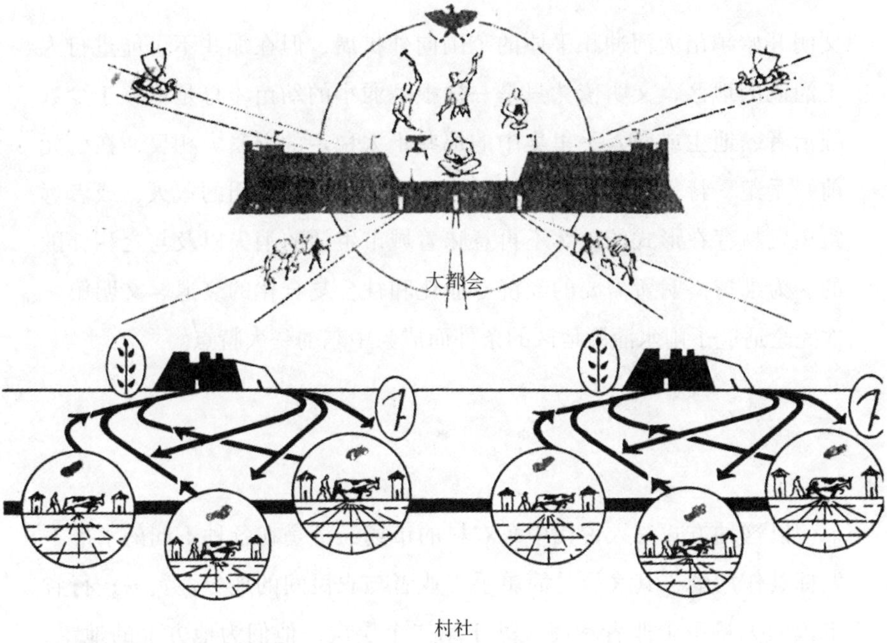

古代东方的社会经济基准面

时，社会和经济的结构仍允许小城市和农村、手工业者与农民之间的分工存在。在这种情况下，城市生活从来不可能完全消失；与城市生活相伴随的则是发达的文明，即使最好的城市果实仍然为少数特权者所拥有，他们享受的财富和闲暇之多是任何一个小手工业者所不可企及的。当然，文化的表现风格继续在变动，中东高度发达文化的独创性和精炼性经过几个世纪也发生了巨大变化。但城乡间在经济上的专业化分工提供了一个永久性的社会模式，在这个模式中，文明生活即使遭到暂时的破坏，也能比较顺利而迅速地恢复起来。尽管后来经历了几番兴衰，中东从未在文化上失去这种根本的地方性基础。

整个中东的膏腴之地在使社会经济基准面适应于支持熟练手工业者方面所取得的成就，乃是人类历史上的一个重大进步。在公元前三千纪，文明不可能在仅靠雨水灌溉的土地上立足。到公元前 2 世纪， 132

文明开始越出大河冲积平原的范围向外扩展，但在那些不可能进行人工灌溉的地区，文明依然只是一株根基弱小的幼苗，总是依赖于少数统治者、地主或商人手里集中的那些不太稳定的财富。相反，在公元
133 前一千纪，特定政治体制的推翻、特定文化地主集团的覆灭，或者远距离贸易存在形式的破坏不再意味着城市生活的消失以及与之相伴随的、为维持文明所需要的经济专业化和社会复合化的衰退。文明第一次完全适应了雨水灌溉地区的条件而成为中东的一大特点。

* * *

以这种方式渗入古代中东农村的市场经济是在各种不同的水准下发挥其作用的，其底层是简单手工业者与农民间的地方性贸易；行省市镇的大量手工业者和商人处于第二个层次，他们为地方上的地主、祭司和其他有地位的人服务，供应他们当地的产品和偶尔输入的奢侈品。最高层是少数大都会兼工商业中心，他们的贸易关系网络拓展到整个文明世界内外。

处于这个网络中心的是美索不达米亚各城市，它们相互联系，并通过商路与各港口相连，亚述和波斯政府不断地把这些商路改进成正规的道路。巴比伦是这个地区最大的都市，但其他许多古代美索不达米亚的城市中心在进入公元前一千纪后也继续保持其繁荣。在加喜特和亚述统治下，有些城市得到王室的特许，享受着十分广泛的自治权和各种特权，甚至扩展到了城界以外的地区。例如，市民可以完全免除在亚述军队中服役；地方行政长官将和祭司继续管理城市事务而不受帝国官员过多的干涉。甚至在并入亚述帝国然后又并入波斯帝国之后，这样的城市事实上依然是一种附庸式的城邦，完全不像一般的行省那样受管理。

其他享受帝国政府类似优待的大城市在古代美索不达米亚中心的每个地方都存在。亚述帝国统治期间，帝国首都阿舒尔和尼尼微

始终是工商业的重要中心。叙利亚的大马士革成了腓尼基和巴比伦尼亚之间商路上的主要驿站；再往北，幼发拉底河上游的卡赫米什（Carchemish）在与安纳托利亚的贸易中起着同样的作用。在东南方，苏萨（Susa）早在它成为波斯帝国四大首都之一以前很久，就已经是一个重要的商业城市，尽管其他波斯城市，如爱克巴坦那（Ecbatana）、帕萨迦德（Pasargadae）、波斯波利斯（Persepolis）看来不过是一些行政中心而已。安纳托利亚内陆的大多数城市情况也是如此，但吕底亚的首都萨狄斯（Sardis）则既是一座城堡和王宫所在地，又是闻名遐迩的工商业中心。在安纳托利亚沿海地区，有许多商业城市在大约公元前 900 年以后开始繁荣；一个半世纪后，商业越过爱琴海在希腊本土也取得了重要地位。

在地中海东岸，腓尼基的城市在大约公元前 1000 年以后成为主要的工商业中心。推罗和西顿（Sidon）在向地中海西部殖民的过程中起 134
了主导作用，生气勃勃的航海业给他们的港口带来了地中海各地区的财富。腓尼基水手的航海冒险远至不列颠（Britain），同时也造访了非洲的大西洋沿岸。[23] 这样，腓尼基人的贸易沿着早先由米诺斯和迈锡尼时代的航海者所开拓的途径，把蛮族居住的地中海边远落后地区同文明社会的手工业作坊联系在一起了。

在埃及，那种不仅仅作为王宫或神庙公社所在地的第一批城市出现在帝国时期（公元前 1465—前 1165 年）。[24] 位于三角洲顶端处的孟菲斯和上埃及的底比斯（Thebes）是其中最大的两个；但在这两个城市里，强大的僧侣和王室集团都继续操控着商业和世俗生活。在三角洲地区，则兴起一些比较单纯的商业城市，其中，以瑙克拉提斯（Naucratis）最为著名。但值得注意的是，瑙克拉提斯是以它的希腊名而著称的，因为它是希腊人所建而且希腊居民在其中占了很大比例。一般说来，埃及本国人不从事对外贸易而把这种事留给外国人去做。

无疑，联结埃及、美索不达米亚和印度的南部海洋在公元前二千纪和一千纪中仍然是商船穿梭往返之地。雅利安人对印度的征服可能打断了南亚次大陆与中东之间的海上贸易达好几个世纪，只剩下一些零星的交往；[25] 但在波斯人征服印度河流域部分地区后，大流士一世对开发波斯与这个遥远的省份之间的海上贸易颇感兴趣。看来，大流士一世只取得了一些微小的成就，尽管有关阿拉伯半岛周围这些海洋和海湾的早期贸易史的确切史料相当稀少。[26] 骆驼的采用使埃及和美索不达米亚之间穿过沙漠的陆上贸易比绕航半岛的漫长海岸线更为容
135 易。或许正是这个原因导致阿拉伯水域的航海业在公元前一千纪中趋于衰微（也许只是停滞）。[27]

像通常一样，贸易总是包含着文化影响的复杂趋势。在中东文明区域内，其作用是缩小文化的地方性差异。在印度和希腊的半原始世界中，以及在西部地中海的更原始的地区，其作用则是刺激当地民族去模仿、采用和改变他们所羡慕的中东文明，进而创造他们自己的文明生活方式，它表面上类似于旧的文明，但实质上却是独立的。

就这样，亚述和波斯帝国的法律和行政体制，以及城市商贾的商船和商队，数者结合起来创造了一个横贯中东的“大社会”，可以同汉谟拉比时代在比较狭窄的美索不达米亚范围内存在的那个社会相媲美。因为长途贸易和中央政府的活动只能涉及一小部分地区，所以只有一小部分人在这个“大社会”中起着直接作用。因此，大都会的经济和帝国的政治结构与农民和手工业者之间更稳定的地方性交换形式相比表现出某种脆弱性，后者即使面临政治或经济灾难，也至少可以保证一种适当的城市化状态的存在。

五、文化的保守和进步

从公元前 1700 到公元前 500 年，中东文化在保守、复古和世界主义刺激下不断进行调和与创新，显示出复杂的互动。保守主义精神在巴比伦尼亚和埃及最为强烈，因为这两个地方的祭司有很多东西可以保持并且很难相信有什么新的东西值得他们注意。不同文化的调和在

叙利亚和巴勒斯坦最为明显，埃及和美索不达米亚的文化在这儿相遇并且相互交叠。这种调和包含了当地传统与美索不达米亚或埃及的艺术基调和思想的结合，其结果往往缺乏一种风格上的凝聚力。而在文明世界更遥远的边缘地区，本地的传统比较强大，文明模式影响的压力则比较小，重要的文化进步就在这里出现了。

（一）巴比伦尼亚

巴比伦尼亚的文化经过加喜特人的征服以及亚述人的长期控制和最终并吞，几乎没有产生明显的改变。从加喜特时期遗留下来的贫乏 136
资料中或许可以推断当时出现过某种倒退，但总的印象则是极其保守地保存了古代文化形式。

巴比伦尼亚的文化保守主义在部分程度上由于公元前 1700 年以前美索不达米亚的生活方式而获得了极大的地理扩展，从而在其中心地区周围对整个异族文化形成一片有效的缓冲带。外国征服者在深入到冲积平原的古代城市之前，就不可避免地沾染上美索不达米亚文明的浓重色彩，就像这种文明在边境地区已经被采纳一样。因此，加喜特人和亚述人不是作为素不相识的陌生人闯入大门的，而是像来自农村的远亲，整体说来愿意比较彻底地加入高级神秘的巴比伦尼亚文明。这一事实对公元前 1700 年后巴比伦尼亚的文化稳定起了重大作用，因为巴比伦尼亚本身的艺术家、作家和祭司既不接受任何崭新的世界观，也不接受任何异国的高级艺术或富有魅力的文学传统，他们尽可以虔诚地依赖和满足于从古代较好的发展时期遗传下来的旧模式。

保守思想根深蒂固的祭司集团和书吏学校不断为巴比伦尼亚的文化活动提供主要的习惯框架。当政治上的自治权逐渐衰落时，祭司的威望实际上却在增长，因为军事和政治上的灾难总是被解释为触怒神的结果，并且为更殷勤地为神服务提供了一个有力的理由。因此，当政治上的最高权力落到异族人手里时，巴比伦尼亚共同的思想感情倾向于更进一步地集中到祭司集团，特别是马都克神身上。

公共宗教在许多方面依然同汉谟拉比时代一样，仪式固定成不变的形式，所以当巴比伦祭司为每一种礼仪场合指定出适当的祷词和颂诗后，其他各种不同的形式就被遗忘了。在这个过程中，旧的宗教文献似乎被进行了一次系统的净化，凡是与马都克正统信仰相悖的观念都被清除了。例如，那些把统治者称作神的苏美尔颂诗被故意禁止或者干脆被遗忘了。[28] 后来的巴比伦尼亚宗教也进一步强调马都克是众神中的最高神。但是古代的苏美尔和阿卡德的遗产影响太大，以致不允许出现任何可以被称作一神教的东西，最多只有这样一种倾向。

当然，文化形式的绝对凝固是不可能发生的。在艺术领域内，加喜特时期的稀少遗物显示了在宫殿建筑方面的创新，其中包括圆柱的使用以及用模制砖造出的浅浮雕。但旧的宗教建筑传统被煞费苦心地保存下来了，在雕刻风格上没有发现什么重大的改变。凡是祭司掌管之处，必定是一种凝固不化的状态，只是偶然出现的粗糙手艺才使这
137 种状态稍有缓解；新的艺术发展一般仅限于宫廷之内。[29]

然而宗教本身不是没有改革，尽管以集体利益为指导的传统仪式在表面上没有什么改变。在早先，可以与较小的神建立私人关系，每个家庭的家长能直接与之打交道。这些小神也许被看作在统治宇宙的高位神面前替人类说话的调解者。然而在加喜特和亚述时代，私人可以用占卜（以前只用于公共和社群事务）来使自己直接同高位神对话，通过这种方式与统治世界的神祇保持更有效的联系。因此从某种意义上说，马都克和其他众神是民主化的、大众化的和低位化的，他们被要求关注个人的琐事。祭司得益最多，因为他们通过在私人和高位神之间所起的媒介作用而获得了新的社会职能和经济来源；[30] 但这种新的作用丝毫没有削弱他们作为公共仪式的引导者所享有的古老特权。

据估计，只有社会上层阶级受到这些变化的影响。无论如何，只有富人才有能力支付为化解个人宗教焦虑所需要的费用。不过，这种巴比伦尼亚宗教活动的私人化说明，至少有一些人已经意识到了旧的集体宗教的严重不足。在巴比伦这样的特大城市环境中，个人不再能

完全地同他们所属的社会集团的命运打成一片：本人所出生的城市、职业交往，甚至家庭，不再无可争议地支配着人们的感情。但既然更为私人化的观点得到普及，它也就削弱和破坏了美索不达米亚文明的价值和观念。因为如果一个人的家庭及其城市的过去和将来的幸福不再作为衡量与神的有效关系的充足尺度，那么一个软弱无助的凡人在传统的巴比伦尼亚宗教信条中还能寻求到什么样的慰藉呢？

因此，毫不奇怪，公元前一千纪的一些文学作品表现出厌烦、悲观的精神思想以及对世界状况的绝望和抗议。离合诗，有时称为“巴比伦尼亚的传道书”（Babylonian Ecclesiastes）就是一例。它采取了对话的形式，其中第一个说话者哀叹他自己的悲惨遭遇，并申诉人们普遍的愚蠢和不公平。他指责神逃避他们所创造的世界，因为他们对他 138
的询问只给了模棱两可或者说令人难以捉摸的回答，而且完全没能保护虔诚和善良的人们免除无妄之灾。答话者先是以虔诚的态度用老套的说教解释了神的意图不可测知，并力劝怨怼者要善于忍耐，但在最后似乎也同意了这个观点，即在人间或天国没有公平和正义。[31] 当然，我们无法说明这种思想在公元前一千纪的巴比伦尼亚究竟有多大的代表性；但这样的诗歌被抄写和保存下来，本身就说明，在传统习惯和传统礼仪这种没有变化的表层底下正发生着真正的衰败。很明显，这首诗的作者（包括那些读诗和抄诗的人）在传统的宗教中找不到安慰，或者在日常生活中得不到满足。

然而另一些人却试图通过恢复过去已经消失的某些伟大荣光来寻求慰藉。几个亚述国王，尤其是亚述巴尼拔（Ashurbanipal，公元前 668—前 626 年）找到了古代的一些泥版文书，将它们抄写下来或者保存在庞大的皇家图书馆内。波斯人侵占巴比伦之前，巴比伦的最后一个国王拿波尼德（Nabonidus，公元前 555—前 539 年）曾组织人力挖掘一些神庙的旧址，其目的是想发现古代神庙的平面布局，以便精确地加以重建。这种对收藏和研究古物的孜孜以求说明一种不自信的思想，即亚述巴尼拔和拿波尼德似乎希望通过保存或恢复据认为具有他们当时所缺乏的品质的那个时代的知识或建筑物，就可以再次获得所失去的自信。

因此，公元前 1700 年后巴比伦尼亚文化史的特征似乎是一种与内在隐蔽的衰朽相结合的表面性僵化。

（二）埃及

在同一时期，古代埃及文明的传统经受了比任何来自厌世的美索不达米亚文人学士的问题更激烈的挑战。最终的结果颇为相似：竭力以有意识的拟古主义掩饰内在的疑惑不定。但在埃及文化陷入这种僵局以前，上、下埃及的统治者、祭司、艺术家和文士第一次不得不十分重视其他民族所取得的成就。打破以往那种沾沾自喜的孤立封闭后，先是导致对外国方式的强烈好奇，继而断然厌恶所有外国的事物。

在古王国和中王国时期，与外国接触的地理障碍使尼罗河流域的居民认为自己是远胜于其他所有民族的优等民族。[32] 喜克索斯人的征服对这个信念提出了粗野的挑战，而当埃及帝国被逐出亚洲以后，就
139 不能简单地否定外国的思想和行为了。随着帝国统治下的贸易发展，一些新兴城市把外国人的安乐窝吸引到了埃及本土；与此同时，强大的埃及军队，从邻近的蛮族中大规模征兵。

在这种情况下，埃及固有的社会形式表现出令人不安的脆弱性。一个突出的致命弱点是，理论上神王的特权不受任何限制；因为那些神王既可以按照传统维持着旧有的虔敬和礼仪，也同样能利用手中的巨大权力毁灭它们。而且，由于那些征服并守卫在外国的士兵以及军队的大部分司令官都由外国雇佣兵承担，法老不断地受到外国新奇事物的影响，因此，他背叛传统宗教的危险是现实地存在的。

事实上，自称为埃赫那吞的法老阿蒙霍特普四世（Amenhotep IV，公元前 1380—前 1362 年）确实利用他的传统特权成为最激进类型的皇家革命家。他在转向一种新的（或者说新恢复和修订的）、崇拜太阳光轮——阿吞（Aton）的宗教时，压制其他所有的宗教信仰，并且促使对

阿吞以及他本人（作为阿吞之子）的崇拜成为帝国唯一的宗教。[33] 在这一宗教革命中埃赫那吞关闭了旧的神庙，并且从公共的碑铭雕刻上除掉旧神中最强大的神——阿蒙（Amon）的名字，也许他是想通过消除阿蒙的名字来消除阿蒙的权力。但是，埃赫那吞在显示一个狂信者的精神时，让赋予他权力的那种传统服从几乎无法承受；[34] 最后，他在传统宗教的拥护者中激起了一种盲目的反狂信主义。

阿吞教相信神化的太阳光轮的威力将一视同仁地广及于所有的民族，不管他们是在埃及帝国境内还是在境外。这种普世神教也许是一种对人类宗教多样性基本合乎情理的反应——当埃及的军队和官员在帝国统治下开始放肆地进入遥远的地区和异族之中时，这种宗教多样性就以新鲜事物的全部力量引起了埃及人的注意。被这样的宗教多样性搅乱了的纯洁和虔诚的头脑很可能受到这样一种现象的冲击：太阳确实存在于世界上每一个地方，它那威严明亮的光轮普照着全人类。很清楚，太阳是一位真正的神，是显而易见的、无可怀疑的、独一无二的、普世的和慈善的神。相比之下，其他所谓的神都是虚假的、人造的或者是被歪曲了的。[35] 然而，没有理由推测有很多埃及人完全崇信阿吞教，或者这种 140
宗教观没有法老权力的支持也会取得很重要的地位。可以肯定，这个运动在埃赫那吞死后就彻底失败了，而且几乎没有留下什么痕迹。

阿吞运动的革命性体现在艺术、文学和宗教方面。改革者的关键性概念是“玛特”（maat），或者说真理和正义，阿吞被认为是它的化身。在埃及人的思想中，这个概念并非新创，但阿吞教的推行者在把它运用到艺术和文学上时，往往明显区别于旧传统。

阿吞教对“玛特”的理解改变了宗教建筑的形式，因为阿蒙神祭司经常在封闭的神庙深处举行崇拜仪式，这与“玛特”是格格不入的。只有露天的庭院才能为阿吞所接受，人们在那里可以直接感受到阳光的温煦；埃赫那吞的新都城正是按这种构思设计和建造的。在雕刻和壁画方面，阿吞教鼓励比较自由的和自然主义的风格。根据“玛特”描绘自然和人，要求坚定不移地，甚至夸张地画出埃赫那吞个人的变

真相是什么

上图是在图坦卡蒙（Tutankhamen，公元前 1362—前 1349 年）陵墓中的一口棺椁上发现的，它表现了强大的法老正在追击他的敌人并摧毁那些精致漂亮的东西。下图的浅浮雕描绘了法老埃赫那吞（公元前 1380—前 1362 年）家庭的天伦之乐。这两幅画之间的鲜明对照反映了阿吞改革的力量。图中的埃赫那吞作为玛特的拥护者，正坐在阿吞——太阳光轮的保护之下；而图坦卡蒙则有在其头上盘旋的猎鹰荷鲁斯为保护（参见第 80 页图）。埃赫那吞一家被描绘成这种不拘礼节的样子，似乎是对传统的法老尊严观念的极大亵渎；而图坦卡蒙的棺椁装饰则表示法老重新扮演了古代十分传统的军事统帅的角色（参见第 76 页图），尽管没有任何事实根据。虽然存在着上述区别，但这两件艺术品都极其精美，具有鲜明的风格特色，同时又都暗暗地流露出某种虚弱和彷徨。

形肖像。但阿吞运动的一个特征性局限就是埃赫那吞松弛的肌肉和憔悴的面容成了肖像画的一个新标准，以致他的廷臣们也往往被画成他那种样子。阿吞教徒与埃及艺术传统最深刻的决裂或许在于对永恒与不朽观念的否定。埃赫那吞时代的艺术家们试图捕捉人类情感和一瞬间的感觉。因此，埃赫那吞和他的家庭成员有时被描绘成不拘礼节的惊人姿态，这同法老作为神的化身的那种角色很不相称。

“玛特”应用于文学，则意味着与日常用语的密切一致。其结果是埃及象形文字在词汇和句法方面得到迅速的发展。但许多旧的语言形式仍然被保持着：赞美阿吞的颂诗继续使用传统的词语和称呼，书面语也保留了绝大部分旧的语法形式。不过，一种新的精神还是在《阿吞颂诗》（*Hymn to Aton*）这样的杰作中体现了出来，它歌颂太阳光轮普照大地、遍施恩泽的威力和仁慈。在优美的大自然中的欢乐喜悦，没有堆砌一大堆神名或描写他们的神秘活动，使这首诗明显地区别于传统的埃及颂歌。[36]

埃赫那吞改革的影响范围不限于宗教和艺术，尽管阿吞教只有这两个方面容易为近代学者所理解。也许，阿蒙信徒与阿吞信徒之间的 142
宗教冲击也包含了寡头政治与专制主义之间的激烈斗争。阿蒙的祭司同许多大贵族家庭关系很密切，后者的成员几乎世世代代垄断着国家的高级职务。埃赫那吞在向阿蒙和他的祭司集团挑战时，必然也要公开对抗这些祭司家庭的权力和特权。他的支持者似乎主要是社会上的暴发户和军人，所以，阿吞教也可以解释为军队与祭司集团间的权力之争。就外族成分控制着军队并且在法老家族中找到了立足点而言，这又是一场外国“颠覆者”与本国特权者之间的斗争。[37]

换一种说法，则可以把埃赫那吞改革描述为一种十分认真的努力，旨在使埃及人的生活和思想同中东浮现的世界性社会协调起来。埃及传统宗教的不合逻辑、埃及艺术的僵化生硬，以及埃及社会结构的呆滞刻板，这一切对于那些经历过各种生活，接触过各种在埃及境外大千世界中流行的宗教信仰的人来说，显得越来越狭隘、越来越陈旧了。

埃及（艺术）的主题

埃及艺术的变化表现在这三个截然不同的雕像中。阿蒙霍特普三世（公元前 1417—前 1379 年）（左上）充满信心的微笑，到下一代就变成了他的儿子及继承人埃赫那吞（公元前 1380—前 1362 年）（右上）暗自思忖的表情。在不到一个世纪的时间内，又演变成拉美西斯二世（Rameses Ⅱ，公元前 1290—前 1223 年）（左下）蓄意打扮的拟古形象，有力地代表了埃赫那吞努力推行宗教改革以来埃及人观点的转化。从阿蒙霍特普的雕像上可以看到一种确信埃及帝国的权力凌驾于整个世界之上的得意之情，而埃赫那吞的面容表示他对玄奥真理的教条主义信奉，拉美西斯孤独而冷淡的神态则表示埃及人慎重地回归过去的狭隘天地，这种退却随着他们帝国的衰落而变得日益明显。

然而，就像 1000 多年以前理性化的孟菲斯神学一样，整个阿吞运动不久就失败了。在埃赫那吞统治的最后几年中，似乎已经做了某些同旧秩序妥协的努力，他的继承人图坦卡蒙又做了更大的让步。但是阿吞教改革的狂热一旦被抛弃，任何妥协都无法立足，因为祭司和贵族的特权受到如此严重的侵害，如果不把他们视为外国革命颠覆的痕迹从埃及国土上彻底清除，他们是绝不会善罢甘休的。[38] 军队似乎很容易就同反对者达成了和议，至少，当军队首领哈列姆赫布（Haremhab）篡夺了王位后（公元前 1349 年），他便集中精力挽救帝国的亚洲部分，并把国内事务完全交给阿蒙祭司和他们的同盟者去掌管。

从那时候起，尽管法老名义上仍然是神，却是一个受管教的神，而管教权操纵在阿蒙祭司手里。没有阿蒙神谕的指导，任何重要的活动都不能进行，因此，解释神论的祭司们获得了极大的权势。军队在国家中依然是一种起着平衡作用的力量，祭司和军队之间的摩擦不时发生，但总的看来是祭司占上风。官方的努力从此成功地找到了保存旧形式并压制一切革新——尤其是那种带有外国色彩的革新——的方法。

伴随阿吞教兴衰出现的文化方面的变化不是很容易被根除的，或 144
许，推翻阿吞教的反革命者并不希望全部清除它们。艺术上的极端主义被抛弃，某些方面又回复到旧常规。但埃赫那吞统治下盛行一时的比较多样化、自由化的风格也有一些被保存下来，“新”的象形文字继续用于文学和纪念性场合。总之，艺术成就的水平降低了。庞大的雕刻和建筑代替了细巧的手工艺，特别是在拉美西斯二世时期（公元前 1290—前 1223 年），帝国的荣耀被夸张地恢复，即使埃及此时已经失去了它往昔在亚洲的无可争议的霸权，且不得不与它的对手赫梯和亚述帝国分享权力。

埃及在最后失去它在亚洲的全部帝国权力以后（约公元前 1165 年），几乎未经历什么明显的变化。随着国家退到二流地位，贸易越来越多地落到外国人手里，埃及人也开始反省自己并回顾过去。拟古主义出现，人们蓄意（有时还非常熟练地）模仿古王国的建筑、雕刻和壁画风格。然而，埃及文化中所出现的重要变化看来不太引人注目，因为它们是在表层下面发生的。一些残存的铭文说明埃及兴起了一种更加个人化的虔敬，以及对某个特定的神表示个人的感恩或忏悔的现象。对生命不朽的期望大众化了，因为要想死后过极乐生活，唯一的必要条件就是准备好适当的咒语和魔法公式，把它们写下来封进棺木。这样做就可以使死者的灵魂得到必要的保护，免受地狱之灾。[39] 从这些发展中，我们可以看到某种与更加个人主义化的世界观相类似的东西，这种情况也见于同一时期的巴比伦尼亚。但传统的虔敬在埃及受到的冲击比在美索不达米亚弱。埃及的宗教信念为厌世者提供了一种生命不朽、极乐永在的慰藉，而巴比伦尼亚宗教没有这样；这种期望甚至在困难时刻还支撑着每个埃及人。

（三）中间地区

在公元前 1700 年至前 1200 年这个以战车兵和封建帝国为特征的时代，整个黎凡特沿海地区都出现了美索不达米亚、埃及和爱琴海文化交互影响的混合局面。这是一个国际性时代，国王们彼此交换丰富的礼物，通过联姻建立同盟，还经常用阿卡德楔形文字互通信件。甚至傲慢的埃及人也使用阿卡德语进行他们的外交活动，以及保存档案文献。

在离海稍远的内陆地区，强大的王室提供了优厚的资助，半独立的艺术风格和文学就在那里兴起。例如，在安纳托利亚的赫梯首都挖掘出的遗物揭示了一种与众不同的雕刻风格，它那矮胖并略显笨拙的人物形象毫无疑问起源于美索不达米亚。但赫梯雕刻家从未超出质朴、
145 刚健和别具魅力的学徒阶段。当他们还在琢磨石雕的技术问题并刚刚开始摆脱外国模式的束缚时，公元前 12 世纪的入侵推翻了他们的王室保护人的权力。此后，赫梯艺术消融于低一级的行省风格之中。[40] 赫梯文学也大多依赖于美索不达米亚模式的启迪，并使用楔形文字书写。不过，赫梯书吏是用他们自己的语言写作的，并记录了大量与本国神

祇有关的神话。[41]

在米坦尼王国的首都遗址被确定和发掘之前，我们对米坦尼文化几乎一无所知。但如今已经发现一些令人赞叹不绝的雕刻作品片段，这些作品，特别是对于动物的逼真刻画，显示了与后期亚述艺术的密切关系。[42]

中东核心地区附近的文化没有显示出比较独特的风格。公元前二千纪的叙利亚艺术是由埃及、爱琴海和美索不达米亚文化成分拼凑而成的一种古怪而不调和的混杂体，既看不出熟练的技巧，也没有形成统一的风格。[43] 这个时期的叙利亚文学则独具特色。在古代乌伽里特（Ugarit）（今贝鲁特附近）遗址发现的泥版铭文记载了关于神、国王和英雄的史诗，这些史诗使人联想起某些美索不达米亚神话传说，但其中许多的具体情节却是叙利亚所特有的，在诗歌韵律上有许多特征也早于后来希伯来人的赞美诗。[44]

在公元前14世纪，当这些铭文被刻写时，乌伽里特城是个世界性的贸易中心，至少有六种外国文字在同时使用：阿卡德文字、苏美尔文字、赫梯文字、胡里安文字、埃及文字和塞浦路斯文字。当地的书吏发现要掌握这么多文字的复杂写法简直是不可能的，其中每种文字都包含着几十个甚至几百个符号。一种简化的书写系统显然是需要的，而乌伽里特的书吏非常适于发明这样一种系统。他们受到外国文化的多重影响，也没有任何自古就有的、根深蒂固的地方性文学传统，因此，当他们用本地的闪米特语从事记录商业契约和其他实用性文件这种单调的工作时，就可以自由地对书写符号做比较彻底的简化。其结果是，乌伽里特人把记录他们本国语言的全部符号系统减少到只有30个。这 146
个过程远非仅仅发生于乌伽里特一城一地，因为这个时期在整个新月形地带的中段，各种不同的语言都采用了类似地简化了的书写体系。[45]

这种简化后的文字使阅读和写作有可能扩展到比以前广泛得多的社会部门中。这是一个深刻的变化，它包含了在整个社会的结构和刚度中所发生的重要改变。因为掌握书写艺术要经过多年的努力，有成就的学者很可能会极端珍惜这种复杂的本领。否则，过去的学问怎么能被准确地保存下来？又怎么能防止局外人掌握人事与神事这种作用强大的奥秘？只有极少数经过这种训练的人，才能获得一定的活跃思维的能力以及产生对已经接受的观念提出质疑的要求。这些质疑与他们花费多年时间学习掌握的复杂符号有密不可分的联系。

作为一种在日常交往和事务中有用的工具，任何一种僵化的文字系统都不适合于那些打算不须花费过多精力就能获得读写能力的人。如古代苏美尔楔形文字（最初仅用作记数符号），公元前二世纪的简化写法在很长一段时间内只用于商业和其他实用性场合。直到公元前10世纪，文学作品仍墨守着那种被视为神圣不可更改的复杂的旧书写形式。

到公元前二千纪末，读写技术方面出现了第二次重大变化——纸莎草和动物皮，也许还有其他一些易腐的材料，如蜡版、木板，都被用作普遍的书写材料。[46] 在这一发展中，埃及处于领先地位。纸莎草纸从古王国时代起就已经被制造并用于书写，[47] 由此而发展出一种特别的草书体象形文字以适应笔的自然运行。纸莎草纸容易腐烂，因此我们很难判断这种草书体是如何迅速传出埃及的。不过，一些偶然发现的陶片铭文说明到公元前1300年，简化的草书体文字在巴勒斯坦和
147 叙利亚已为人们所熟悉。随便用陶片记录很平常的事务，无疑说明读写能力已渗透到了较大的社会范围内。[48]

但是，如果认为文字的简化在公元前二千纪甚至公元前一千纪突然改变了中东居民的生活和思想，那就错了。腓尼基和亚美尼亚的商人在他们的贸易交往中无疑已使用文字，但巴比伦人在1000年之前早就这样做了。阅读和书写大部分依旧是那些按常规行事的祭司和书吏们所独有的特权，不过也并非完全如此。在长期发展过程中，甚至一些例外情形也足以深刻地改变中东的文化面貌，因为当文字被用来记录那些有远见、有叛逆精神的人的思想——这些思想远远超出了既定的和为习惯所允许的范围——时，一种强大的、多功能的影响力就

在传统的虔诚和知识结构内部释放出来。预言和抗议，对流行习俗的批判，以及对新的正义标准的激进主张——当它们的冲击仅限于人的声音以及其直接听众的记忆范围之内时，只能造成暂时的、狭隘的骚动。但是，当这种感情的倾泻形诸文字时，阿摩司（Amos）、耶利米（Jeremiah）、以赛亚（Isaiah）和琐罗亚斯德的火热诗篇就引发了无法想象的强大震动，并且通过一些人的竭力鼓吹和宣传，以完全意想不到的和无意的方式影响了全世界难以计数的人的生活。如果文字依然垄断在一个特权集团手中，那么，语言家们自由攻击既成现实的愤怒言词便永远也不可能被记载下来。因此，蕴含在文字简化之中的知识的民众化，应被视为人类文明史上重大的转折点之一。

*　　*　　*

公元前 13 世纪至公元前 11 世纪的蛮族入侵几乎没有给中东的文化舞台造成持久的变化。叙利亚依然是这个地区的熔炉，当腓尼基的城市兴起并控制了地中海的海上贸易时，推罗和西顿的作坊生产出的金属制品显示了形形色色令人眼花缭乱的色调和风格，它们同两三百年以前该地所盛产的东西几乎没有什么区别。正如早些时候一样，主要的新艺术风格是宫廷的产物。

早在公元前 13 世纪，亚述艺术就表现出某些特点，这些特点贯穿于整个帝国后期阶段。亚述艺术对于动物造型的把握十分出色，尤其是狮子；能自如地运用各种形象之间的空间，使观众的注意力集中在一些主人公身上，这在某些早期印章雕刻中可以看到。后来，当亚述国王们修建庞大的宫殿，甚至完全新建一些城市以显示其伟大时，雕刻家们成功地将这种小型雕刻传统移用于巨大的中楣，在石头上凿出浅浮雕。这些中楣便是一种历史记载。偶尔出现的铭文同军事行动或 148
狩猎活动的某些特定场面相一致，这些不平常的场景被用来提示雕刻者所要赞颂的那些特定的丰功伟绩。有些场面生动地再现了战场的激烈和混乱，但亚述艺术的杰作则是描写打猎的场面，它们绝妙地表现了猎人的勇武豪迈以及受伤野兽的威力和悲怆。亚述宫殿雕刻是一种世俗艺术，就这一点而言，它是独立于美索不达米亚旧的宗教传统之外的；没有虔奉宗教的先例或古代模式束缚艺术家的创造力，因此，他们取得了最高的成就。[49]

然而亚述文化革新的范围是很狭窄的。文字记载表明，下令雕刻中楣的那些强大的国王们同时又受控于祭司，这些祭司以古代宗教仪式的监护人和神谕的阐释者的身份时常限制君主的日常行动。[50] 确实，亚述祭司在这个国家中的权力看来与同时代的巴比伦尼亚祭司一样强大，专心致志于维护过去那些即便不是已经死亡，也肯定是正在死亡的东西。[51]

祭司的权威从以下这一事实中可以得到证明：尽管亚述人缔造了一个世界上空前强大的、合理化的国家，但他们还是企图虔诚地、忠实地而且一丝不苟地保存那些他们从苏美尔和巴比伦尼亚继承过来的宗教和知识。事实上，我们今天所知道的这些古代地区的许多文献和宗教教义正是从亚述的抄本中得到的，而这些资料又通过王室的书吏和图书馆员被系统地积累起来。新的作品很少。只有构成一种基本历史类别的王室编年史超出了古代文献的先例，偶然地使现代学者得以用一种与早期阶段不相配的精确性重新构建亚述年表。至于其他方面，亚述的文学、宗教和其他学问则完全浸透了同时代巴比伦尼亚的僵化的保守主义。

当巴比伦的迦勒底统治者与米底人分执中东牛耳之时，这个古代都城短时期内享受了新的荣耀。该城市强大权力的恢复真实地反映在艺术上，因为尼布甲尼撒（Nebuchadnezzar，公元前 604—前 562 年）就像他的亚述先辈一样大规模兴建纪念性建筑，并为自己建造了一座极其豪华的宫殿。从唯一幸存下来的尼布甲尼撒宫殿下层砖墙看，墙
150 面是用彩釉瓷砖装饰而成的，上面还有各种模制的浅浮雕图案。我们无法说明，那些中楣如何忠实于旧的巴比伦尼亚模式，因为大型泥砖建筑物的早期实例的外表装饰没有被保存下来。[52]

波斯艺术比较严肃稳重，波斯波利斯的大流士一世宫殿就是保

人类与群兽之王

弥尔顿（Milton）对撒旦（Satan）的同情似乎在亚述无名雕刻家的这两幅作品中找到了先例，他们刻画出了王室猎队的牺牲品——狮子的威力和悲怆。这种狩猎活动既可以作为战争的替代训练，也可以作为战前的训练，正如上图中出现的两个步兵战士所提醒我们的那样。

存至今的一个实例，令人印象深刻。它与亚述宫殿艺术的重要相似点显而易见，但旧的主题和设计被改变成了某种新的东西。这种艺术特点的形成原因部分是由于波斯人使用了新的构建元素，例如圆柱，这些柱子至今还矗立在波斯波利斯的废墟上，令人叹为观止。[53]

更重要的是，波斯帝国的艺术家不是像亚述人那样通过对特定的英勇业绩的刻画，而是通过将君主对臣下的抽象关系在静态的但有时极其和谐的构图中的象征性描绘来表现伟大国王的权力和尊严。来自爱奥尼亚和帝国各地的艺术家在波斯波利斯的王宫里工作。尽管他们的背景不同，但整个效果则是一种渗透着独特的波斯精神的高贵而协调的装饰美。[54]

与亚述人不同，帝国时代的波斯人绝不是旧宗教和旧文学传统的消极继承者。亚述文化毕竟从公元前三千纪就开始了，当时，阿舒尔城是以苏美尔文明的前哨首次出现在美索不达米亚，直到他们的帝国覆灭，亚述人始终保持着对巴比伦和南方地区的崇敬之心，因为他们的文化就是从那里来的。与此相反，当波斯人征服东方世界时，他们还刚刚脱离原始状态。他们的语言可能直到居鲁士时代才开始被记录下来。最早的波斯文字——一种简化的楔形文字，似乎从未成为任何重要文学作品的媒介物。

阿黑门尼德时代（Achaemenids，公元前 550—前 330 年）波斯文学成就有限的一个原因是，他们广泛使用阿拉米文（Aramaic）作为书面交流的工具。当闪米特语在公元前 12 世纪进入文明世界时，阿拉米语已经采用了与腓尼基相似的简化文字，并在亚述帝国时期代替阿卡德语而成为中东的一种混合语言。由于缺乏懂波斯语的书吏，阿黑门尼德王朝的统治者发现阿拉米语对他们管理如此辽阔的帝国疆域来说是一种极方便的语言，并逐渐把他们的母语限制在本族人之间传统的口头交往之中。

因此，波斯的书面语传统并不是来自阿黑门尼德宫廷，而是来自琐罗亚斯德这个名字联系在一起的宗教活动。不过，琐罗亚斯德教的圣典《阿维斯塔》（*Avesta*，波斯古经）直到公元 4—6 世纪之间的某个时间才以今天这种形式记载下来。在此之前，圣典的主体已经历了一场复杂的变革，其中各个阶段几乎全是模糊不清的。

152 只有《阿维斯塔》中的一小部分，即《加塔斯》（*Gathas*），看来

巴比伦的宫墙

这些精神抖擞的狮子是巴比伦尼布甲尼撒宫墙上的装饰画。他的帝国和宫殿的早期建筑因为埋在几层瓦砾之下才保存了这一部分残墙。彩色的琉璃砖贴面长期以来一直是美索不达米亚建筑的特征，但只有像尼布甲尼撒宫殿这样偶然的劫后残存，才使现代人得以目睹如此炫丽的古代瑰宝。那里大堆大堆的碎砖瓦砾至今尘封土埋，但它们过去必定闪烁着鲜丽的光彩。

属于公元前 6 世纪或更早时期。[55]《加塔斯》也许来自那些最初由琐罗亚斯德本人公开宣读过的诗歌，但它们的语言十分难懂，语法规则也极不稳定，以致现代译者很难确定其中一些章节的含义，无法传达它们原来的文学魅力。[56]

无论如何，琐罗亚斯德的诗歌的重要性在于宗教方面，而不是文学方面。这在当时也确实如此，因为宗教意识的改革在公元前 6 世纪已完全成为人们注意力所集中的焦点，从而使古代中东的其他一切文化成就黯然失色。

（四）琐罗亚斯德教与犹太教

从苏美尔时代起，中东的文化生活已经出现宗教与世俗、神庙与宫殿、祭司与宫廷之间的两极分化。整个公元前二千纪，主要文化成就体现在世俗方面，而宗教依然是保守主义和墨守成规的堡垒。公元前一千纪的情况则恰恰相反，那时所出现的宗教革新使得帝国宫廷最辉煌的艺术成就也相形见绌。因为当尼尼微和苏萨的宏伟宫殿化作一片废墟而它们的皇家建设者的名字已被遗忘之后很久，与琐罗亚斯德和希伯来先知们的名字紧紧联系在一起的宗教教义和世界观还在流行。

诚然，在埃及和美索不达米亚，我们已经看到僵化的保守主义依旧笼罩着与宗教有关的一切事物。然而，在文明世界的边缘地区，对于古代程式化的、麻痹的思想就不那么信奉了；在某些宗教文化传统交相混杂的地区，善于思考的头脑受到激励而重新抓住了人类的命运这个大问题。这些地区之一就是波斯东部，美索不达米亚和印度的影响在此相遇，琐罗亚斯德教也在这里兴起。第二个地区是以色列，美索不达米亚和埃及文明在这里互相碰撞，犹太教形成。第三个地区在小亚细亚，但不如前二者重要和有名，美索不达米亚与爱琴海文明在这里混合，俄耳甫斯（Orpheus）崇拜大概也从这里发生。俄耳甫斯教的历史非常模糊，看来最好还是对它不做讨论。所能一提的是，保证生命超脱死亡的涤罪仪式可能接近于该宗教的中心思想。[57] 与此相反，对琐罗亚斯德教和犹太教则值得做一些比较广泛的探讨。

琐罗亚斯德教的起源问题存有争议。帝国时期的米底人和波斯人 154
的远祖大概承认在《梨俱吠陀》中已得到证实的某些祖传的宗教形式，包括对模糊地人格化的自然力的崇拜以及对主司特定的技术和职务的神灵的崇拜。[58] 当波斯人开始习惯于比较安定的农业生活方式，而来自美索不达米亚的文化影响又日益强烈时，严格的世系必定加诸他们早先在比较单纯的游牧条件下发展起来的宗教制度和道德观念之上。这也许就为阿黑门尼德时代的伊朗人接受琐罗亚斯德教开辟了道路。[59]

有关琐罗亚斯德的个人经历，几乎一切都无法肯定。他生于何时，卒于何时，在何地传教，至今众说纷纭，莫衷一是；甚至琐罗亚斯德教和阿黑门尼德君主的宗教的关系也存在争议。只有一点在学术界是得到公认的：琐罗亚斯德的思想，在许多情况下还包括他本人的话，都保存在《加塔斯》中。然而，这些诗文的无系统性和大量模糊不清的词句使研究者很难弄懂他的主旨。

但琐罗亚斯德有一个启示：他在一首诗中提到了皈依经过，在那里阿胡拉·马兹达（即智慧之神）第一次为他指示了宗教的真谛。[60] 这个指示的中心意思也许可以从下面这段话中看出来：

> 我将告诉你们思列斯特对我的宣谕，此乃凡人必得服从之真谛：他，马兹达·阿胡拉（有言），“凡遵我之命服从于他（琐罗亚斯德）者，均可因该善人之行而获康乐与永生。”
>
> ……正直之心灵将永享极乐，谎言者将永受折磨。此皆我主马兹达·阿胡拉所示。[61]

对琐罗亚斯德和阿胡拉·马兹达的服从包括举行一些适度的崇拜仪式，主要是吟诵圣诗和祈祷词，而血淋淋的杀牲献祭则被明确禁止。该宗教的仪式在后期变得相当普遍，但在《加塔斯》中则未予强调。其重点放在现世的实际行为上。琐罗亚斯德鼓励他的信徒们必要时拿

波斯波利斯的石柱

大流士一世的宫殿甚至在倾圮破碎之中仍显得如此辉煌雄伟。其柱楣雕刻的庄严静谧同亚述宫廷艺术所特有的高度暴虐（参见第155页图）和尼布甲尼撒时代彩色琉璃砖的图案结构形成鲜明的对照。甚至当大流士一世的雕刻家们采用狮子捕食它的猎物（刻于阶梯立面，原物放大）这种人们所熟悉的美索不达米的主题来充实难以处理的死角时，他们的作品也呈现出一种纹章风格，并赋予所借鉴的艺术形式以新的波斯特色（参见第69页图）。中图那个长有翅膀的形象代表着琐罗亚斯德教的最高神阿胡拉·马兹达。雕刻者努力描绘阿胡拉·马兹达的形象，这本身就背离了严格意义上的琐罗亚斯德教，而吸收了古代美索不达米亚（也许最终来自埃及）有翅膀的太阳光轮的基调。

起武器反抗谎言的支持者，即反对未经改造的异教的追随者和一切邪 155
恶势力。

琐罗亚斯德的阿胡拉·马兹达观念是抽象而玄虚的：

> 他起初这样想：愿彼神圣之国土充满光明。他用自己的智慧创造了正义……啊，马兹达！我在想象着你，在我的脑海中，你是第一个，也是最后一个良知之父……是评判万物行为之主。[62]

然而，琐罗亚斯德并不认为世界是按阿胡拉·马兹达的意愿为真理和善良所牢牢控制的地方。相反，他把宇宙想象为善与恶激烈搏斗的一个广泛无边的舞台。琐罗亚斯德说教的实际力量是鼓励人们去择善，去过那种以半人格化的天使般的精神——良知和正义等为指导的生活，马兹达创造了这些精神以支持他对谎言的斗争。对于那些择善而从、行为正直的人，琐罗亚斯德许以生时荣幸，死后不朽。他似乎还预言了末日审判，那时最后的胜利将归于阿胡拉·马兹达的力量，从他那里汹涌而出的金属溶液将净化整个大地，邪恶势力将永坠磨难，万劫不复。

琐罗亚斯德的教谕中有一点似乎与他的抽象理论不相协调，那就是他给牛以一种特殊的地位。他的这种思想特色无疑来自原始时代，当时，波斯各部落的生活就是以他们的牲畜为中心的。[63] 但这种残余是个例外。在大多数地方，琐罗亚斯德慎重而有意识地与当时流行的宗教仪式决裂。《加塔斯》中的不同段落都严厉谴责异教崇拜活动，如杀牲献祭和仪式中的酗酒；[64] 但琐罗亚斯德从未暗示他做这样的谴责只是为了净化旧宗教传统。他憎恨的不是别的，而是波斯诸旧神，他们排列在为谎言服务的恶神之中。他把自己看作新宗教的创始者，直接受到阿胡拉·马兹达的鼓励，而且受到良知和其他天使的指引。[65]

尽管琐罗亚斯德的宗教从来没有在波斯以外的国家得到广泛传播，但在他的教义中，没有任何东西直接导致这样一种历史必然性。恰恰相反，他企图让他的思想遍及全人类。例如，在有一节中，这位先知恳求阿胡拉·马兹达昭示神的世界性计划，以便“用你自己的话宣谕：
156 我可以使所有活着的人类皈依我教”。[66] 正如早期犹太先知一样，对于琐罗亚斯德来说，宗教的单位不是国家，而是个人；他把整个世界看成一个舞台，神所导演的戏剧就在这个舞台上演出。

琐罗亚斯德说教中的普济思想有力地说明了他生活在这样一个时代：部落集团正在解体，外界广阔天地的有关知识已经渗透到了波斯高原，传统的宗教神话和仪式在适应人们敏感而好奇的思想方面已经失去了它们的威力。琐罗亚斯德教义的深奥微妙、高尚道德，及其抽象性和广泛性，似乎要求把它的出现放到一个较晚的时期：也许是公元前 6 世纪，那时，米底人和波斯人已经深深处于美索不达米亚文明的影响之下，至少已经轻微地卷入了当时文明思潮的个人主义和世界主义趋势。[67]

如果琐罗亚斯德是在居鲁士时代传教，当时波斯人的威力正迅速扩展到几乎整个文明世界，那么，当大流士一世和薛西斯把他们的权威归结于阿胡拉·马兹达的意愿时，这一新的宗教必定还具有鲜明的启示力量。我们不知道波斯人在多大范围内接受了琐罗亚斯德教，也许它的教义最初仅限于被贵族和宫廷接受。倘若如此，则新宗教的生存是极不可靠的，因为在阿黑门尼德王朝中，只有大流士一世和他的继承人薛西斯在他们的纪念性铭文中明确引用了琐罗亚斯德的话。此后，米底祭司，那些公开承认曾被琐罗亚斯德坚决摈弃的教义的袄教僧侣，开始在宫廷中起着重要作用。再往后，在美索不达米亚思想影响下，波斯宫廷宗教发生了进一步的变化。例如，国王阿塔薛西斯二世（Artaxerxes Ⅱ，公元前 404—前 359 年）在神庙中设置了崇拜的偶像——这是一种与琐罗亚斯德教和袄教原则都格格不入的行为。

然而这些变化并不意味着琐罗亚斯德教和阿胡拉·马兹达被彻底推翻。确切地说，是一系列的妥协调和把某些古代神祇以相当反常的形式嫁接到了琐罗亚斯德的神学理论上。[68] 例如密特拉（Mithra）——

太阳神和旧波斯神之一，被认为是人类与超越万物之上的、无形的阿胡拉·马兹达之间的中介者；阿那希塔（Anahita）最初与河流和水有关，此时也作为丰饶女神被不适当地纳入琐罗亚斯德教了。

尽管存在着种种历史上的模糊性，但有一点可以肯定，即宗教思想在波斯第一帝国时期中经历了一场急剧的发展，给我们留下了深刻的印象。琐罗亚斯德力图把一个正在他的人民面前展开的新世界纳入宗教中心，而在这方面，他获得了引人注目的成功。然而，他的许多 157
教义被后代人复杂化、系统化，从而降低了其价值，但它们依然活生生地保留在人们的头脑中。琐罗亚斯德的教义深深影响着统治文明世界的波斯人的许多宗教观念和思想行动。仅仅这一事实就足以使他的教义引起帝国内部各民族的注意。因此，琐罗亚斯德教必然影响着其他宗教传统，尤其是犹太教。通过犹太教，它在世界历史上起了十分广泛的作用，而绝不仅仅限于那些随后各时代直接把琐罗亚斯德视为其宗教创始人的数量不太多的民众范围之内。[69]

* * *

琐罗亚斯德教对犹太教的影响是难以估量的，当然，这两个宗教之间也有着重大区别。犹太教循序渐进的演化与琐罗亚斯德教的突然性出现形成鲜明对照。因为希伯来人有许多先知，散布于整整六个世纪之内，不像后者只有一个创始人高耸独蹈而使其他所有人黯然失色。尽管琐罗亚斯德和希伯来先知们深受各自所在民族的历史的影响，但琐罗亚斯德明确摈弃波斯宗教遗产，而希伯来先知则总是求助于一种比较纯粹的祖传宗教，并认为他们正在恢复这一宗教。最后，波斯人与希伯来人的民族历程差异之大几乎无以复加，因为波斯人占有了世界，而希伯来人却失去了他们的希望之乡。因此，希伯来先知不得不与毁灭性的民族灾难做斗争，人们所遭受的痛苦比琐罗亚斯德所说的任何灾难都大得多。

但两个宗教之间也明显存在许多相似之处。例如在教义方面，法利赛人（Pharisaic）期待火热的末日审判，指望有朝一日罪恶将被消除，上帝的力量将再次显现，这同琐罗亚斯德的末世说极为相似，后者也相信永生，及正义者必得善报，作恶者必受惩罚。我们无法确定犹太教中出现的这些观念在多大程度上是那时整个宗教精神影响的结果，在多大程度上直接借用了琐罗亚斯德教——尽管可能是无意识的。在某些细节上，例如对天使的信仰，受琐罗亚斯德教的直接影响似乎无可怀疑。[70]

这种教义上的一致性也可以从琐罗亚斯德教与先知们的犹太教在社会、心理背景上的惊人相似中得到佐证。琐罗亚斯德可能是在使祖传的
158 风俗习惯适应于农业和文明生活方式的过程中向其族人布道的，但他们对文明方式的吸收由于美索不达米亚和印度这两种模式的竞争而复杂化了。希伯来先知的社会背景基本上相同。他们的民族在犹新的记忆中也是从游牧转向农业的，美索不达米亚和埃及文明生活方式势均力敌的吸引使这两种强大的文明都未能在那里赢得无可置疑的权威声势。这也许正是进行智力创造的理想环境。面对自身的新情况和各种外来模式，敏感的头脑既不是简单地重复现成的观点，也不是消极地借用外来的思想以达到真正的满足。在把旧的和新的、本地和外国的、个人的和传统的各种因素结合成一种既有感情说服力又有严格逻辑性的整体时，需要做深思熟虑的重新解释。琐罗亚斯德和希伯来先知们成功地接受了挑战，以致他们所创造的思想和观点至今还在影响着人们。

* * *

《圣经》传统断言，希伯来民族的祖先亚伯拉罕大约在公元前1950年[71]从苏美尔的大都会乌尔向北迁徙至哈兰（Harran），然后又从哈兰迁至巴勒斯坦。这个故事也许有其充分的根据，亚伯拉罕的上帝最初很可能是作为家神、古代苏美尔的一个小神出现的。[72]

然而，希伯来宗教与众不同的开端必定要放到出埃及之时。只有一部分，也许是很小的一部分希伯来人侨居埃及，公元前 13 世纪的某个时候在摩西（Moses）的率领下逃往沙漠。他们的生活方式突然改变：从被迫为埃及国家做工转向在旷野里漫游——无疑是恢复到了祖先的游牧生活，这种变化要求给予明确的立法。古代的习惯在侨居埃及的岁月中必定受到了腐蚀，而摩西的追随者又来自不同的部族，缺乏一个因袭的统一领导和组织。

因此，摩西的立法采取宗教形式，这是很自然的，也是不可避免的。没有理由怀疑《圣经》叙述的这一事件的基本真实性：摩西成功地逃出埃及后，登上西奈（Sinai）山顶与耶和华（Yahweh）亲密交谈，下山时带回一部简明的法典——《十诫》（*The Ten Commandments*）。人民正式接受“十诫”，即意味着与耶和华立约，从此承认耶和华为他们的保护神和最高权威。[73]

当摩西重新组织起来的那个部落同其他希伯来人各部一起出现在 159
巴勒斯坦时，耶和华宗教和摩西律法为组成较大的联盟提供了一个宝贵支点。刚刚来自沙漠地带的其他各部也许缺乏成文的法律、正规的祭司组织或明确的天启宗教。在征服和初步定居巴勒斯坦的情况下，他们很快就开始感到必须对传统的部落组织和习惯做这样的补充。他们发现在同族的邻人中已经有了一个适宜的现成的制度，于是便欣然接受了耶和华的宗教并把它变成了他们自己的精神支柱。[74]

转向农业意味着生活方式的根本改变，同时也伴随着政治上和宗教上的深刻影响。从政治上说，抵抗东方游牧部落和西方难以对付的非利士人的需要在公元前 11 世纪导致了希伯来王国的兴起。从宗教上说，耶和华崇拜逐渐地让位给在希伯来人到来以前就一直流行于迦南地区的生殖崇拜。耶和华毕竟是沙漠和战争之神，当生活开始依赖于农业时，人们转而求助于那些成为巴阿尔（Baals）的丰饶之神，在逻辑上似乎是合理的，因为他们早就通过提高这片土地的肥力而证明了自己的功效。

耶和华作为民族战争之神所起的作用使得对他的崇拜依然保持着充分的活力，因为在对邻邦的战斗中人们习以为常地要依靠他的援助。所以，扫罗用来建立其君主政治的那种军事体制也附带地加强了耶和
160 华崇拜；即使大卫[75]、所罗门[76]以及他们那些分裂为以色列王国和犹太王国的继承者们被证明更易于接受外来的崇拜，但耶和华的宗教依然生气勃勃、富于活力。特别是当社会面临紧急情况时，耶和华的地位被一致认为高于其他一切神祇。

方方面面的文明都渗透到了君主统治时代的希伯来人中。诚然，摩西关于偶像雕塑的禁律抑制着艺术的发展；[77]但希伯来人的文学成就足以补偿这一不足而且绰绰有余。旧的传说，也许多数是口头的，被编成了叙事史——族长的故事、摩西的故事、约书亚（Joshua）的故事以及以色列士师的故事等。对大卫及其手下那些强有力的人物所做的同时代的或几乎是同时代的生动描写，尤其令人印象深刻。[78]大卫以歌手扬名，所罗门以智者著称，无疑证明了抒情诗和格言文学在君主政治下的发展。但要说出现存的赞美诗和寓言中哪些可能属于这个早期阶段，却是很困难的。

希伯来人的历史作品被注入了耶和华的宗教，事件的发展被看成是由他的手引导的。耶和华作为战神的特殊作用意味着他的力量在军事和政治领域内表现得最为突出。《圣经》中关于出埃及过程的描写就是上帝通过历史显示自己这种观点的一个鲜明例子。他也许确会在白天化作一柱狼烟，在夜间化作一蓬篝火；但上帝显圣的最有力的方式就是使他的人民摆脱了埃及法老的奴役。

耶和华作为一个引导历史进程的神，在中东是独一无二的。其他战神在同样的发展阶段都是自然神，而且很独特地都是暴风雨之神，就像我们在古代苏美尔早期历史中所看到的那样。因此，对他们的崇拜易于被融入祈丰仪式中，因为暴风雨不仅会带来电闪雷鸣和破坏毁灭，也会给植物带来雨水和新的生命。耶和华却不是这样。对他的崇拜是孤立的，重在反对当地的宗教。在这种情况下，沙漠的战神与迦南本

地的乡神之间的最初冲突所造成的旧伤痕就永远也不能完全愈合了。

在早期希伯来社会中，先知成为耶和华宗教的杰出代言人。在扫罗和大卫时代，先知的语言通过一系列狂热和古怪的动作表达出来。他们又唱又跳，看上去恍恍惚惚、如痴如癫，这种现象被解释为是在同上帝直接交流思想；凡是进入这种恍惚状态的人都会唤起人们的敬畏，从而被赋予一种半神圣的地位。无论何时，凡遇重大问题需要解决，同时估计上帝可能会对这些问题予以关心时，同一地区的全体居民就会去请求先知的指点。

作为耶和华的代言人，先知们拥护上帝所要求的对他的唯一信仰
而谴责巴阿尔崇拜。同样，他们作为旧的沙漠宗教的代言人，也同定 161
居社会的各种新奇做法发生冲突。依靠他们外表的神圣力量和内在忠实信仰的支持，他们甚至敢于攻击君主以及富人和权贵的不义。[79] 因此，在当时阶级分化日益加深的社会中，这些先知又是下层人民的特殊代表和代言人。

公元前 8 世纪，先知的传统经历了一场巨大的变革。代替那些如痴如癫、结帮成群地进行活动的圣人，兴起了一种个体先知，他们认为自己受到耶和华的鼓励而起来谴责社会的弊病和宗教的腐败。他们用火热的诗篇来抨击这一切。阿摩司（约公元前 750 年）就是这些文学先知中最早的一个，他的著作被保存了下来；他很快便有了后继者何西阿（Hosea）和大以赛亚（the first Isaiah）。此后，文学先知的传统几乎没有中断地一直流行到《但以理书》（*the Book of Daniel*）写作的时代（约公元前 150 年）。这些个体先知至少是部分地继承了他们的前人所具有的神圣性。先知的话从不可忽视，甚至国王和祭司也不敢造次，因为他们的行为可能受到先知的谴责。穷人和受压迫者的思想感情往往以先知的言论为指导和载体，他们如饥似渴地倾听，郑重其事地接受显然以耶和华的名义所做的各种宣谕，即使随后所发生的事并不总是能证明先知对灾难的预言。

早期文学先知的宗旨是朴素的。耶和华是个公正而严厉的神，他

要求人们行为正直，并惩罚那些胆敢藐视他的旨意的人。但以色列人背叛了他们与耶和华的立约，忘记了他的法律，去崇拜一些虚假的神。结果灾难必然降临：当耶和华之日到来时，人们所犯的罪孽将使他们自己受到惩罚，令人敬畏的上帝将出现在整个人类面前。至于耶和华之日究竟是什么样的，先知们说得很含糊；但他们的许多预言说到了以色列和犹太王国的军事和政治灾难。

这个观点的言外之意就是耶和华不仅支配着他的选民的命运，而且还支配着全人类的命运。例如，如果亚述人征服了以色列人，那么这正是耶和华把亚述军队召集来惩罚以色列人的罪恶的。这样，先知们就扩大了上帝通过历史显圣的思想，把他的最高权威推到了全世界。为了捍卫和提高耶和华的权威，他们压制着对其他一切神祇的认同和崇拜，并且以最明确、最肯定的形式公开宣布他们的一神主义。

但先知们在宣告上帝权力至上的同时，又宣告了他的公正和仁慈，
162 并力辩上帝干预人类事务的目的是为了维持正义，惩恶扬善。这种普遍性权力和绝对正义的并列，使宗教上的世界主义和道德上的个人主义倾向达到了它的逻辑顶点，这种倾向同时也出现在中东的其他宗教中。但其他民族在传统上信仰多神，如不抛弃他们的宗教遗产，便不可能接受一神论。以色列和犹太的宗教思想家在这方面处于有利地位，因为耶和华始终是一个孤高自尊之神，对各地的生殖崇拜深恶痛绝，而要求一种唯一的信仰，这就使得向激进的一神教的过渡比较容易。通过对他们过去的民族宗教进行适当的重新解释，以色列人和犹太人成了唯一能够自由地把一神教思想潮流的内涵充分发挥出来的民族，这种强大的思想潮流当时已经遍及整个中东。公元前 8 世纪和以后几个世纪的希伯来先知充分利用了他们的战略机会。

确实，一神教符合逻辑要求。当一个国家和民族的命运系于遥远的亚述和埃及的行动时，无论是耶和华，还是任何其他的神或众神，都不可能保持纯粹的地方性主权。如果不存在这样的政治条件，希伯来先知就不可能如此明确、如此强调地宣称他们的上帝具有世界性权

威的观点。但是，尽管时代在希伯来人的宗教发展上打下了它的烙印，但先知们所用来表达其思想和激情的形式却依然取决于在希伯来民族宗教以往背景中的个人经验。

政治和宗教发展之间的相互作用，从正在产生的犹太教所经历的下一个重要阶段中得到了清楚的说明。政治灾难于公元前 721 年突然发生：亚述人征服了以色列王国，并把许多上层领导家族徙往他乡。先知的预言得到了明显的应验，在这种效应下，一个宗教改革派在依然幸存的犹太王国中兴起了。将近一个世纪后，当约西亚王（Josiah，约公元前 638—前 609 年）发动了一次强大的纯洁耶和华宗教的运动并压制其他一切崇拜时，这一派掌了权。改革者把对耶和华的礼拜集中到耶路撒冷神庙中，并且将仪式交由那里的祭司主持，他们努力按照古代未受腐蚀的宗教的最佳先例行事。这就要求把所有适用的宗教记载收集起来，汇编成典；后世也许可以把《申命记》（*The Book of Deuteronomy*）的写作和《旧约全书》中大部分篇章确定为今天这样的形式归功于这一盛举。[80]

但是，尽管做了如《申命记》中所力倡的改革，犹太王国依然未能免于重蹈以色列的覆辙。约西亚王勉强得以维持他的独立，他死后，王国几乎马上就承认了巴比伦尼亚的霸权。尼布甲尼撒王即位后，也许是受到先知确保其得到神助的预言的怂恿，率军占领和摧毁了耶路撒冷（公元前 586 年），并把该城的大部分居民驱赶到了巴比伦尼亚。

耶和华没能制止这种灾难，使先知传统的继承者面临了一种新的 163
严重挑战。《申命记》所力倡的改革显然没有平息上帝的愤怒。上帝还要求什么？他的计划究竟如何？要保存耶和华的宗教，就必须找到对这些问题的明确解答；因为不可能指望人们会继续忠实于这样的上帝——如果他在人们最需要帮助的时候莫名其妙地抛弃了他们。

在这关键的危急时刻，先知以西结（Ezekiel）和小以赛亚（the second Isaiah）从他们的巴比伦流放地大胆地证明了，上帝对待人类的态度是正确的。以西结要求人们更加严格地服从耶和华的旨意，并预言，作为上帝的奖赏，一个统一的以色列—犹太王国必将重新建立起来。他把耶路撒冷的陷落归咎于即使在约西亚王改革以后仍有异教徒和不虔敬行为存在，因此，他为将来设计了一套更加严格的行为规范。小以赛亚的那些雄辩的诗篇写于居鲁士大帝时代，他把波斯对巴比伦的胜利看作这样的日子即将到来的一个真实征兆：那时，以色列人的罪恶将得宽恕，上帝的荣耀将显示在全人类面前。他认为，犹太人的痛苦遭遇不单是对他们不服从上帝所做的惩罚，而且是上帝更为宏大的计划的一部分；因为以色列人在净化和悔改以后，重新回到了光辉和正确的宗教之中，正义的政府将在各地建立起来。以色列的子孙将不再是卑微、受迫害的小民，被那些比较幸运的民族所嘲弄；他们将作为“万国之光”取得自己的合法地位，并将施行正义，直到地极。[81]

这种过高的希望当然永远不可能实现，但以西结和小以赛亚为犹太教注入了新的感情色彩。早期阶段的预言大部分受到指责，耶和华之日作为可怕的末日已经迫在眉睫。现在则有了希望——一个总是耽搁但从未被遗忘的希望——有朝一日，在经历了恰如其分的、激烈的净化以后，人类将确实地目睹上帝的王国在世界上建立起来。让眼光充满信心地注视这样一种未来，艰苦和失望也就变得比较容易承受了。令人不可思议的是，真正虔诚者可能更加受苦：确实，越坏的，就越好；因为现在的痛苦增加得越猛烈，那最后得救的日子似乎就越可靠，越迫近。

这种末世的希望与对宗教纯洁性的精心规定并不矛盾。在巴比伦那样的特大城市条件下，这种规定在心理上对于小的同族公社的习惯生活方式实际上是一种非常有用的调节器。其结果是，流放者公社的宗教习惯使其成员在巴比伦尼亚中心地区也能保持强烈的自我意识和独特的精神气质。而且，在波斯人居鲁士推翻了巴比伦的强权，一些犹太人开始回到耶路撒冷之后，由以西结和其他人精心制定的宗教法规为新的社团生活提供了一个现成的蓝图。

164 起初，流放回来的人，或其中的一派，把他们恢复大卫王国的希望寄托在一个自称为王室后裔的人身上，但这个运动不久就与波斯的权威相冲突而被镇压了。之后，神庙就成为处于斗争和彷徨之中的巴勒斯坦犹太人公社的主要中心和唯一的聚合场所。直到尼希米（Nehemiah，约公元前 444 年）和以斯拉（Ezra，约公元前 397 年）在耶路撒冷重新组织对耶和华的礼拜，从巴比伦回来的流放者公社才真正开始兴旺起来。这局部的成功无论如何也配不上建立在耶和华之日上的那种远大期望；但这一天正在到来的信念依然强烈而且常存，一旦出现弥赛亚（Messiah）即救世主的某个有希望的候选人，就随时会爆发反抗异族统治的政治起义。

以西结和小以赛亚在其他两个方面的作为也值得一提。以西结强调（他的前人则从未这样说过），个人与上帝的联系，无疑是对侨居巴比伦尼亚各大城市的流放者地方公社凝聚力削弱的情况所产生的一种反应。这种宗教责任和宗教仪式的个人化对于未来意义深远。小以赛亚强调上帝慈父般的爱和恕，及由此而对冒犯他意志的人示以容忍，其意义同样如此。早期先知所描绘的那个严厉的审判者和孤高独尊的上帝形象，现在为上帝更为慈爱的观念所补充，这种新观念在逻辑上同旧观念是不相容的，但在心理上却具有极大的说服力。

因此到公元前 500 年，耶和华宗教已经历了相当深远的改革，使 165
之后来能作为一种合适的世界宗教而生存下来。犹太教不再是摩西时代的那种部落崇拜，而是一种法律和学说，宣称自己为普遍正确，宣称所有的对手为完全谬误。而且，在“巴比伦之囚”的危急关头，对耶和华的礼拜甚至在没有耶路撒冷的神庙中心、没有自己的明确国土的情况下依然能坚持下来。这些虔诚的教徒无论聚集在哪里，祈祷、唱赞美诗和诵读经文都能使犹太教的教义和希望在它的信徒的头脑和心目中保持蓬勃的活力。犹太教一如既往地特别强调选民观念：一种特殊的誓约把他们团结在上帝周围而与其他所有的神隔绝。不过，在这种集体社团的结构下也发展出一种信念，即个人以自己的道德和宗教行为直接向上帝负责。

一神教的发展（一）

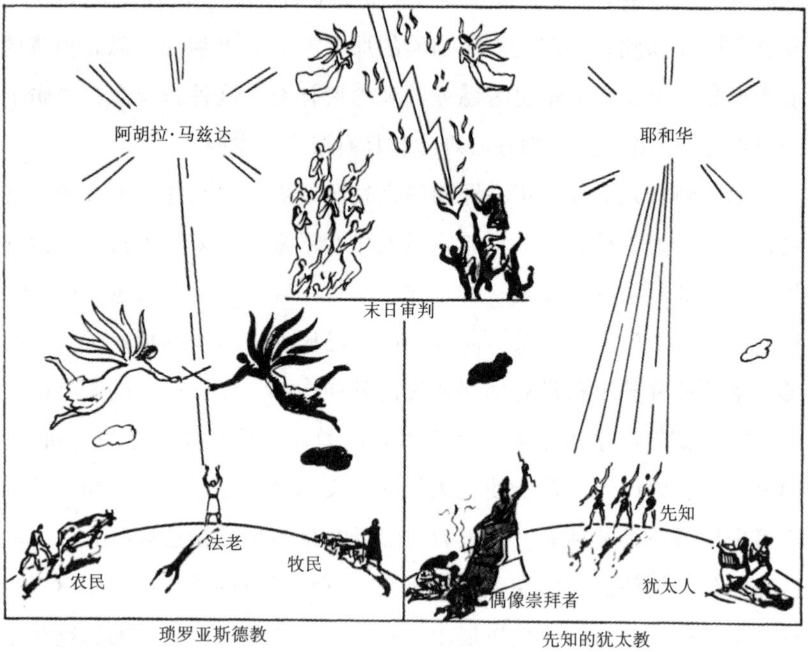

一神教的发展（二）

宗教上的共同性和个体性就这样被兼收并蓄于那个从原始部落时代继承下来的民族结构内。其结果，就有可能使那些在生活方式和文化背景上千差万别的人依然忠实于他们父辈的宗教。尽管虔诚的教徒被禁止沾染某些异教习俗，但后期阶段广泛的离散还是不可避免地导致犹太人模仿各种各样的地方性习惯。

不过，这种同化作用不再意味着背教。宗教在这个文化综合体中 166
已经成为一种可以分离的成分。犹太人在坚持其信仰的同时，在大多数事情上可以具有他们各自所处的那个社会的色彩。

这里有一个新现象：一个宗教以它自己的形式独立生存，基本上不受地理位置和世俗文化支配。这在我们今天是相当熟悉，甚至似乎是很自然的。但用古代的标准来衡量，当宗教和整个生活方式彼此包容，密不可分，从而与生活在或多或少固定的地域内的一定社会群体不可分割的时候，犹太教的新的社会学特征确实是陌生而且新奇的。[82]

关于《旧约全书》的强烈感染力，以及它的深刻犀利和文学特色，这里无须赘述。小以赛亚的诗篇很少有能与之相媲美的，许多赞美诗以及像《约伯记》这样的文学杰作也是如此。从理性的观点看，通过教条式的声明和激烈的指责来显示的启示，似乎不足以代替论证；如果现代学者正确解释先知声明的含义，那么实际上也会得出这种相反的判断，因为政治预言一贯是错误的。但以色列和犹太的先知们在努力摆脱整个西亚宗教思想所面临的这种困境：如何为那些被神灵甚至强加在正直的人们头上的痛苦遭遇和明显的不公正辩护。正如我们所看到的，在美索不达米亚没有找到解决这个难题的方法；一种宗教上的幻灭感或醒悟精神占领了阵地。在埃及，阿吞教改革被推翻后，一种古老的宗教形式主义日益流行。但在犹太先知的头脑中，更加热切的期待代替了绝望；失望不是削弱而是加强了他们的宗教观念；救世主必将降临，天国必将在人们企盼中出现在世界上，为处于艰难时刻的人们提供了有力的慰藉。

这种信念，以及作为其表达形式的那些辉煌诗篇，已经成为欧洲文化遗产的基本组成部分；我们无法抑制对那些孜孜不倦地从事这些工作的人的赞美。当中东文明正在朝着一种不稳定的世界主义发展，干腐病已经侵入巴比伦尼亚和埃及这两个文明古国的时候，犹太人的宗教和文学却展现了非凡的威力和生气。它把宗教的普遍性与个体性和民族性独特地结合起来，强烈地打动着人们的思想和心灵。犹太教的力量以及它在未来向世界性宗教转变的历程之秘密，正在于此。

第 5 章

印度、希腊、中国三个外围文明的形成
（公元前 1700—前 500 年）

一、引言

在继青铜时代的蛮族入侵之后的数个世纪里，欧亚大陆逐渐形成 167
了三个新文明。

在处于上古文明世界边缘的印度和希腊，新的文明萌生出来。它们一方面源于内陆早先的印度河文明或米诺斯文明，另一方面源于征服了那些文明的蛮族入侵者，此外还源于与中东上古文化的接触。尽管印度文明和希腊文明拥有多重渊源和多个元素，但这并未妨碍它们那深厚的独创性，相反却激励了它们的独创性。因此，日渐趋同的中东文明的两翼逐渐成长起印度和希腊两种新颖、别致且独特的生活方式。与此同时，第三支新的文明浮现于欧亚大陆的最东端。相比印度或希腊，中国与除蛮族之外的文明的接触更为稀少，但绝非完全孤立。约在公元前二千纪的中期之后，尽管中国地处遥远，且偶尔为之，但它也开始参与到欧亚地区的社会互动过程之中。

对所有这些新生文明而言，公元前 18 世纪以及随后几个世纪中蛮 168
族的扩张都代表着某种初始。三个文明都是入侵的游牧民与当地农业居民相互交流的产物。因此，它们兼具某些特性并非巧合之事。佛陀

在安阳和其他遗址出土的青铜器，显示了中国商代艺术的精湛技艺

和孔子所成就的事业，以及理性哲学在希腊的首创，都发生于公元前 6 世纪。公元前 500 年，分别作为印度和希腊的主要社会制度的种姓制度和城邦国家都已取得了充分发展。或许由于相对孤立的缘故，中国的各项制度都发展缓慢，致使成熟的中国文明所特有的家族制度和帝国官僚制度直至汉朝建立时（公元前 202 年）才初露端倪。

印度、希腊和中国文明在随后的繁盛和发展，无疑都日积月累地造成了重大变化。然而，早在公元前 500 年，在界定各自的特性和框架时，印度和希腊文明的基本发展方向就已经固定了，中国文明只是稍稍晚于它们而已。

大约在公元前 5 世纪之前，中东文明在世界范围内保有明显的文化优势。古风时代的希腊从东方受益良多，直到希波战争和希腊文化自身成熟之后，希腊人对东方的奇观和智慧抱有的兴趣才有所减退。中东文明对印度的影响更多地停留在推测层面之上，但几乎可以确定的是，诸如字母文字和冶铁等重要技艺是由更古老的文明中心传入印度的。

中国的情况有所不同，但仅限于程度上的不同。广袤的草原、绵延的山脉，以及浩瀚的沙漠，构成了黄河流域文明和中东文明交往中的巨大障碍。直到公元前 1 世纪，中国和波斯强大的军事帝国开辟了穿越中亚绿洲的丝绸之路之后，常规且直接的跨越亚洲的联系才建立起来。海洋为中东与希腊以及中东与印度的交往提供了便捷通道。但在公元 1 世纪之前，海洋却似乎无法将中国与印度、中东联结起来。因此，当中国文明处于形成和最易受到影响的阶段时，在众多要素中，唯有那些能够为粗犷好战的蛮族所能传递的要素才能由西亚传播到东亚，如青铜武器和马拉战车，而像字母文字之类的精巧事物则未能逾越蛮族的阻隔和地理障碍。当公元前 2 世纪这些阻碍被克服，中国人有机会学习字母文字时，他们的语言和文化传统已经与表意文字水乳交融，无法更改了。

因此，中国文明自诞生伊始就远比印度文明和希腊文明较少地受

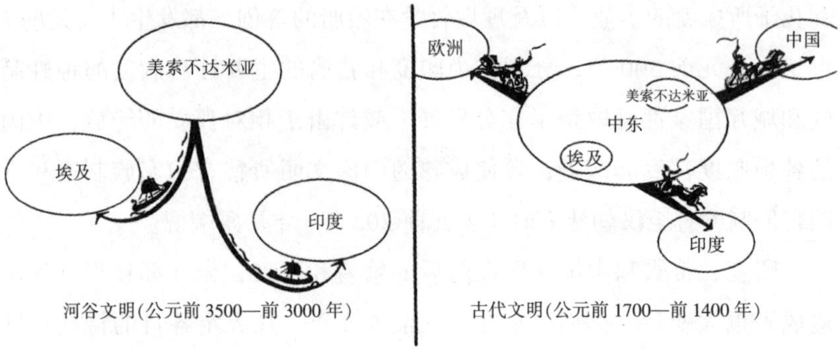

旧世界诸文明之间的关系

到中东文明模式的影响。从某种意义上讲，公元前 1500 年之后欧亚
169 文明的文化发展是双轨而非四轨。中东、印度和希腊这三个主要文明，加上它们之间的过渡地带，构成了一个单独的、关系松散的地理连续统一体；而中国文明孤立地屹立于远东。不过，考虑到后来的历史进程，我们最好将公元前 500 年出现于印度和希腊两地的生活方式看作既相互关联，但又各不相同的文明。它们伟大的历史地位可以与中东文明和遥远的中国文明相媲美。

在这里，我们可以看到规模最大的历史双脉冲。在河谷文明时代，美索不达米亚文明的刺激加快了埃及文明和印度文明的发展，直至这两个文明达到了内部的完善和平衡，不再向外部借鉴为止。随后是约千年之久的大体稳定时期，这一时段大约从公元前 2700 年延续到公元前 1700 年，在此期间，美索不达米亚文明、埃及文明和印度河文明都凭借内在动力独立地发展。在公元前三千纪的最后几个世纪和公元前二千纪的最初几个世纪里，雨水丰沛的地区，尤其是美索不达米亚毗邻地区的文明社会的兴起，缓慢地改变了这种世界均衡。但是，只是在公元前 1700 年之后，来自草原的、用最先进技术武装起来的蛮族对旧文明中心的冲击才彻底摧毁了历史悠久的河谷文明。

在上一章中，我们看到，在侵略造成的混乱和破坏中，中东缓缓地浮现出一个世界性的文明。与此同时，位于欧亚农业文明边缘的印度北部、希腊和中国北部也形成了文明的生活模式。正如古代埃及和印度河文明曾经从与美索不达米亚的偶尔接触中获得尤为重要的推动力一样，源远流长、影响广泛的中东文明是公元前 1700—前 500 年印度、希腊和中国向文明演进过程中的重要推动力。到公元前 500 年时，这几个外围文明的基本特征已经明晰。因而，与公元前三千纪的情形 170
一样，一个摇摆不定但行之有效的政治、文化平衡在世界范围内确立下来。这一平衡覆盖的地域更广阔，持续的时间更长久，其文化平衡大致延续了 2000 年之久，直到现代欧洲的扩张将它彻底摧毁。

二、印度文明的形成

公元前 500 年之前的印度历史含混不清。考古学的发现中有许多缺环，直至新近，对当时的文字资料的学术研究仍局限于文献学的狭窄领域。《吠陀》（*Vedas*）及相关文献中的赞美词和有关宗教仪式的经文几乎不涉及历史学家所关注的问题。诚然，宗室系谱和英雄传说得以在史诗和记载“传统”的书籍中留存下来，但这些内容的现存版本直到公元元年后才确定。其中蕴含的世俗历史的真实成分受到宗教信仰的严重覆盖，并因完全没有年代次序而混乱不清。

事实上，早期印度历史在纪年方面的普遍缺失是历史研究的最大障碍。大约在公元前 600 年之后，吠陀经文就出现了现有版本，[1] 但其各部分的准确的创作年代已无从得知。因为吠陀文献是口述而成，靠先生与弟子的死记硬背代代相传。[2] 唯有当煞费苦心地保留古老的语言形式对宗教仪式的影响力必不可少时，吠陀语言才具备了固定形式。因此，作为所有吠陀文献的基础，《梨俱吠陀》在语言文字上几乎整齐划一。没有什么语言学标准可以用来鉴别早期和晚期的作品。[3]

所以，尽管语言学家对吠陀备加赞赏，但对历史学家而言，吠陀就是一个令人生畏的泥淖。

不过，早期印度历史还是留下了某些依稀可辨的痕迹。雅利安人入侵之后，紧接着就是类似于希腊历史上迈锡尼时代的英雄时代。诚然，印度从未发掘出它的迈锡尼，或许永远也不会，因为文字材料中
171 没有提及雅利安人曾用石头或砖瓦建造城堡。但印度著名的史诗《摩诃婆罗多》(*Mahabharata*)集中叙述了一场两个敌对的贵族武士联盟之间的战争。这场战争非常类似于《伊利亚特》中所描述的战争方式，[4] 由英雄人物单打独斗，众神祇偶尔化身来劝告或协助他们倾向的一方。《摩诃婆罗多》中描写此类战争的篇章可以视为贵族掌权、好战而野蛮的时代在文学上的反映，但我们无法辨别或许为史诗提供了描述原形的具体事件。而且，《摩诃婆罗多》的文本在以现有形式固定下来之前经历了长期演变，这使其完全不足以当作真实的历史记载。[5]

贵族出身的武士曾在英雄时代的战争和政治活动中居于主导地位，到公元前 6 世纪时，他们丧失了统治地位。从中东和欧洲的军事战术和社会结构的演进来看，人们推测铁制兵器或许是导致他们毁灭的主要因素。[6] 不管怎样，到公元前 6 世纪时，印度的战争已经开始倚重步兵和骑兵，战车在战阵中仅仅是仪仗的一部分。

与中东历史相似，上述军事上的变化为新的政治进展开拓了道路。在早期的佛教著作中，隐约可见与希腊早期城邦相类似的贵族政体和共和政体的痕迹。此类政体盛行于喜马拉雅山山麓的山地国家，而且似乎为数众多。而在大河流域，尤其是恒河流域的广阔平原上，自大约公元前 8 世纪开始集权君主国的统治就已经确立。战争和征服、行政管理的统一、战略要地的巩固，或许加之大规模灌溉工程的修建，
172 这些都有助于王权的扩张。到公元前 6 世纪时，印度北部的大多数小型共和国不是被这些君主国吞并，就是屈从于它们的霸权。[7]

随着政治演进，印度人的生活中心由印度河流域向东面的恒河平原转移。雅利安人渗透和征服印度东部和南部的细节全然无法得知，连这

一进程的大致轮廓都模糊不清，更不用说其具体的年代了。铁制斧头和其他工具为砍伐树木以及随后开垦遍布树根的土壤提供了便利，或许在此之前，征服者对恒河流域繁茂的丛林毫无兴趣。因此，很可能直到大约公元前 800 年以后，丛林才开始大规模地被开垦为农田。[8]200 年之后，恒河流域中上游地带成为印度文化活动最为活跃的中心，以及最强大的王国的所在地。

公元前 7 世纪至前 6 世纪，诸如拘萨罗（Kosala）和摩揭陀（Magadha）之类的恒河流域王国的兴起，似乎是边疆地区的王公在靠近文明社会外缘的位置建立比旧有中心地区规模更大、更专制的国家的典型方式。在旧有中心地区，贵族间的争端和僧侣的自负妨碍了王室的行政管理。此外，气候的强大力量也促进了恒河平原的政治制度的早熟。雨季充沛的降水使水稻成为当时产量最高的作物，因此大米成为当地的主食。但是，要做到水稻的高产就需要灌溉，灌溉就需要水渠和堤坝，而这些设施的建造唯由某个政府组织大量劳力方能完成。大约自公元前 6 世纪开始，恒河地区的国王已开始规划当地的灌溉系统，并凭借对农民的日常生活和需求的控制极大地增强了统治权。[9]

相反，印度河流域没有多少灌溉工程，这里的主要作物不是水稻，而是小麦和大麦，这些作物的耕作方法相对来说较为原始。连续的耕种使得地力衰竭，之后这些土地便被荒弃多年，直至地力恢复，开始新的循环。在这种情况下，印度河流域的人口必然相对稀少，国家也相应地弱小。因此，恒河平原自然而然的城市化现象在印度次大陆的 174
西北部却极为罕见。[10]

公元前 800 年初，在恢复了与巴比伦尼亚的海外贸易之后，印度的商业和制造业的地位有所提高。商船也游弋于印度河和恒河之中，甚至可能还渡过印度洋抵达东非和东南亚的蛮荒之地。这一时期出现了商人和商队头领，至少是出现了表示这些职位的专有名词。但是，像铸币这种重要的商业手段直到公元前 6 世纪才开始被使用，这是波斯人征服旁遮普的附带产物。[11]

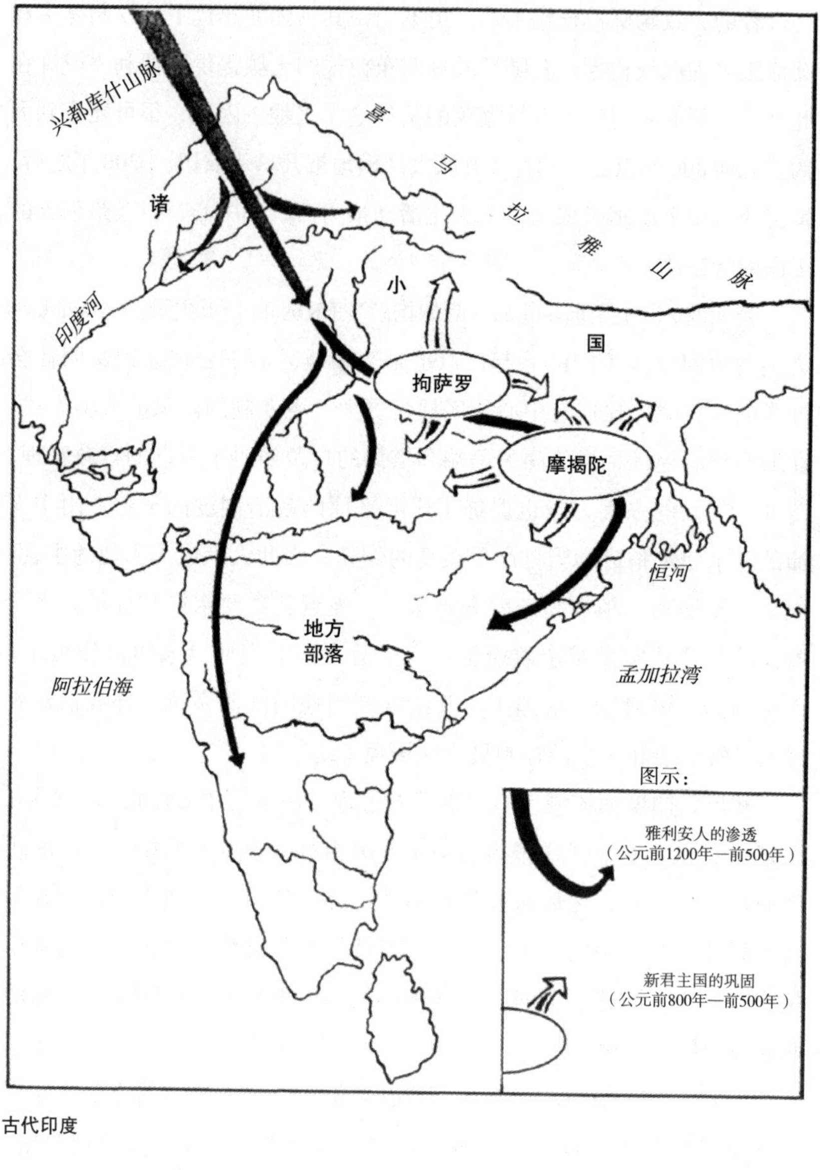
兴都库什山脉
喜
马
拉
雅
山
脉
诸
小
国
印度河
拘萨罗
摩揭陀
恒河
地方
部落
阿拉伯海
孟加拉湾
图示：
雅利安人的渗透
（公元前1200年—前500年）
新君主国的巩固
（公元前800年—前500年）

古代印度

随着部落纽带让位于领地上的从属关系，以及农业开始取代畜牧业，雅利安人昔日团结一致的部落贵族政治消失殆尽。通过地方性的征服、王室特许，或旧有部落义务的转让，自由的雅利安武士开始承担各种地租和劳务。[12] 雅利安社群中的低贱者与被征服的前雅利安人之间的差距因此而缩小。这种差距甚至缩小到仅仅是习俗上的不同，雅利安平民借此与有着前雅利安血统的农民区分开来。[13]

颇为自相矛盾的是，二者地位的接近反倒成为印度特有的种姓制度得以发展的主要推动力。雅利安入侵者具有非常强烈的种族意识，他们歧视在印度遭遇到的肤色较黑的人。因此，随着雅利安平民的社会地位下降到与受歧视的肤色较黑的人相当的水平，或许他们便竭力维持能够将他们同非雅利安人区别开来的信仰和行为。[14]

至少还有另外三种因素推动了种姓制度的形成。其一是保持礼仪纯洁性的观念，包括以重重禁忌阻止与不洁者的身体接触，尤其禁止食用不洁者接触过的食物，梵文经书尤为强调这一点。佛教文献则反映出在佛陀时代或其后不久，这种观念就已经相当普遍。[15] 僧侣，即婆罗门种姓区别于其他种姓的最为首要的标志正是礼仪上的纯洁性。

前雅利安人保留的群体意识对种姓意识的产生发挥了同样重要的 175
作用。随着雅利安人加强了对印度的统治，原住民无疑被迫改变旧习，屈从于强大的征服者，甚至常常被迫缴纳各种形式的贡赋，但他们先前基于部落或公社的社会凝聚力并未因此消失。相反，雅利安人的偏见阻止他们与黑色皮肤的当地人通婚，这使得处于从属地位的当地人能够以原有种姓保持其单独的身份。[16]

最后，促使种姓制度形成的第三种因素是一切社会都由神划分为四个等级这一理论的存在。该理论最先在对《吠陀》进行注释的《梵书》（*Brahmanas*）中得到了明确表达，其所谓的四个等级是：第一是婆罗门，其职责是主持祭祀和其他宗教仪式；第二是刹帝利（Kshatriyas），从事征战和统治；第三是吠舍（Vaisyas），从事各种营利的职业；最下等的是首陀罗（Sudras），从事最为低贱的劳动，尤其是在宗教上被视为不洁的工作。前三个等级都是雅利安人，而第四个等级是非雅利安人。婆罗门教文献强调了这四个种姓成员的世袭性质以及各种姓之间的等级关系。

种姓理论从未与现实完全一致。统治者和武士不想心甘情愿地听命于婆罗门，个人变更种姓的事情偶有发生。[17] 为数众多的亚种姓和种姓之间的群体很难纳入四等级的理论模式。然而，尽管种姓理论无法精确地描述社会现实，但它却具有现实影响，它所强调的种姓之间在社会地位上的差异成为后来印度社会中异常重要的特点。[18]

如果把种姓定义为成员实行内婚和共餐的社会团体的话，那么，今日印度的种姓已不是四个，而是数千个。此外，许多种姓在不同程度上正式地组织起来，对破坏种姓传统的人给予逐出种姓的惩戒，以此约束其成员。[19] 个人所属的种姓限定了他的社会圈子。除了与他人交往时的态度和预期外，个人的行为准则也都由种姓和更大范围社会中各种姓之间明确的等级关系固定下来。结果，个人既享有生活在小团体中的某些便利，又是更大范围、更松散的非人格化社会的成员。

种姓原则的历史与印度历史上其他许多事情一样模糊不清。种姓出
176 现的确切时间尚无定论。许多现代种姓显然是在不久前才以职业团体为基础形成的。[20] 而且，相继侵入印度的外来者都倾向于顺应种姓制度，有时是不自觉地顺应。例如，英裔印度人就构成类似种姓的某种团体，尽管由英国前往印度的人在抵达前没有丝毫（印度意义上的）种姓观念。事实上，当种姓原则成为人际交往中自然的、不可避免的形式时，种姓制度就显示出无穷的灵活性。旧种姓可以分裂为两个或多个新种姓，来源混乱的职业团体可能由于周围群众的态度而迅速结成新种姓。其实，任何“外来者”都被迫尽快适应普遍存在的种姓对于婚姻和饮食方面的限制，因为邻人的排外习惯会自动地迫使他们就范。

现代印度复杂的种姓制度在公元前500年之际只是初具轮廓，其萌芽肯定早在此前就已出现，也许可以上溯到雅利安人与非雅利安人的初次接触（如果前雅利安社会本身确实没有种姓之类的界线的

话）。[21] 公元前 700—前 500 年，城市开始在印度取得重要地位，这一时期可能是种姓起源的关键期。在城市中杂居的不同出身的人也许能够比此后更自由地改变其地位。也许只是到公元前 500 年之后，种姓原则才成功地在城市确立，而严格意义上的种姓原则在农村的普及可能是在佛陀时代。[22]

种姓（或原初种姓）在整个印度社会结构中的重要性具有深远的政治影响。印度的国家和帝国在各个历史时期都相当孱弱，原因之一就在于人们首要效忠的对象不是所属的地域单位，而是非地域性的种姓。欧洲历史的一个鲜明特征，就是人们对领土国家的共同体表现出狂热 177
的献身精神。而在以种姓为基本社会组织的社会中，人们不可能有这种献身精神。只要人们最强烈的认同感仍然局限于自己所属的种姓，那么政府官员和统治者轻则被视为令人讨厌的外来者，重则被视为压迫者，他们的要求和活动仅仅在表面上牵涉日常生活中的重要关系。

在这种情况下，政府和政治在印度的影响力显然低于在中东和欧洲的影响力，国家对人们的思想和感情的控制也就薄弱得多，尽管在人身控制方面未必如此。因此，战争和政治成为无关紧要的事情，它们只与少数职业军人有关。文献记载对此更是轻描淡写，因为在日常生活中人们根本不关注它们。由此看来，对于寻求政治体系和编年框架的历史学家来说，印度的文字记载传统所特有的、令人无可奈何的缺陷就变得可以谅解了。

*　　*　　*

印度的种姓并非自治的或孤立的社会集团，不同种姓成员在日常活动中的混杂和交往显然要有异常复杂的相互适应。再者，对于事物本性的共同设想和看法也将一些种姓结合成真正的文化共同体。如果没有这类观念方面的共同体，那么，有多少种姓就会有多少种生活方式，印度文明也就不复存在了。但是，印度文明确确实实地存在着。

宗教将印度文明整合起来，并赋予其统一性。即使在 20 世纪，一位圣人享有的权利也超过古代国王或征服者。而甘地在现代的成功则是以形塑了印度文明传统的无数古代圣人的业绩为基础的。统治者、军人、商人和工匠等群体在中东文明历史中发挥了重要作用并主宰了希腊文明的发展，但他们在佛陀和甘地的祖国却无足轻重。

诚然，这些差别也许只是幻觉，因为关于早期印度文明的一切知识均来自祭司和僧侣们保存下来的文献。但是，这一事实本身就表明了宗教以及对神圣的追求在印度人生活中占有的特殊地位。如《摩诃婆罗多》的核心部分所示，世俗文学在印度也曾有过繁荣。但是，世俗传统不是消失和被遗忘，就是被吸收进宗教文学中去。《摩诃婆罗多》奇异的结构安排最有力地显示了印度宗教兼容并蓄的力量。正像马拉巴海岸的牡蛎把珍珠掩藏在吞入的沙粒中一样，古代印度的宗教诗人用宗教教诲和寓言的外衣来掩盖崇尚虚荣的英雄战争原有的残酷
178 无情，借此完全遮掩了诗歌表面上的主题——自相残杀的战争。曾为自己的勇武、对敌人的毁灭和占有的牲畜数量而深感自豪的雅利安部落粗犷的武士作风怎会发生如此巨大的变化，以至于祭司和僧侣们不仅设定了印度文化生活的总格调，并且敢于要求社会第一等级的地位呢？换言之，为什么雅利安民族精神的发展方向与欧洲文明如此迥然相异呢？

这类事情总归有些鬼使神差。但是，两个因素无疑有助于解释印度文化演进的独特方向。其一是气候，印度文化和人生观的最终形成，不是发生在气候条件与中东大体相似的印度西北部，而是在季风支配着季节更替的恒河平原。与地中海沿岸更干燥、更恶劣的气候相比，这种气候条件提供了更多样的可能性。例如，大量影响深远的文学作品创作于森林茅舍，圣人在那里过着苦行生活，探寻宗教知识和顿悟，常常赤身裸体。若在较为寒冷的气候中，这种极端的苦行生活肯定很快就会导致他们死去。他们传授给求知若渴的学生们的智慧也不适用于冬季降雪或气温接近冰点的地区。其二，印度的前雅利安人也有自己的文化传统，尽管我们并不知道这些文化的独特形式和制度。然而，

印度文明许多独特之处可能源于对前雅利安人传统的留存，这些传统无疑受到雅利安人的观念和制度的修改，并经过自由创作的加工而形成新的整体。[23]

佛陀（约公元前 485 年逝世）时代以前，古代印度宗教史上的绝对年代尚无令人满意的定论。保留下来的文献中所反映的形形色色的宗教观念或许在印度不同时期、不同地区和不同社会阶层中都有模糊的表现。而且，思想流派的形成并非只是新流派简单地取代旧的教义和仪式，它还促成了新旧宗教观之间的异常复杂的交流和调整。长期以来，置身于这种模糊和混乱之中，学者们惯于将印度宗教划分为四个“阶段”。只要逻辑陈述与明确的年代顺序不发生混淆，这种策略似乎是可以让人接受的。

今日称为《梨俱吠陀》的颂歌集是现存最古老的印度文献之一。179
《梨俱吠陀》中的神祇是对自然力量和自然现象的模糊的人格化。这些自然力量和自然现象主要是太阳、雷电、黎明、火焰和被神化的麻醉药物苏麻（soma）等。虽然祭礼在细节上有趋于极端烦琐的倾向，但它从根本上而言却非常简单。祭礼以露天的祭火为中心，其环节包括屠宰用于献祭的动物，供奉苏麻和酥油（ghee，溶化的黄油）等物品。神祇威力无比、变幻莫测，但神的各种化身却都大同小异。许多颂诗中使用的词汇可以抽象地理解为祈求神灵，也可具体地理解为祭祀中使用的某种物品。这种含糊或许缘于神祇的艺术表象的缺失。无论如何，后人能够在并不明显地摈弃吠陀颂诗的语言的情况下改变关于神的古老观念。《梨俱吠陀》的某些篇章就已显示出这种可塑性，这些篇章任意地将万神殿里的各个大神互相替换，这预示了后世印度宗教中的神祇拥有多种化身。[24]

由于吠陀宗教的早期形式不适于定居的农民，所以当雅利安人定居下来，农业在其生活中占有了前所未有的地位，而征战不再头等重要时，前雅利安人的宗教观念对他们可能更具吸引力。不管怎样，吠陀众神的地位不断削弱，直至沦为那些善于煞费苦心地规定仪式言行的祭司们任意支使的婢女。《吠陀》自身就暗含了这一转变，其现存形式如同礼拜仪式上使用的颂诗，[25] 而有关教义变化的明确陈述却体现于对吠陀的大量解释，即《梵书》之中。《梨俱吠陀》提到的神在《梵书》中变得无关紧要。将毫不相干的神祇合并起来的倾向也更为严重，这尤其体现于竭力突出普罗阇帕蒂神（Prajapati）的地位，该神如今成为主宰万物之神和创世主。献祭行为本身也被视为对普罗阇帕蒂神的再造，因此也就是对宇宙自身的微观再造。由此一来，主持祭祀的祭司也变得比诸神更伟大——书中多处直言不讳地强调了这一点。[26]

180 维护上述特权的婆罗门祭司组成了一个封闭的特权种姓，唯有婆罗门的后代才能归属其中。一个婆罗门应当言行得体；至少能背诵一部《吠陀》；懂得《梵书》所阐释的献祭的意义。为了补偿他们在宗教方面的服务，婆罗门宣称超乎世俗管辖之外，免除赋税，免遭其他各种烦扰，并可望获得丰厚的报酬和礼品。声称融诸神于自身的祭司必定渴望索求更多了。

关于这一进程有两点值得特别强调一下。其一，婆罗门是有学问的人，他们通过拜精通经文的人为师习得知识。教学全凭记忆进行口头讲授，那些因熟记大量经文而知名的人自然就吸引了大批求知若渴的学生，从而形成非正式的学校。

其二，学校的出现提供了制度环境，鼓励对经文做出更全面的解释和进一步的评注，而且也的确需要如此。但是，经文的可理解性随着口头语言的发展而受到损害。《梵书》是这些学校最早的产品。它们体现了漫无边际的思索，不受历史知识、语言学知识和明确的传统神学概念的约束。事实上，唯一限制新思想的创立和对旧有的礼仪习惯进行异想天开的解释的因素，是发明者的创造力和语言修养。但是，把这些五花八门的理论视为流行的宗教或现实的社会活动则无疑是错误的。有充分的理由认为，婆罗门并未享有他们自称有资格得到的无上优越的社会地位。国王、贵族首领和武士等可能会尊敬他们，甚至可能对他们的神奇力量感到畏惧，但这些人绝不会轻易听从傲慢的僧侣们的过分要求。[27]

印度宗教自身的发展也进一步证明了现实中的婆罗门达不到他们所要求的地位。婆罗门教各派的僧侣政治和注重仪式的倾向并未毫无争议地长期存在。也许自前雅利安人时代开始，印度就有苦行者隐退到与世隔绝的丛林，采用各种方式寻求圣洁和宗教启迪。不管事情是否这样，禁欲主义在公元前 6 世纪之前已成为印度社会的一项重要制度。异常圣洁的苦行者声名远播，恰如博学的婆罗门那样吸引了大批追随者。这就产生了或多或少具有竞争意识的第二类学校体制，它们努力去发现宗教真理，并借此使自身摆脱了与古老的《吠陀》经文之间的直接关系。这些丛林学校所留存下来的文献就是那些被称为《奥义书》（*Upanishads*）的论述。它们的理论标志着印度宗教发展的第三阶段。

尽管《奥义书》在结构上不成体系，在观点上众说纷纭，但是， 181
即使最早的《奥义书》也牵涉广泛的主题。它们反对献祭和僧侣政治，宣称宗教生活的目的是“启蒙”，这种启蒙的达成方式是掌握深奥的知识而非正确地履行宗教仪式。这些知识还应辅以训诫和苦修，但是，其最高境界在于不可言传的神秘体验。

然而，《奥义书》竭力渗透到语言所能表述的一切。它首次明确提出的许多信条后来成为印度教的主要内容，尤其是梵天（Brahman）、灵魂（Atman）和业（Karma）等概念。这些概念均无法准确地翻译过来，因为即使英语中与之最相近的同义词也不可避免地带有欧洲宗教和哲学思想的蕴含。我们可以说，梵天就是普遍存在于感觉表象背后的精神实体，灵魂即人的心灵。但是，这种对梵文原义的类推，并不能使我们正确无误地推论出：“这就是你”，亦即：梵天就是灵魂。[28]同样，业即“行动”或“罪过”——尽管是特殊的罪过，其中既包含智力方面的缺陷，也包含道德方面的缺陷。

圣洁而睿智的人寻求神秘的幻觉，借此来体验梵天和灵魂的同一。业则是障碍，它干扰和阻挠灵魂与梵天的神秘交融。而且，业具有继承性，因为人们相信灵魂是永恒的，它在进入每个化身时都带着先前的生命所积累的业。自律、苦行和聆听教诲都可能使灵魂摆脱自己的业，为彻底超脱带有物欲的肉身开启道路。这样，灵魂就完全、彻底、永恒地与梵天融为一体。于是，无须祭司的帮助，无须献祭、礼仪，乃至无须任何实际行动，就能够达到笃信宗教的最终的、完美的目的。[29]

这种理论有意识地质疑了婆罗门强调的祭祀礼仪和种姓特权。然而，婆罗门凭借其特有的适应性，很快就不再把《奥义书》视为异端。
182 尽管《奥义书》从未获得与《吠陀》同等的神圣地位，但其中的论述成为印度教经典公认的重要组成部分。稍显矛盾的是，它们的含糊与深奥反倒有助于婆罗门对它们的接受。《奥义书》直接影响到的阶层只有知识分子。婆罗门在其事务机制中给予知识分子以一席之地，他们宣称：一个人只要在壮年尊敬祭司，并履行正常的家庭义务，就适于在其暮年通过苦行求得圣洁，而无须祭司的帮助。只是到了佛教徒和耆那教徒将《奥义书》的思想通俗化，并宣布这些思想是宗教生活的唯一准则时，婆罗门教与这些新教派之间的妥协才宣告破裂。

哲学观念的转变较为激烈，这种转变最早体现于《奥义书》中大量的精致表述。吠陀宗教含有非常世俗的目标，认为与神保有良好的关系就能换得富裕、长寿和健康。《梵书》与此只是稍有不同，认为精心进行祭祀就能确保不朽之躯实现轮回，此外还能获得物质回报。《奥义书》则鄙视纯粹的现世享乐，宣扬宗教生活的最高报偿是个人与宇宙的梵天融为一体。

由于对古代印度社会几乎一无所知，我们不能贸然推断出现这一变化的原因。苦行以及适当的苦行训诫能带来神奇力量这种信念可能源于前雅利安人，但是，原先朴素的价值体系的突然中断似乎能解释《奥义书》的观点。这一中断在公元前 7 世纪至前 6 世纪时已经显而易见。当时，印度北部的部落共和国和小国在政治上体现出的自由的、贵族式的生活方式，因城市化和集权、专制且官僚化的君主国的冲击而崩溃。[30] 在这种形势下，出身贵族家庭且前程远大的人在丧失了自己的传统社会地位之后将会怎样？有些人无疑投靠了胜利者，成为新兴君主国的官员。但是，那些心性特别顽强或敏感的人必定能在森林 183
隐居地的禁欲生活中找到新的自由和新的生活方式。他们对自然和迷幻的意义进行的形而上学的和心理的思考引发了《奥义书》的生成。[31]

从精神上解脱现实中的挫折，很快就成为印度文明的普遍特征，使印度迥异于近邻和同时代的中东和欧洲。在公元前 6 世纪以前，印度的发展状况还从未与其他地区有着如此大的歧异。入侵的雅利安人的尚武精神向贵族的、农业的生活方式的转变，在中东和欧洲也出现过类似现象。然而，当恒河流域的贵族受到专制集权君主国的打击时，他们做出了独特的反应。基于或许是本土的前雅利安人所奉行的苦行方法，他们构想出实质上全新的神秘观念。尽管这些观念在《奥义书》中是以文学的形式出现，但它还是很快在离开城市四处流浪的人中赢得了众多的信徒。对这些人而言，逃脱因新兴城市化而带来的个人挫折和动荡不安成为当务之急。由于得到从新兴城市涌出的人的补充，丛林茅舍成为正规的设施，极端诡秘的禁欲神秘主义在那里日臻完善。宫廷、集市，加之丛林隐居地共同形塑了一种新型的宗教世界观，它似乎能够以哲学的睿智来慰藉头脑，以神秘的体验来愉悦心胸。

《奥义书》中初见端倪的思想和感情的倾向由两位生活于公元前 6 世纪晚期的重要宗教领袖加以通俗化。一位是耆那教的创始人（或改革者）大雄（Mahavira），一位是乔达摩·悉达多，即佛陀。二者确凿的生存年代都不可考，但他们属于同时代人，而且极可能都活跃于公元前 500 年左右。[32] 他们的生平活动和布道开启了大规模且尤为重要的宗教运动，构成我们所说的印度宗教史上的第四个阶段。

耆那教和佛教对婆罗门礼仪至上主义的挑战赢得了广泛响应。在佛陀去世 200 年后，印度甚至近乎成为一个佛教世界。婆罗门教残存下来，只是在演变成所谓的印度教之后才扭转局面，其间，它汲取了由《奥义书》最先提出，并经耆那教和佛教通俗化的许多思想观念。 184

随着耆那教和佛教的传播和系统化，印度文明所特有的世界观沿

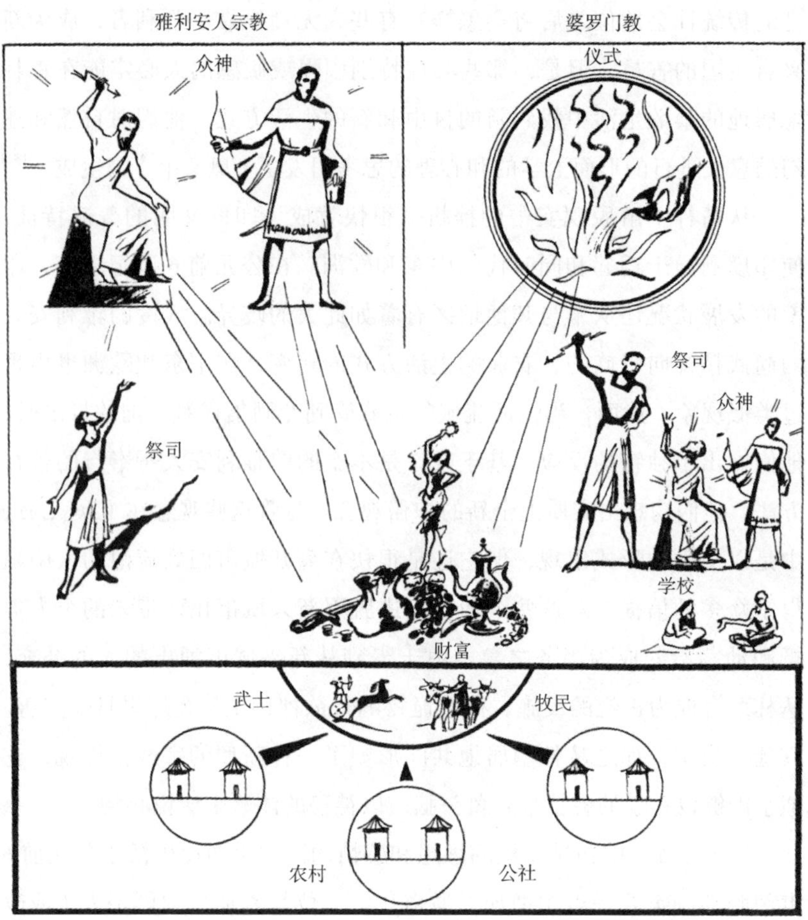

印度的社会与世界观（一）

着不曾中断的几条线索明确下来。到公元前 6 世纪末，曾经被恰当地称作“通称为印度教的多文化联合”[33] 的全部成分均已出现，后来的变化从未超出这一框架。

185 我们在此不想讨论耆那教和佛教的复杂教义，大雄和佛陀的原初思想很难与后来附加给他们的东西区别开来。但是，我们没有理由推

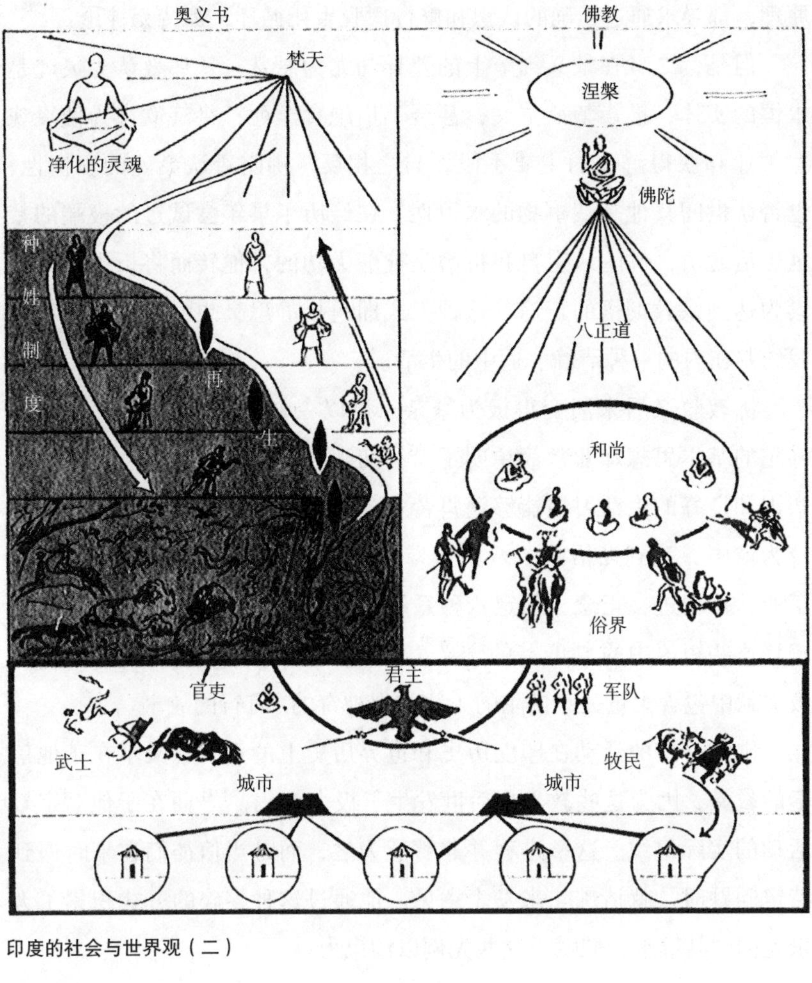

印度的社会与世界观（二）

测佛教或耆那教在其产生初期经历过类似于基督教脱离犹太教的摇篮时所经历的根本性的重构。

耆那教与佛教有许多共同点，二者都主张无须祭司和献祭就能得到救赎；都以大量得到教化的特别执着的追求者，或“和尚”为中心，由他们吸引大批义务不太繁重的俗人。二者都将轮回看作宇宙的基本 186

原理，都寻求通过正确的认识和修行摆脱生死循环，都持无神论。

但是，二者在教义细节上的差异却尤为悬殊。耆那教认为灵魂是永恒的实体，推崇禁欲主义，甚至不惜绝食至死；将禁欲视为使灵魂摆脱业和获得解放的主要手段。与之相反，佛陀否认灵魂的永恒性，也否认世间其他一切事物的永恒性。在经历了早年尝试过的极端的禁欲生活之后，佛陀认定自我折磨是徒劳无功的，他转而将折中方式推崇为达到宗教彻悟的正途，这种方式即包括静思冥想、宗教讨论和自我约制在内的一种清静、适中的生活。

佛教教义后来演变得极为繁杂，足以令初学者迷惑不解。但是，佛陀的基本思想却非常简单明了：一切生物都陷于苦难之中，正确的知识和良好的生活习惯能够消弭苦难。他所界定的获得解脱的途径也较为清晰：达到彻悟的“八正道”包括正见、正思维、正语、正命、正业、正精进、正念、正定八种系统的教化。诚然，佛陀并未简明地解释这些短语中的“正”的含义，而是用实例来说教。因此，早期佛教文献中包含大量关于佛陀的（往往很神奇的）言行的故事。

佛陀一生的活动在印度历史和世界历史上的重大意义不在于他信奉的教义，因为这些教义在后世发生了极大变化，[34] 而在于他对宗教活动的实际组织。这一进程并非蓄意为之，而是当信徒们在平时遇到特定问题时，就请佛陀来发表意见。他通过这种零碎的方式积累了大量先例，其继承者们赋予这些先例以约束力。

佛陀本人过着流浪生活，但在雨季，他一般都定居在某个地方。他在世时，虔信的世俗信徒就开始捐赠土地或房宅供他和弟子们居住。寺院的建立即以此为开端，并由此成为佛教的组织中心。最初，只有经过佛陀本人的面试才获准成为门徒。但是，随着门徒人数的增加，住在某寺院的和尚接纳门徒只需履行简单的仪式。戒规是自愿和非正式的，和尚们定期聚会，互相开导，此时，犯有过失的人理应当众坦白其错误。

187 早期佛教寺院在制定教规和管理制度时可能效仿了早期的贵族共和

宗族。[35] 寺院没有固定的权力等级，由全体僧众参加的大会做出决定，经过某种非正式的选举，一些人被推举担任某项职务。因此，尽管佛陀身处古老的贵族共和国已岌岌可危的政治环境中，但他将在青年时代所熟悉的自由和友谊在由一批追求圣洁和真理的信徒组成的新型团体中保留下来。如此一来，他使自由人的社团实现了民主化，因为佛教团体欢迎所有热心的信徒，而不考虑其出身。另外，由于将协作关系置于宗教平台之上，佛陀和他的门徒有效地逃避了新兴君主国的控制，那时，这些君主国正在摧毁佛陀在童年时便已熟知的贵族政治共同体。[36]

在创建由追求宗教彻悟与和平的信徒组成的团体时，佛陀似乎无须从头开始。长期以来，圣者拥有众多的门徒这种现象就是印度社会的突出特征。我们没有理由认为佛陀期望追随他的众僧长此以往，但是，他所吸引的信徒的数量，他的杰出的人格力量，尤其是他制定的约束共同体每个成员日常行为的实际规则，都有助于维持信徒们的世世代代的聚合力。[37]

就这样或许未经刻意筹备，就自然而然地产生了某种教派。最初，该教派既没有教阶制度，也没有公共祭礼，而它们是所有基督教教派都不可缺少的要素。这些要素只是在后来的某个时间才添加到佛教社会之中。

印度社会种姓分立的结构无疑特别适宜于产生以宗教为目的、尽可能远离世俗政治的社会组织。但是，切不可忽略这种组织的独特性质。个人在正常生活之外去寻求圣洁，这对于与佛陀同时代的希腊人来说是不可思议的。在希腊人看来，宗教与国家是绝对不可分割的。欧洲教会与国家之间的长期摩擦，表明欧洲人始终难以将宗教与生活中的其他领域分离开来。而在佛陀时代以后的印度历史中则绝无此类摩擦。佛教或其他宗教派别都可以作为一个新种姓加入印度社会，而且印度政府愿意给予这类社会团体以非常宽泛的自治权。

由寺院组织维持的佛教生活方式吸引了成千上万的信徒，把他们 188
的生活引领到新的路径。佛陀与其追随者之间暂时的师徒关系得以制度化和长久维持。[38] 结果，单个人的见识和人格被无限放大。在印度宗教遁世者中逐渐形成的独特世界观成为全印度占统治地位的观念，而且，在中国、日本、缅甸和暹罗均可见到其改良后的形式。

唯有将佛陀教诲的各种口头言论提炼成权威性的文字著作，佛教才可能有远大前程。现今存有数种佛教经典，而且相互之间差别很大。现存斯里兰卡的巴利文真经可能与佛陀的教诲最为接近。不过，尽管大多数学者承认这部经文的某些段落是佛陀说教的精确版本，但他们无法确切地鉴别出何处是原话，以及何处经过了润饰。佛陀的形象很早就被罩上了神奇的光环，后人把他尊奉为神和救世主，而这断然背离了他的教义早期的吸引力之所在。[39]

从许多方面来看，在佛陀和大雄去世时，印度文化仍然处于形成过程之中。例如，佛教时代以前没有造型艺术。婆罗门教既不需要庙宇，也不需要用于膜拜的塑像，因而，艺术技巧有可能仅限于木工技艺和其他非永久性的装饰艺术。同样，国家政治制度亦动摇不定。大部分乡村仍然丛林密布，南印度循着我们几乎一无所知的独有道路发展。必须记住：不是佛教，而是经改造并普及的婆罗门宗教——印度教，最终在印度占得上风。因此，这个国家的宗教发展历程并未在佛教这里停顿下来。

换言之，公元前 5 世纪时的印度文明已经拥有悠久的历史，生气勃勃、变动不息。但是，在佛陀去世时，它的发展方向和某些界限就已经确立。这时，种姓制度的主要成分和宗教世界观的主体轮廓都已经出现，它们主宰了自此迄今的全部印度历史。总之，独特的印度文明已经形成。

三、希腊文明的形成

我们对早期希腊历史的了解远比对同时期出现于印度的文明了解
189 得详尽。约从公元前 1500 年开始，希腊历史上重大转折点的大致年代都可以判定。公元前 6 世纪或许是希腊和印度文明形成的最为关键的时期。在此之前，希腊历史上的人物和事件就以喜马拉雅山之南的历史所没有的清晰度和精确度呈现出来。

造成这种差别的部分原因是：与印度相比，爱琴海世界与最早进入文明时代的中东保持着更为密切的联系。因而常常可以依据由中东输入的物品确定希腊考古发现的年代。埃及和赫梯文字记录中有时也记载了与爱琴海地区的交往。正是这些中东参照物，而非希腊人自身遗留下来的东西，使公元前二千纪的希腊历史具有相对精确的纪年。

我们之所以能对希腊历史知之甚详的一个更为根本的原因，还在于古代希腊人比同时代的印度人对历史抱有更大的兴趣并且努力去记载历史。亚里士多德说："人是政治动物"，他的定义尤其适用于古希腊。古代希腊城邦，或者说城市国家的结构几乎包罗了一切人类事务。与之相反，印度思想家先入为主地以为人类自身及人类以外的世界都无穷无尽，对日常生活中世俗的和偶发的事情漠不关心。因此，印度文字记载中极少涉及社会状况或政治事件，而希腊人则首创了世俗历史学和政治理论。

希腊人的文化价值观以日常环境中的个人活动和集体活动为中心，与此相称，历史对他们而言就比较重要，而对印度圣贤来说却绝非如此。尽管如此，对历史事件的连贯记叙也只是到公元前 5 世纪才成为可能。而且，即使在公元前 5 世纪，雅典和斯巴达也趋向于排除其他希腊城邦，独霸历史舞台。我们仅能勾勒出此前希腊历史的大致轮廓，对某些重要事件仍然拿不准。

（一）政治发展和社会发展

对于讲希腊语的部落最早来到巴尔干半岛的年代，尚无确凿无误的考古材料或文字材料加以证明。他们很可能于公元前 2000 年之后不久就首次进入了希腊。[40] 但是，在最初的几个世纪中，希腊本土和爱琴海岛屿上的文明落后于克里特文明。

迈锡尼城门

这是阿伽门农（Agamemnon）城堡的主门，坐落在陡峭的山巅，俯视着富饶的阿戈斯（Argos）平原，扼守着通向北面的科林斯湾（Gulf of Corinth）的山道。狂暴的狮子的造型模仿了美索不达米亚艺术（见第 69 页图）中早已为人熟知的样式。城堡构筑的坚固程度以及设计方面的细节（右手持武器的战士在走近城门时不得不将没有盾牌防御的一侧暴露给图上最右端的筑垒后射出的武器）都反映出迈锡尼社会好战的特征。

大约在公元前 1600 年，以迈锡尼等大型要塞为中心，希腊本土出现了一种更为先进的生活方式。这一文明深受米诺斯—克里特文明的影响，其现存的许多早期艺术品与同时代克里特的作品尤为相似，难以区分。然而，我们仍有理由认为希腊本土文明与克里特文明有着不
190 同之处。其最为突出的区别是：迈锡尼城市设有坚固的筑垒；在考古出土的遗物中，兵器和甲胄占有相当比例，而它们在克里特岛就不曾出现。显然，迈锡尼的统治者是武士而非僧侣和国王。[41]

希腊本土文明的创建需要在政治上和经济上实现相当程度的集中。且不说那些规模较小的遗址，建造迈锡尼的坚固城堡必然需要调动大量人手。目前还无法指明最初的集权是如何达成的。有可能是久经沙

场、军纪严明的征服者们联合起来扫荡了这一地区，然后把大面积的“采邑”分配给获胜的首领；也有可能是一些日渐稳固的势力取代了迈锡尼各个君主手中风雨飘摇的霸权。

无论如何，那个时代的战争的贵族特色是迈锡尼社会结构的主要支柱之一。大约在公元前二千纪中叶，战车就已传入希腊，其构造和马具方面的细节表明迈锡尼战车是按照叙利亚战车的式样仿制的。[42] 也许是大批远渡重洋的勇士［有可能就是神话中的珀罗普斯（Pelops）］，将先进的军事技术移植到希腊。另一种可能就是在袭击黎凡特海岸时俘获了掌握制造战车技术的工匠。不管是哪一种可能，其结果是新技术给贵族带来了或巩固了权力，那时只有他们有能力拥有配备战车出征时所需要的精良装备。

可见迈锡尼与中东有着历史相似性。迈锡尼与加喜特、米坦尼、赫梯、喜克索斯国家一样，都仰赖从蛮族部落征募的战车贵族。正如中东的这些征服者借鉴和采纳了文明程度较高的被征服者和近邻的文化一样，迈锡尼人也求教于近在咫尺的文明榜样——克里特人，并且很快就体现出这一文明的外在特征。[43]

但是，迈锡尼社会与赫梯、加喜特、米坦尼社会相比有一个重要区别。后几个都是纯粹的陆地居民，而迈锡尼王公却指挥船队从事商业和海盗活动。迈锡尼船队航行的范围极广，它们与小亚细亚、塞浦路斯、黎凡特以及埃及有着广泛的联系，远及西西里和撒丁岛的地方也曾发现过迈锡尼的遗存，甚至西班牙和不列颠也曾发现过，虽然这很让人怀疑。[44] 迈锡尼的航海技术主要是用于商业还是海盗尚难以判断，何况二者之间的界限无疑相当模糊。

然而，在公元前 14 世纪以前埃及帝国仍然保持着军事活力的时 192
期，没有迹象表明迈锡尼舰队参与过除黎凡特海岸的和平贸易之外的活动。希腊人记忆中的“米诺斯海上霸权”可能反映了组织有序、势力强大的克里特舰队在掌控下的爱琴海进行海盗活动的时代。但是，从大约公元前 1400 年开始，克里特舰队分崩离析，大规模的海盗行为和海上劫掠活动尤为猖獗，克诺索斯宫本身或许也成为从大陆发起的海上进攻的牺牲品。同样，迈锡尼水手也位列在公元前 13 世纪末对埃及发起进攻的“海上民族”之中。[45] 荷马在《伊利亚特》中描写的可能就是其中的第三次海外冒险活动，其目的是向北进攻位于达达尼尔海峡（Dardanelles）入口的特洛伊，其传说的（也许是精确的）发生时间是公元前 1184 年。

由海外获得的财富极有可能是维系迈锡尼帝国的黏合剂。迈锡尼国王只有用黄金和其他贵重物品慷慨馈赠才能满足他的盟国和追随者的预期，这样一位统治者也只有通过明智的赏赐才能维持一支足以震慑住王公中潜在的持异见者的军队。但是，当埃及帝国和赫梯帝国的内乱开始扰乱正常贸易，进而使迈锡尼的财富减少时，迈锡尼的国王们可能被迫使用武力夺取已无法再用和平手段获得的财富。[46]

但是，从长远来看，穷兵黩武削弱了国王的地位。多一个城镇遭受洗劫，就意味着提供给政治集权机构的财富又减少一份。如公元前 12 世纪早期进攻埃及之类的失败远征，必然导致王公和国王们众叛亲离。在遭受致命的袭击之后，假若共主此时财源枯竭，不满的随从和
193 国内的对手就会发动叛乱。这类内部骚乱可能相对便利了外部的野蛮人，即后来希腊历史上的多利亚人侵入和摧毁迈锡尼国家。因此我们可以推测：一旦走上对外掠夺的道路，迈锡尼共主就竭力避免其权力的崩溃，然而却终告失败。

不管怎样，在公元前 1200 年之后不久，多利亚希腊人就一路南下，劫掠了重要城镇，摧毁了迈锡尼王国。[47] 伴随这些入侵而来的大规模移民活动大约一直持续到公元前 10 世纪，其间无疑包括人口的多次混合和代际迁移。多利亚人自身大多定居在迈锡尼国家原来的中心地区，也许因为他们发现这些地方有最肥沃的土地和最诱人的战利品。结果，多利亚人占据了伯罗奔尼撒半岛、克里特岛和小亚细亚西南部最富饶的地区；而其他的希腊人则占据了不太富饶的土地，尽管他们的祖先先于多利亚人来到这些地区。例如阿提卡（Attica）变成了“爱

奥尼亚人的都市”，爱琴海彼岸小亚细亚沿岸中段的一些城市也成为他们的城市。这些城市是在多利亚人入侵时由来自希腊内陆的难民建立的，它们很快就在新生活方式的发展初期取得了领先地位，这种生活方式后来发展成繁荣的古典希腊文明。

爱奥尼亚早熟的部分原因在于地理位置造成的与东方文明的密切交往。迈锡尼高度发达的文化或许在爱琴海彼岸保留了更多的遗迹。荷马史诗起源于爱奥尼亚（或者可能是爱奥利斯—爱奥尼亚）就是这些遗存的明证，因为荷马史诗显然反映了迈锡尼时代，代表了起源于前多利亚时代的行吟传统的最后一次繁荣。[48]

爱奥尼亚进步的另一个动力，起源于在一个异己林立、危机四伏的环境中构建起社会和政治聚合力的有效基础的必要性。或许来自不同地区，拥有不同家庭传统的难民被迫开始了新的生活。海上远航割断了社会传统的连续性，从而使得他们与旧事物的决裂特别果断。[49]因此，在面临建立生活于其中的社会和政治结构的问题时，爱奥尼亚的希腊居民享有（或者说苦于）可塑性特别强的环境。结果，他们构建了后来成为希腊文明主要制度的城邦的基础。[50]

城邦是希腊文明和罗马文明的基本细胞。在构成上，它由一个城 194
镇或城市加上周围地区的耕地和牧场组成；在政治上，它是由行政官员掌管并实行法治的共同体；在心理上，它是一个自给自足的内部团体，隶属于全体居民中的一部分享有特权者，即成年男性公民，而外籍人以及奴隶、妇女和儿童都被排除在外。在成熟时期的希腊城邦，这部分特权公民几乎要全身心地奉献于城邦。在这种制度中，经济学、政治学、宗教、艺术、文学和哲学都得到了全面发展。

希腊多山的地理条件无疑有利于小型行政区域的建立，但是，地理条件几乎不具有什么决定性作用。历史上的许多希腊城邦都是分散的平原的联合（例如雅典和斯巴达），而在另一些地方，连绵的沃土却被分割成许多行政区域（例如彼奥提亚和亚细亚的许多城市）。[51]因此，赋予城邦以鲜明特征的不是地理环境，而是社会条件和社会制度。

古代希腊

多利亚人入侵引起的人口迁徙运动平息之后，农业在希腊世界取得了更牢固的地位。反复耕种以致地力耗竭，部落迁徙时便弃之不顾的土地使用情况已不再发生。相反，休耕使得长期耕种适宜的土壤成为可能，而且，随着这种简单的技术的采用，每个家庭都可以定居下来，合理地要求一片耕地的永久所有权。随着部落首领转变为占有土地的贵族，部落纽带逐渐松弛，社会趋向于分裂成以家庭为最终的基本单位。[52]

但是，有些问题是独立的家庭无法有效解决的。其一是保障人身 195
安全问题。在早些时候，对罪行的惩罚一般是由受害者本人或其亲属施以报复。但是，家族间的仇杀极易超出限度，进而伤及所有参与者。这或许为公共职能的发展提供了最适宜的土壤，因为卷入纠纷的各方有时希望通过仲裁解决争端。从传统上讲，部落首领担负着司法调解的职责，否则就无法维持整个部族的团结。大规模迁徙停止之后，这种传统的领导力并未完全消失，尽管我们并不知道远在异地的国王通常如何迫使不顺从的家族服从其决定。增强王室判决效力的一种办法是，组织一个由头面人物参加的议事会与国王一同判决某些特别案例
中的是非曲直。那么心怀不满和可能不服从判决的当事人就不得不面 196
对由国王和有势力的贵族组成的力量，因而可能不再愿意诉诸武力。

第二种公共职能是战争中的领导权。我们不清楚公元前 10—前 6 世纪的希腊军事组织的性质，但是可以确定的是，到公元前 6 世纪时，骑兵在希腊战争中具有决定性的作用。骑兵具有许多优势：他们能够出其不意地迅速移动，攻势迅猛，令散乱的步兵难以招架。但是，只有那些农业财产相当富有的人才能成为骑兵，因为希腊非常缺乏自然生长的牧草，马匹几乎长年以粮食为饲料。与骑兵在战场上的决定性作用相称，贵族地主在公共事务中的影响也随之增加。

因此，早期希腊社会的这种力量平衡推动着贵族家族的联合以及对王室权力的限制。最初的做法是任命某些贵族定期担任国王的助手。随后，由于这种简单的行政官员无法始终令人信服地为整个地主阶级的利益服务，由全体贵族参加的议事会就开始更为频繁地举行，并在重大事务中扮演更为主动的角色。当然，每个国家在这个过程中的细节各不相同。但是，到公元前 8 世纪，在希腊所有较为先进的地区，贵族阶层已经夺取了王族的大部分权力。例如在雅典，王位已不再世袭，“国王”本人不过是有固定任期的行政官员，主要负责宗教事务。其他行政官员掌管司法和军事事务。贵族最高法院的议事会对一切公共事务行使普遍监督权。

积极参与政务的贵族家族喜欢居住在政府驻地附近，这逐渐成为一个城市的特征。这类中心一般选择在易于防守的地方，同样也吸引了手工匠人和商人前来，虽然这些人在最初时的作用微不足道。因此，城市生活的早期形式是贵族式的，而非商业式或工业式的。这一情况为希腊城市生活打上了永久的印记。在后来的世纪中，即使在最活跃的商业和工业中心，公共生活和私人生活的贵族模式也从未受到实际挑战。[53]

随着时间的推移，贵族权力在农村也逐渐增加。从希腊人最初定居下来从事永久性农业开始，部落首领就可能占有比其追随者更多的土地。公元前 7 世纪时，人口压力在希腊的许多地方已经成为一个严
198 重的问题。由于耕地一再分割，穷苦农民在歉收之年不得不向富有的邻人借种子或粮食。为此，他们就以自己的土地或自由权做抵押。如果不能偿还所借物资，他们就要丧失土地或自由。贵族地主占有大量土地，即使在歉收之年也无粮食短缺之虞，因此他们在此类借贷关系中处于极为有利的地位，并从中赢利。[54] 结果，许多城市爆发了激烈的阶级斗争。但是，只要贵族仍然保有经济和军事优势，穷人的苦难就得不到缓解。

军事战略上的一项重要变革，一连几个世纪阻止了希腊社会分化为中东式的两极——游手好闲的贵族与备受压迫的贫苦平民。自公元前 7 世纪后半叶开始，尤其在公元前 6 世纪，一种身披铠甲、装备齐全的步兵——重装步兵取代骑兵成为战场上的决定性力量。当重装步兵聚集成一个方阵——一种训练有素、统一调遣、行动一致的正规编队——时，他们甚至能够对付骑兵，击溃队形松散的步兵。虽然正规的军事编队在希腊或中东战争中皆非新事物，[55] 但是，方阵将沉重的甲胄、密集的队形，以及至关重要的集体推进时的整齐划一结合起来，把希腊步兵的威力提高到前所未有的水平。

标准方阵由八个横排组成，各排紧密排列，这使得每个士兵的盾牌都保护着同一排相邻士兵的左侧。我们尚不得而知这种阵列是否自

方阵

这些希腊花瓶最早出现于公元前 7 世纪末，当时，方阵还是一项新发明。下图中损坏较轻的样品绘制于两代人之后的时间里。上图表现了方阵中的两排士兵正在全速进攻，步伐整齐划一，队列两端均有骑兵护卫。在实战中，方阵中的后面各排紧跟前排，使队列成为一个由训练有素的士兵组成的移动整体。出于设计上的需要，花瓶的描绘者不得不将每排分隔开来，而且只能表现两排士兵。下图更为清晰地描绘了重装步兵的装备，包括头盔、盾牌、长矛和铠甲。

始就是如此，但是，在公元前 6 世纪上半叶，这种训练有素、装备精良的方阵显然是势不可挡的。方阵中数以千计的士兵配合默契，通过有节奏的唱和来保持步调一致。[56] 骑兵既无法阻止方阵的推进，也无法冲破其阵线，他们唯有从侧翼和后方袭击方阵时方能继续保有优势。

这一变革带来了深刻的社会后果。由农民组成的重装步兵成为战场上的决定性因素，这无疑从根本上移除了贵族的优势地位赖以存在的基础。更为重要的是长期操练所引起的心理效应。长期操练的目的，是为了确保方阵战士能够在面对敌人时保持阵形并迅速而又熟练地投入战斗。队列中的每个士兵与同伴是平等关系，每个重装步兵的生命安全都取决于队列中相邻士兵的顽强作战。财产或社会地位的差异不
199 再具有意义，而力量、勇气和纪律却弥足珍贵。这一切无疑培养了方阵中公民战士的团结意识和平等观念。而且，经历过密集队形操练的现代军人一定会同意：在反反复复的列队操练中，大队士兵伴着如同烈性催眠药物的歌声和音乐有节奏地行进，这会营造出一种相当强烈的幸福感和社会团结感。

作为方阵内部形成的气氛的自然延伸，一种新的行为准则为希腊人广泛接受。贵族式的炫耀行为被视为让人生厌的、非希腊的、野蛮的表现。一个独立农民的普通生活成为衡量一个好人和好公民的标准：拥有一定土地，生活体面；负担得起长矛、盾牌和头盔等装备；随时准备在战场上勇敢地发挥自己的作用。随着这一观念不断为人所接受，私人财产的积累不再那么具有吸引力。到公元前 6 世纪末，甚至富有的贵族也开始生活从简。公元前 7 世纪时特有的贵族争豪斗富的现象为新的现象所取代，富人开始以慷慨资助公共建筑和公共服务设施的建造为荣，而他们自身却再也不敢或不想继续奢侈下去。如此一来，一种生气勃勃的平等主义和公民团结的精神开始把希腊人与其他地区的生活方式区别开来。[57]

除了上述社会后果外，方阵的采用还产生了影响深远的政治后果。方阵规模越大，城邦就越强大和安全。从此，一个允许富有的地主剥

夺其同胞的小块土地，从而使不太富裕的农业阶级沦落为穷人或奴隶的社会制度已经难以为继。因为每出现一次此类身份降低的现象，就意味着某个方阵规模的缩小，某个城邦的衰弱，而这使得全体公民都感到不安全。所以，斯巴达和雅典（唯有的两个我们占有较为详尽材料的城邦）都在公元前 7 世纪末至前 6 世纪初采取措施以防方阵的削弱。

为了组织和维持强大的方阵，斯巴达采取了所谓的来库古（Lycurgan）制度的极端做法。这种制度大约始于公元前 7 世纪末，其目的是建立尽可能强大、尽可能多的斯巴达方阵。它建立了严格的义务军事训练制度，要求每个公民在其壮年必须参加。斯巴达人消灭了在等级或财富方面的一切外在差别，他们甚至正式地称自己为“平等者”（Homoroi）。事实上，一切身强体壮的公民都是职业士兵，是安置在没有选举权的自由民和被迫耕种土地、供养公民的奴隶中的卫戍
部队。经过成年累月的训练，斯巴达方阵成为希腊的佼佼者。但是， 200
国外更为自由的生活将诱使公民腐化这一隐忧，以及对更为致命的后方叛乱的担忧，使得斯巴达将领无心持之以恒地利用其军事优势支撑反对其他希腊城邦的帝国政策。相反，斯巴达人满足于建立一个处于他们极端保守的控制之下的松散的城市联盟。

雅典对削弱方阵的危险的反应同样激烈，但尚未达到全民皆兵的地步。雅典人任命梭伦（Solon）为享有特权的执政官进行法律改革。梭伦禁止债务奴隶的再度出现，通过取消未偿还的债务，使小农重新得到土地，重新成为自由公民。梭伦通过这种方式铲除了雅典公民社会中某些严重的经济不平等，恢复了方阵的活力。[58]

因此，方阵是造就希腊城邦的学校。它阻止了刚刚发端的贵族奢侈之风的发展，代之以对一切身外之物的淡泊观念。即使不能说它创造了认同城邦和献身城邦的观念，至少也巩固了这种观念。最后，它还极大地扩大了积极参与城邦事务的公民阶层，因为在战场上保卫城邦的重装步兵很难被排除在城邦的内部事务之外，而且他们的确没有被排除在外。例如，梭伦改革后的法律授权重装步兵阶层担当贵族行

政官员的司法判决的上诉法庭；斯巴达的来库古制度授予公民和重装步兵大会以选举全部行政官员的权力。通过这种方式，从前仅限于贵族的参与公共事务的权利授予了有能力将自己武装成方阵成员的全体公民。在整个公元前 5 世纪及其后，“重装步兵参政权”一直是希腊许多城邦的传统原则。

然而，并非全体公民都能负担得起长矛、盾牌和头盔等必要装备。许多人非常贫困，而且，金属相对来说非常昂贵。另外，希腊还有大量没有城邦或离开家园、沦为没有公民权的异邦人在四处流浪。随着人口的增长，这批人的重要性也增加了。因此，即使在“重装步兵参政权”成为流行的观念以前，雅典、科林斯或米利都这类商业中心也都面临着新的压力。

缺少足够耕地的人被迫寻找其他谋生手段。他们找到两条出路：经营贸易和手工业，或移民海外，而且二者具有互补性。因为新建的移民地点会经常从母邦输入产品，但几年之后，它们自身就开始生产用于输出的谷物和其他剩余产品。大约公元前 8 世纪中叶时，贸易和移民变得更加重要。爱奥尼亚城市，尤其是米利都，是殖民的先驱，科林斯、卡尔基斯和厄瑞特里亚紧随其后。殖民运动大约从公元前 750
201 年持续到公元前 550 年。此后，迦太基人（Carthaginian）和埃特鲁里亚人（Etruscan）的反对势力阻止了希腊殖民活动扩大到西地中海地区。但与此同时，一些希腊旧城的商业日渐繁荣，这使得即便是无地的人也能在母邦附近谋得生计。

这两个世纪中出现的商业模式在整个希腊历史和罗马历史上都具有重大意义。过去，希腊农民自己生产绝大多数生活必需品，只有为了购买金属工具和武器等特殊商品时才出售产品。而现在，希腊的主要城邦将农业本身也纳入商业轨道。尽管谷物仍然是主要农作物，但越来越多的精力被用于生产两种相对来说昂贵而又便于运输的产品：葡萄酒和橄榄油。葡萄酒无疑是重要的酒宴饮品，而橄榄油则具有多种用途，它不仅是缺少油水的地中海式饮食中的重要成分，还是肥皂的代用品和仅有的用于灯具的照明燃料。因此，毫不奇怪的是，蛮族情愿慷慨地用谷物、金属、木材或其他原料换取希腊的葡萄酒和橄榄油。

虽然种植葡萄和油橄榄的盈利显而易见，但这两种作物的扩大种植却相当缓慢。即使在气候条件允许的地区，种植这两种作物所必需的新工艺（剪枝、嫁接）和繁重的劳动也阻碍了橄榄园和葡萄园的拓展。更为重要的是，从种植到初次收获之间的数年都是一无所获。即便许多农民十分清楚种植葡萄和油橄榄会带来厚利，但他们却负担不起收获前的费用。例如在阿提卡，新型的商业性农业只是在公元前 560 年之后才普及开来，那时，僭主庇西特拉图（Peisistratus）采取政策以国家贷款的形式向种植葡萄或橄榄的农民提供非常优惠的条件。

向商业性农业的转变为米利都、厄瑞特里亚或雅典等先驱城市带来了巨额收益。事实上，这些城市利用出口酒和油换取了远远多于当地所能生产的粮食（和其他产品）。再者，葡萄和橄榄的种植扩大了希腊的耕地面积，因为在谷物难以生长的贫瘠的、石头遍布的坡地上，橄榄树依然能够繁茂生长，葡萄树稍微次之。结果，商业性农业养活了自给性农业从未办到的大量人口，也使得新型城市经济的发展成为可能。

向以葡萄和橄榄为主的商业性农业的过渡，巩固了方阵战略固有的民主化倾向，加剧了希腊和中东在社会模式上的分歧。中东的商业城市长期以来就输出布帛、金属制品等手工产品，换取金属、木材或其他原料。这些城市的粮食供应来自紧邻的内地，其中大多是以地租和税收等经济榨取形式获得的。因此，中东的农耕者都是极少卷入城 202
市商业关系的农民。占社会大多数的农民倾向于将城市居民视为异己者和压迫者，而且，这种看法也并非毫无道理。希腊的情况则相反，农民生产出对城市商业至关重要的酒和油，他们自认为是理想的公民，而且其他人也这么认为。他们在政治生活中发挥了主导作用，在方阵中首当其冲，像城市居民那样自由地购买城市作坊的商品。

因此，相比市场关系在中东的影响，它在希腊渗透到更为深远的社会阶层，将更大比例的人口团结到一个充满内聚力的、自觉的、富于自豪感的政治联合体中。冷漠地接受任何政治变革，眼中只能看到对他们自身毫无裨益的主人的变更，这么消极的农民是东方社会的特征。希腊则相反，农业人口积极努力地参与一切国家事务。在对抗东方的对手时，希腊军事效力的奥秘即寓于此。尽管希罗多德也许过分描绘了波斯士兵在皮鞭的催逼下参战，而希腊人自愿参战二者之间的区别，但他描绘的场景无疑也包含着真实的成分。

商业在希腊大多数城邦中都是无足轻重，其中的大多数城邦，比如斯巴达，仍然主要是农业中心。重装步兵参政权及与之相应的社会观念仍然是这些城邦的政治生活和社会生活的准则。而像雅典那样成为商业和工业中心的城市则经历了更为深远的政治动荡，因为正在兴起的人数众多的商业阶层和手工业阶层要求更全面地参与城邦事务。众多的城市居民，尤其是手工业者和水手没有取得重装步兵资格所需要的财产。他们的不满，加上占有土地不足以维持温饱生活的小农的骚乱，导致公元前 7 世纪—前 6 世纪的希腊各邦普遍实行了僭主政治。

僭主指那些靠政变上台、权力超出法律的人。大多数僭主牺牲富人，保护穷人，有时还没收大地产，将土地分配给无地者。然而，僭主政治很少能长治久安，因为他们的非法性很难被人遗忘，而且作为国家军事支柱的重装步兵阶层也愤懑于自己对公共事务的控制力的丧失。因此，僭主政治在战场上没有什么特别的威力，僭主本人特别需要雇用保镖，以防卫自己的臣民。这些内在弱点进一步说明了僭主政治盛行的小亚细亚的希腊城邦的软弱无能。它们先是臣服于吕底亚王国，继而又臣服于波斯帝国。就希腊本土而言，在公元前 6 世纪晚期，只要时机成熟，斯巴达就致力于推翻僭主政治。斯巴达方阵之神威使得在希波战争打响时，希腊的欧洲部分就已消灭了僭主。

203 但是，斯巴达打击僭主的行动既未扭转也未扰乱僭主政治赖以建立的条件。希腊商业活动活跃的城邦面临着两种公开的选择：要么依

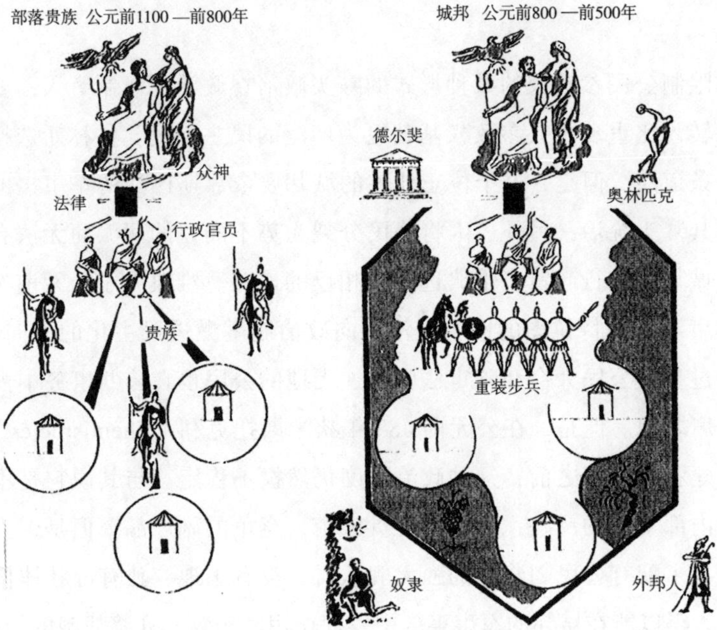

希腊社会的演化（一）

希腊社会的演化（二）

靠限制公民参政权的某种形式的寡头政治在政治上压制穷人；要么彻底转入比重装步兵参政权基础更为广泛的民主制度。科林斯选择了第一条道路。但是，这个位于地峡的城邦要依靠斯巴达的军事援助来维持其寡头统治；另外还因将公民分裂为势不两立的两派而无法有效地在城邦内施行政策。雅典选择了相反的道路。雅典人于公元前 510 年结束了庇西特拉图的僭主政治，向政治制度激进民主化的方向演进。通过参加公民大会和陪审法庭，连无地的公民也在公共事务中占有了一席之地。但是，在公元前 483 年狄米斯托克利（Themistocles）大力扩建雅典海军之前，这种政治制度仍然极不稳定。与其说它是雅典社会内部平衡的反映，不如说是贵族个人竞争的副产品。但是，当雅典拥有了配有公民划桨手的强大舰队时，没有土地、独有健壮体格的雅典人得以能在城邦的军事事务中发挥作用。作为三列桨战舰的划桨手，这些人对雅典的繁荣和安全做出的贡献不亚于重装步兵。因此，他们在公民大会上的发言权得到了认可。事实上，在公元前 5 世纪，雅典的划桨手和他们所从属的城市民众倾向于将农民出身的重装步兵排挤到政治舞台的边缘。

如果说方阵是希腊城邦的预备学校，那么舰队就是雅典民主模式的精修学校；如果说家庭农场是重装步兵参政权这种有限民主制度的经济基础，那么商业船队和与之互补的手工作坊、货栈和市场就是激进民主制度的经济基础。

然而，希腊民主制从来就不是完全的民主。在某些城市中，为数众多的奴隶没有政治权利；妇女同样被剥夺了公民权；外籍人只有在个别情况下方被授予公民身份。实际上，公民是主要由血缘纽带维系起来的封闭的世袭团体这种观念在公元前 5 世纪以后的很长时间里依然存在。作为整体的公民仍然是显著区别于城邦领土上成年男性居民的特权团体。

即使在最激进的民主化城邦里，贵族观念也依然占据统治地位。好公民必须是有闲暇的人，否则，他就不能出席法庭、公民会议和宗教节庆等公共活动，也不能充分地将自己锻炼成为城邦的卫士。除非留有充分的时间参加政治活动，体力劳动与受人尊敬的公民身份是不相称的。这种公民身份的观念是对早些时候贵族精神的直接继承。实际上，地位低下的社会阶层热衷于模仿上流社会，他们用抬高城邦集体替代了荷马笔下的英雄所追求的抬高个人的方法，巧妙地将陈旧的贵族观念安置于城邦基础之上。

至少迟至公元前 4 世纪时，自耕农构成的农村共同体成为希腊人 204
的政治理想。雅典人自己也认为，雅典的工商业活动是不幸背离了理想。雅典舰队上的半数公民划桨手的最高理想很可能都是在某次幸运的远征中获得丰厚的战利品，然后购置土地，以便过上自由人和公民应有的生活。手工工匠职业和市场上的牟利取巧在古代希腊从未受到社会的尊重。[59] 公元前 6 世纪—前 5 世纪时，土地所有者如果不将财
产慷慨地用于公共事业也会受到人们的蔑视。成熟的希腊城邦对其公 205
民生活造成了尤为广泛的影响。政治几乎就是生活本身，个人几乎没有私人事务。民主制的雅典认为，公民将时间、财富和全部精力投入到公共事务之中是理所当然的事情，而斯巴达强加于公民的要求和规则甚至胜过某些现代极权政体。而且，人们自愿接受这种政治生活向私人事务的渗透，这也许是因为公民与国家的确在实际上达成了现代也无法比拟的一致。每个公民都深切地感到城邦不是异己的、外在的实体，而是个人生活和权力在集体环境中的扩张和放大。在这些条件下，个人经历被广泛分享之后不仅未丧失其私人性质，反而扩展了人类个性的新天地，释放出新鲜的集体力量去缔造繁盛的古典希腊文化。

（二）文化发展

希腊的宗教、艺术和文学的历史体现了城邦生活领域的日渐拓展。 206
这种拓展，尤其在公元前 6 世纪它的形成时期，把所有这些活动领域都越来越有效地纳入城邦结构中。

宗教

希腊宗教的公共仪式起源于王宫里的家族礼仪。王权被削弱之后，行政官员接掌了王室的宗教职能。随着国家财富的增长和机构的健全，宗教仪式也丰富了很多，复杂了很多。

从极其久远的时候起，希腊宗教就体现出了双重特征：[60] 奥林匹斯山众神和希腊人所谓的“秘密宗教仪式”之间的对立。奥林匹斯山众神也是一群乌合之众，有些起源于印欧的天神和自然神，有些起源于当地前希腊民族所崇拜的女性保护神。但是，诗人，尤其是荷马和赫西俄德（Hesiod）赋予希腊人关于奥林匹斯众神的观念以秩序和固定性。《伊利亚特》和《奥德赛》高超的艺术技巧又使荷马对神学的全盘拟人化世代流传。而秘密宗教仪式则与这种神学毫不相干。其中的一些，如俄耳甫斯神崇拜和狄奥尼索斯神（Dionysus）崇拜似乎起源于东方，在公元前 8 世纪或公元前 7 世纪在希腊流行开来。而另外一些，如厄琉西斯神（Eleusis）崇拜则显然是土生土长的，产生于迈锡尼或前迈锡尼时代，可能与早在公元前三千纪新石器时代的农耕者的生殖崇拜有关。

城邦通过仪式的创立而非思想上的综合将奥林匹斯众神和秘密宗教仪式结合起来，成功地化解了希腊宗教领域的严重矛盾。为尊奉奥林匹斯众神举行的公共仪式与公众参与的神秘宗教庆典同时举行，二者至少在某些场合是合而为一的。帕台农的队列仪式是这种结合的典型。僭主庇西特拉图认为（至少是承认）这种仪式是为了拜祭雅典娜，因为她是奥林匹斯众神中的雅典保护神。不过，拜祭游行从圣地厄琉西斯开始，在此举行拜祭大母神（Great Mother）的宗教仪式，然后在雅典城邦的心脏雅典卫城结束。同样，在雅典举行的狄奥尼索斯节庆上表演的戏剧从希腊神话传说中汲取了素材，尽管这些素材的原形与狄奥尼索斯崇拜相距甚远。因此，城邦将构成希腊宗教的各种不同的，甚至互相矛盾的成分在现实中协调起来，即使它们在理论上未能办到。

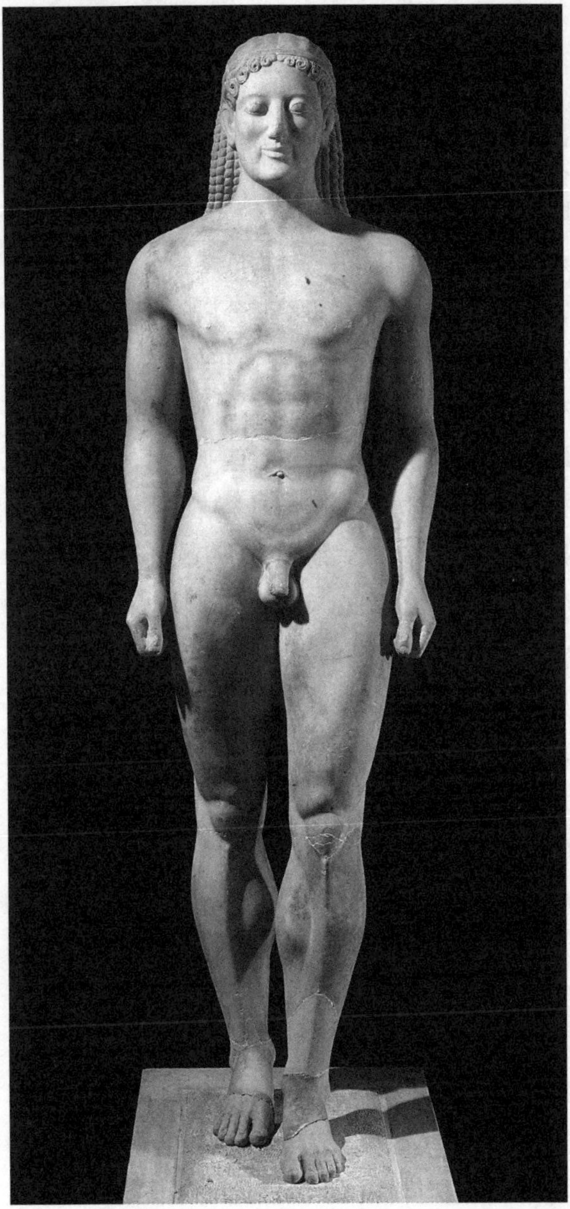

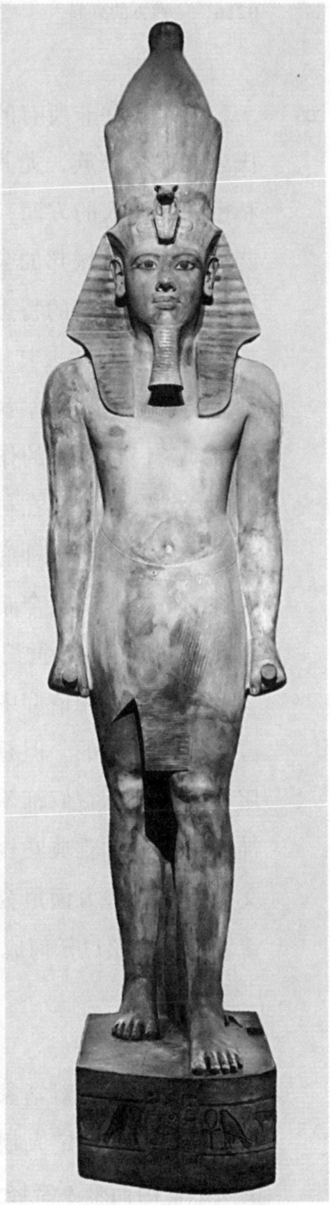

希腊艺术的模仿期

这两尊雕像表现了埃及雕塑风格对早期希腊雕刻家的重大影响。左图是图坦卡蒙（原文为公元前1362—前1349年，其生卒年份应为公元前1341—前1323年。——译者注）雕像。他的姿势是在制作这尊雕像时1000多年以前埃及艺术的传统风格。希腊人开始雕刻与真人等高的人像时，他们能够接触到的给人留下最深刻印象的雕塑作品是埃及人的作品。其影响在图中一目了然。右图这尊雕像大约是公元前590年的作品。它的姿态上的细节，甚至头发的古怪表现样式，显然是对古老的、典型的埃及传统的模仿。希腊人的裸体反映了竞技场上的习惯，但这无疑会令埃及人震惊不已。

208 但是，并非所有的希腊宗教都与城邦结构相适应。精彩的公共节庆未能取代家族，尤其是那些名门望族的礼仪。而秘密宗教仪式有其私密的、个人的方面，即：得救的许诺和永世的永生，[61] 这些始终未能顺利地纳入城邦的公众宗教信仰中去。另一方面，某些重要的宗教体系具有泛希腊的特点，有时会以某种方式将希腊分散的城邦联合成一个大的共同体，其中最为著名的是德尔斐神谕。在公元前 6 世纪，德尔斐神庙的精明祭司在协调城邦间关系方面发挥了突出作用，他们在推动殖民运动中的作用尤其引人注目。[62] 在奥林匹亚举行的四年一次的运动会，以及在科林斯和其他地方举办的类似竞技也具有泛希腊的宗教色彩。在众神庇护下，古老的贵族式的个人勇猛在此又找到了表现的机会。来自全希腊世界的运动员和观众也体验到残留下来的公元前 8 世纪—前 7 世纪时超越城邦的贵族间的团结。

希腊宗教和信仰中从未被纳入城邦制度的成分在人们心目中的地位是难以估量的。但是，无论个人虔信、家族礼仪和泛希腊节庆的适用范围如何，它们都不是构建古代希腊的重要文化遗产的基础。希腊神庙的建立和雅典戏剧的发展都源于为城邦所采纳的宗教，而且希腊文化中的这些方面最为后人景仰。至少从这种意义上讲，公众宗教的重要性远远超过任何成功地抵制了城邦管辖权的信仰和仪式。

艺术

最早的希腊雕塑家是在贵族资助之下活跃起来的。一些雕像似乎意在刻画某些特定人物，[63] 以此赞美雕像所塑造的神和授意制作雕像的贵族。因而毫不奇怪，雅典卫城少女雕像的考究的服饰和淡淡的“古典微笑”，反映了贵族生活的精美和优雅。这种生活后来由于贵族有意地接近城邦规范而简化，并赋予了更为严肃的成分。

但是，希腊纪念性艺术逐渐被城邦结构采纳。直至公元前 500 年以后，公众艺术才达到鼎盛。而公元前 6 世纪时，希腊各地就开始兴建纪念性的神庙。这种事业一般都是公共性的，而且，神庙多数是为

希腊艺术风格的形成

这三尊女性雕像表明希腊雕塑艺术摆脱了埃及原型的影响，技术成熟、形象完美逼真的希腊风格臻于形成。雕像中最早的一尊是公元前7世纪的作品，仍然保留着埃及风格的印记。右图这尊命名为萨摩斯岛（Samos）的赫拉（Hera）的雕像（约公元前575年）已经显示出埃及雕像所没有的柔和线条。衣裙装饰和自然主义的人体轮廓的结合后来成为希腊雕塑的一个突出特点。这些特点在第三幅图片中这尊公元前6世纪末制作的雕像身上还没有完全形成，但无疑已经出现。来自雅典的这位“卫城少女”的华美衣饰和古典微笑反映了作品创作时期正值希腊历史上的贵族时代。

城邦保护神或女神设计的殿堂。神庙的墙壁和山墙的装饰，当然还有殿堂内的神像的雕刻，都给雕塑家们带来了新的、迅速增加的任务。

210 因此，正在完善技艺，创建自身的艺术风格的几代希腊雕塑家和建筑师越来越多地服务于城邦。这一事实深刻地影响了希腊艺术风格。后来成为罗马雕塑艺术特色的现实主义肖像在希腊明显不受欢迎。希腊雕塑家的任务是表现理想化的人和人格化的神的一般表征。况且，纪念性公共建筑的宗教性质要严格遵循传统的建筑风格。[64] 对建筑师的独特性的这些限制使他们致力于装饰、比例和对称等细节的完善，而这些细节使得希腊神庙建筑非常精美。假若希腊早期的艺术家能够自由地设计建筑物的地基和外观，像同时代建造了尼尼微和波斯波利斯的宫殿的建筑师那样，那么，他们就几乎不会受到这种艺术上的限制，也不会达到这种细节上的完美。

希腊艺术的城邦特点使之区别于东方的先行者和罗马的后继者，但是，并非希腊建筑的全部特征都可以这么说。古风时代的希腊建筑相当明显地模仿了埃及风格，但是，当希腊人掌握了石雕技艺之后，他们便摆脱了埃及风格，而更趋向于自然主义和可塑性。这种变化并非缘于希腊艺术与日俱增的公共性特征。或许是《荷马史诗》中众神完全人格化的形象激励艺术家走向自然主义，又或许是在健身房里对裸体运动的观察和研究激发了雕塑家去创作精确相似的作品。但是，这些都不过是推测。希腊艺术发展方向的动因（正如其他重要艺术风格一样）仍然是一团迷雾。[65]

文学

211 《伊利亚特》和《奥德赛》是留存至今的希腊诗歌中最早、最伟大的遗产，但它们与城邦无关，赫西俄德的作品也与城邦无关。然而这些诗歌，尤其是《荷马史诗》，对后世的希腊文化产生了重大影响。《伊利亚特》中贵族式的英雄理想，加之与死亡的悲剧和命运的不可抗拒的强烈感情结合在一起的悲欢，成为希腊人观念中人类生存条件的基本因素。《荷马史诗》中的英雄为个人荣誉和利益而奋斗，而古典时代的希腊人在理论上代之以为了城邦的荣誉和利益而奋斗，即使在实践中并非总是如此。但是，除这一点修正之外，荷马的理念几乎没有什么变化。

希腊的抒情诗在很大程度上也是贵族时代的产物，而且几乎没有受到城邦制度的影响。早期诗人的格调往往带有强烈的个人色彩，有时是自传式的，许多诗句是放纵的贵族的自我吹嘘。另一方面，诗人泰提乌斯（Tyrtaeus）用诗歌来赞颂斯巴达城邦，为新组建的方阵创作进行曲。他用最华丽的词句宣扬为城邦而牺牲自我的观念。雅典的立法者梭伦则从较为温和的政治主张出发，用诗歌阐发指导他进行雅典律法改革的平等观念和法律思想。

不过，大体说来，诗歌并未受到城邦的重大影响。这主要是因为在城邦获得真正强大的精神控制之前，诗歌形式（除用作剧本外）就成熟了。然而，事实证明诗歌可以为城邦所用。城邦理想中渗透着大量早先的贵族精神，这无疑推动了诗歌为城邦所用的进程。二者之间是互为补充的关系，因为诗歌的魅力使它成为在民主化的城邦中维持贵族理想的最强大的力量。由荷马的诗歌培育出来的古典时代的希腊人无疑也深受诗歌所强烈表达的英雄愿景的影响。

在公元前 500 年以前，希腊几乎不存在散文文学。赫克提乌斯（Hecataeus）描写异国风情的文集和关于神奇而遥远的地方的传说没有保存下来。除此之外，这一时期唯一值得论述的散文作品是哲学家的作品。

哲学

公元前 6 世纪时，荷马的世界观中至少有两点缺陷开始引发希腊人的思索。其一是命运与奥林匹斯山众神之间模棱两可的关系。《荷马史诗》的某些段落宣称宙斯是全能的，但在其他段落又说他受命运的束缚。其二是荷马将一些人性弱点加诸奥林匹斯众神。随着正规的法律和制度的建立，古典时代的希腊人已经形成了自身关于正义的标准，他们对荷马塑造的那些互相争吵不休、与人类一样尔虞我诈、沉溺于道德上暧昧不明的冲动的众神形象表现出不满。

212 《荷马史诗》在神学方面的缺陷是公元前 6 世纪流行于希腊的宗教传统普遍存在的混乱状态的部分体现，而这种混乱又是形形色色的神话传说胡乱组合的结果。而且，希腊人没有官方的、有组织的神职人员来弥补或掩饰这些矛盾之处。公共宗教仪式由经选举产生的执政官主持，而执政官作为现实中的政治家，不可能太善于思考。因此，没有哪个定期组建的权力机关负责向普通公民解释世界的性质，尤其是超自然的某些方面。这一任务只能交到孤立的个别人手中了。

古风时代的诗人大胆地解释任何需要解释的东西。世人将他们奉为先知，认为神秘力量赋予他们以灵感，因此非常尊敬——如果不是敬畏的话——他们。但是，与东方的僧侣相比，希腊诗人在试图将秩序和制度带入神和人的世界时面临两个严重障碍。首先，他们的诗歌语言优美，便于记忆，但却不利于修改。这意味着，除非明确地否认诗歌的权威性，否则先辈的思想很难得到修改以适应新的时代。而东方僧侣世世代代则以绝对虔敬的精神对古老的宗教文献进行重新解释、变通和修饰，以适应同时代的学识或品位。而色诺芬（Xenophanes）和赫拉克利特（Heraclitus）之类的思想家都精通荷马和赫西俄德的作品，他们无法强迫自己将前辈的主张贬斥为一派胡言，而米利都的哲学家们心照不宣地对全部诗歌传统都闭口不谈，借此避免了对前辈的冒犯。其次，希腊诗人并不归属于一个有组织的、常设的学术团体。作为个人，他们很难有效地证明真理。赞颂宗教仪式和神话的东方僧人则可以开列一长串前辈的名字作为他的知识和权威的来源，而希腊诗人只拥有个人的灵感、理智和想象力。

因此，正在探索心灵奥秘和进行精神反思的希腊人，没有遇到任何能够定位他们的知识世界和感情世界的深刻的或体系完善的神话和理论。但是，当他们开始到东方旅行和经商时，他们接触到深刻的神学体系和宇宙哲学，以及很多有益的知识。作为回应，希腊人对事物的属性尤为好奇，这就是创立哲学的过程。希腊哲学传统的奠基人米利都的泰勒斯（Thales，约公元前 585 年）据说曾在埃及学习几何学，并将其运用于实际。他认为，水是世界的本源，这一观点让人联想到古代巴比伦人的某种宇宙论。这种宇宙论也把水当作万物之源。事实上，那些被归于泰勒斯的理论可以说是对巴比伦神话的复述，其中的重要区别在于泰勒斯忽略了在东方宇宙观中处于中心地位的神。

但是，如果说希腊哲学始于借助东方思想的启发来修正诗人的精神藩篱的话，那么哲学家如同同时代的雕塑家们一样，不久便开始摆脱对于一切外来推动力的依赖，任由思想自由地驰骋。

公元前 6 世纪末兴起于爱奥尼亚的哲学学派的主要兴趣在自然 213
界，他们力图将自然现象归纳为可以理解的规律。他们的活动继承了曾经引导荷马（或他的不知名的前辈们）去组织和定义奥林匹斯众神的传统，因为泰勒斯、阿那克西曼德（Anaximander）和阿那克西米尼（Anaximenes）事实上清除了荷马的人格化了的神，并力图分析荷马所谓的命运的性质和意义。[66] 就我们能够加以评论的他们的著作的残篇而言，米利都哲学家的思想维方式与早期诗人的思维方式相当接近，他们普遍的习惯是简洁断言而非理性论证。但是，至少阿那克西曼德已经开始采用更为严格的推理原则。[67]

通过否认活力论原理，爱奥尼亚哲学家从根本上背离了东方的世
界观。中东思想传统虽然存在地方性的差异，但它们一致认为，自然 214
过程取决于超人生物的行动和愿望。他们用人的形象来解释宇宙：事物之所以发生，是因为与人一样感情用事的神灵让它们那样发生。爱奥尼亚哲学家则忽视了神，坚信宇宙是有规律的，因而是可以理解的。他们并不否认神灵或灵魂的存在，但认为神灵和其他事物一样也受制于自然规律。[68]

从那时起，对自然规律是宇宙的关键这一理念的强调，渲染了所有受古代希腊人影响的人们的思想传统。基督教的、伊斯兰教的科学

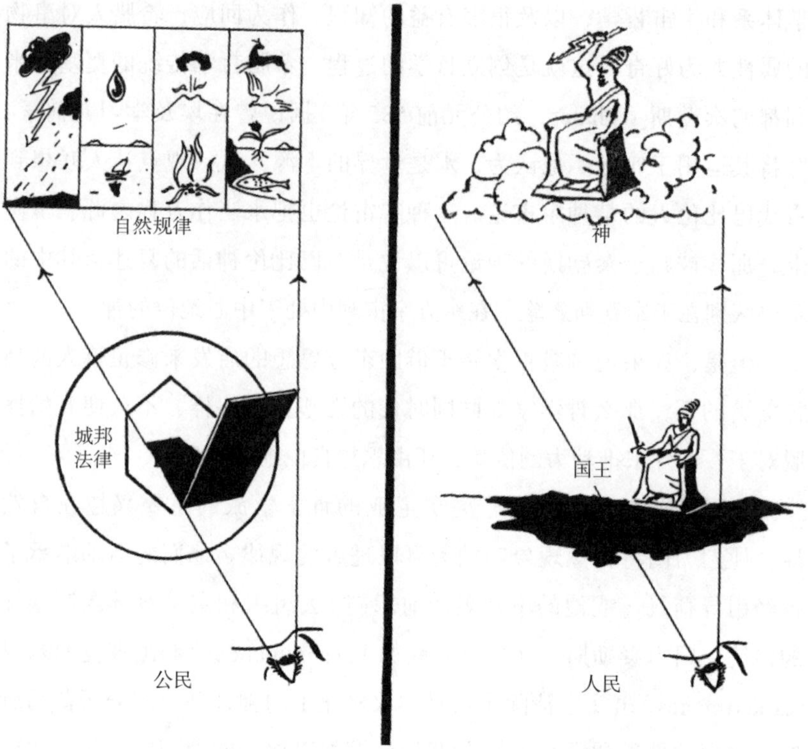

希腊的世界观与东方的世界观

家、哲学家和神学家总是不得不重视爱奥尼亚学派的自然受制于规律的观念。而且，他们几乎总是相信，自然规律至少是部分地使宇宙摆脱了不可预见的神意的为所欲为。

导致与古老的人类思维方式发生这种根本背离的因素无疑有许多。与东方社会和蛮族社会的接触使爱奥尼亚哲学家了解到现有宗教理论的多样性，尽管他们已不再需要荷马的神学体系，但是，他们仍然保留着荷马关于命运的观念，认为命运是非人格的、无法改变的，是凌驾于神和人之上的。然而，真正具有决定性的因素又把我们带回城邦。

在公元前 6 世纪的爱奥尼亚，人间事务相当成功地受到法律的管制。这些法律是非人格的、统一的、必要的，而且很有希望是公正的。爱奥尼亚哲学家认为，他们能够在整个宇宙中发现自然规律。这些自然规律显然与在无形中支配着他们个人生活的城邦法律惊人地相似。因此，早期的希腊哲学可以看作有条不紊的城邦世界对宇宙的朴素却又卓有成效的映射。

希腊和蛮族的早期思想家也把他们的社会环境映射到宇宙上。[69] 215
然而，几乎在所有的早期社会中，人们仅仅是狭隘地屈服于大自然的变幻莫测，或者屈服于社会统治者的武断专横，同时屈服于二者的情况也非常普遍。只要社会共同体仍然靠天吃饭，公共福利系于某个或许远在别处的君主的美意之上，而且生命本身始终暴露在偶然爆发的战争和瘟疫面前，那么，任何忽视事物属性的不规律性和不可预见性的宇宙观显然都是荒谬的。但是，在类似于米利都这样一个繁荣而又独立的城市中，公民的生命和福祉主要取决于他们自己的共同活动，这些活动受到法律的管控。得益于远方贸易，船队能在城市需要时运进粮食，局部歉收因而不再那么可怕。这里也没有将米利都人的命运玩弄于股掌之间的远在他方的君主。即便爆发战争，米利都主要仰赖公民士兵的训练和纪律。城邦因此成为城邦成员与反复无常的自然之间的缓冲，并给专横的行政官员和统治者穿上了束身衣，甚至通过军事训练，将战争带来的风险隆到最低限度。生活于这样一个城市的公民自由得几乎可以游离于任何对立的意志之外，而他的生活又严格地受到法律的约束。因而，对于某些耽于思考的公民猜测宇宙也以同样方式组织起来，我们也就毫不觉得奇怪了。然而这种令人不可思议的猜测成为后来所有希腊（和欧洲）思想的独特嗜好。这本身就已经足以令人称奇了，然而，更令人称奇的是，在所有各种各样的独特事件背后，似乎的确在事实上存有自然规律。[70]

如果说爱奥尼亚学派通过将城邦结构映射到宇宙之上而对城邦从根本上持肯定态度的话，那么，主要活跃在意大利和西西里的毕达哥拉斯（Pythagoras）学派可以看作个人对城邦包罗万象而又存有缺憾的公共生活进行殊死反抗的典型。毕达哥拉斯本人离开故乡萨摩斯（Samos），定居在意大利南部的克罗顿（Croton，约公元前525年）。他在那里建立了由一些追求圣洁和个人灵魂得救的优秀人物组成的社团。因此，毕达哥拉斯是一个宗教改革家，而非智慧本身的嗜好者。然而，二者的区别非常模糊，因为他似乎曾经教导说学习知识是净化灵魂的最佳道路。在追求这种信念的过程中，他和门徒们为数学研究做出了重大贡献，尽管他们并未忽视通过节食和其他禁欲方法达到灵魂的净化。[71]

216 毕达哥拉斯传统将希腊宗教基本的二元论延续到哲学之中。正如爱奥尼亚哲学从某种意义上说是对奥林匹斯神学体系进行的理性化的改革，毕达哥拉斯主义可以看作是对俄耳甫斯崇拜进行的改革运动。而且，两个改革沿着平行路线进行。毕达哥拉斯最重要的独创在于强调知识和科学是得救之路，这显然意味着他相应地贬低了俄耳浦斯崇拜和希腊其他神秘崇拜所特有的原始情感的表现。

毕达哥拉斯本人没有任何著述，他教授的内容由他建立的社团长期保守秘密。因此，我们很难期望得到关于他的思想的可靠资料。但是，毕达哥拉斯对个人圣洁的追求显然与希腊城邦对公民的要求不符。离开正常的社会生活去追求一种更完美的宗教生活和精神生活，这在印度被看作合情合理的举动，而在希腊城邦中却是不可容忍的。因此，毕达哥拉斯学派的历史充满波折，要么像毕达哥拉斯在克罗顿创建学派初期的几年里的作为那样，由学派控制着城邦；要么像在毕达哥拉斯晚年发生的情况一样，城邦对社团发起反击，并解散了社团。与市政当局的类似冲突继续困扰毕达哥拉斯学派达一个世纪之久，直到疑虑重重的公民和妒忌的行政官员最终粉碎了毕达哥拉斯学派的最后一个团体。

印度的政治机构和社会组织的结构较为松散，因而它能够毫无困难地容纳这种团体；而城邦对公民生活的全面控制则使得希腊社会无法容忍此类团体。因此，我们可以把毕达哥拉斯学派的历史看作欧洲历史上教会与城邦之间记录在案的首次冲突。

但是，毕达哥拉斯学派与古代希腊占统治地位的观念之间的冲突并未妨碍它对后来的希腊思想产生重大影响。追求个人得救和圣洁，追求某种形式的与神的沟通，追求共同体的共存之外的个人不朽——人类的所有这些憧憬都无法在城邦得到充分满足。毕达哥拉斯试图通过将俄耳浦斯崇拜理性化和完善化，以及把哲学—宗教变成一种生活方式，来修正这一缺陷。他超越了自己的时代。因为只有在城邦结构丧失了大量心理正当性之后的希腊化时代和罗马时代，哲学本身才成了一种生活方式。然而，毕达哥拉斯之后的两个世纪中的哲学家们，217
包括意大利的爱利亚学派（Eleatic）、恩培多克勒（Empedocles）和雅典的柏拉图在内，都深受毕达哥拉斯学说的影响，从而避免了哲学完全为城邦结构所同化。或许部分地由于这一原因，在相互分离的各个城邦的狭隘束缚开始妨碍希腊文明进一步发展的年代，哲学才能够在希腊文化中一枝独秀。

* * *

到公元前 500 年时，希腊人已经成功地建立了一种富于吸引力的新型生活方式。城邦作为一种统治机构已经根深蒂固，希腊文化中大多数独特的表现形式业已在城邦制度中找到了位置。公元前 5 世纪时的希腊人的任务就是从公元前 6 世纪的前辈确立的原则中推论出其逻辑结果，并使之在工艺上达到完美无缺。

因而，古典文明在此后得以繁荣的模式已经确立，而这个模式的某些最为基本的特点事实上就是后来的全部欧洲文化的基本要素。希腊思想、艺术、文学和制度始终是西方文明的规范，虽然在后来的时代中有过个别修正，但从未被完全抛弃。

欧洲社会最为根本的特性就是地域性国家绝对凌驾于所有相互矛盾的社会结合原则之上。这一特性起源于希腊城邦，它将这一特性发展到一种极致，此后很难再望其项背。即使起源于东方传统的基督教也大可以说是出自希腊，因为早期的基督徒因袭了神秘宗教传统。在希腊，这种传统一方面受到压制，另一方面又被纳入公共宗教中去。当然，基督教是对希腊城邦所竭力磨灭的人的个性的一个层面——渴望个人得救以及与上帝的直接交流——的重申。然而，即使在这一层面也难以消除城邦的痕迹。如同之前的毕达哥拉斯学派一样，教会总是力图成为国中之国。因此，教会的兴起造成了对上帝之城和现世之城的双重政治效忠。但是，二者对所有人的要求都衍生自古代希腊城邦最先提出的要求。

四、中国文明的发轫（至公元前 500 年）

中东的观念和技术传入印度和希腊后，促进了当地的新生文明的迅速发展。但它经中亚一路传往中国时，其影响却只是零零星星的。在中国人的生活方式的形成过程中，当地的、土生土长的文化传统发挥了更为重要的作用。这不足为奇。荒凉的沙漠、巍峨的高山，以及数千公里的距离，将中国文明的发祥地——黄河流域与古老的中东文
218 明地区分隔开来。除了地理上的这些障碍以外，还有好战的蛮族于大约公元前 1700 年以后在社会条件方面造成的阻碍。正当中国文明开始形成之际，这些蛮族以其鲁莽且凶暴的行为阻断了中亚一带各绿洲之间所有的正常交往。

然而，中国文明不会在真空中发展。我们已经明显地看到，大约公元前 6500 年产生在中东的新石器时代的农耕技术，经过中亚传入黄河流域，并与来自南亚的不同农耕方式交汇。中国与西亚有过联系的另一个明证是：中国有一种彩陶（约公元前 2000 年），在工艺和风格上与在中东和东欧的新石器时代遗址出土的彩陶颇为相似。[72]

尽管存在上述种种接触，中国文化却始终展示着它那浓厚的本土特色。中国人从来没有采用中东式的大面积粗放耕作，而是墨守他们自己的园圃式的精耕细作，这充分表明了他们根深蒂固的文化独立性。借助

牛拉犁，一个人即可耕作较大面积的土地，这一农耕技术是中东地区在公元前 3000 年以前发明出来的。但人们尚未找到中国人在公元前 4 世纪以前使用这种犁具的确凿证据。[73] 华北特殊的土质和降雨情况无疑很难使中国人采用这种耕作方式。黄河流域的黄土和冲积层易于使用锄头和铁锹进行耕作。这里的降雨往往没有规律可言，有时也会干旱，这迫使人们重视人工排灌，也使得大面积旱地种植（犁耕只适用于这种情况）较难保收。[74] 不管怎么说，一个重要的事实是：大多数中国人的日常生 219
活节奏与中东和欧洲的农民以及印度大部分农民所熟悉的农业节奏普遍不同。这一事实构成了（而且至今仍构成着）远东文明区域与欧亚大陆西部文明区域之间一种无处不在却又很罕见的明显差异。

对于中国的早期历史，人们只了解一个粗略的轮廓。考古学家们发现，在公元前二千纪初期，中国有三个主要的新石器时代文化，它们因各自的陶器风格的不同而明显区分开来，同时相应地把华北分成三个区域。其中所谓的黑陶文化，正是后来的中国文明的直接先驱。这一文化形成了规模庞大的村落，并有精心制作的土墙围护。各黑陶村落遗址表明，这是个人口稠密、近乎平等的社会，依靠田园式的精耕细作来维持生计，但是缺乏以专业化分工为前提的大多数高级技艺。[75]

对于这个社会创建文明的方式，人们只能进行推测。后来相传夏王朝是中国历史上的首个朝代，但考古调查尚未获得任何证据可以印证这一传说朝代的起始与终结时期。而中国历史上的第二个王朝即商王朝（传统纪年为公元前 1766—前 1122 年，或按另一种可能较为准确的纪年，即公元前 1523—前 1028 年）情况就不一样了。相传商代建都三处，安阳是其中的最后一个都城。考古队在此地进行了精心的发掘，出土遗物的年代约在公元前 1300—前 1000 年之间，反映了从黑陶文化继承而来的各种要素的显著结合，另外还包括十分发达且富有特色的军事技术：马拉战车、青铜武器和配饰、复合弓以及方形城郭，这些陈列使人联想到当年战车士兵扎营的情景。在中东，此种军事技术同来自大草原的入侵者有着非常独特的关联。下面这个推断似乎无可辩

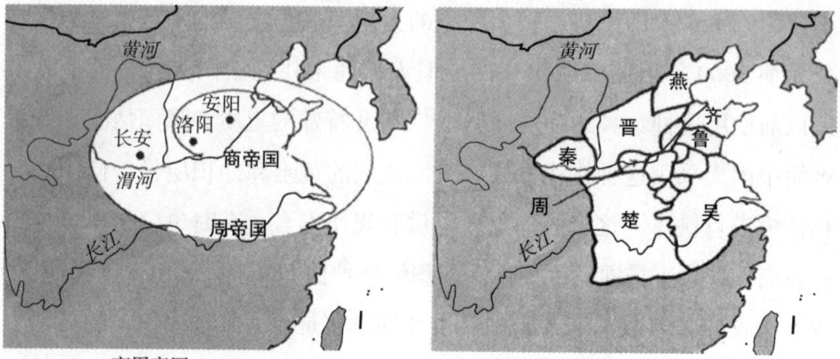

商周帝国　　战国时期

古代中国（公元前1500—前221年）

驳：战车士兵必定也侵犯过中国，正像他们在美索不达米亚和埃及的所作所为一样，然后吸收了被征服对象的很大一部分文化。[76]

220 商代实行贵族政治，那时贵族军人剥削非常无助的农民，并在王室领主的庇护下从事征战和狩猎活动。当时华北平原还有许多沼泽地，每年都要遭受黄河水泛滥之灾。同时可以肯定的是，在商王朝的攻击范围之内居住着蛮族部落。当时社会赖以生存的精耕细作的农业大概集中在华北平原的边缘附近，接近高原，处在黄河中游各支流的河谷之上。山岭和沼泽把各垦区相互隔开，在这个情况下，很难设想安阳的统治者对其他地区的领主除了行使其模糊的最高权力外还能有其他作为。[77]

安阳遗址揭示了该城的确切区划，当时那里有手工业者在经营贸易，但是除了可能用作一般等价物的贝壳外，并未发现使用货币的迹象。[78]唯有必定是来自远方的一些物件，如贝壳、玉石等，说明当时存在长途贸易。从考古证据中无法推断出手工业者的社会地位，但是工匠和商人阶层很可能是无足轻重的，他们仅仅依附于贵族地主，为这些人生产精致的青铜器和其他奢侈品。[79]

从以上概述中可以看出，商代的社会结构基本上同西亚降雨丰沛
地区的早期文明相似。但商代文化的内容属于中国式的，也就是说，222
商代的宗教、艺术和文字的表现形式是祖传来的观念、纹饰和技巧，
它们在整个中国文明史上一直繁荣兴旺。

商代的宗教是祖先崇拜和自然崇拜的混合物。与自然，如河流、风、土地等的强大力量有关的诸神，在商代铭文中均有记载。另外还有许多其他的神，仅从名称尚无法得知他们的职能或权力。但是从文字遗存来看，这些自然神还远不如祖先神灵显得重要。祭祀者认为，祖先神灵能够就很多问题给出忠告，并认为这些神灵有相当大的权力，关乎他们子孙后代的福与祸。[80]

在安阳和其他遗址出土的数量不菲的青铜器皿，表现了商代艺术十分精湛的技艺。这些青铜器构思巧妙——往往是动物造型，浇铸完美、线条精准，令现代鉴赏家们叹为观止。商代的装饰艺术既高度常规化，又非常精细，这一艺术可能起源于当地古老的木雕动物造型传统。关于某些特定纹饰的最终来源问题，目前尚有争议。[81] 但毫无疑问的是，商代祭祀所用的某些青铜器的器形源自华北的黑陶文化传统。

商代占卜者记载卜辞用的符号同现代汉字密切相关。后来的汉字
书写所用的笔法和原理都可以在商代铭文中找到，尽管有些字形尚不
成熟。[82] 汉字是以表意符号为基础的，这些符号的应用表明它同其他
任何文字体系都没有关系。从叠压层得到的考古资料也证明汉字有一
个进化完善的过程。这表明汉字有其独立的起源，但是，语言可以简 223
化为可见符号这一最初想法貌似是由西亚传入中国的。[83]

不管实际情况如何（既然这些最初想法没有留下考古学遗迹，我们也就无法得知真实情况），自商代以来形成的中国文字确实具有其独特风格。由文字可以窥见中国早期文化的大体特征。由中东传来的任何刺激因素，以及征服者带到中国的任何技术，在此一经采用，它们在性质上就完全中国化了。与赫梯人或古典时代之前的希腊人不同，中国人不模仿其他发达的艺术风格，也没有从与成熟的外来观念的接

中国艺术风格的出现

图中四件器皿表明了从新石器时代到文明时期的中国艺术的连贯性。左边两件系新石器时代遗址出土，其中一件的制式和另一件的几何形饰纹又重现于右侧两件容器，右侧两件的年代为商代。尽管外来文化具有的某些高超的艺术传统可以激发中国人改变其艺术风格，但中国文化始终遵循同一条道路向前发展。这种独立性在此体现出来。显而易见，史前时期的中国艺人在有限的纹饰图案范围内创造出了可喜的、精湛别致的商代艺术特色。

触中得益。个中原因无疑在于中国的邻邦没有什么让人钦佩的、可供模仿的楷模。这就使得当时的中国人只能依靠本地比较粗糙的文化资源。但是他们萃取了新石器时代的祖先传承下来的资源，并把它们同邻近草原民族的某些艺术特色结合起来，逐步创建了中国文明。

* * *

在中国文明的发展过程中，商代无疑是一个重要阶段。但是直到商朝被推翻以后，中国历史的古典时期才刚刚开启，在这个时期基本定型的一些观念，在以后的 2000 多年里成为中国人的生活的基本准则。在即将进入公元前 1000 年时，[84] 来自今甘陕交界的渭河流域的入侵者建立了一个新的王朝，即周。周朝几经兴衰，一直延续到公元前 256 年。周朝的统治可以划分为两个截然不同的时期。在最初的 200 多年内，周朝都城一直位于中国西部，周王室的实际统治大概延伸至华北大部。但在公元前 771 年时，周都遭到外族洗劫，周王被杀，中央政权崩溃。[85] 诚然，周王室的后裔后来在中国文明的主要中心洛阳重建王权，但是新建的王朝（史称东周，以区别于早先的周朝或西周）只是徒有虚名。此时，中国的实际统治权已经旁落到各地诸侯之手。

在周人最初占领商代文明中心地区之时，他们还是粗鲁好战的武 224
士，在边境一带历经艰苦的磨炼，同中国外围的蛮族进行战斗。的确，后来周人联合这些蛮族征服了商。但是，正如其他许多边境地区的民族受到商文化的影响一样，周人甚至在其征服商朝疆域以前就深受其影响。因此在周朝统治下，中国文明继续连贯地向前发展。

比如说，正是在周代，中国文学才初步形成。毋庸置疑，后来融入中国经典作品里的许多主题都起源于周早期。但尽管如此，要想通过文学作品了解那个时代的情况，还是靠不住的。直到进入孔子的时代以后，中国的经典作品才具备了现有形态。在此之前，中国的文人学士不会因对古代文本进行扩充、诠释、删节或者篡改而心存愧疚。

中国古代的青铜器

这三件青铜器说明了装饰风格在比较狭隘的传统形式范围内所发生的波动。据推测，这些传统形式受到青铜礼器本身的固定用途的制约。左边两件青铜器的鲜明差异表明了周人征服中国后饰纹简化的情况。右上方的青铜器时间较晚，其纹饰和型制又开始烦琐化。

其实，现存的唯一似乎具有现代文学的某些形态的成书于公元前 500 年以前的文学著作，就是《诗经》（*Book of Poetry*）。《诗经》是一部诗歌总集，收录了 305 首风格迥异的诗歌，有些似乎纯粹是民间的歌谣；有些出自诸侯，歌颂他们的丰功伟绩；有些是对贵族和诸侯的讽刺；也有许多是情歌或是对个人忧伤的抒发。《诗经》的成书过程或成书目的，至今不详。[86] 但是，能否活用《诗经》中的句子，很快就成了衡量文人学士才学高低的一个标准。而且，后人对《诗经》任意解释，有时甚至做出牵强附会的讽喻，使诗句在字面含义之外旁生新义。

商周时期遗留下来的系列完整的青铜祭器，给这一时期的中国文化的发展提供了尽管有限但更为可靠的证据，至少这些器皿没有受到后人的改造或重铸。纵观整个商代，青铜器的造型和纹饰变得越来越华丽，但在周人征服之初，出现了一种比较凝重的风格。周代最初只是利用商代艺术的某些基本图案和造型，其间一度颓废衰微，但这为再一次的返璞归真铺平了道路。之后，周代的艺术风格渐趋精美。[87]

令人惊奇的是，中国的艺术发展史似乎是与中国古代的政治史和社会史相对应。商代青铜器越趋精致，商代社会就越趋衰落。周代初期青铜器的纹饰和造型单纯朴素，此种简明的风格正好同它当时简化一般礼节，简化旧的宗教活动，尤其是祭祀仪式的社会情况相适应。周代的青铜器臻于精美之及时，恰好西周被推翻（公元前 771 年），二者也几乎同时发生。

在随后的几个世纪中，政治力量分散于诸侯中，若干不同的艺术风格在中国争先斗胜，似乎都在力求达到一种新的朴素与调和。但这一目 226
标直到公元前 550 年后才达到，那时，在一个完全不同的文化领域内，孔子也正在将秩序和中庸引入中国人的道德观念。艺术的发展竟如此经常而微妙地同社会和政治的变换与脉动相对应，这的确令人不可思议。[88]

周代初期似乎给中国人的观念和制度带来了不少的重大转变，这些改变成为后世的规范。可以肯定的是，周代给中国的宗教赋予了几分新的价值。另外，他们在政治理论上可能也有重要开创。但是，如同在艺术方面一样，无论在宗教上还是政治上，周代均未能从根本上突破商代的先例。确切地说，他们只是对旧事物进行了筛选和重铸，并适当地掺入了一些新意，悄然地将多种构造结合起来。

在清朝于1911年被推翻以前，中国一直盛行的政治理论或许就是始于周代。按照这个理论，“天”赋予某人政治统治权，然而这种统治权随时有可能被别人以同样神秘的方式推翻。[89] 这种观念包含两个重要的推论：其一，“普天之下，莫非王土；率土之滨，莫非王臣”。所有百姓，无论汉人与蛮族，都应服从于这个唯一的“天子”。这种观念成为后来中国整个政治思想的基本信条，也使得分裂中国这一问题不仅是政治上的罪恶，似乎还始终是道德上的罪恶。这种思想极其有利于促进历代王权的巩固，使这个国家能够经常保持统一，其效果远胜于赤裸裸的军事力量维持的均势所带来的统一。另一方面，中国皇帝唯我独尊的信念，在处理与边境上的蛮族的关系时尚能行得通，但在后来与文明化程度更高、更强大的统治者处理极为复杂的关系时，中国皇帝又迫不得已地向他们屈服。

推论之二：王权天授，唯有恪守天意，方能永保王位。因而，历代的中国思想家苦思冥想，力求解释对于这个国家的统治者来说最重大的事情究竟是什么。大体说来，他们认为应该正规而又隆重地用祭品和礼仪向天供奉；同时，德行和善政亦符合天意。如果君主在上述任何一方面有所闪失，都将给国家带来灾难——洪水、饥荒或瘟疫，甚至会激怒上天撤销其统治权，并彻底推翻这个王朝。

这种政治理论，既可以为篡夺王权或成功造反辩护，亦可以限制
227 征服者赤裸裸的军事权力。即使在公元前771年之后，中央政权名存实亡的时候，这种理论仍然作为一种理想存续下来。这种理论得到了儒家的强化，在一定时期内巩固了君权，同时也对中国后来的历代皇权起到了限制作用。

一种复杂的宇宙体系充实了该理论的政治含义。地成为天的一个映像，是祖先神灵和所有合理制度的归宿。帝王，即天子，乃是联结

这两个领域的纽带，正如天空围绕北极星转动一样，世间万物也应围绕君主转动。为了树立这个核心，文人学士们精心炮制出一种天人合一论，有点儿类似于西方的星占学说。[90] 但这种对中国原有宗教的再次强调并未取代祖先崇拜以及原有的对土地、河流和山川等自然神的崇拜。[91] 虽然商代以人做祭品和其他残暴的敬神方式被废除，但旧的祭仪在不同程度上依然如故。

周朝是一个封建王朝，取胜的君主将被征服的土地分封给他的宗族和诸侯国，他们再将封得的土地分封给他们属下的贵族。这样一来，他们每个人都拥有了大批依附者。有些贵族分得的土地处于异族控制之下或最初是敌方的地区，为了安全，他们在此建起了防御城墙，有些地方后来就发展成城市。每逢春天，居民外出到指定给他们的土地上耕作，就地露营，待收割完毕后，再返回城内安全过冬。[92] 被征服的民众要向贵族进贡，但他们可能继续受到自己村庄的头领和制度的管辖，或多或少地摆脱了征服者的控制。

起初，周王可以把那些不听命的贵族的封地收回。但后来，土地占有逐渐与宗教意识紧密地纠缠在一起，使得周王或其他人都不敢加以干预。假如威力无比的祖先神灵果真能够保护大贵族的领地，那么凡是谨慎从事者都不会轻易逾越正统底线，冒犯神灵。这种信念也许阻止了恶性的局部战争，避免了贵族间的流血争端。尽管它严格地限制了君主的实际权威，但也同样给王室宗亲带来威势，使他们可以有效地护卫周室免遭篡夺。

在周朝统治的头两个世纪内，有两种惯例用以制约封建制度所固有的离心倾向。首先，每个贵族在战时必须对他的直接效忠对象尽责，平时则要协助他举行宗教典礼。另一种与众不同的惯例是，大诸侯要遣送其长子到都城里的某个学校就学，太子也在那里接受教育。在这所学府里，王位继承人可以同大诸侯世子结下亲密关系；诸侯世子年轻时在都城长期居留，必定会加强诸侯同王室间的团结观念。小诸侯和长子以外的其他子嗣则送往设在州府的同类学府上学。他们都要学 228

中国社会的演变（公元前 1500—前 220 年）

习固定的课程：射、御、礼、乐、书和数。这种训练要持续 10 年之久，已足以给他们打上周代贵族政治的统一烙印。[93]

公元前 771 年西周灭亡以后，十几个诸侯瓜分了对全国的有效（尽管并非理论上的）统治权。随后数个世纪的政治史充分说明了边境地理位置的优越性，因为成为列强的诸侯无一例外地都位于中国的边缘地区。这些国家征服了它们周围的蛮族，并把它们纳入中国文化圈。这些诸侯国日益强大，它们的军事力量足以使中原地区更古老的文明邻邦相形见绌。而中原地区诸国则受制于合纵连横的均势政策，无法扩张领土。即使在王权衰微之际，中国人仍能保有社稷为重的强烈观念，共同抵御外来的蛮族。这种意念在政治上的表现就是组织"诸侯会盟"，以代替统一的君权来维持各诸侯国之间的和平。这种努力在公元前 8 世纪—前 7 世纪曾取得一定成效，即使诸侯之间爆发战争，也不至于造成巨大破坏，因为当时已经形成了某种详尽细致的战争法则（code of chivalry），该法则禁止将战败者斩尽杀绝。

但到公元前 6 世纪时，此种均势和战争法则明显出现了中断的征兆。“诸侯会盟”之所以取得成效，是因为各诸侯国始终公认某一诸侯国为霸主。但是，随着新兴强国对霸主地位的不断争夺，全面战争就接二连三地发生了。在公元前 6 世纪，有四个边境强国同时争夺中国境内的霸主地位，会盟制度因此彻底瓦解。接踵而来的是复杂的斗争，战斗主要在中原弱国领土上进行。战争连年不断，而且随着昔日战争法则的衰变，战争烈度也日渐增强。

但是，长期的内乱与其说是阻碍，毋宁说是促进了中国文化在地 229
域上的快速扩散。许多在战争中逃离家园的流亡者和冒险者把中国的思想和行为方式传播到邻近的蛮族地区。在这一过程中，山东半岛及其东北部的沿海平原地区被完全纳入中国文明的范围，中国的北部和西部边疆也有类似的扩展。然而，此间向南方的领土扩张最为迅猛，长江流域及其三角洲两侧的沿海地区，均逐渐依照中原的方式组织起来。这些被纳入文明圈的蛮族对中国文明做出了重大的贡献。例如，位于早先的南蛮居地的楚国对中国的诗歌起到了很大的推动作用[94]，后来为道教所吸收的某些新的宗教思想，可能也是出自此地。

但是，如果说中国边境诸国从旧有政治秩序的瓦解中获益的话，那么聚合在黄河中下游古文明中心的诸多小国的境况就大不一样了。从公元前 6 世纪起，这些小国日益沦入受人摆布的地位，经常遭受侵略，在外交上屈从于边境列强的指挥。周王的统治以洛阳为中心，虽然在名义上享有崇高的地位，但其实际处境并不好过他的邻邦。在此政治混乱之中，知识阶层自然会怀念过去君主掌权时的美好时光，这种怀旧情绪是儒家思想产生的根源之一。

在这纷扰动荡的时代，旧式的德行和仁政已经销声匿迹。在庄严 230
的仪式上面对祖先神灵所做的誓约和协议时常遭到背弃；宫廷中动荡不已，钩心斗角；恶人当道，暴虐横行。这般世道，天理何在？祖先神灵的尊严怎容如此凌辱？眼见传统扫地，君子该当如何作为？

这就是孔子终生（其生卒年代，传统说法为公元前 551—前 479

年）祈求解决的问题。孔子的作答为以后的中国文明奠定了基础。不过，如同面对其他伟大的人类导师时一样，我们很难把孔子的真实事迹同传说区分开，也难以把孔子的学说同后人对它的诠释区分开。没有任何一本现存的书籍可以确认为孔子所著，他的言论经弟子流传下来，后来得到了增订和编辑。因此，即使是人们普遍认为最能真实地表达孔子学说的《论语》也不能完全呈现他的思想。[95]

虽然如此，有些情况还是比较明确的。孔子的确满怀热情地回顾了过去的美好年代，对他而言，那都是古人的行为准则。正如他在《论语》中所言，"述而不作，信而好古"。[96] 孔子想要解决的中心问题是：一位好古的君子在不好古的社会里应该如何作为？由于传统的道德观念已经衰落，孔子学说的实际影响比他自己所说的"述而不作"要大得多。孔子主要强调古代贵族的理想典范，而摒弃或忽略了其他内容，由此构成了含有许多新意的复合学说。

孔子学说与古代贵族的观点的最大差异是，他否认富贵天定的说法。在他看来，富贵（称"君子的品行"或许更好些）通过教育和修行可以达到，所以，出身贫贱者如果经过训练和自我敏悟，也能成为
231 君子。[97] 君子的品行包括：仁、智、勇——这些美德，为此要内外兼修，要知礼，言而守信，忠于上级，疏远小人。[98] 君子应满足于一己之道德培养。"知者不惑，仁者不忧，勇者不惧。"[99] 但君子的真谛和大业在于施政。孔子像后来的柏拉图一样终生坎坷，诸侯们无意采纳孔子的箴言，也不授予他官职，使其不能亲身实施自己的信念。他认为德本身即是报答，有德甚至还能克胜穷困，并以此自慰。[100] 但是，孔子及其弟子始终没有放弃这样一个信念，即君子之德只有通过施政才能充分体现出来。[101]

孔子把他的学说概括为一个"道"字。[102]"道"的全部含义很难领会，因为孔子虽然经常谈到"道"字，但几乎从来不做解释。很明显，"道"即是能够成为君子的所有德行。此外，孔子似乎坚信：人的行为应该符合"道"，即符合宇宙万物的本性，或者比较接近汉语中所说的

符合天意。也许孔子将“道”设想为一个井然有序的贵族家庭内部常见的尚礼之风，并希望将这种家庭模式推广到整个政治领域。[103]

孔子学说在几个重要方面明显不同于旧贵族的习俗。他谴责暴力，轻视军事训练，而传统教育却把军事训练放在首位。他主张“克己复礼”，反对动辄诉诸武力。他似乎相信“以礼让为国”的可能性，[104]即对人彬彬有礼，一切按礼仪规范行事。他认为，任何其他施政办法都会引发无休止的报复、阴谋和暴力，而正是这些罪恶腐化了他那个时代的政治。

另一方面，孔子摒弃了那种以为使用过量的祭品就能求得祖先神灵的庇佑和天下太平的天真信念，借此对旧的传统进行了修改。他教导人们说，德本身就是一种报答。同时他又不得不痛苦地承认，有德并不能保证天下大治。这是不是意味着他自己否认了统治者必须将他 232
的纲领付诸实践的信念？关于神灵及其对人们的作用，孔子一直保持沉默。尚无理由推断孔子不相信神灵的存在或他们的威力，但他始终拒绝讨论神学或玄学问题。传统的献祭和宗教仪式是君子生活中的一部分，当然不可忽视，但尽量由君子自己做出选择。首先是人和道德的现实世界，关于“天”或人死之后的生命的本质问题，他则避而不谈。[105]孔子这种态度回避了当时人们对宗教的疑惑，同时也给儒家思想留下了缺口。这一缺口后来被道家利用，他们提出了一系列大胆而又奇异的玄学理论。不过，孔子对这些事物保持沉默极为符合他一贯坚持的务实之风，即教导君子要准备参政。

孔子认为他的事业无所成就。他从未被重用，在他看来，作为一个平民百姓，无论怎样有德，也只能屈居二流。但是，从长远观点来看，孔子的能量远比任何一个君主的力量都要强大和持久，他的思想对中国文明在制度和文化上的定型起到了催化作用。在他死（公元前 479 年）后两个半世纪的时间里，儒家继续存在，除少数人以外，他们一般不参政。但中国在武力和强权下重新统一之后，西汉（公元前 202—前 9 年）的皇帝开始任用儒家参与国事。从那时至今，[106]儒家学者在文职工作中从未长久地失去过他们对中国的影响力。

在孔子的期望如此特别地得以实现之前，他的信徒就对其学说进行了许多改动。但即便如此，这位大师的影响仍然永不磨灭。孔子理想中的君子品德受到传统伦理和个人伦理两方面的支配；他不赞成神学的思索，而是主张遵循礼仪；反对施行暴力，而是坚持行“道”。这一理想永不失色。这样的君子尽管没有完美地呈现出孔子的理想，但他们统治中国长达 2000 余年，在大部分时间里，国家非常稳定，中国的文化和政治连贯发展。但在这些人中，被子孙后代竖碑纪念者却是寥寥无几。

五、公元前 500 年以前蛮族世界的变化

中东世界性文明的巩固，希腊、印度和中国强盛的新文明的崛起，使它们对周围蛮族世界的影响骤增并更加多样化。事实上，印度、希腊和中国的早期历史在很大程度上就是一部蛮族从野蛮走向各自的文明生活的历史。到公元前 500 年，印度南部、华中、华南以及地中海和黑海沿岸的几乎所有地区都已经进入文明阶段或者正在向文明迈进。
233 只有地中海和黑海地区能够在某些方面跟上文明扩展的步伐。这些地区主要得益于腓尼基人、埃特鲁里亚人和希腊人这三个民族播下的文明的种子。大约在公元前 880—前 550 年间，地中海和黑海沿岸的大部分地区都被纳入了三个民族中的某一个民族的影响范围，活跃的贸易活动使地中海沿岸各地与东岸比较发达的文明建立了联系。跟着贸易接踵而来的往往是拓殖。腓尼基人和希腊人的殖民地模仿了它们本土的城邦模式，而埃特鲁里亚人的城市可能是（也可能不是）由从小亚细亚逃离出来的民族所建，同希腊人和腓尼基人殖民地大致相似。[107] 随着这些社群的建立，诸如阅读和书写这种高级文艺活动以及纪念性建筑物在原先的蛮族地区找到了立足点。同时，与内地的贸易往来也使得欧洲内陆地区和非洲内陆地区了解了某些文明方式。

在与这些文明社会紧邻的地方，公元前 500 年时尚有蛮族生活在那里。他们分布在五大区域，其中的三个区域位于旧世界：（1）非洲撒哈拉沙漠以南及阿比西尼亚（Abyssinia）的山岳地区；（2）东南亚季风雨林区及印度尼西亚邻近岛屿；（3）欧亚大陆北部的草原和森林地区。其余两个区域位于被大洋隔开的彼岸：（4）澳大利亚和（5）美洲大陆。

对这些区域的考古调查活动进展得很不均衡。在公元前一千纪，欧亚大陆兴起的几个文明中心是否影响到上述区域，对此要做出断言也许为时过早。当然，那时的澳大利亚与世隔绝。直到公元前 500 年以后很久，非洲撒哈拉沙漠以南地区显然几乎尚未受到其北方已经兴起的社会风暴中心的影响。只有埃及文明借助地理条件上的便利，影响了努比亚，即今苏丹，这一事实目前已经得到考古学的证实。[108] 公元前 500 年以前的东南亚的情况也不明了。该区域最早的文字记载始于公元 2 世 234
纪，当时中国的外交使节和征服者开始接触缅甸北部、安南和交趾支那等部分印度化的国家。在此以前，印度文明对东南亚的影响时间究竟有多久，对此尚未有定论。[109] 但从考古发现来看，在同印度文明或者中国文明发生密切联系之前，东南亚从广泛的海上贸易中积聚的财富为华南沿海和越南北部一带产生独立的原初文明奠定了基础。[110]

然而，就东南亚和非洲撒哈拉沙漠以南地区而言，即使今后有新的考古发现可以增进对这两个地区的史前情况的现有了解，但几乎可以肯定的是，它们如同澳大利亚和美洲大陆一样，在文化上都是十分落后的。这两个地区不可能发生震动世界的变化，以致影响欧亚大陆文明发展的整体模式。而欧亚大陆的大草原和森林地带的情况却截然不同。在公元前 18 世纪，挥舞着青铜武器的战车士兵就在此兴起，他们给各文明民族带来了巨大影响。大约 1000 年以后，即公元前 9 世纪—前 8 世纪，这里发生了第二次骚乱。尽管骚乱带来的变动不甚猛烈，草原征服者活动的地理范围也不甚大，但它打乱了大草原民族和文明民族在军事力量上的均势。

有一件值得注意的事是：草原部落已开始擅长骑马，并且学会了

骑兵的变革

这是亚述帝国国王亚述巴尼拔（公元前 668—前 625 年）设在尼尼微的王宫的内壁浮雕，这幅早期的肖像艺术品栩栩如生地展现了一个骑手的雄姿，其情景像是在狩猎，而非作战。从中可以明显看出，当时的亚述的裙状服式已不适应骑马的要求，穿着这种服装跨坐在马背上会很不舒服，这说明亚述的骑兵装备改革还不够完善。而且显然没有马镫，骑手任由马匹摆布。当骑者需要脱缰拉弓引射时，只有经过良好训练的马匹才能在奔驰时保持速度和方向。

在双手脱缰（至少能保持一段时间）的情况下仍能控制坐骑。这种本领使得他们在骑马飞驰时也能从马背上引弓射箭。

最初采用这种新式骑兵战术的确切时间和地点，只能停留在猜测。早在公元前三千纪时就有人偶尔尝试骑马，但随着后来的马拉战车获得的巨大成功，加之在没有马鞍、马勒或马镫的情况下很难驾驭马匹，就使得骑马这样一种最简单的利用马匹的方法不再受人重视了。公元前 13 世纪的美索不达米亚印章上的骑手图表明，在当时的草原部落，骑马已相当普遍。但直到公元前 9 世纪时，完善的骑术才正式形成，
236 对草原生活以及文明民族的军事发展产生了重要的实际影响。[111] 完善的骑术得以产生并向外扩散的中心，很可能就是 900 年前发明和传播战车的地方——大草原上的波斯通道处。[112]

骑马只是适应草原生活所必须掌握的众多项目中的一个。游牧民

族还必须发展便于携带的小型用具，适于骑马的衣物（即马裤），与农产品大为不同（甚至完全不同）的食品。只有这样，他们才能完全自如地跟随畜群穿越草地，为了寻找优质牧场，每年都要游走数百公里。

游牧部落原先以分散的群落的形式生活在欧洲和中亚的草原上，因此，骑马游牧方式的完善要求对原有生活做出重大改变。但这仅仅是整个欧亚大陆的军事和社会均势出现扭转的初始，因为这种新的游牧方式似乎是很偶然地创立了一支人数众多、威力无比的草原骑兵，他们急于也能够迫使文明国家在防御上比以前感到更加沉重且持久的压力。

精湛的骑术显然给草原牧民带来了新的军事优势。每个牧民都必须拥有马匹，每个男子都骑坐马背，手挽弓箭，这使他们成为潜在的一流战士。疾驰的奔马已足以保证他们的安全，因此他们不必配备金属盔甲和其他昂贵的军用装备。每个游牧部落拥有的技术和装备（石制箭头也足以置人于死地），已完全足以确保他们即使在面对文明国家的最为先进的军事设施时也能取胜。因此，欧亚大陆的整个广阔的大草原首次成为战士的培育基地，他们能够成功地攻击任何文明社会。[113]

草原骑兵比其他任何兵种都移动得更快、更远，便于跋山涉水。一支游牧“大军”实际上就是一个部落或者部落联盟的全体成年男子，他们东奔西走，习以为常，并不受妇女、儿童和畜群的拖累。在面对不太机动的敌人时，他们能在几乎毫发无伤的情况下完成袭击并撤离。唯独与同是游牧部落的敌人发生冲突或者马匹草料匮乏时，他们的劫掠才受到限制。

公元前一千纪的历史反映了草原民族日益增长的军事优势。中东紧邻新的游牧方式的发散中心，自然是最先感受到他们的威胁。其实，正是由于亚述人记载了始于公元前 8 世纪末的游牧部落的大规模进犯，[114] 我们才有证据推论草原民族生活的变化。当时俄罗斯南部草原有一支游牧部落，希腊人称之为辛梅里安人。他们远道而来，袭击了小亚细亚的广阔地区。辛梅里安人之南侵可能是由于受到别的部 237

落——斯基泰人的挤压。斯基泰人原先居住在中亚，[115]在即将进入公元前700年时，他们开始向西移动，从辛梅里安人那里夺取了优良的俄罗斯草地。接着，他们又跟随辛梅里安人南下，在军事联盟中取得领导地位。公元前612年，亚述帝国就是被这个军事联盟摧毁的。由此可见，欧亚大陆草原部落生活的变革在亚述帝国的瓦解和波斯帝国的兴起过程中发挥了尤为重要的作用。[116]

继承了亚述帝国权力的米底人和波斯人都不得不面对如何防范新兴的、强悍的游牧部落对中东地区的文明的骚扰这一问题。尽管他们的军事设施在总体上比较精良，但当居鲁士大帝战死东部边疆（公元前530年），大流士一世在欧洲进攻斯基泰人受挫之时（公元前512年），阿黑门尼德王朝的统治者们深感此事并不轻松。波斯通向大草原的入口处极易遭受攻击，只有通过雇用草原骑兵为帝国服役，阿黑门尼德人才制止了帝国北部和东部边境地区的游牧部落的劫掠。[117]

在欧洲的未开化地区，骑马游牧方式的兴起同样产生了引人注目的结果。早在公元前6世纪，斯基泰人就在俄罗斯南部建立了强大而松散的“帝国”，并将势力向西扩张到远及匈牙利平原的地方。斯基泰人与波斯人在人种学上有着亲缘关系，而且在许多方面极为相似。他们同波斯人一样，在被征服的当地居民面前以统治者自居。但与波斯人不同的是，斯泰基人自身仍奉行部落传统，继续过着半游牧的生活。[118]

在西欧，凯尔特部落最先掌握了骑术，凭借骑兵战术，他们顺利地从今德国南部扩张到欧洲西北部的大多数地区。然而凯尔特人并未完全接受草原游牧部落的全套作战装备，他们的武器不是弓箭，而是一种由双手掌握的长剑，这也是凯尔特人所特有的武器。[119]

238 在东方，骑兵改革的进程更为缓慢。已经掌握完善的新式骑马游牧方式的部落不急于向东扩张，因为东方的牧场和气候变得同样不太适宜。所以，骑马游牧技术向蒙古的传播很可能相当缓慢，只是由西向东，以一个部落借鉴另一个部落的方式逐渐推广了这种新型生活方式。[120]这一过程经过大约400多年才最终完成，因为据中国人记载，西北边疆蛮族中最早出现新的骑兵技术的时间是公元前 4 世纪。[121]

蒙古草原上出现的成群的而且可以随时移动的黑毡帐篷，使中国感受到 3 个世纪之前中东曾经体验到的同一种军事压力。位于中国西北部的秦国首当其冲。起初，游牧部落发动的袭击规模较小，尚不足以赢得与中国的对抗，反倒促使秦国统治者采用了这种新式的骑兵技术，组建了自己的马队弓箭手。借助这支新式力量，秦国击败了蛮族的袭击，并附带地向中国各诸侯国彰显了自身的优势，使得秦王嬴政统一了中国，并于公元前 221 年成为始皇帝。[122]

然而，公元前 4 世纪时成熟的骑马放牧方式在蒙古的确立，或许并非远东地区首次感受到骑兵战争的冲击。这已在考古学上得到证实，同时尚有许多问题，尤其是关于“斯基泰”艺术风格或“动物”艺术风格的问题，存有争议。下面有几个事实：俄罗斯南部和亚洲西部的斯基泰艺术品图案看上去同中国艺术品具有亲缘关系，而周代晚期的中国艺术又显现出某些“斯基泰”式的特征。此外，从华南沿海延伸到越南北部的一带地区，有相当多的文物竟同从遥远的黑海沿岸大草原发现的文物极其相似。这些文物有的是考古发掘所得，有的已存放在博物馆里，但尚未证实其来源。[123]

对于上述迹象该如何解释的问题，令人颇感棘手。一种可能是， 239
阿尔泰地区的斯基泰部落在掌握了新的骑术以后，凭着他们当时（公元前 8 世纪）所在的掌握了新式骑术的地区的最东边境的优势，通过今中国新疆的绿洲，沿着公元前二千纪时战车士兵可能走过的路线，向东方发动袭击。公元前 771 年，西周王朝瓦解，其原因之一也许正是由于遭受了这种突然性的短期入侵。大约与此同时，另一些游牧部落骑兵可能经四川抵达了远至华南沿海的地区。[124]

按照这种假设，斯基泰人先是袭击了中国，在经过了一两代人的生活之后才掉转马头西行，由于同中东的文明民族的冲突而出现在历史记载之中。他们推迟西行的原因可能是，西行初期受到了其他具有强大兵力的游牧部落的阻拦，斯基泰人可能就是从他们那里学到了骑术。唯有等到这些邻邦在战斗中被击败或者被并入一个扩大的军事联盟中时，斯基泰人才得以西行。然而就在此时，他们很快发现了俄罗斯南部的广阔而优良的草场。可以设想，斯基泰人击败了当地的辛梅里安人以后，就把他们的主要居住中心转移到乌克兰，只在中亚留驻了一小批后卫力量，而不再干预中国的事务。

* * *

令人吃惊的是，在斯基泰人袭击和入侵以后，随之发生的政治变动以及在技术和艺术品图案上的交流似乎并不仅仅局限于旧世界。种种迹象表明，早在公元前的几个世纪里，就有人跨越了太平洋，尽管距离极其遥远。在秘鲁和墨西哥发现的考古文物同在东南亚沿海发现的文物具有诸多相似之处，上述假设似乎很好地解释了这一现象[125]。
240 太平洋两岸某些人工栽培的植物的特征和分布状况也表明，它们的种子或插枝一定是在早期由人带到大洋彼岸的。[126]

由于欧洲人在公元1000年之前无法跨越大西洋，此后的500年内也未能在太平洋彼岸立足，因而认为亚洲人在公元纪元前就已渡过了宽阔的太平洋的想法，最初看上去显得很荒谬。但是如果考虑到两个方面的话，这种假设也并非完全不可能。第一，在青铜器时代，蛮族武士对欧洲的征服，几乎将古老的巨石文化时代的航海技术毁灭殆尽。直到斯堪的纳维亚海盗年代之前，西欧始终没有出现熟悉航海技术的民族。[127]然而，还有一个事实是，欧洲的开拓者在14世纪闯入亚速尔群岛（Azores Islands）和加那利群岛时，岛上住有石器时代的居民，这说明“巨石文化”时代的原始人就能远航大西洋——不论是出于有意还是无意，有一些流亡者或被风暴驱赶的水手甚至可能出乎人们想象之外地到达了新大陆。[128]

第二，各个区域的海洋的适航性大不相同。欧洲靠近全世界风浪最大、海潮最猛的海域，西方人关于大洋航行的想法受到了对横渡北

a b

c d

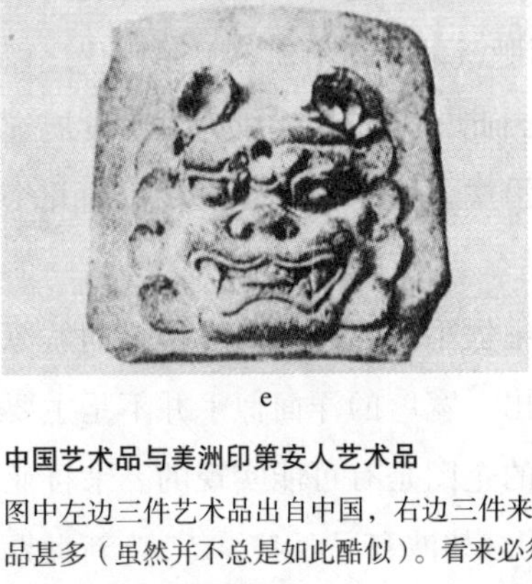

e f

中国艺术品与美洲印第安人艺术品

图中左边三件艺术品出自中国，右边三件来自中美洲。左右两组如此相像，绝非偶然。此类物品甚多（虽然并不总是如此酷似）。看来必须用跨越太平洋之说来解释这种相似现象。

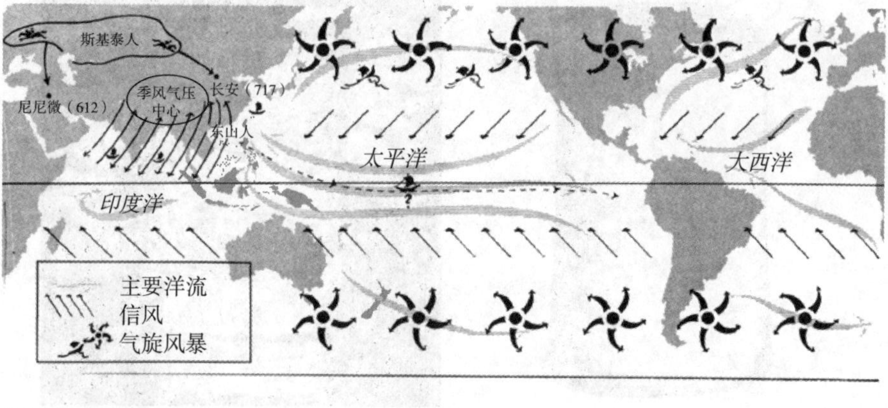

远古的移民环境

大西洋的记忆的影响。但在纬度较低的海域，尤其是信风吹过的广大洋面，几乎全年风力均匀、风向固定，这里的航海体验就完全不同。小型的、原始的航海工具，如木筏、独木舟、柳条船，都可以在这么平静的洋面上安全航行。简单的小船，只要装备合适的帆、舵，船身有龙骨，也可在顺风或逆风的条件下不拘时间地航行。[129]

242 不过，在大西洋，信风带的纬度相当于撒哈拉大沙漠（肯定是由于信风的原因造成了这个大沙漠）的纬度，直至最近几个世纪以来，才有少量的原始人能够存活于这个大沙漠地带，这些人无法发展航海技术。[130]但在太平洋，冬季有信风吹到肥沃的华南沿海，夏季则代之以季风，风力相对平稳，但方向相反。因此，东南亚就成为易于发展远航事业的基地。有迹象表明，在华南沿岸并入中国文化区域以前几个世纪里，那里的航海技术已经相当发达。

假使我们不用里程的长短，而以中太平洋和北大西洋给早期航海人员带来的实际困难来衡量，可以看出，宽广的洋面似乎并不是主要障碍。从技术层面来看，横跨太平洋的企图是有可能实现的。来自亚
243 洲的航海人员（其间也许经过一些岛屿，如波利尼西亚群岛）为新世界的文明的发展提供了动力。然而，尽管美洲大陆可能不是完全孤立的，

但早期的跨洋交往毕竟十分有限、十分稀疏，还不足以促使美洲印第安人去全面仿效旧大陆的先进文化。因此，安第斯人（Andean）和墨西哥人（Mexican）的文明发展较为迟缓，他们对环境的掌握和利用始终未能赶上同时代欧亚大陆居民的水平。[131]

* * *

希腊和印度的文明均未受到草原骑兵的直接冲击。崇山峻岭以及波斯帝国和塞琉古王朝设置的政治屏障使印度免遭骚扰，直至公元前 2 世纪，一支叫萨卡人（Shakas）的草原部落才越过了兴都库什山脉来到印度的西北部，并在此建立了一些短命的邦国。同样，高山的屏障和色雷斯等强悍的蛮族部落的存在也保证了希腊和地中海沿岸地区的安全。在公元前 4 世纪以前，远西（Far West）没有遭受游牧部落的侵扰。但在公元前一千纪中，沿多瑙河边远地带的战斗使文明的欧洲同草原游牧部落发生了零星的接触。

自公元前 512 年大流士侵犯斯基泰起，至公元 378 年罗马兵败阿德里安堡（Adrianople）之前，欧洲地中海沿岸地区只是间接地感受到草原游牧部落的影响。这种影响很有限，所以欧洲人并未因此调整他们的军事战术，以抗衡游牧部落的军事力量。在希腊人和罗马人的作战中，骑兵仅占次要地位，几乎用不到弓箭。取而代之的是，从公元前 7 世纪—公元 4 世纪，欧洲军事技术中一直以训练有素、阵形密集的步兵为中心。[132]

自公元前 8 世纪以来，草原民族对欧亚大陆的文明社会产生了深 244
远的影响，而他们自己也接受了文明社会的许多诱人的事物，尽管这些事物仅限于适用于他们游牧生活的东西，诸如金属武器、服装和黄金等，而对纪念性的建筑物和较为高深的数学等则不感兴趣。

概而言之，文明物品和文明的影响通过两种途径渗入草原。一旦建起强大的游牧部落联盟，他们往往可以向远方的文明社会勒索他们感兴趣的财物。但这在本质上是一种寄生关系，而且一旦联盟破裂，这些源源不断的贡物便会立刻终止。[133]

和平的贸易却能更为深入地渗透进游牧社会。下列事实足以证实这种情况：希腊口味和风格传入斯基泰，斯基泰的上层阶级可以纵情享受希腊的名酒、食油和其他食品；为此，他们强令自己的属民种植希腊本土缺少的谷物。他们有时还定期同黑海沿岸移民城市里的希腊人交往，借此，至少有些斯基泰贵族确实对希腊文化有了不少了解。[134]

斯基泰人还充当了南方文明地区同北方和东方的遥远偏僻的蛮族地区之间的中介。到公元前 7 世纪，由顿河（Don River）河口经西伯利亚南部至阿尔泰山已经开辟了一条贸易通道。斯基泰人的坟墓里数量繁多的金子，可能就是得自阿尔泰山。另有一些商人可能把阿尔泰山的金子带到了中国的西北地区。[135] 此种长途陆路贸易大概只是零零星星、规模较小，但它却把欧亚大陆中央的浩瀚草原变成其周围各个定居的族群之间互相感应的导体。当然，由于游牧民族没有文字，又要长途跋涉，它所传导的内容往往仅限于观念和便于携带的物品。

并非欧亚大陆草原的每个区域都同样易于接受文明的影响。在蒙古及其邻近地区，农业几乎不可能有所发展。该地区水源匮乏、植被稀少，迫使他们只能维持游牧生活。当地牧民除了严格适应苛刻的自然地理条件外，几乎没有其他任何发展的余地。但蒙古草原的西端降雨较为丰富，不少地方的农业已经取得了成功，一个多样化、复杂化社会的出现成为可能。相比之下，欧洲草原上的游牧部落能经常仿效文明生活方式，而东方的游牧部落却保持着几乎纯粹的游牧生活，即使有一些文明物品，也仅仅是作为贡品输入的。

245 蒙古的地理条件恶劣、生活艰苦，但这里并非毫无补偿。经过艰难环境的磨炼，东方草原的这些游牧部落经常向其西邻炫耀自己的军事优势，而后者由于十分迷恋安定舒适的生活，无意大动干戈。这造成了游牧部落长期由东向西移动，这种移动始于公元前 8 世纪末斯基泰对俄罗斯南部的进犯，在 13 世纪蒙古人大举扩张时达到顶峰，终于

18 世纪。那时，卡尔梅克人逃离中国，流亡俄罗斯[136]。2500 年来，游牧部落的这种迁移运动时急时缓、时起时伏，构成了欧亚大陆政治史的主要发展线索之一。他们一个部落接着一个部落地相继往南推移，取代战争中较弱的对手，为羊群夺取水草丰美的牧场，或者把从事农耕的定居民族置于自己统治之下。毫无疑问，其中许多部落在这样的浪潮中灭亡了。

*　*　*

唯有在游牧民族扩散到亚洲草原的东部边缘以后，欧亚大陆草原东西方的社会经济变化才全面展开。这发生在公元前 500 年之后的一个多世纪内，中国文明的定型并形成特色则要等到更晚的时间。因此，我把公元前 500 年作为世界史从一个时代跨入另一个时代的标记并不一定十分恰当。但是如果我们只求一个模糊的分界线，那么这个年份就可以标明基本的历史转折。从那以后，中东在文化上的领导地位已成往事；欧洲的优势地位还要寄于遥远的未来；在这 2000 年间，欧亚大陆的四大文明地区都遵循着各自的发展道路，它们经常受到异国他方的影响，有时互相借鉴文化要素，有时又屡遭游牧部落的攻击。但从公元前 500 年—公元 1500 年，尽管时刻面临外在的挑战，但每个文明大体上都按照其内在的逻辑，凭借自身的动力向前发展。

对于欧亚大陆文明均势时代的分析，构成了本书的第二部分内容。

第二篇

欧亚文明的均势

（公元前 500—公元 1500 年）

249 我们可以用山脉来比喻文明：山脉的崛起经历了漫长的地质年代，只有侵蚀性的力量才能令它缓慢地降低到其周围环境的高度。人类历史的时间跨度比山脉的升降要短暂得多，但在人类历史上，文明也会由于促成其兴旺的独特环境的消失而被侵蚀。与此同时，相邻的民族则可以通过借鉴或抵制该文明的成就而上升到新的文明水准。然而，只有在地质古生物学和人类通史的领域内才有山脉和文明的崛起和消失，而在短时段内，它们是静止的、持久的。如果我们将此比喻应用于公元前 500 年欧亚文明的布局，并将其与两千年后的情况加以比较，我们就能对文明的持久性有所领悟。

公元前 5 世纪初，欧亚大陆有四个高度文明的地区。其中，中东文明版图最广，位于古老的、已受到部分侵蚀的中东高原。在波斯帝国后来多少有些衰落的扩张中可以识别出中东远古文化的遗产。与中东文明相邻的两个文明较为年轻，也较为凌乱：一个以爱琴海为中心，它的枝丫一直伸展到意大利和西西里；另一个分布于印度北部的印度河和恒河流域。中华文明几乎是孤立地屹立在遥远的东方，正在向它成熟后的独特形式发展。

两千年后，欧亚大陆江山未改。四个高度文明的主要地区依然如故，尽管它们的地理范围有了明显扩张，内部的某些重要方面也发生了重要变化，但其基本结构却明显与两千年前的界限相吻合。这种持续约 80 代人之久的连续性证实了欧亚大陆内部存在着一种松散的但切实存在的文明趋势，也恰当地标志出世界历史的一个时代特征。

这种均势始终是摇摆不定的，尤其是在中东。四个欧亚文
250 明中的三个在这里交汇，其北面草原是蛮族的发源地。两千年间一幕幕历史大剧就以这个交汇的地区为中心舞台。最早，亚历山大及其继承者统治下的希腊文明的扩张似乎一度威胁到东方文明的存亡。同时，希腊文明在欧洲取得更为持久的成功：基本上

承续希腊文化并日益具有世界性的罗马帝国的势力范围远及不列颠。

希腊文明以被罗马帝国稍加修改的混合形式向外扩张尚未停止，中东文明对它的抵制就盛行起来，并导致东方思想和观念对希腊文明中心地带的强烈渗透。与此同时，印度文明的扩张虽然很少辅之以征战，却强大有力，因而开始扭转欧亚文明的均势。佛教经中亚向东北方向传播到中国和日本，南印度和东南亚相对原始的社会也广泛接受了印度文明。[137]

随着穆斯林时代的开始，“东方的反应”呈现出新的活力和速度。无疑，中东文明的穆斯林模式重新确立了这一地区的悠久文化在欧亚文明中的优势地位。从公元 632 年穆罕默德去世到公元 1500 年西欧最终包围和压倒伊斯兰教文明这段时间，尽管偶有间断和局部后退，伊斯兰世界始终不懈地向基督教世界（Christendom）和印度文明（Hinduism）扩张。伊斯兰教还征服了非洲热带草原和大部分欧亚草原，经由中亚的商路渗透到中国，又通过海外探险将伊斯兰文明的各种地方模式传播到东非、东南亚、印度尼西亚和菲律宾。

公元前 500—公元 1500 年间，印度、中东和希腊三个文明之间边界的伸缩不止一次威胁到欧亚大陆四个文明的平衡。先是希腊文明，继而是印度文明，最后是伊斯兰文明的扩张，然而从未能摧毁这种均衡。欧亚大陆西部三个相邻文明若干成分的混合也从未掩盖这三个独立传统的基本延续。

辽阔的中国处于世界性的交汇地区之外。另外，在公元 600—1000 年间，日本、西欧和俄罗斯形成了新的、独特的生活方式。由于位于边缘的位置，这四个文明幸免于当时主要文明风暴中心的风浪；但它们又都不是完全孤立的，都具有明显的地理扩张倾向。中国生活方式向南方和内陆拓展，并在朝鲜、安南、中亚开辟了殖民地。半依赖于中国的日本文明经由日本群岛向西北方传播。同一时期，西欧文明向东越过易北河，向北到达斯堪的纳维亚，向西到达大西洋欧洲的凯尔特边缘，向南进入西班牙和意大利。欧洲十字军甚至企图并一度成功地在黎凡特以及爱琴海和黑海沿岸建立海外殖民地。俄罗斯的扩张则不那么大张旗鼓，因为俄罗斯国家早期围绕海盗和贸易中心发展起来，而这些集聚地从一开始就沿俄罗斯水系星罗棋布。这几百年间俄罗斯的扩张表现为不动声色的大规模拓荒活动。农耕者离开他们沿河的定居地深入到东欧平原的广阔森林地带。

这些进程与靠近大陆中心的穆斯林和印度文明持续的扩张和疆域的定型同时发生。其结果是，欧亚各个文明之间的地理空隙缩小，甚至消失了。它们的相互交往在某些场合也明显地日趋密切。例如，公元前 2 世纪以降，中国文明和印度文明在从前（也是恰当地）被称作印度支那的地方交汇。数百年后，正如我们已经了解的，在跨越南洋的文化交流中又加上了穆斯林一支。

连接欧亚主要文明的另两条路线是：（1）穿过中亚一个个绿洲的商路。自公元前 2 世纪起，由于几个帝国的组织、保护和设立税卡，形成从中国到黎凡特的“丝绸之路”。从此，商旅络绎不绝。（2）稍晚但依然十分古老、穿越开阔的欧亚草原的商路。在这条商路上，草原游牧部落时而与南方开化的近邻通商，时而对他们进行抢劫。

沿这些商路的贸易变动无常，作为贸易副产品的文化交流，其意义也因此变动无常。一般说来，除因军事行动而造成各个文明交接地带边界的变动之外，欧亚文明相互的借鉴是有选择的、自发的，相对而言作用并不明显。只要任何一个主要文明处于与其他文明大致相同的水平，人们就很难看到为接受外来新奇事物而放弃祖先传统的理由。只有当外来征服和内部衰落严重威胁到既有制度时，这四大文明各自的传人才会显示出对异己方式的深刻理解。

欧亚文明之间穿越草原的北部通道，在促进文明演变方面比其他通道更为重要。因为在 17 世纪中叶以前，游牧民族对其 252
弓箭射程之内的所有农业居民始终构成严重的武力威胁。任何薄弱环节都为袭击和征服打开了缺口，甚至在相当广阔的防线上也是如此。东欧、中国、中东及印度北部频繁地遭受蹂躏，即使是森林密布的欧洲远西部也一次次感受到来自异常遥远的草原的威胁，例如阿提拉（Attila）麾下匈奴武士的威胁。

游牧民族的征服本身并没有什么重大意义，尽管蛮族急于尽可能地吸收被征服文明对象的文化。然而，游牧民族的入侵和征服确实引导了意义深远的变革。尤其是在中东：公元1000 年以后，突厥人（Turkish）的统治改造了伊斯兰教世界，从而激发了新的军事扩张，它将穆罕默德的信仰传播到欧洲和印度的纵深地带。有时，草原民族通过采纳不同文明的传统创造出新的文明混合体。例如，成吉思汗的游牧帝国就强化了中国文明在欧洲的渗透。欧洲的奥斯曼土耳其人、印度的莫卧儿人也有意识地使伊斯兰文明与当地文化传统全面地融合。

由此可见，公元前 500—公元 1500 年间，欧亚文明的均衡是以陆地为中心的。每个文明在防止内部分裂和应对其他文明的同时，都不得不维持一条抵挡游牧民族侵袭的防线。海上交流相对来说无关紧要。

* * *

约在基督教诞生之际，秘鲁和墨西哥也出现了文明社会。与欧亚大陆的同时代人相比，这些后起的文明还很弱小，在许多令人感兴趣的方面与公元前三千纪美索不达米亚、埃及和印度河谷的文明相类似。在世界历史的场景中，美洲印第安人起步太晚，从而不可能抵抗欧洲入侵。从此意义上讲，美洲印第安人文明夭折了，它只能作为牺牲品被动地加入西方兴起的进程。

非洲前穆斯林文化的境遇与此相同。公元 7 世纪左右，撒哈拉以南的西非草原上几个部落开始向原始文明演进；稍后，沿东非高原边缘的几个部落紧随其后。这些文明从未能完全独立于欧亚主要文明之外，它们也从未达到足以长期抵抗 15 世纪开始的穆斯林和欧亚文明入侵的水平。

至于另一个适于人类居住的大陆澳大利亚，在 18 世纪以前显然超然于各个文明的相互作用之外。

253 将非常复杂的过程以一种明晰的形式描述出来，同时又要尽量公正地对待史实，这在本书的中间部分要比在第一和第三部分困难得多，因为其他两部分涉及的是世界历史的种子主要从单一的文明中心成长起来的情况。

欧亚文明均势时期不存在这种单一性。四个主要文明基本上都是自由地遵循自身的路线发展。各个文明与蛮族世界，以及主要文明之间的相互影响和互动错综复杂。我们怎样才能将如此复杂的模式简化为陈述中的单一线索？

我采取的办法是：首先以大量笔墨描述主要文明中心或长期干扰欧亚文明均势的动乱中心，然后转向边缘地区，较概括地描述它们的发展。这一程序可能会夸大中东和它的两个近邻——东地中海和印度北部文明的作用。因为正是在这里，各个文明的边界相互毗邻，一旦发生异常迅速而广泛的变动，便威胁到旧世界四个文明的均势。从人类历史的长远观点来看，欧亚文明交汇地区的这些动乱，也许不如文明对野蛮的侵蚀重要，即便这种侵蚀并非完全不间断，也是不可抗拒的。正是这种侵蚀造就了世界各个文明的内部多样性，加强了它们相互间交往的频率，为在过去三四百年间实现的全球一体化的壮举铺平了道路。

然而，将各个文明的扩张置于首位，围绕这一主题构造世界历史还会产生其他的不利情况。特别是，只要两个或更多的文明在地理上冲突或重叠，那么因为重复叙述，或者因为删节而引起曲解这种棘手局面就不可避免。况且，强调文明的个性，将文明的接触和交往置于从属的（或者是偶然的）地位将会忽略各个文明社会变革的主要根源，即：对外交往带来的推动作用——也许在今天这仍然是主要根源。

鉴于上述考虑，本书第二篇仅仅是在两个都不能令人满意的思路中选择差强人意的一个。这就是：在肯定文明均势的同时，将持续的动荡放在对各个文明的专门叙述中讨论。

伴随亚历山大的军事征服，希腊文化向东方世界和平渗透

第6章

希腊文明的扩张

（公元前500—前146年）

公元前5世纪初，以卓越的城邦制度为特征的希腊文明的生活方式所流行的区域很小。即使在希腊本土的狭小范围内，像阿卡狄亚（Arcadia）这样的内陆地区也只能勉强算作开化地区。色萨利（Thessaly）还是个半蒙昧地带，在它北面和西面居住着讲希腊语的野蛮人。几百年后希腊文明经过改头换面传播到地中海沿岸所有地区。它深入到欧洲，远及特威德河、莱茵河和多瑙河；给古老的中东文明打上印记；渗透到印度，甚至在遥远的中国也能听到它的微弱回声。 254

对于在公元前500年时分布区域还很有限的生活方式来说，这是辉煌的成就。事实上，希腊文明扩张所造成的欧亚文明均势的破坏，是公元前500—公元200年间最重大的历史事件。在扩张过程中，希腊文明不仅接触到其他文明，它本身也发生了重大的社会变革。从公元前4世纪开始，希腊文明的某些原动力开始衰退。

随着早期城邦外壳的脱落，世界主义在希腊兴起。它汲取并发展了最早出现于古代美索不达米亚“大社会”中社会协作的机制，希腊文明的政治和社会结构因此逐渐接近更古老的东方模式。在这个过程 255
中，希腊文明的许多鲜明特色暗淡下去，越来越被近似于，且有时明显地起源于古老东方的观念和思想所代替。

罗马最终征服希腊（公元前146年）标志着希腊文明史的转折点。当时，东方的反应还未形成高潮，希腊文明向远东和西欧两个方向的推进之势还未衰退。但是，当罗马之鹰除了给当地保留了徒有其名的城邦主权之外而将一切都摧毁之时，希腊文明的真谛也就烟消云散了。在古典文明的发源地只剩下傀儡政治的空壳、人烟稀少的乡村、穷困的城市贫民，以及一种优雅而精美的文化。即使这残留的文化也不再谈论真理、美和自由，以及希腊人曾经最自然最精彩地表达过的理想，而不过是为那些穷困潦倒的人们寻求聊以度日的生活方式。

由此，本章叙述的是，希腊文明初期鲜明的文化特征退化为更加规范的但不再是独树一帜的社会和文化模式之前的希腊历史。

一、希腊文化的繁荣（公元前500—前336年）

（一）引言

公元前485年，大流士之子薛西斯登上波斯王位时，面临两项重大的政治军事问题。最为紧迫的是埃及的叛乱，后来他的军队经过残酷激战才将其镇压下去。其次是保卫帝国在爱琴海沿岸的西部边界，平息由于爱琴海对岸的希腊后方城市拒绝承认波斯统治权而引起的长期动荡。薛西斯需要保持军事传统：他的先人居鲁士、冈比西斯、大流士都是强悍的征服者。况且，大流士已经用迫使希腊人就范的计划致力于提升波斯国威。因此，薛西斯在挫败埃及人之后立即亲自统帅海陆军去征服希腊。

许多希腊人，包括见多识广、足智多谋的德尔斐祭司，都认为希腊的小邦国无力抵抗强大的波斯。然而，20多个希腊城邦组成的号令不齐、行动迟缓的军事同盟出人意料地打退了波斯的进攻。随后，希腊人在雅典率领下采取攻势，经过一系列战斗，到公元前448年从波斯统治下解放了爱琴海沿岸的全部希腊（和一些非希腊）城市。

战争对希腊人的影响正如胜利本身一样离奇。希腊从前的霸主斯

巴达意识到帝国对它内部社会秩序的威胁，变得故步自封[1]。雅典则 256
选择了相反的道路：四处出击，无所顾忌。希波战争以前，雅典还未进入最强盛的希腊城邦行列；战后，也在相当程度上由于战争，雅典成为希腊文明生命力的渊薮。经济上，雅典垄断了东地中海和黑海地区的贸易；政治上，它组织并控制着强大的城邦同盟，成功地打败波斯人，并一度几乎统治整个希腊世界；文化上，它的文学和艺术成就使希腊其他城邦相形失色，成为希腊文明的完美体现和经典之作。事实上，从雅典将波斯人逐出欧洲到公元前 431 年伯罗奔尼撒战争爆发，这半个世纪的业绩称得上是雅典历史上名副其实的“黄金时代”[2]。

海军是雅典获得光辉业绩的关键。雅典舰队在希波战争前不久组建，当时，狄米斯托克利（Themistocles）建议公民大会将从最新发现的阿提卡银矿获得的收入用于建设城邦海军。由于拥有 200 艘新式三列桨战舰，雅典在战争中发挥了决定性的作用：波斯海军在萨拉米斯的战败（公元前 480 年）迫使波斯主力由于军需短缺而撤回亚洲[3]。而且，这使得雅典舰队越过爱琴海、解放波斯统治下的小亚细亚半岛的希腊城邦成为可能。另外，由于控制了爱琴海和邻近水域，舰队将东地中海贸易吸引到雅典的皮莱乌斯港（Piraeus）。

舰队还给雅典城邦带来两种更深层次的影响。首先，它保证了雅典的民主和对外侵略的必然性。由于将舰船划向敌舰的划桨手们只需要训练有素的肌肉，不需要任何装备[4]，因此最贫穷的公民在舰队中
扮演主角。其结果是，当雅典人穷得负担不起重装步兵的装备而接受 257
划桨手这一重要军职时，雅典政府的民主形式得到了极大稳固。当惊人比例的雅典公民的家庭收入必须靠或相当程度上靠划桨手的薪俸和战利品来补充时[5]，雅典城邦的侵略性便步步升级。只有在此背景下，我们才能理解雅典海军雷厉风行且持续不断的扩张，这种扩张在公元前 480—前 404 年搅得希腊世界不得安宁。

其次，随着雅典公民在海外历险时接触到异国风俗，以及大批外乡人涌进已经成为东地中海商业中心的雅典城，传统信仰和观念迅速

受到侵蚀。当人们习以为常的生活准则以及既有社会制度，如贵族与平民、农民与无地者、自由人与奴隶之间的传统关系发生变化之际，关于人生以及人在宇宙中的地位的新思想找到了合适的土壤。

然而，伯罗奔尼撒战争（公元前431—前404年）中的恶战和最终失败挫伤了雅典的自尊，并促使繁荣年代潜伏的冲突公开化，此时放弃传统习俗和观念对雅典人来说是解脱而不是损失。贸易、纳贡品、帝国的掠夺使占地并不足以维持生计的公民们不至于陷入贫困。雅典人未来的成就似乎是无止境的。增进雅典荣耀的事业为各个不同阶层的全体公民发挥和发展其聪明才智提供了机会，为此而献身成为人生最美好的理想。

258 简而言之，雅典在短暂但生机勃勃的几十年中的成就表明，城邦现行的法律制度和道德价值观为绝大多数雅典人提供了令人满意的生活环境。在这样一个尚未受到挑战的生活环境里，与丰富多彩的外部世界的接触活跃了思辨的头脑，激励雅典人重新向他们自己解释人和宇宙的性质。雅典人与习以为常的社会结构之间牢固的感情纽带，以及他们不拘泥于任何成见的自由精神生活，为文化创作活动提供了理想的条件。后来所有时代对它的赞美证明，雅典人没有辜负他们得天独厚的机会。

（二）政治演变（公元前500—前336年）

公元前5—前4世纪，希腊城邦国家的政治史提供了处于均势中的众多主权国家是怎样经过一系列不稳定的结盟演变成一个霸权国家的典型例证。[6]

主权城邦在希波战争中取得了最大成功。薛西斯入侵（公元前480年）的意外后果无疑向包括历史学家希罗多德（约公元前484—前424年）在内的许多人证明：受众神护佑、以城邦形式组织起来的自由人无须畏惧任何外来侵略；城邦比强权政治[7]更有权利发展完美的个性和辉煌的集体荣誉。但是，这里面掩盖着一个佯谬。不久的事态就表明，一个城邦的好大喜功意味着邻邦的功业和自由受到损害。早在公元前 6 世纪，斯巴达在伯罗奔尼撒半岛的霸权就向人们提出了城邦在对外（即城邦间）事务中所享有的自由权的合法界限问题。当公元前 446 年雅典开始将抵抗波斯的自愿结盟转变成称臣纳贡的帝国时[8]，这一问题就日趋尖锐。

因此，雅典的帝国主义迅速而猛烈地昭示出从公元前 6 世纪因袭而来的城邦理想的根本性变革。雅典战败未能使希腊摆脱窘境。尽管 259
斯巴达及其盟友打着恢复希腊人自由的旗号参加伯罗奔尼撒战争（公元前 431—前 404 年），但实际结果却远非如此。公元前 404 年以后，战胜的斯巴达远比雅典更专横粗暴地干涉他邦事务。后来的底比斯（Thebes）和马其顿也同样。事实上，在依靠征敛和抢劫才能够创立和维持庞大的陆海军的时代，数十个各自独立的小邦已无法生存。然而，在希腊，即使联合数邦的政府在公元前 3—前 2 世纪获得了局部的成功尝试，希腊的分离主义还是十分强大，以至无论是内部的持久联合还是来自外部的牢固控制都遭到抵制。只有罗马压倒性的军事优势才结束了各邦间的争斗。

伯罗奔尼撒战争既加速了希腊文化的传播，也加速了它的衰落。公元前 431 年，由于双方都竭力寻求盟友，发生在希腊本土的局部性战争不断扩大到更广大的地区。斯巴达只是在谋求到波斯的援助之后才摧毁了雅典帝国。其他外围地区——西西里和南部意大利、色雷斯、马其顿、伊庇鲁斯等也卷入了战争。这些地区常提供雇佣军和战略基地，偶尔也成为战场。这样，波斯总督和色雷斯诸王的宫廷、野蛮的伊庇鲁斯人的部落大会，以及西西里和南部意大利的城市议会，都加入了以爱琴海为中心的外交—军事均势系统。鉴于爱琴海地区又是希腊文明最高层次的体现，那些因参战而接触到这一文明的新来者都以不同方式受到希腊文明的影响。像小居鲁士（Cyrus the younger）这样的波斯显贵，他是来自野蛮的阿卡尔纳尼亚（Acarnania）的雇佣兵冒险家。据传说，他将雅典远征军残部收为奴隶，并释放了全部能背诵欧里庇得斯（Euripides）诗篇的人——所有其他诸如此类的人都钦佩并学习雅典的文化成就。

伯罗奔尼撒战争严重破坏了希腊文明中心地带的城邦生活。在许多城邦，战争中的艰难困苦和投机活动动摇甚至摧毁了公民的集体意识。修昔底德最恰当地描述了当时的变化：

> ……全希腊都在震荡；雅典的公民领袖和拉西第梦（即斯巴达）的寡头把两支军队派遣到各地，使全希腊都卷入战争。在和平年代人们不愿意，也没有理由请求外国军队入境；但在战争期间，为保护自己、打击敌人，同盟总要听从统一调遣。因此，革命者派系有很多机会请求外国军队入境……

动乱导致希腊各邦邪恶产生。人们嘲笑并抛弃了以荣誉为重的古代风尚，社会上结党私营、尔虞我诈。[9]

260 希腊城邦始终未能从这一毁灭性的经历中完全恢复过来。战后，雅典的少数富人与人数众多的穷人[10]之间暗中猜疑，互相仇视。其他希腊城邦也弥漫着同样情绪。

陈旧的伯里克利式的公民观念以及它对全体人民的要求已无法维持。个人主义、消极的政治态度、对集体的疏远感十分流行。雅典人色诺芬（Xenophon，约公元前430—前355年）的经历体现出公元前4世纪特有的城邦纽带松弛。他在小居鲁士麾下当雇佣军，曾经远征中亚，退休后定居在伯罗奔尼撒。他所著希腊史的悲观结尾，反映了不再怀有往昔城邦理想、不信任任何道德或政治秩序的一代人所广泛存在的厌倦和迷惘。在论及曼提尼亚（Mantinea，公元前362年）战役[11]时，色诺芬写道：

> 战役结局出乎所有人意料……每一方都自称是战胜者，但任何一方都没有获得新的领土和盟友。相反，战后希腊更加动荡不

安——但是，我准备就此搁笔，把后来的事留给有心记载它的历史学家。[12]

我们唯一能够充分了解的希腊城邦就是雅典。在上一世纪时由公民团体承担的各种功能，于公元前 4 世纪不断分化。从伯罗奔尼撒战争开始，职业军人和军官逐渐垄断了军事服务；职业演说家和民众领袖控制了公民大会；专业财政人员承担了平衡国家预算的艰巨任务。

雅典昔日荣耀的回顾在雅典人中还能唤起某种响应。但是，连德摩斯提尼（Demosthenes，卒于公元前 322 年）这样的雄辩家也无力使之起死回生。公元前 5 世纪时结合紧密的地方共同体转变成更为松散、更具世界性但明显地缺乏活力的社会。然而，希腊人在短暂的辉煌年代中释放出的非凡活力再也禁锢不住。公元前 5 世纪时雅典的文化表达方式成为传世的典范，赋予希腊文明以永恒的标记和永不衰竭的吸引力。 261

（三）希腊诸文化形式的完善

悲剧

尽管在祭祀名声欠佳却又颇受欢迎的狄奥尼索斯神时，古风时代的许多希腊城市已在演唱《山羊之歌》，但只有雅典将这种粗陋的宗教仪式发展成高超的艺术。一批有才华的诗人，加上盛大的演出所必需的财富，使这种发展成为可能。同样重要而且在人类历史上相当罕见的是，剧作家与公众息息相通。这种联系出自雅典特有的强大的社会凝聚力。酒神节和其他公共宗教仪式上宗教剧的表演使得这种凝聚力得到体现和更新。

希腊艺术的宗教性为悲剧家提供了因因相袭的题材。这类题材我们称之为神话，但希腊人视为古代历史。它们是由诗人传诵的，很不系统，甚至有时互相矛盾。作为悲剧前身的宗教仪式也开创了主要的戏剧程式，包括合唱队、化装的演员，以及风格独特的音乐和舞蹈动作。现代学者由于无法再现希腊悲剧的全貌，才强调剧作家的思想。但是对当时的观众来说，主要的演出效果无疑来自音乐、舞蹈的节奏和化装演员在绘制的舞台布景前表演所展现的视觉场面。[13] 实际上，公元前 5 世纪的雅典在这些方面的不断创新使悲剧艺术更加完善，例如索福克勒斯（Sophocles，公元前 495—前 406 年）引进绘制的舞台布景来制造立体效果。欧里庇得斯（Euripides，公元前 484 或 480—前 406 年）晚期的几部作品 [14] 采用了新颖的独唱。我们有幸充分了解的另一项进步是，舞台上增加了同时上场的演员人数，而相应地降低了合唱队的作用。

这样的精雕细琢使希腊悲剧表演在公元前 5 世纪发生了显著变化。但是，高度程式化的传统基本上保持不变。即使是才华横溢的欧里庇得斯也不断从神话的共同宝藏中提取创作素材，还保留了合唱和其他的传统形式。在这一世纪中叶以前，雅典悲剧的传统结构允许埃斯库罗斯（Aeschylus，公元前 525—前 456 年）和索福克勒斯自由地表达思想，同时改进既定程式以激起观众的兴趣。借此，他们既深化和发展
262 了悲剧艺术，又维持了他们与观众之间宗教和礼仪方面的联系。无论是埃斯库罗斯还是索福克勒斯，对于改编和重新解释已为人熟知的神话情节以适应戏剧的要求方面，都丝毫不感到良心不安，尽管二者作品中有关神人之间关系的传统观念依然居于首要地位。现代学者十分关心的是，他们作品中的道德和神学含义，大多数观众很可能理解不了，但是，这些成分为睿智者增添了情趣。而传统故事中众所周知（或经过有趣修改）的情节，加上节奏、歌唱和表演则给普通公民以娱乐。

欧里庇得斯之所以开始突破悲剧的固定程式，不过是因为他的精神境界背离了大多数同胞，在传统形式之内他已经无法自由地、毫无保留地表达思想 [15]。他在剧中嘲弄英雄和众神以抒发感情，表达一种近乎渎神的讽刺精神。

随着知识精英与其他公民之间出现隔阂，公元前 5 世纪伟大的雅典剧作家们赋予悲剧的使命丧失了。当最敏感的心灵不再分享共同体

普遍的观念和思想，而是以自身经验和思考来充实和解释流行的观念时，公共剧场就不再是阐发高尚而严肃思想的便利工具。因此，到公元前 4 世纪，悲剧新作不再出现，古典悲剧复兴并占据着舞台。当代诗人则热衷于喜剧，这是一种对严肃的思想持轻蔑态度，突出机智、表演和角色，以及对雅典所有阶层仍然具有吸引力的情节悬念的戏剧形式[16]。以前由诗人和剧作家在公共场合进行的对宗教和道德观念的探讨，成为闭门不出的哲学家们的私事。

哲学

雅典哲学是对希腊悲剧的继承。读过柏拉图早期对话的人都能辨认出其中的戏剧特征。事实上，对话形式[17]不过是柏拉图与戏剧密切联系的外在表现。他把公元前 5 世纪时由伟大的悲剧家从事的对于政治和伦理问题的探讨继续到公元前 4 世纪。柏拉图之所以能从事严肃的理性活动，原因在于他与欧里庇得斯不同，不必去取悦广大观众。他面对的是有主动精神的知识精英。这些人就本质而言超脱于城邦的 263
局限性。任何熟悉雅典语言，敏锐而又富于思想的人都会对柏拉图的对话产生共鸣。

希腊早期的思想中心不在雅典。但是在公元前 5 世纪中叶，雅典却成为新型教师——智者的聚会地。智者向学生传授在民主制城邦里出人头地的技巧和知识。他们对希腊哲学发展的贡献就是，发现了依据不需证明的逻辑规则就可以对语言进行分析和运用[18]。这是他们和意大利的伊利亚学派（Eleatics）共同的贡献。由于智者们的著作只有少量残篇流传下来，而柏拉图又败坏了他们全体的名声，智者教学的精义确实难以判定。只有借助考察智者的风范和方法对修昔底德和欧里庇得斯这类人的影响，借助超出残存的材料所能证实的范围的想象力，人们才能领悟，智者对公元前 450—前 431 年间成年的一代才智卓越的雅典青年的影响。

智者善于向雄心勃勃（即使出身微贱）的人传授如何影响公民大

会和如何通过恰当的遣词造句来引导人们的艺术。除此之外，智者懂得依据严格的论证规则进行逻辑推理的方法，这种方法使人能在具备必要的敏锐头脑和充分的知识积累的情况下，揭示宇宙中的一切奥秘。倾听和领会对于普罗塔戈拉斯（Protagoras，约公元前480—前410年）"人是万物的尺度"这一著名格言的各种激进解释；发现雅典人关于神、世界，以及人在世界中的地位的传统观念的狭隘局限性；亲身领会新的真理取代昔日未经检验的迷信：所有这一切都必然令人极度兴奋和豁然开朗。修昔底德敏锐而热情的精神境界最有力地证明了，智者的教诲如何展现出人类本质有待考察的新领域，如何严格而精确地定义有关人类社会的真理。

然而，公元前5世纪末，舞文弄墨的唯理主义已经显示出其破坏性后果。智者已经对城邦生活的基础提出疑问。如果像某些智者所主张的：法律是弱者对抗强者的计谋，道德不过是人为的习惯，那么，前几代人谆谆劝导的为城邦利益自我奉献和牺牲的感情就是彻头彻尾的自欺欺人。真正的人应当识破这种伪善，在适当的限度之内以一种安全的方式放任自己"自然地"行动，而不考虑共同目标和公共利益。
264 这些理论尤其流行于雅典上流社会。上层阶级年复一年地为维持舰队提供大量款项，但每当需要做出政治、军事决策时却敌不过平民的票数。智者的理论为政治寡头使用暴力和卑鄙手段提供了方便的理由，他们借此于公元前411年和公元前404年两度推翻民主政治。

民主政治不久就恢复了。但是，寻找新的价值体系取代古代的个人与城邦简单地合二为一的体系的问题依然存在。上层阶级与民众互不信任，他们已经不再无条件地效忠于城邦和城邦领袖。那些不向人民谄媚，不屈从于市井偏见的人与政治生涯无缘。那么，怎样获得美满的生活？怎样管理个人和政府？这就是柏拉图（公元前427—前347年）对自己提出，并且始终未能摆脱的问题。他仍旧是城邦的尊崇者，是雅典人。作为局外人，他忧心忡忡地注视着事态进程。他认为就出身（他声称自己是雅典国王的后裔）和教育而言，自己有资格执掌政权；但由于性格的原因，他不肯用原则上的妥协来赢得政治影响。

苏格拉底（Socrates，公元前 469—前 399 年）曾经在某种程度上预见到柏拉图对雅典城邦的离异。他花费大半生时间，用犀利的言辞批判雅典民主领袖的无知和专横。最后他们以腐蚀青年和不敬神的罪名将苏格拉底判处死刑作为报复。然而，苏格拉底曾以重装步兵和陪审法官的身份为城邦效力。抛弃其思想不说，他在行动上符合时代的标准。这是柏拉图始终未能做到的。

柏拉图对他尊敬的老师的精彩描绘，已经使我们对历史上的苏格拉底的了解，不可挽回地长期染上了柏拉图的色彩。当然，色诺芬的论述、阿里斯托芬（Aristophanes）的喜剧与柏拉图的描写存在明显差异。也许是因为苏格拉底专门揭破他人的自作聪明，从不著书立说，致使他的同时代人也弄不清他的真实想法。然而总的来说，苏格拉底显然是一个激进的保守主义者。政治上的保守在于，他同任何政治寡头一样主张雅典应当由明智的、优秀的人来统治；他的激进在于，不把明智和优秀局限在贵族出身和绅士式的教育。思想方面的保守在于，他主张正确和谬误是绝对的，而不是人为规定的。然而他又是激进的：他力图使这些绝对的事物从属于理性的限定和论证。他在宗教方面同样陷于矛盾：他崇拜神和虔敬的外在形式——“奉还阿斯克勒庇俄斯（Asclepius）一只鸡”[19]——但他还体验过幻听和与神交往的幻觉，并拒绝信仰国家的传统神祇。

在所有这些方面，苏格拉底都只是表面上的保守主义，他的激进则是彻底的。而柏拉图加深了这些矛盾。他提出的纠正雅典弊端的激进方法都十分彻底，例如他在《国家篇》，甚至晚年所著的《法律篇》中的温和提法，人们从中看不出他的激进思想所反映的理想城邦的保守特征。其实，《国家篇》中基本上世袭的三个阶层的划分，与公元前 6 世纪希腊社会中奴隶、从事体力劳动的外邦人、保卫城市的公民和指导国家的贵族阶级的划分十分相似。 265

对柏拉图而言，尽管政治问题永远居于首要地位，但是柏拉图哲学的其他方面在后世，甚至当他在世时，更引人注目。也许他是出于培养一代掌握真理，因而有能力改造雅典和其他希腊城邦的政治家的愿望才创建学园。[20] 但从他成熟时期的几篇对话来看，如《蒂迈欧篇》(*Timaeus*)、《斐利布篇》(*Philebus*)、《泰阿泰德篇》(*Theaetetus*)、《巴门尼德篇》(*Parmenides*)，似乎失意的政治家开始用有目的的智力投资来勉强替代政治行动。无论如何，柏拉图前所未有地融汇了希腊世界各地的不同思想流派。他以无与伦比的高超技艺完成此举，为后来希腊乃至全部欧洲哲学提供了基本论题、问题，甚至词汇。后人自然会强调柏拉图思想的这些方面，而忽略其他方面。柏拉图提到灵魂与肉体、理念与之相对应的物体、知识和意见、存在与演化的对立，而柏拉图以后的古典时代的人们就关注于这些循环出现的二元对立。在这一点上，柏拉图主义很早且深入地构成后来孕育了欧洲文明的基督教传统的一部分因素。理念的超验世界尽管对于柏拉图自己也许从来不是一个令人满意的概念，他晚年还曾加以否认[21]，但是，这一概念却成为后人所谓柏拉图主义的核心，并且多少个世纪以来影响着人类的精神活动。柏拉图以这种(也许是变形的)方式当之无愧地跻身仅
266 次于佛陀、孔子、耶稣、穆罕默德等人类最伟大的精神导师之列[22]。柏拉图思想丰富、复杂、敏锐，这恰恰表明他的读者是少数受过良好教育而且思维活跃的人。柏拉图生前，尤其是死后的主要读者，是那些丧失了城邦领袖的传统地位、常常无所事事的地产主。由于智者学说给希腊世界带来了思想启蒙，这些人不满于陈腐的虔敬观念。人们越来越迫切地要求哲学取代旧的生活方式，为那些丧失了传统社会功能及父辈的宗教信仰的绅士们提供行为规范。在此背景下，任凭理智引导的行动与相信世界是与人为善的愿望之间存在着深刻的矛盾。

此后的希腊历史大体上可用这二者间的对立来解释。起初，居于统治地位的是相信理性，渴望汲取、组织、理解和阐释层出不穷的知识。柏拉图在学园里的后继者主张的怀疑论，与柏拉图的门生亚里士多德庞大的体系构造互相竞争、抵触。但是，二者都坚信理性是探索

宇宙奥秘的唯一指南。新知识的吸收迅速导致专门化：科学摆脱了哲学，语言学、修辞学以及学术批评脱离了其他学术门类。剩余下来的所谓专业哲学，逐渐丧失了与这些相关领域的联系。其结果是，哲学家丧失了前辈们由于接触新知识而具有的活力，他们的职责缩小到为绅士们制定伦理准则，并在必要的场合用形而上学、物理学或认识论学说加以论证。这一进程大体在公元前 2 世纪完成。希腊哲学从此成为宗教的替代品。而且，由于否认情感这一希腊文化的共同特征，它甚至不能算是令人满意的替代品。

但是，在哲学循此途径演进成高贵而又不乏英雄气概的伦理准则之前，亚里士多德（公元前 384—前 322 年）已经缓慢地在希腊思想中填充了大量可与柏拉图的成就相比拟的学问和健全的常识。亚里士多德与他的老师不同，他不是城邦成员，而是职业思想家。雅典政治演进的历程对他来说只是令人感兴趣的研究对象，对他本人的感情没有严格的束缚。他毕竟不是雅典人，而与他的出生地、色雷斯城市斯塔吉利亚 267
（Stagira）也仅仅是偶尔的联系。因此，亚里士多德是在柏拉图极不情愿终止的地方开始工作：超脱于任何城邦之外，为知识而寻求知识。

亚里士多德的著作涉猎的领域之广阔、体系之庞大令人钦佩。他几乎囊括了当时的全部知识。他坚定不移的理性主义使柏拉图偶尔表现出的想入非非显得幼稚。然而，他缺少柏拉图的才气和诗意：人们再也找不到他这样典型的思维机器了。具有讽刺意味的是，正因为亚里士多德丰硕的成就（加上他现存著作的单调和枯燥乏味）使得他对后世的影响反而比不上柏拉图。在自己的观念体系中，亚里士多德几乎穷尽了全部答案。弟子们唯有赞美先师的著作和填补他遗留的空白，比如狄奥弗拉斯塔（Theophrastus）增补了亚里士多德的植物史。亚里士多德给予尚无定论或热烈争论中的问题以冷静而合理的答案，弟子们再无任何真正重要的事情可做。在几个世纪之中，由于没有争论，学生们各奔东西，任凭亚里士多德的著作受到不应有的冷落。

总而言之，希腊思想活动的最初解放发生在城邦结构之内，先是爱奥尼亚学派，随后又由于伊利亚学派和智者学派而获得了新的活力和更丰富的论题。从苏格拉底和柏拉图开始，哲学思考超越了城邦结构。亚里士多德将哲学思考的羽翼覆盖到全世界，极少受到其赖以产生的城邦社会的束缚。这种超越城邦的思想传统不久又将其自身禁锢于新的，尽管是较为松散的共同体之中，即在精神上倾向于希腊世界的绅士共同体。哲学家失去了改造和影响公共事务的希望。他们的注意力越来越集中于个人生活和行为。

哲学的黄金时代是它在城邦结构重型起的时候。当时，逻辑论证的技巧已臻完善，又有大量新知识供其吸收。随着知识的极端丰富，专门化和怀疑论取得进展。为抵制哲学传统所遭受的侵害，人们追求谨慎的、确定的行为准则。第一代哲学家曾经勇敢地构造体系，现在的哲学家拘泥于越来越谨小慎微的理性公式，其中尤以伦理准则占据中心地位。探索真理的理想逐渐萎缩成希腊化学派冷静的、死气沉沉的理性主义。

历史学与修辞学

哈利卡纳苏斯（Halicarnassus）人希罗多德（卒于约公元前 425 年）对人间和神祇事物的考察，与先前的诗人和哲学家们相距甚远，因此他创立了一种新的文学形式：历史学。通过在希腊世界和东方的广泛游历，希罗多德得知了许多民间流传的历史故事。他以优美的文笔挥洒自如地叙述了希波战争，其中记载了许多他所听到的故事。

268 希罗多德像最早的爱奥尼亚哲学家一样对自然界很感兴趣，但他感兴趣的主要是自然界的丰富多彩和奇异变化，而不是哲学家们关心的统一性和规律性。虽然像悲剧诗人一样，他也与神，以及神与人的关系打交道。但是，吸引他的是居住在不同地区的人们所具有的千差万别的神灵观念，而不是诗人们断言的宗教真理。而且，希罗多德的确欣赏良好的道德，特意指出人类过度的傲慢和自大将会受到超自然力的惩罚。

他的叙事方式类似于史诗，这使人联想到荷马。像荷马一样，希罗多德也超越了狭隘的党派偏见。他对希腊生活方式的存在价值充满信心。这使他既能够给予蛮族以“应有的光荣”，又能指出与东方不朽的智慧相比“希腊的幼稚”。希罗多德认为，希波战争归根究底是争取自由或遭受奴役的斗争。他在书中乐观地肯定自己生活的城邦世界，给予雅典人超过其他任何希腊人的赞誉。对于“历史学之父”最崇高的赞誉莫过于：希罗多德式的解释历史的方法，尽管带有明显的倾向性，却至今仍主宰着学术界。

尽管修昔底德（卒于约公元前 400 年）与其伟大的先驱生活的年代有重叠，他却沐浴在一种十分不同的知识氛围之中。修昔底德是雅典贵族，还一度出任雅典城邦的将军。因此，他的经历与公元前 5 世纪雅典盛行的新思潮有密切的联系。智者运动的修辞学和逻辑学原理培养了他的风格和严格、现实的标准。他把这一标准应用于自己的论题：伯罗奔尼撒战争史。他细致入微地观察事实，努力分辨伯罗奔尼撒战争带给希腊世界灾难的真正原因。这体现了将希波克拉底的医学方法应用于政治机体的有意识尝试。修昔底德判断力敏锐，视个别事件为更普遍的现象的合理性后果，为他赢得了崇高的赞誉。这也使他的著作正如他所宣称的那样成为“不是一时的得奖论文，而是永久的财富”[23]。

修昔底德与希罗多德不同，他是彻头彻尾的城邦尊崇者。他关于悲惨的西西里远征的评论，使人感到雅典帝国的事业正一步步走向不可避免的悲壮性结局。的确，修昔底德也许终于看到了他的故乡落得完全的亚里士多德意义上的悲剧命运——这是由悲剧性的举动，即雅典人过分的贪婪而导致的衰落；看到了由于双方付出的巨大代价所注定的悲剧[24]。这些具有戏剧性的见解，比深入的分析和巧妙的修辞更能赋予修昔底德历史学以非凡的感情和精神力量。

从某种意义上讲，修昔底德的生活和著作都表达了对内部联系密切的小邦社会的惋惜之情。修昔底德曾经因为在政治斗争中被当成一次重大军事失败的替罪羊，于公元前 425 年被逐出阿提卡半岛。我们 269

不能确定他后来是否回到过雅典。他在书中记载和分析了伯罗奔尼撒战争所造成的忠于城邦传统的崩溃。在色诺芬（公元前431—前354年）与修昔底德的记述相衔接的著作中，崩溃的结果已经昭然若揭。作为文学家，色诺芬更关心文句的修饰和现实中的道德，而很少关心人类事务难以驾驭的复杂性。色诺芬代表了历史编纂学退化为修辞学分支的先兆。

*　*　*

只要希腊城市仍旧享有哪怕是微小的昔日霸权，雄辩术就在政治生活中发挥着重要作用。例如，在公元前4世纪的雅典，公民大会仍然是决策机关，雄辩术在法庭上也有显要地位。陪审员投票判定有罪无罪，取决于辩护者发言有力无力。但是，随着公元前4世纪人们的生活普遍多样化、专门化，演讲和写作讲稿逐渐成为受过专门训练的演说家的专职。对于他们来说，雄辩和伶牙俐齿本身就是目的。伊索克拉底（Isocrates，公元前436—前338年）和德摩斯提尼（公元前384—前322年）曾经试图使修辞学服务于政治和道德的更高目的。但是，在公元前3世纪，政治事务也不再由公共演说来决定，而改在国王和将军们的密室中决定了。雄辩和优美的言辞以其纯粹的艺术鉴赏性掩盖着不幸的言之无物。修辞学变成为艺术而艺术，丧失了生命力。词汇不再是行动的指南和真理的窗口，其价值仅在于它本身。

纪念性艺术

公元前5世纪，希腊的纪念性艺术也几乎完全是公共性的。建筑师在保持传统风格的同时满足于局部的、细节上的美化和工艺的完善。凡是参观过雅典卫城，瞻仰过帕台农神庙（Parthenon），欣赏过伊里克提昂（Erechtheum）的精美装饰的人，都不会认为这些细节是微不足道的。精美华丽本身就给观众以强大的艺术感染力。唯有，或者几乎是唯有公元前 5 世纪的希腊建筑取得过这样的成功。

另一方面，雕塑家自由地离弃了早先的样式，无论是单独的雕像还是建筑物山墙和柱子上的群雕，他们都发展了解剖学和构图方面的高超技术，在这方面后人再也没有超过他们。随着时间的流逝，公元前 5 世纪和前 4 世纪的大部分雕塑都被毁坏了。但保留下来的遗迹已 270
足以让我们在学术上重现希腊艺术史[25]。正如在其他领域一样，最精美的作品是在雅典制作的。但是，其他城市，尤其是阿戈斯（Argos）和西息昂（Sicyon）的雕塑家亦可与之媲美。

雅典的菲狄亚斯（Phidias，卒于约公元前 432 年）被后人誉为希腊最伟大的雕塑家。他的杰作——帕台农神庙的雅典娜神像和奥林匹山上的宙斯神像，由于用黄金和象牙装饰，注定要最先被摧毁，今天我们已不可复得。我们只有通过文学描写了解他的作品。帕台农神庙现存的浮雕是在菲狄亚斯的指导下，或许还是依据他的设计雕刻的。菲狄亚斯的神像恰如其分地保留了神话中的全部标志和象征[26]。从这种意义上讲，他的雕塑具有传统风格。但是，他在雅典和奥林匹斯的宗教塑像，其庄严和美丽又为现行宗教增添了新成分[27]。他使神的视觉形象比传统神话中的神更安详、刚毅、完善。因此，菲狄亚斯和悲剧家索福克勒斯一样，用重新解释传统的方式去满足当时更有鉴别力、更成熟的头脑，也使视早期希腊人格化的宗教为娱乐性神话的后人对此印象深刻。

公元前 4 世纪的雕塑家制作的神像具有更美、与人更接近的完美形体，漂亮而又逼真，但缺少了菲狄亚斯的神像所透露出的庄严气概。普拉克西特利（Prexiteles，约公元前 385—前 320 年）制作的赫尔墨斯神像是迄今保存下来的少数基本完整的几尊古代雕像之一，而且出自大雕塑家之手。它体现了这一转变：雕塑家对神的态度变得像欧里庇得斯一样不恭敬。事实上，公元前 4 世纪的雕刻成为用完美的技巧有意识地追求审美和戏剧性效果的艺术。然而，雕塑家们的全部技巧也无法补偿不再充当神与人之间的公共中介人角色给他们带来的损失。

小结

希腊古典文明的双重性

在祭奉狄奥尼索斯的仪式上跳着疯狂舞蹈的女祭司表现出古典希腊文明的某一方面，这始终与普拉克西特利著名的赫尔墨斯像所代表的奥林匹斯的雕塑典范相对立。在短时期内，即在古典文明创造力的鼎盛时期，城邦还能将希腊文化的双重性融为一体。公元前5世纪初希腊人制作彩绘花瓶的时候，城邦是否成功地驯服狄奥尼索斯崇拜中迸发的原始感情尚不能肯定。而当普拉克西特利制作其赫尔墨斯雕像时（约公元前350年），希腊有教养阶级已经完全放弃了对奥林匹亚众神的信仰。这两幅图像反映出，希腊文化由不受约束的自然情感向优雅、美好然而稍微显得柔弱的生活方式的演进。

公元前 338 年，喀罗尼亚（Chaeronea）战役第一次显示出马其顿压倒性的军事优势，这标志着希腊伟大的古典时代的终结。长期以来，希腊人以破坏而不是维护城邦主权的理想为荣。此后，这种理想虽然仍旧是一种强烈的感情，但已经成为伤感之情了。城邦的自治不再是一种现实的选择，只有在大国变幻不定的组合允许时，城邦独立才能暂时复兴。

希腊场景的变迁对文化活动的许多方面产生了破坏性影响。普通 272
老百姓对公元前 3—前 2 世纪迷乱的、变幻莫测的政治军事平衡置若罔闻。其结果是，原先充满活力的自由意识及其衍生物——承认个人对集体的义务，削弱甚至消失了。知识阶层与芸芸众生之间不断扩大的精神分歧，加剧了城邦丧失独立所造成的压抑心理。后代人备加赞赏的丰富多彩的希腊思想和文化，仅留给那些有闲暇接受高等教育的人去欣赏。也许是人类的一切伟大成就所固有的讽刺，公元前 5—前 4 世纪希腊人将祖先遗留的原始形态的文化发扬光大，既减缓又加速了那种既促进又束缚他们创造力的社会关系的最终破坏。

这种社会学上的寄生现象不应损害我们对希腊文化辉煌成就的赞美和崇敬。寥若晨星的几个人赋予后期古典时代的思想、文学和艺术以确定的形式，并深远地影响到最近几个世纪中在全世界取得了统治地位的欧洲文明，这已经非同一般了。然而，对后世来说至关重要的还是公元前 5—前 4 世纪的辉煌本身：那富于魅力的形式已臻于完善并将流芳百世。

但是，在短时间内，人们还感觉不到这些局限性。新的天地有待去征服，空前的财富有待去赢得，新的光荣有待去追求，无穷的地域有待去开拓。这些令人振奋的机会起自希腊文化在马其顿的亚历山大及其后继者时代非凡的地理扩张。

二、希腊文明向欧洲野蛮地区的扩张

马其顿侵入希腊中心地带，这一行动也是希腊文明某些因素从爱琴海向北方扩张的副产品。只是在腓力国王（公元前356—前336年在位）以希腊方式组织军队之后，马其顿才因其数量优势登上希腊政治舞台。希腊文明向北方和内陆方向传播到马其顿这样的落后地区，需要调谐自身以适应与其赖以兴起和繁荣极不相同的社会和经济环境。

公元前5世纪，只有沿海或距海很近的城市完全分享了先进的希腊文化。与它的前驱克诺索斯（Knossos）和它的后继者威尼斯（Venice）一样，雅典与大海有着不解之缘。如果没有来自海外的财富，那么，公元前6世纪的内部竞争和普遍的贫穷就只有通过向海外移民来缓解，雅典也就永远不会成为吸引整个希腊世界能人志士的中心。

之所以如此，是因为技术因素严重限制了古典世界创造财富的能力。除非在灌溉地区，稠密的人口无法仅仅依靠当地的粮食生产生存。
273 相当数量的公民只有通过用橄榄油和酒类产品交换谷物[28]这类赢利贸易所实现的集体剥削，或通过对弱小共同体强制征收贡物和战利品这种更直接的剥削，才能维持参加希腊文化生活所要求的小康程度的物质生活。

缺少廉价的运输工具意味着内陆地区的大规模城市共同体无法自给。因此，只有重复公元前两千纪文明社会在雨水灌溉地区发生的社会分化过程，希腊城市文化的硕果才能在远离海洋的地区生根。外族征服者或当地部落首领转变成收租人，将乡村生产的财富集中到自己手中。他们先是用这些财富购买希腊奢侈品，然后用于供养少数当地手工匠人和专门职业者（这些人常常集中于地方性市镇），以此为他们提供独特风格的产品和服务。这些产品和服务首先在希腊沿海城邦繁忙的作坊中发展起来。

希腊殖民地是推销母邦奢侈品的主要媒介。只要能获得金属、木材、谷物和其他贵重物产，殖民地商人就能随时准备扩大在内地的生意。这些产品的生产通常由蛮族首领或地主组织。他们很快就养成了对希腊的酒、橄榄油和制造品的嗜好。在保加利亚、俄罗斯南部、意大利中部、法国南部等广大地区发现的希腊古瓶，证实了这种交换的存在。有时，贸易促使蛮族对希腊文化产生了更为浓厚的兴趣。然而，在没有恐惧和强制因素的情况下，大多数人只准备在表面上改变其社会观念或习惯。

希腊文明也并非完全通过和平方式传播。公元前 5 世纪到前 4 世纪初，希腊军事组织和战术所向披靡。早在伯罗奔尼撒战争前，波斯总督就以高额酬金招募他们不守规矩的邻人充当雇佣军[29]。马其顿国王们最成功地掌握了希腊的军事技术。由于马其顿缺少使用雇佣军的财力，他们不雇佣希腊人，而是征召马其顿农民组成王家方阵，以希腊方式装备和训练[30]。腓力国王又从马其顿贵族中征募传统骑兵加强方阵战斗力，终使得他的军队在全希腊，甚至在全世界都所向无敌。

马其顿的希腊化不限于军事方面。早在公元前 5 世纪，马其顿王 274
室就声称是希腊人后裔，甚至将包括欧里庇得斯在内的许多希腊文学家邀请到王宫。腓力国王在青年时作为人质住在底比斯 3 年，因此得以直接接触到希腊中心城市的政治、军事和文化。他聘请亚里士多德做其子亚历山大的家庭教师。实际上，先进的希腊文化正是以王室为主要推动力渗透到马其顿。

起初，希腊影响对马其顿君主制构成一种潜在的威胁。很久以来，希腊不是将国王置于有名无实的地位，就是根本不要国王。公元前 4 世纪初，接纳了希腊移民的[31]一些马其顿城市，企图以按希腊方式组织起来的城市同盟取代马其顿君主制。斯巴达的军事介入（公元前 379 年）粉碎了这一企图。此后，马其顿城市的居民都成为国王的顺民。

在公元前 4 世纪的其他时间里，希腊化与马其顿王国的强盛相得益彰。居住于宫廷，在王家军队中服务，使马其顿青年贵族受到高雅、奢侈的希腊人生活方式的熏陶，这比酬金和战利品更能使马其顿贵族效忠于王室。因为一旦接触到富有吸引力的生活，贵族青年就永远摆脱了先前使马其顿贵族极端不受约束的乡村部落的残暴[32]。希腊化宫廷文化的强大魅力是腓力卓越政治成就的真正秘诀，它为腓力提供了忠诚的率领新型军队的贵族。

马其顿农民和普通士兵的希腊化，无论在腓力时代还是其后很久都是不可能的。马其顿军队在战场上的胜利使士兵们极端蔑视无能的希腊人。直到罗马时代的军事失败扫掉马其顿人的锐气之前，马其顿的内陆地区仍然保持着平等的社会。那里未能建立起真正的城市，而这里正是方阵兵士的来源地。在马其顿，希腊化的绅士极少能拥有维持其适当的生活方式的足够的私有财产。贵族传统的社会领袖地位也未发展到征收重税的地步。只有国王，因为拥有战利品和得自开发森林和矿产的收入，使其能够在其周围形成一个希腊化的社会圈子。相反，部分希腊化了的马其顿贵族只有服务于国王，才能获得他所向往的生活方式。正是这一点使得贵族与君主密切地联系在一起。

275 马其顿当然不是因吸收希腊文明的成就而提高其政治地位的唯一蛮族国家。色雷斯的奥德里西人（Odrysian）王国向相同方向的发展被腓力的征服打断。伊庇鲁斯（Epirus）不久就步马其顿的后尘。在公元前4世纪的黑海沿岸，位于亚速海的博斯普鲁斯人（Bosphoran）王国和小亚细亚北部的俾泰尼亚（Bithynia）都建立了希腊化的王朝。

在中地中海，希腊、迦太基、埃特鲁里亚三个先进文明并存虽然使局势复杂化，却丝毫没有妨碍文明的传播。冲突的中心是西西里。这里的希腊城市时断时续地与迦太基帝国斗争了两个世纪之久，直到罗马人的第一次布匿战争（Punic War，公元前264—前241年）以压倒优势将西西里变为第一个罗马行省，争斗才告结束。冲突的第二个中心在意大利西部，希腊人与埃特鲁里亚人在这里交锋。希腊人在丘米海战（Cumae，约公元前473年）的胜利迫使埃特鲁里亚人撤出坎帕尼亚（Campania），从而使罗马摆脱埃特鲁里亚人的控制获得最后保证。此后，罗马统帅下的拉丁同盟构成了希腊人与埃特鲁里亚人对手之间的有效缓冲地带[33]。

埃特鲁里亚、迦太基、意大利南部的希腊城市、西西里相互之间，以及它们与西部地中海沿岸几个较为落后的地区之间，都保持着活跃的贸易。作为文明世界的西部前沿地带，这些地区与东地中海地区也有密切联系。迦太基人和埃特鲁里亚人，尤其是后者，熟谙希腊的艺术风格，有时还聘请希腊艺术家，或部分地仿效他们的艺术成就。公元前 4 世纪中叶开始，迦太基人也像波斯人一样欣赏希腊雇佣军的技术。公元前 3 世纪的迦太基贵族通晓希腊语，在他们不算保守的原始宗教中显然吸收了希腊思想。尽管他们都欣赏希腊文明的某些方面，但是埃特鲁里亚人和迦太基人都不能算作希腊民族大家庭的成员。埃特鲁里亚在希腊化的 276
外表之下 [34] 维持着当地的传统。北非的贵族共和国即使在腓尼基本身进入希腊化时代之后，仍保持着纯正的腓尼基文化遗产 [35]。

在公元前 500—前 336 年的中地中海地区，希腊文明显然是最为活跃的文化潮流。但是，希腊文明不仅未能彻底战胜对手，而且在政治经济方面难以自保。

公元前 3 世纪末以前，西地中海地区动荡中的政治、文化平衡对希腊本土没有重大影响。但是，在经济领域，伴随希腊先进文明传播而来的技术传播对爱琴海沿岸的核心地区极为不利。在色雷斯和黑海沿岸，希腊殖民地逐渐学会了公元前 5 世纪时集中于雅典和科林斯这类城市的制造技术。西方的希腊和埃特鲁里亚城市也一样。希腊更大的灾难还在于，酒类和油类产品在西西里、南意大利、迦太基的北非属地上的发展，以及葡萄种植业在意大利中部、色雷斯、俾泰尼亚和克里米亚的发展。

这些变化逐渐破坏了先前财富向少数几个爱琴海商业城市集中的贸易模式。更多的边缘地区开始分享在酒类、油类产品对谷物交换中的利益。这导致中心地带的经济迅速衰退 [36]。日益贫困的下层阶级供养着雇佣的军队，成为希腊社会日益明显的特征。从公元前 4 世纪开始，许多希腊城市同时发生的严重内部纷争，是对逝去繁荣的一种悲惨或者说是正常的反映。

希腊文化和希腊技术扩张的结果，对于希腊文明最初的创造者来说并不总是那么美好。内部的动荡、城市间不断的残酷战争，以及生活条件的恶化，这些都为马其顿的霸权铺平了道路。当亚历山大通过其霸权将希腊社会的能量转向一致对外，为希腊和马其顿的事业开辟了广阔的、多样化的东方世界时，希腊主要城邦的反应正如堤坝决口：上千甚至上万的希腊人追随亚历山大移民东方，寻找出路。因此，希腊文化为东方世界打上的烙印比纯粹的军事征服深刻得多。

三、东方的希腊化（公元前500—前146年）

（一）军事和政治

277 尚处于野蛮状态的欧洲要等到缓慢而痛苦的经济和社会分化过程提供了适当条件，从而使人们能够欣赏和负担优雅文明的时候，才感受到希腊先进文化的影响。而希腊文化向东方传播却没有遇到这方面的阻力。东方社会早已分化出富有而开明的统治阶级。地主和商人随时准备采用比当地先进的希腊产品和技术。早在公元前4世纪，埃及和黎凡特[37]就消费相当数量希腊的酒、油和五花八门的制造品，尽管内陆地区还没有卷入这种贸易活动。当时，大多数希腊商品就其体积而言并不都值得远距离的海上或水上运输。即使如此，在伊朗，人们偶尔也可发掘出公元前4世纪雅典花瓶的残片。但是，从总体上讲，希腊对波斯帝国广大内陆地区的商业渗透，是在亚洲内陆建立了希腊定居点之后。而这正是亚历山大的征服所导致的。

雇佣军继希腊商人之后有力地充当了希腊文明向东方传播的中介。波斯人用金钱雇佣希腊士兵所造成的军事和政治关系十分复杂。一方面，希腊人为付钱的波斯人打仗，使得小亚细亚的总督在伯罗奔尼撒战争中及战后成为希腊政治的主宰；另一方面，由于希腊军人威望很高，每个波斯保护人，包括国王在内，都雇佣希腊人作为近卫军以确保其势力。这意味着在公元前4世纪不断骚扰着波斯帝国的叛乱具有希腊内战的性质。互相敌对的雇佣军方阵充当主力，作为辅助力量的东方军队只起到次要的、相当不起眼的作用。结果，当亚历山大进攻波斯时，要战胜的最善战的军队和最干练的指挥官都是希腊人[38]。

从这一点来看，亚历山大昙花一现的事业，是希腊与东方长期互相渗透过程的顶点而不是中断。公元前 334 年，亚历山大向波斯发动 280
进攻时，宣称是为希腊文明而战，他率领的军队也是希腊同盟各城市的联军。亚历山大自任盟主，他恢复了小亚细亚希腊城市的主权。在希腊影响微弱或根本就不存在的遥远地区，他有计划地、坚持不懈地推广希腊文明。他多次举办希腊式的运动会，他的军队在西亚的纵横驰骋构成一个流动的希腊—马其顿国家。对后世更为重要的，是亚历山大沿帝国边疆建立的具备希腊制度并享有特权的希腊城市的计划。这些城市主要分布在伊朗东部边界，抵御草原游牧民族是这一地区的长期问题。但是，在所有这类城市中，位于另一端即帝国西南角上的埃及的亚历山大里亚最为繁荣。

公元前 330 年，阿黑门尼德王朝最后一位君主大流士三世被他的随从刺杀。亚历山大立即放弃他自封的希腊文明保护人的角色，声称自己是波斯国王的合法继承人。他力图使波斯人同马其顿人和希腊人一起成为帝国的主导力量。从印度归来后，他同一名波斯贵妇结婚，并在苏萨（Susa）举办了有 1 万名士兵和波斯妇女参加的盛大婚宴，从而使他的计划增添了戏剧色彩。

亚历山大在 33 岁时去世，距他开始进攻波斯不到 12 年。他因此避免了失败——不是指战场上的失败，在战场上他是无所畏惧的；而是指在如何统治他所征服的多种多样的民族问题上。因为即使是把他当作推翻波斯统治的解放者的埃及人和巴比伦人也不会长期保持对他效忠。况且，他还要协调波斯和马其顿民族互相敌对的民族自豪感，并在某种程度上寻求希腊人的合作。

那些争夺并最终瓜分了亚历山大帝国的将军们，不可能继承亚历山大对被征服人民的政策。他们是没有世袭统治权的篡位者，对被征

希腊文化的扩张

右图是小亚细亚西南部的卡里亚（Caria）总督摩苏鲁斯（Mausolus）的塑像：一个身着全套希腊服装的野蛮人。这是用希腊方式对他的纪念。事实是，摩苏鲁斯的遗孀聘请当时希腊最著名的雕塑家来装修她为丈夫设计的壮丽陵墓。英文中“陵墓”（Mausoleum）一词就来源于此。左图描绘的是亚历山大的征服。这是希腊文明向新地区和平渗透的补充。画面表现了亚历山大在伊苏斯（Issus）战役（公元前333年）中指挥骑兵攻击大流士三世，而后者在勇猛的马其顿军靠近时掉头逃跑的场面。

服者来说又是外族人。因此，他们的统治纯粹依靠马其顿军队的忠诚和服从，而无视士兵的利益就要出现逃兵和兵变的危险，从而使唾手可得的成功在一夜之间成为泡影。马其顿士兵反感希腊人，鄙视东方人。他们异想天开，希望既保持马其顿边远地区淳朴的制度和生活方式，又能使每个士兵获得从前梦想不到的大量战利品和财富。

因此，成功的马其顿统治者是那些靠出手阔绰取悦于马其顿士兵，喜好以军营粗犷作风为特色的王家生活方式之人。离乡背井缓和了希腊
281 人与马其顿人之间的仇视，在新的希腊化帝国中，二者可以共存。为了有效地开发新王国的资源从而获得供养士兵的本钱，马其顿国王迫切需要希腊统治艺术和经济技术。由此，他们的统治全都过分地依赖军队。

公元前 281 年后，亚历山大的部将们的争斗渐趋平息。帝国被瓜分为三个国家：西亚的塞琉古王国（Seleucid）、埃及的托勒密王国（Ptolemaic）和欧洲的安条克（Antigonid）马其顿王国。马其顿王国的领土比亚历山大在世时略有缩小。希腊诸城邦的地位极不顺心，多数情况下是名义上保持自由，但是一般都在不同程度上从属于三个希腊化帝国中的一个或与之结盟。

多数国家的管理因循旧制。马其顿上层阶级稳步地希腊化，希腊式城市兴起。但是直到罗马人征服时，农村的农民还享有绝对的或近乎绝对的自由[39]。埃及托勒密王国政府是古老的法老制度（Pharaonic）更为合理、更加无情但更有效率的翻版。托勒密诸王垄断着主要农产品，向农民分发（改良的）种子，开发并控制灌溉系统，并且以前所未有的普遍性向居民征税。塞琉古王国的行政制度较为松散，以对原波斯总督辖区的改组为基础。在如此广阔和多样化的领土上，类似托勒密王朝对村庄和个人的严密控制无法实现。地方政权形式多种多样，有半王侯性质的地主、神庙国家、城市国家等。它们控制着地方政权，向中央政府缴纳数量不等的贡物。这与波斯人以及波斯人之前亚述人的统治方式极为相似。

马其顿的征服深刻影响到东方社会生活的性质和外在形式。饥饿

不堪的希腊人和健壮的马其顿人成群结队地从他们人口稠密的祖国移民国外，使东方人民广泛接触到希腊生活方式。希腊人在希腊化社会中的主导地位，加强了希腊文明内在的吸引力。为防止当地潜在的叛乱，埃及和亚洲的马其顿统治者，均尽量慎重地从具有希腊背景的人中挑选官员。但是，并非所有的移民都获得了官职。许多人经商和从事专门职业，如医生、教师、运动员、演员和建筑师等。

为了减少维持常备军的费用，同时，缓和离开家园寻找出路的农民出身的士兵对土地的渴望，托勒密和塞琉古王国让大量士兵定居在军事殖民地，以应招服兵役为代价给予他们一块耕地。塞琉古王国的 282
这类军垦地有时发展成为纯粹的希腊式城市。国王允许并鼓励他们创设标准的希腊城邦制度：选举产生的陪审法官、议事会和公民大会。但是这种情况在埃及则没有出现。

这些城市以及其他希腊化城市里聚集着各民族居民。在那些真正扎根并繁荣起来的城市中大多数居民可能不是希腊血统。但是，那些因出身或教育而具有希腊人和马其顿人资格的人也享有公民特权。为获得这种特权，在安条克、苏萨等古老城市中的本地上流社会中，学习和采用希腊生活方式成为一种时髦。因此，这些城市以及其他一些新老城市成为东方海洋中的希腊文化岛屿。那里盛行与希腊城邦极为相似的生活方式，至少在那些享有完全公民权的上层阶级中是如此[40]。

* * *

在马其顿征服之前，中东文明的中心在美索不达米亚、叙利亚和埃及；其外缘在伊朗和安纳托里亚。而亚历山大将爱琴海沿岸地区和小亚细亚并入了这个历史悠久的中心，印度北部和中地中海地区则成为这一新的希腊—东方文明的东西外缘。

当然，文化的差异仍然存在，希腊文化形式和制度给本来就已盘根错节的中东文明添加了一股活力。东方国家上流社会的希腊化也许从来就不曾深入，然而，希腊和东方还是前所未有地融为一体。发生在埃及或叙利亚，伊朗或安纳托里亚，希腊或马其顿的事件互相间影响密切。随着时间的流逝，罗马和迦太基以及北印度国家越来越深入地卷入这个政治、军事、经济网络，其最活跃的中心位于爱琴海沿岸和东地中海。

在这一核心地带，长期的战争和国家间关系的不断重组，使希腊化世界的政治局势复杂得令人沮丧。托勒密和塞琉古为控制叙利亚南部和巴勒斯坦而争斗，马其顿和埃及则争夺对爱琴海沿岸的控制权。起初，埃及中央政府的高效率以及税收制度提供的大量资金，使托勒
283 密王国对不如它富有和高效率的对手处于优势。然而到公元前3世纪末，官僚体制的腐败和涣散，榨干了第一代托勒密王国曾经老练培育和无情利用的财富，从而走向了衰落。

统一的塞琉古王国的统治原本就更加松散，因而也经历了内乱。在塞琉古历史的早期，边缘省份就宣称独立。在公元前3世纪，位于小亚细亚西部的帕加马（Pergamum），位于里海（Caspian Sea）东南的帕提亚（Parthia），位于东北方遥远的巴克特里亚（Bactria）都独立了出去。公元前2世纪中叶，马卡比（Maccabees）的犹太人国家也步其后尘。但是，塞琉古王国经历了托勒密埃及所没有的复兴。塞琉古王国后来的两位国王安条克三世（Antiochus III，公元前227年—前187年）和安条克四世[41]（公元前175年—前163年）曾一度收复了广阔的东方领土。但前者未能阻挡罗马人的攻势，后者也未能排除帕提亚人虽然组织松散却彼此起伏的骚扰[42]。

一些更小国家的发展使得希腊化时代政治史的细节异常复杂。在希腊、小亚细亚和犹太地（Judea）三个王国势力范围的交界地，形成了缓冲地带[43]。希腊国土北端的几个边境小国，如伊庇鲁斯、俾泰尼亚和本都（Pontus）等重复了马其顿在公元前5世纪—前4世纪的历史，王室和土著贵族逐渐适应希腊文化。帕加马王国由于位于小亚细亚的中央，希腊化程度更深。在它的领土上出现了几个重要的希腊化城市。这些城市在强有力的国王阿提里德（Attalids）统治时普遍达到高度繁荣。

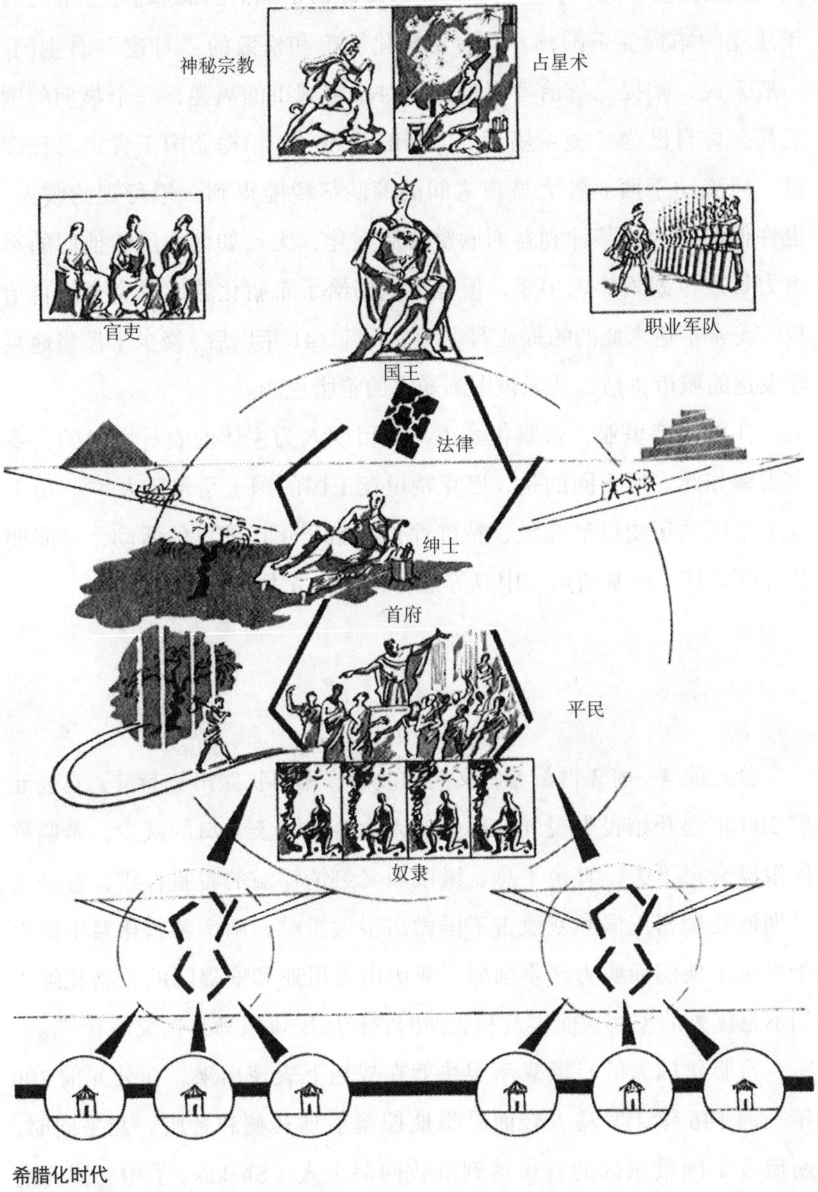

希腊化时代

塞琉古王国衰落后，亚洲也出现了众多的边境国家。其中，位于小亚细亚的加拉太（Galatia）和卡帕多细亚（Cappadocia）在罗马时代以前相当落后。然而，来自里海附近草原讲伊朗语的部落于公元前247年建立的帕提亚王国，并存着希腊化城市和松散的“封建”君主国。
285 一般来说，帕提亚统治者表现出了对希腊城市的兴趣，一个早期的国王甚至称自己为“爱希腊者”（Philhellene）。帕提亚国王肯定已经懂得，向流动于西亚各大城市之间的商队征税能得到一笔可观的收入。也许他们是为了某种利益而欣赏希腊文化，无论如何，虽然他们的军事力量以伊朗贵族为中坚，但是，他们给予希腊化城市以完全的自治权。美索不达米亚的帕提亚君主（公元前141年以后）极少干涉当地兴旺发达的城市生活，从未试图削弱它的希腊色彩。

在巴克特里亚，希腊化城市与以伊朗人为主体的农村之间的关系也大体如此。所不同的是，巴克特里亚王国的国王是希腊人[44]。由于这个王国的历史已经湮没，精确评价希腊文化在那里的活动，只能期待在阿富汗、巴基斯坦、中亚等地有充分的考古发掘[45]。

* * *

公元前4—前3世纪希腊文明的政治、军事扩张声势赫赫，自公元前200年起开始丧失锐气。部分地因为希腊本土人口的减少，希腊移民浪潮衰退下去，直至平息。饥饿而又热情洋溢的希腊青年，曾经为早期的托勒密王国和塞琉古王国做出很大贡献，两个希腊化君主国由于失去了他们而实力严重削弱。亚历山大里亚和安提阿的希腊化绅士们不是优秀的士兵，而埃及和亚洲的农村居民仇恨马其顿统治者[46]。

希腊化国家的日渐衰落很快就在战场上表现出来。在公元前200年—前146年，罗马人轻而易举地控制了马其顿和希腊。几乎同时，塞琉古王国最东部的省份落到游牧的萨卡人（Shakas）手中（公元前
286 165—前128年）。美索不达米亚并入了帕提亚[47]。这样，自公元前

2 世纪中叶开始，希腊文明的政治边界后退到幼发拉底河。小亚细亚、叙利亚、埃及的残余国家只有佯装投靠罗马，才能从帕提亚统治下独立出来。当然，罗马和帕提亚都分享了希腊的文明传统。公元前 2 世纪中叶，罗马和帕提亚对希腊化国家惊人的军事胜利，标志着希腊文明扩张第一阶段在政治上的衰竭。

（二）社会和文化

希腊人和东方人在希腊化城市中杂居，这使双方都发生了复杂的社会和文化变革。亚历山大征服后的头一个世纪，借鉴几乎是单方向的：向希腊借鉴。征服者的自信还没有衰退，希腊本土的社会活力还强盛未衰，希腊移民涌向东方，带来了他们的生活方式。希腊化城市中的上流阶级，不管是何种出身和文化背景，都希望被人视为标准的希腊人（Hellene），他们全盘模仿希腊生活方式[48]。希腊语比希腊文化的传播范围更广，因为只有富裕之家才负担得起接受希腊文化的费用，而所有的商人都能学会经过简化的通俗希腊语（Koine）。通俗希腊语在许多地方代替阿拉米语（Aramaic）成为中东地区通行的混合语言，也成为许多没有借口冒充希腊人的城市居民的母语[49]。

然而，正在希腊—东方文化交流表面上一边倒的时期，希腊本土的社会结构逐渐被东方早已流行的模式同化。在希腊化时代，希腊城市和亚洲城市一样普遍实行寡头统治，即使在民主形式幸存的雅典亦是如此。复杂的经济因素明显助长了由雇佣人手和奴隶耕种的大农业的发展。旧式的享有公民身份的农民连同其家产不同程度地消失了。城市里聚集着贫困的无产者。工资赶不上由于亚历山大慷慨地分发波斯王宫的黄金储备而引起的物价飞涨，一切单纯靠工资生活的人必然生活拮据[50]。希腊所有的大城市都必须从国外输入粮食，现在，这成 287
了大问题。因为谷物贸易中的细微变动都会引起物价的急剧波动，供给线的短暂停顿也会造成严重的地方性饥荒。

在这种条件下，贫富的两极分化加剧，人们经常听到取消债务、重新分配土地的革命性要求。下层阶级以暴动来发泄自己的不满，其中尤以公元 3 世纪末斯巴达的暴动规模最大。外来干涉势力总是镇压这类运动。但是，高压解除不了希腊社会的弊端。富人和穷人、受过教育和未受教育的人分道扬镳。希腊城市中并存着诡辩和迷信、精致高雅和惨淡贫穷，宏大的公共工程和对穷人的公共布施，农村则留给了雇佣劳动者和奴隶[51]。

民主时代的人们对希腊化时代主要希腊城邦的社会演变报以惋惜，但是，充分分享希腊先进文化的社会集团的缩小，是文明在地理扩张上的必然结果。扩张使以爱琴海为中心的狭小区域无法维持强大的军队和对地中海沿岸的商业剥削，因而不能像鼎盛时期那样为雅典提供经济资源。

事实上，古代技术的局限性使文明的代价异常昂贵，只有让许多人受到剥削才能使少数特权者享有必要的闲暇来创造和维持高度文化。希腊化时代的社会模式在原则上并未改变，不过是移植后变得更脆弱而已。

公元前 5 世纪的希腊，尤其是雅典，公民的联合体共同剥削弱小民族，而在其故乡则保持着令人振奋的社会聚合力和平等。雅典人和其他希腊人不仅不为他们对受害人的残酷对待感到内疚，还以展示出集体威力为荣；而且正是借助集体力量，他们才有能力攫取他人的劳动成果。在希腊化时代，集体的和合作的剥削让位于由居住地靠近或比邻的人们以个人身份从事（事实上显然温和得多）的剥削。换句话说，不劳而获的收入主要来自地租而不是贡物。在雅典帝国的经济中具有重大意义的商业利润，成了为体面生活而聚敛财富的不光彩手段。

财富向少数人手中集中的方式转变成个人和地方性的，这极大地
288 加速了希腊化向内陆的进军。很显然，希腊生活方式与它赖以产生的异常复杂的地理和社会环境并非不可分割。蛮族不必先建设一个新的雅典，就可以更为顺利地文明化。实际上，当地的土地所有权、适当的重税，再加上一点儿正规教育就足够了。

另一方面，希腊化社会变革后的社会结构意味着，即使在古典世纪的心脏地带，也不可避免地无法排除蛮族人。为主人的舒适生活服

务的农民、奴隶和工匠们，被排除在主人享有的知识和社会领域之外，他们自然感到屈辱。在这种条件下，有教养的上流社会曾面临尖锐的道德上的窘境。一些人面对穷人的疾苦感到痛心，另一些人则热心于阻止社会上的暴发户进入士绅们的特权圈子。完全文明化的社会在地理上的扩张所造成的第二个后果，是心理上的衰退。在雅典强盛时期，从属的和纳贡的民族隔海而居，享有特权的公民集聚在相对狭小的地区，这有助于他们创造性地利用财富和闲暇。一旦作为希腊文化继承者的土地所有者更稀疏地分散到广阔的地域，内部集团就更为混乱，个人更加独立。只有极少数的希腊化大城市——亚历山大里亚、雅典、叙拉古（Syracuse）、帕加马、罗得斯（Rhodes）和后来的罗马——才能汇聚足够数目的文明人以便互相促进和提供道德援助。

在这些大城市，有教养的绅士集团的物质需要由奴隶们精心照料，他们把适当的私人收入或国家补贴视为文明生活的必要条件。但是，即使是他们，也缺少伯里克利时代更为淳朴的雅典人所拥有的某种东西。对共同事业在理智上和感情上的协调一致已不可复得。理性在哲学和科学研究之中占据一定地位，而情感则在豪华的宴席上尽情发泄[52]。将人性中理性和感性两方面结合起来的更高尚、更严肃的事业，在希腊矫揉造作的、都市化的、世界主义而又是个人主义的世界中根本无从追求。在那时（有趣的是它与我们当代相似）人们没有什么事业可贡献其精力，并且上层阶级也缺少在个人安危的时刻所需要赖以生存的宗教。他们因此依赖于理性哲学的冷静安慰和绅士们“端正的行为方式”。

我们不应夸大这些变革在希腊世界发生的速度。在征服的第一股潮流中，希腊文化和武力光彩夺目地炫耀出与已知世界中其他文明相比的优越之处。希腊盛行的冒险精神和狂热，不仅是因为人们有希望 289
占领和统治新土地，有希望通过贸易或掠夺获得更多的财富，有希望通过旅行和探险获得经验；而且因为人们有希望收集和发掘新知识，演唱新歌曲，讲述新故事，以及包括雕塑家、建筑师、画家、演员、医生、竞技者、教师、技巧家在内的希腊艺术家有希望赢得更多的观众和主题。在轴心时代的雅典或斯巴达、科林斯或底比斯盛行的地方观念被彻底抛弃。世界主义滋长起来，有教养的希腊人在文明世界的任何地方都会有身在故乡之感。

在这个繁忙、辽阔、富裕的社会，文化活动频繁而广泛。帕加马和亚历山大里亚是与雅典齐名的艺术和文化中心，来自希腊和半希腊化世界各个角落生气勃勃的人们汇聚到这里。但是，在古典时代晚期的人们看来，希腊化文化成就未能达到公元前 5—前 4 世纪的高度。出于这一原因，现代人大都不能公允地做出评价。丰富多彩的希腊化文学和艺术作品仅有极少部分保留下来，凭这些有限的证据过于苛求地指责一个时代太过冒险。无论如何，当代人的趣味是在贬低古典后期的气氛中形成的。

高度的组织性是希腊文化的突出特征之一。雅典曾经流行过四个哲学流派：学园派、逍遥学派（Peripatetic）、伊壁鸠鲁学派（Epicurean）和斯多葛学派（Stoic）。基本上每一派都讲授正规的课程，都有舒适的演讲场所和自由支配的图书馆。亚历山大里亚的博物馆和帕加马的图书馆是国家机构，政府雇佣专职人员在那里从事文学和科学研究。几乎每个希腊化城市都有某种公共资助的教育机构。家庭教师与父母常承担初级教育，更高一级的大学预科教育则多半由公共税收或私人捐助维持。而且，公共教育在从前完全是军事训练，现在增加了希腊行为方式的一般训导和文学、哲学、修辞学[53]。

正如经常发生的那样，知识和艺术生活的高度组织性，使得自发性和感情的源泉枯竭了。只有在单纯需要理智的领域，希腊化世界才创造了卓越的成就。

在文学方面，以亚历山大里亚为首的各个城市开始了编辑和考订
290 古典作品的庞大工作。但是，就从事文学的学者比例而言，新作多半是矫揉造作，充满学究式的引证，完全不考虑那些没有文化的人。过于考究助长了相反的一面，出现了笑剧这种粗俗而且常常是淫猥的民间文学形式。在庄严的哲学殿堂里（但在各学派之外），玩世不恭的犬儒学派蔑视理性，蔑视哲人们全部的美妙论证和生活享受[54]。

在公元前 100 年以前，纪念性艺术一直抵制大规模组织，在此以后，人们发明了仿制雕像和建筑装饰在技术上可行的科学方法[55]。在此之前，雕像或建筑都是为某个场合专门设计，而建筑师和雕塑家完成作品的艺术构思也没有枯竭。而现在他们有更加成熟的艺术技巧，有扩宽了的主题，有多样化的风格。雕像有现实主义的、戏剧化的和理想化的；建筑则有多利安式（Doric）的、爱奥尼亚式（Ionic）的和科林斯式（Corinthian）的。各种风格都毫无例外地源出于希腊。能创作《萨摩色雷斯的胜利》这样杰作的人无疑是希腊最伟大的雕塑家当之无愧的传人。

有组织的探索知识的活动和对于世界更丰富的经验使自然科学获得了丰厚的报偿。希腊化时代的希腊人在数学、地理学、天文学和医药学领域都处于领先地位。近代欧洲的关键性学科，物理学和化学则进展不大，这也许是因为它们涉及粗活，要操作的不只是一支笔，而且这些活动与希腊化世界绅士们的规范不相符合[56]。

在亚历山大里亚的学者们获得巴比伦数学和天文学成果方面的精确知识以前，欧几里得（Euclid）就完成了他的《几何学原本》（约公元前 300 年）。但是，希腊天文学的全面发展则很大程度上归功于巴比伦。巴比伦人在公元前 8 世纪就开始记录天体的运动，公元前 4—前 3 世纪的巴比伦天文学家们，则利用这些记录发现了天体运动中的数学规律。例如，日食和月食的周期性，用数学坐标来确定月球和太阳的精确轨道等。

巴比伦人没有尝试用几何学来解释观测到的天体运动。但是在巴比伦人的观测资料被译成希腊文后，希腊天文学家立即尝试设计能够说明新近掌握的关于天体运动的精确性的几何模型。柏拉图的同时代人欧多克索（Eudoxos）是这方面的先驱。经过两个半世纪的探讨，其 292
间许多模型（包括日心说）[57]被提出，又被否定。最后，尼西亚人喜帕恰斯（Hipparchus of Nicaea，活跃于约公元前 146—前 126 年）阐述了古典的模型。喜帕恰斯制作了一系列（透明的）水晶球。他认为，由于每个以地球为中心的水晶球在运动，而且燃烧的行星围绕在这个水晶球表面上的某一点做“本轮”（epicycle）运转，所以造成了行星的

希腊化时代

这些雕像表现了希腊化世界上层阶级和下层阶级的天壤之别，而且雕塑家运用了自觉的几乎是怀旧的艺术手法。市场上的老妇人不仅被沉重的篮子，而且被生活的重负压弯了腰；而《萨摩色雷斯的胜利》则表现出骄傲、勇敢和征服新天地的前景所鼓舞起来的神采。虽然二者毫无共同之处，然而两座雕像的美学风格却有着明显的联系。促使艺术家在城市贫穷的罪恶事物中寻找表现主题的道德观念，旨在加强曾经将城邦公民有效地团结起来，而现在已经丧失殆尽的公民的共同责任感。

逆转运动。只要设计一条新的本轮（如果需要则在旧的轨迹之内），用它来描述并因而论证新发现的天体运动，这一体系就可以解释任何更精确的观测结果。这种天文仪器的烦冗（它必然随着年代的流逝而日趋复杂），由几何学的说服力加以补偿。正是借助几何学，人们才能认识行星运动的有规律的不规则性。

这些研究最重大的影响，也许是更为精确的测量技术的发展。希腊天文学保留至今的正是这方面的成就：将时间划分为时、分、秒；将圆也划分为度、分、秒；用球坐标精确地确定空间或地面上的任何一点；一日、一年的长度，地球、太阳、月球的大小以及它们相互间的距离等关键的天文数据的计算；等等。在一些计算上，希腊天文学家的某些结论与今天人们所接受的数据几乎完全一致。而另外一些，例如太阳和月球距地球的距离，他们的计算则误差很大。尽管有这些误差，以及喜帕恰斯天体结构观念的根本性错误，天文学所获得的精确程度和数学方面的成熟此后从未完全丧失。

正如在天文学中那样，希腊因素和东方因素在占星术方面的结合也富有成果。占星术从亚历山大里亚这个发源地广泛地传播到希腊世界，成为人们关于人与宇宙关系认识中的普遍成分。占星术的主要思想来自巴比伦人：天堂与人间互相对应，天体的变动是人间灾难的预兆。希腊占星术以全新的方式应用这一古老的观念。他们把天界的预兆与人的生命联系起来。其做法是：（1）假设人出生之际，行星和其他运动天体的会合主宰着人的一生；（2）发展了希腊和埃及的咒语，这种咒语为每次会合规定了专门的预兆含义。占星术在随后的几个世纪中保持了数学化的天文学的活力。在占星术的想入非非找到足够的资料充实自身之前，有必要仔细地计算，以求确定行星在某一天，或许在过去某一年的位置。而且，计算所要求的严格性也是无穷无尽的。因 293
为最初的计算越精确，最后的表述就越能给人以深刻印象[58]。

亚历山大里亚人缓解了萨拉皮斯（Serapis）[59]崇拜中的纷乱局面。萨拉皮斯是亚历山大里亚的守护神，它结合了奥西里斯（Osiris）、宙

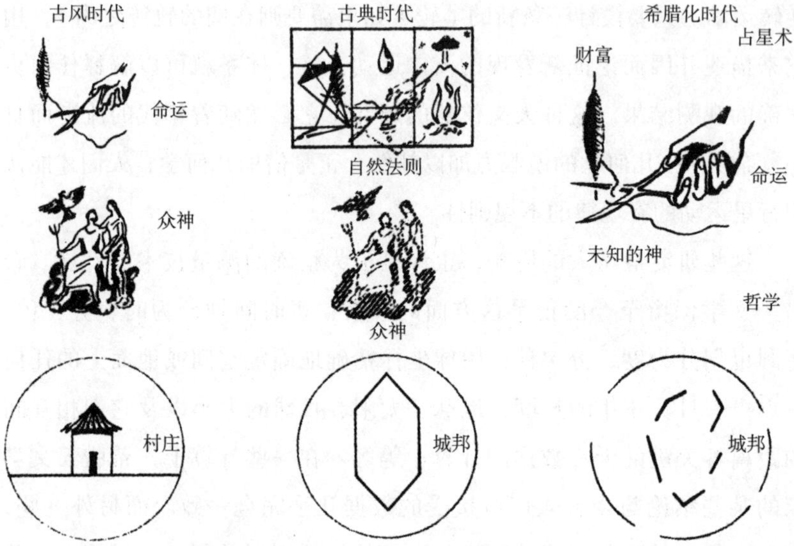

希腊人世界观的变化

斯（Zeus）和马杜克（Marduk）崇拜中的诸种因素，于第一代托勒密君主时代而创立。这种崇拜声称，那些通过一定的仪式与神连成一体的人就可以获得拯救和永生。这种宗教中肯定含有希腊古代神秘主义的因素，但是，埃及的成分占主导地位，尤其是永生的观念。尽管这种崇拜具有折中的和官方的色彩，但是相当多的亚历山大里亚人（以及其他地方的居民）仍然宁愿相信全能的神能够使他们的灵魂摆脱命运之网，能在死后将他们带到永恒的天国。

萨拉皮斯崇拜并不是唯一的宗教，其他神秘宗教，包括从古老的俄耳浦斯仪式发展而来的宗教，以及源起自安纳托利亚和叙利亚的神秘宗教，都与埃及的神祇互相竞争。然而，受过希腊文化传统教育的

294 人不会轻易地接受这类蒙昧主义的信仰。对他们来说，哲学代替了宗教。这是一种本能的冷淡情感、偏爱理性的世界观。

希腊化哲学中也有彻底的失败主义者，最主要的两个学派是伊壁鸠鲁和斯多葛。它们用希腊逻辑学精心磨制的剃刀推导出的结论是：不主张用过分的精力去追求任何事物，包括真理和逻辑。据此种理论，理想的达观者应当超脱周围环境，只关心个人内心平和，即使在最严峻的道德检验面前，或意外的走运面前也保持精神上的自由和平静，因为他是无为的。

在政治和社会动乱的年代，这种观点无可指摘，而且合情合理。但是，哲学家否定和压制情感的行为违反了人的本性。他们的理论只能为那些有强烈的地方意识的人或那些事实上非常幸运的少数人所接受。因此，对于上流社会而言，希腊哲学代替了感情色彩更为强烈的神秘宗教。当罗马征服搅乱了希腊绅士们的平静，当野蛮的士兵蹂躏了他们的花园，抢劫了他们的珍宝，杀害了他们的亲朋时，这种绅士哲学便枯萎了，东方式的神秘宗教也席卷了上流社会。

* * *

公元前 146 年，马其顿沦为罗马的一个行省，希腊成为罗马的附属国。开始征服东方时的希腊人的活力丧失殆尽，科学、文学、哲学的创造力枯萎了。个人和民族屈从于只有通过哀求和祈祷能够控制的超自然力的东方观念盛行一时，这种观念替代了理性、谨慎、不息的希腊精神。当然，近东地区仍然披着希腊化的外衣：规模宏大的城市，它的大学、剧院依然存在，希腊语仍然是受过教育的和某些未受过教育的人士的共同语言。然而，其精神已经蜕变。东方的反动在希腊化的外表背后开始显示其强大力量。希腊文明的扩张力量衰竭了。

罗马的征服帮助完成了这些变革，然而，在贺拉斯著名的诗句中，被征服的希腊人征服了胜利者[60]。不仅在罗马帝国，而且在东方的帕提亚、萨卡、贵霜、印度和遥远的中国，希腊文明以经过修改和淡化的形式还要放射出光辉，尽管已是落日的余晖了。

哈德良长城显示罗马帝国的势力范围远及不列颠

第7章

欧亚生存圈的联结

（公元前500—公元200年）

一、引言

罗马军团于公元前146年洗劫了科林斯，此举足以向希腊人证明，导致他们一度引以为傲的诸城市陷落的，是其不幸的政治弱点。在此前后，罗马的劫掠者多次袭击希腊人世界。此后一个多世纪，将军、地方长官、税吏、各种冒险家们从西方涌来，以掠夺、榨取希腊化诸民族来获取成名发财之道。在此过程中，他们将罗马人的统治扩展到东地中海所有岛屿，他们所积累的财富多数系从希腊化诸民族身上课征榨取而来。许多希腊城市，特别是那些处于希腊文明的爱琴海中心地区者，遭此打击后从未能够复原。人口开始骤减，一度使希腊文化高度弘扬的那种精神，也消失不见了。 295

在罗马人征服希腊18年之后，即公元前128年，一位富于冒险精神的中国外交家张骞，西行到奥克苏斯河（Oxus）和锡尔河（Jaxartes）[1]河谷，在那里他惊异地发现了中东文明的最东边缘。此后，中国人与中亚保持着零星的外交与贸易往来，直到公元前101年，中国军队沿着张骞的足迹征服了延伸到锡尔河的一系列绿洲。中国宗主权这次向西的大扩展，导致了在中国和中东之间建立起一条繁忙的商路，以“丝

296 绸之路”而著称。[2] 几乎就在同时，印度洋上的海路有了意义重大的发展。自从青铜时代的蛮族人入侵以来（公元前 1500—前 1200 年），沿着海岸线立足的半海盗式的小王侯扼制了阿拉伯海及波斯湾与红海相邻水域的沿岸航行。尽管艰难，服务于埃及托勒密王“施主”二世（Ptolemy II Euergetes）的水手约在公元前 120 年冒险一直航行到印度。此后，公元前 30 年因罗马的征服而达到极点的埃及政治动乱，也未能使这条新开辟的航路停止运行。一旦熟知了印度洋季风的变化规律，希腊与罗马的船长就渐渐鼓起勇气，缩短了他们到印度的航程，避免了在沿岸各地受到勒索，放胆航行于越来越宽广的水面上。公元 1 世纪，跨越阿拉伯海（即从亚丁海峡到印度南端）的直航已为习见之举。于是从地中海到印度洋的运输变得大为便宜和迅速，各个地区之间大大增加的货物运输经亚历山大里亚集散于埃及。这种长距离贸易使亚历山大里亚保持了繁荣，甚至它相邻的尼罗河内地河谷在罗马人统治下经济衰退时也是如此。

一旦印度洋的船长们掌握了在季风前航行于阿拉伯海的技术，类似的航行就指向更远的东方。在孟加拉湾的东岸，有进取心的商人们与其他从中国南部海岸航行而来的水手建立了联系。其结果是中国和印度经海上联系了起来。正如（可能仅仅在略早时 [3]）地中海地区与印度联系起来一样。在公元 2 世纪或许略早时，罗马与中国领土之间原本分割的几段海程，即从埃及到南印度，从南印度到马来亚，从马来亚到中国，结合为一条或多或少连续起来的商业网，跨越了从非洲到中国南部的整个南方海域。[4]

297 于是，在公元前 2 世纪后期，中国有意识地与欧亚大陆的其他文明开始了经常性的接触。在陆上与海上有组织的商路，迅速将这块大陆上的四大文明联结起来。而欧亚大陆中部大片草原又提供了第三种联系，这更易于吸引军事上而非商业上的冒险。到公元前 4 世纪，马上游牧是这片草原地带所有部落的生活方式。这些部落相互间的关系是纷扰不宁的，他们与横亘在其南缘的各个文明间的关系也是如此，任何重大军事政治动乱产生的震撼经常会从大陆的一端传到另一端。这样，这个欧亚生存圈就联结得比以往任何时候都紧密了。

此事可以与公元 16—18 世纪全球生存圈这次著名得多的联结相比较，此时欧洲的探险家、商人和传教士们有计划地为西方的冒险事业开辟了全世界的海岸与岛屿。确实，欧洲人的扩张在地理上有着更大的规模，它的政治、社会与文化后果比前一次更富有剧变性。公元前 200 年到公元 200 年间，欧亚的四大主要文明在技术上和艺术上几乎处于同等水平，因而没有迫使任何一种文明对既有生活方式做过于剧烈的调整。由此，由欧亚生存圈首次联结而兴起的文化借用，只限于那些情愿容纳的内容。所以，古代航海家、士兵和商队领袖的冒险事业没有造成类似于近现代的剧变，以及对整个非欧洲人世界文化独立性的那种破坏。相反，欧亚大陆的文化平衡还像以前那样维持了下来。

尽管如此，这个生存圈的首次联结使欧亚历史的一般模式有了重大改变。以前是文明世界边缘的两个地区现在成为新商路的中心点，即南印度和兴都库什山（Hindu Kush）两边的河谷。此后两三个世纪中，这两个地区成为重要的文化创新中心，这恐怕并非是巧合。南印度似乎一直是湿婆（Shiva）和毗湿奴（Vishnu）崇拜的主要发源地，这两种崇拜使后来的印度教有着独有的特点。而大乘佛教多半是在兴都库什地区发展成它所特具的形式。

文化的创造性多是出现在这种地区，即商业贸易与城市化使各个不同文化背景的人们能够在这里相遇和融合的地区。但是，尽管雅利安人、达罗毗荼人（Dravidian）居住的南印度与东地中海的文化遇到一起，且中亚、中国、印度、希腊、游牧部落和中东的文化也有所重合，但是它们都没有产生任何一种可称之为新文明的事物。在这些地 298
区，内部的保守性和古代牢固确立的欧亚文明的外部吸引力，很快就阻止了文明生活新风格的独立发展。然而，南印度和中亚能够传播、融合和产生出较古的文化因素的某些变异形式，创造出使较古老的文明社会可以根据本地区的选择予以接受、抵制或进一步改变的重要的新因素。

从总体上看，希腊化文明所映射出的因素在公元前200年到公元200年间，比世界上其他文明的任何成就都更引人注目。艺术史提供了最明显的证据，印度和中国这个时期的风格都深深受到希腊雕塑的影响。在宗教与科学方面虽不那么突出，但也可发现这种影响的作用。例如大乘佛教显示了希腊化宗教概念的影响，而印度和中国的天文学和占星术采用了许多希腊的因素，尽管保留了重要的地方性差别。在罗马和西欧大地上深刻的希腊化印记简直无须论证，因为希腊文明在这个地区没有真正的竞争者。因而，甚至在爱琴海周边的核心地区丧失了全部创造力之后，希腊化的文化映射也没有中止，而是像一颗从寂静的星放射出的光线，继续传到文明世界更远的地方达两三个世纪之久。

但是当源于希腊文明圈的思想和技术广泛地在欧亚大陆传播之时，其他的伟大文明并未静止不动。确实，接受和转化源于希腊人的事物，这本身就是印度人和中国人同化能力的标志，因为没有外部力量强迫他们接受外来的发明。并且，由于对邻近的野蛮人的征服和归化，印度人和中国人都迅速扩展了以他们自身的生活方式占统治地位的地理区域。新的特色继续在他们各自的核心地域出现时，却没有破坏每个文明先前所具有的独特风格的内聚力。

在分析由欧亚生存圈的联结而导致的文化交流的主要线索之前，概述一下在这种交流开始之前亚洲和欧洲西端各个文明的发展，看来是颇有必要的。

二、欧亚大陆非希腊文明的扩张与发展（公元前500—前100年）

（一）印度

公元前500年，印度文明最活跃的地区是恒河流域。在那里，强有力的中央集权的诸王国正在摧毁旧的部落与贵族制度。彼时，印度河流域有一部分处于波斯政府统治下，虽然保留着政治上的分裂和社会生活上的保守性，但是来自于中东的各种影响，例如铸币，却从这里渗透到印度。南方虽无记录可查，但大概由于和文化上更先进的北 299
方的接触，正在逐渐雅利安化。

当亚历山大入侵印度时（公元前 327 年），恒河的摩揭陀（Magadha）王国已经征服了印度东北部的大部分地区。此后不久，孔雀王朝的旃陀罗笈多（Chandragupta Maurya，公元前 322—前 298 年在位）把恒河与印度河流域统一于一个大帝国之下，其核心是摩揭陀王国。[5] 他的孙子阿育王（Ashoka，约公元前 273—前 232 年在位）使帝国版图达到最大，除了最南端一小块地方外，几乎控制了整个印度。阿育王的后代未能维持这个疆域辽阔国度的统一，它不久便分裂为一些较小的并多半是敌对的小国。大约在公元前 185 年，一个篡位者从摩揭陀的王位赶走了最后一个孔雀王朝统治者。同时或其后不久，从西北方来的侵略者们，先是巴克特里亚的希腊统治者，后来是萨卡人和贵霜人（Kushans）的部落，赋予印度政治一种新面貌。这些侵略者没有征服整个印度，他们的控制区只是偶尔扩展到旁遮普之外。至于那些瓜分了孔雀王朝遗产的南方和东方的国家，它们的疆界和真正的名称经常是难于确定的。

年代上的不确定使这几个世纪不可能有精确记录的历史，然而，印度文明继续沿着已经确定的路线发展，这是很清楚的。文学和学术的口头传授是佛陀（约逝世于公元前 486 年）时代的惯例，把文本记在纸上的习惯很晚才得到有知识之人的尊重。[6] 印度文学的口头形式使它有广泛的灵活性。新的思想与特色，增添的和省略的内容几乎难于察觉地嫁接在较古的材料上，由一个又一个的老师把过去的智慧传给他们的学生。只有像《吠陀》这样的圣典，或是像波尼尼（Panini）的梵文语法这类公认的权威性经典，才得以免遭这种一代代形形色色的变更。

印度文学的口头演化，使西方学者惯于用来分析思想发展的文献考证方法无计可施。现存的手稿都是出版相对较晚时代的，体现着数世纪之久的口头演进的结果。我们既没有确定的方法辨别出哪些篇章保留未变，哪些篇章是新增的，也不能确知任何部分形成于何时。结果，所有早期印度文学的年代与真伪成了一个根本难于解决的争论问题。

300 尽管有这些普遍存在的不确定性，存留下来的文献表明，从公元前5世纪直到阿育王之后的时代，婆罗门教（Braminism）是处于守势的。可以确定的是，古老的吠陀学术和它的精华之作《薄伽梵歌》（*Brahmanas*）与《奥义书》（*Upanishads*），在婆罗门教的学校中不断得到研习。由此而产生的新的评论和智慧结晶，即所谓箴言（Sutras）（意为“法则”、“经典”），则试图把传统的教条应用于大量的、多种多样的献祭和日常生活环境，以解决虔诚的婆罗门的困惑。此外，由于口头语言和神圣的吠陀语言越来越大的分歧所造成的问题，使一门意义重大的语言科学产生了，即便这门科学经常是深奥晦涩的。这门新研究的重大成就是波尼尼的梵语语法，大约成书于公元前4世纪。这本书编纂了“经典”梵语的规则，虽与《吠陀》的语言并不完全一致，但却是直接由之发展而来的。[7]

总之，对于印度正在改变的社会环境，这些婆罗门感到难以适应。在兴起的城市中，商人和手工业者们与那些因出生血统而享有较高社会身份的人紧密地混在一起，这是违背婆罗门宗教所规定的禁忌和礼仪戒律的。例如，各种箴言明确禁止乘船旅行，吠陀礼仪中没有关于城市环境的内容，市镇在箴言中很少提到，或是完全被忽略。[8]

佛教徒作家却描绘了印度社会更加多姿多彩的情景。在许多劝诫性和虔诚的故事中，商人和他们的远途旅行是讨人喜欢的情节，构成了这类文学的很大部分。只是这类作品偶尔带有对出身的骄傲和对礼仪纯度强调的痕迹，而这正是婆罗门教作品的特色。由此看来，佛教（还有耆那教）对印度的城市人群特别有吸引力。早期佛教的僧侣用市井的语言传教，而不讲像梵语那种深奥的古老的语言，这必然有助于他们赢得广大的听众。

佛教和耆那教所面临的一个主要问题是阐明他们各自的正统教义。存留下来的记载清楚地反映了争论和分裂派别对这两个宗教的影响。承认一种有权威性的圣典教规是限制教义争论的一个明显办法，但是印度的佛教以特有的激情编成了几种圣传汇集，并从来没有使之近似于一种圣典，这就不能确定在已有的许多个不同的故事与训诫中，哪一种具有权威性。[9] 皇帝阿育王可能试图对这种混乱做一些调整，于是召集佛教的主要高僧成立一个委员会。但如果有这回事，他却认为， 301
在他著名的石刻敕令中并不适于提到这个委员会，而这些石刻敕令是他那个时代印度史唯一无可争议的史料来源。

这些铭文依照阿育王的命令刻在岩石和石柱上，我们由此得知，这位皇帝对他青年时代过于残暴的传统治国之道有所觉悟后，为佛教的宗旨所吸引。在他统治的早期，阿育王侵入他祖父唯一没能征服的重要国家印度，经过一场血战吞并了它。此后他誓绝军事行动，转而赞成精神上的征服，并派出一系列使者在他的臣民和邻国中传扬佛教。[10] 在此之前，佛教的主要成就是在雅利安人所占印度的东缘和南缘一带，在那里婆罗门教在原住民中只得到部分赞同 [11]。阿育王的传教事业使佛教在印度所有地方和锡兰奠立，并至少在中亚有了一个立足点。

得到阿育王支持并大力传播的这种宗教，其玄学上的悲观主义、道德戒律与乔达摩佛陀（Gautama Buddha，释迦牟尼）所教导的已很不同。在其原有精义上增加了一种原始的民间崇拜，这种崇拜以在圣人遗骨周围建造的舍利塔（Stupas，即神龛）为中心。[12] 舍利塔也建造在其他特别的圣地上。与这些舍利塔经常在一处的还有纪念柱以及树林，这些树林用以纪念佛陀在其下悟道的那棵树。

通过这种变化，佛教本身吸收了年代久远的地方性礼仪。对遗物的尊崇使许多圣地和诸多起源各异的神灵易于披上一种佛教的外衣，佛陀本身的形象也越来越多地有了超人类的特点。最大的神龛与佛陀生活中关键的转折点联系在一起，或是围绕着分成几份的佛陀骨灰建造。根据虔诚的传统，阿育王又将骨灰进一步分散在他辽阔国土的各个部分，围绕着佛陀一份份的骨灰，建造了众多新的舍利塔。

伴随着国家的支持和一种使最低贱的人也易于理解的崇拜，佛教就成为印度最为广泛民众化的宗教。对于阿育王本人，或者对他大多数的教友而言，佛教的教条和礼仪与一种浓厚而广泛的道德联系在一起。确切地说，阿育王铭文的主题就是劝诫他的臣民的行为要与达摩

302（dharma）一致。在著名的“第二石柱敕令”（Second Pillar Edict）上刻着他自己对达摩的定义，表述如下：“达摩即为善。但达摩由何构成？它几乎无恶，而由许多善行构成，其中有仁爱、慷慨、诚实与纯洁。”[13] 更为特别的是，对阿育王来说，达摩要求他的王国中各个宗教群体相互容忍和尊重，并戒绝杀害人或动物。阿育王还禁止用动物做牺牲，运用国家权力来反对有关这种牺牲的旧的吠陀礼仪，他本人也放弃了打猎和作战这类在印度和其他地方国王们的传统运动。

作为一个信奉宗教者，阿育王确实是印度国王中最具特色的人物之一，但他也是个主张君临天下的皇帝。像他的父亲和祖父那样，在这方面的能力，他似乎当得起“希腊爱好者”（Philhellene）这个称号。[14] 世界帝国的思想可能是从阿黑门尼德王朝的波斯传到印度的，考古调查提供了孔雀王朝和波斯宫廷之间亲密关系的具体论证，例如，在华氏城（Pataliputra）的孔雀王朝宫殿建有一个大的柱厅，就是波斯波利斯的风格。更进一步讲，孔雀王朝的雕刻与波斯（以及希腊）的模式也极为相似。[15]

希腊人关于国家至高无上、超越所有人类活动的观念，可能也吸引了孔雀王朝的君主们。他们也许试图建立一个有效率的官僚行政机构，就像埃及的托勒密王朝那样。但这有相当的不确定性，因为有关孔雀王朝政府的《政事论》（*Arthashastra*）其主要证据本身的真实性就值得怀疑。[16] 但是无论这种计划是否付诸实践，《政事论》都有着希腊思想的深刻印记。尤其是国王的法律至高无上、超越神圣的先例

阿育王的印度

在左上方，这个粗犷的、带有胡须的狮子出自印度的鹿野苑（Sarnath），与右方轮廓更为柔和的兰普拉（Rampurwa）公牛形成鲜明的对比。两者原来都位于公元前3世纪阿育王皇帝树立的圆柱顶上。右下方出自摩亨佐—达罗的铭刻图形使人联想到来自于古代印度河文化的主题的连续性，甚至可能是雕塑思想的连续性。在另一方面，狮子柱头的设计和技巧，与中东甚至希腊化文化有着明确的关系。而阿育王时期的雕塑家毫无困难地将本地和外来的传统与主题结合起来，在狮子站立的底座上装饰着佛教的“法轮”，而源自地中海的扇叶棕榈图形，可在公牛的脚下看到。

和习惯之上的原则，迥异于此前的印度传统，与之后的印度传统也大
304 相径庭。[17] 我们或许应当把《政事论》解释为劝告一位统治者如何扩大其权力的手册，而非对实际情况的记叙。[18] 从这个角度来说，《政事论》以及孔雀王朝整个的行政与军事努力，都可以看作把一种希腊—伊朗的观念移植到印度这个难于驾驭的社会实体上的企图，即国家对于所有其他人类联系的形式而言是至高无上的。[19] 而在实际上，孔雀王朝的行政无疑是以摩揭陀王国过去经验为基础的。虽然旃陀罗笈多和他的继承者们可能为希腊统治权的观念所吸引，但是一种本土成长起来的印度等级制度到头来还是占了上风。[20]

总括而言，到亚历山大入侵时，印度的发展线索似乎一直要追溯到公元前5世纪初（或是更早）才可确定。亚历山大的远征使印度和希腊化世界之间有了新的亲近关系，又由于"希腊爱好者"孔雀王朝在印度本地兴起，新的外来影响在印度社会变得鲜明起来，虽然比较起来还是表面化的。国王的宫廷资助了一种西方化的艺术风格，并可能宣传希腊—伊朗模式的行政与政治理论。然而在宫廷圈子之外，外来影响恐怕直到孔雀王朝之后很久也是微不足道的，直至延续下来的更为大量的与地中海世界的军事及商业接触，使得希腊罗马影响作为一个整体，更深入地渗透到印度社会之时。

（二）中国

公元前500年到前100年之间，中国是在它自成一体的世界中发展的。在公元前1世纪"丝绸之路"开辟以前，中国与西亚之间跨越陆路和海路的交往太少，以致在两端都没有留下什么痕迹。但在中国，这几个世纪却是一个有着重要的文学和知识活动的时代，中国的传统思想就在此期间形成了。

文学和学术的文字传播，于孔子（逝世于公元前479年）时代之前就已在中国通行，因此，与印度那种变化不定的口头传说的传统不同，中国的文字传统没有给现代历史学家造成障碍。从汉代往后，中国人

自己用了很大精力进行历史资料的收集与编纂，保持了十分精确的编年记载。因此，人们对中国历史的了解要比印度历史多得多。但在如何解释古代记载方面也存在着真正的不确定因素，而在几个世纪中一再被编纂的记载，也不能都信以为真。确实，大量留存下来的文献，305
把弄清中国发展主线的任务复杂化了，但这些文献却提供了无比精确的政治史，人们可以做出一些相当可信的社会学方面的归纳。

公元前 5 世纪到前 2 世纪之间，周朝早期的封建社会遭到破坏，一种更加复杂的社会制度出现了，其中官吏、学者和商人与旧的农民和地主阶级共同起着重要作用。这时中国似乎出现了两个关键性的变革：（1）新兴的土地占有形式取代了旧的封建占有制；（2）服务于各个国王的官僚行政机器的完善。这些变化是相互联系的，两者都可看作旧有的社会和政治划分被打破的表现，这种划分是周朝征服者最初用以区分他们自己和他们属下的土著居民。与这两种改变交织在一起的是货币经济的扩展，商人、市场和城市的出现，以及与这些现象相联系的更大的社会流动性。

一些新近的学者用“乡绅的兴起”这个术语来描绘从孔子到西汉王朝建立这个时代中国的土地所有制形式的转变。从这种改变的本质看来，就是一种在地主和农民之间更加直接的经济关系取代了一种在领主与属下间分等级来规定权利和义务的传统社会制度。这种改变是如何发生的，还不够清楚。货币的应用和市场的兴起无疑是一个因素。此外，周朝的贵族们为了巩固权力，增加收入，便任用代理人 [21] 直接向农民家庭收税，而不是如传统那样向村庄的首领收取贡赋。

另一个因素是军事上的。旧式的封建征募军由原来周朝侵入者的后裔组成，他们忠于领主是基于传统，而远非出于自愿，因而封建军队的数量和可靠性是有限的。有野心的贵族开始通过征募农民来补充他们的力量。由此，周朝人逐渐失去了他们的特殊地位而融入普通人之中。相反，有能力的贵族的权力，不管是在统治属民还是在反对外部敌人方面都大为增强了。

但是，传统的军事和经济关系的变化一旦发生，就产生了一个问题：对由于新的行政及其他技术的应用而增长的财富和权力而言，旧的封建等级制度中的哪些阶层在实际上得到了好处。小贵族中的收税者和征兵官组成了一个小规模的官僚阶层，但是在靠近封建权力金字塔的顶端，同样是君王们对财富和权力的追求。这推动君王们创建了
306 一个在领土规模上更大的官僚机器，以此能够征税和领兵。并且，如果后期的周王不想当无助的傀儡，中央政府也应当做类似的努力。明显地，从农民那里，地方上的地主榨取更多物品和劳役的愿望与君王获取更多征税征兵的愿望是直接冲突的。于是，这种没有习惯与法律可以调节的尖锐的利益冲突，完全破坏了周朝旧的封建制度。只有赤裸裸的武力能够解决由此而来的纠纷。

这些世纪的特点是长期的、越来越剧烈的战争。在这个过程中，许多周朝贵族世家被驱赶或被消灭。他们的土地落到了新人手中，即那些乐于纳税、乐于接受君王和他的官吏们管辖的新贵们。同时，他们对待和他们同等之人和较低贱之人的态度，也摆脱了旧有的士大夫和世袭贵族的方式。这样，到公元前300年左右，当这些被称为“乡绅”的新贵作为一个非常巩固的地主阶级出现时，原来周朝的贵族传统几乎没有什么残留了。[22]

君王行政权力的巩固也得力于交通状况的改进，尤其是河渠的开凿，这在中国只是公元前500年以后才变得重要。[23]河渠改善了排水和灌溉，使农业得到提高和扩展，也使得远距离运输大批货物变得便宜。河渠网对中国的影响是深远的。土地景观也发生了变化：农业原来局限于分散的地点，最初是在丘陵和山坡上，因为那里的自然排水条件好，但是河渠和其他控制洪水的工程使得耕作业向山坡下扩展，直到旧的小块农田逐步淹没在中国北方冲积平原连绵广阔的大片田地之中。这对君王权力的影响也是非常明显的。新拓展的土地可以像新征服的土地那样处理，也就是用旧的封建关系以外的方式管理，由此，贡赋得以直接上缴君王的中央国库。此外，河渠—道路网遍布于平原，

各都城因此能够集中大量的货物，为更完备的官僚与军事机器提供了物质支持。此外，运输的改进促进了商业和手工业的发展，这又以各种各样税收的形式为君王财政提供了一个新来源。[24]

当边疆的公国靠大量开垦土地就能够建立官僚制中央集权的政府时，甚至中部地区较为弱小的国家也开始仿效其他国家的成功之道。这对于本地贵族有着致命的不利因素，因为他们个人的地产并没有大到能够有效地采取防洪措施的地步。然而，君主们的胜利是虚幻的，因为当他们在国内变得相对强大之时，他们自己却陷入与敌对君主越来越激烈的争斗之中。结果是，几个世纪的战争消灭了一个又一个的王国。到公元前 221 年，秦国的统治者——始皇帝，成为全中国政治和军事上的主人。 307

秦国有着位于文明社会边陲国家常有的优点，在对抗北方草原骑马游牧部落艰苦的边界战争中，它的军事技术得到了锻炼与发展；部分是由于秦国统治者经常花很大力量保卫边疆对抗游牧部落，因此他们本身就保留着半野蛮状态。特别是那种残忍的置中国社会与政治传统于不顾的气质，使他们与更为文明化的敌手有天壤之别。

在某种意义上，秦始皇试图重复周朝前几个君主的事业。[25]他扫除了旧的政治结构，把秦国的机构扩展到全中国。在约 8 个世纪以前，早期周朝的统治者显然以类似的激烈方式这样做过，但是从他们那个时代的技术和社会状况出发，他们创建的政权是封建性的，高踞于一个或多或少自治的村庄生活之上，村庄中各式各样的地方习俗保留了几个世纪之久。秦朝政权是大不相同的，它是一个中央集权、军事化、官僚化的体系。原则上讲，它在全中国是统一的，虽然实际上并不完全如此。

秦始皇给中国带来了重要而持久的改革。他把国家分为郡和县，由按官阶等级的文职和军事官员治理。这个原则原已为秦国以外的许多国家所习用，并一直为中国以后的所有统治者沿袭下来。他用敕令推行一种标准化文字的新体系，以秦国习用的书写风格为模式。这个改革在后来的时代进一步简化，确立了所有后来中国文字书写的标

准。[26] 秦始皇也组织了大规模的公共工程，其中最著名的是中国的
308 长城，而最重要的是精心建立的道路和驿站系统，这些也在以后中国历史中的大部分时期维持了下来。[27]

但是后来的中国传统激烈地谴责秦朝政权的其他方面。秦始皇的皇帝概念是绝对的君王，他可以藐视一切习惯、礼仪和规范，完全反孔子之教导行事。确实，为了镇压对他的政权有颠覆性的理论，公元前 213 年，秦始皇命令，孔子和某些其他作者的所有著作都应烧掉，只在皇家档案中留下官方存本。后来时代的儒家学者永远不能原谅此事，在后来的历史著作中一贯地坚持对秦始皇的名声大加诋毁。[28]

由此看来，甚至像秦这样强大的国家都难以消化整个古代中国，而秦始皇的独裁手段使得秦朝不得人心。当他于公元前 210 年驾崩时，继承权的不明确为叛乱打开了大门。重新掀起的战争在经历了一场短暂而猛烈的较量之后，一位由小官吏而成为将军的汉高祖，成为中国的统治者并建立了汉朝（公元前 202 年）。

汉高祖首先与封建原则做了妥协，任命或承认了中国长期被分成的那几个旧国家的自治统治者。但逐步地，他成功地把这些统治者的大多数除掉了，秦朝中央集权官僚政府的原则又恢复了原状。然而这是一个不同的官僚政治，因为秦朝残忍的军国主义和集权化并没有恢复。实际上，汉高祖之所以取得很大成功，是因为他对下属、敌人和臣民采取了一种有意识的“怀柔政策”。新的汉朝官僚阶层的核心由帮助高祖夺得权力的战友组成，但是从一开始，募用官员的大门就为“贤士大夫”[29] 敞开着。这些人实际上是指乡绅，而在不到两代人的时间内，也开始指代研习儒家经典，并以儒家思想为规范的那些人。

无疑，对战争的深深厌倦有助于新的汉朝的建立和权力的巩固。看来，一个统一的国家是确保起码的和平与秩序的唯一途径，而中国在过去 500 年中一直处于分裂割据中。一个施行温和统治、尊重学术并让地主阶级在朝野生活中起主要作用的帝国政府能够获得普遍的支
309 持。因而，甚至当汉高祖的帝位（卒于公元前 195 年）先是被一个孩子，

后来又被一个婴儿所继承时，由于皇帝的职权有这样一段空缺而引起的相当野蛮的宫廷阴谋，也没有在国家范围内撼动汉朝的权威。

经过内战后一段时期的恢复，汉朝皇帝通过进攻一个游牧部落联盟——匈奴帝国，把中国人的精力转向外部。在这段时期的西北地区，匈奴已变得强大可畏。中国南方较弱小的民族也见识到了汉朝的军事威力。[30] 在汉武帝（即“军人皇帝”之意）长时期的统治内（公元前 140—前 87 年），一个统一中国的力量大规模显示出来。在他的领导下，中国军队跨越中亚的绿洲，开始了中国与西亚文明世界的直接接触。通过征服朝鲜的部分地区，汉武帝打通了把中国文化输入朝鲜和日本的道路。武帝还通过对安南的征服，与印度文明圈建立了联系。确实正如我们已经看到的那样，正是这种突然而范围广泛的中国力量的扩张，才使得公元前 1 世纪初的这个生存圈得以联结。

汉武帝的统治也是中国文化生活的一个重要转折点，因为正是他使儒学成为官学（约公元前 136 年）。[31] 从汉高祖的时代起，孔子的学说在宫廷的影响就逐步增长，所以汉武帝只不过是给一个长期形成的变化打上皇家承认的印记。几个世纪以来，官方儒家保守的人文主义取向，确实证明这对中国的乡绅是极为适合的。作为周朝封建制度的后裔和继承者，他们生活的真正要旨，是他们爱好这样一种哲学，即一种能使旧的士大夫传统习俗理性化和优雅化的哲学。另外，儒家的学者从未忘记其先师的目标，即培养治国人才。因此，在汉朝，当实现抱负的主要目标是做官时，一种以培养忠诚和能干的官吏为目的的专门训练，比更纯属理论或思辨的思想流派明显占了上风。

儒家在汉朝重新得势，意味着必须把被秦朝禁止的经典予以恢复，这当然需要靠学者的记忆对残存的文献进行仔细整理。[32] 致力于重新收集和记录儒家经典的事业，使中国的学术研究确定了一种文史结合的模式，一直延续至今。[33] 这样一种惊人的学术连续性也带来了弊病， 310
即把学术本身主要限制在对已有文献评注上的某种好古精神，此后就统治了中国的知识活动；而在此之前几个世纪所具有的更为大胆奔放的思想，迅速地消失不见了。

学术传统的这种结晶化多半不过是汉朝统一中国带来的社会与政治稳定的一种正常反映。战国时期孕育出知识成就的混乱和痛苦，不再如之前那样折磨中国社会了。儒家经典在本质上是颇具吸引力的，精通它们就打开了诱人的为国家服务的职业之门。这样，激进或强大的知识革新的刺激因素消失了。[34]

但是在中国思想由是失去了冒险精神之前，它还经历了一番显著的繁荣时期，其思想的多样性和复杂性足可与希腊和印度的成就相媲美。后来的中国历史学家将中国哲学分为六个学派：儒家、墨家、道家、法家、名家和阴阳家。这种分类有武断的因素，因为在每个学派内部都存在着有广泛多样化的重要特点，而且各学派之间借用的内容也很多。解释它们的学说是很冒险的，因为秦朝时书写体的变化不久就使得较古的文献难以理解，甚至对于学者也是如此。于是，古代的哲学典籍就根据汉朝儒家学者的爱好一再编纂，与儒家学派的传统解释对照来看，其原来的意义通常是值得怀疑的。[35]

看起来可以有把握地说，中国思想显示出一种强烈的讲求实用的倾向，尽管这种倾向多半是由于汉朝学者的选编所致，因为他们决定了哪一种古代文献应当保留下来。而儒家、墨家和法家似乎首先关心的都是纠正在战国时期如此嚣炽昭彰的政治与社会弊病。墨家组织了一个具有高度纪律性的半军事化的团体，准备在言词不起作用时就使用武器。[36] 而法家不仅为秦始皇残暴的军事措施提供理论辩护，而且还培养了执行其政策的主要大臣。道家和阴阳家大师也力图增强他们的权力，不过是用一种完全不同的方式，即通过法术来操纵自然力量。在实验过程中，他们发展出一套详尽的（对现代人而言大部分是难以
311 复原的）有关宇宙、物质和心理现象的学说。似乎只有名家迷恋于没有直接实际效益的知识活动。因为他们对词语的自相矛盾颇有爱好，在某种程度上，这使人联想到他们的同时代人——希腊的伊利亚学派。

所有这些学派中，只有儒家和道家作为中国文化独特的因素流传

下来。在变为官方学派时，儒家获得了一种初步的崇拜，把“孔圣人”誉为真正学说的源泉，有时赋予他一种超乎人类的伟大。[37] 儒家是以研究《五经》[38]（被误认为是孔子本人的作品）为基础，并为《孟子》（公元前 371—前 289 年）一书所充实，又由许多名气较小的学者的著作加以解释、阐述。因此，如在汉朝前期显现的那样，儒家从与其竞争的大多数哲学流派中选用了适合的内容。它还通过承认一部生动活泼的早期诗歌选集为经典，以平衡孔子一贯的严肃性。孔子本人的政治学说大部分未做更动，尽管孟子通过“民贵君轻”的论证给予它一种更明确的家长制风格。[39]

惯例、祖宗之道、礼仪、孝道；一个靠德行统治并使用受教育的士大夫为其服务的皇帝；一个使其中每个人都有适当地位，既不上升也不下降的社会；这就是理想境界。在悠久的中国历史中，现实几乎同人类的顽强性那样接近这个理想，似乎有把任何理想都化为现实的可能。儒家深刻的保守主义，其学说中浓厚的理性色彩、丰富的文献，以及为其学说的永存而建立的教育和政治机构，这些合力赋予中国在此后一切朝代变化中一种特别的稳定性，使它易于一次次恢复帝国的结构。没有任何其他文明有过这样的一部历史。

道教在中国人的生活中起着一种完全不同的作用。它是一种更为个人化的，实际是无政府主义的学说，要求绅士们不要做官。一个人居住在他的庄园地产上，有充分的时间对他的心灵进行内省，会发现道家的教导特别有吸引力，因为它们既能使他理解，又能使他有希望去控制自然的奥秘。[40] 道教中人语言上的悖论和夸张，与企图延长生命和召唤超自然力量的仪式一道，和这个学说更为哲学化的方面汇合在一起。实质上，道家给儒家一贯的乏味说教和冷静的中庸之道提供 313
了一种富有诗意的替代物。同一个人可以坚守这两种哲学而无内心冲突，因为儒家是有关公共事物的，道家是有关私人场合的。道家无政府主义和个人主义的特别色彩，尽管使道教组织这个名词有些矛盾[41]，但这意味着中国人要在私下表现这种感情，而这在其他文明社会中却

中国人的世界观

是通过有组织的宗教来体现的。这就可以解释为什么中国政府能够维持 2000 多年，除了偶尔情况外并没有一个公共的和情感上强有力的宗教来支持。尽管儒家和道家所强调的思想几乎两极对立，但是他们还是共同合成一个整体，互补互足，就如同阴阳符号的两半一样。

（三）远西：罗马和西欧（公元前 336—前 146 年）

西方人过于习惯把他们自己的历史放在显著地位，因此，我们恐怕最好是要强调一下公元前 4 到前 2 世纪之间罗马和欧洲历史的边缘特征。只是在公元前 146 年之后，罗马的意大利或是西部地中海的地区才普遍接受了一些在希腊化世界已是陈旧之物的文明。当对东方的军事征服连同内部的社会分化一起为接受这种文明铺平了道路时，外来文明体系的辉煌宏大是如此势不可挡，以致窒息了独立的罗马文化，尽管在此之前拉丁文化给这支希腊化交响曲添加了一些内容。

希腊化生活方式向西扩展到野蛮人或半野蛮人的土地，这可以与大约同时发生在其他文明社会边缘的类似运动加以比较。例如北印度文明，确实大约从阿育王（卒于公元前 232 年）起就在南印度扎下了根；在随后的几个世纪中，南印度显示出比西欧更多的文化独立性和创造性。类似地，秦朝建立（公元前 221 年）后中国向南的扩张，给中国文明带来了广阔的新区域；公元前 3 到前 1 世纪的东方，朝鲜和日本依照中国文化模式开始了它们自己的转变。甚至较古老文明的中东，尽管向新地区扩张的可能性较小，在这些世纪中也经历了一种城市化的重要扩展，向东直到奥克苏斯河和锡尔河流域，正如我们已经提到过的，这一过程发生在希腊人统治之下，因而普遍有着希腊化的印记。

然而这其中有一个很大的区别。因为罗马征服了希腊化的核心地区，并接着用同样手段侵入了更为古老的东方世界近乎一半的地域，而与希腊化的远西方比较，印度的远南方、中国的远东方和远南方在政治上是处于守势的。当罗马创建了一支优于所有地中海竞争对手的 314

军事力量时，相对来说，亚洲大陆上接受印度和中国文明是和平的人民，这些人不是征服他们的开化者，而是被他们所征服。[42] 所以，当欧亚大陆每个外围的文明都发展出一种在较老的中心地区和新的“殖民”地区之间的双重性时，希腊化殖民地区对其中心地区的政治统治，赋予这种社会结构一种独特的局面。

罗马兴起的早期阶段可以作为本地人成功地反抗外来压迫的例子加以叙述。罗马的位置处于意大利的希腊人和埃特鲁里亚人权力中心之间的边缘，这使得它与一个在更南部敌对的萨莫奈（Samnite）人部落中形成的“反抗的本地人”相比，占了优越地位。尽管如此，与萨莫奈联盟漫长而艰难的战争（公元前343—前290年）形成了罗马人在意大利霸权的前奏。打败萨莫奈人后，接着就是征服埃特鲁里亚。在这些胜利之后，罗马人发现加强他们对意大利希腊人的城市的控制就比较容易了，尽管当他们首次同全副武装的希腊人发生战争时遭遇了失败，即公元前282—前272年与伊庇鲁斯（Epirus）国王皮洛士（Pyrrhus）军队的战争。结果是，到了公元前265年，亚平宁半岛上所有意大利南部地区都承认了罗马的领导权。

征服意大利、巩固政治，是其后罗马胜利的关键。意大利由于有刻苦耐劳的农民而人口稠密，意大利社会上上下下各等级在道德上是团结的，这种风气在希腊化的东方是明显缺乏的。因此，在控制了整个意大利后，罗马所调动的军事兵力的可靠储备要多于任何敌对国家。在对抗迦太基的第二次布匿（Punic）战争（公元前218—前202年）中，农民的土地所有权被剥夺引起了半岛上的社会斗争，即便如此，意大利农民士兵的数量和坚强性继续使罗马将军们易于取得对敌人的优势。

希腊城市根深蒂固的政治分立主义和罗马相对容易地将全意大利团结为一个联盟网这种对照，反映出在意大利有着松散的和相对灵活的城市与部落联盟的遗风。主权国家从未像希腊的城邦那样明确局限于一定的领土与机构，而是分散在氏族、地方、联盟、宗教和军事团体之间，进而能够进一步结合为由元老院（Senate）和罗马人民控制的超级联盟，而不侵犯任何意大利人深厚的忠诚感。意大利的希腊人城市确实不会那么容易地放弃它们的主权独立性，而当汉尼拔（Hannibal）似乎提供了另一种选择机会时，这些城市之中没有几个利用这个机会放弃对罗马的忠诚。但是当迦太基不再成为罗马的严重威 315
胁时（公元前 202 年），意大利的人口以压倒优势群集于罗马领导之下，再没有给意大利的希腊人更多的机会以表达他们当地的不满情绪。

通过第一次和第二次布匿战争（公元前 264—前 202 年），罗马成为一个帝国。第一次布匿战争时，罗马人并括了海外的省份，但它们未被承认加入意大利社会内部。然而，第二次布匿战争则在意大利内部引起了决定性的变化。年复一年漫长的战争使许多农民士兵脱离了他们祖传的农田，而以后曾起到重要政治作用的一个懒散的城市无产阶级，此时开始流入罗马。同时，元老和向行省收税的包税人变得空前富有。

因此，当罗马社会经历这样一种极为迅速的经济分化时，地中海世界新行省暴发的富人开始为希腊的奢侈品和优雅生活所吸引。伴随着守旧的罗马人如加图（Cato）的嫌恶，希腊化的城市风格开始渗入这个台伯河边的城市。当洗劫科林斯的战利品（包括许多艺术品）带回之时，这种渗透在公元前 146 年以后变成了一股洪流。于是作为粗野的农民反对外来文明之腐朽的斗士，罗马首先赢得了政治上的成功，最终自身也被这种希腊化风格迷人的吸引力所诱惑。深刻的讽刺性基于这样一个事实，即相对于东地中海更为文明，然而在社会和政治方面更为分裂的民族，罗马在军事上取得的成功却导致了罗马的社会结构迅速地被衰朽懦弱的东方同化，而这样的东方正是他们所看不起的。

虽然罗马帝国的兴起是远西希腊化时期的主要历史事件，但是罗马并不是这个地区唯一的扩张势力。阿尔卑斯山以北、多瑙河中部的一个分散区，凯尔特人（Celts）部落持续不断地侵犯他们的邻居，从小亚细亚直到欧洲的大西洋沿岸。[43] 当他们冲入波河流域（Po Valley）

（公元前 4 世纪）和在小亚细亚定居之前劫掠巴尔干人时（公元前 3 世纪），文明民族首次感受到这些野蛮人的威力。但是除了他们在战斗中可怕的冲锋外，凯尔特人的特性使他们不能创建任何稳定的大规模政治军事组织。而当他们定居下来，享受一种建立在剥削被征服人口基础上的贵族式的安适时，很快就丧失了他们原始的尚武精神。凯尔特的雇佣军和联盟为迦太基人服务，直至汉尼拔时代一直构成了对罗马权力的可怕威胁。但是在汉尼拔失败后，他们对意大利不再是一个严重威胁。其北方有扩张的日耳曼部落，他们的贫穷使偷窃畜群成为英雄行为；其南方是罗马的军队，他们的纪律使农民成为士兵。到公元前 150 年，处于中间的贵族化的凯尔特武士们发现，这种军事平衡从根本上颠倒过来反对他们了。

这种形势决定了凯尔特文化的过早消亡，只剩下沿着欧洲最西部
316 的大西洋沿岸地区，在那里，罗马的权力和文明从未深入过。而在公元前 4 世纪到前 1 世纪之间，凯尔特人发展了一种原始文明，主要表现在复杂的口头文学中。其中一部分是世俗性的，纪念古代英雄的事迹；一部分是宗教性的，阐述宇宙论、不朽和其他宗教教义。吟游诗人和祭司的团体传播丰富了这种文学，也行使司法和占卜的职能。这些团体跨越部落边界以维持紧密的联系，赋予西欧较高层面的凯尔特文化一种同质性。[44]

不列颠、高卢和爱尔兰的祭司们大概代表了一种融合，即印欧人的崇拜形式与青铜时代“巨石”宗教的古老传统的融合。如果地中海地区的文明不是如此接近和有影响力的话，一种西欧风格的文明就有可能由此兴起。然而当这种文化消亡后，中世纪布列塔尼（Brittany）的亚瑟王传奇和较早的爱尔兰基督教文明（公元 4—7 世纪）留下来的文献记录，构成了凯尔特文化成就仅存的例证。今天可知的这些例证的形式甚至也被地中海文明的因素大大改变了，其中主要的因素就是基督教。[45]

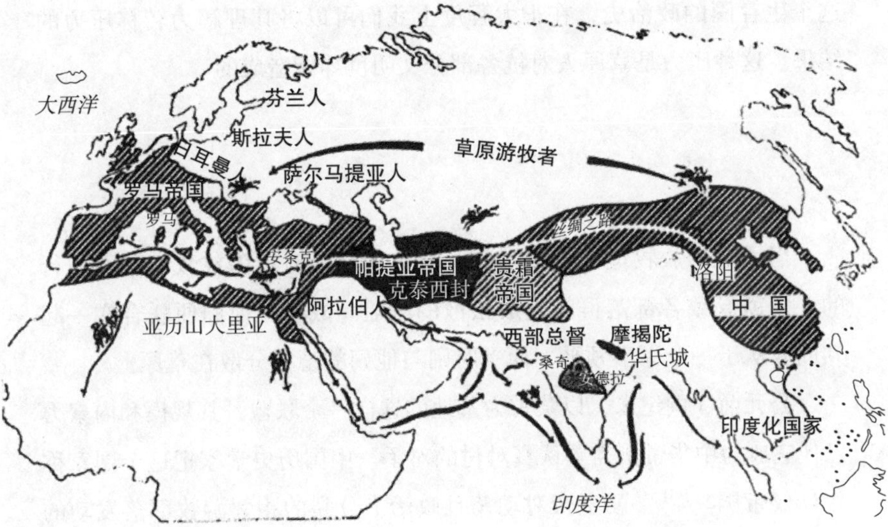

欧亚生存圈的第一次联结

三、欧亚生存圈（公元前100—公元 200 年）

（一）政治与社会的发展

公元前 101 年，中国在费尔干纳（Ferghana）[46] 设立驻防军，可以说是在中国人与同时代的西亚文明过去的分隔地理鸿沟上架起了一座桥梁。不到 40 年后，罗马把边疆延伸到幼发拉底河上游，这差不多成了长久性的边界，尽管后来罗马和帕提亚之间存有许多边界纠纷。接着，公元 1 世纪（或许更早）贵霜帝国的建立，铸就了帕提亚和中国之间的最后一个联系环节，即从大西洋到太平洋，把横跨整个欧亚大陆的各个文明帝国完全连在一起。遍及欧亚文明地带的所有地域，都面临着草原游牧部落不断的袭击和移民，像海浪一样，不时冲破文明定居社会的边缘。的确，游牧部落的挑战有着十分重要的意义，因为这个生存圈的政治史，在很大程度上我们可以将其理解为转移压力的结果。这种压力是草原人对抗各部分文明世界所造成的。

*　*　*

当适宜的放牧地区充满了骑马游牧的部落时，为放牧权利而进行的斗争就导致各部落群体结成松散的联盟。战时，他们便联合在一起共同服从于一个军事领袖，而平时则与他们的畜群分散在草原上。

公元前 3 世纪末，以蒙古为基地的这样一个联盟，其规模和内聚力已使它成为中华帝国需要认真对付的对手。中国历史学家把这个国家称
318 作匈奴帝国。[47] 秦朝皇帝对动荡且政治上分裂的相邻游牧部落发动的攻击看来是匈奴实现统一的决定性事件，[48] 因为在公元前 214 年，秦始皇把匈奴联盟的核心群落从内蒙古赶到了外蒙古。在他们的新居处，由于接受了绝对服从一个军事领袖的原则，并使传统的部落敌对情绪让位于对军事联盟更大的忠诚，这些流亡者发展出一种强大的军事组织。

无疑，他们的新军事组织首先在反对外蒙古的原住民时受到考验，但在秦始皇死后中国爆发内战时（公元前 208 年），匈奴迅速地收复了他们原来在内蒙古的牧场，并继续攻入中国内地。在一场艰难的、几乎是灾难性的战役后，汉朝头一个皇帝被迫缔结了一个条约，即把整个蒙古放弃给匈奴，并同意向这个新的蛮族国家纳贡。[49]

在蒙古草原兴起的这个强大军事联盟对更西面的草原部落构成了严重威胁。匈奴在草原上进行无限制的军事扩展并没有政治上或地理上的障碍，因为一场胜利不过意味着给联盟的资源既增加了新的牧场，又增加了新的战士。但是，距离确实造成了某种限制，因为缺乏高度组织的邮传系统，一个军事领袖的命令不能在几千里之外生效。而且，如果一个游牧帝国要获得长久的联合，那么服从这类命令的习惯只能由可信任的拥有权威的地方领导灌输给人们，这种权威不是来自部落的传统酋长权，而是来自最高军事领袖本人的任命。游牧帝国的这种

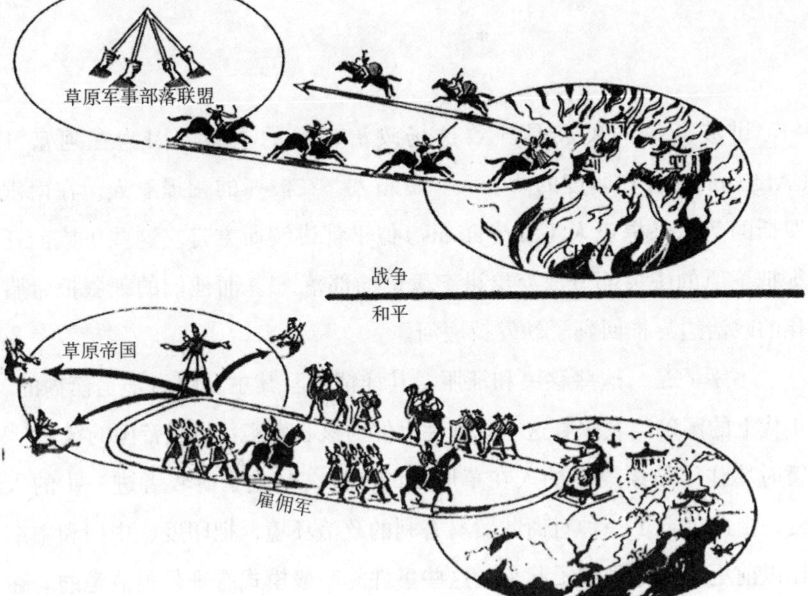

中国和东方草原

从属关系只是在公元13世纪才得到最充分的发展，彼时，蒙古人不仅把几乎全部欧亚大陆的草原成功地连为一体，还占领了中国、中东和欧洲的农业地带。但是在公元前2世纪，匈奴人的“帝国”是一个相当简单且很不稳定的结构。在公元前209年到前174年首次征服的浪潮过后，后继的军事领袖们发现难以控制各联盟部落，他们的首领看 319
来只是对地方上有好处时才肯于服从命令。

尽管如此，这个东方草原上第一个大帝国的军事力量仍然促进了大范围的民族迁徙，因为不愿屈服的另一条路是迁徙。许多游牧部落屈服了，但是另一些则逃向西方和南方更富裕和防卫不严的土地上去。他们的运动开始了一个影响整个欧亚大陆的移民浪潮。因此，在蒙古匈奴的政治统一的刺激下，这个草原倾斜带第一次充分发挥了作用。

* * *

讲波斯语的民族是导致这场政治动乱的主角，因为在阿富汗（Afghanistan）和印度的萨卡人、贵霜人，在波斯的帕提亚人，在南俄罗斯的萨尔马提亚人（Sarmatians）似乎都讲波斯方言。这些民族的迁徙把草原的中央部分放弃给讲突厥语的部落，[50] 而他们的征服把希腊化的政治边界推回到了幼发拉底河。

320 不幸的是，这些移民和征服，其详情甚至其主要线索都是模糊的。年代上的不确定笼罩着这个戏剧性事件的核心事实：贵霜帝国的统一[51] 暂时堵住了波斯语系的人在草原带的漏洞，制止了游牧者进一步的入侵，由此创造了一种对商队贸易有利的政治环境，把印度、中国和中东比以前更紧密地联系了起来。这些事件的一般模式看来是很清楚的。在这个生存圈的两翼，罗马和中国到公元 2 世纪末期左右都没有受到草原带军事和政治事件的深刻影响。因此，他们的发展主要是沿着由内部力量平衡所决定的路线进行，而汉朝和罗马历史之间引人注目的相似之处，可能是由于两个帝国社会结构的相似之处造成的。

但是在欧亚大陆的中部地带，由匈奴帝国发动的骚乱在公元前 165 到前 128 年之间造成了戏剧性的影响，当时月氏（Yueh-chi）部落[52] 和萨卡部落一次大规模突袭使其在伊朝东部建立了一个新政权。这次袭击最严重的受难者是巴克特里亚的希腊人王国。[53] 帕提亚（Parthia）却很成功地在这波攻击后生存了下来。虽然萨卡人攻击的首要目的是迫使帕提亚的王公放松对美索不达米亚的控制，这是他们新近征服塞琉古人而得到的，而在国王米特里达梯二世（Mithridates II，公元前 123—前 87 年）统治下，这个国家经历了一个辉煌的恢复时期，从而使得许多东伊朗的萨卡人小王公承认了帕提亚的宗主权，并能够在其西面建立一个强大的帝国，把伊朗西部和美索不达米亚与亚美尼亚（Armenia）联合在一起。在一个多世纪以后，贵霜帝国在帕提亚人的东面出现。贵霜人权力强大到把萨卡人的群落驱逐出巴克特里亚，赶入印度，萨卡人在那里建立了另一系列小国。但是贵霜人不久就尾随 321 他们打败的对手南下，在印度西北部征服了相当广阔的一片领土，连接到他们在山北面的领地。[54]

贵霜帝国的强大产生的影响是使草原移民路线转向北方。结果，萨尔马提亚人的群落，从里海（Caspian）和乌拉尔山（Ural Mountains）之间的隘口涌出来后，把一部分希腊化的斯基泰人从俄罗斯南部和多瑙河（Danube）下游富裕的牧场上赶了出来。结果驻防在多瑙河上的罗马军团在公元 172 年首次与充分发展了草原战争技术的萨尔马提亚人遭遇。[55]但是正在罗马与萨尔马提亚军队首次有记载的冲突发生之际，整个草原上政治军事骚乱的最终根源本身崩溃了。匈奴帝国因为在与中国人的长期战争中被拖垮，又被内部的倾轧所破坏，在大约公元 160 年瓦解了，此事发生在另一个原居于蒙古北方的征服者到来之前。[56]但是这个新近获胜的游牧军事联盟没能比它的创建者存在得更久，东部草原的部落恢复到零星军事单位的状况，给了他们的邻居一个多世纪的养息之机。

* * *

对于这些草原移民，文明者的反应有两个方面是值得强调的。首先，希腊人的统治退出美索不达米亚和波斯，并没有消除希腊化文化在这些地区的印记。从表面上看，帕提亚宫廷本身至少是希腊化的，[57]国王们继续在他们帝国的城市中循行“爱好希腊”的政策。甚至还有当半野蛮的萨卡人必须统治已牢固建立起城市和农业生活的这样一个国家时，在自己原始的文化背景可能的范围内求助于希腊人的先例。[58]

其次，帕提亚人能够抵抗并击退游牧者的入侵，只是因为他们发展了一种新型的装备和战术，以有效地对抗草原上的骑马弓箭手。其关键性的变革是培育了一种高大强壮品种的马，能够驮起足够重的甲胄，使马和骑兵有效地抵挡射来的箭。[59]一支穿戴铠甲的骑兵能够从 322

容地抵挡住奔驰而来的草原骑兵的侵扰，相互对射，直到攻击者箭尽马乏时，这时只要靠最后的一次冲锋就可以挫败这些草原袭击者的锐气，将其击溃。尽管重装甲的骑兵很少能快过轻便的草原矮种马，但是却能阻止草原弓箭手进入任何地区，使他们仓忙撤退。因此，采用重装骑兵，即后来拜占庭人称为装甲骑兵（cataphracts）的基本作用是，在草原人和文明人的战争中建立了一种相当稳固的均势。游牧部落不能模仿新的文明方式的装备，因为开阔的草原缺乏足够的牧场养育高大的马。[60] 而同样地，文明民族的骑兵们也无法深入草原，除非他们像中国人实际做过的那样，本身采用游牧部落方式的轻骑兵。因而 1000 年的相持局面形成了，每种形式的骑兵在他们自身的环境中是优越的，但是不能深入对手的领域，除非其中一方的军事组织和社会凝聚力在对抗能力上偶然变弱的时候。[61]

323 公元前 200 年到公元 200 年这 4 个世纪中，当帕提亚人和贵霜人带头改善文明民族的武装，使之能阻止草原骑兵带来的军事挑战时，中国则享受了相对的安定。尽管汉武帝爱好波斯的“汗血马”，但是汉朝的皇帝发现要大规模维持新式的重装骑兵代价太昂贵，因为这种高大的马所需的紫花苜蓿只能在占用生产人类食物的土地上生长。他们宁可把战争带到敌方，派出军队骑着他们敌军那样的草原矮种马进入草原。[62]

这类边境战争也没有深刻影响中国的内部事务。国家的政治统一维持不坠，在汉朝头几个皇帝统治下造就的政治与社会平衡没有重大变化，一直持续到公元 9 年。是年，一个异常野心勃勃的宫廷阴谋家王莽，利用与皇家的婚姻联系篡夺了帝位。接着，他进行了一场复古革命，宣布恢复或真或假的周朝先例，以铲除较近的秦朝和汉朝政权的腐败。在这类儒家教条的名义下，王莽肆无忌惮地用校正或“补充”的办法修改旧的经书，只要这样做符合他的利益。[63] 他的改革产生了未曾预料的后果，因为对已经建立的机构不信任，他放纵农民广泛起义，直接反对地主、官员和高利贷者。很快，社会秩序和旧的王朝拥护者便开战反对他，也反对叛乱的农民。王莽被迅速推翻(公元22年)。[64]但是在汉朝皇家的一位后裔再次统一中国之前，还经历了 14 年的内战。

这样，东汉王朝就建立了，它一直延续到公元220年。在其中大 324
部分时期，这个朝代的皇帝缺乏其创业始祖所特有的能力和精神，而且高层中阴谋和暴乱盛行。公元184年之后，中央行政当局逐步丧失了对地方的控制。敌对的将军们操纵傀儡皇帝，谋求建立个人权力系统，并取得不同程度的成功。道教大师领导并广泛发动人民起义，他们自称有魔法力量，这增强了动乱，并给予内战以一种意识形态上的痛苦。帝国统一的闹剧于公元220年完结了，彼时，最后一位汉朝皇帝在一位将军命令下正式宣告禅位，而他已被这位将军软禁了好几年。

尽管如此经常的阴谋活动损害了汉朝的政治，王朝末期悲惨混乱蔓延，从整体来看，汉朝时期建设性的重要作用是应予充分肯定的。由于近四个世纪中的汉朝皇帝（至少在理论上）的支持，一个由儒家训导治理的统一中国的理想，不可磨灭地根植于中国人的心中。同样在这个时期，中国的历史边界实际建立了起来。在一代代的过程中，士兵、官员和儒生们把长江以南的广大地区带进了中国文化的范围之内，而汉朝在朝鲜、中亚和蒙古的征服把中国影响的强大潮流导入了这些边疆地区。换句话说，在汉朝，中国成了在政治和地理意义上的中国。直到今天，中国人用称他们自己为“汉子”的通用语来牢记这个事实。[65]

* * *

罗马帝国的历史与中国汉朝有惊人的类似之处。罗马在西欧的征服，把希腊化文化的一种优雅变体扩展到一个广大的半野蛮地域，这可与汉朝使中国南部皈依儒家的礼仪相提并论。罗马控制阿拉伯半岛、亚美尼亚、高加索地区和美索不达米亚的努力类似于汉朝皇帝在中亚更为成功的事业。与罗马人贸易和斗争的北方蛮族人，后来又被其用作雇佣兵，并被允许在边界内定居。他们与地中海世界的关系和匈奴与中国的关系在很大程度上相同。虽然罗马人从来没有像中国皇帝那样面对一个必须与之进行斗争的广泛的军事同盟。

这种类似也同样表现在内部事务上。尤里乌斯·恺撒（Julius Caesar，卒于公元前 44 年）越出法律规定，几乎用赤裸裸的军事手段控制了罗马国家，这十分类似于在汉朝近两个世纪之前秦始皇在中国
325 的胜利。此外，这两个暴发者着手重新组织他们各自社会的权力关系时，都对习俗和法律的细节缺乏重视，而他们的继承者，在重新经历一场内战后，则明智地把赤裸裸的军事暴政隐蔽在更为文雅的形式后面。于是奥古斯都（Augustus，卒于公元 14 年），用“恢复共和国”（公元前 27 年）来遵循罗马的政治虔诚，但他却没有交出自己对国家事务的最高军事控制权，而头几位汉朝皇帝则以援用儒家训诫加强和维持了他们军队的胜利。

在奥古斯都的继承者统治时，罗马的帝国官僚阶层遭遇了困扰着汉朝的那种类似弊病：宫廷阴谋、系统的压榨性税收、时常腐败的官僚体系。安东尼时代（公元 117—180 年）怀旧的古典主义，以及对古代希腊的崇敬，在中国也有相应之举，即儒家学者们毫无批判地仰慕周朝和更早的朝代。最后，斯普提姆斯·塞维鲁斯（Septimus Severus，公元 197—211 年）由内战而登上帝位，实行粗鲁的军国主义，类似于东汉末期中国军阀们建立的政权。

社会结构上的重要相似之处是一种潜在的类似。罗马帝国和中国汉朝都有一个文雅的土地所有者阶级，他们靠乡村地产的地租生活，统治着社会。在这两个帝国中，这个阶级提供了公共行政的主要人员，并对军事职业的严酷丧失了热情。确实，公元 2 世纪罗马绅士的生活方式是居住在城市中，以中央政府的名义收税，在高雅的宴会上娱乐，或许涉猎纯文学或哲学，培养对美的艺术的兴趣。如果不说由于各自的文化遗产追求的传统表达方式有着根本不同的话，这与中国相应的阶层是惊人地类似。农民和市民阶层，前者缴纳沉重的租税给社会的上层，后者则迎合富有的地主的兴趣，这在两个帝国中也是很类似的。

当然，这两个帝国也有重要的不同之处。罗马帝国在文化上是多元的。在地中海东部地区，占统治地位的希腊传统与大量东方遗产混合，这种复兴与卓越，成为希腊—罗马文明化的动力，但是在公元 1 世纪就衰落了。而在西部，希腊化文化的拉丁变种从来没有完全吸收讲希腊语的东方的复杂性和腐败状态。相反，在汉代的中国，一个单一的上层文化传统在整个帝国居于统治地位，地区性差异的重要性很小。

另一个重大的不同是关于家庭的作用。对族群亲属的忠诚在中国人的道德标准中有着很高地位，甚至对远房亲属；广为交错的家族集团构成多数中国政治活动的基础。儒家强调孝道，强调由子孙供奉死去祖先的重要性，这也提高了家庭关系的地位，并给予中国绅士阶层一种舒适愉快的社会关系以生活其中。所有这些在罗马社会中都没有，那里盛行一种相对彻底的个人主义，所以私人和国家之间的中介性社会联系非常少，且非常脆弱。[66]

罗马和中国之间第三个重要的不同基于这个事实，即罗马的农业 328
总的来说远不如中国那样精耕细作。在罗马帝国，耕地很少施行灌溉，除了在埃及和其他地方，因为那里几个世纪以来，灌溉一直是生活的基础。[67] 因此，土地的生产力相对较低，维持一个帝国机器的方法相对受到限制。甚至在奥古斯都时代，帝国的农民阶层承担相当多的税收重负；随着时间推移，罗马士兵和官员的数量增加了。这使晚期的罗马国家有着一种头重脚轻的特征，而且一旦蛮族入侵将其破坏后，罗马几乎不可能重建一个中央集权的官僚体系。相反，在中国，灌溉持续得到推广，与此相伴的还有精耕细作和相对说来非常高产的农业方式。因此，中国人也许能够更好地支撑帝国的官僚和军队。自然，他们也能相对容易地重建有效的中央集权政府机器，尽管由于蛮族的征服使其一再遇到破坏。[68]

罗马的商业与工业实力弥补了农业上的弱点。旧的交换形式继续构成罗马商业的支柱，即由生产酒和油的地区将产品输出到不那么富裕的地区。首先是意大利，然后是西班牙和高卢，相继成为葡萄和橄

14
MVNIF. PII. IX. P.M.
AN. XVIII

希腊化高潮，东方和西方

巴克特里亚国王德米特里乌斯（Demetrius）（约公元前 190—前 160 年）（右上图），戴着大象头饰，以象征他在印度的胜利。这枚钱币的正面铭文为"国王德米特里乌斯"。希腊人的巴克特里亚王国跨越兴都库什山两麓，它的兴起代表了希腊化政治统治在中亚的高潮。一个半世纪之后，远在西方，奥古斯都统一了罗马帝国（公元前 27—公元 14 年），实际上使罗马的军事扩张达到了最大限度。正如德米特里乌斯的肖像上异国风情的头饰反映了印度的文明风格，而奥古斯都的军装反映了罗马的文明风格。但希腊风格的共同核心是很清楚的，就像奥古斯都"宙斯式"的站立姿势和德米特里乌斯钱币正面优雅的姿势所显示的相似性那样。

榄种植的重要中心，而埃及和北非专门以粮食供应帝国的首都。然而，正如希腊早些时期那样，橄榄—葡萄种植向新地区的传播，意味着商品
329 化农业较早的中心的繁荣大为衰弱。因此，在公元 1 世纪末，无可挽救的经济衰退也轮到了意大利，正如同其在希腊化时代非常严重地打击了希腊那样。[69] 相反，汉代的中国经济没有表现出很重要的地区性专业化，因此每个地区享有一种比罗马的行省更近于自给自足的经济生活。这给予中国一种更大的恢复力量。因为维持地区间的贸易需要精确的联结关系，它对这种经济没有重大作用。反之，没有税收与货物从地中海一端到另一端的周转，罗马的军队和官僚机构就不能长期生存下去。

最后，这两大帝国的边境状况是不相似的。攻击罗马的日耳曼和萨尔马提亚部落从来没有把他们的力量像匈奴人那样统一为单一的联盟，但是人数的众多，使他们更难以被罗马人同化。还有，在罗马东部边界的帕提亚人国家，比中国人要对付的任何邻邦人口更多，文化更发达。当然，中国的草原邻邦也造成了真正的军事威胁，但是他们成功的结果往往是他们最终被并入中国的政治实体。而在罗马的情况，成功的侵略者并不注定会被罗马化，就像法兰克人和阿拉伯人后来所表现的那样。

因此，公元前 200 年到公元 200 年之间，通过对这个生存圈两端繁荣的两个大帝国的比较，显示出中国的结构比罗马要稳固得多。当然，后来的事情证明了这个观点。但是讨论罗马的崩溃和中国的复兴要留待下一章。现在要考虑的是，在欧亚生存圈开始联结的时代，其在文化上的变化。

（二）文化的发展与交流

艺术

翻译上的困难自然会将一种文化的文学和知识层面与其邻邦隔离开来，要克服这类障碍需要慎重的努力。因为士兵和商人通常是在不同社会间发生接触的先驱，他们不可能对文字和学问有太多的兴趣。

但在视觉艺术方面倒不尽然如此，因为鉴赏一种新奇的艺术风格不需要训练。[70] 正因如此，相异的文化传统之间的接触几乎肯定是更快更明显地在视觉艺术上反映出来，而不是在与语言联系更紧密的那些艺术上。欧亚生存圈的联结在公元前 1 世纪恰好证明了这一规律。因为 330
最明显的借鉴发生在视觉艺术领域，特别是在雕塑上，而在文学和思想方面类似的交流痕迹却不那么明显，并经常是有疑问的。

这个生存圈的重心是巴克特里亚。在此，希腊、印度、中国和波斯的文明风格伸出的触角相遇并相互交织在一起。希腊人国王统治这个国家直到公元前 135 年，而他们的后裔在山脉的印度一边又统治了一个多世纪。继希腊人之后，萨卡人和贵霜人的统治者本身没有给这块领土上引人注目的文化遗产增添多少东西，但是为了保证财政收入，他们促进了贸易的发展。商队在中国和地中海东部之间旅行或出入印度，一般能够在巴克特里亚受到友好的接待。因此，有着广泛不同背景的人常常在这个地区的城市和商队旅馆中摩肩接踵，使得巴克特里亚在公元前 100 年到公元 200 年之间成为一个活跃的文化中心。

在兴都库什山脉两侧，人们发现了相当多引人注目的艺术遗物。一些希腊化的巴克特里亚的早期货币，主要出自公元前 3 世纪，是希腊化古文物中艺术上最成功的有像铸币。这也显示了能够完全掌控希腊化传统的娴熟的刻印模者的出现。[71] 在兴都库什山南面的犍陀罗（Gandara），人们也发现了大量雕像，显示出希腊化或罗马的强烈影响。实际上，一些学者认为这些艺术家是希腊人，而当他们辨认出这些雕像的主题时，发现常常是佛教的圣人和救世主的肖像。一种以阿波罗（Apollo）形象来表现佛陀的不适当借用很少取得真正的成功，但是犍陀罗雕像的重要性并不在于它本身风格上的成功，而重点在于印度和中国的雕塑风格是否受到了希腊化原形的重要刺激。这个问题的回答要依有争论且模糊的年代而定。因为如果犍陀罗艺术年代定于公元前 1 世纪，一般来说它对印度雕塑的影响是难于否认的；但是如果它是公元 1 或 2 世纪贵霜宫廷的一种现象，它就只能算作已经确定的

犍陀罗和中国雕塑风格

左方的佛陀头部是犍陀罗雕塑一个极佳的例子，在此希腊化和印度的风格似乎有效地结合了在一起。这件文物的日期不能确定，一些学者认为它晚至公元 5 世纪。右方站立的佛陀，铭刻日期为公元 477 年，是中国存留的最早佛教雕塑样品之一。在头发样式和面部表情这类细节中，希腊—印度式的灵感是明显的；但中国或中亚的艺术家使雕像衣服褶皱的自然主义表现方式（见第 298 页）变成一种装饰性样式。犍陀罗和中国的雕塑家都企图塑造一个慈善的神，这个目的与自然主义的、基本上是希腊式的遗产相去甚远。因而这种风格的改变，不仅在时间上而且在精神上，与希腊文化本身所在的爱琴海中心地带发生的由希腊—罗马向拜占庭艺术风格（见第 416 页、第 420 页）的转变，是非常类似的。

风格的一种次等混杂物。这是一个有很多争论的问题，现有的证据不足以解决这一问题。[72]

在与希腊化模式的接触中，印度雕塑受到了重要影响，这一观点
并不真正以犍陀罗资料的年代为依据。在亚历山大时代以前很久，印 332
度一直与地中海世界有联系。公元前 3 世纪，阿育王把石制纪念物和雕塑引入印度，其中有一些可能是波斯工匠雕刻的。在随后的两个世纪中，与希腊化城市的贸易联系成倍增长。希腊人、萨卡人和贵霜人对印度西北部的征服带给印度本地一种混合的希腊—波斯文化。在这种环境下，印度的石刻匠和雕塑家有足够的机会亲眼看到希腊化和罗马的作品。在印度土地上发现的相当数量的进口小雕像可以证明这种情况。[73] 因为印度的石制雕像始于阿育王时代，所以古代的和神圣的本地传统，都不能阻止印度雕塑家对这种刺激做出积极而有创造性的反应，哪怕这种刺激是由一件希腊化杰作的二流小型复制品提供给初学者的。

然而印度人的反应不是盲目的模仿，他们比古代希腊雕塑家精确地再造埃及的模式还要强。正像希腊的情况那样，与一种充分发展而有巨大魅力的外来艺术的接触，有助于加速一种本地风格的成熟，而艺术上的成就确实在于能自由地摆脱外来的模式。印度的雕塑风格从阿育王时代孤立的开端到桑奇（Sanchi）的大舍利塔（stupa）的丰富多彩的发展，其间不过两个多世纪，这种速度之快看来证实了这个论点。在桑奇，希腊化的印记不明显。外来的影响已经成功地被吸收进一种基本自然主义的形式，而与希腊有着疏远关系，这也是一种全然与希腊艺术传统或任何其他外来艺术传统有别的形式。

希腊化—罗马艺术和中亚、中国的关系更为清楚，因为考古发现能够使学者沿着丝绸之路追踪犍陀罗艺术风格向中国的传播。确实，最早留下来的显示希腊化影响的中国雕像出自公元 5 世纪。但是我们有充分的理由断定，与佛教紧密地联系在一起的犍陀罗艺术，早在公
元 1 世纪就伴随着首批佛教传教者的到来渗入中国。[74] 但是佛教艺术 334

桑奇的大舍利塔

印度桑奇佛教大舍利塔的概貌显示出整个结构的设计（上图）。它有四个精心装饰的大门，由此进入中央的圆顶形建筑，其中放有佛陀的遗骨，使这个地方尤为神圣。在北门上所见的雕塑装饰（左下图），可以看出其结构的丰富与复杂，其中部分是纯粹装饰性的，部分是描绘佛陀生活中的情景。东门上的一个托架的细节，表现了印度人生活和宗教信仰的色欲之好，它经常与突出地表现在文学中的禁欲传统相对立。

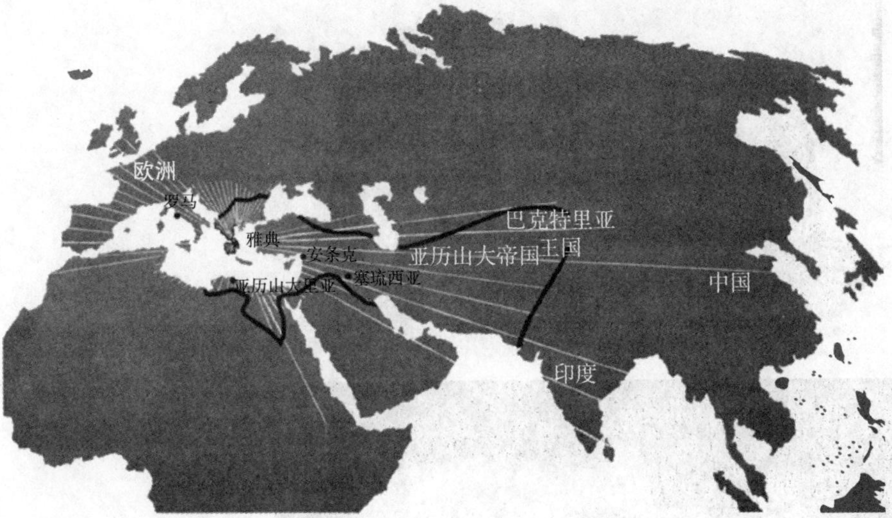

希腊化的传播

如同佛教本身一样，起初与先前的中国传统是十分不同的，因此不能立刻被吸收。汉朝时，中国青铜技术中较老式的动物面具设计为几何图案所取代，颇具特色地用以装饰铜镜的背面。雕塑人或动物形象的肖像相对而言还是十分粗陋的。因此，我们可以想象，中亚及犍陀罗的佛教艺术，及与真人实物一样大小的或更大的雕像，着色富丽并以黄金装饰，一定以一种新启示的力量打动了中国的观察者。[75] 无论如何，后来的中国艺术由于接受了希腊—印度—佛教艺术的超现实主义（如在某些装饰细节上那样）而转变了。

由此，在公元前 100 年到公元 200 年这几个世纪中，地中海东部的雕塑影响了这个生存圈所有文明民族的艺术风格。无疑，当这种希腊印记传越亚洲时，发生了变化：传统被误解了，带披风的长袍变成了简便的直线形式，希腊化传统过于人性化的诸神变化为无感情的诸佛，他们的雕像表达了宇宙的景象，与地中海的异教相去甚远。简而言之，文化的借用导致的往往不是机械的翻版，而是质变。因为当外 336

斯基泰和中国的动物造型风格图

上图的装饰板是斯基泰金匠艺术的一个样品，下面的两件物品是中国汉代的青铜铸件。上、中图中的两个“老虎”，一个是斯基泰的，一个是中国的。它们的类似显示出从公元前8世纪到前7世纪起，草原艺术和中国艺术的联系。另一方面，这个小的爬行龙显示出一种完全不同的动物雕像风格，其拙朴的风格与后来的中国作品更类似。

来因素与一种新的文化环境结合时，它们不可避免地会获得与它们起初产生时不同的意义和象征价值观。

* * *

草原地带也在整个欧亚大陆传送艺术特色。从东欧到东西伯利亚，所有草原民族都有一种“动物风格”，它首先出现在公元前 7 到前 6 世纪，当时的草原游牧者呈现了这种风格的成熟形式。这种动物风格从文明的传统中借用了某些因素，例如萨尔马提亚人喜欢彩色作品，就与伊朗人的艺术有关。它在某些时期传到欧洲各蛮族那里，成为欧洲中世纪艺术的来源之一。类似地，中国和游牧者的艺术在某些方面的互相影响跨越了东部草原边界。但是由于草原生活的性质，游牧者的艺术只能在装饰容易携带的小物品上找到表现形式。充分发达的纪念碑式的雄伟艺术很难如在其兴起之地那样发展。[76]

宗教

欧亚大陆西部的文明民族，生活在罗马、帕提亚和贵霜诸帝国的政治统治之下，基本上非常满意在各自的领土范围内世世代代建立起来的文化习俗和传统生活方式。罗马城镇中的希腊化绅士，伊朗乡村中的男爵式的贵族，印度的雅利安人上层阶级，都需要保护和维持富裕和真正有吸引力的生活方式。他们在这方面都成功了。

而对于其他社会阶层，他们社会文明传统的意义就要小得多了。每个文明社会的大多数农民在他们社会的上层文化中只有很小的一份。但是本地的村庄生活和古老的田地节律变化，与巫术的预防措施和节日的庆典一道，构成了一种朴素的但比起上层阶级更为牢固的文化传统。虽然每个文明的精髓都将农民排斥在外，这确实构成了一个潜在的弱点，但是臣属的农民阶层并没有对印度、中东或欧洲的高级文化发起严重的挑战。

更深远的危机来自城市生活。在那里，大量来自各个不同地区的人，带着不同的社会和文化遗产汇集到一起。特别是在新的或是新近扩展的城市地区，城市居民必然经常发现他们在感情上无所寄托，缺乏一种牢固建立的行为和信仰方式，以让他们能够自然而无意识地遵循。在这种处境中的人们显然会丢弃通常把人类分成各个文化集体的许多道德约束。

337 因此，罗马城市中的奴隶和手工业者中这些失落的灵魂，在文化上构成了由无依无靠的个人所组成的很大一部分人群，他们发现自己在心理上与现有的宗教和文化价值疏离。在这方面，中亚、印度、波斯、美索不达米亚的大商业城市的居民，与地中海东部的商业中心和罗马本身的居民一样，有着相同的处境。对这些人来说，政治和文化的边界在很大程度上是不相干的，因此，这个时期真正震动世界的宗教大发展，就有了肥沃的土壤。

在公元前100—公元200年间，对欧亚大陆西部的文化地图来说，还有一个因素对宗教史起了决定性作用。这个时代，除了在政治上占支配地位的希腊—罗马、波斯和印度—雅利安的社会和文化之外，还有许多政治上处于底层但仍有活力的文化传统。它们的保持者发现自己在某种程度上与大城市中脱离家园的人们处境相同。罗马帝国的埃及人、犹太人和叙利亚人（Syrians），帕提亚的巴比伦人和希腊人，印度的希腊人、达罗毗荼人（Dravidian）、蒙达人（Munda）和其他非雅利安人，都有某种被他们生活在其下的政治与社会结构疏离的感觉。这些群体的成员面临选择，或者放弃他们祖先的文化传统，遵循外来的方式；或是经历一种生活的挫折，即他们深刻保持的一些价值观不能得到充分体现。因此重新解释和调整他们的文化遗产，和文化融合的复杂过程一道，是对这种环境不可避免的反应。

犹太人是唯一在政治上被压制而又为我们了解较多的民族。看来，在罗马和帕提亚帝国的统治下，犹太民族和几个其他民族在那几个世纪经历了基本类似的苦难。确实，由于他们特有的宗教和文字遗产，犹太人作为一个独特的民族存在下来，而特别的社会戒律使犹太人社团在一个异己并经常是有敌意的世界中保持了凝聚力。几乎所有其他的民族或迟或早丧失了他们各自的独特性，但这只发生在主要由宗教表现出来的长期痛苦之后。这些民族和西亚大城市中的奴隶和手工业者一道，为基督公元前后这个时期超乎寻常的宗教兴盛提供了社会基础。

基督教和大乘佛教（Mahayana Buddhism）当然是这种兴盛的主要产物，不过它们不是孤立出现的。各种各样的神秘宗教在罗马帝国盛行。在印度，宗教派别和运动甚至更为多样化。因为在这些世纪中，通过对无法记忆的许许多多地方崇拜的重新评价，印度教开始从较老的婆罗门教中产生并发展。很不完整的材料揭示出，类似的宗教追求在美索不达米亚也很盛行，虽然在这块古老土地上宗教创新的主要表现是在较晚一些时期（公元 3— 6 世纪）。

像前几个世纪的琐罗亚斯德教、犹太教和俄耳浦斯教一样，新的 338
宗教运动中心产生于两个或更多文化传统相遇和交叠的地区。例如基督教是在巴勒斯坦、叙利亚和安纳托里亚形成的，在那里，犹太、希腊、波斯和影响较弱的印度文化混合在一起。印度教以特有的活力在印度南部发展，那里入侵的雅利安文化、弱得多的希腊—罗马文化，与当地的达罗毗荼人的传统相遇。大乘佛教在印度西北部呈现了成熟的形式，在那里印度、伊朗和希腊的文化相遇。这种多样化提供了丰富的思想宝库和虔诚的要旨，使新宗教得以发展。

基督教、大乘佛教和印度教之间重要的类似之处是来回借用了以前各种多少是独立和孤立的宗教传统。但是我们不应排除相同的传统，因为在西亚各地，如果处于底层的民族和城市下层阶级的社会和心理环境实际基本相似，我们就应从兴起和盛行于这种环境中的宗教运动之间发现密切的相似之处。事实上就是这种情况，因为这个时代的主要宗教运动都有三个基本特点，使它们与以前的任何宗教区别开来。

第一，基督教、大乘佛教和印度教都明确规定所有人类生活的目标是得救。这三种宗教都应许它们的信徒在一个极乐的后世得到永生，[77]虽然进入这种幸福状态的先决条件和理论上对天堂的描述和死后的存在方式，各个宗教间有着根本的不同。旧的宗教观念没有被放弃，例如必须与统治着世界的超自然力量维持和谐的关系。但是重点转移了，即从今生可以期待的短期的实际好处转移到天堂永久的幸福。在那里，世界上的一切不幸都可以得到弥补。[78]

第二，在一定意义上说，西亚的所有新宗教都是平等主义的，因为任何普通人都能做礼拜和参加为得救而必须举行的仪式。甚至更重要的是，女人和男人一样完全被允许参加宗教仪式，并被认为能够得救。这就构成一个很大的力量来源。因为在早期的宗教体系中，女人总是被排除在平等的成员资格之外。因此，崇拜的新形式给她们提供
339 了希望，用以摆脱在日常劳作中继续遭受的不平等和不公正。所以，最虔诚和最积极的新信仰的信徒是女人，这毫不奇怪；而且通过她们对儿童的影响，能够保证比较迅速地传播新的教义。

第三，它们的共同点是救世主上帝的概念，救世主既是一个人，同时本质上又是普遍全能的。我们认为，这样的一个救世主给予他的崇拜者以拯救，或者是允许他们成为与他同一者，从而直接共享力量和永生，或是通过价值或力量的转移，更为机械地理解也就是完全恰当地确保接受者的得救。在无所不包、全能全知的神和无助的人类个人之间的这道鸿沟，由一个神人的概念来跨接，他自己的自由意志降到世间成为人的形态，带领人们去获救。基督和密特拉（Mithra），毗湿奴（Vishnu）和湿婆（Shiva），大乘佛教的无数菩萨（Bodhisattvas），都有着这些特征。

把超越性的神和化身为人的上帝合并在一起，逻辑上讲是不可能的。同样，一神教和多神教在逻辑上也是对立的。但在实际上，这类矛盾却很好地结合在了一起。基督教、印度教和大乘佛教，在一定意义上都是一神教，因为它们都将所有的力量与光荣归于拯救者上帝、创造者和维护者（Sustainer），但是它们都给较小的神灵留出了祈祷和

崇拜的位置——基督教传统中的圣徒和天使，印度传说中的地方神和精灵，他们被看作最高神的这个或那个化身的侍从。总的说来，作为犹太教一神论（其观点是更严格、更不宽容）的继承者，基督教在某种程度上比印度教徒和佛教徒更小心，不让较次等的祈祷对象分散对最高神的注意力。尽管神学家有所顾忌，早期的基督徒很快就陷入复杂的圣徒崇拜的情况，这实质上类似于印度教和大乘佛教中不断增多的对地方神的崇拜。因而，这种不同更多是理论上而不是实践上的。但是这种理论上的不同也产生了重要的后果。因为后来的基督教历史的特色就是，为了纯洁信仰不断努力清除偶像崇拜这个毒瘤。而印度的宗教，在理论上完全承认任何一种形式的地方崇拜，无论其仪式多么粗陋和奇怪，均可与之调和，因而免除了这种意识危机。[79]

一种普遍深入的历史观也把基督教与同时代的印度宗教区别开来。基督教徒认为创世、道成肉身和最后审判是独一无二的事情，给予一般尘世人类生活以意义和希望；相对于这种历史性、时限性的观点，佛教徒和印度教徒所持的宇宙观是由无数个世界构成的，而这些世界是无尽地重复一种创造和毁灭的循环过程。神的化身是多种多样的， 340
在数目上实际是无穷的，因而没有一个神的事迹如同基督教赋予基督降临的那样对印度教徒或佛教徒具有独一无二的重要意义。

最后，像基督教和大乘佛教那样的宗教，和许多与之竞争的崇拜方式不同，其特色在于强调道德。例如，萨拉皮斯（Serapis）、伊西丝和某些印度教仪式的崇拜者，不要求对他们通常的生活态度做出重大改变来取得获救资格，魔法式的礼仪就足够了。但是佛教和基督教把永远得救与现世渴求的一套道德法规联系在一起，并认为在来世会完美地实现它。这种道德上的热望，与有效的教会组织结合在一起，给予这两种信仰对它们信徒的日常生活更加牢固的控制，这比任何单是礼仪性的宗教所能做的要多得多。信教者团体日常生活的这种明显印记，甚至比任何教义上的优越之处，更能说明基督教和大乘佛教取得的巨大成功。

基督教

严格意义上讲，基督教始于大约公元27—30年拿撒勒（Nazareth）的耶稣的传道和死亡。而许多耶稣的福音，不过是对他那个时代在犹太教中已经熟知的思想做有力的传播。从神显者安条克四世（Antiochus IV Epiphanes，公元前175—前163年）时企图把犹太人的信仰希腊化而激起了一场叛乱，到马卡比派（Maccabees）在巴勒斯坦建立了一个独立的犹太人国家（公元前168—前42年），弥赛亚（Messiah）将把一个上帝的王国带到地上的期望在犹太人中引起了活跃的关注。弥赛亚是什么，是个有争论的问题。一些人希望有一个战无不胜的君王恢复大卫王的王国，其他人则期待一个超自然之物，在时代末日驾着火焰来临，那时天堂之门将会打开，显示上帝无法言传的光荣。[80]巴勒斯坦艰难的生活状况（公元前63年后在罗马的间接统治之下），使越来越多的犹太人相信，上帝不会长期允许这种不义情况继续下去，像库姆兰死海古卷（Qumran Dead Sea scrolls）所揭示的那样，特殊的社团兴起，它们的成员使自己经常处于准备迎接世界末日的状态，避免任何形式的亵渎，免得上帝在末日认为他们不值得进入天国。

和这些弥赛亚的想象紧密地联系在一起的，主要是由法利赛人（Pharisees）拥护的思想，即在主降临之日，正直的人可以期望个人的不朽或肉体的复活。这种教义带有波斯和希腊化观念的痕迹，为其他犹太人所抵制，因为他们认为这类信仰在律法书（the Law）和先知书（the Prophets）中是没有根据的。但是，对处于动乱时代的人类来说，未能得到传统的承认，并不能阻止一个如此有吸引力的教义在犹太人社团中牢牢扎根。

341 生活在巴勒斯坦之外的犹太人以一种十分不同的方式为基督教打下基础。因为他们生活在离耶路撒冷（Jerusalem）很远的地方，不能经常参加神庙的仪式，但是他们保持了活跃的宗教活动，这些活动首先于巴比伦之囚期间发展起来，并在地方上继续保持下去。除了非常重要的家庭宗教仪式之外，这些散居的犹太人维持了每星期聚会一次的习惯，公开阅读《圣经》，同时阐释经文的意义。特别的建筑犹太会堂是这种聚会的场所，并成为犹太人社团活动的公共中心。这些会堂提供了基督教会后来发展的集会场所。

除了这种组织上的起源，散居的犹太人开始了一种犹太人和希腊人之间的广泛的文化渗透过程，从而为基督教准备了条件。散居的犹太人不可避免地受到希腊化城市世界思想和习俗的影响。许多这样的犹太人把希腊语作为母语，并接纳了相当数量的异教皈依者参加他们的社团。但是甚至在接受了犹太教之后，这些皈依者不可避免地保留了很多他们旧有的思想与感情习惯。这种情况和周围环境的压力赋予许多犹太社团一种半希腊化的特点，其中不缺少用希腊哲学的方法解释犹太人宗教的人，像亚历山大里亚的斐洛（Philo，公元前 20—公元 50 年）那样。犹太人和希腊人之间这种和睦关系，为基督教的转变铺平了道路，即由一个犹太人教派的地位，转变为一个从异教世界吸收了大多数皈依者的宗教。

而当这些对基督显现的期待和准备已经得到充分重视的时候，唯一需要的就是一个导火线了。这个导火线是由一小批地位很微贱的加利利人（Galileans）提供的，耶稣本人是其中为首和为主的人，还有彼得（Peter）和其他门徒追随。耶稣的人格一定是非常有气质与活力的。他的训诫和个人榜样鞭策最忠诚的追随者实行一种完全不妥协的道德理想——“转过另一边脸颊”、“爱邻如己”、“己所不欲勿施于人”，首次宣告所有这些高尚感情出自对世界面临末日的迫切期待。耶稣的信息“天国近了，你们应当悔改”，确实在他直接的追随者中激起了强烈的感情，同样在十分广泛的听众中激起了对弥赛亚的希望。这使当时在巴勒斯坦流行的公众感情达到更强烈的状态，而耶稣的传道在耶路撒冷引起了一场骚乱。所以，他因渎神和煽动暴乱被逮捕和钉上十字架也就不奇怪了。

真正奇异的事情是他的教导在他死后流传了下来。保留在《使徒行传》（*the Acts*）中的叙述，记载了耶稣的一小批最亲密的追随者如何聚集在楼上一个房间，忽然感到圣灵（Holy Spirit）降临在他们身上，直到他们完全相信刚死在十字架上的耶稣基督和他们在一起。这种叙述有着一切确实的证据。这毕竟是所有在场之人不能忘记的事件，而
342 十足的奇迹在重述时是不需要渲染的。在经历了这样一种感情上的体验并随之进一步重现后，谁能怀疑拿撒勒的耶稣，这个木匠的儿子不是真正的弥赛亚，并将不久在光荣中重现呢？而有着这样体验的人，怎能抑制住不去告诉其他人，警告他们救世主将再临，帮助他们为此做好准备，并解释耶稣作为弥赛亚身份的标志和证据呢？靠着传道和训导，靠着通过信徒的集会召请圣灵，在那里回忆和赞叹弥赛亚耶稣过去在人们中的显现，其追随者中的核心成员在耶稣钉死十字架后首先集合起来，迅速开始增加新的成员，并由于他们对共同经历的惊人和神奇的体验而有了新的理解，得到了新的信心。[81]

基督教史上的下一个重要转折点集中在圣保罗（St. Paul）的事迹上。保罗诞生在小亚细亚的希腊化城市塔尔苏斯（Tarsus），是属于一个大世界的人，而非一个像十二门徒那样简朴的加利利人。作为一个虔诚的、受过教育而精力充沛的犹太人，他是首先攻击在耶路撒冷的街道上宣传复活的弥赛亚的教派者之一，他认为这些教派成员是无知与不虔诚的人。但当他旅行到大马士革（Damascus），去劝告那个城市的犹太人社团不要容忍他们中间的新教义时，保罗在一个幻象中看到耶稣基督，并皈依了他先前攻击的信仰。在看到耶稣后，保罗宣传基督的复活，用希腊语向习惯于希腊的思想方式和说话风格的听众讲道，自然就把大量的希腊化因素带进他的教义。即将来临的世界末日由基督的复临完成，仍是基督教启示的中心，但是更强烈地打动非犹太人听众心弦的福音是由保罗提供的，即证明他自己亲身看到耶稣基督从坟墓中复活。这样一个救主确实会有使其他人从坟墓中复活的力量，如果他们坚定地信仰他并忠实地为他服务。

在巴勒斯坦之外的基督教社团中立刻出现了一个问题，即摩西律法是否仍然要遵守。保罗的回答是基督开辟了新的获救之道，就已废除了

《旧约》(*the Old Dispensation*)。其他基督的追随者认为传统的犹太人习俗和律法仍然有效。这场争论引起了基督教团体中第一次重要的教义之争。像任何争论那样，人们深信自己是正确的。无论是在耶路撒冷的领袖彼得和圣詹姆士（James），还是从安条克来讨论这个问题的保罗和巴拿巴（Barnabas），都没能说服对方。明显地，他们同意让每个团体遵循它的领袖认为正确的政策。这在实际上意味着，保罗和他 343
的同事由于在非犹太人中传教发现了一个大有潜力的领域，而巴勒斯坦的基督教团体仍是一个少数犹太人的教派。因为在犹太人中，他们对弥赛亚的巨大期望与耶稣生平的实际成就之间的差距太大，以致耶稣是弥赛亚的思想不能说服任何还没有加入团体和亲身感受圣灵的人。

当使徒这一代人开始衰老和死去时，很明显他们对耶稣事迹的回忆和讲述应当写下来。《福音书》(*the Gospels*)就是由这些回忆引申的，并以虔诚的虚构得到补充，用以显示耶稣生平的详情确实符合有关弥赛亚的预言和期望。在保罗致他所建立的一些教会的书信中，基督教团体也发现了有用的和权威性的教义阐释。还加上了其他作品，其中主要是世界接近末日所启示的幻象，以“启示录”(the Book of Revelation)之名著称。到大约公元 200 年，一部标准的经文汇编已被大多数或是所有基督教团体接受为神的启示。这就是《新约》(*the New Testament*)。阅读它成为基督教崇拜的重要部分。犹太人的圣经也作为基督教继承物的一部分保留下来，尽管一些有着推理头脑的皈依者发现，《旧约》中的有些篇章将神拟人化和道德上的粗鲁是令人生厌的，并对此加以抨击。

公元 66 年，一场广泛的叛乱在巴勒斯坦爆发，这是由类似于耶稣本人曾鼓动的那种对弥赛亚的希望激起的。罗马派出军队去恢复秩序，随之而来的是顽强和最残酷的战争，耶路撒冷被攻占，神庙被毁（公元 70 年）。这次动乱驱散或破坏了巴勒斯坦的基督教。它的幸存者或者融进国外更大的基督教团体，或者回归到犹太教的信徒中去。基督教和犹太教之间的早期联系于是破裂了。当这个新信仰继续在希腊—

罗马世界中开辟道路时，它不只与异教，还与犹太教进行对抗。

因为皈依者不可避免地把他们的异教思想一起带入早期基督教会，基督教逐步变得类似于其他希腊化宗教。而起源于犹太人摇篮重要标志的信仰从未消失，特别不能容忍一切敌对的教义和一个紧密结合的团体是这类遗产中最为重要的。基督教早期的成功很大程度上不仅基于系统的慈善事业，通过其成员间的互相帮助，还基于每星期的集会仪式，用于阅读《圣经》，进行劝诫，最重要的是共同进餐，以纪念耶稣和他的门徒共进的最后的晚餐。这些也是从犹太会堂的通常做法变化而来，为这些新的基督教启示而做了调整。结果造就了一个有凝聚力的信仰者团体，他们认为外部世界基本上是异己和邪恶的，但是在他们自己的行列中享受着成员资格，贯彻着社会戒律，燃烧着长期以来犹太教所特有的对未来的希望。

344 基督教把这些特色与一种能更好地与希腊思想调和的教义结合起来，在礼仪上取消了触犯希腊人感情的规则和禁忌。罗马的其他神秘宗教都不能提供这么多内容。一种高尚的道德，有古代预言承认并支持、用通俗语言写成的神圣经文，在信徒中感情温暖的兄弟之爱，永恒生活和幸福生活的许诺，特别是尽早推翻世间不义的动人期许，所有这些，强有力地召唤着罗马世界大城市中的穷人和被驱出家园者，在罗马边界外也是如此。[82]

基督教的诞生是人类历史上戏剧性的中心事件之一。耶稣和一小批微贱的加利利村人作用于其后的一代代人类的巨大影响，达到了难以想象的程度。这些门徒成功地克服了将所有希望寄托在十字架上的明显失败，并重新解释了他们的体验本身太过超乎寻常，而它造成的重大后果还要了不起得多。而圣保罗传道的新特点，对基督福音的未来意义同样重要。这些少数人的行为、思想和感情深刻地影响了几亿人的行为、思想和感情。它们在今天继续发挥着巨大影响，在人类可以预见的时代还会如此。因为基督教的信仰、希望和爱的活力，与基督教的褊狭和迷信同样强大的力量一道，都还丝毫没有枯竭。

佛教和印度教

早期基督教历史的模糊性与笼罩着印度宗教发展史的不确定性是无法相比的。毫无疑问，其主要原因是所有的印度思想基本上是无历史记载的。对于那些习惯处于无穷存在之中的人，时间和地点是无关紧要的。

像耶稣的门徒后来做的那样，佛陀的第一代门徒保留了对佛陀的生平和教导的记忆，但是训导性的佛教经典写作从未停止，因而在佛陀去世后 1000 多年来，新思想和对旧思想的修正一直被吸收进信仰中。印度教同样如此，不同的是没有一个单一的创立者，所以从一开始就从历史约束中解脱出来。印度的教派一向是众多的，但是总的看来能够一起和平相处。因为通向真理的道路有许多，而在印度文化环境中，没有一种教派倾向于认为只有自己拥有得救的秘诀。长时期密切的相互影响在所有不同的印度宗教团体之间起作用，使得宗教史有着大量的混乱之处。

尽管有这些不确定性，但是很清楚的是，在公元前 200 年到公元 345
200 年间，一种大众化的印度教开始发展起来，它混合了祭司的婆罗门教、古老的村庄礼仪和一种新因素：有拯救力量的神人同形的概念。与此同时，佛教明显变得不能继续得到全部印度人民的忠诚。

印度佛教的衰落主要是由于这个事实，即它从没给印度的俗人提供一种完整的宗教。早期佛教没有诞生和死亡、婚姻、疾病和其他私人生活中关键问题的仪式，而同样用于更加公共场合的佛教仪式也没有什么发展。佛教只是为僧侣团体提供了一套完整明确的生活方式。普通人可以通过向僧侣捐赠，或对舍利塔进行庄严的参拜，及朝拜圣地以得到那些地方神圣遗物的气息熏陶，来维持自己的信仰。统治者和富有的人可以建造神圣的建筑物，或在公共场所竖立纪念佛陀生平的雕塑碑铭。但是所有普通的生活危机都需要婆罗门用他们的仪式和神圣的规程来驱逐危险或把破坏减少。这个基本的事实确保婆罗门教在印度存在下来，尽管在公元前 6 世纪佛教和耆那教就对其献祭和祭司的特权进行了猛烈攻击。

作为礼仪专家，婆罗门在给一般公众提供服务时，逐渐地使自己适应了他们所服务之人的观点和态度。印度的农村如同现在一样，居住着许多语言不同并有着各种文化背景的民族。从远古时起，这些村民就保存和精心发展了许多各式各样的神和精灵的崇拜，有些是人格化的，有些是动物和其他形式的。通过适当地把地方上的神和吠陀诸神形象同一化的办法，婆罗门把多种形式的崇拜和吠陀宗教调和起来，并在农村的虔诚上嫁接了由原始雅利安人宗教发展而来的高度形而上学的思想。

在这个过程中，湿婆和毗湿奴大神这两个形象本身集中了一系列复杂的特征和故事，直到他们成为印度教互相对立又互为补充的最高神。直到公元 4 到 6 世纪前，神秘的轮回看来还没有采取教义的任何形式，因为它与“化身”的教义联系在一起。据此教义，人们认为毗湿奴和湿婆（多半只是由于仿效）本身不断地以各种形式的化身出现。众多先前是独立存在的神，被认为是大神的化身。如果说印度人崇拜的其他神没有几百个，也有几十个，但它们从未在毗湿奴或湿婆的崇拜中获有一席地位。面对着拥有如此之庞杂而令人敬畏之神的人群，婆罗门传教的实际任务，就是把他们遇到的每个较小的神，解释为最基本的精神实体的部分体现，使它们合法化，以一种适宜其崇拜者理解水准的方
346 式赋予其形体。这种混合物可称之为印度教，虽然这个名词最好保留到后来的时代使用，那时一批更接近系统化的诸神和一种有特色的神秘崇拜，开始给予地方崇拜中日益增长的混乱以一定的礼仪形式。

* * *

从长远来看，面对印度教高度发展的形而上学和民间迷信的综合，佛教没能保持自己的本色。然而，在融合于它们原赖以产生的各种驳杂的宗教信仰之前，一些印度佛教派别经历了影响深远的变化，它们

适应了不能或不愿接受更艰苦的寺院团体制度的俗人的感情需要。

早期佛教的理想是一种精神和肉体上的训练，以一种神秘的体验达到最高境界，这被称为自身寂灭或涅槃（nirvana）。达到这种幸福境界的个人被称为阿罗汉（arhats），他们逃脱了转生的轮回。但是在公元后的两个多世纪中，宗教生活的最高目标中的一种不同概念在佛教徒中赢得了广泛支持。某些导师认为不应追求个人寂灭和阿罗汉身份尊严的“自私”目标，圣人应该为了帮助其他人而不进入涅槃，帮助那些有罪和迷途的人在化身转世的阶梯上上升，最终逃脱生存之苦。这样的宗教志士被称为菩萨（Bodhisattvas），他们被认为住在由他们自己构成的一层天上，直到他们认为适合于自己最终化身和幸福地寂灭入涅槃之境的时刻。

这个重要方面的激进改革，在佛教内兴起的确切过程不是很清楚。一个俗人不愿意或不能够经受一个阿罗汉所需要的修炼，但仍渴望获救，由此而产生的压力一直是这种改革的因素之一。另一个因素大概是来自毗湿奴和湿婆崇拜兴起的竞争。后来赋予各类菩萨的经历和力量的细节，看来确实是借用自有关这两个印度教大神的神话。

对于佛陀本质的思辨性论证也有助于新教义的形成。超自然和奇迹的力量早就赋予了乔达摩佛陀，直到乔达摩作为一个历史人物而言已变得无关紧要。“佛陀”这个词被用以指超越一切维持宇宙的原则。佛陀化身众多，公元前 6 世纪那个特指的佛陀，后来成了最复杂的佛学中一件不重要的偶然之事。这种在前世可以为一个人化身为佛作准备的理论，导致了菩萨的概念，或称佛性（Buddha in potentia）。菩萨们占据宇宙中相应的部分，他们的数目变化不定，复杂神话围绕着一些菩萨发展起来。最终，一种崇拜、祈祷和自我奉献给某个菩萨的礼 347
仪被容纳到佛教徒的信仰中，这种被称为大乘（Mahayana，or Greater Vehicle）的佛教改造形式，变成了一种提供个人获救的宗教，完全能够与引起普通俗人关心和信仰的其他崇拜形式竞争。

在大乘教徒中，个人寂灭是宗教生活最终目标的理想逐步消失。

为了逃避他们化身转世阶梯顶点这个困扰人的真空，大乘神学家们因而主张化身佛有无数个存在。当一个存在以旧的方式进入涅槃和寂灭时，其他存在继续作为宇宙的法则帮助挣扎着的人类去获救。基于一种典型的印度式的繁复性，佛教理论主张这类救主不是一个，而是成千上万乃至无数个，据一部经典说有恒河的沙子那么多。他们的功德可以由祈求他们帮助的虔诚信徒所分享。不只是僧侣，任何人，不管他是多么软弱和有罪，都有希望最后进入成佛之途，在一定数目的转世化身之后，成为一个菩萨或是佛本身。

大乘教义最早的一些阐述者可能生活在印度南部和东部，但是新教义在西北部找到了最大的场所。公元 2 世纪贵霜帝国的君主迦腻色迦（Kanishka）很可能赞助了大乘佛教。可以确定的是，这个信仰在公元头几个世纪深入了中亚，并从那里沿着丝绸之路传入中国。[83]

尽管在大乘佛教和更为保守的小乘佛教（Hinayana，or Lesser Vehicle）之间有着根本的分歧，各个教派的僧侣还是非常和平地生活在一起，经常就在同一个寺院中。分歧的教义间并不是互不相容的，一些小乘的作品和大乘的洪流一起传到中国。大乘的成功无疑是由于它给纯粹的俗人，如繁忙的商人和穷困的手工业者，带来了温暖的希望，而他们在今世化身中，只希望祈求拯救和尽可能地不去犯罪。但在锡兰（Ceylon）和缅甸（Burma），总体来说旧的教义占领了地盘，多半是因为在这些相对遥远的地区城市化还没有充分发展，而这正是无所寄托的人类产生得救之渴望的根源。

*　　*　　*

佛教通过大乘教义的发展造成的转变，其重要性类似于基督教离开犹太人的摇篮，投身于希腊—罗马世界带来的改变。并且，各自的转变方向是相同的：较早的着重方面得到补充，并最终被一种广得人心的宗教代替，即为现世提供高尚道德的规则和为来世提供获救的希

望。尽管佛学的救主是多种多样的，但它都具有与基督教学说普遍的 348
类似性，即两者的核心思想都是神的化身。

社会环境的整体类似性存在于每个宗教形成的区域中，一些更进一步的因素似乎必然会造成这种类似性。然而，大多数佛教的研究者，就伊朗或希腊化思想以何种重要方式对大乘的兴起做出贡献问题，只是马马虎虎地对待。实际上，一些详情受到了学者的注意，例如未来佛的形象弥勒佛（Maitreya），与密特拉（Mithra）存在有趣的相似之处。[84]一两个菩萨也有着特有的伊朗性质，显示出佛教徒作者可能借用了伊朗宗教中的名称和情节，因为他们在故事中赋予这些特别形象以生动的人格。但是比这些细节意义更加重要的是，佛陀以巴兰（Barlaam）的名字出现在公元 7 世纪的基督教圣徒传记中。

基督教和大乘佛教的中心思想，都是一个或多个神性的救主概念。他表现为人的形象，以向人类展示通向死后幸福生活的道路。长期以来人们认为基督教的灵魂拯救论大部分起源于希腊人的理论，这种说法可能也同样适用于大乘佛教。希腊与印度思想的这类混合存在着大量的机会。例如，印度西北部的一个希腊人国王米南德（Menander，公元前 2 世纪）在印度人的圈子获得了荣誉，即一个有哲学学问的人。证据是在一次佛教的宗教哲学对话中，他以领导者的身份出现。[85]在米南德的时代之后，印度和地中海东部的希腊化城市间的商业接触是紧密的，尽管商人不是哲学家，但是他们完全能够传播这种藏在基督教灵魂拯救论之内深入人心的宗教观点。[86]因此有理由假定，希腊化观念以一种重要的方式刺激了大乘教义的发展。但是我们可能永远不能确切地得知，因为不管跨越文化疆界发生了什么交往，这些社会地位低下的人（商人、水手、商队人员等）中没有写下他们与陌生人谈话的记录。[87]

艺术史为这种假设提供了支持，即基督教和大乘佛教可能分享了 349
一种希腊化的灵魂拯救思潮。佛教艺术上的希腊化印记明显比佛教神学上清楚，因为存留下来最早的佛像和菩萨像是直接从希腊化的模型发展而来的。确实，把神和英雄塑成人形的希腊人风格，有助于使神的化身的概念在未受教育和纯朴的人中通俗化。对于公元2世纪一个有文化的希腊人或罗马人来说，一座阿波罗塑像可能单单是一件美丽的艺术作品；对一个印度人而言，一尊类似的塑像需要精心的解释，一个神怎能是一个人呢？而当佛陀和菩萨们也被雕塑成人形时，已经把佛陀转变为一种宇宙法则的理论就必须重新检验和解释了。实际上，大乘教义在很大程度上是由于艺术传统和神学思想这样一种相互作用而兴起的。

这一问题肯定会招致争议，但是值得我们注意，那就是如果希腊化思想确实促进了大乘佛教的兴起，那么我们时代的两大主要宗教就成了同父异母姐妹，即来自希腊化的种子植于两个不同的母亲身上，一个是犹太人，一个是印度人，而这棵家族之树高一些的地方潜藏着一个波斯人岳父。实际上，宗教创新的肥沃土壤在印度一般是不缺乏的，大多数大乘佛教的神话、佛教徒世界观本质上的无时间性，以及救世主化身为人的多变性一定只是来自印度。希腊思想可能对大乘佛教的拯救概念的发展提供了关键性的促进作用，但是其精致化和定义化是在印度人占主要地位的环境中产生的。[88]

伊朗和中国

坦白地讲，关于帕提亚人统治下琐罗亚斯德教的状况、它与密特拉教和其他波斯人崇拜的关系、帕提亚统治者的宗教政策和信仰，我
350 们一无所知。[89] 某些钱币显示出一些帕提亚君主可能不再赞助希腊人的事物，而强调本地的波斯人宗教。[90] 我们确实知道密特拉崇拜在罗马领土上起了重要作用，且起初在西部讲拉丁语的人们中受到欢迎。在公元三四世纪，密特拉教事实上成为基督教在罗马世界最强大的竞争者。

就罗马人所知道的形式，密特拉教是一种许诺幸福永生的宗教，它保留了琐罗亚斯德教的二神论，承认宇宙有善恶两种原则。但是，可能在公元前1世纪，约在罗马征服安纳托利亚时，密特拉教在伊朗

世界宗教图

元素基础上加入了美索不达米亚、叙利亚和希腊化特色，一种混合型宗教出现了。这种宗教的最大弱点是它的宗教团体独有的男性特点，它很适于一个军营，而不适于一般社会。多半由于这个原因，密特拉 351
教最终未能在罗马或其他任何地方立住脚跟。

中国的情况则与此不同。因为在公元前 100—公元 200 年间，其他欧亚文明地区的特色就是宗教创造力的迸发，而在中国却是明显缺乏的。在这个时期的大部分年代，中国汉朝的政治和社会结构保持完整，儒家和道家看来继续适合人们的宗教需要。在东汉时，儒家扩展成一种包括自然规律、形而上学和道德教导的学说。圣人开始被官方和家庭所推崇礼拜，儒家于是在某些方面成为一种国家宗教。[91] 这些改变并不是什么新的政策，不过是带有统一的性质。通过这样做，许多先前由其他中国学派发展的学说和思想（主要是阴阳家）被掺入官方的儒学之中。

只是到了公元2世纪末期，当汉朝开始动摇并趋向瓦解时，一种较深刻的宗教动荡的迹象在中国变得明显了。例如，道教开始与民间运动联系起来，直接反对当权者，尽管没有什么特殊的教义发展与这种政治主张一同出现。与此同时，佛教开始在中国取得进展，但是它主要的成就只是在汉朝崩溃以后取得的，即当蛮族入侵和内部混乱打破了中国的社会体系时，佛教给人们的心灵准备了一种和早期中国人思想完全相异的教义。[92]

小结

在公元后的头几个世纪，西亚城市中的底层民族和漂泊人口创立宗教的艰辛，标志着人类历史的深刻变化。基督教、印度教和大乘佛教的兴起提供了一种世界观，让人们以少许愉快面对几乎任何一种灾难痛苦。因为根据这些信仰，这个世界不过是另一个世界的序幕。几个大帝国使这个生存圈联结了起来，它们的瓦解实际上促进了这些宗教的发展。这些宗教之所以在艰难的时代中兴盛起来，因为它们做好了给整个社会提供安慰的准备，正如在它们的童年期安慰了穷人和被压迫者的痛苦一样。

较早时代的社会从来不知道什么类似这些有关拯救的宗教。也许公元前10世纪到前8世纪预言性的狂热宗教运动，如在安纳托利亚和地中海东部地区所出现的，是一种对那个时代文明社会解体相对不成熟的反应。但是这种类似只是突出表现了文明世界在公元前10世纪到前1世纪有多么大的发展，因为除了预言性的犹太教这个重要的例外，早期时代的这类运动没有成功地产生能够世世代代影响人类生活的组
352 织和教义。埃及的宗教，由于其逐步民主化的永恒、其祭司组织，以及其神话的精致性，可能最接近于成为较高级宗教的特点和组织。但是埃及人认为来世生活比现世生活是次一等的，而且他们是完全没有佛教和基督教鲜明特色的传教热情。相反，宗教的思想只与一个地区

相关联，是一个特定民族的宝贵财富。这给了埃及宗教和几乎所有的其他古代宗教一种深刻的地方性特点，即其立足点与拯救性宗教强调的普世主义正好相反。

基督教、印度教和大乘佛教，对大城市聚居处流行的非人性的和人类互不关心的生活状况，可能首次进行了真正令人满意的调整。自然宗教把天和地的力量人格化，能够适合乡村农民的心理需要，他们与其伙伴的社会联系是紧密而私人化的。国家宗教对早期文明民族是适合的，他们的文化遗产几乎相同，并与社会或政治实体保持着密切的个人认同。但是随着文明地域的扩大和文化—社会制度的复杂性和多样性的增加，文明社会中的这种统一和凝聚力必然会崩溃，而这类官方的、国家的宗教就不能使数量上日益增长的处于隔离状态的人们满意，因为他们被所有较大的社团孤立，而再也不能勉强容忍。我们已看到巴比伦的宗教不能满足这种需要，[93] 而当地方性的城市国家不再有凝聚力，并在心理上不再是独立自主的社会整体的时候，希腊—罗马的城邦宗教显现出同样的不足。

在一个大城市，心灵的平静所需要的东西比起自然宗教和国家宗教要更多。在那里，每天必须与陌生人打交道，富人和穷人生活在不同的文化世界中，像官方强制或市场交换这类客观力量，令人痛苦并完全难以预料地冲击着日常生活。人们知道有一个救主，他关心和保护漂离在这类群体社团中的每个个人，相信在来世生活中，今世所有的罪恶和苦难都会得到应有报偿，这必然在人们面对任何艰苦和灾难时提供有力的帮助。宗教团体本身，与共同信仰和善工团结在一起，对于这种原始社会提供了一个重要的替代物。在那种社会里，所有关系是个人化的，人类社会由此起源，人类的天性很可能从根本上是与此相协调的。暂且不论教义是真实的还是错误的问题，基督教、印度教和大乘佛教比以往更成功地适应了生活在特大城市文明中的生活困难的人们。[94] 也许正因如此，拯救性宗教的出现确保了特大城市社会 353
的存在和复兴，而它们确实对之有所帮助。

（三）高度发达的欧亚文化传统的其他方面（公元前100—公元200年）

尽管宗教创新在这个生存圈的间隙地区盛行，中国、印度和罗马这些中心地区总的来说还是保守的。外来的思想和做法对这些文明中有学问的人缺乏一切吸引力，因为他们已经拥有自己十分满意的文化遗产，能够忽视一切与其不同的事物。

中东则是另一种情形。这个地区的世界性文明遭到了亚历山大及其继承者的打击，以致它易于瓦解为旧有的组成部分——埃及、美索不达米亚、犹太地和波斯的文化。每种文化都不得不对侵入的希腊化文化让步，屈服于它那颇有吸引力的分化作用。美索不达米亚和埃及的祭司学术都没能在这个行动中存在下来。巴比伦的贝若苏（Berossus，约公元前250年），迁居到爱琴海的科斯岛（Cos），在那里，他把贝勒·马尔杜克（Bel Marduk）祭司的天文和历史学知识译成希腊文。大约在同一时期，埃及的曼涅托（Manetho）把他祖国的历史传统译成希腊文，这都体现了源自他们各自祭司传统知识力量的近乎最后挣扎。古老的美索不达米亚和埃及宗教再也不能依靠它们自身的实力存在，而开始经历深远的变化。它们与希腊的思想和形式混合，变成了一种东方神秘宗教，从公元前1世纪起遍布罗马世界。从埃及引来了伊西丝（Isis）和萨拉皮斯（Serapis）崇拜，美索不达米亚产生了占星术“科学”，于是以这种变相和改造的形式，中东古老学术的一部分存在下来，但是这两种传统的整体性本质却无可挽回地丧失了。

另一方面，犹太人却能够保持他们文化传统的独立性，甚至在面临新的政治灾难之时。在公元66—70年的叛乱中，罗马军队毁掉了耶路撒冷的神庙和为之服务的祭司阶级。但是分散的犹太会堂证明了，即使没有在耶路撒冷的中心他们也能保持信仰。第二次巴勒斯坦叛乱（公元132—135年）的后果是犹太地区的犹太人农民阶级被完全摧毁，而这同样也没能使犹太教失去活力，因为散居犹太人的城市团体存在了下来。总的来说，盼望弥赛亚的激情引发了公元 66 年和 132 年的灾难性叛乱，现在平静了下来，人们不再那么急迫地期望弥赛亚的来临，过去时代的高度希望凝集在对经典进行法律、哲学和神学论证的诠释中。犹太法学校代替神庙成为犹太教的主要机构，因为犹太人需要用 354
律法书和先知书来培养专门人才，使他们能够解释和应用《圣经》来对待日常生活多变的环境。最重要的一所学校在加利利，[95] 公元 2 世纪期间希伯来文《圣经》的正典经文就在那里编定。这样，犹太教保持了一种有活力的信仰。在有学问的犹太教士的领导下，犹太教证明了自己完全能够抵制希腊文化和基督教。[96]

波斯的情况处于中间状态。从琐罗亚斯德时代，到公元 226 年后萨珊王朝统治下民族文化的复兴，波斯的文学传统确实保持了一定程度的连续性。但也有许多混合情况，其证据就是波斯古经《阿维斯塔》（*Avesta*）——萨珊王朝琐罗亚斯德教的经典——完全不清晰的文字和知识来源。[97]

总而言之，公元前 100 年到公元 200 年期间，古代中东的世界主义在文化上和政治上崩溃了。希腊化和印度的影响在这个地区起了作用，从草原来的侵略者给这种文化融合加上了新的异族成分，最终找到了一种主要的宗教表现方式。

* * *

罗马世界没有发生这种断裂，在那里保持着希腊和希腊化文明的传统，但是其活力日益减弱。希腊的哲学、雄辩术、历史编纂学和纯文学都在拉丁语相应领域有所发展，在这个过程中，拉丁语开始具有了学术词汇，能够把东部希腊人高度发达的文化传达给地中海西部的各个民族。翻译和整理希腊学术，使之符合拉丁语言和拉丁气质的主要工作，是由公元前 1 世纪的西塞罗（Cicero，卒于公元前 43 年）、卢克莱修（Lucretius，卒于公元前 55 年）和加塔拉斯（Catullus，卒于公元前54年)进行的。在下一代，维吉尔(Vergil，卒于公元前19年)、贺拉斯(Horace，卒于公元前8年)和李维(Livy，卒于公元17年)使拉丁文字得到最完善的表达方式。此后，罗马的和平与罗马绅士的舒适生活阻碍了严肃的知识或艺术作品的创作。一种浅薄的爱好和有时是仿古的精神盛行，只是因为塔西陀(Tacitus，卒于公元117年)的历史著作充满敌意的讽刺，才得以摆脱此风。

公元2世纪的希腊文学经历了温和的复兴(例如普鲁塔克，卒于公元120年)，并出现了很有影响的希腊科学的汇编，即盖仑(Galen，卒于公元200年)的医学著作和托勒密(Ptolemy，卒于公元161年之
355 后)的天文学和地理学著作。托勒密的天文学十分完美并讲究数学方法，盖仑的医学丰富而系统化的特点，似乎使后代无从加以改进，因此这就阻碍了希腊科学的进一步发展。学术的注意力转向形而上学，特别是神学问题，形而上学的倾向尤其强烈。

自然的法则，如托勒密和盖伦用数学和描述分析的那样，与万民法和自然法存在一种有趣的、可能并不是完全偶然的类似之处，正如诸多罗马法律学家所领悟到的那样。罗马法学体系于公元2世纪末到3世纪初在乌尔比安(Ulpian)、巴比尼安(Papinian)等人的著作中臻于完善。应用于人类事务的客观法律，在施行时要符合自然和理性的原则，而与神的启示和人类的任性或狂热分离，这种概念，是罗马和由罗马人流传下来的社会所特有的。当然，其他文明民族也有法律和法典，但是他们的法律通常限于犯罪和公共事务，把纯粹的私人关系留给私人或习惯的规章处理。[98] 罗马法在一个帝国的世界性环境中发展起来，力图对公共和私人关系混乱的复杂情况，用规则的分类和清楚的法则加以处理。我们日常生活中如此熟悉而又很少注意其存在的事物，如所有权、契约和财产的概念被越来越精确地规定下来。这样，特有的纠纷就能够成为一个法律案件，根据公布的法律，通过司法程序得到解决。对于一个复杂的、私人化和城市化的社会，这样一种法律体系的优点是非常多的。因为在与陌生人打交道时，它有助于使其

有确定性和安全性，即使在缺少任何稳固的习惯认同的情况下也如此。没有其他早期文明发展出这样精密而普遍的法律体系。在其他地方，地方上的习惯、群体的习俗和家庭的传统保留着更大的势力，而官吏个人的任意决定权，使当权者享有更加广泛的自由。

罗马法对后来欧洲文明的价值之大难于估量。11 世纪后，当西欧的城市化开始重新发展时，宏大的罗马法全集就是现成的参考。它所提供的模式，自然方便而稳妥地用于重新整理欧洲在这期间发展起来混乱的习惯法，赋予城市和市场机制活动以新的视角。[99]

在公元前 100 年到公元 200 年期间，印度的艺术和文学有了生气勃勃的发展，趋向于笈多（Gupta）帝国时代（公元 320—535 年）所具有的“古典”表现形式。印度文学的两大史诗，《摩诃婆罗多》（*Mahabharata*）和《罗摩衍那》（*Ramayana*）可能在公元 200 年接近其形成的最终形式。文学梵语（Sanskrit）以波尼尼的语法规范为基础，已经发展为一种真正的但也许是人为形成的文字媒介。然而，年代上的不确定性，使得将古典梵语艺术和文学的大多数杰作归属于任何明确的时期都不可能，不管是在公元 200 年以前还是以后。因而最好将其留待下一章讨论，尽管这面临着过度低估前笈多时代成就的危险。 356

* * *

中国至少在年代问题上很少遇到困难。以官方儒学的名义，汉朝继承下来的多种多样的中国传统，达到了惊人成功的统一。虽然作为历法争端副产品的数学和天文学的知识增长了，[100] 但是文学和文献学的学问仍占据了中国知识活动的中心。对于这种学问，经文的真伪性是第一重要的，因而这个问题在“今文”和“古文”学派之间引起了重大的争论。[101] 除了措辞细节的不同之外，这些学派在如何自由地运用阴阳和有关概念，以使得他们对儒学的解释带上特色这个问题上也有分歧。“古文”学者谴责对先师教诲的这类曲解，“今文”学者倾向于细读字里行间，在古典经文本身表面的（有时是十分琐细的）意义中看出暗示和象征性的深远要旨。除了这些学术上的许多争论外，这场讨论导致了第一部系统的中文字典的编纂，这部字典按汉字的偏旁部首排列，就如现在还沿用的中文字典一样。

中国的历史著作在汉朝也趋于成熟。司马迁（公元前145—前86年）的多卷本中国史（实际上是中国人眼界中的整个世界）所创立的结构，几乎为中国的历史撰述一直遵循到现在。每个王朝以一个特别有德的统治者开始，后来逐渐失德，直到上天失去耐心，以一个新王朝
357 取代它的地位。司马迁接受了这个理论，并使其成为正统理论。在中国，这种思想十分古老，但司马迁首先用这样一种形式来适应历史事实，而他的成功使这种形式束缚了后来的历史学家。除了按这个原则组织的政治史叙述外，司马迁的历史还包括了像音乐、祭祀、水利工程、军事方法这类特殊主题的专论，分别描述了各方面从产生时起到这位史学家所处时代的演变过程。其他专论是叙述中国古代贵族世家的经历，而整个著作最大的部分就是由著名人物的传记文章组成。司马迁的著作兼有希罗多德的眼界和修昔底德的精确（有此意图而非事实上都做得到），他的榜样确定了后来中国历史编纂的模式。[102]结果，汉代第二个重要的史学家班固（公元32—92年），精确地遵循其先驱者的模式，编纂了西汉的历史。[103]

我们对汉朝下层社会的知识分子了解甚少。可能一些道教圣人处于这种社会阶层，他们进行化学实验，企图炼成一种长生不老药，以使服药者得到长寿甚至不死。后来阿拉伯和欧洲炼金术的部分术语和概念系统可能是由此发源的。但是炼丹术的向西方传播，如占星术的向东传播一样，只是在公元200年之后几个世纪才变得明显。学术上的保守主义是如此强大，甚至当商业交往使知识接触成为可能之时，也很少发生认真的交流，直到中国、印度和欧洲严酷的社会压迫搅乱了平稳的时代进程之时。

* * *

技术方面的保守性只不过是略少一点儿。有用的植物与动物的确实现了重要的转移，但是工艺技术和贸易秘密就不那么容易传播了。因此，我们所熟悉的棉花、甘蔗和鸡，都是首先在印度培育的，在这个时期传布到中国和欧亚大陆西部，而中国把杏、桃，可能还有柑橘、樱桃和巴旦杏传给欧亚大陆西部。作为交换，中国人进口了紫花苜蓿和许多蔬菜作物，还有波斯的大型马。[104]

旅行者带回外来植物的种子相对说来是容易的，但是制造的技术 358
和秘密就不那么容易得到和传播。总之，有技艺的工匠为出口而工作，商人掌管对外贸易，大概不愿意看到技术信息传播到新的地区。结果，这个时期的工业或原始工业技术在地理上呈现一幅近乎静止的情况。[105]

罗马的水磨和玻璃生产技术似乎是世界上最好的。印度的钢有特别好的质地，尽管在罗马帝国拥有市场，但是不能在那里复制。中国的丝绸出口到印度、中东和罗马，但制丝的秘密直到公元 6 世纪才传到外部世界。[106] 罗马的军事技术，特别是攻城术和筑堡术，在印度，可能甚至在中国都享有很大声誉。[107] 罗马人的船只可能把新发明的船舶建造术引入印度水域，使得公元后头几个世纪印度文化显著的海外扩张成为可能。[108]

但是总的来说，要想对技术史描绘出一幅令人满意的全面图景，我们所知太少了。每个文明社会特有的技艺和技术大略相等，差别不会很显著。手工方法当然在任何地方流行，非人力的应用由于水磨的引入才刚刚开始，且主要用于把粮食磨成面粉。

在文明社会的任何地方，财富主要依靠农业。农民占了文明国家人口的压倒性多数。经济的主要划分，多半在水利工程使农业能够维持稠密人口的地区，与人口更为稀少的旱地农业地区之间，因为那里的庄稼要遭受经常干旱和有时过度降雨的摆布。直到西欧发展出能够克服水涝平原的农业方法之前，农业必然集中在山坡和吸水特别良好的下层土（如黄土和白垩土）上。因此，这个生存圈的最西边缘在农业财富方面落后于较干燥的地中海与中东的土地。任何依靠降雨的土地，农业生产率都赶不上中国、印度和中东灌溉的河谷地区。

359 所有这些思想和技术的交流要靠有意识的人类行动，并相对而言受到冷漠、无知和疏忽的对待，而病菌的传播却没有这类障碍。只能被古代旧世界某个部分所熟悉的传染病，通过商船和货车，能够并且无疑被来回地从欧亚大陆的一边带到另一边。但是这类事情一般是难于确定的，而对有用材料的批判性研究尚未做出，因而任何有关古代世界的疾病史或是人口增长与衰落的叙述，只能基于有一定根据的推测。印度的记载确实连有理由的推测也办不到，但是对古代美索不达米亚水渠系统的考察显示，这个重要地区的人口高峰是在公元 3 到 6 世纪之间。[109] 中国和罗马的记载相对易知，显示出早期人口的最高峰约在公元 1 世纪。严重的流行病是罗马和中国人口从 2 世纪以后下降的主要因素。这可能并不奇怪，因为这两个社会处于这个生存圈的两端，应该会比中东更严重地受害于新的且不熟悉的疾病。中东那里与旧世界远方的交往不是新近的事，当地人口可能对疾病有了一定程度的免疫力，而这些疾病在远东和远西仍能使在生物学方面无保护能力的人口大量死去。[110]

因为传染性疾病直接源于这个生存圈的联结，所以，它可能对人
360 口的锐减负有部分责任。[111] 这在罗马帝国时代成为一个持续性的问题，并在公元 3 世纪表现为一种灾难性的人口下降。[112] 中国人口的大量减少也发生在东汉时期 [113]。公元 3、4 世纪的蛮族入侵，在远东和远西成为主要的人口增加部分，这部分可以归因于在罗马边墙和中国长城后面因疾病而造成的人口稀少。[114]

第 8 章

野蛮人的进攻与文明人的反应

（公元 200—600 年）

一、引言

公元 200 年时，希腊化几乎已经丧失所有张力。邻邦和外来移民 361
已经看不到多少可羡慕的东西，更少去模仿希腊—罗马上流社会后代中所流行的传统的生活方式。几乎在同一时代，中国的儒家传统也经历了相似但并不那么彻底的衰落。儒家在很大程度局限于一个地主和官僚组成的阶级，而儒家那些高贵人物理智的、合乎礼法的保守主义，不能适应汉朝崩溃后的内乱和蛮族入侵的时代。

相反，印度进入了在国内外都引人注目的文化扩张时代。在笈多王朝（约公元 320—535 年）统治下，印度艺术和文学进入了一个黄金时代。同时，佛教作为印度文明长久以来特有的超越性宗教信仰，在外邦人中发挥了强大的感召力。大乘佛教经陆路传播到了中亚、中国、朝鲜，并最终抵达日本，这个时代正是印度文化扩展力最辉煌的体现。当佛教在喜马拉雅山以北赢得它最伟大的胜利的几个世纪，还有一个几乎同样广阔的运动，就是印度人沿着海路的海上冒险事业，在东南亚培育了一系列国家，它们直接从印度汲取高度发展的文化。在波斯和东地中海，那里敌对的诸宗教保持着它们的地盘，印度文化模式遇

拜占庭镶嵌装饰以简化的描绘和富丽的颜色，以求获得直接诉诸感情的效果

到了极为强大的抵抗。甚至在那里，新柏拉图（Neo-Platonic）派和诺斯替派（Gnostic）的思想表现了明确的与印度类似之处。印度的禁欲主义则可能对在基督教会神职人员中形成的神秘主义风格有所贡献，早期基督教较模糊但普遍流行的弃绝尘世的特点，还有它的一些主要竞争者（例如摩尼教），也由印度的宗教观点的激励得到了一些启发。 362

如果人们注意力集中于思想变化，特别是宗教的变化，那么从公元 200 年到 600 年，印度在整个亚欧世界看来起了主要作用。但是如果人们想到的是军事或政治事务，印度的作用就缩小到微不足道的比例。而一个十分不同的地理场所却成为关键性的地点，即文明人与野蛮人之间的边界线，它从莱茵河（Rhine）口一直延伸到黑龙江（Amur）口。在 4 世纪晚期，边界两面力量的平衡有了决定性的改变，结果是在亚欧大陆广泛分布的各个地区发生了语言和人口的大规模变动。在最西方，蛮族人的军事队伍和迁徙的游牧群落冲入了罗马帝国，类似的而人数较少的群落侵入了中国北方。在这两个地区，侵略者建立了一系列短命的国家，逐渐地吸收了他们属民的一些文化。到 6 世纪，这类侵略的原动力已消耗尽了，在中国的证明是已能够恢复帝国的统一。但是查士丁尼（Justinian）在罗马西部类似的努力只是短暂的成功，他重新统一的部分帝国在新的蛮族入侵浪潮面前再次瓦解。只有在拉丁基督教世界（公元 9 世纪）采用了波斯式的装甲骑兵之后，最西方的文明或半文明民族才能制止蛮族入侵的浪潮，并开始了一个反向的扩张运动（公元 10—11 世纪）。

从军事和政治的观点来看，波斯是这个生存圈的关键地区。在公元 200 年之前很久，文明的波斯人发明了有效的技术抵御骑兵入侵，并建立了一种社会政治制度，保证维持一支遍布于乡村的强大的装甲骑兵。在乡村，装甲骑兵时刻准备着进行一场强有力的地方保卫战，以抵抗游牧者的攻击。欧洲社会勉强而缓慢地调整了它们的防务，把它们的社会制度按照波斯模式的轮廓加以改变。这种制度上的重新组织就是欧洲的“中世纪化”。在东方，波斯的影响对中国相对较小，但波斯的边境防卫有效地对抗了草原人，使印度免受侵略，因而间接地对笈多时代印度文化的繁荣做出了贡献。

公元200—600年这个时期有一个重要特点，亚欧大陆古老的文化中心的边缘地区出现了几种新的文明生活方式。爱尔兰、埃塞俄比亚和日本都成为新的至少是潜在独立的文明地区。原因显而易见，当主要亚欧文明之间的商业联系减弱，边远地区就更完全回到了依靠自身
363 资源的情况。中断或大量减少与外部世界的接触，使得本地民族精心发展他们自己的生活方式，随意运用他们在更早、更世界化、更适于旅行的时代发现的文明因素。[1] 这一时期的新兴文明很像古代苏美尔人的文明在新世界兴起，但是秘鲁（Peru）和中美洲的居民，是否像爱尔兰、埃塞俄比亚和日本的居民从旧世界接受了有价值的促进因素，还不能确切证实。

* * *

从公元200年到600年间世界历史非常复杂的形势来看，按顺序介绍变得特别困难。这一章较武断地把亚欧大陆分为两部分，首先谈到印度文明的繁荣和扩张以及它对中国和东南亚的冲击，然后考虑亚欧大陆西部的发展和在蛮族攻击压力下那些地区社会组织和文化的转变。本章以对文明世界边缘的变化的某些评述结束。这可能会过于强调这个生存圈在印度和伊朗势力范围之间的划分，缩小印度和地中海以及伊朗和中国之间的联系情况。然而，这个次序看来最宜于弄清楚事实，甚至是被歪曲的事实。

二、印度文化的繁荣（公元200—600年）

在公元3到7世纪之间，特别是在笈多帝国时代（公元320—570年），印度文化达到了优雅和完美的程度，完成了雅利安—婆罗门文化

的最后融合，成为后代理想化的标准。同时，印度人成功地对前几个世纪从希腊化世界和波斯那里接受的文化激励做出了反应。因而笈多时代使人想到中年人成熟的力量而不是青年人玩世不恭的态度。这就是印度的黄金时代。

（一）政治与社会结构

贵霜帝国在公元 1 到 2 世纪构成了这个生存圈的拱心石，它本身的成就没有长期保存下来。萨珊波斯（Sassanid Persia，自公元 224 年）强大的军事力量迫使贵霜的领土退到兴都库什山以北，并承认波斯的宗主权。而在印度西北部，贵霜的权力崩溃了。但真正的变化可能不 364
是很大，本地的统治者长期享有大部分真正的主权，不过是收回了对贵霜帝国礼仪上的服从和应缴纳的贡物。

在印度其他地方，类似的政治分裂在公元 3 世纪盛行，但统一的帝国统治理想，以孔雀王朝国家为范例，还生动地保留下来，这是一个有利于下个世纪笈多王朝兴起的因素。笈多国家的核心在恒河下游平原，在今孟加拉（Bengal）境内或附近一些地方。在笈多的第一个重要统治者旃陀罗—笈多一世时（Chandra-gupta Ⅰ，公元 320—330 年）[2]，这个地区仍处于印度社会的边缘，他像许多之前和之后的统治者一样，利用战略位置巩固对恒河流域大多数国家的权威。而他的继承者沙摩陀罗—笈多（Samudra-Gupta，公元 330—338 年）和旃陀罗—笈多二世（Chandra-gupta Ⅱ，公元 380—415 年）统治期间，把从孟加拉湾直到阿拉伯海，从喜马拉雅山直到德干（Deccan）地区的所有印度北部并入笈多的统治。

在多数情况下，笈多王朝没有把先前存在的统治推翻。笈多王朝通常让本地的统治者留在职位上，但强迫他们服侍帝国宫廷，缴纳贡物，至少在一些情况下接受作为王朝代理人的某种“驻节使者”。直接与笈多传统土地毗邻的地区被并入帝国直辖区，但是笈多人没有企图把他们集中化的行政管理扩展到恒河流域中部以外。毫无疑问，这种怀柔政策为笈多的扩张提供了便利。其另外的一个特点是与婆罗门政治理论的道德概念一致，即认为一个信教的征服者应当保留被他打败的敌人（或敌人家庭的一个成员）的权力。[3]

建立这个王朝的军事行动的一切详情都无从知晓了，但是看来战争并不激烈。流传下来的文学作品证明了交战中逐渐形成了优雅的骑士守则，作品记录了那时的印度战争几乎不伤害非参战者，对士兵也不是很危险。确实，笈多权力的扩张在印度开创了一个不寻常的和平时期。除了嚈哒匈奴人（Ephthalite Huns）在约公元 460 年攻破了波斯人的边界防御，蹂躏了印度西北部外，直到 5 世纪末几乎没有留下什么战争的记载。德干和印度南部从未成为笈多领土的一部分，但是看来这个地区分属的数个国家都能够和平共处，并都与北方的笈多王朝
365 维持着贸易和外交关系。因此在公元 5 世纪，在欧洲和中国看到的是战争灾难和非常混乱的秩序，但在印度是一个非常和平的时期。受这种和平的庇护，印度文化的"古典"时代安全而自信地进入了繁荣。

笈多时代的和平，相较于欧洲长期的混乱并同时伴随着政治权力的分裂显得奇怪。印度的和平可能是由于（1）2000 年前雅利安人带入印度的凶猛而野蛮的军队气质最终得到驯服；（2）由婆罗门督导的，简称印度教的强制性行为法则和价值体系的兴起。这两者实为一体，古代武士理想的消退只是婆罗门印度教文化形式的一个方面。这种文化形式为雅利安时代的语言和文化赋予了新的意义。

整整一个世纪，武士们不断地进行战争，接着大约 80 年，武士们的主要征服目标从战场变成了闺房，这在文明史中极其罕见。这主要是由于印度社会内部权力的分散，谁占据了某个王位，向谁臣服或进贡，对于一般人没有什么明显的不同，即便对于山北面的嚈哒人这些野蛮人也是一样。印度的社会组织结构几乎没有被统治阶层改造，笈多人没有像孔雀王朝做过的那样，企图用更为极权化的波斯和希腊式政治制度改造印度，他们容忍印度社会所有古老的情况，这意味着默许把种姓、教派和地方上各种惯例上的严格界限，以一种十分分散的权力继承下来。

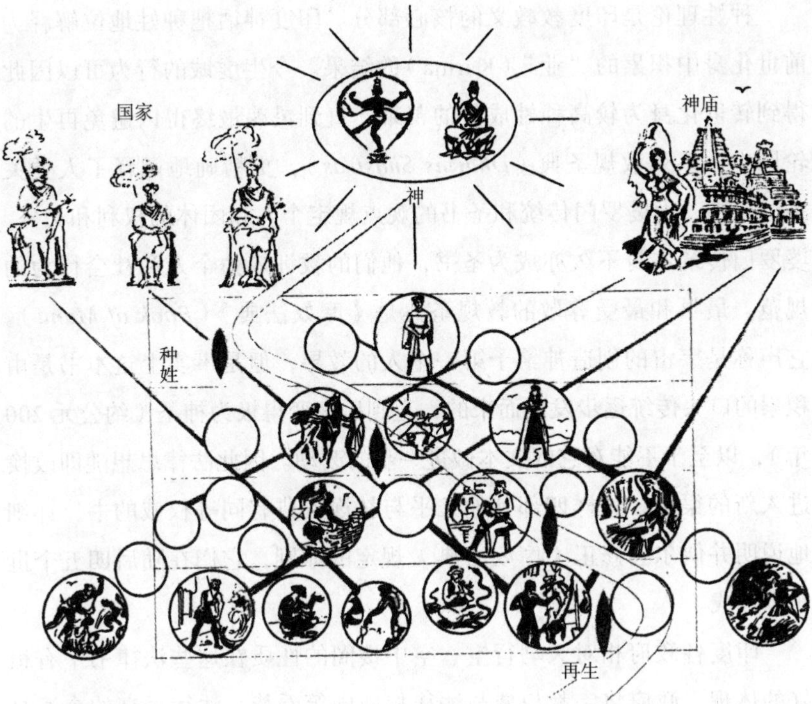

印度社会结构

许多自定规章的团体构成了印度社会的实际组织，中央政权的行为受到了严格限制。印度的村庄通常享有广泛的自治，在几乎没有外部干扰的情况下处理自身的事务。中央直属官员的税收通常很成问题，有时强迫地方上的人们为公共工程劳动，但是村民们经常不受中央派遣的地方官员的控制。[4] 一种类似的广泛自治使行会、市镇、寺院和神庙免除了大多数的外来控制。种姓制度在笈多时代的充分发展，为众多的社会群体提供了一种松散而有效的协调标准。不同种姓中有着明确的界限，每个特定种姓之内和之外的行为都有确定的方式，这为印度所有民族的通常生活环境，提供了一种日常行为的行为准则。 366

种姓理论是印度教教义的核心部分。印度神话把种姓地位解释为前世化身中积累的“业”（Karma）的结果。今生虔诚的行为可以因此得到转世化身为较高种姓成员的善果，直到灵魂最终得以避免再生的轮回。一系列教规圣典（*Dharms Shastras*），更精确地阐释了人类关系的原则，由婆罗门传统和圣书的观点规定个人和团体的权利和义务。婆罗门传统本身不久亦成为圣书，他们的教训成为个人和社会行为的规范。最早和最受尊敬的教规圣典是《摩奴法典》（*Book of Manu*）。
367 它声称是宇宙的创造神给予第一个人的教导，但是事实上这本书是由积累的口头传统逐步发展而来的，直到后来变得极为神圣（约公元200年），以至于不能对它的文本做进一步的改动。因此法律思想随即改换进入新的渠道，这样四部其他几乎与教规圣典有同等权威的书，详细地说明并偶尔会修正《摩奴法典》规定的原则，它们在随后四五个世纪中形成。

印度各政府相对天马行空、空中楼阁的性质在这些法律书中有很好的体现。政府将宗教权威与法律权威同等看待。法律最高的来源是《吠陀》，接下来是对《吠陀》的评注，然后是圣人的习惯与事例，最后是纯粹的个人意愿。当然也列入了王家的教令作为个人意愿的例子，虽然后来的两部教规圣典承认国王的决定实际上是最重要的。[5]

教规圣典对印度社会的实际影响是极其广泛的。甚至在今天，它们构成了普通人生活的指南和有权势的人的试图不遵守教规盛典强有力的障碍。教规盛典宣称它们的教训高于任何人类的立法，并且在理论上甚至把有绝对权力统治者的专横意志限制在狭窄的范围之内，虽然实际并不一定如此。不管印度教的君主们是虔诚还是不虔诚，他们经常发现，安全与明智的办法是至少在表面上与这些法律圣书规定的行为准则保持一致。[6]

印度社会亚政治结构的特有牢固性，由婆罗门理论的神圣认可得到了新的强化，这意味着政治版图上的事件在印度几乎没有重要性。除了王朝、贵族圈子之中的人，其他人很少在乎某个地区是落到某个君主还是他的敌手的管辖之下。印度的兴起和衰落留下的文字记载非常之少。笈多王朝的历史，学者们必须依靠中国法显和尚的《法显传》以及其他中国人的记载，还有一些锡兰人、阿拉伯人的史书。印度本国留下的资料对此记录得非常少，甚至编排大事年表也要靠这些外国资料的帮助。货币和有限的雕刻品提供了一些信息，但是在印度文学中直接提到政治事件，不论是笈多王朝还是远不那么有名的王朝，都是极少的。

（二）文化成就

笈多时代的文学、哲学、宗教、艺术和科学都为后来印度人在其 368
中每个领域的成就提供了模式。此外除了哲学，印度和外国学者一般都认为，笈多的成就构成了全部印度文化传统的最高峰。

重要的是要明白，即便在这个文化创造性的时代，革新并不真正受到尊重。学术采用了评注旧文献的形式，即使当不存在增添或改正这些文献的情况时，也声称是为了恢复原来的意义。纯文学不能避免有意识的创作，但也爱好用一种学术的并且大部分是造作出来的梵语，一些人用普拉克里特语（Prakvits），即当时所讲的语言的文学形式。重要的和权威性的经典继续通过口头传播，因为被认为如要真正精通，只能通过讲述和记忆字句的方式由老师传给学生。因而写下来的学术和文学数量，只不过是口传真理的核心的皮毛，而不是本身完整的东西。

语言

在佛陀的时代和其后的几个世纪，许多印度的文学活动的目标是民间听众。婆罗门的口传宝藏一直没有丧失，《吠陀》、《梵书》和《奥义书》中大量梵语文学的一些部分，一直被从事祭司职业的人学习和记忆。但是还有在某种与婆罗门梵语传统相反的意义上的普拉克利特语文学，它们与佛教徒和耆那教徒有着特别的关系，用接近民间口语的语言创作了寓言、训诫和诗。

而民间文学的这些形式在公元2世纪之后开始衰退。[7]曾经局限于婆罗门社会的深奥学问——梵语开始了空前的复兴，甚至使佛教徒和耆那教徒也开始用他们的竞争者的古代寓言写他们的神学和哲学著作。梵语从学术领域扩大到行政管理。孔雀王朝一直使用一种或多种普拉克利特语作为官方语言，但是笈多的雕刻和货币使用梵语，也许这种行政语言是古老而广泛被理解的语言。[8]

369 梵语在被学术界忘却六七百年之后的复兴确实是重要的。它证实了婆罗门传统的威望和力量，并证明了这块土地上许多教育机构的有效性，它们不只训练了祭司，还有大量熟悉印度铭刻的学术语言的俗人。可能这在相当大的程度上反映了佛教逐步退缩到寺庙的院墙之后，把佛陀进行过训导的街道和小路等地方留给了婆罗门。锡兰佛教继续使用一种普拉克利特语，但是锡兰巴利文（Pali）像梵语在印度一样，很大程度上是一种学术用语，部分是由于这个原因，后期巴利文文学与梵语非常相似，越来越多地采用了对圣典经文作学术评注的形式。

文学

许多古代印度口头文学的杰作在笈多时代完成了最终的形式。这其中最主要的是两大史诗《摩诃婆罗多》和《罗摩衍那》，这两部史诗最初是源自古代的民谣和英雄诗篇。从某时起，朗读这类诗篇成为宗教祭祀仪式的一部分，于是婆罗门祭司成为大量诗篇的继承者，而它们可能源于世俗的吟游诗人和武士。

各种地理上的和其他的证据表明，《摩诃婆罗多》附入的内容一直晚至公元400年。但是这部诗的大部分当然古老得多，一些篇章可能是从公元前两千纪中未经改动传下来的。通过可能类似于希腊英雄史诗围绕着特洛伊战争合并的过程，这部诗的情节表面上是围绕着印度一个小王国敌对的双方争夺王位的斗争故事。但是《摩诃婆罗多》包括非常多的事件，其中大多数事件与中心主题没有紧密的关系。民间故事与原始神话和对宇宙观、神学及婆罗门的尊严的论述混在一起，当与主要故事无关的长篇事件在时间或空间上插叙进来，以说明一些特别的观点时，行动时常不定期地暂停下来。在这类详细论述的情况下（这部诗篇大约有《圣经》全部的 3.5 倍长），主要情节有时消失长达数百页。总的效果令人想起印度南部的一座神庙，在那里雕像从每一个缝隙中慢慢消失，完全隐没在建筑的结构轮廓中，但是每个细节部分给予人们一种目不暇接的趣味。

结构的松散并不影响《摩诃婆罗多》在印度获得以及保持广泛的民众性，并且这种民众性一直持续到今天。像荷马对希腊人的作用，《摩诃婆罗多》奠定了印度民间对神和它们之间相互关系的观念，但是不像荷马史诗在结构上和神学上的一致性，《摩诃婆罗多》提供的事件和思想符合任何水平民众的口味，从最粗糙和最朴实的故事，直到被称为“薄伽梵歌”篇章的深奥而矛盾的泛神论。[9]

《罗摩衍那》的篇幅比《摩诃婆罗多》要短，但仍是一部很长的 370
诗篇。它叙述了英雄罗摩（Rama）和他的妻子悉多（Sita）的冒险和事迹，相对来说它是连贯的，确实，现存形式的《罗摩衍那》大部分可能出自一个作者之手。像《摩诃婆罗多》一样，它是毗湿奴派（Vaishnavite）的，因为罗摩被塑造为这个神的化身。但是比起英雄和他忠实妻子生动和非常人性化的形象来说，明显的宗教说教和道德训诫不那么重要了。上述特点有着一种普遍的感召力，使得《罗摩衍那》在印度人中像《摩诃婆罗多》那样流行，并有着几乎同样的影响。

这两部诗的大众化达到了如此高的程度，史诗般的句子几乎成为印度各种教诲性著作的基本形式。《法律书》（*Dharam Shastras*）和被称为“佛本生经”（*Puranas*）的传说与寓言的巨大汇编在笈多时代也是以诗的形式编定。甚至像没有感情的实用性的论著如《政事论》（*Arthashastra*）也以同样的形式翻译出来。

所有这些在笈多时代开始编定的文学形式，其作品背后都有一个口头传授和演变的长期过程。梵语戏剧和宫廷诗则是另一种情况，在多数存留下来的例子里可以追溯故事的起源和最初的作者，并且能够看出来一开始就是有文字记录的。

梵语戏剧的起源尚不清楚，[10] 尽管希腊化的重要影响使这种艺术形式在印度达到成熟。不管怎样，希腊来源的某些技术词汇在梵语戏剧院使用，从亚历山大里亚来的喜剧与舞蹈演员的旅行队十分出名，在印度文学中留下了几处记述。但是到最早存留下来的戏剧写下来的时候，印度戏剧的习俗已经确定，不是希腊人先例的直接反映了。[11]

戏剧演出在三四世纪时是宫廷事物。确实，一些笈多国王据说自
371 己编写剧本，几部被认为是国王的作品存留下来。《摩诃婆罗多》和《罗摩衍那》给印度剧作家提供了大多数情节的来源，但是他们为宫廷圈子写作，反映了他们对主题的选择：爱情故事、错认人的事件等。迦梨陀娑看来是与旃陀罗—笈多二世（公元 380—415 年）的宫廷有联系的，他使梵语戏剧达到了最完美的程度。他的风格既简单又高雅，使用有力的隐喻、有技巧的描述，设计出完善的甚至是不重要的情节。他的抒情诗，有些甚至译文也十分动人，表现了同样的特点。例如：

> 我在蜿蜒的藤蔓中看到你的身体，
> 在鹿受惊的眼睛里看到你的凝视，
> 在月亮中看到你的脸颊，
> 在孔雀的羽毛中看到你的头发，
> 在河流的微波中看到你的侧影，
> 但是啊，我最亲爱的，
> 在哪里我也看不到你的整个容貌。[12]

宫廷诗和戏剧在迦梨陀娑的时代以后继续有人写作，但是华而不实与复杂的语言不久便因其本身而告终结，以致后来多数大梵语诗更类似于一种离合诗字谜，而不是普通的语句。[13]

在笈多时代，散文以浪漫故事的形式发展起来，通常叙述王家的爱情和冒险故事。在同一时期，无名作者的《五卷书》（*Pancha*

Tantra）将动物寓言发展为一种优雅的艺术形式，这本故事集在 6 世纪被翻译为波斯语，由此传播到整个伊斯兰和基督教世界。[14]

与笈多时代优雅的宫廷梵语文学相反，这个时期的泰米尔诗歌更为大众化，表达感情更为直接。存留下来最早的泰米尔语诗篇约在公元 500 年编成诗集，但是它们代表了几个世纪之前的较古老的歌谣传统的结晶。这些诗集的诗歌描述普通人的感情，如村民和商人、渔民和武士，用的是一种十分现实和朴素的风格。像句首韵这种体裁最初使泰米尔语诗体与梵语诗的习惯完全不同，但是在 6 世纪中，诗体向梵语的方向变化，这与泰米尔语中大量输入梵语词汇一样，证明了婆罗门学术向南方的渗透。

史诗在梵语文学传统中有如此高的威望，使得泰米尔诗人在对梵语更熟悉时，促进他们用自己的语言创造了大量史诗。一部泰米尔史诗《脚镯的价值》（*The Lay of the Anklet*）是写国王的不公正和个人悲剧的，至少从译文上来看，远比两部著名的梵语史诗有感染力，而且条理分明得多，但它可能部分受到了那两部史诗的启发。[15] 最著名和 372
有广泛影响的泰米尔诗篇是狂喜的颂歌，是巡游的圣人们歌颂毗湿奴和湿婆的光荣。像泰米尔史诗那样，这些颂歌是因印度梵语传统和泰米尔歌谣艺术互相混合而兴起的。但是虽然激发这些颂歌的神长期以来为印度北部所熟知，但这些泰米尔吟游诗人表达了一种明显的新宗教感情。在神与他的献身者之间强烈而相互的爱是主题。一种个人无价值的意识，与欢乐地要求神的恩惠和上帝神秘幻象的保佑混合在一起，这些是后来从泰米尔地区传播到印度其他地方的诗歌主题，给予成熟的印度教许多感情上的色彩与活力。[16]

宗教与哲学

印度宗教的教义如在《摩诃婆罗多》《罗摩衍那》与教规圣典这种著作中所表现的，并被泰米尔颂歌作者的狂喜在感情上得到加强，使得笈多时代的所有人都信奉它。皇帝们本人是复兴的和改革了的婆罗门信仰的信奉者和保护者，通常属于毗湿奴派信徒。明显地，大多数普通的印度人现在也发现广泛的印度教体系中有他们的地位，可以方便地容纳从最粗鲁迷信的农民到最文雅的学者于其中。

其后果是，佛教甚至在海外赢得了最伟大胜利时，在自己的故乡却下降到一个萎缩的、小有富余的教派。在富有捐赠的佛教寺院中的舒适生活，可能使僧侣们丧失了如佛陀和他的早期追随者那样在公共场所传教的勇气。从他们大量的文学作品可以判断，笈多时代的僧侣代之以献身于学术，而精心发展教义和长篇的辩论，以反对他们的婆罗门对手。这类活动产生了深奥的神学诠释，在中国有着一定的重要性，在那里热诚的皈依者把许多这类经文译为中文，给予一种仅亚于经典的地位，来处理文字晦涩引起的纠纷。但是在印度，佛教越来越孤立于大多数人的生活关系之外。

耆那教徒在民众中的成功从来没有像佛教徒那么大，看来它也经历了一种类似的转变，虽然耆那教徒从来没有在印度完全消失。直到今天它还保持着一个小的教派，主要由富裕的商人团体支持。

笈多时代许多公认的哲学“学派”在三个主要宗教中都在兴起。其中，只有印度教哲学的六个学派证明是持久的，因为耆那教哲学不久便衰落，而佛教则消失了。然而在试图把某种清晰的秩序带给混乱
373 的民间崇拜活动方面，印度教哲学家有许多事可做。更突出的是，兴起的对毗湿奴和毗婆的崇拜，至少在表面上与之较左的《吠陀》诸神不一致，而《奥义书》中崇高的神与他们没什么相同之处。尽管做了许多努力来解释这许多矛盾，但是可能直到8世纪，商羯罗（Shan Kara）的哲学才将印度教遗产出现的矛盾因素做了某些明确的调和。

科学

印度科学中最为突出的是语法，以及有关的语言研究如词典编纂和十进位制。梵语语法的发展，是由于需要总的规则以帮助婆罗门记住《吠陀》的神圣音节。尽管波尼尼（约公元前4世纪）给予梵语一

种古典形式，但是后来的法学家继续扩充和评注他的原文达 1000 年之久。当梵语发展为一种学术语言时，语法的研究成为所有高级学问的前提条件。到笈多时代，规则已经完好地确定下来，使得梵语语法不再容许做重大的改变。[17] 因此注意力转换到语言科学的其他分支，关于梵语诗歌韵律的论文增多了，并完成了这种神圣语言的一部著名词典，成为后世的标准。

印度医学也有着很古老的根源。从吠陀时代起，咒语和魔法、药物与外科一样在印度医学技术中起着作用，然而关于身体和灵魂的哲学教条，与关于宇宙观、恶魔和诸神的宗教概念，统治着医学理论。印度医学的三篇古典论文存留下来，一篇时间可能在公元 1 世纪，一篇在 4 世纪，一篇在 7 或 8 世纪。最早的一篇由阇罗伽（Charaka）所写，是一个相当混乱而无系统的疾病与治疗目录的教科书。与此十分不同的是，妙闻（Susruta）的教科书（公元 4 世纪）是一部简明而条理清晰的手册，为所有后世的印度医学著作奠定了模式。不像盖伦（Galen），妙闻承认外科属于医生的艺术，甚至提倡以观察尸体作为学习人体构造的手段，虽然礼仪纯洁的要求是禁止解剖的。[18]

虽然印度和希腊的医学思想显示了某些类似之处，这可能反映了早期在阿黑门尼德宫廷专业者的接触，但印度医学的总体是保持独立的。而在天文学方面却不是这样。因为在笈多时代，希腊的数学天文学（与之联系的还有占星术）使印度人在这个领域的观念有了彻底的改变。而新天文学没有完全代替对天体运动灵魂学说的解释，它不相称 374
地与印度天文学文献中复杂的数学计算并列在一起。[19]

印度数学是以许多建筑献祭用的圣坛与类似的附属物的规则开端的。但是在确定规则的文献与后来更正式的数学论文之间没有明显的连续性。存留下来最早的印度数学著作是由圣使（Aryabhata）在公元 499 年写成的，用于天文学计算。圣使的数学的许多东西看来是从希腊人那里借用来的，虽然他自己也有一些创造，如数字符号的单一体系。看来他也熟悉十进位体系的价值，再以“0”这个符号的普遍使用即可谓完善，但他本人没有用这个符号。[20]

在后来的几个世纪中，阿拉伯人把欧洲人称之为“阿拉伯”数字的发明归功于印度人。因为没有任何与此相反的明显证据，看来阿拉伯的传说是正确的，印度的数学家确实完善了今天在全世界应用的这个数字符号系统。现在所知最早应用这个系统的资料年代在公元267—270年。[21]

这个改进的长远效果，在方便商业界的日常交易和推进对科学奥秘的探索这两方面，给予再高评价也不过分。确实，数字符号十进位制的完善，使得所有普通的算术计算大大简化了，可以完全与字母表写法的发明并列为人类知识成就的主要里程碑。

艺术

存留下来的笈多时代最好的雕塑和绘画均受到了佛教影响。鉴于
376 这个时期佛教衰落的特点，这是很奇怪的。而这并不难解释，因为被富有的佛教寺院任用的艺术家可以吸收整整5个世纪的艺术传统，同时在雕刻和绘画上掌握了很高的技巧。财富、艺术传统和技巧的结合总是少有的。笈多时代的印度就产生了像阿旃陀（Ajantu）洞窟的绘画、鹿野苑（Sarnath）的佛像这样的杰作，更不用说桑奇的菩萨躯体那精确性的优雅之作，在视觉上可与伽梨陀娑诗篇宫廷式的完美相称。

印度教艺术没有达到这种风格技巧上的成就，尽管在事实上印度教博得了宫廷和乡村的忠诚。印度教的肖像绘画缺乏任何古代的传统，而印度教神的多重形象给艺术家带来了大量问题，一些笨拙的作品因而看来是不可避免的，直到毗湿奴、湿婆和其他神的塑造形象达到真正满意的最终形式。从笈多时代存留下来的粗糙的印度教塑像看来，确实符合这种看法。[22]

在早期婆罗门教中神庙没有什么用处。雅利安人的宗教典礼因特别原因在户外神圣化的地点举行，“吠陀”无偶像的传统消失得很慢。然而，当他们的神成为更为生动的人形化时，自然印度教徒会通过雕塑寻求他们想见的神，并把这类神像置于相适应的辉煌建筑中。于是

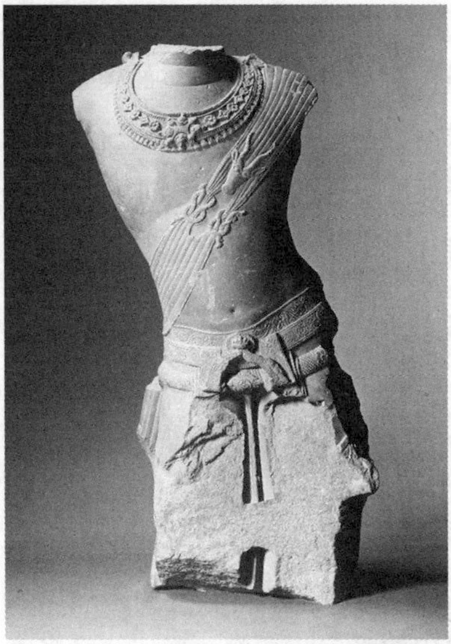

笈多时期印度的艺术

出自桑奇的美妙地雕琢出的菩萨躯体（左上图）和右上图表现毗湿奴的神秘化身之一的粗糙浮雕的对照，象征着印度精美文雅的笈多宫廷文化，与仍处于早期的但有生气和感人力量的乡村印度教之不同。（下图）这个建筑也位于桑奇，是印度教神庙建筑的一个早期典型。它的简朴轮廓显示出其基本的（或许受希腊人影响的）结构，后来的建筑师使其复杂化和掩蔽起来。

神庙建筑兴起了。

印度教的神圣建筑与佛教舍利塔的圆形设计没有明显的关系。[23] 相反，印度教神庙建筑围绕着一个没有窗户的长方形内殿，放着崇拜的神像，有一条进入的门廊适当地表现出接近的气氛。[24] 建筑后来在内殿的顶上加上了一个尖塔，常常有许多附加的装饰掩盖了原有形式的简朴。然而，像印度文化的许多其他方面一样，笈多时代固定下来的一般形式成为此后印度神庙建筑的基础。

印度文化的其他方面

古代印度承认人类的努力有三个主要目标：达摩（Dharma）即正义，实利（Artha）即实际技能，迦摩（Kama）即情欲。[25] 古典印度文化的这种记叙几乎完全是记述这三项中的最末一项的。确实，笈多时
377 代的高雅文学叙述爱情，并有特别的论文致力于这个题目。在日常生活中我们可以相信，上层阶级，有可能是所有人，在实行爱情艺术上有较少的禁忌，并且至少像当代西方社会的通俗文化所鼓励的那样给予很大注意。类似地，古代印度的实际技能得到高度发展，从低贱的工匠直到最精妙的音乐、舞蹈和政府管理的技艺都包括在内。

我们应当承认，印度文化在实践方面与色情方面是突出的，是整个文化的重要部分，但比起存留下来的文学所显示出的受婆罗门和禁欲理想的统治，实际上它们要少得多。[26] 在转述印度文化在笈多时期显著的地理扩展时，值得注意的是印度文化的部分感召力在于印度生活的奢侈、高雅和公然的好色。禁欲的宗教教义并非一切，虽然它在文学中留下了丰富的痕迹。

三、印度文明的扩张（公元200—600年）

在罗马和中国的帝国遭受蛮族攻击的蹂躏与内部骚乱时，在波斯受到抵挡草原民族的强大压力时，印度文明进入了高度的繁荣。在笈

多时代印度文化的优越地位可能鼓励了商人和传教者在扩展印度文明影响的领域时表现了空前绝后的力量。这造成了印度文明显著地扩张到东南亚，印度文化对中亚和中国的渗透也毫不逊色。甚至在地中海东部地区，印度的思想与实用的器物也具有某些重要性，尽管基督教会憎恶印度教与佛教。

在某个方面，印度文化的扩张与较早的希腊扩张十分不同。军事征服几乎没起什么作用，商人和传教者代替了马其顿和罗马军队的地位，于是，印度的扩张沿着贸易路线，特别是海路到达东南亚和印度尼西亚群岛，经过陆路穿过中亚的绿洲到达中国西北部。

（一）东南亚

在印度和东南亚陆地之间的交通是非常古老的，这两个地区保存下来的史前的相同物件显示，印度人和他们的邻居跨过孟加拉湾在前雅利安时代保持着遥远而实际的联系。[27] 最早证据证明，更为广泛的 378
接触时间是在基督纪元头几个世纪，即商船从印度的港口 [28] 出发访问缅甸、马来亚、印度尼西亚、暹罗和印度支那之时。那时这些地区的常住居民非常平和，他们使用船与筏子，熟知稻米种植，没有复杂的政治组织，也没有任何有影响的文化体系去抵御文明的诱惑，这样的民族很容易受来访者的劝诱。他们大而适于航海的船，奇怪的神和实用的技巧，都有着强大的魔力值得被尽可能快地吸收。这个地区印度化国家建立的传说，被部分保存在中国的资料中，暗示了印度的商人和探险者与本地的主要家族通婚，经过婚姻这个渠道容易建立起对本地人的领导权。

考古学家已发现东南亚保存下来了相当数量的梵文铭刻和各种印度艺术品。铭刻清楚地揭示，在公元四五世纪，以文化与气氛全然是印度式的宫廷为中心，在大陆和岛屿上兴起了一系列国家。当赢得财富和荣誉在这个地区的可能性在印度大陆已几乎家喻户晓时，不仅是作为这个运动先驱的低贱商人阶级，婆罗门和武士们也同样开始大批跨过孟加拉湾移民，这就有力地加强了东南亚宫廷和首都的印度影响。

佛教徒在印度人渗透东南亚的早期阶段一直很突出，在笈多时代大多数王室宫廷成为湿婆教廷，可能是由于印度教这个支派的礼仪和观念与本地较早产生的宗教思想更为一致的关系。此外，由于统治者的魔法作用能使土地肥沃得到强调，湿婆教派帮助了当地的国王巩固了他对部落或村庄酋长的权力。从印度进口的图腾塑像和其他艺术品也使这些新的宗教——政治思想与理想更具体化。只是在约公元600年以后，王家才奖掖本地的雕塑与琢石艺术，因而激励了在印度遗产基础上本地变化形式的发展。在这个时期以前存留下来的资料显示出东南亚宫廷是一种完全“殖民地化”的气氛，在那里国王们和大臣们不是因鼓励本地艺术而追求名声，而是靠进口最权威的尽可能是最好的印度原作的复制品。

379 东南亚的大部分人口只是间接地受到宫廷印度文化的影响。乡村生活还像以前那样继续下去，只是王家权力在税收和强迫劳役（Corvée）这类事情上有所改变。但是不管印度风格的传播多么表面化，我们必须承认，其地理面积从婆罗洲（Borneo）到苏门答腊（Sumatra），从印度支那到缅甸，远超过了罗马帝国以几乎同样表面化的方式带入希腊化领域的欧洲土地面积。

当印度文化领域沿着印度支那的沿海平原向北扩展时，印度文明与中国文明首次相遇了。事实上，这个相遇是短暂的，因为当中国经历了汉朝的分裂，重新把帝国扩张到安南（Annam）时，印度在笈多时代于海外建立的“大印度”最边缘地带的直接影响已经开始衰落。重新确立前印度的文化传统在这个变化中起了作用。此外，印度的商业力量在7世纪之后迅速消退，当时穆斯林的竞争者开始把印度商业赶出南方海域。印度从东南亚的撤退在印度和中国文化领域之间制造了一个缓冲地带。这个缓冲地带依然存在，但这只是因为最初的印度人渗透激励了东南亚的民族，把他们自己的文化水平提高到与他们更古老的文明邻邦几乎相同的水准，于是部分地填补了一个明显的社会政治真空。[29]

在笈多时代印度的船只无疑曾沿着非洲海岸探索和贸易，人类学家在那里发现了他们存在的各种痕迹，确实，非洲的苏丹系各民族，甚至远至西面几内亚（Guinea）海岸，他们农业的主要物产看来都要归功于印度或印度尼西亚的船只和定居者，他们可能带来了甘薯、芋头和香蕉这类作物到非洲大陆，时间约在基督公元初期。[30]

（二）东地中海、伊朗和中亚

印度对东南亚的商业与文化渗透在时间上与和埃及的贸易联系衰退相重合。罗马世界由于瘟疫和战争造成的贫困，可能是阻止红海贸 380
易的主要因素，但是新形成的阿拉伯和埃塞俄比亚人（Ethiopian）国家向企图通过亚丁海峡的商船勒索过分的通行税，也更加遏制了这种贸易。[31] 然而，当印度和地中海世界之间的商业交往衰落时，亚历山大里亚的学术团体开始对印度的隐逸派哲学家（gymnosophists）的智慧和能力表现出极强烈的兴趣。

印度与地中海世界间经济与知识交往的高峰期在年代上不一致，初看令人惊奇，其原因追寻起来其实并不太复杂。印度思想的超验性特点，印度圣人用以引起神秘幻象的禁欲戒律，提供了一种世界观和生活方式，像希腊—罗马世界的哲学家提倡的东西一样合乎逻辑和打动人心。在一个暴乱和疾病已使罗马世界一统性崩溃的时代，当拯救性的宗教正为获得民众的忠诚而斗争时，希腊哲学传统乐观的理性主义看来完全不适应于看待事物了。例如，当一时的奇想与机会明显地主宰着罗马的政治，而帝国为内战、多次的篡位和蛮族入侵所困扰的情况下，一个有理性的人怎么能接受斯多葛派自然法至上的教条？在这样的时代，印度的神秘哲学，被超验性本质的超理性想象力直接确认，而每一个从事者通过锻炼和自律的适当程序就能得到这种想象力，因此它看来提供了一条更确实的通向真理的途径。把希腊和印度的高级知识传统相结合到一起的一个关键人物是阿蒙尼乌斯·萨卡斯

（Ammonius Saccas，卒于 242 年），他本人可能是印度人，并可能教导过普罗提诺（Plotinus，卒于 270 年）这位异教哲学的伟大革新者，还有奥勒根（Origen，卒于约 254 年）这位基督教会第一位成体系的神学家。无论如何，普罗提诺最重要的学说有许多看来是来源于《奥义书》的模仿，而他哲学的柏拉图主义（Platonic）的根源虽然确实有，然而并不清晰。[32]

在基督教会之中，印度影响的痕迹不那么明显。一个教条主义的宗教，宣称通过神的启示掌握了唯一的真理，不能容许外来的影响。没有充分的证据显示，从公元 1 世纪的教义争论中逐步形成的基督教正统观点从印度思想中借用了任何重要的东西。在罗马人世界流行的各种其他东方信仰，特别是诺斯替派（Gnosticism），显得对印度思想要开放得多，虽然诺斯替派带有的波斯印记也是很突出的。[33]

381 另一方面，很大程度上类似于在印度长期熟悉的时间和预想，可以称之为“神圣的生活方式”，作为基督教的基本教义之一建立起来。基督教追求神圣的极端表现，如叙利亚的柱顶圣者们，显示出在禁欲行为的细节上与印度的密切关系。[34] 更为重要的问题是，基督教修道院制度作为整体看来，是否从印度的禁欲传统吸取了任何重要的灵感。不能指望有文件承认这种受惠之处，而关于印度圣人卓越本领的民间故事，可能给第一批基督教神职人员提供了很好的启发，有助于他们自己追求神圣和极乐的幻觉。[35]

* * *

在巴比伦尼亚和波斯，头几位萨珊王朝君主（公元 226 年之后）奖掖复兴的琐罗亚斯德教作为对波斯文化独立的自我意识的一部分再肯定。结果，波斯和美索不达米亚不像中国，不能成为兴旺的佛教传教领域，因为波斯人的自豪使他们不能接受印度的文化模式，除非它们首先有效地伪装为本地的东西。尽管现代学者努力弄清萨珊时代琐罗亚斯德教的教义和组织，以及像摩尼教和马资达克教这类敌对信仰的情况，但是这对澄清波斯和美索不达米亚的文化史和宗教史没有任何帮助，因为它模糊得令人气馁。然而，我们可以猜测，印度的特征在萨珊的土地上比在罗马领土上可能要突出得多。此外，如在贵霜帝国 382
统治下和可能更早的时期一样，佛教的寺院继续在波斯领土的东部兴盛。在丝绸之路的最东面的塔里木盆地，佛教在公元 200 年到 600 年之间有力地发展着。在佛教寺院的庇护下，一种印度因素占上风的混合文化，传播到中亚所有地区，延伸到中国本土的广大群众之中。[36]

（三）中国

在中国，接受佛教和伴随它的印度文化影响是一件复杂的事情，在时间上一直持续了 4 个世纪，包含了印度思想和较古老的中国传统，特别是道教微妙的互相影响。使中国人准备认真接受佛教的基本环境，是汉朝制度悲惨的崩溃，和在汉代与这些制度如此有效地结合的儒家之道的明显无用。当围绕着帝位的尖锐派别斗争，首先被受到沉重压迫的农民起义（始于公元 184 年）所取代，后来又继之以篡位者、蛮族侵入者和地方军阀争夺皇帝继承权造成的政治分裂，孔夫子的教训越来越与政治现实不相关。因此不安的心灵开始寻求解释宇宙的另一种模式。[37]

甚至当时中国人的思想准备接受这样一种宗教，它宣扬退隐到家庭与社会之外是神圣的最高形式，认为人格的消灭是宗教奋斗的最高目标，没有比这种教义与中国文明的家庭价值传统更相悖的了。一个困难的翻译任务摆在印度原文与中国志愿的信奉者之间。中国语言缺乏能够传达佛教意义的用语，一直到 5 世纪，一小部分学者对中国和印度学术都有了充分的研究，才能够翻译少量最适宜的佛教经文为中文。[38]

总的来说，大乘佛教吸引了中国的皈依者，但是印度佛教的教派分歧从未在很大程度上为中国人觉察。到 4 世纪末，当他们充分地掌 383
握了印度佛教的概念和用语时，中国人开始发展他们自己的学派，这些学派的分界线很少表现印度的教义争论，但是有时是佛教传入前中国思想表现分歧的回响。简而言之，佛教开始完全在中国的文化背景之中本土化了。当发生这种情形时，印度信仰的新奇和最初外来的面貌在某种程度上与已经融入中国文化的各种潮流，从儒家和道教的学术到地方上没有文化的农民，魔法般地妥协共处。佛教徒在深入中国社会各阶层上得到了惊人的成功，从皇家宫廷的庄严仪式，到地方上地主的私下冥想，再到农民不过是希望促进土地肥沃的简陋礼仪等，均可见到他们的影响。而且在适应中国人原有的期望时，佛教的教义和活动重新确定并扩大了中国人传统的感情和希望。

艺术给印度和中国的影响以及在远东佛教中的作用是最感性和可见的。中国人对希腊—印度艺术风格的巨大声望的仰慕，最先是因为大乘神话中佛陀和菩萨的权威性雕像。这些雕像是由虔诚的朝圣者在自印度和中亚归来时带回的。但是到公元 6 世纪，一种明确的中国佛教艺术兴起了，其形象穿着中国的服装，有着中国人的脸庞，却仍继续与印度通行的姿势与优美性保持一致。[39] 这样的结合可以看作约公元 500 年前佛教和前佛教文化之间的广泛结合开始在中国出现的标志。佛教寺院的辉煌与安静、儒家学者们长期的学术训练、道教隐士魔法的操纵力、宫廷生活的壮丽、军营的纪律，以及农民阶层的辛勤劳动，所有这些都纳入这种修正了的社会与文化的均衡中，在公元 589 年于隋朝重新统一中国时得到了政治上的表现。

草原的蛮族征服者，也对公元 6 世纪中国文明的重新组织提供了一些因素。操各种语言的部落 [40] 在公元 311 年后侵占了中国北部，他们来时并非毫无文化传统，也不总是急于采用中国的方式。在 4 世纪，中国北方的有些统治者确实可能奖掖佛教，作为他们自己文化独立与中国文化的保护神，[41] 但是随着佛教和本地中国传统之间的逐渐调和，
384 这就不再可能了。不管怎样，到 6 世纪时北方的蛮族统治者变得完全汉化了，不再希望和中国社会保持文化上的疏远。因此，蛮族对中国境内新的文化平衡的贡献，局限于微小而重要的事情上，如服从军事长官的习惯被肯定下来，还有像骑马使用的马镫这类外来的东西。

中国在公元 220 年到 589 年之间的政治分裂，并没有阻止中国文

化在地理范围上实质性的扩展。汉朝驻军从中亚的绿洲撤退没有真正限制中国向西的发展，因为通过这些绿洲容纳佛教东来的潮流，实际上加强了中国与中亚的文化联系。类似地，各蛮族的中国北部征服者通常企图把草原部分和他们在中国的新领土合并到同一个政权之下，这也使中国文化渗透到了草原，其规模至少与汉朝军队所能强加的一样大。在中国南部，大量殖民与开化的工作稳步进行，几乎不为人注意。它的最终效果是使长江流域首次完全赶上了北方的经济与文化水平。

更东部是朝鲜和日本，中国的榜样开始找到了适宜的土壤，当时这个地区的政治社会组织正向文明的复杂化发展。佛教僧侣成为把高级中国文化带到朝鲜和日本的主要传播者，但是本地的统治者很快认识到，把中国的文明制度为己所用，可以加强他们的权力，因而使他们的宫廷成为中国化的重要中心。统治者和传教者之间的合作，使得佛教在公元 372 年到 528 年，作为一种国教在朝鲜半岛的每个王国建立起来。日本类似的过程从公元 552 年开始，当时一个佛教传教团首次到达这个群岛。当朝鲜和日本进入文明民族的圈子时，他们大大增加了远东的文化多样性。中国模式虽然占最重要地位，却从未使它们失去本地特色，日本、朝鲜形成了有别于中国的各自的文明。

* * *

印度佛教的文化为远东所充分接受，中国政治和文化沉积物的复兴，标志着沿着中亚商路的印度文化扩张的终结。蛮族入侵印度西北部，破坏或毁灭了一些佛教传教事业的重要中心，加速了唐朝（公元 618—907 年）从事再征服中亚时开始的文化流动倾向的逆转。更为重 385
要的原因是内部的变化引起了寺庙里的僧侣对印度佛教的深刻思考，因为它从源头切断了传教动力的来源。[42] 而在印度文化扩张的力量达到它的极限之前（约公元 600 年）它对一半以上人类的文化遗产贡献了新的因素和重要的东西。

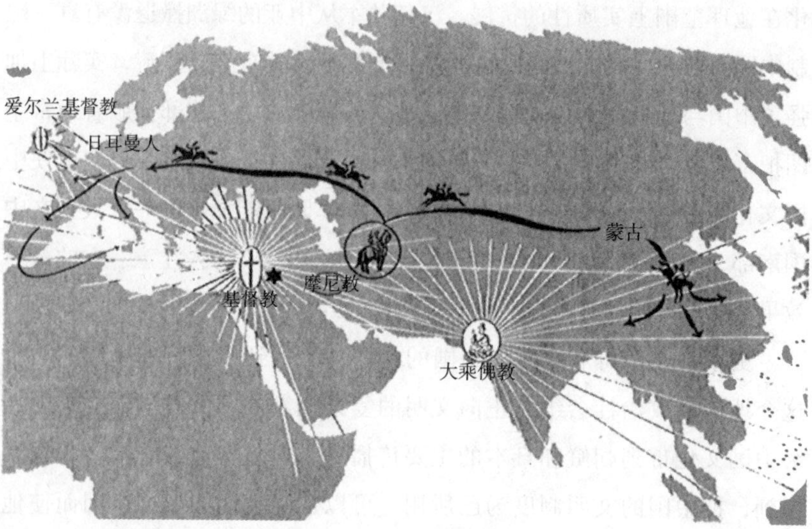

世界各宗教的传播

四、北部边界：野蛮人的侵入与文明人的反应（公元200—600年）

在公元5世纪末，一次新的蛮族入侵，打破了孕育笈多文明的和平。嚈哒匈奴人[43]占领了中亚，侵入印度西北部，切断了印度和远东的路上联系。我们已经提到他们对印度西北部的第一次袭击（约公元455年），它没有很大的重要性，但是在公元490到549之间，嚈哒人在印度北部建立了广泛的霸权，袭击深入而广泛，他们使许多
386 佛教寺院成为废墟。笈多帝国再也未能恢复。当嚈哒游牧者在公元549年侵入时，印度陷入政治分裂和混乱之中，只有戒日王的出现（Harsha，公元606—641年在位），一时中止了这种情况，但却未能恢复原状。戒日王的成功是短暂的，他在印度西部创建了一个短命的帝国。

（一）大迁徙

嚈哒人入侵印度只是生长在整个亚欧大陆草原上的各民族极为广泛的运动中的一个事件。他们深入渗透到邻近的森林和农业地带。日耳曼部落在最西部的移民是这一大变动的一部分，正如蛮族占领中国北方一样。只有处于危险中的萨珊波斯和东罗马能够抵御蛮族的侵袭，在这个生存权的中心保持一个文明生活未被征服的岛屿。[44]

印度文明的影响从南方涌来，给中亚和中国的文化遗产增加了新的成分；伊朗和地中海东部地区也是如此，草原民族从北方施加了同样的有渗透力的影响，在上述各个地方考验了文明民族的防卫力，蹂躏了薄弱地点，迫使萨珊和东罗马帝国改进它们的军事组织。一个是宗教，另一个是军事，这两种影响加在一起，形成了阿拉伯大征服时代之前的一段亚欧大陆历史。

与草原坡度的地理决定因素相符，蒙古在公元 200 年到 600 年间继续是游牧者由此分散的主要中心。从这个地区，一个中国人称为柔然（Juan-juan）的新军事联盟，约在 4 世纪中叶力量开始迅速增强，横贯草原。在它的极盛期，柔然控制了一条宽广地带的领土，从满洲（Manchuria）向西远至巴尔喀什湖（Lake Balkash）甚至更远。在此期间，其他游牧民族深入了中国北部平原。其中一支，讲突厥语部落的拓跋（Toba）联盟，在公元 386 年到 534 年统治了中国北部大部分地区（北魏王朝）。它强大得足以抵御外来的游牧者，甚至在柔然把自己组织为一个强大的联盟后也能如此。拓跋帝国的巩固阻挡了从草原到中国相对短的道路，使后来的游牧者的扩展转向西方。

当这些事件在远东发生时，类似的情况沿着野蛮与文明的边境在更遥远的西方发生。帕提亚帝国长期有着强烈的分裂倾向，无论何时，只要是一个在能力和进取性方面平庸的国王坐上王位，波斯乡村的农村霸主和地方小王侯就常变得难以驾驭。在公元 226 年，一个这样的霸主阿尔达希尔（Ardashir）成功地推进并推翻了他的帕提亚宗主，但是令人惊奇的是他能够使他的领导权有效地在广阔的领域施

387 行，而这些领域原来只是松散地统一于帕提亚君主统治之下。唤起波斯人的自豪感，复兴和重新组建起琐罗亚斯德教作为国家宗教，更明确地承认贵族特权，所有这些都有助于加强阿尔达希尔的权力。确实，这种结合的成功是如此之大，使他建立的萨珊王朝统治了400多年，并在其大部分时间里，在守卫草原边界方面比起罗马人或中国人明显成功得多。

当伊朗和美索不达米亚因而在公元3世纪享有相对安全时，罗马国家的内部凝聚力显示出严重破坏的征兆。在公元193年到197年的内战，使第一位“军营皇帝”掌了权，这不过是公元235年到285年间的灾难的序幕。当帝位的争夺者一再斗争打开了蛮族入侵的大门时，伴随而来的严重的流行性疾病造成了强烈的人口减少，削弱了罗马的抵抗力量。与此同时，蛮族对边界的压力不断增加。

在最西方，莱茵河沿岸的日耳曼部落早在塔西陀的时代（约公元100年）开始定居下来从事密集农业。他们人数的相对增加，没有首先改变他们从较早的更为游牧化的生活方式继承下来的武士传统。[45] 沿着多瑙河下游，从公元前2世纪起在亚欧大陆草原西部称霸的萨尔马提亚人让位于哥特人（Goths）游牧者，他们在3世纪早期从波罗的海地区向南迁徙到黑海。作为适合草原土地的征服者，哥特人和其他东日耳曼人部落保持一种更为游牧化的生活方式，虽然他们也从事一些农业，但是从罗马人的观点来看，日耳曼人的勇武，加上莱茵河岸他们人数的增加和沿着多瑙河的迁移，是灾难性的威胁。

而在日耳曼各部落之间不存在一种团结的意识。他们互相斗争如同他们和罗马人斗争一样时常发生，并且在条约基础上被允许在罗马领土上定居的日耳曼人，非常容易为保卫他们的新土地反对其他日耳曼人，甚至当这意味着屈服于罗马人的命令时。日耳曼部落的分裂，以及在帝国的人口中存在着一种真实的、好像在某种程度上已经淡薄的帝国意识，使得像狄希阿斯（Decius）、克劳狄乌斯、哥提库斯（Claudius Gothicus）、奥勒良（Aurelian）和戴克里先（Diocletian）这些士兵皇帝能够在公元 3 世纪驯服并最后击退蛮族的入侵。

罗马国家恢复的结构维持了一个多世纪（公元 285—395 年），主要是靠着残酷的手段强迫榨取而增加的财富，可供国家实现各种目的并特别为维持军队利用。但是通过强迫能够得到的力量增长是有限的，甚至当基督教会以神的认可来加强它，日耳曼雇佣军和边民以迅速的 388
文化同化来维持它时，晚期罗马帝国面对灾难也缺乏恢复力，因为它的大多数属民认为政府是压迫性的、贪婪的和疏远的。因此在 5 世纪，在西部省份地方上的失败不能再挽回，罗马的权力在帝国讲拉丁语的一半地区瓦解了。只是在讲希腊语的省份罗马人国家一直到 1204 年维持未垮，这在不小程度上要归功于君士坦丁（Constantine，卒于公元 337 年）在古代拜占庭遗址上建造了以易守难攻闻名的首都。

罗马在最西部最终崩溃的直接原因是匈奴人（Huns）在东欧的突然出现。把这些游牧者从咸海（Aral）地区草原驱赶出来的最初推动力只能猜测。[46] 但是在公元 374 年，匈奴人在第聂伯河（Dnieper）迅速打败了东哥特人（Ostrogoths），使惊恐的西哥特人（Visigoths）在多瑙河南岸寻求避难地，便开始以匈牙利（Hungarian）平原为中心建立一个广阔的游牧“帝国”。在此后几十年，意大利和高卢，还有巴尔干（Balkan）半岛都受到匈奴人袭击的祸害，欧洲的所有民族陷于恐怖之中，或在新征服者面前逃走。而在最后一个伟大的匈奴军事首领阿提拉（Atiila）死后（453 年），游牧者内部的纷争和依附民族的反叛毁灭了这个游牧帝国，甚至比它的兴起还要迅速。匈奴残余力量沿着罗马边界寻求避难地，或向东退到顿河（Don）下游地区，在那里继续他们祖先的生活方式，成为占领亚欧大陆草原土地许多类似的族群之一。

由于匈奴人蹂躏的结果，罗马政府失去了对西部省份的控制，一系列日耳曼人的“继承者王国”在意大利、高卢、西班牙、不列颠和北非兴起。像其他文明地区的蛮族征服者一样，日耳曼人希望既保留他们习惯的部落组织，又偏好罗马上层阶级富裕、舒适、高雅的生活。由于一个拥有一块地产的小酋长必须起到罗马地主和主人对地方耕种者的作用，还要保持一个成功的军队首领对他的日耳曼人随从和武士伙伴的粗俗作风。这是一个困难的结合，因为罗马人过分的傲慢会疏远日耳曼人士兵，使首领权力的军事基础崩溃。相反地，如果允许军队的传统不加控制，抢劫、懒惰和贪婪的榨取就会驱散或毁灭农民阶
389 层，而只有他们的劳动才使地产有价值。类似地，部落国王的愿望是既维持税收和罗马政权的其他公共权力，又在日耳曼人团体内保留他们传统的部落特权，事实证明这是互相冲突的，这样的混合国家明显是过渡性的，没有一个能长久存在。[47]

欧洲的这类事件在东方有着有趣的类似情形。日耳曼人继承者王国的混合社会结构类似于巴克特里亚与印度的嚈哒人帝国（371—576年），在那里相对粗野的蛮族人寻求用文明的法则统治文明民族，同时保留他们传统的军队纪律和勇猛。在中国，拓跋帝国（386—534年）也是在本质上由同样的混合方式构成的。[48]

类似之处还有进一步发展，这些继承者国家的被推翻几乎发生在同一时期（6世纪中叶），是由于这个生存圈的各部分本质上类似的过程导致的结果。三个因素在各处都起了作用：（1）当感受到文明或半文明生活的诱惑时，蛮族军队的传统和纪律变弱了；（2）文明帝国权力的复活，它的力量至少部分来自反对外来入侵者的“本地人反应”；（3）外部蛮族人有效的政治组织的兴起，它们处于攻击继承者国家的一面，而再次复兴的文明帝国则从另一面进行攻击。

这幕戏剧在欧洲的主角是法兰克人（Franks）和东罗马帝国。在克洛维（Clovis，481—511年）和他的儿子们统治下，法兰克人形成了一个强有力的军事国家，以莱茵兰（Rhine Lands）地区的增长的密集农业为基础。因而法兰克人的袭击力量和规模远比相对人数较少的哥特人和勃艮第人（Burgundians）所能集合的与之在高卢对抗的力量要大。法兰克人从北方的侵入正与查士丁尼（Justinian）皇帝（527—565年）企图重新统一罗马帝国的一系列战役相配合。因为查士丁尼的军队包括一小部分但是强大的重装步兵，他们在技术上远超过西部日耳曼国

王能够派遣的任何军队。迅速的成功（如在北非），或长期零星的围攻战役，在他的对手隐蔽于城堡之后时（如在意大利），成为查士丁尼在西部战争的特点。到他死去时，罗马军队将北非、意大利和部分西班牙回归帝国统治下，当然是由在博斯普鲁斯海峡上君士坦丁的新罗马管辖。然而大部分高卢，已自 507 年起长期落入法兰克人之手。 390

在远东，隋朝在 589 年重新统一了全中国，超过了查士丁尼的成就。而这个胜利是靠外部蛮族的帮助赢得的，他们在中国人的援助下于 552 年毁灭了柔然联盟。军队的交战为创立一个东部草原上新的游牧者联盟开辟了道路，这次是由突厥人领导的。新的突厥帝国当然像柔然联盟一样，是中国的潜在威胁，但是突厥统治家族两个分支之间的争吵，在 572 年把这个部落分为东西两半。此后，中国人的外交用明智的分赠礼品的方式，并对部落内的内部冲突加以慎重的外交鼓动，使东突厥不致为害。

在中亚，本质上是相同的戏剧式历程在 567 年达到了危机点，当时突厥人联合复兴的萨珊帝国军队推翻了嚈哒人。在瓜分战利品时西突厥人在奥克苏斯河以东的绿洲上取得了统治权。他们财富的大量增加是引起他们与东突厥人争吵的部分原因。东突厥人未能享有这类成功，而在中国人的力量保持原状时，也不可能有这类希望。[49]

在远东和中东，在文明人与野蛮人的帝国之间，辉煌的新力量在 6 世纪下半叶出现，持续了近 300 年之久。确实，唐朝在 618 年取代了隋朝，萨珊人与拜占庭在进行了一系列自杀性战争后，屈服于阿拉伯帝国。而在这两个地区，复兴的、有着新活力的新帝国到公元 10 世纪为止，一直控制着草原游牧者。但在欧洲不是这种情况，在那里，蛮族入侵的新浪潮迅速地抹去了查士丁尼在西方的成就，甚至迫使他的继承者放弃了对大部分巴尔干半岛的控制。位于草原的最初的动乱中心发生了迁徙的新浪潮。一支从中亚大动乱中逃出来的、在欧洲史上被称为阿瓦尔人（Avars）[50] 的军队，于 567 年在匈牙利平原建立了司令部，从此像以前的匈奴人一样，发动了深入广泛的袭击，导致伦巴德人（Lombards）侵入意大利，斯拉夫人（Slavs）蜂拥进入巴尔干，并使另一个游牧部落保加尔人（Bulgars）在多瑙河下游立住了脚。

（二）迁徙的后果

公元3到6世纪蛮族人的迁徙促进了三个普遍的过程，每一个都深刻地改变了整个亚欧大陆的生活风格。第一个也是最重要的一个，是对野蛮民族本身的影响，他们在不同程度上吸取了文明的生活方式。
391 第二，亚欧大陆（除了中国）的文明社会被迫改变了它们的军事、政治和社会制度，引进了在欧洲史上许多我们习惯称之为“中世纪”的特点。第三，宗教兴起占据了个人和公共事务的中心地位，给予罗马和波斯的文化传统以全新的特点，并以类似的方式，在一定程度上影响了中国文明。以上的每一点都需要一些详细的阐述。

蛮族的文明化

文明的历史，是特别有吸引力的文化和社会模式扩张的历史，野蛮人一旦发现了优于他们自己的生活方式，就必定为其所转变。在公元3到7世纪，印度和中国起到了我们可以看作是一般意义上的文明人的作用。印度在大门之外改变了野蛮人，中国则使原来攻入古代中国地区的部落文明化了。然而，围绕着萨珊国家的东部边疆，以及欧洲最西部地区更大的范围内，野蛮人的猛攻几乎压倒了文明生活。这不奇怪，因为直至此时，这些地区的文明一直局限于地主、官吏和商人这样一个狭小的社会阶层，并且至少在欧洲，入侵的蛮族人的数量相对较多。结果，在西欧和中亚，文明社会吸收和教化入侵者的能力大大超出了限度，最后混合体的蛮族成分要远比其他地方突出。[51]

更有甚者，在这些地方，与更先进民族的紧密接触不久就改变了蛮族的生活方式。例如嚈哒人，在他们攻击兴都库什山以南时，迫害印度的宗教，捣毁了神圣的建筑，他们是以自己信仰的名义这样做的，它是一种可能源自原始伊朗人的太阳崇拜的太阳宗教。在他们于山脉以北建立的国家中，他们容忍甚至奖掖佛教艺术，在那里他们创设了常设行政机构，发行货币，重视贸易带来的好处。确实，如果他们的帝国未在 6 世纪为突厥人和萨珊人的攻击而毁灭，它可能成为先前占领这块土地的贵霜人国家很近似的复制品。[52]

突厥人在中亚和奥克苏斯河—锡尔河（Oxus-Jaxartes）地区取代了嚈哒人，在他们首次向世界展示军事力量时，在文化上处于原始状态。在他们的政治凝聚力崩溃之前，他们看来已从波斯吸收了琐罗亚斯德 392
教的因素，与周围地区发展了贸易，获得了萨珊文明的某些物质上的精致性。[53]

以同样的方式，匈奴游牧部落使斯拉夫人和北欧深林中的日耳曼人与地中海文明有了空前紧密的接触。东罗马皇帝作为贡物付给阿提拉的黄金和其他贵重物品，总是又渗回南方用于购买各种奢侈物品，对于它们，甚至凶猛的匈奴人也迅速表现出一种兴趣。罗马商人发现蛮族领土是一块有吸引力的活动场地，当如此之多的黄金摆在他们面前时，他们促进了罗马和蛮族世界之间的来往，和军事行动本身一道，把两个地区更紧密地联系在一起。[54]

哥特人只是在新近（公元 3 世纪）征服了黑海北面和西面的草原，事实证明，比起莱茵兰地区森林更为平等主义的日耳曼人，他们在接受罗马文明方面要容易得多。最初遇到罗马生活方式时，哥特人本身还处于调整他们自己的习俗，以适应草原生活的新状况的过程中。这种现象以及田园风貌所促成的贵族与平民之间的尖锐分化，使得罗马的奢侈品和学术气氛在哥特人中比在更朴素的法兰克人中更容易找到场所。因而，甚至在东哥特人渗入罗马边界之前，乌尔菲拉（Ulfilas）主教（卒于 383 年）已使他们的领袖人物皈依了基督教的阿里乌（Arian）教派，并把部分《圣经》译为哥特语，开创了日耳曼的语文。直到 5 世纪末，法兰克国王克洛维才接受了基督教的正统形式，并迫使他的主要军官和追随者也这样做（496 年）。不列颠皈依基督教的开端要晚一个世纪（596 年）。法兰克人和哥特人曾有大略相同的机会接触罗马基督教文化，而他们在皈依基督教上落后了一个多世纪，显示出法兰克人在感情上最初是多么顽固地抗拒外来的矫饰风气和外来宗教的虔诚渗透。[55]

393 不管日耳曼的王侯和国王[56]最初皈依基督教是多么表面化，洗礼带来的一系列新事物不止是教堂和修道院，还有文字教育和进入罗马及基督教文明的总开端。与希腊和叙利亚的商人一起，基督教传教团也成为整个罗马世界的野蛮人边缘地带的文明先驱。[57]当然，一般意义上的文化在西欧是衰落了，但是从奥古斯都时代起，罗马文明的简易化和蛮族化使得它越过莱茵河—多瑙河边界，而从奥古斯都时代，它就标志着以地中海为中心的古典高度文化的边界。同时，日耳曼人国家的巩固和社会内部的分化，为接受拉丁基督教文明的这种简易化形式铺平了道路。因此，到克洛维的时代，莱茵河不再是一个边缘，而成为日耳曼—罗马文化混合体的轴心，西方文明后来就是由此发展的。

文明人军事与政治制度在亚欧大陆西部的变化

在中国北部，3个世纪的蛮族统治对汉朝政治和军事制度的改变非常少。当侵略者变得汉化时，中国政府和军队管理的旧形式本身又得到确立，其原因至少是因为秦朝、汉朝制度本身就是在草原人的压力下形成的，因此能很好地适合抗击游牧部落的边疆守卫任务。在中国以西的情况是不同的。在那里，首先是波斯，之后是拜占庭，也都勉强地跟着调整了原有的军事、政府和社会形式，以适应防卫抵抗蛮族攻击的需要。

波斯在这方面远远地走在了罗马人前头，因为帕提亚人的入侵（公元前3世纪），导致了一种装备方式的发展，即装甲骑兵或重骑兵，使得其能有效地抵御游牧者的轻骑兵。维持和组织一支这类军队的足够兵力，是困扰文明社会的一个严重问题，因为高大的马匹和精致的盔甲是昂贵的，重骑兵需要长期的训练，才能有效地掌握他们复杂的装备。可能帕提亚人首先用“封建”的方式解决了这个问题，这先后成为所有亚欧大陆西部普遍的方式。这个制度的本质是把特定的农业村庄和特定的战士们联系在一起，使他们因而得到足够的收入和闲暇来装备和训练自己和一些伙伴以成为重武装骑士，准备一有警报就进行地方上的自我防卫。当一个有效的中央政府存在时，能够集合大量军队进行主要战役。但是在他们管辖内的战士可能不太容易响应国王的号召，或不愿意在战场上服从他们的上级；因而对于用这种方式维持武装骑士力量的国家，当政的中央政府总是面临着崩溃的危险。

在有着繁荣商业生活的国家中，以向城市征收的赋税在财政上支 394
持一支王家雇佣军，能够制衡离心的倾向。一支常备军，其装备相当于最好的封建领主军队，通常能够威慑潜在的反叛者，使大多数有野心的地方贵族服从国王的征召。这样一种双重体制是萨珊帝国军事政权的特点，虽然国王、权贵、小贵族、城市，甚至在一段明显的革命插曲中的乡村农民，其相对地位每一朝代都在变化。[58]

在这些方面，萨珊政权与帕提亚人几乎没有不同。但是萨珊帝国政府确认一种官方宗教，即琐罗亚斯德教，并有一个不只掌握宗教事务的祭司阶层，他们还在司法和公共行政其他功能方面进行积极帮助，这是新事物，可能有助于加强和稳固中央权力。第一位萨珊君主阿尔达希尔（Ardashir，226— 241 年在位）即出身祭司家族，他迅速而完全的成功，甚至可能是由于古代波斯崇拜的祭司们给予他的积极支持，因他们自己感到了前所未有的佛教和基督教渗透的威胁。[59]

阿尔达希尔的波斯王位继承者们一再施行宗教实验，可能是因为他们发现难以控制琐罗亚斯德教的祭司阶层及与他们密切联盟的贵族。而最终萨珊人仍然回到他们祖先的信仰。他们经不住与波斯贵族过分敌对，国家和社会的军事安全基本上要依靠他们的勇武。帝国的城市居民帕提亚人看重他们更甚于乡村贵族，因此他们可能一直是不安分的。基督教的渗透、巴比伦尼亚的犹太教的繁荣状况，而最重要的，是与摩尼和马资达克的名字相联系的宗教运动，强烈地显示出城市的

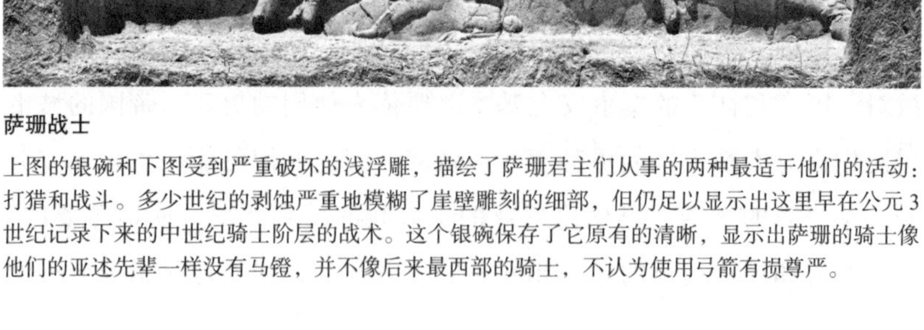

萨珊战士

上图的银碗和下图受到严重破坏的浅浮雕，描绘了萨珊君主们从事的两种最适于他们的活动：打猎和战斗。多少世纪的剥蚀严重地模糊了崖壁雕刻的细部，但仍足以显示出这里早在公元3世纪记录下来的中世纪骑士阶层的战术。这个银碗保存了它原有的清晰，显示出萨珊的骑士像他们的亚述先辈一样没有马镫，并不像后来最西部的骑士，不认为使用弓箭有损尊严。

不满。但是看来只有当国王和贵族间的争吵达到非常尖锐的极点时，一位萨珊君主才倾向于国内的这种或那种城市宗教。王位和祭坛间的联盟 396
十分宝贵，是不能随便丢弃的，因为它给统治者的权力以宗教的认可，因而也给予国家一定程度的稳定，这是很少能从其他方面得到的。[60]

萨珊波斯的“中世纪”特点，在任何只熟悉欧洲史的人来看是十分突出的，这也是正确的。正因如此，萨珊的军事力量在面对游牧者的侵扰和地方上的袭击时取得了全面的成功，[61]使其首先成为拜占庭的榜样，又通过拜占庭传到了遥远的西欧，在那里贵族的武装骑士成为地方自卫的基础，是在波斯发展出类似制度的整整 1000 年之后。

* * *

罗马的制度在 3 到 6 世纪之间运行得很糟，一直到查士丁尼统治（527—565 年）的后期，罗马帝国的残余才在东部达到了波斯那种在国内稳定、在国外显示其强大的水准。在军事方面，一再进行的与波斯人、与多瑙河草原来的袭击者的战争，迫使东罗马放弃了欧洲西部古老的步兵传统，仿效起波斯人的重骑兵。新骑兵形式的大规模转变只是在君士坦丁时代（324—327 年）之后才开始，虽然这种装备形式的试验在较早时进行过。[62]到查士丁尼时代，使用矛和弓的装甲骑兵成为罗马军队的主力。[63]

甚至在重骑兵成为罗马最好的战斗力之后，帝国政府也从未解决许多相关的问题。政策禁止以波斯的方式在土地上建立一个军事贵族，而实行允许军官征召和维持重装骑兵随从，他们靠胜利战役的战利品生活，这不能保证军队保卫帝国无掩蔽的陆地边界。甚至成功的军官都觉得难于维持充足的战利品来源。[64]需要做的是他们感到了战争的持久诱惑力，不是沿着帝国荒凉没有吸引力的边疆，而是在它的要害地带。在那里，帝位年年在召唤，那里富有的城市和种植庄稼的 397
乡村对他们的士兵构成了有诱惑力的战利品。这样一种体系明显地永远受权力过大的将军的威胁，西方帝国是因此灭亡的。当皇帝摩里斯（Maurice，582—602 年）企图制止这种危险，让军队由帝国国库付给薪饷时，[65] 但帝国财政与政策的危机状况，使它不可能维持足够数量的重骑兵保卫边疆各处。

罗马政府的难处是简单而令人困扰的。重骑兵驻扎在他们能够真正抵抗越过边界攻击的地方，而这样就会逃避帝国有效的控制。有三种可供选择的组织方式：军事化的地方地主（按波斯的模式）；与政府缔约的专业抢掠者的私人部队（按查士丁尼的模式）；一支至少是由帝国政府支付的（至少在理论上）边防部队，但它实际上服从特定的将军，他们的野心可能是不披上皇帝的紫袍不会罢休（按奥古斯都的模式）。所有这些都对中央权力有同样的危险。因此，拜占庭的皇帝们发现，必须让他们的陆地边界听任地方袭击和蛮族渗透的进程慢慢发展。这个事实解释了巴尔干民族结构那奇怪的、不明显却巨大的改变，这是当小批的斯拉夫人逐渐向南迁徙，一点点地取代了较早的居民时发生的。[66]

一系列波斯人的战争（572—630 年）戏剧性地暴露了拜占庭国家在陆地战争上的弱点。尽管是在遥远和可能怀有敌意的国家作战，但是波斯军队却两次深入到能够看到君士坦丁堡的地方（610、626 年），并完全征服了叙利亚、巴勒斯坦和埃及。而拜占庭帝国在萨珊王朝被穆斯林洪流消灭以后还存在很久。拜占庭的长命完全是基于海上力量，它一再地拯救了首都，并给帝国陆上军队一种有限的但是最有效的战略机动性，这是像波斯这种纯粹的陆上力量永不能达到的。因而，虽然拜占庭人从未能充分地保卫他们的内陆边界，但只要他们的舰队强大得足以援助陆军，这两支帝国力量加在一起，就保证能够保卫这个国家要害中心的安全。[67]

外交手段和补助金充分地被拜占庭政府用作边界防卫的代替手段。
398 事实上这个政策可能比维持一支边防军队要便宜，而且在皇帝们看来也更安全，因为他们知道以前有很多皇帝惨死在叛变的边疆士兵的手中。此外，向国外蛮族进贡的物品，使不好战而具有商业头脑的拜占

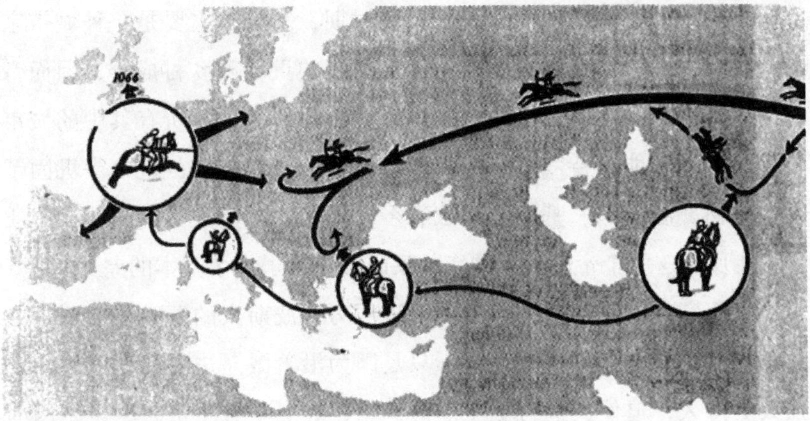

装甲骑兵的传播

庭城市居民在国内维持了他们的社会统治地位，而在这个时代，城市各阶级在美索不达米亚和波斯将他们的地盘丧失给了土地贵族。[68]

波斯对拜占庭国家的影响不局限于军事技术领域。从戴克里先（284—305 年）的时代起，罗马帝国的统治者就有意模仿波斯的宫廷礼仪和王权的显赫等很多方面。例如：王冠和权杖是统治权的标志，要求所有接近坐在皇帝宝座上的人都要俯伏在地，等等。[69] 戴克里先这个农民出身的人，采用这些手段应该不是出于个人爱好，而是希望他周围的人对他有一种敬畏感，可以防止谋杀和鼓励服从。但是他的继承者们在四五世纪认真地采用了更多宫廷的华丽和礼仪。

在君士坦丁皈依基督教后，罗马皇帝除了朱里安（Julian，361—363 年）外，都自称是基督教徒，因而享有一个宗教的认可，它的领袖们迅速尊崇罗马皇帝为基督在世上的代理人[70]，不再认为他是最大的异端者和真理的敌人。帝国风格的这个改变，也使罗马的制度趋向波 399
斯的方向，[71] 在那里教会和国家以同样困难的二重性，从萨珊时期开始相互结合。

在君士坦丁时代和此后较长一段时期，基督教主要是一种城市宗教，没有任何像波斯的琐罗亚斯德教特有的贵族和乡村成分，因而帝国的基督教化加强了罗马社会内城市的统治地位。因所有其中的城市太少太弱而不能维持罗马官僚行政机构的省份之丧失，进一步巩固了这个平衡。波斯国家基本上是依靠乡村贵族的军事支持，与此在本质上正相反。这两个帝国确立的宗教反映和支持了这个基本的差异。

总而言之，对于来自草原的军事压力，波斯人的调整比起罗马人的拜占庭更为全面和成功。这不只是因为沿着波斯边界的蛮族压力更强大更持久，迫使其进行更全面的调整，并更早着手进行，也是因为在罗马社会中，非军事的城市人口起了更大的作用。沿着地中海、爱琴海和黑海海岸，船舶比在内陆能够更大规模、更大程度地繁荣商业，因为内陆运输由于其情况的特殊性要昂贵得多。只要拜占庭保有地中海东部海岸，社会的领导权基本上就保留着城市的特点，而城市的居民只能并只愿意在军事和政治制度上，沿着波斯开辟的如此有效的方向做部分不完善的调整。

波斯和罗马文化的变革

对于萨珊波斯的纪念物和记录来说，时间是如此的无情，我们无法估量这个社会的文化成就。即使有任何世俗文学，也已经完全消失。保存流传下来的艺术品由于时间的流逝几乎都已经严重损坏了，甚至统治着萨珊优秀文化其他方面的宗教思想，也只剩下零散和互相矛盾的片段。很显然，萨珊宫廷里力求复原到古代波斯，在宗教、艺术，也可能在其他方面模仿阿黑门尼德王朝。而波斯和美索不达米亚的地理位置在这个生存权的十字路口，那里有遥远地方来的商人和朝拜者在市集上摩肩接踵，互相交流着夸大的故事，吹嘘他们的各种智慧和技能。宫廷圈子中有意识的复古，不过是文化融合的海洋中的一个岛
400 屿，这种融合至少有时是同样有意识的。像其他城市文明那样，它缺乏在农村的真正根源，在神学和建筑上造成的结果是辉煌而人为化的。

穆斯林在 7 世纪的征服切断了整个文化的传统，正如亚历山大的胜利在较早时中断了阿黑门尼德王朝的优秀文化一样。

复古主义和文化融合特有的并列情况，充分反映在萨珊艺术中，尽管它现处于零散的和毁灭的状态。皇家宫殿构成萨珊的主要纪念物，使用了美索不达米亚的砖结构技术，在某些情形中恢复了阿黑门尼德王朝的装饰主题，但是基本设计还加上了一个圆顶和穹隆形的内部，加进了拜占庭建筑的某些特点，并有一个半露壁柱和拱门的希腊式正面，与建筑的内部设计和建筑原则都没有关系。而凉爽、光线闪烁的礼堂提供了遮挡美索不达米亚的阳光的受欢迎的场所，墙上的绘画和镶嵌画也十分醒目，这些现在已无从发现的东西可能补偿了如此明显不和谐的风格和粗糙的结构。[72]

萨珊王朝的君主也模仿阿黑门尼德王朝的先辈，在波斯波利斯附近的峭壁上进行巨大的磨石雕刻，但是这些作品的风格显示了晚期罗马帝国的雕刻[73]与伊朗东部和中亚印度—佛教艺术的牢固结合。

印度给萨珊的贵族提供了两种闲暇时的著名娱乐，因为象棋和“五卷书”中的动物寓言到 6 世纪已在波斯本地化。类似地，在公元 529 年，查士丁尼为了证明他作为基督徒的虔诚，关闭了柏拉图在近 1000 年前创立的雅典学园（Academy of Athens）时，科斯洛埃斯一世（Chosroes I，531—579 年）欢迎流亡的哲学家到他的宫廷来。但是像这类信息的零星片断不能充分复原萨珊文化的世俗方面，它在某种程度上既容纳了粗俗和傲慢的伊朗乡村贵族，也包括了大城市——如底格里斯河畔的首都泰西封（Ctesiphon）——博学多辩的复杂性。

在萨珊波斯，像那个时代这个生存圈中的其他各地一样，文化和社会运动经常采取宗教形式。在寻求复兴阿黑门尼德时代的琐罗亚斯德教的复古主义，与抱有把一切信仰结合为一种伟大和最终的合成体愿望的文化融合主义之间的紧张关系，主导着城市居民的宗教斗争。伊朗贵族的宗教保守主义，虽然更难找到文献根据，可能在萨珊的宗教—政治均势中有同等重要的作用。

401 与这个生存圈的十字路口的情况相适应，那个时代每个主要宗教的信奉者都在美索不达米亚和伊朗找到了一个立足之地。佛教徒在伊朗东部很好地立住了脚，到中国的传教者经过那里，当他们不再以萨珊帝国的东部边疆为发源地之时，重要的寺院和经常性有组织的教育机构在贵霜时代繁荣起来。

美索不达米亚的犹太人，从尼布甲尼撒首先把他们的祖先迁移到这块土地上以来，经历了一系列变迁，在4、5世纪进入了一个非同一般的宗教活动时期。确实，一群巴比伦尼亚的犹太拉比在中世纪各地的犹太人群中打上了他们的印记，他们编纂了犹太法典《塔木德》(*Talmud*)的文本，比被普遍接受的比较早的巴勒斯坦文本更具权威性。[74]

美索不达米亚的犹太人社团为基督教铺平了道路。基督教迅速在萨珊帝国的城市中心赢得了牢固的立足点，正如同时在东罗马帝国内一样，阿拉米语与希腊语一样在美索不达米亚成为基督教宣传的工具，正如在罗马的叙利亚的情况一样。到公元5世纪，基督的神性和人性之间的确切关系的教义争端，大大地加剧了这个语言—文化的裂痕。基督教徒在确定他们与萨珊国家的关系上也有无尽的困难。国家有时容忍，有时迫害他们，或只是把他们看作基督教的罗马帝国（公元324年之后）的潜在代理人而不予信任。直到萨珊王朝快要结束时，君士坦丁堡和波斯的基督教会才发生了明确的分离，当时由于内部争吵和美索不达米亚教会中希腊因素的逐渐渗入的结果，一种宽容的聂斯托里派（Nestorian）教义[75]在波斯的基督教徒中占了统治地位。

佛教、犹太教和基督教的信仰都是在萨珊边界之外形成的，在某种意义上是外来的侵入者。而在希腊化时代，巴尔·马杜克（Bel Marduk）的古代崇拜就消失在占星术之中，琐罗亚斯德的古代信仰成为不同的口头传统的不幸的混杂物，由一种死语言构成，由神庙祭司阶层保持，在他们的资格中贵族出身早已取代了知识文化。阿尔达希尔这位萨珊王朝的建立者，本人就是来自这样的一个祭司家族，他寻求以促进琐罗亚斯德的信仰来恢复阿黑门尼德时代的光荣。但这就引起了一个问题，怎样调和在不同的琐罗亚斯德神庙中发展的广泛不同的传统。按阿尔达希尔的命令进行了整理这些传统的努力，决定根据一部圣典，强行统一教义和礼仪，引起了令人困惑的确证问题。另外，402
新官方崇拜的拥护者必须面对信奉其他更复杂的信仰的人摆在他们面前的辩论和疑问，但是一种乡村的、贵族的、古为今用的琐罗亚斯德教的相对粗陋教义，现在敢于宣称是至高无上的，为有效的反驳提供了一个不适当的基础。

这些问题在阿尔达希尔的儿子和继承者沙普尔一世（Shapur I，241—271 年在位）统治下，找到了两个有趣的解决办法。一方面，沙普尔鼓励琐罗亚斯德教祭司们修正他们知识传统中所有过于明显的缺点，在希腊和印度的学识中选择任何能为旧的琐罗亚斯德真理提供有价值的补充的东西，编入《阿维斯塔》中。沿着这个方向进行有技巧的翻译和编纂，可以期望产生一部比基督教和佛教经书优越得多的圣典，但它们被各种逻辑上和历史上的矛盾破坏了。[76] 但是沙普尔还有第二个办法，因为他以赞同的态度看待新出现的先知摩尼（约 216—277 年），他像他的诺斯替派先驱一样有着突出的知识专长，宣扬一种大胆地把琐罗亚斯德教、佛教和基督教的主旨结合在一起的教义。[77]

摩尼预言的核心在波斯人听来很熟悉，因为他把这个世界看作光明与黑暗两种力量之间的战场，号召他的听众起来面向光明。他把这个思想发展为一种精致的宇宙观，解释了黑暗把光明的各片段囚禁于物质的困扰中，借以创造世界的一切阶段与诡计，并以同样的精确性描绘了这两个宇宙的敌手再次互相分离的阶段，这将把世界引向末日。在他的宇宙创生论的过程中，摩尼给琐罗亚斯德、耶稣、佛陀和其他人类的神助者以充分的地位，他宣称，他们中每个人都寻求启示同样的宗教真理，但一直被他们的追随者由于人类的错误造成各种的误解，产生了在摩尼这个时代不同的教规。[78] 因而摩尼表明他的角 403
色是把人带回他们已失去的原有真理。他完全否认他的教义是任何新东西的概念。

摩尼不只是一个预言家和形而上学家，他本人也忙于建立一个教会的实际工作。他为宗教助手们建立了明确的等级制度，把他的信奉者分为规定了严格的禁欲纪律的“选民”，还有用赠礼支持选民和从他们的神圣、神秘知识和宗教的勇敢行为中间获益的“听众”，这位聪敏的预言者也规定了专门的礼仪，包括集会歌唱赞美诗、忏悔罪恶和坚信礼。详细的道德教导和行为准则为听众和选民制定完毕，使这个高度系统化的宗教达到完满，摩尼创设这个宗教如他自己所称，是要对全人类进行启蒙。

摩尼在世时赢得了广泛的响应，从他享有皇家的支持，及其信守的信仰号召宣称其结合了它的对手的一切真理，并从中清楚了人类的错误和顽固的不一致传统看来，这是不足为奇的。但是古代波斯的祭司阶层是不易被征服的。当沙普尔一世死去，摩尼失去了他的皇家保护人，一种不宽容的琐罗亚斯德教正统在宫廷重新确立（可能联合了贵族的、波斯的反动势力），[79]结果摩尼作为一个囚徒死去，他的追随者转入地下，但长期在美索不达米亚的城市中保留了重大的影响。

这些第一次用强力的手段，把一种重新确定的琐罗亚斯德教正统强加给萨珊国家内的形形色色的居民，不能满足那个时代的宗教渴求，而这种企图也未长期维持下去。皇家宗教政策的戏剧性波动反映了后来的统治者们面对琐罗亚斯德教的祭司和波斯贵族，及与他们认同的教义上保守的祭司派别的矛盾地位。太紧密地依靠贵族和祭司们，会破坏皇家独立性，或疏远对保守的琐罗亚斯德教正统没有兴趣的城市居民。但是太过分地向伊朗的祭司和贵族们挑战，有发生内战和地方叛乱的威胁，削弱了国家的军事力量。

因而更有能力的萨珊君主们，经常企图向敌对的城市宗教这方面做出姿态，甚至向基督教也是如此，尽管它有罗马的色彩，以平衡经常是傲慢的琐罗亚斯德教祭司的势力。国王卡瓦德（Kobad，485—498年及500—531年在位）在这类试验中做得最为突出。在他统治的早期，卡瓦德奖掖一个被称为马兹达克派（Mazdakites）的激进教派攻击波斯

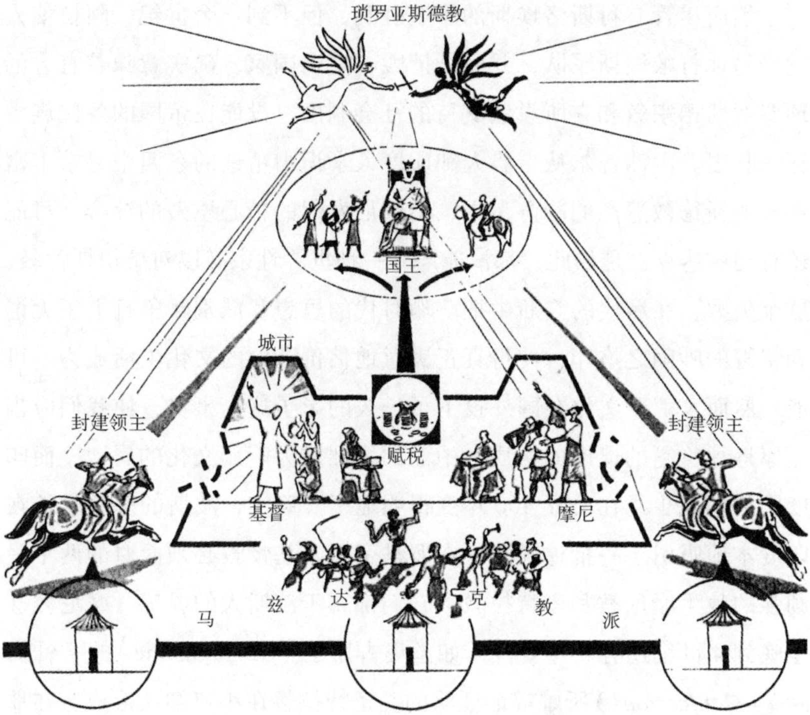

萨珊波斯

贵族确立的权力。该教派所强调的平等主义对萨珊社会的贵族制度构成了直接挑战。[80] 但是社会革命的皇家保护没有持久，因为卡瓦德不 404
久便与他原来的被保护者关系破裂，他们诉诸暴力来保卫他们的原则，引起了一场内战。卡瓦德的儿子和继承者科斯洛埃斯一世（Chosroes，531—579 年）残酷地镇压了这个革命运动，处死了这个教派的领袖马兹达克，并重新建立了保守的琐罗亚斯德教的正统。而看来由这些混乱中产生的皇家权力比以前强大。无论如何，萨珊的军队在科斯洛埃 405
斯统治下取得了他们最大的成功。可能是通过这些胜利获得的威望的结果，科斯洛埃斯在他统治的后期放松了琐罗亚斯德教正统的严厉性，容忍基督教徒，并同样保护从雅典学园逃来的异教希腊哲学家。

然而尽管有科斯洛埃斯的军事胜利，但不到一个世纪，阿拉伯人就轻易地打败波斯军队，并完全摧毁了萨珊国家，确实意味着官方的琐罗亚斯德宗教和它所设法支持的社会制度，没能在帝国的各民族中深深扎根。由沙普尔从希腊人和印度人学识中精选的东西中寻求丰富琐罗亚斯德教遗产的冷静考虑，由摩尼发起的精心思考的综合，可能还有马兹达克也是如此，都没能产生一种世界性宗教以对抗伊斯兰教。这个失败，在后代的判断中把萨珊时代的思想和派别斗争打上了无谓和粗野的吵闹之烙印，使得真正满意地估价帝国的文化生活成为不可能。然而，萨珊文化在国外投下了长久的影子这个事实，使我们应当宽厚地评价它的遗产的性质。中亚的绿洲成为萨珊文化的属地，而印度影响的减少约在公元400年变得明显了。确实，波斯的基督教徒在印度本地吸引了一批追随者。在罗马帝国，基督教必须面对的两个最顽强的敌手摩尼教和密特拉教，它们都属于波斯人的灵感。摩尼教甚至晚到4世纪还有其重要性，如圣奥古斯丁（St. Augustine）的《忏悔录》（*Confessions*）所雄辩地证明的。密特拉教在小亚细亚形成，在那里希腊和波斯的文化世界相遇并重叠，它掌握了西方的罗马军队，这支军队继续存在之时都是如此。一种文化显示出能有如此的力量影响其邻邦，必然有它的吸引力，但今天我们只能从这一瞥中猜测了。

*　*　*

罗马帝国正如波斯一样，宗教在公元200—600年这几个世纪统治着文化领域。罗马上层阶级的高雅异教文化在3世纪的内战中崩溃了，民间宗教借由异教的残骸兴起，从中吸取了一些因素，但是把旧的和新的合成一种明确的世界观和生活方式。在萨珊波斯，宗教斗争导致了在某种程度上复古和有明确贵族性的琐罗亚斯德教的胜利；在罗马帝国，贵族宗教在远为民众性的，甚至是民主的[81]基督教面前屈服了。

406 基督教起源于一种信仰，它炽烈的信念没有任何精心思考的形而上学或神学的支持。但是保卫自己反对异教批评的需要，和为处理基督教团体内部的分歧，导致逐渐对一些严格的教条作系统的阐明。基督教教义首先在亚历山大里亚得到系统化的发展，2 世纪在那里建立了一个对教士进行较高等教育的学校。奥利金（Origen，约 182—251 年）和其他在该学校执教的人，不可避免地要依靠希腊哲学的用语和概念，用来以一致的和合逻辑的方式传授基督教义，并回答异教徒提出的反对新信仰的异议。

教会史上一个大的分界线，其时为君士坦丁皇帝使基督教成为合法（313 年）和特别受优待（324 年）的宗教。在此之前，时有发生的、有时是严重的迫害使得基督教团体保持团结，因为外部世界的普遍敌意要求有一个共同阵线。但是当国家不再威胁基督教徒，人们皈依不再会有个人危险时，要求团结的压力就松弛下来，而这时也正是有着广泛不同背景的人蜂拥进入教会，究其原因并非都与宗教信仰有关系。在这种环境下，在神学和礼仪观点上的争吵，成为一种使个人野心和各种各样广泛的社会不满得以表达的途径。因此，非洲的多纳特教派（Donatists），埃及与叙利亚的阿里乌教派，只是扰乱基督教会统一的一系列异端团体中的头一批而已。

这些争论有许多层面。君士坦丁本人企图裁定多纳特派和阿里乌派的争论，在每一次争论中把皇帝权力的倾向拉到那一边的教义都宣称是正统的。结果，此后异端有时成为表达反对中央政府的潜在敌意的途径。竞争在教会的主要教区之间，即罗马、亚历山大里亚、安条克和君士坦丁堡中，同样煽动起神学观点的分歧。最终，宗教异端者有时采用了社会革命的论调，或者成为不分贫贱的民族文化自觉意识的表达方式，如北非的柏柏尔人（Berbers），或讲阿拉米语的叙利亚人。但是这些事实不能使对基本的和确信的神学的渴望减弱，这是由于想迫使所有的异端者停止和放弃传播伪教义的坚定信念，以免要上帝亲手掌管此事，去报复伪先知和那些允许他们传教的人。

与确定教条的困难紧密地交织在一起的是，需要创立一个教阶组

一个古罗马皇帝雕像

这个在意大利巴列塔（Barletta）的巨大青铜雕像，可能是代表皇帝瓦伦丁尼安一世（Valentinian I，公元364—375年），虽然这个鉴定是不确定的。这个皇帝像奥古斯都（见第334页图）那样穿着军装，但细部比较粗糙，与皇帝脸上严厉而高傲的表情一道，很好地反映出罗马政府由元首政治到专制政治的变化。表现超乎人类的庄严和力量看来是艺术家的目的，而在奥古斯都时代，一个更自然主义的、人性化的雕像就足以表达一种权威性的更平静的态度。

织和在国家的传统权力范围内安排它的管辖权。最早的基督教团体看来在处理它们自己的事物时，只从外界得到非正式的帮助和劝告。不 408
久，也可能从开头，每个地方教会就把权威置于一位主教掌握之中，而更为重要的城市主教，倾向于对这个地区的地方教会实行一种不明确的监督权。当教会管辖权变得更明确时，它倾向于与现存政治分界一致，特别是在国家本身成为基督教信奉者之后。根据这个原则，第二次宗教公会议（the Second Ecumenical Council，公元 381 年）以“君士坦丁堡是新罗马”为根据，[82] 授予君士坦丁堡主教对大部分小亚细亚与巴尔干的教会的管辖权。

使徒的继承权，构成了教会权威的另一个在神学上更为有力的可依据的基础。根据这个原则，罗马的主教以他作为彼得——使徒的首领，这个城市基督教会传说的建立者——的继承人身份为依据，宣称在全体教会中居于首位。因此教皇大利奥（Pope Leo the Great，440—461 年）建议由他自己确定基督教的真理，以解决使东部教会分裂的教义争端是正当的。当查尔西顿宗教公会议（Council of Chalcedon，451 年）赞同了利奥的《书》（*Tome*）时，他想把这看作是对罗马最高权力的明确承认。但是，东部的主教们把这一行动解释为由教会全体公会议执行的最高权威，而其中所有主教合法地拥有同等的发言权。

而这个宗教公会议原则，虽然东部教会从未放弃，但在实际上被皇帝参与公会的讨论所改变。君士坦丁主持了在尼西亚（Nicaea）的第一次公会议（公元 325 年）并完全控制了它。[83] 他的继承者们经常介入神学争论，而皇帝的权力和威严常常确保他的意志在教会中也如在世俗事务中一样占优势。[84] 因此，君士坦丁堡的皇帝和罗马的主教都宣称对教会有着最高权威，并把宗教公会看作认可他们自己各方面决定的一个机构，而不是有最高权威的立法团体。宗教公会与教皇的理论从未调和，在西部讲拉丁语的普遍支持罗马的教会，和东部讲希腊语的通常信奉宗教公会决定的教会关系之间，构成了一种持久的激起不合的因素。

在讲希腊语与讲拉丁语的基督教徒间的疏离，反映了地中海世界两半部分更为普遍的分离。戴克里先（285—305 年在位）在行政上的改组已将帝国分为东西两部，但是在巴尔干内地和多瑙河沿岸，东部帝国在它的疆界中包括重要的讲拉丁语的地域，因而在希腊语已从西部消
409 失之后很久，在君士坦丁堡的街道和会议厅中还能听到拉丁语。[85] 但是由于把西部省份丧失给日耳曼人，把巴尔干内地丧失给斯拉夫人，拉丁语从东罗马衰退和消失了，现在帝国可以真的称为拜占庭帝国了。对各自语言的无知几乎成为普遍情形，在拉丁人和希腊人之间助长了互不信任和厌恶，成为中世纪基督教世界一个明显的特点。

在东部帝国内，第二种语言—文化分界在 6 到 7 世纪时变得越来越重要。在埃及和叙利亚人口中，那里的希腊文化侵入了一个更古老的文化层，对希腊化异教和对君士坦丁堡进行的教会—政治统治的强烈敌意发展起来。这种分离主义的精神在信奉基督本质的一性派（Monophysite）定义中得到表现。[86] 当查尔西顿宗教公会议（451 年）宣布这种观点为异端时，"叙利亚"东部的主教们和人民没有驯服地投降，而皇帝们和教会政治家们提出一种彼此满意的教条用语的努力，只不过增加了新的教派投入争论。时而发生的暴乱和迫害使这场斗争更趋尖锐化。直到 7 世纪，阿拉伯人征服了叙利亚和埃及，将这两个顽固的一性派国家从君士坦丁堡的教会与政治控制中解放出来。

教会内的教义争论和管辖权问题，产生了大量不断的辩论与神学论文，与赞美诗、布道、教会史、圣徒传记和圣经评注一起，构成了庞大的和有时是感人的基督教文学。这个时代最伟大的基督教作家是奥古斯丁（卒于 430 年），它的圣经评注、关于教义的论文、《忏悔录》和《上帝之城》（*City of God*）合在一起，提供了主要的知识结构，使后来的拉丁基督教在其中发展。希腊人尊崇许多神学家，他们对基督教教义提供了更多种多样的、可以说不那么权威性的解释。

这个时代也以其修道者著称。圣徒、神秘主义者和圣人经常博得人们深深的崇敬。把这些人有时是古怪的灵感与正统教义调和起来，对教会的官方教阶组织形成了一系列问题。而禁欲的狂热和神秘的幻

象能够为一种有秩序的常规所驾驭，如圣帕科米乌斯（St. Pachomius，约 290—345 年）将埃及的沙漠隐士集中到修道团体内所证明的那样。稍晚，圣巴西尔（St. Basil，329—379 年）准备了一套修道院规则，后来成为希腊人东部的准则。修道运动在西部的传播要慢得多，直到约 529 年，努西亚（Nursia）的圣本尼狄克（St. Benedict）制定了他的规则，为后来拉丁修道院奠定了模式。修道院的生活吸引了许多敏于学识的人，因为它提供了机会，在一个于其他方面是动乱的世界中，使一个人能修养他的灵魂和思想。特别是在西方，由于世俗的教育中心 410
的衰败，修道院成为学术的主要避难所。

在如此全面地掌握了罗马帝国的文化生活时，基督教排斥了过去异教的许多东西，改变了一些它曾接受的东西，也至少保留了较古老的希腊和罗马文学有限度的精通。这种或那种古典语言的语法在基督教徒学校如在异教徒学校中那样教授，因而尽管在拉丁语和希腊语的日常口语和文字形式间的距离在拉大，至少有些有学问的人总能阅读荷马（在东部）和维吉尔（在西部）。除了这种文字的连续性，从过去的异教存留下来最重要的东西是在法律领域。查士丁尼在他统治早期，命令把帝国的所有法律编成法典，由此编纂成的法律与对司法原则的评注合在一起，构成《民法大全》（*Corpus Iuris Civilis*），对后来欧洲的法律思想和实践产生了巨大的影响。

*　*　*

东罗马帝国的基督教艺术，比起那个时代的文学、学术、辩论和虔诚更为强有力地打动现代人的心灵。雕塑因为有趋于偶像崇拜的危险倾向而受到基督教徒的怀疑，但是拜占庭的建筑和镶嵌装饰堪与世界上任何艺术风格相媲美。拜占庭的艺术观念可能源自叙利亚或波斯。无论如何，表现自然与写实的希腊化理想被明确放弃了。代之以简化的描绘和富丽的颜色，以求能获得直接的、强烈的动人效果，象征性

狄奥多拉皇后

这是在拉韦纳（Ravenna）的圣瓦伊塔尔（San Vitale）教堂著名镶嵌画的细部，描绘了狄奥多拉（Theodora）皇后和她的侍从。皇后冷漠庄严地凝视着某个遥远的地方，超越性的真实给予这幅肖像一种特殊的力量。艺术家不关心具体形状细节的自然主义的描绘，与希腊化艺术（见第334页图）对现实主义的理解的前提是明显相反的。

地表现基督与圣徒，或皇帝与其宫廷的庄严。使用镶嵌技术，将玻璃或其他带颜色的材料，通常镶嵌在金箔铺成的背景上，产生一种闪耀的折射光，有力地使人联想到超验的永恒，这是拜占庭的艺术家们企图通过他们作品的象征性形象所揭示的。

建筑家们像镶嵌艺术家们一样，不满足于按旧有的希腊化和罗马风格工作。拜占庭人没有接受长方形的罗马会堂的柱厅作为教会建筑的基础（像拉丁西部的情形），而是在叙利亚、亚美尼亚和美索不达米亚寻求新的灵感。在君士坦丁堡查士丁尼的大教堂圣索菲亚（Hagia Sophia）的建筑上，他们完善了一种教会建筑的全新形式，十字形的平面上凌驾着一个巨大的中央圆顶，在那里全能的基督映衬着天堂的威严形象，俯临着聚集在下面的信徒大众。[87]

罗马世界的文化从希腊化的自然主义和理性主义明显地转变为 5、6 世纪的超验主义和神秘主义，在这个生存圈的其他地方没有真正的类似情况。印度、中东和中国的文明从未在它们初次形成系统后经历过如此彻底的改造。[88] 欧洲文化的不稳定性也没有由于基督教风格的 412
文明的建立而结束，因为近现代西方文化社会与 3 到 6 世纪的基督教世界的差异，至少在程度上不下于基督教文明与它的异教前身的差异。非常的不稳定源自一个到另一个极端之间的剧烈摆动，这实际上可能是欧洲风格的文明最突出最有决定性的特征。

五、外部边缘地区（公元 200—600 年）

除了澳大利亚和非洲内陆的南部——在那里石器时代文化占了优势，人们像他们的祖先那样，从遥远的时代起就分成小股狩猎——地球所有主要居住人的地区在公元 200—600 年这个时期，开始感到文明的力量，无论它是多么模糊。

在东非，随着罗马的商业冒险在公元 2 世纪的衰落，埃塞俄比亚王国掌握了亚丁海峡（Straits of Aden）的控制权，由这个战略位置进

索菲亚大教堂的内部

这个照片显示出在君士坦丁堡的查士丁尼大教堂的内部，当时它被改作清真寺，因而装饰牌是《古兰经》的引语，缺少镶嵌画装饰，因为突厥人将其作为偶像崇拜涂盖了。结构的原则是把圆顶如此之高地放在中央部分，可以清楚地看到在两个三角穹顶之上嵌有大圆顶。

入了一个在商业上主宰阿拉伯海和红海贸易的时期。在 4 世纪，埃塞俄比亚人接受了基督教，他们的努比亚人（Nubian）邻居在 6 世纪效仿了他们。沿着非洲海岸向南，印度尼西亚的移民人口，即现在存留于马达加斯加岛的马尔加什（Malagasy）民族，在贸易和殖民方面起到了重要作用，而在大陆的另一边，加纳（Ghana）王国可能早在公元 3 到 4 世纪在西部苏丹（Sudan）开始兴起，以农业人口与穿越撒哈拉（Sahran）沙漠到北方的黄金贸易作为基础。同时，刚果（Congo）盆地的雨林很可能为讲班图语（Bantu）的人们所渗透，他们刀耕火种式的耕作法，在很大程度上依靠从遥远的印度尼西亚的热带农业传播来的农作物。[89]

草原艺术风格传入日耳曼和斯堪的纳维亚，证明了文明的影响也渗透到亚欧大陆北部的森林和苔原地带。从坟墓中发现的珠宝是这种发展的主要证据。但是这类物品的价值本身就足以证明在这些地方产生了高级的野蛮发展阶段，有着初期的社会分化并伴随着政治联合体的开端。[90] 在西伯利亚的米努辛斯克（Minussinsk）发现的坟墓，也显示出草原艺术渗透到森林地区，这是一个在数世纪前开始的进程，可能因为叶尼塞河（Yenesei）水中的沙金吸引了商人们和探矿者来到这里。[91]

远在西方，欧洲的凯尔特边缘地带在 5、6 世纪经历了非同寻常的 414
文化勃兴。像埃塞俄比亚那样，位于罗马帝国的另一侧，海路把布列塔尼（Brittany）、不列颠岛西部和爱尔兰的凯尔特人社会相互联系起来，并使他们与地中海高度文明的中心有了至少是精细的联系。可能出生于威尔士，在高卢受教育，在爱尔兰从事传教活动的圣帕特里克（St.Patrick，卒于 461 年）的一生，就很能说明这些海上联系的重要性。

爱尔兰人基督教文化的迅速发展，使爱尔兰成为一个更有活力的基督教中心和更广泛的学术中心，超过任何高卢本部在这方面保留的水平，成为基督教富有成果地影响一个刚脱离野蛮状态社会的显著例证。[92] 遥远的位置使爱尔兰免遭严重的侵略，在不列颠和大陆一再为蛮族侵袭困扰的时代鼓励了这种早熟的文化繁荣。当斯堪的纳维亚的维金人（Vikings）海盗使这种安全状况告终时，爱尔兰文明暗淡和消逝了，爱尔兰陷入拉丁基督教世界一个落后的前哨站的地位，在那里一些奇特和罕见的传统残存了下来。而在它消失之前，爱尔兰基督教文化把它的一些影响力传播到不列颠和大陆。一系列传教者，首先是圣科伦巴（St.Columba）把爱尔兰基督教带到苏格兰和英格兰北部。

* * *

在这期间，高级文化的两个主要中心在美洲发展起来，一个在中美洲高原，另一个在秘鲁（Peru）的沿海山谷和丘陵地带。这些文化当然是许多个世纪发展的成果。这两个地区的主要食物玉米，可能早在公元前2500年就已在墨西哥培育出来，约在公元前1500年在那里就可能有了村庄生活。在秘鲁，相应的发展看来要落在后面一些，确实，玉米栽培和其他关键技术可能只是在约公元前700年才从北方传到秘鲁。[93]如果是这样，秘鲁人就如古代的埃及人一样，以更迅速的发展
415 速度补偿了他们起步的落后。[94]无论如何，“古典”的玛雅（Mayan）文明出现在危地马拉（Guatemala）高原，看来与墨西哥中部和秘鲁比较“古典”的文化的形成几乎是在同时。[95]

所有这三个文明有着大量的共同之处。像在古代的苏美尔，祭司们看来一直是社会的主要领袖，在所有这三个地区，神庙、金字塔、圣路，和其他祭祀的附属物品构成了远超过其他的大多数引人注目的遗迹。而每个社会有其自身的风格，既表现在易于证实的艺术上，同样也可能存在于一般的意识中。

玛雅文明集中在十几个礼仪中心上，它们在危地马拉的丛林和临近墨西哥的地区兴起。在不同团体的祭司中对一些专门知识的交流，为保持艺术风格和知识发展的和谐是必定进行过的，其中最重要的，是精心编制的非常详细和惊人准确的历法。农民公社聚居在大的神庙中心周围，依靠一种原始的轮作农业生活，但它只需相对少的劳动就

可生产所需数量的食物。[96] 以我们所不知道的手段，祭司们组织起农民业余时间的劳动用于巨大的建设工程，并显然也供养着许多专业雕塑家和金属制品工人来生产更精美的艺术品。此外，玛雅的祭司们发展了一套文字和算术符号，他们将其用在和精巧的天文与历法计算有关的事情上。

在玛雅文明的核心地区周围，有着享用了玛雅人大部分技术的其他社会的痕迹。但是明显地，只是在墨西哥中部的高原上，临近现在的墨西哥城，在公元 600 年以前发展起来的一个神庙中心，才能与玛雅地区相媲美。这个高原的艺术和建筑在风格上与玛雅人不同，但这两个地区的社会制度可能是相似的。

在秘鲁，地理状况使得其发展更需多样化。短的河谷由高耸的安第斯山突降到太平洋，提供了一系列沿岸场所，在那里最早的秘鲁文化高度繁荣起来。这些河谷彼此间被完全的荒漠地带分隔开，溯流而上是一片高低不平的地势，那里的山谷和高地提供了能够维持一个文明社会的第二个场所。地理环境也确实造成了玛雅人和秘鲁人发展之 416
间一个重大的不同，因为秘鲁的农业依靠灌溉，而玛雅人的玉米依靠雨水，秘鲁人也利用来自高原的重要资源，如美洲骆和马铃薯，这是中美洲所完全没有的。

到约公元 500 年，不少于三种主要文化在秘鲁达到了“古典”形式，一个在北方的沿海河谷，第二个在更南面的沿海河谷，第三个在邻近的的的喀喀湖（Lake Titicaca）的高原平地。在创造这些文化时，古代的秘鲁人表现了超乎寻常的水利工程技术，并建造了精巧程度可与世界任何地方媲美的沿坡梯形街巷。祭司们没有无可争议的控制权，因为在北方海岸地区（可能也在其他地方），武士们起着很大作用。政治组织看来是高度集中化的，这在一个生活供水稀少的地区可能是不可避免的。如果要使每个人有公平的份额，必须得有严格的控制。但是不像玛雅人，秘鲁人没有发展出任何文字系统，他们的雕塑比玛雅人要原始得多，也不那么丰富。因而如玛雅的石雕纪念物所提供的宗教与神话的一些情况，在秘鲁是见不到的，虽然陶器也部分地能代表这类情况的反映。[97]

总的说来，在公元600年，这些美洲文明大略可与美索不达米亚、埃及和印度河约在公元前3000年的古代河谷文明相比较。在公元600年，玛雅文明正进入艺术和知识发展的最伟大时代；在秘鲁，那里的年代还远不能确定，古典时期可能约在这同一时期开始。这使得美洲文明的兴起比起旧世界可相比较的进化落后了3 500多年，这是一个新世界文明从未克服的障碍。此外，某些亚欧大陆长久以来熟悉的关键事物，例如拉东西的牲畜、轮子，以及铁的冶炼，从未在新世界发明。这使得美洲印第安人比起亚欧大陆的同时代人处于长久的不利状况。不管有什么越过大洋的激励可能对新世界文化的发展有所贡献，很清楚美洲文明在本质上是独立的和迟误的文化探险。直到公元16世纪之前，美洲印第安人的历史与同时代亚欧大陆的情况没有重要的关联。当西班牙人闯入新世界的文明时，就斩断了它们生气勃勃的发展进程。

第 9 章

中东的复兴

（公元 600—1000 年）

一、引言

7 个世纪以来，叙利亚沙漠和幼发拉底河上游一线，将中东划分为 417
分别由罗马和波斯统治的部分。这个边界被证明是非常稳定的。从公元前 64 年，庞培（Pompey）巩固了罗马对巴勒斯坦、叙利亚和安纳托利亚的控制起，直到公元 636 年，哈立德·伊本·瓦利德（Khalid ibn al-Walid）在雅穆克河（Yarmuk）之战大败拜占庭军队，将罗马的边界推回安纳托利亚为止。尽管这期间有无数次的战争，但是上述边界线没有出现过长久的改变。此后不久，阿拉伯军队侵占了美索不达米亚（641 年），深入到埃及（642 年），到 651 年已征服了伊朗，灭掉了萨珊王朝。

这些征服的速度令人吃惊，但更为惊人的是文化疆界持久性的重新联结，以及由此引起的各民族重新聚合。孕育了人类最早文明的古代中东，一度被希腊化的浪潮所淹没，并被波斯和罗马在政治上分裂，这时再度统一了。在新的政治框架中，一种特殊的伊斯兰文化综合体很快成形了。它结合了过去 1000 年来在欧亚生存圈这个交叉路口相遇和混合的所有文明中汲取的因素。区域的多样性当然在这个新的穆斯

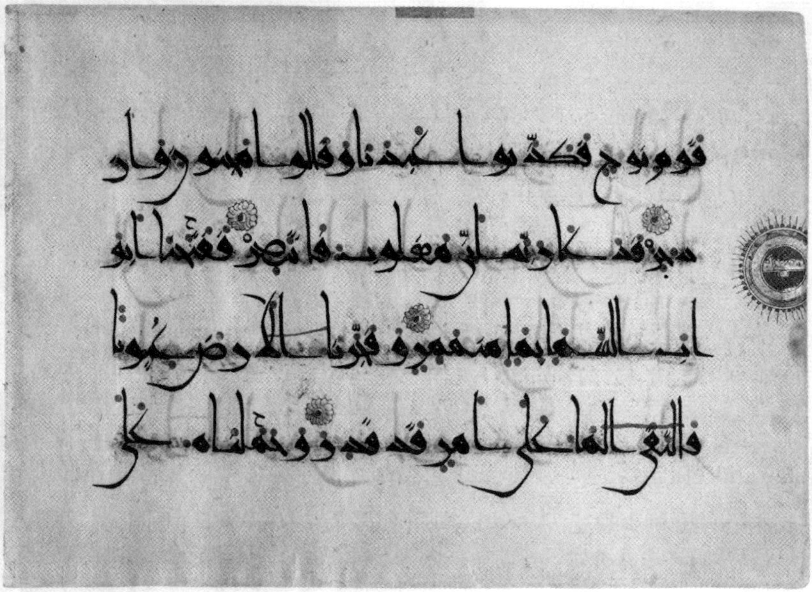

公元 993 年的《古兰经》手抄珍本

林帝国中持续下来，特别是当帝国扩张至遥远的地区，如西班牙（711
年）和印度的信德省（Sind，715年）也被囊括其中之时。然而，一种 418
共同的语言和共同的信仰却在这个地区占据了优势。因为宗教在其中发挥的主要作用，这个超乎寻常的文化综合体遂被恰当地称为“伊斯兰”文明。

但中东政治与文化的重新统一没有完全恢复这个地区在古代曾经的更先进地位。伊斯兰文化和社会没有显著的优势，用以驱使或引诱其他文明传统的传承者，使他们调整自己的传统生活方式，来应和穆斯林的模式。类似由诸多不同地区的因素混合而成的犍陀罗艺术风格或中国的佛教，在公元1000年之前的伊斯兰世界从未发生过。个人和团体或者全盘接受伊斯兰教，或者完全拒绝，没有折中的余地，没有从伊斯兰传统中采用或选择某些因素，使之适应于当地文化风格的自由。显而易见，这是由于有组织的宗教占据了中心和绝对基础的地位，不只是在伊斯兰文明中，在其主要的邻邦基督教世界和印度斯坦（Hindustan），也是如此。文明的建设以一个在教义的发展上要求正统的宗教为中心，而正统意味着不仅要接受一种单一的文化模式，还要排斥所有其他被看作危险的异端或导致异端的事物。[1]

在阿拉伯时代的头几个世纪里，宗教在欧洲、中东和印度人们的生活中的核心地位严格限制了三大文明的相互交往。只要教义的严厉性占上风，纵使不同信仰的人们之间有长期密切的商业和军事接触，它们对任何一方的文化偏好都不会产生太多的影响。比起在此之前或之后的任何时代，欧亚大陆的文明社会都生活在相对隔离之中。每个民族都确信无疑，不信教者不能给真正的信徒提供什么重要的东西。只是在公元1000年之后，一种较为自由的文化交流才开始在这个生存圈内再度展开。

另一方面，在远东，一种结构较松散的、不那么教条化的文化传统存留下来。在唐朝（公元618—907年）的统治下，中国达到了其源远流长的历史中最具活力和最多样化的文化繁荣。在这个时期，佛教完全融入中国的情境，并刺激了这个古老秩序中的道教和儒教的拥护者们，他们试图根据佛教的理念和实践，部分地重新解释和重新整理其所继承的学识。第二个驱动力来自大草原民族，这些人不再是未开化的野蛮人；相反，他们地理位置的优越使其能够把伊斯兰时代之前的波斯文化元素传播给中国。在这些因素的刺激下，中国的艺术和文学繁荣起来，中国对与朝鲜、日本和大草原的接壤地带的影响，比以往任何时期都强大。

419 在许多方面，唐代中国的繁荣类似于笈多时代的印度。但唐代文化在其故土之外，没有像笈多时代的印度文化那样受到欢迎。毫无疑问，主要原因是，教条式和教义明确的西亚宗教筑成了中国向西扩散其生活方式的一条几乎不可逾越的心理障碍。第二个因素是，随着拜占庭丝绸业的稳定强大发展，它足以满足地中海地区的需求，因此沿丝绸之路的交往减少了。[2] 然而，中国和西亚继续着商业和军事的联系，宗教偏见没有阻止中国技术的传播。比如，中国的造纸术就通过中亚战争（751 年）的战俘而传到了阿拉伯人手中。

因此，伊斯兰教并没有破坏欧亚大陆文化均衡的四重特点，虽然它强化了这个均势中各成员之间的界限，并相对加大了中东部分的分量。事实上，最初的阿拉伯征服重新确定了古代划定的那条文化分界线，[3] 把欧亚生存圈的平衡转变为某种全新的，同时又是非常古老的状况。复兴的中东确实如此。

在穆斯林时代的头几个世纪，欧亚大陆的文化地图经历了第二个重要变化。长久的文明民族的扩张，拓宽了在这个时期开始之时相当狭窄的文明社会地带；它从大西洋到太平洋，横贯欧亚大陆的所有地方，当然也有一些传播触及非常有限的地区。向南边，穆罕默德（Mohammed）使阿拉伯半岛首次成为文明世界的一个重要组成部分。此外，西非苏丹（Sudan）地区的黑人国家，东非沿岸的穆斯林社会，还有克什米尔、西藏、缅甸和云南的新的或近期强大起来的诸国家，拓宽了文明或半文明社会地带，几乎填充了先前对欧亚大陆主要文明交往发挥了呵护作用的所有空隙地带。但是，除了阿拉伯和西藏各自有过一段短暂而辉煌的帝国历史之外，这个生存圈南部边缘的这些新国家，以及埃塞俄比亚、努比亚和南亚印度诸王国等古老国家，在世界均势中仅处于次等地位。

然而，在北方大草原和森林地带，文明的渗透比较重要，且从长远来看更具有革命性效果。草原地带长久以来就一直是军事野蛮主义的最重要的积蓄地。从公元前 18 世纪起，文明社会就不断地感受到草原民族的威力。游牧民族的迫切需要一直阻碍了稳定的政治统一和经济分化的发展，而这对文明人生活至关重要。这种限定性状况在公元 600 420
年以后并未消除，但已经有了足够的改变，能允许文明的影响以比从前更大的规模扩展到草原地带。比较大而稳定的部落联盟，诸如阿瓦尔人、保加尔人、可萨人（Khazars）和维吾尔人（Uighurs），占据了几乎全部草原。通过抢劫分赃、勒索贡物以及和平的双边贸易等方式，这些游牧民族攫取了文明世界日益增长的物产。这类收入使得头领们能够通过给追随者适当的赏赐，来巩固他们对游牧联盟的忠诚。同时也使更广泛的游牧民族群落，对文明民族生活的方方面面熟悉起来。[4]

贸易经常开辟文明世界进行渗透的更微妙的途径。特别是宗教理念和制度往往易于引起草原民族的关注。接下来便是皈依，虽然向最近地区的文明民族的主导宗教皈依不是唯一的情况，因为那可能意味着精神独立的超多丧失。于是，可萨人成了犹太教徒，维吾尔人成为摩尼教徒（Manichaeans）。[5] 如此，既宣示了他们对文明社会的独立性，又获得了文明社会宗教的优势，即读写能力和政治合法性原则。这些方面既补充，又远远超越了传统的部落习俗。

在欧洲的最西部，没有草原地带把北方森林与多瑙河以南和莱茵河以西的文明或半文明国家隔开。但是欧洲森林居民的好战性与更东方的草原民族不相上下，两者通过本质上基本相同的过程，在文明人经济体的边缘地找到了自己的位置。的确，劫掠、进贡和贸易，加上文明人的榜样，这一切改变了斯堪的纳维亚人、日耳曼人和斯拉夫人。

与讲突厥语的草原民族相比，对上述族群的改变甚至更有实效，这是因为在森林地带有可能从事农业。通过务农，在原先未开发的落后森林地带，整套的定居和文明的生活方式生根发芽，并在大约公元 1000 年之后开始兴盛。

因此，文明向欧亚大草原和森林地区的扩展，逐渐取代了北方的军事和经济权力轴心，为公元 1000 年以后突厥人和蒙古人在陆上，以及西欧人在陆地和海洋上的猛烈扩张奠定了基础。

二、到公元 1000 年为止的伊斯兰世界

公元 613 年左右，贸易城市麦加的一位之前名不见经传的本地人穆罕默德（约公元 570—632 年）开始公然谴责其部落同胞的多神教信仰，并开始传播一种新的启示。约在此之前 3 年，当时已近 40 岁的中
421 年男子穆罕默德，开始有了奇异难解的幻觉经历。长期的精神痛苦使他最终确信，他在幻觉中听到的是天使加百利（Gabriel）的声音，天使教导他把安拉（Allah）的意愿告知阿拉伯人。在一系列鼓舞人心而富有诗意的启示感召之后，穆罕默德服从了。少数几位同城伙伴接受了他的预言，但大多数人嘲笑他，并要求穆罕默德用奇迹来证实其使命的真实性。

这就是伊斯兰教不起眼的开端。而在不到 20 年的时间里，穆罕默德把几乎整个阿拉伯半岛整合成一个全新的宗教—政治共同体。这个共同体有效地镇压了分裂争斗，使阿拉伯人在穆罕默德去世后的 20 年里，能够夺取拜占庭帝国若干最富裕的省份，并完全摧毁了萨珊王朝。从未有过任何一位先知如此快速地获得这般成功，也从未有过任何一个人所做的事情，如此剧烈地改变了世界历史的进程。通过其鼓舞人心的话语、自身的榜样及其为伊斯兰教建立的组织机构，穆罕默德为一种别具特色的新生活方式奠定了基础。这种生活方式在两个世纪之内吸引了人类大部分人口，博得今天约七分之一的人类的忠诚拥护。

穆罕默德早期的传教主题简单明了。他宣称安拉是唯一的神，安拉的末日审判必将来临，且极恐怖。按照先知穆罕默德的启示，服从安拉的意愿，是每一位人类成员必须尽的义务。

安拉被认为就是早先通过耶稣和其他犹太教先知所显现的那个神。穆罕默德在早年似乎自信犹太教和基督教的信徒会承认，他是神的最近的、最后的和最具有权威的使者。只是当穆罕默德和他的追随者迁到麦地那（Medina，公元 622 年），与定居在那块绿洲上的犹太教部落有了密切的接触和冲突时，他才承认自己的假定是虚妄的。穆罕默德认为，犹太人和基督教徒非常腐化，他们已经忘记了神的启示，竟然拒绝完全的真理。他随即宣称自己是真正的“亚伯拉罕的宗教”的代言人，并把古代圣所克尔白（Kaaba）的建立归功于信奉亚伯拉罕宗教的人，克尔白曾是麦加商业重地之一。这样，穆罕默德使麦加和克尔白取代耶路撒冷成为新启示的中心圣地。在穆罕默德的第一个传教时期，他曾经承认耶路撒冷是地球上最重要的神圣之地。[6]

根据穆罕默德，安拉是无所不能的世界创造者和维持者。安拉对那些承认他的存在和力量，并通过礼拜、施舍和自身洁净等礼仪，适当表示谦卑和致谢的人，是至仁至善的。像早期的基督教徒那样，穆罕默德宣扬描述即将来临的末日审判；当这个世界接近末日时，死去的人会从坟墓中复活，所有的人将面对安拉，根据各自的功过接受上 422
天堂或下地狱的回报。

在麦加，穆罕默德的身份是一介平民。他的部落首领保护他免遭来自因传教而造成的敌人的伤害。他在公元 622 年迁往麦地那后，其使者的角色发生了深刻的变化。穆罕默德曾经受到彼此不和的阿拉伯农民的邀请，这些人极为需要一个外来的权威人士解决他们之间的争端。从麦加到麦地那的逃亡，即希吉拉（Hegira），后来被确定为穆斯林时代的开端。因为从那一天起，穆罕默德开始行使公共权威。信仰者的社团从此变成一个自治的和独特的政治统一体。它开始表现出了惊人的力量，先后改变了阿拉伯人和中东的政治和文化。

在麦地那，先知遇到了新问题。他鼓舞人心的话语越来越带有立法的特点。一种由安拉主宰的全新的生活方式的轮廓渐渐地出现了，这就是伊斯兰教的方式。[7]伊斯兰教规的核心是祈祷，规定每天五次。祈祷是在安拉面前一种礼仪上的谦卑，由一系列规定的姿势表达，以重复的全身俯拜和念诵固定形式的颂词为高潮。此外，穆罕默德宣告了施舍，在斋月（Ramadan）从拂晓到黄昏禁食，以及到麦加（在他返回麦加之后）和克尔白圣所朝觐等义务。穆罕默德还告示禁止饮酒和进食猪肉。所有这些以及有关继承、婚姻、分配战利品、调停信徒间的争端和类似的实际性问题的规则，很快赋予了这个不大却不断发展中的穆斯林社团以一种特征和独有的内部纪律。

穆斯林的目标是像安拉所希望的那样去服侍他，全心全意，毫无保留。在实际中，这意味着绝对服从安拉的使者穆罕默德。军事上的成功促进了对穆罕默德的信任和服从，因为信仰者共同体很快证明了，它比以往阿拉伯人的任何敌人都强大得多。对一切外部世界无情的敌视，确保了这个新宗教社团的内部凝聚力。偶像崇拜所造成的宗教恐怖当然是这种态度形成的一个因素。但是这个与穆罕默德一起从麦加迁来的信仰者共同体，在已经拥挤的麦地那绿洲上缺乏任何形式的经济支持，这点确实赋予了他们的宗教感情以一把利刃。皈依的麦地那人虔诚的施舍，负担不起长期维持新来者的生活。因而穆罕默德把他的追随者们派往沙漠，去拦截进出往来麦加的商队。受到侵凌的麦加人严重分裂为敌对的派别，没能成功地挫败穆斯林的骚扰企图。

情势变得明朗起来。穆罕默德不能赢得麦地那的犹太殖民群体的支持，于是，他命令其信徒们把犹太农民赶出绿洲。然后，把这些人的土地分配给自己的追随者。但是，由于外来皈依者，穆斯林社团人
424 数急剧增加，以至于上述手段完全解决不了经济问题。接下来便是在麦地那绿洲之外扩张领土。据此，穆罕默德的追随者很快征服了位于麦地那以北数英里的另一个犹太人绿洲聚居地。然而，胜利的穆斯林们这次没有把犹太人逐出其土地，而是迫使他们向穆斯林社团缴纳贡

赋。然后先知根据信徒的需求和功劳，将这些贡赋在他们中间分配。这个事件为后来穆斯林征服者处理与他们的犹太人和基督徒属民之间的关系提供了模式。犹太人和基督教徒被称作“有经人”（People of the Book），被允许保留自己的宗教、习俗和制度，其前提是他们必须缴贡纳税。

穆罕默德的启示有神学上的简易性和立法上的特殊性，具备高度的内在说服力。对那些放弃了游牧生活方式，转而从事农业或商业的阿拉伯人，还有那些在调整传统的部落习惯，以适应新的生活方式的需求方面遇到困难的阿拉伯人，它特别具有吸引力。犹太教以及较小程度上的基督教也都乘机渗入阿拉伯社会的这个真空地带，因为这些宗教为很好地协调定居社会的需求，提供了生活规范和行为法则。但是阿拉伯人自豪地抗拒接受任何外来信仰。穆罕默德的启示，特别适合于城市生活，专门向阿拉伯人宣示，并只有通过他们来传向全世界。所以，它适合了人数虽少但战略位置重要的阿拉伯人的明确需要。

对游牧的贝都因人（Bedouin）来说，新信仰在战场上的迅速成功，是一种形式不同但实力相当的说服力。穆罕默德的宗教和道德启示对游牧者而言几乎格格不入，但进攻性远征的胜利经常带来战利品的分配，这样的前景强烈地吸引着他们。另外，一个接一个的成功使所有人明显看到，安拉确实在庇佑穆斯林的事业。结果，穆罕默德和他的追随者们发现，吸引差不多所有的阿拉伯人进入他们的社团，是件相对容易的事。在有些情况下靠军事行动，但更经常的是通过谈判，有时是武力威胁支持下的协商。就这样，麦加在最后一战（公元 630 年）之前就纳入了穆斯林的势力范围。在麦加停止抵抗后，阿拉伯其他地区也很快效仿麦加的做法。[8]

穆罕默德于公元 632 年的去世引发了继承问题。只要先知活着，人们就相信他的决定反映的是安拉的意愿，不服从就等于不虔诚。但是，没有了先知联系信仰者和安拉，这个社团如何保持安拉的指引呢？幸运的是，当时的穆罕默德的追随者们还不是哲学家或神学家，所以，他们

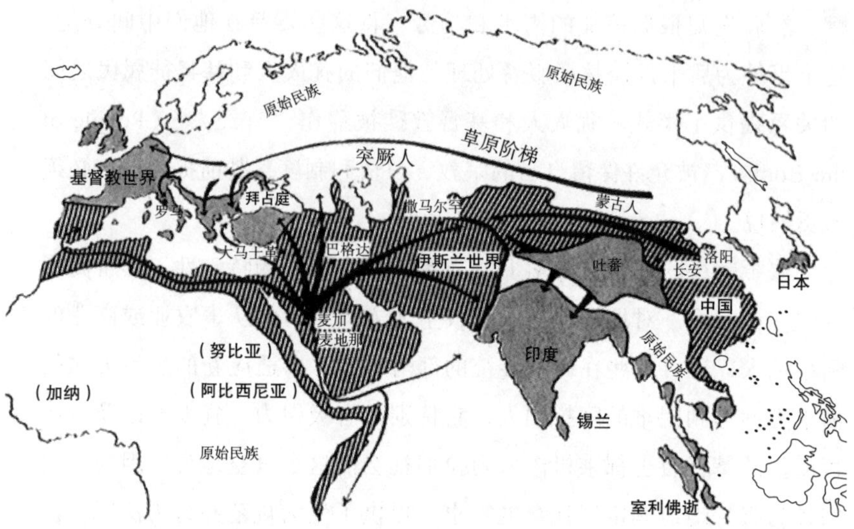

伊斯兰教的兴起（公元 750 年之前）

425 在理论之外，从实际出发解决了这个问题。这些人认可穆罕默德的最早的皈依者和最亲密的伙伴之一，艾布·伯克尔（Abu Bakr）[9] 为“哈里发”（Caliph，“继承人”）。作为哈里发，艾布·伯克尔取得了穆斯林社团的实际领导权。他的总政策是，在一切事情上尽可能严格坚守穆罕默德确定的先例。这就需要谨慎地运用先知讲过的话，特别是那些他本人确定源于安拉的启示的话语；因为只有谨慎地斟酌这些被牢记了的言语，才能够找到适应某种特定新情况的正确的先例。

许多已经加入穆斯林社团的阿拉伯部落认为，穆罕默德之死解除了他们与其所订约的义务。对大多数游牧部落首领而言，他们立誓信仰安拉及其使者，似乎只是条约谈判中的一件寻常事而已。然而，如果不惩罚违抗之举，穆斯林社团的生存就会遭受威胁。毫无疑问，保持不间断的战争胜利，对一个原本不可靠的部落联盟的存在至关重要，因为他们无论如何还没有忘记相互间溯因古老的争端。只有保证战利品稳定持续的涌入，再加上常规战役所表现出的锐气和纪律，才能够阻止部落间的冲突重新爆发。因为在穆罕默德最后的日子里，伊斯兰社团发展得如此迅速，以至于仅极小部分的信徒仍然胸怀真正的宗教热情，或坚守某种深刻的宗教信念。 426

在这种混乱中，麦地那的穆罕默德追随者们把他们强烈的热情和信念转化成解决问题的力量。这个虽规模不大但纪律严明的核心力量，再次决定性地扭转了局势，使之有利于伊斯兰教。两场艰难的战役使叛乱的阿拉伯部落又归于服从。正当阿拉伯再度统一之时，艾布·伯克尔去世了（公元 634 年）。

艾布·伯克尔的继承人奥马尔（Omar，也译欧麦尔）是一个精力充沛、虔诚热情、具有权威魄力的人，他在年老而温和的艾布·伯克尔统治时代就已经成为穆斯林社团的领导人物。在他的指挥下，进行了越出阿拉伯半岛之外的第一次穆斯林大征服。在穆罕默德活着的时候，曾经发动过对巴勒斯坦和叙利亚的攻击，但没有取得明显的成效。然而，这个先例的目标是明确的。当阿拉伯半岛再度统一时，奥马尔号召全阿拉伯跃跃欲试的人们，以安拉的名义进攻拜占庭和萨珊的不信教者。这一次，胜利接踵而来，速度之快让人难以置信。叙利亚（636 年）、伊拉克（637 年）、美索不达米亚（641 年）、埃及（642 年）和波斯（651 年），像成熟的果子一个一个地落入穆斯林之手。这些鲜明的证据使得最猜疑的阿拉伯人也不得不信服了安拉的伟大和力量。

伊拉克、叙利亚和埃及人长期以来对拜占庭和波斯的收税人严重不满，他们对这两个大帝国各自的正统宗教也进行着持续顽强的反抗。这些自然为第一次穆斯林征服的顺利进行做了铺垫。然而，仅这一点还不足以解释阿拉伯城市居民领导下的贝都因部落人能打败拜占庭和波斯的职业军队。确实还有其他原因。长期相互消耗的战争（606—630 年）给双方带来的一个普遍的后果，即财政上的紧张[10]和厌战情绪。拜占庭同时还在北部边界与阿瓦尔人大规模作战。但不可改变的事实是，装备很差的阿拉伯军队，长途跋涉作战，以少数兵力打败了

一座早期的清真寺

耶路撒冷石圆顶清真寺（Dome of Rock）坐落在所罗门神庙的原址之上。奥马尔在征服了这个城市后，即刻在此建造了一座简朴的木质清真寺。但是，照片中显示的现存建筑的基本轮廓，是由哈里发阿卜杜勒—马立克（Abdul-Malik，685—705 年）命令建造的。它明显带有拜占庭的教会建筑的影响。清真寺外部平面的八角形非同寻常，尽管算不上独一无二。可是，这个建筑曾多次重修。外部的装饰砖是在 16 世纪时加上的，圆顶则是在 15 世纪的火灾后重建的。因而保留下来的也只有倭马亚王朝建筑的总体设计轮廓。

希腊人和波斯人所能招募到的最好的职业重装骑兵部队。高度的灵活性和卓越的将领指挥，对赢得胜利也发挥了一定的作用。然而，非常确定的是，决定阿拉伯人成功的主要因素是，全体将士无一不坚信安拉是跟他们站在一起的。这个信念鼓舞了士气，带来了军纪，同时又 428
在每个胜利中得以证实。[11]

奥马尔因在 644 年被谋杀而早逝。下一位哈里发是奥斯曼（Othman），他是一位倭马亚（Ummayad）家族的领袖，此家族在麦加事务中长期居于突出地位。在奥马尔逝世后，人数不多的参议院聚集在一起，商议继承者问题，奥斯曼作为其中最软弱因而最不具危险性的人而被选中。奥斯曼依据古老的阿拉伯习俗，利用其权力任命同族人担任新帝国最好的职位，扩充了其家族的利益。但是，奥斯曼也在 656 年被谋杀。接着，穆罕默德的表兄弟和女婿阿里（Ali）竭力宣称由他继承哈里发之位。因为不是所有人都同意选举阿里，所以之后进入了 5 年的混乱时期。阿里的主要敌人是叙利亚总督、倭马亚家族的穆阿维亚（Muawiya），他依靠的是叙利亚省的阿拉伯驻防军的忠诚。而阿里的主要军队支持者来自伊拉克。但是，双方的阿拉伯人驻防军不愿彼此交战。因而当阿里在 661 年被一个不满的支持者谋杀时，与穆阿维亚的争端随即告一段落。[12] 穆阿维亚成了唯一幸存下来，并有权索求哈里发权位的人。他把新穆斯林帝国的首都建在了叙利亚的大马士革，倭马亚王朝的哈里发们从这里一直统治到公元 750 年。

穆斯林的军事扩张一直持续到 715 年，尽管其速度不及奥马尔时代。柏柏尔人（Berber）和波斯人的皈依者及时补充了阿拉伯人的军队，帮助把穆斯林的权力向西方推进到遥远的西班牙，向东方则到达了同样遥远的特兰索夏那（Transoxiana）和信德。之后遇到了一连串挫败。在 715 年，突厥人进入奥克苏斯河地区，迫使穆斯林放弃这个地区达 20 多年。733 年，法兰克人领袖查理·马特（Charles Martel）在图尔（Tours）附近打败了一支穆斯林的进攻部队，穆斯林的势力退回到比利牛斯山。与这些相对小的挫折相比，更严重的是围攻拜占庭的失败。

在 717—718 年一整年内，倭马亚的主力部队确实成功地切断了拜占庭与其内地间的通道，并威胁毁灭整个拜占庭国家。但拜占庭坚守不退，围攻被解除了，穆斯林第一次遭到真正的惨败。

到这时为止，战争胜利所带来的丰厚战利品，以及从被征服人口
429 那里源源而来的贡赋，一直把阿拉伯人部落和个人间的争斗控制在相对有限的范围内。因为那些没有能够在大马士革得到权力和地位的人，可以在边疆省份找到充足的地盘施展他们的雄心壮志。但是，一旦扩张停下来，从穆罕默德在麦地那时代起一直凝聚着穆斯林社团的平衡动力就瓦解了。派别的、部落的和地区的斗争，由于教义和教派的分歧变得复杂化和尖锐化，并以空前未有的恶性爆发和盛行起来。结果，倭马亚王朝被推翻；取而代之的是阿拔斯（Abbasid）哈里发王朝。

两种明显的对抗加剧了 715 年以后伊斯兰世界的动乱。首先是叙利亚和伊拉克之间的相互妒忌，两者争相宣称自己应在帝国中居于首位。其次是阿拉伯人和帝国其他民族的伊斯兰教皈依者之间的冲突。更微妙而复杂但同样重要的是宗教骚动，其焦点是，应该怎样领导信仰者社团，应该以什么原则进行统治。下面简要地评述一下每个争议性问题，这样或许可以梳理出倭马亚王朝统治下的穆斯林政治发展的主要线索。

（1）奥马尔开创了奖赏胜利的伊斯兰士兵的制度。从前所有的其他中东征服者的惯常做法是，将土地分配给个人。而奥马尔却分给士兵货币薪水，并把他们安置在许多特别的驻防城市中。这些驻防地中最重要的位于沙漠的边缘，它们或是新基地，如伊拉克的库法（Kufa）和北非的凯鲁万（Kairawan），或是旧地点，如叙利亚的大马士革和伊拉克的巴士拉（Basra）。此政策有其明显的优点，它与穆罕默德所创立的在追随者中分配战利品和贡赋的先例相符。因为薪水可以随意停发，此做法保证了中央政权对军队严密而直接地行使权威，保持了穆斯林社团的团结，使之像矗立在无信仰者大海中的一座神圣的岛屿。

奥马尔需要支付给士兵的钱来自税收，最初的征收沿袭旧的拜占庭或波斯的方法，而且征税人员通常也是原先的那些人。事实的确如

此，直到几乎 7 世纪末期，政府管理完全保留在了非阿拉伯人手中。甚至当哈里发阿卜杜勒 - 马立克宣布阿拉伯语为政府官方用语时，大多数政府官员仍继续属于这个或那个民族。多数情况下，他们信奉基督教或犹太教。这些事实意味着，罗马的叙利亚和波斯的伊拉克之间的旧的分界线在穆斯林征服后依然保留了下来。两个省份间强烈的差异意识在人们中间普遍存在，双方内部各自的分歧又助长了这个意识。它很容易地与现在居住在这两个地区的驻防城市中的不同阿拉伯部落间长期存在的不合结合在一起。所有这些导致了以叙利亚为中心的倭 430
马亚王朝政权统治下的伊拉克不断发生暴乱。[13]

（2）奥马尔让阿拉伯人征服者隔离居住在特别的驻防城市，这个政策突出了阿拉伯人与非阿拉伯人之间的区别。而且，因为某一特定部落的武士们通常由自己的首领指挥，进行集体作战，在执行驻防任务时他们通常也驻扎在同一个地点。这种在少数几个中心地的集中居住和行动，有助于维持旧的部落群体。可以确信，倭马亚王朝的哈里发政权机构在很大程度上基于两种制度：承认哈里发的首要位置的阿拉伯部落酋长们的非正式联盟，从拜占庭和波斯继承来的官僚体制。阿拉伯人非同寻常的成功自然增强了部落族系长久以来培育的那种自豪感。因而，倭马亚王朝统治者没有始终如一地努力使帝国内的基督教徒、犹太人和琐罗亚斯德教徒皈依伊斯兰教。相反，臣服民族改信伊斯兰教的人数的日益增加，反倒给阿拉伯人提出了一个难题。作为皈依者，这些人理所当然地被豁免了向非穆斯林征收的特别税，这就减少了阿拉伯驻防军所依靠的财源。此外，只要穆斯林社会的政治框架是以阿拉伯部落制度为本，外来的皈依者就不能真正适应和融入其中。这些人能够得到一个部落的保护，获得自由人或“流浪者”身份，但只有出身才决定一个人是否有权享有完整的权力。然而，矛盾的另一面是，伊斯兰教强调所有真正信仰者的平等，因为他们在安拉眼中是相同的，在安拉面前有同等义务。

部落原则和伊斯兰教教义之间的强烈冲突显现出来。皈依者当然要求在他们已信奉的信仰的名下获得所有权力，而部落习俗却对之予以否认。只要倭马亚王朝依靠的是掌控帝国驻防军的部落酋长们的支持，哈里发就无法满足皈依者的要求。相反，政府还采取措施，防止国家财政因皈依而遭受损失。作为最后的手段，政府甚至迫使新皈依了的穆斯林纳税。这样做的结果是，大多数皈依者热烈地支持革命运动，因为这些运动宣称更严格地恪守先知的真正原则，可以给他们提供与阿拉伯部落人平等的地位。

（3）阿拉伯人中也不乏主张较严谨和更纯洁的伊斯兰教的人。安拉指引下的理想的社会是他们追求的目标，如先知曾经在麦地那所建立的那种。但是，随着穆斯林势力如此广泛地扩张开来，实现这样的目标不再是一件易事。完全可以做的是，收集、保存和研习先知的原话。于是，在奥斯曼时期，先知的话语被编集在一部称为《古兰经》（*Koran*）的集子中。穆罕默德零星的语句是按照长短排列的，所以不能明确表示出先
431 知启示的发展过程，经文读起来也非常不连贯。[14] 此外，据说这些先知的行为和非正式场合的对话是通过可靠的在场者的渠道汇集起来的，甚至还有先知的挚友的言行，它们很快就成了公认的神圣行为的无价楷模。这种专门的知识经过了仔细的筛选，力求真实准确。它解释了虔诚的穆斯林可能遇到的各种不同的问题，最终成为沙里阿（Sharia），或伊斯兰教法的基础。[15] 随即就演化出了一个法律专家群体乌里玛（ulema）。最初这些人主要集中在麦地那，他们随时准备为那些由不谙法律的穆斯林呈上的特别疑难案例，提供法律解答。

虔诚的穆斯林关注如何根据安拉意愿，使他们的个人生活和整个穆斯林社会的生活完美无缺，此种关注对公共事务的处理产生了重要影响。根据神意做决定的人们无法回避先知继承权这个老问题，也不满意基于方便和务实的解决办法，如在处理艾布·伯克尔和奥马尔哈里发继位事宜上穆斯林社团的做法。一个宗教社会需要宗教领袖，原本小小的部落首领一跃便坐到了倭马亚王朝统治者的位子，这显然完全不合乎要求。有一个学派坚持认为，只有穆罕默德的女儿、阿里的

妻子法蒂玛的后代，才拥有领导穆斯林社会所必需的神圣色彩。其他学派认为，不管是由法蒂玛还是阿里的其他妻子所传下来的，只要是阿里的后代，就有权继承哈里发尊位。另有别的派别争辩称，只有由穆斯林社团的一致同意确定的最纯洁和虔诚的人，方可被选为合法的领袖。还有许多其他的，有时是彻底的无政府主义的思想，以激进的虔诚派别的形式趁机发泄。所有这些派别能达成共识的几乎只有一点，那就是，倭马亚王朝哈里发是依靠军事力量篡夺权位的。维系这个王朝统治的是世袭原则，它既没有宗教的支持，也没有部落习俗的支撑。

宗教虔诚对现存政府的颠覆性非常明显，它强烈地吸引了倭马亚国家内所有不满的群体。当局若镇压这些不满，必然触怒人们的宗教感情。因而，倭马亚王朝不得不容忍宗教异见者的鼓动行为。直到 744 年，王位继承争端触发了 10 年之久的革命和内战。胜利者属于麦加另一个重要的氏族阿拔斯。[16] 与第一代倭马亚王朝一样，他独断地攫取了哈里发称号。无论如何，阿拔斯王朝消除了曾企图颠覆之前的王朝 432
统治的一些不满的根源。

首先和最重要的是，阿拔斯王朝有效地破坏了阿拉伯和非阿拉伯穆斯林之间的区别。战争失败这个事实使得阿拉伯人被剥夺了他们作为领薪士兵的地位。阿拔斯哈里发的主要军事支持来自伊朗东部的波斯皈依者，他们打败了伊拉克和叙利亚的阿拉伯驻防军，证明了其古老的武士名誉传统。波斯穆斯林一直视古老的萨珊政治模式为典范。阿拔斯哈里发从一开始，就有意识地在许多方面以萨珊王朝的先例来塑造自己。穆斯林首都搬迁到底格里斯河畔的巴格达。他们接受华丽和礼仪的宫廷生活，哈里发本人也开始过起与外界隔离的隐居生活。所有这些取代了长老（shiek）的帐篷生活方式，而那曾经是倭马亚王朝礼仪的规范。

结果是，所有穆斯林成为一个绝对君主的同等臣民。在倭马亚王朝的后期，驻防城市里的阿拉伯人隔离做法已经开始瓦解，许多阿拉伯人通过获得财产和成为某地的地主，而冲破部落关系。在阿拔斯王朝统治时期，这个同化过程加速了，以至于一直以来相当小的阿拉伯征服者社团被迅速融入帝国城市的各民族之中。在这种情势下，除了在阿拉伯半岛本土的沙漠中，那种古老的贝都因人生活方式几乎像从前一样继续着，其他地方的阿拉伯人部落忠诚传统很快消失了。在伊斯兰世界比较文明的部分，部落关系不再具有任何政治价值。而从前一直困扰着倭马亚王朝的部落间的冲突，也不再发挥关键性作用。阿拔斯政府直接以官僚体系和王室常备军为统治基础，常备军最初主要从好战的波斯贵族中招募。阿拉伯人的特权在新政权之下明显地受损，而非阿拉伯的穆斯林却从根本上赢得了他们所觊觎的一切。

阿拔斯王朝的最初胜利在很大程度上归功于阿里后代的党徒，或者说什叶派的支持。[17] 尽管如此，按照严格的穆斯林标准，阿拔斯王朝哈里发跟倭马亚哈里发同样不合法。阿拔斯王朝的第二任哈里发曼苏尔（al-Mansur，754—775 年）不得不镇压了相当规模的什叶派叛乱。然后，曼苏尔的继任者马赫迪（al-Mahdi，775—785 年）与多数虔诚的激进派达成了一个相当令人满意的临时协议。据此，马赫迪承认了乌里玛在日常生活许多方面的司法权。在这种情况下，乌里玛接受了一种讨好性的法律原则，这就是，那些正在持续努力地按照安拉的意愿塑造人类社会的人们，有资格承担社会的领导权。作为有权威的个人，乌里玛负责监理市场。这些人因其虔诚和学识而受到社会上其他人的尊敬。他们解释宗教法，并用其处理特殊案例，他们还肩负着指导公众祈祷和教育年轻人的职责。简言之，乌里玛才是先知的真正继承人。
434 相比之下，身居宫廷的哈里发及其所有士兵、收税人和官员无关紧要。就这样，管理政府和保护社会的人选问题，被稳妥地以务实主义的态度，根据实际情况而得到了解决。

从此以后，那些接受了这种妥协的穆斯林被称为逊尼派（Sunnites），他们构成了伊斯兰社会的大多数。但不可否认的是，他们在某种程度上放弃了对纯洁而神圣的社会的追求。一些人拒绝这种妥协，继续渴望这样一个世界，在那里哈里发和他的臣民们过着麦地那时期的辉煌日子，以完全取悦安拉为己任。这种派别越来越多地把希望寄托在阿里的各支后裔上。他们坚持以他们的先辈们反对倭马亚王朝的相同立场，反对阿拔斯王朝。

尽管如此，阿拔斯王朝的头几任哈里发统治期间，建立起了一种宗教—政治力量平衡，它持续了近一个世纪。起源不同的民族较自由的混合，产生了伊斯兰文化的繁荣，它尤为突出地表现在巴格达的哈里发宫廷中。强有力的经济勃兴带来了社会的相对和平与秩序。商人和工匠们服务于国内富人的高雅趣味，并与欧亚大陆大多数地区开展了贸易。[18] 穆斯林商人踏上了到印度和中国的经商之路，他们的足迹还深入到了北方的大草原和森林地带。基督教世界也进入了穆斯林的贸易圈，犹太人在其中扮演了主要角色，他们维持了两个不同宗教世界之间的联系。

* * *

根据安拉的意愿改造人类生活的努力，在政治上产生了如此重要的结果，它对文化领域的意义同样重大。激进的虔诚分子以最极端的形式对任何不直接为宗教服务的行动持怀疑态度。他们认为，真理和美丽蕴含在《古兰经》之中，任何其他纯属人性的反应都会迷惑人们，使他们不能全心全意地追求神圣。这种观念意味着排斥穆罕默德之前的所有文化成就，包括希伯来和基督教的经典，因为穆斯林认为其中包含被歪曲了的安拉的启示。如此，正统穆斯林文化的范围就变得非常有限了：研习《古兰经》和穆罕默德及其挚友的圣训，以及《古兰经》的语言——阿拉伯语，成为唯一合法的知识追求。

历史不能像宗教虔诚所要求的那样被完全抹去。阿拉伯征服者继续珍视具有高度艺术风格的阿拉伯诗歌。这些诗篇是从异教时代传下来的，以赞颂贵族的事迹和家族为主题。在阿拔斯时代，这类主要表达贵族游牧者理想的诗歌，将波斯的宫廷传统主题结合进去，产生出 435

一种以好战的生活方式为主题的世俗的、贵族的和高雅的阿拉伯诗歌，它们在本质上与极端虔诚的清教徒热情相抵触。一些希腊哲学和科学知识也在有限的专业人士圈中保留下来。然而，不管作为异教徒，还是基督教徒，希腊人对逻辑论证和演绎推理的强调，对《古兰经》和圣训为唯一基础的信仰构成了长久的挑战。最后，非正统教派的虔诚和神秘主义的宽大标准，也增加了伊斯兰教文化中的矛盾成分。

对安拉主宰的完美社会的幻想深深吸引了那些虔诚的穆斯林，在倭马亚时代，他们开始设法杜绝中东其他文化传统的侵入。只有极少数有学问的人相互通过口头讨论的方式决定了宗教法的原则，这些人主要聚集在麦地那。而他们在帝国其他地方的学生和追随者们则简单地遵守已经界定了的理想状态，完全忽视了那些相互争执的知识和道德体系。所有这些在阿拔斯王朝统治时期都改变了。当乌里玛中的大多数人与当局达成协议时，他们承担了指导哈里发政权的大世界范围内日常生活的主要责任，因而就不能完全忽视波斯和希腊的文化遗产了。但是，极端虔诚派在对手面前只做了有限的让步。在阿拔斯王朝统治的头一个世纪里，四个宗教法权威体系之间存在细微末节的分歧，它们基本上都被认为是正统的，并被以固定文字形式记载下来。宗教法的法典编纂严格规范了人类生活的虔诚方式，而这个时候，学术界的穆斯林人士担负着严肃考虑希腊人的逻辑和抽象论证的职责。也是在这个时候，与阿拔斯王朝的政治妥协，使那些文雅的波斯化的宫廷阶层不再被指责为伊斯兰教的叛徒。

这些虔诚者仍然一如既往地追求做一个完人的目标。但在实际上，那些宁愿逆反地追求上流风范，或哲学—理性主义理想的人，被置于适当却受限制的社会位置上。在那里，他们可以毫无拘束地为神圣事业献身。哈里发的宫廷和以宫廷作为行为准则的上层社会，成为这些不和谐传统的堡垒。除了在非文化人阶层中保留了古老信仰的残余和迷信之外，在其他地方，穆斯林的虔诚和宗教法占据了主导地位。

穆斯林绅士很容易地调和了异教与其文化理想中的伊斯兰因素。

这些人的教育核心是精通阿拉伯语言，领会其美轮美奂的精妙之处。不过，熟知《古兰经》和宗教法，也被视为上流人士应有的才识。这点突出了绅士阶层与理想的宗教虔诚阶层修养之不同。因为学识渊博的乌里玛也需要透彻地掌握阿拉伯语法和词汇，以便正确地理解《古兰经》。但是，绅士能达到的那种优美的文学风格，包括适当地了解有关历史、地理和自然科学的点滴知识，当然首先要了解的是异教徒 436
的阿拉伯诗歌。这就促成了一种与原本流行的乌里玛精神相去甚远的精神状态。虽然穆罕默德明确否定禁欲主义，从不认为它是穆斯林理想的组成部分。但是，地主和廷臣们的奢侈生活，往往引诱他们忽视神圣之事。在这方面，上流社会和虔诚者标准的冲突因而只不过是一种摩擦，而并非正面交锋。

而“哲学家”又是另一种情况。他们中一些人对宗教启示持有相当保留的态度，最多把穆罕默德看作是将真理通俗化了的人。他给神学披上了艳俗的外衣，以赢得无知者的支持。同样，虔诚的信徒也极端不信任哲学家的“理性”，但认为在实际中，这些人作为占星家和医生可能有用。这些智慧才子和那些宗教态度不坚定的穆斯林，甚至还有基督教徒和犹太人，都得到了帝国上层社会的保护。这种有利的地位便于他们在整体上将其研究和探索之成就注入穆斯林文化之中。

然而，希腊人遗产[19]的干扰性影响不可能完全隐藏起来，不造成任何伤害。像早期的基督教徒那样，虔诚的穆斯林也认为必须通过推理方式保卫自己的信仰。系统化的神学因而在早期伊斯兰教中有了用武之地，虽然它从未赢得其在基督教的学术探讨中享有的卓越地位。大多数穆斯林信徒更愿直接相信《古兰经》和圣训的经文所表达的教义，他们不相信任何典籍文字和先例之外的神学推理。[20]

在公元 1000 年以前的伊斯兰教文化中存在着一个看似自相矛盾的事实。尽管伊斯兰世界与其文明邻邦有着跨越穆斯林边界的经常的、比较密切的接触，它却在事实上被孤立在这些文明邻邦之外。但是，这个矛盾的原因比较明显。在各行省中，乌里玛占据着统治地位。他们对宗教法、《古兰经》和先知圣训的强调，对任何非穆斯林和不想成为穆斯林的人都没有感召力。而那些有修养的文人和哲学家阶层基本局限在宫廷中。他们起初在巴格达，后来随着哈里发政权开始瓦解（约861年之后），也有许多地方宫廷的统治者仿效哈里发，塑造他们的生
437 活氛围。[21] 但是，在公元1000年之前，这个才华横溢的圈子对整个伊斯兰世界几乎没有影响，对基督教世界、印度斯坦或中国的影响就更微乎其微了。于是，在外部世界看来，伊斯兰教是一个无法通融的法律—神学体系，只需全盘接受，不可部分采纳。

尽管有这些局限，阿拉伯宫廷诗歌和韵文之高雅优美，还有大量由穆斯林宫廷的“哲学家”编撰的科学和哲学论文，在人类史上享有相当高的荣誉。此外，在公元9—10世纪，世界上没有其他任何地方让希腊化科学和哲学的精神（以及大量相关的知识细节）保持其生命力。

不幸的是，包括《古兰经》在内的阿拉伯文学，因翻译而大为逊色。前伊斯兰时期的诗歌传统非常严格，而穆罕默德从未赞赏异教徒诗人。因而穆斯林征服没有被写成任何英雄史诗保留下来，虽然它值得享有此种赞誉。后来，在哈里发奢侈的新生活中，诗歌重新得到人们的欣赏和喜爱。古老的异教诗歌传统发生了变化，出现了赞美爱情和红酒的优雅的抒情诗，它们反映了休闲、舒适和奢侈的社会上层的生活。到10世纪，这种“新”风格变得非常精致和复杂，韵脚自由的散文故事、论说文、颂词趋向于取代诗歌，成为深受喜爱的高雅文学作品形式。[22]

倭马亚王朝和阿拔斯王朝的艺术几乎没有保留下来，因为在它们之后，它们的主要城市一直有居住人口，并经常被破坏和重建。然而有一点很明显，穆斯林宫殿，甚至清真寺的建筑和装饰继续以拜占庭和萨珊帝国的风格为主。在叙利亚和伊拉克的倭马亚王朝时期的居住建筑中，一直存在着镶嵌和壁画，它们往往被误认为是希腊化时期的作品。对形象艺术的禁止，在这个较早的时期不过是一个虔诚的守则，而不是通行的原则。从10世纪起，人物形象才开始从穆斯林艺术中消失。从整体

上来看，在公元 1000 年，一种鲜明的穆斯林风格成为主风。[23]

阿拉伯人的科学和哲学直接来源于希腊人，其中混合了一些印度人的思想。接近 9 世纪末之时，阿拉伯学术研究的主要任务是，使希腊化的遗产为己所用。官方大力赞助这项工作。例如：哈里发马蒙（al-Mamun，813—833 年）在巴格达建立了一个“智慧馆”，组织了大规模的翻译运动，把大量的希腊文、波斯文（Pahlavi，巴列维文）和梵文著作译成阿拉伯文。这项工程一直持续进行，直到大多数当时尚存的希腊哲学和科学论文，还有一些重要的梵文和叙利亚文（Syriac）文献都被译成阿拉伯文为止。初期的这些新著作仅限于对亚里士多德、盖仑或托勒密等人的权威著作的评注和科学百科全书的编纂。 438

但是，到 9 世纪末，著名学者基本是根据古代希腊化的精神，开始编写创造性的著作。印度理念，或许还有巴比伦尼亚[24]的思想和希腊化思想的融合，推动了新的发现和一些重要科学仪器的发明，比如，精确的天平、星盘和蒸馏器。在 9 世纪的早期，数学家花拉子密（al-Khwarizmi）成为第一位运用印度数字[25]（我们所称的“阿拉伯”数字）发展出新的计数法的人。医生拉齐（al-Razi，卒于约 925 年）写了一部大型的医学百科全书和许多小部头著作。他还进行了一些化学实验，它们明显地摆脱了通常情况下的炼金术传统观念的束缚。更令人惊奇的是博学的法拉比（al-Farabi，卒于 952 年）的激进思想。他明确地否认一切形式的启示宗教，终生致力于调和柏拉图和亚里士多德的哲学思想。

与科学或哲学相比，虔诚的穆斯林比较相信地理学和历史学。到 10 世纪，两者都达到了相当先进的水平。那个时代主要的地理学家马苏第（al-Masudi，卒于 957 年）收集了他本人的旅行和其他人的报告资料，写出了一部叙述性的世界地理书。塔巴里（al-Tabari，卒于 923 年）的世界史综述了从上帝造人到公元 915 年的整个世界。令现代学者感到欣慰的是，对宗教的虔诚促使塔巴里竭尽全力，保留了有关早期穆斯林时代的一些互相矛盾的传统。

这样，一种在理论上没有解决，但在实际中却行之有效的妥协就达成了。这个妥协存在于正统的乌里玛和他们的宗教法，高雅的绅士和他们的优美文学，以及哲学家和他们的理性主义探寻等关系之间。它为阿拔斯王朝时期阿拉伯文化的第一次伟大的繁荣提供了框架。然而，一心追求神圣的人发现，他们将一生完全奉献给真主的那个早期理想已经退化，它仅仅是把一部宗教法典单调乏味地应用于各项日常事务中。于是，他们自然地转而去寻求其他途径。因为穆罕默德已经明确否认了隐修制度是通向真主之路，所以，早期伊斯兰教在这方面缺乏任何现成可用的制度，无法安抚那些不想只靠遵循宗教法而过活的
439 宗教虔诚者。另一方面，在穆斯林征服之后，基督教和佛教僧侣培育的禁欲理想在中东一直保持着活力，与之相伴的某些运动很快就在伊斯兰教内部找到了它们的位置。虽然神秘派信徒个人早在倭马亚王朝时就出现了，其组织的发展是相对后来的事情。神秘宗派在阿拔斯王朝时期变得更为突出，他们开始把一个新的主题引入穆斯林的虔诚之中，这是一种对真主之爱的个人的、直接的感受。《古兰经》中的安拉至高无上，威严敬畏，但只是偶尔地作为人类热爱的目标，或者人类之爱者。结果，早期的穆斯林神秘派徘徊在异端的边缘，以他们的神秘体验为基础，宣称一种没有被《古兰经》经文认可的与安拉的亲密关系。

尽管如此，神秘的宗教活动符合了一种深刻的心理需要，并在一个封闭的法律和学术体系中，获得了与正统的教派体系同等程度的势力。这就是伊斯兰教中的苏菲派（Sufism）。每个神秘派教徒拥有多个弟子，而且普遍享有与安拉密切同行的“圣人”的声誉。他们中有些人死后受到崇拜。于是在伊斯兰教中，圣人的坟墓也逐渐变得重要起来。这种做法长久以来就得到了基督教的认可。[26] 直到公元 12 世纪，穆斯林正统派和苏菲派之间的紧张关系才有所缓和。因为这时形成了一种复杂的神学理论，它给个人神秘地接近真主的做法提供了空间，并被作为对《古兰经》、圣训和宗教法所确定的常规道路的一种补充。

对早期神秘派的正统性的怀疑促使苏菲派长老们与伊斯兰教的异端派别发展了密切关系。尽管有明显的分裂倾向，这些教派还是在 8

世纪下半叶形成了相当有凝聚力的组织。那些拒绝接受阿拔斯王朝的妥协的狂热分子和不满者，发展了一种理念，即每一代都有一种超自然的权威降临到阿里家族的某个特定成员身上。这个权威的拥有者“伊玛目”（imam）是穆斯林社会唯一合法的领袖。在究竟谁是真正的伊玛目的问题上，产生了分歧。因为 765 年之后形成的各个什叶派支系的区别就在于，他们各自承认不同的人有权得到这个尊号。

什叶派的一个极端的支系——伊斯玛仪（Isma'ilis），允许《古兰经》的寓言式解释，因而为各种偏离正统的派别敞开了大门。伊斯玛仪运动转入地下，发展出一种参加秘密信仰的等级制度。这个教派里的高层承认基督教和犹太教作为神的真理的有效启示，并且其核心成员似乎曾向人们传播过此种观点，即所有启示性宗教都是不完善的。伊斯玛仪的传教士活跃在伊斯兰世界各地。他们利用了各种不满的社会和道德因素，从而得到了蓬勃发展，很快就严重威胁了既定的社会秩序。到 9 世纪晚期，伊斯玛仪派的几位领袖在帝国的边缘地带取得了政权。以城市工匠为主力的伊斯玛仪派的长期叛乱，大大影响了美 440
索不达米亚和叙利亚。[27] 北非（909—972 年）和埃及（968—1171 年）的法蒂玛王朝（Fatimids），代表了伊斯玛仪派的最大成功。他们公然反抗巴格达哈里发的权威，并在公元 909 年宣布自己拥有哈里发称号，因而最先打破了伊斯兰教理论上的政教合一。[28]

什叶派的另一个主要群体承认阿里的另一个支裔为真正的伊玛目世系，并更加接近正统教义。他们从未发动积极的武装叛乱。他们的伊玛目中的最后一位在 873 年死去，但没有留下后嗣。这些“十二伊玛目派”[29] 悲痛欲绝，叹息当时的社会是如此的堕落，竟然容不得穆斯林社会的一个合法的领袖留在世上。[30]

这些教派运动无疑削弱了阿拔斯哈里发的地位。此外，8 世纪中叶以后，外围地带强大的武装反叛者开始建立了若干政权，虽然在理论上它们不成立，但是在事实上却独立存在。帝国的叙利亚—伊拉克腹地到公元 945 年仍保持在巴格达统治下（某种程度的不稳定统治），但是巴格达政权本身却由突厥族的奴隶士兵控制着。这些人从哈里发穆塔西姆（Mutasim，833—842 年在位）时起就成了哈里发政权的主要支柱。这就是当时的巴格达哈里发政权，它既不能迫使各教派归于正统，也无力迫使反叛者屈服。最终，波斯（945 年）和突厥的（1055 年）冒险家乘中央政权衰败之机，相继夺取了巴格达的统治权。与此同时，其他几十个国家之间也在相互的隔阂和积怨中你争我夺，争夺着阿拔斯帝国的遗产。

但是政治上的分裂没有中断伊斯兰文化的发展。相反，众多的宫廷中心的建立，为文人和学者们提供了更多的被赞助的机会。同时，学术中心的分散化，哈里发宫廷作为隐居所的特权地位的丧失，均有助于人们努力把哲学、科学、文学与神学、法律、神秘主义更密切地协调起来。与此同时，来自北方大草原的突厥人给伊斯兰教注入了一种新的军事活力。它在很短的时间内，就在伊斯兰世界与基督教世界
441 和印度斯坦的边疆地带明显地表现了出来。如此看来，在文化—宗教的和军事—政治的意义上，伊斯兰教在公元 1000 年左右进入了一个新的发展阶段。[31]

三、基督教世界

在基督教诞生后的最初 6 个世纪里，它大致从其孕育地巴勒斯坦以同心圆的方式向外扩散。向西扩张到欧洲和非洲，向东扩张到美索不达米亚、亚美尼亚和高加索地区（Caucasus），向南则扩张到了努比亚和阿比西尼亚，其中西向扩张的规模较大。伊斯兰教的兴起，以及随之而来的基督教徒广泛地改信伊斯兰教，完全改变了上述地理分布，并显示出基督教被限制在伊斯兰世界周围分散的避难区域内的趋势。事实上，基督教也确实从它最古老的中心退却了，因为只有在黎凡特的两端——阿比西尼亚高原和高加索高原，有一些同质的基督教社会免于穆斯林征服，并长久地存留下来。[32]

君士坦丁堡曾两次几乎沦陷于穆斯林军队之手。[33] 假如那种情况真的发生了，欧洲基督教世界也会遭到类似的被彻底驱逐的命运。要是从地中海地区被驱逐出去的话，同质化的基督教社会就只能残存于遥远的森林和欧洲西北部零散的地方了。然而，事实上，位于博斯普鲁斯海峡的君士坦丁皇帝的首都的城墙被守住了。结果，欧洲基督教世界生存了下来，并在地理和文化上成为伊斯兰世界的重要劲敌。 442

无论如何，穆斯林的进攻引起了基督教世界彻底的重新调整。直到 717—718 年的那个关键的转折点，拜占庭一直与倭马亚王朝的哈里发们进行着海上控制权的生死搏斗，但均遭失败。为了赢得海上霸权，穆斯林曾经发动了三次战争，规模一次比一次大。此后，随着穆斯林首都迁到巴格达，阿拔斯王朝哈里发放弃了进一步的海上争斗。但是，在同一时间段里，穆斯林攻入了地中海西部，把拜占庭人从其在北非的最后一个据点驱逐出去（698 年），征服了西班牙的大部分和纳尔滂海湾高卢（Narbonese Gaul）的一部分（到 717 年）。

在基督教世界正艰难地防御穆斯林，还没有取得完全的成功之时，另一股游牧移民浪潮威胁到了北方。从 552 年到 565 年，在从蒙古和阿尔泰山（Altaic）到乌拉尔山（Ural）的地区，形成了突厥人部落联盟。它把一个巨大的游牧难民部落，即欧洲史上称为阿瓦尔人的部族驱逐到了今俄罗斯南部。这个部族与当地生活的居民联合了起来。在 567 年阿瓦尔人侵入匈牙利平原，消灭了一个日耳曼人部落格皮德人（Gepids），迫使另一部落伦巴德人（Lombards）逃向南方。在接下来的一个世纪里，阿瓦尔人骑兵到处蹂躏，深入到巴尔干半岛，多次威逼至君士坦丁堡城墙下。这些进攻引起了两个长久的种族变化。其一，伦巴德人占领了意大利（568 年），他们继而把拜占庭人从半岛内地逐出。其二，讲拉丁语和希腊语的农民从巴尔干半岛撤退到山区或沿海避难。斯拉夫人占领了他们的地方，以一种原始的游动式农业维持生活。从技术上讲，这种方式与多利亚人约 1 500 年前带给希腊的生活方式没有根本区别。[34]

在中国的外交手段煽动下，突厥部落联盟的内部争吵加剧。630 年
443 以后不久就瓦解了。但是，它西部的一些成员旋即在高加索和伏尔加河（Volga）下游之间建立了几个政权。这些国家虽不大，但颇有实力。其中最重要的是保加尔人和可萨人的部落联盟。虽然也包括一些讲其他语言的部落，但这两个联盟基本上由突厥语部落所控制。在 7 世纪中叶的某个时候，可萨人大败保加尔人，迫使后者中的一些人屈服于他们的霸权；其他人则向西逃到多瑙河下游地区。在 679 年，保加尔人便出现在这个地区。在此后约一个世纪的时间里，西部草原地带保持了相对稳定。[35]

拜占庭人尽其所能，在外交上充分利用可萨人作为与保加尔人和穆斯林抗衡的因素。皇帝们鼓励与可萨人进行贸易，也不鄙视与可萨公主的联姻。尽管如此，拜占庭人没能阻止西部保加尔人在其多瑙河下游平原的新家园建立起强大的国家。保加尔人及时地与所征服的斯拉夫人通婚，并采用了斯拉夫语言。结果，巴尔干半岛中部和东部分散的斯拉夫人部落建立起中央集权的政治—军事机构，对他们来说这是新鲜事物。于是，相对充足的军力涌入了保加尔人国家，使之成为 9—10 世纪拜占庭人最强大的劲敌。

与此同时，在西欧出现了一个类似的但不那么激烈的民族运动。克洛维（Clovis，卒于 511 年）建立了法兰克王国，其后裔一直统治到 751 年。但事实上，638 年后墨洛温家族（Merovingian）的当权者都是无能之辈。王族的两个支系将王国一分为二，而真正的权力落入叛乱的地方贵族手中。主要的政治肥缺是宫相职位，因为宫相操纵着还未被贵族篡夺的一切王室权力。在 687 年，赫里斯托尔的丕平（Pepin of Heristal）成功地得到了管理两个王族支系的宫相职位。这样，丕平在实际上重新统一了法兰克人国家。接下来，针对主要居住在前罗马帝国的高卢省的他的反对者们，丕平没收了他们的地产，将其赏赐给新近从日耳曼的莱茵地区过来的追随者。这些人就像是第二次日耳曼人入侵浪潮，因为到这个时期，高卢那些较早的法兰克人领主至少在某

种程度上已经拉丁化了。[36]

法兰克人在高卢企图保持罗马的行政和文化传统，同时力争将莱 444
茵地区的纯日耳曼人社会文明化。但他们的工作成效并不突出。与此同时，在不列颠群岛却进行着一种效果显著的皈依和文化传播工作。爱尔兰的凯尔特人基督教文化在 6、7 世纪发展到顶峰。圣科伦班（St. Columban，卒于 615 年）把成功的爱尔兰传教事业从苏格兰和英格兰北部扩展到欧洲大陆。他建立了三个影响广泛的修道院，它们是勃艮第（Burgundy）的吕克瑟伊（Luxeuil）、康斯坦斯湖（Lake Constance）南岸的圣高尔（St. Gall）和意大利的博比奥（Bobbio）。第二次传教浪潮在 597 年从罗马波及到了不列颠群岛。这年，教皇大格列高利（Gregory）派遣圣奥古斯丁（St. Augustine）到肯特（Kent）。结果，分别源自罗马和爱尔兰的两种有些差别的基督教形式，开始在不列颠争夺主教权。在 644 年的惠特比宗教会议上（Synod of Whitby），英格兰教会决定赞同罗马形式的基督教。此后，英格兰的盎格鲁—撒克逊（Anglo-Saxon）各王国迅速同化于拉丁基督教世界的文化传统之中，其中也包括曾受到爱尔兰派强烈影响的诺森伯里亚（Northumbria）。[37] 到 8 世纪，盎格鲁—撒克逊的知识水平和宗教虔诚远远超过了高卢。

* * *

在 750 年后，基督教世界有一段时间没有受到外来进攻和侵入的骚扰。在东部，拜占庭人以其海上强势，切断了穆斯林的叙利亚和埃及与地中海其他地区的商业往来。结果，贸易路线转向北方。拜占庭的克里米亚（Crimean）地区的港口成为重要贸易中心，从这里顺着河流向北进入俄罗斯森林，向东越过辽阔的大草原地带，到达伏尔加河流域及更远的地方。黑海南岸的特拉布松（Trebizond) 成为特许进口港，它所经营的货物，或者直接从波斯湾港口运来，或者从波斯湾港口出发，经由巴格达，运到这里。阿拔斯哈里发对这个重新的调整并不反感，因为从结果来看，新的拜占庭贸易规则提高了伊拉克的重要地位，促进了它的繁荣，同时也削弱了倭马亚王朝在叙利亚和埃及的旧根据地。[38]

445 在基督教世界西部，赫里斯托尔的丕平战胜了他的对手，最终开始了建立加洛林帝国（Carolingian）的进程。他的孙子矮子丕平（Pepin the Short）在751年取得国王的称号，从而首次使他本人及其先辈拥有的权力正式合法化。矮子丕平的儿子、继承人查理曼（Charlemagne，768—814年在位）率领法兰克军队将帝国边界推进到帝国历史上最远的地方。在查理曼的时代，法兰克人的军队由农民步兵组成，并因职业骑兵而加强。他们几乎每年都出征作战。法兰克军队降服了西北部的日耳曼撒克逊人（Saxons），越过易北河，进入斯拉夫人领土，甚至毁灭了驻扎在匈牙利的阿瓦尔人营地。向南方，法兰克人吞并了意大利的伦巴德王国，将穆斯林驱回比利牛斯山以南。这些军事成功驱使查理曼直接挑战君士坦丁堡的皇帝特权，迫使罗马的教皇于公元800年的圣诞节加冕他为“罗马人的皇帝”。

查理曼及其先辈们把欧洲的所有日耳曼民族（斯堪的纳维亚除外）整合进基督教世界。法兰克人用武力迫使顽固的撒克逊人皈依，而圣威利布罗德（St. Willibrord，卒于738年）和圣卜尼法斯（St. Boniface）等人则努力地和平传教，把基督教信仰和基督教会组织传授给了弗里西亚人（Frisians)、巴伐利亚人和图林吉亚人（Thuringians）等民族。法兰克人统治者慷慨解囊，支持这些事业。例如，他们允许将大片土地交付给新建立的修道院和主教区，用来维持它们。因而，基督教信仰和日益增加的社会分化一道，逐渐使日耳曼人部落被更南方地区的拉丁化社会同化。[39]

因此我们看到，8世纪后半期的基督教世界因没有遭受到外来攻击而保持了相对的安全。这使得拜占庭人和法兰克人都向欧洲内陆大步推进了。拜占庭主要通过贸易手段渗透，法兰克人则通过军事征服和宗教皈依。但是，在东部和西部，基督教世界的根据地和社会力量都得到了相当大的扩充。

然而，把基督教世界作为一个整体来看，构成其两半的拉丁和希腊部分之间爆发的尖锐冲突，将上述成就予以抵消。拜占庭皇帝、伊苏里亚王朝的利奥三世（Leo III, the Isaurian, 717—741 年在位）在 726 年颁布命令，禁止对基督、圣母和基督教会圣徒的圣像崇拜，从而使双方发生了直接争执。因为这个习俗已流行广泛，所以对它的干涉在国内，特别是修道院的圈子内，引起了抵抗。它也疏远了教皇和整个拉丁基督教世界。尽管如此，拜占庭政府将这个禁令维持到 787 年。这年召开的一次宗教会议决定恢复使用圣像。后来在 815 年，皇帝再次支持偶像破坏派。在 843 年，帝国政策又一次逆转，这个争端才得以解决。[40] 446

就破坏偶像一事所发生的争执，从根本上改变了教皇与拜占庭的关系，且使其公开化。自从罗马帝国政府在西部的崩溃以来，教皇们经常感到自身需要君士坦丁堡的军事或外交支持，以反对阿里乌派的东哥特人和未开化的伦巴德人。教皇的独立性因此受到极大限制。但是到 8 世纪，在阿尔卑斯山以北出现了一个复兴的法兰克君主政权。这使得教皇们能够周旋于基督教世界的两个大国之间。教皇斯蒂芬二世（Stephen II）充分利用这种特殊局势，在 754 年访问了矮子丕平的宫廷，祝贺他成为法兰克国王，从而认可了丕平三年前篡夺的王位。丕平为报答教皇的恩惠，侵入意大利，打败了教皇的敌人伦巴德人，把从拉韦纳（Ravenna）到坎帕尼亚（Campania）的一块狭长领土奉献给了教皇。教皇利奥加冕查理曼为罗马皇帝（公元 800 年），使得法兰克君主和教皇的这个联盟达到了顶峰；被侮辱的拜占庭帝国对之无可奈何。[41]

* * *

但是，在查理曼死后不久，基督教世界遭受的新一轮大规模攻击，使其东、西部的不和变得不突出了。首先，是北非新兴的伊斯兰国家夺取了拜占庭对狭窄海域的控制权，基督教世界的南部边缘突然出现了直接攻击。一个例子是，在 827 年，穆斯林海盗征服了克里特岛，

447 其他海盗则侵入了拜占庭的西西里岛。几十年之后，罗斯（Rus）的武装商人沿俄罗斯的河流南下，挑战拜占庭在黑海的海上霸权，并在860年攻袭了君士坦丁堡。力量衰弱了的拜占庭舰队，既不能有效地抵抗罗斯人，也不能防止穆斯林海盗和冒险家袭击整个地中海沿岸。[42]

穆斯林的冒险行动扼制了拜占庭的贸易限制政策的实施，并刺激了整个北非海岸的迅速繁荣。跨撒哈拉沙漠的贸易把黄金和奴隶带到了地中海沿岸地区，并促进了撒哈拉以南地区第一批重要的黑人国家的兴起。正是在拜占庭对地中海的控制被打破之后，穆斯林西班牙才进入了其发展的黄金时代。

在9世纪早期，拜占庭和法兰克人国家均忙于各自内部事务，这个事实有助于解释穆斯林在海上取得的胜利。744年以后，倭马亚王朝减轻了对可萨人的压力。可萨人联盟于是得以向四周扩张。他们的军队袭击了高加索南部，攫取了俄罗斯南方的一大片界定模糊的土地，并再次掀起了游牧民向西迁移的浪潮。约在893年，在来自西伯利亚的同盟者的帮助下，可萨人打败了佩彻涅格人（Pechenegs），这些人一直以来占领着伏尔加河与乌拉尔河之间的土地。佩彻涅格人逃向西方进攻马扎尔人（Magyars）。马扎尔人是一个由芬兰—回鹘—突厥人（Finno-Ugrian-Turkish）混合的部落联盟，那时可能占有俄罗斯草原中部地区；他们从属于可萨人，同时又是可萨人的盟友。遭到袭击的马扎尔人继而西逃，在895年到达欧洲草原最西端的匈牙利平原。佩彻涅格人没有追赶他们，而是留在了多瑙河下游和第聂伯河之间的地区。[43]基督教世界的这两个新邻居在广大地域上疯狂攻击和劫掠。虽然有时拜占庭人可以操纵野蛮的佩彻涅格人对抗当时已经半文明化的保加利亚人（Bulgarians），但后者却乘拜占庭军事力量不稳定之机，重新向君士坦丁堡发动了进攻（913—924年）。

对已经失去坚固防御力量的基督教世界而言，可萨人驱逐草原上的流浪者的行动带来的是危险。与此同时，第二个强有力的动乱中心
448 在斯堪的纳维亚发展起来。从8世纪晚期开始，北欧维京海盗船员们

从斯堪的纳维亚峡湾出发，在西部基督教世界到处放火抢劫。他们的疯狂行径在 9—10 世纪发展到登峰造极的地步。维京海盗船吃水较浅，这使得它们可以沿北欧平原的河流，航行到相当远的地方，以至于连内陆地区也难免遭到这些人的蹂躏。在东部，俄罗斯的河流提供了更多的可能性，斯堪的纳维亚河上的强盗很快在政治上控制了俄罗斯水路。[44] 这些斯堪的纳维亚人后来被称为罗斯人（Rus）。他们的强力扩张不久就与东南部的可萨人发生了冲突。最后还是罗斯人占了上风。他们在第聂伯河中游建立了最重要的军事和商业据点（862 年）。大约一个世纪后，罗斯人积累了实力，攻取和抢劫了可萨人在伏尔加河上的首府（965 年）。遭受了这次打击之后，可萨人再也没有完全恢复其力量。或许是因为罗斯人在这之前早已取代了可萨人，经营着北方森林地区和南方文明世界之间大量有利可图的贸易。[45]

在北欧海盗、马扎尔人和阿拉伯人的攻击下，加洛林国家不幸分裂了。但是拜占庭却幸存了下来。这是因为，它采纳了一种机智的外交手段，经常使它的一个敌人去反对另一个敌人；它也具有商业发展带来的坚实财力；还有小亚细亚强壮勇猛的后备兵员的支撑。在 867 年，一位有能力的将军登上了王位，称为巴西尔一世（Basil I），建立了马其顿王朝，拜占庭从此出现了显著的复兴。

斯拉夫人的皈依对东部基督教世界的命运产生了更为重大的意义。在 863 年，圣西里尔（St. Cyril）和圣美多德（St. Methodius）冒险进入中欧，在波希米亚（Bohemia）和摩拉维亚（Moravia）的居民中传播基督教。[46] 为了其工作之便，圣西里尔改写了希腊字母，使之适应当 449
地语言的特点。于是，他们为斯拉夫人创造了文字。希腊教阶组织还准备允许运用本地语言从事宗教事务。这与罗马教会的传统不同，后者以拉丁语为礼拜仪式和行政管理的唯一法定语言。于是，当保加利亚皈依基督教时（865 年以后），大批讲斯拉夫语的人口被带进了基督教世界，一种直接以保加利亚语为基础的、新的书面语言——古教会斯拉夫语（Old Church Slavonic）因应用而产生了。这样，到 9 世纪末，东部基督教世界具有了二重性的特点，即希腊和斯拉夫人口的结合。而基督教世界的西方长期以来就是建立在讲拉丁语和讲日耳曼语的民族的二重性的基础上的。在接下来的那个世纪里，俄罗斯的斯拉夫人的皈依（989 年）把基督教世界扩展到东欧的北部森林地带，并在希腊—斯拉夫混合文化中，增加了斯拉夫因素的比重。东方基督教就这样形成了。

斯拉夫皈依者一度似乎快要征服拜占庭。保加利亚的君主们接受了基督教，但这并没有阻止他们对君士坦丁堡帝位的渴求。相反，越是熟知拜占庭文明之高雅，他们觊觎帝位的野心也就越强烈。结果，在 9 世纪和 10 世纪，两个帝国进行了一系列越来越激烈的战争。最后，皇帝巴西尔二世（Basil II）在 1014 年征服和吞并了保加利亚。在 10 世纪，拜占庭军队还从穆斯林那里收复了叙利亚北部（968 年）和亚美尼亚（1020 年）。多半由于穆斯林的政治分裂，拜占庭才取得这些胜利，它并不表明拜占庭实力有多么强大。但拜占庭海军力量的有限的恢复，也使得它有能力重新征服了塞浦路斯岛和克里特岛。不过，穆斯林和（当时的）意大利海盗、商人从未承认过拜占庭的海上霸权。

西欧比较缓慢地从 9 世纪的蛮族和穆斯林的打击下恢复过来。这个恢复过程到 10 世纪后半期凸显出来。随着斯堪的纳维亚半岛上正规的王国的建立，北欧海盗的袭击减少了。这些王国继而基督教化，并在 10 世纪晚期和 11 世纪早期至少部分地文明化了。与此同时，马扎尔人在战争中被日耳曼的奥托大帝（Otto the Great）决定性地击败了（955 年），并在数十年后接受了基督教（1000 年）。拉丁基督教世界的扩张，与同时发生的基督教东正教在巴尔干内陆及其向俄罗斯方向的扩张，所有这些表明，到公元 1000 年，几乎全部欧洲被纳入了基督教文化圈，至少在表面上如此。只有一个例外，那就是在波罗的海南岸相对小的区域还有非基督教的存留。在那里一种简朴的部落生活方式一直残留到 13 世纪。

因此我们可以说，在穆斯林的压力下，欧洲基督教世界在公元 800

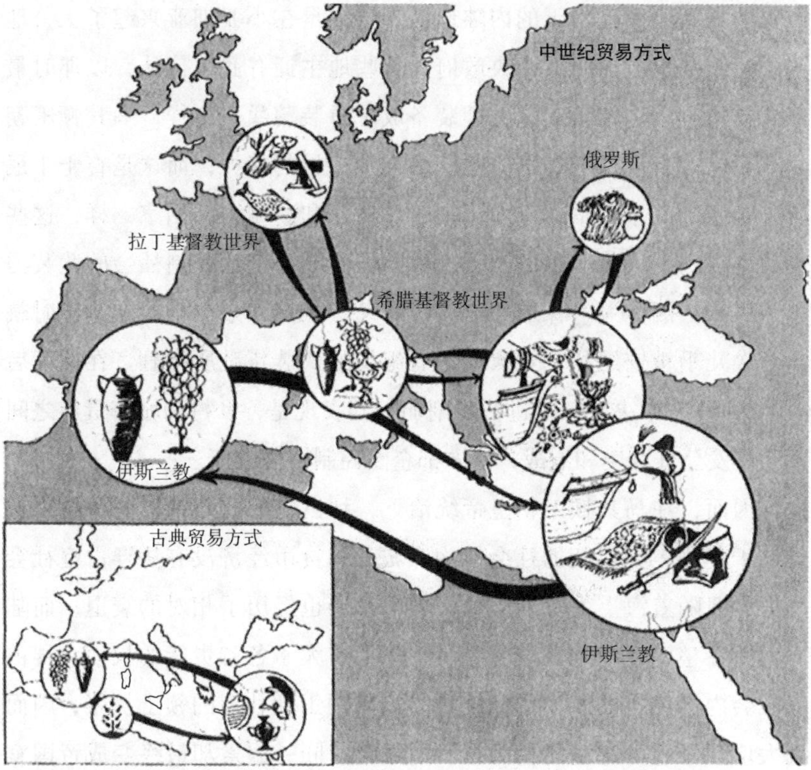

古典和中世纪的贸易模式（到公元 1000 年以前）

450 年到 1000 年间从地中海退却了。曾经一度的古典文明中心地中海世界成了一个不为任何人独占的缓冲地带。在那里穆斯林和基督教徒（包括摩尔人和埃及人、法兰克人和希腊人）争相抢劫和相互贸易，并在这个过程中开始了他们的不同文化的融合。但在放弃地中海控制权的同时，基督教世界在北方找到了它未来发展的广阔的新地盘。从长远来看，与其在南方的损失相比，北方的获得对基督教世界更重要。

到公元 1000 年，基督教世界从地中海的撤出在东部基督教世界表现得不明显，因为拜占庭人没有立即被完全逐出海上。尽管如此，在马其顿王朝（867—1054 年）时期，社会和军事力量决定性地从沿海转

451 向安纳托利亚和巴尔干的内陆地区。特别是在小亚细亚兴起了王公地主，他们基本上不服从中央政府。这些地主拥有武装侍从，以那时最好的技术和培训装备起来，即装备成了重装骑兵。这样，马其顿王朝的皇帝们就有了保卫和扩张他们的陆地边界的能力，而这是查士丁尼所未能做到的。但是，正如过去的帕提亚和萨珊王朝国家一样，这些成功也付出了代价。总的来看，帝国还不能稳定地控制社会的武装力量。例如，被称为“保加利亚人的屠夫”的巴西尔二世，在年轻时就曾两次几乎被安纳托利亚大地主有组织的武装叛乱所推翻。在他死后（1025 年），中央政权被进一步削弱。其表现是，乡村和城市贵族之间不断爆发公开冲突和混战，双方都企图控制帝国政府。

因而，在马其顿王朝皇帝统治下，拜占庭的社会结构变得越来越类似于萨珊王朝伊朗的社会结构。城市和货币经济没有从拜占庭社会消失，但随着海上力量的衰败，城市发展也经历了相对的衰退；而陆军力量在整个乡村地区的分布，实际上扩大了各省贵族的权力。拜占庭社会内部结构的改变曾经推进了马其顿王朝壮观的领土扩张，因而大大增强了它的边疆防御力量。而这时，同一因素却最终变成帝国官僚政权的致命所在。

在另一半的拉丁基督教世界，正发生着更加剧烈的地理的和社会的改变。在 8 世纪，北海和英吉利海峡的沿海地区，在政治和文化上取代了地中海地区，成为拉丁西方基督教世界最活跃的中心。英格兰的皈依，法兰克人国家的兴起，与黎凡特商业联系的断绝，所有这些都促成了上述结果的产生。另外，欧洲造船技术的显著改善（例如，船尾柱舵），[47] 使得航海者逐渐克服了对海风和潮汐的恐惧。而正是这种恐惧曾经在罗马时代，使得北部海域的航行充满艰难和危险。由于上述各种改善，各地区之间的远距离商贸和往来变得容易，费用也降低了。欧洲的北部和西部开始享有优势地位，可与地中海南部曾经享有的殊荣相比。确实如此，许多向北流经欧洲平原的可航行的河流，将海上贸易大大推进到内陆地区。而这时的地中海地区可能利用的却只有尼罗河和俄罗斯的河流，它们相对可以提供某种内陆通道。

但在公元 1000 年以前，这些地理优势基本上还处于潜在状态。北欧仍保持着原始的经济生活，各地区的产品大致雷同，不足以提供任何坚实贸易所需的货源和市场。而且，这些航海进步结出的第一个硕果，是大规模的海盗活动的爆发，斯堪的纳维亚的北欧海盗是其中坚力量。然而，恰好是在这个文化萧条、政治分裂和经济落后的时期， 452
创造出的一些技术和制度，却及时地推动了中世纪欧洲惊人的蓬勃发展，继而赋予拉丁西方基督教世界以一种完全不同于古典的或拜占庭社会的特征。这个新兴的社会秩序有三个方面值得强调：（1）农业的进步；（2）军事的进步；（3）海盗贸易的特殊作用。

（1）在罗马帝国时代，大部分北欧平原被沼泽和森林所覆盖，农夫们的耕作局限于排水性良好的坡地，特别是渗透性土壤。潮湿的大西洋气候和恶劣的低地平原排水性，使得土壤在一年中的大部分时间内都不排水。因此，那种在古代中东和地中海的干燥气候中发展起来的耕作方法，除了在极少的有上等土壤，如白垩土和黄土的地方之外，在这里基本上不实用。排水问题最终由于使用了一种重型铧式犁而解决了。这种犁在翻犁沟时，即使在最平坦的田野上也会筑起人工的田垄和水沟，这样就可以把多余的水排出去，从而变废地为可用之地。极少数日耳曼人可能在罗马时代就使用了这种方法，但是重型铧式犁直到 5 世纪之后才被广泛使用，而到 10 世纪才普及开来，成为西欧农业的主要基础。[48]

尽管这种犁在北欧平原的潮湿而黏结的土壤上有明显的好处，它的最终应用还是延误了一段很长的时间。这是因为，重型铧式犁同时需要四头牛（或更多的牛）拉动。而且，它在较老的欧洲农业地区常见的小面积方形地块上，不能有效地发挥作用。只有把许多牵引牲畜集中起来（还经常要重新改动田地的形状和改变土地所有权），才能保证这种改进的耕作方法的应用；而事实上，很少有农民的田中可以容下一队牲畜。因此，每当抢劫和掠夺破坏了既定的土地关系的时候，人们就愿意把他们的财物集中起来，并根据新的耕作方式重新分配土地所有权。在这种情况下，引进更有功效的犁，建立合作耕种制度，对他们就成了重要的事情。所以，正是在9—10世纪，当欧洲西北部被维京海盗和马扎尔人最残暴地攻击和蹂躏的时候，这种被称为“庄园式”的农耕形式获得了技术基础。很快它就使欧洲农民在过去的荒废
453 土地上生产出了大量剩余粮食。[49]这就确定了农民们对北欧平原的牢固占领。同时，中世纪的欧洲获得了足够广泛的农业基础，用以维持众多的军事贵族和蒸蒸日上的城镇生活。[50]

对北欧平原和北部海域的征服，为西北欧洲的兴起奠定了经济基础。从发展水平上讲，西北欧在财富、实力和文化上都超过了古老的地中海文明中心。因此，西方政治和文化中心的北移，不是7-10世纪政治地理的昙花一现，而是欧洲社会的一个长久特点。

（2）9—10世纪西北欧的军事进步，直接依靠的是农业剩余产品，而这是新发展起来的庄园制度运作的结果。因为正是从农民那里收来的租税，支撑了一个强大的职业武士阶层的兴起。这些武士具备了那个时代最好的技术模式，即武装骑兵的装备和军事训练。因为最初这个阶级比较简朴，而新型农业的产量又相对较高，所以，连人口稀少和商业原始的欧洲也能维持数目相当大的骑士阶层。

这种社会模式在当时的世界上绝非新事物。伊朗大约在1000年前的时候，就已经发展了类似的制度，用以在当地防御来自草原的侵略者。而我们刚刚提到，在马其顿王朝统治下的拜占庭也有过几乎相同的发展。尽管如此，骑士阶层的兴起深刻地改变了拉丁基督教世界在其邻邦心目中的地位。职业骑士阶级形成了包围西北欧农业社会的一层坚硬的外壳，进攻者和海盗们不久就失去了他们认为理所当然的优势。他们的劫掠也随之减少，并很快就停止了。但是，骑士团伙有时
454 在彼此的领地上进行劫掠，这也是事实。这种地方性战争，从它在法兰西北部的发源地传遍西欧，成为封建制度的特有产物。[51]即便如此，这种地方性的骚扰也比蛮族攻击的破坏性小得多。不久以后，骑士阶

一部爱尔兰福音书

这是一部福音书，是《凯尔斯书》(*Book of Kells*)中的“路加福音”。此书绘制于公元8世纪的爱尔兰。这本福音书产生于爱尔兰基督教文化最有成果的时代，即在北欧海盗袭击爱尔兰修道院前夕。之后，海盗的袭击几乎毁掉了爱尔兰修道院的所有成就。此画面充满了一系列奇妙准确的几何图案和复杂的线条，有神奇的陀螺和华丽的字体。它们如此奔放，甚至冲破了宽阔的外缘，表现了公元5—9世纪间爱尔兰文明的脆弱和早熟。

级中的某些不安分守己者，就在对外的征服和冒险中找到了施展其勇武精神的机会。欧洲的扩张由此奠定了相当有效的新的军事技术基础，因为欧洲的骑士以其在整体上超出所有相邻社会的军事力量，证明了他们自己的优势。[52]

（3）很明显，一旦原本预期的进攻目标开发出了某种手段，可以抵抗甚或战胜攻击者，海盗活动就很快丧失了其吸引力。在不能安全地以武力为主夺取财宝的时候，为了获得先前通过海盗活动获取的外国货物，贸易就提供了另一条途径。侵袭和贸易的交替运用，在历史上的确屡次发生过。[53] 这是很容易解释的。因为即使是成功的海盗，也很难正好得到他们自己所需要的那类赃物，为了方便，他们通常把剩余的赃物用来交换武器或食物等必需品。[54]

因此，随着西欧有效的地方自卫的发展，海盗船和突袭队必将被商船和运输队所取代。这其中重要的是，9 世纪的海盗袭击者和 10 世纪的欧洲商人具有时代精神的连续性。毫无疑问，海盗—商人经常根据当地的情况，从一个角色转换为另一个角色。然而，即使在越来越多的情况下，必须慎重地进行贸易，巡回的商队仍然希望像他们的海盗祖先那样，处理自己的事务，负责自己的防卫。这些海盗 - 商人也倾向于把农民和地主当作陌生人。虽然他们不再像从前那样经常使用武
456 力，但却转而采用欺诈手段，牺牲农民和地主的利益。最终，这类商人开始在一些便利的地方建立了自己的永久社团。他们经常靠近某个主教所在地，或者偶尔与某个修道院或领主城堡为邻。就是从这些核心地发展出了北欧城市。城市的成长主要发生在公元 1000 年之后，但北欧城市生活的重要的心理和机制形式，却是在海盗活动转换为贸易的混乱年代形成的。

在拜占庭、中东、印度和中国，城市居民的精神气质根本不同于西北欧这些身份改变了的海盗。欧亚大陆其他文明的商人和工匠们主要迎合比他们社会地位高的人的品位，比如，政府官员、地主和统治者。他们习惯于服从上面制定的法规和税则；反过来，他们也依靠政

权当局的保护。西欧商人的闯劲、冷酷和自助精神则与之大相径庭。后来西欧历史的独特性，在很大程度上即源于这个事实。这是因为，与文明世界的其他地方一样，在欧洲，一旦经济和军事生存这个残酷的问题得到了解决，城市就成为高级文化的主要中心和维持者。

* * *

在公元 1000 年之前，基督教文化就像整个基督教社会一样，总的说来处于守势。他们力图保存过去的残留，很少冒险尝试任何新鲜和独特的，或者能吸引其他文明民族的东西。爱尔兰文化可能是一个例外，因为在 8—9 世纪北欧海盗袭击者消灭了岛上的修道院之前，爱尔兰人卓有成效地将凯尔特人的口头文学传统与拉丁甚至希腊的知识结合了起来。同样地，斯堪的纳维亚在北欧海盗时代的英雄诗篇，及其基督教化的同类作品“武功歌”（Chansons de geste），为现代审美观所欣赏的原始活力留下了证据。然而，这些是欧洲基督教世界文化的细枝末节。好古的拜占庭文化一贯仰慕基督教会教父，并偶尔触及异教的古典文化，还有教皇大格列高利的布道中天真的奇迹故事和迷信，这些更能从整体上代表基督教世界的文化生活。

因而，尽管有零星的智慧火花，基督教文化在公元 600—1000 年间处于低潮；并由于宗教偏见，它几乎完全与伊斯兰世界隔离。而在西部，半开化的法兰克人和日益文雅的西班牙穆斯林之间文化水平的悬殊，是这种隔离的原因所在。

四、印度

7—8 世纪的穆斯林扩张包围和孤立了印度人的世界，但是在实际上夺去的只有印度河下游的边缘省份信德省。751 年，穆斯林在塔拉斯河（Talus River，中国史称怛逻斯）击败了唐朝军队，把兴都库什以北

457 的中亚绿洲纳入了伊斯兰世界。此后，便在印度和中国的陆路交通中横插了一道不可逾越的障碍。同样，穆斯林的航运很快就在印度洋占据了主导地位（8世纪），[55]明显地限制了印度与东南亚的印度教—佛教殖民地和中国之间的海上联系。但是，虽然伊斯兰世界通过陆地和海洋，几乎包围了印度斯坦，穆斯林的势力却没有到达北方喜马拉雅山边境地带。那里的印度扩张没有被中断，还在继续进行中。克什米尔和孟加拉在公元600年后不久，就成为强大的国家，并发展起了源自印度的宗教和高级文化。此外，在879年，中国的农民起义军大规模地屠杀了广州的穆斯林社团。之后，穆斯林对南部海域的控制开始走向衰落；印度海上航运则相应地复兴了。但是，到那时东南亚的文化已经形成了某种程度的个性，从而扼制了它与印度模式的进一步同化。

北部边疆强大国家的巩固，使得印度政治带上了一种新特点。这些新国家中的任何一个都没有足够的力量，单独统一北部印度平原，但每一个却都能够阻止其他国家做这件事。这种实力平衡造成了一种非常混乱和变化莫测的政治局势。在穆斯林对信德的最初征服完成以后（712年），在抵御穆斯林和防御边疆方面，没有再发生过严重问题。于是，印度统治者们几乎不再考虑外来压力，而是全身心地致力于内部相互间的钩心斗角。

因为印度国家的社会实体根基比较薄弱，所以整体而言，政治分裂和因此造成的长期战争，对人口的影响不大。城市繁荣起来，印度文化在笈多时代的基础上继续发展，印度教的复兴也持续进行着。确实如此，许多泰米尔语颂歌的作家曾经为古代印度教的恢复做出了巨大贡献，但只是到公元600年以后，他们才活跃起来。而他们的经典作品与神庙的礼拜仪式相融合，到10世纪晚期才编纂完成。[56]

在制度上，印度教以神庙为核心机构的特点越来越明确。就像寺院作为佛教主要中心一样，神庙为印度教徒提供了一个方便的地方。神庙确实成为举办各种各样活动的主要中心。不仅是祭司、建筑家和艺术家，而且舞蹈家、歌唱家、教师和作家往往都喜欢聚集在神庙院

印度教神庙

上图中的神庙建于公元1000年左右。此时，神庙外部精美复杂的装饰完全掩盖了最早的简朴结构（见第385页）。其最主要的发展是，高耸于内置神像的黑暗的中央房间之上的巨塔。下图中的这座神庙的修建略早于上面那座，神塔复杂炫目的细节可以由此略见一斑。

内。一旦印度教神庙建起，王宫在印度文化发展中发挥的作用就似乎降到次要的地位。笈多时代以宫廷为中心的文化经历了一个相应的转变，宗教和诸神越来越起到首要作用。而那些曾在笈多时代呈现了巨大发展势头的非宗教学科，比如数学和天文学，到这时基本上失去了
458 活力。[57] 到 10 世纪，一些神庙建筑规模巨大，且非常华丽。它们的典型特征是，一个精心装饰的塔，耸立在内有神像的神殿之上。但是，附属的建筑、院落和围墙把神庙扩展为一个复合建筑群，使这种确实格外华丽的装饰财富扩展到更大的空间。

神庙发展成为表现印度教文化的最重要场所，这可能是由于印度高级文化同化了前雅利安时代的价值观和理想而造成的。这些神庙确实发挥了它们的功效，类似于印度河流域社会组织可能起到的作用。至于苏美尔人的神庙组织所曾经发挥过的作用就更不必说了，因为它可能是印度神庙和印度河流域社会组织两者的根本起源。[58] 从教义来看，怛特罗（Tantrism）的兴起好像类似于返祖现象，表明远古的乡村迷信变成了文字文化的一部分。巫术的和淫荡的怛特罗崇拜活动可能直接源自新石器时代的生殖崇拜。为了把怛特罗派的做法纳入拯救之道，印度教和佛教甚至吸收了最粗野的怛特罗行为，并使之成为它们复杂理论的一部分，目的是表现印度宗教的格外宽容大度。[59]

怛特罗思想约在公元 5 世纪开始凸显，但在 7、8 世纪才充分兴盛起来。到那个时候，各种色情行为、符咒和仪式都设计出来，以控制人体和物质世界，并最终引导个人达到人与神的统一。这随即成为印度宗教信仰最突出的方面。在某种意义上，这些怛特罗派的做法，通过许诺给普通人以神奇的力量，降低了早期宗教的价值；而这种力量却是印度圣人们长期以来通过禁欲主义所追求的。但是，正如数世纪之前埃及宗教的民主精神的永存一样，这类新观念的吸引力也是不可抗拒的。随着它们的传播，寺院制度和较早时候的禁欲生活失去了其存在的大部分理由。

随着印度教的广泛传播，它也迎合了最原始的村民渴望巫术的心

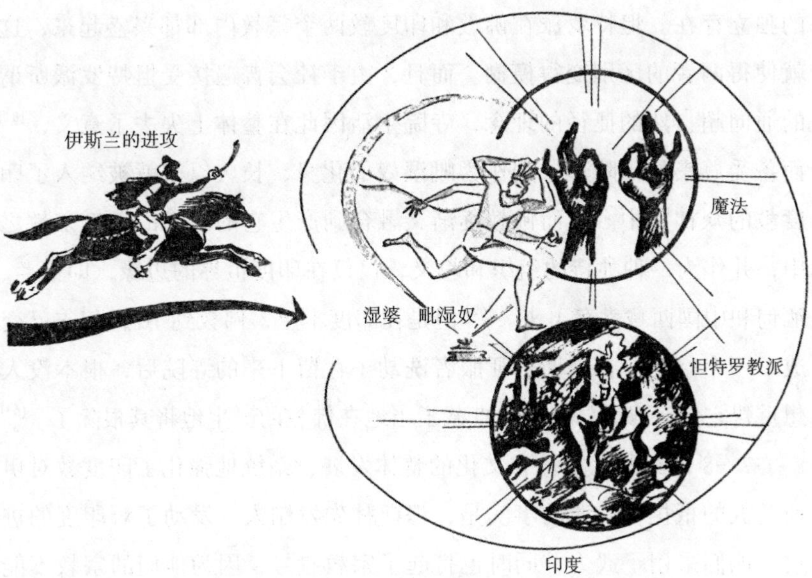

印度和伊斯兰教（至公元 1000 年）

理，从而使它本来已经十分庞杂的内容更加多样化。哲学化的神学同时变得丰富详尽，它的理论领域也在某种程度上得到了巩固。最著名和最有影响的印度教哲学家是商羯罗（Shankara，活动于公元 800 年左右）。商羯罗在《奥义书》中寻求核心的灵感，试图将印度教的多样性归纳为一个知识体系，并把这个体系置于他那个时代多样化的民间信仰之首。商羯罗的哲学基础是不妥协的一元论，认为所有变化和多样性只不过是幻觉而已。民间崇拜被列为幻觉的表现，它们有存在的理由，因为它们可以帮助智力较弱的人提高，以至于后者能够认识到一切表面现象背后存在的绝对之神（Absolute）。尽管有印度教哲学的其他流派与商羯罗所推崇、领衔的学派争辩，但商羯罗所定义的哲学途径从此成为印度教思想的发展主流。[60] 460

毫无疑问，但特罗派和印度教哲学的发展最终破坏了佛教在印度的独立存在。但特罗派在佛教和印度教两个宗教内部都兴盛起来，这就使得两者的区别变得模糊。而且，由于社会普遍接受怛特罗派所谓的通向超自然的捷径的理念，寺院生活因此在整体上失去了意义，[61]而备受尊崇的佛陀形象则作为毗湿奴的化身，长久以来就被纳入了印度教的众神之中。因而佛教逐渐又融合到产生它的广义的印度宗教之中，并作为一种独特的组织和教义，仅仅在印度世界的边缘，即锡兰、缅甸和中国西藏幸存下来。[62]但是在印度本土，佛教到10世纪末已变成了一个空壳。在穆斯林征服者洗劫了存留下来的寺院后，根本没人想重建它们。穆斯林就这样直截了当地在佛教的诞生地将其根除了。[63]

461 7—8世纪印度宗教和文化的整体发展，系统地强化了印度教对伊斯兰教的抵抗。确凿的事实是，穆斯林先发制人，发动了对印度的进攻。他们采用了武力，同时也打起了宗教旗号，因为他们的宗教不能容忍印度人的偶像崇拜。穆斯林的行动造成了一个后果，即他们的不容忍态度通常使印度人对一切外来的东西产生敌意。然而，穆斯林文化却同样吸收了一些伊朗和希腊的文化元素，而这些因素在较早的时代曾经极大地促进了印度的艺术和文学发展。印度教做出了防御性反应，回归本土传统，拒斥其早期文化中那些受到外来影响最明显的方面。这就意味着，在实践中允许许多非常原始和古老的东西成为文字文化的一部分；也意味着，印度教比以往任何时候都更向外部世界表明，它是个几乎没有缝隙的整体。因为无论是最无知的村民，还是最博学的婆罗门，所有人现在都能在广泛的印度教文化中找到适合自己的非常不同的思想观念。[64]

462 伟大的扩张时代使笈多王朝的印度成为那个时期领先的文明社会。之后，印度在总体上转变为内向型社会，顽固保守地遵循9世纪左右形成的印度教综合体系。在富裕和多样的经济支持下，高度的艺术技巧、复杂的知识体系和充满活力的宗教感情，都继续保持繁荣。然而，长久以来的政治虚弱使得南亚次大陆成为外来征服者手边的猎物。在接下来的几个世纪中，它在政治上，先是被穆斯林统治，后又被欧洲统治者控制。这些均进一步确定了这种文化上保守内省的态度，并使信仰印度教的印度成为世界均势中的一个消极被动地区，这种状况几乎一直维持到今天。[65]

来自原始民族内部的影响大大增强了穆斯林从外部给印度文明施加的压力。当一个森林部落的成员开始移居到乡村和城市等更大的社会中时，他们很容易地变成一个种姓。其他文明通常定期同化这类原始社团，而印度教却只是改变但不破坏它们。这就造成了极为多样的不同群体的风俗的长久存在，并且还被松散地结合到种姓制度和印度宗教之中。毫无疑问，正是印度社会的种姓原则容许了返祖的宗教理念长期存在和最终复兴，但将其表现出来的却是怛特罗派。对各地的习俗只做极小改变的原则，也确实便利了将南部印度和喜马拉雅山边境地带并入印度教社会。同样又是印度教的种姓原则，在较早时期推动了印度文化模式大规模地扩张到东南亚。

然而，在与欧亚大陆的其他文明竞争中，印度必然处于不利地位。缺乏坚固的内部凝聚力的印度社会，极大地限制了能源和资源在各个领域里充分发挥作用。因而造成了印度长久的军事和政治弱势。面对外来的挑战，印度人表现出与此种特有的社会结构相对应的心理反应，即消极和退缩的态度。这是所有原始民族在突然与文明社会的混乱时期相碰撞时所表现出的一种特性。

五、中国和远东

侵入中国北部的突厥人和蒙古人借用了中国文明的某些外在方面，但仍然保持了其游牧民族的战争嗜好。因而，在 589 年新的隋王朝重新统一中国后不久，中国就表现出了比以前 6 个世纪中的任何时候都强大得多的军事力量。隋朝按照古代儒家的模式建立起了一个负责税收的官僚机构，它支撑着一个草原作战精神和技术注入其中的军事制度。这个官僚机构的确坚不可摧，它驱动中国军队迅速向西推进。到 8

世纪早期，天子的臣民们和穆罕默德的追随者在乌浒河（奥克苏斯河）以东地区发生了冲突，西进运动才停止。

463 统一了中国的隋朝没能享受这种巨大胜利的丰硕成果，因为隋朝的第二代皇帝即成了末代皇帝。农民不满于政府残酷征用劳力修建公共工程，穷兵黩武进攻高丽的战争的失败（612—614年）更加剧了这种不满情绪。在这种紧张的局势下，新建立的王朝随即垮台，全国许多地方爆发了叛乱。但是，在618年，反叛者的一位领袖实际上获取了最高权力，建立了唐朝。唐朝的第二位皇帝唐太宗（627—649年在位）首次把新建的中国政权势力推进到亚洲内陆。630年，东突厥部落联盟承认了他的宗主权；12年后，里海以东的大多数部落也仿而效之。此后不久，唐太宗巩固了对中亚绿洲的控制。668年，他的继承者终于成功地征服了高丽。

在随后的几十年间发生了一系列宫廷政变和突厥人的叛乱，在西藏还恰巧兴起了一个新的军事政权。这一切都暂时中断了中国实力的增长。但是在715年之后，唐玄宗（712—756年在位）统治下的唐朝政权稳固起来，并通过与突厥人的同盟，在乌浒河以外地区重挫了穆斯林。[66] 在747年到749年间，中国军队在印度边界上作战，宣布了对喀布尔和克什米尔的宗主权。接下来，在751年，穆斯林在塔拉斯河战役[67]中消灭了一支中国远征军，唐朝对中亚的控制崩溃了。同年，唐朝军队对南诏国的战争也遭失败。同时，另一个新的游牧民部落联盟契丹（Kitai）在东北边疆击溃了第三支帝国军队。有这些事件做铺垫，一场大规模军事叛乱——安史之乱在755年爆发了，它使中国陷于长达8年的瘫痪状态。[68]

唐王朝幸存了下来，不过是以突厥（回纥）军队的插手为前提的。[69] 后来的唐朝皇帝继续在政治上依赖维吾尔人的友谊。他们放弃了武力控制中国边界的努力，转而靠贡品和外交的手段，保持游牧民族的安定。这个政策或许部分地反映出，随着早期游牧征服者的后裔越来越完全地适应中国定居文化，中国人的好战倾向衰退了。它也反映出唐朝晚期国内政治的虚弱。因为在 755—763 年安史之乱期间及其之后，中央政府实际上失去了对各省份的有效控制。各式各样的地方军阀乘机夺权，他们相互争斗，统治着各省的领地，只是偶尔尊重一下皇帝的意愿。

名义上，唐朝在 907 年最终灭亡。但实际上，有效的皇帝政权早已不存在了。936—960 年间，中国北方遭到了新一轮的入侵，这重复了汉朝崩溃后的那种混乱状态，只是规模较小而已。再次面临蛮族征 464
服的危险，或许对宋朝在 960 年后统一中国的南部和中部，是个刺激或推动。通过对官僚阶层进行道德革新，早期的宋朝皇帝能够利用忠诚的臣仆，铲除晚唐残留下来的地方军阀。然而，宋朝未能收复北方诸省，它们在明朝（1368—1644 年）之前一直控制在蛮族人手中。

* * *

中国经济影响深远的变化使唐朝早期的皇帝们取得了巨大的军事成功，并维持了辉煌壮丽的唐朝文化。在前几个世纪中，黄河流域（包括它的一些支流）构成了中国社会的核心要地。对于习惯了北方的黄土地的中国农民来说，南方草木茂盛的植被和潮湿的气候是严重的障碍。因此，即使在汉朝帝国的统治扩展到中国南部之后，这个地区的潜在资源依然没有得到开发。但是，在公元 200—600 年间的动乱年代里，那些定期遭受灾难袭击的北方省份的大量难民移居南方。他们完成了清除茂盛丛林的艰辛工作，建造了至关重要的灌溉和排水渠。从他们最初聚居的河边湖畔开始，他们种植的大片稻田延展开来。到 7 世纪初，长江流域不但能维持大量人口，还生产出很多粮食剩余。

在这之前的大约 1000 年当中，在黄河流域就进行着一项同样庞大的土地开垦工程。它把以前分散的肥沃地块合并成一个单一的灌溉网。的确如此，正是这些中国农民持之以恒的艰辛劳作，为秦汉的统治者奠定了农业基础，并提供了他们的帝国存在的经济理由。若要在整个黄河流域保证这种复杂的灌溉工程发挥作用，就必须有一个统一的中央集权政府的管理。与前几个朝代不同，隋唐统治者有两个基地，一个在黄河流域；另一个，也是生产率较高的那个，在长江流域。

有效地利用南方新的剩余产品，要求有一个充分发展的内陆运输系统。因此，隋唐皇帝挖掘了许多大运河，其中最重要的是连接长江和黄河的大运河。这项巨大的工程征用的农民劳工有数百万人，于611年完成。从此，可以把大量的稻米和其他货物用船运送到帝国在北方的首都——长安和洛阳。谷仓在方便的地方建立起来，政府支配了粮食和其他货物的储藏和分配。货物的收集、运输和分配，成为帝国官僚阶层的
465 首要功能。这个巨大的帝国财富流通网在8世纪发挥了极致作用。[70]

然而，在一个普通的丰年，有效的机制给帝国宫廷提供的粮食和其他食品大大超出所需量。因此，到8世纪中叶左右，帝国的官员开始用剩余的粮食交换各种奢侈品，[71]而宫廷对这些东西的消费需求实际上是无限的。这就导致了中国各地区开办或者扩展诸多市场，交易工艺高超的精美手工制品，比如高级绸缎、瓷器和漆器等。各省的官员发现他们手中有剩余的粮食，迫切想用食品交换各地的特色手工品，因为与未加工的农产品相比，手工制品比较容易运输，而且也更受宫廷欢迎。所有这些的发展导致了工匠和商人阶层的规模扩大。以前城市在中国（帝国首都除外）似乎一直不太重要。然而，唐朝的城市却有了充分的发展，这有赖于南方大量的剩余粮食以及适合宫廷和官吏的货物流通体系。

各省城市的发展带动了货币经济的扩展。虽然几个世纪以来中国一直有铸币，但是只有当税收被转换为一种标准的和方便携带的价值尺度之后，它们才得以广泛使用。例如，官方的数字显示，749年，只有3.9%的政府收入采用了现金形式。到1065年，这个数字上升到51.6%，不过当年的政府收入也较从前大有增加。[72]

便利的运输和货币经济当然促进了地区的专业化，这些地区主要根据原材料的分布或特有的手工技术而划分。商人们发现了一个新领域，即作为宫廷和货物生产者之间的中介。他们及时地进行了广泛的

私人贸易，从而补充了官家的商品流通。[73] 晚唐时期中央集权官僚制度的部分瓦解，使私人企业有了更大的发展空间；而同期大军阀在各地建立首府，加速了省级城市的兴起，它们可以与帝国首都相媲美。 466

土地方面的变化相对不明晰，但或许非常重要。在初唐时期，很大比例的农民似乎是独立的土地持有者。特别是在靠北方的省份，有许多在前几个世纪定居下来的蛮族。最初唐朝统治者军队的主干是农民出身的士兵，突厥人士兵作为补充兵源，军队有专业指挥官。但是，初唐时期服兵役的自由农民似乎逐渐丧失了他们的土地，可能是因为土地被没收去抵押债务了。不知是什么原因，在 737 年皇帝把士兵转变为职业军人后，从蛮族中招募了更多的士兵和军官。

然而，这种制度的弱点很快就暴露出来。一位边疆将军率领自己的一支蛮族亲信部队，发动了 755—763 年的大叛乱。从中国边疆招进的、比暴乱者更野蛮的蛮族人，镇压了这场暴乱。这些蛮人挟制了唐朝皇帝，并以此来勒索赎金。到唐朝末年，军事动乱一再发生；加上地主和高利贷者的敲诈勒索，农民苦不堪言。痛苦中的农民掀起了一连串的暴动（最有名的发生在 874—883 年间）。但是，10 世纪早期的政治和军事动荡似乎没有动摇缙绅—地主对中国农民的控制。当宋朝于 960 年在中国中部和南方恢复了某种和平以后，社会上层也没有放松对农民的压制和束缚。[74]

*　*　*

到公元 1000 年，中国社会发展到了其所谓的“现代”形式。后来的进一步发展扩大了这种社会结构的规模，但其主线基本没有任何改变。这种状况一直持续到 20 世纪。这个“现代”形式使得当时的中国文明大大领先于其远西（Far West）的对手，马可·波罗对中国（Cathay）奇观的敬畏就表明了这点。然而，从长远来看，中国制度的缺陷最终使得欧洲在最后冲刺中将远东远远甩在后面。与中世纪欧洲

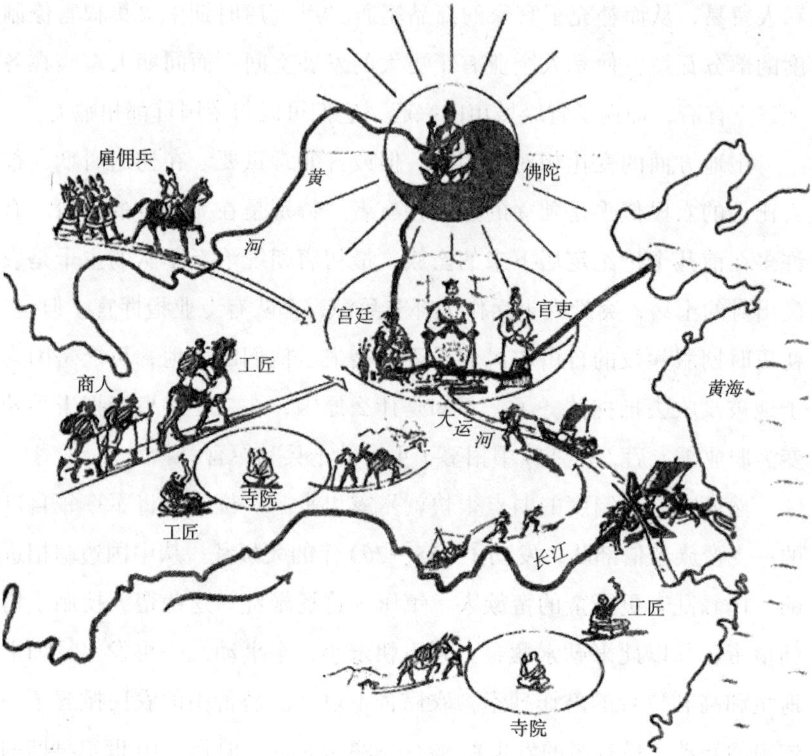

唐代社会结构

的简单对比，会更清楚地暴露出中国“现代”社会秩序的局限性。

首先，到公元1000年，欧洲农业终于开始依靠相对大规模的集中畜力，它们适用于在潮湿而黏结的土地上拉重型铧式犁。如此大规模地集中使用畜力，是相对粗放的耕作方式所必需的；它同时也使每个耕作者能生产出相对大量的粮食剩余。相比之下，在长江流域湿土上的田间耕作，则直接由人力负担。中国农业维持了相对稠密的人口，而且，与欧洲相比，中国的每英亩土地上所收获的作物的卡路里含量高很多。但它也造成了人均生产力的降低，因为中国农夫们几乎不靠
468
畜力农耕，而畜力在欧洲农民劳作中则发挥了重要作用。[75] 因而欧洲

的农业方式意味着普通人生活水平提高的可能性（不一定能实现），因为欧洲农业人口的人均生产量远远超过中国农民。[76]

其次，中国社会农民消费水平相对低下，使得手工业产品的市场局限于官员和地主阶级。政府和宫廷在组织运输系统和创造对特色手工制品的需求方面，发挥了重要作用。这无疑加强了这个倾向，并往往驱使工匠把手工技艺集中运用在奢侈品的生产上，以满足社会上层的需求。与之形成鲜明的对比，欧洲制造业重点生产毛呢、熏鲱鱼，或者铁、钢的工具和武器等，[77] 其目标是更广泛的大众消费市场。

再次，商人在中国不是有体面的职业。孔子把他们和士兵以及其他一些职业列在社会等级的底层，属于有实际用处，但没有社会地位的职业。中国的早期商人中有许多是外国人，比如粟特人（Sogdians）、波斯人、阿拉伯人和回纥（鹘）人等，这个事实反映和确认了上述观念。此外，中国经济的特征往往使商人只能发挥奉承迎合宫廷、官吏和地主品位的作用，因为只有这些群体拥有巨大的购买力。在这种环境下，政府的政策很少考虑商人的利益，且成功的商人更愿意把他们的资本投入土地而不是工业，以便自己融入缙绅阶级之中。所有这些抑制了真正大规模的商业资本的发展，并转移了中国人积极从事海外贸易的注意力。[78]

远东和远西的核心差异在于这样一个事实：尽管大城市和重要的区域专业化，以及熟练工匠阶级的发展，“现代”中国生活的这些特征 469
被古老的农业社会成功地封装起来。中国的商业和手工业阶级从来没有发展出一种意愿和自信心，挑战官僚阶层和地主缙绅的社会地位和价值观。而在欧洲西北部，由 9—10 世纪的海盗队伍演变而来的商人团体，从一开始就发展了一种独立于乡村的土地贵族之外的意识——实际上是敌意。欧洲商人不奉承任何人，他们凭自身的权利，追求强大，不久就成功地达到了目标。确实如此，在 13 世纪的意大利和 16 世纪的北欧重要商业中心，商人们掌握了国家，使其为自己服务。在儒家的中国，这是完全不可想象的。

中国商业阶级的软弱，削弱（或抑制？）了若干重要的技术发明发挥其社会和政治功效的可能性。而在公元1000年之前的那个时期，中国在这些技术发展领域绝对处于世界领先地位。比如，从整体来看，虽然造纸术、陶瓷、印刷术和火药等发明，对中国社会产生了某种影响，[79]但是，是未来的松散和秩序不完善的西欧社会，使这些发明充分发挥出了它们的功用。因为那里没有高高在上的官僚阶级，也没有一成不变的社会等级制度，来阻止技术发明的变革性运用。

* * *

很自然，中国的社会结构深深地影响了唐朝中国文化的特点。皇帝和他的宫廷一直是艺术的主要赞助者。此外，佛教或道教寺院和民间绅士也经常拥有财力和意愿，去赞助或创造宗教、思想和艺术作品。这个时期的大量艺术和文学作品，就是通过上述一种或几种方式保留下来的，它们迎合了知识阶层和享乐阶级的高雅趣味。在公元1000年之前的大量中国文学遗产中，比较通俗的、都市的和中产阶级的文学微乎其微。

初唐皇帝们采取了一种宗教宽容政策。王宫只保护和赞助佛教徒、道教徒和儒家。但是，摩尼教徒、景教教徒（聂斯托里派基督教徒，Nestorian Christians）、瑣罗亚斯德教徒和穆斯林都加入了繁华的帝国首都长安和洛阳的商人社团。这些外国人的出现，无疑在古代中国的思想学派和外来的拯救性宗教之间，造成了一种持续的紧张关系，只
470 是有时它不突显。但是在唐代，道教、儒家和佛教之间的互动是总的趋势，因而它们彼此比以前更相似了。

翻译印度佛教经文的工作一直持续进行到7世纪中叶左右。此后，由于佛教在印度的衰落，中国佛教徒越来越依赖自己的神学理论资源。禅宗（日本的Zen）在8世纪后半期的发展，是中国佛教徒摆脱印度影响的最突出的表现。禅宗佛教徒否认其他学派复杂的玄学思维，主张获救来自顿悟或空无。至少有一些信奉者采用了一种深思熟虑的反论

一尊中国菩萨塑像

此塑像造于公元 550 年至 577 年之间。外来佛教的深刻影响在中国雕塑家的作品中明显表现出来。在头发、衣褶和姿势的处理上，明白无误地表现了印度和中亚的原型。与一个世纪前的同类塑像（见第 338 页）对比一下，就可以看出后来的作品变得多么中国化。不只是面部表情和比例的变化，而且还有对衣褶曲线的特意的处理方式。早期塑像在装饰上的自然主义风格曾经被误解，现在它却成了特意的创作风格，显示出轻薄的衣褶后面不朽的坚实体魄。

表达方式和某种确定的反唯理智论。[80]

当佛教在中国的环境中脱去了它的部分外衣时，道教和儒学都以不同的方式糅合了佛教思想的元素。道教发展了一种道观组织，并编纂了一部宗教法典，以与佛教徒竞争。儒家不需要这种制度上的保障，因为科举制度的恢复已经确保了对官僚阶级的掌控。但是，佛教论证的深奥微妙，及其发现经文的潜在含义的讽喻方法，为致力于使佛教经典为己用的唐代学子们提供了许多知识。因此，在公元 800 年左右开始活跃的新儒学思想的先驱们，从佛教徒那里随意借用了某些教义论点和解读经文的技巧。接着，到宋朝早期，当新儒学运动如火如荼地展开时，大量道教教义通过用原本佛教的方法解释古老的儒家经典的方式，渗透到儒家思想之中。[81]

中国三个主要知识传统之间的这种混合与借用，没有导致三方信奉者之间的和睦相处。相反，新儒学派重新解释儒家经典，以便更好地驳斥佛教徒；道教徒也为了相似的目的，发展了他们的组织机构。改造了的儒学 [82] 和道教更富进攻精神，自然带上了削弱中国佛教地位的色彩，因为佛教在 6 世纪和 7 世纪早期几乎变成了国教。削弱佛教的还有其他因素，在宫廷圈和一些富有的寺院中发展了一种世俗主义；755 年后，蛮族军事力量超过了中国，从而刺激了一种强大的排外情
472 绪。的确如此，佛教从一个穷苦低贱人的宗教转变为一种半官方的信仰，并得到了大量的土地捐赠和官方特权，这个成功的转变使它断绝了其民间基础。[83]

这些改变的结果是，从 843 年到 846 年，中国爆发了一场大规模的宗教迫害运动。其直接导火线是，外来蛮族的进攻使回鹘人国家崩溃。回鹘人的统治集团从 762 年起信奉了摩尼教，并以他们的军事力量保护中国的摩尼教徒；同时还从中国人那里勒索贡赋。因此，当回鹘人政权瓦解时，中国人的反应是，驱逐所有的摩尼教徒。因为这些人几乎全是回鹘人或其他外国血统的商人，他们长期依靠外国人的力量，在中国人头上作威作福。其他外来宗教的教徒，景教徒、琐罗亚

斯德教徒和穆斯林，不久也遭到类似的迫害。在 845 年富有的佛教寺院也被查封，大概多半是出于财政原因，而不单纯是第一轮宗教迫害所表现出的狭隘排外精神。官方的历史记载，44 600 多个宗教机构被摧毁，260 500 位和尚和尼姑还俗成为纳税人，150 000 人则被贬为奴隶。[84] 中国的佛教再也没有从这次打击中恢复过来。曾经由于获得官府的大量财产，佛教失去了其最初对公众的感召力；而当政府将巨额财产收回时，它又丧失了物质财富。佛教突然在中国降到相对无关紧要的地位。保护无知者免遭厄运的一些仪式和祈福，成了佛教徒的主要生财之道——而在这种公共服务方面做得更好的通常是道教徒。中国佛教主要以禅宗的形式存留下来，主要分布在较偏远的省份，特别是在中国之外的日本和朝鲜。[85] 印度思想再也没有迸发出来，佛教从此不再是中国高级文化的一个重要元素。

因此，在 845 年之后，中国没有任何外来宗教能构成对儒学和道教的严重挑战。到宋代（960 年之后），新儒学吸收了如此之多的道教术语，以至于这两个传统中间久远的对立变得模糊了。儒学曾经使用同样一种方法，成功地消化了汉代的法家、墨家和其他竞争的学派。因而，在宋朝后来的日子里，即公元 1000 年以后，新儒学吸收了佛教和道教的某些重要元素，成为无可争议的中国官方知识体系。这是一场缙绅反 473
对商业和军事入侵者的胜利，也是一场中国本土文化传统反对西亚玄奥的拯救性宗教的胜利。中国佛教的外来色彩根深蒂固，对它的拒斥确保了中国文明的连续性和凝聚性，这种连续性和内聚力是任何其他欧亚大陆文明所无法比拟的。然而，新儒学综合体系坚如磐石的特性，将中国文化在以后的发展限定在了比较狭隘的空间之内。相比之下，伊斯兰教和基督教世界比较多样化的知识遗产，就没有如此狭隘的局限。[86]

中国的自然科学，特别是天文学、数学和医学，在唐代似乎没有受到外来因素的明显影响。印度的科学著作那时已广为人知，而且确实有少数几位印度天文学家在中国机构中担任高官；同时，中国天文学家在这个时期做了各式各样的观测，也明显地改进了测量天体运行的仪器。

但是，天文学和预言占卜之间存在着密切的联系，官方天文学家的存在，只不过是为了解释日月食和其他不寻常的现象所表明的天意。这种关系或许足以保证传统的方法不受外来的颠覆性理念的影响。[87]

在公元600—1000年之间，中国的美术与同一时期的知识和宗教发展的经历几乎相似。在初唐时期，佛教雕塑和绘画仍然经常通过模仿印度和中亚的原型作品，来塑造自己。[88]但到8世纪，佛教艺术产生了其特有的中国风格。这个时期的一些雕像，清楚地反映了比较世俗的精神的浮现和宗教热情的衰减。在845年之后，佛教艺术只存在于中国的边疆地区，因为那里宗教迫害不那么严重。[89]

845年查封寺院事件导致佛教艺术创作的突然中止，但佛教艺术在
474 中国的影响并没有因此而结束。相反，新儒学因采用了佛教的某些特有因素，赢得了最后的胜利；中国的世俗艺术同样因为借鉴了正宗佛教的许多东西，才取得了应有的成就，并盛行起来。在后来成为中国文明的最重要的艺术的绘画艺术中，这一点表现得特别显著。[90]最早的中国绘画风格是奇形怪状的半几何形，而佛教绘画寻求以清晰直观的风格，表现人物形象和风景，从而讲述连文盲也能“读”懂的故事。可见两者对比之鲜明。这类技术问题在8世纪基本得到了解决，当时最早的中国绘画大师们已经享有盛名。到9世纪和10世纪，中国画家已学会了用统一的整体法来表现空间。但他们运用的不是线性透视法，那是15世纪欧洲人解决相关问题的方法。中国的风景画展现不断变化的空间视点，表述一种巨大的空间远景感，同时表达一种感情；而且其装饰优美的外观，让人赏心悦目。后来的艺术家们只是在细节上做了某些改变，这种高度复杂、精致和含蓄的风格，从整体上确立了后来中国绘画的显著特色。[91]

在文学和音乐领域，初唐时期广泛的革新，对以汉朝先辈为楷模的古典创作形式做了补充。虽然独特的中国文字和通常的语言障碍确保了纯文学相对不受外来影响，但是宫廷史依然记载了从前几个世纪的草原入侵者那里传来的舞蹈、歌曲和音乐。[92]此外，通俗的和最初

中国宫廷生活的华丽和雅致

上方的小雕像出自隋朝（581— 618 年）。下方是临摹自中国西部一个洞窟的壁画，出自唐代（618— 907 年）晚期，表现了中国宫廷生活的华丽和优雅。稍稍的傲慢之态、精美的衣饰和隐约的性感，这个小雕像揭示了世俗眼光所无法看出的仿佛关在轿子里的东西，这就是描摹宫廷美女的那种高超技巧。这幅壁画记录了一次节日游行队列，主角是地方长官及其妻子。他们的随行人员有杂耍艺人、舞者和骑士，用以炫耀他们的职位。用艺术讲故事，这最初是由佛教徒带进中国的一种表达理念。（表现完整的队列还需要另外的两幅画，在这里没有复制出来。）但是，此画所表现的世俗主题和快乐的现世享乐观表明，唐代的中国人已经彻底地消化了这种外来的影响。

有些不体面的街市歌谣和故事，为诸多革新派诗人提供了创作灵感。李白（701—762年）和杜甫（712—770年）就属于这类最早和最著名的文人诗人。他们和其他一些诗人把其中的一些世俗的诗句发展为一种动人的，但有时有点儿矫饰味道的艺术。

极为矛盾的是，这些诗人们开创的令人尊崇的诗歌传统，到10世纪之后却失去了发展空间。因为那时每位受教育的绅士都必须同时是一位诗人。当时帝国的文官考试制度开始要求考生，必须按照严格的规则和所给定的题目作一首诗。虽然大量优美的诗歌继续被创作出来，但是诗歌创作变得如此规范，不可能自由发展繁荣。几代人冲破旧的传统，发展出的高度个性化的，并通常是自传体的抒情诗体，[93]至此又被儒家学术传统紧紧地束缚起来了。

476 其他文学形式完全保留了下来，但不全是灵感的创作。历史、散文、各种资料汇编和耗费文人学者大量精力的古代典籍的评注，共同构成了庞大的图书文献。不过，经过多个世纪，许多已经散失了。[94]

唐代和早期宋代文化的另一个重要部分是高雅的夜生活。专业的演员、音乐家和舞蹈家为宫廷和缙绅们提供娱乐。他们也为商人和其他不那么尊贵的人群提供较世俗的娱乐服务。宫廷美女的陶俑仍能让人想象出那久已消逝了的高雅夜生活的场景，似乎可以看到歌女们在展示她们迷人的技艺。通俗歌谣和爱情故事通常讲述一位绅士陷入对出身低贱的歌女的爱恋，表现了一种奢华、高雅、优美而又不放荡的形象。

* * *

丰富和高雅的唐代和早期宋代中国文明，构成了中国悠久历史中的所谓黄金时代。但是，由于中国传统的连续性和整体上的保守性，使这个时代没有发展到特别卓越的境地。不容许异教文化渗入的伊斯兰教，又阻止了唐朝文化的扩张，它无法像希腊文化和笈多时代的印度那样对同时代的欧亚大陆文明产生巨大的影响。结果，中国成熟文明只在远东比较狭隘的圈子里产生了强大吸引力。直到 13 世纪蒙古人的征服，才使文明世界的其他地区注意到中国的技术成就。

中国对日本、朝鲜和蛮族边疆地方的影响，当然不是新事物。公元 600—1000 年，中国像以前一样在这些地区继续扩张。南诏（今云南）是加入中国文化领域的一个主要区域，它的一个独立国家成功地抵御了汉人的入侵，但同时却屈服于中国文化的魅力。[95] 就在这几个世纪中，东南亚印度化的国家从它们首先兴起的沿海平原和河畔地区，扩张到了内陆。[96] 例如湄公河下游形成的一个中心，在 9 世纪末成为一个幅员辽阔的国家，它向北推进到了云南边界。这就使印度的卫星文化与一个刚刚在文化上附属于中国的国家有了直接接触。[97] 沿着印度支那海岸向东， 477
跨越缅甸—云南边界向西，曾经发生过类似的接触。这就在东南亚两大文明之间产生了一条或多或少绵延的边疆地带。原始生活当然残留下来，它们孤立地散播在越来越稠密的文明和半文明社会网络的夹缝之间。

沿着中国北部边疆的弧形，文明的扩张却逐渐越过了草原和长期以来限于中国生活方式的灌溉土地之间的界限。在北方与中国接壤的突厥人部落联盟，特别是 745 年到 840 年间的回鹘人国家，已不再只是野蛮人的游牧部落。与突厥世界另一端的可萨人一样，回鹘人吸收利用了文明社会的许多特点，包括读书写字、较高级的宗教和相当稳定的行政官僚机构。也像可萨人一样，他们用河运和商队贸易补充传统的畜牧游牧方式。这类贸易不只存在于横穿草原的东西方向，而且也纵贯南北，连接欧亚大陆北方的森林地带和南方的文明中心。与同时期环境比较优越的东南欧相比，气候凛冽的东部草原地带的文明的确要薄弱得多。但中国和中亚绿洲各民族在满洲和东部西伯利亚的森林和草原地带扩大了文化影响，这是毫无疑问的。

在 7 世纪初的短时间内，吐蕃地区（Tibet）被纳入了统一强大的军事王国。从此，吐蕃就被带进了半文明生存圈。当 8 世纪中叶中国在中亚的政权崩溃时，吐蕃掠夺者与伊朗东部的穆斯林为了争夺绿洲地带的战利品而发生冲突。吐蕃人大胜，他们不久便建立了一个帝国。

它从恒河河口和印度河上游，向北直抵巴尔喀什湖，向东则到达了黄河的河曲地带。到860年，这个帝国的边远地区分崩离析，但吐蕃人国家的核心区却幸存下来。

总体而言，吐蕃人借用了印度的宗教和中国的世俗文化，并使两者带上了他们本地传统色彩。在僧侣的主持下，从632年开始了浩繁的翻译工作。他们把有用的知识从梵文译成吐蕃文。同一年，吐蕃国王派他的一位大臣到印度，唯一目的就是创造或者发现吐蕃语文字。836—842年间爆发了一场“本土人的反响”，它威胁要从吐蕃根除佛教。但是到9世纪中叶，佛教与本地的民族宗教苯教（Bon Religion）的一个稳定综合体产生了。这就是通常所谓的藏传佛教（Lamaism）。[98]因为在文化上介于印度和中国之间，在地理上安全地处于高耸的山脉之后，所以吐蕃轻松地保持了政治独立。

478 在东北方，中国的影响没有来自印度或伊朗文化传统的竞争，因此虽然多样的本土元素，特别是语言因素一直存在，与中国其他边疆地带相比，朝鲜和日本的文明最终还是带上了比较纯粹的中国特征。

朝鲜在汉朝之前就已经进入中国文化圈的边缘，并长期充当着中国与日本之间的媒介。来自北方的移民浪潮，导致了朝鲜北部一个强大好战的国家的建立。这与曾经发生在公元3—6世纪的诸蛮族向华北的移民非常相似。朝鲜人成功地抵抗了隋朝皇帝的侵略，但内部冲突却使他们在668年承认了中国的宗主国地位。但是，在大多数情况下，唐朝皇帝们只满足于某种名义上的权威。

朝鲜和中国语言的差异是一种独立的朝鲜文化特质得以保存的主要原因。像我们熟悉的数字符号一样，虽然中国的汉字，是一种表意文字，能够在任何一种语言形式下被读出。但是，在7世纪，朝鲜学者感觉到了发明补充符号的意义。这些符号特别代表朝鲜语的词尾变化和连接词。[99]它们先是被用来标注中文课文，到后来就发展为一种独立的朝鲜文字。这就确保了朝鲜有一种不同的文字传统。

在中国唐朝瓦解的同时，朝鲜一再发生政治动乱。但是，到935

年，一个新的朝鲜王国统一了整个半岛。当中国在宋朝（960 年）再度作为一个强大的国家出现时，两个国家恢复了它们的政治—文化关系。不过这时的朝鲜显然不像唐朝时期那样依附于中国了。同时，宋朝需要与其北方邻邦契丹国修好，而契丹国又与朝鲜接壤，这就使宋朝不能公然行使对朝鲜的政治主权。此外，朝鲜新王朝宣称信奉佛教，用以加强地方文化的自主性，保护朝鲜不受宋代中国的正统新儒学的影响。摩尼教以前曾以同样的方式，保护回鹘人不受强大的中国文化霸权的冲击。[100] 前后两个案极其相似。

与朝鲜的接触似乎给了日本走向文明的最初推动力。重要的标志之一是，552 年，日本接受了佛教。但是，直到 587 年，新宗教也没有在日本获得稳固的地位。从这时起，在日本同时进行着巩固中央政权和迫切引进中国文化的工作。中国和日本宫廷之间在 607 年首次开始了直接往来。此后，日本频繁地往中国派遣特使团。随同特使团前来 479 的有艺术家、工匠、书记员、翻译和高级外交官，他们把各自认为对日本有用的中国文化的某些方面系统地带回国内。

结果，在 646—794 年的奈良时期，[101] 日本发展了一种有些早熟的宫廷文化。在这里，中国风格的诗歌和绘画几乎像在中国国内那样盛行。政府机构、宫廷官职和帝国的礼仪都严格地以唐朝为样板。然而，到 10 世纪，此文化的特定的日本风格版本成形了。从中国汉字简化而来的音节符号，首次使日本语言中有了拼音字母；[102] 那些更粗暴强大的边地贵族（大名）开始令日本天皇宫廷屈就，而这些人几乎没受过中国化了的首都文化的熏陶。日本文化从中国模式中解放出来的最突出的标志是小说《源氏物语》。[103] 这部小说由 11 世纪早期服侍天皇宫廷的贵妇紫氏部撰写。它用日语写成，偶尔夹杂些中文词汇。《源氏物语》描绘了宫廷圈的高雅情趣，讲述了一个生动的爱情故事，是世界文学的一部杰作。但是天皇政权不久就衰落了，紫氏部夫人再也没有发现宫廷中有任何杰出的继承人，而且宫廷很快就沦为了一个镀金的牢笼。[104]

* * *

中国文化在唐代和宋代早期的扩张，以及印度文明和穆斯林文明[105]在同一时期的扩张，几乎填补了之前将亚洲各主要文明分隔开来的所有缝隙。边疆地带充满了不同国家和民族，他们在文化上与亚洲大陆的几个主要文明处于半独立的关系。这些民族包括回鹘人、可萨人、吐蕃人、朝鲜人，还有其他一些。他们发展的特点是，首先借鉴和利用文字、宗教和政治—军事组织；然后，如果哪个比较强大的邻邦把他们同化到其
480 政治统治中去，他们就利用所学到的知识，予以抗拒。[106]在较早的时候，蛮族邻邦通常是在文化上被同化。而到这时，欧亚大陆多种文明间的交叉影响已相当强大，为野蛮民族提供了不同文明方式的选择。有了更多选择的可能性，蛮族越来越抗拒被完全同化于任何一种现存的文明中去。这就形成了欧亚大陆一种全新的文化面貌。它与公元前两千纪的美索不达米亚和埃及周边的半附属文化所造成的情势相似，不过规模更大。

六、外缘地带

欧亚生存圈在7—8世纪之间的扩张，把从大西洋到太平洋，从印度洋到北方森林地带这片辽阔而近乎连续的地域，带进了旧世界文明的范围之内。到公元1000年，只有欧亚大陆最北面一些稀落分散的猎人和驯鹿牧民，几乎还没有受到农业和商业扩张的影响。而这种扩张已使欧亚大草原和大部分森林地带与一种或多种文明生活方式有了接触。

同样在这几个世纪里，商人们实际上冲破了通过撒哈拉沙漠到南方的障碍。在罗马帝国时代引入北非的骆驼，被越来越多地使用，使得商队贸易扩展到比从前更广大的范围。吸引商队头领冒险穿越沙漠的主要是黄金，其次是奴隶。穿越撒哈拉的贸易量的激增继而促进了比较复杂的黑人社会的进一步完善。酋长们及其代理人企图垄断黄金

和奴隶的供应，并在这个过程中更加系统地以更大的规模发展这两种商品的生产。加纳（Ghana）是依照这种思路组织起来的最早的国家。在 8 世纪，它似乎由一个新王朝控制了。这件事可能表明政权由柏柏尔人转入黑人统治者之手。与此同时，在相邻的西非地区，当地的乡村社团开始支持另外一个敌对的政治—商业政权。这些国家为矿业、军事和专业工匠们提供了更广大的用武之地。所以，开创了一种不明晰的原始文明，并扩展到加纳曾控制的领域以外更广阔的地方。[107]

在东非，早期穆斯林时代的文明民族商业活动也在地理范围上大有扩张。到公元 8 世纪，阿拉伯人的航运取代了之前的非洲沿海贸易。往南直到苏法拉（Sofala），一系列殖民地迅速带上了穆斯林的风貌。在这些沿海的商站，阿拉伯商人与当地酋长合作，把黄金、奴隶和象 481
牙从内地运到印度洋各口岸。然而，除了津巴布韦这个尚未确定的案例外，[108] 这种贸易显然未导致国家的建立，亦未使东非高原的传统社会组织产生任何重大改变。[109]

直到公元 1000 年以后，非洲的中部雨林和半干旱的南部仍然几乎没有受到文明人进步的影响。确实，一直从事原始的刀耕火种农业的讲班图语的部落，继续在刚果盆地的森林中扩展他们的居住点。但是，在更远的南部和东部，原始猎人们过着其祖先们几千年来的那种游荡生活。在旧世界另一个巨大的避难区——大洋洲，同样的保守生活方式仍占主导地位。

在这几个世纪里，广阔的太平洋成为人类全部历史中最显著的一次人类散居活动场所。遥远的珊瑚岛和孤立的火山顶峰，成为人类的居住点。有时在它们和最近的陆地之间隔着数百英里的毫无人迹的大海。在有些情况下，即使最遥远的岛屿也维持了十分复杂的社会。偶然的漂流航行将这种社会从一群岛屿传播到另一群岛屿。因为，如果风暴或其他意外使一条船的船员不能在预定地点登陆，风浪可能把他们的船只不经意地带到预期目的地之外几百甚至几千英里的地方。许多船的船员可能是清一色的男性，因此不能建立任何永久的新殖民点。但当船上有女性时，新的岛屿社会就能够，而且也确实兴起。这类似于蒲公英种子随风飘散的过程。这类人口扩散在公元600年以前的很长一段时间内就已经开始了，正是它们造成了密克罗尼西亚（Micronesia）和美拉尼西亚（Melanesia）殖民地的令人费解的多样性。但是，波利尼西亚（Polynesia）最为奇特和范围广泛的海上移民运动，却似乎主要发生在公元600年到1000年之间。[110]

波利尼西亚人可能从未计划过行程超过二三百英里的航行，因为他们的航行方法太原始，几乎不可能在较远距离的航行后成功登陆。但是，他们却做过这种长距离的远航。当一条船迷失航向时，航行就
482 会变得更长。在与美洲人和亚洲大陆人的偶尔接触中，这种事情肯定偶有发生过。波利尼西亚人横跨整个太平洋，建立了一个薄弱但却具有连续性的文化。这种偶然的航行情况极少产生重要的后果。只有一种情况能够使这类航行留下痕迹：一船船员到达一个肥沃而无人居住的岛屿，或突然被遗弃到一个岸边，那里的居民愿意并能够从新来者的文化价值中汲取一些东西。迄今为止，最通常的文化交流发生在这样的情况下：一个从遥远地方来的独木舟，把一种新的动植物品种，作为船员的食物供应，带到所到之处。太平洋诸岛中栽培植物和驯养动物分布的不规则和复杂性，合情合理地证实了太平洋沿岸和岛屿之间零星接触的范围和多样性。然后，当欧洲人到来时，又引进了其他新的植物和动物种类，使当地的生态进一步复杂化。[111]

在新世界，所谓的美洲印第安人文明的“古典”时期，在公元600年后继续繁荣了几个世纪。在危地马拉和相邻的墨西哥地区，古典玛雅人的崇拜中心数量增加，并变得复杂了。后来约在9世纪中叶，玛雅的神庙开始一个个地被遗弃，巨大的庭院、道路和阶梯金字塔又被滋生的丛林覆盖。但没有理由假定玛雅民族放弃了这个地区。可能是来自北方的入侵使神灵们失去了其威望，因为它们根本没有能力保护它们的人民免遭敌人的伤害。也可能是，侵略者们[112]俘虏和杀害了宗教礼仪专家阶层，因此，即使普通人仍虔诚地保留他们古老复杂的信仰，但他们的

崇拜仪式也无法延续了。然而，由于在废弃的地点没有留下任何暴力的迹象，因此，更有可能的是，祭司专家们没能阻止一种比较简单和通俗的宗教的传播，而这种宗教仅通过个人的仪式，就能保证农夫们五谷丰登，根本不需要祭司们做各种繁缛的仪式。在 16 世纪，欧洲入侵者在玛雅民族中发现的正是这种私人的信仰。它一旦引入，就明显地使早期复杂花哨的神庙中心永远失去了其存在的必要性。

在更北方，事情的发展过程就不那么清楚了。墨西哥高原和沿海一些地区，经历了纪念碑崇拜中心的兴起和衰落。这些中心大约与玛 483
雅神庙群同时存在。几乎可以确定，来自北方的更为好战和野蛮部落的入侵，摧毁了墨西哥的神庙。无论如何，在后来的场所中看到的是纪念碑性建筑群中央矗立的宫殿，它们完全可与神庙比美。存留下来的雕塑表明，一种极为嗜杀的崇拜取代了以天体学和植被繁衍为重要特点的早期宗教。到 10 世纪末，这种墨西哥文明风格的一个分支渗入到玛雅地区，在尤卡坦（Yucatan）的奇琴伊察（Chichen-Itzá）建立了一个重要的宗教和政治中心。奇琴伊察的纪念碑体现了较早的玛雅艺术色调与新流行的墨西哥艺术风格的混合，但在石刻的精确性与天文和历法知识的精准度方面，远不及古典玛雅文化。

关于秘鲁的编年记录完全不确切。在公元 500 年到 1000 年间的某个时期，[113] 一种与安第斯山脉中一个巨大的宗教崇拜中心蒂亚瓦纳科（Tiahuanaco）相关的艺术风格，扩散到大部分秘鲁地区。这表明了政治征服和一个大帝国建立，还是某种宗教运动推翻了古老的信仰，迄今尚无法确定。人们似乎越来越好战，但最佳艺术创作水平却较以前退步了。[114]

正如旧世界一样，秘鲁和墨西哥社会的文化成就影响了文明核心地区范围内的比较落后的民族。这个文化扩散的详情还不清楚，但或多或少长期定居一地的农业村落，确确实实遍布于南北美洲的广大地区。到公元 1000 年，某种带有墨西哥风格的崇拜中心不起眼地出现在远至今日美国东南部的遥远地方。

《元世祖出猎图》，蒙古的征服促成了整个亚洲更密切的交往

第 10 章

草原征服者与欧洲的远西部

（公元 1000—1500 年）

一、引言

公元 1000 年以后的大约 500 年中，两个重大事件决定性地影响了人类生存圈的平衡。一件是，欧亚大草原的突厥人、蒙古人和通古斯人（Tungusic）的崛起和扩张，它在 13 世纪以成吉思汗及其后继者的诸次征服而达到巅峰；另一件则是，一种生机盎然的文明在西欧兴起。 484

其中草原民族的迁徙运动显然更为令人瞩目。这些蛮族的渗透或洪水般的征服影响了几乎整个文明世界。唯有欧亚人类生存圈的边缘区域——日本、东南亚的部分地区、印度的南端和欧洲的远西部分——免遭那些直接或间接地来自欧亚草原的武士们的政治统治。从地理范围来看，只有公元前 18 世纪至前 15 世纪的那些以青铜刀剑武装起来的战车勇士们，方可与这次大劫难相比。[1] 因此，在草原历史上，印欧蛮族率其先，阿尔泰蛮族于其高潮之末。两者都享有征服者之天之骄子的地位，他们的胜利震撼了整个欧亚大陆。

从中国直至东欧，从西伯利亚边缘到爪哇、缅甸和旁遮普，蒙古人的入侵，较以往任何时候都更为密切地交融汇合了旧世界各个主要文明的元素。远在突厥人征服的前期，突厥武士就已经渗透到伊斯兰 485

世界的腹地，并长驱直入基督教世界和印度地区，他们推动了欧亚大陆西部的这三个文明之间的互动。在蒙古人将中国因素添入这个混合体之时，旧世界诸高度发达的文明之相互彰益便达到了其地理上的极限。

然而，遍及这个人类生存圈的文化交往借鉴并非突厥人和蒙古人征服的最重要的结果。如此的融入对古老、博大和精深的伊斯兰、印度和中国的文明结构，只是偶尔的提高而已。在欧洲远西部的拉丁基督教世界，尚未建立起固定而神圣化的生活方式。因此，那里的人们具有足够的心理适应能力，能将来自遥远的中国的技术与取自其近邻拜占庭和伊斯兰世界的比较广泛的借鉴熔于一炉，并使此混合体成为他们的文明扩张的重要核心基础。这正是欧洲的幸运之处。西欧人能够接受并欢迎来自外部的新鲜事物，而比较古老和稳定的亚洲（以及东南欧）文明，却不能如此。然而，这些较古老的文明对蛮族征服的反应也不尽相同。简言之，伊斯兰教教化了中东的新主人们；中国和俄罗斯先是容忍，然后驱除了他们的外来统治者，最后怀着一种“本土反应”（native reaction）的防护心态，把自己封闭起来；而印度和拜占庭基督教世界，由于无力驱逐伊斯兰化了的突厥人，而不得不顺应了他们的统治。

因此，历史上并非罕见的那种颠倒效应，在这里又一次发挥了作用。游牧民族的入侵和征服使伊斯兰文明受到了最大的伤害，但草原入侵者所造成的旧关系的巨大变动，却同时使伊斯兰文明受益最多。诚然，为了在新的突厥（或蒙古）统治者和中东较古老的文明民族之间，建立一种在某种程度上令人满意的妥协，伊斯兰文明就需要进行一种广泛而深远的内在变革。然而，在此变革完成之后，伊斯兰化的草原民族的勇猛锐气，连同伊斯兰泛神论苏菲主义运动（Sufi Movement）产生的新的传教活力，却导致了令人震惊的扩张。它使伊斯兰教越出了其传统的边界，进入到小亚细亚、东欧、撒哈拉以南非洲、印度的大部分、东南亚、中亚，乃至中国的某些地方。

我们过于习惯于从欧洲优越论来看待历史，以至于经常忽视伊斯兰扩张所具有的强大力量和辽阔地域。而正是这一扩张预示了日后的西欧扩张，并在某种程度上与其重合。但是，15 世纪的任何一位广见博识的明智观察家都会得出这样的结论：在随后的数个世纪中支配世界的必然是伊斯兰教，而不是地处偏远并仍处于相对落后的社会状态中的欧洲远西部。15 世纪中叶的拉丁基督教世界，还仅仅局限在地球 486
上相对狭小的一隅之地，它的扩张力量还仅仅时断时续地表现，它的艺术和文化也才刚开始达到可与早已闻名的精美神妙的亚洲诸文明相比的水平。然而，我们假想的观察家大错特错了。不是伊斯兰世界，而是西欧倾覆了欧亚生存圈的四重平衡，并将美洲、南部非洲和大洋洲带进了旧世界文明圈。

拥有后见之明的历史学家可能希望探寻西欧文明中这个创造了奇迹般的历史进程的那些独特之处。中世纪的欧洲无疑值得特别注意，因为它是全世界的现代文明得以兴起的直接摇篮，尽管在此时，它的潜力还没有明显表现出来。在原来的半蛮族领土上发展起来的文明，却在大多数方面可与世界任何文明相比，这本身就足以构成一种改变人类生存圈之平衡的力量。如此，在草原民族的迁徙运动之后，西欧的兴起应当被列为在公元 1000 年到 1500 年之间打破欧亚文化平衡的又一主要动因。

二、来自草原的渗透和征服

至公元 1000 年，草原上巨大的气候变化已持续了 13 或 14 个世纪，它不时零散地驱使一个又一个部落，到环境较佳的西部寻找比较好的牧场。先是印欧人，继之是突厥人，最后是蒙古人的向西迁徙，结果形成了一个横贯亚洲的语言流动趋势。然而，在十几个世纪的语言变化的同时，骑马的游牧民族的经济、政治和军事结构模式却几乎丝毫未变。

不过，在公元1000年前的数个世纪中，文明生活方式的相关知识以一种新强度，已经渗透到草原部落民之中。由于谷类、纺织品、金属制品和小件饰物弥补了放牧和狩猎生活中物品不足的缺陷，它们颇受草原民族的欢迎。因此，游牧群落总是极其渴望同农业和城市居民
487 的更密切的联系。这样，随着更为频繁的贸易交往和文明民族军队中的雇佣服役[2]，草原居民越来越意识到南方诸文明的富有，并更加了解他们的种种奇迹。中国、中东和拜占庭越发强烈地吸引着强大的马背上的草原民族。

在中东，游牧群落往定居民族地区的渗透最轻松。那里东伊朗的农耕土地与干燥的草原几乎连为一体，难以分开。游牧民族可以在定居社会的边缘继续保持他们业已习惯的生活方式，在收获之后的茬地上放牧，并通过与农耕和城市居民的贸易或纳贡关系，获得奢侈品，用以享受。同时，城市或早期的城市中心也围绕着贸易站兴起，它们成了游牧民用皮毛、动物和奴隶交换文明社会的商品的场所，并由此而深入到草原。因此，草原和农耕地区的界线日趋模糊不清。随着时间的推移，诸突厥语部落广泛地渗入伊朗居民中，将突厥民族的边疆推进到咸海和里海以南。这些突厥人接受了伊斯兰信仰和穆斯林的某些生活方式，但并未在伊斯兰世界中完全失去自我。他们以勇猛善战而自豪，并因此而感到优越。这种优越感使他们免于被完全同化。他们保持了自己的语言，以及整体上的尚武好战的草原气质。[3]

另外还有两个偶然的因素，促进了突厥人作为一个独特但又没有明显外来色彩的民族，融入伊斯兰世界，并使其在中东的军事和政治胜利起到了决定性作用。其一是这样一个事实，在突厥人首次作为伊斯兰政治实体的一个强大成分出现时，正值什叶派的统治臻于巅峰之日。所以，突厥领袖们倾向于支持伊斯兰教的逊尼派，以此来维护他们的精神独立性，并对抗离他们最近的文明民族政权。但是，逊尼派教义一直是早期哈里发国家盛期的正统教义，并为大多数穆斯林所接

受。因此，许多穆斯林在顺从突厥人统治的同时，认为他们是在推翻 488
邪恶的异端，并希望觅回昔日的荣耀。[4]

其二是伊斯兰教的“圣战”理念。“圣战”者是抗击异端的英雄，他们是为信仰而战的特殊战士，他们的战斗勇气是一种神圣感。伊斯兰世界的边疆战争因而为粗暴刚健的突厥人提供了适合发挥其尚武传统的场所，并且赋予他们一个荣耀的地位。而且，如果说突厥人比较崇尚劫掠和英雄般的自我吹嘘精神，他们则并不非常注重虔诚敬神和为真主效力，他们从未诚心诚意地希望建立一个尊奉神意的社会。哈里发奥马尔的最优秀的战士也不过如此而已。总的来说，突厥人和最初的阿拉伯征服者有着非常相似的游牧生活背景。这就相当容易地为勇武而野蛮的武士们，在伊斯兰世界内找到了一个荣耀的用武之地。文明化了的穆斯林转而利用突厥人的军事冒险精神，去对抗他们的基督教和印度教邻邦。[5]

因此，这些地理的、宗教的和文化的因素作用的最终结果是，突厥社会大规模地融于伊斯兰文明之中。从 11 世纪起，突厥人便一直是大多数穆斯林统治者和士兵的供应源。他们成为伊斯兰世界向基督教世界和印度斯坦扩张的利刃。[6]

10 世纪之后发生在伊斯兰世界的那种蛮族的渐进渗透和随之而来的夺权之事，在中国是完全不可能的。儒教和佛教传统均不会赋予行伍之人一种非常崇高的地位。此外，虽然早在成吉思汗（卒于 1227 年）之时，蒙古人就垂青藏传佛教，[7] 并在 16 世纪坚定地信奉了这个宗教，但是，它对意欲恢复古代正统观念和昔日荣耀的任何中国人群体都不具吸引力。更为关键的一点是，戈壁沙漠构筑了外蒙古与中国的农耕地区之间的壁障。它将蒙古人和汉族人之间相互的渗透局限于内蒙古地区。在总是有比较多的草原居民的外蒙古，严酷的气候决定了一种以狩猎为补充的、几乎纯粹的游牧生活。这里的居民们即使完全了解
中国文明的诱人之处，也必然不可能与之相容。[8] 历代王朝在其政权 489
范围内，一般都避免亲近这些外部的蛮族。游牧部落只有作为顺服而

疏远的依附者，才能适应中国社会的官僚政治模式；任何一个拒不接受此种从属地位的集团，就只有凭借武力才能进入中国人的世界。[9]

中国边疆的相对不可渗透，使游牧民族入侵中国非常不同于突厥人对波斯的渗透。一个游牧联盟在能够发展出足以击破中国的防御力量之前，必须首先取得相当高程度的内部组织纪律。一旦这样的部落联盟成功地占领中国，游牧首领们就必须尽一切努力去维持他们所用过的征服手段。这样的政权依赖部落联盟的军事力量。如果征服者们过分热心于中国方式的同化，那么无疑将摧毁游牧民族统治的基础。因此，外来征服者坚定明确地致力于游牧生活方式和汉族方式的隔绝，即使两者已经有了地理上的相互融会。因此，汉族人努力把游牧民族囿于原来的地位的做法，与那些成功地征服了汉族人的游牧民族的做法异曲同工。[10]

这种抵制中国文化的企图，违背起码的人类天性。但是，它似乎曾经至关重要，因为征服者自己的“本土主义”政策，意味着要保留屈从汉族人的行政机构，以便统治和剥削汉族人口。反过来，这又意味着强化近乎“纯粹”的汉族人政府和社会的权力工具，是随时可以利用的。舒适的生活和物质财产必将导致征服者的尚武勇猛精神和政治聚合力的衰退；而且当此种衰微达到相当程度时，汉族人就比较容易领导和组织当地那些不愿做外来统治者的臣民的汉人起来反抗。结束蒙古人在中国的统治的明朝（1368—1644 年）就是这样兴起的，明朝人在驱逐他们痛恨的征服者的过程中，几乎有条不紊地成功铲除了蒙古人在中国社会百年统治的全部痕迹。

突厥人统治在中东产生了更加持久和重要的影响。在这里建立政权之前，突厥人已经在伊斯兰世界的边缘地带居住了许多年，并已经
490 变成了穆斯林。因此，突厥人对汉人比对中东居民而言，更属于外来者；而且，突厥人也不可能轻易地被驱逐。在伊斯兰世界，没有任何现成的突厥政治体制可与中国的官僚制度相比。[11] 统治者中任何一个集团的军事力量的衰微，都会为新的突厥政权开辟道路。

*　*　*

要充分了解这些事件的变化过程，可将游牧民族的扩张分为三个阶段：（1）突厥人崛起，取得了伊斯兰世界的政治控制权，并在印度斯坦和基督教世界有所突破（1000—1200 年）；（2）成吉思汗发动的蒙古人征服（1206—1227 年）几乎横扫欧亚大陆，暂时遏制了伊斯兰教的扩张；（3）突厥人恢复对中东的控制，伊斯兰再次扩张，进入印度和欧洲（1300—1500 年）。

（1）11 和 12 世纪在穆斯林地域内兴起的各种突厥国家大都昙花一现。其中塞尔柱（Seljuk）苏丹国是最稳定的政权之一。它的内部稳定维持了近半个世纪，然后分裂成 10 余个征战不休的派别。比这更成功的是，萨拉丁（Saladin, 1169—1193 年）对埃及、叙利亚和伊拉克的联合统治，它得益于穆斯林对法兰克人在第一次十字军东征（1097—1099 年）中获胜的反应。第三次十字军东征（1189—1192 年）的失败，证明了萨拉丁的实力。萨拉丁王朝的最后一位统治者卒于 1250 年。之后，以马穆鲁克（Mamelukes）[12] 闻名的埃及突厥奴隶士兵，建立了一个著名的寡头政权，它成功地统治着萨拉丁帝国的大部分，一直到 1517 年。

1071 年的曼西克特之战（Manzikert），是突厥人进击基督教世界的重要里程碑。在这次战役中，塞尔柱突厥人决定性地击败了拜占庭人，从而巩固了他们对中央安纳托利亚高原的控制。[13] 在伊斯兰世界的另一端，自称是突厥奴隶之子的伽色尼的马穆德（Mahmud of Ghazni），从当今阿富汗的某个基地出发，在旁遮普和恒河上游流域到处侵袭（998—1030 年）。马穆德的胜利为穆斯林占领整个北部印度铺平了道路。但是，喜马拉雅山脉以南的各种各样的暴发户和冒险家未
能建立起某种稳定的局势。直到 1206 年，第一位突厥奴隶国王才登上 491
了德里的王座，开始统治。这个王朝类似于后来由马穆鲁克在黎凡特所建立的政府。[14]

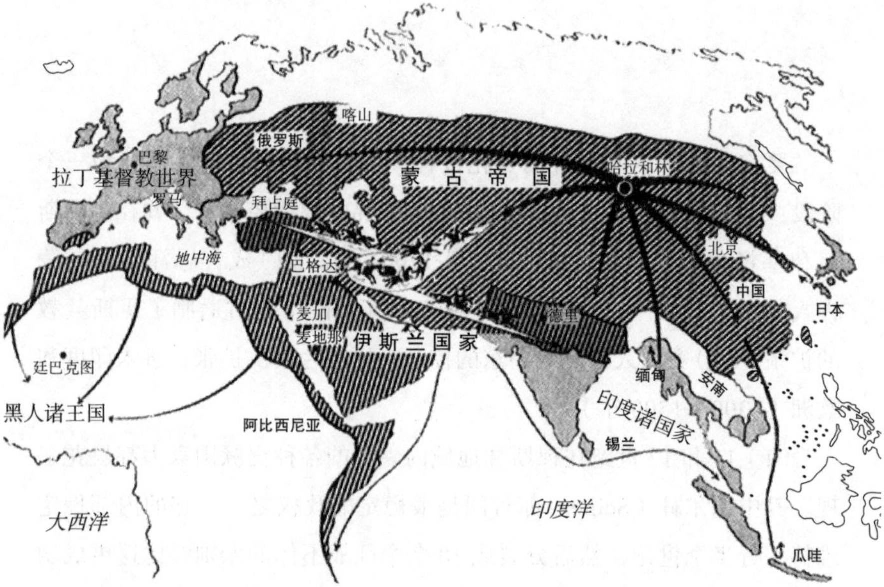

蒙古扩张（至公元1300年）

（2）以外蒙古的高地草原为中心的军事大动荡，于13世纪席卷了大部分欧亚大陆，形成了游牧民族扩张的第二次浪潮。这一扩张与较早时突厥人对中东的渗透迥然不同。这些蒙古人像一群凶猛的野蛮武士，蜂拥而来。他们对待被攻击的人类，就像对待他们每年一度的大围猎中的猎物一样，或驯养起来，或屠宰杀光。

蒙古人的伟大首领成吉思汗（1206—1227年在位）的生平经历，在游牧民族战争实力的历史上，是极具戏剧性的例子。青年时的成吉思汗曾是一个亡命徒，甚至一度被其敌人俘获囚禁。凭借个人的刚勇之气、足智多谋和运气，成吉思汗缔造了一个大部落联盟，并以严明纪律对归属于他的战士们进行管束。[15]早期的胜利使他能够把昔日的
492 敌人转变为自己的力量。只要成吉思汗能持续不断地取胜，那些渴望战利品的草原战士就没有理由抗拒他的严格纪律。成吉思汗的军队迅速不断地向最靠近草原的中国、中东和欧洲部分发起规模庞大的攻击。

高超谋略、灵活机动和今日所谓的团队协作是蒙古人的优势，使他们凌驾于所遇到的一切敌人之上。因而，在 1227 年，成吉思汗驾崩时，他的军队仍然立于不败之地。从伏尔加河至黑龙江的整个草原地区被整合为一个庞大的军事联盟。[16]

在成吉思汗的后继者们统治之时，掠取式袭击逐渐让位于对所征服土地的比较常规的利用。不过，征服仍在继续。1241 年、1258 年和 1279 年，东欧、波斯和整个中国都先后沦为蒙古人附属地。此后，蒙古人的军事锐气衰退了。1260 年，埃及马穆鲁克在巴勒斯坦沙漠上击败了一支由蒙古人率领的军队，并进一步把蒙古人逐出了叙利亚。1281 年，入侵日本的失败，阻止了蒙古势力向东扩张。1285—1303 年，尽管丧失了对旁遮普的部分控制，但德里的苏丹们却击退了蒙古人对印度的一系列袭击。至迟于 1292 年，一支远征爪哇的蒙古军取得了暂时的胜利。1297 年，又有一支蒙古军横扫缅甸。但是，在这些遥远地区，蒙古人的势力没有持久，也没有产生深远的影响。

（3）成吉思汗较长的三个儿子面临着统治从其父亲的帝国中划分出来的庞大封地的任务。但是，他们没有蒙古军队的支持，因为这些军队 493
的兵权掌握在他们的弟弟手中。[17] 结果，在蒙古帝国的整个西部，突厥人又迅速地东山再起。草原上的突厥人从一开始就被网罗到蒙古军事体制之中，他们在人数上占据优势。因此，蒙古语言在蒙古西部各处的统治集团中迅速衰微。伴随这个语言的转变，是一种更为广泛的文化移入过程，因为一旦蒙古人最初的狂风暴雨式的劫掠结束，伊斯兰社会与游牧民族上层社会之间原有的同化过程又重新开始运行。早在 1257 年，伏尔加河畔的金帐汗国可汗就开始支持伊斯兰教，并与埃及马穆鲁克结盟，反对波斯的蒙古人可汗。[18]1295 年，波斯诸可汗信奉了伊斯兰信仰。在随后的一个世纪中，伊斯兰教成为塔里木盆地古老绿洲上占主导地位的宗教，并渗透到草原的中央腹地。在此种情形下，不论是推翻波斯的蒙古王朝（1349 年），还是把各种各样的突厥人和蒙古—突厥人继任者推上短命的政权，所有这些骚乱纷争，都没有什么差异可言。以伊斯兰教中心地区无休止的动荡为代价，再度开始了维持穆斯林向基督教的欧洲和印度教的印度进行扩张的混乱政治过程。

遍布整个中央草原、中东和北部印度，随着这个或那个军事首领的成败，令人眼花缭乱地迅速兴起和衰亡。这些首领中最杰出的是跛子帖木儿（Tamerlane, 1360—1404年），一位突厥穆斯林，自称是成吉思汗的后嗣和继承者。他效仿蒙古人的酷烈残忍，并执意将其作为一种政策。唯有埃及和叙利亚的马穆鲁克帝国（1382年以后，它们不再从突厥奴隶中招募统治者，改从塞加西亚征召）及奥斯曼土耳其帝国（1284—1921年）保持了内部的稳定团结。

发生在伊斯兰世界腹地的无休止的政治动乱，无疑损害到其文化和经济生活。但是，它们却未阻止伊斯兰教的扩张。恰恰相反，穆斯林世界腹地频繁不断的战争，产生了源源不断的熟练战士。作为穆斯林武士，他们刚刚在伊拉克和中亚受到沉重打击。因此，他们祈盼在进攻印度斯坦和基督教世界的战争中撞大运。这样，在伊斯兰世界核心所发生的政治动乱起到了扬谷机的作用，它从草原上吸来好战的群体和个人，把他们送到伊斯兰世界的中心地带，然后将其他幸存者统统地驱往边疆。

这种军事迁移的主要受益者，是印度和奥斯曼苏丹国的穆斯林统
494 治者。到1500年，印度基本上已臣服于穆斯林统治。[19] 与此同时，除了伯罗奔尼撒和亚得里亚海沿岸的几个强大的威尼斯人据点之外，奥斯曼人统一了小亚细亚和萨瓦—多瑙河（Sava-Danube）一线以南的整个巴尔干半岛。尽管如此，到1500年，军事形势逐渐变得对草原民族不利。火器正在成为决定战争胜负的武器。正由于愿意并能够充分利用这些新式武器，奥斯曼军队才得以在大约15世纪中叶之后，取得了他们最辉煌的胜利。[20] 火器成为战场上的决定性武器之时，便是草原民族发现自己处于穷途末路之日。只有拥有燃料、金属、化学物品和手工技术的文明社会，方能制造如此复杂的武器；而其中的手工技术一项是当时的游牧民族绝元可能获得的。再者，许多世纪以来，草

原民族对骑马射箭之术依恋太深，他们非常不愿意尝试使用新式武器。即使文明社会的商人们以高昂的费用，把这些武器运到游牧民族伸手可及的地方，他们也依然故我。游牧民族如此不情愿使用新武器，还因为火器的发明颠覆了骑兵和步兵之间一直保持着的均衡。[21] 随着时间的推移，火器装备的文明社会的步兵，能够十分沉着镇静地面对最狂暴和最训练有素的草原骑兵的攻击。此时，草原游牧部落的重要的军事和历史地位，也就随之告终。[22]

三、伊斯兰世界对来自草原的压力的反应

（一）政治和社会反应

突厥人对伊斯兰世界的渗透侵袭，连同灾难性的蒙古征服，倾覆 495
了早期阿拔斯王朝统治时期所实现的那种妥协。妥协的一方是神指导下建立的神圣社会的宗教理想，另一方是帝国统治的实际需要。1258 年蒙古人推翻巴格达哈里发，连徒有虚名的政治统一也荡然无存了。[23] 此外，那些志得意满的突厥冒险家的欺诈和狂暴，以及最早的蒙古统治者们对伊斯兰教的憎厌，使得任何企图把日常政治现实同宗教原则和谐统一的努力都变成了蹩脚的笑柄。实际上这些新国家的统治，部分地体现了古老的波斯模式，部分地汲取了部落和草原制度。同时它们也是某些冒险家们怀疑猜测的结果，因为在这个不存在道义约束，而只有赤裸裸的权力争斗的世界上，他们不相信任何人。

然而，自古以来，那种最初的虔诚敬神社会的理想，就一直像幽灵一样缠绕着穆斯林的心灵。偶尔有些改革家和武装的预言家，如北非和穆斯林西班牙的阿尔摩拉维德（Almoravid, 1056—1147 年）和阿尔摩哈德（Almohad，1130—1269 年）的统治者们，开始为其追随者们渴望的目标奋斗。但是，这种复兴早期穆斯林社会精神的努力通常归于失败。巩固政权的需要，迫使这些领袖人物在他们的宗教原则上妥协让步，宗教热情由此衰退了。然而，虽然没有达到预定的政治目

标，穆斯林社会还是在一种较低的政治水平上，幸存并兴盛起来。

甚至连最不敬神的统治者们，也给予伊斯兰宗教律法的长老和行政官员一席之地。在伊斯兰社会中，不存在解决私人争端的其他法律系统。[24] 因此，尽管政治上各种风云变幻，宗教法研究从未中断。在伊斯兰世界的任何一位统治者那里，一位律法专家都有望得到体面的
496 待遇和高官厚禄。[25] 去麦加朝觐，到麦地那去学习，均吸引了伊斯兰世界各地的学生和教师，并使他们彼此密切交往，从而保持了各个政府的法官和神学家的互动，这就在实际上将伊斯兰世界统一起来。

然而，随着宗教律法逐渐演变为日常生活的综合汇编，宗教笃信者倾向于拒绝接受那些机械的教规。因而，主张与神进行神秘交感的苏菲方式（the Sufi path）渐渐取代了根据神启规范一切日常生活细节的早期主张。尽管本质上的个人特点，苏菲教团——伊斯兰教托钵僧或行者（fakirs），还是成功地把他们的神秘求索组织化了，并使之导入教派会众形式。一位闻名遐迩的圣人、几位热心的信徒，加上一种有些与众不同的宗教仪式和生活方式，就足以产生出一个新的苏菲团体。在 11、12 世纪，这些教团不断衍生，遍及整个伊斯兰世界。不过，维持比较长时间的或者分布地域较广的仅有少数几个。

手工行会或其他城市“兄弟会”经常让苏菲教徒执行它们协会的主要条例。这类团体有时能成功地利用战争带来的机会，鼓动当地民众，抵抗某个凌驾于社团之上的小暴君。但是，作为与突厥人军事优势的抗衡，这种力量并未发展成稳固的市镇政府。14 世纪，安纳托利亚和伊朗的若干城镇似乎享有了某种自治权，它近似于同期的欧洲自由市镇，但此种情况属例外。以尊奉与神灵的沉迷交感为头等大事的教团，不能成为长治久安的政权的基础。苏菲派在每次短暂危机过后，就自然而然地重新专注于他们所认为的人类之最高目标，即培养神秘幻象，而忽视了日常行政管理和自卫。因此，政府就留给了少数军人管理。行会、兄弟会和僧侣教团只能对独裁政权起到一种间断性的遏制作用，且偶尔有效。[26]

学术研究的不足使得我们无法对公元 1500 年前的伊斯兰世界的经济状况做出整体上的评估。[27] 暴力纷争无疑干扰了贸易；许多富裕的大城市横遭劫掠，其中一些还被夷为平地。此外，10 世纪之后，穆斯 497
林丧失了地中海的航运控制权，正在兴起的意大利城镇取而代之。不过，伊斯兰世界依然保持了繁荣的城市生活，新兴的都会城市往往补偿了某个地区的损失。这些新城市因掠夺来的赃物而富有；而那些迫于短命的强大征服者之命，背井离乡辗转而来的工匠，又将它们装饰得富丽堂皇。绵延不断的苛政，如 15 世纪马穆鲁克统治下的埃及，无疑造成了经济倒退。但另一方面，相对稳定的新兴国家，如奥斯曼帝国，可能鼓励了贸易，增加了财富。

鉴于这些矛盾状况，难以对公元 1000—1500 年间伊斯兰国家的经济进步和衰退做出整体性概括。然而，伊斯兰世界较早的政治经济中心伊拉克和叙利亚似乎相对地或许也是绝对地败退了。而伊朗和安纳托利亚却取得了比以前更为重要的地位。特别需要指出的是，当突厥新贵和强盗开始争夺这块古代冲积平原的霸权时，美索不达米亚的灌溉系统遭到了劫掠。运河系统失去了精心的维修，这意味着灾难。结果，在蒙古人征服（1258 年）之前的百余年中，盐碱地和沼泽、不毛之地和贫瘠的草地就已经开始侵蚀原有的可耕地。[28] 旧中央腹地的衰微残败，对于整个伊斯兰世界的社会经济是一个凶兆。虽然奥斯曼帝国政权的巩固带动了安纳托利亚和巴尔干的繁荣，但也无济于事。[29]

* * *

政治上的四分五裂在伊斯兰世界变得司空见惯；并且，尊奉精心定义的宗教律法，已不再是一个信徒的显著标记；正统宗教的理论范畴随之扩大，教义内容也比以往宽泛得多。所有这些导致了苏菲主义日益兴盛，它包容了源于基督教、琐罗亚斯德教、印度教和萨满教的许多特点。的确，正是由于苏菲主义及其相关的圣徒崇拜的兴起，伊斯兰教才最终接纳了几乎全部的中东基督教徒。事实上，是苏菲主义第一次使乡村居民牢固地依附于伊斯兰教。因为除了其他方面，苏菲主义还代表着伊斯兰教内部的一种调整适应，它使普通乡村居民在这
498 个从前独属城市的宗教中找到了其思想和渴望的寄托。与此同时，随着这样一种做法变得普遍起来，即一个人想要皈依穆罕默德信仰，最重要的是尊崇与神接近的圣人，而不是严格遵循宗教律法，伊斯兰教的传教诱惑力就超出了其传统的边界，扩大到了更广阔的地方。

随着新的民族接受伊斯兰教，苏菲主义滋长了这个信仰的内部多样性，各地区间的重大分歧也开始明朗化，细微的差异几乎不胜枚举。所以，苏菲派传教运动的成功为乌里玛（Ulema）——神学家和律法专家，创造了更浩繁的任务。他们开始致力于使皈依者的思想和习俗与伊斯兰教的经典教义和律法保持一致。以宗教律法取代根深蒂固和复杂多样的地方习俗和法律惯例的进展非常缓慢。然而，由于个人和整个社会在地方习俗方面的某些改变，使其比较接近宗教律法。因此，进展的确还是有的。结果是，伊斯兰教基本上能够在苏菲神秘主义唯信仰论与乌里玛的墨守成规之间维系一种平衡。

在以宗教动乱和政治分裂为特征的伊斯兰世界中，政治稳定和幅员辽阔的奥斯曼国家，是个明显的例外。不幸的是，这个国家的起源朦胧不清。奥斯曼兴起于伊斯兰世界与拜占庭基督教世界的边界地带，在其初年，边疆居民圣战者（ghazi）似乎给予了他们最大的力量。各定居民族政府鼓励招募突厥族新兵，并将他们输送到战事不断的更远的东方，他们乐意以此种廉价方式来消除突厥人这个麻烦。此外，当地的大批基督教徒投向穆斯林，因为他们发现，同遥远的拜占庭官僚相比，他们与穆斯林有着更多的相通之处。苏菲圣人和兄弟会在这种皈依工程中发挥了其通常的作用。[30] 同样，早期奥斯曼社会的圣战者传统以及作用非凡的兄弟会和行会，所滋养出的一种宽泛和现成的平均主义，也发挥了如此的作用。

然而，当奥斯曼国家成为一个幅员辽阔的大帝国时，圣战者首领

或苏丹就面临着如何维系各征服之地的问题。他的士兵是难于驾驭的臣民，防止这些人在国内生非作乱的唯一办法，就是让他们每年出征基督教世界。苏丹们因而借用其所熟悉的穆斯林惯例：依靠奴隶家族提供常规政府的骨干力量。他们通过把奴隶家族转变成一个庞大的教育机构，使基督徒男孩变成穆斯林战士，从而巧妙地将这个独裁专制工具与圣战传统协调一致。这个制度在 15 世纪 30 年代以前，似乎还 499
不普遍。从此以后，奥斯曼苏丹们就拥有了一种以奴隶家族制约出身自由的不顺服的穆斯林臣民的强大平衡力。

最早的圣战者强盗们逐渐失去其重要地位，而奴隶家族却越来越重要。然而，久经沙场的穆斯林骑兵生活依旧，他们在各自的庄园中过冬，夏季则聚集在苏丹的军旗之下征战。直到 16 世纪末，这些人仍然是奥斯曼军队中最大的一个组成部分。[31] 只要穆斯林战士阶级和奴隶家族彼此抗衡，奥斯曼国家就日益强大。王位继承带来的总是危机，不过，奥斯曼家族的诸强势统治者，证明他们有能力使两方军事力量大致保持平衡，由此使君主统治名副其实。

为使山贼流寇们的边疆封地改宗皈依大穆斯林帝国，早期奥斯曼苏丹们也曾寻求乌里玛的支持。[32] 两个奇怪的效应因此而产生。一方面，通过提高宗教律法在奥斯曼人生活中的地位，乌里玛扩大了穆斯林与基督教徒两种生活方式之间的裂痕；而它在奥斯曼扩张早期阶段，实际上已经最小化了。另一方面，宗教律法本身谆谆教诲要宽容有经人，禁止强制性干涉基督教或犹太教，从而约束了圣战者轻率攻击非穆斯林的习性。因此，奴隶家族和伊斯兰逊尼派的正统乌里玛，使得早期奥斯曼历史上的野蛮边民地位衰弱了。除了通过奴隶家族这个有限的渠道，基督教徒臣民的皈依也基本上停止了。[33] 仅仅在诸如波斯尼亚（Bosnia）这样的偏远山区，鲍格米勒派（Bogomilism）的盛行，或许便利了人们接受伊斯兰教。另外，在连绵的地方战事滋长了某种类似精神的阿尔巴尼亚，在 14 世纪中期以后，也确实发生了基督教徒大规模改宗伊斯兰教的事情。

1453 年，征服者穆罕默德二世攻占了君士坦丁堡，由此他着手确定一种双重统治，将对其统治下的基督徒臣民的司法权和其他一些权力交给了东正教的大主教。就像伊斯兰教律法专家对穆斯林的控制一
501 样，基督教的教士阶层变成了基督徒的"乌里玛"。另一方面，苏丹们仿效基督教，在乌里玛中间建立起正式的教阶制度，从而把乌里玛置于有史以来最严格的穆斯林统治者的政府控制之下。

其他任何地方的伊斯兰国家都没有取得像奥斯曼帝国那样的成功。在西班牙，安达卢西亚的穆斯林没有能够抵挡住来自北方的基督教徒的进攻，于 1492 年丧失了其最后的格拉纳达据点。而此时的奥斯曼帝国正如日中天。在中亚、伊朗和印度，几代军事冒险家均未能建立长久的政权，或许因为他们缺乏圣战者传统的支撑。正是这个传统哺育了早期奥斯曼国家，甚至在 1500 年以后，它仍继续构成其成熟的帝国统治结构的重要部分。[34]

（二）文化反应

政治上的四分五裂和突厥人的霸权，并未立即改变伊斯兰世界的文化和艺术环境。直至 11 世纪结束之际，伊斯兰教的宗教科学、希腊唯理论哲学和科学与绅士朝臣们的纯文学，继续保持三足鼎立之势。即使粗暴的征服者，如劫掠印度的伽色尼王国的马穆德，也慷慨大度地庇护文人学者，甚至绑架敌对宫廷中的特殊名人。因此，连绵不断的暴行和动乱没有严重影响对知识的追求。政治分裂造就了一大批野心勃勃的统治者，他们都渴望庇护著名的学者文人。实际上，伊斯兰世界三位最伟大的科学家和哲学家都生活在这个政治动乱的年代。他们是医生兼神学家伊本·西拿（Ibn Sina，亦名阿维森纳，980—1037 年）和研究印度思想的学者比鲁尼（al-Biruni，亦名阿尔贝鲁尼，973—1046 年），两人都在突厥压迫最甚的东伊朗度过其大半生。第三位生活在伊斯兰世界的另一端，他就是从狂热的阿尔摩哈德人对西班牙的征服中幸存下来的伊本·路世德（Ibn Rushd，亦名阿威罗伊，

1126—1189 年）。这三位伟大的学者和其他数十位科学人士，把伊斯兰世界的整体知识水平，从复杂程度和系统性两个方面，提高到不亚于甚至高于古希腊亚历山大时里亚的水平。

从整体上看，到公元 12 世纪，穆斯林学者已掌握了他们的希腊和印度前辈们的学识。他们还在旧的框架结构中填充了新知识，尤其是在数学、医学、化学和光学领域。并且，使整个知识体系在某种程度上与穆斯林教义相符合。亚里士多德、盖伦、欧几里得、托勒密等希腊知识的集大成者，为穆斯林的研究提供了基本的框架。但是，穆斯林科学的若干原则和大量的具体知识，却是这些古代先辈们闻所未闻的。[35]

理性思想与伊斯兰宗教科学之间的紧张关系想来也不会无限地持 502
续下去，因为在一系列重大问题上，哲学家的观点和宗教教义直接抵触。比如，世界是被创造出来的，还是永恒的？因此，从逻辑上讲，必然会产生这样的结果，即两种通向真理的途径中的一种屈服于另一种。事实上的结果果然如此，理性思想最终屈从了教理。但是，这是斗争之后的屈从；而且，这时的宗教科学已经汲取了哲学家用以表达人类的空虚理智的许多逻辑性的武器。决定宗教科学胜利的是与大众宗教情绪的结盟，其表现形式是苏菲运动。伊斯兰教最伟大和最有影响力的神学家之一，加萨里（al-Ghazali，1058—1111 年）的生平和著述确认了这个联盟。

在阿拔斯王朝统治下，愤怒的巴格达暴民和心怀疑虑的伊斯兰法官，曾经联手挫败了创建某种理性神学的最初努力。然而，到加萨里的青年时代，抗拒哲理逻辑的需求甚至使保守的宗教律法专家们，陷入了诡异的神学争论。他们利用亚里士多德的逻辑，证明理性不适合发现神学的真理。加萨里也受到了此种传统的熏陶。但是，作为巴格达的神学教授，加萨里的职业生涯使他经历了一场深刻的个人思想危机，他开始怀疑一切。最后，一次神秘的体验拯救了他。加萨里辞掉了巴格达的教授职位，成了一名简朴的苏菲派教徒，修习对神灵的个人专注。加萨里在晚年又重新开始教学和著述工作。他坚信，事实上，人能够获取神的某些知识。此时，他感到神学论战不过是一个有用的工具，用以揭露哲学家和其他不信教的教师们的谬误，引导人们走上神秘之道。[36]

加萨里对人类理智的极度怀疑，成为后来一切穆斯林神学的准绳。系统的反对理性主义，使苏菲神秘主义如鱼得水，并使乌里玛能够唤起大众，支持他们反对理性主义自由思想的斗争。在这种充斥着敌意的舆论环境中，伊本·路世德大胆勇猛的复兴和修改亚里士多德主义的工作，实际上没有得到伊斯兰世界的重视。[37]事实上，12—15世纪的穆
503 斯林科学和哲学历史几乎可以由三本书的书名来概述：加萨里的《哲学的毁灭》(*The Destruction of Philosophy*)，伊本·路世德的《毁灭的毁灭》(*Destruction of the Destruction*)，他在此书中宣称的人类理智的空间远远大于加萨里所言。较上述两本较为逊色的第三本书是《毁灭的毁灭之毁灭》(*The Destruction of the Destruction of the Destruction*)，此书由霍德亚·扎达（Hodja Zada，卒于1487或1488年）根据穆罕默德二世的命令撰写。穆罕默德二世指令他偏袒加萨里，解决争执问题。

因此，这一知识演化进程的最终遏制了穆斯林科学和哲学中的任何革新精神。在阿拔斯王朝早期，训练医生和占星术家的需要曾经促使希腊遗产和（后来的）印度知识遗产渗入穆斯林学识主流。所以，此时的问题已不再是知识的缺乏。诸种知识全面的权威性指南手册随手可得，它们足以满足一个专业人才的知识需求。有伊本·西拿的《医典》(*Canon*)在手，一位医生还需要其他什么呢？毕竟，在神秘经验高于一切的时代，单纯的人类理智不再具有重要意义。而且，既然没有什么真正重要的东西需要去发现，胡乱篡改固有真理和公认学说，就能成为官方神学怀疑哲学和科学的理由。[38]

因此，出于一种奇异的命运的巧合，正当12—13世纪西欧人追求知识的好奇心被唤醒的时候，穆斯林思想却凝固为一个固定不变的模式。在穆斯林高等学府马德拉萨（madrasas），[39]普遍存在着死记硬背
504 和集体朗诵权威经典的学风，这与西欧大学知识的发展和演进，形成了鲜明的对比。马德拉萨数以百计，它们有时得到慷慨资助，并配备

有良好的教工。但它们的存在只是使宗教权威更牢固地束缚穆斯林的思维。只有在与宗教科学联系甚少的领域，特别是历史学和地理学领域，某种古老的穆斯林文化精华才得以保留。比如，伊本·白图泰（卒于 1369 年？）和伊本·赫勒敦（Ibn Khaldun，卒于 1406 年）的著述。

诚然，在马德拉萨的正统学识之外，并在某种程度上与之对立的是，苏菲教派对通神论的继续探索。所以，可能比较正确的说法是，12 世纪后，伊斯兰教的知识能量分化成两个部分：日趋僵化玄虚的正统学术和相对松弛、难以名状但仍发展着的神秘传统。然而，这一神秘传统不是以沉闷单调的讲道形式，而更多是以诗歌形式，适当深刻地表述出来。或许出于这个原因，从整体上看，诗歌文学在科学和哲学衰微以后，仍然在伊斯兰世界持续繁荣了一段相当长的时间。

在苏菲主义的激励下，波斯诗歌比阿拉伯诗歌更为丰富多彩。不过，阿拉伯文学仍兴旺不衰。比如，以押韵节律为基础的新诗歌形式在 11 世纪的安达卢西亚兴起，随后传到阿拉伯语世界的其他地区。从 13 世纪开始，出现了像《一千零一夜》这样的文学形式，记录的是伊斯兰世界的贸易市场和商队旅店的民间故事传说。它们以一种世俗本质的情调，描述了商人和无赖、王子和美女的生活。[40]

但是，波斯诗人的成就却成了伊斯兰文学真正的荣耀。波斯语作为一种文学语言开始出现于 9—10 世纪，源于连续的口述传统和早期巴列维语（Pahlavi）字体的著作。第一位伟大的波斯诗人是菲尔杜西（Firdausi, 卒于 1020 年），他的主要作品是一部长篇史诗，赞美从创世之初到阿拉伯人征服的波斯民族英雄。菲尔杜西的诗作充满爱国热忱，但不虔诚敬神。但他的后继者们以极为讲究雕琢的诗句，重点表达人类之爱和神灵之爱两者间的微妙类比。因而，他们的诗作可能被视为苏菲神秘灵感的讽喻，或者是对肉体欢悦的享乐主义的颂扬。在某些情况下，诗歌表现出明显的宗教意图。比如安纳托利亚最重要的托钵僧教团之一的创建者鲁米（Rumi，卒于 1273 年）的诗作就如此。在其他情况下，享乐主义明晰可见，几乎难以解说。比如奥玛·开阳（Omar Khayyam，卒于1123年）的诗作。[41] 介于这两个极端之间的是萨迪（Sa'di，卒于1291年）和哈菲兹（Hafiz，卒于1390年）的诗歌。特别值得一提的是，哈菲兹诗篇的永恒主题是间接地赞颂爱情，因此获得了一种独特的力量。

505 波斯诗歌对伊斯兰世界的重要性难以言状。波斯诗人以其诗歌语言优美超群而摘取了阿拉伯诗人的桂冠。在突厥人统治下，阿拉伯语日益囿于宗教科学，土耳其语成为行政管理和战争用语言，而波斯语则成为纯文学和高雅交际的语言。早期穆斯林社会的高尚理想由此重新以波斯语的形式表达出来，其中交织了苏菲神秘主义，也充满了世俗或超凡的爱情。

苏菲圣人成功的神秘主义充斥着乌里玛的宗教科学，使绅士生活方式超俗升华，并取代了哲学家们的推理原则。因而，在某种意义上，11—13世纪的穆斯林文化成功地融合了先前彼此分离和相互冲突的诸传统。政治世界仍是局外之物，然而，即使在这里，苏菲主义也鼓励了圣战者精神，支撑着城市兄弟会，使它们在建立奥斯曼的巨大帝国机构中发挥了重大作用。

但是，随着奥斯曼中东霸权的建立，甚至连苏菲精神也开始衰退。伊斯兰世界在整体上开始依赖于过去的文化资本。或许迷宫般的神秘主义道路已经走到尽头；或许在庸俗的神秘主义演变为会众仪式和圣徒崇拜之后，苏菲主义被剥夺了早些时候的大胆冒险精神；或许是与外向发展的伊斯兰教仪式和习俗保持一致的政治和社会压力，耗尽了苏菲运动的精神元气；或许因奥斯曼帝国和平而恢复了的城市繁荣，消除了帮助人们超脱尘世烦恼的神秘主义动力。无论缘由何在，有一点很清楚：就在西欧开始其最伟大的冒险事业的时候，伊斯兰世界发现自己已困于双重陵墓之中——宗教律法的官方结构及其附属的条例，非官方的苏菲传统。两者均没有厚实的内在知识能量，它们的严格布道和无穷尽的繁文缛节，遏制了任何的创新。两者配合得天衣无缝，任何变化都威胁到整个结构。完全抛弃两者是不可想象的事，因为那意味着全面的叛教和文化特性的丧失。因此，11—13世纪，苏菲神秘主义成功地融合了穆斯林文化遗产中各种不协调因素，但这个巨大成功却促成了一种僵化和致命的停滞局面。这种情势成为后来的伊斯兰思想的特点，并一直延续到我们的时代。

*　　*　　*

观赏艺术却没有陷于瘫痪境地。一直到 1500 年以后相当长的一段时间内，建筑和绘画呈现着活跃和成功的革新局面。与总是忽视外国影响的学者和作家完全不同，伊斯兰世界的艺术家们急切地从中国和欧洲绘画中汲取和借用了一些东西；建筑师们则大大受益于他们的拜 506
占庭和印度前辈。

穆斯林建筑史既复杂又迷离。随着伊斯兰主要城市的拆毁和重建，早期建筑大多已荡然无存。10—15 世纪的许多穆斯林军事冒险家们都曾大兴土木。在开罗等有多所清真寺幸存的地方，建筑艺术和技巧甚至在 1500 年以后仍在发展提高。[42] 奥斯曼、波斯和印度的穆斯林建筑直到 17 世纪仍展示出类似的气势和多样的风格。[43]

正是因为清真寺、马德拉萨、宫殿和筑垒是穆斯林社会宗教和世俗生活中不可缺少的重要组成部分，所以，建筑成为伊斯兰文化的重大公共艺术。在西方艺术传统中地位突出的雕塑和绘画，在伊斯兰文化中的位置却迥然不同，因为它们与穆罕默德禁止肖像的教规背道而驰。实际上，雕塑被视为偶像崇拜的艺术，所以它在伊斯兰国家永远没有立足之地。尽管有宗教怀疑附身，绘画艺术却幸存下来。不过，它只是作为一种半掩半遮的恶习，受到少数统治者和富有宫臣的庇护，绘画作品被私藏在他们的图书馆和浴室。鉴于上述情况，绘画在伊斯兰文化中成了真正的家庭艺术，表现在家具制造、陶瓷、地毯或纺织品编织上。在公元 1000—1500 年之间，绘画技巧达到了精湛的水平，[44] 并在 1500 年以后的年代里产生了许多杰作。

穆斯林壁画几乎全部随着它们装饰的宫殿的毁灭而消失，但有相

开罗一座清真寺的圆顶

图中精心装饰的圆顶，是埃及马穆鲁克时期的一位苏丹陵墓的顶部，这位平庸的苏丹叫卡耶特·贝伊（Kait Bey，1472—1474年在位）。参照石圆顶清真寺（见第438页），其建筑特点上的连续性显而易见。这证明了一点，在宗教律法编纂成典籍以后，伊斯兰教具有了刻板僵化的保守性。然而，圆顶上精致迷人的阿拉伯花叶雕刻模式，却表现出一种底蕴深刻的活力。它不过分雕琢，其中的图式可辨；也不过于简单，需要细致观察，才能理解其意。

当多的书稿草图存留下来，使人们对伊斯兰绘画的发展能有某种程度的了解。绘画艺术中最为重要的是波斯传统，它直接依托于萨珊、摩尼教和佛教艺术的先例。13 世纪蒙古征服之后，波斯艺术家也曾仿效中国风格的若干方面。他们还热衷于尝试欧洲文艺复兴时期的透视法和其他创作技巧。在 14 世纪期间，波斯艺术家发展出一种自己的独特的综合风格，它在 15 世纪和 16 世纪臻于极盛。波斯袖珍画色彩绚丽、线条明快、制作精细，从而跻身于世界最伟大的艺术成就之列。这种绘画常常用作波斯诗歌集的插图，因而它遍及波斯诗歌备受欢迎的伊斯兰世界的每个角落。[45]

四、穆斯林统治下的印度教徒、基督教徒和犹太教徒

（一）穆斯林中心地带

尽管伊斯兰教的宗教吸引力，以及皈依主导宗教信仰可能带来的 508
实际好处，《古兰经》宽容“有经人”的教规，使大量基督徒和犹太教徒在穆斯林征服之后的数个世纪仍留居中东。另外，虽然十字军诸次东征，特别是首次的成功（1099 年），动摇了穆斯林军事优势，并激化了地中海东岸诸国两大宗教的冲突，但伊斯兰诸国也未因此全面迫害基督教徒。然而在 13 世纪，蒙古人入侵引起的反响剧烈地打破了中东各宗教社团之间建立起来的长久的妥协。

在遇到伊斯兰教之前，蒙古人已接触到了维吾尔人和其他东方突厥人口中的佛教和聂斯托里派基督教。这些文明宗教的宣传给蒙古可汗们留下了深刻的印象，他们谨慎地招用佛教和基督教的宗教专家，为其提供宗教礼仪服务，作为对自己祖辈的萨满教典仪的补充。因此，当蒙古人成为中东统治者之时，他们偏袒基督教徒，敌视人口占多数的穆斯林。毫无疑问，从政治上看，这一政策似乎不失明智。因为穆斯林憎恨他们的异教统治者，而感恩戴德的基督徒则忠心耿耿，他们构成了一种重要的政治财富。[46]

波斯的可汗们在1295年皈依了伊斯兰教，这件事促使长久以来压在穆斯林心里的对叛逆的基督徒少数的愤怒情绪得以释放。大规模的驱逐、屠杀和强迫改宗接连发生，结果伊拉克和叙利亚的基督徒社团失去了其重要地位。约在1300年以后，仅在为数极少的山区避难地，还保留有坚定的基督教徒。[47] 在免遭蒙古征服的埃及，以及蒙古人政策未引发严重的宗教敌对的安纳托利亚，基督教徒作为一个重要的少数人群体幸存到现代。但在伊斯兰世界的叙利亚—美索不达米亚中心地带，1300年以后的基督徒社团如此之少，从数量上讲，不再有任何意义。[48]

509 尽管伊斯兰世界的犹太教徒未能幸免于13—14世纪的迫害和暴民行径，但与基督教徒相比，他们更幸运。从萨珊时代直到蒙古时期，美索不达米亚一直是犹太教的知识、宗教和经济中心。蒙古时代以后，各种各样的犹太社团像从前一样，继续穿越政治边界，保持联系，但却没有形成一个特别显著的中心。

地中海东岸诸国的科普特人（Copt）、雅各布派（Jacobite）、聂斯托利派和其他基督教派，顽固地坚守各自的传统，无视更广大的穆斯林社会背景下的主流思想和感情。而犹太教徒则不然，虽然他们继续潜心于自己独特的文化遗产——历代博学的犹太拉比们（rabbits）所阐释和应用的法律，[49] 但这没有阻止摩西·麦蒙尼德（Moses Maimonides, 1135—1204年）等人把新鲜的学说融进尘封已久的犹太教义知识。麦蒙尼德以行医为业，并撰写医学著作。不过，他致力于协调亚里士多德的理性主义和宗教启示，主要作为神学家和哲学家而闻名。麦蒙尼德的工作与其同时代的穆斯林安达卢西亚人伊本·鲁世德（卒于1198年）极为相似。但是，后来的穆斯林神学家们背弃了鲁世德的严格理性主义；而麦蒙尼德的《迷津指南》（*Guide for the Perpelxed*）却对之后的犹太思想（和拉丁基督教思想）产生了重要的影响。

尽管与周围的广大伊斯兰世界有密切交往，犹太教依然作为一个独立的社会、知识和文化实体而存在。古希伯来语作为哲学和纯文学的传播媒介而保持着生命力，[50] 并产生了一种生机盎然的诗歌。此外，犹太民族远远越出伊斯兰教边界，渗入基督教世界，并声称在印度和中国至少有几个边远的据点。犹太商人和学者们穿越伊斯兰世界和基督教世界的边界，并在两者间保持着紧密联系。于是，犹太人发现自己处于一种特殊的战略位置，一旦欧洲准备接受伊斯兰文明的某些方面，他们就会发挥出媒介作用。

（二）印度

一方面，迅速的军事扩张把大量外来的新族群置于伊斯兰统治下；另一方面，穆斯林中心地区的宗教一致性日益增强。在东欧，穆斯林统治者与它们的基督教新臣民之间，形成了某种固定的关系模式。但在印度却是另外一种情况。根据穆斯林法律，印度教徒和佛教徒不是 510
“有经人”，而是偶像崇拜者，因而他们不受宽容传统的保护。此外，一些印度神庙和僧众积蓄了丰厚的财富，成了劫掠者垂涎的对象。所以，穆斯林向印度的渗透一开始就采取了圣战的形式。对偶像崇拜的厌憎，鼓励着穆斯林军队乘胜洗劫和摧毁了北印度的若干主要宗教中心。[51] 如上所述，穆斯林的攻击曾使佛教土崩瓦解。但印度教已经深深植入印度人民的日常生活，虽然丧失了庙宇，印度教还是侥幸存留下来，并成功地抵住了穆斯林零星的迫害。

从伽色尼的马穆德（998—1030 年）的诸次征服，到古尔的穆罕默德（Mohammed of Ghur，1175—1206 年）的决定性胜利，这期间将近 200 年。此后，穆斯林进展神速。到 1313 年，伊斯兰国家遍布大部分印度。约于 1335 年，一种政治上的“本土反应”导致了毗阇耶那伽罗的印度王国的建立。它击退了印度南部的穆斯林政权，但整个印度北方和中部仍臣服于若干不稳定的穆斯林政权。

显而易见，穆斯林征服者在某种意义上，修改了“偶像崇拜者”概念，从而与其印度教徒臣民之间达成了妥协。实际上，印度的穆斯林统治者们，很快就给予了印度教徒一种类似于其他伊斯兰国家的基督教徒、犹太教徒和琐罗亚斯德教徒享有的那种宽容。此外，由于穆斯林统治者总是人口的极少数，与其臣民在人数上不成比例，于是，这些统治者便允许大量的印度教徒地主保有其财产，其中一些人甚至服役于穆斯林军队。反之，毗阇耶那伽罗的印度教徒国王们则保有一支穆斯林雇佣军，他们与北方的穆斯林统治者，时而结盟，时而反目为仇。[52]

穆斯林在统治印度的最初几个世纪中，几乎没有给当地文化传统留下印记。这大概因为，大多数印度人只是把穆斯林当作另一个种姓，完全忽视了伊斯兰教对其祖传的宗教和社会制度曾经的挑战。[53]不过，外来统治者不可避免地改变了印度环境的某些方面。例如，摧毁北印度的神庙遏制了印度教祭典仪式的具体和固定的发展趋势，鼓励了比较简朴的宗派敬神的发展。这类教派以具有超凡魄力和专注神事的圣者为中心组织起来，并很快遍布了北印度。他们如痴如醉地信仰一个人性化的神，而这个神早在公元 1000 年之前就已在南印度的泰米尔人（Tamils）中显赫有名。在哲学领域也展开了类似的运动，最伟大的倡导者是罗摩奴者（Ramanuja，约生活在 1100 年）。他详尽阐述自己的
511 一神论，向商羯罗（Shankara）的抽象非人格化的形而上学一元论发起挑战。此后，印度哲学领域的主导学派吠舍学派沿袭此思想流派，继续与商羯罗派论战。[54]

因为皈依减少了他们税赋收入，所以，穆斯林统治者通常不热心于印度臣民皈依伊斯兰教。不过，苏菲圣者们还是劝服了相当多的印度人改宗。城市下层社会特别容易接受苏菲教士的感召。乡村习俗和地位关系在这些人中已经相当薄弱，印度教教义将他们贬斥为最低等种姓，这自然无法与正式宣称在神的面前人人平等的信仰匹敌。伊斯兰教还在孟加拉赢得了大批皈依者，那里的各原始民族正处在进入印度文化世界的过程中。他们经常愿意选择穆罕默德的宗教，不愿选择把他们置于近乎种姓制度最底层的印度教。

当然，这些皈依者甚至在进入伊斯兰教社团后，依然倾向于保持他们原有的生活方式。因此，即使在印度的正统逊尼派中，强制遵奉

伊斯兰宗教律法也只取得了有限成功。而以神秘主义和唯信仰论为基础的异端什叶派，却在实际上深入地适应了印度人的习俗和思想。例如，印度的一个伊斯玛仪派分支认为，阿里是毗湿奴（Vishnu）的化身。[55] 印度的苏菲社团接受了印度教苦行主义的许多传统特点，产生了一批独身圣者。他们云游四方，不受任何教律或定期创建的教团的约束。

伊斯兰教由此渐渐地渗入印度社会。乐于思考的印度人发现，无视伊斯兰教的种种挑战，即斥责偶像崇拜和铲除种姓歧视，几乎越来越不可能。[56] 从 15 世纪起，一些印度宗教思想家开始致力于剔除印度教的这些缺陷，寻求与敌对宗教的共同之处。其中首位伟大的改革家是著名的罗摩难陀（Ramananda，约生于 1400 年），他放弃使用印度教梵语，而依赖印地语方言。他还无视种姓规定，并将罗摩变成充满活力的人性化之神。另一位更著名的宗教思想家是伽比尔（Kabir，生于 15 世纪中叶），他可能是罗摩难陀的门徒之一。在抛弃印度传统方面，他比罗摩难陀走得更远。伽比尔否认轮回再生，批判宗教笃信的一切外在形式，无论它是穆斯林的割礼，或是印度教徒的偶像崇拜。他宣称印度教徒和穆斯林实际上崇拜一个相同的神，并因此在北印度 512
这两个宗教社群中吸引了相当多的追随者。锡克教徒尊奉伽比尔为其始祖。但是，锡克教独特的宗教组织和教义细节的形成却是两三代人之后的事情，是由那纳克（Nanak，卒于 1538 年）领导发展的。[57] 伽比尔和那纳克之间的历史演进已无法重建。锡克教徒声称是伽比尔的真正继承者，或许是正确的，因为他们和伽比尔一样，也寻求将穆斯林和印度教徒联合成一个宗教社团。

但印度的各种传统宗教已经深深扎根于人们的日常生活习惯中，非常难以改变。结果，试图使印度教和伊斯兰教和睦共处的工作没有普遍展开，各种努力未能奏效。在穆斯林摧毁北方庙宇后，众多印度教徒和他们的神依然幸存下来。对伊斯兰教的宗教和文化挑战的应对的主要直接结果是，产生了一个新教派——锡克教。

（三）东正教世界

11世纪的最初20年中，东正教世界似乎处于查士丁尼时代以来最强大的地位。拜占庭曾经成功地击退了穆斯林对爱琴海腹地的进攻，甚至在北方的叙利亚和亚美尼亚发动了小规模的成功反击。989年，罗斯的基辅大公皈依基督教，使黑海之北的广阔内陆地区置于拜占庭文明的全面影响下。1018年，皇帝巴西尔二世（Basil II）推翻了敌对的保加利亚帝国，并由此把巴尔干半岛的希腊人和斯拉夫人联合成一个强势的帝国。在伊斯兰世界政治分裂和拉丁世界的整体上的落后状况下，这些成就似乎置拜占庭国家于无敌之境。

然而，巴西尔二世死后（1025年）的400余年中，灾难却接踵而至。如前所述，伊斯兰世界吸收突厥人和蒙古人，从而取得了新的军事力量，东正教世界也是这第二轮穆斯林扩张高潮的主要受害者之一。东正教世界的另一个威胁的是，公元1000年之后迅速崛起的拉丁基督教世界。对东正教而言，"法兰克人"——拜占庭人对所有拉丁世界的基督教徒的称呼，甚至比穆斯林更可憎，因为他们坚持以自己的教条和礼仪取代东正教。相反，穆斯林统治者允许东正教管理自己的事情，但他们必须交纳贡税，并承认穆斯林的最高政治权力。[58] 在此情势之下，每当东正教徒必须在突厥（或者是罗斯的蒙古人）的统治与西方人的统治之间做抉
514 择的时候，绝大多数的人会反对法兰克人。这个事实大大有利于保障突厥人在巴尔干的胜利，也有助于稳定蒙古人对罗斯诸公国的统治。[59]

拜占庭和基辅罗斯诸国的衰落，既是内部虚弱的后果，也是突厥人、蒙古人或法兰克人力量衰败的结果。基辅罗斯在11世纪分裂成十余个彼此争斗的公国，相当有利于里海和伏尔加河地区的游牧民族进入黑海草原，并将罗斯人逐回北方森林。1054年，基辅的最后一位强有力的统治者死去，钦察（Kipchak）突厥人实际上控制了乌克兰草原。这就切断了幸存下来的罗斯诸公国与拜占庭的便利交往，将东正教世界一分为二。[60] 大约一代人的时间过去后，另一支突厥人——塞尔柱人从拜占庭手中夺得了安纳托利亚高原的控制权。

舞者湿婆

图中的湿婆铸像制作于 12—13 世纪。到这时，印度的画像研究实际上已经具有了其传统的形式（对比第 385 页中央的那幅，它显得笨拙）。这个躯干雕塑柔和平稳，明显表现了与笈多时代的传承关系（见第 385 页的左图），或许甚至显示了与古印度艺术传统的承继关系（见第 385 页的右图）。这种与印度昔日历史的雷同之处，说明印度非常成功地应对了穆斯林的挑战。进一步讲，当从古老的印度文化传统中剔除任何的外来物之后，余留部分依然内涵丰富，引人注目。此青铜像便是其体现。

在 11 世纪黑海成为拜占庭的内湖之后，黑海南北的突厥人受到了来自西方的方式基本相同的攻击。诺曼冒险家们在 1042 年到 1071 年间，夺取了拜占庭的意大利属地，[61] 又从穆斯林手中夺得西西里（1090 年），继之向巴尔干半岛发起了一次重大进攻（1081—1085 年）。与此同时，威尼斯人通过其商业活动，并依靠其政治和海军力量，控制了拜占庭贸易。为换取威尼斯海军帮助，抗击入侵的诺曼人，拜占庭皇帝于 1082 年授予威尼斯商人广泛的商业特权，包括豁免通行税。从 515
此以后，拜占庭臣民们在商业上无力与享有特权的意大利人抗争。后来，为了削弱威尼斯人的商业控制地位，拜占庭又给予了热那亚和其

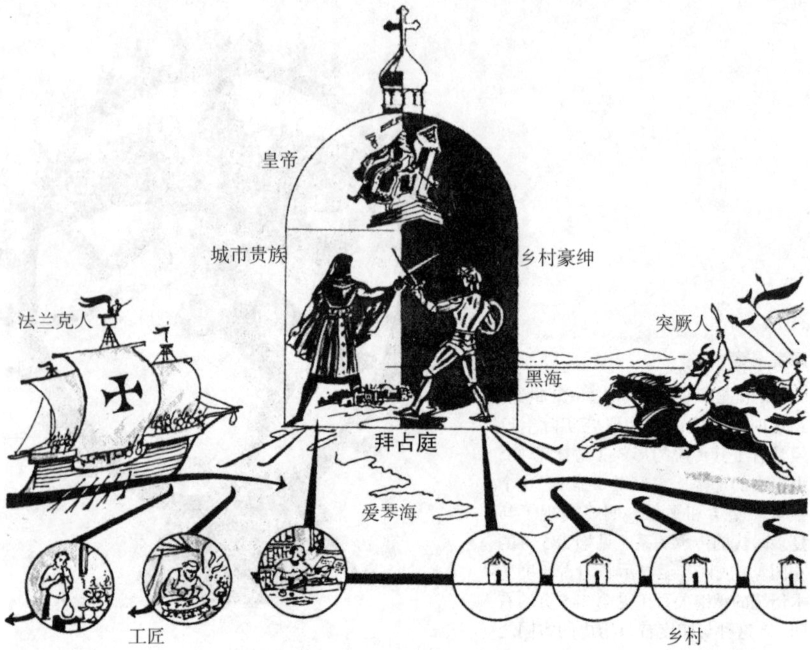

衰落的拜占庭

他意大利城市同样的特惠（1155 年）。结果，拜占庭沦为意大利商业帝国主义竞敌手中的工具。[62]

此时拜占庭军事上的软弱无力，与其上个世纪的辉煌胜利形成了鲜明的对照。显而易见，其原因之一是，大地产的增长以及它们被部分或全部豁免正常纳税。[63] 尤其是小亚细亚的大地产主，他们发展了一种半军事化的贵族统治机构。这些人拥有私人武装随从，支持其与中央政府的长久对抗。因此，11 世纪的拜占庭帝国面临的局面，就是 10 世纪曾瓦解了阿拔斯哈里发政权的那种政治分裂局势。[64] 随着大地

516 产的增长，那些曾经作为马其顿帝国军队骨干的小军事领主，或不复存在，或转而效忠于地方豪强，中央政府被迫日益依赖雇佣军。

如果拜占庭皇帝们确有足够的税款，维持一支强大的陆海军，情

况可能还不会特别糟糕。但 11 世纪的拜占庭并非如此。拜占庭城市历史尚待充分研究；不过，有一个观点似乎合理。商业和手工业没有能够向帝国提供足够财源，保持帝国的强大。这是因为城市生活发生了一些重大的变化。在君士坦丁堡城，城市贵族收入的主要部分来自俸禄之外的津贴，其次是地租；而这部分人却最终控制了大局。一些史学家认为，巴西尔二世死后（1025 年），困扰拜占庭历史的宫廷政变，反映了小亚细亚半军事化的乡村地主与君士坦丁堡的城市官吏和食租息者之间的权力之争。[65]

成功的商人或其他企业家易于在风险面前畏缩，并往往花钱购买政府官职，或者投资租息殷实的资产。所以，食租息者和官吏的统治或许不会有手工业和商业的繁荣。在一些极端的情况下，敛财变成了政府制止不了的本能。投机购买政府官位很可能比投资任何经济生产事业，获得更为丰厚的回报。然而，这些官位之所以有厚利可图，正是因为大量官吏被允许攫取官家的钱财。实际上，政府变成了一小撮内部分子攫取财富的渠道；这些人表面的温文尔雅掩饰了供养他们的政府的贪婪成性。征税无疑变成了充公，税吏们很快就变得像到处打劫的强盗。经济的转移和工商业的急剧衰退在不经意间就可能发生了。

无法说明，在公元 1000 年后的拜占庭，这种寄生行为发展到了何种程度。然而，有一点很清楚，意大利在 11 、12 世纪相继垄断了爱琴海和黑海的贸易。除了将通行税和中间人利润丧失给了意大利人之外，这一贸易格局的变迁意味着拜占庭海上权力不可挽回的衰落，因为海上贸易是海军的必备基础。这样，在拉丁十字军于 1204 年攻占君士坦丁堡之前很久，拜占庭帝国已经沦落到在经济上依赖西方的地步。

所有这些发展使得拜占庭皇帝们在丧失了顺从可靠的农村兵源之后，又丧失了维持一支适当的雇佣军所需的财源，而这支雇佣军本可 518
以替代先前的农民军队。为取得拉丁基督教世界的军事援助，拜占庭不得不使其铸币贬值，并与拉丁世界统治者进行艰难的谈判。但是，西方援助是一把双刃剑，它的确可能击退小亚细亚和地中海东岸地区

拜占庭武士

这三幅雕像分别是一个首饰盒的顶面和正面，大概制作于 11 世纪的拜占庭。可能被第四次十字军中的某一法兰克人盗取，并将其带到了法国。现收藏在特鲁瓦（Troyes）大教堂的珍品库。注意观察全副甲胄的武士的马镫和盔甲（对比第 242 页和 404 页），还有他们的武器——长矛、剑或弓。但最令人注目的是，这两幅长方形画板鲜明的古代风格。主题完全是源自亚述时代的一种艺术传统，当时国王们确实射猎狮子。弓手的头盔仿古典希腊风格，图中四勇士的盔甲则全是古罗马样式。拜占庭的艺术家们显然觉得，保持（实际上是复兴）昔日的荣耀，要比模仿或照搬流行时尚更为重要。拜占庭社会的其他方面也莫不如此。

的穆斯林前沿，如第一次十字军（1097—1099 年），但亦可能像 1204 年那样，刺向君士坦丁堡本身。

尽管如此，拜占庭帝国的衰亡是个缓慢的过程。其间曾有过某种复兴时段，如 1081—1180 年，在强权的科穆宁王朝（Comneni）诸位皇帝的统治下，出现了类似于拜占庭早期历史上的壮观复兴。但从长远来看，即使最坚强果断的帝王们，也不能阻挡中央政权的社会和经济瓦解的进程。12 世纪，塞尔维亚（自 1167 年）和保加利亚（自 1187 年）先后离拜占庭而去。更大的劫难是 1204 年西方十字军攻占君士坦丁堡。法兰克人占据该城直到 1261 年，他们把拜占庭最富庶的欧洲领土变成了自己的公爵领地。不过，法兰克人没有能够控制小亚细亚西北地区，那里继续保持着希腊人统治和拜占庭帝国的称号。即使希腊皇帝收复了其帝国首都，他所统治的也只是四分五裂的疆土，只在名义上保持对君士坦丁堡的效忠。

到 14 世纪，宗教和社会冲突使已经虚弱的拜占庭国家更加不堪一击，这点人人皆知。[66] 唯一的问题是，谁将继承拜占庭的领土？塞尔维亚帝国，还是奥斯曼帝国？前者以农村贵族为基础，处于拉丁基督世界影响下；后者从一种比较原始的城市平均主义传统中汲取力量，并对其视为异教的西方世界虎视眈眈。突厥人于 1389 年在科索沃（Kossovo）之战中大败塞尔维亚骑兵，从而解决了这个问题。希腊、塞尔维亚和保加利亚的农民通常欢迎突厥人，把他们当成摆脱基督教乡村贵族压迫的解放者。[67] 这使突厥人的胜利成为大势所趋，而他们的失败则是暂时的。1453 年君士坦丁堡的陷落产生了巨大的心理反应，具有标志性意义。但远在此之前，突厥人势力已完全控制了巴尔干。

在巴尔干乡村，奥斯曼的征服直接以突厥武士取代了旧的地主阶 519
级。最初突厥人对农民的索取远远少于之前基督徒缙绅。突厥骑兵们既靠收租，也靠战利品生活。他们通常在夏季去征战，这时农民便可自行其是。[68] 因为奥斯曼国家给乡村带来了更多的和平，并结束了先前的特权意大利人对经济的控制，所以，奥斯曼国家的巩固似乎促进了工商业活动的发展，城镇居民明显增加。[69]

巴尔干的基督教徒无疑默认了突厥人的统治。在塞尔维亚失败之后，他们情愿接受突厥人的统治，也不要臣服于拉丁基督教西方。征服者穆罕默德迎合他的东正教臣民，授予东正教会广泛的权力和特权。而后者则拒绝同罗马基督教的任何妥协，发展并保持着一种东正教的自我意识。[70]

* * *

东正教世界的另一个重要成员罗斯，在蒙古人到来之前的 13 世纪就在政治上瓦解了。然而在 15 世纪，正当拜占庭国家垂死挣扎之时，罗斯却作为一个强大而统一和经济兴旺发达的社会重新出现了。

13 世纪之时，罗斯诸东正教公国陷于困境：一边是以条顿骑士为代表的、力量日益增强的拉丁基督教西方；[71] 另一边是咄咄逼人的蒙古人。大多数罗斯王公情愿服从蒙古人的君主统治。[72] 他们这样做的理由是，条顿骑士们没有宗教宽容，而蒙古人却允许东正教教会完全的教义自由，并对教士和教会的土地实行免税。此外，只要罗斯王公
520 们完全顺服蒙古君主，反对曾在基辅罗斯享有政治权力的那些贵族和平民，蒙古大汗们就扶持他们的政权。

在蒙古统治时期，罗斯人取得了巨大的进步。起初，蒙古人（或鞑靼人）[73] 统治者通过他们自己的代理人征收贡税。14 世纪之初，蒙古人开始把这个职责委托给罗斯王公们。这些王公由此发展了一种从属的，但实际上是属于自己的自治行政机构。为了发展农业，罗斯人有条不紊地砍伐森林，并进行土地治理。他们不再重复基辅时代的生活，即集中定居河流两岸，内地基本上只有猎手和皮毛动物捕猎者。再有，尽管蒙古征服最初使许多罗斯城市荒废，并使罗斯的沿河贸易转入中亚穆斯林商人之手。但是，罗斯商人很快就恢复了贸易行动。到 14 世纪后期，他们重新控制了伏尔加河流域的商业。[74] 所以，当金

帐汗国开始瓦解之时（1419 年后），其支离破碎的各部分面对的是数个稳固和蓬勃发展的罗斯公国，为首的便是莫斯科公国。

至 1480 年，莫斯科公国的伊凡三世（Ivan Ⅲ，1462—1505 年）正式宣布放弃效忠崩溃中的鞑靼人政权，并制服了敌对的诸罗斯公国，自我加冕为沙皇。这样，罗斯人就扭转了东欧的森林与草原地带之间力量的平衡。统一的中央集权国家、众多的农业人口、繁荣的贸易、 521
制造火器枪炮的工匠，所有者一切使莫斯科人能够在令人难以置信的短时间内，将他们的势力扩张到草原深处和整个西伯利亚。[75] 此外，俄国[76] 还历尽艰难，顶住了发生在 15 世纪到 16 世纪的以瑞典和波兰 - 立陶宛贵族国家为代表的西欧新一轮的侵犯。

俄国的宗教生活长期与拜占庭联系在一起，俄国的教会等级制度从属于君士坦丁堡大主教。但俄国教士们拒绝接受 1439 年君士坦丁堡主教在与罗马的联合条约中的让步，俄国教会由此获得了独立自治地位。此后不久，君士坦丁堡便落入奥斯曼人之手。俄国的教徒大众将此事视为上帝对希腊人的惩罚，因为他们指望西方教会分裂者的救援，而这个徒劳的希望背叛了东正教。从此，逐渐流行起一种观点，即认为莫斯科是东正教的唯一存身之地；它从康斯坦丁皇帝在博斯普鲁斯海峡上的“新罗马”（New Rome）那里，继承了基督教帝国的衣钵。于是，在 1492 年，索西玛大主教区（the Metropolitan Zossima）首次公开称莫斯科为“第三罗马”。[77]

* * *

莫斯科自称（似乎也顺理成章）是“第三罗马”，源于这样一个事实，即俄国城镇的粗放生活与君士坦丁堡的高雅辉煌，几乎毫无共同之处。由于拜占庭帝国的衰微，帝国首都的文化艺术生活不再有昔日的繁荣。这或许因为曾经的城市文化繁荣源于城市官吏和靠租息生活的市民手中的财富和权力，就在这些人中间，一种与古典文化的亲密感找到了滋养的沃土。无论如何，拜占庭的艺术和文学在 11 世纪经历了一个欣欣向荣的希腊文艺复兴。

直接从希罗多德和修昔底德发展来的历史学，或许是这一古典复兴最令人称羡的成果。[78] 但是，勤奋的拜占庭文人也创作出了繁花似锦的诗歌散文和哲学著作。它们用古语写作，其中运用了大量的深奥和瑰丽的古典文学，因而现代人不容易欣赏这些文学杰作。它们酷似，实际上也促进了 14 和 15 世纪意大利人文主义者的作品。

这些博学深奥的文学创作夹杂有一种相当的矫揉造作成分。与此大为不同的是当时流行的《狄格尼斯 · 阿克里塔斯》(*Digenes Akritas*)叙事史诗。这部史诗或许创作（或编写）于 11 世纪，以歌颂那些反击穆斯林边民的英雄事迹的民歌为素材。它传神地再现了这些武装边民的精神气质，而正是他们构成了马其顿诸皇帝在位时期的帝国军队的主力。[79]

522 如果说《狄格尼斯 · 阿克里塔斯》显示出边疆地区的大众精神，那么神学之争则反映了帝国腹地的居民们的关注。修士是拜占庭市民的出色代言人，他们中的许多出身贫微，也未受过很多正规教育。但是，来源自社会底层的修士和受过很少正规教育的修士却使在 14 世纪的阿陀斯山（Athos）和其他地方，流传的神力宗教和某种新的苦行戒律得以巩固。少数受过教育的拜占庭社会精英也走近了这派。比如，圣格列高利 · 帕拉莫斯（St. Gregory Palamas，卒于 1360 年），就以其博学之识和精妙的辩论，就上帝显圣的真实性为修士们进行辩护。由于他本人练过气功，并践行了其他苦行戒律，而且还能直接感觉到神的幻影，因此，帕拉莫斯以坚定的个人信念为基础，著书立说。在绝对崇信的鼓励下，帕拉莫斯及其志同道合者掀起了东正教神学的彻底革新运动，并大幅度地改革了东正教会的教阶制度。[80]

在君士坦丁堡的文人教士和贵族官吏掌握了国家和教会的统治权时，神秘运动比以往任何时候都更有效地把东正教统治阶级和民众感情联系起来。此外，上帝的神秘显圣是成千上万民众所共有的信念，它给东正教注入了一种情感力量，它能够支撑每个信徒度过任何个人

上帝和救世主耶稣基督

该圣像约于1500年绘制于俄国的诺夫格罗德（Novgorod）。它或多或少地表达了自15世纪以来就支配东正教的那种神秘热望。前面的插图（见第526页）所表现的那种附和异教古风的艺术时尚，这时已不再能吸引艺术家。然而，从艺术上仿效古人的原则并未被遗弃。较早几个世纪的拜占庭基督世界镶嵌艺术作品，成了艺术家们更喜爱的模式。尽管如此，使用明暗画法表现眼睛和鼻子的立体空间，这个手法表明了意大利文艺复兴艺术模式的影响。因此，在这幅圣像中，我们也许看出了神圣的俄国对西方的艺术技巧的戏谑，目的是更为突出地表明其与西方迥然有别。

危机。东正教信仰的普及，也许能够解答人们的一个困惑，即在奥斯曼土耳其的欧洲省份，极少有基督教徒为伊斯兰教所吸引。而就在不久之前，安纳托利亚的大规模改宗事件曾相当普遍。[81]

艺术比文学更鲜明地反映了拜占庭、意大利、亚美尼亚和波斯文
524 化间的互动。在 11 世纪希腊文学复兴高潮之时，出现了一种令人瞩目的自然主义绘画风格，证实了古典范式的永恒力量。此后，兴起了一些区域流派，早期文艺复兴时期的威尼斯和锡耶纳（Siena）的画家，或许可以包括其中。俄罗斯和克里特的肖像画，塞尔维亚、马其顿和意大利的教堂壁画，以及一些世俗主题的绘画作品，赋予东正教世界艺术以活力，并使之丰富多彩。突厥人的征服中止了拜占庭帝国腹地的此类艺术活动，但在帝国的边缘地带，在威尼斯人的克里特[82]和俄罗斯，此类艺术一直活跃发展到 16 世纪。[83]

更为突兀的是突厥人征服给拜占庭文学发展和宗教论战带来的寂灭。有学识的官吏及其食客门人曾构成君士坦丁堡的文学阶层，此时他们已销声匿迹。唯一保留下来的教会则高兴地继承了先前的遗产。神秘主义的活力衰退，其速度甚至超过了当年奥斯曼统治下东正教社团在巴尔干的稳定激增。俄罗斯人忙于建立和保卫自己庞大的国家，几乎没有精力用于文学和智力创造或宗教辩论。除了艺术领域中的一束余晖夕照之外，东正教世界高级文化从此越发暗淡，以至于最终不再能与蓬勃向上的西欧文明一争高低。奥斯曼和莫斯科国家的力量赢得了西方的敬畏。但是，在中世纪早期曾远远超过半野蛮的拉丁基督教世界文化的东正教世界文化，却再也不能够对其西方邻邦产生重要的影响。

五、远东

（一）中国

中国历史传统的以王朝为序的组织方法，很不适合本章所述的时间段。因为基督教纪元的 1000 年和 1500 年，都武断地割裂了中国的

重要王朝。有一个重要因素使西部欧亚大陆历史上的公元 1000—1500 年这 5 个世纪看上去连贯，它同样适用于远东，这就是来自草原的突厥人和蒙古人的征服。如同伊斯兰世界、东正教世界和（较低程度上的）印度斯坦一样，中国也遭到了这些草原民族的进攻。但是，早自公元前的第四个王朝起，中国就已经受到了类似的威胁。而且，在公元 1000—1500 年期间，本地王朝和草原王朝之间的交替变更与中国的改朝换代基本相符，这种变动始于汉代，一直延续到 20 世纪。

尽管如此，公元 1000 年作为一个年份，适当地象征了中国历史上的一个意义深远的变化。因为大约就在这一年，首批宋朝统治者重组官僚机构，新的官僚体系产生了全面的效应。实践证明，中国的社会 525
和经济结构在农村和城市之间达成了一种新的持久的平衡，这是官吏、地主和农民与商人和工匠之间的平衡。

随后几个世纪的中国社会发展，可以被看作地主阶级与城市利益集团之间的一种竞赛。早在晚唐中央政府陷于瓦解之时，城市市民就已取得显著进步。但是，整体上的中华帝国传统偏袒支持地主和官僚阶级。而且，在 960 年以后，宋朝恢复了中央集权的官僚政府，极大地加强了上述平衡天平中的官僚、地主一方。不过，直到明朝确立在全中国的统治之时（约 1450 年），中央集权的儒家官僚机构的最高统治才稳固下来，其成员基本上来自土地所有者阶级。在 1000 年至 1450 年间，中国的社会结构徘徊在重大变化的边缘上，有些类似于中世纪和近代早期欧洲资产阶级崛起时的状况。然而，这一转变从未得以充分实现。最后，宋、明建立和恢复的地主和官僚阶级主导的社会秩序，成为中国的现代社会制度，并延续至 20 世纪。

在金朝入侵者从宋朝皇帝手中取得北部中国之后（1127 年），中国的商业利益集团和地主阶级之间的平衡，发生了第一次严重的震动。因不得不重新依靠南方的传统和资源，中国在宋代后期大力发展了江河和海上贸易。大城市在中国南部海岸和长江沿岸兴起，越来越多的商船扬帆远航东南亚和印度洋。[84] 海外贸易的发展促成了造船术的重大改进，这些改进反过来又维持了海外贸易。造船技术的改进包括：以棉布帆取代竹板帆，造出了可调整的船底板龙骨，显著增大了航船体积，还发明了罗盘。[85]

这些技术改进使恶劣天气下的海洋远航变得可能和可行，并使中国船队逐渐取代了曾长期控制南方海洋贸易的穆斯林航运。在蒙古人（元朝，1260—1368 年）征战中国南方时，他们获悉了中国的海军潜力。中
526 国海军曾几次尝试入侵日本和爪哇，这是其实力的证明。此外，在蒙古人的社会结构中，商人享有比较高的地位，从而鼓励了中国南方的船主们与东南亚和印度发展了繁荣的贸易。官方以过多金属货币流出国外为理由，限制这一贸易；但偶尔有具体行动，所以几乎没有实际效果。[86]

明朝（1368—1644 年）政府对海外贸易的控制更加严格。1405—1433 年间，宫廷太监郑和统帅，进行了一系列大规模海上远征。在马六甲海峡、锡兰、卡利卡特等印度洋重要的商业中心，建立了中国霸权；还对波斯湾入口处的霍尔木兹海峡，宣称了有限的宗主权。中国船队还拜访了东非海岸。[87] 约 250 只船和数千人参加了这些远航，可谓真正大规模的行动。它使得一个世纪之后欧洲人在美洲和西印度群岛的首次举动大为逊色。然而，尽管郑和的远航成功地把长颈鹿和类似的珍稀之物带到了中国，并迫使锡兰和其他遥远国度的统治者向他效忠示敬，皇帝却在 1424 年突然降旨，暂停此类航海事业。[88] 此后，显然由于宫廷阴谋的牵累，就连人们对这些声势浩大的远航的记忆也在实际上被抹杀了。政府走得如此之远，以致禁止建造海船。大概是因为平民私家海员中的许多人卷入海盗或走私活动，导致陆上的官家无法严加管束。实际结果是，中国海岸被拱手让给了日本和马来的海盗。从 15 世纪开始，这些海盗使中国南海不再有安全和平的贸易。

中国人无疑拥有技术资源，[89] 因而他们在葡萄牙人之前，到达了印度洋。假如瓦斯科 · 达 · 伽马在 1498 年的印度洋上看到的是一个强大的中国海外帝国，它占据主要的港口和战略要道，那么，世界历史肯定会大为不同。假如中国南方的商业社团被允许自行其是，还假

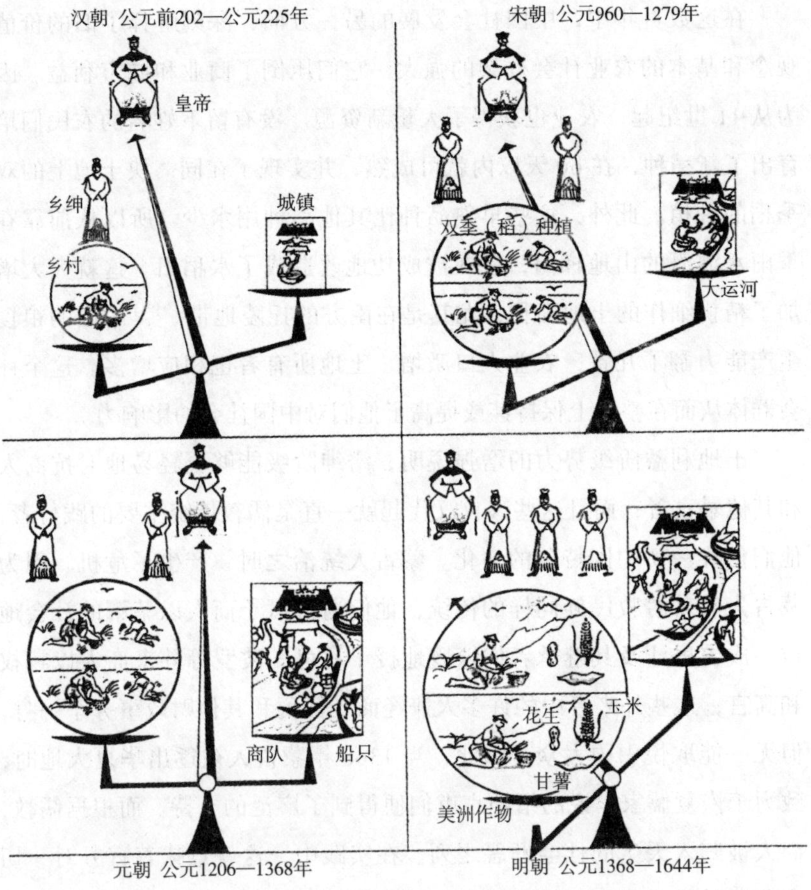

中国社会平衡的变更

如明朝帝国政府支持鼓励这些人的活动，那么如此一个帝国本来是可以迎击葡萄牙探险者的。但明朝宫廷远离 15 世纪初它的无敌舰队远航到的南中国海岸，它关心更多的是蒙古人是否会在西北边疆卷土重来，而在积极利用新的航海技术可能带来的好处方面考虑较少。[90] 因此， 527
在这个关键时刻，中国政府不仅放弃了发挥积极的海上作用，而且还在实际上禁止海上私人冒险活动。

在这数百年中，中国社会发展的另一方面，深刻解释了旧的价值观念和基本的农业社会框架的强大，它们压倒了商业和城市利益。因为从11世纪起，农业也获得了大量新资源。没有留下姓名的农民们培育出了新稻种，在60天以内就可成熟，并实现了在同一块土地上的双季稻的种植。此外，这些早熟品种比其他品种用水少。所以从前靠春季雨水灌溉的山地梯田，现在被成功地改造成了水稻田。这就大大增加了精耕细作的土地面积，尤其是在南方的丘陵地带。[91] 中国的粮食生产能力翻了几番，农业人口激增，土地所有者也相应增多。这个社会群体从而在整体上保持甚或提高了他们对中国社会的影响力。

土地利益阶级势力的增强说明，缙绅阶级能够更轻易地对抗商人和其他暴富者；而且这些人自汉代起就一直是儒教传统主要的践行者，他们倡导一切中国特色的文化。蒙古人统治之时，产生了危机。因为蒙古人有着游牧民族同样的传统，他们通常赋予商人以荣耀的社会地位。成吉思汗及其继承者们慷慨地授予马可·波罗等外来商人以特权和高官，这些外来者中的许多人兼经商、征税和其他财政事务于一身，但无一能取悦中国大众。因此，当1368年蒙古人被逐出华夏大地时，致力于恢复儒家学说的缙绅官吏们便得到了广泛的支持。而根据儒教，商人被归入天生的社会邪恶之列。在实践中，这就意味着官方对一切
529 商业贸易活动加强监控，使商业利益完全屈从于所谓的国家利益。郑和的印度洋远航及其海上事业在1438年后的突然终止，就是此种官方政策的见证。

由于商人阶级在道义上长期的软弱，官僚和地主利益势力在中国的胜利得到了确认。这些商人阶级没有理论根据，可用以回击儒教对社会寄生现象的谴责。另一更隐晦的儒教信条比这还难以驳斥，那就是社会领导权依靠的是良好的学识和道德。这个原则给任何受过良好教育的人敞开了大门。成功的商人家族因而往往购买土地，放弃经商，过起食租息者的生活，并用由此而来的闲暇研读儒家经典。这样，那些曾被邻里视为社会血吸虫的家族，在仅仅一代人的时间里，就变成

了备受尊崇的缙绅阶级中的一分子。追求这样一条上进之道的动力如此强大，以至于成千上万的家庭竞相攀登这条通向成功的儒家阶梯。[92]但是，正是中国社会上层的开放扼杀了商人群体，并在实际上遏制了大规模工商业的发展。因为在公元 1000 年的时候，中国已经在工商技术方面雄踞文明世界之首。[93]

*　*　*

在蒙古人统治时期，古老的中国传统在政治和文化方面面临着同样的挑战，这种挑战发展成为一种危机。然后，这种危机又在明朝迅速减退了。蒙古人使中国与西部欧亚大陆发生了前所未有的密切接触。在其统治之初的数十年中，蒙古大汗们从中亚、中东、罗斯，乃至西欧征召了众多外国人来中国供职。在帝都位于蒙古哈拉和林期间，中国北方被蒙古功臣酋长们分割，他们按照自己的意愿统治其新领地。由于蒙古贵族几乎终身服兵役，他们无法亲自管理自己的地产，所以，他们通常将此任务委托给中亚商人（维吾尔和其他人）商社，这些人通过一次性付款，获得向中国人征收租税的权力。[94]但在 1264 年之后，帝都迁至北京，忽必烈决定恢复中国的旧征税机制。[95]这就需要重建一个中央集权的帝国官僚机器，并通过儒教经典考试的传统方式招募 530
汉人官吏。然而，汉人通常被限于担任低级官职，而像马可・波罗这样的外国新贵，尽管出身五花八门，却继续占据了多数的政府高官职位。很显然，蒙古皇帝们并非百分之百地信任他们的汉人官吏。但在实践中，绝大多数的本土人仅仅同低级官吏打交道，所以他们再度被汉人以中国自己的方式所统治。

对数千万的中国人来说，中国北方重建官僚机构和蒙古统治扩展到中国南方，只不过是旧生活方式的重新开始。由于蒙古人和其他外来者[96]与中国亿万民众相比属少数，也由于多数外来民族的文化不及中国文化的优势，因此，蒙古人的统治几乎没有给中国的社会和文化

禮部侍郎致仕王渙九十歲

中国圣哲

左图中的中国老年儒士，对尊者恭敬，也期盼下人对他敬重。他与右图中人物表现出的解脱精神形成有力的对比。右图中人与自然界的魅力神交，正是因为自然将其从社会责任中解脱出来了。两幅画均为11世纪的作品，表现了9—10世纪支配中国文化生活的儒教和道教两者间的互补性。左图右上方的题款是此艺术品的一个组成部分，标注的是图中人物的官职、姓名和年龄。

带来任何持久的改变。征服者们在大约三代人的挥霍享乐之后，失去了勇猛艰苦的军人品质。这时，本地人领导的反叛建立了新的汉人王朝——明朝。从此，汉人费尽心机地根除外来的生活方式。结果，只有在那些从未完全并入中国社会的边远之地，比如云南，还残留着外来影响的痕迹。[97]

蒙古征服促成了整个亚洲的更密切的交往，其真正重要性不在于对中国产生的任何影响，而在于中国的某些重大技术成就，尤其是火
531 药、指南针和印刷术传入了穆斯林和基督教世界。[98] 这些发明对西欧历史具有重大意义，这样说一点儿也没夸张。然而，就中国本身而言，这些发明的作用却相对微不足道。印刷术帮助保持了晚唐和宋朝时期学术和文学的繁荣，为把戏剧和小说之类的大众文学转化为文字（印刷）形式提供了便利。然而，中国社会的组织结构非常坚固严密，足以禁止新思想的广泛传播；因此，像欧洲 16 世纪开始的广泛印刷传播新思想的事情，在中国不会发生。在这里，印刷术只会促进旧思想的传播，并通过接纳那些有可能成为文人的人士，扩大文人圈，从而将古代中国文化遗产更加牢固地附着于整个社会。

火药也未能使中国人的生活发生革命性改变。恰恰相反，当枪炮能够使皇帝有力量在相对短的时间内攻克最复杂的城堡，像晚唐时期地方军阀分裂国家的事情就比较困难了，而实现“普天之下莫非王土”的古代理想却相对容易了。因此，新武器实际上是维持了上述古代理想，而不是导致某种新局面的产生。[99] 此外，如上所述，尽管郑和远航印度洋的非凡之举，指南针和航海技术的相关革新，都没能永久地改变中国与外部世界的关系。

*　*　*

技术革新和与外界的交往对公元 1000—1500 年间的中国社会产生的影响，犹如微风吹拂水面而已。这个失败部分缘起于中国人的一

个思想传统，即视所有外国人为夷狄；它也在某种程度上反映了中国在人口、财富和技术方面比世界其他地方所具有的真正优势。同样具有所谓悠久历史的中国文化与世界其他文明一样具有相当深远的影响。如此，中国文化完全遵循自己的道路，沉着地向前发展，忘记了外面的世界。

始于公元 1000 年之前的新儒家哲学的精心阐释，在 12、13 世纪终于完成。哲学家们讨论诸如形式与实质、运动与静止的关系等抽象问题。但是，在众多的问题中，最主要的一个实际问题是，怎样过一种美好而明智的生活；自孔夫子以来，它只是偶尔短暂地屈从于抽象的讨论。作为新儒学的璀璨明星，朱熹（1130—1200 年）等哲学家发展了一种合乎逻辑的生活理想，它在理智和情感上都能与佛教和道教的神话和玄学一比高下。因此，在新儒学早期阶段曾显赫一时的佛、道两家随之变得暗淡无光。[100] 534

戏剧和小说增添了宋、元文学的风采。[101] 它们采用日常用语，在某种程度上反映了忙碌的城市生活。然而，这些“流行的”文学形式很快就被受过儒教传统熏陶的文人们所控制。此后，儒教戒律严格限定了中国剧本和小说的情感和思想的表达。[102]

艺术的主题或题材，基本上没有扩大。绘画仍是绅士们的业余爱好，是少数人的职业。艺术风格几乎延续原样，是对唐代和宋初艺术精品的模仿。模仿程度非常之准，以致现代学者很难辨别早时的真画与后人的摹本。[103] 精致优美、文雅高洁和主题具体（如有些人只画修竹），是元、明时期各分支流派和个人画家的特色。但这一切都满足于停留在古人的道德规范之内，真实地反映了那种支配中国文人阶级全部生活和行动的思想。

只要文人阶级处于中国社会顶层，就不要指望有任何变化，而实际上也几乎没有什么改变。曾经构成中国与欧亚大陆其他伟大文明间的交往障碍的是地理屏障，尽管蒙古人统治时期大大突破了这种障碍，中国却仍然选择了与世隔绝。

（二）中国的外围

535 博大精深的中国文明，曾长期为中国的邻邦所羡慕和效仿。公元1000—1500年之间，朝鲜和中部满洲，还有安南（Annam）和中国少数民族居住的南诏，发展了与中国宗主文化日益密切的联系。诚然，这些地区没有失去它们自身的独特性。从蒙古时期起，满洲和南诏就被作为中国的组成部分管辖着。不过，在汉、满（Tungusic，通古斯）和蒙古人杂居的满洲实行的是特殊的军事统治；[104]在云南则盛行伊斯兰教，从而使得这些边疆地区有别于中国社会的主体结构。朝鲜仍是一个属国，它接受统治中国北方的任何王朝。语言是阻止整个朝鲜文化被并入中国文化的主要障碍。但是，朝鲜上层阶级力图通过热衷仿效中国宫廷时尚的方式，极力克服这一障碍。[105]对南方安南的控制相对困难，仅在元、明两朝力量最强大之时，它才默认了其属国地位。然而，即使在安南历史上的政治独立时期，中国文化模式仍占据主导地位。

严酷的地理环境使西藏和蒙古的文明只能保持原始形态，而且他们也执意在精神上保持独立于中国之外。所以，中国生活方式对这些地区的渗透极为有限。例如，西藏的藏传佛教念念不忘其印度佛教之源，敌对文明传统对它的吸引实际上是对西藏汉化的抵制。14世纪，藏传佛教的道义力量增长，一个改革运动席卷了西藏的许多寺院，并在佛僧中间创立了更为严格的修习和禁欲戒律。改革后的“黄教”——因僧侣袍服的黄颜色而得此名——在以后的西藏历史上成为统治宗教。[106]

日本有建立文明的较好的地理基础。中国宫廷生活和高级文化模式曾在奈良时期（646—794年）成功地移植日本，就是一个例证。但日本人长期以来不满于全部从中国借鉴，他们不像朝鲜人那样，匆忙
536 地吸收引用中国方式的最新点滴变化。相反，在公元1000—1500年间，日本人建立了自己的社会和文化。新的日本文明不再仅仅是中国辉煌壮丽文化的一个地方性翻版，但仍然与中国密切相关，且基本源于中国文明。

9—12世纪，日本军事政权取代了仿效中国唐朝建立的早熟的官僚

帝国政府。在其统治时期，权力的基础是土地以及臣对君的私人效忠关系，这非常近似于欧洲封建制度。一个职业军人阶级——武士，最终统治了日本。他们在上层贵族宫廷之外，发展出一种刀剑使用准则；遵守这一准则是武士的荣誉，也是他们有别于其他阶层人口的标志。敌对的大名之间大规模战事时有发生，它们强化了长期持续的地方暴力行径。在此种环境中，行伍生涯备受推崇，与中国人蔑视行伍的传统形成鲜明的反差。

到 14 世纪，城市已成为日本社会的重要元素。除了为地方市场而劳作的工匠之外，这些城市还吸引了相当多的流浪武士。他们在乡村动乱中失去了土地，变成了海盗和商人。显然，这些城市庇护不安分的海盗实业家，它们与中国、印度和中东那些相对文明顺从的城市，有着天壤之别。只有在遥远的西方世界，才能找到此类粗野专断的市民。[107]

佛教寺院，特别是禅宗教派的寺院，构成城市居民和乡村武士间的社会桥梁。僧侣们分享着这个时代的尚武精神，有时也喜欢耍刀弄枪。寺院作为大地主，继续卷入封建领主之间的军事—政治斗争。同样是这些寺院，在组织日本的早期海外冒险活动中发挥了领军作用。与其他任何城市职业相比，寺院是战败或者年老体衰的武士最佳的安身选择。此外，禅宗教义提供了武士们所需要的超自然理念思想，为他们那脆弱无力的特殊道德准则提供了伦理训谕补充。

一个与中国如此不同的社会，却发现本身充塞了各种取自中国的文化表达形式。于是，它很快就发展了自己的形式。然而，日本人从未失去他们对中国文化模式的钦慕之情。因此，日本文化发展了某种双重性。大都会中的各种小团体和帝国宫廷继续研习绘画和诗歌等独特的中国艺术，而政治上占优势的地方武士和市民，却时而嘲讽此种多愁善感，时而为其魅力所倾倒。

到 15 世纪，地方市镇的兴起为高级文化活动提供了相对广泛的基础。以往本土日本风格和外来的中国风格的互动几乎完全囿于帝国 537
宫廷，而这时城市为两者提供了更多的相互摩擦的可能性。由此导致了日本绘画和戏剧的成熟。尽管艺术家们发展了一种独特的日本格调，绘画仍然带有浓厚的宋代风格。但戏剧与中国的原型相去甚远，它从日本武士英雄的传说和故事中提取主题素材，土著仪式舞蹈和大众诗歌则成为塑造其风格传统的源泉。

日本宗教的发展反映了同样的融合过程。日本佛教的各种教派均取自中国的原型，但是，它们在日本的土壤上，发展了自己的特点。12 世纪和 13 世纪出现了一批伟大的宗教领袖，他们传播一种改革的或者无须教士中介的“净土”（Pure Land）佛教，甚至批评寺院是人们拯救道路上的障碍。净土宗采纳会众组织模式，主要吸引贫穷卑微者。这些分裂教派分子偶尔挑起与旧佛教寺院的暴力冲突，并在 15 世纪促成广泛的民众起义，这些起义甚至一度在几十年中威胁到了武士阶级的统治地位。

1200 年后不久在日本确立的禅宗佛教，具有净土宗的某些特质。因为它也同样抛弃了寺院相关的学识和仪典等附属物。但与这个比较大众化的净土宗不同，禅宗更加强调“顿悟”和神秘体验，它比较偏爱个人的而非会众式的戒律和虔信。教众集会和唯情主义与禅宗传统完全不相容，却逐渐成为武士阶级的特点。

这些形式的佛教，与中国或印度的原型几乎没有直接关系，即使在教义上也如此。日本本土神道教对天照大神的崇拜，进一步表现了日本宗教生活的独特性。在几乎被人遗忘了很长时间之后，[108] 神道教在 15 世纪重新浮出。当时，天照大神大寺庙中的僧侣，发展出一种对传统神话的泛神论，并因而使神道教具有了一种复杂深奥的教义，可以与佛教各派的神学理论相比。神道在早先几个世纪中只是局限于皇帝和他的近臣们的一种狭隘的宫廷礼仪，此时开始吸引了比较多的民众。此外，通过强调日本这片天照大神的最宠和首创大地的独特性，大众化了的神道日益上升到日本民族标识的地位。[109]

因此，在宗教生活和其他文化表现领域，日本在 14 世纪和 15 世
538 纪开始独立于中国之外。从此在远东，两个独立的但又密切相关的文

明开始并存，中国不再是东亚高级文化的无可争议的中心和源泉，这标志着欧亚大陆人类居住区域的一个根本性变化。与此同时，在欧亚大陆另一端的西欧，一个独立又独特的文明也兴起了。这两者在较小程度上具有可比性。

六、远西

（一）引言

欧洲文明明显不如亚洲文明社会稳定。它在古典时代曾有过非凡的兴起，却又在西罗马帝国灭亡后，同样离奇地衰落。相比之下，中国和印度，甚至中东的历史发展平稳得多。尽管在宗教、艺术和知识表现方式上有显著变化，亚洲各文明民族的基层制度一直保持相当稳定。复杂的社会结构，包括经济与文化的专门化，历经了自公元前 2000 年（在中东则是公元前 3000 年）以来的所有时代的动荡不安，大概除了伊朗高原的东侧以外，这些复杂社会都长久地占有广大的地域。亚洲各文明的地理和社会基础通常持续扩张，虽然各自的扩张速度不尽相同。

然而，继希腊文明的广泛扩张之后，在欧洲则是文明的急剧倒退。到 8 世纪和 9 世纪初，文明的社会结构在地域上没有超出作为文明发源地的爱琴海摇篮。从此时往前推 1400 年，古典希腊文化就诞生在这里。从这个不高的起点上，马其顿皇帝们恢复了拜占庭军事政权；如上所述，文化的复兴也随之而来。此后，尽管政治和军事上的灾难，拜占庭的文化生活一直繁荣，直到 1453 年奥斯曼人攻占君士坦丁堡为止。然而，拜占庭基督教和丰富的古代遗产却成了沉重的包袱，遏制了创新。基于他们对古人的熟知和敬重，拜占庭的作家和艺术家们，无论是基督教徒，还是非基督教徒，都缺乏创见、活力和干劲。而这些却是昔日希腊人所具有的特点，也是公元 1000 年后的数世纪中拉丁西方世界的特色所在。

相比之下，11 世纪野蛮的欧洲西部地区处于一个特别有利的地位。

一方面，古典的、拜占庭的和穆斯林的文明触手可及；另一方面，西欧人直接继承的是一个化解超重的文明制度而来的简单农业社会。所以，欧洲人能选择利用邻邦的多种文化成分，重建一个全新的社会。
539 此外，罗马天主教的普世学说，以及随后不久法兰克人在整个边疆的军事胜利，使西欧人产生了一种高枕无忧的优越感。此种优越感让他们放弃了效仿文明程度较高的邻邦，他们也不再担忧任何借鉴会威胁他们的精神独立性。一个大力倡导扶植变革创新的社会就这样诞生了。当然，它本身对文明世界的奇迹抱有兴趣，而且随时随地渴望获取财富、名誉和学识。结果，欧洲经过两三百年的发展，就达到了一种可与世界任何文明相媲美的水平。

西欧也有巨大的地理优势，所谓"黑暗时代"（the Dark Ages，公元 500—900 年）的技术发展首次使此优势发生作用。铸板犁耕作下的宽广肥沃的平原、曲折的海岸和众多的通航河流、有能力抵御大西洋风涛海浪的航船、丰富的森林和金属资源，尤其是铁矿，所有这一切都在西欧突然的重大崛起中发挥了重要作用。

蛮族人的遗产——公元前第二个千年的青铜时代的入侵和公元第一个千年中的日耳曼人、斯堪的纳维亚人和草原民族的入侵，使欧洲社会较世界任何其他文明社会都更加尚武（日本除外）。但是，为中世纪盛期和近现代欧洲高度文明的完善提供基本框架的却是，在黑暗时代有所衰微的希腊—罗马和犹太—基督教的遗产。这份遗产中贯穿着各种各样的对立性，摆在欧洲人面前的是种种悬而未决和无法解决的冲突对立：作为人类社会"自然"单位的领土国家的至高无上，与基督教会统治人类灵魂的教义之间的冲突；声称是通向真谛的各种佳径的信仰与理性之间的对立；艺术理想方面的自然主义与超自然的象征主义之间的紧张关系。此外，欧洲传统中的野蛮成分还引入了其他矛盾：暴力对法律、地方语对拉丁语、民族国家对基督教世界。然而，这些截然相反的对立已经融入欧洲社会的基本原则，是无法回避，或者无法永远解决的。

西方文明比世界任何其他文明融入了更多的各种各样的矛盾元素。而且，西方世界一再拒斥自己潜在的“古典”构思，从而使其发展被拖延，且充满坎坷。这可能与深深融入其结构中的上述各种对立有关。远西的高度文明，姗姗来迟，又继承了多个矛盾关系。它已经历了多次革新，但还没有停止。没有其他文明有过如此持续不断的起伏，也没有其他文明对世界其他民族产生过如此剧烈的影响。这才是西方文明的真正独特之处，而远非其在不同时段的某种知识、制度或技术表现。

（二）政权之争

10 世纪，西欧人成功地击退了 500 余年以来时断时续地扰乱他们 540
的政治和经济生活的蛮族入侵浪潮。毫无疑问，到公元 1000 年时，扩张已经在进行中。然而，拉丁基督教徒与其边疆上的穆斯林、东正教徒及野蛮民族之间力量平衡的逆转，并未给欧洲社会带来和平与秩序。实际上，以武装起来的桀骜不驯的骑士们制约蛮族入侵，[110] 执行地方自卫，比蛮族入侵本身好不了多少。随着外部压力的减缓，地方领主们以先前对付蛮族攻击的狂野之力，肆意自相残杀。

对随后数世纪的混乱和无休止的战事的分析，揭示了政治实体内各种矛盾的四方斗争。其中每一方都坚守希腊政体的极权主义传统，试图得到界定足够清晰的疆域内全体居民的效忠。一端是基督王国的理想，实际上指的是一位“罗马”皇帝和 / 或一位罗马教皇统治下的那个拉丁基督教世界。与此普救说（Universalism）相对的是，君主制民族国家、世俗和教会的封建公国、城邦国家。每个政治单元都奋力增加自己的权力。相互间的联盟和结盟造成了无比复杂和永无休止的实力均衡的变更。

直到 1059 年，这一实力平衡的主要轴心是“罗马”皇帝——中部欧洲最强大的君王，与德意志和意大利（偶尔的）基督教会的高级教士之间的联盟。这一联盟旨在反对德意志世俗领主[111] 和意大利的拜占庭政权。北部西班牙、法兰西、英格兰、斯堪的纳维亚、波兰和匈牙利所形成的半圆形地带，与上述政治体制发展的关系不大。在多数情况下，这些国家各自朝着迥然不同的方向独立发展。在法兰西和北部西班牙，盛
541 行权力下放，因为各方领主巩固了地方混战中产生的新诸侯国。[112] 而在北方和东方比较落后的英格兰、丹麦、挪威、瑞典、波兰和匈牙利，随着部落国家和联盟合并为新的君主制民族国家，政治统一逐步实现。[113]

当克吕尼（Cluny）会众（建于910年）的所有修士发起的教会内部的强大改革运动攫取了罗马教皇职位时，欧洲的这种政治分裂开始走向末日。改革者们的中心理念是，教会为了适当地履行其精神职责，必须摆脱世俗控制。因此，当格列高利七世于1075年要求皇帝放弃其任命主教的传统权力时，就威胁到了神圣罗马帝国的政权基础。为了实施此计划，教皇不得不与德意志的封建诸侯和意大利的地方国家结成联盟。[114] 这两方都对帝国加强中央集权的行动心存宿怨。尽管历任神圣罗马帝国皇帝顽强努力，以期挽救甚或扩张他们的政权，到13世纪中叶，帝国政权还是被完全摧毁了。而教廷则成了统一的基督教世界的政治理想的唯一代表。

但是，罗马教廷缺乏自己的重要军事力量。宗教制裁无疑是重要的，许多人不敢贸然公开违背教皇的指令，担心自己的灵魂受到永久的折磨。然而，当教皇的指令与君主制民族国家的政治利益发生冲突时，剥夺教权和开出教籍的恐吓还是不如物质力量有力。人们对君主制民族国家的深厚地方感情，要比对日耳曼国王们统治下的“罗马”帝国强烈百倍。

直至1296年，教皇和君主制民族国家之间的冲突才公开化。这在某种程度上是因为，13世纪中期统治法兰西和英格兰的国王们，通常都虔诚敬神。但在13世纪的头几十年中，欧洲政治平衡发生了一个重大变化。法国的腓力·奥古斯都（Philip Augustus，1180—1223年在位）和其子路易八世（Louis Ⅷ，1223—1226年在位）夺取了王国中的6个最强大的封建公国，并对它们实行直接统治。英格兰国王是主要的输家，因为其祖先们曾经主要通过联姻，拥有了法兰西的约半数采邑

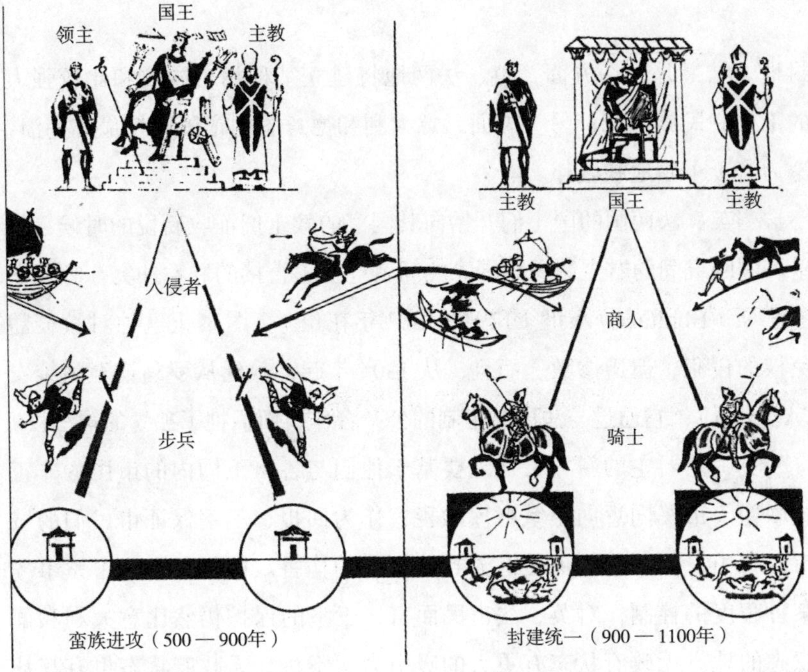

中世纪的欧洲远西部分（一）

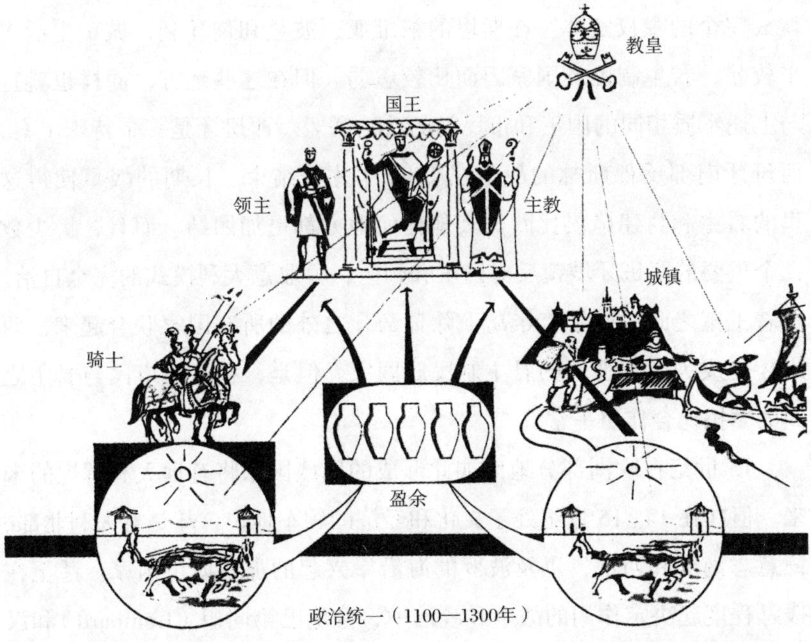

中世纪的欧洲远西部分（二）

封地。结果是，一方面，英、法两地将建立某种相对同质和比较强大
542 的王权制民族国家；另一方面，意大利和德意志的帝国政权最终崩溃，
沦为若干小领地和城邦。

当英、法两国的国王们开始向其国家的教士们征收新税的时候，教皇和刚刚巩固的君主制民族国家之间就产生了直接的利益冲突。教皇卜尼法斯（Boniface）八世（1294—1303 年在位）企图禁止这种对教会豁免权的侵犯，但遭惨败。而且，从 1305 年起，教廷从罗马迁至阿维农（Avignon），它通过与法国君主制的公开合作，而牺牲了独立的司法权。

英、法君主的新力量，主要基于他们与各自王国内的市民的非正式联盟。市民同意向王室财库缴税；作为回报，王室保证市民们的城市的自由，保证它们免受地方封建领主的伤害。即使包含对市镇事务某种程度的控制，对英、法市民而言，王室的保护仍然比意大利和德意志的地方无政府状态有更大的吸引力。不过，无政府状态也有其补
543 偿作用，因为意大利和德意志中央政权的崩溃，使得这些地区的城镇
变成完全的主权实体。在斯堪的纳维亚、波兰和匈牙利，城市生活水平较差，君主制民族国家因而比较虚弱。但在这些地方，同样也盛行与上述本质相同的国王和市民间的政治联盟。西班牙是一个特殊个案，西班牙南部反穆斯林的战争在 1492 年才告结束。长期的战事使得这里的君主和封建诸侯比欧洲其他任何地方都更加团结。而且，极少数几个重要的西班牙城镇反对国王和领主，争取意大利模式的完全自治。随着王室之间的联姻将半岛上除葡萄牙之外的所有国家联合起来，西班牙也成为一个强大的君主制民族国家。但是，在这里市民与君主之间的摩擦比合作更平常。

15 世纪在欧洲部分地区如此形成的民族国家将有远大和辉煌的未来。但在在 14、15 世纪处于文化和经济的领军地位，却是意大利北部、
544 德意志南部和西部，以及波罗的海沿岸兴起的那些城市国家。甚至在
残忍程度起决定作用的战争和政治中，像伦巴第同盟（Lombard）和汉萨同盟（Hanseatic）这样的自由城市邦联，以及瑞士的州和后来的荷兰

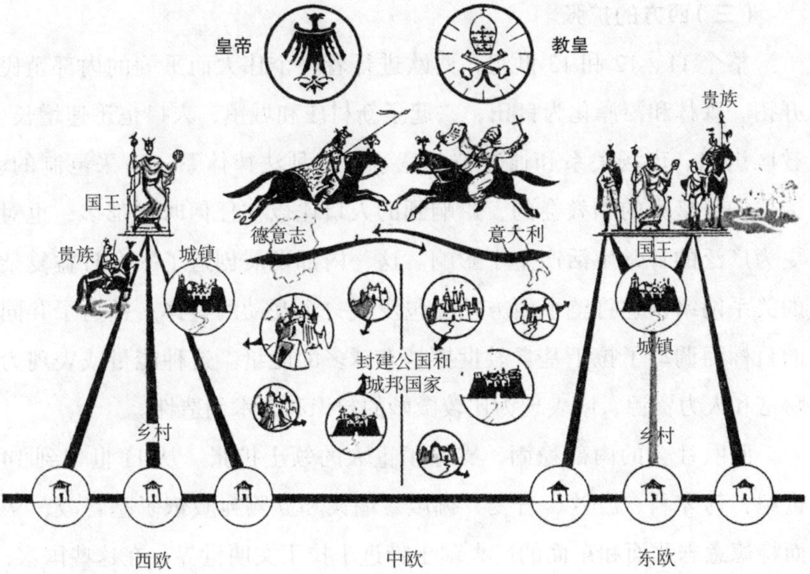

西方基督教世界的政治结构

共和国这些修改版的邦联，有时甚至可与民族国家平起平坐。法国人在 1300 年到 1494 年对意大利的入侵，淋漓尽致地表明了其凌驾于意大利城市国家之上的军事优势。欧洲的政治均衡形成了：一方是，欧洲边缘地带经济落后的民族国家；另一方是，靠近基督教世界的中心的、较小的城邦国家联盟。

尽管西欧的长期战事带来了其政治的复杂多变和不稳定，但这并没有阻碍文化和经济的迅速发展。[115] 相反，这种动荡和变化却成为经济和文化发展的主要因素之一。敌对政权间无休止的竞争使社会保持在发展运动中，并通过重视新的施政模式，鼓励革新创造精神。实际 545
上，如果曾经有某位强大、成功或胜利的教皇，将中世纪置于政治和平秩序下，人们就不会认为，欧洲文明的规律性发展因上述任何一种制度的束缚，而受阻和变弱。持久的政治多样性导致的长期战事，虽然令人讨厌，但却一直是推动西方保持活力的主要动力之一。

（三）西方的扩张

整个11、12和13世纪，西欧进行着一个伟大而平静的内部殖民开拓。森林和沼泽化为良田，兴起了新村庄和城镇，人口也迅速增长。教区组织、市场关系和通常彼此竞争的各种法律体系——采邑制的、诸侯的、皇家的和教会的，影响到的人口比以往任何时候都多，也对更为广泛的日常生活产生了影响。这一内部发展创造了一个日益复杂的关系网络，它将整个西方社会包罗成一个互动的整体；并为了共同的目标而调动了拉丁基督教世界越来越多的能量。这种能量或表现为财富和人力资源，或表现为比较微妙的智识和艺术创造性。

西欧社会的内部稳固，支撑了重大的领土扩张。从11世纪到14世纪，匈牙利、波兰、丹麦、挪威、瑞典和立陶宛皈依了基督教，从而将德意志北面和东面的广大疆土带进了拉丁文明世界。在这些国家，罗马模式的教会等级制度的建立，意味着给西欧文化插了一个楔子；而且通过引入罗马法主权概念，而加强了王室特权。商业随之发展，因为贫穷的国王们想仿效更西边的君主们，向城镇征税敛财。相应地，他们为了吸引商人和工匠到自己的领土内定居，给予他们优惠条件。[116]

推动匈牙利、波兰和立陶宛接受西方文明的一个因素是，西方君主在军事上的勇武不凡。他们自查理曼时代就向易北河之外的斯拉夫地区时断时续地推进，这些地方的人们对他们既恐惧又钦慕。处于波兰和萨克森之间的最后一块斯拉夫人异教徒之地，于12世纪在日耳曼骑士践踏下消失了。从1229年起，条顿骑士团放弃了对伊斯兰教的十字军讨伐，转而加入了征战波罗的海的异教徒的队伍。由此，拉丁
546 基督教向东的扩张就成为一个有组织的和有目的的持久事业。到1285年，条顿骑士团铲除了异教的普鲁士人，代之以日耳曼殖民者和市民。1237年以后，条顿骑士团和佩剑骑士团合并，将他们的活动扩展到立窝尼亚（Livonia），并主要以武力方式使该地区屈从于基督教。但是，没有根除原住民社会。他们还企图进入罗斯，但在1240—1242年被亚历山大·涅夫斯基击退。

西方扩张中最富戏剧性的，而且对欧洲文化来说也是最重要的方面，是向地中海的渗透。在伊比利亚诸基督教公国反对穆斯林政权的进展，缓慢而多变，非常类似于日耳曼人越过易北河的进军。争战几乎完全限于陆上，船舰和城市在基督徒的胜利中没有发挥任何重大作用。此外，诺曼人对意大利南方的征服（1041—1071 年），甚至第一次十字军东征（1096—1099 年）的情况基本相同。此次十字军东征经过长时间的充满险阻的远征之后，从穆斯林手中夺得了黎凡特沿岸。然而，在围困安条克的关键时刻，意大利舰队赶来支援十字军；然后，他们即刻与胜利了的基督徒同胞们讨价还价，要求十分重要的贸易特许权。

从此时起，到奥斯曼土耳其人着手建立海军的 15 世纪后期，意大利船队一直控制着地中海海域。后来，从第三次十字军远征（1189—1192 年），均从意大利航海抵达黎凡特。在 1204 年，当十字军占领君士坦丁堡之时，意大利海军和商业活动也渗透到黑海。渐渐地，威尼斯和热那亚，还有在较小程度上的其他意大利城市，甚至阿尔卑斯山另一侧的某些城市，都从整体上依赖于地中海东海岸地区的贸易而繁荣和兴旺。如果没有此贸易产生的经济基础与艺术和知识的刺激促进，我们称之为“文艺复兴”的意大利城邦文化的繁荣，根本就不会发生。

然而，地中海东部各个历史悠久的穆斯林或东正教文明民族，痛恨法兰克人的控制。这种怨恨成为推动奥斯曼国家成功联合安纳托利亚和巴尔干人反对拉丁西方的因素之一。到 1453 年，奥斯曼人攻占君士坦丁堡之时，除了少数几个仍由法兰克人控制的岛屿之外，意大利城邦失去了它们在地中海东岸地区的特权地位。随后不久，在 1465—1479 年间，奥斯曼与威尼斯之间发生了海上战争，以威尼斯失去其在爱琴海的大部分领地而告终。[117] 一旦意大利枷锁被取下，地方的商业和军事竞争便重新出现。而且不久之后，来自北非海岸的穆斯林海盗们甚至向意大利对西部地中海的控制发起了挑战。

如此，西欧的第一个海外帝国 [118] 被奥斯曼土耳其人灭掉。然而，547
这一挫败迅速把欧洲探险者、商人、传教士和士兵推向了世界各地，他们把浩瀚的海洋变成了西方海外扩张的高速公路。欧洲扩张的这个第二阶段，即海洋扩张，从规模上使此前在波罗的海和地中海的探险活动相形见绌，它开创了欧洲历史和世界历史的新纪元。

（四）文化发展：中世纪盛期

西方在军事、经济和政治事业上的一发不可收拾的能量，转化成为理念和艺术。西方知识分子贪婪地汲取他们所感兴趣的穆斯林和拜占庭文化的若干方面，这不过是一个前奏曲。随后迸发出来的创造性，才是年轻活力的本质。西方武士的那种勇往直前的冒险精神特点，类似于圣安塞尔姆（St. Anselm，卒于 1109 年）和彼得·阿贝拉德（Peter Abelard，卒于 1142 年）的无畏的知识探险，而高耸的哥特式大教堂和高穹的拱形天花板都是一种冒险精神的直观表达。

11—15 世纪期间西欧的文化发展，大约分为三个阶段。在第一阶段，教会和兴起中的城市的能量的汇合，为迫切系统地利用拜占庭和伊斯兰高度文明中的合宜元素，并使这份遗产适应西方的特定条件和利益，提供了基础。教皇英诺森三世（1198—1216 年在位）和卜尼法斯八世（1294—1303 年在位）在职的 13 世纪，这个阶段达到高潮，同时也产生了危机。在接下来的第二个时段内，教士和市民之间的紧张关系取代了之前的和睦相处。教会企图控制文化活动的努力，成为一种束缚，而不是动力。同时，一种比较纯粹的世俗精神开始在城市居民中表现出来。在阿尔卑斯山之北，这个关系紧张的过渡阶段持续了整个 15 世纪。但在意大利，第三个阶段明显来得比较早。意大利城镇比阿尔卑斯山脉以北的欧洲城镇强大，它们与非基督教世界也有着比较密切的交往。因此，一种日趋远离基督教教义和实践的世俗化生活方式，早在渗入更为北部的欧洲之前，就已开始流行于意大利。到 15 世纪末，这个“文艺复兴”文化渗入到了教廷内部的核心阶层，而它对北欧的宫廷和首都的影响早在此前就已经开始了。

548 在这一文化演进的第一阶段，似乎一切都有可能。突出的文化活力中心在法国北方。就是在这里最先产生了欧洲封建主义、经院哲学和哥特式建筑。

黑暗时代的贫穷曾阻碍了大型石材建筑的发展。但在 11 世纪，修道院和大教堂先后开始在整个西欧遍地建起，成为教会改革和复兴的显著象征。以中央圆顶为特色的拜占庭式教堂，从查理曼时代以来就一直被西欧所接受。但在 11 世纪，这种建筑模式被抛弃，代之以旧式的罗马长方形教堂，其主要特色是一个长形圆柱大堂。附在典型的长方形教堂侧翼的十字形厅堂，构成一个十字形平面图；连同既有塔楼和雕塑，又有大量丰富装饰的正面，创造了所谓的罗马式风格。

罗马式风格的建筑结构原则明确限定教堂中殿的宽度和高度，因为顶部和上部建筑的重量的任何增加，都要求加厚墙壁，或者增添数行圆柱。此外，只要墙是顶部的唯一支柱，就无法把窗户建得大到采集足够光线的程度。12 世纪起源于法国北部的哥特式建筑风格，解决了这些问题，它将屋顶和上部建筑的重量集中在选出的几个点上。从这里由砖石建筑巨大支撑下的窗间墙壁将压力分散至地面。将屋顶压力传向窗间壁的龙骨十字交叉形式，实际上成了一种有效的装饰形式；更为显著的是，因为这一结构原理使建造大窗户成为可能，从而使足够光线进入建筑物内部，照亮每个角落。

哥特式建筑迅速传往英国、德国和毗连的斯拉夫国家，也在较小程度上传到了意大利和西班牙。彼此临近的城邦争先恐后地建筑最高屋顶和更为壮观的新式教堂。多数欧洲大教堂始建于 12、13 世纪，但其中许多到后来才完工；而那时，瑰丽夸张的装饰逐渐形成。在其影响下，一种过于华美、矫揉造作的外表掩盖了哥特建筑原有的简朴线条结构。

这个时代的另一个伟大功业是经院哲学，这是一种解释和确定基督教教义的努力。其先行者，如安瑟姆和阿贝拉德，曾利用早期教会筛选过后而流传下来的拉丁文化遗产。他们运用自己的推理力量，激进大胆地对这份遗产予以补充。对神学和玄学的如此态度，极大地激

神圣大公教会

普瓦捷（Poitiers）大教堂彩色玻璃窗的顶部，表现的是天堂中复活的耶稣，旁边是簇拥的天使和崇拜他的圣徒。中部是耶稣受难图，它支配了整个画面的布局。底部是圣彼得的殉教场景，他是神圣大公教会创立者和使徒之首。这样，这位艺术家通过一扇窗户的设计，表现出了中世纪教会的基本教义。

基督教的世界观（一）

基督教的世界观（二）

发了那些聚集在巴黎和其他经院哲学教授和辩论中心的好奇心强和思想开放的人。

一旦西方人对知识的好奇心被激起，他们便发现，穆斯林拥有成
550 熟的思想和丰富的学识，这些远远超出拉丁世界当时的水平。正规的翻译者流派开始致力于将阿拉伯知识财富引进拉丁世界的工作。托莱多（Toledo）成为开展这项工作的主要地点，同样的工作也在西西里进行着，在萨莱诺（Salerno）、萨拉曼卡（Salamanca）和威尼斯也有较小规模的翻译活动。这些翻译家探寻有用的知识，极少关注纯文学作品。因此，他们集中翻译了医学、数学、天文学、光学和哲学著作，以及对与自然界和超自然界相关的知识的百科全书式资料汇编。

12 世纪，伊本·路世德和麦蒙尼德已复兴了亚里士多德哲学，但没有得到伊斯兰教博学之士的关注。他们继续坚持自己久经验证的思维模式，尊崇其他权威。而在拉丁西方，对刚刚开始探讨微妙和复杂的知识领域的人们来说，亚里士多德哲学的逻辑方法和系统推理，充分发挥了新启示的力量。亚里士多德的世界观与传统的基督教观点（在拉丁西方世界，基本上是奥古斯丁的观点）相对立。它诚然是一种异教哲学，但却使得理性力量如此引人注目和令人心动，以至于人们不能
551 对其置之不理。一些教士恐惧新思想，企图宣布新思想的研习为非法活动。但是，即使是教皇的告谕，也无法压制大学中活跃的好奇心和不顾一切的求知欲望，它们已经在那里扎根。

亚里士多德主义渗入西方思想的结果是，在 13 世纪兴起了两种自觉对立的智识传统。一方是基督教化了的亚里士多德主义，宣称天启真理高于纯粹的人类推理，由此保持了之前没能表明的基督教教义核心。但它同时在不抵触基督教真理的范围内，笃信理性。多明我会修士大阿尔伯特（Albertus Magnus，卒于 1280 年）和圣托马斯·阿奎那（St. Thomas Aquinas，卒于 1274 年）是这一思想学派最伟大的代表人物。另一方中比较引人注目的是圣方济会修士，他们比较坚守基督教会的奥古斯丁传统，以及最终的柏拉图智识传统。圣方济会修士们

不相信亚里士多德主义的抽象三段论推理，主张通过默默祈祷和神秘功夫来获得确定的神圣事物，他们更喜欢通过实验和观察来认知简单实用的感官世界，认为这种方法比抽象推理好。圣波那文图拉（卒于 552
1274 年）强调方济各会对亚里士多德主义不信任之处。林肯（Lincoln）的主教罗伯特·格罗斯泰特（Robert Grosseteste，卒于 1253 年）和修士罗杰·培根（Roger Bacon，卒于 1292 年）特别怀疑那一长串三段论式推理实验，而正是这种实验方式却曾使得亚里士多德主义的多明我派崇拜者们感到无比自信。

圣托马斯·阿奎那在其不朽之作《神学大全》(*Summa Theologica*)中提出了大量的权威性看法，并对信仰和道德相关问题谨慎地做出了理性的解答。此书在很短时间内就获得了半官方地位，成为基督教神学最权威的阐释之作。阿奎那运用亚里士多德主义的逻辑和术语来阐释基督教教义，取得了非凡的成功，以至于除了赞美其渊博的学识和简明扼要的论证之外，他的追随者们几乎找不到进一步可做的事；[119] 而那些抨击亚里士多德主义的人们更是多样和强势。例如，邓斯·斯科特（Duns Scotus，卒于 1308 年）和奥卡姆的威廉（William of Ockham，卒于 1349 年左右）等方济各会修道士，保持了 14 世纪的哲学和神学的持续发展。然而，就是在他们的时代，关于阐释和过分修饰问题的讨论，为人文主义者把经院主义视作嘲讽的目标做了铺垫，他们把俗气的咬文嚼字和无益的琐碎之事看作经院主义独有的特点。

中古时期信仰和理性的综合在 14 世纪明显衰减。晚期经院哲学的奢侈运用词语的把戏——比如，同时能有多少个天使在同一个针尖上跳舞？——在比较隐晦的意义上，类似于晚期哥特式建筑的过分浮夸的装饰。在两种情况下，外表上的过分装饰和卖弄技巧，都使框架和主旨变得不明晰。然而，一方面，基督教文化的这两种主要表现形式由此变得臃肿烦琐；另一方面，在基督教的理想和一种起初尚未成形的世俗性之间，原先被掩盖的宗教和世俗的紧张关系，通过乡土文学和大众信仰，得以明显表达。

*　*　*

这种紧张关系甚至清晰地表现在法律这样严肃的专门领域。由查士丁尼以拉丁文编集而成的罗马法，在西方从未被完全遗忘。而在 12 世纪，当埃纳里乌斯（Irnerius，约卒于 1130 年）在波隆那（Bologna）开创了查士丁尼法典的系统研究之时，它又获得了一种新的重要性。罗马法提供了现成的社会关系分类以及解决争端的条文规定，同时，具有理性和连贯的法理原则。这就从脉络上切断了向比较非个人基础迅速转变的社会过程。由于罗马法律体系大大优越于欧洲各地存在的乱麻般的地方习惯法，因此，它先定的存在大大便利和加快了复杂的西欧生活文明体的恢复。

553 罗马法在中世纪欧洲还具有其他功能。首先和最重要的是，作为人们认可的一种体现自然法和神法普遍原则的法律体系，罗马法变成了最有效的政治集权工具。教皇最先利用了这个可能性。他们严格依照罗马法典发展出了一套教会法规，并建立了实施它的各级教会法庭。这个教会法不仅仅用于约束教士们，因为其中包括信仰和道德案例，以及与教会财产相关的争端等内容。宗教法专家的工作直接导致了 11—13 世纪期间教皇权力的崛起。这些人遍及欧洲各地，他们将纷繁的个人和公共生活置于教会司法权之下。

但是，理性和系统的法律是一柄双刃剑。世俗统治者也能利用它，来扩大自己对臣民的统治，因此与教会法庭的冲突不可避免。虽然教皇能够挫败德意志皇帝们妄想利用罗马法，进行集权的企图。但是，教皇的合法性无法战胜新兴的英、法君主制的法律和行政制度。然而，即使在卜尼法斯八世蒙耻于法国国王（1302 年）之后，教会的法律和行政制度并未瓦解。相反，国王和教皇实际上在彼此分割教俗司法权方面达成一致，并且双方一致同意辖制封臣和市镇的司法权。在法律利用方面，教俗之间的妥协一直持续到文艺复兴。

与教会和大学中的拉丁学问相比，乡土文学，由于其本性，更能反映广大民众的关注。斯堪的纳维亚、盎格鲁撒克逊的传奇故事（sagas）和法国的英雄史诗（chansons de geste）表现了武士阶级的英雄理想，其中最早的那些几乎毫无基督教的痕迹。但浪漫小说取代了英雄诗篇，在其中骑士被基督教化了，武士们的粗犷活力也被披上了温文尔雅的外衣。然而，就在同时，行吟诗表达了一种抗衡传统，通过赞颂不正当的男女关系、惹人爱慕的女士和朝臣们享乐的世俗生活，以一种新形式维持了异教徒和基督教理想之间的旧的对立。

市民也在早期的乡土文学中占据一席之地。例如，许多叙事诗（fabliaux）称赞平民百姓的机智，并常常公开嘲讽教士。不过，市民对基督教并非毫无感情，某些为市民观众所创作的神迹剧目，就表现了明确简朴的虔敬精神。正是但丁（卒于 1321 年）赋予市民们以一种较高雅的文学形式，来表达自己。它去除了叙事诗的粗俗和显示“奇迹”（miracle）的剧目的幼稚。但丁的意大利文十四行诗把行吟诗人典雅雍容的爱情基督教化了。他的伟大诗篇《神曲》表现了一个巨大的自相矛盾，它既强烈反对教权，又深深地依恋基督教，是一首展现了渊博学识的诗篇。

大众信仰运动最清楚和最直接地阐明了教士和市民间的紧张关系。在 12 世纪晚期，各种各样的异端遍布意大利北部和法国南部，主要受到织工和其他工匠群体的欢迎。这些异端中最为显著的是卡特里派 554
（Cathari）。[120] 他们是严格的宗教主义者，以其严格的苦行主义和强烈的团契式虔诚，使得基督教徒自愧不如。他们采取辩论和说教的方式，但均遭失败。之后，在 1208—1209 年，卡特里派被所谓的阿尔比（Albigense）十字军残酷地镇压。

但只靠暴力还不足以面对异端教派向教会发出的挑战。多明我会和圣方济各会的修士们因而承担起重任，负责在欧洲市民中保持一种基督教和天主教的精神。这些修士通过自己的说教、慈善之举和虔诚榜样，努力使市民们更好地理解基督教信仰和行为。教皇英诺森三世犹豫良久之后，才容忍了以阿西西的圣方济各（St. Francis of Assisi，卒于1226年）为中心的平信徒兄弟会。因为他们的神秘显圣和创造“奇迹”的力量，以及圣方济各——他本人是一位平信徒——对社会传统的古怪淡漠，逾越了领受天恩的正常的神圣途径，也逾越了官方使徒等级制度的权威。此外，圣方济各的行乞生活，虽然没有直接，但却间接地挑战了过着王侯般生活的教会高级教士们。不过，在最后，教皇还是祝福了这个新团体，并由此为教会攫取了圣方济各及其兄弟会所激发出来的巨大宗教热情。

正是圣方济各会强烈的宗教笃信，不断给教会神职人员带来种种问题。教会与世俗间的许多妥协，深深触怒了严格宗教主义者，如14世纪的所谓“超凡”的圣方济各会会士。因为“超凡”派使先前圣方济各会运动的隐晦之意明朗化了，所以，在这些修士与教会等级制度分裂的主要问题上，充满了广泛和明显的感情色彩。“超凡”派宣称拥有财产不符合耶稣基督及其使徒们所树立的榜样，而其主教继承者们却持有相反的观点。这个信条是对教会的物质财产和实际权力的直接攻击，它也对整个教会权力机构的合法性提出质疑：怎么会信任那些如此偏离圣徒榜样的人们，并委以任何职责呢？教会因此强烈诅咒使徒守贫学说。然而，顽固的极端主义分子拒绝承认教会法官的权威，在一些人被处以死刑后，才算平息下来。但是，尽管将超凡派（跟先前卡特里派一样）严格宗教主义分子逐入地下，教会仍然无法完全压制这些人对教会的财富和世俗化的批判，即使是最严厉的迫害。在宗教改革之时，这种质疑又再次洪水般地暴发出来。

对官方宗教而言，对宗教的冷漠或怀疑要比彻头彻尾的异教更有颠覆性。这种怀疑主义从13世纪以来，就存在于某些市民群体当中。
555 怀疑论者通常不显示他们缺乏宗教虔信，也不公开挑战教会。相反，他们专注“生活中比较美好的事物”，包括财富、权力和美丽。随着这种态度的盛行，尤其是在意大利，教会的教士们经常附和世俗观念，有时还情绪高涨。于是，宗教在这些人那里不过只是礼仪姿态和口头上的老生常谈。意大利教会内部的腐朽，以及欧洲北部严格宗教主义的持久活力，共同为 16 世纪宗教改革的爆发创造了情境。

在欧洲宗教统一发生剧烈和戏剧性的变化之前，意大利市民的世俗化精神在文艺复兴文化中找到了一种诱人的表现方式。从 14 世纪以来，少数文人墨客着手复兴纯粹西塞罗式的古典拉丁语。他们对语言的强调，转移了人们对曾经深深吸引了 12、13 世纪的欧洲学者们的阿拉伯语的和古典教条式著作的注意力，并将纯文学置于最突出的位置。这种兴趣使那些自命的意大利人文主义者与同时代的拜占庭文学界紧密协调一致。于是，拜占庭文学界对自己的古典文学的专注，把少数意大利人的注意力转移到自 4 世纪以来在西欧几乎被忘却了的丰富的希腊文学遗产上来了。但是，拉丁和希腊文学打开了一种不受天启宗教拘束的生活视野。并且，一些更大胆的人文主义者在 15 世纪结束之前，已经有意识地与基督教决裂。少数几位，如尼科洛·马基雅维利（Niccolo Machiavelli，卒于 1527 年），公然夸口他们不信教。其他人，如皮科·德拉·米兰多拉（Pico della Mirandola，卒于 1494 年），则以泛神论修正传统的基督教教理，从而保持自己的信仰。

多数人文主义者的著述，长期以来总是提及古典，总是带有古典文学知识的印记。这就使得它们完全不合乎当代人的品位，毫无吸引力。相比之下，视觉艺术则没有受到类似的毁害。古典绘画的范例匮缺，在雕塑和建筑领域，文艺复兴时的艺术家们无意中超越了他们的古典范式（多数为二流作品）。起初意大利画家们努力向比较完美的自然主义发展。马萨乔（Masaccio，卒于 1428 年）引入了明暗画法，用以表现三维空间。随后，它演化为空间透视画法。约在 1435 年，阿尔伯蒂（Leon Battista Alberti，卒于 1472 年）提出了用于计算线条透视法的几何画法。这使得画家们能够在一个想象的空间中构思他们的图画，这个空间从无限渐渐消失到一个点上。到 15 世纪末，围绕这两个技巧的变化层出不穷。艺术家们已经超越了自然主义，向着戏剧性的夸张和变形发展，换句话说，巴洛克（the Baroque）艺术即将来临。

新颖独特的西方绘画风格，这个不同寻常的界定牵涉到复杂的空间计算和对直观视觉经验的智力重组。因此，意大利绘画艺术预示了在17世纪才得以充分表现的自然科学中的数学的发展。

556 文艺复兴时期意大利的艺术和世俗性，使人联想起对未知事物的新探险行为。它竟然在公元1500年前的阿尔卑斯山脉以北，特别是在宫廷圈内，找到了知音。但欧洲西北部在整体上处在悬而未决的状态中。14世纪和15世纪，法国、英国和德意志的人们日益愤怨于其先辈在12—13世纪精心打造的制度和知识结构的刻板僵化，但他们又不能或不愿，抛弃或打破这份遗产中隐含的限制。实际上，14、15世纪，在中世纪欧洲文明的阿尔卑斯山以北的主要发源地，一种刚刚开始的稳定状态似乎预示了光明的未来。然而，欧洲社会和文化这个潜在的"经典"概念刚开始形成，就被文艺复兴和宗教改革这两种革命性力量彻底打断了。

然而，在此扰乱之前，阿尔卑斯山脉以北社会的各个方面表明，中世纪欧洲社会结构已经消亡。例如，因为黑死病的劫难（1348—1350年）[121]和"百年战争"（1337—1453年）的破坏，同时也有其他因素，城市的发展遭到严重阻碍。欧洲西北部的大部分城镇落入一小撮寡头之手，他们靠传统的垄断和租息过活，非常不情愿进行任何经济、文化或政治的新的冒险事业。只有在拉丁世界的边缘，即波罗的海沿岸和诸如德意志南部这样先前几乎没有发展的地区，城市生活在14世纪和15世纪还充满活力地持续发展。

对这种狭隘的社会体系的不满，以各种各样的形式表现出来。农民暴乱和城市下层阶级的起义交织相映，但这些运动均以失败而告终。至少在某种程度上，这是因为反叛者缺乏深思熟虑的改革计划。从英国的罗拉德（Lollard）异端中可以隐约看到，人们在心理上与现存宗教社团保持距离，约翰·威克利夫（John Wyclif，卒于1384年）对教士行为的批判鼓励了人们的这个心态。同时，相关的波希米亚（Bohemia）的胡斯运动（Hussite）也隐约表现了这种心理的疏远。《农夫皮尔斯的故事》（*Piers Plowman*，约1370年）也表现了某种相同的精神。甚至这些中产阶级的代表自信和奢华，安静中显露炫耀。这是欧洲远西部与世界其他文明之间的主要差异的一个表现。

佛兰德的市民

这些中产阶级的代表自信和奢华，安静中显露炫耀。这是欧洲远西部与世界其他文明之间的主要差异的一个表现。简·凡·艾克（Jan Van Eyck）于1434年为简·安诺菲尼（Jan Arnolfini）及其妻子创作了此画像。同年，他成为“勃艮第善人”菲利普的宫廷领薪画家。一个曾被市井之人赞助的画家，竟成了勃艮第王子菲利普所雇用的艺术家，这个事实表明了欧洲商人所享有的独特的高级地位。

连从外表看似乎正统的神秘虔敬的表现形式，如低地国家的“平民生活兄弟会”（the Brethren of the Common Life），也肯定反映了从解脱尘世及对官方宗教和教会机制的不满。

然而，如果认为 1300 年以后阿尔卑斯山以北的欧洲进入了文化僵死阶段，这个观点是站不住脚的。因为之前动工的许多教堂，竣工于
558 14、15 世纪；经院主义逻辑和神秘信仰艰辛地争夺着对人们的思想控制，民众骚乱不断。一方面是那个时代伟大灿烂和勇敢的意大利文化；另一方面是艾克（Jan Van Eyck）等画家所描绘的“勃艮第善人”菲利普的宫廷之华丽豪侠，或佛兰德（Flemish）市民之安详优雅。两者并非没有可比性。不过，显而易见，除了意大利，这几个世纪还算不上欧洲的伟大时代。

（五）西欧文明的独特性

鉴于欧洲文明在 1500 年之后的世界所发挥的革命性作用，有必要提出一个问题：中世纪欧洲与同时代的其他地方区别何在？对于这个问题的解答，要点有二。

其一，从 11 世纪起，不为自己的过去所羁绊的西欧人，着手汲取古典、穆斯林和拜占庭世界的遗产，后三者却相对地为自己的历史所累。他们利用这些外来遗产时所表现出的轻松和热切，恐怕在文明历史上无与伦比。不过，公元前 6 世纪希腊人在汲取东方文明时，有过类似的表现。欧洲人迅速和专心地从其历史悠久的文明近邻那里获取知识，尽管他们是初学者，却比同时代的亚洲人对人类发展合理化做出了更多的贡献，这或许是其原因。西欧人享有希腊遗产，这点也有关系。罗马法、希腊科学和哲学、教会鼓励对教义和现世的沉思，所有这些都推进了这一发展。这种态度给欧洲人带来了新的可能性，与之相关的重要标志是文艺复兴艺术领域里的空间的数化，以及机械钟表的发明（13 世纪）所显示的时间的精确性。没有其他文明取得了如此精确的工具，用以协助人类的感知和工作。

其二，大众对经济、文化和政治生活的参与，在西欧较同时代的其他诸文明广泛。欧洲商业的主要商品不是为少数富人生产的奢侈品，而这通常是亚洲文明的商业情况。相反，这些大宗商品，比如谷物和鲱鱼、羊毛和粗布、金属和木材，都必然有非常广泛的消费者阶层。在文化上，各种各样的社会群体——教士、贵族、市民，甚至在某种程度上包括农民，都在中世纪欧洲社会找到了表达各自渴望和需求的文学方式。反之，在其他欧亚文明中，唯有危机的发生，才能导致类似的事情。尽管欧洲乡村的贵族统治和城镇的寡头统治，参加战争和参与政治的中世纪欧洲人口，在比例上，却大于亚洲文明社会。日本可能是个例外。所以，就有这样的事情发生，从意大利北部城镇及后来从瑞士乡村招募的长矛手，挑战了自 12 世纪以来就占据军事优势的贵族骑士；在 14 世纪，最精锐的法国骑兵也无法对抗从贫穷的威尔士边陲征募的英国弓箭手。至于政治，如英国议会、法国等级会议和基 559
督教会理事会之类的代表机构组织，把各种社会群体带进了最高层的政治竞技场。

这一切造成的结果是，在欧洲社会之内有可能动员更多的资源，而这在其他拥有比较严格的等级制度的文明国度，则无此可能。古典时代的希腊民主城邦，曾一度显示了自由人和自由公民的小型社会所具有的潜力。西欧既非如此自由，亦非如此富有创造性。然而，就在这里，我们或许也能够窥见一种环境的推动效果，它呼唤出占很大人口比例的人们的冲突性能量。相反，在一个由少数个人统治的社会里，即使这些个人具有相对的同质性，这个社会也较成熟，并有比较光明的前景，他们也可能找不到表达自己的地方。

七、人类生存圈的边缘

到公元 1000 年，欧亚大陆中部和北部的多数地区已被带进文明世界的商业圈。只有在北极的苔原地带，驯鹿游牧者与渔民、猎人仍与世隔绝。随后500年中，北欧森林地带，特别是俄国的农垦取得了非常显著的进步。在远东的北方森林地带、满洲、黑龙江流域和日本北部，也有类似的农业扩张，但规模较小。正如本章所极力阐释的，同一时期草原上高水平的野蛮文化，通过商业的和军事的联系，与南方的文明社会密切联系起来，它们在整个亚洲和东欧的历史上扮演了一个极为重要的角色。

在欧亚大陆诸文明的南翼，一个更为广大的地带直到公元1000年，几乎没有，或者甚至可以说绝对没有受到文明世界的影响，它就是整个南部非洲和澳大拉西亚（Australasia），还有在湄公河的热带雨林和毗邻的流域残存着的原始生活小块地区。公元1000—1500年间，澳大拉西亚继续孤悬世外；而在非洲和东南亚，文明世界的军事和商业渗透剧烈地改变了那里的文化格局。这一改变的主要动因是伊斯兰教，因为穆斯林控制了1000—1500年期间印度洋和撒哈拉两地的贸易。

在东南亚，大约从耶稣纪元初始起，就已经存在文明国家了。公元1000年，三个印度化了的国家：室利佛逝（Srivijaya，苏门答腊）、满者伯夷（Majapahit，爪哇）两个海上帝国和高棉人（Khmers）的河域帝国（湄公河下游），与汉化的安南国（Annam）一起割据了东南亚的政治舞台。富丽堂皇的大神庙被精心装饰，其雕塑非常精致，有些美不可喻；它们是上述三国人民的财富、技术和虔信的里程碑。然而，
560 13世纪，未开化的泰部落人（Thai）扰乱了高棉帝国。与此同时，来自锡兰的佛教僧侣和来自印度的穆斯林传教士，开始破坏旧的宗教体系。整体而言，佛教徒在内地占了上风，并使泰部落人归顺了佛教模式的印度文化（14世纪），而伊斯兰教则赢得海岸地区和岛屿，甚至远到菲律宾群岛的棉兰老岛（Mindanao）（14—15世纪）。[122]

公元1000—1500年之间，非洲发生了三大变化。第一，严格伊斯兰教阿尔摩拉维德派（Almoravid，1076年）洗劫并征服了西非的异教徒加纳黑人王国，并以伊斯兰国家取而代之。加纳最重要的继承者

是黑人穆斯林王国马里，它于 14 世纪初发展到极盛；后被另一个以摩洛哥为根据地的穆斯林征服者灭掉了（1488 年）。农业是西非大草原黑人社会的经济基础，与北非海岸的跨撒哈拉贸易往来也一直很重要。集中采矿生产出大量的金沙，其量如此之大，据说 1324 年一位马里国王朝觐麦加时，过分慷慨地散发黄金，以至于在随后 10 年里，阿拉伯半岛的金属贬值。

非洲局势的第二个变化是班图语游牧民族沿东非的隆起高地向南方迁徙，并进入西非和中非的中央雨林区。1500 年之前很久，这一迁徙运动就开始了，并因逃避西北非穆斯林的压迫的人们的迁徙，而可能得到了加强。这一过程颇似许久之前那些放牧牛马的游牧民族在欧亚大草原上的扩张（但班图人没有马）。导致两者发生的原因可能也差不多，即从文明较高的近邻（他们或许在努比亚）获得了畜牧业技术。他们随后发展出一种好战气质，以适应新的放牧生活方式。无论如何，班图人轻松地享有了对东部中非先前居民的军事优势。到 15 世纪末，他们抵达了赞比西河（Zambesi）。与此同时，其他异教黑人民族渗入了几内亚（Guinea）和达荷美（Dahomey），在此建立了一些小国家。通过东非海岸港口的阿拉伯内陆贸易衰落了；实践表明，骁勇善战的班图人不如非洲内陆早先的居民注重商业开发。[123]

非洲文化史上的第三个重要事件，是伊斯兰教在东北非的立足巩固。这一过程中的决定性事件是，到 15 世纪初，穆斯林完成了对基督教努比亚王国的征服，并使之皈依了伊斯兰教。穆斯林还控制了整个红海海岸，基督教徒被限于埃塞俄比亚高原。不过，抵抗穆斯林侵犯和逃 561
避努比亚厄运的努力产生了一个后果，它带来了 13 世纪晚期至 16 世纪早期埃塞俄比亚的“黄金时代”。这段时期内，阿姆哈拉（Amharic）文学和艺术在这个文化隔绝的社会里达到了前所未有的繁荣。

因此，到欧洲人开始探险非洲海岸时，这块大陆的大部分地区已经感受到了文明世界变革碰撞的影响。西非成为伊斯兰世界的一个边缘省份，班图社会高度发展的蛮族部落文化占据了中央高地，而在东北非，伊斯兰诸国与基督教的埃塞俄比亚平分秋色。唯有在遥远的南部和刚果雨林中的若干地区，还残留着真正的原始民族。[124]

* * *

在美洲，1000—1500 年间，墨西哥、中美洲和秘鲁诸文明的最重要变化是，较早时的祭拜中心发展成了大型的城市群落。但美洲印第安人文明的社会—经济模式，总是与旧世界熟知的模式相去甚远。市场关系几乎不存在，例如，在高度一体化的印加帝国，货物交换受到政治控制。官吏们从生产者手中征收食品和手工艺品，然后将它们作为补偿，分配给某些特定的军事、行政或劳务人员。农民和手工业者之间的确有零星的以货易货的交易，但在这个新世界中，似乎从未发展出类似于欧亚文明世界里的职业商人阶级。

在政治方面，新世界的历史破天荒的相对清晰。在墨西哥，若干敌对好战的“城邦国家”作为托尔特克（Toltec）牧师—国家的继承者而兴起。其中之一，特诺奇蒂特兰（Tenochtitlan）与另外两个较小的城邦结成同盟，在 15 世纪初期取得了军事主导地位。在接下来的几十年中，阿兹特克城邦进行了军事远征，巩固了对中央墨西哥相当广大的地区的控制。远征具有劫掠和夺取土地的目的，但至少在理论上，征战的理由是获得足够的人的心脏，以奉献给神。阿兹特克人并未摧毁地方上的部落和城邦国组织。事实是，当 1519 年科尔特斯（Cortez）入侵他们的领土时，特诺奇蒂特兰的武士帝国统治已经岌岌可危。

在玛雅人（Mayan）地区，先前的统一化作了政治分裂。奇琴伊察在公元 1000 年之前不久建立的政治霸权，在 1200 年左右被推翻了。取代它的是敌对的玛雅潘（Mayapan）城市，它的政权与奇琴伊察政权
562 相似。这个新霸权继而在 1450 年左右崩溃瓦解。在西班牙人到来时，这里的危地马拉分成尤卡坦（Yucatan）和玛雅人的地区，在政治上是若干敌对的小国。

在新世界，西班牙人遇到的唯一强敌是秘鲁，它强大稳定，又幅员辽阔。15 世纪，印加人在这里推翻了原先的城邦国家和领土狭小的独立政体，创建了中央集权的帝国。印加人在征服之地施行了极其全面和系统的行政管理，将全部权力集中于印加大帝及其亲属之手。印加人在工程建设，尤其是道路修建方面所取得的巨大成就，证明了帝国政权组织和控制其臣民劳作的能力。但是，在 1527 年，继承权之争导致整个行政机构陷于瘫痪，帝国体制随之瓦解。纯粹出于巧合，[125] 就在这一年，皮萨罗（Pizarro）发起了向秘鲁的强盗式远征。

在现代人认识美洲印第安文明时，他们唯一能利用的是艺术和技术。但在公元 1000—1500 年间，印第安人在这两个领域均未取得任何显著的进步。事实上，多数研究表明，军事统治取代早先的祭司统治，导致了艺术水平的衰退。毫无疑问，当西班牙人出现在新世界之时，那里的文明政治环境欠佳，美洲印第安民族的潜在力量没有被真正挖掘出来，以应付一小撮欧洲入侵者。印第安文明的文化生活似乎也没有特别的兴盛，或者也未曾赢得平民百姓之心。如果广大印第安民众对他们昔日的统治者所代表的祭司和帝国传统真的感情至深，那么，西班牙传教士们就不可能如此迅速和成功地使美洲印第安人皈依基督教，哪怕是表面上的归顺。这样看来，西班牙人对美洲印第安文明的破坏似乎没有给人类文化造成特别巨大的损失。上千年间究竟发生了什么事情，无人敢断言。但是，在公元 1500 年，与旧世界相比，新世界的实际成就的确微不足道。[126]

第三篇

西方统治的时代

（公元1500年至今）

565 公元 1500 年恰当地象征着现代的来临，在世界史和欧洲史中都是这样。在此之前不久，葡萄牙人在航海家亨利王子（卒于 1460 年）领导下，首先改进了航海技术，将大西洋风暴与潮流袭击的危险降低到可以容忍的程度。一旦他们征服了危险的水域，欧洲的海员就发现没有不能进入的海洋，没有任何未被冰封的海岸他们不敢冒险踏上。这些欧洲的航海探险以迅速的成功，大胆的船长驶入遥远未知的水域；其中以哥伦布、瓦斯科·达·伽马和麦哲伦为其中最著名者。

其结果是把欧洲对着大西洋的这一面和地球上大部分的海岸连接起来。以前一直是欧亚大陆一端的边缘地带，在差不多一代人的时间里，成为世界海路的中心，在海路容易到达的范围内影响着所有人类社会，同时也受到所有人类社会的影响。因此 1000 年来欧亚大陆各文明以陆地为中心的均势突然受到了挑战，并在 3 个世纪内倒转了过来。美洲与世界其余地方之间庇护性的海洋障碍突然被打破了，奴隶贸易把非洲大多数地方带到了文明的浸润之中。只有澳大利亚和太平洋上的小岛在一段时期还未被侵入，而在接近 18 世纪时，它们也开始感受到欧洲航海者和文明的力量。

当然，西欧是世界关系中这场非凡革命的主要受益者，既在物质上，也在更深远的意义上是如此，因为西欧现在成为各种新事物的卓越聚集之地。这使得欧洲人能采用任何他们喜欢的其他民族的工具和装备，他们的文化遗产得以增加，这激励他们重新思考、重新组合和做出新的发明。墨西哥和秘鲁的美洲印第安人文明是新的世界均势最明显的牺牲品，在领导阶层被西班牙人毁灭或破坏后，突然下降到相对简朴的乡村水准。在旧世界中，当海路取代了陆路运输时，穆斯林各民族失去了他们在
566 生存圈中的中心地位。只有在远东，世界关系新格局的影响起初是不重要的。从中国人的观点看，按传统形式规定的贸易，是通

过穆斯林还是欧洲商人之手，是没什么差别的。一旦欧洲人扩张的力量威胁到他们的政治完整性，首先是日本，然后是中国驱逐了这些扰乱者，关闭了他们的边界，以防止进一步的侵入。但到 19 世纪中叶，同时还有非洲中部的原始文化，开始在新近工业化的欧洲（和欧洲之外）的西方的影响下崩溃了。

从公元 1500 年起，世界历史的主线，首先是西欧政治统治在扩张，然后是扩大了的欧洲式社会跨越北大西洋建立起来，并向东扩张到西伯利亚。而直到约 1700 年，亚洲文明的古老陆地边疆还保持着许多他们旧有的重要性。印度（从 1526 年起）和中国（在 1644 年）都遭受了越过这些边疆的又一次征服，而奥斯曼帝国的扩张能量直到 17 世纪末还未耗尽。只是在中美洲和南美洲西部，欧洲人在这个时期成功地建立了土地广阔的海外帝国。因此 1500—1700 年可以看作人类生存圈关系由旧的以陆地为中心向新的以海洋为中心的模式转变的时期，这个时代欧洲人的冒险已经改变了，但还没有颠覆旧世界的四重性均势。

下一个主要时期是 1700—1850 年，经历了平衡向有利于欧洲人倾斜的决定性转变，但远东除外。两个大的外围部分加到了西方世界之上，俄国通过彼得改革，北美洲则通过殖民地化。欧洲社会不那么大规模的支派同时在非洲最南端、南美洲大草原和澳大利亚建立起来。印度归属欧洲人统治；穆斯林的中东避免了类似的命运，只是因为欧洲人内部的敌对；欧亚大陆草原蛮族人的立足之处，由于俄国人和中国人征服和殖民的进展，丧失了它最后一点儿军事的庇护功能和文化上的重要性。

1850 年之后，以机器进行的工业生产迅速发展，大大地提高了西方在政治上和文化上的优越地位。从这个时期开始时，远东的堡垒在西方的炮舰前陷落了；一些欧洲国家巩固和扩张了在亚洲和非洲的殖民帝国。虽然欧洲人的各帝国从 1945 年起崩溃了，欧洲的各个民族国家，比起在美国和俄国，以政府为轴心产生的各民族与各国结合的政治力量中心，是大为逊色了，但仍然确定的是，从第二次世界大战末起，争相效仿和采用西方文化的科学、技术和其他方面，在全世界范围内大大地加速了。这样，西欧从其短暂的全球主宰地位跌落下来的同时，全世界各民族空前迅速地西方化了，这也成为西欧地位下降的原
567 因。西方的兴起今天看来还远未达到它的高峰，甚至在狭隘的政治意义上，西方占统治地位的时代还没有明显成为过去。欧洲文明的外部成员美国和俄国在军事上远比世界其他国家强大，一个联合起来、重新组织的西欧的力量在潜力上比这两国都大，只是因为在阐明各国的共同政策上有困难才处于弱势，有些国家仍抓住它们衰败的主权这种装饰物不放。

* * *

从 20 世纪中叶这个角度来看，西方文明的历程从 1500 年起看来是一场范围的迅猛扩张，在地理范围上和社会深度上，其规模远比过去可与之比较的现象大得多。不断加速的自身变化，结合着互相冲突的思想、制度、希望和发明的浪潮，是现代欧洲史的特点；还有精心设计的革新，近来形成了制度化的成果，工业研究实验室、大学、军事参谋总部和各种计划委员会的形成，加速了技术和社会变化的步伐，很可能保留为西方文明的持久特征。

这种变化能力赋予近几个世纪的欧洲和西方历史以既迷人又混乱的特点。我们既是西方过去的继承者，又是它的俘虏，卷在一种不可预测和难以置信的迅猛发展的变迁中心这个事实，使我们不容易认识关键性的历史事件。如果不能避免错误的话，我们应尽可能地以镇静的态度，去认识久远的时代和不同于我们自己的文明。

尽管如此，如果不想使全书的精巧比例失调的话，必须努力用这本书到此为止同样粗线条的笔调来处理现代的欧洲和世界史。幸运的是，一系列卓越的历史学家已详细讨论过这个领域，因而将西方历史分成阶段，并在某种程度上合理地表明这些阶段的特点并不困难。更大的困难是来自西方历史的适当分期与近代世界史的分期标准不一致。这并不奇怪，因为欧洲必须首先在一个新水平上重新组织起自身，之后其力量增长的效果才能在海外大规模显示出来。因此，应当看到，欧洲社会成功的自身改变，和它们在世界历史这个更大舞台上大显身手之间有着一段时间上的距离。

因此，我以看来适合于世界史的界限来划分以下几章，但是每章将及时回顾讨论欧洲生活的一些转变，它们发生较早，并在很大程度上带动了世界发展的新阶段。因此，论述 1500—1700 这两个世纪的一章，只讨论截至 1650 年的欧洲发展。到 1650 年，欧洲已发展得不再适应中世纪的模式。论述 1700—
1850 年这个时期全世界的一章，却只讨论欧洲和欧洲以外的 568
西方在旧制度下（1650—1789 年）的时期；最后一章，谈到 1850—1950 年的发展，则论述 1789—1917 年的西方。结束语将讨论西方社会从 1917 年以来的关键性转变，并冒昧地对世界历史可能的后果进行一些探讨，这些尚要留待未来验证了。

这样一个计划所固有的困难与拙劣的补偿，也许在于它以这种方式强调了近代历史的主要动力。

文艺复兴时期，意大利人文主义者重新发现几乎被遗忘了的丰富的希腊文化遗产

第11章

遥远的西方对世界的挑战
（公元1500—1700年）

一、欧洲大扩张及其世界性影响

在1500年时，大西洋沿海地区的欧洲人具有三项天赋特性。第一，根深蒂固的鲁莽好斗的性格；第二，善于运用复杂的军事技术，尤其在航海方面；第三，能抵抗长期以来在整个旧大陆广为流行的各种瘟疫。这些特性使他们能在约半个世纪内控制了全世界的海洋，并只用了一代人的时间就征服了美洲最发达的地区。 569

在本书中，我们已经着重论述过西欧商人阶层也像欧洲贵族和地位较低的领主一样，存在那种根植于青铜时代的野蛮好斗的特性和中世纪尚武习俗的遗风。但当人们把它们与其他主要文明形态比较以后，而且只有当人们得知了科尔特斯和皮萨罗之流在美洲的几乎令人难以置信的黩武野蛮行径，得知了阿尔梅达和阿布奎基等人在印度洋上的伤天害理的挑衅侵略行为，并发现了即使如利玛窦神父那样的欧洲学者也对中国文明嗤之以鼻之后，[1] 欧洲人嗜血好战的特性才能被认识。 570
只有穆斯林和日本人在黩武方面堪与欧洲人匹敌。但穆斯林商人通常会在当权者的暴力面前俯首帖耳，不敢甚至从未想过推翻暴力，所以穆斯林商业没有以赤裸裸的、装备完善的大规模武装为先驱，而这正是 16 世纪欧洲商人主要使用的手段。日本人的武力虽然堪比任何欧洲人，但其武士式的作战方式和十分有限的铜铁供应都意味着，无论是武士还是海盗均不足以对付欧洲海船上的炮火。

16 世纪以来，海上霸权使欧洲的尚武精神得到了广泛施展的机会。欧洲人的海上霸权开始于意大利商业城市，然后经过葡萄牙王子、航海家亨利及其后继者们的科学实践等手段，经过精心策划而获得的。而自从 13 世纪指南针传入以后，隔地中海相望的陆地之间开始频繁通航。海图，即通常所说的中世纪航海图，因此应运而生，上面标有海岸线、海港、界标和各主要港口的相对位置。这些海图虽系手绘，没有精确数字和比例，却仍相当准确地标明了距离。然而，要绘制在大西洋上远距离航行所需的海图，就必须设法准确测定沿岸的几个关键地点的数据。为了解决这个问题，亨利王子从欧洲延请了几位当时最权威的数学家和天文学家来到葡萄牙。他们制作了一些简单的天文仪器和一份三角函数表，船长们由此得以测出非洲海岸新发现的一些地点的纬度。测算经度则要困难得多，直至 18 世纪才发明了令人满意的经纬仪，在此之前只能依据粗略的推算。虽然如此，在大西洋沿岸航行所需要的海图还是在亨利王子的宫殿中绘制出来了。这些海图使葡萄牙船长们有勇气在遥远的海上漂泊几周甚至经年累月，使他们有信心驾驶船只去寻找他们所向往的新大陆。[2]

571 葡萄牙宫廷中还积累了有关海上风向和洋流的系统资料，但这些资料被当作国家机密保存着，以至于现代学者无法确知葡萄牙人到底掌握了多少这方面的知识。同时，葡萄牙的海军专家们也钻研了改造船只结构的问题。他们根据多次获益的实践经验，进行了小心谨慎的实验和全面的探索，大幅度增强了葡萄牙船只对海洋的适应性，提高了操纵的灵敏度，提升了船只的速度。由于海船建造设计方面的技术改进是无法保密的，其他欧洲国家的船只很快也进行了类似的改造。其中最重要的一些改造之处是：缩小船身宽度使之与船身长度更匹配，使用多根桅杆（通常用三至四根），并且用可以随意调节的一桅多帆来代替一据一帆的旧制。这些改造让水手们能够随着海上风向和风力的变化来调节桅帆，以此来保护航行中的船只，减轻强风造成的威胁和破坏。[3]

随着技术的改进，更大的船只被建造出来。日渐增大的船只吨位与相应增加的坚固程度使过去仅能从事海上运输的船只有可能被改装成为适用配备重炮的舰艇。[4]1509 年，当葡萄牙人为攫取阿拉伯海控制权而在印度第乌港激战时，炮火之猛烈、射程之远已远非他们的穆斯林对手所及。在这种情况下，即使敌方舰只在数量上占很大优势，也只能是为葡萄牙舰队增加一些炮击目标而已。其他古老的海战战术，例如以船首撞击、以铁锚或抓机扣住敌舰或紧靠敌舰强行登船攻击等，在对付有效射程已达 200 码的炮火轰击时也显得毫无用处。[5]

欧洲武器库里的第三件法宝，即瘟疫所起的作用差不多同欧洲人好斗的天性和舰船枪炮的威力一样大。在欧洲经常流行的天花、痘症和麻疹等流行病开始在原先没有这些疾病，因而也不具备免疫力的美洲印第安人地区致命地传播开了。不夸张地说，曾有数几百万人口死于这些或其他的欧洲流行病。1520 年，当科尔特斯及其随从被从特诺奇蒂特兰城中赶出来时，正在该城肆虐的天花对于阿兹特克的毁灭所起的作用实际上比纯军事行动的作用更大。印加帝国也早在皮萨罗来到秘鲁之 572
前就已经因一种致命瘟疫的蔓延而受到了严重的摧残和削弱。[6]

另一方面，黄热病和疟疾也使来到非洲和印度的欧洲人付出了很大的代价。[7]但是由于气候的关系，许多新传入的热带疾病并没有在欧洲大陆传播开。欧洲基督教地区的人们很久以来就知道，那些在温带气候下极易蔓延的疾病，如斑疹伤寒、霍乱和黑死病（腺鼠疫）等，似乎被他们逐渐产生的、某种程度的抵抗力所遏制。当然，与远方频繁的海上接触也曾对欧洲造成过十分可怕的灾难，例如当年里斯本和伦敦的腺鼠疫大流行。事实上当人们逐渐具备了有效的抗病能力时，前几个世纪曾较为广泛流行的那些常见病，逐渐变成了散见于个别地方的特殊病例。因此在 1700 年以前，欧洲人已经成功地渡过了难关， 573
可以抵抗他们自己从海上航行带回来的各种疾病。于是，流行病在人

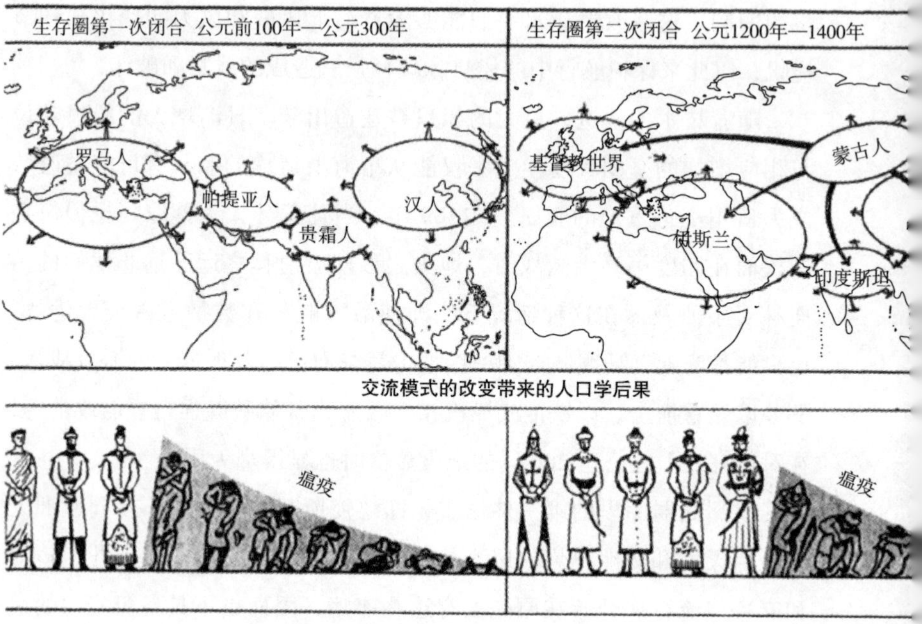

口统计上已失去意义。[8]结果是，从大约1650年，甚至更早一些时候起，欧洲人口重新呈现新的高速度增长的趋势。根据不完全资料估计，1550—1650年间，在中国、印度和中东地区也都曾有过一个人口膨胀时期。[9]既然在整个旧世界文化发达的每一个地区都曾出现过人口迅速增长的趋势，这就不可能仅仅是一种巧合。可以推测，在往日妨碍人口增长的流行病害日益减弱之后，同样的生态变化也在整个基督教世界发生。[10]

574 欧洲人具有的这种好斗精神、航海技艺和较强的抗病能力，在令人惊奇的短时间内改变了世界文化的发展均势。哥伦布在1492年把美洲与欧洲连接起来，西班牙人以充沛的精力、强烈的传教使命感和残忍严酷的态度前往新世界探险、征服和殖民。科尔特斯在1519—1521年间摧毁了阿兹特克，皮萨罗在1531—1535年间主宰了印加帝国。在下一代人期间，那些不太出名但依然残酷的西班牙征服者们在智利和阿根廷沿岸建立了新的殖民地，并深入到厄瓜多尔、哥伦比亚、委内瑞拉和中美洲高原，而且还到亚马孙盆地和美国南部探察。早在1571

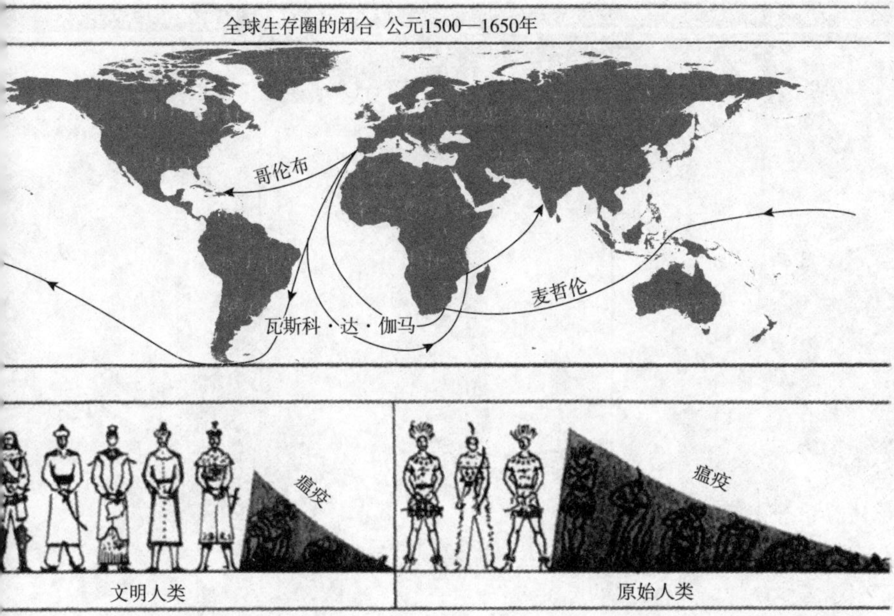

年，西班牙的势力就已经越过太平洋到达了菲律宾。在那里，他们与伊比利亚半岛上的邻居，当时的海上霸主葡萄牙人发生了冲突，因为后者其时也已经绕过了非洲，穿过东半球的海洋而来到了此地。

葡萄牙人向印度洋方向的扩张速度更快。从 1497—1499 年达·伽马完成到印度的首航至 1509 年葡萄牙海军在第乌港外取得决定性胜利，期间整整 10 年。此后葡萄牙乘胜迅速于 1510 年攻克果阿并于 1511 年占领了马六甲。这两处加上他们于 1515 年永久占领的波斯湾上的霍尔木兹，他们便得到了控制整个印度洋地区贸易所必需的据点。但他们并没有满足于既得的成功。葡萄牙船队在 1511—1512 年马不停蹄地追踪着珍贵的香料，一直到达其原产地摩鹿加。一支葡萄牙商业探险队乘坐一条马来船早在 1513—1514 年就驶进了广州港口。到 1557 年，葡萄牙已在中国南部的澳门获得了永久殖民地。16 世纪 40 年代葡萄牙人开始在日本经商和传教。在世界的另一边，葡萄牙人于 1500 年 576
发现巴西，并于 1530 年起在那里定居。1471 至 1507 年间，葡萄牙人

葡萄牙人在日本

这是一幅近代17世纪日本艺术家所作的色彩鲜艳的屏画，它描绘了一艘葡萄牙海船进港的情景。船即将靠岸，海员们正忙着爬上桅杆收拾帆缆，另一些人在做上岸准备。前景是轻烟缭绕的日本达官贵人，这些青烟无疑是鸣放礼炮的结果。欧洲海船舰桥上炮口所发出的翻卷着的火舌，形象地表明了欧洲在海外大发现初期对于世界其他地区的冲击。

在非洲西部和东部各口岸建立起很多停靠港口和码头。这些据点、基地、港口和码头结成了一条把葡萄牙帝国势力连成一线的锁链。

任何一个欧洲国家在初期都不能与西班牙和葡萄牙在海外所获得的成功相媲美。[11] 但这两个伊比利亚国家早年事业所夺取的财富没能享用多久即遭人觊觎。从一开始，西班牙人就发现很难抵御法国人和葡萄牙人对其商船的劫掠。自 1568 年开始，英国海盗又造成可怕的威胁。就在这一年，加勒比地区第一次出现了西班牙当局和英国私掠船之间的冲突。当时世界上另一个从事航海事业的伟大民族荷兰，由于同是哈布斯堡王朝之臣属，因而享有西班牙同北欧港口之间中间人的有利地位，所以最初他们的船只并没有表示出对伊比利亚人海上势力的不满。

海上均势在 16 世纪后半叶被打破。1568 年荷兰反叛西班牙之后，1588 年英国又击败了西班牙的无敌船队。这些象征着伊比利亚人的海上霸权在北欧诸国的挑战面前开始衰落。荷兰海船对西班牙港口的骚乱更加速了这一变化。荷兰人为打击西班牙势力，派遣他们自己的船只直驶往东方（1594），英国人立刻效尤。此后，荷兰又很快取代葡萄牙人成为南方海域的一支海上商业势力。[12] 通过 1618 年在爪哇建立据点、1641 年从葡萄牙手中夺取马六甲和在 1644 年占领了最重要的贸易港口锡兰，荷兰在印度洋确立了霸权地位。与此同时，英国商人在印度西部也获得了立足点。几乎又是同时，英国于 1607 年、法国于 1608 年、荷兰于 1613 年把北美洲大陆开拓为殖民地。这三国还占领了加勒比海的一些小岛。这些都侵犯了西班牙对新世界的独占权，但这些国家都未能把西班牙从其所控制的海域驱逐出去。

* * *

伊比利亚人最早取得的对外征服的非凡胜利，和紧跟其后获得的同样重大的传教成就，确实标志着人类社会史上的一个新纪元，然而那部历史的旧标志并不能马上消失。欧亚大陆草原地带游牧民族的活动仍在创造着新的政治历史演变，例如在 1507—1512 年，乌兹别克人 577
征服河间地带，它的连锁反应是莫卧儿王朝于 1526—1688 年间征服印度，1621—1683 年满洲人又征服了中国。

事实上，中国的文化极少受到海上新格局的影响；穆斯林扩张，1500 年以后在好几个世纪里成为世界史的主要特征，直到 17 世纪晚期从未停止过，甚至从未明显减弱。欧洲人占领公海，确实遏制了穆斯林在印度和亚洲东南部的势力；俄国人深入西伯利亚以后也立刻从北面阻止了穆斯林的扩张。然而在 17 世纪，这些欧洲的（或称泛欧的）势力的试探性扩张仍显得脆弱而不够有力。穆斯林还没有被欧洲的钳形攻势所钳制，他们继续赢得胜利，把新疆界推进到欧洲的东南部，印度、非洲和亚洲的东南。在 1700 年前，伊斯兰教徒们只在西部和中部的草原地带失去了大片土地。

这样，在欧洲向海外扩张的头两个世纪里，世界上只有两大区域 578
从根本上被改变了：即欧洲本土与美洲印第安人的发达地区。欧洲的海上事业当然扩大了它的势力范围，并使基督教地区的各民族间联系更加密切，同时使新的民族受到了高度发达文明的破坏性影响。然而中国、穆斯林与印度人的社会却仍然没有偏离他们原来的发展道路，地球陆地上的相当大部分，即澳大利亚与大洋洲、南美洲的雨林地区和北美洲，以及亚洲东北的大部地区，均未受到欧洲成就的影响。

不过，世界历史毕竟拓宽了范围。在欧洲的海员、士兵、商人、传教士和移民与世界上其他开化或未开化的各个民族的接触中所形成的海上新边区，开始向古老欧亚大陆上的陆上边区提出挑战，这些陆上边区是那些在漫长世纪里不断骚扰、试探和考验开化农业人口的游牧民族所建立的。当欧洲、亚洲与美洲的一批沿海口岸逐渐成为越来越重要的社会革新与相互影响的舞台时，非常古老的社会运动曲线开始变化。疾病、黄金白银和某些有价值的农作物作为首批交流项目跨越海洋自由流通，它们分别对亚洲、欧洲和美洲印第安人地区产生过

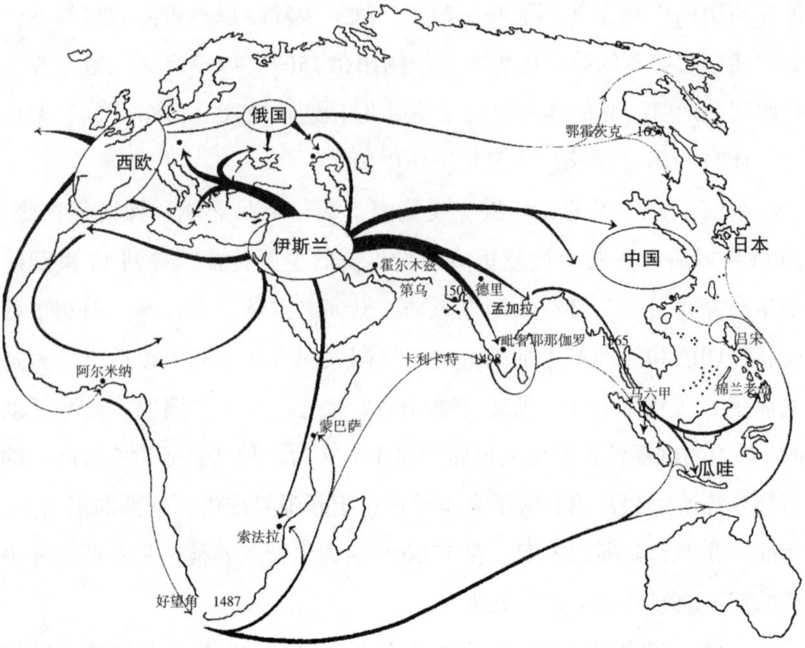

穆斯林和欧洲人的扩张（公元1000—1700年）

深远而重要的影响。但在1700年以前，只有少数先进思想和技术断续传播到连接旧大陆四大文明区的狭长水域的另一端。在这种交往中，欧洲人所具有的不顾一切的探险猎奇并且永不知足的精神与中国、穆斯林和印度文化先到者们的自信满满、墨守成规的保守主义形成鲜明对照，因而欧洲人往往是接受者而非给予者。

部分由于从海外流传到欧洲的一些促进因素，但更主要的还是由于欧洲文化遗产的内在冲突，所以欧洲在1500—1650年间进入了名副其实的社会爆发时期——这一经历本身是痛苦的，但它确实把欧洲的影响力提高到一个新水平，并第一次清楚表明了欧洲人对世界其他大文明区的优势。

二、欧洲的演变（公元 1500—1650 年）

（一）政治

至少从古希腊开始，欧洲文明就有一种以牺牲各种社会组织为代价，按地域组成国家的历史倾向。也许正因为如此，我们很容易抓住欧洲文化 16、17 世纪演变的政治特征。这时，在中世纪政治上的等级制度以及地区性的——在最成功的地方毋宁说是民族性的——国家面前，城镇和封建领地的地方主义以及皇帝和教皇的普世思想都已荡然无存。13 至 15 世纪，在意大利一些较小城市国家中产生了行政机构和某种道德规范。随着这些机构和规范传入西欧和北欧，在那里便产生 579
了一些比较大的国家。意大利城市除了在税收管理、诉讼程序等细节方面起了模范作用外，还向世人表明，他们可以把土地贵族和城市资产阶级联合成一个有效的地区政治共同体，它一方面由爱国主义热情维系，一方面靠专职官僚来维系。1500 年以前，北欧的城镇与乡村一般是关系疏远的；市民、贵族与农民互相怀疑和蔑视，而皇帝或国王的政府作为联系的纽带又过于脆弱无力，以至于无法弥合其间的宿隙。但到 17 世纪中叶，欧洲多数国家的地区性政府已大大地增强了它们的权威，它们逐渐制止了城镇地方主义倾向并抑制了贵族们的暴虐习性。世俗统治者把许多原属教会权力范围内的事务也揽了过来，并通过专职官吏使农民们感觉到国王的法律力量。总之，近代欧洲的国家体制把中世纪的各级封地在西部和北部演变成民族国家，在东部与中部演变成王朝帝国。由于这个更系统的政治结构凌驾于中世纪的地方和私人权力之上，欧洲那些互相敌对的政府就都可能动员、集中更多的人力财力来从事战争或（并不十分引人注意的）和平事业。结果是欧洲增强了实力，尤其是军事实力。

欧洲有限的几个相对确定的主权国家的出现，标志着欧洲社会与政治的差异性有的趋于减小，有的趋于扩大。在中世纪曾支配着大多数欧洲人生活的那种严格的地方制度、法规、习俗和惯例，在每一个区域性的国家内部趋向于规范一致。就这个意义而言，差异性在减少。但同时随着皇帝和教皇权力的削弱，地区与地区之间、国与国之间的差异性趋于扩大。不同国家在对抗阶级和利益集团中维持着不同的均势状态。而各种均势状态在民族或地域性的体制内都趋于瓦解，它比中世纪更为明确地把欧洲人分裂开来。拉丁语作为通用语言已退出舞台，地方语在越来越多的场合被运用，这也加深了各地间的区别。毋庸置疑，正是 16 世纪欧洲宗教改革和继之而来的新教分裂，造成了多种多样的宗教信仰，把欧洲各国的人民分为明显的对抗集团。

自 16 世纪以来，最最成功和有影响的欧洲国家要数大西洋沿岸诸国了。第一个近代欧洲强国是西班牙。这是阿拉贡王国的斐迪南二世（1479—1516 年在位）与卡斯蒂利亚的伊莎贝拉联姻后合二为一形成的一个新的可怕势力。斐迪南二世压服其治下独立王国和领地的最有效工
580 具是西班牙宗教裁判所。它是一个基督教法庭系统，专门用以镇压异端，所以凌驾于地方豁免权和任何特权之上。既然反抗皇族者有可能是异端分子，拒不服从统治的人当然会被谨慎的宗教法官所怀疑和拘捕。要是这些人的宗教信仰无可挑剔，当然可以获释，但被拘留数日、数周甚至数年仍是可怕的，足以有效地震慑那些斐迪南的国内反抗者。

西班牙在政治上和天主教会的紧密联盟并不是成就其伟大事业的唯一原因。美洲的财富和勇敢顽强的军人也是西班牙实力发展的两大基本支柱。然而，它的力量仍不足以担当王朝的野心和事变所带来的负担。自从 1516 年哈布斯堡王朝的年轻查理继承了他祖父斐迪南的西班牙王位时起，他就兼领哈布斯堡家族在德意志的领地，并有在低地国家勃艮第的继承权。不久之后，在 1519 年，他又获得了神圣罗马帝国皇帝的尊位。从此以后，西班牙的政策就始终与哈布斯堡王朝的泛欧利益紧紧联系在一起。但天主教的狂热、西班牙人的碧血与美洲的金银仍不足以承受如此沉重的负担。甚至在 1556 年查理五世退位，并把帝位传给他在奥地利的弟弟以后，他的儿子腓力二世（卒于 1598 年）集中全西班牙的兵力，也仅能支持其中世纪所遗传下来的两项制度中

的一项——宗教体制；西班牙人最终也未能制止从 1568 年开始的荷兰与英国对它的袭扰。

不过，西班牙的征战在意大利还是赢得了真正的胜利，它在那里设法阻止了对天主教的改革，并且支持了“反宗教改革”。[13] 中世纪帝国的事业算是彻底失败了，1648 年以后，它只体现于哈布斯堡家族的奥地利支系。但应该感谢西班牙笃信宗教的政策，它使西班牙的天主教和教皇体制从 16 世纪早期的宗教衰落和政治瘫痪中迅速地恢复过来。西班牙哈布斯堡王族和宗教的联合势力终于削减了欧洲东南地区的新教并抑制了新教在中部地区的传播，从而在这个大陆的宗教与文化地图上保留下了旧时的印痕。

* * *

欧洲的重心在 17 世纪向北转移到了法国、英国与荷兰。法王亨利四世（1589—1610 年在位）经过长时间内战和宗教战争后，恢复了君主制的权威，表面上看法国仍是天主教国家，但它所着意维护的却是与教皇的事业和天主教国际利益完全不同的国家利益。法国 14 世纪就 581
已实现了国王对教会的实际控制，这一直成功地维系到 16、17 世纪，尽管这时教皇体制已恢复元气。[14] 因而黎塞留这位法王的首相和天主教会的红衣主教，在“三十年战争”中为了法国的利益毫不犹豫地站到了新教一边。

在路易十三（1610—1643 年在位）统治时期，黎塞留用王家军队摧毁了那些反抗中央政权的城堡、城镇并征服了这些城市市民。因而在全法国境内第一次实现了真正的专制统治。然而，从整体上看，只有在 1648—1653 年间“投石党运动”的暴乱失败之后，法国式的君主专制政体，作为欧洲近代政府的典范，才真正得以形成。

这时，法国的政权已经主要由来自中层阶级的官僚和常备军共同支撑，这些驯服的工具使法国政府比任何其他欧洲政府都更便于在广大富裕阶层群众中间实施更为严厉的统治。而且，由于跻身于欧洲最文明和最强大的国家之列，法国人有一种荣誉感，这使得国家的政治统一更有保障。然而，理论上的专制王权与传统贵族特权、市民利益与农民权利之间存在着的微妙均势，也是维持这个政权的基础。

国王很难改变古代遗传下来的政治体制。于是他就常常在维持这些机构的体面的同时，使其形同虚设，真正有实权的是那些声称为解决地方法规疑难而设立的新机构。这种慎重的策略常会使行政显得混乱，但只要法国国王有精干的官员支持，这种体制还是非常有效的，尽管（也许正是因为）表面上它保留着不应有的中世纪的痕迹。

荷兰的联盟式政府衍生于中世纪的自治市联盟。它和同样古老的议会制英国政府都偏离了整个欧洲政治发展的进程。然而不管它们如何古老，这两个政府都比法国的君主专制体制更扩大了中等阶级的势力。在荷兰，富裕市民往往控制着城市政权，并利用城市政权统治整个国家。在英国，土地贵族的力量常常与议会中代表城市的力量取得
582 平衡，甚至优于后者。但城乡代表既然已与英国的权力实体如此接近，议会便成为国内行政的一个重要因素。1640—1649 年反对君主专制主义的英国内战[15]以国会胜利而告终，国会取得对国家财政的监督权，并通过控制国家财政得以控制国家的全部行政权。这使得英国的缙绅和商人在制定政策方面能比处在君主专制政体下的法国同辈们起到更加直接和积极的作用。

前面述及的西欧英国与荷兰政府的偏离倾向在中欧瑞士的一些城市联盟中亦有表现，后者也把外似古板与内实灵活的特性联系起来。在东欧，波兰的贵族共和国政体乘每次遴选王位继承人的时机削弱王权，逐渐背离并抛弃了法国式的近代政府形式。命中注定的是，波兰的东临莫斯科公国却采取了与欧洲完全相反的模式，因为那里的沙皇独裁政权已经吞噬了社会各阶层的权利。然而到伊凡雷帝（1533—1584 年）统治时期，俄国似乎酝酿着自上而下的社会革命。[16]

尽管还有类似的特例和地方特殊性，尽管存在混战，存在出于军

事需要而产生的混乱的外交关系，但几乎所有欧洲国家的行政机制毕竟是在渐渐加强。这说明，从整体上讲，欧洲国家体制的力量要比世界其他地区增加得快；在那些地区，传统政治体制所面临的压力要小得多。新的欧洲国家的实力最明显地表现在军事方面。欧洲军队已经在进行机械化训练、集团军作战训练，在战争的刺激下有意识地把火力的作用提到首位。这些战术原则也运用于海战。在海战中，以舰队为作战单位，使已经足够可怕的单只炮艇更增强了战斗力。因此，若个对个地说，欧洲陆军和海军已经拥有了比任何其他文明民族显然更加可怕的作战手段；只有日本似应另当别论。

这些在组织军队和控制军队方面的发展仅是行政效率普遍增强的一个侧面。由于欧洲的军备越来越需要精心的管理和高昂的经费，因此国王在国内很容易军权独揽，这样，王权也就得到了加强。但即使 583
在国内稳定之时，国王也不敢停止革新，因为以同样手段强大起来的敌国不断提出挑战，再强大的国家也必须不断改进其军事技术，因为那是强大与和平的基础。

（二）经济

欧洲的经济发展与政治的变迁和巩固同步。随着一些更大的主权国家的出现，随着国家管理补充或取代行会或城市的管理，经济就有可能在更大的区域内更加自由地发展。因此，商人、采矿主和制造商就经常可以扩大其经营地域而不至受各地的排斥，或卷入互相矛盾的法律制度的纠纷中去。再者，多数欧洲政府所表现出的对商业和财政的关心，以及他们对在其疆域内发展新的制造业和新技术的主动性，都加速了经济发展的进程。政府的经济政策无疑经常为其财政和军事目的所左右，而战争又总是破坏经济。然而到 17 世纪，欧洲的政治家们已经牢牢地树立了这样的观念，即繁荣的工商业是国家的基石。官方鼓励工商业的做法不一定总能收到成效，但那种相反的政策，即以官方干预的手段来阻挠商业活动的政策，尽管在当代中国取得了成功，在欧洲则不多见。

世界其他文明地区的政府没有对城市人口的繁荣表现出同样的关心。这也许是因为其统治集团的商人、手工业者阶级之间的社会鸿沟太深。实际上，这种鸿沟在欧洲也同样存在，但并非那么不可逾越。欧洲的市民有地方自治的传统，能更有效地维护其自身的利益，即使在更大的民族或王朝的国家组织机构管辖之下，欧洲市民也仍能保持许多原有的政治影响。事实上，在17世纪那些政治上取得很大成功的国家中，中等阶级总是能在政权机构中占据适当的位置，并能对国家政策施加影响。商人的儿子进入皇家机构，甚至有的还担任要职；许多破落贵族屈尊迎娶嫁妆丰厚的银行家女儿。在这种情况下，商人与贵族之间的鸿沟被填平了，不管新兴官僚夺走了多少市民和贵族以前享有过的权利，这两个阶层都仍能在变革的国家里或多或少地得到满意的地位。

虽然多数政府都正在尽力操纵贸易，尤其是香料的流通，但欧洲的贸易却从未受到过任何一个政府的有效操纵和管辖。欧洲各个地区之
584 间在16、17世纪时加强了商业贸易，同时海外贸易额也提高了。最初，商品贸易中仍以舶来品最为值钱。从意大利北部到德意志南部的陆上运输并没有构成这种贸易的不可克服的障碍，所以它就逐渐成为欧洲商业的主渠道。结果意大利和德意志南部就积聚了大量财富，以至当金钱借贷变成一项较为受人尊敬的行业时，[17]曾在欧洲的开采业和其他经济活动中起过重大作用的国际银号，就在这条贸易渠道的沿线城市设立总办事处，譬如佛罗伦萨、热那亚、威尼斯、奥格斯堡和乌尔姆等。

上述商业以集中在低地国家的国际贸易作为补充，至17世纪，后者的重要性超过前者。虽然香料、铸币以及其他旧商品也通过荷兰人和佛兰芒人进行交易，但大批经由海运的商品——谷物、鲱鱼、鳕鱼、木材、金属、毛织物、煤等——成为比香料和铸币更为重要的北方商路上的商品。

甚至在中世纪，在欧洲西北迂回曲折的海岸线和能通舟楫的内河

上，就已经进行大宗货物的远距离贸易了；但获利最丰的却一直是集中在意大利的奢侈品贸易。然而到 17 世纪，由于大宗廉价商品挤掉了昔日的奢侈商品，因而欧洲的贸易就获得了有别于其他地位的实用性。这从一个侧面说明，与基督教世界其他地区相比，本地区有更大部分人口中已经因购买远方商品而积极投身到市场中去。而大量人口广泛介入市场的结果是，价格的变动将更多地影响日常生活，从而促使欧洲人扩充了某些旧职业，放弃了另一些传统职业，同时还从事新职业。这样欧洲的经济开始有了自己合理的格局和配置。当人们受市场支配不断从这一领域转向另一个领域时，就有可能把财力投入到那些特别吸引人的地方，例如与西印度的贸易。这一倾向在欧洲比在其他任何一个文明社会都发展得更快，而且规模也要大得多。这样，欧洲的财富和实力就取得了更大的发展。

商业经济的扩展与增强也反映到农业上。在欧洲许多精力充沛的人口集中的地方，价格和利润开始影响粮食轮作制和耕种方法的改变，以及种植和畜牧业（主要是养羊业）之间的平衡。有时甚至土地和地租都成了可以讨价还价的商品。其结果，也许是人类文明社会历史上的第一次，绝大多数人口都不再以他们只能靠古已有之的农作物为生， 585
而代之以投身于变化莫测的市场经济。受这种市场经济影响，有些人富起来，有些人成功，但更多的人却沦为贫民；而所有的人无论贫富都痛苦地感到前途渺茫。

代价，尤其是穷苦人所付出的代价是极其巨大的。廉价水运大宗货物的支撑，但同时又很微弱、混乱的欧洲市场经济所受到大宗舶来品的刺激，成为欧洲增强实力与财富的杠杆。这使欧洲的发展水平比任何其他地方所能达到的水平都要高得多。采矿业、制造业以及运输业方面的全面技术进步带来了巨额利润，所以获利的希望总是足以抗拒并克服传统的阻力。而一个真正的总体市场能给欧洲的交换经济带来了其他任何地方无法相比的动量、灵活性和规模。

最后，受从美洲涌入的大量金银的冲击，欧洲市场价格空前上涨，它成为瓦解一切传统经济和社会关系的有利因素。当一个世纪内价格上涨一倍、二倍以至于三倍时，有固定地租收入者、工薪阶层和政府部门的实际收入全部锐减，而所有的实业经营者都获利。所以这一场“价格革命”有助于说明中产阶级为什么在西北欧上升到政治上的显赫地位，虽然在西班牙出现的刚好相反的进程表明单靠物价上涨并不能引起上述结果。更有甚者，价格革命甚至还彻底改变了传统社会关系而使社会各阶层都难以按传统的道路发展。在这个一切都不稳定的年代里，人们头脑中的惶惑感是导致 16 世纪和 17 世纪初宗教政治的暴力冲突的原因。

（三）文化

文艺复兴和宗教改革两大运动把欧洲文化遗产割裂成古希腊文化和犹太—基督教原理两个基本成分。拥护那种成分的激进分子都说自己所持的观点是正确合法的，并拒绝一切妥协。中世纪盛期思想家和艺术家在今世与来世、信仰与理性、享乐与修行之间所采取的模棱两可态度此时荡然无存。[18] 然而这两大运动之间的关系都是异常复杂而且经常是荒谬和自相矛盾的。新教改革者鼓吹一心一意敬奉上帝，但是经过两代人以后，在欧洲一些地区，它却导致人们追逐前所未见的
588 营利事业。而那些声称为耶稣和教皇而拯救人类灵魂的耶稣会士，却在异端的人本主义者的学说中，找到了发展教育的最有效工具。

在这种种混乱和矛盾对立当中，也许唯一的概括说法只能是：宗教和世俗主义在撞击中互相借鉴。在那个充满文化新气象又被宗教热情所激动的世界里，教条性地确信上帝无所不能是困难的，但轻率地表态信奉或弃绝基督教也是困难的。

1648 年以后，宗教狂热降温了，而新的文化却保持了下来；但人们更深地依附于某种正教形式的现象也保持了下来，这种依附由于扩大范围的、被宗教控制的教育活动而变得巩固。17 世纪后半叶，在欧洲文化的最活跃中心出现的新文化气候允许理性与信仰各自向相反方向逐渐转化。人们开始认为发现真理和上帝所在实际上是不可企及的，而要用真

理和上帝作为管理和控制的手段也是不可取的。在这种形势下，一些正在成长的、独立的思想学说开始尝试以不直接向传统宗教特权挑战的方式，在文艺和科学方面，把神学从以往认定的最高地位上拉下来。

16 世纪和 17 世纪早期的这场喧嚣争斗的结果违反了几乎所有参与者的初衷。欧洲人在国内和国际上都没能取得宗教统一，这就给世俗主义和科学敞开了大门。在宗教改革时代的那些宗教狂热几乎实现成功，教俗官员同心协力推行宗教统一的国度里，某种文化停滞现象随之发生，然后又被一些辉煌的艺术成就所复甦。这样，欧洲的多样化政治，由于没能树立一个统一的有权威的最高真理，或者说没能把真理编纂成可以强制实施的经典而辜负了当时几乎所有最敏感的知识阶层的心愿。[19]

然而令人啼笑皆非的是，不能树立一种一致尊奉的世界观恰好成了新时代的一项伟大成就。欧洲人从 16 世纪起一直保持下来的那种热切而痛苦的对于知识和救赎的认真追求，使他们积累了一系列得不到解答的问题和更多的新问题。但正是这些问题维持着文化艺术的持续快速发展。无论是 15 世纪意大利文艺复兴所带来的只是通俗化还是 16 世纪的宗教改革者的硬性教条，都有不够完善的地方。由于文艺复兴和宗教改革的相互冲突和相互影响，从而明确了欧洲文化核心的两个互不相容又决不可分割的事务——古希腊的异教性和犹太基督教传 589
统——之间的区别，因而增加了欧洲文化的多样性，为它开辟了新的发展余地，并且把欧洲的知识和道德的力量提到一个新的高度。

*　*　*

了解宗教改革时代的神学热情要比具备它容易得多；当人类的各种事务多少有一个共同的目标时，睿智的假说和新的原则会引起少数专家的注意，但绝大多数人却漠不关心。这就是 14、15 世纪时的情况，那时改革基督教的激进宣传只赢得了某些地区少数人的支持，关于上帝和人的异端邪说可以在意大利知识圈内任意传播，人文主义者日益藐视学究式的神学和哲学。但在1517年，形势突变，那年在一个偏僻的德意志大学城里，有个名不见经传的修士，在维登堡教堂门口以中世纪传统的学术讨论方式贴出了“九十五条论纲”。整个德意志顿时烈火燎原，传道士和印刷商们以闪电般的速度传播着马丁·路德日渐激进的观点，最后，不但德意志，甚至整个北欧都卷进了这场激烈的宗教论战。罗马教会的统治者们几乎用了整整一代人的时间来认真对待这场改革宗教的挑战；但罗马教会一旦重新组织起来，其代理人，尤其是耶稣会士的献身精神就足以抵挡宗教狂热并能战胜新教徒的组织纪律性。到1648年，整整一个世纪不分胜负的斗争终于导致宗教大分裂，欧洲大陆分为天主教国家和新教国家。欧洲日耳曼民族的大部分地区成了新教的势力范围，而几乎整个欧洲的拉丁语区和中世纪基督教世界的斯拉夫人、马扎尔人以及爱尔兰等边缘地区仍然忠实于罗马。

新教和天主教之间以及各个新教会之间的错综复杂的教义差别在这次吵闹不休的路德运动中逐渐辨清。教义和信念上的细微差别，例如对于圣餐仪式中该怎样做和不该怎样做都各有精确的描述，虽然现在这些已不再引人注意，但在当时都被看成是极其重要的。天主教和新教之间的最根本差别，即有关宗教权威的性质和来源问题仍然是一切的关键。路德、加尔文和他们的追随者向他们的信徒教授如何传教，这样就把按照中世纪神学理论只有专职教士才应懂得的关于宗教职能和力量的说教传达给了每一个教徒。这些改革者认为教士有特别的义务和责任，但无力左右上帝的救赎。神之恩典是神自己直接赐予那些本应下地狱的选民的。神之意志，即《圣经》所记录着的话，是宗教事务中唯一可靠的权威。教士的任务只在于阐述和说明上帝的意愿，
590 唤起俗人对神之信念并期待上帝施恩之奇迹。

无疑，在路德和加尔文派教会形成之后，这些信念的实际效果都不再是十分明显的。路德和加尔文教派的教义和礼仪虽说是根据《圣经》制定的，与罗马教会的教义教规在细节上有无数不同之处，但也都是由那些自视为神学权威并随时准备根据政治需要强制推行其理论

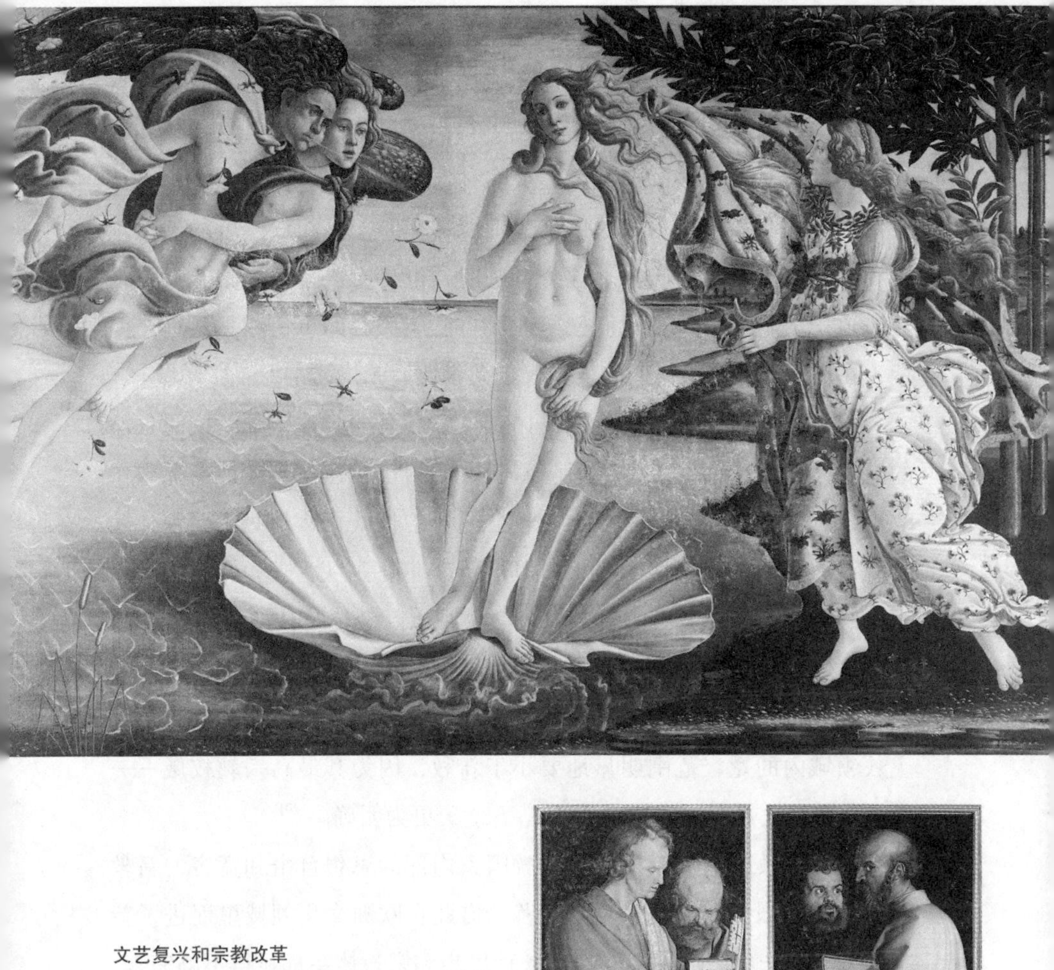

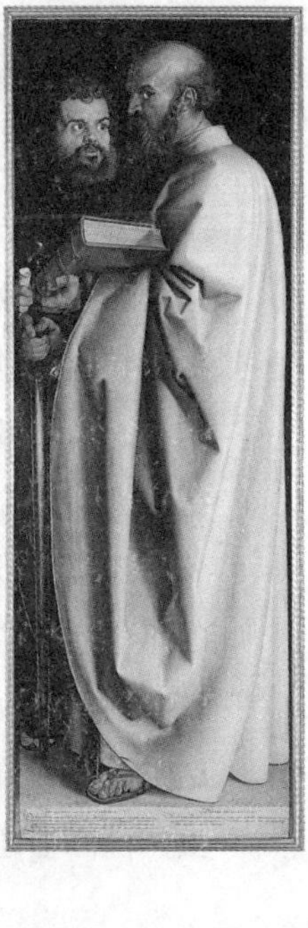

文艺复兴和宗教改革

这三幅画有力地说明了欧洲文艺复兴和宗教改革两大运动的联系。波提切利的《维纳斯的诞生》是自觉的非宗教古典主义作品，丢勒的四个传教士的画像同样自觉地返回到《圣经》时代。每一幅画在艺术上都是自然主义的，并且都使用了透视画法以期能创造出一种令人迷惑的立体感，从而使所画的人物栩栩如生。然而波提切利的维纳斯并非像一个非宗教的爱神所应该的那样一丝不挂而毫无顾忌，丢勒的传教士像虽然如传教士应该的那样严肃，专心致志和睿智，却又缺乏当时俄罗斯塑像的那种超然和虔诚。这样，16世纪的欧洲文化所蕴含的大量不确定性在这三幅作品中暴露无遗。

之人严格制定的。然而新教否认唯独教士拥有超自然权力的观点毕竟难于确立，因为有些人根据《圣经》得出不同的结论。就这样，新教从一开始就具有明显的要被分裂成多种派别的征兆。所以当一些人从不可怀疑的宗教信仰中解脱出来，带着那些非要人相信不可的神学预言和推测，想自己钻研一下这个奇迹般的世界时，新教的教士只能是在布道坛上咆哮着斥责他们已与人类自己应关心的事情相去甚远，但至少在逻辑上，按照他们的教士权定义，他们无权禁止人们那样做。

简而言之，新教运动早期（1517—1525年）新教徒可以按照自己的意念任意地去面对上帝。但随着新教会的正式建立，这种情况很快改观了。这种新教会具有和天主教会同样的权威，从某些方面说，还具有对教徒们更为极端的要求。但是新教在确立以后毕竟保留了个人主义的弱点，当新教会中少数人公然蔑视以新教徒公认的《圣经》为基础建立的宗教权威时，这个弱点就更加突出。由于难以以《圣经》为基础求得一致，因此在新教国家内，容忍的范围便有扩大之势。天主教领域内的宽容范围明显地要小于新教，因为其最高宗教权威——教皇与宗教法规——要比新教的《圣经》更为明确。[20]

不管宗教改革是否推动了新教国家内部的思想自由和宽容，新教终归已把欧洲分裂成为对立的阵营，借此在欧洲文化领域里促进了新
591 宗教系统的产生。这种多样性使各种思想和宗教体系都显得不够完善，这种现象比教会未受触动时期的任何现象都更能推动思想文化的发展。

在政治领域中，新教和天主教改革派全都直接推动了世俗权力的增长，而使教皇和皇帝的权力式微。新教的统治者没收了许多教产并把教士的地位降低到国家付薪的公职人员水平。甚至在一些教会仍保留着大部或全部教产的天主教国家里，罗马教廷也不得不承认当地统治者的那些已被扩大了的权力；包括干预教会事务的权力，比如同意他们向教会的财产收税，过问神职人员任免事项、对教士行使司法裁判权等。结果是甚至在天主教世界内部也形成一些独立的民族或国家之教会。虽然国际上还有像耶稣会会士那样的一些教会代理人执行着制止分裂

教会活动的任务，但就是这些会士也不得不向世俗统治者让步，并采用一种审慎的策略，获得国君的信任，来保证他们任务的完成。

新教还曾为德意志的诸侯反抗哈布斯堡皇帝控制德意志的斗争起过号召作用。严格的宗教联盟曾经影响，但没有真正支配那个在三十年战争（1618—1648 年）中成功挫败帝国野心的联盟。比如出于对付哈布斯堡这个共同敌人的需要，天主教的法国就曾与异教徒和奥斯曼土耳其人结成同盟；而德意志一些新教诸侯也曾不止一次地为各自的利益而站到哈布斯堡王朝一边。到战争行将结束时，德意志的诸侯们虽非全有自己的地方势力，但在瑞典、法国以及其他一些外国势力共同反对哈布斯堡王朝的配合下，都取得了实际的自治权。这样，中世纪流传下来的统一帝国的理想最终崩溃了（顺便说一下，刚刚出现的德意志国家主义思想也彻底失败了）。这与普世教会的瓦解一样，也可以归因于这次德意志的宗教改革。

* * *

宗教改革、反改革的雷鸣与文艺复兴的婉转歌声形成鲜明对照。然而婉转的歌声更能沁人心脾；即使是在宗教争执所引起的最狂热的激情和剧烈的动乱之中也仍能听到这些歌声，这些歌声在那些它不能征服的心灵中激起波澜。人的想象力所创造的美、技能本身和不依赖于任何客观权威而为一个无拘无束的清醒理智所追求着的真，即使对那些为宗教和道德的确立而做拼死搏杀的人们来讲，也仍然富有魅力。如同 15 世纪时在意大利，以及 16 世纪早期时在北欧所发生过的那样，一旦这些理想找到了明晰的表现形式，它们就绝对无法被抛弃。每个人都可以在他们所关切的这些事务和宗教强迫他去做的事物中做出选择。这种选择有时是痛苦的，比如伊拉斯谟（卒于 1536 年）、帕斯卡 592
（卒于 1662 年）和弥尔顿（卒于 1674 年）等；有时是愉悦的，比如罗耀拉（卒于 1556 年）、加尔文（卒于 1564 年）和笛卡儿（卒于 1650 年）

等；也有时是心情平静的，比如莎士比亚（卒于1616年）、塞万提斯（卒于1616年）和弗朗西斯·培根（卒于1626年）。

也许正因为有这么多古代欧洲社会和文化因素受到怀疑，所以这个时代在艺术与文学上取得了丰硕的成果，真正的自然科学正是此时产生的。后世再没有出现过比它更具有大革命态势的时代，欧洲文化也从未再取得过如此显著的提高。

文化进步沿着两个显然矛盾的方向。艺术和文学倾向于形成民族风格，而科学和实用艺术都仍是泛欧的，显示出日益增强的专业独立性和知识专门性。这两项发展全都造成这样一种效果，它们把许多欧洲的文化领袖从那个包罗万象的、受神学哲学世界观支配的境界中解脱出来，使欧洲文化传统和成就中的差异性突显出来。

西班牙、葡萄牙、法国、英国和德意志的地方语言在16、17世纪都有了固定的文学形式。西班牙的塞万提斯（卒于1616年）和洛佩·德·维加（卒于1635年）、葡萄牙的卡蒙斯（卒于1580年）、法国的拉伯雷（卒于1553年）和蒙田（卒于1592年）、德意志的路德（卒于1546年）、英国的莎士比亚（卒于1616年）和弥尔顿（卒于1674年）以及国王詹姆士一世（1611年）时期《圣经》的翻译者，分别为他们本民族的语言确定了文学形式。在意大利早已从方言发展成的文学形式在这两个世纪显得不甚重要了，而在欧洲的中部和东部地区，反宗教改革运动使拉丁、日耳曼和意大利文字受到重视，处于萌芽状态的各种斯拉夫人方言于是没能发展起来。

在视觉艺术方面，语言的不同并不妨碍民族风格的形成。意大利在绘画和建筑方面的典型民族风格影响了阿尔卑斯山以外的地区。然而荷兰、德意志和西班牙的画家们还是创立了各自的民族风格。即使像精确比例画法、立体透视画法或是明暗对照画法等主要技巧以及绘画必须描摹自然以使人产生光感的思想——这些技巧和思想源出于15、16世纪的意大利或说在那里得到最广泛的传播——都已为全欧各个流派所遵奉。北欧的建筑比较保守；意大利巴洛克风格大致局限于天主教地区；在信奉新教的那些国家里，古老的哥特风格的各种变种一直留存到 17 世纪下半叶。

欧洲科学、技术和实用艺术方面的进展很难分出地区性或民族性的差别，它们沿着不同专业和技术的方向发展。然而各专业之间的相 593
互借鉴还是十分明显的。数学逐渐上升到曾被亚里士多德的逻辑学所占据过的科学皇后的地位。因此以数学为基础的地理学、制图学、物理学、天文学和（由于有了笛卡儿）哲学相继出现。学术界通常还是使用拉丁语，因而发表学术著作——主要集中于意大利，第二中心是荷兰——就完全不受国家或地区之间语言不同的影响。

欧洲自然科学进展迅速的关键是人们逐渐养成了根据精确测量和观察，偶尔还根据实验来检验理论的习惯。这些手段蕴含着对传统学术的权威性的怀疑。新的研讨精神的一些具体体现——例如人体解剖、实用的物理和光学实验法——表明了对长期存在于学术界的一种偏见的蔑视，这种偏见认为，除了墨水以外，不得以其他东西来玷污双手。[21]

在这个实验方法正式取得地位的时代，值得注意的是，哥白尼（卒于 1543 年）刚把与传统的托勒密和亚里士多德学说不同的另一种理论提交给学术界，天文学家和物理学家便都随即加强了观察和精确的测量。哥白尼提出了这些理论，但他没有使用观察、测量之类手段，而只是从美学上的对称观点出发，运用简单的逻辑推理。他当时提出日心假说，似乎部分是受古时有人鼓吹过的有关天体运动的学说的启发，部分是因为当时以谈论毕达哥拉斯基于数字玄想和太阳崇拜的谬说为时尚。这些谬说在哥白尼就读于帕多瓦大学时，就在意大利知识界广为流传。

哥白尼睿智的假说并非源于个人的突发奇想，因为毕达哥拉斯和柏拉图的传统曾经影响过许多也许是大多数现代数学的先驱，至少一直延续到牛顿（卒于 1727 年）时代。实事求是地说，在 17 世纪的欧洲，为认真测量和观察自然现象开路的，正是亚里士多德的正统经院式物理学与毕达哥拉斯—柏拉图式非正统的神秘数学之间的对立。在这个领域里出现假说以后，对行星运动的精确测量和以观察为基础的精密数学计算就成为在两个对立的学说中间做出抉择的可靠手段。同时毕达哥拉斯—柏拉图思想的鼓吹者为了推翻一项既定的科学教条，带头收集各种新的数据。譬如开普勒（卒于1630年）就曾为把天体运行规
594 律总结为数学公式而以毕生精力去从事艰苦卓绝的数学计算。幸运的是，他在自己所列的简单天体运行规律图中找到了部分他要找的答案，但他却仍然没能解决关键问题：没有辨明行星运行轨道比率的谐函数。

但是，观察和测量的出现并非纯属偶然。采矿业、水利工程、造船业、印刷术、枪炮铸造和制造玻璃等应用技术的进步、地理上的新发现、动植物新品种引进欧洲以及其他外国智慧的结晶，如中国的瓷器和印度的棉织品都曾经使培根（卒于1626年）之流想到自然界还有许多秘密；假使人们能耐心地观察、记录并比较这些自然现象，那些观察力敏锐之人就可能有所发现，并把这些发现应用于实际。这种乐观的经验论在医学领域得到了证实。在医学界，人体构造解剖和临床观察否定了许多公认的生理理论和医疗方法。在医学领域，是那位受新柏拉图神秘主义影响的帕拉切尔苏斯（卒于1541年）以其大胆夸夸其谈为维萨里（卒于1564年）在人体解剖学方面的深入探讨和哈维（卒于1657年）在生理学方面的钻研开辟了道路。在向老权威盖伦提出挑战的同时，帕拉切尔苏斯在自己的科研领域里提出了一种全新的理论，正如他的同时代人哥白尼在天文学领域所做的一样。

纯科学取得成功的第二个关键是仪器的发展。仪器提高了人类眼
595 睛以及其他感官的能力。望远镜（约发明于1608年）、显微镜（约发明于1590年）、温度计（约发明于1592年）、气压计（约发明于1643年）、摆钟（约发明于1592年）等一起为观察和测量自然现象提供了多种有效手段。[22] 数学符号的发明提高了计算的方便程度。更重要的是，日渐概念化的符号有助于发明和发现新的运算方法以及它们之间的相互关系，而这些都是较为早期的烦琐计数法和复杂计算方法所无法想象的。同样，木刻和雕塑在植物学、地理学、医学等科学论

文中的应用能将个人观察所得的、非语言所能表达的数据非常精确地记录下来并表达给他人。

以经验考查理论的习惯、优良仪器的应用和从毕达哥拉斯—柏拉图的传统发展而来的计算癖好，凡此种种在伽利略（1564—1642）身上皆有体现，他比任何人都更值得被称为欧洲现代科学之父。伽利略关于地球运行的法则，那些引人注目的、用望远镜观察得到的新发现（太阳黑子、木星）、那些独创性的实验和精确的测量以及对所发现的一切事物进行系统的理论阐释（其中当然不无错误）等，使欧洲的物理学走上了正路，这条路至今仍未被完全放弃。尽管他在天文学方面曾受到罗马教廷宗教法庭的指控，但他的成就、他的文学技巧和他在提出自己想法时所具有的机智的批判性，都彻底改变了欧洲知识界的面貌。

在伽利略时代，由逻辑学和神学综合成一种核心世界观的中世纪 598
科学遗产，已随着专家们的深入研究而瓦解。以后再没出现过新的权威的综合理论，尽管在天文学和物理学方面，牛顿定律几乎可以被称为一种综合理论。16、17 世纪的科技专家与中世纪的先驱者们不同，他们都满足于一次弄明白一个很小的实际问题，而把宗教或哲学的大问题撇在一边。从日益增多的观察和实验中产生的庞大数据不断冲击着旧观念，引出新观念；在近十种不同专业的学术领域里各自确立起了自己特定的研究对象。在这种情况下。即使没有基督教权威机构的种种高压手段，尽管人们公认《圣经》是精确无误的，尽管笛卡儿对推论和质疑有严格的规定，但若再想用一两个权威体系来束缚科学理论，那注定是要失败的。

*　*　*

16、17 世纪欧洲的文化成就以及宗教、政治、经济和社会等方面的巨变使人们惊诧不已。旧的人际关系、旧的思想习惯，甚至旧的感情和信仰都不再是一成不变的，而个人天赋的作用却史无前例地突出出来。

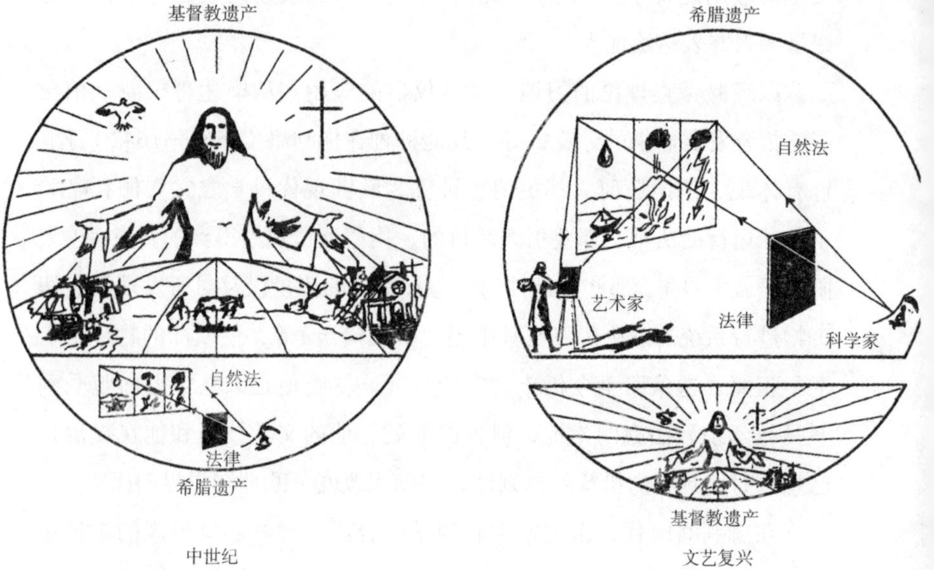

欧洲文化：公元 1000—1700 年（一）

在任何具体事情上，该想些什么或该做些什么都没有一定之规。于是个人和集体都必须自己选择，结果是人类的主观能动性开始发挥巨大作用。当人类的能力在这无可回避又变化无常的新奇事物面前显得穷于应付时，人类精神的高度和深度就表现出了异乎寻常的多样化特性。欧洲人利用丰富的文化遗产，利用充分发展的技术，利用世界范围内的接触交流来解决由于中世纪的社会文化结构迅速解体而带来的新问题。

在古代世界里，当古罗马帝国和中国汉朝面临旧社会解体时，都以宗教革命来挽救，结果兴起了基督教。16 世纪，印度和欧洲面对各自文化的崩溃时，也都在宗教方面做出反应——在印度是印度教的普遍复兴，在欧洲是宗教改革和反改革。但欧洲还以创立纯科学、世俗文学、巴洛克艺术和理性主义哲学来对付中世纪旧秩序的瓦解，这样就埋下了日后将成为欧洲历史的主要特征的世俗主义的种子。

欧洲文化：公元 1000—1700 年（二）

欧洲文化的两重性能说明 16、17 世纪对欧洲社会和文化危机的 599
反应的多样性。但这种两重性并非欧洲所独有。中国在佛教狂澜之后，也受到双重文化遗产的影响；儒学和佛教的相互作用是中国文化的新起点。伊斯兰世界也从一开始就显示出古希腊和东方的双重文化遗传。然而在中国和中东，这些不同文化的相互作用经常仅限于很小的知识圈子里，而且保持着彬彬有礼的气度，没有欧洲的那种狂热和鲁莽的极端主义。毫无疑问，中国和中东稳定的社会结构充分说明了这种不同，这种稳定的社会结构是以地主和农民两极以及封闭而驯顺的市民作为基础的。

然而所有这些解释都排除了个人天赋因素和处于关键位置上的个人所起的积极作用。假使宗教改革中没有路德，耶稣会里没有圣罗耀拉，现代科学中没出现伽利略，那一切都是不可想象的。用不确切的

新的高度和深度

左图是博斯（卒于 1516 年）所作《地狱图》的细部，右图是格列柯（卒于 1614 年）所作《施洗者约翰》的头像。这两幅画从对立的两个侧面表现了标志着近代到来的空前的社会与文化动乱中欧洲人对真实的追求。博斯的画以丑化的手法描绘了感官造孽的状况，这幅画使人窥视到人类心灵深处的潜意识。这种潜意识在欧洲从中世纪向近代演变的动乱中常常公开暴露出来。而在另一方面，格列柯的画具体表现了两种境界，即今世的绚烂多彩和来世的诱惑。来世的诱惑是 17 世纪的天主教欧洲最易于接受的。格列柯使用意大利文艺复兴时代画家的完美技巧来表现天主教改革后更新了的宗教观点。他背弃了准确表现光感的理论，随心所欲地拉长人的体形，夸大人的眼睛，还运用其他一些方法，这不禁令人想起他青年时代就已经熟知的克里特—拜占庭艺术风格。这种希腊的个性主义同意大利的绘画技巧和西班牙的敬神思想的大综合令人钦佩地表达出了西欧文化的开放性——近代早期西欧文化之所以具有生机勃勃，其奥秘就在于这种开放性。

概括来随意抹掉一些非凡个人的作用和某个人的思想行为在关键时刻的重大作用，是历史著作中常见的错误。

当一切有利的环境和条件都被充分考虑到之后，在人类事务中总还是有些难以意料的因素。在 16 和 17 世纪早期欧洲人所面临的形势下，这类因素显得特别突出。当时人类的行为没有共同的规范，于是人性的伟大和堕落都充分表现。而当人们为人类潜在的巨大能量而欢呼惊诧时，个人或集体必须遵守的规范逐渐形成。我们，全世界 20 世纪的人们，特别是欧洲近代早期少数天才的后裔应当记住，正是他们，当时西欧才走上了独特的近代之路，而后，从本质上讲，又使全世界走上了这条路。

三、欧洲的外围：美洲和俄国（公元 1500—1650 年）

（一）美洲

16、17 世纪时欧洲与美洲印第安人在文化上的相互作用显然是单向的。除了那里生长的农作物，诸如玉米、马铃薯和烟草[23]外，西班牙人在美洲当地文化中没有发现其他值得赞美的东西，因此他们没从被征服者那里得到什么。然而印第安人方面，在精神崩溃的部落首领 600
眼里，征服者的军事优势却是极为显著的。同西班牙的思想意识、西班牙的疾病以及西班牙的实力相比，他们发现自己继承下来的规章制度、风俗习惯与技能技巧实在少得可怜。当他们失去了对传统社会文化制度的信心以后，阿兹特克和印加帝国由巫师和武士支撑着的较高的政治文化结构仿佛一夜之间全部突然消逝了。他们不再遵奉他们所熟悉的思想意识和规章制度，而是盲目地让西班牙传教士和官员牵着鼻子走。他们显得如此驯良，以致在不到一代人的时间里，基督教已经在墨西哥和秘鲁的土地上深深扎根了。

当西班牙征服者们的黄金掠夺狂潮稍微平息一些之后，西班牙传教士们开始来美洲拓荒。由于他们所关心的是人类灵魂而不是黄金，所以天主教耶稣会会士、多明我会和方济各会修士们都想尽办法深入到巴拉圭和奥里诺国等之类的蛮荒地带去，他们在那些地方也创建了一系列卓越的基督教传教区。欧洲的技术[24]、天主教教义、教义的震慑力、数以千计神父和修士的献身精神以及那些眼看着自己传统的社会制度彻底崩溃而无动于衷的美洲印第安人的古怪精神状态等，都是西班牙的传教活动取得成功的原因。到17世纪末，西班牙控制区内野蛮的多神教徒所占据的土地已所剩无几。每个重要城镇都建起了巍峨的教堂，印第安人原有的宗教只剩下了支离破碎的残骸，甚至就连这些残骸还常常被有意识地披上基督教的外衣。[25]

西班牙人的规章制度与世俗文化的建立是与基督教的扩张携手共进的。村级以上的法律和政治组织迅速按照西班牙模式进行了改造，在比较容易接近的印第安人村落里，由西班牙人规划的新经济模式也很快地影响到了传统农业。为西班牙矿主和农场主干活的是半奴隶式的劳力，村落人口锐减；这样，到17世纪末，哥伦布来到前的那些独立自主形式的村落都已经被驱赶到偏远的山区、沙漠或热带丛林地带去了。[26]

西班牙本国政府和许多当地的传教士们倒是诚心诚意地想保护那些受西班牙人摧残的印第安居民的权利。而那些西班牙企业主却无所顾忌，不管有没有官方批准，他们都想方设法搜罗印第安劳动力以从
601 事农业和矿业生产。由于不习惯或是由于劳动条件太残酷，很多印第安劳工丧命；更为严重的是，欧洲传播过来的瘟疫长期肆虐。令人啼笑皆非的是，为了缓解劳力短缺而大力引进非洲黑奴的结果却是随之也引进了非洲的瘟疫。这样问题就更复杂化了，于是人口飞速下降。据有人估计，1519年尚有近1100万人口的中部墨西哥，到1600年时，只剩下大约250万人了。这种人口下降的趋势一直持续下去，以致到1650年，其人口总数只剩下了150万。[27]这个估计如果可靠的话，它足以说明印第安人社会为什么解体，也足以说明少数西班牙人为什么常常可以轻而易举地把他们的文化经济态势强加给印第安人。[28]

在新世界西班牙帝国的边缘地区，印第安人社会所遭受的突然剧烈的破坏似乎要少些。在智利，阿劳坎人坚持抵抗西班牙武装进犯长达 20 年之久；而墨西哥北部那些彪悍善战的部落在整个 17 世纪一直不断袭击着西班牙人。还有许多偏远独立的村落，如新墨西哥州的普韦布洛，即使沦入西班牙黑暗统治之下，他们的社会结构也没有太大的变化。

西班牙人的势力范围没能扩展到北美洲的辽阔地带，那里的骑术的传播对社会变革有巨大影响。在草原及附近地区的居民多数从事骑马猎取美洲野牛的营生，这比步行狩猎能获得更多的食物供应，而这也恰恰是文化突变的开端。因为当热爱马上生活的部落迁移到高原地带后，他们不得不调整自己的社会习俗，以适应经常发生战争的半游牧生活方式的需要。[29]

17 世纪，当法、英和荷兰三国的殖民事业开始在北美洲大西洋沿 602
岸地区兴旺起来时，东部森林地带的印第安人也就开始罹受瘟疫、社会混乱等严重灾难。在这一点上，他们与在西班牙人管辖下的美洲其他地区的同胞们完全相同。法国人也和西班牙人一样在加拿大印第安人中努力进行传教活动；而荷兰人和英国人却把这种事业留给那些怪癖的个人去做，多数人要么把印第安人看作敌人，要么把他们当作可欺的贸易伙伴。这样，总的说来，法国人同印第安人的关系要比他们的英国对手们更为良好。然而，尽管法国人本意希望印第安人健康，
但他们带来的疾病却并不因此而降低危害。酗酒更使得已经因战败、 603
经济剥削和瘟疫大伤元气的印第安社会愈加衰落。于是，印第安人的社会组织日趋瓦解。印第安人在英法殖民地边远地区举行的零散起义纷纷以失败告终，这更加剧了其社会组织的崩溃。

种族混杂的社会在西班牙人和葡萄牙人占据的美洲大部分地区迅速出现，只是其中欧洲人、印第安人和黑人所占的比例各不相同。经常出现的解放奴隶行为有时能稍微缓解一些当地奴隶们所受的苦难；而天主教会更加积极地鼓励白人与印第安妇女的婚姻，以此作为医治不道德性行为的良方。然而，在英国殖民地南部和加勒比海中的多数

家庭类型与种族混合

岛屿上，由于大量贩入黑奴，逐渐形成了两极分化日益明显的双种族社会。虽然并无法律规定，但是黑奴们所具有的强烈种族意识和自身的奴隶身份，实际上限制着他们之间的通婚。但这种相互蔑视并不妨碍产生混血私生子。这些孩子的身份往往随其生母，因此，黑人与白人的混血儿以及具有一半印第安血统的人均被排斥在白人社会之外。在西班牙人地区（葡萄牙人地区也一样，虽然略有差别）建立起了一种较为微妙但相对缓和的种族歧见。一小撮在欧洲故乡出生的人享有最显赫的地位，其次是那些纯欧洲人的后代，再以下则是各种混血儿，从而形成了一个金字塔形的社会结构。这种社会尽管存在无数种族差别，但与英、法、荷殖民地的情况不同，在后者那里，黑人与白人的关系被认为是最丑恶、最不能接受的。[30]

在阿根廷和北方更远一些的英法殖民地，那里的印第安人由于太落后和数量太少，不能提供足够的劳动力资源；而以黑人奴隶从事种植业又显然不可能。因此，在新英格兰和中大西洋殖民地，移民自己也需承担一些清理林区和耕种土地之类的重体力劳动。在阿根廷，像经营管理大草原那样较轻松的劳动也同样由欧洲移民自己干。因此，在这一带地区形成了欧洲人的社会；这是一种从旧世界脱胎而来，在基本社会准则和规章制度方面也与旧世界颇为相似的社会。新旧世界 604
两个社会最明显的差别是，除了那些仍保持奴隶制的地区外，在美洲没有一个贵族阶级。新世界的另一特点是宗教形式更加复杂多样，因为英国政府许可那些不同宗教信仰的人自由移居到殖民地来。然而法国人却像西班牙人一样，只限定那些可靠忠诚的天主教徒移居，并且在整个殖民地区厉行宗教统一的政策。

法国和西班牙政府严格推行一种让殖民地在政治和经济方面依赖于宗主国的政策。与此相反，英国当局却总是给殖民地留出发展其自治政府的充分余地，其部分原因是 17 世纪中期英国的内战和宪政问题分散了他们对美洲事务的注意。由于缺乏宗主国的严密监督和控制，地广人稀地区潜在的社会平均主义趋向逐渐表面化了，它使英国殖民政府带有明显的民主色彩。

从长远观点看，比较松散、比较无政府、比较民主的英国殖民地形式有更大的发展余地。而在 16、17 世纪时，西班牙当局对于美洲殖民地的直接监督也为本国获取了丰厚的利益。新英格兰地区的原始状态与利马或是墨西哥城的灿烂文化绝对无法同日而语。阿根廷和秘鲁那经过精心装修的总督府、墨西哥省那些富丽堂皇的巴洛克式教堂、西班牙传教士的教育和慈善活动，这些在马萨诸塞落后边远的森林地带都是无法想象的。但是，这些成就也都付出了代价。就在当时，在西班牙繁荣的殖民事业后面，就隐藏着经济和人口的衰退，稍后几个世纪的经济复兴也未能改变这种境况。一个由神父、官员、律师和土生白人地主所驾驭，而由马德里在背后指挥的美洲西班牙人社会正开始经历剧烈的阵痛，那些以美洲伊比利亚—印第安—黑人社会的监护者自居的人们兀自争论不休，而隶属阶级却已经不再接受前两个世纪曾绝对服从的监护和指挥了。[31]

（二）俄国

16、17 世纪欧洲人的探险并不局限在公海上。在那些年代里，当西班牙的探险家们从大西洋的迷雾中魔术般地变出一个新世界时，意大利人、德意志人、荷兰人和英国人也正在进行一项类似的、把俄罗斯展现在西方世界面前的事业。605 虽然从 13 世纪以来，俄国正教的教义显然与拉丁基督教相接近；虽然汉萨同盟的商人们从 14、15 世纪以来一直在向诺夫哥罗德和其他一些俄国城市移民，但这种接触的规模极小，而且难得有人深入到俄国内地去。自从莫斯科成为这个拥有广袤疆土的国家的政治中心以后，俄国的毛皮和林产品对于西方那些胆大而好冒险的商人极富吸引力，如同新世界的矿藏财富引起了西班牙开拓者的兴趣一样。

当然，俄国人在西欧人面前不像美洲印第安人那样懦弱。俄罗斯本地的规章制度和文化传统在 1610 年莫斯科被波兰入侵者攻陷时丝毫无损，而阿兹特克和印加的民族文化却在西班牙征服者的践踏之下遭到了无法复原的毁灭。但即使有这种差别，俄国也像美洲一样，16 世纪以来成了西欧的外围地区。这非但从地理概念上看是如此；当时俄国社会的关键问题是，究竟应当如何对付入侵的欧洲人及其文化？

莫斯科的统治者最初是欢迎西方商人和冒险家的，因为喜欢他们带来的技能技巧和工艺知识。但从一开始，就有一种隐秘的俄罗斯人的思想感情，以正教和独裁专制制度的名义，有力地抵制着外来影响。外来影响越是显示出对俄国文化的优势，俄罗斯人对西方各国的态度就越是痛苦矛盾。逆反心理常常表现为个人争夺统治权的斗争，以致每一项对西方的许诺都只能是暂时性的，而每当要抵制一项西方影响时都显得合情合理。16 世纪，俄国与西欧只有少量接触，当西方对正教文化和社会的威胁还不十分明显时，俄国人就整体来说，是乐于接受和试用那些比自己的更为高明的外来技艺和知识的。但到 17 世纪上半叶，当波兰人以其袭击行为说明了来自西方的危险之后，抵制行动就开始了。同时，要求返归独具特色的旧俄时代的呼声也高涨起来。

有一种出于军事上的迫切需要而其意义又颇为深远的反作用遏制了俄国全盘接受西方技艺的性质。俄国政府不能再忽视经过改进的西方军事技术的威胁。但若要把欧洲武库里的全副装备都转移到俄罗斯来，则必须首先迅速改造现存的社会关系和社会实践。做这件事最简便的办法就是制定大批强制性法律来要求人们按照政府的意志行动。但假如当真这样做的话，那么在缩小了俄国与西方社会技术距离的同时，由于借助于暴力强制人民按照政府意志行动，必然会扩大俄国与西方国家在社会制度方面的距离。因此，俄国想要仿效西方技艺的迫 606
切愿望反而使全盘接受西方文化成为不可能。而且假若政府采用强制性法律来达成农民们所不能理解的目标，那必然会在俄国大多数人民中间造成一个暂时的无政府状态，因为这些人民即使被高压强制服从，但在思想上也绝不会甘于接受国家强加给他们的沉重束缚。

这种进退两难的窘况在伊凡三世（1462—1505 年）统治时期就已经出现了。伊凡三世与西欧列强建立了外交关系，并首创从国外（主要是从威尼斯）引进艺术家和建筑师的先例；为了美化莫斯科，他用巨石建筑了宫殿和教堂。伊凡四世，又称伊凡雷帝（1533—1584 年）欢迎英国商人从阿尔汉格尔进入俄国并给予他们贸易特权。甚至在 17 世纪，反抗西方已达到高潮时，罗曼诺夫王朝的创始人沙皇米哈伊尔一世（1613—1645 年）仍邀请荷兰人在图拉建立起一座军工厂，以便为他的军队提供更好的武器。

就在西方的技术优势不再被看作无关紧要的事时，俄国允许入境的那些西方艺术家和企业家仍在为俄国的利益服务。这一点不可否认。

成功地阻止西方影响主要靠俄国社会的两项制度：东正教和莫斯科的独裁专制。但面对着咄咄逼人的西方挑战，要保持这两项制度的权威绝非易事。所以俄国的东正教和政府面对西方的压力必须做一些根本性的调整。而进行调整的过程中，无法避免严重的国内混乱。

* * *

15 世纪末、16 世纪初，俄国教会在激烈的争吵中分裂了。在坚定维护东正教礼仪和信仰的卫士与渴望进行彻底改革的人们之间发生了尖锐的冲突。改革派最初只是秘密地活动，并且遭到反对他们的人的斥责，甚至还可能被诬陷为犹太教徒。但是没等他们的教义被彻底驳倒，一场新的关于教会和修道院能否合法地拥有地产的争论就爆发了。[32] 在这场论战中，莫斯科的统治者态度暧昧，因为他们既垂涎激进派建议没收的教产，又不肯放弃保守派提出的君权神授的原则。这场论
607 战使关于教会的两种对立观点公诸大众。对正教体制的批评鼓舞了那些模仿基督和圣徒、愿意置身于贫苦卑贱的民众当中苦修的僧侣。而他们的对立派却渴望组成一个由德高望重而又虔诚的高级教士所组织的教会，这个教会能培育各级教士，成为抵抗外国异端和邪恶的前线卫士。最后，瓦西里三世（1505—1533 年）选择了保守派的主张，并派官兵搜捕和镇压批评者、激进分子和改革者。

但这个改革也包含着危险，因为俄国的礼拜和圣餐礼仪因地而异且不同地区差异极大，这主要是由于多少世纪以来教会的教礼手册在无数次的翻译和抄录中不断出现讹误造成的。因而，规范化似乎是必要的，但没有相当高的学术水平是无法确定范本的，而当时的俄国教士不具备这个水平。这样就有必要求助于外国学者，但那样做又违背了君士坦丁堡陷落（1453 年）以来的一种坚定信念，即唯有俄国东正教才是唯一纯洁正统的宗教。因此当教会某一派请来了一位曾受意大利教育的学者、希腊人马克辛，请他把俄国正教教会的教理手册按希

腊文原本进行订正时，一场风暴骤然而起，其不幸后果是，1556 年，这位学者在一所偏僻的修道院监狱中一命归天。

1568 年以后，问题更趋尖锐化。当时有些博学机智而又反对宗教改革的耶稣会会士在波兰—立陶宛积极活动，他们很快击败了波兰的新教徒，然后把注意力转向东正教的众多信徒。当时乌克兰（绝大部分地区已归属波兰—立陶宛）的教会集团对东正教教义的学习和虔诚正处于低潮阶段。东正教教士终于抵挡不住波兰王公贵族支持的耶稣会会士的进攻，因而 1595 年，乌克兰和立陶宛的多数正教主教，在允许保留斯拉夫宗教仪式的条件下纷纷与罗马结盟。这样就出现了所谓的“东仪天主教会”。这件事引起俄国东正教教士们极大的惊恐与敌意，因为他们以为东正天主教对罗马教会之妥协是一种变节行为，而变节行为（如 1439 年形成的佛罗伦萨同盟）曾经导致君士坦丁堡的陷落。

然而罗马天主教的理论与学识毕竟难以否认，尤其是，俄国东正教的教理手册中许多明显的错讹信手可指。但东正教在天主教的攻势面前也有一张王牌，那就是东正教起源于更古老的希腊基督教。因此，继续努力按希腊文原本来订正俄国教会的教仪教义似乎十分必要。于是在 1653 年，尼康主教 [33] 正式宣布了一份改革纲领。尼康以其人之 608
矛攻其人之盾，即以罗马天主教所擅长的逐字逐句考据的方法来反驳耶稣会的批判。但要命的是，在东正教内部的反对者眼中，凡擅长运用这种方法的人全都是在基辅或其他什么地方受过训导的，他们及其周围的人都与西方异端有密切接触且深受其熏陶。

俄国东正教教会长期分裂的结果是，性格上飞扬跋扈的尼康与执拗顽固、盲目狂热的反对派 [34] 彼此之间无法妥协调和，甚至在尼康与沙皇本人争吵一场并被罢免以后，教会和政府仍继续执行他的策略。那些抵制过尼康改革的人通常被称为“旧礼仪派”，其中一些成员受到官方的迫害，被流放或被迫出逃，但流放的结果只能是使不满情绪遍及全俄各地。他们转入地下，继续固执地鼓动着反抗压迫者的行动，他们把压迫他们的人看成是基督教反对派的代理人，就这样，俄国东正教会以一

莫斯科圣巴西尔大教堂的两份视图

伊凡雷帝（也被称为恐怖的伊凡四世，1533—1584 年在位）为纪念其征服喀山和阿斯特拉罕的汗国而建立的教堂。从图上可以一睹古老莫斯科的丰姿。教会和国家观念一致，所以专制君主才会为庆祝军事胜利而建立教堂。拜占庭、波斯、意大利和俄国中世纪的建筑传统和谐统一地体现在这座灿烂辉煌的艺术品中。以砖瓦和灰浆堆砌而成的这座建筑方面的惊人之作与伊凡在政治方面的杰作相比绝不逊色。伊凡及其前任征用鞑靼人和欧洲移民为俄国服役，并以他们的军事力量和技能作为莫斯科专制制度巩固扩大的支柱。

场严重的分裂为代价，顶住了西方的进攻。西方经过四五个世纪才逐渐积累的宗教学识，俄国人却想一蹴而就，结果导致了内部大分裂。

* * *

在努力与外来侵略和国内的无政府状态做斗争时，俄国政府也像教会一样经受了巨大的压力和考验。1564 年，沙皇伊凡四世[35]对俄国的世袭贵族发动了一场恐怖的革命，他没收了他们的土地，把其中一部分化作为报酬授予为国家从事军事和其他工作的人。这样沙皇就掌握了一支效忠他又能抵御外敌的军队和一套行政机构。他在东方的胜利尤为可观；俄国军队夺取了整个西伯利亚，并且征服了喀山和阿斯特拉罕等小汗国（1552 和 1558 年），为俄国商人提供了在伏尔加河上航行畅通的方便。但是在对付波兰和瑞典时，俄国胜少负多，甚至在伊凡四世统治时期还被他们的西方邻居夺走了一些疆土。

伊凡死后，他那无能的儿子和众多的篡权者引起了一连串的骚乱。这段时期在俄国史上通常被称为“大混乱时期”（1584—1613 年）。上层贵族冷酷无情的阴谋诡计，哥萨克贪得无厌的抢劫掠夺，被压迫农民阶级中蓄积的盲目的怨气，俄国东正教会中五花八门的社团以及对
610 波兰天主教入侵者的抗击等，所有这些都更加重了骚乱的气氛。[36]莫斯科大主教菲拉雷特和他的儿子米哈伊尔·罗曼诺夫是这股反动回潮的主要受益者。米哈伊尔由此登上了俄国皇位（1613—1645 年），并且重建了君主专制制度，富裕贵族成为俄国的统治阶层。

16 世纪，俄国统治阶级曾建立过半自治地方政权和代表官僚、贵族、城镇居民和教士的全国政治咨询会议，然而这一切都在罗曼诺夫王朝早期就被取消了。法国的那些同样性质的机构，即省议会和三级会议等，也都让位于君主专制的中央集权官僚体制。所以从外表形式看，俄国政治的发展与西欧多数先进国家的情况相似。但是与法国专制制度下的王权、贵族、平民三足鼎立不同，俄国专制制度是建立在

对心怀不满的农民、市民以及教士的压迫之上的。只有专制君主的宠臣和服役贵族才能以其意志影响国家政权，但即使是政府所需要的这个阶层也只能按照一个统治者的个人意志行事。因此，虽然表面上极为近似，但实际上俄国和法国的专制整体是截然不同的。

在第一个罗曼诺夫王朝统治时期，俄国曾寻求以安全的方法尽可能地排除外来影响。也就是说，在邀请外国人作为军事训练专家或军火制造专家来俄，或是让外籍商人帮助出口销售毛皮以便为国库带来殷实收益的同时，[37] 又与所有外国人尽可能远地保持距离。外国人都被限定在莫斯科和其他几个城市的特殊居住区内，并且被视为传播异端邪说的主要怀疑对象。恐怖伊凡当年接待第一个来俄的英国人时的那种好奇感和异常的热情消失了。但是俄国漫长的陆上边界使他们很难像日本人那样把一切带来麻烦的外国人全都拒之于国门之外。所以 611
俄国虽曾竭尽全力想要摆脱，但到底摆脱不掉，最终还是被卷进了西方文明那极具扩张性、强大到危险程度但又非常诱人的罗网中去了。

在这同时，俄国的军事独裁专制体制在其东南边疆地区占据了极为有利的位置。用以对付西方进攻的俄国强大的军事政治机器使它在西伯利亚的所有对手面前轻松地保持了绝对的优势。所以莫斯科能在 17 世纪后半叶从瓦解中的波兰政权手里夺取了乌克兰的绝大部分地区。[38] 俄国与西欧那种痛苦而暧昧的关系在别处边疆线上得到了补偿。事实上，这也使俄国在对付亚洲北部森林和游牧地区极为落后的居民时成了一个准西方国家。[39]

四、世界平衡格局的改变（公元 1500—1700 年）

（一）伊斯兰世界

15 世纪末期，干旱旷原上信奉伊斯兰教的士兵在伊斯兰传教士、商人和各地皈依伊斯兰教的信徒们的帮助下扫荡了正统基督教世界的古老心脏地带，远征到印度，并在中国一些边远省份建立起了穆斯林的文化和信仰。甚至在非洲撒哈拉以南和中国东南沿海这些远在草原士兵们弓箭射程之外的地方，传教士和商旅也在1500年以前就使众多人口皈依了伊斯兰教。即使在欧洲人经过非洲并将其海上优势展现于印度洋时，穆斯林的扩张兴致仍未减弱，穆斯林士兵、商人以及伊斯兰学者和神秘主义泛神论信徒在16、17世纪同15世纪一样继续拓展着新的疆界，争取更多的新信徒皈依伊斯兰教。16世纪以后，穆斯林军事上的胜利减少了，但他们的和平宣传攻势和劝道皈依的活动却始终未停歇过。

此外，1500年以前支持穆斯林扩张的社会基础在此后的两个世纪中丝毫未变。在1507—1515年间，新崛起的乌兹别克牧民像过去许多部族联盟曾做过的那样，从中亚荒原侵入阿姆河以东、锡尔河以西的河间地带。这个地区旧统治集团中的幸存者——帖木儿的那些吵吵闹闹的后代和波斯化突厥人——向南逃到了印度北部平原，并在那里
612 建立起莫卧儿帝国。[40]与此同时，1565年，在印度南方，一些穆斯林集团联盟从伊朗和突厥斯坦招募新兵组成军队，联合起来摧毁了最后一个强大的印度人国家维查那耶加尔。穆斯林胜利者还威震爪哇，在1513—1526年，当地的穆斯林沿海国家组成联盟一举颠覆了一个印度化的内地君主专制政权，并开始把伊斯兰传教活动深入内陆。其他一些亚洲东南沿海口岸的岛屿，尤其是那些贸易兴盛地区，在14—18世纪之间也都陆续落入了穆斯林的势力范围之内。[41]

同样的传教过程实际上也在西非苏丹国进行。由一些穆斯林帝国——廷巴克图、卡诺、博尔努和摩洛哥等——所支持的商旅和圣徒冒着当地内战的炮火为伊斯兰教扩大地盘。[42]在东非，穆斯林的商业城镇在1500年以后基本都被葡萄牙人控制，但信奉伊斯兰教的一些游牧部族却避开基督教徒控制着的沿海地带深入到内地（主要在北方地区）。[43]

即使在基督教徒为主的欧洲，虽然这里无论文化还是军事方面与异教抗衡的力量都要比非洲或亚洲强大得多，但奥斯曼帝国直到16世纪末还在吞并基督教领土。1526—1543年，奥斯曼帝国军队征服了匈

牙利的绝大部分地区，并在黑海沿岸建起了一连串受其庇护的小国。1579—1623 年，奥斯曼帝国处于困难境地。由于奥斯曼帝国的体制不便于确定帝位继承人，因而造成中央机构的瘫痪，但 1623—1640 年新立的苏丹又继续赢得战争，但这一次的对手是以波斯为基地的另一股势力。在第二次政权瘫痪之后，一个刚愎残暴而富有魄力的首相穆罕默德·柯普吕律（Mohammed Koprulu）在 1656 发动了奥斯曼帝国对欧洲的最后的军事扩张行动，这次行动于 1683 年第二次攻占维也纳时达到高潮。[44] 这样，自从伊斯兰教出现以后，历史似乎进入了穆斯林 613
侵占基督教地区的阶段。至少在 1697 年奥地利取得森塔战役胜利之前，所有忠诚的穆斯林都坚信，这种延续千年的、潮水般涌向基督教地区的战争，将一直朝着有利于穆斯林的方向发展。

然而，尽管在最初几个世纪穆斯林令人惊奇地常胜不败，但他们还是在 16 世纪初期遭受了三次难以愈合的重创。这就是（1）在地中海、大西洋和印度洋上伊比利亚人对伊斯兰教的讨伐；（2）莫斯科政权得以巩固，从而使得西部那些穆斯林苏丹国再也无法抵挡俄国的军事力量；（3）在沙·伊斯梅尔·萨菲（Shah Ismail Safavi）的野蛮征服之后，穆斯林内部发生了逊尼派和什叶派的严重分裂。

第三个打击对当时的穆斯林来说是最惨重的，日后伊斯兰教的发展变迁和逊尼、什叶两派连绵不绝的纷争都证实了这一点。虽然与西班牙和葡萄牙的战争牵制了奥斯曼帝国的大量兵力，但是到 16 世纪末，土耳其人终于可以庆祝他们打退了伊比利亚人的侵犯。与此同时，印度洋上的穆斯林在奥斯曼帝国的帮助下，凭着机智成功地消除了葡萄牙人对其在亚洲南部政治、商业地位的威胁。而在对付俄罗斯人方面，伊斯兰世界无能为力。伊斯兰教在西部草原的发展是与土耳其骑兵分不开的，而在火器出现之后，长期以来骑兵对定居居民的军事优势消失了。但在 1676 年俄国与奥斯曼帝国的边境第一次接壤以前，两大帝国一直有着辽阔的缓冲地带，在这个地带盘踞着荒原上那些古老帝国的残部。因此，伊斯兰帝国能够暂时对北方那个遥远的新对手置之不理。

伊比利亚人的讨伐与穆斯林的反击

在欧洲，西班牙人比欧洲其他民族更早地开始了对穆斯林的讨伐，并且坚持时间最长。早在1492年这个半岛上最后一个伊斯兰国家被摧毁之前，西班牙人和葡萄牙人就已经开始渡海远征非洲了。葡萄牙人1415年在直布罗陀对岸取得了一个立足点，到1578年，他们一直占据着西非沿岸的许多地区。葡萄牙人在非洲活动的主要目的是想要挫败穆斯林并把欧洲基督教区与传说中的普勒斯特·约翰的基督教王国连接在一起，尽管普雷斯特·约翰的王国令人大失所望地仅是野蛮的埃塞俄比亚的一部分。（葡萄牙人早在1493年就已经从陆路到达那里，而在1520年，南部海路也开通了）。在印度洋上葡萄牙海军力量成功地阻断了穆斯林在南部洋面上的贸易航线。同时，西班牙人也恢复了对穆斯林的行动，首先于1492年征服了格拉纳达；不久在1509—1511
614 年间又将战争扩展到北部。而当查理五世把西班牙并入哈布斯堡王朝包括了德意志和低地国家在内的版图时，西班牙间接地开辟了对穆斯林的第三条战线，这条战线位于多瑙河上。

奥斯曼帝国对哈布斯堡的威胁进行了强有力的回击；在陆上，苏莱曼一世（1502—1566年，又称立法者苏莱曼）把奥斯曼帝国的边界线推进到喀尔巴阡山脉；在地中海，一场长期胜负未决的战争于1578年宣告暂停，但是后来，西班牙由于国库空虚且受其他战场牵扯，于是同奥斯曼签订了长期和平协定。另外，尽管基督教徒在1571年勒班陀战役中取胜，然而奥斯曼人仍然宣称他们赢得了全面胜利，因为他们至少在名义上还控制着突尼斯和阿尔及利亚，并在东地中海继续保持着海上优势，这个优势是他们在15世纪时从威尼斯人手中夺来的。

伊斯兰教徒在印度洋上没能赢得重大胜利。虽然奥斯曼帝国的舰队司令官们克服重重障碍[45]对葡萄牙人进行了三次大规模攻击（1536年、1554—1556年、1585—1589年），但都未能摧毁葡萄牙人在南部的海上霸权。[46]到16世纪后半叶，当地的穆斯林海员们几乎已经使穆斯林在南亚的商业恢复到了原有水准。由于远离葡萄牙人控制的港口，并配备了足以应付临时事变的武装，穆斯林的船员发现避开葡萄牙巡逻舰并非难事。所以在穆斯林看来，葡萄牙人竭力维持的海上优势兵力只不过是一群乌合之众。的确，穆斯林如此成功地躲避开葡萄牙人控制，以致到那个世纪后半叶，当葡萄牙人发现收缴捐税远比海盗袭击式的战争更能赚钱的时候，他们干脆对穆斯林船只开放了他们所控制的全部港口。[47]

荷兰、法国和英国逐渐取代了伊比利亚人在地中海和印度洋的海上霸权。这些北方势力的后来居上主要依仗穆斯林统治者的支持，后者将他们视为对付西班牙和葡萄牙的力量。比如 1536 年，法国与奥斯曼帝国缔结了共同对付西班牙哈布斯堡王朝的军事盟约，作为交换条件，奥斯曼帝国给予法国一定贸易特权。英国的黎凡特公司于 1580 年获得类似的特权。而荷兰在 1597 年以后也开始出现在东地中海，直至 1612 年，他们还挂着法国旗帜，但很快就成了法、英两国强有力的贸易对手。[48] 荷兰和英国也都曾通过与莫卧儿帝国及其他穆斯林统治者缔约使其商业深入印度。正是由于他们在活动之初完全依靠穆斯林们 615
的善意支持，因此这些新教国家也就有意不进行传教活动，而传教恰恰是伊比利亚人扩张时期的显著特点。[49]

法、荷、英在穆斯林地区的贸易活动虽然都是承蒙当时统治者的关照，但却为今后欧洲的统治打下了基础。这种情况在印度和东印度群岛再明显不过。在 17 世纪，荷、英的商业甚至开始改变亚洲经济结构。荷、英两国的贸易公司按照欧洲人的需求，不断地大量提供靛青之类的染料、棉织物和硝石；中国的丝绸、茶叶和瓷器，阿拉伯的咖啡和波斯的地毯等东方产品。欧洲对于此类货物日益增长的市场需求立即对亚洲的生产方式产生了显著的影响。

荷、英两国的商人们不满足于仅限于欧、亚两洲的贸易活动，他们积极寻求发展与印度的工商业交往。从这一地区和亚洲内陆地区获利是他们的贸易目的，因为欧洲公司急需从亚洲贸易中盈利以弥补其金银外流的损失，欧洲政府对这种金银外流一直感到恐慌。然而除非亚洲人能提出对于欧洲货物的需求，否则欧洲人就不得不付出贵金属

（除非停止进口新的东方产品）。但直到17世纪后半叶，欧洲产品仍然很难打进亚洲市场；因为与当地制品相比较，欧洲产品常常显得是粗制滥造；即使在欧洲手工艺匠人模仿亚洲技巧改进了生产方式之后，欧洲货物在亚洲市场上也仅有极有限的销路；因此那些贸易公司极为渴望在亚洲赚取利润。

对亚洲经济来说，其后果有时是很奇特的。例如荷兰人曾大规模改造爪哇及其近邻岛屿的农业，让爪哇农民种植茶叶、甘蔗和香料。英国人也同样在印度西部对纺织行业进行了一定程度的控制管理。通常在他们向纺织工匠提供一小笔贷款之后，英国代理商们就能够提出按他们要求的式样来生产货物，因为贷款的数量能够起到调节控制市场布匹数量的作用。以这种方式生产出来并提供给欧洲代理商的货物，既可以运到欧洲去销售，也可以卖到中国、日本、亚洲南部各口岸，甚至于非洲沿海各地。总之，可以贩运到任何一个他们认为有利可图的地方去。在这种情况下，过去落后的菲律宾和孟加拉湾东海岸的一
616 些地区很快就发展起来了。欧洲商人也由此导出建立起了强有力的、配备武装的大公司，越来越牢固地控制了大规模贸易。而当地的一些民族企业就只能退却到地方的小范围之内。[50]

欧洲对于奥斯曼帝国的经济渗透行动要缓慢得多。但到17世纪末，法、英和荷兰的船只也已经开始在奥斯曼港口运载着远方货物进行贸易活动了。他们在这里用欧洲商品换取土耳其的原材料，从而使黎凡特的经济陷于被动。在奥斯曼帝国中，军事将领和官僚是社会上层，商人的社会地位则相对低下；社会上层对商业漠视甚至敌视，所以商人很难或根本不可能从事大规模商业活动以同欧洲商人竞争。由于欧洲人掌握制海权，贩运亚洲商品的中间商获利甚微。这些使得中东的国际经济地位倒退到旧有水准，奥斯曼帝国的工商企业无力在世界商事中占据领先地位。但在1700年以前，欧洲商人毕竟很少到奥斯曼帝国的各港口活动，当地商人仍然掌握着内地的货物交易，1592年以后，黑海地区的商业甚至为奥斯曼所垄断。[51]

在 1700 年，还没有人能预见到欧洲商业的最后结果。伊比利亚人的十字军在地中海被挫败、在印度洋被削弱，荷兰、法国和英国对伊斯兰地区商业渗透的意义还不太明显。所以穆斯林有理由相信他们今后仍可以按照祖先传下来的生活方式继续生活下去。表面上西欧对伊斯兰的侵犯正如中世纪的十字军远征那样失败了，似乎不必惊慌、不必改革，也没有理由怀疑穆斯林道路的优越性。

俄罗斯的崛起及其对伊斯兰世界的重大影响

当莫斯科的伊凡三世于 1480 年宣称他已独立于金帐汗国之外的 617
时候，鞑靼人由于长期内讧造成国势衰败，以致除了一次虚张声势的军事进攻之外，对他竟毫无制裁办法。因此到 1517 年，莫斯科伙同波兰—立陶宛就兼并了附近原属鞑靼人的所有俄国的封国。这两股势力而后又很快地向南扩张进入草原地带。

16 世纪时，在南方游牧地区，自由的哥萨克集团组织起一些难以控制的共和国，一度似乎可以形成堪与华河和莫斯科鼎足而立的权力中心。[52] 但到 17 世纪，俄罗斯人、波兰人和奥斯曼土耳其人全部向游牧地区推进，哥萨克人的独立遂受到威胁。哥萨克部族的首领们发现，与他们邻近的某一政权联合将对他们十分有利，因为那样就可以得到军费，也可以使俄国和波兰（但不是奥斯曼土耳其）承认他们对其治下属民的地主地位。在同俄国、波兰和奥斯曼土耳其进行了一系列周旋磋商之后，哥萨克人最后在 1681 年决定选择与俄国联合的道路。此后“入籍的哥萨克”，也就是被登记在特备军事花名册上的人，就成了俄国武装力量的坚强后备，被自己的首领所出卖的哥萨克全部沦为农奴。这样，原来哥萨克部落中的那种原始平均主义的非法制社会逐渐解体，其形态只是在 17、18 世纪的农民起义中才得以重现。

俄罗斯人在乌克兰的地位尚未巩固，他们又于 1552 年推翻了喀山汗国，1556 年颠覆了阿斯特拉罕汗国，从而为俄罗斯人取得了整个伏尔加河流域以及在那里定居和经商的权利。此后不久，探险家和最早的商人们跨越乌拉尔山脉并于1579—1587年间逐渐在鄂毕河上游建立了俄罗斯人的势力范围。信奉伊斯兰教的西伯利亚汗国由于自相残杀的内讧而使俄罗斯人轻而易举地战胜了他们。再远处是辽阔苍茫的大森林和冻土平原，那里栖居着一些虽然原始但天性温良、并不好战的部落居民，并且出产貂、鼬和其他毛皮动物，俄罗斯人不发一枪一弹就迫使当地居民以毛皮纳税上贡。以后，当俄罗斯人掌握了在冰河上乘冰橇行动和在河上驳运货物等技术之后，俄国开拓者与探险家们就可以畅行无阻地跨越整个冻土地带直抵太平洋鄂霍次克海岸，1638年，他们做到了这一点。[53]

618 俄罗斯人在西伯利亚大森林西部游牧民族地区的胜利与藏传佛教在中部[54]和东部游牧地区的进展，这两件事实际上意味着16—17世纪在北部边界伊斯兰教被击退。强大的伊斯兰国家对这些事件没有做出强烈的反应。[55]作为中部游牧部落天然屏障的波斯，由于正同奥斯曼帝国交战而无力北顾；而此时布哈拉的乌兹别克帝国由于坚持严格自守、刻板僵化的伊斯兰教逊尼派原则，实际上正在压制前几个世纪曾为伊斯兰教在牧区群众中间传播做出贡献的什叶派传教精神。整个游牧地区贫瘠而毫无改进的希望，尤其当新的海陆和运河沟通了到达中亚的南北路线，从而使横贯亚洲的旧商路失去其重要意义之后。从此，文明的穆斯林再也没有机会深入未开发的游牧地区，而由此造成的文化和宗教空白正好被藏传佛教填补。

伊斯兰教就是这样在东欧和中亚游牧地区遭受到它第一次严重挫折；而与此同时，在那些直接面对西方冲击的地区，伊斯兰帝国却仍在胜利地开拓着它的疆界。

逊尼派与什叶派的分裂及其对伊斯兰教的影响

穆斯林学者颇为武断地在信徒内部划分出72个派别，因先知继承人的合法性问题聚合形成两大派别：一个是什叶派，他们认为继承权只属于穆罕默德的女婿阿里；另一个是逊尼派，他们说阿布伯克·奥马尔与奥斯曼及他们的合法后裔都可以继承哈里发之位。在无数苏菲教会社团随之兴起的情况之下，不同信仰的各种派别就变得更加复杂。派别之间的分野有时很模糊，因为正统之下还有很多分支，他们有着什叶派的虔诚，却又像逊尼派一样承认前三位哈里发的合法性。这种混乱情况越来越严重，因为什叶派在伊斯兰世界大部分地区属于少数派，他们除在知己中透露真情外，在外边乔装正统逊尼派，这使各种什叶派组织得以在伊斯兰国家发展。在这个基础上，伊斯兰教各派系之间的平衡就难以持久，经常爆发地方性骚乱。时而某圣者赢得了广泛支持，时而某个有影响的领袖起来猛烈抨击反对其神学原则的人。

10 世纪以后，伊斯兰国家政局不稳，而瓜分伊斯兰世界统治权的 619
军事贵族又无力牢牢控制政权，因此上述宗教平衡难以稳定的状况就持续下来，因为没有统治者愿意冒着引起暴乱的危险而强求宗教统一。奥斯曼帝国内部也是如此，虽然有些苏丹们似乎支持正统逊尼派，在 15 世纪使其成为国教；但他们却并未因此而割断他们与被认为是异端的伊斯兰托钵僧社团的联系，因为那些社团被认为是曾以其宗教狂热为奥斯曼帝国的早期扩张立过大功的。

伊斯兰教地区宗教和政权的这种均势终于在 1499 年崩溃。是年，原先一直定居于黑海南岸的一个狂热的什叶派支系开始赢得一连串令人吃惊的胜利。最初只有少数分散但狂热的信徒，后来这个教派的首领伊斯梅尔·萨菲出现了，当他还是孩子的时候，就已经组建了一支狂热而令人畏惧的军队。一年之内，他占领了塔布里兹，1500 年自立为王。胜利接踵而至，到 1506 年，整个伊朗高原都被其征服。1508 年，伊斯梅尔夺得了巴格达和伊拉克的大部分地区，1510 年把河间地带的乌兹别克人打得大败，从而捍卫了他们的东部边界。

这些胜利的原因是伊斯梅尔的部队对宗教的热忱。他的部队均为已经隐匿了好几代人时间的什叶派秘密教会所培育，而后又受到自身所取得的惊人胜利的鼓舞。与他支持什叶派的感情一致，伊斯梅尔残害一切被他抓获的逊尼派穆斯林，并且还支持什叶派在这个新国家的内外进行宣传。更有甚者，伊斯梅尔的胜利，又激励起无数原先支持什叶派的教徒，使得他们都敢于在伊斯兰教地区各处站出来捍卫什叶派，尤其是在安纳托利亚的东部，竟使那里的奥斯曼苏丹坐立不安。事实是，1514 年，安纳托利亚有一大群什叶派穆斯林掀起了一次反抗奥斯曼人的起义，迫使苏丹不得不动员他的全部兵力才将其镇压下去。在平息了境内异端起义以后，奥斯曼人立即将其锋芒向东直指异端发源地。在塔布里兹附近的查尔迪兰地区，奥斯曼的大炮战胜了萨菲王朝的狂热（1514 年）；但由于禁卫军哗变，苏丹被迫后退，因而没有彻底摧毁伊斯梅尔的政权。[56]

在 16 世纪期间，萨菲王朝一直是伊斯兰世界中一个极不安定的因素。它在国内外致力于宣传和捍卫什叶派教义。奥斯曼帝国因为有了这
621 样一个敌人而无法享受持久和平。但到 17 世纪，当萨菲帝国在阿拔斯大帝（1587—1629 年）统治下臻于极盛期，什叶派的革命热情减退了，至少在宫廷内如此；于是在 1639 年，他们同奥斯曼缔结了永久性和约。[57]

在伊斯兰教中心地区相持了一个多世纪的什叶派同逊尼派之间的激烈战争对整个穆斯林造成极大影响，并且成为每一个穆斯林统治者无法回避的政治问题。由于宗教信仰已成为判断政治忠诚程度的标准，早先在穆斯林各教派之间存在的矛盾萌芽已经发展为遍及各地的激烈内战。概括地说，在萨菲帝国事业派的狂热表现得最突出；而在奥斯曼境内，苏丹采取了一些严厉有效的对策，在什叶派夺取统治权之前压制了他们。但在地处奥斯曼帝国边缘，政府鞭长莫及的地区，当地的一些统治者们摇摆于什叶派和逊尼派两大营垒之间。

在 1514 年斩草除根的行动失败以后，奥斯曼苏丹又策划了下一个行动，即征服埃及与叙利亚的马穆鲁克王朝。1516—1517 年，残酷的谢里姆一举达到了目的。这主要得力于他们曾用以对付伊斯梅尔的炮兵优势。这一胜利阻止了正在酝酿的伊斯梅尔与马穆鲁克的联盟，同时也使奥斯曼控制了具有战略意义的宗教圣城麦加和麦地那，这两座城池过去长期为马穆鲁克所占有。

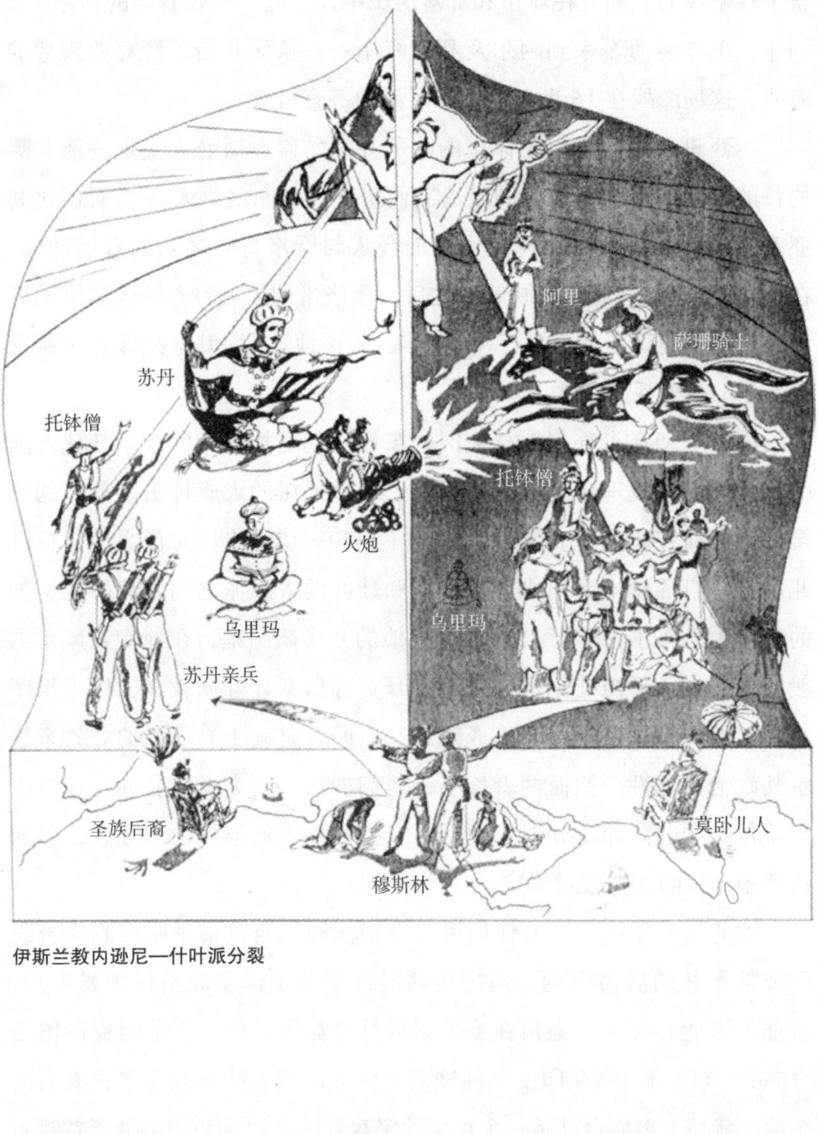

伊斯兰教内逊尼—什叶派分裂

接着，谢里姆又将其势力沿非洲北部海岸扩展，这一方面是为了抵制西班牙对北非穆斯林的威胁，另一方面也是为了制止第二个起来反抗的什叶派势力、摩洛哥的萨阿迪·谢里夫的扩张。1511年，在穆斯林西部边陲，谢里夫像波斯和伊拉克一样，依靠宗教宣传的威力赢得了戏剧性的胜利，在城市和部落居民中建立起一个强有力的国家。[58]同年，奥斯曼海军来到阿尔及利亚海岸——从而开始了针对西班牙的海战，这场海战在16世纪的大半时期内一直持续。

与西班牙人在海上无休止的斗争并不妨碍奥斯曼人实现一箭双雕的目的，即在阿尔及利亚同时遏制西班牙人与摩洛哥人。[59]对伊比利亚基督教徒的同仇敌忾避免了奥斯曼人与摩洛哥人之间的直接冲突。在1578年伊比利亚的威胁解除之后，摩洛哥的扩展野心转向南方的黑人政权廷巴克图王国（并于1591年占领该地），而其他战线正牵制着奥斯曼的主要兵力。[60]

622

萨菲王朝在东部穆斯林地区的革命引起更加复杂的政治变化。新的乌兹别克政权理所当然地挥舞着正统逊尼派的大旗抨击萨菲人的异端邪说。而在印度，直到奥朗则布（1659—1707年）时代之前，莫卧儿皇帝一直摇摆不定地徘徊于逊尼和什叶两大教派之间。莫卧儿王朝的奠基人巴布尔（卒于1525年）和他的儿子胡马雍，在他们疾风暴雨般的生涯中，每当处于逆境时就公开宣称信奉什叶派教义，以求得萨菲王朝的支持，但一俟时机成熟，又立即以忠诚于逊尼派的方式来表示其政治独立性。然而两者均不买他们的账，因为奥斯曼苏丹在打击支持什叶派的萨菲王朝时，他们要求得到整个逊尼派的领导权，然而这种领导权的含义很难确定。[61]

因此任一家族，只要他们可以寻根溯源把自己最后归属到成吉思汗或帖木儿的后裔之列，而把奥斯曼或萨菲统治家族指斥为暴发户，就都不可能心甘情愿地留在逊尼派或什叶派阵营中。于是阿克巴国王（1556—1605年）刚在印度北部恢复莫卧儿政权，建立起自己强有力的统治，就马上声称自己是一个独立的宗教领袖。[62]阿克巴的儿子贾汉吉尔对宗教问题没有多大兴趣，所以他与伊斯兰教经学家的关系比他父亲要好。但是表面上尊奉正统逊尼派并不妨碍政府继续贯彻在逊尼与什叶 623
两派之间不偏不倚的政策。直到奥朗则布大帝（1659—1707 年）公然以军事力量支持逊尼派，这种政策才告结束。奥朗则布的军队推翻了印度南部的什叶派统治者，使莫卧儿王朝的版图扩展到最大限度。但总的来说，奥朗则布的宗教热忱削弱了这个帝国。因为他对印度教偶像崇拜的攻击激起了印度中部地区的游击战，而这时穆斯林共同体已严重分裂为逊尼和什叶两大派，不能对印度人的挑战采取任何统一的行动。[63]

阿塞拜疆、波斯和伊拉克受什叶派革命的影响最大，因为当年伊斯梅尔及其信徒曾竭尽全力根据教义来改造这里的社会。但当他们着手组织新政权时遇到了困难，像此前和此后的一切革命一样，萨菲统治者马上就发现他们新政权的基础只是些没有经验但却宗派意识浓厚的狂热分子，这是绝对不足以成事的。于是伊斯梅尔从伊斯兰教世界的偏僻角落里网罗了一批前来避难的什叶派经学家，聘用他们来制定典章制度以作为他的信徒臣民们的行为规范（这同两个世纪以前奥斯曼苏丹也曾在类似情况下聘用过一些逊尼派经学家一样。）包括神秘主义泛神论教会、伊斯兰托钵僧教会和所有逊尼派社团在内的宗教反对派全都受到了苛虐的压制——颇似当时欧洲的新教徒压制修道院。不足为奇，宫廷和什叶派经学家在确定镇压对象方面比在确定教义方面更容易取得一致。国王们不愿意放弃任何特权，即使是对宗教人士；而什叶派的精英学者们都觉得，即使在最值得同情的体制内，也不能容忍哪怕半点儿缺陷。与宫廷的争论只能是刺激“十二伊玛目派”的什叶派宣传家们更加不遗余力地把正统教义灌输给公众。[64] 以通神并具有超自然神力而著称的什叶派经学家最终在群众中获得很大影响，直至他们的意见能够直接限制波斯王国的行动。[65]

世俗行政机构与军事组织的演变较为缓慢，直到阿拔斯大帝登位 626
以后，伊斯梅尔时期以部落为基础的军队和政府机构才因常备军的建立而得到完善。[66] 这支常备军是按照奥斯曼土耳其近卫军的模式，主要从皈依伊斯兰教的外高加索人和亚美尼亚人中招募来的。[67]

在奥斯曼和莫卧儿帝国均未发生萨菲式的全面改革，正统逊尼派早已同宗教异端取得和解，因此，这里没有狂热的逊尼派群众基础去进行一场类似16世纪波斯因之面貌一新的那种宗教革命。异端的伊斯兰托钵组织与奥斯曼国家机构的关系过于密切，以致不可能镇压他们而不冒风险。[68] 而且在1514年的暴动和大屠杀之后，残存在奥斯曼国内的什叶派表面上接受了逊尼派律法，以其一贯的方式退却。在没有公开挑衅的前提下，逊尼派是温和的，于是正出现在天主教欧洲的那种剧烈的反改革运动在这里也就断无出现的可能。所以奥斯曼诸皇帝甘愿审慎地执政。立法者苏莱曼（1520—1566年）完善并扩充帝国的经学家官僚组织，资助逊尼派教育机构，并常常将其统治重点放在制定更加严格的逊尼派教义上。作为其慎重立法的结果，奥斯曼帝国的政治宗教体制确立起来，这种体制将经历两个多世纪而毫无变化。[69]

莫卧儿的体制在皇帝阿克巴统治时期（1556—1605年）已经比较巩固了。阿克巴按照波斯模式组织宫廷和中央政府，但他允许在村落和城镇继续保留本地习俗。他准许一些印度教派团体和地方领主——北方刹帝利——行使司法裁判权，但在政府上层，穆斯林仍占绝对优
628 势。帝国内部的宗教分裂仍是一个微妙问题。17世纪时，神秘主义泛神论和印度教与伊斯兰教融合说在穷人阶层中流传开来，他们试图利用这些教义摆脱印度教赋予他们的卑贱的社会地位。这些下层穆斯林与皇帝身边的世俗低级官吏及士兵之间存在一条鸿沟，奥朗则布之所以未能把印度伊斯兰教纳入官方逊尼派模式，其原因就在于此。[70]

* * *

什叶派暴动后伊斯兰教发生的宗教政治变化引起了穆斯林文化的一些剧变。在文学方面，波斯诗歌在这一阶段低落了，因为狂热的排他主义同感伤色彩及古典波斯诗中模糊的宗教观是无法相容的。在奥

17 世纪的伊斯兰教

这两幅精细的绘画源自莫卧儿皇帝贾汉吉尔（1605—1627 年）的宫廷。在本页这幅的画面上，贾汉吉尔和萨菲国王拥抱。在他们脚下，狮子和绵羊并卧一处。艺术家通过这幅画来庆祝两个政治上的对手印度同伊朗的复交和逊尼派同什叶派的暂时和解。后页那幅画的是皇帝端坐龙床接受一个穆斯林呈递的书册（或许是《古兰经》？），另外有两个欧洲人和一个印度人在场。那个黑肤长髯的欧洲人的恳切态度姿态表明，他大概正向伟大仁慈的印度穆斯林统治者请求恩准贸易（或其他什么好处）。

شاه نور الدین جهانگیر ابن اکبر بادشاه
پادشاه صورت و معنی است از لطف اله
لیک در معنی بدرویشان کند دایم نگاه

17 世纪的伊斯兰教

斯曼及莫卧儿绅士所受的教育中，熟悉伟大的波斯诗人并学习其风格笔调乃是必修的课程，但一旦涉及创作，谄媚的劣等诗人就用浮华的词藻代替了其先辈楷模的真正神韵。

奥斯曼和乌尔都语言文学的发展在一定程度上弥补了波斯文学低落的损失。突厥语有奥斯曼和中亚两种形式，乌尔都语是用于莫卧儿宫廷的波斯印度语。在词章韵律方面，这些新的文学语言受到波斯问题的极大影响，但某些突厥语散文，例如广为传颂的巴布尔自传，读起来确实清新隽永。[71]

突厥、波斯和印度的强大穆斯林帝国的兴起意味着对建筑业和包括画家、书法家、工艺品制作家在内的各种装饰工匠的更持久而慷慨的保护和资助。虽然这些伊斯兰艺术繁荣时代末期的作品大部分已经被毁坏，但残存部分仍以其宏伟壮观、瑰丽精巧而令人赞叹。当然，从宗教角度来看，绘画不被重视，穆斯林认为它只是雕虫小技。但在 16、17 世纪，波斯和印度的宫廷画家渐渐从传统角色中摆脱出来，不再画插图和浴室壁画，而变成肖像、历史甚至宗教题材画的作者。来自中国和欧洲的影响可能推动了这一演变。无论如何，中国的风景主题和欧洲的光线透视法已被穆斯林宫廷画家所熟悉和效法。但是接受 629
这些外来技法的画家并未丧失自己原有的风格，并将这种风格与绚丽的色彩和大量的细部描绘相结合，造成斑斓夺目的效果。

在 16 和 17 世纪，建筑仍是伊斯兰教的重要艺术形式。由于新帝国的统治者希望将自己的功德树立丰碑，告诸后人，于是整个伊斯兰世界大兴土木。波斯和莫卧儿的建筑在整体结构和细部装饰方面一般都是精致华美的。印度皇帝沙·贾汉（1632—1653 年在位）兴建的泰姬陵和此前20年为阿拔斯大帝修建的伊斯法罕皇家清真寺都闻名世界，它们是表现御用建筑师及工匠的技巧与风格的代表作。波斯与印度的建筑多建在规整的花园中间，花园里湖光潋滟、花木扶疏。这种花园在炎热多尘的地区好比清新凉爽又美丽多姿的绿岛，它们是整个建筑艺术工程的不可分割的部分。奥斯曼的建筑则别具一番凝重庄严的风

波斯清真寺和礼拜堂

这两座建筑物装点着萨菲王朝的首都伊斯法罕。上面那座清真寺是1621年由阿拔斯一世建造的。左边的礼拜堂是1710年矗立起来的，它是波斯艺术生命力延续到当今的明证。两座建筑物外部环境是整幅画之重要部分；事实上，从整体上讲，伊斯法罕是专门为向皇帝邀宠而设计建造的一座花园城市。数不清的、类似左图前景所画那样的波光粼粼的水池，专供打马球和庆典活动用的、清真寺前面那样宽敞的广场，这些既反映了设计者的智慧，也说明了国王独裁专制的权势；只有这种权势才能使这样一座新城市诞生。

波斯地毯和印度窗户

这两件 16 世纪穆斯林艺术样品，精致的花格窗和精美的装饰，显示了惊人的优雅，是工艺技巧几个世纪发展的结晶。相对于如此高度精美优雅的水准，16、17 世纪的欧洲在这方面显然是大为逊色。

格，它沿袭拜占庭建筑传统，也就是说，无论清真寺还是宫廷都重视内部装修。而波斯，特别是印度的风格则偏重外部的装潢效果。这样，君士坦丁堡恢宏的气势与逊尼派的严肃性造就了奥斯曼那种宏伟、坚实、古朴的建筑风格，与波斯及印度那虽然美观但却失之纤巧的建筑形成鲜明的对比。[72]

凡是真正熟悉 16、17 世纪穆斯林艺术、了解多种变异风格所反映出的宫廷文化的丰富性，并承认波斯、突厥、阿拉伯、印度、中国及欧洲因素的融合，承认这些截然不同的艺术风格在穆斯林艺术中完美结合的人都很难相信，1500 年以后，穆斯林文化与文明走向了衰落。穆斯林文学是一种热衷文学技巧的纯文学，充满着由于逊尼、什叶两大教派互相攻击而显得生动的神学和法律说教，因此对于西方文化人来说缺少魅力。但是在这里也有一种新的地方语言作为文学媒介开始出现，这或许可以说是一种迹象，预示着继续发展的潜力。

除非一定要用当时欧洲文明的发展作为标准，否则从任何角度都
632 应当说，伊斯兰教正处于繁荣阶段。而且在 17 世纪，随着痛苦的宗教冲突的结束，穆斯林们有理由认为他们已经平息了在 16 世纪时曾从内外两方面威胁他们社会的风暴，其结果是一个居功自傲的民族面对着一个失去信仰的世界，这个世界包括欧洲和其他地方，在伊斯兰境内，顽固的保守势力压抑着一切新生事物。

伊斯兰教的法律和信仰基本上是怀旧的，这一特征决定了伊斯兰世界的保守性质。什叶和逊尼两派在 16 世纪的激烈冲突更加严格地禁锢了穆斯林的思想，使其恪守古代的信仰方式。在伊斯兰文化遗产中可能不乏与导致欧洲经济文化大革命的因素相类似的东西，但教派冲突使人们将其忽视。[73] 与意大利文艺复兴思想相仿的思想曾在“征服者穆罕默德”[74] 及阿克巴的宫廷中传播。但“残酷的谢里姆”和“立法者苏莱曼”则在奥斯曼帝国执行镇压危险思潮的政策，奥朗则布在印度也试图执行这一政策。苏莱曼的政策如此成功，以致探索求新的精神无法在奥斯曼帝国（或其他伊斯兰教国家）复活，而恰恰是这一精

神在 17 世纪的欧洲导致近代科学文化的诞生。伊斯兰世界在近代之所以衰落，原因正在于此，而不在于他们作为香料贸易的中间人所获利润日趋减少。

伊斯兰世界的社会结构是造成上述结果的重要因素，在这个以一小撮高踞于赋税农民之上的官吏和士兵为核心的国度里，新观念很难找到适合生存的土壤。市民对官吏和地主奴性十足，这是自公元前 2000 年以来的中东社会特征，而奥斯曼和莫卧儿帝国在建立起极为庞大的帝国组织后又助长了这种社会风气。唯独在萨菲帝国，由于宣传什叶派教义，才在政治天平上增添了一定量的民众的砝码，只有在这里，突厥人的部落组织遗风犹存，它与王室官僚体制并立，使政治结构有了较为宽厚的社会基础。

16 世纪伊斯兰教中逊尼与什叶两派的宗教斗争并没有在伊斯兰世界导致上述社会学意义上的主要特征，但是由于这一斗争迫使皇帝给予逊尼派更有力的支持，所以加深了统治者与市民间的分歧。无论如何，在奥斯曼帝国，17、18 世纪的工商业者倾向于各种形式的异端托钵僧组织，脱离了国家赞助的教育机构，被排除在知识界上层之外，于是越来越与民间的迷信和巫术相接近。[75] 633

镇压什叶派革命有助于导致上述结果，因为它在逊尼派正宗教徒与普通市民和百姓间造成了隔阂。正如它对政治和文化方面的直接影响一样，什叶与逊尼两派的斗争构成了 17—18 世纪伊斯兰历史的特色。相比之下，与欧洲的冲突仅仅局限于边界上。

（二）伊斯兰世界的从属宗教社会

信仰印度教的印度和信仰佛教的东南亚

尽管 16 世纪的印度教在政治上失势，但绝大多数印度教信徒仍遵守其先辈的宗教和生活方式。莫卧儿人征服对普通城乡百姓基本没有影响，他们只是把穆斯林视为一个新的种姓。政府与臣民的主要连接纽带是税收部门，而这些部门由印度教徒控制，因为只有他们熟悉古老而复杂的地产税收制度。而且，在很多地区，印度教贵族保留了他们的财产，如前所述，阿克巴皇帝甚至容许刹帝利后裔进入军队和国家机关。因此，穆斯林对印度的政治统治并不妨碍印度教徒继续完全按其古老的方式生活。

但是政权转移到外国宗教组织手中毕竟对印度教文化不利。举例说，由于以往修建印度教寺庙概由国家出资，所以在穆斯林执政的地区，印度教寺庙就不再修建。只是在穆斯林的政治统治形同虚设的南端，一些兴建寺庙的活动还在继续。而且，印度教上层在尊奉自己宗教的同时，也往往披上其穆斯林主子的波斯文化外衣。刹帝利后裔的绘画鲜明地体现了这种文化融合。因为用波斯艺术技巧绘出的印度教神祇和神人别具神采，这些作品与波斯艺术原型风格迥异。

如前所述，把印度教与伊斯兰教的宗教传统融为一体的思想早在莫卧儿人征服之前就出现了。有许多宗教派别曾试图通过更有权威的经典来调和两种信仰，锡克教是其中最重要的一派，它在17世纪发生重大改变。1604年，它的圣典被正式封禁，此后不久，该派首脑即与莫卧儿当局发生冲突。于是锡克教拿起武器，其结果是随着莫卧儿帝国在18世纪的解体，他们在旁遮普地区成为莫卧儿人的主要接班人。
634 但是这一成功是暂时的，因为锡克教社团变成一个武装国家的事实本身就意味着放弃了其早期传教士宣传的建立普世宗教的主张。不管战场上的胜利使锡克教的传教显得多么有力，印度教的多神崇拜说和伊斯兰教的严格立法都使他们各自的信徒不会轻易地屈服于压力、服从锡克教牧师。

群众性的宗教和文学运动对整个印度教来说意义更为重大。这些运动并没有确立什么教义，但极大地增进了教徒的感情。1500年以前，在许多地区的印度教徒中存在诸多分歧，这些分歧全部集中在习惯方面，而在经典、教义方面并无不同。古代婆罗门教学说尽管从未被抛弃，但对没文化的人来说毫无意义，因为在他们看来，梵文难如天书。婆罗门要求享受社会特权的依据就是梵文经典，因此他们这种要求很难为下级种姓所接受。然而在 16 世纪，印度教发生巨变。僧侣和诗人不仅重新确立了民众信仰的主要对象，而且使印度南部的土语得以用文字表达，并用这种语言作为鼓励宗教热情的媒介。这样印度教就赢得了人们的感情，以致迄今为止大多数印度人仍信奉印度教。

在这一个过程中有三个人作用突出。他们是圣徒和鼓吹信仰复兴者柴坦雅（Chaitanya，卒于 1534 年）、信德诗人图尔西达斯（Tulsi Das，卒于 1627 年）和苏尔达斯（Sur Das，卒于 1563 年）。无论是诗人的作品还是传奇人物柴坦雅的崇拜者都把自己虔诚的感情集中在一个神的化身身上，尽管他们在成千上万古代印度神话人物中选择的化身各不相同。

即使考虑到印度人的苦行传说，柴坦雅仍是非同寻常的人物。早年他因倾慕克里希那的权势和荣誉因而放弃自幼过惯的婆罗门生活，成为一个游方僧人。他近乎残忍地扭曲身体，无休止地咏颂赞词，看起来放浪形骸，这使诽谤者完全有理由说他是个疯子。但是亲眼见过他的人们却认为，他是他们所崇拜的神的化身。成为神的化身是非同一般的事，尤其是在印度。在柴坦雅追随者当中萌发的宗教狂热涤荡了种姓制和其他社会等级界限，使他们产生一种神降临在身边的感觉。[76]

与此同时，诗人图尔西达斯则倾心于另一个神的化身罗摩，不厌 635
其烦地歌颂他的伟绩。虽然他的许多诗篇取材于《罗摩衍那》，但这些诗绝非仅是把《罗摩衍那》从梵文译为印度北部土语。他选择其中某些情节加以改编，总是竭力提高他所颂扬的神一人的神性。图尔西达斯的诗极为流行，对后代印度教徒的道德和宗教教育起着极为重要的作用。

苏尔达斯以大致相同的形式，借用克里希那童年的神话，特别是他年轻时在挤奶女工中播种爱情的情节，暗喻神对人类的爱。苏尔达斯晚年享有进入阿克巴宫廷的殊遇，他的宗教思想感情同充斥于波斯诗及神秘主义泛神论中的那种圣爱与俗爱合一说极为相似。也许是由于他的思想具有外国色彩，所以他对后来的印度教徒宗教感情的影响不及图尔西达斯。

按照印度教传说，罗摩和克里希那都是毗湿奴的化身。而柴坦雅的追随者把他视为同一个神的另一个化身。因此在柴坦雅和两位印度诗人的影响下形成的各个组织在教义上完全一致，因为他们事实上崇拜的是同一个神的实体，只是化身形态不同。但是由于各个组织都专注于自己选择的神的化身，所以又形成各个独立的派别，有着自己的礼拜仪式和文学，而把丰富的印度教遗产的其他方面统统抛弃。湿婆神失去了一些拥护者，但人们热烈地倾心并追随一个现实的人的时候，坦陀罗派各种祈求神助的魔法就无人问津，因为这个现实的人同时也是神的化身，不管他的名字是罗摩、克里希那还是柴坦雅。

对上述各派来说，婆罗门教的说教和信仰总的说来都非正宗。但是在古代，梵语传说仍然流传，并受到除柴坦雅追随者以外所有人的高度尊重。当家庭的新生儿、新婚夫妇或死者举行仪式，或遇到其他日常生活中的重大事件时，婆罗门仍被人聘请。但因大多数人无法理解梵语文化，所以印度教作为一种实际的宗教制度开始主要表现于新的土语宗教文学，体现于家庭仪式、公共游行和其他宗教庆典中。[77]

636 上述变化使民间的印度教得以抵御伊斯兰教的魅力和批判。一个以神为中心的宗教在这个宗教狂热的时代，当人们无论尊卑贵贱均把这个人视为神的时候，其宗教的热情和光彩是无须以正式神学为支柱的。在通常在户外举行的隆重仪式中，成千上万的人获得了生动的亲身体验，这本身就证明了该宗教存在的合理性。无论是婆罗门教僵化的学说还是例行的寺院仪式都不能再限制印度教。群众的信仰渐渐与烦琐的仪式及偶尔再现的坦陀罗神秘形象相分离。曾经亲眼见过印度教活神的人，今后都不会再接受穆斯林、基督徒或其他任何外国宗教的宣传。这样，印度教就没有像500年前的印度佛教一样走向衰落。

但是这种演变并没有能挽救海外的印度教，因此伊斯兰教在除偏僻的岛国巴厘以外的东南亚地区均取代了湿婆崇拜。相反，佛教倒在
637 锡兰、缅甸和暹罗流传了下来。自古以来，锡兰就是佛教圣地，坎迪

佛寺在整个东南亚佛教界中的重要地位有助于佛教在锡兰的保留。更重要的是，佛教已经变成了僧伽罗人文化的保护神并与来自印度大陆的泰米尔入侵者传播的印度教相对立。在缅甸和暹罗，佛教得以保留也是同样的原因，因为那里的人们坚持其信仰正是为了使自己与周边的穆斯林社会区别开来。欧洲商旅和传教士来到缅甸，尤其是为暹罗的局势增添了新的动乱因素。但在 16 世纪帝国扩张和相互对立的时代过后，这两个国家都限制与外国人的接触，采取闭关自守的政策，以减轻穆斯林和欧洲人给他们带来的威胁。[78]

穆斯林统治下的基督教

16 世纪在伊斯兰教的中心地带，只在叙利亚和科普特有少许封闭的基督教社团保存下来，他们或者作为农民居住在偏远的山区，或住在城里一些特定的地点，因此他们对奥斯曼的社会几乎没有影响。在格鲁吉亚、亚美尼亚和巴尔干半岛，留存下来的基督徒要多得多。格鲁吉亚保留了本地王子的自治政权，该王子在奥斯曼和波斯之间纵横捭阖。直到 17 世纪下半叶，特兰西瓦尼亚和罗马尼亚的摩尔达维亚省、瓦拉几亚省还是只在名义上服从奥斯曼的统治。但安纳托利亚的亚美尼亚人和巴尔干半岛上的希腊人、斯拉夫人却处于奥斯曼控制之下。然而这并不意味着彻底丧失自治，因为希腊、塞尔维亚和亚美尼亚的高级教士行使着在西欧一般由政府行使的职能。当农村的习惯法不足以解决教徒间的争端时，基督教会就来调解，教会还充当基督徒与奥斯曼当局之间的中介人。很多纳税农场主都是基督徒，他们是联结奥斯曼统治者与基督教臣民的第二条主要纽带。

商品化农业经济在 17 世纪的巴尔干变得日益重要，棉花、烟草、小麦和玉米是这种农业的主要产品。农业企业家的兴趣在于从土地上获取最高货币收入，他们促使旧式农民改变耕作方式，尤其是在巴尔干东半部的肥沃平原上。总的来说，农产品商业化显然增加了地主在 638
全部农产品收入中所得的份额，但对农民不利。[79]

对基督教农民来说，第二个重要变化是 1638 年以后，奥斯曼帝国停止实行从农民子弟中招募奴仆进行训练以在苏丹宫廷或部队中服务的措施。这意味着废除了一项农民多年来一直反对的义务。但就整个奥斯曼社会而言，这不利于社会的稳定，因为其结果是 17 世纪以后在基督徒与穆斯林之间、在地主与农民之间、在城乡之间，鸿沟明显地加深了。只要奥斯曼帝国的官吏是那些 12—20 岁期间在基督教农村生活过，对其以前的民族和宗教怀有眷恋之情的人，[80] 那么国家政策就不仅仅反映穆斯林地主和市民阶层的利益。相反，当军队和政府由穆斯林子弟或军政官吏子弟组成时，国家的政策就是另一番模样了。基督教农民变成可以任意宰割的对象，不管这样做是否合法。以前有希望获得高官厚禄的精力充沛的农家子弟这时全都被迫加入绿林好汉的行列。在奥斯曼早期，基督教农民与穆斯林主人之间并无敌意，这是颇为不可思议的。但现在即使加以克制，潜藏的敌意仍然在分裂和削弱整个社会。这也许是削弱并最后摧毁奥斯曼国家的最主要因素。但是这一因素在 17 世纪还是刚刚萌芽。

在 16 至 17 世纪，奥斯曼帝国基督徒的文化建设活动陷于低潮。高级僧侣和一小撮形成基督徒上层的城市商人、银行家和包税商总的来说都满意于奥斯曼体制所给予他们的特权。的确，他们常因奥斯曼地主和官吏压迫基督徒而进行抗争，在宗教改革时代震撼西方基督教世界的那种宗教争端在正教教徒中也引起些微反响。但对拉丁异端的长期偏见使得人们在道德上和思想上都对那些败类持听之任之的态度。这些败类在
639 苏丹或其大臣公开出售圣职的时代把持着各级教职。因此，西里尔·卢卡里斯试图以加尔文教更有效地反对天主教信条时就遇到了障碍，他的敌人说服苏丹以莫须有的罪名将其处死（1638 年）。此后，希腊教会的首脑们致力于将西方的一切都排斥为异端，借此向奥斯曼当局邀宠。

但是在巴尔干基督教城市文化传统如此停滞不前的同时，半岛西部荒漠山区的农民文化却生机蓬勃，那里的歌颂英雄的民谣讲到塞尔维亚骑兵在科索沃的失败（1389 年）和逃犯罗宾·胡兹的活动。但实

际上，无论在文学艺术还是在学术方面，巴尔干的基督徒均未达到更成熟的水准。只是少数修道院在无人问津的图书馆和破败的教堂里保存了拜占庭、塞尔维亚和保加利亚昔日光辉文化的一些残片。[81]

伊斯兰世界的犹太教徒

对奥斯曼帝国的犹太教徒而言，16 世纪似乎是个黄金时代。很多犹太人在西班牙和葡萄牙政府的迫害下来到奥斯曼帝国避难。他们不仅带来资本，而且也带来商业联系和经营的习惯，于是他们很快就在奥斯曼经济生活中占据了非常重要的地位。一个名叫约瑟夫·纳西的犹太人被苏丹委以重任，在 20 多年（1553—1574）的时间里为奥斯曼帝国的财政及外交事务贡献良多。[82]

但到 17 世纪，形势急转直下，因为奥斯曼商业的衰落对犹太人的影响比对其他任何人都更直接。经济萧条为萨巴泰·塞维传奇的一生提供了背景，后者在 1666 年自称为人们盼望已久的弥赛亚，于是在奥斯曼帝国内外的犹太人中引起狂热情绪。结果，苏丹对犹太人失去信任，在政治上不再相信他们的忠实。这使得希腊人和亚美尼亚人开始取代犹太人发挥重要作用。尤其是基督徒开始成为奥斯曼政府中的财政官，他们为高级官员提供购买官爵的资产，利用各种复杂关系积累财富，比如得到官方庇护，或承包税收。希腊人还成为突厥人同其基督教臣民及西欧人进行往来的主要中介人。这样，在 17 世纪下半叶， 640
犹太人终于变成一个由受压制的商人、潦倒的艺术家、失去信用的银行家和被遗弃的译员所组成的群体，他们祖上曾享有的优厚待遇和权势地位这时已经丧失殆尽。[83]

（三）远东

中国

对于自高自大的北京明王朝来说，在其杂乱众多的事务中，最不受重视的莫过于那些来自欧洲的“南海蛮夷”，他们 1513 年起不时出现在中国南部港口，并在 1557 年占据了澳门。一个被东北大草原和大森林哺育培养起来的满洲野蛮部族在大约 60 年（1621—1683 年）的时间里缓慢地瓦解、征服并取代了气息奄奄的明王朝中央政权。这种改朝换代在中国并不稀奇。尤其是，17 世纪征服全中国的满洲人事实上要比他们的蛮族先辈更为汉化；在其挺进中原以前就已经受到了汉族的影响，因此他们对中国的生活习俗和政治体制的冲击比以前的外族入侵要小得多。

尽管中国的事情有很大的连续性，但是在 1513 年葡萄牙商人初次在广州登陆还是对中国社会产生了深远影响。到 17 世纪末，由于新的海上接触增多，中国人的社会生活日渐改变，甚至其传统的体制也受到撼动。当然，这些改变并非完成于一朝一夕；恰好相反，到 1700 年，中国仍是一派强大繁荣的太平盛世景象，古已有之的法规、习俗和文化仍按其古老的传统正常发展着。

从明朝向清朝的过渡与以前历次改朝换代极为相似，因为导致明朝垮台的那些因素正是以前各朝都遇到过的。苛重而不合理的税收、行政官吏们的贪婪势利，早已在各省引起暴乱，皇家军队尽管庞大，甚至可以说很强大，但由于其将领们卷入宫廷倾轧，因而涣散无力。[84]

政权的软弱无力更招致了外来势力的进一步入侵。历来是中国东北部心腹大患的蒙古人和满洲部族、日本和欧洲来的海上强盗以及中国内陆地区的反叛势力交替打击着明朝政府。到 16 世纪末，中央政权已被极大削弱，这时，在丰臣秀吉征讨之下重新统一的日本乘虚而入，继多次成功地骚扰中国沿海地区之后，日本海盗们又对中国内陆大举入侵。直到日本对朝鲜的战争历时 7 年而终未取胜，丰臣秀吉一病不起（1598 年）之后，日军才从中国撤退。但满洲人的进攻却因缺少这种戏剧性的
641 转折而一再得逞。他们在 1615 年组成了一个强大的联盟，1621 年先征服了南满的汉人，而后又于 1644 年以出奇制胜的方式进入北京。满洲军队原是以一个明朝忠实将领的同盟军的身份进入北京的，但当他们占领了明朝首都之后，就立即否定了明皇权而建立了自己的新皇朝，即清

王朝。直到 1683 年，明朝最后一批支持者才被肃清或迫降。和平与秩序在中国重建，一个安定稳固、繁荣昌盛的新时代开始了。

满人起用汉人进行行政管理，但把军权牢牢地掌握在自己手中。他们把野战军队通常称为八旗兵，分布在帝国适当的据点；虽然这些部队里也有蒙古人和汉人，但将领通常是满人。政府有意识地让满洲八旗兵与汉军在传统习惯、服饰装备以及礼仪行为方面均保持区别。这样，虽然在最初几代人时蒙古与西藏一直不肯俯首称臣，但是由于中国大地的新主人拥有统治铁腕和纪律严明、勇猛善战的军队，它们最终还是被制服了。

中国历史上历来如此，每一个新皇朝都试图严守其西部及北部边防，每一个蛮族征服者都或迟或早地认识到必须用汉人的体制治理中国内地。但满人却在草原上遇到了不相上下的劲敌，这就是俄国；而对一个武备充足的国家，游牧民族显露了衰败的征兆。早在 17 世纪，哥萨克的先头部队就把俄国势力的触角伸进了西伯利亚大森林，而后又不失时机地将其影响向中亚和南亚扩展。但由于俄国权力中心过于遥远，其军事力量又都被西方牵制；所以两大帝国在多次较量之后，终于在 1689 年以《尼布楚条约》划分了彼此在远东地区的势力范围，并且规定了西伯利亚与北京之间的贸易条款。据此条约，外蒙古与大漠中部地区仍是无主地带。于是中国军队挺进中亚。在 1727 年的《恰克图条约》中，俄国人被迫承认北京对这个游牧民族政治中心的最后一个据点拥有统治权力。[85] 有史以来，中国还从未有过一个王朝能如此成功地保住其草原荒漠地带的边界。

然而，固守传统已不足以保住中国的沿海港口了。日本海盗和欧洲海军的强大实力是以前的中国政府从未遇到过的。国姓爷 [86] 海盗国王在中国南部港口外创建的海上帝国，实际上也表明中国传统的武
军力已不能与之相争。[87] 长期以来中国外交政策的基本原则是分而治 642
之，因此不管是明朝还是清朝，都主动与求之不得的欧洲商人订立商
约，这样朝廷就得到一支对付当地海盗的海上武装。[88] 但使清政府得 643

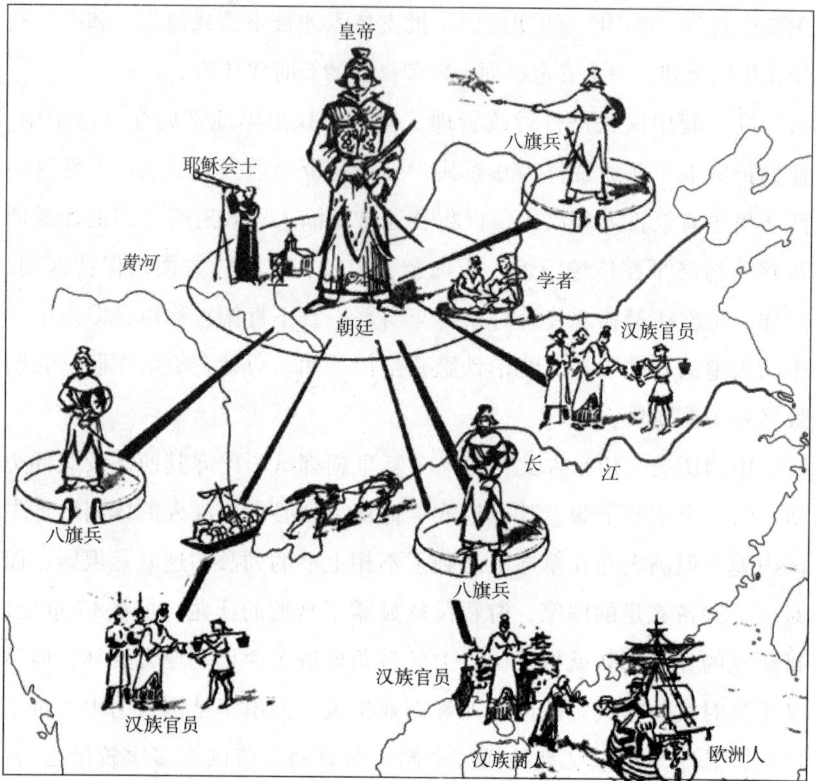

满族统治下的中国

以减轻其海上威胁的最重要事件还是日本政府政策的转变。日本政府对一个多世纪以来令中国南海居民谈虎色变的日本海盗渐持反感态度。1638 年，日本政府明令严禁日本人离开其居住的海岛并且禁止建造远洋航船。从此，日本海盗失去了人员和物资的补给。因此中国政府也不必再调整其军事政策，这种传统政策本是用来对付内陆以骑射见长的各游牧民族、保护陆地边疆的，完全不适于应付新式的海战。

这只能说是巧合——因为日本政府决定禁止出海远航完全是由于国内政治条件的需要——同时也是一种外交诡诈策略，使得中国政府能把来自海上的威胁降低到仅能引人讨厌的程度。1683 年，当占据台湾的郑成功的孙子向清政府投降后，拥戴明朝的最后一股军政势力也被彻底消灭了；从此以后，偶尔出现的海盗船只的劫掠和不断袭扰的欧洲海寇商旅，就成为中国南方沿海的一种地方性事务。直到 1759 年，中国的主要军事力量一直用于捍卫其西部陆地疆界，并以传统的方式镇压和教化西部游牧民族，其功绩比前朝更为卓著。

与成吉思汗的蒙古帝国所不同的是，满族从未受过汉族以外的其他文明的影响。因此在征服中国以后，他们就很自然地继承了中国文化的衣钵。但是在这种平静的外表之下，缓慢的、不易察觉但却是巨大的变革正因为与欧洲商人的接触和地理大发现的影响而在中国体制内部孕育发展着。直到 17 世纪后期，这些新鲜事物才逐渐渗入中国文明结构。这些新事物并未削弱中国文明，反而加强了这个帝国的力量。同时，也有一些被认为与中国传统文化难以相容的欧洲新事物被弃之不用。

说明欧洲人攫取海上霸权的无可争辩的重要佐证是美洲的农作物被引进中国。在 16、17 世纪，能够在贫瘠土地上生长且高产的甘薯开始在不宜种植稻谷的荒野山坡地带种植。[89] 甘薯和其他价值较低的新作物，如玉米、花生、烟草和马铃薯等被引入中国所产生的社会影响几乎可与在 11 至 13 世纪期间引进早熟稻谷所带来的社会影响相比拟。大片土地，尤其是中国南方的土地逐渐被开垦。这样，从整体来看，644
地主的社会地位又得到加强。在工商业正在兴起的时代，这一现象是绝不能忽视的。

17 世纪后半叶的另一个重大变化是人口的增长。美洲作物引进中国和清军胜利入关所带来的安定局面肯定是促成人口增长的直接因素。此外，人们对流行性传染病的免疫力逐渐增强也是一个原因。1600 年，中国的人口就达到了 1.5 亿，这是明朝初年（1368 年）人口总数的两倍半。虽然经过 17 世纪的长期战乱和政局动荡，人口一度有所下降；但到 1700 年，人口总数已经又恢复到了原有的 1.5 亿。[90]

中国的工商业在 16、17 世纪期间也有所发展。中国在欧洲，以及经过菲律宾在美洲都找到了新的出口市场。在某些行业，例如陶瓷生产中，为满足市场需求，已经形成了大规模生产组织。墨西哥白银的流入减轻了中国在铸币方面长期存在的原料匮乏的状况。这些发展使一部分中国商人富裕起来，并且扩大了手艺工匠的队伍。然而显而易见的事实是，这些情况并没有能够改变这两类人的社会地位。只要农业生产与城市需要同时、等比例地增长，就没有任何力量能改变中国古老的商人与手艺工匠那种依附于官僚地主阶级的低下地位，中国的传统、政府的政策，乃至市民本身的价值观念，都维护这样一种社会等级制度。

* * *

同中国社会一样，在中国文化中，传统的力量也十分强大。无论什么新思想、新情况、新事物，只要是符合传统，那么即使是来自市井街巷也一样有生存条件。比如 17 世纪中国文学史上出现过的，以江湖奇侠的历险事迹为题材的作品，以及来自欧洲蛮夷之地的奇妙的数学、天文地理方面的珍闻异事等，全都被中国人热情地接受。有些中国画家也习惯采用欧洲的直线透视与明暗对照方式来作画，而皇宫朝廷里的帝王将相们也都渴望得到那些来北京的基督教传教士作为礼品散发的、音调悦耳动听又会自动报时的钟表和其他一些机械玩物。

然而这种对海外新奇事物的强烈兴趣并未带来重大后果。对外来思想技艺感兴趣仅仅是出于好奇，并没有动摇文人学者们对于传统文化遗产的自信与自豪。归根究底，他们的真正宗旨还是要在文艺、学术方面忠实维护古代传统，继承光辉的遗产。新儒学仍然是这个国家的权威理论准则。虽然他们当中对儒家学说的各个部分有着各种不同的解释，但都认为必须摒弃佛、道影响，追求纯正的汉族经典文化，即
645 汉学。这种自觉的复古主义 [91] 与新儒学的观念没有丝毫差别，只是在诠释古代经籍时，更注重逐字逐句地考据分析，琢磨微言大义而已。[92]

正因为如此，到 1700 年时，欧洲人在商业、军事和宗教方面对中国传统生活方式的影响根本没有改变复兴中的中国体制；基督教世界在文化上提出挑战的时代已经过去。中国的社会政治仍在继续按其传统发展，而经济方面的变化只能起到加强和巩固中国社会的作用。

日本

尽管仍有一个苟延残喘的傀儡式帝制政权存在，实际上 1500 年时日本早已被分成许多封建割据的势力范围了。地方性内战频仍。尚武好斗的宗教派别集团开始向职业的武士氏族势力挑战，在某些佛教宗派头头的鼓动下，甚至普通农民也不时地拿起武器，由沿海封邑领主和城市冒险家组成的海盗集团是国内动乱在海上的反映。海盗进入中国社会进 646
行破坏、骚扰和劫掠，他们甚至沿长江上溯，1559 年包围了南京；有时日本海船一直远航到印度洋。到 16 世纪中叶，武士集团联盟经过精心策划逐渐扩大了战争规模；这些职业军人以其优良的战术和组织很快战胜了佛教徒及其农民武装。武士阶级的胜利增强了日本的军事力量，[93]到 1590 年，所有军事集团都被迫承认并接受自封为幕府将军的军阀丰臣秀吉（卒于 1598 年）的领导。丰臣秀吉执政的同时也徒劳地想要借日本海盗的力量来扩大对中国的征服战争，当历史的这一插曲结束之后，继承他的德川幕府将军们在 1626—1628 年间用取缔出海航行和禁止造船的办法清除了国内最后一股尚未臣服于他们的军事势力。

和平与秩序重新回到日本，经济呈现繁荣局面。商贾阶级重新得到战乱时期所损失的利益。在新的和平秩序下无所事事的武士阶级耽溺于毫无节制的铺张奢侈的生活之中，从而逐渐陷入债务累累的境地而不能自拔。金融巨头和商人们纷纷以其财力资助新兴的城镇中产阶级文化。这种新文化以其蓬勃朝气和激发人们美感的茁壮姿态无形中与武士阶级古板的礼教习俗相对抗。而城市也开始代替帝国宫廷对文化生活发挥作用——也就是说，为人们提供了一项新的选择，这种选择与军事贵族统治者们尽管不能完全遵守但却极其尊崇的生活准则迥然不同。

日本社会如此迅猛激烈的演变过程不可能不遇到逆流或来自侧翼的攻击。在互相倾轧中获胜从而登上国家最高统治宝座的掌权者对所发生的事态演变是应该负主要责任的。出身于军事实力派而最终成为军事专制统治者的丰臣秀吉，虽然能够畅行无阻地向全国发号施令，但由于他所推行的政策具有侵略性质，因而终其一生不得安宁。德川幕府的奠基人德川家康则是另一种类型的人物，他的政令比其前任更为严谨缜密。他和德川家族的其他继承人更关心的是他们本家族的安危，而不是向国外扩张日本的势力范围。丰臣秀吉曾经试图把传统的武士阶级与同样嗜血的海盗联合起来，而德川家康则宁愿支持他所封授的武士们向农民勒索超量的地租，以此来对付那些未经他封授的海盗们的军事冒险行为。这样日本政府就从丰臣秀吉时代的外向扩张和自信变成狭隘地只关心国内事务、只想保持对付敌人的有利地位。这
647 种社会变迁当然需要经过相当长的时间。因此直到1636—1638年，德川家族的谨慎政策才稍见端倪，当时第三代德川幕府将军对外推行封港锁国政策，并且禁止日本海员离家出海和建造航海船只。[94]

基督教传教士的活动也是促成这种闭关自守政策的重要因素。最早的葡萄牙探险者于1542或1543年就已经来到了日本；传教活动是在1549年圣方济各·沙勿略到来后开始的。沙勿略本人圣洁至诚的人品、追随他的伙伴们的仁勇、专注与执着、极有吸引力的基督教教义和仪式使得他们的活动取得了极大成功。然而在亚洲的其他文明区域，同样的传教活动却很少获得这样的成效。因此基督教传教活动在日本的成功，与其后来经受的压制乃至毁灭，都只能归因于当时日本社会的内部条件。

日本当时的多元统治与政治混乱状况也有利于基督教传教士进入日本开展活动。假如某一封建领主禁止传教士活动，他的邻居们就会主动表示欢迎；尤其是当他们在同葡萄牙人的商业交往中得到了更优良的武器或其他好处之后，就更其如此了。和中国的情况不同，日本

人很快就能看出欧洲武器装备的优良。他们的欣赏兴趣很快由枪炮扩及葡萄牙的其他文明方面。于是，一种学穿欧式制服，迫不及待地聆听并接近基督教义、争先恐后地举行基督教洗礼的时尚风靡全日本。基督教传教士一边宣讲基督福音，一边欢庆他们的胜利。

强大的中央权力机构在日本形成，最初对基督教传教活动似乎并无不利。从织田信长（卒于 1582 年）到后来完成统一大业的丰臣秀吉，都对传教士表示友好，同时也和基督教徒一样对佛教僧侣表示强烈不满。因为佛教僧侣妨碍军阀政策的实施，也给传教士设置了一些难以逾越的障碍。然而丰臣秀吉毕竟是一个无神论者，他本人并不信奉基督教，而且还把它当成一种外来势力的代表。因此他才会在 1587 年颁布政令，从日本驱逐全部外国传教士，但这个政令并未得到认真执行，这也许是因为他还想保持与葡萄牙商人的贸易往来，不愿使其中断。[95]

和丰臣秀吉不同，德川家康是一个虔诚的佛教徒，他从前辈那里继承了对基督教传教士毫不信任的政治态度。此外，1609 年以后在日本海域又出现了荷兰商人，他们成为提供枪炮和其他西方货物的另一来源；这就造成无须全部依赖葡萄牙人的局面。结果就出现了迫害基 648
督教会成员的事件；接着大多数曾接受过洗礼的日本封建领主放弃了基督教信仰，而少数坚定信仰基督教的领主因此而失去了封地。但社会下层仍有部分人士，面对已经开始的迫害行动毫不动摇地继续信奉基督教。这种执拗的信仰直至第三代德川幕府将军时才告结束，因为当时人们对基督教产生了强烈的恐惧心理。这位幕府将军把当时日本基督教徒的宗教狂热看作对当局的蔑视和反抗。1637 年，在九州爆发了岛原暴动，德川幕府将其严厉镇压下去，从此结束了基督教在日本传播的过程。但至少在一年多以后，最后一个基督徒的城堡才被幕府以武力攻陷，随之而来的是在日本全国范围内有组织的大搜捕和大规模屠戮基督教徒。外国传教士与他们的日本皈依者受到了严刑和处决，日本与葡萄牙人之间的关系也因此彻底破裂。从这时起，日本的对外贸易暂时降到了最低水平。德川幕府还有意识地加强了对所有欧洲人，

日本（1500—1650 年）

特别是对罗马天主教徒的严厉监督，以防骚乱再起。

649 16、17 世纪时日本的高雅文化也经历了与社会上同样的戏剧性变化。统一日本的大军阀作为新贵崛起。虽说丰臣秀吉是一位伟大的建设者，在他的命令下建造了规模宏大、装修艳丽的建筑物，但他对来源于中国传统、不用语言而用精妙舞姿表达的宫廷艺术却没有什么兴趣。到德川幕府时代，严格克己自制的美学观重新时兴。1615 年又以正式法令的形式作为武士道德规范的武士道精神明确定义，武士的行为被逐渐披上了一层优雅的外衣。有些程式，例如茶道——其核心是在烹茶和饮茶过程中展示所用器具的古雅精致——或风格古板的“能剧”，都只为塑造武士阶层新的、美好的精神风貌。

丰臣秀吉时代突出的市井粗俗习气在新兴城市中遗传下来了。为人们提供娱乐的玩物——艺伎、木偶戏演员、模拟真人真实表演的歌舞伎演员、杂技演员以及其他等——迎合着城市富裕阶层的兴趣。诗歌、散文、戏剧与绘画都反映出新兴城市放纵奢侈的风气。文学和艺术表现出欢快但都是离经叛道的，有时是明显色情的精神面貌。虽然很少出现触犯传统道德规范的事例，但这种色情情调与日本旧贵族的道貌岸然极不和谐。而戒律严格的武士阶层从此渐趋堕落。

幕府对这种新现象极为不满，试图以颁布条令严禁奢侈浪费、提倡节俭和加强检察制度来阻止和制约这些社会不良风气的进一步泛滥。政府还积极倡导研习新儒学，一些著名学者也不无成果地用通俗语言注释儒家经典。这时，佛教文化在经历了 16 世纪战火的摧残之后正处于停滞时期。于是神道教，即一种古代人对天照大神表示崇敬的教义，成为那些不遵守官方提倡的新儒学教义的学者们重新凝集的精神核心。由于神道教旨在推翻幕府专权和尊崇天照大神的子孙天皇的特权，这种教义当然要遭到官方的排斥。但是神道教信徒非常小心谨慎，以至于使残酷迫害显得毫无必要，于是这种宗教顺利地流传下来。

这样，在赶走欧洲人并镇压了基督教之后，日本文化就成为一种二元性的奇怪类型。官方的武士道、新儒学和汉化文艺风格与非宗教的、别开生面又不断创新的城市文化并存。这种城市文化正在无形当中以其离经叛道的色情格调，明显地与官方的禁令和工人的礼仪习俗相对抗。然而这种表面上的对抗并不妨碍日本的社会和文化继续保持基本平衡，这种对抗现象从德川幕府初年开始产生，一直持续了三百多年。

西藏、蒙古和中亚草原

当日本人在中国的一侧不受外来影响地独立发展时，一种虽不明显但十分有趣的变革也在中国的西藏和蒙古的社会中发生着。其主要 650
表现是，被改造为“黄教”的藏传佛教在蒙古人民中广为流传。黄教的渊源可以追溯到 14 世纪，当时它已经具备了独身修行以及住寺、禁欲等特性。在16世纪早期，黄教把持了西藏政府。当时其领袖，即拉萨的达赖，以某寺院住持的身份执掌着当地政、教两方面的大权。

到16世纪末，蒙古各部也已承认了黄教的权威；17世纪初，多数部族都已深深地信奉黄教了。中国政府曾试图以外交手段对黄教首领施加影响，但成效如何难以判断。例如，藏传佛教宗教组织可能曾着手组建卡尔梅克人同盟，这个同盟的军队在1757年以前，一直设在伊犁河畔的基地，不断地向中国最精锐的驻防军挑衅；1757年一场地区性的天花流行帮了中国军队的忙，这个顽强的游牧部落在政治上不复存在。此后，西藏便抛弃了数十年来的暧昧态度，臣服于得胜的中国中央政权。无论藏传佛教在16、17世纪时曾经在游牧部族中起到过怎样的政治作用，这个宗教本身还是保护了各部族的骑手们，使他们在这个时代，即军事技术的发展正日益削弱着亚洲游牧部族在世界历史中的重要地位的时代，仍免受他们的文化高度发展的邻居们的精神统治。[96]

（四）非洲

1500年以前，非洲撒哈拉以南地区几乎完全靠穆斯林的中介来了解基督教世界的文明。孤立于非洲的基督教国家埃塞俄比亚和努比亚很难抵挡穆斯林在非洲的势力，在对非洲的影响方面，它们不是伊斯兰教的对手。但是在葡萄牙人经过好望角并在非洲沿海建立起相当数量的商业和航海基地之后，这种情形改变了。此后，非洲人发现他们处于欧洲人和穆斯林二者夹缝之间，而他们只能择其一而从之。穆斯林和欧洲人都曾热衷于贩卖奴隶的勾当，结果掠夺奴隶的行径就不止一次地抵消了传教士在非洲部落和国家中所取得的成果。这样，异教就保留下来，即使在官方正式皈依基督教或伊斯兰教以后，这些异教还不时复兴。

1700年以后欧洲人对非洲的渗透仍然只停留在表面上。在西非，穆斯林早已站稳脚跟，当时零散而变化无定的地方政权和一些帝国都已存在数百年之久，所以欧洲人只能在沿海建立几个从事奴隶贸易的据点。再向南一些，葡萄牙人在刚果盆地、东非林波波河与赞比西河之间，发现了一些疆域辽阔的王国。但这些国家比较贫弱，他们的统治者皈依了基督教，但是没有产生什么重大影响。总而言之，17 世纪时东非的刚果王国和莫诺马塔帕帝国尽管有葡萄牙人的支持，或许正由于这种支持，而减少甚至完全丧失了重要性并趋于解体。 651

非洲在 16、17 世纪经历了两次经济变革。第一次是非洲内陆纵深的许多地区出现了畜牧业，这在早些时候是未曾听说过或至少是不占重要位置的。整个苏丹北部，东至非洲好望角、西到摩洛哥沿海，到处都建起了游牧民族的宿营地，有的地方形成农耕区域。这些游牧人都是刚刚皈依伊斯兰教，他们活动区域的扩展说明穆斯林已经深入非洲内陆。与此同时，班图语族的异教徒们把他们的牛群从东非高地向南赶到了好望角，他们把世代居住在南非卡拉哈里丛林中的布须曼语族和霍屯督语族原始狩猎居民赶进了更深的丛林。他们与非洲北部的游牧部落不一样，在拓展生存空间的同时，也起到了一定的宣传示范作用。

第二次是大量的美洲作物品种被移植到非洲大陆。据推测，它们可能是被新大陆从事奴隶贸易的船只带入的。玉米、木薯、甘薯、花生、南瓜和可可等很快成为西非农业的主要品种，其中前三种又以最快的速度普及到整个非洲内陆。经研究发现，非洲的气候酷似中南美洲，因此有利于新作物品种移植到非洲；就向外来的“园圃制”耕作方式盛行于非洲一样；这里没有固定的农耕模式限制他们尝试新方法。

东非和中非出现领土广阔的新国家，游牧民族和半游牧民族在内陆地区大范围活动，美洲农作物引进非洲等，象征着非洲和基督教地区进一步密切了联系。但是最大的联系还在于奴隶贸易；尤其是当美洲农场和采矿业的发展耗尽了美洲印第安人劳力之后，他们发现可以用非洲奴隶代替；这样奴隶贸易就使两大地区的联系规模更加扩大了。穆斯林和欧洲的奴隶贩子们深入非洲内陆，残暴地闯入非洲独立部族的原始村寨，掠夺走成千上万手无寸铁的受难者。这种行为是极其野蛮的；然而要是没有这场凶残的浩劫，非洲社会也许还不会如此迅速地从酣睡中惊醒。19 世纪非洲人能够承受欧洲优势地位的政治经济冲击，这也应当归于他们的先辈，后者曾经经历奴隶贩子对当地社会模式的毁坏而仍旧生存下来。[97]

五、结语

652 在 1500 至 1700 年之间，原先仅限于欧亚大陆的基督教世界逐渐扩张到美洲部分地区、非洲撒哈拉以南的大部分地区以及整个亚洲北方地区。同时，即使在旧世界内部，无论是在地域的扩张还是在文化等的创新方面，西欧都要比其竞争对手进步得更快。实际上欧洲本身也在变革，已经由原先中古时代的西方文明模式变成了一个崭新的、力量更强大的社会组织。但是伊斯兰世界，印度教徒和中国各地还未曾受到欧洲新兴力量的重大影响。直到 1700 年以后，这些地区仍在按照各自的传统、沿着各自熟悉的途径发展着各自的历史。

世界其他多数地区由于缺乏穆斯林、印度教徒和中国文化的深厚的自然根基，因此在与欧洲人的接触中都受到剧烈的震荡。在新世界，这种接触现实中断了印第安人社会的发展进程，然后干脆扼杀了这个社会。但在其他地区，假如当地具有较强的抗衡能力的话，就仍能按其一贯的风格进行改革和演变。比如在日本、缅甸、暹罗、俄国和部分非洲地区，虽然当地人本来具有接受欧洲技术、思想意识、宗教甚至穿着装饰习惯的朴素爱好的热忱，但这种爱好和热忱要么被一个固守本分的政令所压制，要么因中断了与欧洲的联系而自行消失。印度教在印度的复兴，西藏和蒙古地区藏传佛教的改革都反映了一种共同的心态，这就是想要在外来压力下保护其自身文化的价值。虽然在这两个地区，压力其实主要来自穆斯林和中国的明清王朝，而不是来自欧洲人。

地球上仍有少数边远地区尚未遭到文明力量的袭扰。到 1700 年，继续留在基督教世界以外、面积较大又适于居住的地区还有澳大利亚、亚马孙河流域的热带雨林以及美洲西部北端。实际上，最后提到的这两个地方也已经感受到文明攻势即将来临之前对他们社会所发生的阵阵摇撼了。

世界历史上还从没有一个时代的社会改革步伐迈得如此急促。地球上海洋两岸接触的密切程度保证了人类各种文化之间的相互促进和影响。那些限制或拒绝与外人接触的种种努力——这主要发生在与冷酷无情和贪得无厌的西方人的交往中——是注定要被西欧文化，特别是被西方技术不断改进的事实以及西方人带给世界其他民族的急剧增加的压力所最终击败。1500 年以来的世界历史实际上应当被看作一部竞争史，一方面是西方不断增长的干扰世界其他地区的力量；一方面是其他民族为赶走欧洲人而进行的越来越绝望的努力，这种努力包括比以前更起劲儿地固守自己的文化遗产，或者是在这样做失败了以后，接受西方文明的某些成分，主要是技术，希望以此来获得维持独立的手段。

1789 年网球场宣誓事件，法国大革命带来了欧洲旧制度的覆灭

第12章

蹒跚起步的世界均势

（公元1700—1850年）

一、引言

到了1700年，欧洲人掌控的财富和力量已明显不是地球上其他文明群体所能企及的；至此，欧洲社会凭借对内强化和对外扩张实现了某种不甚稳固的平衡发展态势。虽说新大陆是欧洲扩张矛头指向的一个最大的地域，欧洲人觊觎的却远不止于此，而是整个地球上所有适合人类居住的地方。1700年至1850年间，包括亚洲北部、澳大利亚、南部非洲、印度和黎凡特在内的大片区域都在不同程度上变成欧洲政治经济体系的附庸。此时，只有远东的几个庞大文明社会还保持着完全的独立和主权；但即使在那里，中国和日本也开始经历一系列险象环生的内部危机，于1850年之后不久，最终导致了传统的社会秩序在远东的崩溃。 653

在中东、印度、中国与欧洲诸文明之间维持千年之久的均势于19世纪中期前后终于彻底崩溃。至此，工业革命业已为西方注入了巨大的力量，这种力量，再加上欧洲既有的扩张传统，分明使地球上其他民族和文明的领袖们感到自身的过去好像缺少某种至为根本的东西。而在此前，即使面对欧洲明显的军事和经济优势，伊斯兰和印度的教

徒们依然鲜有例外地主张各自文明的宝贵传统应该原封不动地保持下
654 去；在远东，应对西方的问题也尚未成为当务之急。拒欧洲人于国门之外的方针似乎足以奏效；因此，中国人和日本人都觉得无须改变自身世代传承的制度和传统以应对西方。所以1700—1850年是西方兴起过程中的一个中间阶段，在此期间，欧洲人已开始支配这个星球上绝大多数居民的躯体，但却尚未在他们的头脑中留下深刻的印象。

与这段世界历史同时演进的是欧洲自身历史中的工业革命和民主革命。[1]这两场革命运动强力打破了欧洲旧制度下的种种妥协，从而引发了西方文明内部影响巨大的自我改造，其势头丝毫不亚于文艺复兴和宗教改革对中世纪欧洲旧有体制和观念的改造。无疑，在1850年以前，工业革命和民主革命已经在西方社会引起深刻的变化，而由此带来的欧洲人的富足和威势也开始对世界其他地区产生影响。但相比后来发生的一切，这些显然还只是未来世界的微弱先声，因为直到19世纪中期，欧洲扩张给地球上其他民族带来的影响一般说来还带有旧制度的色彩。铁路及其他新式机械动力只是在1850年之后才开始改造欧洲自身的社会，而1776年美国革命和1789年法国革命所宣示的关于政治与责任的新思想在非西方世界的传播则更为缓慢。

因此，本章对欧洲及其外围地区的叙述将如同前一章一样，按既有的编年时段处理，有别于本章其他部分的时段。先讲述欧洲式社会的扩张，然后分析欧洲的旧制度（1650—1789年），最后讨论欧洲旧制度对伊斯兰、印度及远东文明的影响（1700—1785年）。

二、欧洲的旧制度（公元1650—1789年）

威斯特伐利亚和约结束了三十年战争（1648年），其后法国和西班牙间缔结了比利牛斯和约（1659年），紧接着是斯图亚特王朝在英国复辟（1660年），这一系列事件标志着欧洲历史进入了一个新时代。在17世纪后半叶，宗教愈加成为纯粹私人的事情，对财富和权力的追逐变得更加公开，但同时却多了一点点温文尔雅，而治国之术则开始以这种追逐为转移。一系列心照不宣的妥协让步软化或者说是掩盖了早先的原则冲突；欧洲各国政体间的利益冲突依然还在，且不时异常突出，但所有这一切都在新的或新近强化的机构框架下得到平衡、调整或压制。

这种焕然一新的气象，是常理的胜利。伦理道德在纷繁且无法协调 655
的欧洲文化面前已无能为力。人们放松了费尽心机去分辨并贯彻真的教义的活动，出现这种情况或这种可能性的原因在于欧洲人能够将他们不知疲倦的精力转向外部世界。那时的东方和西方、大陆和海洋、全部的边疆都是向他们敞开的。机会到处向有志者招手，财富等待着人们去获取，土地任凭人们去定居，各种冒险活动吸引着人们去尝试，前景恢宏光明。由此，欧洲具备了一道随时可开启的安全阀。躁动不安的人们尽可以摆脱现世地位的羁绊，到远方去冒险；而且当时整个社会在朝更加富裕的方向发展，对那些留在国内的人来说，这意味着哪怕市场会产生些许波动并带来不稳定也还是可以忍受的，虽然这并不舒服。

在这种情况下，对绝对真理的追求，尽管在 16 世纪和 17 世纪早期曾那么风行一时，那么令人热血沸腾，现在却不再扰乱公共秩序，而再度为职业学者们所热衷。神学家和科学家在取向和侧重点上的分歧很大程度上达成了妥协，不再是一种包罗万象、专横跋扈的逻辑体系，而是通过社会制度让每一行业都有适当的社会地位，并允许个体之间就各自的分歧展开相对自由的讨论。当然，在每个欧洲国家，官方教会依然存在且不容忍异端；甚至在法兰西这样的国家，政府对出版物的审查制度也依然有效。不过，在法规戒律与实际情况之间却出现了日渐分离的趋向，虽然不时也会有以宗教为名的迫害现象发生，比如像路易十四废除南特敕令（1685 年）之后发生的情况。

王公、贵族、商人及平民百姓之间达成了各式各样的妥协，这些妥协虽然在理论上难以自圆其说，但在实际中却行之有效，并在欧洲所有相对稳定国家的政治制度中得到体现；在经济上，资产者及特许公司的创造发明、垄断性的专买、合理化的经营等逐渐渗入旧有的行会而没有引发后者激烈的反抗。就这样，人们一点点地、毫无计划地拼凑出了一个凌乱无序、自相矛盾的“旧制度”（Old Regime）。这种制度虽备受后世理性主义者和社会理论家的诟病，却不失为一种可行的、高效率的社会体系。

对非欧洲世界的胜利是旧制度效率最突出的证明。伴随欧洲的组织机构和思想观念渐趋达成一种有效的平衡，各国政府也就不那么操心国内事务了；因此，那些正好位于或靠近欧洲边缘的国家有更多的精力来从事边疆发展和殖民扩张。事实上，这使得欧洲人在16世纪和17世纪早期发展起来的新的经济、军事组织形式——尤其是联合股份公司和海陆常备军——有了用武之地。以这样一些组织为开路先锋，欧洲人几乎在地球上的所有地区插足，深入到比较孱弱的各个社会机体中。

海外扩张有助于甚至是维持着欧洲内部的相对稳定，而内部稳定
656 又加强了欧洲对外扩张势力。如此相辅相成，结果在18世纪末，欧洲变成了一个庞然大物，一个横跨大西洋、深入欧亚大平原、延展至地球背面的庞大社会。膨胀了的欧洲成为一个宏大的政治经济势力网的中心，这个网包罗了伊斯兰教、印度教世界的绝大部分，团团围住了远东这座孤堡。一句话，欧洲由此变成了西方。

在世界历史的长河中，堪与这种扩张相比拟的只有公元前1500—前500年间在中东兴起的一种世界性文明。当时，也是一波接一波的浪潮从美索不达米亚发源地向外冲击，把原先实质上相互独立的文明裹卷为一体。埃及、安纳托利亚和波斯，连同希腊及印度世界的边缘地区，都丧失了自主自立的面貌，被淹没在以美索不达米亚为中心的世界主义的汪洋之中。不过，这种比拟并不完全恰当。欧洲的扩张并不是代代相袭的帝国征服者的业绩，而是一个内部政治分裂的中心以令人眼花缭乱的多种方式造成的结果。首当其冲的，是原先人烟稀少、组织薄弱的地区，这使大规模的移民和定居成为可能，从而把一个个

广阔但往往荒僻的地方并入了一个扩大的“西方”政治实体。相比而言，古代腓尼基和希腊在地中海的殖民可说是一个缩影。不过，除了在西西里，腓尼基和希腊对土著居民的优势都未曾膨胀到造成原有社会毁灭的地步。而与此相反，欧洲的殖民活动却往往导致这种惨烈的结局，虽然这也许更多的是由于先前从未有过的疾病造成大量原住民毙命而非某种蓄意的政策所致。

为了清楚起见，我认为按下列顺序叙述似乎最为妥当：（一）欧洲在新地区的扩张；（二）欧洲文明在其外围——美洲和俄国——影响的增强；（三）欧洲旧制度内部的种种妥协。这样的划分当然是人为的。读者务必记住，欧洲的海外扩张与其中心内部的不甚稳固的平衡是密切相关的。

（一）欧洲在新地区的扩张

为避免不必要的烦琐，我们可以把 17、18 世纪欧洲多方面的对外扩张和殖民归为三类。第一类也是范围最广的，是欧洲人继续深入有利可图的产品产出地，因为这里的产品在欧洲和其他文明国家的市场上销路很好且能够轻易获得，其中最重要的包括亚洲和美洲北部冰天雪地中的毛皮和巴西丛林中的黄金和钻石。第二类，是热带和亚热带地区，尤其西印度群岛和东印度群岛，欧洲人在这里实施了经济重组，主要生产世界市场亟须的产品。欧洲人的这种经营活动以奴隶制和其他强迫劳役为基础，有时会造成大规模的人口迁移，因而难免会与当地原有的社会关系发生激烈冲突。第三类，是在温带地区，主要是南 657
北美洲和欧亚大平原西部，欧洲人在此的殖民定居经历了一个从原始粗暴到文明迁移的过程：尽管那里与欧洲腹地相距遥远，最终却原样照搬了欧洲社会的模式。

探险、贸易和国家间的竞争

1650 年，海洋探险几乎完全停止，虽然此时的太平洋海域还有众

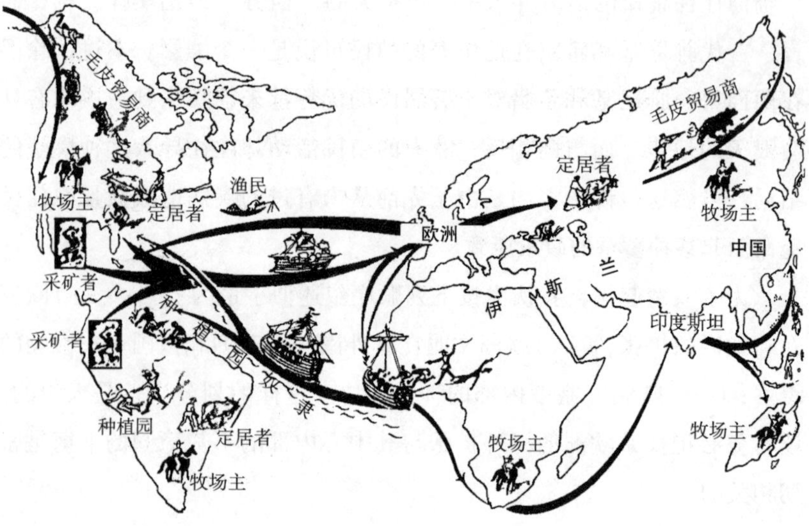

欧洲的扩张，1500—1850 年

多地区尚无人涉足。在那以前，首先是伊比利亚人，然后是荷兰人和英国人，已经探查了地球上最富饶、最有商业价值的部分。欧洲人曾沿北美洲海岸或朝澳大利亚方向做过试探航行，但只发现一些没有希望的落后地区，根本无法开展有利可图的贸易。因此，和未经探测、吉凶未卜、无利可图的航行冒险相比，最好还是沿着已有的贸易航线行进。此外，17 世纪欧洲的航海还受到技术的限制。由于缺乏精确计算经度的方法，即使有船偏离了航线而意外地发现了新的陆地——这种情况肯定比记录所载的更为频繁——却不能保证船只能够重返故地。由于远航还会导致坏血病——起因是船上的食物缺乏维生素——因此，在太平洋这样浩瀚的大洋中漫游无疑是非常冒险的事，除非确信有丰厚的利润可图，否则是无人肯为的。然而在陆路，受毛皮丰厚利润的驱使，俄国人、法国人以及（1670 年哈得孙公司成立后）英国人的贸易点快速向前推进。法国人从其在魁北克的据点出发，向大湖地区渗透，然后转向苏必利尔湖以西，进入北美大陆腹地（拉迪松和克洛塞耶，1658—1659 年），并南下到密西西比河（拉萨尔，1679—1683 年）。英国人由于尚未掌握在荒凉的北极旅行和生存的本领，起初只满足于 658
停留在靠近哈得孙湾沿岸地区。相比之下，俄国人的扩张十分神速，甚至超过了法国人。自 1639 年经鄂霍次克海抵达太平洋以后，俄国人就顺着黑龙江南下直到入海口（1649—1653 年），并沿着科力马河抵达北极，然后从那里绕过西伯利亚之端到达堪察加半岛（1648—1656 年）。[2] 此后，探险出现明显停顿。这是因为，大步跨入这些未知地区的冒险家屈指可数，他们需要时间组织当地毛皮的收购，并克服在销售皮货时所遇到的非同寻常的运输困难。

在 17、18 世纪，欧洲人以更快的速度深入巴西内地，但不是追逐毛皮，而是寻找黄金。起初，白人与印第安人的混血后裔成群结队地涌进丛林搜寻奴隶；但是随着在内地发现黄金和钻石（1695 年），在亚马孙河流域的雨林中“淘金热”便迅速蔓延。结果，巴西在 18 世纪成为世界的主要黄金产地之一；为了寻找新矿藏，成群结队的探矿者在内陆来去奔波，最远抵达安第斯山脉。他们沿着亚马孙河大大小小的支流，甚至在未曾发现黄金的地方，建起了一个个小殖民点。[3]

在 18 世纪下半叶，航海技术的进步和欧洲主要国家间的竞争激起了探险活动的新高潮。探险成为政府政策的一部分，不再像早期那样仅仅是个别掠夺者或地方组织心血来潮时的活动。俄国、英国及法国政府的官方代理人，以本国海军舰队为后盾，半出于科学上的好奇，半出于希望为各自的君主获得新的领土，重新开始航海探险。第一个官方探险家是俄国海军舰长维图斯·白令（1728、1741 年），而获得最大成功而且航行最远的则是英国海军舰长詹姆斯·库克领导的航海活动（1768—1779 年）。库克航海的意义还在于其两项技术的突破。库克让海员食用泡白菜，从而避免了坏血病[4]；在第二次航海中，他试用了第一只航海用经度仪，这种仪器坚实精确，用它足以准确算出
经度。由于这一仪器的使用，库克对南、北太平洋海岸线和岛屿的探 659

测比其先驱者远为可靠，甚至南部海洋中的各个小岛也被纳入欧洲人轻松航海的范围之内。

同样，在18世纪下半叶，国家间的竞争也同样激发了新的陆地探险。继白令在阿拉斯加的发现之后，俄国的毛皮商人先在阿留申群岛，然后在大陆迅速建起许多贸易点。得知俄国这一进展的消息后，以蒙特利尔为基地的毛皮商人开始探险，并因此宣称占有加拿大西北部遥远的土地（亚历山大·麦肯齐1789年对北极的航行）；由于同样消息的刺激，西班牙人把他们的殖民边界线从墨西哥沿太平洋海岸推进，直到加利福尼亚（旧金山于1775年建立）和不列颠哥伦比亚（诺特卡于1789年建立）。这样，到18世纪末，向东行进的俄国毛皮商和探险家们便在落基山脉这条主线上与英国的毛皮商们相遇了（英国人1763年继法国人之后占据了加拿大领地）。他们围住了北极，从此，极地附近的冻土带和森林地区也被纳入到文明世界的贸易圈。与此同时，西班牙人和俄国人在南北美洲的整个太平洋海岸也取得了同样的业绩。

因此，至1800年，由欧洲海军装备的、有组织的远航探险业已成绩斐然。除坚冰覆盖的极地地区外，世界各大海洋的主要部分都被勘查过了；对欧洲人来说，只有撒哈拉以南的非洲和澳大利亚的内陆仍属未知的领域。已知世界的圈子由此大幅扩展，在这个圈子里，欧洲商人和海员们用文明世界的货物和疾病蹂躏着各个原始社会，使其无一幸免地遭到破坏。

种植园及热带、亚热带经济的自觉转变

对北极的猎人和大洋洲的渔民、农民来说，欧洲人的冲击无论多么激烈，其意义只是偶然的而非持久的。入侵者的兴趣所在，只是收集毛皮，或为远航的船只补充给养和恢复疲惫的船员的体力，而不是改造当地居民的经济和文化。

在世界其他地方，情况却不是这样。在东印度群岛，荷兰人可能最先使用当地劳动力以维持一种合理化的种植业，专门为大洋彼岸的

市场种植作物，并定期调整生产规模以便获得最大利润。[5] 不过，在荷兰人最初到达这个地方时，商业性香料种植在东印度已有悠久的历史；因此，他们对这一贸易的垄断和合理化并未造成当地历史的突然中断。而在新大陆，情况则正相反，种植业不能依靠任何已有的劳动 660
力或本地技术。约在 1520 年，葡萄牙的蔗糖生产者从马德拉群岛 [6] 移居巴西，给美洲带去了第一批甘蔗。甘蔗获得大丰收，以致西班牙人立即步其后尘，在加勒比海沿岸一些地方也种植起甘蔗来。不过，与 17 世纪后半叶加勒比海群岛蔗糖种植场的迅猛发展相比，这些开端就大为逊色了。在加勒比海群岛，首先是英国人，接着是法国人，还有少许的荷兰人，建立起一个以黑人奴隶为基础的严格合理化的商业性农业。

加勒比海蔗糖生产的发展催生了获利异常丰厚的大西洋贸易。在欧洲，船只装载上廉价的纺织品及其他制造品向非洲海岸进发；在那里用货物换取奴隶，然后将其运往加勒比海群岛或美洲大陆出卖，利润非常可观；最后，再装载上美洲的糖和甜酒，返回欧洲出售。在这种三角贸易中，西印度群岛的棉花和靛蓝是持久的大路货，价值较低，但不失为重要货物。此外，纽芬兰的鳕鱼、新英格兰和中大西洋殖民地的木材与谷物，在产糖的加勒比海群岛也有大市场。因为这个地区的农业迅速专业化，其程度之深以至忽略了基本粮食作物的生产。由此，大西洋两岸被一种兴旺的商业连为一体，这种商业集中在加勒比海的弹丸之地背风群岛和向风群岛周围。[7]

在美洲大陆英属殖民地南部和巴西沿岸，以黑人奴隶制为基础的种植园也发展起来，它们利润略低，却很重要。在地球的另一边，从 18 世纪初期始，荷兰人在东印度群岛越来越重视农业栽培对他们的商业经营的辅助作用。新产品，首先是咖啡，成为这种栽培的支柱。种植园有时由荷兰种植园主监督，有时由移居的中国承包人管理，不过，大多数则由当地领主经营，他们必须向荷兰人缴纳固定数量的咖啡或别的作物。在东印度，劳动者在形式上通常并不是奴隶，但是，爪哇 661

当地的“领主们”却经常使用武力迫使臣民栽培咖啡和其他新的进贡作物。[8]

欧洲殖民地的发展

在地球的不同地区，欧洲殖民者从其母国社会形式中衍生出一系列新的社会形式。这一系列的两个极端，可谓是西印度群岛蔗糖种植园严酷的奴隶制和新英格兰边疆社区的原始平均主义，此外还有为数众多的居间的社会形式。巴巴多斯的奴隶制虽说严苛，但倾向于在中美洲和巴西的西班牙人或葡萄牙人的种植园中间盛行的较为宽容的奴役形式。而东欧的新农奴制和对西属美洲印第安人的强迫劳役制，从法律上看也属于一种较温和的强迫劳役形式，虽然现实并非完全如此；比较起来，西班牙人的形式更宽和，这只是因为政府的法令更注重印第安人的权利。在这个系列中，签订几年劳动契约的工人——这在弗吉尼亚早期很普遍——和被流放到澳大利亚、西伯利亚的罪犯占据了中间位置。最后，是特许殖民地中的只向某个领主缴纳免役税的自由移居者，以及新英格兰的小农场主，他们拥有自己的土地且继承者不受身份的限制，其享有人身自由的程度仅次于诸如美洲边疆居民、西伯利亚或加拿大的毛皮商人、巴西的班第拉人（Bandiera）、阿根廷大草原的牧人、乌克兰的哥萨克人或西班牙大陆美洲的海盗等极端无政府状态下形形色色的人等。

在任何开发中的边疆，始终存在着劳动力缺乏这个大问题。对此，有截然对立的两种解决办法：一是用极端的强制劳动来维持社会等级；一是给予同样极端的自由并伴之以向平均主义的新原始状态的倒退。两种办法各有利弊。实施极端强制则必须维持社会生存必不可少的专家；若无铁腕的经济管理者，种植园就不可能兴起；若无职业军人阶层，欧亚大平原西部的农业殖民地就难以捍卫。此外，一个由强制制度维持的上等阶层可能迅速达到较高的文化水准，并因此赋予整个社会一种别无他图的优雅。生活在民主时代的人们常会低估此类的成就，更多地同情奴隶或农奴而不是他的主人。然而，文明最初的兴起只有通过一些人支配另一些人的劳动才能够实现；同样，文明社会才得以超越抑制自身发展的地理障碍——无论是很久以前赫梯人的小亚细亚和罗马人的高卢，抑或最近的西属美洲和俄国的乌克兰。不过，这种强制性的文明传播总伴随有严重的弊病，因为任何一个把大多数居民排除在外的文化必然是不稳定和充满风险的。

相比之下，我们似乎更倾向于赞赏边疆的另一种选择：极端平均主义。然而，这种社会固有的向势孤力单的当地居民发起的以及在边民之间酒后争吵中爆发的野蛮暴力，意味着原来的文明人向原始野蛮
人的堕落。欧洲边民用文明世界的工厂制造出的枪炮武装起来，却把 662
文明社会的法律、文化规范忘得一干二净。无疑，一旦粗野的开拓者扬起的尘埃落定，文明生活便随着社会分化、教育和技术的进步逐渐兴起。而且，这一过程的发展迅速有序，甚至远远超过通过培植的贵族阶级缓慢传播文化的相应过程。这就是无政府主义边疆自由——相对全面强制——的真正优势。但是，在 17、18 世纪，这种无政府状态的优势几乎完全没有得到发挥，而强制劳役的短期成功却是显而易见、无可否认的。自然，在弗吉尼亚、新西班牙、匈牙利和俄国培植出来的优雅的贵族气派——无一不是建立在强制劳动之上——远远胜过新英格兰海岸刚刚兴起的素朴的文明。

不过，新英格兰和北美洲中大西洋殖民地的粗糙文化却因其容纳了较大数量的欧洲（毋宁说是前欧洲）移民而得到补偿。在世界其他地方，从未出现过如此庞大密集的农业群体。诚然，在 18 世纪的阿根廷拉普拉塔地区，西班牙人口仍有大幅度增长，且在巴西南部，葡萄牙
移居者也曾抢占了大片土地。但在这两个地区，牧场经营远比农业经 663
营更为重要，所以殖民定居点的人口密度相对较低。在加拿大，法国农夫们主要滞留在圣劳伦斯河堤岸附近，直到 18 世纪快结束时，森林地带的农业才开始发展，而且，这在很大程度上是由美国革命中的保王党逃亡者开拓的。在南部非洲，荷兰殖民者于 1652 年在开普敦登陆。

边疆的不同选择

当英国人 1795 年夺取这块殖民地时，荷兰牧场主们已深入内地。而在非洲之角附近，一个相当规模的农业社会已经扎下根。1789 年，第一批英国移居者踏上澳大利亚的土地。这样，除了 1840 年才开始被殖民的新西兰外，欧洲人所有在海外的主要居住中心在 18 世纪末都已开始了各自的发展进程。

跨越世界大洋的欧洲移民运动规模壮阔而且意义深远，不过同期对欧亚大平原西部的殖民可能规模更大，后者在改变世界文化格局方面的重大意义也丝毫不亚于前者。在 17、18 世纪，千百万开拓者不畏艰难，把位于匈牙利中部和西伯利亚西部之间的无垠草地开垦成耕地。在这一东进运动的最边缘，堪与新大陆的情形媲美的无政府状态曾一度盛行。例如，在西伯利亚，俄国移民们所受的控制有名无实，过着与美洲边疆的猎人、渔民及农夫不相上下的自由自在的原始生活。不过，这种情况相当特殊。在欧亚大平原西部，只有当奥地利军队和俄国军队把穆斯林牧民和武士赶走后，大规模欧洲移民才有可能。在匈牙利，移民运动在 1699 年以后出现；但是，直到 1783 年俄国吞并克里米亚鞑靼地方，伊斯兰国家的势力才从乌克兰地区消失。

在战胜西部大平原的前穆斯林封建领主之后，奥地利和俄国政府就可以自由地按它们认为合适的方式重新分配新征服的、人烟稀少的土地了。在西部大平原的殖民有三种形式：在匈牙利大部和乌克兰，大片的土地赐给了在朝廷中有权势的大贵族，这些人能够在他们的新地产上，至少在其中一部分，安置从他们其他人口较密的土地上迁出的农奴。不过，在奥斯曼帝国和波斯边境沿线，奥地利和俄国政府却宁愿选择受帝国特别管辖的、军事化的自由农民公社制度。因为在边界遭受侵袭时，可以指望这些武装农民保护自己的财产；无论如何，俄国的哥萨克和奥地利的“边民”（Grenzers）早已习惯武装出入于跨越鞑靼和奥斯曼帝国边界的非正规战争，想把他们变为农奴，这些战士绝不会轻易就范。因此，以在特别团队服义务兵役为条件，塞尔维亚人、克罗地亚人、罗马尼亚人及其他居住在奥地利军事边界的人，以及俄国南部“注册的”哥萨克，便继续享有他们的人身自由。[9] 第三种方式是用极优惠提供土地的办法从国外吸引移民。奥地利人在巴 664
纳特（Banat），俄国人在乌克兰少数特别地区，都采取了这种政策。随着空旷的土地被人住满，曾在帝国支持下建立起来的军事殖民地和自由农民公社就日趋落入地主的控制中。有些时候，是移民中间的分化导致了这种结果，如哥萨克人就是这样；但有时也是政府的正式批文造就的，如把以前的自由公社赐给一个朝廷宠臣，任其恣意妄为。[10]

然而，有一个突出的例子，可以说明欧洲的海外殖民并不是特别成功。虽然克伦威尔及其前任都曾对爱尔兰实施殖民化，但英国社会的模式却丝毫未能扩展至圣乔治海峡对岸。被迫以土豆为生的野蛮的爱尔兰人只能以比英格兰移民甚至苏格兰移民所愿接受的更低的报酬为这个地区的新地主工作；所以，虽然他们在人口上占据了优势，但却因此在经济上可悲地受一个异族文化的贵族阶级的奴役。[11] 与东欧和北美南部的殖民地相比，18 世纪的爱尔兰虽然法律形式不同，社会格局却十分相似，即社会两极分化都很严重，一极是分享欧洲文明的地主特权集团，一极是丧失自己文化的、心理上被疏远的农业劳动群众。

(二)早期欧洲外围地区的文化同化：美洲和俄国

1648年以后，欧洲文明的扩张不仅表现为对新地区的占领，而且还表现为几个已在欧洲势力范围内的外围地区对欧洲生活方式的适应。通过这一过程，俄国和新大陆的大部地区截至1789年已完全成为此后须称之为西方文明而不仅仅是欧洲文明的组成部分。美洲和俄国加入以欧洲为中心的西方国家，这在增加西方文明多样性的同时，却冲淡甚至可能是降低了西方文明的质量。然而，尽管欧洲文明的原有中心及其外围地区的差别依旧存在，一种基本的文化共性却越来越紧密地把美洲、西欧和俄国各国人民连在了一起，并把他们与世界其他地区的文明群体分隔开来。

665 对欧洲文明方式的适应，俄国和南北美洲经历了截然不同的过程。俄国人在拥抱西方之前，不得不首先舍弃大部属于他们自己的独特文化遗产，这是一个极强烈和痛苦的过程。与此相反，在美洲，欧洲移民的后代只需重新拾起其先辈们在适应边疆艰苦生活条件时不得不丢弃的某些东西，所以在又一次更完全地享受欧洲文明时，他们并没有沉重的心理负担。

在俄国和美洲，适应过程都是由相对少数人领导的。但在美洲，文化领袖们的作为得到了人民群众的衷心支持——或至少是消极地接受；而在俄国，欧洲技术、艺术和时尚是被强加于人的，大多数人表示反对，因为他们对主人闯入的新的文化世界知之甚少，或者干脆一无所知。此外，文化同化在美洲的进行并不是通过有意识的计划，而是由个人或群体自发的行动实现的，这些人在全身心地投入欧洲文明时感到很刺激、很有收获。而在俄国，文化同化是靠政府有意识、有组织地实施的，像一场艰苦的战役，而且最初赤裸裸的目的就是要增强自身的军事实力。

与此相应，同化的结果也有天壤之别。到 18 世纪结束时，美洲和俄国分别以新的极端自由和极端专制与欧洲对峙，二者均向矗立于欧洲旧制度中心的不合逻辑的妥协提出挑战，而且双方用迥然不同的方式促成了旧体制的覆灭。

西属美洲

西班牙在欧洲列强中享有的霸权的衰落，标志性事件是 1640 年以后葡萄牙的成功独立和 1659 年在比利牛斯和约中签下的不利条款。不过在欧洲，西班牙帝国却勉力支撑到 1713—1714 年，而它的海外帝国则几乎原封不动地维持到 19 世纪。上述结果是多种因素的共同作用使然，既有帝国内部权力交接时的种种意外，又有均势外交的过于保守，当然还包括帝国体制自身的强劲有力和传统。

等级制的教会和中央集权的官僚机构并存，而且二者均由西班牙国王任命的人操纵，这种双重制度使西属美洲社会迟至 18 世纪 70 年代中期一直处于严格的传统束缚之中。美洲印第安人既无文化领袖又缺少政治上的带头人，无力真正有效地挑战西班牙人的统治，所以一直谦恭驯顺。[12] 不过，即使在这种严密控制的似乎僵化的社会中，广泛的变化也在逐渐发生。首先也最根本的：大约在 1650 年以后，印第 666
安人口的大幅减少不再严重制约墨西哥和秘鲁走向经济繁荣。这可能是因为在那个时候，美洲印第安人对来自欧洲和非洲的各种疾病已有了较强的抵抗能力，同时，有抗病能力的混血人数也在增加，直到成为人口中的多数。人口从减少向增长的逆转最初很慢，但到了 18 世纪最后几十年，人口已开始迅速增长。人口的增长促进了经济活动的明显高涨：采矿比以往任何时候都更为有利可图，而农业和贸易也都兴旺发达起来。[13]

在 18 世纪，西班牙新波旁王朝 [14] 开始进行广泛的政治改革，尤其是通过放宽贸易限制，使经济出现大幅扩张。1774 年，西班牙各殖民地第一次被允许相互自由贸易。四年之后，补充令又批准西属美洲的 24 个港口与西班牙的任何港口贸易，这样就终止了西班牙的加的斯与美洲的卡塔赫纳（Cartagena）、波托贝洛（Porto Bello）和韦拉克鲁斯（Vera Cruz）之间在殖民地与母国间运载货物的独占权。

更自由的贸易和西属殖民地经济的普遍繁荣，意味着商人、小贩和职业阶层的规模大幅提升，这种繁荣的盛况是前所未有的，而中产阶级的成长为殖民地的学术和文化生活增添了新的元素。虽然在 17 和 18 世纪，西属美洲就已有多家完备的教育机构，其中一些还引入了现代课程，如笛卡儿、莱布尼茨和牛顿研究，[15] 但整体的学术活动却十分贫乏有限，学术只是少数几个学者的事情。然而，到 18 世纪快要结束时，西属美洲社会中更多的人开始对来自欧洲的新思想感兴趣。和别的地方一样，商人和职业者走在启蒙探新的前沿。这种学术上的追求使这些人对身边的社会越来越多地持批判态度，他们尤其反对西班牙政府系统的歧视政策，把殖民地的高级职务只授予西班牙半岛出生的人。

随着相当规模的中产阶级的出现和学术活动渐渐超出少数职业学者的圈子，西属美洲变得比以前更名副其实地欧洲化了。纯印第安文化在教会的传教活动面前节节后退，这同样有助于欧洲化的推进。当
667 然，与欧洲模式不同的是，这里的种族异常的多元化。大地产的盛行，强制劳役的广泛存在——如劳役偿债制或纯粹的奴隶制——以及教会在经济 [16] 文化上所占有的特殊重要地位，这些都是西属美洲与欧洲其他地区不同的，但西属美洲社会的上述特征正是与母国西班牙相通的，在西方文明的另一侧翼——东欧——也有类似的状况。

巴西和北美洲

和西班牙帝国在新大陆的属地相比，葡属巴西和英属北美殖民地有几个共同点。在政治上，二者均呈权力极端分散状态；国内政局均出现严重的动荡不安（英国内战，1642—1649 年；葡萄牙反西班牙的起义，1640—1659 年），以至两国的殖民者在 17 世纪中期不得不主要

靠自己的力量应付局面。[17] 建立在奴隶制之上的种植园经济在巴西和英属殖民地南部同样盛行；在这两个地区，粗鲁且不尚规矩的边民们时而接受时而抗拒沿岸地区种植场主的政治领导。

不过从整体上看，上述两个社会的相似之处却是虚幻多于真实。巴西的贵族以其尚武和雄性十足而自豪，既看不起艰苦的工作（奴隶的命运），又蔑视心智的教化（教士的职责），他们从根本上与弗吉尼亚和南卡罗来纳的地主有天渊之别。尽管葡萄牙专制政府的“开明”大臣庞巴尔侯爵（the Marquis de Pombal）在 18 世纪后期进行了政治改革且经济已有大幅度增长，但直到这个世纪末，巴西与其他社会截然不同。其最突出的是，印第安文化和黑人文化虽然和葡萄牙传统交织在一起，却保持着新大陆其他地区难以匹敌的活力。[18]

甚至到 18 世纪末，英国的、前英国的和法国的殖民地仍然远远落在西属美洲之后。1793 年，墨西哥城即有 112 926 名居民 [19]，使其以北的任何地区都黯然失色，事实上，墨西哥城在规模上超过了当时除法国巴黎和英国伦敦以外的任何欧洲城市。当时墨西哥的人口远远超过了英国 13 个殖民地的人口总和，而西班牙殖民地上层阶级的光彩、优雅和修养也远远高出北美大西洋沿岸地区所能企及的最高境界。

然而，文化上落后的新英格兰和北美洲中大西洋殖民地却代表着 668
当时世界上所能找到的欧洲社会在新地区的最完全的移植。在 17 世纪早期，这些英国殖民地还只是一些小小的、孤立的沿海居民点，但随后不久，这些居民点便迅速发展起来，从新罕布什尔延伸到佐治亚，并在美国革命时期向内陆深入，直到阿巴拉契亚山脉，成为一条或多或少连绵不断的殖民地带。这里的人口增速非常快，移民当然是其部分原因，但主要却是因为自然繁殖快。到 1790 年美国进行第一次人口普查时，人口总数已达 400 万，接近大不列颠人口的半数。

人口众多，遂使英属北美殖民地与欧洲的，特别是英国的政治文化生活状态更加接近。不错，新英格兰没有贵族，王朝势力往往鞭长莫及。此外，开放的边疆不断推进，而且来者不拒。土地的获得轻而易举，从而使独特的平均主义的农业公社也绝无仅有地保留下来。但是，在开发较早的殖民地，尤其在海港，商业大亨和资产者的寡头统治在18世纪开始发展起来，与英国的情形非常相似。清教曾为英国培养了许多成功的创业者，在很大程度上出于同一清教背景的工商经营实业的习惯已经在新英格兰和中大西洋各州牢牢扎下根来。特别值得指出的是，此时新英格兰的商船已经开始扬帆远海。新英格兰的商船得益于当地盛产的便宜木材，再配备上在加尔文宗以及多石的土地上磨炼出来的适应艰苦生活和艰苦工作的船员，足以使其与任何竞争者抢生意。不过另一方面，新英格兰的工业却直到美国革命后仍很不发达。

在英属殖民地，社会流动和政治自由颇为盛行。任何一个精明强干的人都能够平步青云，本杰明·富兰克林（1706—1790年）就是一个例证。甚至在南部，种植场奴隶经济的奴役状态也在某种程度上被森林地带农业公社的无政府状态冲淡，这些公社除了有加尔文宗戒律的紧张气氛之外，与新英格兰的边疆殖民地极为相似。实际上，在某种意义上，英国殖民地独享两个大陆之精华：因为有教养的弗吉尼亚贵族通晓普通法，熟知约翰·洛克，涉猎法国作品，参与西部土地投机生意，热衷于地方政府的活动，并将主要精力用于种植园的经营。他们是森林地带阅历丰富的领袖，同时又不是大权独揽地把寡头统治强加给当地社区。以同样的方式，北部殖民地的商人、船主和实业家只有在内地农村俯首顺从时，才能够保持自己的政治地位。相对广泛的普选权使得大部分成年男子——在一些殖民地是绝大多数——能够在政治生活中表达自己的意愿。这样便造成了一种与拉丁美洲和法属加拿大的民众消极地服从官僚、寡头和教会首领统治截然不同的氛围。

669 众多宗教派别的存在有效地缓解了教会和神学的禁锢。各处殖民地存在着不同教派的宗教组织，这被认为是理所当然的事，没有人梦想着把某种信仰强加给整个英属北美洲。而且，随着18世纪的推进，各个宗教团体的成员日益摆脱父辈的神学热情，分享了同一时期正在改变欧洲的观念世俗化，甚至请教统治的马萨诸塞也是如此。虽然主张复兴信仰的布道者并未因此停止煽动宗教狂热，但自然神论者、自由思想家、英国国教徒、公理教会信徒、长老会教友、教友派信徒、罗马天主教徒、卫理公会教徒、浸礼会教友（这还不算源于英国传统以外的教派，如孟诺派教徒和荷兰新教徒）毕竟相安无事。因此，殖民地社会必然要用一切办法避免任何一个教会或教义独占优势。

只要英属殖民地被法国人及其印第安同盟从北面与西面围困并暴露在法国军舰或私掠船的攻击下，英国海军的保护，偶尔甚至是英国正规陆军的保护，就必不可少。但是，当英国人在赢得七年战争（1756—1763年）并吞并加拿大后，法国人的威胁就变得微不足道了，而殖民地与其母国的关系也随之发生变化。英国政府要增加新税，要在殖民地驻军，要管理新英格兰的贸易，要限制殖民地的立法权，这种种企图激起了殖民地人民的愤怒和反抗。为抵制英国议会的法令，殖民地人声言既然是英国人，就自然应该享受英国人的各种自由和权利。然而，对英国法律和统治权的有组织反抗终于造成了更大规模的民众起义，此时殖民地人的理据已不限于作为英国人该享有的权利，而是天赋人权，这种权利是当时最激进的理论家所倡导的。尽管如此，偶尔出现的反对“保皇党人”的暴民暴动并没有干扰革命运动大体上沿着合法的道路发展。爱国党人修订了各殖民地的法律，并尝试建立联邦，虽然这在最初并不太顺利。当英国军队企图镇压反抗、平息动乱时，它的行动激起了逐步升级的激烈对抗。1775年，殖民地与英国政府的关系终于恶化到公开宣战的地步。革命事业历经无数艰难坎坷，终于在1783年取得胜利。胜利的取得，与其说是因为乔治·华盛顿率领的衣衫褴褛的军队立下赫赫战绩，毋宁说是因为英国政府内部出现了严重的意见分歧和法国的介入（法国在1778年对英国宣战）。

就这样，美国革命在欧洲强权政治和战争纵横捭阖中取得了成功，而美国革命的领袖们正是从刚刚在欧洲流行起来的激进政治思想中寻找理据为自己的行为辩护。同样的激进思想在经历了一段时间的考验

670 后，激励着美国人制定出了自己的宪法。宪法采纳了立法、行政和司法三权分立的原则，政府管理的职能在联邦当局和地方政府间适当分配并在此基础上制定出可操作的方案，与此同时，美利坚人还自豪地向全世界宣告了个人自由和政府权力来自被统治者同意的宪政原则。

上述思想和政治建构蕴含着对欧洲旧制度的有力挑战。为建立一个合理的政治制度，美国人似乎把种种过时的机构一扫而光。在西方世界，虽然曾有人怀疑新制度能否稳定，甚至否定这些原则，但却没有人对美利坚人的试验麻木不仁。就这样，这些前英国殖民地，无论它们在外观上落后西属美洲多远，也不论它们的生活环境与欧洲的环境相比多么原始野蛮，现在完完全全地融入了欧洲思想风尚的主流。事实上，美国革命的榜样在相当大程度上刺激了法国革命的爆发，而后一场革命终于导致了欧洲旧制度的崩溃。[20]

俄国

俄国的那种军事化、现代化、专制政体的巩固对欧洲的旧制度是一种性质完全不同的挑战。在意识形态方面，这一挑战并不像美国革命那样激烈和立竿见影。但是，一个新的拥有广阔土地和众多人口并（至少在原则上）能够以国家利益的名义调动全部人力物力的军事大帝国的兴起，对政治四分五裂、社会分门立户的旧欧洲，显然是一个巨大的挑战。与之相比，法国和英国像是侏儒，它们只有依靠在持续不断的自身演变中开发新的资源并找到新的力量基础，才有希望与俄国巨人平起平坐和抗衡。在19世纪，西欧的民主革命和工业革命确实创造了力量和财富的新基础，西欧的发展远远超越俄国一个多世纪。这一情况掩盖了俄国在18世纪最后几十年对欧洲构成强力挑战的事实。事实上，俄国对欧洲传统以来的多元性的威胁，甚至由此持续到我们这个时代。

直到1698年，年轻的彼得大帝结束其著名的西欧旅行回国并发动自上而下的改革之前，俄国一直在罗曼诺夫王朝的头几个沙皇的统治

彼得大帝统治下的俄国

下蹒跚前行。沙皇们的目的是要保持俄国特有的传统，所以竭力限制俄国人与外国人的接触。在 17 世纪，这一政策颇为成功。比如，在与波兰进行了长期战争后，俄国利用其正教保护者的身份获得了对东乌克兰的所有权（1667 年），因为，哥萨克人宁愿要一个东正教而非天主教的统治者。

然而，彼得对东正教却全然不放在心上，他还觉得，莫斯科外国人居住区的粗野和喧嚣远比俄国宫廷的繁文缛节更对自己的口味。不
671 过，在他成为俄国无可争议的统治者后，他与外国人的亲密关系在将近 10 年中仅仅是个人的癖好。但是，当一队军人在莫斯科的叛乱（1698 年）突然引发革命以后，彼得便从此不遗余力地设法提升他网罗在身边的好友和冒险家，使他们成为俄罗斯国家的主人。

旧世界的界标一个接一个地消失了：禁止蓄须和穿长袍，引进儒略历，简化字母，宫廷妇女不再闭门不出，芬兰湾畔的圣彼得堡被建成新首都。彼得把俄国贵族从乡村庄园里呼唤出来，让他们住进兵营或坐在办公桌后面。他依照瑞典的模式全面改造俄国政府管理机构，使之面目全非；他甚至敢置东正教会于世俗检察官管辖之下。在所有地方，精力旺盛、自负任性的沙皇驱赶着、威胁着他的满心不情愿的臣民走上新道路。像他之前的伊凡雷帝和之后的斯大林一样，彼得的个人意志在 1/4 世纪中把俄国社会、俄国制度彻底变了样。

借助恐怖和全面的暴力，彼得把改革从根本上强加到俄罗斯的国家政体之上，其影响根深蒂固、难以消除，正如艰苦漫长、坎坷曲折的对瑞典战争（1700—1721 年）一样。但是，如果不是因为人们对旧俄罗斯的忠诚已经淡忘，彼得和他的朋友们如此专横地对待俄国的习俗和制度必然会遭受惩罚。与具有明显优势的欧洲文明进行有限的但却是长时间的接触，动摇了人们对旧传统的盲目信任，官方教会则因旧信徒们的退出而受到严重影响。保留下来的只有专制政权。而当政权落入一个摒弃俄国的过去、愿意全面效仿欧洲文明的革命者手中时，俄国已经没有任何进行有效抵抗的可靠力量。

始终如一地致力于加强军事力量是彼得头绪繁多的活动的核心。政治改革服从于征集、装备和维持堪与西方国家匹敌甚至更强大的陆军和海军这一目的。这不仅需要人手和钱财，还需要工业设施和船坞、数学和实用技术、文化的普及和全社会范围的严刑峻法。彼得募集了大量农奴参军，在乌拉尔山的新式军工厂做工，修建圣彼得堡；只要有必要，他也以同样严厉的方式征募贵族，将贵族子弟编入皇家禁卫军团。此外，他命令商人将贸易活动从阿尔汉格尔转移到新都圣彼得堡，指派瑞典战俘在俄国各省担任公职，聘请荷兰等国的上百名工匠以便把新技术引进俄国。至于彼得本人，则在一种近乎恶魔般的不安宁感的驱策下，时而埋首于具体事务，时而突然做出惊人决定，时而狂饮烂醉，时而狂暴地、毫无理由地大发雷霆。

彼得的行政改革一直混乱不堪，社会所有阶层的隐蔽抵抗阻挠了他的计划。然而，彼得毕竟改造了俄国。尽管他的对手查理十二 672
世英勇无比，他仍然打赢了对瑞典的战争，吞并了芬兰湾上的大片土地——他的著名的“通往西方的窗口”。不过，彼得与突厥人的战争却不那么成功。1696 年的胜利打通了到亚速海的通道。但是，1711 年的第二次远征则以失败告终，沙皇被迫放弃上次战役的全部成果。作为局部的补偿，在彼得最后的日子里，他的军队打赢了一场对波斯的战争，从而把俄国边界推进到里海南岸。

彼得的杰出才能和不安分的性格促成了他的事业。他的非凡成功的秘密在于，他组织了非正规但极为有效的教育体制来培养青年人为他的革命目标效力。彼得的教育机构就是皇家禁卫军团。这些军团以他少年时代的伙伴为核心，这些人被他硬拉入了军队。当自上而下的革命继续深入时，沙皇从禁卫军中选拔他的军官、行政官、外交官及其他所需人才。然后，他要求俄国的贵族把他们的子弟送来当兵，以补充被抽空的军团。由此，彼得很快造就出强有力的统治集团，在禁卫军中服役的共同经历维系着这一集团松散然而有效的团结。由于俄国的新主人们轻蔑地把俄国的历史抛在了脑后，所以起初便如同置身于异国领土的一小队驻军，这一背景迫使他们压制公众对前彼得时期的俄国的留恋，以免这种留恋演变成威胁其权力的政治表达。于是，在 18 世纪，统治集团内部惯有的激烈争吵总是以突然的宫廷政变形式而告终。任何持久的派系纷争都有可能为群体的暴力活动打开方便之门，罪名是这些人背离了俄国旧日的道路。[21]

彼得去世后，俄国的历史成了他亲手建立起来的皇家禁卫军团的历史。这个集团的成员拉帮结派，争斗不已，颇引人注目的是一个接一个的宫廷革命和一个又一个的独裁者登台，总之无论谁登台也无法实现固定的世系继承，谁登台都缺少明确的合法性。其中最不同寻常的一次宫廷政变发生在 1762 年，这次政变推翻了彼得二世，然后把他
673 的妻子——一个出身卑贱的德意志公主——推上了皇位。然而，作为篡位者的叶卡捷琳娜二世（Catherine II）却将皇位保持到她 1796 年去世，并使俄国的力量增强到前所未有的程度。

叶卡捷琳娜通过培植禁卫军和普遍满足贵族阶级的利益来维持自己的皇位。甚至在她登上皇位以前，彼得身边的粗暴横蛮的人所特有的放荡不羁，已经由于来自法国和德意志的家庭老师们教授贵族子弟学习欧洲贵族语言和礼仪而有所收敛。[22] 但是，随着对欧洲贵族生活的了解日益广泛，俄国的贵族开始要求享有西欧贵族所享有的特权和地位。他们尤其希望解除出任公职的义务。1762 年，叶卡捷琳娜那位不幸的丈夫恩准了这一特权，数千贵族因此离开军队和办公室回到自己的庄园。叶卡捷琳娜扩大了这一特权，她从法律上禁止没收贵族财产，禁止针对贵族施行任意的惩罚措施。她还确认并强化了贵族在法律上对农奴的权力，并允许各省贵族以各种特殊和有限的目的为由组织社团。

叶卡捷琳娜之所以能够减轻对贵族的压力，是因为俄国当时已经拥有大量训练有素而又愿意甚至渴望在政府和军队中任职的人。经济发展使得专制政府能够拨出足够的财政收入用于支付官员薪水，不必再用旧有的赏赐土地的办法。[23] 在政府中任职仍是社会晋身的阶梯，

因为在军队中或行政机构中达到一定级别，就自然而然地被授予贵族称号，并享有那个等级的全部法定特权。

但是，在社会的最底层，农奴的境遇不仅没有改善，反而每况愈下。免除贵族为国家服务的义务之后，农民们自然想到也应该免除他们为贵族服役的义务。以俄国南部为中心的农民大起义就是这种信念的一次表达（1773—1775 年），但是当局残酷地镇压了这次起义。此后，农民的不满便脱离了直接反抗的道路，而转向宗派的千年至福论和普遍的酗酒。

由此，俄国分裂成两个越来越格格不入的集团，双方的尖锐对立超过以往任何时候。特权贵族中的富有者在 18 世纪已完全适应法国沙 674
龙式的思想和行为方式，进入了一个与农民无知愚昧的生活全然不同的世界。俄国的贵族们越是文明化，越是有教养，他们与农民的共同之处也就越少。

这无疑为日后埋下了祸根。但是，在 18 世纪，西欧的贵族和平民之间也存在着同样的社会裂痕；在当时，俄国的社会结构对西方各国并未形成重大威胁。而且，显示俄国力量的只是它的庞大。叶卡捷琳娜不仅在接连对波兰的三次瓜分（1772—1795 年）中吞并了这个不幸的国家大约一半的领土，而且把俄国的边界推进到黑海，为俄国船只赢得了在先前奥斯曼帝国的内湖航行的权利和自由通过海峡的权利（1774 年、1783 年）。不过，摧毁奥斯曼帝国并在博斯普鲁斯海峡重建依附于俄国的希腊帝国的梦想却未能实现。但即使如此，像俄国这样的大国所蕴藏的军力却早已昭然若揭：彼得时代的俄国曾宣称是欧洲强国，至叶卡捷琳娜时代则已名副其实。

（三）旧制度在欧洲的妥协

法国作为主要战胜国从三十年战争的硝烟中崛起，一时间成为全欧洲瞩目的大国。路易十四（1643—1715 年）的宫廷盛况空前，显示着力量和财富，炫耀着精巧和优雅。贵族们由于出入于宫廷而变得温文儒雅、彬彬有礼，昔日的黩武雄风已经荡然无存。因此当国王的军队在法国境外耀武扬威、声援陛下的外交家把国界扩张到莱茵河时，法国的乡村却沉浸在新的浓郁的宁静之中。德意志的小诸侯们，尽其所能仿效法国王朝的壮丽；英格兰的查理二世（1660—1685 年在位），壮着胆量欲与法国宫廷争辉；如果说与路易十四的军队相比还望尘莫及且深知要维持这样的军队耗费甚巨，那么至少可以找到堪与法国的宫廷贵妇争奇斗艳的女人。可以肯定，由于英国在西边、奥地利在东边秣马厉兵，法国的军事霸权在 1715 年以后已是日近黄昏。但是，早在 17 世纪既已令人瞩目的法国思想和文学，到 18 世纪则达到了令人神往的高峰，它的光芒超越政治的、语言的疆界，照耀整个欧洲，也照耀着美国和俄国。

自从中世纪的拉丁基督教世界分崩离析后，欧洲社会和文化从未显示出如此强大的内聚力。欧洲遗产中充斥着种种对立物，它们在 16 世纪相互厮杀，誓不两立，到 17 世纪，却通过一系列颇有悖逻辑但却行之有效的折中妥协握手言和了。这些妥协涉及政治、社会和思想，在艺术中也隐约有所表现。这种妥协造成的平衡是一种动态的平衡，它因时因地而异，而且从一问世，本身就包含着在 19 世纪走向倾覆的
675 种子。不过，对欧洲旧制度的一些主要方面和那些较为持久的特征予以描述却是可能的。

政治的和社会的妥协

欧洲的旧制度建立在多国并立的基础上，这些国家无不警惕地维护着自己的主权。这些国家的统治者对外不承认任何高于自己的权威，对内则不承认对其主权的任何限制。然而实际上，最专制的君主也不能毫无顾忌。在国内，他得调整自己的政策以满足城市、省区、专利公司、行会、教会以及其他种种特权社团组织的利益；在国外，他的行动又被均势限制在非常狭窄的范围内。

君权还受到习惯的限制。欧洲的统治者经过宗教战争的磨难，发誓不再涉及人类行为深层动机，认为由某种宗教信念或其他形式的真

理激起的对空泛的信条的狂热纯属荒谬和幼稚，有害而无益。统治者们转而发现扩大职业化范围才是明智之举。职业化确保一切按部就班，虽然不紧不慢，却行之有效。职业律师、医生、商人、廷臣、土地所有者、官僚、军官，到 18 世纪甚至包括作家都接受过专门训练，遵守本行业的惯例。随着时间的推移，他们一点一点地改变了欧洲的社会生活，既不是诉诸人类的低等欲望，也无须凭借人类的高尚理想。即使路易十四这个理论上的专制者，精力充沛而又野心勃勃，也不仅受制于抵制他的侵略战争的各国联盟，而且受制于法国国内的种种自主、半自主职业团体和特权组织组成的非正式但却持久的联盟。这些团体组织各自固守自己的权利、传统、惯例，起着一种稳定社会的作用。种种惯例和礼仪由繁杂的制度加以维持，束缚着甚至是最专制的君主，不仅阻止他们彻底改造社会，而且让他们想都不敢想。因此说，专制君主制只是理论上存在。

国家间的战争和外交充分显示出对君权的种种制约乃植根于旧制度之中。在路易十四统治初期的一段短暂时间，法国的势力超出了它在欧洲大陆的所有竞争者；但是，当 1689 年英国加入大同盟的阵营反对法国时，均势便又恢复了。以后，甚至像西班牙欧洲帝国的肢解（1700—1714 年）、瑞典波罗的海帝国的倾覆（1700—1721 年）和波兰的被瓜分（1772—1795 年）这样剧烈的变动，都是在周密考虑欧洲几大国间的均势后才实现的。

在 18 世纪绝大部分时间里，均势的维持是通过并行的扩张来实现的。在西方，法国和英国投身于贸易和海外冒险；东欧的奥地利、普鲁士和俄国的日益壮大则是由于吞并了地处欧洲社会陆地边界的人烟稀少、组织薄弱的地区。结果是距欧洲中心最远的国家反倒最为有利。676
比如岛国不列颠在七年战争中赢得了决定性的胜利（1756—1763 年），夺取了法兰西帝国在印度和美洲的殖民地。奥地利在 17 世纪后期和 18 世纪早期向东方的进展同样顺利。哈布斯堡王朝的军队开进了匈牙利（1683—1699 年）和巴尔干各国（1714—1718 年），并为哈布斯堡王朝的臣民向欧亚大草原的西部边缘地带殖民开辟了道路。约在18世纪中期以后，俄国后来居上，取代奥地利而成为向欧洲陆地边疆长期的扩张活动中的主要获利者。

然而，这些欧洲外围地区的国家也有其不利之处。对边疆地区的征服、开发和文明化加重了与之相距甚远的中央政府在外交和财政方面的困难。英国、奥地利和俄国诸帝国幅员广大，民族杂居，风俗各异，往往使中央穷于应付。苏格兰起义（1715年、1745年），美国革命（1775—1783年），匈牙利暴动（1703—1711年，1789年），以及俄国坦卡·拉辛（1670—1671年）和叶梅连·普加乔夫（1773—1775年）领导的以失败告终的武装反抗，揭示出英国、奥地利和俄国内政部门在治理边疆地区方面的不足。

在每个欧洲国家内，制衡体系中不同因素的影响不时会发生变化。在17世纪的法国，军政官僚机构的合理化、集极化强制措施往往侵犯法国社会其他阶层的利益。较为突出的是，贵族的独立自主地位被削弱了，这一方面是由于国家对贵族权利的直接剥夺，而另一方面，王室又向贵族赏赐年金、施予恩惠。后来，贵族在18世纪索回了某些自主权——但这不是靠手中的剑，而是靠手中的笔实现的，即通过合法争辩（议会）和理论阐释（如孟德斯鸠）争得的。

奥地利的情况与此相反。教会保持着较大的独立性，与限制宗教权的法国相比享有更广泛的权威。中间阶级明显地更为弱小；互不相属的各个皇家领地保持着独特的完整性，对哈布斯堡王朝的共同效忠是它们之间唯一的联系，行政管理上的中央集权比17世纪的法国已有长足的发展，至18世纪中期又成为奥国政府的当务之急，只不过后来受法国大革命的干扰才未能最终完成。西班牙和葡萄牙大致是按奥地利哈布斯堡王朝的节奏进步的，实际上是想步法国的后尘，借用18世纪中期法国伟大的政治、军事艺术。

瑞典和波兰曾在17世纪称雄，在18世纪却沦为弱国，这诚然因为受本身人力物力资源的限制，同样也因为未能建立起17世纪法国

所达到的那种中央集权和社会平衡。[24] 同样，荷兰的政治地位在 18 677
世纪也如江河日下。由于紧靠欧洲文明的中心，其贫乏的自然资源和人口规模不足以支撑一个大国的地位。瑞典、波兰和荷兰在欧洲战争和外交中一度占有的位置现在被两个国家——英国和普鲁士——取代
了，而这两个国家却惊人地偏离了旧制度的轨迹。普鲁士和英国同在 678
1640—1688 年这段时间发生了革命，前者是自上而下，后者是自下而上，虽是明显的巧合，但这段时间在确定这两个国家各自独具的结构平衡、社会平衡方面具有决定性的意义。

1640 年霍亨索伦家族的大选帝侯腓特烈·威廉开始在勃兰登堡掌权时，他从波兰王朝获得的封地普鲁士还只是一个弱小的边远省份，他的其他领地则散布在德意志各地。但当大选帝侯于 1688 年去世时，勃兰登堡—普鲁士已成为一个军事国家。在这个国家里，一切可利用的资源都集中用于维持一支强大的常备军。为实现这一目的，腓特烈·威廉和他的官员们不惜踢开一切绊脚石。贵族的特权、省和城市的豁免权、行会甚至村庄的惯例无不在调整之列，如有必要，则予以取消，以便最大可能地加强军事力量。结果，旧时贫穷弱小、各自为政的领地被结合成一个行政统一体。邦国的联合不仅保护了自身，而且为霍亨索伦王朝提供了向外扩张的有效阵地。[25]

大选帝侯的继承者们都是精明强干的统治者，无不全副身心地投入到增强实力和扩大领土的活动中去。到腓特烈二世即腓特烈大帝（1740—1786 年在位）统治时期，普鲁士在战场上堪与法国匹敌，在德意志则成为奥地利的竞争对手，在瓜分波兰时成为俄国和奥地利的伙伴。胜利减缓了普鲁士政策近乎斯巴达式的严酷无情。政府深知军队靠税收维持，所以小心翼翼地扶持经济发展并促进适度的繁荣，这给普鲁士社会带来了繁华的城市和特权职业集团。到腓特烈统治末期，普鲁士已今非昔比，而与其他欧洲大陆国家更相近了。

英国的发展迥然不同。英国革命（1640—1688 年）建立了公然反对王朝的议会权威，并把一个寡头政府强加给这个国家。此后的发展，

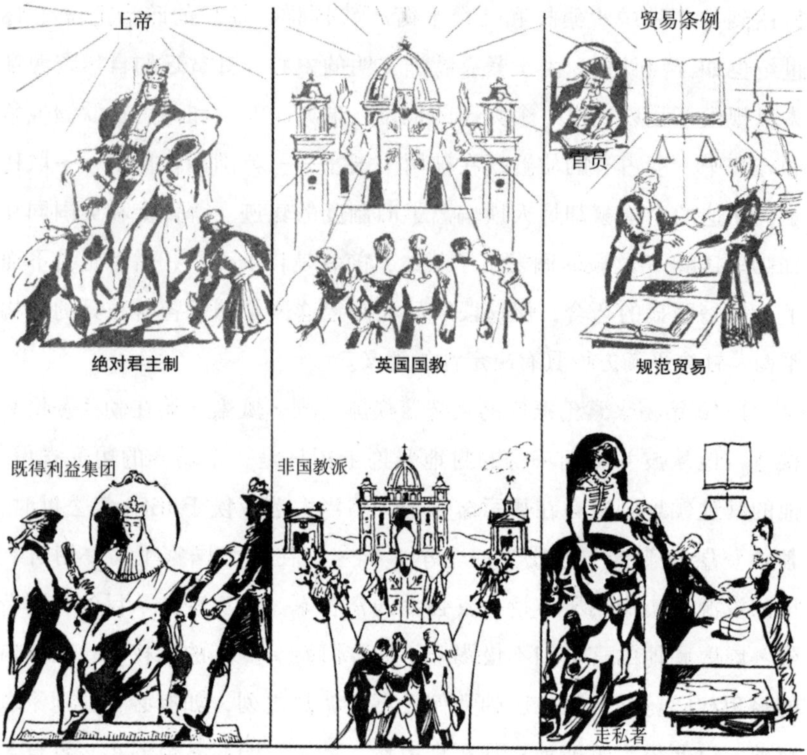

理论和实际中的旧制度

比如内阁政府的出现，更扩大了英国制度和欧洲大陆制度的差距。在17世纪，议会貌似中世纪遗留下来的古董：它结党营私挑起内部纠纷，
679 它吝啬小气阻挠了建立现代的、高效率的政府。然而，到18世纪中期，英国对议会负责的新型内阁制政府开始令欧洲大陆的观察家们刮目相看；它竟能同时成功地对外进行战争和对内保持自由和秩序。最重要的是，英国议会坚持认为有产者有权在制定法律、确定政府的政策以及管理地方事务中起积极作用。沦为宫廷点缀的法国贵族中的某些人，对王室规章的刻板和不通融感到恼怒的豪商和知名人士，开始意识到

法国的伟大是他们用丧失政治自由的昂贵代价换来的。特别在英国议会老练地应付了七年战争（1756—1763 年）后，许多法国人开始认为按英国议会制度的方向对法国的制度做些调整将是非常有益的。

英国政府，如同法国政府一样，是建立在由种种合法的和较松散的社团组织结成的盘根错节的网络之上的，这些组织自身的保守性制约着议会，效果正如同类似的法国组织机构制约国王的专权一样有效。不过，与一个更为僵硬刻板的王室官僚体系相比，议会对组织机构利益的调整更连贯、更及时。各种新的利益集团，如西印度的甘蔗种植园主、布里斯托尔的奴隶贩子、诺福克经营改良农业的地主，甚至曼彻斯特平民出身的暴发户——棉纺织厂主等，随着其财富和人数的增加都能够向议会施加影响。不同利益集团在议会中的竞争被限制在可行的范围之内，尽力使政府的政策对自己和竞争对手都有利。另一方面，在法国、奥地利甚至普鲁士，官僚政府制定的种种规章制度远远不能适应各个经济利益集团力量配置的变动，常常在情况变化之后仍在实行，结果阻碍甚至扼杀了经济和技术方面的创新，而英国比较自由的制度，则为经济技术创新提供了自由发展的天地。

英国与欧洲大陆（荷兰、瑞士和德意志的一些自由城市除外）社会模式最根本的区别或许在于：英国商人和金融家享有更高的声誉和更大的自主权。在法国和整个欧洲大陆，有成就的实业家总是急于摆脱自己的过去：他或者直接向王室赎买贵族封号，或者设法让儿子进入政府机关任职，从而可望赢得或购买与高级职务俱来的贵族身份。这就必须退出有失身份的工商业活动。而在英国，贵族通过参与商业投机，正规地加入了市场活动。发了财的商人购买乡村地产过着绅士生活，但却不必放弃自己的商业活动，尽管他们大多成为金融家而不是活跃的企业家。在这种情况下，有闲贵族阶级的挥霍习性使得法国和其他地区与英国相比，商业资本更为分散。相反，在英国，土地贵族 682
和商人阶级的相互渗透使资本相对来说更容易集中，从而促进了英国经济在 17、18 世纪的显著增长。

旧制度下的上层阶级和下层阶级

托马斯·庚斯博罗（Thomas Gainsborough）为弗朗西斯·邓科姆所作的画像以其古典遗风和乡村环境与威廉·贺加斯（William Hogarth）的伦敦街景形成鲜明对照。在工业革命之前，所有文明都是建立在一种与上述写照类似的文化错位的基础之上，富人对穷人，有文化对没文化，主人对奴仆。然而，像贺加斯的画作那样分别表现出这一错位和不公，却是他人和此前的画作中所罕见的。认识到旧制度的可变化性，几座真正的大城市的兴起，以及随之而来的社会等级关系向市场商业关系的转变，也许正是这些因素彻底打破了传统的差别格局，使社会上每个阶层的人们都深刻地认识到他们脚下的社会根基竟是那么充满骗术，而所有这些在纯粹的农业社会几乎不可能实现。前面类似的希腊化时代的变革（见第 298 页）也是类似超大规模社会环境的萌生所致。

对非国教教徒的宽容同样促进了英国经济的发展。1689 年以后，清教徒和各种激进的宗教派别的信徒们尽管没有被选入议会、没有进入大学和从事需要学问的职业的资格，却享有一些有限的权利，其中包括从事工商业活动的权利。一方面接受了福音派宗教的陶冶，而另一方面在法律上又受到种种限制，非国教教徒遂成为英国最富闯劲的企业家的摇篮，领导经济领域创新潮流的也多是这些人。在法国，情况恰恰相反。路易十四决心把异端从法国连根拔掉，打击曾在经济上发挥过积极作用的胡格诺教派商人和厂主。结果，法国的工商业受到严重摧残；而法国的胡格诺教难民却给英国和普鲁士带去了繁荣并因此广受欢迎。

乔治三世（1760—1820 年）是最后一个企图以亲政形式向议会挑战的英国国王。这位“爱国者”国王利用自己任命官员的权力在议会培植了一批王室的追随者，希望以此凌驾于议会无休止的派系纷争之上，殊不知这种派系纷争正是借助议会调整英国社会复杂利害关系的生命和实质。这一尝试由于美国反叛的胜利（1775—1783 年）和国王间歇性的精神病（1788 年以后）而失败并且名声扫地。因此在法国大革命前夕，议会权力至高无上，责任制内阁政府以及由少数寡头统治国家的惯例在英国已牢牢确立。英国人的种种自由权在议会内外经年不衰的唇枪舌剑中得到体现，由经济发展和帝国的扩张加以巩固。英国人的自由，与欧洲大陆的忠臣顺民对专制君主的谦恭驯服形成了鲜明对照。

在欧洲大多数领土较大的国家，旧制度赋予中央政权（无论是议会还是君主）的军事和经济手段比以往任何时候都更强硬。随着欧洲总财富的增长，国家税收已能够装备和维持较为强大的常备军和职业海军。新的财政手段或新近扩大的财政金融机构，如英国国债和英格兰银行（1694 年取得特许状），吸收私人资本为国家所用，从而使经济资源的流通具有了新的规模。这些手段和机构，加上 17 世纪初开始采用的联合股份特许公司，成为欧洲经济持续发展的手段，并增强了欧洲各地的军事力量。

虽然穷人和无产者从欧洲的繁荣和强大中所获得的好处微不足道，但精明强干的人往往能在社会阶梯上向上攀登，甚至受到严重贫困威胁的人当中也有更多的人生存下来。职业化制止了灾难性的战争，新 683
作物品种（特别是土豆和玉米）、精细耕作和交通工具的改善免除了饥荒。甚至疾病也不再那么可怕了，后天免疫性医学诊治方面的进步使更多的病人得以痊愈。结果，欧洲人口出现爆炸性增长。尽管一些城市条件惊人的恶劣，比如在伦敦，廉价的杜松子酒一度超过传染病而成为人的生命的主要威胁，但欧洲的穷人和中间阶级、上层阶级却一样健壮起来了。而这在旧制度政治和社会妥协的情况下是难以得见的。

知识界的妥协

世俗理性与宗教信仰是一对宿敌，突出表现在文艺复兴与宗教改革时期各式各样的社会理想针锋相对的斗争中，不过在旧制度之下，这一对宿敌却得到了切合实际的——如果还不是理论上的——解决。事实上，人们已经放弃了追求社会整体的逻辑统一性。欧洲国家越来越多地废弃了要求宗教划一的旧的法律体系，并允许个体在宗教上随心所欲。诚然，人们仍然期待得体地尊重习俗：在欧洲各个国家，亵渎神明和一切极端的派别活动仍然是非法的。但是，弥漫于 16 世纪的那种因徒劳追求神学和形而上学的确定性而产生的绝望气氛，以及那种对言辞、思想、举止方面正统性的苛刻无情的要求，在三十年战争结束后迅速烟消云散了。到 18 世纪，欧洲知识界的领袖们倾向于将其注意力集中在科学和理性主义哲学而非神学之上，也不再苛求自己保持所得结论与基督教信条的协调一致。

理性主义思想和自然科学在 17 世纪的辉煌胜利是学术气氛变化的原因之一。勒内·笛卡儿（卒于 1650 年）勇敢地给自己提出了任务：从第一原理推论出能以几何论证的全部确定性来解释形而上学、物理学、生物学和心理学事实的完整的体系。他的同时代人巴鲁克·斯宾诺莎（卒于 1677 年）和托马斯·霍布斯（卒于 1679 年）也对数学推理显而易见的确定性和精确性入了迷。像笛卡儿一样，他们试图把数学方法用在与人和神有关的事物上。比他们晚一代的戈特弗里德·威廉·莱布尼兹（卒于 1716 年）也是这样。尽管这些思想家以及其他 17 世纪的思想家的数学推理模式所导致的结论千差万别，但是他们都一致主张把规律和规则性应用于无数的新现象，削弱甚或彻底清除突变、偶然事件、机遇和奇迹。例如，笛卡儿和霍布斯都主张动物界存在某种自动发生作用的规律。笛卡儿勾画了世界机器的工作原理并用以解释宇宙中的一切现象。斯宾诺莎和莱布尼茨的推论更加深奥难解，不过两个人都执着地认为世界服从于规律和规则性，人类理性本身就可以掌握和阐释这些规律和规则性。

684 笛卡儿比其他哲学家吸引了更多的信徒，这或许因为他的理论比其他人的理论更深刻、更易于理解。事实上，在 17 世纪后半叶，笛卡儿哲学在法国知识界风行一时，在其他国家也有众多追随者。然而好景不长，当笛卡儿的物理学被伊萨克·牛顿爵士的精辟论证——《自然哲学的数学原理》（1687 年）——摧毁之后，笛卡儿主义本身也就不攻自破。牛顿理论的伟大力量在于它的经验可证实性，也在于它的简明性。牛顿把月球和其他星球的运动简化为数学方程式，最令人惊奇的是，这些方程式还描述了地球上物体的运动。对自然现象多样性如此清晰简化的描述极大地提升了人类的思维能力。哲学家们曾长期力求证明的东西现在似乎已毋庸置疑地得到证实：人们以数学的清晰、准确和完美描述出的规律确实支配着宇宙，而且这一客观的规律包罗万象，既支配着天体的未来运动，也支配着炮弹的运行轨迹。起初，尚有一些批评家对万有引力远距离作用的神秘性质感到不可思议；但随着新的观察证实了牛顿对运动定律的精确数学表述，怀疑之云便很快被一片的齐声赞美驱散了。

数学确已被证明是千真万确的真理。不难推论，创造宇宙的上帝原来是一个数学大师，而宇宙的规律现在已为人所知。上帝只有退出对他创造的世界机器的积极管理，才能显示他的智慧和所造物之精美。干涉事件的自然顺序，显然会侵犯神圣的法则，从而承认了它的不完善。上帝既然已经创造一个如此复杂而又出奇的简单的机器，就绝不会仅仅为了人类的利益就用武断的干涉毁掉自己的杰作。关于自然神与人的这样一种观念与基督教教义截然对立。神恩、天意和原罪找不到容身之地，在牛顿的宇宙中也很难为传统观念中的天堂和地狱找到合适位置。

而且，照这样推理下去，人们可以设想上帝也为人类的行为制定了法则。如果这些法则为人们所认识，就可能在人间建立一种同自然界的和谐一样美妙的和谐。另一个牛顿将解开人类现象这团乱麻并发现社会的自然法则，他因此就能把大地提升到天空，把天堂带回人间，正如牛顿的物理学已毫不夸张地为无生物世界所做的那样。

这一希望实际上等于把基督教的末世论彻底世俗化了。人们不再期待耶稣基督的第二次降临，而理智勇敢地担当起把人类从过去的一切苦难、罪恶和愚昧中拯救出来的重任。尽管关于完美人类社会前景的各项细节依然含混不清，但是进步道路上的大踏步前进却已肯定无疑：难道人类不是终于结束了他的童年，为理智之声所唤醒了吗？

然而，尽管这种“自然神论”的观点听起来似乎在理，大多数欧 685
洲人却仍然信奉传统的基督教。保守的惰性是原因之一，然而自然神论观点的一项严重缺陷使正统宗教得以巩固。作为钟表匠和数学家的上帝对人们几乎毫无感召力，对身处困境的人也不会及时伸出慈悲之手。一想到身边的无限空间只有一个依照自然法则运行的机械的死的宇宙，心智敏锐的人就不寒而栗。其中最著名的是布莱士·帕斯卡（卒于 1662 年），他竭力重新论证个人与上帝的交流和沟通具有至关重要的意义。

也许正因为牛顿式旷寂无声的无垠宇宙似乎要吞没并完全抛弃类似地球这般微不足道的星球，新的宗教运动和教派在 17、18 世纪才异乎寻常的活跃。这些教派和宗教运动都强调对上帝直接的充满感情的体验。在新教内部，英国的教友派信徒和卫理公会教徒、德意志的虔信派信徒有广泛影响；在天主教各国，詹森派教义和寂静主义若不是遭到罗马教皇的谴责和镇压的话，其发展势头可能也与新教诸派不相上下。

18 世纪欧洲社会引人注目的是，上述大相径庭的观点竟得以相安无事地并存下来，与常常是萎靡不振的官方教会分享着人们的忠诚。宗教正统性的卫士，如法国的波舒埃主教（卒于 1704 年），公开表示他们对新科学极端地不信任。但是其他人，比如英国的斯普拉特（Sprat）主教（卒于 1713 年），却热情洋溢地赞扬科学精神。一般来说，神学家和科学家们倾向于各走各的路，各自忠实地坚持他们日益分道扬镳的知识传统的标准和习惯。包括牛顿在内的许多人把新科学和旧信仰结合起来，其途径是建立宗教和科学各自独立的真理标准，或者巧妙地在科学的新世界或基督教的宇宙观中为对方找到一席之地。

不仅是自然科学家，就连律师、医生、作家、哲学家、音乐家、画家以及所有的学者也自由地阐述自己行业的技术细节和传统，无须顾及其结果是否与宗教的正统性相悖。这标志着现代多元的学术时代的开始。新的机构，如法兰西学院（1635 年建立）或英国皇家学会（1660 年建立），鼓励并保护文学和学术活动；而专业学术杂志加上普及科学成果的书籍、小册子，把新思想、新材料传播给任何对此感兴趣的人。非正式的团体，如伦敦的约翰逊博士风味咖啡厅的常客和巴黎文化沙龙的成员，在促进和保持欧洲学术和艺术生活的活力和多样性方面也发挥了重大作用。

686 从此以后，西方世界作为整体从未热衷于建立单一的、包罗万象的真理和信条，尽管其个别成员——纳粹的德国和法西斯的意大利——都曾试图这样做过。对前人为发现无所不包的真理并把这一真理强加于人而曾进行的残酷而徒劳的斗争的记忆，促使人们对多样性的不合逻辑现象听之任之。就思想和信仰迥然不同的各个职业和组织而言，各行其是显然更为普遍和持久。最后，也许是至关重要的一点，在旧制度政治和社会妥协的条件下，欧洲社会的普遍繁荣和成功使人们更容易对即使是重大问题上的分歧持宽容态度。

在这种情况下，欧洲思想变得异常丰富多彩。由于更细心的观察、更好的仪器、更详尽的分析，以及对地球上新地区的接触，新材料源源不断地涌现，这样，即使是对不断增加的新知识进行证实、编目和整理，欧洲知识界也面临着艰巨的任务。事实上，这就是 18 世纪自然科学的伟大任务。在物理学方面，天文学家拉普拉斯（卒于 1827 年）和法国的炮术专家们继续进行牛顿的研究课题，并把他的天体力学和地球力学用于新的现象。在植物学和动物学方面，瑞典人林奈（卒于 1778 年）和法国人乔治·德·布丰（卒于 1788 年）对全世界的植物和动物形态进行了分类和编目。在 18 世纪，唯独化学领域出现了新的理论上的重大突破。约瑟夫·普里斯特利（卒于 1804 年）和安托万·拉瓦锡（卒于 1794 年）提出了一种新的燃烧理论，拉瓦锡还系统阐述了化学反应中的质量守恒原则。

理性在人类事务中的运用则显然不那么成功，但是，也不乏大胆地尝试和成就。例如在历史研究中，经验主义和理性主义的结合成果辉煌。在 17 世纪，学者们在杂乱无章的旧的编年史和记载的基础上，不辞辛苦地为欧洲古代和中世纪重建了相当可靠的编年体系。此外，本尼狄克派僧侣让·马比荣（Jean Mabillon，卒于 1681 年）发展了鉴别旧手稿及确定其大致年代的精湛技术。正是由于这种延续至 18 世纪的努力，爱德华·吉本的《罗马帝国衰亡史》这样不朽的历史巨著方能够以数以百计的学者的细节研究为基础而最终完成。

但是，当历史研究向准确性的新高峰攀登并尝试进行大胆的综合解释时，形而上学却明显地走下坡路。约翰·洛克的《人类理解论》（1690 年）怀疑获得普遍接受的知识的可能性；乔治·贝克莱主教（卒于 1753 年）和大卫·休谟（卒于 1776 年）重新拾起洛克已经提出的认识论的问题，指出了获得确实性的新困难。然而，伊曼纽尔·康德（卒于 1804 年）却把哲学从休谟批判所造成的绝境中拯救出来。他承认人 687

知识界对旧制度的挑战

不可能认识事物本身，但却断言，对人类智识结构本身的仔细考察还是可以得到有关人类所有可能的经验对象的普遍真理。康德因此为 19 世纪德意志庞大的系统哲学的复兴打开了大门。这些哲学体系建立在大胆地剖析精神现象的基础之上，而康德曾刻意指出，精神对于确定实在具有积极的作用。

认识论和形而上学方面的困难并没有阻止 18 世纪的时事评论家和自诩的哲学家以理性的名义抨击现存社会。总的说来，在这种批判气氛中，各种惯例和既定的制度处境颇为尴尬。在法国，伏尔泰（卒于 1778 年）坚持不懈地讽刺有组织宗教的迷信和偏执；在苏格兰，亚当·斯密在《国富论》（1776 年）中主张，如果人类合乎理性的自私本性不受限制，经济生产和交换会自动达到其最有效的形式。根据这种观点，旧制度下广泛实行的国家对经济活动的干涉对全社会的福利有害而无益。

对不再相信上帝会亲自干预人类事务的人来说，所有政治权力的根据都需要做重新考虑。没有神意，神权君主制就不过是一种篡权制。结果，社会契约论应运而生，代替君权神授论成为政府合法化的依据。不过，关于契约的内容却有种种大不相同的表述。托马斯·霍布斯（卒于 1679 年）用社会契约这一观念说明专制君主制的必要性，而约翰·洛克（卒于 1704 年）和让·雅克·卢梭（卒于 1778 年）二人却通过重新定义契约的条款来为革命辩护。卢梭的《社会契约论》不愧为一部真正的革命著作，书中提出民主和主权理论，主张只要政府不能满足被统治者的利益，起义就是正义的。这些理论实际上是要把现存制度一扫而光，代之以人类社会的合理秩序。无疑，这些理论对旧制度及其漏洞百出的妥协具有彻底的破坏作用。

然而，真正坚持自己的理论，否认现存生活方式的批评家毕竟为数不多。虽说对理性和进步这种植根于人性本善的模糊信念以及世俗化的世界观在 18 世纪的欧洲业已为人们广泛接受，但大多数人却仍然相信旧有的信仰并遵从旧有的行为方式。哪怕他们在基督教和新观念之间已发觉某些彼此不相兼容的地方，大多数人在言行上却都不再深究其逻辑后果。因此，在对制度上的非理性感到异常愤怒的大多数批评家当中，知识上的非理性仍颇为流行。

艺术的妥协

旧制度下的欧洲社会和思想的多元性也表现在艺术中。在 17 世纪后半叶的英国，约翰·弥尔顿严肃凝重的史诗《失乐园》（1667 年）与

688 复辟时期淫猥下流的喜剧共存。一个世纪之后，塞缪尔·约翰逊（卒于1784年）雅致细腻的具有都市气息的散文则与罗伯特·彭斯（卒于1796年）讴歌乡村风光的诗作交相辉映。人们习惯上把欧洲文学划分为古典文学和它以后的浪漫主义文学。对建筑和绘画艺术史家也可区
689 分出相继的三种风格：巴洛克式、洛可可式和古典式。只要不死板地套用，这种划分是很有用的。但是，对丹尼尔·笛福（卒于1731年）这样的作家或荷兰画派，这种划分却毫不适用。我们应该始终记住，时髦和趣味的标准无时不变，但即使如此，我们却绝不会把莎士比亚戏剧这样的古典文学作品逐出英国的舞台，也不会把路德的《圣经》逐出德国家庭。

从表面上看，随着法国文化的声誉鹊起把“古典主义”传遍欧洲，艺术和文学在17世纪后期和18世纪早期显示出一种引人注目的内聚力。法国伟大的古典剧作家皮埃尔·高乃依（卒于1684年）、莫里哀（卒于1673年）和让·拉辛（卒于1699年）严格坚持正确性的准则，在措辞上以法兰西学院的《词典》为依据，在创作上则以“三一律”为标准。在此后几十年，法国和其他国家中的无名之辈对他们亦步亦趋，殷勤效仿。在欧洲大部分国家，法语成为纯文学的语言。只有英国文学保持着完全独立，同时也遵循古典文学严谨、优美和精确的规范。其作者有约瑟夫·艾迪生（卒于1719年）和亚历山大·蒲柏（卒于1744年）。不过，与这种高贵的、世界主义的自我意识的文学文化并存的还有大量风格迥异的文学——从教友派奠基人乔治·福克斯（卒于1691年）闹哄哄的梦幻，到德意志法理学家塞缪尔·普芬道夫（卒于1694年）沉闷的学问，可谓不拘一格，多彩多姿。

在18世纪后半叶，法国古典主义的理想显然开始失去其魅力。特别是在英国和德意志，作家们开始丢开法国的模式，在古希腊遗产和本民族的以及中世纪的遗产中去寻找灵感。珀西（Percy）主教编订了《古英诗拾遗》（*Reliques of Ancient English Poetry*，1765年）民歌集，而约翰·戈特弗里德·赫尔德（1803年去世）充满激情地呼唤从

普通人的语言和感情中汲取养分以造就真正的德意志文学，可谓是这一发展的里程碑。浪漫主义又宣称，感情的自然流露是伟大文学作品的唯一源泉，而民族的、地方的以及个人的精神则是非常重要的因素。这些观点促进了（或仅仅是巧合）德意志文学百花盛开的春天的突然降临。在德意志文学复兴中，弗里德里希·席勒（卒于 1804 年）和约翰·沃尔夫冈·歌德（卒于 1832 年）是两个核心人物，虽然就歌德而言，浪漫主义不足以概括他的作品的千姿百态和绚丽多彩。

同样，在建筑方面，巴洛克、洛可可和古典式相继延续的风格并没有妨碍实际建造中的多姿多彩。实际上，巴洛克式和洛可可式本身就具有自觉追新求异和出人意料的效果的趋势。因此，每个概念都包含着各种各样的结构形式。在 18 世纪，异国的建筑风格经常被人有意地与本国的风格并置并列。例如，一座英国式的半木质乡村房屋可能被一片"哥特式"废墟包围（由于建筑师手边没有真正的城堡图样，便按房主的规定建成），这座房屋愁眉不展地望着草地那边的一个洞穴，而这个洞穴粗糙的外表则强烈地衬托着内部精致的洛可可式的布置。也许，一座"中国式"的茶馆或印度的宝塔会使这种调皮活泼的对比更增姿色，而在附近的村庄里，茅草或石板盖顶的小屋则忠实地保持着一种不朽的、纯粹地方的建筑传统。

欧洲文化的多样性和不安分在绘画中较少反映。绘画技巧基本上 690
保持着意大利文艺复兴全盛时期的形式。常用的题材与旧传统一起保留下来，多半是贵族肖像、古代寓言或者宗教故事。然而，人物淡化或者干脆付之阙如的风景画却大大丰富了欧洲绘画的宝库。

在音乐方面，随着声波和音乐曲调之间的关系在 18 世纪早期被人们进一步了解，欧洲人开始掌握一大套新的重新改进的乐器。约翰·塞巴斯蒂安·巴赫（卒于 1750 年）制造了音色柔美的击弦古钢琴，它用弦固定键盘，能够演奏不同的曲调。现代小提琴则是由安东尼奥·斯特拉迪瓦里（卒于 1737 年）这样一流的制造家加以改进的。在欧洲乐坛的无数新乐器中，这两种乐器最引人注目。结果，一个乐器的新天地展现在人们眼前。在此，旧有的和谐原则如鱼得水，音域则因运用各种乐器的不同曲调和不同音色而得以扩大。挖掘这样一种新的复合体中内在的种种潜力，并将器乐和声乐连为一体，这项艰巨的任务占据了欧洲声乐家们 18 世纪剩余的时间。巴赫、克里斯托夫·维利巴尔德·格鲁克（卒于 1787 年）、沃尔夫冈·莫扎特（卒于 1791 年）和弗朗茨·约瑟夫·海顿（卒于 1809 年）等连同同时代的古典作家们都遵从种种经严密界定的规则从事创作。但是，与文学不同，此时的和谐规则尚不具限制性。和谐规则引导着作曲家和公众对新乐器及其种种组合形式所包含的多种可能性进行不懈的探索，并最终迎来了一个欧洲音乐的伟大时代。

旧制度中的种种不稳定因素

随着对宗教战争的记忆渐渐褪色，以及对理性与进步的信念日益增强，人们对欧洲社会无数不公平的现象越来越不能忍耐。在法国大革命爆发前数十年，法国贵族对自己卑微的政治地位已深感不满，竟然带头声讨王朝的专制主义。贵族的牢骚在专业和工商业阶层迅速引起反响，这个阶层相信他们应该享有更重要的政治地位，应该身居社会的显赫之位。种种关于自由、人权、人的尊严甚至人民主权的思想激起人们对现存社会的不满。然而，既得利益集团的相互勾结却使得变革极为困难，甚至充满危险，连改革的狂热信徒、奥地利的约瑟夫二世（1780 — 1790 年）和英国法学界不妥协的斗士杰里米·边沁（卒于 1833 年）这样身份不同的人都认识到了这一点。

但是，思想并不是消解旧制度的唯一或主要因素。17、18 世纪迅速的技术进步对社会的发展起着更直接、更具体的作用。技术一点一
691 滴地影响人的生活，并无重新安排社会的全面计划和预定目标。然而，一些思想家坚信正是技术的这种零星的渐进会产生有益的结果。英国经验主义的传统是这种观点最理想的温床。弗朗西斯·培根（卒于 1626 年）和皇家学会（成立于 1660 年）的奠基者都认为，通过仔细的

观察和实验所取得的技术进步会给社会带来益处，对此他们充满信心。然而，科学理论事实上只是经过一个漫长的过程后才开始对经济生产的进程产生较大影响。在化学达到它在 18 世纪所缺乏的精确程度以前，抽象科学对工业技术的贡献微乎其微。但是，理论并非真正必不可少。事实证明，讲求实效的经验主义经过一段时间的积累也足以造成欧洲技术的巨大变化，表现为时人普遍乐于首先考虑传统的做法，然后采用一点儿新方法，试试一些不同的步骤、材料或工具等。同时，这一进程又因专业杂志记录、评介、比较和公布各项成果的新习惯而大大加快。

农业是全部经济活动中最基本的活动。在农业中简单的改进，如系统地选种，精心饲养有特殊用途的动物，引进和推广新作物如三叶草、芜菁、土豆、玉米、棉花和西红柿等，带来了农业生产的巨大增长。为犁铧及其他工具确定最佳式样的专门试验，提高了种植栽培的效率。缙绅们热心地有计划地追求耕作方法的改善：复耕除草、瓦管排水和施用人畜及其他肥料。英国在这一过程中走在了前面，因为英国的地主有条件让农业劳动者采用新方法，而在欧洲其他大部分地区，墨守成规的农民继续死抱旧皇历，接受改进的农业技术颇为迟缓。

通过同样的反复试验的过程，道路和渠道的修建获得很大进展。政府在这方面的作用远比它在农业方面的重要。法国在建设四季通行的道路和修筑连接全国主要河流的水渠灌溉系统方面走在了前面，英国只是到 18 世纪快结束时才开始这项工程，而欧洲其他国家（荷兰除外）则远远落在了后面。船只、货运马车的制造稳步发展，人力或马拉有轨车也开始广泛用于重型或大型材料的短途运输。

与早些时候一样，采矿业发展成为技术进步的一个主要标志。到 18 世纪，英国煤矿在技术上取代了原先德意志人所占据的领导地位。随着竖井沉入更深的地底和采矿规模的扩大，对重型机械、升降机以及坑道防水泵的需求日益增加，这大大刺激了工程学方面的发明创造。对强大原动力的需要推动了蒸汽发动机的试验。结果，托马斯·纽科 692

门的蒸汽机（1712 年）第一次用煤为矿山的抽水系统提供了实用的动力。在以后几十年间，这些蒸汽机的结构不断改进，能量和体积迅速增大，用途越来越广泛。终于，在 18 世纪 60 年代，詹姆斯・瓦特利用流动蒸汽推动活塞，给蒸汽机的设计带来革命性的变化。[26]1769 年，瓦特获得这项发明的专利权。但是，在以后数十年中，随着设计的多样化，随着对他的蒸汽机进行改造使之不仅仅用于抽水，这项发明的价值就大大增加了。

蒸汽机在实际生活中的应用尚取决于金属正确成型的技术，因为活塞和汽缸壁只有紧紧贴合，气压才不会大量漏失。这些以及其他技术问题是在实践中而非在理论上解决的，即靠少数几个受过很少或根本未曾受过正规科学训练的、有独创性的工匠和机械师解决的。毕竟工场的日常工作本身就是一种训练，而且像蒸汽机这样的复杂机器的大规模生产，人类合作活动事实上是必不可少的，其意义至少和新的发明的技术细节一样重要。先是数十名，然后很快就是数百名工人必须接受训练，才有可能制造出大量的各式各样的金属部件，这些部件最终将组合成一部发动机：这就要求在每一制造阶段精确测量并精巧地使用锉子和卡钳以锉出合适的尺寸。实际上，古代工匠个人的手和眼的技能在这里被结合起来了，其目的是要达到一种单个人除非耗费大量时间绝难取得的结果，这种结合，本身就意味着各个部件的尺寸规格在理论上丝丝入扣，在这个前所未有的体系中，各个部件——阀和阀座、活塞和汽缸、轴和轴承——组装起来，就成了一部真正能工作的蒸汽机。

冶金学也获得了根本性的发展，而且还是以英国为主。在英国，由于缺乏烧制木炭的木材，钢铁生产长期难以发展。在 18 世纪后半叶，焦炭代替木炭作为燃料解决了钢铁工业这一难题。同时，其他方面的技术进步使生产规模扩大，质量更趋一致，钢铁也不再那么昂贵，不仅用于机械制造，而且开始用于桥梁建设和建筑工程。这样，当法国大革命开始时，英格兰和苏格兰早已迅速地步入了煤和铁的时代。

然而，最壮观的技术进步却非纺织业莫属。在这个领域，一系列发明，以约翰·凯伊的飞梭（1733 年）到塞缪尔·克朗普顿的走锭精纺机（1774 年），使纺织机械化成为可能，从而在降低生产成本的同时极大地提高了生产效率。棉纺织业在英国是新兴工业，它没有历史悠久的手工业传统，最适宜采用这些新技术。结果，到 18 世纪最后几 693
十年，英国棉布的价格开始低于印度手工织机产品的价格，甚至在印度国内也是如此。

这样，英格兰和苏格兰在技术的各个重要方面都走在欧洲其他国家的前面。工业革命已经开始，它将彻底改变欧洲乃至世界的面貌。然而，在 1789 年以前，叮当作响的工厂和车马川流不息的煤矿只是刚刚开始显示其改造人类社会的能量。整个说来，欧洲依然是一派田园风光，甚至在大不列颠，农业仍占据着无可非议的优势地位。

*　　*　　*

不是工业革命的进步，也不是激进思想的流行，而是法国大革命带来了欧洲旧制度的覆灭。法国大革命爆发的原因，正如被它震撼的社会一样，是多种多样的。不过，如果没有在旧制度最后几十年家喻户晓的那些激进思想的激励，这场革命及其所引发的战争也不会那么残酷和激烈。如果它制定的法律、从事的战争以及造成的财产的再分配不是有助于解放机器的生产力，这场革命也不会有如此持久深远的影响。这场革命的种种政治事件（和其先行的美国革命一起）像是一种催化剂，激发旧制度下的种种不稳定因素加快运动，并扩大其影响以至改造欧洲社会。如果没有法国翻云覆雨的政局那令人眼花缭乱的全部细节插曲——路易十六的优柔寡断，法国税制的苛刻无情，贵族的桀骜不驯，民众的怨恨不满——无论是激进的思想还是技术的进步，都不会如此迅速、如此深刻地改变欧洲社会。因此，甚至在它临近灭亡的痛苦挣扎中，旧制度也充分显示了它复杂、微妙的多样性。

三、伊斯兰世界坚守阵地（公元 1700—1850 年）

1699 年的《卡罗维茨条约》是伊斯兰教世界与欧洲实现军事均势的明确的转折点。根据这一条约，奥斯曼帝国把匈牙利的绝大部分领土割让给了奥地利人。仅仅在 16 年之前，即 1683 年，奥斯曼人围攻维也纳曾使西方大为惊恐。在卡罗维茨之后，奥斯曼帝国经常发现自己处于守势，年复一年，总是不能够力敌毗邻的几个欧洲帝国的军队。内乱频仍使帝国军事力量的衰弱更为严重，地方总督公然蔑视苏丹的权威，而强盗土匪成帮结队地骚扰乡村。在同一时期，另外两个穆斯林帝国也迅速走向末日。奥朗则布 1707 年的死亡使印度陷入一种混乱状态，在曾经强盛一时的莫卧儿帝国衰竭的躯体上，印度教徒、锡克教徒、伊斯兰教徒以及法国势力、英国势力相互角逐。仅仅在两年之后的 1709 年，萨菲帝国因一次阿富汗人的起义被严重削弱。在此后 20 年，帝国内部一片混乱，突厥人、俄罗斯人、阿富汗人和乌兹别克
694 人争抢着前萨菲帝国的各部领土，互不示弱。伊斯兰教世界心脏地区的政治混乱肯定给经济繁荣造成了不利影响。此外，贸易格局的变化，特别是欧洲纺织品及其他工厂制造品的销售量日益增加，似乎要挤垮穆斯林城市世代相袭的手工业。不过，欧洲因低廉的机器制成品而获得的压倒性经济优势只是到了 19 世纪才最终来临，而到了 1830 年前后，这种优势已经毋庸置疑，也只是在这一时间之后，穆斯林城市生活的传统结构才最后坍圮。但在整个 18 世纪，在欧洲人的猛烈进攻面前，穆斯林的经济（非洲边缘地区和非洲东南部一些边远岛屿除外），如同穆斯林的政治一样，无时无处不在退缩甚至崩溃。

过去所经历的一切使得伊斯兰世界对这一灭顶之灾毫无防备。直到 17 世纪结束，伊斯兰教和基督教世界的斗争持续不衰，局势一直是对穆斯林的事业有利。安拉的信徒们已经如愿以偿，他们的先知已经宣称，对异教徒战争的胜利是神恩的明白无误的证据。因此，在 18 世纪初期形成的历史潮流的突然逆转，尽管是那么明白清楚，却使穆斯

林们陷入绝望和难解的困惑之中。安拉已把他们抛弃了吗？如果是这样，那又是为什么呢？不管这些忠实信徒们的社会有什么样的弊病，怎能想象上帝会宠爱基督教的坏蛋和不信上帝者呢？

在 1699 年以前，穆斯林历史上并非没有过政治灾难，但过去的灾难总是转瞬即逝。甚至在蒙古人入侵伊拉克并摧毁阿拔斯哈里发领地后，紧接着的还是可汗对这种真正信仰的皈依，以及穆斯林在四面八方的扩张重新开始。因此，在伊斯兰世界，对 18 世纪灾难的普遍反应是一种耐心的等待，等待风暴过去，同时在条件允许的情况下尽可能保持对过去的忠诚。

然而，当风暴滞留不去时，两种对抗性的反应开始在穆斯林各个社会占上风。一方面，改革者们认为，伊斯兰教在几个世纪中已经严重腐败了。特别是，由于泛神论神秘主义把对圣人的崇拜和尊敬注入了伊斯兰教，纯粹的一神教已经被污染了。由此，只有热烈而坚决地重新确认原始宗教质朴的教义，正如穆罕默德本人所教导的那样，才能再次得到安拉的宠爱，从而把世界放回它本来的轨道上去。最重要的一次这样的运动发源于阿拉伯中部，以穆罕默德·伊本·阿卜杜勒·瓦哈比（Muhammed ibn Abdul Wahhab，1703—1792 年）的布道为滥觞。瓦哈比派的影响只是渐渐地传到阿拉伯沙漠之外，但是，直到今日，它仍不失为穆斯林面临困境时所做反应的一种重要表现，这种困境是最近两个世纪的历史给虔诚的信徒们造成的。

第二种反应是试图借用欧洲文明中那些似乎给欧洲带来成功的成分，其中最显而易见的是军事技术。从 1716 年起，奥斯曼帝国的官员们开始进行断断续续的尝试，试图按欧洲的模式改造奥斯曼军队。但是，在一个多世纪中，由于帝国近卫军和伊斯兰教学者顽固守旧，695
这些努力无不归于破产。矢志改革的苏丹或大臣发起的改革屡屡被发生在首都的民众大骚乱所消解，而且这种骚乱往往得到兵变的近卫军的支持。1826 年，苏丹调集按欧洲方式训练的炮兵摧毁了君士坦丁堡反叛的近卫军。然而，奥斯曼帝国内部对改革的抵制仍然相当普遍且顽固不化。帝国不时地卷入国际纠纷，而国内的反叛频频爆发，再加上对欧洲国家的战争屡屡失败，所有这一切搅在一起，搞得苏丹们焦头烂额，再无精力来加强他们的军事力量。在奥斯曼帝国的王位上，还没有出现一个能够发动一场自上而下的革命的斗志旺盛、不可抗拒的强硬君主。结果，改革总是劳而无功。印度莫卧儿帝国的统治者几乎不做任何努力去仿效欧洲军事技术以求自救。在波斯，取代萨菲王朝的篡位者则苦于其政权朝不保夕，不得不维持一种保守的社会和政治制度。甚至在奥斯曼帝国，响应改革的人也寥寥无几。广大穆斯林处于固守传统的状态，无论在心智上和实际中都不能应付欧洲的军事文化优势造成的新形势。盲目的守旧主义顽固地附着在正在消亡的社会秩序的腐朽界标上，直到 19 世纪末，仍然阻挡着伊斯兰世界的进步。

（一）奥斯曼帝国的改革和基督教徒的起义

奥斯曼社会是一个分裂的社会，无数的裂痕使改革举步维艰。在帝国的欧洲诸省，人口中的多数是基督教徒，他们对奥斯曼统治者或多或少怀有抵制情绪。在帝国的亚洲部分，阿拉伯人是人口的主体，他们与突厥人语言不通，文化上也有一定程度的差异。同样，城市与乡村、地主统治下的村庄与山区及边远地区的自由村庄之间也存在着巨大的鸿沟。最后，在帝国的欧洲和亚洲各省，游牧民在人口中也占有重要比例。他们有时组成部落，有时以基本上固定的村庄为基地，总能在很大程度上摆脱官方的控制，享受着绝非平原上的农民们所能企望的自由。

游牧民和半游牧民长期以来便更容易加入强盗团伙，并为后者提供大量的人手。如果找到理由把劫掠变为令人尊敬的事，如果土匪首领懂得如何把布道和抢劫结合起来，土匪活动就会一呼百应，很快形成来势汹汹的武装反叛。在 18 世纪中期，阿拉伯的第一个瓦哈比“帝国”就是以这种方式兴起的。它迅速壮大，直到 1818 年被一支装备精良的埃及远征军消灭。[27] 在巴尔干各国，类似的职业群体——牧羊人、赶骡人、山民——在塞尔维亚（1803—1813 年）和希腊（1821—1830 年）起义的过程中也起到了重要作用，因为这两次运动的军事领袖和最优秀的战士都来自组织起来的、为民族主义的新理想而奋斗的土匪组织。与瓦哈比运动的情形不同，这一理想的鼓吹者和导师并不是复古的狂热分子，而是在某种程度上受西方思想侵蚀、赞赏西方思想的革命者。在短时期内，外国思想的侵蚀使得领袖与群众难以志同道合，对塞尔维亚人和希腊人不利，但从长远看，沾染了西方思想却赋予了巴尔干基督教徒们的民族主义事业以更长的政治生命力，这种生命力之长，实非主张复古、主张正统遗产的伊斯兰教瓦哈比运动那样的事业所能奢望的。 696

然而，土匪们貌似神圣的号召力绝非基督教徒和阿拉伯人起义的唯一动因。事实上，在瓦哈比运动停止掠夺财物后，就开始在知识分子和城市居民中赢得支持者。只是在军事失败后，瓦哈比派才成为一种超越阿拉伯边界的强大势力。[28] 奥斯曼帝国的基督教徒们躁动不安的原因更为复杂。单是因为他们的宗教，他们就远比阿拉伯人和突厥人更容易接受欧洲思想，特别是在东正教的俄国开始在黑海向奥斯曼人挑战以后更是如此。由于俄国人自主的革命获得成功，在巴尔干各国的东正教社会中也燃起了一种类似的再生的希望。从 18 世纪初开始，俄国的代理人们就分散各地，反复而有成效地传播着一种有俄国支持的在巴尔干建立一个复兴的基督教帝国的梦想。1770 年，当一支俄国舰队出现在地中海时，向突厥人做最后清算的日子似乎已经来临，反叛的大火真的在伯罗奔尼撒半岛燃烧起来，但很快被扑灭。

巴尔干基督教社会的内部变革同外来的刺激一起加剧了基督教徒的不满。在 18 世纪，商人阶级开始在希腊和塞尔维亚壮大起来。最初，巴尔干山区的赶骡人由于向匈牙利、罗马尼亚和乌克兰平原新定居的村庄供应小商品而生意兴隆。随着这些富于生产潜力的地区的粮食出口组织得更好，商队的运输规模也扩大了。然而，到 18 世纪末，航运

的重要性远远超过陆地上的贩运。根据《库楚克凯纳吉条约》(1774
697 年)，土耳其人第一次准许俄国商船在黑海航行并通过海峡。起初，由于在这一水域航行的俄国船只和船员严重不足，驻在巴尔干各地的俄国领事便慷慨地把悬挂俄国旗帜的权利让给许多希腊人和别的基督教徒。结果，东地中海、爱琴海和黑海的主要航海贸易很快就被希腊人控制在手中。[29] 这些商人以及为数不多的专职人员难免与西欧的种种思想有所接触，他们因此成为东正教的巴尔干社会与西欧之间虽嫌稚嫩却相当有效的媒介。正是他们而非其他任何阶层，为塞尔维亚和希腊的起义勾画了理想前景，喊出了鼓舞人心的口号。[30]

然而，奥斯曼帝国的基督教徒们在反对穆斯林统治者时并没有联合起来。从 17 世纪晚期起，法纳尔希腊人 [31] 在奥斯曼帝国的行政管理中占据了重要地位，成为土耳其人在与欧洲各国以及帝国中的基督教臣民交往的翻译和中间人。在一定程度上，法纳尔人的势力是在财政方面：他们中的银行家通常为土耳其帕夏出钱购买官职，以此为交换取得重要特权，如签订利润丰厚的包税合同。此外，法纳尔人家族牢牢控制了君士坦丁堡的东正教主教职权，并在 18 世纪中期，竭力将其权限扩大到原来独立的塞尔维亚和保加利亚教会。[32] 最后，从 1711 年起，土耳其人把对罗马尼亚诸省的统治权也交给了法纳尔人。于是，法纳尔人就在布加勒斯特和雅西(Jassy)按照被人遗忘大半的拜占庭帝国的古制建起他们的朝廷，谨慎而不露声色地做起了在博斯普鲁斯完全恢复希腊势力的美梦来。[33] 不过，由于与奥斯曼政权有如此重大的利害关系，法纳尔人对是否推翻这一政权犹豫不决。他们中的一些人支持商人集团与俄国人谨慎谈判，津津乐道于法国启蒙运动的思想 [34]，幻想重振古代拜占庭的雄风。但他们中的大多数人却止步不前，结果眼睁睁地看着他们的势力在 1821 年被摧毁。那时，希腊的起义使土耳其人怀疑所有希腊人的忠诚。[35]

698 法纳尔人垮台了(1821—1830 年)。这为人数不多的西化的土耳其人接过希腊人原来行使的某些政府职权铺平了道路。[36] 穆斯林的改革家们渴望将奥斯曼国家的改革推进到异教徒们根本不敢设想的程度。1839 年，雷希德（Reshid）帕夏宣布按欧洲模式进行政治和社会的全面改革，西化派似乎就此已完全得势。但是，雷希德的诺言却未兑现，因为几乎没有奥斯曼官员愿意相信，实行如此激烈的有悖奥斯曼和穆斯林传统的措施有什么益处，或有什么必要。直到克里米亚战 699
争（1853 — 1856 年）爆发，由于绝大部分土耳其人对任何改变都很不情愿，甚至坚决敌视，苏丹发起的改革几乎全部付之东流。

有时候，抗命不遵的地方专制君主却能打破那紧紧盖住奥斯曼社会的陈规旧习的坚冰。在这方面，他们比苏丹更成功。通过以扩张军事力量为直接目的的残暴手段，这些军事首领往往成为远比苏丹和中央政府更得力的推行欧洲化的代理人。在这些人中间，最引人注目、最有成就的一个军事冒险家是埃及的穆罕默德·阿里（卒于 1849 年）。他是一个采用残暴无情的阴谋手段当上奥斯曼帝国埃及总督之位的阿尔巴尼亚人。1811 年，穆罕默德·阿里屠杀了马穆鲁克军团，一跃成为这个省的专制君主，只是在名义上仍臣属于君士坦丁堡。他着手实行军队的欧洲化，实行政治改革，建立埃及的商品经济。他聘用了大批欧洲人（特别是法国人）为他服务，同时无情地剥削当地埃及人。他的野心不受埃及疆界的限制，又把权力之手伸向阿拉伯半岛（瓦哈比战争，1811—1818 年）、苏丹地区（1820—1822 年）、克里特（1823 年）和希腊（1825—1828 年）。英国、法国和俄国的联合海军在纳瓦里诺（Navarino）摧毁了穆罕默德·阿里的舰队（1827 年），打断了这一帝国建设的进程。接着，西方外交家们迫使他退兵希腊，从而保护了希腊独立战争的胜利。1832—1833 年，当穆罕默德·阿里从奥斯曼苏丹那里抢得叙利亚时，欧洲各国再次迫使他放弃胜利果实，强迫他安于做埃及和苏丹的世袭君主。[37]

对穆罕默德·阿里的战争使欧洲对奥斯曼事务的干涉升级。因为欧洲各大国开始认识到，维持奥斯曼帝国对保持均势至关重要。在某种意义上，欧洲对奥斯曼统治的支持为 19 世纪后半叶更彻底、更有成效的内部改革铺平了道路。然而，苏丹依赖外国外交和军事支持的这一事实对穆斯林内部自发的改革热情却如瓢泼凉水，因为种种改革方案显然只不过是加强欧洲对真主信徒的社会控制的工具。[38]

700 鉴于奥斯曼帝国恶劣的环境，苏丹的臣民们在文化上毫无建树自然并不稀奇。但在语言文学方面，重大的变革却在发生，最显眼的巧合是，在1750—1850年间，土耳其人、希腊人、塞尔维亚人都发展了自身的新文学语言。在18世纪，土耳其人的诗歌从波斯的格局中挣脱出来，尽管它也许因此变得贫乏、粗俗。土耳其的散文在阿奇夫帕夏（Akif Pasha，1787—1847年）的作品中获得新的词句和更朴素的风格。[39] 自此，阿奇夫对语言的改造便在很大程度上成为土耳其文学语言的基础。

塞尔维亚人和希腊人的语言经历了同样的甚至更自觉的转变过程。多塞杰伊·奥布拉多维奇（Dositej Obradovich，卒于1811年）和武克·卡拉第奇（Vuk Karadjich，卒于1864年）把黑塞哥维那农民的方言作为塞尔维亚文学语言的基础。[40] 到19世纪中期，他们的创新已经取代了建立在教会斯拉夫语基础上的旧有的文学标准。同样，阿扎曼蒂奥斯·科莱斯（Adamantios Korais，卒于1833年）创造了一种新的希腊文学语言，立意强调与古典语言的联系并把公众语言从它和意大利及土耳其文学的严重污染中净化出来。然而直到1850年，这些创新却收效甚微，原因是此类新文学并非是由塞尔维亚和希腊文化中土生土长的东西建构起来的，其原料来自西欧，特别是在德意志发展起来的哲学思想、民族思想。因此，在19世纪早期，这些新语言的出现与其说是地方文化成就的表现，毋宁说是对未来的憧憬。

尽管如此，到1850年时，奥斯曼社会的旧结构连同其宗教团体、职业团体、地方自治集团间的复杂的联系都无可挽回地彻底崩溃了。由此产生的混乱状态使土耳其人、阿拉伯人、基督教徒都大为不满，而这又使得进一步的动乱不可避免。

（二）伊朗和突厥斯坦

在 1736 年，当萨菲王朝最终覆灭时，新的征服者纳迪尔沙（Nadir Shah，1736 — 1747 年）取代了伊斯梅尔的继承人。在正式加冕为君主以前 10 年，纳迪尔沙一直是波斯王位幕后的权力人物。在那段时间，他取得的军事胜利把波斯从阿富汗人手中拯救出来。在与土耳其人进行了几场难分胜负的战争后，纳迪尔沙发动了一场对印度的声势浩大的侵略（1738—1739 年）。他打败了莫卧儿的军队，并占领了德 701
里。然后，在炎热气候的热浪侵袭下，他出人意料地把莫卧儿皇帝重新扶上王位，并在要求割让印度北面和西面全部领土后，就向北班师回朝了。在 1740 年特兰索夏那（Transoxiana）的胜利战役中，纳迪尔沙的事业达到了顶峰。然而，国内的频繁起义和重新开始的与土耳其人的一系列战争却使这个新帝国很快开始衰落。当他在 1747 年被刺杀后，他的帝国大厦便轰然倒地，分崩离析。[41] 一个新的阿富汗征服者艾哈迈德·沙·杜兰尼（Ahmed Shah Durrani，1747—1773 年）迅速把其中大部分碎片拼凑起来。艾哈迈德·沙的帝国从咸海向南延伸，深入印度，但它同样在其缔造者死后迅速瓦解了。不过，艾哈迈德·沙的事业在印度政治中具有相当重要的影响，因为他在 1761 年帕尼帕特（Panipat）进行的反对马拉特同盟的战争中极大程度地削弱了印度军队，使其从此一蹶不振，以致后来印度在英国人的侵略面前比以前更软弱无力。[42]

在上述两个伟大的征服者灭亡后，波斯和中亚就没有了安宁之日。政府的更迭频繁，阿富汗人、波斯人和土耳其人之间的种族派别战争经久不息、杳无终时。政治动乱的持续不断激起俄国在 19 世纪对里海和高加索地区较大规模的蚕食。到 1835 年，令英国人大为失望的是，甚至此地的国王本人也与俄国建立了密切关系。英国人对这种关系浮想联翩，对自己在印度的地位忧心忡忡。为了抢在俄国人前面，一支英国军队侵入阿富汗（1839 年），结果却在弹尽粮绝时被狼狈地赶了回去。英国的第二次讨伐志在复仇，所以在把阿富汗首都付之一炬

(1842 年)后就撤退了。

总的说来，直到 1850 年以前，波斯和突厥斯坦古老的好战传统几乎一直没有改变。但是，马背上的野蛮人无论多么暴烈英勇，也不再是按欧洲或中国方式组织装备的军队的对手。结果，中国从东面，俄国从北边，英国从南方，不可抗拒地挡住了穆斯林骑兵原有的行动路线。现在，仅靠补贴一些资金或提供弹药便足以扶植或摧毁地方上的王公，而且随着欧洲制成品占领了更大的市场，本土的工匠和商人很快失去了立足之地。经济衰退使原来尚存的任何依靠本地力量建立稳
702 定政治统治的可能性大大减少。于是，伊朗和突厥斯坦的旧式社会，尽管与欧洲遥遥相隔，却如同地理上更为接近的奥斯曼帝国那样，根本无力应对欧洲的军事和经济势力。与此同时，文化上的停滞甚至彻底倒退与政治、经济的衰弱结伴而行。[43]

(三)印度莫卧儿帝国的分裂

甚至在奥朗则布皇帝(1658—1707 年)统治时期，接连不断的起义已经开始使莫卧儿的势力大为削弱。在孟买东南山区，由西瓦吉(Shivaji，1680 年逝世)率领的一队马拉特人开始了一系列的劫掠和游击骚扰活动，对此，甚至皇帝的军队也束手无策。通过有意识地支持印度教反对伊斯兰教，马拉特人把各色的印度冒险家拉入了他们的队伍，最后建立了一个自己的国家。到 18 世纪中叶，他们已在印度中部所有地区建立起了一种松散的霸权，当仁不让地成为印度内部争夺摇摇欲坠的莫卧儿政权的主要力量。

奥朗则布死后(1707 年)，旁遮普的锡克教徒也摆脱了莫卧儿和穆斯林的控制，建立了自己的国家。此外，反叛的莫卧儿总督们则在印度各地建立起若干独立的土邦，印度不过是这些土邦七拼八凑的混杂物。在这些土邦中，最稳定的是德干高原的海得拉巴，它因为长期抵御毗邻的马拉特人而养成了一种整肃的风纪。最后，一批批入侵者自伊朗、阿富汗而来，和来自尼泊尔的廓尔喀族(Gurkha)骚扰者一

起，搅得印度政局更加混乱和不可收拾。在名义上，莫卧儿帝国延续到 1858 年；但是，一个昏庸淫乱的皇帝往往使帝国的权力形同虚设，甚至在首都近郊都无力维持帝国的权威。

这种政治形势使在印度的欧洲贸易公司不得不日益依靠自己的力量行事。和莫卧儿帝国自己的省级官员一样，当地公司的代理人逐渐获得事业上的主导权，只接受相隔遥远的巴黎和伦敦的有效领导，军事事务和商业事务同属于公司职员的权限范围。拥兵自重的印度王公们的不断侵扰和勒索，使建立堡垒增加军队以保护欧洲人的居住点成为必要。由于雇佣印度本地人比雇佣欧洲人更廉价，公司的代理人便招募本地人在他们的军队里当兵，同时用欧洲军官指挥这些人。到 18 世纪，甚至这种“西帕依”——按欧洲方式训练和装备的印度土兵——用小股部队就能打败在数量上占很大优势的印度军队。[44] 这种情况对印度的土著王公们不无启发。他们开始雇佣欧洲冒险家，指望以此建 703
立起他们自己的同样有强大战斗力的军队。在欧洲人看来，这为他们介入印度地方政治提供了无可争辩的理由。因为，一个指挥着一支印度王公的军队的法国人可能会偏向法国公司，而处于同样地位的英国人也可被指望对英国贸易拔刀相助。

法国或英国的国内公司都不急于从事这种冒险活动，因为利润可能由于野心勃勃的军事政策而受影响。显而易见的出路是让军队自给自足，即靠征服土地和征收地方税来维持军队。1749 年，法国人在约瑟夫·弗朗索瓦·迪普莱克斯侯爵领导下率先施行这种政策：他们介入了一次地方斗争，并以此换得了本地治里（Pondicherry）附近的一大片土地。英国人紧步法国人后尘，而 1756 年英法两国之间战争的爆发使这种竞争更加激烈。与法国相比，英国显然占有决定性的优势，因为英国海军控制着海洋，能够运送、增援英国军队，同时却阻止了法国人这样做。这种战略机动性被罗伯特·克莱武充分利用。到 1757 年，英国人已把他们的竞争对手从印度南部的大部分地区和孟加拉赶走。[45]1763 年结束七年战争的条约确认了法国人在欧洲、美洲以及印度的失败。英国英国人在印度的胜利几乎与帕尼帕特战役（1761 年）同时发生。在这次战役中，正如我们在前面所看到的，马拉特人惨败于入侵的阿富汗人。他们继之而来的迅速崩溃实际上在印度造成了一个军事和政治的真空。没有任何土著军队能与东印度公司的军队对抗，干涉印度政局的借口唾手可得。事实上，一旦公司成为一种拥有领土的主权机构，边界安全问题、防止满怀敌意的邻居王公们壮大的需要与公司职员们的贪婪交织在一起，便促成了英国所控制印度地区的迅速扩张。

东印度公司的董事们继续反对对新领土的全面吞并。公众对东印度公司职员在印度贪得无厌、巧取豪夺的指责有时可能阻碍了公司的领土扩张。但是，无论是议会的反对，还是一系列旨在限制个人发印度国难财机会的行政改革，都未能阻止英国军队不断介入印度各邦事务。除了西北部以外——在那里阿富汗人和其他好战的部落对英国进
704 行了顽强抵抗——英国的干涉可以说是所向披靡。到 1818 年，马拉特人被彻底打败，东印度公司在整个次大陆获得了无可争辩的控制权。不过即使到了这个时候，东印度公司的官员们直接管理的也只有印度一小部分，大部分地区是通过与当地王公的结盟实施控制的。这些王公的政策受到被派遣住进他们朝廷的英国人的监督。

英国得以顺利征服印度有两个原因。第一，印度的穆斯林统治者从来不能联合起来反对英国人。外有阿富汗人侵扰，内有印度教徒起义，他们中的许多人把接受英国人的保护视作一种上佳的交易。第二，穆斯林统治者得不到臣民的广泛支持，因为其中大多数是印度教徒。甚至穆斯林下层阶级对他们的统治者也并不十分忠诚，他们在反对欧洲人的斗争中袖手旁观，无所作为。

尽管如此，印度的穆斯林对他们权力和地位的丧失愤愤不平。这种不平隐蔽地反映在一种经过改革、重新注入活力的伊斯兰教上。这一宗教与瓦哈比教的形式相近，[46] 引起了广泛的反响，为 1857 年士兵兵变公开表示伊斯兰教徒的不满铺平了道路。这次兵变虽一度动摇了英国在印度的地位，但却以叛乱者的失败告终，同时也带来了莫卧儿

帝国及其继承者东印度公司的末日。[47]

（四）伊斯兰教在非洲和东南亚

伊斯兰教在非洲的传播并没有因为穆斯林文明中心的动乱而中断。相反，在 19 世纪，非洲伊斯兰化的步伐反而加快了。人们对伊斯兰教的皈依，部分是贸易商和神职人员的功绩，部分则是当地征服者的功绩，后者把自己的国家建立在伊斯兰教组织机构的周围。人们皈依伊斯兰教在一定程度上还因为奴隶贸易逐渐破坏了部落生活的传统，从而为伊斯兰教向原先信仰异教的地区渗入打开了大门，丧失了旧有文化传统的人常常在伊斯兰教中找到精神和道德世界令人神往的重新组合。特别是在东非，阿拉伯瓦哈比派特有的对宗教纯洁性的狂热追求在游牧、半游牧民中引起了强烈反响。在其他地区，允许圣徒崇拜并在许多方面与异教习俗妥协，这种不太严格的信仰形式更为普遍。[48]

在东南亚，也出现了一种教义上的对伊斯兰教原理的狂热追求。705
尽管与英国人、荷兰人和西班牙人的冲突使穆斯林们遭到种种挫折，[49]在内地和比较偏僻的岛屿上，人们仍然继续皈依伊斯兰教，使伊斯兰教在这一地区不断扩张。

四、印度教和佛教的亚洲（公元 1700—1850 年）

整个来说，印度教和佛教文化从 11 世纪起就一直处于守势：在印度和东南亚，伊斯兰教的扩张咄咄逼人；在中国和日本，则有新儒家学说对外国人的仇视和恐惧。所以，当欧洲势力在亚洲崭露头角时，印度教徒和佛教徒已经有了抵制外来文化冲击和政治冲击的长期经历。在 18 世纪和 19 世纪早期，这种抵制外来势力的先例仍然具有一定的影响力。印度教徒部分保持着某种精神上的灵活性和感情上的活力，这一点从 16 世纪他们面对穆斯林的压力时所做出的反应可见一斑；而佛教徒却相反，他们退缩到一种神圣惯例的防线后面，力求尽量减少与外界人士的令人烦恼的接触。

佛教徒处处遵奉这种鸵鸟政策，但这最多不过延缓了自身的衰落。在远东，中国佛教在寺院高墙之后日益与世隔绝，逐渐丧失了自己的重要地位。[50] 而日本的佛教影响更是江河日下，迅速跌入低俗。在东南亚，情况要复杂得多。在那里，佛教已经成为缅甸和暹罗民族认同的护身法宝，佛教的命运也因此与这两个民族的命运纠缠在一起，难解难分。缅甸帝国雄心勃勃，与暹罗长期血战，不肯善罢甘休，双方战端在 18 世纪后半叶几乎连绵不断。然而，除了中国在缅甸北部进行干预的这一段插曲（1765—1770 年），这些斗争几乎不为世人注意。此地自 17 世纪便开始采取的限制与外联系的政策成功地把欧洲人拒之门外，但这却算不上是什么了不起的成就，因为当时欧洲所有可利用的力量和资源都用于对印度的征服了。

然而，在 19 世纪，随着东印度公司步入它的鼎盛时期，英国与印度的佛教邻国的关系便揭开了新的一页。在锡兰，和英国人的冲突[51]
706 导致了坎迪的佛教王国在 1815 年的灭亡。在 1768 到 1824 年期间，英国人又侵犯了暹罗的主权，他们通过与地方上的穆斯林王公签订条约，在马来亚获得了一个据点。[52] 甚至缅甸帝国在 1824—1825 年的一次战争后，也被英国人夺走了绝大部分沿海地区。然而，英国实力的炫耀并未引导东南亚的佛教君主或宗教领袖对他们传统的生活方式做任何重要的调整。不过，与欧洲的接触才刚刚开始，而佛教的文化传统又极端刻板，根本不容许做出调整。在 1850 年以前，欧洲的扩张使佛教徒像穆斯林一样在物质上受到损害，但精神上则几乎未受触动。[53]

* * *

印度尤其是孟加拉的印度教徒对欧洲攻势的反应更为灵活。无疑，大多数印度人对政权从穆斯林手中转移到基督教徒手中无动于衷，甚至在英国人直接管理下的地区的人们也是如此。在 16 世纪表现出来的狂热的有神论的献身精神仍然吸引着几乎所有印度教徒。种姓制度使甚至最虔诚最守戒律的教徒也能毫无困难地容忍欧洲人在印度的出现。在与欧洲人接触之后要按照古老的习惯举行净化仪式，这为在易于分裂的印度教种姓中增加一个异国社团制造了充分条件。

在19世纪之前，这些经过长时间考验的应付外国人的方法对印度教徒一直十分有用。随着奥斯曼—波斯—阿富汗势力的消沉，英国和法国的势力兴起，在印度教徒看来，这与以前经常发生的一样，不过是这一个外来者取代另一个外来者。直到1818年，甚至更晚，欧洲在印度的影响似乎被限制在早先的入侵者所达到的相当肤浅的水平。[54]

继马拉特人的势力在1818年被英国人彻底摧毁，在莫卧儿帝国的废墟上建立一个强大的印度教国家和统一的印度文化的希望全都消失了。英国官员继之而起，面临着在印度统治一个业已极大程度地扩张了的、异常杂乱的帝国的艰巨任务。他们中的许多人坚信，只有尊 707
重甚至发扬传统的印度教和穆斯林的习俗与制度，为数不多的英国人才能控制住辽阔的印度次大陆。另一些人则认为，只有通过自由主义的改革，通过给普通人比他们以前所知道的更高的法律地位，英国的统治才能巩固。保持住这块土地上的习俗，使之完整无损，这种保守的政策符合绝大多数印度人的愿望。鉴于英国人对印度的控制不稳固，这一政策便在英国内阁中占了上风，只有军事或财政方面的紧急情况才能使这种政策有所改变。

到18世纪快结束时，少数英国人开始研究印度的语言和文学，其中威廉·琼斯爵士（卒于1794年）最为突出。在19世纪早期，英国当局开始拨出公款资助这些研究，资助穆斯林和印度教的教育机构对印度人的培养。不过，甚至在试图保存当地文化时，经欧洲文化传统培养陶冶出来的外国人仍不可避免地改变了许多为人熟知的东西。比如，欧洲学者很快把注意力集中在最早期的印度文学作品上。这主要是因为当时的语言学试图通过研究梵文确定欧洲民族语言的最初形式，但是，这类研究却揭示出吠陀时代与当代的习俗和信仰之间存在着大量差异。因而，倾心学术的印度教徒们感到已经无法回避如何把民众的虔诚和迷信与所谓的吠陀渊源协调一致的问题。[55]

这样，正是在灌输和复兴原初印度教的努力中，印度教需要重新改造的思想获得了有利的论据。而且，这种思想与英国自由主义者的原则一拍即合，因为后者要求对印度的制度和习俗予以人道主义的改造。基督教传教士是改革的另一种动力，他们的人数自 1813 年以后迅速增加。当时，英国议会在延长东印度公司特许状的法令中准许传教士自由进入印度。[56] 尽管皈依基督教的印度人微乎其微，但传教士是最先用印度语言传授知识、布道和出版书籍的欧洲人。他们还创办学
708 校，学校在宗教的训导之外也讲授世俗的课题。由此，他们不但使有文化的印度人接触到基督教，而且使他们接触到更为广泛的欧洲观念和知识。

因此，在 19 世纪最初几十年，英国自由主义者和传教士携手并肩向印度习俗的许多方面发起了攻击。他们一致要求从法律上废除诸如寡妇殉葬（Suttee, 萨蒂）这类旧习。然而，参与这一行动的并不限于英国人。人数不多但很有影响的印度教徒以加尔各答为中心，也开始呼吁对印度的法律和习俗进行改革。只是当印度人自己提出这种激进的思想时，自由主义改革的政策才在英国官员中明显占据上风。

最著名的一个印度激进分子是孟加拉的贵族拉姆·莫汉·罗易（1833 年逝世）。在童年受过印度教和穆斯林学识教育的罗易，[57] 以后又精通了英语并粗通希腊语、拉丁语和希伯来语。[58] 广博的语言素养使他得以超越分隔印度和欧洲文明的文化鸿沟，而这在以前只有少数几个欧洲的东方学学者才能做到。在放弃早年为英国人服务的官职后，罗易致力于宗教问题的研究。通过对基督教、印度教和伊斯兰教的探讨，他得出结论说，所有这三种信仰实质上包含着同样的旨意。这种思想像是一种伦理的一神教，使人联想起 19 世纪英国和美国的唯一神教派的理论。在他的世界包容的观点中，教义的分歧和仪式程序的细节降到了无足轻重的地位。

1850 年前后印度人的世界观

这样一种对宗教的重新解释显然同时向基督教和印度教的传统提出了挑战。因此，拉姆·莫汉·罗易与基督教传教士和印度教保守派都展开了论战。最后，他建立了自己的宗教团体梵社（the Brahma Samaj），指望通过这个组织传播他的思想。尽管他的追随者寥寥无几，罗易的影响却促进了印度法律和制度的改革。他发起了一场反对寡妇殉葬的文化战役，敦促英国当局废除这一习俗，10 年后英国当局实际予以废除（1829 年）。他还请求英国人建立传授印度人欧洲科学和知识的学校，他也并不满足于等待官方行动。为了传播他的改革思想，他献出自己的时间和金钱建立起一所所私人学校。

在某种意义上，罗易是英国化的印度上层阶级中一个孤身作战的开路先锋。在他之后，这个阶级在印度历史中发挥了重要作用。尽管 709
他建立的组织的直接影响一直不大，但是他的一些追随者则占有举足轻重的社会地位，能够说服英国当局相信，英国人在道德上有义务把欧洲文明和知识带给印度各族人民。这种努力的一个伟大成就是，英国决定（1835 年）建立一批政府的学校，用英语教授一整套欧洲课程。这类学校的建立以及 1857 年后欧洲式大学的建立，使一批批像罗易那样同时精通印度和欧洲文化传统的印度人源源不断地涌现。1844 年以后，这种教育的重要性迅速上升，吸引力也越来越大，英语遂成为官方语言。因此，希望得到政府雇佣的年轻的印度人现在就不得不学习英语。

然而，这些措施在 1850 年以后才初见成效。在此之前，只不过为欧洲和印度文化的全面交流打下了基础。绝大多数印度人仍然被紧紧束缚在古老的习俗之中，忠诚于传统信仰，对世袭种姓制度之外的世界漠不关心。[59]

五、危机四伏的远东（公元 1700—1850 年）

（一）中国

710 无论以什么样的传统尺度衡量，18 世纪都可谓中国历史上的伟大时代。随着国内政局的稳定和帝国向边疆地区的扩张，农业、贸易和人口都获得惊人的增长。和平和繁荣滋润着广泛的学术和艺术活动，使独具特色的中国文化甚至波及远在欧洲的野蛮人。只有汉唐两个帝国的鼎盛时代才能与清朝的成就争辉。

然而，正是在这一重演古代辉煌的胜利中，潜伏着传统中国社会制度、政治制度倾覆的危机。当 19 世纪到来，中国人在早些时代高居四海蛮夷之上的制度和姿态突然在欧洲人面前失去了魔力，危机旋即演变成摧枯拉朽的风暴。不过尽管如此，直到 19 世纪 50 年代之前，中国社会的危机仍然主要是在国内滋生，而且清朝政体的总体格局亦与往昔政体的经历大同小异。只是在一个缓慢过程——官僚腐败丛生、农民骚乱、军队涣散等的蛀蚀之后才发展到无以复加、不可救药的地步，并为传统世界的彻底覆亡铺平了道路，也只有在此时中国人才真正开始感到欧洲文明强烈的破坏力量。在此之前，中国历史依然我行我素，与欧洲人接触所产生的影响尚无关紧要。

康熙皇帝在其长久的在位时期（1662—1722 年）卓有成效地巩固了清朝的统治。他为继承者们留下的伟大任务就是去鞭笞和规范帝国周边的蛮夷。因此，经过一系列长期艰苦的战争，中国于 1688 年和 1757 年之间巩固了在西藏、蒙古和新疆的统治。继中国在中亚的最后一次胜利——粉碎卡尔梅克联盟（1757 年）——之后，清政府采取了封锁西北部边疆的政策，有时甚至把边界附近的人口迁走。[60] 中国的其他边疆在军事上远不如西北部边疆那般重要。通常单凭外交而不需采取任何军事行动（比如 1765—1770 年的清缅之战），就能够解除来自东南亚和朝鲜的威胁。这些国家绝大部分保持着对中国的纳贡关系——纳贡是称臣在礼仪上的表示。[61] 在面向海洋的边疆，欧洲人的 711
活动受到严厉的规章条例的限制，中国人与外国人的接触因而被减少到最低限度。地方官员的固定职责之一就是严密监视来华的欧洲人并对任何不愉快的后果负责。事实上，清政府把与欧洲商人的关系视为可有可无，不值得通过签订正式条约来管理，因而责令地方官员自行处理与外国人的关系。而且，由于直接卷入商业事务被认为有失一个信奉儒家学说的清朝官员的身份，甚至地方官员也在他们自己和欧洲人之间建立了一道藩篱。于是出现了一种中国商行的形式，这个商行自 1720 年起负责与到广州的所有欧洲船只打交道。1757 年，清朝皇帝宣布广州为对外通商的唯一港口，正式确认了这个城市在一段时间以前就实际享有的垄断权。[62]

直到 1834 年英国议会废止东印度公司与中国进行贸易的专利权以前，上述安排也还运行得颇为顺利，因为东印度公司和广州商行都从他们各自的垄断中得到了好处。当然，中国的垄断远比英国东印度公司的垄断更为牢靠，因为在广州贸易中，后者还面临来自欧洲其他国家以及英国无照经营者的竞争。有好多次，欧洲人曾试图通过扩大广州商人的圈子或打破商行的垄断，为自己取得有利的条件，但这些企图总是归于失败。于是，欧洲商人便求助于走私，以此抵消中国垄断的合法优势。1800年，中国政府下令禁止鸦片输入，但是没有能力实施这一禁令；此后，鸦片走私便成了大买卖。结果，在19世纪，广州贸易已丧失中国政府18世纪强加给它的合法的、受到严密控制的特征，而早期欧洲商业活动所特有的混乱失控和偶尔以暴力取胜的形式在中国沿海地区重新出现。

广州贸易对中国整个经济的重要性是很难估价的。无疑，它在规模上迅速扩大。茶叶成为中国出口的独一无二的最大宗商品；不过，丝绸、漆器以及各色古玩珍品，在欧洲也有较大市场，印度棉布成为中国主要的进口货物，这种情况直到18世纪吸食鸦片的恶习在中国
712 蔓延后才有所改变。[63] 主要产于印度的鸦片，第一次为欧洲商人提供了一种中国人渴望大量获得的商品。结果，欧洲为支付中国商品的铸币支出持续减少，直至贸易收支平衡转而对欧洲人有利，中国白银开始外流。随着欧洲贸易越来越多地集中在鸦片上，中国通过扩大制成品输出可能给手工业者和商人群体带来的任何好处，也被吸食鸦片的恶习对社会造成的巨大破坏抵消了。此外，通过各式各样的“敲诈勒索”，对外贸易的大部分利润落入了官员们的手中，这些官员总是能够把持广州的商人们，并通过他们把生产出口商品的手工业者牢牢控制住。

基督教传教士是欧洲进军中国的另一支力量。在18世纪，传教士的影响陡然下降，这主要是传教士们自己内部的争论造成的。在如何正确翻译神学词句方面，以及中国的皈依者在多大程度上可以保持他们祖传的习俗方面，传教士们各执一词，不肯相让。耶稣会教士从他们在中国活动之始，就认为家庭祭祀祖先的习俗和公众纪念孔子的仪式是民间的纪念活动，并不一定与基督教的信仰发生冲突。而其他传教士，特别是多明我会教士则认为，对中国习俗的这种迁就有悖于基督教的信仰。国家的分歧、个人的对立，使这种“礼仪之争”火上浇油，愈演愈烈；当争论者同时诉诸教皇和中国皇帝以求公断时，事情就更加复杂了。教皇起初犹豫不决，后来在1715年否决了耶稣会教士，

这激起了中国皇帝的强烈愤怒，他在教皇决定的同时认可了耶稣会教士的立场。[64]

这场争论对中国和欧洲都产生了重要影响。1708 年，中国皇帝谕令所有传教士都必须接受耶稣会的观点，否则就离开这个国家；当恭顺的天主教徒不再能够支持这一观点时，在华的基督教会事实上是在从事违法的活动。传教士们确实继续偷偷溜进中国，他们的教徒也从来没有完全消失，但是，基督教会却沦落到了一种秘密会社的地位。[65]从此，基督教会的传教对象几乎没有例外地是穷人和被剥夺者，形势大好时也不过是官方视而不见，形势糟糕时便会遭受官方的迫害。

尽管如此，帝国朝廷却允许耶稣会教士留在北京；乾隆皇帝（1736—1795 年在位）通常让他们干些诸如宫廷设计、修建喷泉、制造钟表等机械玩意儿之类的事。耶稣会教士也保留了作为天文学家和历法制定者的官职。1773 年教皇解散耶稣会后，他们的职责便被遣使会承担起来。但是，任何真正的思想交流，或者任何对欧洲知识和文明 713
的真正兴趣，在 17 世纪本来已如滴漏之水，少得可怜，到 18 世纪更成了凤毛麟角，难得一见了。中国的文人学士对中国制度的成功异常肯定，对自身文化世界的自足深信不疑，他们不屑于为蛮夷的毛皮琐事花费时间和精力。

在欧洲，情况却相反，礼仪之争在学识精英的圈子中激起了对中国的广泛而热烈的好奇。耶稣会教士在法国深深卷入了与詹森派教徒和天主教徒的论争，这样一来，有关耶稣会在中国活动合法性的问题更加尖锐。相应地，人们竭力搜寻中国的消息，但却不是为这些消息本身，而是为另有根由、另有目的的论争提供依据。然而，作为争论的副产品而渗入欧洲的中国知识却产生了重要的副作用。对中国古玩珍品的追求使洛可可艺术风格又添姿色，这一风格在 1715 年前后开始风行整个欧洲。德高望重的中国哲人形象对自然神论者颇具魅力，因为这些哲人的德行并不依赖于启示的宗教。中国社会的许多方面，如人们的谦恭有节、礼义廉耻（利玛窦对此曾嗤之以鼻），没有世袭贵族存在，通过科举制度选官等，都与18世纪，特别是在法国加速发展的思想激进运动并行不悖。对伏尔泰等哲学家来说，中国成为欧洲学习的楷模。总而言之，天朝——它的儒学可被视为一种大有作为的、尽管有点儿陈旧的理性宗教模式——没有教士和世袭贵族的惠顾，不是也照样伟大、照样兴旺、照样和平安宁吗？

虽然这种对中国的偏爱源于欧洲内部学术和艺术自身的发展，但颇值得注意的是，它与不同文明的人们中间普遍存在着的那种相互厌恶、恐惧和蔑视的风气大相径庭。18世纪这些为数不多的欧洲人满怀深情地注视着中国文明，探讨它错综复杂的社会和精美优雅的文化，他们正为后人开辟一条更为宽广的不同文化之间交流的新路。他们的风貌，与中国的士大夫阶层对待外国事务所表现出的高高在上、漠不关心的态度，形成了鲜明对比。[66]

714 不过，中国对外国学识的这种冷漠，可以从中国文学艺术遗产异常丰富这一事实中得到解释：要掌握这一遗产，往往需要耗尽文人一生的精力，而且一旦成绩优异并通过乡试和会试，所得到的报偿也确实颇为诱人。在清朝统治下，传统的学术形式继续繁荣发展，而且规模宏大。在政府的资助下，对以前知识全面的编辑、分类和总结大功告成了。这些精心编辑的原文作品和权威性的评论体现了中国学术的悠久传统，为现代中国学提供了绝大部分原始资料。

诗歌创作和论文写作仍然是科举考试的一部分，这块园地继续被刻苦勤奋但才思平平的人们反复耕耘。在中国的纯文学作品中，富于想象的散文使人耳目一新，令人难忘。尽管小说创作源于底层民间，但在清朝治下也开始受到人们的推崇。写于18世纪晚期的《红楼梦》，至今仍被公认为中国最伟大的小说[67]，虽然它只是许多伟大小说中的一部。[68]

中国的绘画仍然富于创造性、工笔精细、多姿多彩。当时的中国人特别推崇画家能够惟妙惟肖地效仿古代绘画大师的创作技法，完全不同于现代中西方学者标榜艺术家个性和独创风格的品位。不过在18

一位 18 世纪的中国贵族

这位中国妇人聆听着长笛之音，沉浸在与大自然的和谐交融之中。和同时代欧洲贵族的生活方式相比，这里表现的生活方式显然更古老、更悠久，而且看来更为安定。在这幅画绘制之际，中国军队正在中亚节节取胜，而自唐代以来，他们还从未深入过那一地区，所以说严守古人教训和思想的努力似乎产生了最好的结果。也许，在这幅画工精巧、情感细腻的画作之中还有一丝惴惴而模糊的不安，那就是来自中国社会传统礼节的压抑，无情的批评家将这种品质称为颓废。无论是否颓废，这幅画的作者的确忠实再现了清朝时期中国文化中有节制的高贵气质。

世纪的中国绘画作品中，这两方面都颇有可赞美之处，但 20 世纪中国和西方的批评家们对此却不予青睐，他们似乎一致认为，中国艺术真正伟大的作品产生在久远的过去。[69]

因此，在 18 世纪，所有的外部表象都说明中华文明和中国是欣欣向荣、蒸蒸日上的。然而，在这个世纪的最后 25 年，曾经造成中国以前各个朝代覆灭的同样的社会机制已经在发生作用，并在种种公众事件中表现出来。最根本的问题是农民的日渐贫困。农村人口的增长造成了土地的一分再分，直到灾荒来临之际，小块土地可怜的产量竟不足以维持一个家庭。[70] 其不可避免的结局是，农民陷入债务中不能自拔，
716 抵押出去的物品也经常无力赎回。因此，土地便日益集中在绅士阶层的放贷者手中，这些人经常能够逃避一般的土地税，从而把日益增加的赋税负担转嫁到农民的剩余财产上。而正当农民群众的不满与绝望与日俱增时，官僚们日甚一日的腐败和满洲旗人因习惯在中国城市中养尊处优的生活而导致战斗力的丧失，使得清政府的统治大为削弱。[71]

作为这种不幸状况的两种主要后果，一是人们大量吸食鸦片；二是农民揭竿而起。1774 年，一场规模浩大的起义爆发，而这只是一连串起义的开始，终至后来灾难性的太平天国起义（1850—1864 年）达到顶峰。这种暴力行为使整个国家经济陷于恶化，因为政府为了进行报复性军事活动不得不增加税收，而这又转过来增加了农民的不满。

对身不由己、踉踉跄跄跌入的这种恶性循环，政府并非完全没有觉察。出于善意而禁食鸦片、敦促官员清廉正直的敕令频频颁发，但却毫不济事；不过，同期采取的扼制危险思想的措施却收到了较好的成效。不管怎么说，政府确实在 1772 — 1788 年期间对中国的文献进行了一次大清洗，凡是有毁谤满族或其祖先文字的书籍一律被付之一炬。一些在这次清洗中遭到责难的书籍似乎从此就永远消失了。[72]

在科举考试形式变化（1792 年）的后面，似乎也隐伏着同样的对独立不羁的思想的恐惧。考试时，诗文的写作不但命题固定，而且格式严苛，不得越雷池半步，科举俨然成了对死记硬背、书法技能和作

文循规蹈矩的考核。因为绝大部分中国知识分子的学术生涯都以准备科举考试为中心，科举考试的这些变化事实上起到了束缚中国社会领袖人物精神的作用，把他们的思想限制在政治上无害的框架内。[73] 这一努力取得了惊人的成功，结果，甚至在进入20世纪以后，中国受教育阶层差不多每个人都继续忠于清朝府的统治。

直到1850年太平天国起义从根基上动摇这个帝国以前，政府的这种对策整个说来似乎足以在国内危机四伏的形势下支撑住帝国的躯体。社会制度似乎并无根本改造的必要，人们也似乎不无道理地期待着：仅需重申一下古代圣贤的权威先例，便足以铲除对帝国的种种威胁并挽救帝国的厄运。因此，在1839—1842年间，当为数不多的英国军 717
舰和海军登陆部队几乎是轻而易举地突破中国人的军事防线时，中国人的自信心受到了空前的打击。

致使英国人大动干戈、耀武扬威的契机是一场有关司法权的争执；[74] 但在这场争执的背后，却隐伏着双方观点的根本差异，正是这些差异引起了无休无止的地方上的摩擦和纠纷。1834年，英国政府取消了东印度公司原有的对中国贸易的垄断权和管理权。通过向所有的人打开贸易之门，英国政府试图把对华商业往来纳入欧洲国家通行的正常体系。这就意味着要废除一个多世纪以来一直束缚欧洲人和中国人之间商业往来的全面的限制制度。正如所发生的事件表明，英国政策的这种变化可谓不合时宜，因为当时，在限制和控制对外贸易问题上，中国政府比以往任何时候都更坚决更强硬。1839年，一名清朝政府的钦差大臣（林则徐）到达广州，奉命查办鸦片走私。他雷厉风行，毫不留情。结果，英国商人和欧洲其他国家商人的至少30 000箱鸦片烟被没收。双方的不满由此加剧，而有关正当合法步骤的争论不过是战争到来的前兆。

中国在军事上的软弱无力很快就迫使朝廷按英国的条件求和。根据1842年的《南京条约》，四个新的口岸对英国贸易开放，香港也被割让给胜利者。美国和其他欧洲国家不失时机地迅速与中国签订了同样的条约，实际上还获得了比英国最初的条款更有利的条件，即为他们的国民取得了领事裁判权，并迫使中国皇帝公开宣布准许基督教传教士在“条约口岸”活动。

这样一些特权与中国传统以来对待外国人的态度完全不相协调。条约中所表现出的屈辱，暴露出中国军队面对西方炮舰时的束手无策，无疑使清朝在中国人眼中威信扫地，然而在此时，却没有中国人提出改弦更张或与旧路线决裂的主张。受过教育的中国人几乎不能相信天朝竟要从外夷那里学习什么重要的东西。确实，中国人对不久以前在完全保守的清朝政策体系下所取得的辉煌胜利记忆犹新、难以忘怀，此时让他们根据新的世界现实做出调整实在是太困难了。因此，直到20世纪以前，中国人并未真正承担起重新改造社会的重任，以迎接来自西方的挑战。[75]

（二）日本

718 18世纪和19世纪早期的日本历史与同期中国的历史形成鲜明对比。当中国军队在中亚横冲直撞时，日本则风平浪静，保持着持续的和平。当中国人口增加已超过一倍时，日本的人口却不增不减，在1730年左右甚至有所减少。最根本的是，中国文化像是一块钢板，拒绝接受来自外部的任何影响；日本文化则在国内就被种种对立的流派撕扯得七零八落，且随着从海峡那边、大洋彼岸吹过来的异族思想之风起伏。政府推行中国化政策，力图把武士变成绅士，虽不无成效，但却未能管束住放荡不羁的大众文化。与此同时，一小群身居要职的知识分子在探索新路，企图用日本的神道教和西方的科学取代新儒家思想的正统学说，而艺术家们则忠实地表现土著的、西方的和中国的不同风格之间的相互对立、相互冲突。

与德川时代之前及之后翻云覆雨、匆匆而逝的历史相比，德川家族的将军们在200多年间能够如此成功地实施严格的锁国政策并实现国内稳定，确实是一件了不起的精心之作。在整个18世纪和19世纪早期的日本，有各种强大的政治、经济和知识力量共同发挥作用，从而削弱了德川家族最初几任将军为强化、捍卫自身权力而精心设计的政治体制。然而，直至 1853 年，这一体制却基本保持完好，甚至在 1867 年天皇“复辟”把整个幕府机构一扫而尽之后，曾在将军麾下统治日本的军事贵族仍然继续统治、支配着这个国家。

政治权力与经济势力的冲突日甚一日，这是幕府将军必须面对的种种最棘手最普遍的困难的根源。武士阶级在政治上居统治地位，在经济上却依赖公认的处于社会最底层的商人和高利贷者。将军要求其 719
附庸以及半独立的“藩主”在一部分时间中居住在城市中心，这一政策无疑使上述情况雪上加霜。因为，当领主们离开他们的地产时，甚至最阔绰的大名也不得不把他们的谷物卖给商人换钱；而且，在城市纸醉金迷、挥霍无度的生活的强烈诱惑下，他们很快也放纵起来。此外，正是因为德川家族的将军们胜利地结束了国内外战争，武士们越来越没有机会施展其军事才能，只能日复一日、年复一年地过着奢侈无度、坐吃山空的悠闲生活。

由于商品经济深入农村，农产品价格急剧波动，地主和农民都深受其害，其不满与债务协同日增。处于水深火热之中的农民，不时以骚乱来表达他们的愤怒。从 18 世纪末起，这种骚乱就屡屡发生，而且越来越频繁，成为社会动荡加剧的重要表现。[76] 武士阶级借助德川幕府的帮助，用更加狡猾的手段逃避债务：货币贬值、平抑物价、规劝节俭、节约条例、拒付债务甚至干脆没收商人的财产，但都不是很成功。[77] 但纵使这些手段行之有效，其效果至多不过是转瞬云烟，因为有某种不为时人理解但却不以人的意志为转移的经济力量在发挥作用，这种经济力量很快又把政府和武士阶级推回到在财政上依赖受鄙视的商人阶级的老路上去。

其他一些解决武士阶级贫困化的方法对未来发展具有更为深远的意义。一些领主在自己的地产上精耕细作，进一步发展农业，还有少数领主开办矿山和新的工业企业。养蚕业的发展尤其迅速，以至于在 19 世纪最初 25 年，日本已不再依靠中国丝的进口。[78] 其次，一些囊空如洗的贵族家庭有时会收养一个商人的儿子，以此增加家庭收入，从而使商人也获得了武士等级的特权和声誉。这样一来，作为德川时
720 代法律体系前提的武士与平民的区别就不那么明显了。经济的发展，社会等级的混淆，这一加速的进程非常普遍，形成德川幕府后期日本社会变化的主要内容。不过，这一进程开始的时间却要早得多。

高傲却贫穷的武士阶级、受压迫而愤愤不满的农民阶级、经济上富有但政治上毫无地位的商业金融寡头集团，以此为基础的制度建构本身就有很多弊端。此外，还有被德川幕府掩盖住的来自古代的种种政治裂痕。强大的“藩主”继续占有日本的大片土地，他们的祖先就曾与德川家族进行过长期斗争，虽然德川家族最终获胜，但藩主们对此总是耿耿于怀。随着德川幕府的威势日渐衰落，这些“藩主”便成为反对德川幕府统治的潜在的强大军事力量核心。到了19世纪，俄国、英国、法国和美国的舰只日渐频繁地光顾日本沿海，又使得对外关系问题变得更加突出。这些舰只往往不顾日本的法律，在遭遇海难时或遭遇海难的借口下径直驶入日本港口，偶尔还以武力威胁强迫日本满足他们的要求。

此时日本的知识分子为数不多但地位重要，他们强烈感到了自己国家的衰弱；为解决所发现的困难，他们在不同的甚至是截然相反的道路上探索，开出种种济世良方。官方的新儒学理论家们旨在维护现存制度，孜孜不倦地向社会各个阶层灌输忠诚和服从的思想。道德惩戒，限制奢侈方法，这些就是他们自然而然地想到的医治这个时代的疾病的良药；但是，对德川幕府的统治者来说，甚至他们自己开出的官方新儒学药方中也有背叛的政治陷阱：如果说对自己的上级忠诚是最高的美德，那么，又如何解释将军们对天皇的不恭呢？在政府资助下，历史研究一开始就亮出了儒学的旗帜，结果却碰到了同样的甚至更令人困惑的问题：如果对现有的记录不加删改，那么将军们的权力显然只能是篡夺而来。因此，一批又一批的新儒学忠实信徒们只是来依据自身的原则向现行的统治制度发出挑战。

从长远看，更重要的是另外一些知识分子，他们反对整个儒家学说以及官方的中国化政策。这些知识分子又分为两派，即固守本土传统派，旨在复兴和净化传统；仰慕西方文明派，提倡采纳西方的知识和技术。虽然这两派的观点似乎存在着根本的冲突，但这两个阵营的人却经常发现有可能并肩携手，因为，二者所要攻克的是同一座堡垒，即克服官方儒学和中国传统的影响。对他们而言，西方的医学、地理、天文学和数学不只是因为自身的价值而受到欢迎，西学还可以拿来证明迄今尚未曾受到怀疑的中国学术的缺陷。

在反对儒学的传统主义者那里，日本史及文物研究为古代日本神道教崇拜的界定和阐发提供了原始素材，据此，便可与源自中国和西方的思想相比较，而且毫不逊色。[79] 由于作为天照大神后裔的皇族处 721
于神道教的中心，这一崇拜不可避免地把人们对将军及其臣属的忠诚转移到了远离喧嚣尘世的天皇身上。1850 年以前，道地的神道教信徒为数尚少，不过至此，神道教的教义和仪式已被清晰地阐明，因而面貌一新。因此，在德川家族的统治被推翻后，神道教已是万事俱备，只待最终出面取代新儒学而成为这个国家所中意的宗教了。

为了探究欧洲学术的奥秘，少数几个开拓者筚路蓝缕，付出了巨大艰辛，他们的努力对日本的未来发展同样意义重大。语言的隔阂，再加上与受过良好教育的欧洲人接触的机会极少，都使得这一任务的完成异常艰难。然而，仍然有人怀着满腔热情，以坚韧不拔的毅力承担了这一重任。到 18 世纪末，少数日本人不仅掌握了荷兰语并通过这一语言了解了欧洲学术，还用日语出版了许多著作，在诸如医学、解剖学、天文学和地理学等领域阐述了西方思想。[80] 一些日本人还认识到了西方军事技术的优越性。当 1842 年英国人使妄自尊大的中国人蒙受羞辱时，这些人把这个显而易见的教训铭记在心。他们不像幕府将军及其僚属那样表现出恐慌和震惊，而是将其视为对自身信念的印证：很久以来，他们就认为日本绝不能够忽视这些“赤发”蛮夷的知识和艺术。现在，事实证明他们是对的。

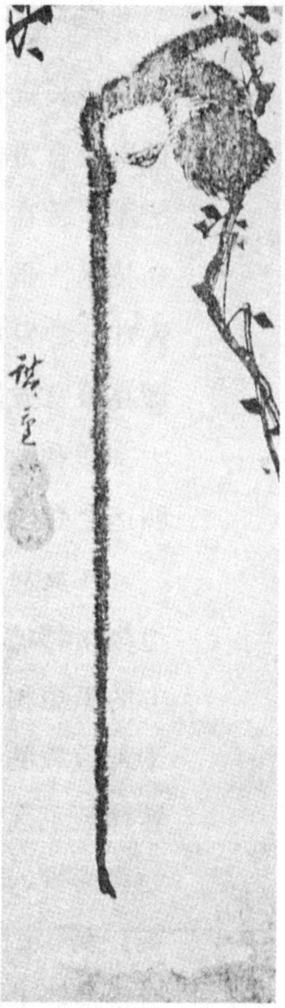

三幅日本画

现代日本绘画多姿多彩的不同风格从这三幅画的强烈对比中可窥见一斑。左上方那幅是雪舟（1420—1506 年）作的冬景，宛如一幅带有道地中国风格的中国风景画，不过，专家能找到他个人独具的工笔所留下的痕迹，因而这幅画带有他个人的特色。下面那幅较粗糙的农民画像出自一个 18 世纪卑贱的“民间”艺术家之手。尽管如此，画中充溢的赳赳气势却显示了日本农民的力量。右边是广重（1797—1858 年）的令人捧腹的幽默画，猴子捞海中之月。这为我们提供了一幅有趣的日本长臂捞月的漫画，起先是效仿中国风格，而晚近则以西方文明的方式捞月了。

对现存秩序具有如此破坏性的观念自然会遭到反对。比如，1790 年，幕府发布禁令，禁止信奉除官方批准的新儒学之外的任何哲学，并监禁或处决了少数几个违禁者。不过，这些措施并不比控制经济进程的那些手段更为有效。总有个体的知识分子——有时会得到半独立的“藩主”的保护——继续探讨被禁止的学说并用以反对现行制度，同时阐发自身信奉的日本应遵循的、能更好适应现实情况的政策。因此，到了 1853 年，当幕府将军们颇不情愿地同意日本向西方商业开放时，一小群身处要津的日本人已经拥有了一套十分明确的、用以指导人们对日本社会进行必要改造的理论。

在 18 世纪和 19 世纪早期，日本文学艺术活动的丰富多彩可谓与 722
学术界的错综复杂并驾齐驱。源于中国不同时期的绘画风格与日本本国的以及西方的风格并存并立，有时甚至水乳交融。版画是这一时期日本艺术的最新成就，格调清新且往往带有一种浓郁的自然主义的气息。此间的诗歌、戏剧和小说创作也异常活跃，其诗风情趣盎然，多用口语体，间或夹杂着某种下流用词，令人心旌摇曳。如同 17 世纪一样，演员和艺伎与官方认可的更为严肃的主要从中国汲取灵感的传统艺术形式展开了激烈的竞争，继续为诗歌和艺术带来灵感。但是，正如德川时代日本的阶级界线在 19 世纪已不再那么壁垒分明一样，在 18 世纪初期显示出来的各种迥然有别的艺术风格也逐渐趋于混杂。艺术家们把源于民间和官方的不同情趣标准的要素混为一体，甚至尝试着运用完全另类的西方油画技巧。

由此可见，艺术正如同思想一样，忠实地反映了当时社会的混乱和紧张，这种混乱和紧张隐伏在德川幕府统治表面的停滞之下。在这种情况下，令人吃惊的是这种统治居然能够维持良久而没有立即垮台。诚然，农民是日本社会的一种重要的稳定因素，他们虽然过着衣不蔽体、食不果腹的生活，但却始终能够尊敬长上，而且很少有机会接触到怪诞的新思想。可是一旦日本的大门由官方向外国人开启，这个国家便立即发生了翻天覆地的变化，其速度之快、规模之大，足以充分暴露出幕府在国内的统治早已是日薄西山、气息奄奄。其实，来自外国的压力只不过起到了一种触发作用，真正强大的还是日本国内的各种力量，正是在这些力量的共同作用下，1853 年之后的日本经历了革命性的变化。[81]

六、野蛮状态的退却（公元 1700 — 1850 年）

文明——尤其是西方文明——的迅速扩张同时意味着较为原始社会地域上的缩减和政治影响的衰落。在旧大陆，18 世纪见证了游牧政治势力的最终溃败。俄国与中国从两面夹击，把这片大平原一分为二，东部属于中国，较富庶的西部归于俄国，匈牙利平原则留给了奥地利。中国 1757 年对卡尔梅克同盟的胜利标志着世界历史上一个时代的结束——这是文明世界的军队在大平原与最后一个强大敌人的对阵。[82]

724 在南北美洲和大洋洲，原始野蛮的生活方式直到 19 世纪后半叶才彻底瓦解，不过，伴随着西方文明在整个 18 世纪和 19 世纪早期多个边界地区的迅速扩张，美洲印第安人和澳大利亚部落社会的最终覆灭显然只是个时间问题。甚至太平洋各个较小的岛屿也难逃劫难；在那里，原住民的社会被捕鲸人、干椰肉商人和传教士的频频来访搅得动荡不安。东南亚、太平洋西南部各个较大的岛屿和南美洲的热带雨林曾为原始社会群体在地理上提供了更为广阔的避难场所；不过，即使这些地方也是山雨欲来风满楼，来自文明世界的淘金者、猎奴者自由自在地（倘若还称不上是频繁不断地）在这些密林中穿行。

截至 1850 年，撒哈拉以南的非洲成为世界上仅存的面积最大的原始地区；然而在这里，一个个文明的、半文明的社会也在蚕食鲸吞、快速推进。在苏丹地区的东端，从尼日尔河到尼罗河，再南下到东部的非洲之角，穆斯林牧人和征服者持续不断地扩张自己的政治势力。与此同时，建立在非洲西部雨林地带的几个半开化的黑人王国也在扩张、巩固自身的势力，其采取的方式主要是有组织地掳掠奴隶并与海岸的欧洲商人进行多种形式的贸易。至 1850 年，欧洲人的政治势力开始从海岸横向推进并沿着河流深入内地，但相比幅员辽阔的非洲大陆，欧洲人的据点还显得微不足道。[83]

在东非，葡萄牙人在莫桑比克北部的势力于 1699 年被摧毁，这是当地人的起义和位于阿拉伯南部的阿曼进行武装干涉共同造成的结果。在 18 世纪，一个以阿曼及桑给巴尔殖民地为基础的新的商业强国控制了非洲东部的贸易。从非洲内陆捕获的奴隶和桑给巴尔的象牙、丁香一起，成为这个国家出口的主要商品。然而，自 1822 年以后，在英国印度洋海军优势的逼迫下，桑给巴尔苏丹不得不接受各种越来越严厉的对奴隶贸易的限制，这一来，他的政权便不再完全独立了。[84]

在非洲大陆南部，班图人战争中的同盟，如祖鲁族人同盟（从 725
1818 年起）和马塔贝勒人（the Matable）同盟（从 1835 年起），与讲荷兰语的殖民者（布尔人）争夺草地。荷兰人为了替他们的牲口寻找新的牧场，同时也为了逃避英国人在好望角地区的政治控制，遂于 1835 年开始向北大规模迁徙，进入了南非草原。在那里，他们抢先占领了几乎所有适于放牧和耕作的土地，并凭借自身的勇猛善战获得了足够多的黑人劳力。[85]

于是，非洲内陆只知原始作业的农夫和牧人发现自己被团团围住了。从各个方向，都有穆斯林、非洲和欧洲的社会群体向他们挤压过来。这些群体或者拥有优越的政治军事组织，或者拥有先进的技术，或二者兼而有之。面对这样的敌人，古老的纯朴和忠诚已无济于事，只有凭借地理障碍，再加上非洲热带的多种疾病和欧洲国家间的政治纷争，原始非洲的野蛮部落才在一定程度上保持住了自己在政治和文化上的独立，这样一直持续到 19 世纪下半叶。

1851 年伦敦万国博览会，体现了英国工业技术变革带给世界的冲击

第 13 章

西方的兴起：全球范围的世界主义

（公元 1850—1950 年）

一、引言

接连发生在 19 世纪中叶的四大事件充分表明，亚洲几大文明各自 726
的传统秩序面临解体是不可避免的。1850 年，中国爆发了太平天国运
动。此后的 14 年里，这场运动对中国的社会结构产生了巨大的冲击。
因此，中国要想实行以前与世隔绝、闭关自守的帝国政策就变得越来
越不现实了。与此同时，日本则通过不那么暴力的手段，以自上而下、
卓有成效的革命脱离了德川幕府时代将军严厉统治的社会，于 1854 年
开始开展了有限的对外贸易。1857 年至 1858 年发生在印度的士兵反
叛发挥了推翻比较陈旧的社会制度的作用。反叛平息以后，随着学校
与铁路的兴建，印度人民再也不可能将西方人作为占领者这一特权阶
级来看待。他们也不能再次忍受另一个继承者卷土重来。越来越多的
印度人开始抛弃传统上遗留下来的那些东西。最后一个事件是克里米
亚战争（1853—1856 年）的爆发。在这场战争中，土耳其人在英法联
军的大力援助下战胜了俄国。但是，克里米亚战争的胜利使土耳其的
社会制度变得比过去战败时更加混乱。事实上，这个苏丹帝国因战争 727
所产生的新事物而再也无法复生，所谓新事物包括它所欠欧洲投资者

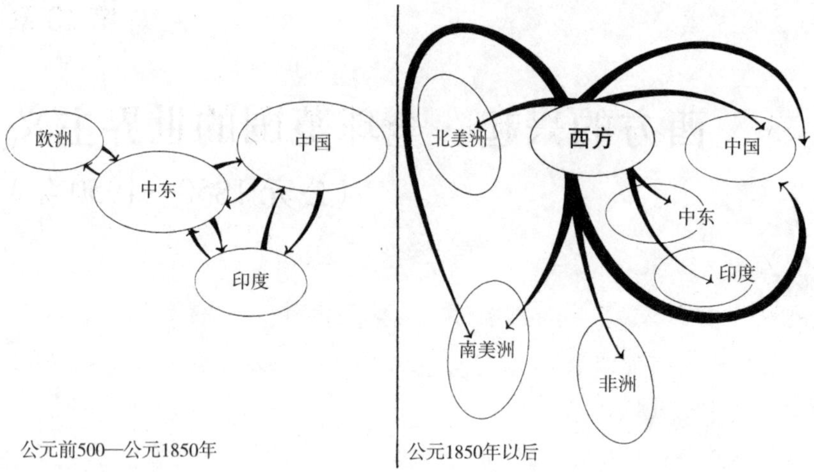

西方的兴起

的一笔数目可观的公债和欧洲工程师修建的铁路，更不用说 1856 年在英、法、奥三国大使的要求下向所有奥斯曼帝国臣民做出的平等权利的正式保证了。

这样，在亚洲各大文明国度里，来自上层或底层的反抗都突然败坏或腐蚀了过去的方式和价值。而且，在每次事件中，与工业化西方的联系和冲突都极大地激发了破坏性影响。看来，关于历经 2000 多年磨难的世界四大文明发达区在 19 世纪 50 年代以来的十几年里最终衰败的说法，不算是言过其实。取代这四个（或加上日本是五个）自主而又相互关联的文明的，是一个动荡不定、尚未成形但却是名副其实的全球性的世界，它作为人类社会的主导力量开始崭露头角。

在不到 10 年的时间里同时发生了使世界历史出现如此重大变化的这些重要事件，是绝非偶然的。已经对外开放的日本了解中国当时的困境。哗变的印度士兵也知道英国卷入了克里米亚战争。从欧洲人方面来说，他们在 1858—1860 年实行的对华推进政策是英法合作先期试验于克里米亚的政策的远东翻版。一般来说，到 19 世纪中叶，全世界交通运输的密度、速度和周期已达到了使地球上每个文明地区都不会在几周内与其他任何一个文明地区毫无联系。尽管洲际通信在 1867 年大洋底铺设电缆后才开始，但欧洲和北美洲大部分地区的即时通信于 1850 年通过电报机已成为现实。初期投资巨大而需要更加精算开支的铁路的普及在时间上比电报晚 10 年；而在海洋上用轮船替代帆船运输货物也于 19 世纪 70 年代至 90 年代的 20 年间完成。

交通运输方面发生的革命性变革是西方技术高速发展整体的一部 728
分。到 19 世纪下半叶，技术继而和理论科学产生了系统而且卓有成效的关系。但是，理论科学本身迄今为止仍在不平衡地发展着。再者，给世界伟大文明之间带来戏剧性变化的交通、通讯方面的革命是依靠广泛的技术基础而实现的，而技术又依靠科学。这三者又都依赖于一个按照特有的欧洲习惯和态度而形成的有利环境。离开这个环境，交通、技术和科学就无法获得它们改造世界的力量。然而，技术的变化以其无法预料的方式改变着旧的社会关系。在某种意义上似乎可以这样说，在 20 世纪初期的几十年中，随着现代技术（它仅仅用 100 年就发展得如此迅猛，即使在英国这样的先驱之国也是如此）的卓越成就而出现的副作用，使得西方古老的文明传统陷入混乱，就像六七十年前亚洲文明被搞乱的情形一样。

有争议说，科学与技术的结合使得构成 200 年前社会景观的全部文明扭曲了。这种结合使一个全新的“现代”国际性文化取代了一个陈旧的地域性文明残迹。诚然，从仅在 20 世纪那一代人所带来的日常生活和世界观巨大变化的观点来看，继续把我们这个时代大都市人民的生活与那些孤立乡村地区人民的生活紧密地联系在一起的希望已经微乎其微。但从另一种意义上说，在 20 世纪初期看似显而易见的西方文明的“瓦解”根本不是什么“瓦解”，而是其内部进化到一个新阶段的具体表现。纵观历史，激烈的动荡使得西欧以不同于欧亚大陆其他伟大文明的方式脱颖而出。从最近的世界史中，人们也可以看到这种革命性重组的长期趋向的事例，在这一过程中，不仅西方人而且全人类都被卷入其中了。

对那些以为自己是西方文明继承者的人来说，选择哪一种定义来解释近代史，在很大程度上是根据个人喜好与性情而定。可是，其他文化传统继承者们通常认为，“近代”文明主要的特征，是它在许多方面都与古老的生活方式有所不同。在这种情况下，希望在看法上取得一致是困难的。显然，那些缺乏时代眼光的20世纪的人们需要一种客观与敏锐的评价。事实上，人类各种不同文化都包含在相互作用的一个文化整体之中了。其影响可能全然不为人们所预见。即使那些20世纪最优秀的观察家们也只是将其洞察力局限于他们周围的世界。这正像公元1世纪那些受过良好教育的希腊罗马人一样，他们全然不知他们那个时代小小基督教社会的前途是如何的不可限量。但是，这些局限都是天生就存在于人类发展过程之中的，我们必然与我们的前辈及后人一样都具有这种局限性。

729 故此，考虑到由时间、环境和气质构成的这些特定条件，可欣然归纳以下两点，这两点在过去一个世纪的历史中看来是极为重要的。第一，人类逐步控制无生命的各种能源；第二，逐步以社会机制和社会习惯改造社会，以期达到人类所追求的目标。用历史学家的行话来说，这些发展都可归纳为工业化和社会政治革命。用一位社会哲学家（也许是古板的一位）的话来说，这两点大概都集中在一个标尺之下：人类理性的进步既适用于大自然，也适用于人类。科学与技术确实都取得了进步。我认为，这种进步也体现在人际关系的许多重要方面。然而，我们这个时代最大的讽刺是，哲学家们根据他们的理论揭开了不可知论；心理学家们按照他们的理论则发现了人类本性的非理性；人类学家、社会学家、经济学家以及社会上其他观察家们则按照他们的论据指出了社会现象与人类思考的无从比较。更不要提那些有思想的人们公认的问题，诸如当代所有熙熙攘攘的人类的进程是向哪个方向行进的？朝着什么目标？按照什么价值？所有这些悖谬不该导致绝望。正如芦苇虽然纤弱却韧性十足，人类的理性总有其明智之处。因此，多少世纪过去了，我们时代的思想困境就像 16 世纪的欧洲神学辩论仍出现在今天那样，可能看起来既有趣又互不相关。

如果人们把有意利用（1）无生命和（2）社会的能源的进步作为近代历史的主题，欧洲和西方就会比以往更加明显地被置于令人瞩目的中心，因为 19 世纪和 20 世纪上半叶，使人类处于混乱的那些技术和社会组织上的主要发明，都起源于西方，或在大多数情况下起源于特定的欧洲范围内。

正如上面章节所述，把早期欧洲的发展与其后几十年中世界的发 730
展放在一起进行比较，是一个明智的做法。"新制度"作为法兰西的政治实验与英国的工业实验的混合体，在一片喧嚣声中于 1789 年后来到欧洲，它给迅速发展的西方带来了一种新的外观和特性。但是西方的扩张导致 19 世纪中叶亚洲古老文明的生活方式趋于决定性的崩溃。自那以后整整 100 年的时间里，非西方世界尽力使自己各种丰富的文化传统适应起源于欧洲 19 世纪的思想与技术。从新型的社会政治控制机制中产生的新的精神和道德方面的困扰，与 20 世纪中叶出现的电子、原子能、火箭的技术奇境几乎均未超出西方世界的范围。但是，这并不意味着其他民族没有受到这些变革的影响，而是意味着印度人、中国人、中东的穆斯林等这样的民族和西方绝大多数人一样，在接受新事物上都不甚积极，而这些新事物恰恰构成了 20 世纪下半叶历史的一种特色。

因此，本章将分析 1789 — 1917 年间欧洲和西方的发展情况，对近期西方历史做一些粗浅的考察以便给出结论。然后将尽力找出到 1950 年为止西方与非西方文化相互影响过程中出现的具有重要意义的历史事件。用 1950 年这个年份没有什么特殊意义，只是一个数字节点而已。未来的历史学家也许会选择 1945 年或其他某个年份，以便把 20 世纪世界历史分成有意义的若干时期。

二、西方的扩张（公元1789—1917年）

（一）领土扩张

1789年法国大革命爆发时，西方文明的地理界线仍可以比较精确地划分出来。到1917年俄国革命出现时，情况就不同了。西方历史已融入世界史。同时可以确切地说，共同的命运已超越了人类其他一切文明、野蛮和蒙昧。

在这次融合中，西方民族比其他任何民族更具备突出的优势。对传统制度价值的坚定信念，以及为数不多的世界最强有力的武器和最有效的交通、通信网络，使得西方人轻而易举地镇压了由于他们的活动而引起的其他民族的反抗行为。

这样，在几十年时间内，来自欧洲或欧洲血统的移民占据了北美
731 中西部、南美大草原（pampas）以及南美洲邻近的地区和澳大利亚、新西兰、南非大部分地区。与此同时，俄国在西伯利亚、中亚和高加索扩充边界的活动在19世纪整整一个世纪都没有停止过。可是，西方的政治和经济渗透远远超出了欧洲类型的殖民地区的范围。到了1914年，非洲、东南亚和大洋洲的所有地区几乎都处在欧洲的政治控制之下。矿山和种植园在世界许多新地区被开发出来。这些地区经常是远离欧洲和其他文明的地区。无论在丛林、沙漠、北极地带的林地还是世界上环境宜人的地区，人们都在急切地追求像茶叶、橡胶、镍、石油这些新产品以及黄金之类的老产品。甚至18世纪的皮货商与19世纪的捕鲸者都有很多相似之处：捕鲸者像早期皮货商捕猎时侵扰极地地区的居民那样，狩猎于七大洋，并以其疾病和毫无价值的玩物侵害大洋洲诸岛上的原住民。

人类与货物的运动极大地改变了世界上人口与文化旧的分布状况。无论自然或人为的障碍都无法阻止西方的技术和思想传播到人类居住的地球上的任何角落。然而，尽管19世纪西方文明在地理上的扩张在世界史上有其意义，但就欧洲本身的历史发展来说并没有什么特殊的

重要性。1789—1917 年欧洲历史上占主要地位的，一是建立在使用无生命动力基础上的工业化，二是建立在对人类权利与义务新认识之上的政治革命。这两点都在欧洲历史上有深远的渊源，它们既不是自古有之，也并非只是与外部世界的偶然联系才发展到 1917 年。

直到近期——也许就在今天——使地球上不同地区的人们得以融合的世界主义促进了文化交流。这种交流一直朝着一个方向发展：从西方向非西方流动。结果，很少把现代较高级的文化和思想归于非西方文化传统。的确，当西方人认为自己的文明天生优越，并且这一信念坚定地占据了他们的心灵，尤其是这一信念常常可以通过坚船利炮来获得强有力的支持时，很多受过教育的欧洲人就变得更加不易接受外来文化的影响。在这种意义上说，他们还不如其 18 世纪的先辈们那么开通。[1]

（二）工业化

19 世纪的工业发展以 1870 年为界，大体上分为两个截然不同的阶段。每个阶段都有其特殊的技术、特殊的组织形式和思想。第一阶段明显地集中发生在英国；第二阶段则比较分散，主要在美国和德国，732
特别是后者，它们是当时的先驱和榜样。

第一阶段或称为英国时期

近代工业化第一阶段的技术状况可以用两个字来概括：煤和铁。19 世纪中叶，当铁路、棉纺业以及其他千百种新机器或新发明投入使用的时候，这种技术的作用才被充分表现出来。1851 年在伦敦举办的大型博览会展示和适当体现了当时给英国带来丰硕成果的工业技术变革。

把煤和铁用于工业以及民用目的在 19 世纪的英格兰几乎并不新鲜。早在 1712 年，托马斯·纽科门就已用煤作为机器的动力。而铁作为制作工具的标准材料已有 3000 年的历史。发生在 19 世纪中叶的英国革新，主要是这两种基本材料被应用的规模。当数不清的蒸汽动力应用于铁制机器的时候，规模上的变化已扩大到种类方面的变化。分散在乡村农舍用人工操作的木制织布机和纺织机，根本无法与维多利亚时代早期棉纺厂中的大量蒸汽纺织机和它们生产的成千上万个纱锭相比。机器生产的产品价格之低廉、规格之一致，特别是质量之高，远远超过了手工产品。其他传统行业，如冶金、印刷行业的迅猛变化以及机械工程、铁路等新行业的兴起，把新技术推进到1850年英国社会的各个角落。

那时，有些富于想象力的思想家，如亨利·圣西门（卒于1825年）、奥古斯特·孔德（卒于1857年）和罗伯特·欧文（卒于1858年），开始注意到将来经济可能极为丰裕，在这样的经济中，无生命的能源大量用于工业进程将极大满足人类的需要。然而大多数人仍然认为贫困不会消失，商品的任何增加都会被增加的人口迅速地消费掉。19世纪英国人口确实有了惊人的增长。从1801—1821年短短20年间里，其人口就增加了34%。整整一个世纪以来，英国人口已由1801年的1000万增加到1901年的3700万。[2]

从20世纪60年代的观点来看，这场工业变革开始于200年前的英国，仅仅一个多世纪以后就达到了真正大规模的繁荣，构成了我们时代之前的一场人类经济与社会生活的突变，看来似乎完全可以与从捕猎过渡到农牧业的新石器时期的变化程度相比拟。在新石器时代，农夫精心改造自然环境的技术使得人类的食物与动力资源成倍增长，人口迅速增加，并使相对多的人口集中到城市成为可能。在那里，职
733 业的专业化有助于文明生活的技艺和复杂经验得到发展。通观有文字记载的历史（甚至一直到我们今天），大多数人依靠逐年逐日的耕作模式而生活着，饱受风险、天灾、战争、瘟疫之苦；他们在丰收与劳作中得到锻炼。

现代工业可能将形成一个规模比较大的体制。在这个体制里，大多数人将存在于遥远而不可预见的未来之中。但是，这种因改变人类生活基本节奏和常规而出现的社会、政治、文化方面的可能性，还没有得到部分或试探性的研究。因此，仅根据18世纪末、19世纪初英国

几个主要都市的发明家、工程师、提倡者在小范围内所做的一点儿开创性工作，就夸夸其谈其历史性影响是困难的。

然而，在过去，也许在现在，人们仍能很容易地夸大这种制度结构和知识结构长远的重要性。英国的工业化就是从这两个结构中产生出来的。也许像“新教伦理”“非国教徒良心”以及“资本主义精神”这些玄妙的内容是开创工业化重要而且必不可少的因素。然而，值得一提的是，在匈牙利这样的国家里，无论是加尔文教义还是非国教主义都没有带来工业发展的后果。当然，英国有其有利的一面：已拥有大量易开采的煤、铁矿石；出现了一支能被迫接受新工作的劳动大军以及发明家和企业家阶层。这些发明家和企业家愿意开发新观念，以便能够获得金钱或信贷，使他们和新机器以及操作程序融为一体。

也许是英国社会结构比较松散，从而激发了创造才智，并在第一阶段工业现代化进程中，使得英国处于比其他国家领先的地位。这种松散结构，是从 17 世纪中叶议会愤怒地废除早期斯图亚特王朝不断上升的专制主义的斗争中继承下来的。但是，在 1756 年至 1815 年间，英国议会仿效旧体制的古风被与法国人作战而产生的紧张和突变所震撼。[3]海外贸易模式因依赖于不断强大的海军力量产生了急剧变化，政府法令同样受到越来越复杂、规模越来越大、五花八门的战争经费[4]的影响而发生突然变化，同时货币供应和物价水平出现了剧烈的波动。所有这一切都削弱了对经济改革的传统性抵抗力量。在这些条件下，一位幸运而又有技术的倡导者很容易得到财政资助。他可以诱使千百个雄心勃勃或者说是贪婪的个人去仿效他。[5]很有可能，在一个管理较好的社会，如果官方对个人积极性控制得太厉害，而且又从战争中赢利，有可能阻碍英国 18 世纪末、19 世纪初已出现的工业企业迅速的改造。

然而，任何一般情况都不能够说明人类事务中发生的一次大规模 734
的变化。简而言之，由于不同动机的驱使，个人都可以自己做出决策并行动，于是开始改变了英格兰的生活。对精巧工艺的自豪感与期望在同行中受到尊敬的愿望，在一些案例中可能是搞发明的强大动力，正如在其他案例中对赚钱的欲望一样。一个耐心把螺丝拧进螺母，使之既平滑又结实，一扣一扣都是按他传统的手、眼技艺所做的工人，对新机械设备的成功是十分必要的。这就如同决定制作一台机器并向操作工人支付工资的资本家不可缺少是一样的。当一个发明者，比如詹姆斯·瓦特，他自己既不是机械师也不是资本家，只因依靠他们的合作，他的想法才和运动着的铁器得以结合。

说到早期工业化制度的建立，要抓住重要的一件事，即：英国社会比较古老的体制在任何时候都没有失去作用，而且它在 19 世纪上半叶，在来得密集而迅猛的技术革新中受到考验并得以发展。[6] 然而，这既不是事务的必然，也不是事务稳定的状态。事实上，早期工业化在某种制度下的出现和繁荣不能证明这种机制与工业化有任何固有的长期密切关系。因为这种制度的特点曾经是商业化和农村化、贵族和议会、孤立保守与个人主义共存。提出英国工业化的成长与英国特有的制度和态度之间有必然联系的看法（在某种程度上又普遍扩大到西欧和北美洲地区），是教条的马克思主义者、19 世纪自由派以及 20 世纪保守主义者共同犯的一个知识上的错误。

尽管如此，这种想法直到 1870 年世界工业生产的领导地位从英国开始转移到德国和美国的时候，还被认为是有道理的。亚当·斯密（卒于 1790 年）以及与之有相似思想的哲学家们，发展了一套复杂且令人难忘的经济理论，认为个人自由判断买与卖的合理行动，可以极大地满足人类的需求。由于英国的各种机制看来为个人追求私人利益给予充分良机，结论看来也是显而易见的：英国惊人的工业发展直接源于英国法律的合理性。它禁止在市场上干涉个人自由。这个自由竞争哲学在 19 世纪中叶已成为自由信条中的一个基本条款，并在许多欧洲国家为那些在当地实行工业化而受到法律和其他阻碍的人们呐喊助威。

735 但是，即使在 19 世纪，事情也不尽相同。技术迅速超出了自由制度的范围，并且在不同类型的社会找到它的立足点。日本的工业化就是这一现象最显著的例子。然而，即使在西方世界内部，1870 年以后德国工业的兴起以及二三十年后俄国工业的兴起都给它们带来了现代工业技术的全面发展；而在德国和俄国社会里，自由传统是很差的，在政治上也无足轻重。如果通过利润分成来看个人致富的标准，那些在政府或公司的官员们扶持下做得不错的工业企业常常显得微不足道，甚至可以完全忽略不计了。

此外，当德国和俄国的工业正迅速发展的时候，英国的大工业家们对所取得的荣誉感到心满意足。成功的实业家的后裔们被拥有地产的悠闲阶级中所流行的优雅的生活方式强烈地吸引着。受这种生活方式影响的人们常常不愿意再做大量的和新的投资——的确如此，为什么要把一件好事搞乱呢？除此之外，上流社会需要摆脱对工厂积极的日常管理，要求在伦敦或者至少在曼彻斯特市内有个住所。可能的话，在乡下，在那些远离喧闹的工业区与污秽的地方找个住所。所有这一切都不可避免地、极大地扩大了工厂管理人员与劳动者之间的距离。早期存在于较为俭朴的工厂里的那种企业主和他们的雇员之间融洽的、在工业技术方面卓有成效的合作日趋消失。天才的机械师们依旧存在，但是他们当中几乎没有人乐意用他们的才智去养肥一个远离社会的资本家，尤其当他们意识到一旦这样做就可能导致同事们失业的时候，就更不去做这种损人利己的事了。

英国失去工业领导地位的第二个原因是理论科学和技术发明之间缺乏一种审慎而系统的联系。[7] 的确，实业家们有时只是在遇到特殊困难时，才和理论科学家们协商。比如，1815 年煤矿主们委托汉弗莱·戴维爵士（Sir Humphry Davy）设计一种煤矿上使用的安全照明灯；自然哲学教授查尔斯·惠特斯通（Charles Wheatstone）成为率先成功的英国电报公司（1837 年）的合伙人，因为在最初的试验阶段，企业家们需要他的电磁学知识。[8] 在随后的一代人中，格拉斯哥一位开尔文勋爵（Lord Kelvin）解决了妨碍传送跨洋电报的一些难题。他还设计了一种可以用于格拉斯哥船厂制造的新型铁船上的指南针。[9] 但是，科学理论与技术实践之间的对立仍然不时地出现：根据双方协议，一俟具体问题得到解决，原来一件紧急之事也要被束之高阁了。

736 从事工业生产的人们的基本愿望总是维持现状。劳动者和工厂主一样都想在一种新技术一旦试验成功之后，机器的制造，对劳动技术的需求，以及成品市场的建立，一切一切都能无限地进行下去，而不要有什么重大的变化。但是，常常事与愿违。初期，当创办资本还较少的时候，一种拥有机器改进专利的竞争者可以通过降低成本和价格，轻而易举地使兴隆的商行破产。商业盛衰循环周期的猛烈震荡，进一步淘汰了那些效率低或者是技术已经过时的企业。

尽管如此，英国工业实业家和工人都本能地盼望或希望稳定。机器的不断复杂化以及制作过程的精细化，使创办资本增加，国内竞争引起的混乱减少了，但是，来自国外的竞争引起的烦扰仍未减弱。[10]技术改进无止境这个概念，在1914年以前还没有真正地在英国实业家们当中找到立足点。人们很难相信正处于最佳状态、完美无缺的机器设备也会变成过时的东西。一个公司应该通过资助研究来增加成本，目的在于替换其工厂原来工业生产程序的这种悖论想法，在第一次世界大战以前仅仅被很少的几个英国企业家所接受。

英国国家权力与财富，也许由于对技术进步的这种社会和道德理智方面的障碍而遭受了损失。然而，从另一个角度来看，这个早期（并且是夭折了的）工业化的稳定证实了英国社会旧模式所具有的活力和适应性。成功的资本家和科学家们吸收了传统的上层阶级的世界观和习俗。在社会的另一端，英国产业劳动者则通过在诸如酒吧、工会和卫理公会教派礼拜堂这些新的社会结构周围，为他们自己建造一个善于容忍的道德世界的方式，来表现他们相当大的创造力。

如果英国停留在自己的发明上，那么在19世纪上半叶已达到高潮时期的发明和技术改造的急剧发展也许早就走向消亡了，取而代之的
737 可能是速度缓慢的技术进化。然而，英国没有停留在自己的发明创造上。相反，它采取了与他国不同的态度和机制，使工业化获得了第二次推动力，而且比第一次更有力。于是，与世界上其他人一样，英国

人也不得不使他们自己适应这种新形式。

第二阶段或称德国和美国时期（至 1917 年）

现代工业化第二阶段的技术包括各种各样的材料和开发的新资源和各类能源。但是，第一次世界大战前的那段时间，煤和铁的首要地位并没有受到真正的干扰。各种新兴的电力、化学、石油和轻金属工业以及应运而生的汽车、收音机、飞机和合成纤维行业都只是刚刚开始。而且煤和铁这两个 19 世纪初期的原料“大王”，本身也发生了重大的改造。煤找到了比只做燃料更多的用途；蒸馏产生的焦油，通过适当的化学处理，能够制造出诸如阿司匹林、染料和炸药等不同产品。铁也是如此。贝塞麦转炉（Bessemer converter，1856 年）的发明，使铁经过显著化学变化，炼成多种钢材。钢这种铁和炭以及其他元素的合成物，本身就能够产生无限的变化。化学家和冶金家已经掌握了较为准确地控制各种成分的方法使产品标准化、多样化。他们还发现，原料和比例的微小差别可生产出硬度、弹性、防锈和抗拉强度完全不同的钢。“钢”成为用于某种特殊的目的、各种特殊类型金属的总称。因此，尽管在 1870—1917 年间，煤和铁在工业原料中还占统治地位，实际上，在这个时期结束时，化学家和冶金家们已经把早期工业化的这两位孪生“大王”变成了大批种类繁多的全新物质。

特种钢和煤焦油衍生物的发展代表了 19 世纪末期技术发展的一般趋势。煤和铁的创新使用了精心促进分子或亚分子方面出现变化的优势。的确，当化学家们都涌进工业技术发展的第一线，并使得工业工程师们成为他们的学生的时候，[11] 主要通过开动的铁制机器对巨型材料加工的旧技术的范围，被工业发展过程中开发出来的自然力的极度微型化极大地扩展了。对分子、原子和（带电的）亚原子粒子、力以及属性的精密处置，为人类控制物质和能源开拓出了宏大的新领域、一种微妙的灵活性和一种无比的精确性。轻巧的开关供电取代了蒸汽炉为当地提供电力的方式。现已证实，电可以使各种机器的驱动轮运转，

从而开动了机器生产程序。如果说以笨重的弯轴、起伏的活塞、轧轧
738 作响的驱动轴以及大量的蒸汽和烟云构成的固定式蒸汽机引擎是第一阶段工业现代化机械原型的话，作为第二阶段标志的“机器”在人们中间的概念已优化为收音机、变压器、电解器、摄影感光板或者电炉。

诚然，新技术不能全面替代年代悠久、较为古老的生产程序。除了蒸汽机，其他任何发明也都导致人们放弃用牲畜和水作为动力。事实上，陈旧技术形式的新改进有时是十分重要的。数量日益增加的吹风炼钢炉、火车机车、轮船、印刷机械及其他机械使经济得到重大发展。与早期铁路带来的影响相比，汽车和飞机的发明则预示了人类社会的变化形式。然而，这些改进尽管给那个时代的人们留下了深刻的印象，但它们只是完成了工业化第一阶段的任务，未能开创第二阶段；我们在 20 世纪 60 年代依旧置身于后一阶段。

* * *

第一次世界大战以前，美国在其工业组织基础之上形成的社会组织和理想与英国的情况极为相似。美国分享了或者说发展了英国社会的大部分独特的东西。它甚至更保守，在经济与社会机构中，公共官员几乎无足轻重。社会阶层没有明确区别，至少在北部是这样的。美国革命以前很长一个时期，金钱的算计以及市场上的尔虞我诈已经流行于新英格兰和中大西洋各州。美国的机械创造力和世界上任何一个地方都是相同的。在这样一个社会里，现代工业化很容易扎下根来，尤其当铁路和水路运输使宾夕法尼亚和其他内陆地区的铁和煤得以开采的时候更是如此。美国丰富的自然资源和相对稀少但不断增长的人口，使它直到第一次世界大战甚至战后一直维持着一种繁荣状况，这与 1790—1850 年间遍及英国工业界的情景非常相像。而且，美国实业家的利己主义思想和竞争手段，简直是早期维多利亚时代公共道德面纱遮盖下的工业粗暴行为的翻版。像托马斯·爱迪生（卒于 1931 年）

和亨利·福特（卒于1947年）这样的机械师和企业家，在关键方面重新发挥了理查德·阿克赖特（卒于1792年）和詹姆斯·瓦特（卒于1819年）这些人所取得早期成就的那种作用。他们是结合广阔的美国国土与国内市场从经济角度上来产生作用的。

大批各种各样移民的到来大大地加速了美国的工业化。到1914年，美国人已成为一个各民族结合的群体，其中欧洲人占主要成分，还有一个实力雄厚的黑人少数民族。美国至少变成了集中人类几乎所有民 739
族代表的地方。由这种融合而产生的文化多样性，使人们对从农村到城镇生活变迁的工业化所带来的各种社会和心理压力，给予了特别的注意。美国的解决办法是，强调英国文化遗产和政治先例，至少在几十年中冲淡了一些外来移民给这个国家带来的各种差异，提供了相对灵活、适合各民族不同文化融合的共同基础。

美国的工业化与英国情况的不同之处，还在于大公司集团很快就变成了美国商业企业的常规组织形式。把公司变成依靠职业经理而不是依靠所有权行使权力的私人企业倾向，与第一阶段工业化时风靡英国的粗野个人主义有明显的不同。即使在美国，对私人企业的公共管理也表明了像约翰·洛克菲勒的标准石油公司这样实力雄厚的公司，有时发展到超出严格的私人概念能够容忍的范围。然而，这些趋势在德国得到了全面发展。在那里，德国政府的传统是像鼓励其他事物一样，也鼓励经济的大规模发展。在那里，人们认为政府官员不应是侵吞诚实的人们上缴的税款的贪婪之辈，他们应是国家这个超然实体的代表；在这个实体里，即使在事实上不总是，但至少在原则上是这样：把彼此冲突的私人利益适当地升华到公共利益的程度。

* * *

德国工业发展能和美国工业发展同步进行，部分原因是，两个国家都需要有铁路来释放以前因内陆地区运输困难而未被开采的矿产财富。但是，德国比较严格的等级制度，特别是在其东部地区的等级制度，强大又得人心的神秘政府，军队和官僚体制，优秀的德国式教育，广泛分布的手工业技能以及行会组织——所有这一切都确保德国现代工业展现了完全不同于英国、美国的社会与道德特征。

德国人最重要的革新是他们扩大了工业生产过程中精心管理的范围。这种革新是在几个不同方面进行的，大体包括：(1)技术方面，(2)金融方面，(3)人事管理方面。

(1)技术方面　德国人组织发明创造，并且使之成为一个考虑周密、意料之中的常规事务。事实上，当德国工业大规模出现的时候，就像化学家们开始对其研究课题取得足够理论根据一样，而这个根据证实它将无疑有助于形成技术的改进是无限的这样一个概念。不管怎样，德国的化学和电气公司开拓了建立由受过大学教育的化学家和物理学家组成工业研究实验室的先例。在实验室里进行的研究与实验不是作为辅助正常工作的一种应急措施，而是企业组成所必需的常设机构。这样，一些德国公司搞技术发明，是通过科研的高级理论与工厂单调的日常工作之间实实在在的结合加以实现的。企业效益是显著的。到19世纪末，德国化学工业和电力工业居世界领先地位。

740 (2)金融方面　德国政府通过取消或者控制自由市场的手段，扩大了管理部门的范围。而自由市场至少在理论上曾指导了英国实业家们的决策。于是关税，特别是精确调整后的铁路税率，被用来鼓励某些国防所需的工业企业的发展。1866年以前，特别是1866年以后，当普鲁士人通过铁路运送军队率先显示了他们出其不意的战略时，人们就着眼于铁路本身潜在的军事用途了。沿着受到威胁的前线快速布置的需要，已经变得比任何支配自然和建设地方铁路所获得的经济效益更加重要。然而，考虑到取消市场的问题，德国作为一个整体得到的不仅仅是一个极为重要的军事优势，同时还得到了结构紧密、效率非同寻常的运输网。尤其在1879年以后，国家购买私人铁路成为官方政策时，情况更是如此。

政府领导人不仅仅是致力于控制德国工业发展的官员。在国家的保护伞下，德国出现了五六个“私人”组织。它们对德国的经济发展起着极为广泛的影响，这些“私人”机构就被叫作银行。它们有权力是因为它们对德国工业进行了大量的长期贷款，其规模大到连英国银行家都会拒绝的那种向私人控制下的机器和建筑业的大量投资。1870年以后，这种很容易获得的贷款大大加速了德国工业的发展。但是问题的另一方面是，银行坚持对那些得到它们慷慨资助的公司有发言权。主要做法是，在董事会中逐步安插银行的代表。当一家银行与几种工业或若干企业建立起这样亲密与共的关系以后，各个公司的独立就变得徒有其表了。无论从国内还是从国际范围来看，或者从金钱的角度来看，银行家们的观点是控制经营决策。

卡特尔已经成为由大银行起协调作用而出现在德国工业综合管理方面的专称。卡特尔的总目标是控制一些特殊产品的供销价格。其方法是尽量增加整个工业的利润，尽量减少货物流通和工业企业服务中的价格波动。卡特尔的所有成员通常根据协商好的比例来分配市场。价格的制定几乎是普遍的，常常是同一产品以不同价格供给不同阶层 741
的消费者，各个工业的具体情况不尽相同。假如有些产品难以定出标准，卡特尔的原则通常就失去作用。不过，在煤炭、钢铁和其他许多主要工业中，德国卡特尔获得了显著的成功。

德国金融和工业经营者们通过卡特尔控制了市场（程度有限），而不是被市场所左右。在工业化的第一阶段，人们简单地认为，自由市场上价格波动是很自然的事。他们随着周期性的繁荣与萧条调节了工商活动，正像很多世纪以来，农民随着老天爷的仁慈与暴虐尽力调整他们的生产活动一样。诚然，在第一次世界大战前的年代中，德国卡特尔未能完全从世界市场波动中摆脱出来。[12] 但是由于实行了计划生产，并对价格实行严格管理，它们对金融环境很能控制，这种能力是无与伦比的，至今仍是这样。

（3）1914 年以前，即使在德国，人事管理方面的进展也是不平衡的。虽然如此，德国商业与技术学校为一些特殊工作培养人才的有效程度也比世界其他地方高。而且，俾斯麦的社会保险法的实施，在数百万人的生命中增加了有意识管理的一个新因素。同样，俾斯麦从幕后操纵新闻媒体的做法是思想控制的一个初步措施。这一措施在我们这个时代已被广泛运用。

在全国范围内比这些微弱的、刚刚起步的事情更重要的是：个人企业家很快让位于专业管理人员集团，他们受委托不仅以其高效率来管理那些工厂、公司、卡特尔和银行，而且还通过创造一个有严厉的内部纪律与团体精神的上层精英集团决定它们存在的条件。这种纪律与精神和19世纪初叶英国商人中普遍流行的利己主义和赤裸裸的拜金风气有着天壤之别。德国工业和商业界的精英人物把他们自己编入严谨的官僚统治集团行列。他们因自己致力于集团精神并做出成绩而被升到拥有更大权力的职位。金钱——这种奖励与市场上成功的标准——对这些人来说常常处于次要地位，他们更看重在商业社会中不断上升的威望。

很清楚，一个相当狭隘的寡头政治统治者，是通过集体从上层志同道合的候选人中选择并培训他们的政府成员，这些人都要经过一生的严格审查才能被提拔。这种寡头政治很像政府官僚统治的金字塔，而且事实上工业与政府的集权统治在很大程度上都重叠在一起。在德国各个州，国家公务员管理着铁路、矿山、电报和电话业务。普遍问
742 题是，大多数政府官员对私人公司的态度虽然相当冷漠，然而依然是诚实为善的。这在主要供应厂家与普鲁士参谋部之间的积极密切合作中充分发挥了作用。

19世纪，人事管理方面的确取得了真正显著的成就，它们集中在军事领域。德国在这方面的领先地位尤其引人注目。拿破仑时代之后，普鲁士在实行普遍正规军事训练方面开创了欧洲各国的先例，至少在原则上，和平时期的军事训练是正常的。普鲁士预备士兵通过参加由专业军官事先设计的军事演习，所取得的成绩令全欧洲大吃一惊。普鲁士

在 1866 年战胜奥地利、1870—1871 年战胜法国以后，欧洲大陆各国都匆忙地仿效普鲁士。其结果是，第一次世界大战最初几个星期，人们看到了一个令人瞠目的壮观场面：许多庞大的人类机器，用可替换零件组装，以十分残忍的方式开动着，至少大体是按照事先决定而又不得改变的计划运动着。数百万人构成了装配着这些竞争机器的零件，举止几乎都像失去了个人意志和才智。结果，到 1914 年 8 月，成千上万的人离开了尘世，欢庆自己进入了一个梦游的英雄主义的无意识状态。

随之而来的战争年代导致德国社会各种不同成分大规模合并。此时，德国社会已经大大地放松了思想意识对社会行为控制的限制。到 1917 年战争已进行了三年之后，和平时期各自或多或少地独立行动的集团和组织机构（经常为实现相反的目的而行动），都服从于其中的一个组织机构（也许是最有效的一个），这就是总参谋部。军事官员控制了政府文职官员、银行工作人员、卡特尔、公司以及工厂、工程师和科学家、工人、农民——实际上几乎包括了德国社会每个成分；而且在理论上以及很大程度在实践上都朝着战争的方向使劲。

到 1917 年，定量配给和优先权已经取代了市场价格，成为所有重要商品的分配调节手段。对现有的劳动力、原材料、动力和运输的统计，都优先于对金融的控制和统计。科学人才已被动员去研究大气固氮这样一些紧急项目。不这样做，德国就会缺乏炸药和化肥。德意志帝国的战争组织尽管不尽完善，也扩大到了邻近的国家，它们或与德国军队结为联盟，或已被德国军队占领。为了实现全国目标而形成的国家权力的集中就这样变成一个跨国集权主义。当然，其中奥地利的粗心、比利时的愤怒和巴尔干的落后都限制了这种集权主义。第一次世界大战期间，德国在集中用于战争的人力、物力并协调二者方面比其他任何一个国家做得都好。它完成得快，而且持续得久。1918 年的失败导致曾处于全部权力核心地位的德国军事管理机器的废除。然而， 743
当那些被团体精神激励并被组织到严格的权力机构中的无情而又具有聪明才智的人，试图把全国能源和资源与统治集团规定目标的实现联

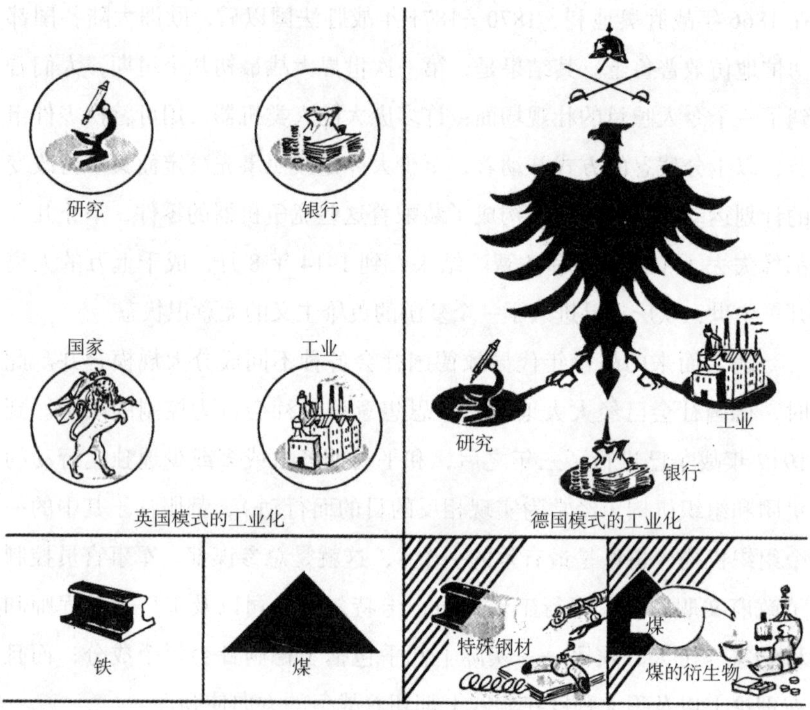

工业革命

系在一起的时候，那些可能出现的新经验仍然充满他们当中一些人的头脑，激起另一些人的雄心，并且预示世界上一个新时代的到来。[13]

如同在其他方面一样，每个西方国家在工业化方面都有其自己的一些细微差异；正像英国的先例和模式在19世纪上半叶被大陆各国略有不同地接受了一样，19世纪下半叶的德国模式把不同的地方传统、技巧和资源结合在一起，并通过与略有不同的英国或法国模式的竞争，
744 使东欧和南欧开始了工业化。但是，在1917年，工业化几乎还没开始在西欧和美国北部以外的地方扎根。尽管它对全人类影响巨大，然而当第一次世界大战无情地摧毁了“欧洲新制度”时，工业化进程依旧是一件有吸引力的地方性事件。

（三）民主革命

1789 年，法国三级会议改变成国民公会之后，宣布了人权法令并制定了包括这些权利在内的宪法。这样，民主革命，这个首先起源于北美的英国殖民地的引人注目的字眼，横跨大西洋，以华丽喧闹的声势移植到西欧中心地带。几天的喧闹之后，人们的激情仍持续了 20 多年。在这期间，革命的思想已传播到欧洲大部分地区，甚至到了南美洲。直到第一次世界大战，欧洲政治家的主要任务是使各种传统的政治事务适应于这个在法国新发现的永恒真理。这就是，按照民主原则，改革现存组织机构，使之世俗化、合理化。[14]

法国大革命本身就综合了各种对立物。除了在实践中无法避免的一些妥协之外，被总结成“自由”“平等”“博爱”这一口号的革命理论有多种解释。可是，这些解释曾经是，现在也还是所有好的政治口号的精髓。因为它允许持各种观点的人聚集起来，采取有效的行动，尽管他们仍有分歧。在这方面，法国大革命包含了人类动机的多样性，这与欧洲历史上，甚至在宗教改革时出现的那些早期大动乱的动机的多样性是一样的。

“自由”说到底，其含义也许就是大多数人用以克服各个障碍，以达到他们目的的权利。用一句易于理解、自相矛盾的话来说，自由甚至可以包含一个集团利用劝诫和威胁的惯用手段使人们觉悟的权利，如果需要的话，公开诉诸暴力以使那些持怀疑态度的人相信他们，防止人民的敌人玩弄他们恶毒的欺骗计策。但是，自由也可能有着恰恰相反的含义，即个人权利。这就是说，在最大可行范围内，人们可以随心所欲，即使他们的行为令大多数人不快或伤害了大多数人也无所谓。简而言之，自由的含义既可以理解为政府当局权力的极大扩展，也可以理解为对它的严格限制；因此，这个词经常被用来解释这两方面的政策。 745

“平等”与“博爱”也同样包含了非常矛盾的内容。平等是不是就意味着在法律面前人人平等，以至于大家都应该交一样的税额，受一样的限制，享受一样的自由呢？如果是这样的话，一个富人真会和

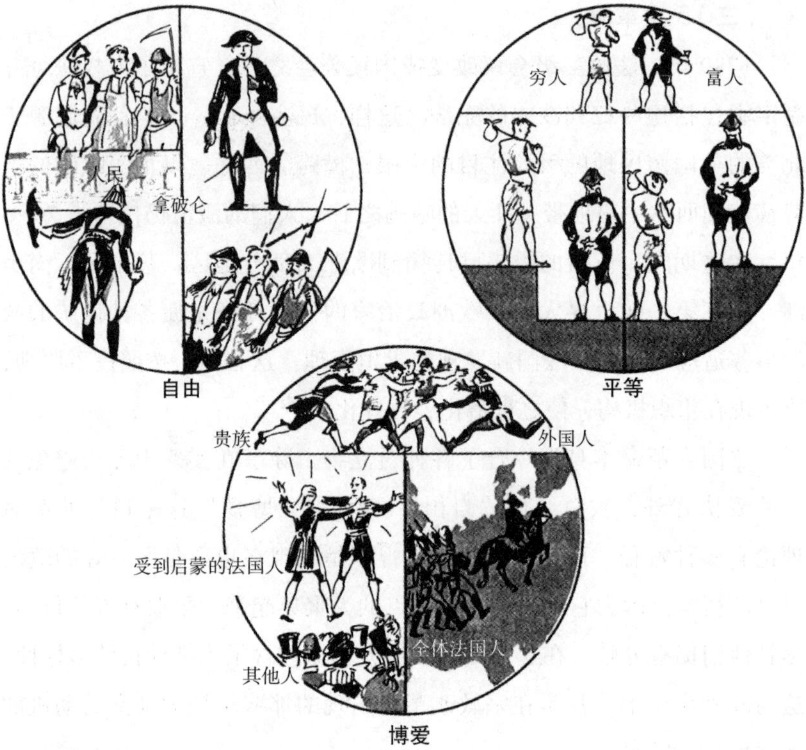

法国大革命的双重性

746 贫穷饥饿到准备为一顿饱饭而出卖其生存权利的人平等吗？或者说，真正的平等是否也需要有经济地位的平等和财产再分配？假如是后一种情况，那么富人在法律面前是不是平等呢？或者说，他们是人民的敌人，要受到特殊惩治条例的惩处呢？至于说“博爱”，是指所有人都是兄弟呢，还是仅指全体法国人？或许是指所有那些被未开化的人或心肠恶毒的敌人包围着的思想正确的人？或许它仅仅是指一群真正是兄弟的、品德高尚、思想正确的法国人？而那些较小国家的人们，即使他们的想法也属于正确的范畴，也完全不能称兄道弟吗？这些相反的含义在法国大革命一开始就存在了。随着革命队伍中若干派系的分裂，这些含义或多或少地变得更清晰了。

大革命时期法兰西内外错综复杂的党派之争和政权的更替就不必在这里逐一叙述了。只说下面一件就够了：在国民公会制定的宪法破产以及革命的法兰西与保守的普鲁士和奥地利（1792 年）之间出现敌对以后，事件迭起，并朝着危机的方向发展。到 1794 年，战场上的军事胜利把法兰西共和国从其国外仇敌的手里挽救出来；但是，军事上的胜利伴随着不断增长的恐慌，而国内出现的意识形态方面的混乱为拿破仑·波拿巴的野心开辟了道路。拿破仑于 1799 年夺取了政权，并不断地强化对法兰西的专制统治。直到 1814—1815 年间，他才在欧洲的联合下被推翻。

因此，法国大革命带来的不是民治共和政府而是军事独裁，随之而来的是君主复辟。然而，尽管各革命党派的光明希望被许多事件搅乱了，但是大部分还是实现了。大规模地废除君主权力以及相当广泛地分散土地所有权——这是通过没收教会和贵族的财富再行转卖的形式得以实现的——使得 19 世纪的法兰西成为一个农民的国家。土地问题的解决是根本的，从稳定法兰西社会的意义来看，它确保了大革命的不可逆转。但是，作为土地、妻儿和其他财产的一家之主，终日沉溺于像粮食价格和女儿陪嫁这类既实际又重要的事情中的农民[15]的问题，仅仅是革命要解决的问题的一部分。城镇生活也随着对行会及其他古老的法人组织和垄断公司的镇压而发生了变化。但是，政府职能的改变以及它与个人之间的关系已渗透到城乡生活之中，也许可以被认为是法国大革命最重要的一大成绩。

政治领域的变化在革命热情的中心深深地扎下了根基。正如法国领导人所说，数百万人进行战斗，并有成千上万的人为之牺牲，其目的就是要建立适宜于一个伟大而自由民族的政府。从 1790 年至 1815 747
年这段法国历史中出现的立宪方面魔术般的变化，通过实践毫无异议地证实了以前只不过是一种激进的理论：所有的政府既不是上帝的，也不是自然的，而恰恰是人为的产物。的确，在革命的制度实验是否也可以证明人为的政府比旧制度能更好地为人民服务这一问题上，保守派与自由派之间存在着尖锐的分歧。但是，无可否认的是，首先是共和国时期，然后是拿破仑时代，法国成功地动员了此前梦想不到的力量，并把它们引导到为民族国家服务的轨道。法国大革命的这个方面使它成为工业革命强大的孪生兄弟。因为每次革命都极大地增加了权力的范围，而且使西方各国人民和政府都愿意如此。

考虑到这种情况，人们似乎怀疑，法国大革命是早在中世纪法国君主政体时代业已存在的权力集中和强化的翻版。但是，革命家们是在一个新的、罕见的绝对统治者——人民——的名义下进行活动的。声明人民是最高统治者，同时也宣称把新的权力和尊严赋予田野或大街上每个人的理论——在一定程度上也真正这么做了，使占有统治权的人更容易通过他们的官方代理人分别向人民要求新的贡献和更大的牺牲。对人民来说——现在称其为公民和主人，凭借自己本身的头衔，他们再也不是国王与贵族的臣民和仆人——他们现在直接对国家的命运负责。任何一个没有意识到自己责任的人都会在这方面适当地得到提醒。对那些固执的个人，甚至不得不强迫他们加入自由人的行列。

从此，用民主理论武装起来的法国大革命政府，由于急需人、钱和物，自然制服了旧制度时法国的绝对君主专制的那些通常的限制和对抗的势力。原来不可废止的特权、权利和豁免权在 1789 年 8 月 4 日那个激动人心的夜晚被废除了，而且一去不复返了。其后不久，那些实施寡头政治的乡镇政府、贵族化的省政府连同几乎要自行解体的同类各级政府，一起被取而代之。先是由各种应急委员会，最后由一个精心安排的、统一的、合理的、集权（这一点最为重要）的官僚政府所代替。

在居于旧制度统治下联系中央当局和普通臣民的各种法人组织与特权团体当中，只有教会对革命政府的篡权进行过有力的抵抗。因为教会失去了它的地产（1790 年），所以教士的薪水由国家支付。但是，这并没有使教会成为政府官僚政治的一部分，因为教士和主教们的权威既不是来自人民主权，也不是来自国家，而是来自继承的基督教神权。用一个能与理性的革命政府相匹配的理性宗教来代替基督教的激进企图彻底失败了。并且，按照在自由选举中表达出的人民的意愿任命教士，以使得教会政府民主化的努力成效甚微。的确，教士的民事 748
法律在 1790 年成为国家法律时，使当时还未安定下来的法国社会又出现了一道裂纹。那些批判或同情教会，为使之适合于民主原则而做出自己努力的人们是不可能统一他们的看法的。每一方都认为自己的理论是正确的。然而，无论他们把矛盾的理论前提说得如何无懈可击，他们的理论都是完全不可调和的。

拿破仑和罗马教皇签订的 1801 年协定，只是掩盖了但并没有解决他们之间的不和。在拿破仑时期以后的最初时代，能与各地的罗马天主教会相匹敌的只有各基督教国家教会。罗马教会作为反动势力的支柱是非常保守的。然而，随着时间的流逝，民主革命反戈一击，取得了胜利，甚至在反动的教士中也是如此。19 世纪结束之前，欧洲天主教大部分地区捍卫教会的要求和特权的行动，不是只有或者主要被惧怕革命的高级教士和统治者所开展，同时还有各政治党派和普通的平民协会——例如天主教的工会——它们旨在得到广泛的支持，并在各种场合下直接参与议会活动。

当革命黎明的第一道曙光出现的时候，那种在理智上仍然混乱的情况下解决民主学说和天主教教义之间冲突的办法，如果实际上证实有效的话，它也是曾带有许多旧体制某些不合理的味道。这一点是可以想象得到的。更确切地说，大革命就是要冲击联系每位平民和“他”的民族国家之间的各种法律组织，使之毁于一旦。这样的中间组织就是革命者通常所说的“特权”。因此，从铲除特权的角度看，法国革命实际上使法国社会分化成中央集权的官僚政治（实际上就是它被民族国家本身广泛地赋予了法国社会各种权力）和数百万自由、平等和大抵是博爱的法兰西平民。这种中央集权的官僚政治与平民的分化是空前的，也是十分明显的。

法兰西政府要求全体平民服义务兵役，这是最大的一个违反自由的行动。因为这在早期还可能会被一个自由的臣民认为是他们的“自由”。1793 年，当法国大革命处于危急时刻，“全民动员”首次作为一项紧急措施颁布了。以后拿破仑的地方行政长官和警察继续推行，一直到法国的军事力量几乎被这位傲慢皇帝的最后几次灾难性战役耗尽之后才被终止。法国大革命在一种狂热的感情冲动下，只有借助于拼死的孤注一掷行动，这样就变成了一架吃人的机器，它抓住壮丁，不管愿意不愿意，就补充到法兰西军队之中。这种把军队变成恐怖机器的规模在欧洲持续了近 20 年。

然而，数百万法国人在拿破仑和他的将军们的胜利旗帜下也自觉自愿地服役，几乎所有人都为他们属于一个强大的民族而自豪，为成
749 为从坎波福米奥（Campo Formio，1797 年）到滑铁卢（1815 年）战役中的伟大将军率领下驰骋欧洲的民族而骄傲。因此，当拿破仑修改宪法，把政府立法机构的作用减到只知服从的无能地步时，就取消了按民主理论民众意志应找到表达方式的途径——大多数法国人几乎不知道以前还有什么令人羡慕的东西值得怀念。选举产生的立法委员在他们可以自由地发表自己见解的短暂时期，已经使自由之声听起来更像学校里孩子不负责任的争吵与狂叫，而不再具有卢梭的追随者们满怀信心所期望的有主权的人民演讲时那种庄严的味道。

但是，拿破仑的警察与地方长官以及波旁王室的继承者，都未能把政府与人民之间的关系恢复到革命前的状态。数以百万计的法国人民已被告知政府是属于他们的，并且政府充分相信，完全忽视他们的意见是不可能的事。更确切地说，统治者们总是不得不考虑他们臣民的一些意愿和希望。但是，在大部分时候和地方，关于统治者与被统治者各自角色的那些比较精确和传统的定义，在被有益地忽略的状态下，可以彼此分开，只要看到那些规定的交往形式就可以了：传统的税收、礼仪上的尊重以及宫廷的赏物等。

即使在旧制度下，传统的政治作用的含义也已经减弱了。国王们及其大臣们都曾像在其他时间与地点的同僚们那样，对鼓励商业和工

业发展这类不属国王关心的事，表现出一种异乎寻常的兴趣。商人和平民则热情关心国家大事，甚至有时还影响官方政策。然而，由于在旧制度下一些传统的关系和界线全都模糊不清，借上帝之慈悲，统治者仍旧是国王，借上帝之意愿，他的臣民依旧是臣民。

在证实了人是能够有意识地建立或废除政治秩序以后，法国大革命就彻底摧毁了政府传统的习惯基础。当人们，而不是上帝，至少被认为对政治关系负有直接责任的时候，统治者们就不再能够无忧无虑、自动而不假思索地接受他们认为惯常的地位。他们只好不断地用理论、政纲、各种许诺向公众解释他们如何施以仁政。但是，这种政策有其自身的弱点，因为许诺不兑现或原则不履行，总要经常烦扰着大权在握或信口开河的人们。在另一方面，保守的统治者拒绝与任何持有公众应与政府建立更密切关系这种新观念的人们来往，却又允许其他人引诱臣民丢弃他们的忠诚。因此，他们就冒了发生公开叛乱的风险，正像发生在 1830 年和 1848 年的那些事件一样。仅存的取得成功的统治者是那些能通过国会、公民投票或是具有超凡魅力策略来唤起民众的虔诚、忠贞、热烈支持和众多牺牲的人们。没有政府与公众的密切关系，政府就难以稳定；有了这种关系，欧洲政府才能比以前更充分 750
地控制整个民众的力量。[16]

人民和政府之间一种全新的密切关系的确是法国大革命真正的秘密。只有当欧洲的统治者们，从法国革命中确实学会了如何把大规模热烈的公众情感集聚在他们一边时，他们才能够聚集足够的力量去推翻拿破仑政权。如果欧洲的国王和大臣们自己试图从以往控制过严的窘境中解脱出来，他们就再也不会忽视这种成功的治国方策的新作用。

因此，19 世纪的各国政府，如果贯彻了民主原则，就大大地加强了它们的地位，如果搞了虚伪的一套，它们就会遭到严重的削弱。另一方面，一个政府也许发现自己被盛行而又无法控制的派别活动所困扰，甚至处于半瘫痪状态，就像发生在奥匈帝国的情况一样。另外还有一些情况是，一位大臣或君主，可能很会利用公众的感情，激励他们的情绪，并使之努力斗争。俾斯麦有时就能够这么做。能够加强自己力量的各国政府主要集中在西北欧。在东部和南部地区，民主思想处于分裂和瓦解状态，如果不是绝对的，至少也是相对地削弱了。在18世纪，沿着欧洲陆地边界，奥地利和俄罗斯大帝国的权力已经建立起来。[17]

从整体来看，为什么东欧各帝国在调动人民的积极性上都未获得成功，而西欧国家却能取得显著的成绩呢？原因的关键在于城市中产阶级的活动和态度。中产阶级在西北欧比在其他地区得到更大的发展。专业人员和店主、商人和金融家、工厂主和拿年薪的文官绅士在政府和比较广泛的公众（对任何官方议论都关心的公众）中起主要传播纽带的作用。在19世纪整个过程中，哪个地方这样的团体多、经济条件好并且自信，哪个地方的政府与人民——实际上主要是他们自己——之间的合作关系就会更有效。哪个地方这样的团体面对他们的社会上级显得软弱并畏惧，哪个地方就不会出现这样的合作。甚至当议会制已经装饰了1867年以后的奥地利和1906年以后的俄国这些官僚制国家，
751 官员和贵族们则仍旧继续行使权力。这样有欠缺的措施无法在奥地利、俄国和奥斯曼帝国的统治者和被统治者之间建立起有效的合作关系。与此相反，19世纪下半叶在语言民族主义的名义下，大众的政治运动撕裂了东欧的社会、政治结构。[18]

*　　*　　*

大约在1870年以后，由法国大革命和工业革命开创的新制度开始逐渐地变得与它已取代的旧制度一样了。在西欧，中产阶级占据了社会和政治的突出位置。他们按官位分权（这些官员大部分是从中产阶级招聘的），为残余的拥有土地的贵族恭敬地建造装潢华丽的住宅。法国大革命意识形态的冲突到处都因现实的妥协而销声匿迹。国会机构中开始包括了由教皇批准而成立的天主教政治党派，甚至像俾斯麦这样傲慢又保守的贵族也学会了打国会这张牌。曾一度被视为势不两立

的、社会性质完全不同的事物，就这样找到了一个共同的基础。

同时，一批新的有特权的公司以股份有限责任公司的形式开始逐渐壮大。这种公司常常拥有巨大的权力，其中一些最大的公司几乎成为最高权力机构的最高统治者。工会也开始成为（或渴望成为）它们会员的半权威机构。一些意识形态较强的政治党派，最著名的就是德国社会民主党，把组织发展成为一种生活方式。在民族国家体制中，这种成倍增加的半自治组织明显地限制了政治主权的行使。在利益与意识形态的竞争中，又出现一系列现实的但不合逻辑的妥协，这一切变得如此复杂，以致任何变化都会打乱整个结构，形成威胁。在旧制度下，在那些不同的利益与思想中，这样的事情恰巧也发生过。此外，在第一次世界大战和俄国革命的压力下，这些妥协都被破坏了，就像欧洲旧制度的均衡早些时候被法国大革命摧毁一样，以及更早些欧洲中世纪结构被宗教改革所破坏的情形一样。[19]

回顾历史，现在要搞清楚 1870—1914 年出现在欧洲政治均衡中 752
的致命弱点已经不是一件难事，因为除了所有那些利益的复杂平衡与原则妥协外，还有两个具有战略地位的群体未能引起人们应有的注意。比较小的但较为能言善辩的一个就是东欧受过教育的少数人。他们在领略了西方的学识与思考问题的方法以后，发现他们自己与其出生的社会格格不入。他们的孤立感和失意感助长了各种极端而又明显的社会观点，他们具有火山般的革命热情，沸腾在东欧各帝国，特别是在俄国的地表下。

与此同时，在西欧较为工业化的国家中，工厂劳工有时不自愿接受中产阶级的政治领导。从 19 世纪中叶开始，马克思主义者和其他一些人，根据他们自己的想象和利益，给产业工人描绘了一幅美好的社会远景。因此，自 19 世纪 70 年代以来，社会主义的理论和要求开始取悦不少的民众是毫不奇怪的，尤其是在德国。然而，尽管马克思主义者以激烈的严词驳斥资本主义和资产阶级政府，但是在根本意义上，他们依然坚持民主化的、公众化的互谅互让的民族国家这一价值观念与模式，就像这个民族国家也是从法国革命和旧政治传统的结合中脱颖而出一样。1914 年除俄国外，其他国家所有的社会主义者采取一致步骤参战就是这种判断的见证。

然而，一个重大的巧合事件把俄国与遥远西方各国的政治进化区别开来。19 世纪 90 年代，俄国长期以来特有的意识形态的极端主义者在马克思主义中找到了共同语言。同时发生的还有，古老乡村生活方式的破坏和现代工业的开始改变了广大农民的稳定静止状态。这种静止状态在 19 世纪曾令诸多受过教育的敏感的俄国人感到失望。官方提倡禁止农奴制与建造铁路，地主提倡以技术和其他方式改进农业，以及俄国一些农区人口的不断增加，使得农村动起来了。当这一切发生时，长期以来因农民的愚昧与无动于衷而感到失望的知识分子，面临的不再是一个盲目愤怒的巨人，而是一个急切渴望被引向光明的巨人。都市情况也富于煽动性，致使从未与法国革命达成妥协的沙皇政权，也觉得此时已面临着来自扎根于城镇和乡村的自由主义和社会主义的不满情绪的挑战。先是和日本，其后又在更大规模上和中欧同盟国交战失败以后，俄国社会内部的紧张局势表面化了，结果导致了 1905—1906 年的革命，以及 1917—1922 年间更大规模的革命。

（四）艺术和知识领域

在 1789—1917 年之间，西方人士在艺术和知识方面的活动给人们留下了深刻的印象。在数量与种类方面它的确是空前的。在对迄今从未提出疑问的假设提出质疑以及为发现新的假设而追求新的确定性的过程中，欧洲人削弱了或者说破坏了多少世纪以来或几千年来一直组
753 织和指导着艺术的许多古老的连续性。从 20 世纪 60 年代的观点来看或许是这样的。

另一方面，各个较远时代的文化连续性也许有几分虚幻。许多变化和混合手法完全被抛弃甚至被遗忘，因为为了能继续存在下来，艺术和思想总是必须按照世世代代的人的口味进行筛选。此外，更重要

欧洲的新制度

乔治·瑟拉（Georges Seurat）的这幅城市田园风景画（绘于1884—1886年），是欧洲新制度盛期的上好反映。法国和西欧其余地方的中产阶级能够享受星期日的闲暇，对他们看到的自己身边的高度文明而骄傲与满足。瑟拉用无数多彩的斑点构成形象的技巧，体现为一种科学实验，以视觉新理论和光线与颜色的本质为基础。但是，抛弃了欧洲传统视觉的精确性，瑟拉也在继承的艺术形式中体现了一种增长着的不安定意识。

罗丹的克雷孟梭胸像（作于第一次世界大战前夕的1911年）表现了一种程度大得多的不确定性与不安定感。粗糙的凿刻，“未完成的”雕塑形式，在这里用来表述一种对曾作为革命真理的“自由、平等、博爱”而兴起的精神的无比厌倦，它们已丧失了明确的意义与力量。

20 世纪愤怒的不安

毕加索视觉经验上错位的漫画（上图）与杰克逊·波洛克（Jackson Pollock）抽象涂抹的绘画（下图），同样明显地拒斥欧洲艺术的技巧与常规，并有类似不安定的激烈情绪，如果这样，在欧洲过去只有像希罗尼穆斯·博斯这样的画家有这种不安定的幻想（见第 608 页）。16 世纪欧洲远西部分痛苦地融入现代时的体验，构成了 20 世纪思想与行为对欧洲文化秩序最剧烈的冲击，它们将如此之多旧的确定事物撕破并编织成怀疑与恐惧之网，由这两幅画在视觉上表达出来。

的是，漫长时间的流逝，常常可以把一个时代中的各种冲突变成更具一致性的诸多方面。这就像从高空飞行的飞机上鸟瞰一样，整个地貌模糊不清，但是复杂的大地已经变成一张地图。因此，自那时起，若干世纪以来，19 世纪和 20 世纪艺术与知识发展的主线大致和其他时代的艺术与知识发展主线是一样的。

如果缺乏这种观点，找出大家熟知的凝聚力和价值的破坏状况，比理解新出现的凝聚力和价值更加容易些——如果它们确实正在出现的话。肯定地讲，西方过去被破坏（或称被解放）的状况是十分明显的。到 1917 年，先锋画家就已经拒绝采用透视法，而这种方法自 15 世纪以来就在欧洲艺术界流行着。物理学家们也修正了牛顿的运动定律。自 17 世纪以来，欧洲科学思想运动就是在这些定律的轨道上发展着。甚至 19 世纪知识界的一项特殊成就，即进化论的世界观，破坏了所有传统的道德和审美标准，把西方的思想降低到一种受伤的鬣狗的水平，它正舔着自己身上流出的可怖的肠肚。但是，造成这种破坏剧增的能量也得到了解放，虽然还有待了解何时或是否新的艺术、科学和哲学风格将出现，这些风格在力量与说服力方面是否可以与 20 世纪初期被否定的那些风格相比较。

*　*　*

在绘画方面，为创造立体感而使用的线条和空间透视技巧早在 1789 年以前就完全被探索出来了。那些继续坚持这些常规的画家创造了很少的一点儿技巧，虽然很少，但是十分重要或者说很感人，至少从目前的欣赏力看是这样。光线和颜色的探索为 19 世纪中叶印象派画家提供了一个新的技术领域。但是，只有随后的一代人如文森特·梵高（卒于 1890 年）、保罗·高更（卒于 1903 年）、保罗·塞尚（卒于 1906 年）才决定性地突破了由恪守透视和自然着色的规则而产生的限制。全面而明确地否定文艺复兴时期幻想创作三维立体图像的技巧在下一代人身上，也就是在第一次世界大战之前才出现。那时，法国的一些先锋派艺术家放弃了被大众接受的视觉习惯，热心新颖的个人视觉角度，甚至发明这种创作方法的人也只能看懂一半，全凭一时兴趣或好玩而已。

754 虽然如此，大概就像伟大的艺术的惯常发展趋势一样，第一次世界大战之前的 10 年里，绘画表现出很强的视觉象征主义的趋势，成为西方人文化体系的核心。少数画家提供给我们一个最鲜明不过的例子。在 1914 年前的 10 年里，他们把比较熟悉、前后联系着的事物的各个部分随意放置，然后精心地把它们组合成各种新的图案，使之看不出与任何外部现实有什么相关的内容。但是，用这种随意并且常常是不协调的碎化方法把互不相关的东西表现在画面上，正如在第一次世界大战期间和战后发生的在数百万人民生活之中的事情一样。因此，看来就好像一些非同寻常的敏锐灵感，以象征他们艺术未来的方式，预示了西方文明新政治制度的崩溃即将来临。

回顾以往的情况，现在觉得显而易见的是，西方社会的组织结构在 19 世纪为适应工业近代化和民主概念所进行的调整是不完全的，甚至在 1914 年以前就开始波动并破裂。1914—1918 年的战争形成了数量可观的风俗习惯，就像北冰洋春季的浮冰一样：每块浮冰都坚实可见，毕加索画中的酒瓶、吉他也是如此。并且，每块浮冰都可能漂到——像同样的酒瓶和吉他一样——过去分裂出来的碎块之中，与之泰然相处。它既没有，而且看上去也不会出现新的冻结；极权的独裁想通过专制力量和深思熟虑的命令的方式来左右文化界的各种努力，迄今为止，仅仅取得了有限的成绩。20 世纪画家在既专断又审慎地努力重新处理视觉现实，尽管大家都奋力追求着，至今还是没有形成任何持久的风格。在这方面，也许他们的艺术如此神秘描绘的题材与社会现象太惟妙惟肖了。

在诸多艺术形式中，音乐独树一帜。然而，它在 1789—1917 年间的发展过程和绘画史也有一些显著的相似之处。当这个时期开始时，音乐家们还没有详尽地阐述八音阶和弦的可能性。但是，这种技巧正用于各种乐器合奏方面，可见这本身正是一种相当迅速的发展。路德维希·冯·贝多芬（卒于 1827 年）、约翰内斯·勃拉姆斯（卒于 1897 年）和理查德·瓦格纳（卒于 1883 年）以及许多名气稍逊的作曲家都曾杰出地发挥了这些技巧。但是，第一次世界大战前夕，一些不出名的欧洲作曲家已经开始超出人们习惯的范围，使用音阶与和声；与此同时，在美国一些剧院里，也在进行其他一些音乐尝试。他们把非洲节奏和西方的音乐融为一体，从而构成了与西方音乐的古典传统截然不同的音乐，当然这种音乐还欠成熟。无调性音乐和爵士乐尽管是从智力和感觉的音乐极端中产生的，而且这些极端的东西遭到人们的反对，然而它们还是要在两极相对的一点上相会，就像一条直线的两端在非欧几里得空间无限延伸一样，遵守着早在 18 世纪欧洲就规定了的和声和旋律的规则。

各种不同的纯文学派系和诸如雕塑与建筑等主要艺术则处于极端 755
与清高的情感之间。极端的情感以画家为代表，他们以一种早熟的狂热摒弃了旧的绘画规则；而清高的态度则为欧洲音乐家所持有，他们以此来鉴赏第一次世界大战之前出现的爵士乐和无调性音乐。找出激进的特立独行的先驱并不难。回忆一下，诸如马塞尔·普鲁斯特（卒于1922年）的小说，阿瑟·施尼茨勒（Arthur Schnitzler，卒于1932年）的剧作，或者亚历山大·布洛克（Alexander Blok，卒于 1921 年）的诗，或者奥古斯特·罗丹（卒于 1917 年）的粗犷雕刻和康斯坦丁·布兰卡塞（Constantine Brancusi，卒于 1957 年）的早期以极简练的手法完成的雕塑等都足以说明这一点。在建筑方面同样如此，安东尼·高迪（Antoni Gaudi，卒于 1926 年）的水泥浇铸的离奇曲线作品，路易斯·沙利文（Louis Sullivan，卒于 1926 年）的钢架结构摩天大楼高耸屹然。两者尽管风格各异，但在摒弃传统限制规定方面都是一致的。这些限制部分是来自欣赏力，部分是来自旧建筑材料和技术的限制。但是，直到第一次世界大战以后，这些人仍属极个别之列。在西欧各国，文学、雕塑和建筑的主要潮流继续沿着陈旧的路径前进，大部分可追溯到 15、16 世纪。那时，各国的文学语言和文艺复兴时期的雕刻和建筑形式都首次被固定下来。

然而在俄国，影响极大的文学在19世纪日趋成熟。其中最著名的是亚历山大·普希金（卒于1837年）。差不多所有伟大的俄国作家对西欧文化传统都表现出一种较深的矛盾心理。[20] 自1917年以来，许多西方人已经开始对继承他们的文化遗产产生模棱两可的情绪。这意味着19世纪俄国作家（像公元前5世纪雅典的修昔底德一样）有时会奏出很有现代味道的旋律。例如菲奥多尔·陀思妥耶夫斯基（卒于1881年）预见了许多具有20世纪特征的东西。开始时人们并不以为然，因为彼得大帝的革命性改革使俄国文化自治陷于崩溃，它把俄国人从心理上置于西方各国的前面，而这些国家文化的固有形式持续的时间还更长些。因此，当几乎没有西欧人怀疑他们的文化遗产本身的优越性时，陀思妥耶夫斯基那一代俄国知识分子会觉得不可能比较容易又自动地接受任何一种文化思想体系。陀思妥耶夫斯基与许多和他一样的人曾希望丢弃西方文明，但又想把它据为己有；他们既珍视又轻视那把俄国与西方区别开来的具有自己特点的东西。这种紧张状态心理只能通过自觉的努力，多少有些武断地把一种文化思想体系统一起来，才能得到解脱。但是在痛苦选择之后，这种选择充其量是一种不情愿地改变他们信仰的代替物，他们坚信文化过渡是不受干扰的——他们经过深思后的新认识将会在高超的艺术和深刻的思想方面产生极其丰
756 富的成果。19世纪的俄国文学反映了他们这种处境有利和不利两方面的内容。他们与我们在文化方面见地的相似之处在于：大家都预见了20世纪西方文学的许多特征。

* * *

西方科学和西方艺术一样动荡不定。在法国大革命和俄国革命之间的年代里，物理学家和他们的科学伙伴们确立了一种关于非凡力量和朴实之美的世界观：把宏观的广泛性与微观的精确性结合在一起，通过实验加以确认，并且在新技术领域里得到认可。这个科学结构的

主线在 17 世纪就已经形成了。那时，近代物理在围绕着运动中物体的精确测量方面首先呈现出标准的形式。但是，在 19 世纪，这个理论体系的范围和力量广泛地扩大了，以致人们都梦想以它的形象为准来修正所有的知识。

科学知识通过两种方式扩展：（1）承认把以前看来彼此没有关系的事件变成具有广泛的一致性的特殊事件的新“法则”；（2）把众所周知的物理法则运用到各种新现象之中。第一条实施后出现的成果有詹姆斯·焦耳（卒于 1889 年）热与功之间等量转换的发现，詹姆斯·克拉克·麦克斯韦（卒于 1879 年）的数学方程式，把各种不同形式的辐射能（后人所知的诸如光、辐射热等）组成了一个连续不断的电磁辐射。第二条实施后则出现了实验物理的方法及概念在化学、天文学、生物学、遗传学和地质学等诸多不同科学领域里的运用，在每个领域都取得了令人信服并且显而易见的成就。

这些成就有助于在四个基本要素（即：物质、能量、空间、时间）限定的一个精确结构的宇宙里，把结果简化为更明确的事件。直到 1905 年，阿尔伯特·爱因斯坦（卒于 1955 年）关于相对论的第一篇文章发表时，空间和时间仍旧保持着由伽利略设想、牛顿定义的精确、统一、绝对的整体。另一方面，物质的概念经历了一次显著的精细化。直到 19 世纪末期，它才开始极为令人困窘地失去了本身的完整性。19 世纪初期，化学家们已能区分分子和原子。大约从 19 世纪中期开始，他们又学会了如何用已确立的精确度来分析分子的微观结构。到 19 世纪末期，物理学家和化学家联手研究原子这个迄今为止已成为物质最高级又难知其究竟的成分。20 世纪头 10 年，电子［1897 年由汤普生（卒于 1940 年）发现］取代了原子从而成为物质中最基本的成分。同时，从前的“纯”原子已成为太阳系的缩影，即电子如行星般围绕着“纯”（或者说至少是相对密集）的原子核旋转。

19 世纪的科学家把普通、单纯、一般概念的物质分解为成群、越来越微小并且广泛分布的分子的方法和使能量变得更“纯”的方法融 757

合在一起。“能量”这个术语本身要求相当新的意义。精心测量[21]在明显不同的结果中建立了能量守恒，诸如化学反应、敏感物体运动、分子和电子运动、热、声、光、磁力以及新近发现的像无线电波或X线这类的放射线。任意物理状态变化的能量不灭定律，早在1847年就被赫尔曼·路德维希·费迪南·冯·亥姆霍兹（Hermann Ludwig Ferdinand Von Helmholtz，卒于1894年）从理论上提示出来了。后半个世纪的每项发现看来都是对这项定律的确认，并为此定律增添了新的例证。

化学家已经成功地学会控制物质的不灭变化，看来和物理学家特别关心的称为能量的不灭变化是类似的。在空间和时间方面，物质与能量的交叉点构成了19世纪科学的物质世界。从理性上说，这是一个舒适的世界；从感性上说，可能又有点儿冷冰冰。精确定义的术语和操作步骤、精确的推论以及精心发展学说的实验性证明都被逻辑性强、前后呼应的严密体系完美地连接在一起。这个体系简朴而又恰如其分地解释了所有物理事件——仅仅有一小部分令人费解的事件例外。

但是，19世纪即将进入下个世纪之际，这种令人费解的例外事件开始增多，基于传统物理概念基础之上的这些物理现象开始变得模糊不清了。能量在某些情况下，看起来更像是粒子辐射，而且只在固定的“量子”中出现——这一概念是马克思·普朗克（卒于1947年）于1900年提出来的。之后发现物质在特别场合和过程中自动分解，放射出强大辐射线——这种放射现象是首先被安托万·亨利·贝克雷尔（Antoine Henri Becquerel，卒于1908年）于1896年观察到的。对外行人来说，当然不只是对几位物理学家的外行人来说，更加难于理解的是把时间和空间联系在一起，形成一个时间—空间的连贯体系。这点首先由爱因斯坦（卒于1955年）在他的相对论（1905年）这个特殊理论中提出来，这一理论解释了（在其他事物里）光在任意方向运动的相对速度，即使在高速运转的观测台上测量沿轨道旋转的地球表面上某一点亦是如此。这种相同速度早在1887年就被艾伯特·迈克耳孙（Albert Michelson，卒于1931年）和他的同事爱德华·威廉·莫利（Edward Williams Morley，卒于 1923 年）观察到了。看起来这与牛顿学说的空间与时间的绝对概念根本无法共存了。因为按照一般逻辑，从与地球自身运动同一方向发出的光线，应该比从地球运动的方向相反发出的光线更快地穿过空间，所以，在前一种情况下，光速应当加上地球运转速度，而在后一种情况下则应减去这一速度。

因此，这些预料不到的矛盾性结论开始分解雅致明晰的 19 世纪物理学。奠立整个结构的四大基本范畴——物质、能量、时间和空间——似乎再也不能承受正统物理学强加给它们的负担了。结果，第一次世界大战在欧洲爆发时，看来一个尚未完善、不尽明言的物质能量体系悄悄地融入若干不同的时间—空间坐标中的一个（为什么不是一个以上？）——欧几里得几何、双曲线或者是天体。 758

更进一步说，物质—能量的实体论地位远没有弄清楚。1897 年成为科学一部分的电子很快又产生出一批次原子微粒；普朗克的能量量子同样很丰富；这两种粒子以某种方式合并在一起形成了波粒子和粒子波，使其很难变成普通的三维立体形象。更令人怀疑的是，既有的以之度量时间—空间的数学坐标系，因为测量方式看来像是影响（也许是创制）被测物的一个先决条件，是否适用于实际宇宙。

因此，对一个外行人来说，这看上去就像玄学和神秘主义，只不过是他们的定居地从圣坛谨慎地转移到实验室里，并重申对数学的古老支配权。不过，对于任何一个头脑清醒的外行人来说，这些理论看似神秘莫测、莫名其妙，与他本能了解的物质世界格格不入，实际上它们都将不断产生技术奇迹。在这里，魔法和数学联起手来，因为还有比这更大的魔法吗？也就是说，宇宙应该服从人类思维规则，就像受数学逻辑的精确性约束一样吗？[22]

尽管在 20 世纪头 10 年里，物理学家开创了新的远景，人们还是无法想象思维方式的极不寻常的革命，是如何历经了从 19 世纪晚期物理学相当自鸣得意的阶段到 20 世纪初期混淆不清的局面。20 世纪初产生的新远景并没有真正推翻正统理论，而仅仅使它成为一种特殊的情况，只在特定范围内适用。

1789—1917 年间，在知识发展方面，自然科学当然不是唯一活跃
759 的领域。的确存在这样的意识：数学物理学家的思维风格在 19 世纪只不过是一种不同寻常、与当时现状格格不入的事物，因为科学家们寻找普遍法则和永久法则的先决条件，带有强烈的 17 世纪朴素数学偏见的味道。进一步说，这样的先决条件简直无法和独一无二的现实观点共存。这个现实观点第一次成为 19 世纪尖锐的焦点，并且见证了所有事物——不管物理法则还是人类社会法则——无休止的发展进程。然而，进化思想激励着情绪高涨的哲学家以及自感低卑的历史学家们，在连续不断的世俗结果中寻找一种知识美。这种美不如物理学简洁的对称好看，而且欠严谨，但是其中某些精神更吸引人，这是因为其中存在着出乎人们预料的不规则变化、分裂和复杂的连续性。

当然，历史学自从希罗多德时代就已经成为欧洲学术中一个公认的学科。但是，历史学在传统上关心的是人类的行为，大多数历史学家把他们自己限制在政治和军事事务方面。19 世纪以前，人类几乎没有提出明确的见解，即宇宙中所有事情，以及宇宙本身，在何种意义上是一部历史。但是，到了 19 世纪初期，这个历史领域的传统界限被有力地打破了。乔治·威廉·弗里德里希·黑格尔（卒于 1831 年）和其他哲学家提出了一个广义原则的标准，即随时间发展的概念是无与伦比的，某些事情在特定时期内成为可能，而在以前曾是不可能的，甚至在今后也许更不可能（也许成为可能）。这就给历史学家们提供了一个新任务——不仅仅记录那些与大体上不变的人类和自然秩序相对的不寻常事件，例如就像吉本所做的那样，而且要理解人类思想和社会的整体发展，也要时刻留心去查明出现在历史中的新可能性。

卡尔·马克思（卒于 1883 年）是最有影响的社会理论家。他向黑格尔的发展哲学理论挑战，提出了一个简单但又似乎合理的人类历史与命运的模式。马克思对人类过去与未来阶段的观点——从奴隶制到农奴制，到自由市场的金融开拓，到社会主义、共产主义社会的完美

自由吸引了产业工人和知识分子难以抑制的理想主义兴趣。这样，马克思主义很快就成为一种信仰。这种信仰对于那些被从古老的乡村日常生活突然抛进充满不确定性的都市化和工业化生活的人们具有最强大的吸引力。

说到传统信仰时，历史观也有其特别的启示意义。基督教与罗马帝国的神秘信仰并列存在，失去了它的一些独特性质；《圣经》如果屈从于历史学家在其他文本中自由引用的重要标准，也就不再是《圣经》了，而被认定为一系列忠实的记录，从而成为一个人为的产物，并且充满了文本讹误。基督教教义的准确性和适应性在欧洲历史上已经历了多次挑战，所以这本身不是什么新鲜事。但是，新的“更高级的”批评放弃了高级的哲学根据，把矛头指向文字细节方面，尤其集中指向具体历史事件问题方面。这样就使得基督教神学家面临着比以前更可畏的对手。经历了人类神学家的认识和上帝对人类在互为依赖的前 760
进过程中本性方面的自我表露之后，宗教“现代主义”代表了对新精神的一个特殊反应。对“更高级批评”结果的坚定拒绝和再次主张传统信条的绝对权威则代表了另一个方面。

发展的历史观点的丰富并不局限于人文和社会科学方面。当查尔斯·达尔文（卒于 1882 年）把分散的生物进化的证据综合在一起后，使得生物学获得新生。生物进化是达尔文和其他博物学家一起收集了大量证据后在他的名著《物种起源》(1859 年）中得出的有力结论。达尔文的理论为单一的进化过程和范围带来了无限的生机。当然，生物进化需要漫长的、持续不断的时间，但是，地质学家已经提出一个地球的时代范围来解释水成岩的沉淀；在达尔文的著作出版之前和之后，古生物学家进行着填补地球时代巨大场景之间出现的空白的工作。这个地球时代现在已经令人敬畏地在人类脚下展示出来。与地质和生物时间的无限性相比较，人类的生活和历史显得十分渺小。然而，人类世界这个不愉快存在的缩影，不是唯一引起关于达尔文进化论争论的方面。因为达尔文关于物种进化的著作中，人类也被毫无例外地包括进去了。[23] 根据自然选择和适者生存的同一法则，达尔文把人类降到和其他动物一样的水平的这种做法，看来不仅仅是已经破坏了宗教和社会秩序极重要的基础，而且还破坏了人类文化的全部精华。信徒中不乏有人得出了连达尔文自己都难以认同的结论，即：运用自然选择和适者生存的概念，去为国内苛刻的经济个人主义和国外残酷无情的帝国主义辩护。

历史的观点首先集中在人类及其著作上，然后扩及所有生物及坚实的地球本身。这样，产生了能引起公众注意、具有深远意义而又令人心乱的问题。按照同一观点对宇宙采取的崇高努力——这个努力仅仅开始于 1917 年——与早期哥白尼的努力相比较，有其自己的效果。对天文学家来说，寻求对宇宙演化的理解，就要从无数星球中冷静地推测出它们的生成和消亡。在生成到消亡的整个阶段，自然地假设无数个类太阳系的存在，毫无疑惧地断言银河系的无限重复，自由地猜测总目大概可以把银河系和星系或成群的星系合并在一起，从而形成越来越大的整体。这样一种进化的观点把太阳、地球、生物和人类——更不要说每个人的生活了——收缩成几乎无法想象的微小比例，甚至使得已经和哥白尼—牛顿学说关于生存规模观点一致的思想处于紧张
761 状态。[24] 这种规模的变化是由历史学家、考古学家在日积月累的工作后提出来的。历史学家和考古学家使中东古代文明得以重见天日；而生物学家、地质学家和古生物学家则把人类划在生物进化范围内；天文学家、数学家和其他人一道，采取了同一但又无限的行动，把新的紧急事物放到人类事物的价值和重要性这样的古老问题中进行比较，使得它在遥远得无法想象的星体下，在古老得无法追忆的地球上，在那些野蛮和原始的祖先中间，又相对地显得极为接近。

如此庞大的宏观世界仅仅是危机的一个方面。这一危机在 19 世纪结束之际和进化论世界观相遇。像现代的“经典”物理学一样，进化论这个在 19 世纪初就已经确信无疑被提出来的观点，在第一次世界大战前开始遭到来自哲学家和心理学家小范围的尖刻批评。哲学家们

发现，说服他们自己去相信康德已令人满意地解决了关于知识的问题，变得日益困难了；可是，改进他关于理性的力量和局限的剖析，这种努力只会导致一种认识论上越来越大的困扰，并且否定通晓任意事情可能性的趋势。然而，科学家和历史学家们依旧在无忧无虑地走他们自己的路。所以，那个时代哲学上的难题对同行们来说仍或多或少地保持着私人性。心理学家是不会提出这些问题的。他们只管用勇敢的理智和诗一般夸张的猜想向人类理性的驱动能力挑战。到那时为止，西格蒙德·弗洛伊德（卒于 1939 年）是最有影响的先驱人物。他从研究反常行为中得出结论：人类驱动能力存在于一种潜意识的思想水平之中。意识于是就成为真实背后反映歪曲和曲解的一面镜子，它的功能与技巧常常深藏不露，以便适时揭示真相。

这样的观点和达尔文的所作所为一样，的的确确把人类和野兽以及低级形式的生物联系在一起了。这些观点和民主革命宣布的人类本质与理性的乐观估计发生了正面冲突。他们还从略有区别的有利方面提出令哲学家们感到困扰的简单问题：人如何能认识？因为，如果说思想被本能的能力所培养、强制、扭曲，而且这种能力声称它自己也时不时地失去控制的动力，那么什么又是保持掌控外部现实并且牢牢抓住不放的能力呢？

弗洛伊德绝不是唯一提出废除理性的倡导者。像弗里德里希·尼采（卒于 1900 年）、乔治·索雷尔（Georges Sorel，卒于 1922 年）或维尔弗雷多·帕累托（Vilfredo Pareto，卒于 1923 年）一样风格不同的社会理论家，各自独立提出了相似的贬损理性的理论；人类的领导者，尤其是效率较高的欧洲军队中的全体军官一贯认为：当人类大规模行动出现时，理性规则的适用范围就显得狭小了。同样，画家摒弃了他们的艺术习惯，同时也拒绝把立体减至平面这样一个明显合理的体制；取而代之的设计 762
和习惯则有点儿深度无意识的味道，这点也正是弗洛伊德试图了解，政治家和士兵们很久以来一直利用的。社会理论家对此仅仅开始承认，它并不只是异教徒幸存者和原始特征的遗存，而是文明进步过程中的产物。

* * *

类似这样的研究总是容易低估社会环境持久的连续性和稳定性，过于强调新奇性和断裂因素。然而，即使这种偏见可以理解，我们也要充分容忍那些生活上完全未遭到科学细节干扰，精神上一点儿都不受任何思潮影响的芸芸众生；也要想起那些令人尊敬的群众，他们既不知晓也不关心在巴黎破烂社区和其他城市的一小撮名声不好的艺术家正在做些什么；要记住那种自诞生之日起就设法维持不令知识与社会环境分开，甚至使它们在一个陌生或者说敌对的环境中得以发展的习惯和制度的能力。但是，认为西方文明在 20 世纪头十年中发展到了一个不寻常的重要关口，甚至是在陷入战争和革命这个无底的深渊前到来的，总的来说还是正确的。当艺术和思维、经济和政治同时无情地反对常见的模式时，一系列可能性开始比以往展示了它们极大的不同。按日常惯例生活的上百万人的惰性，肯定对政治和经济雄心的鉴别力有所限制；但是，一旦西方文明的文化精英们已经和古老的停泊地一刀两断了，大规模能量克服普遍的惰性，向新的道路进军仅仅是时间问题了。问题在于第一次世界大战和俄国革命也许加速了，但肯定不是制造了这场危机。由法国大革命首次产生的“新制度”确实变得陈旧过时了。这一点还要看西方（或更合理地说是国际）社会和文化的新调整是否会出现——或者是混乱与动荡是否将无限期地横行。

三、非西方世界（公元 1850—1950 年）

19 世纪中叶，传统生活方式的解体几乎同时发生在伊斯兰世界和印度、中国和日本这几个国家。在这方面，撒哈拉以南非洲和西方本身落后于亚洲人民约半个世纪，因为非洲部落和西方中产阶级的生活方式直到 19 世纪末、20 世纪初才面临一个普遍危机。至少在大致准确

原始时代的妇女

这个倚靠着的人物是亨利·穆尔（Henry Moore，生于1898年）在1957年雕刻的，给予的视觉形象是原始时代的原始而不成形的人类女性体态。可能这位艺术家打算深入到视觉外观之外，以达到能与观者潜意识产生共鸣的印象。似乎这样就可以体现艺术的普遍性，因为也许所有男人都遗传有一种共同的潜意识嗜好。这样一种目的显然是要将雕塑家从西方与各种其他艺术传统中解放出来。它带来或试图带来一种最高级的知识上的洞察，直接去碰触历史上人类所有文化中潜在的人类生活中暗中隐藏的原动力。因而在这样的一个雕像中，我们20世纪的科学解放从过去的文化狭隘性中，找到了简练的形象体现。

的意义上说，每个非西方文化的最初解体在很大程度上是西方技术影响的结果。只有当被半渗透的相似习惯和信仰的外壳已经破碎，以致亚洲和非洲思想变得对外来学说的滋扰敏感的时候，西方的思想才开始在技术上竞争，并把技术作为促使地方文化环境转变的媒介。

制度，作为习惯的具体化和传统的形象化，是保守主义的堡垒，
764 是存在于地球表面动荡社会场面中的稳定形式的支柱。但是，制度一贯是地方性的，所以，它和近来分布于世界各地的新事物之间的相互作用必须按地区分别研究。着手这项工作之前，看来有必要把对全世界或几乎是全世界有影响作用的因素详述一下，从而构成一个网络，依靠这个网络使原始文化和古老的文明一起赶上 1850—1950 年间的全球性世界主义。

（一）人类居住地区的形态和生活方式的变化

从 1850—1950 年的 100 年间，运输方式的变化毫不夸张地改变了人类居住地区的形态。彼此之间的距离缩短了，旅行线路和交通方式改变了，而且真正和潜在的政治力量中心转移了。然而，这仅仅是近来大规模技术革命的一个特别重要的方面。若确定谁与谁相邻，交通运输总是提供基本的结构，人类社会必得存在于这个结构之中。因此，只有规模是新的。但是，规模可以起到重要的决定性作用。伴随着大幅度增加的一系列现代机械运输和即时通信，全球性世界主义的必要性和可能性产生了。

机械运输的每次改进意味着地球上彼此分离地区之间的有效距离缩短了，还意味着对全球文化（和军事）战略地区进行再分配。这样，最初用铁、以后用钢建造的机械动力船只通过比以前更省力、更可靠的海上运输加强了海洋通道的重要性。穿过苏伊士（1869 年）和巴拿马（1914 年）海峡的两条连接两大洋的伟大运河，就是为这样的重要性共同工作着。运河也再造了古老旅行路线的重要性。[25] 特别是苏伊士运河，它位于东半球优越的十字路口上，通过重建中东以前所具备

的极重要的地位，突然改变了东半球（欧、亚、非三洲）的地缘政治学。巴拿马运河通过美国军事态势的加强，也影响了国际均势，尽管影响不是十分可观。

19 世纪 70 年代以后，机械动力的海上运输成为一个全球性的现实。然而，即使在此之前的年代，长距离机械化陆路运输的可能性已经成为显而易见的事实了。为铁制船生产铁板的工业也早在 1869 年就为建造“喷气铁马”提供材料，铁马的叮当声穿过整个大陆。铁路也不是唯一的新发明：在地球的大部分地方，电报通信比铁路运输提前了一二十年；而且，在 19 世纪 50 年代第一次大规模铁路繁荣时期以后，运输和通信的进一步改进就大规模并且迅速地来临了，其代表就是汽车、卡车、输油管以及电话、收音机和电视机。

陆路运输的改进暂时增强了西欧在全球生存圈的首要地位。新发 765
明的大部分诞生于欧洲，那些发明的制造和操作技术以及金融力量也集中在那里。因此，交通运输新方法的首批使用者，即使在欧洲以外的世界其他地区，常常也是欧洲人。西方人借此得到了用于从海岸港口深入到内陆的一个崭新而又极为强大的工具。海岸和港口通常是他们在早期与其他民族和国家往来的中心。

然而，从长远观点来看，通向大陆内陆地区迅速、廉价、可靠的运输建设明显地使西欧从原来在世界上的优势地位上退了下来。新兴的美国和俄国如果不是通过机械动力的陆路运输网络手段，统一了大面积的大陆地区的话，无法想象他们能拥有目前如此大范围的势力。南美洲人、非洲人和亚洲人还没有建造一个真正的陆路运输网。政治、金融和地理上的障碍成为取得任何成就的绊脚石；但是，技术的可能性一目了然。应该清醒地认识到，应当像回顾特殊事件一样，来看待欧洲过去在世界上的优势地位以及近期在海洋交通方面的优势。在中古时代的人们看来，这个优势的实现令人难以置信。

在第二次世界大战期间，由飞机设计的改进所导致的流行于全球的空中旅行和运输，或许在将来对从前聚居陆地中心和海洋中心地带的人们提供了第三种选择。飞机可以毫不费力地飞越过地表障碍，使得大循环路线全球化，海洋因此不是唯一重要的通道了。更进一步说，自从人类绝大部分人口居住在北半球以来，地球上的人口和权力的所有主要中心，都通过横越北极的空中航线与最远地方居住的伙伴们彼此联系。结果，地球上的战略地区就移往北部地区了。因而，北极地区也许就像大部分历史书中描述中东所产生的作用那样成为世界主要的交通要道。

交通路线变化和相应的战略位置移动，也许不像地球的整体“变小”显得那么重要。相对来说，后者使得所有民族成为近邻。有一点可以肯定，处于夹缝的地带几乎没有受到新的运输条件影响，依旧保持原状；但是，不论在新几内亚的丛林中，还是在西南非洲的沙漠里，不论是在亚马孙河上游的雨林中，还是在北极沿岸的冰天雪地，这些地方看来至少有可能维持着人类伟大的文化。如果这些孤立而又遥远的地区将来可成为外部世界极为重要事物的基础，那么现代交通运输的触角应立刻自动地伸向它们，坚决地使那里的人民投入到世界主义的时代中去。

现代技术的第二个广泛的影响加速了地球几乎所有地区的人口增长。当原始和半原始人口受到文明民族所带来的武器、细菌、心理和
768 社会的骚扰时，其数量上的减少也是暂时的。这些民族要么在相对短的时间内消亡，要么等不同时代的生物和文化调整以后，开始恢复他们的数量。此外，由于有了或者发展了一个家族体制而生存下来的那些人们，适于弥补受最初文明影响而导致的惨重损失。因此，当这样的团体从为数不多的公共卫生设施和预防药品中受益时，人口极为迅速的增长现象因而出现了。结果，在非洲人、美国印第安人和毛利人这些文明民族的圈内，人口数量似乎增加了，并且在比例上大大超过了更为古老的文明民族增长的比例。但是，在绝对概念上，真正的人口大规模增长仍旧集中在亚洲、欧洲和西欧以外的“西方”。因为这些地区的人口从一个较大的基础上开始它们的现代增长，并且自 17 世纪以来（或更早些），除了地区性和暂时性因素以外，人口数量上的增长就一直没有停止过。

世界范围人口爆炸的原因尚未得到完全解释，这大概因为从一个地区到另一个地区的具体情况各有不同。然而，用一般因素解释这种普遍现象看来是必要的。有可能近代医疗技术的应用在人口急剧增长方面起了重要作用，如果运气好，在控制未来方面也会是重要因素之一。由于现代技术的应用，出现了食物供应的增长；现代交通以及政府对受灾地区的救济功能使得地方饥荒状况得到改善；近期地球上几乎所有地区都享受了相对高水平的国内安定，以及近期战争也只出现了比例很少的伤亡，[26] 所有这一切都是造成人口不平衡的因素。

如果没有任何干涉，人口就会呈几何速度增加。这样，人类将面临人口数量迅速成倍增加的可能性。这个可能性最近已经引起了极大注意与关心。根据近期增长率简单推算未来的结果十分清楚地表明，除了那些很快感觉到的社会和经济方面的限制外，目前出现的对以前社会生态平衡的滋扰，如果不是遇到无情的空间限制，是不会继续很长时间的。[27] 不论未来将带来什么，目前的人口增长通过充实以前人烟稀少、使社会与文明处于隔离和半孤立状态的地区，缩短了各地间的距离。

因此，现代技术、人类生态学和在世界广大地区明显而重要的统 769
一的工厂产品的流通一起，扮演着人类每个部分彼此命中注定连接在一起的角色。

*　*　*

随着传播交流的增加，思想以日益增加的速度和范围传遍了整个世界。的确，政治上和语言上的障碍有时阻碍了思想的流通；宗教或者宗派的约束也妨碍了思想对具体组织的渗透；地区或阶级习惯的不同，祖先传下来的文化传统的不同，以及个人嗜好的不同都影响了思想在世界上的传播，而且有时还在各阶层中产生误解或可笑的夸大。[28] 然而，一些学科思想（特别是自然科学）和实用技艺（特别是工程学），有时候的的确确被各种不同文化背景和个人偏好的人们所分享。

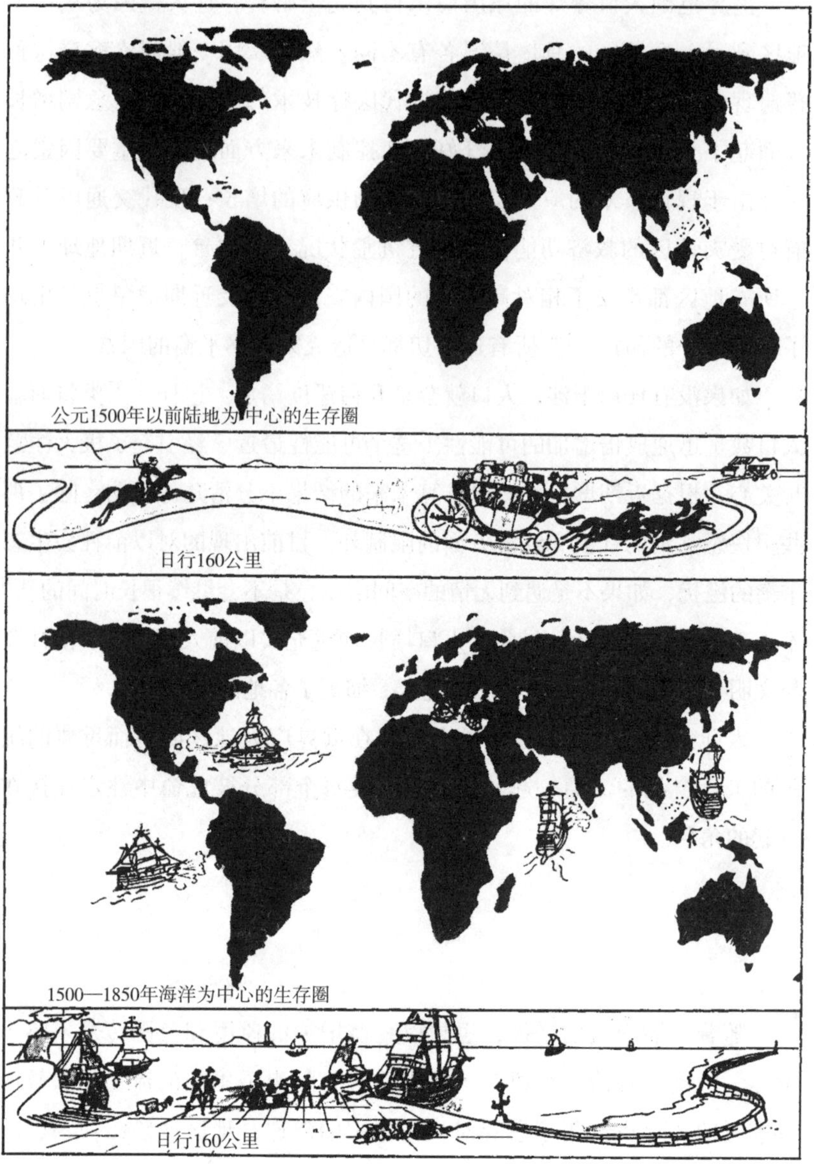
公元1500年以前陆地为中心的生存圈
日行160公里
1500—1850年海洋为中心的生存圈
日行160公里

变小的世界（一）

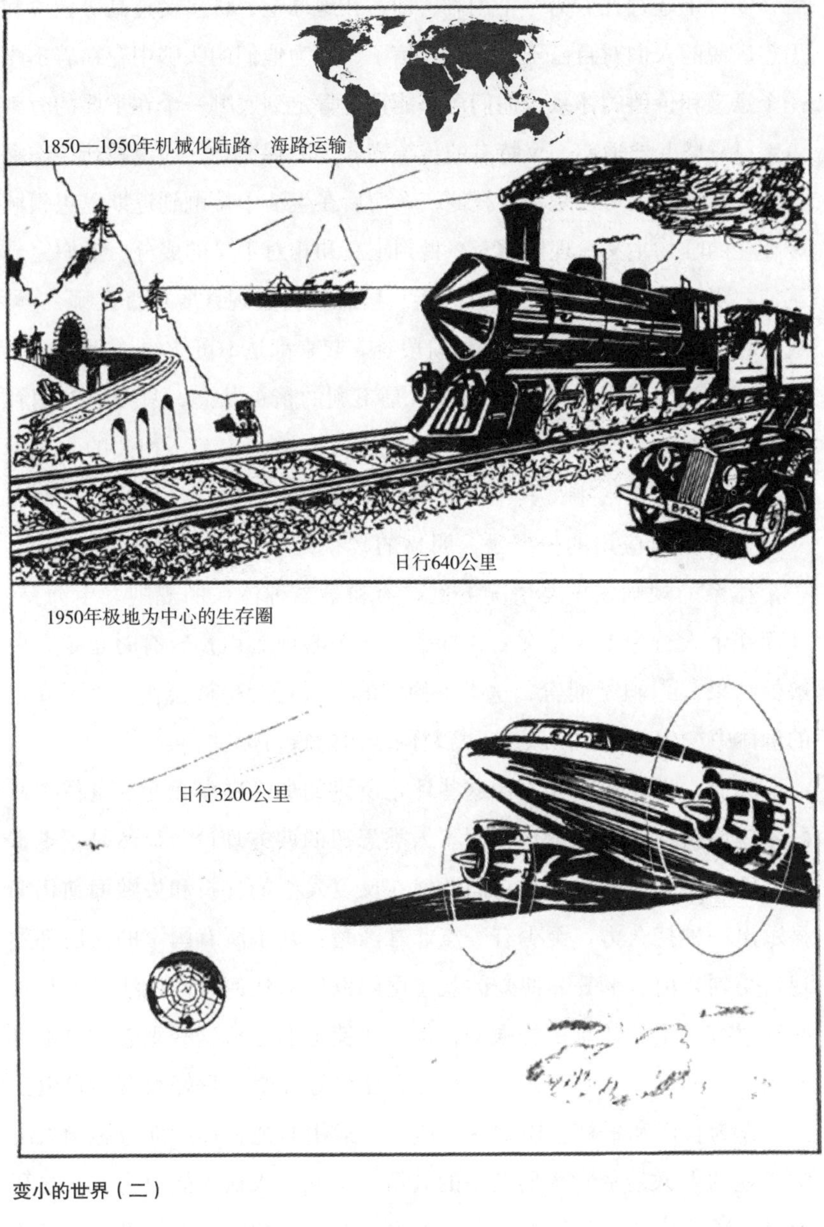

变小的世界（二）

实际上还存在着另一个困难，即：在地球上，许多受过高等教育和思想敏锐的人们对自己不再那么自信了，因为他们的头脑中存在着不止一个意义和价值的体系，他们再不能完全肯定到底哪一个在重要的时刻占上风。婴儿要适应一个特有的传统模式——穆斯林、印度教徒、儒家学派，看情形也可以是基督教徒——而后在生活中接触到近期思想领域中存在的唯物主义、现世主义、批判主义和相对主义的成分。他们完成了使二者成为其自身的一部分以后，接着又会发现，要想否认哪一点，或者真正使他们经历的两个连续阶段统一起来都是不可能的。

不必认为这是格外的苦恼或者是不利的精神状态，只要能在两种情形之间容易地划出界线，一个人就可以容纳两个互不相关的文化世界。在这两种情形中，其中一套辨别与表现行为模式是恰当的，而另一套则应是可应用的。但是，明显的歧视是不会永远存在的。的确，一个体系的规则在重要情况下也许会和第二种体系的规则发生冲突，从而在个人行为上产生突变，导致人人关心但难以预料有时是令人费解的结果。[29] 概括而言，这类不稳定的个人行为也许会在一个不安定的群体中产生共鸣，招致出乎意料的暴力的盲目爆发。

然而，世界状况并不像这些评论所讲的那么黯淡无光。世俗主义的希望以及在全球部分地控制了人类思想的西方理论，显然是很丰富的。
770 像早期宗教的思想，它们即使在反复发生的挫折和失败面前仍旧显示出一种持久力。至少有一点非常清楚：几乎所有国家的人民都发现，受到自由、平等和博爱的观念熏陶以后，任何其他说法以及与这些理想有关系的任意一种强调，都无法使他们忘掉这些观念，也不可能弃之不顾。一个吃得好、穿得好、住得好并受过良好教育的自由公民，作为自由和平社会中的一个成员，运用与他相称的部分影响去决定“他的”政府的宽大而公平的政策，尽其本人最大能力为大众福利做出贡献，这一切几乎对每个人来说都有很大的吸引力。更进一步的优势是，在几乎所有方式中，它被通俗化了，或者指定几乎可以用任何形式来描述任何行为，并且引起几乎所有听众的兴趣。

那些接受人类圆满未来观点的人怀着极大的热情发现：他们自己仍然为解决出现在理想与现实之间惊人的鸿沟而奋斗着。这个鸿沟如此之宽，致使在实际上不完美世界里的具体行动显得简直没有希望。不然的话，它看上去要对所赐予的利益要求实施激烈的行动，以致把对幸福的追求变成邪恶的犯罪。但是，由于这一点不易实现，地球上空未来天堂的世俗美景没有失去活力。与此相反，容易实现的理想将很快失去它用于激励行动的力量。而那种人们为其主张和在许多情形下必须和将要奋斗的无法实现的希望，确能在残酷的战斗中为人们增添力量。在斗争的白热化阶段，目的与手段之间存在的长期矛盾将只会给最重要的思想带来麻烦；甚至他们从来不能肯定，现实的目的确实不能为“不得不去做的”事情辩护。

自 1850 年以来整整一个世纪，仅仅粗略思考一下战争与革命，政治和社会改革运动，众多的慈善社会服务、福利和传教机构等诸方面的活动，就可以从中发现许多人为了把天堂般的城市带到地球上，准备甚至渴望去努力、去受罪，如果需要，可以为之去牺牲。自由主义者、民族主义者、社会主义者、共产主义者，都在政治舞台上追求他们自己的理想信念；数不胜数的拥有其他信念的人，为再造一种或另一种社会场景也尽了自己的努力。他们希望通过无数个人自觉自愿的行动，至少可以尽早地建立他们梦想中的一个比较近似于自由、平等和友爱的社会。

结局现在还没有也不可能预测。最后，人们将毫不犹豫地转向对其他美景的追求；但在同时，尽管社会极乐的世俗理想以不尽完善的面目，在人类社会体系中已经或者将要出现，真实的状况是：19 世纪末 20 世纪初，人类中出现的这种幻想的普遍性和力量，是全球性世界主义初级阶段的主要特征。工业化的传播和人类生存圈中机械运输、交通通信的效果更加明显；然而，随着工业化增加的财富和权力，使人们头脑中什么可以做而且应该做的思想变得重要了。于是，曾统治了 1789—1917 年西方历史的孪生力量——工业革命和民主革命，为了 1850—1950 年间整个世界的发展努力拼搏着。这种力量在通向未来的道路上也许将这样持续下去。

772 自 1917 年以来，西方世界一直在由法国革命和俄国革命发起的运动所引起的紧张和矛盾之中奋斗着。其他地区状况有所不同——至少没有发展到这种地步。在某些地方，“自由、平等、博爱”还没有写进多少起作用的宪法之中，但又马上要把它提到议事日程上来。俄国革命在法国大革命提出的口号的基础之上再次形成“和平、土地、面包”的新口号，听起来与其说是对法国大革命口号的对抗和挑战，倒不如说是对旧模式的简单解释。对于对俄国革命产生怀疑的西方人和法国后裔来说，自由的艰难选择显得十分重要，但对那些在欧洲两次政治动乱中被反复灌输社会改革思想而没有取得真正进步的人们来说，似乎并非那么迫切。

所以，至少到了 20 世纪中叶，非西方世界的革命趋势才形成了一个单一的、也许是多变的知识力量。从法国、俄国革命中脱胎出来的行动纲领，处处与社会阶级组织的陈旧原则相抵触，并向自然的陈旧思想和人类生活的命运发起挑战。个人持有广泛不同的观点，在一生中常常从一个极端走向另一个极端。结果，全球所有的社会都失掉了它们早期文化和法律自我定义的突出特点。在地球的每个部分（包括欧洲）的回答来自以下若干方面：（1）惊人甚至疯狂地重申陈旧的行为准则以及启示的命运；（2）通过恢复原始、天真无邪的思想、行为和习惯的不懈努力来改造现状；（3）通过发狂行为的爆发也许会加重处于意志混乱痛苦之中的消极状况；（4）秘密社会结构里狂热的阴谋和秘密警察共栖；（5）对个人权力不顾一切地追求，或者对财富追求的行为已经无所顾忌；（6）献身于一种事业，哪怕这一事业漠视所有普通乐事。圣人、恶棍、胆怯者和英雄以及更多的普通人，乃至全人类，总而言之，他们具有本质的不同，经历了无可比拟的诸多刺激，获得了一个不稳定的连贯的反应模式。随之而来的，是世界广大地区的一般法则变得非同一般地不能令人满意。如此一来，看来最好是限制那些接踵而来的粗制滥造的见解。

政治理论
人民
教会
国王
政府
政府
警察
政治实践
社会主义者
独裁者
警察
经济
人性
金融
劳工
土地
自由市场
金融
劳工
土地

民主与共产主义

（二）伊斯兰世界

历史的发展趋势在18世纪和19世纪初期严厉地考验了和善的穆斯林的信仰和耐心后，于1850年以后继续对他们虔诚的希望不利。甚至对他们自己的信仰都不忠实的基督教徒们，继续用他们不断增长的财富和权力去迷惑世界。与此相反，和西方面对面的伊斯兰力量继续缩小，直到伊斯兰国家在这样或那样程度上废除穆斯林先例，以便借用西方不信仰伊斯兰教者的政治经济技术。

直到第一次世界大战以后，伊斯兰政治主权在领土上的退却仍在迅速地继续着。伊斯兰世界整个东部，被英国从印度向北部扩展的势
773 力和俄国从中亚平原向南扩张的势力所控制。[30] 到1907年，当两个列强达成协约时，土耳其边境东部所有穆斯林领土不是屈服于外国统治，就是被瓜分成列强的势力范围，而幸存下来的阿富汗和波斯地方国王几乎丧失了全部实际权力。当19世纪末20世纪初欧洲列强完成了对穆斯林的以及异教的非洲的瓜分，把其变成殖民地和保护国时，西方势力先期到达的伊斯兰世界也遭到了同样的命运。远在此之前，作为伊斯兰世界对抗基督教的传统卫士的奥斯曼土耳其帝国本身已经成为欧洲列强的被保护国了。第一次世界大战给了这个帝国以致命的打击。在英国的鼓励下，反抗奥斯曼的阿拉伯叛乱爆发了；而且在1918年以后，土耳其人本身发生了突然的感情剧变，为了严格的土耳其民族主义而放弃了奥斯曼帝国和帝国理想。

一场温和的政治复兴在第一次世界大战后不久变得明显了。民族主义高涨的土耳其和沙特阿拉伯在1919—1925年间通过反抗英国帝国政策而赢得了真正的独立。波斯和阿富汗也一样，摆脱了俄国和英国的影响，扩大了它们有效的独立。20世纪30年代，欧洲势力在阿拉伯国家继续有限度地减弱；但是，直到第二次世界大战及其战后，像摩洛哥、突尼斯、埃及、巴基斯坦和印度尼西亚才赢得正式独立。

穆斯林政治恢复独立反映了穆斯林政治组织作用的真正增长。在

现代集权政治、现代军队和现代意识方面，关于人民有权利自己统治自己的观点，已被全部引进到伊斯兰国家。阿拉伯人、土耳其人以及其他穆斯林人民的政治意志，于是就成为一个公认的在国际上但更多是在国内穆斯林政治中的重要因素。然而，现代国家地位的装饰是一种借来的华丽装饰物，它被笨拙地安放在古老的伊斯兰团体政治之上。大部分这些国家在许多情形下要求忠诚，而这种忠诚因深深怀念那个无法恢复的过去产生了裂痕。

实际上，穆斯林民族在过去的数百年里既受到了民主革命和工业革命力量的影响，同时也受到了欧洲历史上发生的文艺复兴和宗教改革运动这场轰轰烈烈的革命的影响。这一切都不是偶然的。欧洲近代开始阶段，穆斯林民族就从异端和宗教改革中退却，宁可选择权威学说的庇护并建立了等级制度。当 19 世纪已完善的制度在保护正统学说方面失去了作用时，也就是说，当奥斯曼和波斯国家以及正统派伊斯 774
兰教（逊尼派）和什叶派权威人士再不能指挥人的躯体和灵魂时，穆斯林不得不为他们早期在仅仅一个世纪内，面对整个复杂的思想和技术的出现所造成的知识和道德方面的错位而付出代价。这些思想和技术在欧洲是经历了 400 年时间才发展形成的。这种混乱既流行于公共事务中，也盛行于私人事务中，并不足怪。

最重要的是，伊斯兰意味着服从神圣的法则。这个法则声称是唯一可靠的手段，在管理人类事务上和上帝的意志上是一致的。但是，一个严格并且全面精心计划的法则和行为的章程，很难与在西方技术影响下迅速变化的社会秩序和谐共处。这个章程和法则也难以抵抗 19 世纪和 20 世纪思想领域里的世俗主义。的确，早期伊斯兰的博学之士致力于精心阐释神圣律法的能力与智慧，剥夺了近代穆斯林几代人模糊性的解释，而这几代人又亟须用它来再次解释和改变律法的实施。律法不再是神圣不可侵犯的了。[31] 很少有人能明确地否认那个曾经给予他们文化认同的宗教信仰，然而，大多数受过教育的人们在伊斯兰传统的严密组织里感到不自在。[32]

从个人标准看来，人们对伊斯兰正统思想和现代思想之间存在的矛盾的反应，通常是一种严格的思想方面的分门别类。[33] 对伊斯兰和西方民主政府这样理想的口惠，用一连串失败去适应任意一种信仰的箴言，是现在大多数受过教育的穆斯林继承的个人思想双重性的公认对等物。为了从这一个固有的情形下解脱出来，这些人的确做了努力。
775 土耳其和俄国中亚地区的激进世俗化运动伴随发生了凯末尔主义革命（1919—1923 年）和十月革命（1917—1922 年）。波斯亦是如此。1925 年礼萨汗（Reza Shah）即位后，就着手制定绝少夸夸其谈的世俗政策。而另一个极端，严守《古兰经》的瓦哈比派清教徒随着阿卜杜·阿齐兹·伊本·沙特（Abd al-Aziz Ibn Sa' ud,1919—1925 年在位）的胜利，在大部分阿拉伯地区掌握了政权。这些清教徒通过恢复原始穆斯林社会模式的方法，渴望使全人类事务彻底伊斯兰化。

这些试验结果有待观察。在土耳其，对穆斯塔法·凯末尔非宗教主张的反应于 20 世纪 50 年代变得明朗化了。但是，有关俄国和中国穆斯林群体的资料不太完善，以至于人们无法判断那些地方可能发生了什么事。同样，在沙特阿拉伯发生的瓦哈比派伊斯兰教徒运动的宗教之火，自 20 世纪 30 年代以来，在石油中浸泡后，再也不如以前那么旺盛了。大概最令人感兴趣的是巴基斯坦问题。这个国家作为一个伊斯兰国家，在 1947 年才开始出现，其存在的理由是，绝大多数公民信仰伊斯兰教。此外，英属印度的学校和军队的存在，使相当数量的巴基斯坦人比其他地方的穆斯林们更加熟知西方文化。在这里，而不是其他什么地方，西方与伊斯兰在思想和实践方面的融合看来是可能的。然而，到目前为止，成就并不十分显著。巴基斯坦像世界上其他伊斯兰国家一样，看来已经意识到了古典伊斯兰神圣律法难以接受又无法逃避——至少目前是这样。[34]

工业化对伊斯兰世界的损害比民主革命所造成的损害小得多。西方机器制品几乎破坏了所有地方古老的手工行业。西方企业家们引进了一些重要的新型而且出类拔萃的工业——最重要的是石油。但是由于经济和工业事务方面缺少一个稳定、持续和明智的穆斯林政治领导，穆斯林企业家们于 1950 年前在伊斯兰国家建立现代化工业方面的成绩几乎微乎其微。甚至当国家着手实践匆匆设计的工业化时，成功才缓慢地出现在一些伊斯兰地区，而这些地区长久以来传统上是把商业和经济管理交给被轻视的宗教少数派——犹太人、亚美尼亚人和希腊人——手中的。凯末尔主义的土耳其就是例证。[35]

（三）印度教的印度

一般说，接受西方思想和实践对印度教徒来说要比穆斯林容易得 776
多。在印度斯坦和西方之间不存在历史上的敌视。的确，大多数印度教徒十分高兴地目睹了英国军队推翻印度伊斯兰政权的行动。由于印度教没有教义限制，这就使得印度教教徒可以较为容易地按照本身的条件考虑西方文化，或者说至少避免了出现在西方国家和不可改动的伊斯兰神圣律法之间那样没有调解余地的冲突。[36] 此外，西方在印度的存在比在亚洲其他地区更为热心、更加广泛，因为在 19 世纪期间，印度得到了许多现代西方的外部标志，其中有英国模式的教育体系、著名的印度文职官员考试任用制度、现代法律、军队、警察、经济企业和交通通信。这样的机构和制度，为欧洲人与印度人相互了解彼此间的文化提供了绝佳的机会。

英国政权之所以能在印度立足，是因为它通过同时开创一条西方化道路和建立一个特殊奖励的方式，在印度社会搞了一个明显的颠倒现象。英国人逐渐地把印度统治者和旧的统治集团变成了傀儡，或者彻底解除他们的职务。管理权在英国的监督下被授予那些有不同背景、从英国教育制度中脱颖而出的一代新人。其他印度人也是按照英国的政治秩序，特别是法律上的需要，被征来从事新的职业。这些人的工作使得他们不断地和英国人打交道，而且他们的职业常常依赖于如何有效地顺应外国监督人的希望。因此，这些人显然有吸收西方方式的强烈的个人动机。更进一步的事实表明，不断增长的真正管理权力的范围，是利用那些有效地吸收了西方方式的印度人，给已英国化的派系施加远远超过其人数比例本身的影响，在印度制衡没有英国保护和支持的势力。

因为这些，或许是其他原因，作为世界四大主要文明传统之一，在近代初期遭严重打击而产生破裂的印度教，对西方文明固有的挑战
777 比穆斯林和中国人（至少到 1950 年）能够做到的反应更加富有弹性。欧洲的工业革命和民主革命在印度有相似之处；英国和印度土著通过各自特性方面的相互结合，获得了一个具有印度特色的发展趋势。

*　*　*

从 1850 年到 1950 年，印度工业和经济发展被政治实践与原则之间的矛盾所主导。政治实践依赖于至高无上的权威以及英国管理机器的威望，具体体现在印度文官制度之中。随着时间的推移，还体现在一系列下属省级公职部门之中。但是，英国的政治原则是要把政府活动限制在很窄的范围内，只强调维护和平、治安秩序以及国防，其他大都留给私人企业了。很明显，19 世纪英国自由主义同一个类似东欧帝国 19 世纪发展特征的有效、集中并且重要的独裁官僚政治的结合，提供了某些非同一般的例子，印度则是最能体现这一点的。

一般来说，正在走向现代化的政府对超现代的东西和历史悠久的古代遗物经常并列在一道出现的现象，在原则上不愿干涉。这些被视为政府合法范围内的经济与技术进步有尽早被系统地引进的趋势。这一趋势常常出现在一种范围内并且具有合理性，这一合理性超过了从英国得到的任何东西。这种超现代思潮的杰出例子是印度的铁路体制，大规模铁路建设在 1853 年总督批准了总体规划后得以进行。尽管在私人和公共所有制方面出现了矛盾现象，并且不幸引进了两种不同的标准，但是，印度官方对铁路的监督一直是严密的，从而使得铁路网明显地遍布各地。到了 19 世纪末期，大约 8 万公里的路组成大陆的铁路

网，其中包括以前根本不可能通车的偏远地区。[37] 灌溉工程，尤其是在旁遮普，构成了英国管理部门从事经济活动的另一个领域。与此同时，道路、港口设施以及市政建设紧跟着蔓延开来。

另一方面，私人经济部分一般仍处于落后状态。乡村习惯令大多数印度人不能充分发挥由新型运输与技术带来的可能性。多数印度人完全缺少那种由英国管理部门的自由放任理论推测出来的经济习惯意识。甚至那些富裕阶层和商业阶层，通常喜欢老式的高利贷或对土地的直接投资，而不愿意在工业或其他未曾尝试过的经济活动形式上冒险。结果，这些新兴的现代企业大部分由欧洲人、波斯人或其他外国人控制。自由经济原则在英国实施情况良好，形成了一个坚定扎实、富于进取的经济阶层。在印度，实施情况不十分理想，因为快速成倍 778
增长的乡村人口，如果不是超过至少也是快要赶上在那里出现的工业生产力的实际增长。尽管是这样，自 19 世纪 80 年代以来，出现在印度的首先是制造业。纺织业，包括棉花和黄麻的纺织，是第一批重要的现代工业，随之而来的有冶金（钢自 1913 年、铝自 1944 年开始冶炼）和其他形式的工厂和制造厂。[38]

饥饿和战争限制了效率高的官僚政治和迟钝的或者说冷淡的公众之间的矛盾。官僚政治原则上把经济重担交给了私人；而对大众来说，除了几个少数例子外，则不能设想或者开始对未曾尝试过的经济可能性采取行动。人道主义原则迫使英国官员采取特别措施对付反复出现的饥饿危险。每当一场较弱的季风把降雨量减少到正常水平以下时，饥饿的威胁就会出现。1883 年制订的特别饥荒法，阐明了在粮食歉收季节，为防止大饥荒所采取的措施。按照这项法令，政府官员承担进口粮食并向饥荒地区分发的任务。他们还要组织项目研究，以便证实对受到饥饿威胁人口的工资支付问题。尽管土地短缺现象日益增长，而且自 19 世纪 70 年代以来，这种现象变得越来越明显了，上述措施还是对印度传统的严重饥荒起了一定的缓解作用。

第一次和第二次世界大战造成了对政府惯常活动的一个相当大的

背离变更。两次冲突使人们认清了印度本身存在的弱点，由于来自英国正常供应渠道一个暂时性的中断，就会给印度军队和政府带来令人不愉快的显著结果，所以官员们着手制订紧急计划，去发展或者增加数千个项目的地方供应——在第一次世界大战期间这是短暂的，没有取得什么广泛的效果。在第二次世界大战期间，这些项目则较为系统地发展并取得了较大的成绩。当直接组织国有企业看来并不容易时，这就要求官方出面干涉，目的是鼓励、哄骗或者诱惑个人加入新的经济活动行列中。

因此，当第二次世界大战结束、印度获得政治独立的时候，为了有利于新的混合型经济的发展，原来经济领域里对政府行动的陈旧约束已经被大规模地摒除了。曾经在政府管理体系中发挥过作用的私人和公有企业，又在混合型经济中准备协助或者甚至是迫使经济扩展，尤其是在工业方面的扩展。遇到初期在分配上的紧急事件后，新的印度政府承担了振兴和扩大在战争期间业已出现的官方激励和经济增长引导制度。人口的增长是否将来会超过印度为增加经济生产所做的最佳努力，还有待于进一步观察。

779　波斯人、英国人、少数希腊人和黎凡特商人一起，已经率先把现代工业介绍到印度。但是，孟加拉人，以及随之而来的古吉拉特人（Gujeratis）、马拉特人和孟买的近邻们，在介绍民主革命的思想方面起了重要作用。如我们所见，拉姆·莫汉·罗易（卒于1833年）在19世纪初做出了表率。1835年以后，英国式学校体制的逐步巩固，为印度提供了人力资源，1857—1858年间的那次失败的兵变，使得陈旧的社会政治理想名誉扫地。在新学说未形成体系，还没有通过印度国民大会党（简称国大党，1885年成立）公开表达出来时，过渡阶段的一代人就消逝了。在这一代人中，有成千上万的个人接受过欧洲政治权利思想的教育。又一代人在他们的文雅规劝、抗议和请愿得不到群众示威游行、煽动性骚动和秘密恐怖主义的辅助时也消逝了。

然而，1905—1907年间，革命学生团体在加尔各答的秘密小组、口号和活动，像印度国大党的会议进程一样，依照外国方式形成了新的模式，这个模式仅仅受印度环境隐约的影响。第一个现代的同时也是真正的印度政治运动，兴起于第一次世界大战以后。它由莫汉达斯·卡拉姆昌德·甘地（卒于 1948 年）领导。甘地把印度与西方的高尚品德和机智融在一起的领袖气质，为自己赢得了“圣雄”的称号，即“伟大的灵魂”；他所领导的运动把勇敢的平民抗命和引人注意的非暴力结合在一起，从而赢得了 1947 年的印度独立。

甘地的思想和行动有效地把印度教苦行主义、基督教的和平主义、民主的世俗主义结合在一起。那些比较起来不同的观点，不论是和个人有关，或是和若干小组有关，诸如此类，都与甘地的思想联系在一起，从而构成了印度民族解放运动，产生了国大党。土生土长的印度思想与实践和外来的西方思想与实践之间的这种亲密结合是个新现象。同样，这场博得城市每个阶层绝大多数印度人忠诚并且对村民产生影响的大规模运动，此前从未能维持很长时间，并达到一个相当的高度和控制得当的感人程度。

这些成就的取得把民主理论变为现实。根据这个理论，个人应该在政治事务中拥有发言权。但是，甘地的追随者在反对英国的统治方面比支持任何实际政策显得更加团结一致。恢复手工工业的努力还未能引起新的印度政府中经济计划者们的兴趣。的确，冷静计算一下，甘地的纺纱车无法为印度贫困提供解决办法。再有一点，甘地反对婆罗门认为贱民是最低阶级的教义的运动，在宗教保守派中引起了强烈 780
的反抗。随后印度教狂热分子对甘地的暗杀，比其他任何一种戏剧性献身可能达到的效果，更有效地令保守派收声。此外，甘地运动的总体特征令印度穆斯林感到恐慌，并且刺激了他们多少有些孤注一掷、虽遭延误的但依然获得成功的要求：创立一个独立的、完全穆斯林的巴基斯坦国家。

甘地非暴力主义慈悲、宽大的理想将如何保持长时间不变还有待进一步观察；印度政府中民主的国会机构如何和官僚计划的慈悲专制

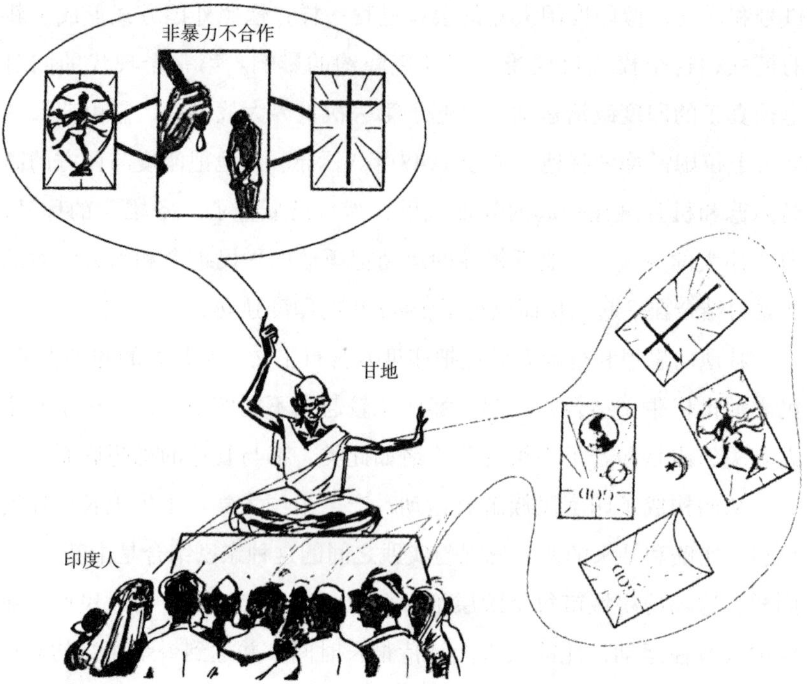

甘地的教诲

取得一致，如何与从完全不同的语言和宗教信仰中产生的强烈感情相一致，如何与人口增长和经济发展不平衡中固有的经济困难相一致也需要进一步观察。但是，未来的危险比过去曾出现的并且在事实上已被印度人民克服了的障碍不会大多少。在只有中国堪与之匹敌的这样大的规模里，印度政府和社会在把西方和本土的思想、技术以及习惯融合在一起这方面树立了典范。时间本身将会得出结论；但是，从20世纪60年代的观点来看，具有特色的西方要素是在印度内部得势的。自1947年以来，西方20世纪社会革命看来已经合并了印度的“民族主义”革命，使得印度成为世界范围内分布广泛、以西方为核心的社会发展进程中的一个地区和一个伙伴。

印度作为 20 世纪世界主义的参与者，已经通过艺术断断续续地显 781
露出来。拉宾德拉纳特·泰戈尔（卒于 1941 年）是唯一赢得国际荣誉的印度人。他的诗混合了欧洲人、梵文和孟加拉文的文学形式与思想。现在还无法断言他的作品的流行程度是否会下降，也难以确定他的文学声望是否将永存。[39]

（四）中国

从 1850 年太平天国运动的爆发到 1949 年中华人民共和国的成立，中国的发展和早期的王朝更替极为相似。许多清朝的遥远属地都脱离了与中国的关系。此时，一系列漫长的内部反叛以及外敌的侵略震动了中国自身的心脏地带。所有这一切都和前朝紧密相连。

家族是中国传统社会中另一个主要组织。就像它度过了其他时期的许多经济困难和政治动乱后继续存在一样，家族经历了 1850—1950
年 100 年间的风风雨雨以后，仍继续存在。自 1917 年以来，中国知识 782
界的一个突出特征是对儒家思想的批判，从而致使中国大批受过教育的青年做出离经叛道的行为。在一些地区，初期工业化造成了不很明显旧的家族关系较为紧张的状态。[40]但是，传统的观念与义务特别不易改变而且还富有弹性，致使在 1917 年以后，他们继续被灌输进绝大多数年轻的中国人心中。家族纽带常常被人们提起，甚至那些青年时代曾旗帜鲜明地反对儒家孝道义务规定的人们也不例外。

即便如此，这些令人印象深刻的连续性，还不能证明中国在 19 世纪和 20 世纪仅仅经历了一次传统性政治循环的判断。自 1917 年以来，中国占人口少数的知识分子，已经具备了弃绝儒家生活方式所需的日益增加的一致性和能力，而儒家生活方式指的是在行为、道德和政治方面所需的悠久的礼仪规范。从长远观点来看，中国人的生活特点必定会受到忠诚转移的强烈影响，优秀知识分子更有能力利用中国古老的政治制度，以便尽快地实现他们的新目标。

在 20 世纪，中国教育阶层信奉的思想全是从西方文化中直接得来的。甚至19世纪那场彻底动摇了大清帝国的太平天国运动（1850—1864年），就已经传播了基督教四海之内皆兄弟的思想。随着运动的炽烈，这种思想变得越来越突出了。诚然，最初道家和佛教因素与基督教义是混在一起的。[41] 在1895年对日战争中惨遭军事失败后，中国新一代革命领导人承担了寻求新的权力基础和拯救民族的重任。孙中山（卒于1925年）就是其中最杰出的领导人之一。那时令人一目了然的可借鉴模式是世界列强国家，因为西方国家以及现在的日本人，在成功地建设国家方面，明显远远地超过了中国人所能达到的水平。于是，孙中山和其他革命者一起，为了寻求适宜自己的思想，搜集了西方政治和经济思想（常常通过日本渗透过来）。他们天真并毫无偏袒地进行这项工作，以此表明他们既不是正统中国文化也不是西方文化传统的掌控者。1917年以后，俄国革命提供了一个非常吸引人的外来启
783 示；[42] 自1949年以来，共产主义思想意识在中国大陆已经获得了知识和政治上的统治地位。

然而，所有的这种意识形态的波动，都是在比较温和的制度变化背景下发展起来的。直到20世纪初，政府的政策，以及在中国农村居主导地位的儒家精英阶层的政策，都是要将西方在中国制造的任何必要变化减到最低程度。1842年以后，英国军舰第一次强迫中国当局顺应外国的商业和外交做法。在1858—1860年以后，情况变得更加惊人。那时西方列强和俄国卷土重来，干涉中国内政，扩张外国在华的特殊利益，而中国的统治者也再不能或者假装把强大的异族人限制在自己属国的位置上了。

对太平天国运动的严酷镇压，的确为中国政府内的关键职位带来了一批充满活力、目光远大的改革者。其中一些人试图用兵工厂、陆军和海军把中国装备起来，因为这些东西被看作西方列强形成的基础。可是，太平天国运动带来的危急局势一旦不复存在了，官方改革也就松懈下来了。其中部分原因是思想较为保守的人对革新产生疑问，但主要原因是改革派本身就对改革三心二意。他们全部目的是维持旧的

秩序：一旦革新威胁到这个秩序时，他们就站到对立面去了。向国家提供军队、军备、工业和交通通信设施，让国家自身的强大来充分地保卫国家自身的做法，要求现存的中国社会结构进行一次比 19 世纪 60 年代改革者本身所要求的大得多的变革。[43]

因此，在 19 世纪末叶，各种事件又一次开始逼近摇摇欲坠的儒家政权。日本 1895 年的胜利，随后是义和团运动的失败（1900—1901 年），以及强加在中国头上的各种屈辱，使得那些最不情愿放弃祖传方式的人们坚信：激烈的变革确实需要。改革采取了多种方式。1912 年最后一个清朝皇帝退位前后，政府机构长期以来所产生的有效影响通常是短暂的。至少足足有半个世纪，政府机构在使中国强大这个问题上总是不起作用。然而，在教育方面，改变国家整个知识气候的变革是激烈的，并且富有戏剧性效果。1905 年，建立在儒家四书五经基础之上的科举考试制度被废止了，这一下切断了 2000 多年来优秀知识分子从政来管理中国一直走的必经之路。结果，雄心勃勃的青年人突然一窝蜂地涌向西式教育机构。如果在早年，他们一生中将只能学习古 784
老中国的四书五经。如同从孩提时代和早期教育接受的完全是传统内容的成千上万中国人，突然发现他们被塞进陌生而且常常只是一知半解的思想旋涡中去一样，脱离整个传统的意识形态方面出现的喧嚣和惶惑，不可避免地出现了。[44] 可是，青年时代经历了如此深刻矛盾阶段的任何人，在以后生活中形成的道德、政治或理智的约束必定有某些内在困难和隐秘的脆弱性。结果，只要新事物允诺能尽快地把人类从思想上犹豫不决、行动上无能为力的痛苦中拯救出来，即使最引人注意的特殊信念也会突然让位于新的学说趋势。20 世纪 20 年代出现的加入国民党队伍的浪潮，以及近期在中国出现的共产党地位的巩固，这两件事之所以成为可能，仅仅是因为这类智慧得到了发挥。

但在 20 世纪，在中国知识分子和政治家中间引起热烈争论的西方思想，较容易地隐藏了 1950 年以前西方对中国影响的相对浅薄性。占全国人口 80% 的中国农民大众像一个大海洋。在这个大海洋中，西方货物的小溪和宗教传道小溪在悄悄地流动，时而令人不易察觉地改变它的高度和潮流。太平天国和其他反叛的暂时性胜利，清政府的持久羸弱，国民党的兴衰以及共产党在20世纪30年代至40年代间的胜利，所有这一切的主要原因在于农民对只知向他们收地租、苛捐杂税和利息，其中大部分住在城镇、寻求保护的那些政府官员的不满。[45]但是，这类事情确实也发生在此前中国历史上每个朝代的末期。20世纪上半叶，在中国乡村广大地区肆虐的暴力、饥饿和疾病，在矫正土地、租金、税收、人口之间存在的日益增加的不平衡方面，也是一种传统的有效方法。西方机器制品的出现，如棉布和煤油，可能在中国一些地区加剧了农民的忧患，因为传统的手工工业不是萎缩了就是被破坏了。由于富人的爱好转向外来的西方机器制品，城镇里的工匠也会因此而受苦。另一方面，新兴的或者是扩大的贸易，像为西方和国际市场生产的桐油、钨、茶、丝，则易于扩大这些阶层谋生的可能性。

近代机械动力工业于19世纪40年代首次在中国悄悄地出现，但直到1895年以后才得到重要发展。那时，象征中日战争结束的协定条
785 款，允许外国人在中国土地上建工厂，而且他们还享受已经授予国外进口货物的大部分贸易优惠条件。第一次世界大战中断了欧洲供应渠道，并给中国制造业，特别是棉纺织业以一个暂时的刺激；但是，日本的竞争和金融及其他时断时续的战争一起，严重地抑制了中国近代工业的发展。像上海、天津这样的近代大城市没能成为主要工业综合区，却一直作为主要的商业和金融中心，而且在相当大的程度上被外国商人控制着。

铁路也是一样，在中国没有产生它在印度所产生的作用，大规模建造在20世纪头10年才刚刚开始。欧洲金融业为中国铁路建设负责提供所需的绝大部分资金。但是，由于他们内部为各自利益钩心斗角，致使贯穿全国的铁路网迟迟不能成形。而且，因为财政管理上出现的混乱以及反复出现的军事动乱等原因，致使铁路在已建好的路段也只能时断时续地运行。[46]

欲在中国创建近代工业和运输业方面真正大规模的长久努力，只有等到政府显得有足够力量利用和平时代的时候才能开始。这件事看来在 1929 年才出现。那时，国民党作为中国当局政府脱颖而出，但它不仅很快遇到了来自日本的无理进犯（1931 年），而后国共内战爆发，和平直到 1949 年才再次实现。所以，到那时工业革命只是接触了中国的边缘。乡村和城镇旧的经济关系结构基本上保持不变。就像 13 世纪蒙古人所带来的影响一样，西方在中国的存在确实在中国经济中引起了非同寻常的反响。即便如此，到目前为止，在中国仍未发生根本性变化。

只有在中国完成了从一个强大政权转移到另一个政权的传统循环后，以西方为中心的 20 世纪世界主义才能真正开始大规模地面对中国的传统制度。只要中国社会内部传统的社会不平衡一旦引起传统的暴力和动乱的出现，西方经济渗透行动的锐利锋刃就会失去其锋芒。而且发生在受过教育的少数人当中的所有激烈辩论（包括中国外部形象的完全西方化和对中国长久未来的深刻重要性等问题）没有立竿见影之效。中国和西方文明之间真正本质上和决定性的对抗仍旧存在于未来。这个对抗有可能创造一个 20 世纪，也许是 21 世纪最重要的文化互动局面。

在这种剧烈变革的时代里，当道德、经济和政治标准不断变化的时候，人们不应当期待会有一个高级而且宁静的文化创造力存在。重要的改革，特别是文学习惯的改革，被突出了。例如：胡适发起的白话文运动（1919 年）用近乎大众的语言代替文言的写作标准。国家严 786
谨的思想和学术传统帮助把西方科学与学问引进到中国，其中部分是通过传教活动，部分是通过派遣学生去西方大学学习的方式获得的。特别是在汉学领域，中国和西方在方法上的相互激励以及给予奖学金的先决条件，常常产生引人注目的丰富成果。但是，与过去伟大的中国文明相比，1850—1950 年的 100 年，极为明显地标志着中国文化成就中的一个低潮。[47]

（五）日本

日本文明在德川幕府时期显示出明显而独特的双重性，也就是说它总是在两个相反的极端之间保持着极不稳定的平衡。因此，斯巴达式武士阶层严格的道德观念总是和“浮世”的享乐观念发生冲突，而且这两种道德观之间缺乏调停的媒介。日本政府闭关自守，但由于对荷兰学问的强烈好奇心，使它冲破了重要阻碍。或者说日本“封建制度”的传统纽带被隐藏起来，可还没有真正隐去六十几个“采邑”或是氏族领地上的官僚统治。尤其麻烦的是，日本政治和经济力量的分离准许低下的商人阶层致富，而高于商人的社会阶层农民和武士却忍受着贫困的折磨。因此，皇帝和幕府之间紧张而又稳定的关系很恰当地体现了贯穿于日本生活的全部双重性。既神圣又无权的君主被尊为一切权力的源泉，同时又被囚禁在礼仪的网络之中；别无选择，只好容忍。这种现象同时也被德川幕府及其继承人所接受。17 世纪初，德川幕府通过官吏、特务、武士等集团构成的强权统治着日本，同时又很巧妙地保持着人与人、阶级与阶级、家族与家族之间在对抗中的平衡局面。

只有幕府的持久意志力，才足以使表面上水火不相容的社会各方面之间保持平衡。19 世纪 50 年代，为争夺一个无嗣统治者的继承权，各集团相互倾轧，使这种意志力开始动摇。佩里船长“黑色船队”（1853—1854 年）抵日这一突然事件，激发了日本社会和文明方面广泛
787 而深刻的变革。

直到第二次世界大战，重整旗鼓的日本政治和经济为西方刺激的成功提供了一个绝好的例证。这个成功首先表现为承受了西方文明的冲击，然后是超过了西方国家。西方国家的船队和贸易导致了德川政权的毁灭。然而，广泛而迅速地借用西方技术也未能消除日本德川时代固有的国内矛盾和暗藏的危机。相反，日本借鉴西方文明的成功——特别是其工业技术和军需品生产技术——依赖于另一个“魔术师”在新旧成分之间巧妙的平衡本事。简单地说，日本社会森严的等级制度

虽然过时，但还完整，不同的社会等级有不同的行为规范。这种等级制度允许一代人中少数领导层对军事和经济制度进行深刻的改革，按西方模式重建日本的政治体制。[48]

*　*　*

严重的心理危机有时会导致令人不解的行为方式的巨变。早在 1854 年日本结束闭关自守状态时，这种心理危机业已存在。对葡萄牙人先接受后排斥的急切心理，日本皇族对公元 6 世纪以来的中国文明很早就有的热情，以及 20 世纪日本对美国和其他国家突然颠倒的态度和行为，都如出一辙。行为规则的陡然变化一直是日本民族心理的潜在特征。[49]

除了日本社会内部的独特性外，一千多年来日本的高层文化和技 788
术大部分都是来自中国这一事实，也极大地促进了 19 世纪和 20 世纪日本对西方思想和技术的吸收。他们的祖先已知道在某些方面外国优于日本，所以欧洲知识和技术高于日本这个发现，对于日本的自尊并不是特别的打击，这和他们的祖先在这方面的认识是一致的。这种一致性要求实际上使得崇尚中国文化的日本人后裔变成了热心的西化论者。

最后，日本文明和西方文明之间的和谐推动日本接受了西方模式。到了 19 世纪，粗暴野蛮的尚武体制在日本和西方被官僚政府阻抑（在日本几乎被抑制住）。但是，日本的武士道和荣誉感、社会优越感在欧洲生活中几乎可以找到完全相同的事物。更能起决定因素的是，在这两种社会中，职业武士的价值观和态度受到其他阶层的崇敬；日本的农民和市民与欧洲的农民和市民一样，在暴力发生时更愿意追随这些贵族专家，而不是避开他们。

这样，日本提供了一块有趣的矛盾丛生的土地。在这块土地上，思想（和感情）上的保守主义成了制度根本变革的主要手段。结果那里的近代工业和民主革命所达到的胜利程度非常不同；因为尽管自 1885

年以来日本的技术向前大步发展了，但是不论外部社会结构如何，民主革命几乎丝毫没有影响到1945年以前仍旧存在的日本社会等级制度。

*　*　*

到第一次世界大战时，匆匆起步于19世纪80年代的机械动力工业和运输业，使得日本产品有可能在整个远东地区同欧美产品竞争。战争期间，日本仍在扩大其贸易。到了20世纪30年代，全世界都有它的市场。更确切地说，现在陆、海、空三军所需的工业基地得到迅猛发展。这不仅仅在日本本土，同时也在日本新获得的殖民地朝鲜（1910年）和伪满洲国（1931—1932年）的土地上得到发展。

日本的工业化并没有仿照欧洲模式。在日本，政府比任何欧洲国家都起着关键的中心作用。结果，企业家的决定总是受到国家军事力量要求的约束。从这些方面来看，日本的工业化非常有趣地预示了俄国共产主义。但是，又和后来的共产党政府不一样，日本给大批小企
789 业以自由。这些小企业都是传统的作坊生产和家庭生产。为了把这些古老的工业结构调整为现代结构，日本实行了两项改革。第一，由电动马达牵引的轻型动力工具代替或者辅佐手工工具，极大地提高了生产；第二，小作坊和工厂产品的销售通常委托给大公司代理——换句话说，大型销售公司把很多或全部生产任务交给小工厂完成。

由于需要大规模的贷款用于克服买方与卖方的差距，这些销售机构就被纳入真正强大又紧密相连的经济企业集团：银行、冶金和其他重工业、采矿业、造船业，以及一些大工厂。就像日本政府控制在政治寡头手中一样，所有这些企业都控制在极少数经济寡头手里。经济实权派和政治实权派之间的关系一直非常密切，而且双方常常通过个人之间的联姻保持紧密的联系。事实的确如此，大的企业家族，如三井和三菱，由于取得了官方企业的经营管理权，才在19世纪后期登上显赫位置。政府只向那些花费巨资建立起来的工厂收取很少、有时是象征性的税。而

这些新的“私”有主对国家的政治领导层负有长期而紧密的责任感，并且认为发展对国家有用或者必需的事业是他们的职责。[50] 结果，经济寡头财富和权力的巩固减少了国家的直接经济活动。诚然，国有军工厂还在生产武器，特别是生产新式和处于试验阶段的武器。

概而言之，机器生产技术来自西方。但是，把新的机器技术投入生产使用的，几乎全是日本的社会经济结构所为。这意味着，在经济关系和其他社会关系中的优劣双方严格遵守着诚实和礼貌的规则。因此，工业革命在日本有其独特的社会特征，至少从目前看来，日本工业现代化没有得到民主革命的支持，而民主革命被欧洲史学者看作工业现代化的“标准”伴侣。[51]

日本等级制社会结构的残余，使得工业发展资金的累积变得相对容易些。工业现代化起步时，政府本身通过直接税收来资助它，让农民为工业投资出钱；不然的话，这种投资几乎无法从日本国内获得。790
后来，当金融寡头在政府的扶植下形成后，他们在国内外产生了垄断和控制市场价格的能力。大量的财力集中到一小撮人手中，然而，这些垄断分子又都是热心的企业家。他们生活俭朴，鼓励别人节制消费，因而刺激了几乎全社会上下的资金积累。[52]

* * *

西方意识形态里的民主革命从未在日本发生。1867 年推翻德川幕府统治、帮助明治天皇登基的封建领主和武士当然不是建立人民政府的倡导者。即使到了 1889 年，日本有了西方式宪法并选举产生了国会、部长内阁和独立的司法机构，国会的立法权仍受到了适当限制，这也就使以上各种政治权力受到限制。实际上，日本的政治现状和“家族”以及顽固的地方势力休戚与共；这种政治现状不仅脱离了明治宪法公开标榜的法律义务，而且脱离了民主实践。

随着时间的流逝，家族式忠诚变得微弱，日本传统的社会等级制度也在很大程度上失去了往日的峥嵘。因此，虽然明治宪法一直延续到1945年，但是，日本内部的政治状况变得越来越复杂了。男子普选权（1925年）扩大了选民范围，允许暴发户和日本既有政治家族在政治领导圈里竞争；20世纪30年代，军事集团开始对政府的政策施加其独特的影响。尽管这些对寡头统治来说是个挑战，但是，直到1945年为止，一小撮寡头集团依然在幕后控制着日本政治。

第二次世界大战战败以后，日本人一度被迫忍受美国占领军对他们国家的统治。1947年在美国辅佐下颁布的日本宪法，是彻底民主的美国风格。但是，令人怀疑的是，日本的自我观念、社会观念、等级关系以及所有由来已久的不同等级之间的社会行为方式，是否真正允许平等、讲求个性，或在根本上将异邦的政治理想写入日本的宪法里，而不仅仅是停留在“口头上说好话”。[53]

791 虽然与其他国家民主革命相类似的事从未在日本发生过，但是日本政府中确实发生了两次半革命式的变化。首先是天皇的复辟（倒幕运动）；这是一群自命不凡的青年武士发动的一次反动军事政变。他们之中有很多人出身低微，也有一些人在效命国家之前已在地方行政机构有过从政的经验。这些人都想恢复天皇的统治地位，驱逐外夷，发展日本的工业现代化。他们还实行了重要的行政管理改革，把德川时期日本所有的“采邑”（藩）集中在中央政府的统一管理之下（废藩置县），然后发放政府债券来买下封建领主和武士的特权以消除“封建制度”的合法基础。从真正的意义上来看，这只是完善了早期德川幕府赖以生存的、不尽完善的官僚制中央集权，这种集权曾被德川幕府及其继承人维持了两个多世纪。

大规模重组日本军备是明治维新的一个重要特征。高贵的武士、粗野的农夫、卑劣的商人，甚至原来是日本社会的贱民都应征加入新的欧洲式军队中去了。对长官他们表示绝对服从，而这种服从以前只是针对世袭的社会上层而言。从传统的服从到对军官的服从的转变是非常成功的。无论一个人的出身如何，只要他当上了帝国军队的军官，他便能获得发号施令的荣耀权力。几个世纪以来，这种权力被日本的封建领主和武士用来残酷地统治社会的其他阶层。军队因此成为一种社会阶梯，尤其对农民子弟来说，只要他们在军队中有所建树，就能获得昔日只为世袭武士所保留的社会地位。[54]

这种形势在军队中的下级军官和不满政府政策的激进分子中产生了共鸣。军队中的极端分子代表了日本大部分农民的感情和利益，向控制日本党派的政治寡头们提出挑战。从这个意义上看，他们代表了日本政治中的民主分子。再者，为了达到他们的目的，他们脱离了日本社会的等级制度。而军队中的反对派由于对普遍出现的暴动的支持，大肆进行暗杀或其他暴力行动，在 20 世纪 30 年代后期相对地限制了日本政治家的活动自由，在使得日本发动了侵华战争、最后导致日本陷入第二次世界大战之中扮演了重要角色。军队中这两派之争，大概是第二次世界大战之前发生在日本的最接近于民主革命的事件。

从 1945 年到 1952 年间，道格拉斯·麦克阿瑟将军和他的美国及
日本同僚一起完成了日本自上而下的第二次革命；其结果无法预见。 792
日本社会的等级制度结构好像很难消除，尽管它受到了许多冲击，如战争的冲击，战败给原政府带来的耻辱以及战后美国模式对此种结构的分裂作用等。我们还不能确定西方稳定的平衡，或者说从长远观点来看，工业革命是否要求日本社会进行一场全面的大规模改组。问题的关键在于，19 世纪和 20 世纪欧洲工业革命与民主革命之间是否存在内在的必然关系，或者这两者是否能无限地分开，就像 1945 年以前的 60 年里日本所做的那样。

* * *

曾破坏了中国和其他非西方国家人民传统文化表达的社会和心理方面的障碍，对日本人的影响就不那么强烈，因为日本人本身证明了他们能够保持区别于西方的政治独立和精神独立。日本的艺术和文学

方面的创作因而十分丰富。但是，日本传统艺术要么因沿袭老路而僵化，要么逐渐变得衰落；外来新事物，像建筑、科学或文学，按照现代标准来衡量，没有惊人之举。因此，像世界上大多数国家一样，日本从 1850 年到 1950 年，经历了文化创作的相对低潮。诚然，日本的成绩和亚洲其他文明国家不同，区别主要在于日本通过真正的文化普及，达到了日本文化的民主化。[55]

（六）世界其他地区

19 世纪中期，在成千上万具有独特文化的人类社会中，有很多已经消亡或者并入更大的人类社会。但是，即使到了 20 世纪中期，具有
793 不同制度和观念的社会的数目仍然很大。每个社会，无论大小，都按其独特方式对新的刺激、机会和危险有所反应。致使 1850 年以来的年代显得极不寻常的是，每个社会几乎都遇到了来自外部的刺激；因此从工业革命和民主革命中产生的以西方为中心的世界主义，使世界上再没有什么重要地区能与世隔绝了。

令大多数人类学家欣喜的是人类社会的多样性，使得人类生活得更加多样化。第二次世界大战以后，欧洲（和美洲）殖民地的减少，使得人类社会条件方面的差异显得比殖民主义时代更加明显。殖民主义者曾使得世界上广大地区从表面上看是一致的。20 世纪发生在拉丁美洲一些国家的革命运动告诉人们，美洲印第安人的存在也是人类社会重要的组成部分。的确，由 1911 年革命所激发的墨西哥艺术运动，把关于古老的美洲印第安人的主题反映到精美的绘画和建筑中去，因此成功地把新世界的原始风格注入当代世界的艺术宝库之中。[56] 但是，其他方面这种西方和当地艺术与思想的融合并没有引起广泛注意，或者为 20 世纪可能已负担过多的世界主义增添更重要的内容。

结语

1917 年春，美国参加了第一次世界大战；同年秋，布尔什维克推 794
翻了沙皇俄国政府，俄国退出了第一次世界大战。这些事件使得 1917 年成为不朽的里程碑。从此，西方和世界文明进入了一个新阶段。这个新阶段的显著标志是：共产主义改变了俄国，美国一跃成为世界霸主，西欧作为西方文明无可争议的中心和主宰地位显得黯然失色，人类在控制其本身和无生命能源方面的能力取得了巨大进展。

与此标志相关的、最明显和最重要的变化体现在 1917 年以来的政治的规模和政治的范围这两个方面。

一、政治的规模

按照西欧民族国家的标准来衡量，两个超级大国在 1917 年都声称自己已经有了一种灵丹妙药，它能够治疗由不复存在的欧洲新体制所造成的世界范围内出现的腐败病、帝国病和战乱病。到 1945 年，威尔逊主义和列宁主义都失去了各自新思想的光辉。但是美苏两国用不断增加的军事砝码使得对手们黯然失色，这些砝码足以补偿这一代人在思想方面失去的光辉。在第二次世界大战结束时，只有这两个超级大国能依靠国内资源，制造现代战争所需要的精良武器。由于武器更加复杂、昂贵的缘故，西欧各国恢复其已衰落或被缩小的主权的可能性相应减少了，或者说任何小国主权获得补偿的可能性不复存在了。

自第二次世界大战以来，美、苏两国擢升为世界大国，为众所周知的历史现象提供了一个例证：军事、政治权力从远古文明程度较高但结构松散的腹地转移到了更接近于前线的地区。机器技术在近代才把西欧推向主宰世界的顶端。这看上去就像古代神话中的宙斯残酷无
795 情地调转头反对其父母一样。1917 年以来，尤其是 1945 年以来，现代工业、挖掘工业、运输工业、加工和销售工业已不适合在西欧古老民族国家狭小的境内发展了。1945 年，近半个大陆的地区为美、苏两国提供了多少比较令人满意的军事基地；然而，任何一个权力中心想要有效地获取大面积范围内资源的话，半个大陆的面积就远远不够用了。总之，现代工业和运输已开始肆无忌惮地鼓励单纯的地理扩张。

这种符合逻辑的政治的规模扩张最终要创造一个单一的世界主权。虽然只有两个超级大国在争夺圈内，但未来的任何一场战争都会导致如此的结局。[57] 诚然，有效维护世界权力的技术方法已被掌握。由一个可信赖的联合中央权威构成的力量来垄断极为强大的资本武器，以取代各个政治主权国家间有组织的战争，也许在不久的将来会成为可能。

另一方面，政治的规模发生了变化，从法国、英国和德国强权转移到占半个大陆面积的超级大国。就像欧洲旧体制所奠定的基础一样，这种变化也许会给未来的权力均衡打下一个基础。世界强权新家族也会划定自己的范围。在这个家族中，中国、印度、巴西和一些次大陆范围内尚未形成的政治实体（例如欧洲联盟或者希望不大的中东联盟以及非洲联盟）将会与舞台上的两个超级大国分享领导角色。

二、政治的范围

20 世纪共产主义和极权主义革命孕育的政治的范围的变化与政治格局的扩张，是规模巨大、不可扭转的社会前景。在 1917—1918 年
796 间，德国总参谋长努力对所有可能供给战争资源的问题制定了应急措施。实际上，俄国共产主义者也以这个应急措施为标准，衡量什么是和平与战争。1917 年，掌握俄国政权的革命人士不但接管了军队、警

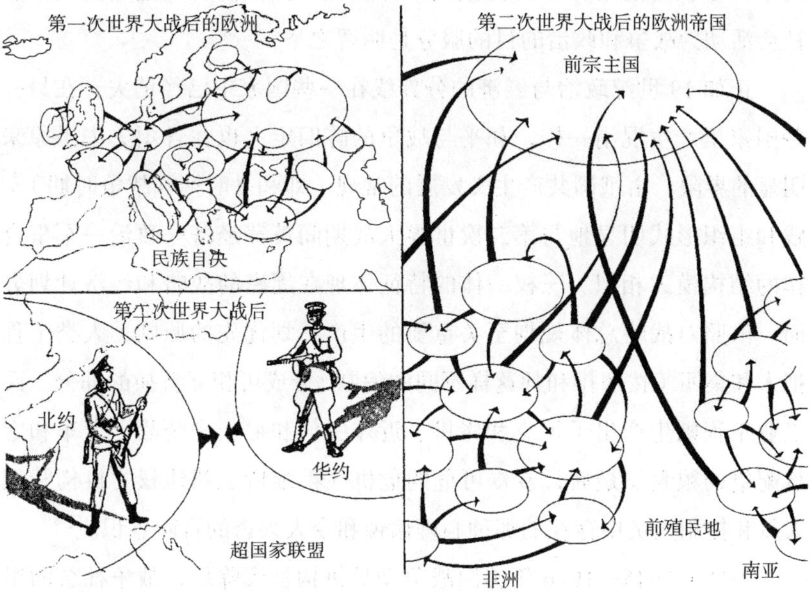

国际政治重组（1918—1950 年）

察和官僚体制这些传统的国家机构，还在工会、政党和各种联合会的帮助下，把自己的统治权扩展到了银行、工厂、农场和各个通信机构。当说服教育、工资奖励方法不能提供所需要的劳动力时，这个革命的国家甚至再次实行了强制劳动。

因此，经济又投入到政治的怀抱之中。这两者的结合几乎变成了人类的全部生活。实际上，艺术、文学、思想、娱乐及家庭生活都被为实现共产主义目标，按照不同时期和情况所制定的党的路线所约束。

没有发生共产主义革命的国家都没有进行如此迅速而激进的政治的范围方面的扩张，尽管在战争年代里，欧洲大多数国家（日本也是如此）的社会主义运动、民族主义运动和法西斯运动都朝着这个方向有所发展。在人类活动为政治目的的服务方面，希特勒德国仅稍落后于 797

斯大林苏联。第二次世界大战期间，即使那些在和平期间具有习惯上约束国家权力的最保守的民主国家都发现，让经济和其他方面的许多社会活动为战争和政治的目的服务是明智之举。

正如 19 世纪政治与经济的分界线在一些国家中已经消失，在另一些国家里产生混淆一样，和平与战争的陈旧定义也在各国失去了原来明显的界限。由俄国共产主义发展的常规（即和平时期和战争时期）实践和组织形式明显地与第二次世界大战期间英美经济—政治—军事合作的结构模式相似。三权一体的特征体现在周密的战略和经济计划方面。依照对战略总体规划至关重要的生产计划优先的原则，人类工程把人和集团（按照排和师这样不同的编制）分成可相互替换的部分，而工业工程则生产出了坦克和飞机、近炸引信和疟疾平药品、卡车和定量配给的粮食。最后，岌岌可危的危机气氛维持了新建权力机构管理人员和控制人员中存在的那种心理愉悦和令人兴奋的冒险意识。[58]

当然，1945—1946 年美国战争动员机构被废除后，战争社会的组织形式未能在美国盛行。而第二次世界大战的经验毫无疑问留下了重要的影响。10 年前看起来还十分荒谬的概念，战争结束后被人们当作完美的准则接受了。因此，人们普遍认为，政府天经地义的责任是保持经济繁荣，资助科学实验，发展核技术以及保证提供足够的工程师。在上述任一种或更多的情形中，由军事—政治因素所导致的政府行为侵入了或者说完全取代了从自由经济理论中产生的自由市场这个古老
798 的领域。美国武装力量得到极大扩张，其设备的高精密程度也同样发展到前所未有的程度。随着军事服务的扩展，军事等级和财政官僚化已经紧紧控制了人口和经济中的重要部分。

第二次世界大战以后，当类似美国这样守旧的国家把政治—军事管辖权迅速扩展到民事方面时，苏联共产党政权则从广泛的革命行动退缩到了管辖各种各样的俄国思想和行为方面。甚至在 1953 年斯大林去世之前，苏联已经开始实行专家自治了，也就是说，和从口头到行动对马列主义的忠诚相比较，每个专家在各自领域内的自由在苏联已

1917 年以来的政府与社会

经大大发展了。从那时起，让作家、艺术家摆脱党的路线枷锁的姿态已经做出。如果照这样继续发展下去，就如同人们预料的那样，随着苏联社会财富的增加，社会不断复杂化，美、苏两国社会制度在 20 世纪下半叶会出现逐渐趋同的趋势。那时两国因战争和福利相互矛盾的要求所产生的新矛盾会出现缓和的局面。 799

这种进展扼要说明了 19 世纪法国革命和欧洲旧体制之间的相互作用。严格的教义被削弱是所有革命成功后的必然命运。由于人的种种差异，所以就无法使一种思想在时间以及细节上永远保持一致。但是同样令人确信的是，只有那些时刻准备着并能够从革命者那里借来其政权实施秘密的人，才能成功阻止革命输出。这就是19世纪欧洲史。这种革命挑战与保守机器并存的形式还会在20世纪西方世界更大的范围内重演。[59]

第二个意义是，俄国革命不但再现了法国革命，实际上又把法国革命向前推进了一步。法国革命的宗旨是清除那些妨碍把政治权力集中在人民委员手中的绊脚石，让人民自己把权力授予议会、内阁、专门委员会或独裁者，总之是把权力交到具体实施者手中。同样，目前看来俄国革命的宗旨也是要清除一切绊脚石，以便把政治、经济、思想这些更广泛的权力同样集中到神圣化的苏维埃人民手中。和从前一样，人民或由人民选举的领导人宣布，把权力授予由一群掌控意识形态和精通管理的技术成员组成的等级分明的政党手中。要是法国革命证实了政治机构和权威实际上是由人民创造的话，那么俄国革命以同样无可指责、符合逻辑的行动，证明社会和经济机构与政治机构一样，
800 也是由人民创造的，并且同样会经历大规模并且是精心的重建。

显而易见，俄国革命像法国革命所做的那样，成功地把权力集中到史无前例的军事—政治和经济—心理层面。但是这两次革命都存在着不同，也就是说，在革命化、合理化的专断社会制度下，人类生存的新环境是否比老的、多样性政权下的旧环境更令人满意。在这两次革命中，旧的道德危机都产生了从前鲜为人知的辛酸成分；人民控制的权力减弱了，人民做决定时的选择减少了。

三、政权的困境

在杰斐逊、杰克逊时期，尽管政府权力和职责都受到了制约，19世纪自由原则给有组织的政治选举制定了严格的定义，但是除了一个不确切、含糊不清的意识外，人民在美国和其他任何地方从未真正控制政府。至于20世纪中期管理方面的可怕事务，可以由专业人员煞费苦心地控制着。即使在政府没有垄断公共通信的国家，政府也常常不

是哄骗公众默认，就是强迫他们对政府的行为和计划报以热情。

然而，通过巧妙地利用公众舆论，现代民主政府可以对暴君式的官方权威实行真正有效的限制。但是毕竟不是人人都能被说服去自杀的。公众的无知和漠不关心使得官方的懒惰和不可靠现象时常可以侥幸过关。但是尽管政府惧怕冒犯势力庞大的特殊利益集团，在国内它还是要限制暴君式专制的。政府在制定新的政策时似乎倾向于慢慢来。前所未有的重大事件一定会触犯某些人，而且会引起公开的或隐蔽的各种反作用力。从即将举行的选举的角度上看，政治家们会正确地认识到，歧视少数民族是不明智之举。在这种情形下，民主政治的领袖们哪怕是遇上微不足道的反抗，他们不是拖延就是妥协，甚至用非法手段来解决水火不容的对抗，以求得安定局面。

只要民主机构依然正常运转，巧妙的惰性就常常会取代智慧。但 801
是一旦真正的危机降临，像美国和其他自由社会中出现的那样，在政府民主进程中产生的拖延和停滞不前就一定会酿成灾难。任何微小缓慢的行动都会造成一场令人惋惜的结局。然而人们也许同样希望，在缺乏控制和指导的人们对来自形势和政府的刺激反应迟缓时，官方、半官方和非官方的声明在思想和行动中能保留着原有的灵活性和多样性。

当运用政治手段调动人类动机的潜意识还不成熟时，就导致了我们时代的民主政府的进一步困境。虽然广告商、军人不被理智左右，自由理论家仍然只承认人的理智，贬低人的情感。心理学家、社会学则再也不相信人由理智所主宰了。希望通过巧妙地、无情地利用人类本性的非理智因素夺取政权的手段显得太不光明正大，因此人们对民主的未来并不乐观。

一旦所继承的习惯、传统关系不再是必然、不可避免或不可改变的时候，人类的目的、社会等级等基本问题就产生了道德上的困境。这在任何时代都困扰着人类。即使对政府有批评和批准其行动的某些权力，大家还必须遵守政府的命令；阶级的组织及其统治同以往一样强大，甚至更强大了。因为现代工业、政府和战争要求人类行动采取

现代独裁的理论与实践

复杂的相互合作的模式，一些人必须做管理、计划工作，努力去预见未来。但是谁应当有权管理谁？人类的能力该被引向何方？

803 在严密管理范围内，人类活动范围越大，上述问题就越重要。可能 20 世纪比较强硬的社会评论家也将不得不说，在严格管理下，人类活动范围越大，社会等级、管理目的这些问题就越微不足道。显然，当一个国家的管理精英搜集经验和专门知识，将人类活动的新范围缩小在自己的控制内，把部分计划和整个民族计划（或跨国的计划）联系在一起的时候，操纵这个政权的官僚机器就会更主动地把它的目的在这些结构中体现出来。像其他专业工具一样，行政机器只能做规定范围内的事情。科学的人事分工允许反对或者要求官僚内部各部门间的相互交换。因此，只要个人任命或者解职涉及的范围不广泛、时间不仓促就无关紧要。行政体制的整个结构、功能甚至政策的总路线均不受官员改选变化的影响。即使把有能力的改革者放在高级岗位上，也只是在名义上使他们负责庞大的官僚等级制度。结果，他们只能稍稍改变一下前进的路线。

一个名副其实的官僚体制和那些如今组成每个主要的现代政府的官僚体制一样，成为一个庞大的既得利益集团，而且比以往私人集团占据着更重要的位置。这些集团以共同的自我利益的鲜活意识为特征，努力把它们通过详细的规则、惯例和程序表达出来，并朝着神化的半神圣目标前进。维持平衡的旧保守主义窒息了现代官僚体制，从而使得现代科学哺育的社会和技术变革迅猛发展。结果，政府官僚体制的合作实体加强了行动，配合更加完美了。在这个时代，不同的主权国家利用以往办事的老办法，渐渐成为社会理论的代言人。通过一系列的行动，日常管理使得人类理性的奋斗目标变成完全多余的东西了。

只有当世界战争的可能性不再竭力鼓动人类，也不再竭力鼓励地球上各个政治主权国家的官僚作风时，我们才能期望，官僚繁重的日常事务会遍及地球各个地区。在相当短的时期内，“全世界官僚联合起来，除了工作，你没有什么可失去的”这句不能明说但并非不可能实行的口号，依赖于人们对今天令人目眩的变革所做的有力控制。慎重的原则是：“只要是对的，或者至少是方便的”，而规则是：“这个行动需要审批，填写适当的表格，一式三份，只有在高一级委员会审批后才能实行”，它不需要正式立法就可以在任意地方施行。在这个体 804
制下，困扰 20 世纪中叶的理论问题、道德问题，就像露齿嬉笑的猫从

《爱丽丝奇遇记》中消失一样，从人们心中消失了。

通过官僚体制搞起来的安定局面很大程度上取决于需要多久才能出现。也许随着俄国革命开辟的社会和人类工程的发展，下一步超越它的将是把遗传工程和人的基因结合在一起，生产专属的亚人类或超人类的物种。当今的理论知识大概允许经营这类进化生意。高效率和社会纪律的潜在效益看来是巨大的，它使集中权力的可能性进一步增加。因此，任何一种理性的、加快人类进化的革命，就像以往的革命一样，迫使别人至少要仿效它的某些技术。如果这种革命发生，就像现在家禽与原始家禽不同一样，未来人和现代人之间也会存在着差异。而且这种未来人口同现代的社会昆虫一样，具有功能特异、形式多样的特征。

人们也许期望，或许不是因为人类遗传，而是因为从人类本性和社会保留下来的某些痼疾使谨慎管理领域的进一步扩展永远不能实现。事实上，指导人类事务完美无缺的计划即使失败了，它仍是人类仅存的美德。或者说，这种美德仅仅是个过渡阶段，正如人类社会从野蛮状态到未来家庭状态的过渡一样。除非人类被驯化，否则我们无法确信。一次、两次或者上千次按照计划企图重新组合人类基因的失败并不能证明，这一伟业是绝无可能的。因此，死亡威胁无时不在笼罩着人类。和其他任何一个政权新的重要措施一样，新秩序的管理提出了老问题。谁管？管谁？何故？总之，“谁驯化谁”与众所周知的“谁控制谁”是有区别的，这也就是在两者关系中出现的差异。

在人类事务中，权力的双面性并非新奇。所有重要的新发明把人类从以前的弱点和低效率中解放出来，又使人类在新体制内受到奴役。果敢的猎人一定会轻视第一批农民，因为农民被大量的田间劳动压弯了腰；经过漫长的世纪，野蛮的自由人常常蔑视文明的现代人的奴性习惯。然而这些矛盾从未阻止过农业和文明的传播。同样，正如本书试图说明的，文明史是为实现越来越大权力的一系列突破，其中包括这个标题下出现的艺术和思想方面美的真正权力，同时还有更加残暴和野蛮的权力形式。

结束与开始

这个双人床的床头板（乔治·拉孔贝于1892年雕刻）令人难以忘怀的图案，把努力证实人类潜意识的欧洲思想的超级复杂与对基督教伊甸园神话和原罪的精巧模仿并置在一起。同时，艺术家采用的形式让人联想到原始非洲艺术。然而这种双重的视觉效果充分表达了20世纪文明人的一种重要的困境。因为这条巨蛇在痛苦地翻腾它的尾巴的时候，却从扭曲的身体中浮现出一张人类的脸。这非常奇怪，很像我们时代的知识分子，他们利用他们有意识的和理性的才能发现了无意识心理的黑暗世界（即把他们强迫捆绑到原始状态的世界），他们不再信任理性了，但却通过理性地证明理性的无用来促进理性的发展。

因此，近期和将来人类组织和行使权利的能力的扩大将永久地因犹豫不决而看似变成不可能之事。首次试图组织新的政权机构的轻率冒险家，总能奴役或者采取其他方法对付不满的邻邦。简而言之，强 806
大的权力会吞并薄弱的权力中心，或者激励敌对的中心去加强自己的力量。只是“权力”这个术语的定义就已经主宰了整个人类史。从政治、经济和社会方面看（也许还有生理上，但我们不希望那样），权力结构的完善在我们这个时代会顺利地达到高潮。地球是有限的，在中心世界主权范畴内，如果我们这个时代的政治—社会—经济权力体系结合起来，那么强迫人们开发新权力来源的动力一般就会停止。当然，社会、经济改善的伟大任务依然存在，而且要求在战争废墟上大规模进行重建的过程中，人口和被开发的能源之间的关系要进行慎重的调整。

但是为了重建，在人类所及的范围内恢复信心和智慧，并在适当的范围内采用自己熟知的方法就已足够了。一旦成功实现了这些初级的调整，一个比中国官僚惰性更强的政党的坚定支持者，可能很快就会规定国际社会的日常生活。

一个联系到未来更有趣、更有希望的问题尚未解决，而且它在这个时代有时更混淆不清，这就是审美力问题。只要人类仍处在历史上众所周知的人类本性之内，它就会在思想上、艺术上寻求美。甚至在一个高效率的官僚社会，一位20世纪的幻想家也可以在一个也许很大的范围内运用想象和知识进行思考创作。宗教也许会披上做梦也想不到的新外衣，恢复维护个人安全和促进社会团结的功能。如果稳定的生活方式允许确定的含义和象征主义比现实情况更紧密地去把作家、艺术家和他们的观众联合在一起，美术和纯文学就会繁荣起来。科学在理论上也会日臻完善。但是顽固保守的官僚社会秩序不会急于把科学发现变为技术。如果只是因为技术革新所引起的麻烦和激起的动乱将会减弱或者消失的话，那么技术和科学将发展得更慢。

换言之，未来参与方式的这种景象就是世界范围内的世界主义的最终建立。和我们这个时代的疑虑与草率相比，世界主义具有更广泛的稳定性。适合这种社会的政治基础，也许产生于战争中的突然胜利和失败，或者在日趋完美的国际官僚体系内，通过世界权力特殊平衡的逐渐紧缩而慢慢产生。但是不管怎样出现，未来的世界主义一定会带有西方的烙印。至少在最初阶段，任何世界性国家都将会成为西方的一个帝国。即使非西方人掌握了全球范围政治军事当局的最高控制
807 权，也只会出现这样的局面。他们只能通过宣扬这样或那样的民主政治信仰来利用工业化、科学和减少公共权力这些西方最早的特性。因此，“西方的兴起”可以作为迄今为止人类社会历史的简要概述。[60]

在历史上寻找与现今混乱的社会秩序中的稳定性一样的共同点不是件难事。罗马帝国通过把武装力量垄断在自己手里的办法，平定了希腊人的暴力和动荡不安。同样，中国古代的汉朝通过建立帝国官僚

机构的办法，平息了战国时期的动乱。这个官僚体制经历过偶尔失败和适当修改几乎延续到今天。20世纪各个“战国”为了解决它们之间的冲突，在寻找同样的解决办法。当然，除非困扰我们时代的基督千禧年说真正实现了，或者人类历史将在核武器的爆炸和受到辐射的人类的呻吟声中结束。

* * *

目前，动荡不安的负担和选择范围的狭小在我们这个时代明显压抑着许多敏感者的思想。然而，前所未有的人类事务的灵活性也令人振奋。人们很多谨慎的决定富有远见、令人鼓舞，他们想利用前所未有的机会去改造我们以及后代的生活。世界各地善良聪明的人们几乎无足轻重，因为他们总是希望把生活现实同所有的（或者几乎所有的）世界领袖们的宏伟思想紧紧联系在一起。

确切地说，恶人和极端罪恶具有同样日益加强的权力这个事实，不会迷惑我们的思想，而我们必须意识到这是扩大善的范畴时不可避免的部分。巨大的危险本身就孕育着胜利。如果不存在失败的可能性，整个人类的成绩就没有吸引力了。我们的世界毫无疑问既不缺少失败的危险，也不缺少失败的可能。这个世界为英雄主义提供了有史以来少有的，或者说从未有过的舞台。

几个世纪后回顾历史，人们会把我们这个时代看作无可比拟的技术、知识和制度的黄金时代，甚至也看作艺术创作的黄金时代。德谟斯梯尼时代的雅典生活，孔子时代的中国生活，以及穆罕默德时代的阿拉伯生活都充满了暴力、危险与动荡不安；希望与恐惧进行搏斗；崇高在灾难的边缘摇摇欲坠，十分危险。我们属于这个高度集中的社会，并且应该为能够在世界上最伟大时代之一的社会里生活感到幸运。

注　释

推荐序

1　W. H.，McNeill，*The Rise of the West*，Chicago，1963. 中译本：《西方的兴起》（上、下册），郭方等译，台北五南图书公司，1990 年版。

2　W. H.，McNeill，*History of Western Civilization*，A Handbook，Chicago，1949，1986. 中译本：《西方文明史纲》，张卫平等译，新华出版社，1992 年版。

3　W. H.，McNeill，*The Europe's Steppe Frontier*，Chicago，1970；*Venice*，*the Hinge of Europe*，1081-1797，Chicago，1974；*America*，*Britain and Russia*：*Their Cooperation and Conflict*，1941-1946，Oxford，1953.

4　W. H. McNeill，*Arnold J. Toynbee*，*A Life*，New York，1989.

5　参见邵东方："汤因比和麦耐尔的'文明概念'"，《二十一世纪》，1993 年 12 月号，第 86—87 页。

6　W. H. McNeill，*The Rise of the West*，the back cover of the Paperback.

7　巴勒克拉夫·杰弗里：《当代史学主要趋势》，上海译文出版社 1978 年版，第 245—246 页。

8　W. H. McNeill，*The Rise of the West*，Preface.

9　W. H. McNeill，"'The Rise of the West' after Twenty-five Years"，*Journal of World History*，Vol. I，No. 1，1990.

10　W. H. McNeill，"'The Rise of the West' after Twenty-five Years".

11　W. H. McNeill，"'The Rise of the West' after Twenty-five Years".

12　W. H. McNeill，"'The Rise of the West' after Twenty-five Years".

13　G. Barraclough，"Return of Narratives"，in the *Review*，New York，1983，pp. 33-35.

14　杰里·本特利："20 世纪的世界史学史"，《史学理论研究》，2004 年第 4 期。

15　W. H. McNeill，*World History in the Schools*，1970，p. 16.

16　W. H. McNeill，*The Relevance of World History*，1971，p. 51.

17　黄俊杰：《历史的探索》，中国台北水牛图书公司，1984 年，第 367 页。

18　麦克尼尔："神话—历史：真理、神话、历史和历史学家"，《史学理论》1987 年第 1 期。

19　邵东方："汤因比和麦耐尔的'文明概念'"。

20　W. H. McNeill，"'The Rise of the West' after Twenty-five Years".

21　W. H. McNeill，"'The Rise of the West' after Twenty-five Years".

22　杰里·本特利："20 世纪的世界史学史"。

23　杰里·本特利："20 世界的世界史学史"。

24 R. Croizier，“World History in the People’s Republic of China”，*Journal of World History*，Vol. 1，1990，pp. 155-169.

25 J. R. McNeill，W. H. McNeill, *The Human Web：A Bird's-eye View of World History*，New York：W. W. Norton，2003.

二十五年后再评《西方的兴起》

1 原载于 *Journal of World History*，Vol. 1，No. 1，1990，University of Hawaii Press。

2 在写作《西方的兴起》期间，我散步回家时经过一棵榆树。它在一场风暴中失去了一根大树枝，正慢慢地用一个新长出的疤痕掩盖住它的伤口。我曾经想，我的书会在这棵树治愈它的伤之前还是之后完成。事实上，我是在这棵树死于荷兰榆树病一年之前将书稿交给出版商的。它自我愈合的伤口还未完全长好，因而我永远不能带着出版的书看到这棵树的痊愈了。

3 Stefan Balazs，“Beiträge zur Wirtschaftsgeschichte der T'ang Zeit，” *Mit-teilungen des Seminars für orientalische Sprachen zu Berlin*34（1931）：21-25；35（1932）：27-73.

4 Robert Hartwell，“Markets，Technology and Structures of Enterprise in the Development of Eleventh Century Chinese Iron and Steel Industry，” *Journal of Economic History* 26（1966）：29-58.

5 Yoshinobu Shiba，*Commerce and Society in Sung China*（Ann Arbor，1970）.

6 Mark Elvin，*The Pattern of the Chinese Past*（Stanford，1973）.

7 Jacques Gernet，*Le Monde Chinois*（Paris，1972）.

8 火药、印刷术和罗盘，这三个使欧洲人在 1500 年之后上升到世界领导地位的关键因素，都是中国人的发明，在蒙古人在政治上统一欧亚大陆北部，横跨东西整个大陆非常安全、频繁、容易的时代传到了远西。Joseph Needham，*Science and Civilization in China*：*The Gunpowder Epic*（Cambridge，1967）澄清了长期以来认为欧洲与中国在早期火药技术的发展上是同步的观念，并更准确地探究了它们的详细传播。

9 V. Gordon Childe，*What Happened in History*（Harmondsworth，1943）.

10 Richard Bulliet，*The Camel and the Wheel*（Cambridge，Mass.，1975）.

11 William H. McNeill，*The Pursuit of Power*：*Technology*，*Armed Force and Society since A. D.* 1000（Chicago，1982）. 第 2 章揭示了我对在 1000—1500 年之间中国的商业化和它在世界上的领先作用的解释，并有着比我在这里转引的要充分得多的脚注。

12 William H. McNeill，*Plagues and Peoples*（New York，1976）仍然是这个主题最好的总览。William H. McNeill，*The Human Condition*：*An Ecological and Historical View*（Princeton，1980）这篇较短的论文提供了生态学和较为通常理解的历史学相交叉的初步的一般看法。

第 1 章 历史的发轫

1 根据目前所知的极少的骨骼碎片来进行分类是不可靠的，但近年来的发现，特别是非洲的发现，似乎可以帮助我们做如下三个阶段的划分：

早更新世（100 万年—50 万年前）	南方古猿（Australopithecine）
中更新世（50 万年—10 万年前）	猿人（Pithecanthropi）
晚更新世（10 万年前）	人（Homo）

在这些属内，又分出亚属和种：如人属分为尼安德特人（*Homo neanderthalensis*）、罗特西亚人（*Homo rhodesiensis*）、智人（*Homo sapiens*）等。参阅：John Grahame Douglas Clark，*World*

Prehistory: *An Outline* (Cambridge: Cambridge University Press, 1961), pp. 16-25; S. L. Washburn and F. Clark Howell, "Human Evolution and Culture," in Sol Tas (ed.), *Evolution after Darwin* (Chicago: University of Chicago Press, 1960), II, 35-46.

2 参阅：John Desmond Clark, *The Prehistory of Southern Africa* (Harmondsworth: Penguin Books, 1959), pp. 24-130 and *passim*; L. S. B. Leakey, "The Origin of the Genus Homo," *Evolution after Darwin*, II, 17-31; Robert Ardrey, *African Genesis* (London: Collins, 1961)，后者所提供的材料既可靠，又通俗易懂。

3 从生物学观点看，如果拿人类的幼年期同正常的原人相比，人类最明显的特点是发育有规律地延迟。一些已成熟的人类特征与猿相比也是如此，例如，脑的大小相对身体其他部位而言生长过快，而牙齿和额脊又生长过慢。但是，人类的发育过程延缓，意味着适应过程的延长，学习的时间也就相应延长了。因此，与单纯的生物进化相比，文化进化的范围要宽广得多，人类开始了生物上和历史上从未有过的伟大历程。

4 参阅：Wilhelm Volz, "Dic geographischen Grundlagen der menschlichen Rassenbildung," *Saeculum*, II (1951), 10-45。作者明确地把旧大陆划分为五大生活区域：欧洲和西亚、东亚、撒哈拉沙漠以南的非洲、东南亚和印度，并认为在最后一次大冰川时期，这五大区域内各自形成了不同的人种类型。

5 参阅：Carleton S. Coon, *The Story of Man* (New York: Alfred A. Knopf, Inc., 1954), pp. 41, 73, 195-215; William W. Howells, "The Distribution of Man," *Scientific American*, CCIII (September, 1960), 113-127.

6 在巴勒斯坦（Palestine）卡麦尔山（Mount Carmel）的山坡洞穴里发现了具有现代人和尼安德特人混合特征的骨骼。这也许可以解释为：现代人中的欧洲类型是从中东的类似尼安德特人的一种人发展而来的，当时的冰川把欧洲的尼安德特人同其余的原始人隔离开来了。参阅 F. Clark Howell, "The Place of Neanderthal Man in Human Evolution," *American Journal of Physical Anthropology* (n. s.), IX (1951), 409-412。但是如果有人认为现代人在别处出现得要早些的话，那么同样的证据也许可以被认为是智人和尼安德特人杂交的结果。这个谜至今令人费解。

7 Hallam L. Movius, Jr., "Paleolithic Archaeology in Southern and Eastern Asia, Exclusive of India," *Cahiers d'histoire mondiale*, II (1954-1955), 257-282, 520-553; J. G. D. Clark, *World Prehistory*: *An Outline*, pp. 45-50.

8 在远东，华北的黄土层看来在冰川期就已形成，并证实该地区有过一个很长的寒冷而干燥的时期。只要这种状况普遍存在，当然就不可能有充足的水分来维持大量的动物群。而在欧洲，这样的动物群却是旧石器时代晚期猎人捕食的主要对象。

9 参阅：C. S. Coon, *The Story of Man*, pp. 78-83.

10 J. G. D. Clark, *Prehistoric Europe*: *The Economic Basis* (New York and London: Methuen & Co., 1952), pp. 241-281.

11 据 1961 年 9 月 24 日《消息报》(*Izvestia*) 报道，在乌拉尔山（Ural Mountains）的一个洞穴里发现了类似法国和西班牙的动物壁画。

12 参阅：Gertrude Rachel Levy, *The Gate of Horn*: *A Study of the Religious Conceptions of the Stone Age and Their Influence upon European Thought* (London: Faber & Faber, Ltd., 1948), pp. 3-70。作者企图对洞穴里的宗教加以阐述。

13 在北美东部的森林地带，由于同样的原因，在同一时期也发生了类似的迁移，新形成的森林使某些原有的食物资源趋于枯竭，但同时又提供了新的资源，人类不得不相应地改变他们的生活方式。参见：Gordon R. Willey, "Historical Patterns and Evolution in Native New World

Cultures," *Evolution after Darwin*, II, 120.

14 晚至公元前三千纪，西伯利亚的大部分地区都已有人居住，这些人在体格上很像西欧旧石器时代的猎人。参见：Karl Jettmar, "Zur Herkunft der türkischen Völkerschafte," *Archiv für Völkerkund*, III（1948），13。这说明，至少有一部分西欧居民在气候变化的时候随着兽群迁移过来了。

15 参阅：Edgar Anderson, "The Evolution of Domestication," *Evolution after Darwin*, II, 74-83。

16 例如，人类烧毁森林或灌木丛使林地变为一年生的草地，这种做法剧烈地改变了当地植物的聚生生态。这些草地上的某些植物可能就是中东农业中谷类作物的原生母本。

17 然而并非所有人都持这种意见；有些人认为，人们横渡太平洋或越过白令海峡（Bering Strait）从亚洲来到美洲，也就同时把农业的"观念"带了进来并付诸实行，即使以美洲植物区系为基础的农作物新品种，也不得不（或不久）被人工培育。参阅：Carl O. Sauer, *Agricultural Origins and Dispersals*（New York：American Geographical Society, 1952）。

18 在亚洲大陆和某些太平洋岛屿上占主要地位的水稻栽培仅仅是部分地符合这里所描述的"园圃式农业"的情况。它把种子繁殖与块茎作物栽培方法结合起来，成为一种秧苗移植的培育方法。水稻最初在块茎作物中可能是作为杂草而被清除的，后来才认识到它本身是一种很有价值的作物。参见：André G. Haudricourt and Louis Hedin, *L'homme et les plantes cultivées*（Paris：Librairie Gallimard, 1943），pp. 91, 153.

19 在旧大陆有两种不同的作物栽培方法：一是块茎作物的无性繁殖，二是北方谷类作物的种子繁殖。这两种不同的栽培方法在美洲竟照样复现，如出一辙。玉米、大豆和南瓜之类是北美洲的主要农作物，而甘薯、土豆以及其他块茎植物是南美洲高原和加勒比群岛的主要作物。这种情况的发生是否仅仅由于对气候条件的适应？或者，是否意味着在美洲同样出现过两次农业上的发明，或是两次输入？

20 它同那片可能是人类最早发源地的大草原很相似，不同处仅在于它的气候，其气温在各个季节变化更加显著。出现这种相似的原因是热带大草原处于信风的南翼，而地中海气候带处于信风北翼，风和阳光一起穿透地表，并且把它们干燥的气息依次带到每一个地区。

21 参阅：Edward S. Deevey, Jr., "The Human Population," *Scientific American*, CCIII（September, 1960），195-204。作者所提供的数据表明，农业革命的结果是使地球上的人口总数在公元前8000—前4000年之间增长了约16倍。

22 我这里引用的是布雷德伍德（R. J. Braidwood）所提出的最新资料和论据，见："The Agricultural Revolution," *Scientific American*, CCIII（September, 1960），130-48.

23 有证据表明，北美洲的猎人使某些本来可以驯化的动物种类（例如马）在距今相对较近的时期归于灭绝。参阅：J. G. D. Clark, "New World Origins," *Antiquity*, XIV（1940），128.

24 这一说法有力地驳斥了"维也纳学派"民族学家所持的观点：饲养牲畜首先在欧亚大陆北部的猎人中间出现（大概先开始饲养驯鹿），而人工种植作物首先在本大陆主体山脉南麓产生。按照这种观点，在中东和欧洲兴起的农业，系种植业和畜牧业相结合的形式，是那些旧的、最初各自独立的生活方式相混合的结果。关于这个观点的最新论述，参见：Carl J. Narr, "Hirten, Pflanzen, Bauern：Produktionsstufe," in Fritz Valjavec（ed.），*Historia Mundi*（Bern：Francke, 1953），II, 66-100。然而，对此观点持最明显的异议者却缺乏考古证据的支持，当然，认为当代西伯利亚的原始牧民和当代东南亚的原始种植者所特有的生活方式必定早于古代中东比较复杂的经济结构，这在逻辑上显然是错误的。

25 这导致一些近代的学者这样认为：最初的农业社会也许兴起于渔民中，因为他们的生活方式在中石器时代就已经可以做到定居了。

26 J. G. D. Clark, *Prehistoric Europe：The Economic Basis*, pp. 91-98.

27 《圣经·创世记》11：31。

28 参见：Karl Jettmar，"Les plus anciennes civilisations d'éleveurs des steppes d'Asie centrale，" *Cahiers d'histoire mondiale*，I（1954），775-776.

29 诚然，当时的中东并不像今天这样总是那么干燥，但许多地区的干旱可能是人类活动的结果——天然植物被破坏，土壤侵蚀加剧，水分流失严重。不过，即使在公元前六千纪或前五千纪降雨量较高的时期，雨水的变化无常也是早期农民不断遇到的一个难题。

30 参阅：Robert Briffault，*The Mothers*（London：Allen & Unwin，Ltd.，1927），III，45 and *passim*；Pia Laviosa-Zambotti，*Ursprung und Ausbreitung der Kultur*，trans. Ferdinand Siebert（Baden-Baden：Verlag für Kunst & Wissenschaft，1950），pp. 164-168.

31 相比之下，男神出现较晚，一直要到政治和其他诸方面的变革引起早期新石器时代的村落社会结构发生巨大改变之时。参见：Gertrude Rachel Levy，*Gate of Horn*，pp. 86-88.

32 牛、月亮和丰产之间的联系，可能一直要到犁发明之后，牛在耕作中起主要作用之时，才真正发展起来。

33 参阅：O. Neugebauer，*The Exact Sciences in Antiquity*（Princeton，N. J.：Princeton University Press，1952），p. 161.

34 参阅：C. F. C. Hawkes，*The Prehistoric Foundations of Europe to the Mycenaean Age*（London：Methuen & Co.，Ltd.，1940），pp. 87-134. M. Richard Pittioni，"Zur Urgeschichte des Banerntums，" *Anzeiger der oesterreichischen Akademie der Wissenschaften*，Phil. -Hist. Klasse，No. 21（1957），pp. 326，341；J. G. D. Clark，*World Prehistory*，pp. 119-29.

35 Karl Jettmar，"Zur Herkunft der türkischen Völkerschafte，" pp. 14-15.

36 Stuart W. Piggott，*Prehistoric India to 1000 B. C.*（Harmondsworth：Penguin Books，1950），p. 37；Robert Eric Mortimer Wheeler，*Early India and Pakistan to Ashoka*（London：Thames & Hudson，1959），pp. 80-92；D. H. Gordon，*The Prehistoric Background of Indian Culture*（Bombay：N. M. Tripathi，Ltd.，1958），pp. 26-33.

37 这个判断的根据是，印度河文明的陶器和纹饰同伊朗、叙利亚（Syria），甚至克里特（Crete）的同类物品关系十分密切。参见：Heinz Mode，*Indische Frühkulturen und ihre Beziehungen zum Westen*（Basel：Benno Schwabe & Co. Verlag，1944），p. 131 and *passim*；Willibald Kirfel，"Vorgeschichtliche Besiedlung Indiens und seine kulturellen Parallelen zum alten Mittelmeeraum，" *Saeculum*，VI（1955），166-179.

38 参见：J. Gunnar Andersson，*Children of the Yellow Earth*（London：Kegan Paul，Trench，Trubner & Co.，Ltd.，1934），pp. 184-187；C. W. Bishop，"Long-Houses and Dragon-Boats，" *Antiquity*，XII（1938），411-424；W. Eberhard，"Eine neue Arbeitshypothese über den Aufban den Aufbau der frühchinesischen Kultur，" *Tagungsberichte der Gesellschaft für Völkerkund*，No. 2（Leipzig，1936）；Folke Bergman，*Archaeological Researches in Sinkiang*（Stockholm：Bokförlags Aktiebolaget Thule，1939），pp. 14-26。中国考古学家近来所做的工作是尽量讳言中国西北部的彩陶文化与乌克兰和西亚彩陶文化之间的相似性。早先的调查者也许抓住一些特殊的例子，过分夸大它们的相似性，而忽视了各地出土的文物在总体上的差异。但是，当代中国学者未能完全摆脱在民族自尊心和马克思主义史前史学说的影响，该学说对迁移传播的重要意义评价过低。最近对新发现的文物进行了一次非正式的讨论，有关情况参见：Cheng To-k'un，*Archaeology in China. I*，*Prehistoric China*（Cambridge：W. Heffer & Sons，1959），pp. 73-87 and *passim*。农业技术和陶器装饰技术可能会自行传播扩散，不一定要通过跨越亚洲的大迁移来实现。当地的人们，特别是遇到饥荒的日子也许就希望得到新的食物来源，于是从他们的农业邻人那里引进锄

耕技术。这些人离最初的技术发源地仍很远，却起了农业开拓者的作用。

39 Paul Leser，*Entstehung und Verbreitung des Pfluges*，Anthropos Bibliothek，III，No. 3（Münster：Aschendorf，1931），568-569.

40 参阅：E. C. Curwen，*Plough and Pasture：The Early History of Farming*（New York：Henry Schuman，1953），p. 71.

41 参见：Paul Leser，*Entstehung und Verbreitung des Pfluges*，pp. 551-560。驴是另一种可以用来拉犁的大牲畜，在最初的犁耕农中曾相当流行，只是不容易服轭；但有趣的是，直到公元17世纪，爱尔兰人却习惯于用柳条把马尾巴联接到犁上，以此法犁地。Charles Hughes，*Shakespeare's Europe：Unpublished Chapters in Fynes Moryson's Itinerary*（London：Sherratt & Hughes，1930），p. 214.

42 爱德华·汉恩（Eduard Hahn）提出一种论点，其大意为：犁的发明是举行宗教仪式以祈求丰产的结果，似乎正是由于这个原因，才使人们在用马之前就有了车，用牛之前就有了犁。参见：Eduard Hahn，*Die Entstehung der Pflugkultur*（Heidelberg：Carl Winter，1909）。宗教仪式历来十分保守，不会轻易创新。比较明智的看法应该是：不是在犁发明之前，而是在犁发明之后，人们才精心设计出把牛同土地联系在一起的祈求丰产的宗教仪式。我这样猜想，某个男子由于未能完成他份内的农活而遭到妻子的斥骂，一气之下，竟计上心来，首先设计出一种工具，他借此既可完成耕作任务，又可作为牧畜的主人，维护了男子汉的尊严！

43 Thorkild Jacobsen，"Primitive Democracy in Ancient Mesopotamia," *Journal of Near Eastern Studies*，II（1943），159-172.

44 E. C. Curwen，"The Furrows in Prehistoric Fields in Denmark," *Antiquity*，XX（1946），38-39.

45 Stuart W. Piggott，*Prehistoric India*，p. 265.

46 C. W. Bishop，"Origin and Early Diffusion of the Traction Plow," *Smithsonian Institution Annual Report of the Board of Regents*，1937，pp. 531-547.

第2章 美索不达米亚文明的勃兴

1 参见：Robert M. Adams，"Agriculture and Urban Life in Early Southwestern Iran," *Science*，CXXXVI（1962），112-113.

2 下美索不达米亚的自然景观，一旦离开供给生命的水源，就会迅速消隐在炎热的沙漠中，一年中的大多数时候都是这样。但当冬雨降临之时，整个沙漠就充满了勃勃生机，尽管为时短暂。在一年的其他时间里，在沼泽和沙漠交接的狭窄过渡带，也可以发现为数不多的终年常绿的草地。当绿草完全匮乏之时，绵羊、山羊和驴也能靠稻草维生。

3 在不平坦或多树桩的土地上使用犁耕是很困难的，对刀耕火种者来说，犁的用处几乎全部丧失了。因此，很可能人们直到开始垦殖冲积地带时才发明了犁。如果真是这样，那么犁耕的普及便是文明兴起并传播到世界其他地区的最初结果之一。但是，我们目前还缺少判断这一观点是否正确的必要证据。参见：Robert M. Adams，"Agriculture and Urban Life in Early Southwestern Iran," pp. 112-113.

4 多少世纪以来，用于灌溉的水由于蒸发使土地积存了盐分。最后，这种情况变得很严重，以致在美索不达米亚成了一个无法解决的问题。但由于当时人类个体的生活规模相对狭小，土壤盐渍化问题在最初便显得不太重要。参见：Thorkild Jacobsen and Robert M. Adams，"Salt and Silt in Ancient Mesopotamian Agriculture," *Science*，CXXVIII（1958），1251-1258.

5 这种情况是如何发生的，目前还只能猜测。住在同一地区的所有人崇拜同样的洪水神和风雨神，这一明显的事实可以被合乎逻辑地用于如下目的：使居住在河岸某一特定地区的所有血缘亲族服从于神亲自委派的尘世代理人，也就是祭司。但是，由于地域边界比血亲关系更易于调节，社会凝聚力的这种新基础便为人类活动提供了一个更为灵活的框架。这种新的地域边界还被证实，能够维持充分发展起来的文明的复杂性和灵活性，并且最终使相隔数百里的人、素未谋面的人如友相待，因为他们正好居住在同一块国土之上。

6 A. Parrot 对各种已经被提出了的理论做出了适当的概括和总结，参见：*Archéologie mésopotamienne：technique et problèmes*（Paris：Albin Michel，1953），pp. 308-331.

7 普遍使用两种语言大概对美索不达米亚文明的发展产生了深远的影响。例如，与埃及相比，美索不达米亚的文献记载中几乎没有什么不可思议的词，这种情况令人吃惊。由于至少通晓两种彼此无关的语言，学识渊博的美索不达米亚人几乎是被迫接受了词语与概念之间、词语与事物之间的差别；因此而产生的另一个结果是，对抽象概念的爱好可能有助于他们在数学方面取得惊人的成就。

8 Thorkild Jacobsen，"The Assumed Conflict between Sumerians and Semites in Early Mesopotamian History，" *Journal of the American Oriental Society*，LIX（1939），485-495.

9 Anna Schneider，*Die Anfänge der Kulturwirtschaft：Die sumerische Tempelstadt*，Staatswissenschaftliche Beiträge，Heft IV（Essen，1920）；A. Falkenstein，"La Cité-temple sumérienne，" *Cahiers d'histoire mondiale*，I（1954），791. 据 A. L. Oppenheim 推测，古代苏美尔除了神庙经济外，可能还存在着农村公社，参见："A Bird's-Eye View of Mesopotamian Economic History，" in Karl Polanyi et al.，*Trade and Market in the Early Empires*（Glencoe，III.：Free Press，1957），pp. 27-37. 但这并不改变如下事实，即神庙公社及其为该社会制度所允许的社会经济角色的专门化乃是苏美尔文明得以发展繁荣的一个崭新的基本因素。值得注意的是，近代学者所得到的最早期的苏美尔文献没有显示出部落或亲族集团组织的迹象。地域划分及以个体小家庭为单位似乎已形成惯例。这也许说明，苏美尔人在有文字记录之前就已经历了几个世纪的农耕生活。在此期间，在他们的祖先中可能存在过的某种部落关系业已消失，只留下以小家庭为单位的村社作为社会组织的原材料，成熟的城市正是在这一基础上建立起来的。

10 参见：F. R. Kraus，"Le Rôle des temples depuis la troisième dynastie d'Ur jusqu'à la première dynastie de Babylon，" *Cahiers d'histoire mondiale*，I（1954），519-521.

11 Henri Frankfort，*Cylinder Seals*（London：Macmillan & Co.，1939），p. 15.

12 参见：Heinrich J. Lenzen，*Die Entwicklung der Zikurrat von ihren Anfängen bis zur Zeit der* III. *Dynastie von Ur*（Leipzig：Otto Harrassowitz，1942）；André Parrot，*Ziggurats et Tour de Babel*（Paris：Albin Michel，1949）；Charles Leonard Woolley，*The Development of Sumerian Art*（New York：Scribner's Sons，1935）；A. Parrot，*Sumer*（Paris：Librairie Gallimard，1960）.

13 参见：S. N. Kramer，*Sumerian Mythology：A Study of Spiritual and Literary Achievement in the Third Millennium B. C.*（Philadelphia：American Philosophical Society，1944）；and Thorkild Jacobsen's chapter in Henri Frankfort et al.，*Before Philosophy*（Harmondsworth：Penguin Books，1941），pp. 137-199.

14 参见：Èdouard Dhorme，*Les Religions de Babylonie et d'Assyrie*（Paris：Presses universitaires，1945），pp. 174-282.

15 Henri Frankfort *et al.*，*Before Philosophy*，pp. 291-331. 在后来的神话版本中，巴比伦主神马都克被赋予了一种行政职责，但几乎可以肯定，这种职责是后起的，始于巴比伦鼎盛之时。有意思的是，我们可以看到众神间的关系反映了苏美尔政治发展早期阶段的情况，那时候主要的政策大概都是由市民大会决定的。如果真是这样，那么这些神话一定是在苏美尔政治制度取得它们的历史形式前就已形成了。参见：Thorkild Jacobsen，“Primitive Democracy in Ancient Mesopotamia，” *Journal of Near Eastern Studies*，II（1943），159-172. Jacobsen 还发现了某些汉谟拉比时代“原始民主制”的残存遗迹，如果他对有关文献的理解是正确的，这些证据就会大大加强他的理论。但即使他的推理完全正确，用“原始寡头政治”来描述他所推断出的政治制度也许同样或者更加合适。雅各布森（Jacobsen）对美索不达米亚神话的解读并没有被普遍接受。另一些学者认为，美索不达米亚的众神是在王权稳固后才形成的。参见：Anton Moortgat，“Grundlagen und Entfaltung der sumerisch-akkadischen Kultur，” in Fritz Valjavec（ed.），*Historia Mundi*，II（Bern，1953），p. 239.

16 R. J. Forbes，*Metallurgy in Antiquity*（Leiden：E. J. Bill，1950），p. 251.

17 参见：Thorkild Jacobsen，“Early Political Development in Mesopotamia，” *Zeitschrift für Assyriologie*，N. F.，XVIII（1957），104-110；Bruno Meissner，*Babylonien und Assyrien*（2 vols.；Heidelberg：Carl Winter，1920-1925）II，6-8；Henri Frankfort，*Kingship and the Gods*（Chicago：University of Chicago Press，1948），pp. 216-217. 参见德尔斐在早期希腊历史中的角色。

18 A. Falkenstein，“La Cité-temple sumérienne，” p. 805.

19 一些专家认为，他们在艺术和建筑方面，可以发现阿卡德人对早期比较纯粹的苏美尔风格的影响，并且倾向于认为，正是基什国王建立了一个从波斯湾到幼发拉底河中游的辽阔帝国。参见：Anton Moortgat，“Grundlagen und Entfaltung der sumerisch-akkadischen Kultur，” pp. 235-239. 然而，另一些人（这些人的目光也许同前者一样敏锐）没发现这些变化——或者更确切地说，他们认为，没有理由将闪米特人对两河流域冲积平原的大规模入侵看作能被察觉的那些变化的诱因。参见：T. Jacobsen，“The Assumed Conflict between Sumerians and Semites，” pp. 285-295.

20 苏美尔文学传统中保存下来的对“国王”的两种不同称呼表明，王权可能有着双重起源。参见：Thorkild Jacobsen，“Appraisal of Breasted and Childe on Mesopotamia，” in *Human Origins*，a general introductory course in anthropology，selected readings，series 2（mimeographed；Chicago：University of Chicago Press，1946），p. 252.

21 美索不达米亚的年代，大多是以汉谟拉比统治之前或之后多少年为计算方法的。然而，汉谟拉比在位的年代一直存在争议。学者们曾一致认为，汉谟拉比时代大约是公元前 2000 年左右，但近年来在叙利亚和其他地方的考古发现使许多学者缩短了这一时间，把汉谟拉比时代放到了公元前 18 世纪初或 18 世纪末。鉴于这种专业性分歧，似乎最好随便地把这个年代确定为公元前 1700 年。有关这个问题的讨论，参见：Sidney Smith，*Alalakh and Chronology*（London：Luzac& Co.，1940）；Benno Landsberger，“Assyrische Königsliste und ‘Dunkles Zeitalter，’” *Journal of Cuneiform Studies*，VIII（1954），31-45，47-73，106-133；Arnold Toynbee，*A Study of History*（New York and London：Oxford University Press，1954），X，171-212，Friedrich Schmidtke，*Der Aufbau der babylonischen Chronologie*（Münster：Aschendorff，1952）；P. van der Meer，*The Chronology of Ancient Western Asia and Egypt*（Leiden：E. J. Brill，1955）；André Parrot，*Archéologie mésopotamienne：technique et problèmes*，pp. 332-445；Sabatino Moscati，“Nuovi Aspetti della Cronologia dell'Antico Oriente Anteriore，” *Relazioni del* X. *Congresso Internazionale di Scienza Storiche*，II（1955），167-198.

22 甚至在乌玛的卢伽尔扎吉西（他的经历碰巧由于一大批幸存下来的铭文而得到证实）之前可能就有许多先驱试图宣告自己对整个美索不达米亚的军事霸权，但他们的事迹至今模糊不清。参见：Thorkild Jacobsen，“Early Political Developmen in Mesopotamia，” pp. 122-136.

23 参见：F. R. Kraus，“Le Rôle des temples，” pp. 524，533-540；A. Falkenstein，“La Cité-temple sumérienne，” pp. 804-814. 我未能发现苏美尔城邦的国王是如何保证他们的税收的。很可能，

他们采取了最容易、最明显的手段，即没收神庙的部分收入，同时，让祭司从事对土地和劳动力的日常管理。以后，来自于贸易的王室收入有时是很大的。参见：W. F. Leemans，*Foreign Trade in the Old Babylonian Period*（Leiden：E. J. Brill，1960），pp. 55-56.

24 然而，没有明确的证据说明阿卡德人使用奴隶在田间耕作。参见：A. Falkenstein，"La Cité-temple sumérienne，" pp. 793，811. 在萨尔贡时代，战俘会沦为奴隶。但据我们所知，这是奴隶制度第一次在美索不达米亚成为一个重要的制度。

25 任何判断都包含着很大的主观因素。由于艺术上的遗留物（除了印章之外）残缺破损，幸存下来的文学作品即使真的（多大程度上）可以追溯到它们的苏美尔起源，也还有一个复杂的版本沿革问题；这两点更增加了判断的任意性。一些学者看到了萨尔贡时期文学和艺术上的重要转变，例如 Anton Moortgat，"Grundlagen und Entfaltung der sumerisch-akkadischen Kultur，" pp. 254-256. 但这一判断同它的对立意见一样，也是主观的。

26 比如，我们可以用"2"这个符号来表示英语的"two"、德语的"zwei"、法语的"deux"等，这个原则总的来说也适用于使楔形文字符号能够从一种语言转换到另一种语言。

27 土地盐渍化是由于灌溉田地的水大量蒸发而造成的（这也是现代伊拉克所面临的一个严重问题），它使南方的农业在公元前 2400 年到前 1700 年间逐渐被破坏，最后几乎毁灭。这种衰退也许加速了苏美尔文化和语言的衰落。参见：Thorkild Jacobsen and R. M. Adams，"Salt and Silt in Ancient Mesopotamian Agriculture，" p. 1252.

28 然而，代表着苏美尔神庙公社的商人和商业殖民地会将苏美尔文明的一些重要因素传播给蛮族公社。这种商业集团对两河流域中部地区阿卡德人的文明化起到了一定的作用，就像他们继续向北到达阿舒尔（Ashur）时肯定所起过的作用那样（阿舒尔就是后来亚述帝国形成的中心）。在萨尔贡时代以前，苏美尔人对阿舒尔的影响，可参见：A. T. Olmstead，*History of Assyria*（New York：Scribner's Sons，1923），pp. 15-16.

29 看来，神庙特别是在经济上逐渐依附于王室的恩赐。参见：F. R. Kraus，"Le Rôle des temples，" pp. 524-533. 据推测，在苏美尔各城邦，曾经由神庙管理的土地被没收或宣布归王室所有，这样就剥夺了神庙的经济收入（除了国王从中拨出又赐予祭司的那部分）。

30 参见：Thorkild Jacobsen，*The Sumerian King List*（Chicago：University of Chicago Press，1939），p. 140. 有些人打算为古代有一个最高王权统一了整个"土地"的理论制作一个更精确、更具有历史真实性的系年，如 Anton Moortgat，"Grundlagen und Entfaltung der sumerisch-akkadischen Kultur，" pp. 235-239."王表"和许多苏美尔文学总的来说写于乌尔第三王朝，这一点并没有得到普遍的承认。有些学者认为，这是两个世纪以后在伊新王朝统治下发生的事情。参见：Adam Falkenstein and Wolfram von Soden，*Sumerische und akkadische Hymnen und Gebete*（Zürich：Artemis Verlag，1953），pp. 11-13；F. R. Kraus，"Zur Liste der älteren Könige von Babylonien，" *Zeitschrift für Assyriologie*，N. F.，L（1952），47.

31 Henri Frankfort *et al.*，*Before Philosophy*，p. 210.

32 Henri Frankfort，*Kingship and the Gods*，pp. 301-302.

33 早在公元前三千纪，拉格什国王乌鲁卡吉那（Urukagina，约公元前 2400 年）就竖立过一块碑，碑文将苏美尔人与来自古提的蛮族入侵者做对比。碑文中的一些词句在 1958 年被托基尔·雅各布森（Thorkild Jacobsen）口头解读了出来，证实了当时出现了苏美尔人的内部集团情感。这种情感超越了那种在乌鲁卡吉那时代之前和之后由于苏美尔的土地分裂成若干相互敌对的部分而产生的对各自所在城邦的忠诚感。

34 Bruno Meissner，*Babylonien und Assyrien*，I，84.

35 一些不完整的迹象表明，在乌尔第三王朝时期，官僚政府第一次真正地发挥了作用。

36 Bruno Meissner, *Babylonien und Assyrien*, I, 116-127.

37 参见：Ignace J. Gelb, *A Study of Writing*（Chicago：University of Chicago Press, 1952）, pp. 61 ff.；Thorkild Jacobsen, "The Relative Roles of Technology and Literacy in the Development of Old World Civilization," *Human Origins*, selected readings for introductory general course in anthropology at University of Chicago（2d ed.；Chicago：University of Chicago Press, 1946）, pp. 245-249.

38 也许不必强调法律机构通过国王的代理人直接参与个人和地方集团的事务而大大加强了遥远的中央政府的权力。而且，向国王的上诉权（无论是个人上诉还是以王室法官代表出面）能够使中央政权成为民众司法公正的最后裁决者，从而削弱了各种传统地方领导者的统治基础，那些地方领导者所施行的只是地方法和习惯法。然而难以确定的是，由汉谟拉比颁布的这部法典是否在实际法律诉讼中得到了广泛的应用，因为所发现并解读出的相关法律程序似乎同该法典的条款并不一致。参见：Wilhelm Eilers, *Die Gesetzesstele Chammurabis*（Leipzig：J. C. Hinrichs, 1932）, pp. 8-9. 但是，使用其他的而非著名的汉谟拉比石柱上所记载的法律程序，并不意味着在古巴比伦不存在统一的王室法律。

39 W. F. Leemans, *The Old-Babylonian Merchant：His Business and Social Position*［"Studia et Document ad Iura Orients Antiqui Pertinenta," III（Leidon：E. J. Brill, 1950)］, pp. 113-121 and *passim.*

40 W. F. Leemans 在 *Foreign Trade in the Old-Babylonian Period* 一书中列举了一长串商品的名称，涉及好几个方面，其中包括许多再输出的项目，巴比伦商人对于这些再输出项目只起到了中介作用。

41 W. F. Leemans, *The Old-Babylonian Merchant*, pp. 49-69.

42 Karl Polyani 力图给古代美索不达米亚的贸易关系下一个定义，如果我没有误解的话，他的观点与本书所述并无冲突。以委托办理为基础，按垄断方式进行的长途贸易仍然是市场关系的一种形式：参与交换的各方必须都同意交换条件，无论等价原则如何计算，也不管它们是否紧紧地裹上了一层习惯或法律的外衣。我认为，价格随着供求关系变化而"合理"波动不一定是市场关系的特征；而这里所说的"市场"也并不是指那种高度不稳定的关系。参见：Karl Polyani, "Marketless Trading in Hammurabi's time," in Karl Polyani *et al. Trade and Market in the Early Empires*, pp. 12-26.

43 对这类文学作品的例析，包括《吉尔伽美什》和《创世记》的译文，参见：James B. Pritchard（ed.）, *Ancient Near Eastern Texts relating to the Old Testament*（Princeton, N. J.：Princeton University Press, 1955）, pp. 60-119.

44 英译文可参见：S. H. Langdon, *Babylonian Wisdom*（London：Luzac & Co., 1923）, pp. 35-66.

45 英译文可参见：Pritchard, *Ancient Near Eastern Texts*, pp. 387-389.

46 关于美索不达米亚文学的讨论特别关注托基尔·雅各布森优美的评注，参见：Henri Frankfort *et al.*, *Before Philosophy*, pp. 187-199, 223-131.

47 关于巴比伦的学校和巴比伦文化的"规范化"，参见：Adam Falkenstein, "Die babylonische Schule," *Saeculum*, IV（1953）, 125-137；S. N. Kramer, "Schooldays：A Sumerian Composition relating to the Education of a Scribe," *Journal of the American Oriental Society*, LXIX（1949）, 199-215；Adam Falkenstein und Wolfram von Soden, *Sumerische und akkadische Hymnen und Gebete*, pp. 15-16.

48 O. Neugebauer, *The Exact Sciences in Antiquity*, p. 19. 关于巴比伦的数学，参见：M. E. M. Bruins, *Nouvelles découvertes sur les mathématiques babyloniennes*（Paris：Presses universitaires, 1951）.

第 3 章　文明的传播：早期阶段

1　George G. Cameron，*History of Early Iran*（Chicago：University of Chicago Press，1936），pp. 33-34；Clément Huart and Louis Delaporte，*L'Iran antique*（Paris：Albin Michel，1943），pp. 74 ff.

2　Kathleen M. Kenyon，"Jericho and Its Setting in Near Eastern History，" *Antiquity*，XXX（1955），184-194；Kathleen M. Kenyon，*Digging up Jericho*（London：E. Benn，1957）.

3　Sergei P. Tolstow，*Auf den Spuren der altchoresmischen Kultur*（Berlin：Verlag Kultur & Fortschritt，1953），pp. 73-100.

4　前王朝时期的美索不达米亚式航船的岩刻已在瓦迪哈马马特（Wadi Hammamat）发现，这是一个干涸了的河谷，在上埃及和红海沿岸之间充当了一条天然通道。这种船可能不是直接来自苏美尔的。也许，有各种中介往返于阿拉伯和红海沿岸；但在他们本身已经受到苏美尔文明影响的情况下，就不会妨碍我们得出结论：苏美尔和埃及之间存在海运联系，无论这种联系是多么的微弱和零星。参见：Helene J. Kantor，"The Early Relations of Egypt with Asia，" *Journal of Near Eastern Studies*，I（1945），174-213；Helene J. Kantor，"Further Evidence for Early Mesopotamian Relations with Egypt，" *ibid.*，XI（1952），239-250. 苏美尔和埃及之间的陆上联系也不应被排除在考虑范围之外。参见：W. F. Albright，"Syrien，Phönizien und Palästina，" in F. Valjavec（ed.），*Historia Mundi*，II，339.

5　尽管确切的年代尚不可知，但早期埃及的年代学还是要比美索不达米亚明确得多。为了方便起见，我采用了约翰・威尔逊（J. A. Wilson）所制年表中的一系列数据，见 *The Burden of Egypt*（Chicago：University of Chicago Press，1951），pp. vii-viii.

6　Hermann Kee，*Das alte Ágypten：eine kleine Landeskunde*（Berlin：Akademic Verlag，1955），pp. 50-56.

7　底格里斯河和幼发拉底河水流湍急。尽管木筏和小船能在河水水位既不高也不低的季节里顺河而下安全航行，但逆流而上却是不可能的。因此，在这片广阔的冲积平原上，货物向北、向东、向西流通一般都采取陆上运输的方法，而且没有任何确切的路线。

8　在埃及的政治统一完成之前，它的水利设施究竟发展到什么程度还不能肯定；但有理由认为，水利设施的重要发展是在美尼斯征服之后，而不是之前。如果是这样，那么当时地方上的宗教政治制度依然很原始、不发达，也就容易理解了。参见：J. A. Wilson，*The Burden of Egypt*，p. 31. 古埃及所采用的灌溉方法与美索不达米亚所采用的方法有根本上的区别。埃及人一直到帝国时代才开挖人工河渠，在此之前，他们一直依靠尼罗河的自然泛滥。他们让洪水漫进坚固的堤坝后面，直到水把土地浸透，然后再让水流向下游。通过这种方式，土地盐渍化得以避免（这个问题一直困扰着美索不达米亚人）。这种"盆式"灌溉远远不需要像美索不达米亚那么多的挖掘工程，而且，尼罗河河水平缓而规律的涨落意味着水利维护工作是很轻松的。这就解释了为什么埃及农民有时间和人力去建造金字塔，因为在早期埃及的耕作条件下，每年在收割以后到尼罗河涨潮以前的几个月中，几乎没有什么活可干。与之相反，在美索不达米亚，在季节性劳动不是很紧张的时候，也总是有开挖渠道的工作要做。参见：Charles Singer（ed.），*A History of Technology*（Oxford：Clarendon Press，1955），I，535-555；Hermann Kees，*Das alte Ágypten*，p. 22.

9　参见：Ignace J. Gelb，*A Study of Writing*（Chicago：University of Chicago Press，1952），pp. 72-81，206-210，214-215. 一个没有文字的民族，或者更确切地说，一个不懂得书写但却善于思考的人，在接触了有文字的文化之后，深思熟虑地创造出了一种与以往任何一种文字都没有联系的文字，这种情况并不罕见。在 19 世纪和 20 世纪的美洲印第安人（Amerindians）中，以及在非洲和西伯利亚（Siberia）的某些部落中，都存在着一些这种发明创造的例子。参见：David Diringer，

The Alphabet : A Key to the History of Mankind (New York : Philosophical Library, 1948), pp. 150-157, for particulars.

10 Somers Clarke and R. Engelbach, *Ancient Egyptian Masonry* (Oxford : Oxford University Press, 1930), pp. 5-11 and *passim*. 石料建筑与泥砖建筑在技术上的巨大差别，在实践中迫使埃及人在下定了使用石料的决心后，立刻从美索不达米亚的建筑模式中摆脱了出来。泥砖的尺寸一定要较小，以便让空气把它吹干；而把石块敲琢成规整的形状需要耗费大量的劳力，因此，建筑用的石料越大就越有利，只要能搬得动（石块越大，相同体积的表面积比例就越小，这样，砌成一定高度的墙所需要切削的石块也就相对较少了）。建筑材料大小的差别还导致了另外一些结果：美索不达米亚建筑的一个主要特征是，通过曝光砖的各种不同表面来构成几何形状的装饰图案；然而，在使用大量尺寸大小参差不齐的大型石块时，这种做法就不可行了。但出现了其他的补偿形式，例如圆柱和过梁结构，这是泥砖建筑力所不能及的。

11 参见：Joachim Spiegel, *Das Werden der altägyptischen Hochkultur* (Heidelberg : F. H. Kerle Verlag, 1953), pp. 87-96.

12 Henri Frankfort 力主埃及宗教的连贯性和统一性，并视之为“神话诗人思想”的具体表现，参见他的著作：*Ancient Egyptian Religion* (New York : Columbia University Press, 1948), pp. 16-22 and passim. 也可参见其另一本书中的有关章节：Frankfort et al., *Before Philosophy*(Harmondsworth : Penguin Books, 1941).

13 Adolf Erman, *Die Religion der Ágypter* (Berlin and Leipzig : Walter de Gruyter & Co., 1934), pp. 88-96，作者提供了一个直接明确的释义；进一步解读参见 John A. Wilson 在 *Before Philosophy*, pp. 59-70 的论述；Henri Frankfort, *Kingship and the Gods* (Chicago : University of Chicago Press, 1948), pp. 24-35; Hermann Junker, *Pyramidenzeit: Das Wesen der altägytischen Religion* (Einsiedeln : Benziger Verlag, 1949).

14 John A. Wilson, *The Burden of Egypt*, pp. 98-99.

15 参见：William C. Hayes, *The Scepter of Egypt*, Part I : *From the Earliest Times to the End of the Middle Kingdom* (New York : Harper & Bros., 1953), pp. 135-148.

16 在 Adolf Erman 的著作中可以找到这些文献的译文，见：*The Literature of the Ancient Egyptians*, Aylward M. Blackman (trans.) (London : Methuen & Co., 1927), pp. 75-108.

17 参见：James Henry Breasted, *The Dawn of Conscience* (New York and London : Scribner's Sons, 1935), pp. 207 ff. 另一些学者从这些作品中看到了社会变革和阶级战争，但没有因此收回他们的赞叹。参见：Joachim Spiegel, *Soziale und weltanschauliche Reformbewegungen im alten Ágypten* (Heidelberg : F. H. Kerle Verlag, 1950), pp. 7-56.

18 John A. Wilson, *The Burden of Egypt*, p. 124.

19 埃及的宗教传统并没有被记录下来。神话概念的迹象依稀可见于一些幸存的文献中。希腊作家普鲁塔克（Plutarch）是公元 2 世纪的人（那时埃及文明已成为历史的陈迹），他似乎是第一个记录了一则连贯神话的人，这个神话是关于奥西里斯、伊西丝和荷鲁斯的故事。近代人完全是通过普鲁塔克才知道这个故事的，它确实是了解埃及宗教某些部分（这些部分往往被假定为全部文明的虔诚核心）的途径，但难免迂回且不尽可靠。至于美索不达米亚人，只有当苏美尔语成了一种学术语言，而且它的意思必须加以解释才能被人理解时，他们才开始把宗教口头传说形诸文字。但是在埃及，没有类似的转机促使当地祭司将他们的宗教秘密记录下来。John A. Wilson, *The Burden of Egypt*, pp. 12-13.

20 John A. Wilson, *The Burden of Egypt*, pp. 12-13.

21 参见：T. Eric Peet, *A Comparative Study of the Literatures of Egypt*, *Palestine and Mesopotamia* (London :

Oxford University Press，1931），p. 17 and *passim*.

22 底比斯的征服与当初美尼斯的征服颇为相似，二者都来自南方，都来自比较落后的边远地区。这两次的统一说明了边区的统治者在文明小邦争夺权力的斗争中所处的优势地位。参见本书对阿卡德的萨尔贡所做的评论。

23 John A. Wilson，*The Burden of Egypt*，pp. 112-137.

24 William C. Hayes，*The Scepter of Egypt*，Part I，p. 154.

25 从文学的角度来看，我认为《吉尔伽美什》似乎要超过埃及遗留下的任何作品，不过，这是完全根据所能看到的译文而做的判断。

26 Stuart W. Piggott，*Prehistoric India to 1000 B. C.*（Harmondsworth：Penguin Books，1950），pp. 167，200-201.

27 R. E. M. Wheeler，*The Indus Civilization*：*The Cambridge History of India*，Supplementary Volume（Cambridge：Cambridge University Press，1953），pp. 8-14.

28 在摩亨佐—达罗发现的一些印章和公元前3000年左右流行于美索不达米亚的印章类型颇为相似，这使一些学者就印度河文明的早期年代产生了争论。参见：Heinz Mode，*Die indischen Frühkulturen und ihre Beziehungen zum Westen*（Basel：Benno Schwabe & Co.，1944），pp. 127-128. 但很难相信，像印度河地区那样精心建造的城市会兴起得那么早。像所讨论的印章这类物品，可能是在实际使用了若干世纪后才作为有价值的古玩保存了下来；或者，它们可能是从美索不达米亚的某个边缘地区传到摩亨佐—达罗的，过去的模式在这种边缘地区比在活跃的文化中心区保持得更久，存在到更晚的一些时候。

29 Heinz Mode，*Die indischen Frühkulturen*，pp. 86-87，128-138；R. E. M. Wheeler，*Early India and Pakistan to Ashoka*（London：Thames & Hudson，1959），pp. 100-104.

30 哈拉帕遗址的很大一部分在19世纪因为取用铺设铁路而需要的道渣而遭到破坏，因此，整个城市的布局不是十分清晰，但看起来与摩亨佐—达罗很相似。

31 相比之下，美索不达米亚的街道弯曲、不规则，建筑也不整齐。参考华盛顿、堪培拉、巴西利亚的几何形城市布局与伦敦、巴黎、里斯本不规则的市容之间的鲜明对比。

32 埃及的文明区沿尼罗河延伸不超过600英里，而美索不达米亚的冲积平原尽管更加宽广，但不知为什么却没像埃及的文明区那般延展。参见：R. E. M. Wheeler，*The Indus Civilization*，pp. 2-3.

33 例如盔和盾，它们在公元前三千纪初期美索不达米亚的战争中就是标准的装备，但在印度河文明中却找不到它们的踪迹。参见：R. E. M. Wheeler，*The Indus Civilization*，pp. 52-56.

34 参见：D. H. Gordon，*The Pre-historic Background of Indian Culture*（Bombay：N. M. Tripathi，Ltd.，1958），p. 69. 虽然如D. H. Gordon所说，有人否定哈拉帕出土的两个断头缺臂裸体石像的可靠性，认为它们是属于时间上晚得多的佛教作品，却不知由于什么原因而被埋在了较深的地层当中，但在摩亨佐—达罗发现的神情呆滞的“肖像”人头和青铜舞女修长优雅的体态之间还是存在着相当惊人的差别。

35 参见：R. E. M. Wheeler，*The Indus Civilization*，p. 91谨慎的评论。

36 Stuart Piggott，*Prehistoric India*，pp. 208-221指出，在印度河文明的最后阶段，源自俾路支的文化特性有所增加。

37 学者们认为，《梨俱吠陀》是最古老的梵文文献资料总集。

38 R. C. Majumdar（ed.），*The History and Culture of the Indian People*：*The Vedic Age*（London：Allen & Unwin，Ltd.，1951），pp. 225-228，360.

39 对于《梨俱吠陀》中相关段落的解读是有争议的。一些印度学者认为，有争议的这些词语仅仅是谴责土著居民的过度淫欲，而不涉及他们的风俗习惯。参见：R. C. Majumdar，*History and*

Culture of the Indian People：*The Vedic Age*，p. 187.

40 参见：V. Gordon Childe，*The Aryans*：*A Study of Indo-European Origins*（New York：Alfred A. Knopf, Inc.，1926），I，80-81；Louis Renou and Jean Filliozat，*L'Inde classique*：*Manuel des études indienes*（Paris：Payot，1947），p. 156；Sir Charles Eliot，*Hinduism and Buddhism*：*An Historical Sketch*（London：Edward Arnold & Co.，1921），I，60-61. James Hope Moulton，*Early Religious Poetry of Persia*（Cambridge：Cambridge University Press，1911），pp. 37，44-45，从中东山区向北进入大草原的商人和冶金匠一定教给原始的印欧语系居民很多东西，例如，印欧语中铜的术语就源自苏美尔。一些宗教和物质的知识必然也是从苏美尔那里学来的，毕竟那里的文化要比草原民族的文化先进一些，而印欧语系众神和美索不达米亚众神之间如此的相似也绝非偶然。后来的穆罕默德（Mohammed）借鉴了犹太教和基督教的某些思想，这些思想可能就是他年轻时在经商过程中偶然接触到的。

41 参见美洲土著祭司和首领受到西班牙士兵和基督教传教士的压制或强迫其改变信仰时美洲印第安文明的结局。

如果尼罗河流域受到宗教上怀有敌意的蛮族控制，而这时法老家族又是埃及高层文化的唯一承续者，那么，类似的破坏也可能压倒埃及文明。但当喜克索斯人确实控制了埃及，祭司和神庙受到蛮族人玷污之时，一个微弱却至关重要的中间阶层 — 抄写员和贵族（即地方上的权贵和土地占有者）与王室及祭司集团一起承担了维护埃及文化传统的任务。这些抄写员和贵族之所以能在喜克索斯人的统治下幸存下来，是因为后者要利用他们来收税和管理村庄。他们的幸存意味着古埃及文化传统的幸存，正如后来所证明的，底比斯的统治者，一个地方权贵，成功地领导了一次反抗喜克索斯人的起义，恢复了埃及文明的传统形式。这方面还可以同蛮族征服时期中国文化的再现，以及蒙古人统治下俄罗斯文化的复兴做比较。因此，如果我们假定，印度河社会稍微落后于埃及社会，而且这个社会始终是按照类似埃及古王国那样的方式组织起来的，直到雅利安人入侵，那么印度河的高度文化传统未被保存下来的原因也就容易理解了。

42 也就是说，直到土地短缺取代了早先技术因素对于生产力的限制，成了食品供应不足的首要原因。

43 例如，早期拉丁姆（Latium）的情况就是这样，在那里，火山灰形成的土壤特别肥沃。参见：Tenney Frank，*An Economic History of Rome*（2d rev. ed.；Baltimore，Md.：Johns Hopkins Press，1927），pp. 1-12.

44 可以想象，犁耕的传播确实是贵族统治者提倡和促进的结果，因为这样装备起来的农民对他们的主人来说更有价值。不过，我还没有找到证据来支持这一假设。

45 关于萨尔贡征服扩张的真正范围，各种说法很不肯定。参见：Sidney Smith，*Early History of Assyria to 1000 B. C.*（London：Chatto & Windus，1928），pp. 80-94.

46 关于农民含义的令人兴奋的讨论，参见：Robert Redfield，*Peasant Society and Culture*：*An Anthropological Approach to Civilization*（Chicago：University of Chicago Press，1956）；and Robert Redfield，*The Primitive World and Its Transformations*（Ithaca：Cornell University Press，1953）.

47 赫梯铭文保存了乌尔第三王朝（约公元前 2050 年—前 1950 年）美索不达米亚楔形文字的一些特征。这说明，小亚细亚的土著居民从那个时代美索不达米亚抄写员那儿学会了文字。

48 关于赫梯文明背景和起源的综述以下列著作为依据：O. R. Gurney，*The Hittites*（Harmondsworth：Penguin Books，1954）；Margarete Riemschneider，*Die Welt der Hethiter*（Stuttgart：Gustav Klipper Verlag，1954）；Eugène Cavaignac，*Le Problème Hittite*（Paris：Librairie Ernest Leroux，1936）.

49 阿拉伯南部各民族似乎也是如此，参见：Carl Rathjens，"Die Weihrauchstrasse in Arabien，" Tribus：

Jahrbuch des Lindenmuseums，N. F. II/III（1952-53），290-295；Richard Le Baron Bowen，Jr.，and Frank P. Albright，*Archaeological Discoveries in South Arabia*（Baltimore，Md.：John Hopkins Press，1958），p. 87.

50 Carl W. Blegen et al.，*Troy*（Princeton，N. Y.：Princeton University Press，1950），Vol. I，Part I，pp. 41，204-213.

51 J. D. S. Pendlebury，*The Archaeology of Crete*:*An Introduction*（London:Methuen & Co.，1939），p. 53. Sir Arthur Evans，*The Palace of Minos*（London:Macmillan & Co.，1921），I，66. 两位作者都认为，在早期米诺斯文化 I 期之初，克里特岛上可能已经有了一个埃及人的居民点。这两部著作都为笔者论述米诺斯文明提供了重要的依据。

52 因为岛上没有发现旧石器时代的遗物，所以克里特在新石器时代的航海者来此殖民之前可能一直是无人居住的。

53 有一种有趣的设想（我想它还需要进一步的证据支持），认为克里特和印度河的自然主义艺术形式都源于一种发源自美索不达米亚北部和叙利亚的一种新石器时代的或者至少是前文明时代的“彩陶”文化，这种“彩陶”文化比苏美尔文明和埃及文明的出现还要早若干世纪。参见：Heinz Mode，*Die indischen Frühkulturen*，pp. 137-138 and passim. Mode 成功地指出，印度河与米诺斯文明的艺术基调和宗教象征颇为相似。母神、双面斧、蛇和公牛也见于印度河的艺术。从印度河流域发现的一些雕像的自然主义与克里特的自然主义十分相似，而且至少有一个例子似乎可以惊人地表明，它早于希腊古典风格。不过，这个残缺不全的雕像（见边码 87 页左图）的可靠性尚有争议。

54 在远离克里特的撒丁岛（Sardinia）上也发现了米诺斯文化的遗物，其规模表明，在那个遥远的岛上已经建立了一个商业殖民地。无疑是闻名于整个古代的撒丁岛铜矿把商人们吸引到了这里。参见：C. F. C. Hawkes，*The Prehistoric Foundations of Europe*（London:Methuen & Co.，1940），p. 156.

55 Thucydides，I，4.

56 Martin P. Nilsson，*The Minoan-Mycenaean Religion and Its Survival in Greek Religion*（2d rev. ed.；Lund：C. W. K. Gleerup，1950）.

57 对米诺斯文化线形文字乙（Linear B）的解读表明，它是用来记载古代希腊语的，证明在米诺斯文化盛期的最后阶段，说希腊语的统治者已经控制了各个城市。他们没有破坏文明，甚至没有在非文字的考古学遗物中留下任何他们曾经存在过的明显踪迹。参见：Michael Ventris and John Chadwick，“Evidence for Greek Dialect in the Mycenaean Archives”，*Journal of Hellenic Studies*，LXXIII（1953），84-103；John Chadwick，*The Decipherment of Linear B*（Cambridge：Cambridge University Press，1958）.

58 Themistocles Zammit，*Prehistoric Malta*：*The Tarxjea Temple*（London：Oxford University Press，1931）；John Davis Evans，*Malta*（London：Thames & Hudson，1959）.

59 Dominick Josef Wölfe，“Die kanarischen Inseln，die westafrikanischen Hochkulturen und das alte Mittelmeer，”*Paideuma*，IV（1950），pp. 231-253；Leonardo Torriani，*Die kanarischen Inseln und ihre Urbewohner*，übersetzt von Dominick Wölfel（Leipzig：K. F. Koehler Verlag，1940）.

60 也有可能，巨石文化宗教的传教士把当地的劳动力组织起来从事采矿（或伐木），并参与长途贸易，因为尽管巨石墓葬内本身没有发现金属物品——宗教保守主义也许把金属排除在来世之外——但引人注目的是，主要的巨石建筑都集中在那些蕴藏着铜、锡、金矿或其他珍贵物资（如琥珀）的地方。

61 大概只有一小部分杰出人物才能了解巨石文化宗教和学问的奥秘。无论如何，当地陶器风格的延续证明，巨石文化观念和实践的扩展对日常生活影响很小，甚至没有影响。

62 参见：Alphonse Riesenfeld，*The Megalithic Culture of Melanesia*（Leiden：E. J. Brill，1950）；Robert Heine-Geldern，"Die Megalithen Südostasiens und ihre Bedeutung für die Klärung der Megalithenfrage in Europa und Polynesien，" *Anthropos*，XXIII（1928），276-315；K. P. Srinivasan and N. R. Banerjee，"Survey of South Indian Megaliths，" *Ancient India*，IX（1953），103-115；Christoph von Fürer-Haimendorf，"Altindien，" in Fritz Valjavec（ed.），*Historia Mun* di，II，490-492. 在创造亚洲巨石文化方面，也可能有两种不同的文化和宗教体系在起作用。参见：R. E. M. Wheeler，*Early India and Pakistan to Ashoka*，pp. 150-169.

63 东非或阿拉伯南部大概就是巨石建筑者在这一长时间段内旅居的地方。可能与获得铁器有关的一些宗教动荡或造船技术的改进，也许可以解释巨石文化为什么重新开始扩张，为什么这次的扩张可以横渡大洋，以及为什么这次扩张不仅仅是通过沿海航行的方式。关于巨石文化的问题，除了以上分别征引的书目之外，我还参阅了以下著作：C. F. C. Hawkes，*The Prehistoric Foundations of Europe*，pp. 159 ff.；V. Gordon Childe，*The Dawn of European Civilization*（4th ed.；London：Kegan Paul，Trench，Trubner & Co.，1947），pp. 208-218，293-311，316-320；C. Daryll Forde，"Early Cultures of Atlantic Europe，" *American Anthropologist*，XXXII（1930），19-100；Ernst Sprockhoff，*Die nordische Megalithkultur*（Berlin and Leipzig：Walther de Gruyter & Co.，1938），pp. 150-153；Harold Peake and Herbert J. Fleure，*The Way of the Sea*（New Haven：Yale University Press，1929），pp. 29-42. 如对重构巨石文化的宗教观念感兴趣，可参见：Hermann Baumann，*Das doppelte Geschlecht：Ethnologische Studien zur Bisexualität in Ritus und Mythos*（Berlin：Dietrich Reimer，1955）；and Horst Kirchner，*Die Menhire in Mitteleuropa und der Menhirgedanke*（Wiesbaden：Franz Steiner Verlag，1955）.

64 参见：Ernst Herzfeld，*Iran in the Ancient East*（New York and London：Oxford University Press，1941），pp. 156-161；R. J. Forbes，*Metallurgy in Antiquity*（Leiden：E. J. Brill，1950），pp. 69-73.

65 C. F. C. Hawkes，*The Prehistoric Foundations of Europe*，pp. 221-222；V. Gordon Childe，*The Dawn of European Civilization*，pp. 148-158.

66 Harold Peake and Herbert John Fleure，*Merchant Venturers in Bronze*（New Haven：Yale University Press，1931），pp. 37-40；C. F. C. Hawkes，*The Prehistoric Foundations of Europe*，pp. 314-316；V. Gordon Childe，*The Dawn of European Civilization*，pp. 321-329. 对英国西南部巨石阵发现的一小块被认为是"早期"的木炭所做的C^{14}分析，得出的年代为公元前 1714 ± 275 年。这个结论同我们的假设颇为一致。

67 除比利牛斯山脉的巴士克峡谷之外。

68 Karl Jettmar，"The Altai before the Turks，" Museum of Far Eastern Antiquities，Stockholm，*Bulletin* XXIII（1951），142-143；Ernst Herzfeld，*Archaeological History of Iran*（London：Oxford University Press，1935），pp. 6-9.

69 Franz Hancˇar，*Das Pferd in prähistorischer und früher historischer Zeit*（Wiener Beiträge zur Kulturgeschichte und Linguistik），XI（1955），pp. 542-544 and Table 12.

70 从美索不达米亚的遗物中可以看出车轮从实心到有辐条的逐步演变，但轻便灵活的二轮战车的出现则相当突然。有理由认为，唯有当马车用于战争的可能性被美索不达米亚边缘地区拥有马匹的军事贵族发现时，解决速度和灵活性这一问题才会被提上议事日程，因为他们所处的地位正好可以让技艺娴熟的制轮匠设计出一种运载战士而不是货物的工具。参见：Franz Hancˇar，*Das Pferd in prähistorischer und früher historischer Zeit*，pp. 548-551；Joseph Wiesner，*Fahren und Reiten in Alteuropa und im alten Orient*（Der alte Orient，Band 38；Leipzig：1939），pp. 19-22.

Richard LeFèvre de Noëttes, *L'Atellage et le chevai de selle à travers les âges*（Paris：Editions A. Picard，1931），pp. 21-35.

71 有些不太可靠的证据表明，这种复式弩弓早在纳拉姆辛时代（约公元前 2300 年左右）就已为人所知了。参见：Hans Bonnet，*Die Waffen der Völker des alten Orients*（Leipzig：J. C. Hinrichs，1926），pp. 138-139；W. F. Albright "Mitannian Maryannu，'Chariot-Warrior'and the Canaanite and Egyptian Equivalents，" *Archiv für Orientforschung*，VI（1930-1931），219. 另一方面，这种复式弩弓在蒙古的猎人中似乎很早就通用了，那里缺乏合适的木料，因而发明了用骨和腱来加固弩弓似乎是相当可能的。参见：Karl Jettmar，"Hunnen und Hsiung-Nu-ein archäologisches Problem，" *Archiv für Völkerkund*，VI/VII（1951-1952），174-175. 无论如何，大规模使用复式弩弓在公元前两千纪的中东确实是一件新事物，而且是随着战车兵一起出现的。

72 W. F. Albright，"Mitannian Maryannu"，p. 219.

73 在瑞典南部发现的战车岩刻年代约为公元前 1300 年。参见：Charles Singer（ed.），*A History of Technology*（Oxford：Clarendon Press，1955），P. 722. 当战车渗入欧洲时，弩弓以及以弩弓为基础的战术却没有与新的战争武器一同传入。相反，荷马时代的英雄以及后来与之极为相似的凯尔特人作战时使用矛和其他肉搏武器，而且往往是从马车上下来步战的。荷马笔下所描写的射箭活动确实不是那么光明正大的，只有像特洛伊的帕里斯（Paris）这种品德有问题的英雄才会迷恋此道。可以肯定，战车是经由小亚细亚传播到希腊和欧洲其他地区的。参见：Wiesner，*Fahren und Reiten*，pp. 34-35. 看来，战车在古代世界获得的巨大声誉导致欧洲大陆的战士采用了它，但他们没有同时调整其原有的武器和战斗规范来充分利用战车的机动优势。荷马的战术是荒谬的，他的战车除了做点儿装饰外几乎起不了任何作用；但他对迈锡尼战争的记载未必违背史实。武士们习惯于短兵相接的战斗，习惯于遵守那种要求个人挺身而出的决斗惯例，正如荷马所说，他们把强大的亚洲武器当作个人财富和地位的象征，实际上只是为了来去战场方便之用。

74 Karl Jettmar，"Archäologische Spuren von Indogermanen in Zentralasien，" *Paideuma*，V（1950-1954），237-239，参见：also Roman Ghirshman's summary of S. V. Kisselev，*Drevniaia Istoria Iuzhnoi Sibiri*（2d ed.；Moscow，1951），"Histoire ancienne de la Sibérie du sud，" in *Artibus Asiae*，XIV（1951），169-189.

75 Folke Bergman 对 1934 年以前所做的历次考察结果做出了恰当的总结，还列出了一份有关新发现的目录，参见：Folke Bergman，*Archaeological Researches in Sinkiang*（Stockholm：Bokförlags Aktienbolaget Thule，1939）. 我没有找到时间上更新的著作。

76 Herrlee Glessner Creel，*The Birth of China*（London：Jonathan Cape，Ltd.，1936），pp. 141-157；H. G. Creel，*Studies in Early Chinese Culture*（Baltimore，Md.：Waverly Press，1937），pp. 133-254；Cheng Te-K'un，*Archaeology in China*，II，*Shang China*（Cambridge：W. Heffer & Sons，1960），pp. 243-249.

77 在商都安阳发现的艺术品和陶器也提供了虽然孤立但却相当准确的线索，表明该地与美索不达米亚文化区有所联系，尽管其主要传统是独立发展的。参见：Li Chi，*The Beginnings of Chinese Civilization*（Seattle：University of Washington Press，1957），pp. 25-29.

78 总的来说，如果把印度河文明的毁灭归因于雅利安人，则需要将其入侵的年代假定为更早；但《梨俱吠陀》（*Rig Veda*）与《阿维斯塔》（*the Avesta*）之间极其相似的语言似乎又说明，雅利安人离开伊朗的时间较晚。如果假定英雄史诗始于最早的入侵浪潮，后来的征服者们又把它们改成自己的方言，并且与其他较晚的宗教文献混合而产生《梨俱吠陀》，那么这个问题就迎刃而解了。

第 4 章 中东世界性文明的兴起（公元前 1700—前 500 年）

1 参阅：T. Säve-Söderbergh，“The Hyksos Rule in Egypt，” *Journal of Egyptian Archaeology*，XXXVI（1951），pp. 53-71；Robert M. Engberg，*The Hyksos Reconsidered*（Chicago：University of Chicago Press，1939）；E. A. Speiser，“Ethnic Movements in the Near East in the Second Millennium B. C.，” *Annual of the American Schools of Oriental Research*，XIII（1931-1932），13-54；Ignace J. Gelb，*Hurrians and Subarians*（Chicago：University of Chicago Press，1944）；Albrecht Götze，*Hethiter，Churriter und Assyrer*（Oslo：H. Aschehoug & Co.，1936）；Theodore Burton-Brown，*Early Mediterranean Migrations*（Manchester：Manchester University Press，1959），pp. 63-76. 把我们所推测的公元前 1700 年至前 1400 年间印欧语部族的作用与公元 900 年至 1200 年间诺曼人（Normans）在欧洲史上的众所周知的作用加以比较，或许有助于说明问题。我们可以相信，在这两种情况下，都是把明显的作战才能与同样明显的文化适应性结合起来了。

2 R. J. Forbes，*Metallurgy in Antiquity*（Leiden：E. J. Brill，1950），pp. 418-419. 铁器制作技术在根本上不同于青铜器。这种新的金属不能像青铜器那样浇铸，否则只能得到脆弱无用的产品。它必须被烧得通红，经过反复捶打和淬火，才能制造出合用的刀剑。另外，如果要使最后的产品在硬度和韧性上能与青铜器媲美，即至少是生产出一种半钢，那就需要进行渗碳处理。其方法是让半熔化的铁直接与燃料（木炭，这是一种很纯净的碳）相接触。这与在熔罐里熔化铜和锡，然后把这种金属液体注入模型中的方法有根本的区别。因此，这不仅仅是简单地发现一种新金属，而且还创造了一种全新的冶金技术。R. J. Forbes，*Metallurgy in Antiquity*，pp. 404-414.

3 Cyril Smith 教授认为（1961 年 12 月口头提出），冶铁业在这些世纪里迅速扩展，是由于采用了渗碳技术（但未被理解），古代的铁匠能靠这种技术控制金属渗碳的总量，从而生产出在硬度和韧性上同青铜器一样，甚至更好的规格一致的钢制品。也许，正因为用木炭作为冶铁的标准燃料，才提供了这样一种经过改革的标准化产品？

4 V. Gordon Childe，*What Happened in History*（Harmondsworth：Penguin Books，1943），pp. 175-176.

5 关于埃及的军队可参阅：Adolf Erman，*Aegypten und aegyptisches Leben im Altertum*，Neu bearbeitet von Hermann Ranke（Tübingen：J. C. B. Mohr Verlag，1923），pp. 649-657；George Steindorff and Keith C. Seele，*When Egypt Ruled the East*（rev. ed.；Chicago：University of Chicago Press，1957），pp. 90-93.

6 John A. Wilson，*The Burden of Egypt*（Chicago：University of Chicago Press，1951），pp. 239-254，258-260，274.

7 波斯的军事组织几乎完全是以亚述为原型的。波斯军队像亚述人一样组织成十进制单位，有规则地从十人一队进到六万人的军团，所有较大的单位都有波斯军官统帅指挥。波斯国王掌握着比亚述更多的被征服民族，可以随时把他们征集入伍。参见希罗多德所列举的波斯国王薛西斯（Xerxes）在公元前 480 年入侵希腊时的兵员细目（《历史》，第 7 卷，第 60—88 页），它是以波斯的官方资料为依据的。就某一方面来说，波斯人超过亚述，因为他们征集埃及、腓尼基（Phoenician）和希腊的船只和水手组成了一支海军。波斯人所掌握的军队人数比亚述多得多，因此能把他们的征服扩大到前所未有的范围。关于波斯的军队设置，可参阅：A. T. Olmstead，*History of the Persian Empire*（Chicago：University of Chicago Press，1948），pp. 237-247；*Cambridge Ancient History*（Cambridge：Cambridge University Press，1926），Ⅳ，270-276.

8 关于亚述人的军事组织，可参阅：Bruno Meissner，*Babylonien und Assyrien*（Heidelberg：Carl Winter，1920），I，89-114；Johannes Hunger，*Heerwesen und Krisgsführung der Assyrer auf der*

Höhe ihrer Macht（Leipzig：J. C. Hinrichs，1911）。步兵作为军队作战的主力，其地位的重新确立明显地为一种更民主的政府形式提供了可能性，但只有位于东方世界边缘的希腊人得以在这个方向上改造他们的制度。而在东方世界本身，君主专制和官僚传统太强大，战斗兵种的改变未能撼动其基础，到公元前一千纪初，由于铁器的采用而渐趋式微。

9 Bruno Meissner，*Babylonien und Assyrien*，I，127-129.

10 对公元前第二个千年发展形势的分析，参阅：Albrecht Götze，*Hethiter*，*Churriter und Assyrer*，pp. 101-112 and *passim*.

11 参见：J. A. Wilson，*Burden of Egypt*，pp. 181-185；Steindorff and Seele，*When Egypt Ruled the East*，pp. 103-105.

12 铁矿的丰富蕴藏也大大促进了政治地方主义的重新抬头，使少数战略垄断者无法控制金属贸易。当人们不得不到极其遥远的地方去寻找锡矿时，国王和贵族比较容易控制那些输入这种珍贵金属的商人。但当大量金属资源在一个小得多的范围内分布时，甚至连中东那些本身没有铁矿的地区，金属贸易也同军事行动一起走向民主化了。当地的部落和农民不再服从于贵族的恐吓，因为现在他们的武器几乎不比贵族的军队差。而且，大的地域国家也无法兴起，因为当地居民中一些比较小的集体也都能用大体上相等的武器装备自己并抵抗他们。参阅：Fritz M. Heichelheim，*Wirtschaftsgeschichte des Altertums*（Leiden：A. W. Sijthoff，1938），I，205-207.

13 W. F. Albright，*From the Stone Age to Christianity*（Baltimore，Md.：Johns Hopkins Press，1940），pp. 214-217.

14 参见《士师记》（*Judges*）1：19，"主与犹大同在，他占有了山地，但未能把居民赶出平原，因为他们有铁车"。

15《撒母耳记下》（II *Samuel*），24：1-10。

16《撒母耳记下》，12：1-13。

17 上述关于亚述人管理体制的论述以下列著作为依据：Meissner，*Babylonien und Assyrien*，I，130-146；A. T. Olmtead，*A History of Assyria*（New York and London：Scribner's Sons，1923），pp. 606-611；*Cambridge Ancient History*，Ⅲ，92-99，108.

18 冈比西斯（公元前 530—前 521 年）对埃及宗教感情的蔑视几乎激起了该省的叛乱，这时，他在他父亲的宗教宽容政策中才发现了隐藏的烦恼。但他的夭亡使波斯人的帝国利益与埃及人的排外情绪之间的冲突向后推迟了整整一代人的时间。

19 关于波斯人的管理体制，可参阅：A. T. Olmstead，*History of the Persian Empire*，pp. 119-134，185-194；*Cambridge Ancient History*，IV，184-201.

20 我们所熟悉的欧洲风格的铸币首先发明于吕底亚（Lydia），时间可能是公元前 7 世纪；但在此之前很久，巴比伦和亚述早就将金属铸成标准的重量，有时还铸上记号说明其重量和纯度。在汉谟拉比时代，银"谢克尔"（Shekels）已普遍作为计算价值的标准单位，尽管一些旧的单位如"门"（gurs of barley）仍在使用。在亚述时代，标准重量的金属货币已被广泛使用。铜也和银一样被铸成较小的价值单位，从而极大地促进了小规模的地方性交换。除了吕底亚铸币呈圆盘形以及亚述国家显然没有垄断货币铸造之外，亚述、后期吕底亚、希腊和波斯的货币之间似乎没有重大的区别。参阅：A. T. Olmstead，*History of Assyria*，pp. 536-538.

21 例如：《阿摩司书》（*Amos*），2：6-8；8：4-6。

22 A. T. Olmstead，*History of Assyria*，pp. 510-24；*Cambridge Ancient History*，III，98-99.

23 有一艘腓尼基船甚至可能在大约公元前 600 年绕航了非洲。参见：Herodotus，IV，42. 泰尔的紫红色燃料的布是腓尼基的主要出口商品，一起出口的还有其他奢侈品，如酒、青铜艺术品和玻璃器皿。从地中海和大西洋沿岸输入的大部分是原材料和奴隶。G. Contenau，*La Civilisation*

Phenicienne (Paris : Payot, 1926), pp. 298-308.

24 J. A. Wilson, *Burden of Egypt*, pp. 204-205.

25 保存在《梨俱吠陀》中的少量资料似乎包含着某种有关海船以及同远方大陆进行贸易的信息，但这种贸易大概数量很少而且不太重要。参见：R. C. Majumdar (ed.), *The History and Culture of the Indian People : The Vedic Age* (London : Allen & Unwin, Ltd., 1951), pp. 396-397. 我们不应该忘记公元前一千纪中在印度洋和西南太平洋上出现的一种传播很广的“巨石文化”，这种文化影响所及，包括了印度南部、东南亚、太平洋西南部的某些岛屿，甚至远达北方的日本。参见本书边码第98-102。

26 一个名叫塞拉克斯（Scylax）的希腊船长被大流士一世派去探索印度河以及联结印度河和他的其他领土的海上航道。这位伟大的国王还认为值得花力气在尼罗河和红海之间挖掘一条运河，以便船只从地中海经运河直达南部海洋。这些努力促成了多少贸易还不清楚。但至少，大流士一世的运河不久就淤塞了。而且据报道，尽管印度有城市，但它们可能是宗教和行政中心，而不是工商业中心。参见：A. T. Olmstead, *History of the Persian Empire*, pp. 144-147.

27 公元前1000年后不久，骆驼就成为普通的牲畜运输工具了，从而大大增加了沙漠游牧民族的流动性，而使贸易和好战集团都有可能越过本来难以克服的地理障碍，特别是阿拉伯的北部和中部。骆驼似乎在公元前2000年后不久就被少量地驯养了，但直到1000年以后，这种倔强的牲畜才变得普遍，对人类社会产生相当重要的作用。参见：Joseph P. Free, “Abraham's Camels”, *Journal of Near Eastern Studies*, Ⅲ (1944), 187-193 ; Reinhard Walz, “Zum Problem des zeitpunkts der Domestikation der altweltlichen Cameliden,” in *Zeitschrift der deutschen morgenlandischen Gesellschaft*, CI (1951), 29-51 ; Reinhard Walz, “Neue Untersuchungen Zum Domestikationsproblem der altweltlichen Cameliden,” *loc. Cit.*, CIV (1954), 47-50.

28 参阅：Adam Falkenstein and Wolfram von Soden, *Sumerische und akkadische Hymnen und Gebete* (Zürich: Artemis Verlag, 1953), pp. 16-18.

29 Henri Frankfort, *The Art and Architecture of the Ancient Orient* (Harmondsworth : Penguin Books, 1954), pp. 62-64.

30 在这方面，祭司们仿效了在汉谟拉比时代及以前皇家法官所树立的榜样。当皇家司法权不再仅仅涉及集团，同时也适用于个人时，皇家政府的实际权力和影响就大大增强了。从酬金和罚款得来的收入也相应增加。同样的考虑也完全适用于祭司职能向私人范围的扩展：随着祭司在人们行动和思想中的权威性的提高，他们的收入来源也因为私人寻求神的帮助和指导所付的费用和额外报酬而扩大了。

31 该诗的译文见于 James B. Pritchard, *Ancient Near Eastern Texts relating to the Old Testament* (Princeton, N. J. : Princeton University Press, 1955), pp. 438-440。还可参阅第二首诗，那里描写一个奴隶怂恿他的主人用拒献牲畜来“教神像狗一样地跟在你后面跑！”。（同上）

32 与邻近地区的贸易使埃及人接触到那些在文化发展上明显落后于他们的民族。米诺斯时代的克里特也许是个例外，但如果这种贸易在公元前2100年后大部分由克里特商船经营（看来可能如此），那么埃及人从克里特岛上也许很少能学到并带回他们的文化成就。

33 埃赫那吞试图恢复古王国时期的信念，即认为人死后的生命有赖于法老的恩赐，舍此而外，别无他法。整个阿吞运动也许开始于重申和改革古代对希拉波利斯（Helipolitan）的太阳神拉（Re）的崇拜。如果是这样，被称为转向古代纯洁性的行动就证明对最近的过去的激烈背离是正当的。因此，正如在欧洲改革的后期阶段一样，革命支持拟古主义实际上更是为了抵制现实。

34 埃赫那吞在位时没有爆发叛乱，甚至帝国边境的军事灾难也没有在埃及国内引起有效的抗议。这种消极的态度让保守派尤其痛苦，因为一个极大的讽刺是，在一个普遍倾向于服从神的化身的社会中，遭受批判的旧的虔诚只有服从法老才能得到支持！

35 太阳崇拜早就存在于埃及，希拉波利斯的太阳神拉的祭司们还知道有过这样一个时期：那时，像底比斯的阿蒙那样重要的神甚至不为人所知。这些事实也许有助于阿吞教的发动，而且为人们了解真神的崇拜是如何被引导进行的提供了线索。

36 把宇宙间的最高权力归于一个神，在帝国时代的另外几首埃及颂诗中也可以见到。宗教上不同信仰结合的捷径（或许是乐意奉行一神崇拜的自然倾向）导致人们把阿蒙—拉神（Amon-Re）或其他某个神的权力提到包容整个世界的高度，但这没有必要，甚至不可能意味着其他神在他们各自的范围内不同时拥有管辖权和别的权力。由于否定除阿吞和法老以外其他一切事物的神性，阿吞教同埃及其他宗教以往所做的相比，也许朝着一神教又迈出了新的一步，但“一神教”这个词，如果取其字面意义，即只存在一个神，那么很容易在埃赫那吞的异教出现之前和之后的帝国时期的宗教文献中找到类似的表达。这类文献的实例可参阅普里查德的《古代近东文献》第365-369页（J. B. Pritchard，*Ancient Near Eastern Texts*，pp. 365-369）。《阿吞颂诗》的译文也见于该书第370-372页。

37 John A. Wilson，*The Burden of Egypt*，pp. 206-208.

38 大批新的石匠被派去凿掉他们所能发现的阿吞的名字，就像早先阿蒙的名字被除掉一样。埃赫那吞的宫殿和神庙被破坏了，他建立的新城市也被抛弃了，而且从未再用。这倒给考古学家带来了极大的便利，当他们在埃赫那吞曾经建都的泰勒阿马尔奈开始挖掘时，他们所找到的是一个保存得相当完好的遗址。

39 参阅：J. B. Pritchard，*Ancient Near Eastern Texts*，pp. 34-36，380-381.

40 参见下面这本书所收集的相关照片：Margarete Riemschneider，*Die Welt der Hethiter*（Stuttgart：Gustav Killper Verlag，1954）.

41 译文可参阅普里查德的《古代近东文献》第120-128页（J. B. Pritchard，*Ancient Near Eastern Texts*，pp. 120-128）。

42 参见：Albrecht Götze，*Hethiter*，*Churriter und Assyrer*，pp. 183-185.

43 参见：Henri Frankfort，*The Art and Architecture of the Ancient Orient*，pp. 139-163.

44 现代学者对乌伽里特发现的泥版铭文特别感兴趣，因为他们为迦南生殖崇拜的本质提供了最完整——实际上也是唯一的——见证。这个宗教在后来几个世纪内曾同希伯来人中的耶和华崇拜展开竞争。有关译文参见：J. B. Pritchard，*Ancient Near Eastern Texts*，pp. 129-155；and Cyrus H. Gordon，*Ugaritic Literature：A Comprehensive Translation of the Poetic and Prose Texts*（Rome：Pontificium Institutum Biblicum，1949）。有关讨论参见 G. A. S. Kapelrud，*Baal in the Ras Shamra Texts*（Copenhagen：G. E. C. Gad，1952）。

45 30个符号可以同现在的字母表一样容易掌握，唯一的区别是元音不直接标出，而必须靠读者从自己的语言知识中体会。这并不比理解古怪的英文拼写困难更多。

在更远的地区——埃兰（Elam）、北部美索不达米亚和安纳托利亚——文字也在向简化的方向发展，许多表义符号逐渐消失而主要依靠音节符号。只有在美索不达米亚和埃及的中心地区，复杂的文字才被完整地保存下来。参见：Ignace J. Gelb，*A Study of Writing*（Chicago：University of Chicago Press，1952），pp. 120-147。有些学者力图论定最早的“原始闪米特字母文字”创造的确切地点和时间，但他们的推测还缺乏说服力。参见：David Diringer，“Problems of the Present Day on the Origin of the Phoenician Alphabet,” *Cahiers d'histoire mondiale*，Ⅳ（1957），40-58。迪林格（Diringer）认为，喜克索斯时代（公元前1730—前1580年）的巴勒斯坦或叙利亚最可能是闪米特字母文字的发源地。长期以来人们已经习惯于认为这些闪米特文字是字母文字。这个观点在盖尔布写的《文字研究》（I. J. Gelb，*A Study of Writing*）一书中已经受到挑战。盖尔布认为，它们实际上是音节文字，真正的字母文字首先由希腊人创造。参见：Marcel Cohen，*La Grande invention de l'écriture et son évolution*（Paris：Imprimerie nationale，1958），I，138-143.

46 直到公元 1 世纪泥版在美索不达米亚还在使用，但在此之前很久，体积较小但较易腐烂的材料甚至在美索不达米亚本地也已经占了优势，而且在美索不达米亚周围地区完全取代了刻写的楔形文字。

47 Stephen R. K. Glanville，*The Legacy of Egypt*（Oxford：Clarendon Press，1942），p. 137.

48 W. F. Albright，*From Stone Age to Christianity*，pp. 192-193.

49 来自其他艺术传统的主题——例如以埃及有翼的太阳光环作为神性的标记——偶尔也被使用，尽管它们已经完全融入了一种新的、生机勃勃的、现实主义的风格之中。以上有关亚述艺术的评论，主要以亨利·弗兰克福特（Henri Frankfort，*Art and Architecture of the Ancient Orient*，pp. 65-105）以及我本人的看法为依据。

50 Henri Frankfort，*Kingship and the Gods*（Chicago：University of Chicago Press，1948），pp. 253-255.

51 在帝国时代，阿舒尔崇拜与马都克崇拜看来几乎没有什么区别，而且，前者很明显是在模仿巴比伦尼亚的崇拜。

52 珍奇动物是尼布甲尼撒时代中楣刻画的主要对象。它们同作品中的一系列祭司特征一样，似乎完全渗透着古代苏美尔精神。

53 这些圆柱可能代表了从当地原始建筑技术所使用的木柱向石柱的转变。

54 Henri Frankfort，*Art and Architecture of the Ancient Orient*，pp. 215-33.

55 Jack Finegan，*The Archaeology of World Religions*（Princeton，N. J.：Princeton University Press，1952），pp. 75-76，110，113.《阿维斯塔》的其余部分起源较晚；整个诗集演变为现在这种形式发生在波斯历史上的帕提亚王朝（Parthian，公元前 250 年—公元 229 年），特别是在萨珊王朝时期（Sassanian，公元 229 年—651 年）。

56 James Hope Moulton，*Early Religious Poetry of Persia*（Cambridge，1911），pp. 80-85.《加塔斯》的英译文可参见：J. H. Moulton，*Early Zoroastrianism*（London：Williams & Norgate，1913），pp. 344-390.

57 参阅本书边码第 98—102 页关于巨石宗教的可能性特征的讨论。

58 大体上看，类似的宗教观念可能为许多印欧语部落所共有，它们或许是由于同古代苏美尔众神直接接触而从原始宗教的某种早期形式中发展出来的。古代苏美尔的暴风雨神、太阳神和天空神在一定程度上可以用来揭示雅利安人、希腊人和其他印欧语部落中诸神的相似性。

59 爱德华·迈耶尔（Eduard Meyer）把“农业的”这个形容词应用于琐罗亚斯德的宗教。显然，这位先知对那些时常劫掠伊朗东部边区（琐罗亚斯德也许在这些地方住过）定居社群的游牧民没有什么好话可说。琐罗亚斯德有时似乎确实把游牧入侵者与邪恶相提并论。参见：Eduard Meyer，*Geschichte des Altertums*（Stuttgart：J. C. Cotta，1910），III，101.

60 *Yasna*，43：11.

61 *Yasna*，45：5-7. 这段话及以下引文摘自摩尔登《早期琐罗亚斯德教》（Moulton，*Early Zoroastrianism*，pp. 344 ff.）一书中所收的《加塔斯》译文。

62 *Yasna*，31：7-8.

63 例如，在琐罗亚斯德的一首诗中，牛精祈求马兹达保护世界上的牛不受人类和魔鬼的暴力虐待。马兹达指示琐罗亚斯德以他的说教纠正人们使牛精遭受苦难的错误。牛精起初不满意于“这个软弱之人的无效言辞……我所希望的是一个拥有强大力量的人”，但是，当琐罗亚斯德为改善牛的住所和保障牛的安宁做祈祷时，牛精得到了安慰：“呵，阿胡拉，现在该是我们来帮助了：

我们将为属于你的那些人效劳。"《亚斯纳》，29：1-11。这也许可以解释为琐罗亚斯德对他的使命观的一种隐喻性表达：保护爱好和平的农民和他们的牲畜不受游牧部落的抢劫。然而，《加塔斯》中的这一类章节似乎是对遥远的过去的一种回响，因为牛精使人联想到了旧石器艺术中的一种动物精灵。

64 例如：*Yasna*，32：12，44：20。

65 在彻底摈弃旧的信仰，以及其他某些思想——例如他们借以设想服从阿胡拉·马兹达而得到报偿的那些外在物质形式——方面，琐罗亚斯德与穆罕默德十分相似。

66 *Yasna*，31：3。

67 琐罗亚斯德的教义肯定形成于公元前 522 年大流士一世即位之前，因为大流士一世的早期铭文以明白无误的形式重复了琐罗亚斯德所说的话。这为琐罗亚斯德的活动提供了一个确定的时间下限（*terminus ante quem*），但也仅此而已。

68 这一过程可以同基督教传统内部基督学和圣母玛利亚崇拜的发展做比较。

69 除了以上所引各书之外，关于琐罗亚斯德教，我还参考了下列著作：Ernst Herzfeld, *Archaeological History of Iran*（Oxford：Oxford University Press，1935），pp. 40-43；Ernst Herzfeld，*Zoroaster and His World*（2 vols.；Princeton，N. J.：Princeton University Press，1947）；H. S. Nyberg，*Die Religionen des alten Iran*（Leipzig：J. C. Hinrichs，1938）；A. T. Olmstead，*History of the Persian Empire*；*Cambridge Ancient History*，IV，205-221；Maneckji N. Dhalla，*History of Zoroastrianism*（New York：Oxford University Press，1938）；R. C. Zaehner，*The Dawn and Twilight of Zoroastrianism*（New York：G. P. Putnam's Sons，1961）.

70 参见：J. H. Moulton，*Early Zoroastrianism*，pp. 286-331；W. F. Albright，*From Stone Age to Christianity*，pp. 275-280.

71 这个年代以圣经系谱学的推算为依据。

72 参见：Leonard C. Woolley，*Abraham：Recent Discoveries and Hebrew Origins*（New York：Scribner's Sons，1936）；Jack Finegan，*Light from the Ancient Past：The Archaeological Background of Hebrew-Christian Religion*（Princeton，N. J.：Princeton University Press，1946），pp. 57-61. 亚伯拉罕远离乌尔的时间，根据圣经系谱学的推算，与乌尔第三王朝的终结正相一致。这种巧合使《圣经》故事看起来好像非常真实。

73 *Exodus*，18：13-20：17；24：1-8。当然，《圣经》中叙述的故事是一个非常复杂的组合体，编纂者把各种彼此歧异的传统和文字记载巧妙地拼凑到了一起。我并不是说《出埃及记》中的十诫（20：2-17）精确地再现了摩西的律法，尽管这是可能的。可以肯定，穿插在第 18 章和 24 章之间的《摩西法律》，其大部分产生得相当晚，反映了希伯来人已经定居下来从事农业的那个时代。

摩西是不是一神论者，即他是否教导说耶和华是唯一真实的上帝，其他所有的神都是虚假的偶像；或者，摩西的宗教在其早期阶段是否仅仅宣称耶和华是被他的约民崇拜的唯一上帝，既保护他们，又审判他们，就像别的神只监督、管理着其他国家和民族的事务一样——这是一个相当困难而且众说纷纭的问题。奥尔布赖特提出的意见似乎颇有说服力，尽管远非结论性的（W. F. Albright，*Archaeology and the Religion of Israel*，[Baltimore，Md.，1946]，pp. 117-118）。奥尔布赖特指出，摩西也许是在接触了公元前 13 世纪的埃及宗教思想之后，才构想出这么一个唯一的、普遍的上帝来统治所有的民族。这肯定是埃及宗教的表达方式在帝国时代已经采取的一个发展方向。后来，随着青铜器时代的世界主义让位于铁器时代的地方主义，相距遥远的地区和民族间的大规模交换在公元前 12 世纪和 11 世纪中叶趋于衰落，这时，奥尔布赖特认为，这种世界主义的宗教观点黯然失色了，并且基本上被这样一种思想所代替：耶和华，即以色列人的上帝，仅仅是其他民族神中的一个，每个神都只照看他自己的那个民族。根据这个假说，公元前 8 世纪和后来几个世纪的希伯来先知对一神论的明确重申只能出现在这样的情况下，即国际交往和政治活动再一次唤起了强大的帝国，并使不同民族的相互接触日益密切，以致任何一个国家和民族的命运都被看成是与其他不同民族和国家的命运及所作所为紧紧地联系在一起的。

74 根据这个假说，亚伯拉罕的上帝和摩西的上帝之间最初几乎没有或者完全没有联系。保存在《旧约全书》头几卷中的那些族长的故事，也许是对在没有到过埃及的希伯来人中流行的那些传说所做的改编和重释，其目的是要使这些故事同摩西宗教的天启权威一致起来。

75 大卫也许主要根据以前存在的耶布斯人（Jebusite）和其他外国人的模式在耶路撒冷（Jerusalem）建立起王室崇拜，作为他自己与耶和华的个人关系的补充。参见：Ivan Engnell，*Studies in Divine Kingship in the Ancient Near East*（Uppsala：Almqvist & Wiksell Boktryckeri，A. B.，1943），pp. 173-177；and H. H. Rowley（ed.），*The Old Testament and Modern Study*（Oxford：Clarendon Press，1951），pp. 189-200，294.

76《列王记上》（*I Kings*），11：8。

77 当所罗门着手为耶和华在耶路撒冷建造一座神庙的时候，他没有本地的传统可资依靠，因此引进了腓尼基的工匠，并把腓尼基、埃及和巴比伦尼亚的艺术成分结合在他的建筑之中。W. F. Albright，*Archaeology and the Religion of Israel*，pp. 142-155.

78 保存在《撒母耳记下》第 9—20 章。

79 参见拿单与大卫的故事。这个故事很好地表现了先知的反君主立场，即使历史上未必真有其事。以利亚（Elijah）的故事及其对巴阿尔祭司的屠杀，说明当先知们出来捍卫耶和华的宗教，反对君主和他的朝廷时，他们的力量是多么强大而有效。以后，耶利米和大以赛亚继续坚持了先知与已经形成的政治权威相对立的传统。

80 注意到这样一点很有意义：即这种对旧宗教记载的积极研究及其系统的编纂和保存，恰恰与埃及和美索不达米亚宗教拟古主义最充分的表现方式相一致。参见：W. F. Albright，*From Stone Age to Christianity*，pp. 241-244.

81《以赛亚书》（*Isaiah*），42：1-9；49：1-13。

82 除了以上分别引证的书目外，关于希伯来宗教的发展问题，我还参考了下列著作：Julius A. Bewer，*The Literature of the Old Testament*（rev. ed.；New York：Columbia University Press，1938）；J. M. P. Smith，*The Prophets and Their Times*（2d rev. ed.；Chicago：University of Chicago Press，1941）；A. T. Olmstead，*History of Palestine and Syria to the Macedonian Conquest*（New York，London：Scribner's Sons，1931）；W. F. Albright，*The Archaeology of Palestine*（2d rev. ed.；Harmondsworth：Penguin Books，1956）；Eduard Meyer，*Geschichte des Altertums*，Ⅱ，187-362；Ⅲ，157-221；Eric Voegelin，*Order and History*，I：*Israel and Revelation*（Baton Rouge：Louisiana State University Press，1956）；Adolphe Lods，*Histoire de la litérature hebraïque et juive depuis les origines jusqu'à la ruine de L'état juif*（Paris：Payot，1950）.

第 5 章 印度、希腊、中国三个外围文明的形成（公元前 1700—前 500 年）

1 R. C. Majumdar（ed.），*The History and Culture of the Indian People*：*The Vedic Age*（London：Allen & Unwin，Ltd.，1951），p. 227.

2 18 世纪时，好奇的西方学者开始研究吠陀经文，他们最先做的就是请婆罗门僧侣将经文口述给书记员。这未必是这些经文初次被写成文字，但印度绝对没有欧洲中世纪学者所熟稔的“抄写传统”。印度圣贤认为文字交流不如口头交流方便，因此，书写这种低级手段不配用来记录最神圣的经文。由于唯有口头传述和记忆能够将经文的所有含义和价值传授给学生，那些使吠陀文献流传下来的学者往往不使用成文的经书。

3 不过，某些语法变动表明《梨俱吠陀》的最后一卷与其余部分有所不同，其成书时间应该较晚。

4 不过，印度的战术更为合理。由于弓箭是主要武器，所以作战的常规方式显然就是在移动的战车上放箭。毕竟雅利安人从伊朗东部进入印度，而那里接近战车技术可能的发源地。

5 早在公元前400年时就出现了多个版本的《摩诃婆罗多》，但其目前版本——包含大量宗教虔信内容——据推测乃依据世俗诗歌的最初要点于公元200—400年完成。这种情况类似于基督教的教父们将《荷马史诗》改写成体现基督教教义的寓言和手册，而仅仅保留了原作少许的精华。参见：N. K. Sidhanta，*The Heroic Age of India*：*A Comparative Study*（New York：Alfred A. Knopf，Inc.，1930），pp. 48-49. 依据对《往世书》（*Puranas*）记载的某些可信的王室宗谱的设想以及对帝王的平均统治期的推算，学者们付诸各种努力来确定婆罗多战争的发生时间，探究公元前1400—前900年之间的历史。参见：F. E. Pargiter，*Ancient Indian Historical Tradition*（London：Oxford University Press，1922），pp. 179-183；Majumdar，*History and Culture of the Indian People*，pp. 268-269.

6 希罗多德在《历史》第7卷第65节中描述薛西斯军中的印度部队使用了装有铁箭头的箭。这是对印度人使用铁的最早的确切记载，但毋庸置疑的是，早在公元前480年之前，铁就是印度的常见金属。《阿闼婆吠陀》（*Atharva Veda*）中提及的黑色金属制作的宝剑无疑就是由铁制作而成。如果这部吠陀确实成书于公元前800年左右，那么铁的使用就可以回溯到公元前9世纪。参见：Narayanchandra Bandyopadhyaya，*Economic Life and Progress in Ancient India*：*Hindu Period*（2d ed.；Calcutta：University of Calcutta Press，1945），I，156-159；D. H. Gordon，"The Early Use of Metals in India and Pakistan，" *Journal of the Royal Anthropological Institute of Great Britain and Ireland*，LXXX（1950），55-78.

7 关于印度的政治发展情况，参见：Majumdar，*History and Culture of the Indian People*，pp. 425-433，482-488；*Cambridge History of India*（Cambridge：Cambridge University Press，1922）；Paul Masson-Oursel *et al.*，*Ancient India and Indian Civilization*（London：Kegan Paul，Trench，Trubner & Co.，1934），pp. 88-105；Hermann Goetz，*Epochen der indischen Kultur*（Leipzig：Verlag Karl Hiersemann，1929），pp. 83-88；T. W. Rhys Davids，*Buddhist India*（New York：G. P. Putnam's Sons，1903），pp. 1-34.

8 参见：Walter Ruben，*Einführung in die Indienkunde*（Berlin：Deutscher Verlag der Wissenschaften，1954），p. 103.

9 关于王室对灌溉工程进行管理的最早的确切证据始见于旃陀罗笈多（Chandragupta）时期（约公元前321年—前297年）。但在《梨俱吠陀》时代就已经有小规模的灌溉工程，而且旃陀罗笈多时期对灌溉工程管理的完善似乎是长期发展的结果。参见：*Cambridge History of India*，I，417，475；Majumdar，*History and Culture of the Indian People*，p. 399；N. Bandyopadhyaya，*Economic Life and Progress*，pp. 130-131.

10 恒河流域的国王得以加强军事力量的一项偶然因素是，他们更容易获得大象。这抵消了能够从山脉北麓获得马匹的印度河流域的优势，因为正如马其顿的亚历山大后来所发现的那样，未经训练的马匹惧怕战象，这就使得它们在战场上丧失了战斗力。参见：Rhys Davids，*Buddhist India*，pp. 266-267.

11 参见：N. Bandyopadhyaya，*Economic Life and Progress*，pp. 169-190，220-229，253，255-263；Majumdar，*History and Culture*，pp. 396-398；461-462；*Cambridge History of India*，I，135-137，198-219. 在铸币出现之前，印度人用金项链或银项链作为交换媒介。

12 与中东的情况类似，在使下等阶层依附于地主的过程中，债务或许发挥了一定的作用。不过，我对此并无依据。

13 *Cambridge History of India*，I，128-129.

14 众所周知，美国南部的“穷苦白人”对黑人抱有类似的态度。

15 Richard Fick，*Die soziale Gliederung im nordöstlichen Indien zu Buddhas Zeit*（Kiel：C. F. Haeseler，1897），pp. 24-39。

16 *Cambridge History of India*，I，129. 在阿萨姆（Assam）的边界地带及其他地区，源自印度社会发祥地的部落组织仍然在继续形成新的种姓。参见：J. H. Hutton，*Caste in India：Its Nature，Function and Origins*（Cambridge：Cambridge University Press，1946），pp. 101，186.

17 Majumdar，*History and Culture*，pp. 451-452，507-510；Kick，*Die soziale Gliederung*，pp. 1-8.

18 J. H. Hutton，*Caste in India*，pp. 155-156，164.

19 同上，pp. 41-96。

20 汽车仆人这一种姓几年前才形成。

21 公元前 4 世纪末，希腊驻旃陀罗笈多宫廷的使节麦加斯提尼（Megasthenes）提及印度社会划分为七个种姓之类的团体，不同团体之间禁止通婚。麦加斯提尼言辞的译文及注释见：N. K. Dutt，*Origin and Growth of Caste in India*（London：Kegan Paul，Trench，Trubner & Co.，Ltd，1931），pp. 280-294。同样，佛教文献中也提到了许多种姓。参见：Fick，*Die soziale Gliederung*，*passim*.

22 中东公社在许多方面与印度种姓相似。在中东，人生来就属于公社，而且极少离开；村民与外人之间有严格界限；公社成员之间的关系由一整套严格规定的看法和预期加以限定；村民与外人的关系也须遵守几乎同样严格的规章。但是，中东城市中的这类封闭型的共同体却趋于瓦解。或许中东城市行会和各种职业协会有时就类似于种姓。然而，无论在城市还是乡村，内婚和共餐的限制从未形成制度，社会等级间的流动也比印度容易。在印度，种姓被认为是与生俱来的、不可更改的。或许正是印度居民中种族和文化的多样性，加之与此相适应的礼仪上不洁的观念，强化了村落和森林部落的内部团结，使得印度的这类共同体在城市环境中仍以种姓的形式留存了下来。

23 作为可能性的例证，请衡量一下婆罗门祭司的地位。婆罗门要求在种姓中处于第一等级，他们还更为极端地要求婆罗门与神并驾齐驱。婆罗门如此自负有可能源于僧侣在印度文明中曾经真正享有过的社会地位。对祭司在土著人中享有的实际地位习以为常之后，雅利安人祭司有可能受到鼓励去扩大他们对于社会地位、权力和财富方面的要求。而支持这种要求的思想武器很可能就现成地存在于前雅利安人持有的祭司具有神奇力量的观念之中。F. E. Pargiter，*Ancient Indian Historical Tradition*（London：Oxford University Press，1922），pp. 303-311 甚至认为首要的一些婆罗门家族起源于前雅利安人。他的观点基于对《往世书》的研究和对《往世书》对远古历史的混乱描写中雅利安人王国和非雅利安人王国的辨别。

24 Sir Charles Eliot，*Hinduism and Buddhism：An Historical Sketch*，（3 vols.，London：Edward Arnold & Co.，1921），I，56-63.

25 M. Winterniz，*A History of Indian Literature*（2 vols.；Calcutta：University of Calcutta Press，1927-1933），I，158-163.

26 或许有必要摘录两种定义：“婆罗门是梨希（Risi，即吠陀颂诗的作者和预言家）的后裔，事实上他们都是神。”“婆罗门是最高的神。”分别摘自 *Satapatha Brahmana*，XII，4，4-6，和 *the Law of Manu*，IX，319，转引自 M. Winternitz，*A History of Indian Literature*，I，200. 请比较教皇英诺森三世的言论：“……即便是学者也不应贬低心灵纯洁的僧侣，因为他们享有为神服务的殊荣。为了这一目的，主的律法规定，‘你们不应贬低神’［Exodus 22：28］，这意味着，僧侣因其显耀的等级和神圣的职责而被称作神。" *Letter to the Faithful at Metz*, trans. Saul Levin from J. P. Migne（ed.）, *Patrologiae Cursus Completus*, CCXIV（Paris：1890）, p. 697.

27 关于古代印度社会中武士与祭司阶层之间的冲突的情况，参见：Majumdar, *History and Culture*, pp. 280-282；Pargiter, *Ancient Indian Historical Tradition*, p. 176；Hutton, *Caste in India*, p. 135.

28 《奥义书》有许多寓言阐释"这就是你"的含义。例如，国王阿鲁尼（Aruni）与其子斯韦塔凯图（Svetaketu）的对话："这些河流各奔东西，它们源自东西两端的大海，又重新流入大海。它们成了海，也只是海。它们分辨不出哪里是这条河，哪里又是另一条河。一切生物皆是如此。它们来自实在而不自知，因此在今生成为如狮、狼、猪、虫、蛾和蚊子。超感觉赋予世界万物以生命。这就是实在，就是自我，这就是你，斯韦塔凯图。"引自 *The Upanishads*, trans. Swami Prabhavananda and Frederick Manchester（Mentor Pocket ed.；New York：New American Library of World Literature, 1957）, p. 90.

29 我在尝试总结《奥义书》的教义时参考了 Winternitz, *A History of Indian Literature*, I, 247-267；Eliot, *Hinduism and Buddhism*, I, 71-86；S. Radhakrishnan, *Indian Philosophy*（2 vols.；New York：Macmillan Co., 1927）, I, 137-267；Arthur Berriedale Keith, *The Religion and Philosophy of the Vedas and Upanishads*（Oxford：Oxford University Press, 1925）, II, 440-600.

30 试着粗略类推一下，假如在公元前 6 世纪时，某个外国势力，比如波斯，干涉了雅典事务，将暴发户和外籍人推上当权地位，并蓄意通过政策施行来瓦解贵族的社会、经济地位，那么雅典的美好社会将会怎样？真若如此，雅典城邦将会陷于瘫痪，雅典文化必将会走上异于实际历史的其他路径。当公元前 4 世纪雅典贵族真的遭受一场毁灭性弱得多的打击时，柏拉图这位贵族血统最纯正的人极不情愿地信奉了先验论。这种先验论与《奥义书》或佛教思想并非毫无共通之处。参见柏拉图在《第八封书信》（*Epistle* VIII）中对他在政治上的失意的描述。关于印度贵族与官僚之间的矛盾，见 Majumdar, *History and Culture*, p. 432. 有个或许有据可循的传说讲道，在乔达摩在世期间，一位国王打击并摧毁了佛陀出身其中的贵族集团。T. W. Rhys Davids, *Buddhist India*, P. 11.

31 在后来的世纪中，进入迷幻状态的基本方式是控制呼吸，精于此道的人通过抑制呼吸将血液中的氧气供应减少到某种程度，以此打断正常的意识。常人无须经过训练，仅凭控制呼吸就能控制意识，进入迷幻状态。但是，通过训练延长大脑缺氧时间能够达到更为奇特的视觉体验和心理体验。控制呼吸很有可能是印度编写《奥义书》一派和前雅利安人苦行的基本方法。生理学上的这些事实对文化和历史产生了巨大的影响。不仅印度人如此，穆斯林、基督徒，乃至中国的佛教徒都在不同程度上持有神秘的苦行观念。这种观念源自缺氧造成的幻觉，或者至少是这种幻觉强化了这种观念。

32 佛陀大约在公元前 485 年以后的几年内去世。大雄的生卒年代更不可考。根据不同的传说和纪年法，他去世的时间在公元前 527 年—前 477 年之间。参见：Winternitz, *History of Indian Literature*, II, Appendix I；Jack Finegan, *Archaeology of World Religions*（Princeton, N. J.：Princeton University Press, 1952）, pp. 197-199, 248.

33 这一措辞源自 N. K. Bose, "Caste in India," *Man in India*, XXXI（1951）, 113.

34 流行的佛教或许从未与学者们（仅凭非常稀少的证据）赋予佛陀本人的抽象的、非人格化的宇宙观非常密切地对应起来。

35 我认为该见解出自 Ernst Waldschmidt, "Indien in vedischer und frühbuddhistischer Zeit," in Fritz Valjavec（ed.）, *Historia Mundi*, II, 545.

36 据信徒们的传说，佛陀是某个贵族部族共和国的王子。尽管此类共和政体与新兴君主国之间存有冲突，但恒河流域的某些国王仍会积极地捐助早期的佛教团体。这些国王或许非常看重超自然的利益，但佛教社会显然也具有安全阀的作用，因为心怀不满的人可以通过遁入佛门来寻求从政治挫败中解脱出来，而又完全与政治无关。

37 参见努西亚的圣本尼迪克特（St. Benedict of Nursia）在拉丁基督教世界修道制度中的作用。

38 现代工业企业与欧洲经济史上古老的私营企业或合营企业之间也存有类似关系。合作经营企业的实际效果，在运行中不如因大众宗教团体的创立所产生的实际效果影响更大，在这方面，佛教（和耆那教）这两个“教派”似乎是最早的例证。

39 我在概括佛陀的生平和教诲时参考了如下著作：Eliot，*Hinduism and Buddhism*，I，127-345；Winternitz，*A History of Indian Literature*，II，1-423；T. W. Rhys Davids，*Buddhism：Its History and Literature*（New York：G. P. Putnam's Sons，1896）；S. Radhakrishnan，*Indian Philosophy*，I，581-611.

40 讲希腊语的武士在希腊的出现，是大规模移民运动的一部分。此次移民最终将青铜冶炼技术和所谓的印欧语传遍整个欧洲。见上文第 102—108 页（边码）。

41 关于克里特和迈锡尼之间的关系，参见 Helene J. Kantor，*The Aegean and the Orient in the Second Millennium B. C.* Archaeological Institute of America，Monograph No. 1（Bloomington，Ind.：Principia Press，1947）.

42 Eugen von Mercklin，*Der Rennwagen in Griechenland*（Leipzig：Druck von Radelli und Hilte，1909），pp. 1-2.

43 在内陆多处遗址出土的许多早期工艺品可能是由战争中俘获的或由王侯保护人聘请的克里特工匠制作的，因为在大约公元前 1400 年克诺索斯宫毁坏之前，迈锡尼艺术并未表现出摆脱克里特风格的明确迹象。

44 *Cambridge Ancient History*，II，459；Pierson Dixon，*The Iberians of Spain and Their Relations with the Aegean World*（Oxford：Oxford University Press，1940），pp. 18-21.

45 大约公元前 1190 年，这些海上劫掠活动被彻底击退，那时，法老的陆军和海军打败了来自北方的相互支援的海陆势力。落败的残余袭击者定居巴勒斯坦，他们在那里成为《圣经》中所记述的非利士人，他们这一族群的名字也成为当地的地名。参见：A. R. Burn，*Minoans*，*Philistines and Greeks*，*B. C.* 1400-900（London：Kegan Paul，Trench，Teubner & Co. Ltd.，1930）.

46 这或许可以看作上述中东和地中海地区的山区与平原之间更普遍、更简单的关系的一个特例。区别在于迈锡尼“维金人”的掠夺并非纯粹出于食物短缺，相反，他们是出于对声望和奢侈品的需要。只有拥有它们，迈锡尼的共主（high king）才能维持其权力和威严，因为其维持方式就是适当地在随从中分发黄金、青铜和奴隶。因此，不仅村庄，就连具有高度文明的都市也成为合适的目标。正如山地村庄处于平原的外缘一样，迈锡尼国家也处于更为富有、文明程度更高的中东国家的外围。如果没有通过贸易或战争从海外获得的财富，也许阿伽门农牢固的防御工事单靠他自身占有的财富是无法建成的。换句话说，迈锡尼时代的政治集权或许只有寄生于更古老、更富有的文明社会之上才有可能。在迈锡尼时代的第一阶段依赖克里特，其后阶段依赖整个黎凡特海岸地区。参见草原帝国与文明社会的关系：从匈奴时期（Hsiung-Nu，公元前 3 世纪）到公元 18 世纪，中国军队加之天花病毒摧毁了草原帝国的最后一个据点——卡尔梅克（Kalmuk）联盟。

47 伴随着多利亚人入侵或紧随其后的是铁质工具和铁质武器传入希腊，其社会后果与我们已经描述过的东方的情况相似，即战争的民主化和政权的地方化。

48 参见 Martin P. Nilsson，*Homer and Mycenae*（London：Methuen & Co.，1933）；Denys L. Page，*History and the Homeric Iliad*（Berkeley and Los Angeles：University of California Press，1959）；M. I. Finley，*The World of Odysseus*（New York：Viking，1954）.

49 关于海上远航对移民的社会可塑性的影响，参见 A. J. Toynbee 在 *A Study of History*（London：H. Milford，Oxford University Press，1934），I，84-100. 中做出的尖锐批评。

50 爱奥尼亚和小亚细亚海岸毗邻地区的历史与多利亚人入侵之后希腊大陆上“黑暗时代”期间的历史同样模糊不清。历史上的爱奥尼亚联盟可能由定居初期就已存在的爱奥尼亚王政发展而来。考古发掘，尤其是在“旧士麦拿”（Old Smyrna）的考古发掘相当确凿地表明，最初在爱奥尼亚定居的希腊人为了防御敌对的当地人，通常聚集在半岛和易于防守的地方。就这样，共同防护的需要迫使他们聚集到后来成为城镇的地方。同时，远离内陆居民的迫切要求可能不断驱使爱奥尼亚人在城市或城邦之内创建更团结、更有效的军事政治组织。与之相比，内陆的希腊人在城市化和城邦式政治组织的发展方面较为落后。大陆居民自始就生活于一个更为分散的居住模式中，靠部落和家庭关系组织起来。在爱奥尼亚则相反，亲属关系在渡海逃亡的过程中就已经被撕裂；在防御原住民的过程中需要每个人都伸出援手时，就必须创立某种新的、具有包容性的政治制度来取代传统的血缘纽带。城邦这种地域性的联合体就是爱奥尼亚人给出的答案。关于爱奥尼亚的早期历史，参见 Carl Roebuck，*Ionian Trade and Colonization*（New York：Archaeological Institute of America，1959），pp. 24-41 中颇具启发性的探讨。

51 公元前 6 世纪的印度北部的共和国和活跃于公元前一千纪早期的中东的某些城市国家，与希腊早期城邦极为相似。但是，这些共同体都因为庞大的君主国的兴起而夭折了。唯独希腊人在公元前 493—前 479 年的希波战争中成功地避开了这种威胁。希腊与中东文明之间的中心与边缘的关系，以及波斯对海运物资的依赖，使得这种结局成为可能。而印度和中东则没有类似的地理上的优势在必要时挽救原初城邦。或许从这种意义上讲，地理条件对于希腊城邦组织的成功，其影响大于我在正文中谈及的。

52 希腊内陆的某些地区可能保留了很少的迈锡尼的公共组织和管理体制，而爱奥尼亚则确定无疑地保留了迈锡尼的制度，阿提卡的情况可能也是如此。传说提修斯（Theseus）在迈锡尼时代首次统一了阿提卡，他的一位继承人科特洛斯（Codrus）联合了整个阿提卡的力量打退了多利亚人的进攻。迈锡尼遗风的另一个体现是阿戈斯人对伯罗奔尼撒半岛的主导权的索求。

53 这一点使希腊城市有别于在中世纪盛期兴起于北欧的城市。中世纪城市中的社会名流和市政官员都是商人，他们养成了有意与土地贵族的理想相敌对的气质。鉴于每种文化较高级的形式在古代与在近代一样，主要是由城市人口创造出来的，古代城市的原始特征与现代城镇之间的这种差异，微妙却深远地影响了两个时代的整个文明。例如，希腊人或罗马人从来不把勤劳视为美德，工匠行业始终受人歧视。

54 这些状况可能与希腊人开始使用骑兵作战的时间相吻合，这一兵种的引入使贵族获得了另外的力量源泉。

55 例如阿喀琉斯（Achilles）就有他的密耳弥多涅（Myrmidon）战队（*Illiad*，II，683-685），亚述人的军队也以正规步兵为单元。

56 训练有素、装备精良的步兵首次显示威力，可能是在公元前 7 世纪中叶卡尔基斯（Chalcis）和厄瑞特里亚（Eretria）之间的漫长战事期间。此后，新阵列在希腊各城邦迅速流行。因为一旦方阵显示出其威力，任何城邦都离不开它。

57 古典时代的希腊人视此为希腊人与野蛮人之区别的关键。参见：Thucydides，I，6，and Herodotus，VI，207.

58 下一代雅典人从邻国麦加拉（Megara）手中夺取萨拉米岛即是这一改革的实际成效。

59 希腊农业具有明显的季节性，一年中的好几个月都没有任何农活。因此，农民生活与公民的适当闲暇完全可以兼得。而手工业者，尤其是那些以工资为生的手工业者极不情愿为参与城邦事务而放弃哪怕一天的收益。部分地与此相关，手工业绝大多数由奴隶和外籍人从事。在公元前

5 世纪后半叶，雅典平民的身份取决于国家所需职业，如划桨手、陪审员等，这种倾向达到了惊人的程度。参见 *Old Oligarch*，I，2-3.

60 参见 Raffaele Pettazzoni，"Introduction to the History of Greek Religion，" in his *Essays on the History of Religion*，trans. H. S. Rose（Leiden：E. J. Brill，1954），pp. 68-80.

61 参见上文谈到的巨石宗教的特点。

62 因在公元前 480 年助长了波斯人的志气，德尔斐神谕大失威信，此后其权威从未完全恢复。

63 Gisela A. M. Richter，*Kouroi：A Study of the Development of the Greek Kouros from the Late Seventh to the Early Fifth Century B. C.*（New York：Oxford University Press，1942），pp. 3-4；W. *Deonna*，*Dèdale，ou la statue de la Grèce archaïque*（Paris：E. de Boccard，1930），1，56-59.

64 希腊建筑的许多细节只能说是用石质材料对早先木制建筑的模仿，房梁末端和原先具有实用价值的其他部分都在石质建筑中忠实地保留下来，成为常见的装饰因素。

65 米诺斯绘画和雕塑也具有鲜明的自然主义特征，但是，很难说从米诺斯—迈锡尼到古典希腊时期的艺术风格具有任何连续性，因为这两个时期之间隔着一个几何图形的时代。在这个时代，后多利亚人时代的希腊艺术唯一的遗存——陶器的装饰完全是非自然主义的风格。如果认为一切艺术的主要作用就是再现观察者的视觉体验——当然，我不这样认为，那么，也许可以这样来解释米诺斯与古典希腊艺术之间的相似性：由于缺少相应的技能，早期任何试图通过采用新媒介或新技术来精确地再现视觉体验的尝试注定是失败的。在一个很难接触到其他艺术风格的社会里，这些早期的笨拙的尝试本身极有可能成为模仿的对象，于是，对实际进行的不够完美的再现便因此确立了一种非自然主义艺术风格的传统。但是，能够接触到多种非现实主义艺术风格或不够完善的自然主义艺术风格的人们要将其中之一作为他们的模仿对象，就没那么容易。这就推动他们不断尝试模仿自然，直到积累了充足的技巧，高度自然主义的风格出现为止。克里特和希腊人都与地中海沿岸的各种艺术风格有过接触，因而，没过多久，两个社会的艺术家就都掌握了能够创作高度自然主义作品的精湛技术。然而，我们最初的假设还是有讨论余地的。某些艺术传统的确乐于对真实的视觉形象进行奇异的变形，例如斯基泰人所描绘的动物。因此，也许可以这样说：只要以对视觉体验的精确再现为艺术的目标，那么那些能够接触到各种艺术风格的艺术家就比那些孤立于其他艺术风格之外的艺术家更执着地进行自然主义风格的尝试，直至他们掌握了精湛的艺术技巧。

66 参见 F. M. Cornford，*From Religion to Philosophy：A Study in the Origins of Western Speculation*（London：Edward Arnold，1912），p. 144.

67 John Burnet，*Early Greek Philosophy*（4th ed.；London：A. and C. Black，Ltd.，1930），pp. 53-54.

68 佛陀的无神论和孔子拒绝讨论鬼神（或死后的生活）的体系，与同时代的爱奥尼亚人的思想活动具有某种相似性。三种学说都抛弃了神，但方式大有不同。爱奥尼亚人渴望弄清世界的运行情况，力图发现自然规律。佛陀对自然规律丝毫不感兴趣，并迫不及待地从爱奥尼亚人感到富于吸引力的世界隐退。孔夫子则另寻他途，因为他只对人间事务感兴趣，力图在源远流长的传统和仪式中发现一种行事的"道"或规范。他没有像爱奥尼亚人学派的继承人在公元前 4 世纪时那样从事物的属性中寻找社会准则——那时，希腊哲学家已不再认为城邦世界是理所当然的。因此，儒家的"道"、佛教的"涅槃"和希腊的自然规律三者之间是截然不同的，尽管它们都不认同中东的依赖神（或上帝）来解释自然和人在其中的位置的观点。

印度和西方思想不久就回归到对世界的神学解释，这无疑是对中东上述观点的持久说服力的最高赞誉。但是，印度和希腊哲学家的伊斯兰教和基督教继承人都未因此完全抛弃他们无神论的遗产，而是以不同方式将对世界的新旧解释结合起来（佛教甚至把无神论的乔达摩变成神）。这种妥协多少带有某种隐含的逻辑冲突。中国儒教的现世主义及其冷漠、功利的风格同样未能独霸天下。道教几乎与儒教同时出现，它提出了与儒教相对立的生机论（尽管并不完全是西方意义上的有神论）。七至八个世纪之后，佛教又增强了中国思想中的这股潮流。

69 例如荷马的前人就明显地依照阿伽门农怪异的迈锡尼政府来构建奥林匹亚山的统治方式。公元前四千纪的苏美尔的祭司们（或他们的先人）也曾以完全相同的方式，根据底格里斯—幼发拉底河平原上规模庞大的村庄所实行的“原始民主”（或寡头政治）来构造美索不达米亚的众神世界。

70 人类历史上仅发生过一次如此幸运、如此完全巧合的猜测。爱奥尼亚学派贸然将几个希腊城邦当地的、短暂的环境投射到宇宙问题之上，由此生成了他们对自然规律的观念。这一观念发展成近几个世纪的自然科学。对此，即便是爱奥尼亚学派的乐观的创始人也会感到惊奇。

71 毕达哥拉斯可能接触过同一时期印度的哲学思想和宗教思想，这或许可以解释为何《奥义书》的某些理论与鲜有人知的毕达哥拉斯学说极为相似。在毕达哥拉斯的青年时代，萨摩斯城与埃及有着密切的商业关系，因此有理由认为从大约公元前 500 年开始，印度商人的殖民团体就在孟菲斯和埃及定居。经过既统治着希腊省份，又统治着印度省份的波斯宫廷的陆路交往也完全可能。参见 Nilakanta Sastri，“Ancient Indian Contacts with Western Lands，” *Diogenes*，No. 28（1959），pp. 44-57.

72 将这种彩陶带入中国的可能是一些流亡者。他们是为了逃避于公元前 2000 年之前不久开始大肆扩张的“战斧民族”所发起的进攻而逃亡到中国的。参见 Cf. Ludwig Bachhofer，*A Short History of Chinese Art*（London：B. T. Batsford Ltd.，1947），p. 19.

73 C. W. Bishop，“Origin and Early Diffusion of the Traction Plow” *Annual Report of the Board of Regents of the Smithsonian Institution*，1937，pp. 531-547. 即使中国人在公元前 4 世纪前的确一度使用过这种犁具，但显而易见的是，中国农业的基本耕作模式从未受到发生于中东和欧洲的第二次农业革命的影响。

74 也可能中国人长期以来根本不知道可以使用犁耕技术，因为位于黄河流域与中东之间的中亚绿洲上的农业社群就绝不使用可以节省劳力的农具，这些农具需要他们为牛等大牲畜寻找饲料。在平均每个农户只能分得很小的一块耕地的社群中，耕种效率的提高没有什么意义。最初来到中亚绿洲定居的几代开垦者很可能就是使用新石器时代的锄头耕作的。从某种意义上讲，黄河流域也不过是中亚大陆上最大、最靠东的一个绿洲。在开垦初期有许多土地可供开垦，那时如有犁耕方法，势必大有用武之地。可是等到犁耕方法后来（也许是经更靠北的穿越北方大草原的路线）的确传到中国时，中国的农耕方式已经定型。关于西伯利亚的早期犁耕，其发现者将其使用年代推定到早至公元前 5 世纪，参见 Tamara Talbot Rice，*The Scythians*（London：Thames & Hudson，1957），p. 125. 犁耕（主要使用水牛，而非黄牛）最终在中国农业中的确发挥了相当大的作用。不过，畜力仅仅起到辅助作用，有时可以弃之不用。相比之下，欧亚大陆西部的农业全靠（或几乎全靠）畜力牵引。与此种差别有关的一个事实是，与欧亚大陆西部和北部各民族不同，中国人不会食用动物的奶和奶制品。关于农业中使用畜力的优缺点问题，可以参考 Fred Cottrell，*Energy and Society*（New York：McGraw-Hill，1955），pp. 20-23. 中极为有趣的评论。

75 参见：J. G. Andersson，“Researches into the Prehistory of the Chinese，” Museum of Far Eastern Antiquities，Stockholm，*Bulletin*，XIV（1943），7-298；Li Chi，*The Beginnings of Chinese Civilization*（Seattle：University of Washington Press，1957）；Cheng Te-K'un，*Archaeology in China. I：Prehistoric China*（Cambridge：W. Heffer & Sons，1959）. 有些学者认为黑陶文化与西方有亲缘关系，但这种看法遭到了普遍反对。参见：Max Loehr，“Zur Ur- und Vorgeschichte Chinas，” *Saeculum*，III（1952），46-52；H. G. Creel，*Birth of China*，pp. 44-49.

76 我认为这一推断无可辩驳，但事实上的确有许多研究中国的专家表示强烈反对，譬如 H. G.

Creel, *The Birth of China*, pp. 50-51；持一般反对意见的有 Cheng Te-K'un, *Archaeology in China*, II, *Shang China*（Cambridge：W. Heffer & Sons, 1960）, 243-249. 中国从新石器时代到商代的遗物无疑呈现出它们的连贯性，但这种连贯性丝毫也不能排除中国遭受外来战车士兵征服的可能性，因为战车技术最先出现于美索不达米亚文明区周围的草原上。至于在中国发现了制作粗糙、造型简陋的质地不纯的青铜器皿和铸件，这也不足以证明中国的普通工匠独立地发明了青铜冶炼技术而未受中东文明的影响。但是如何从黑陶文化民族与附加于其上的战车士兵征服这一重叠现象中追溯中国古代文明的渊源，这确实是个难题，因为商代青铜器的艺术风格与推定的商代社会特征似乎鲜有关联或毫无关联。参见 Max Loehr, "Zur Ur-und Vor-geschichte Chinas," pp. 54-55, and Cheng Te-K'un, *Archaeology in China*, II, 236. 但是，假如商代青铜工匠制作的金属纹饰起源于木雕的话，那么就根本不存在这一难题了，因为中国的新石器时代遗址里的木器早已荡然无存了。

77 Cheng Te-K'un, *Archaeology in China*, II, 195-212；O. Franke, *Geschichte des chinesischen Reiches*（Berlin and Leipzig：Walter de Gruyter & Co., 1930）, I, 89-93；Henri Maspero, *La Chine antique*（Paris：E. de Boccard, 1927）, pp. 36-55.

78 H. G. Creel, *Birth of China*, pp. 68-69, 90-94.

79 Cheng Te-K'un, *Archaeology in China*, II, 109-176.

80 自然神在商代铭文中的地位不太显著，这也许反映了这些残存下来的记载的特定用途，它们刻在甲骨上，是对占卜结果的记录。我们不了解与此类卜辞无关的商代宗教的有关情况。关于商代宗教，参见：Creel, *Birth of China*, pp. 174-216；Cheng Te-K'un, *Archaeology in China*, II, 213-225.

81 中国青铜器的一个特点是采用兽面图形，面部沿中轴线分为两半，因此器皿两侧的耳、角等部分都是对称的，嘴或其他连接部分隐去。这说明了它们从某种器物——类似于美洲太平洋沿岸西北部的印第安人的图腾木柱——向青铜器圆形表面的转移过程。由图腾柱各侧面合成的图形，未必不像商代青铜器上的图形。中国青铜器和美洲印第安人艺术在艺术风格上的相似，一直受到人们的重视。看来二者有可能都是从亚洲太平洋沿岸的某地居民那里一派相承下来的，所以才会如此相似。参见：Osvald Siren, *A History of Early Chinese Art：The Prehistoric and Pre-Han Periods*（London：Ernest Benin, Ltd., 1929）, p. 20 and Plate 21. 中国艺术同斯基泰艺术在纹饰图案上也有重要的相似之处，参见 Gregory Borovka, *Scythian Art*（New York：Frederick A. Stokes Co., 1928）, pp. 82-89. 商朝有可能从草原地区接受了这类"动物风格"的装饰图案。Ludwig Bachhofer 在 *A Short History of Chinese Art*（p. 28）中就持这种观点。但也有人认为，情况正相反，即斯基泰的艺术风格来自中国，参见 Creel, *Birth of China*, p. 121. 我认为比较合理的说法是，源于亚洲东部和北部的古代木雕艺术风格，被中国人、斯基泰人以及美洲太平洋沿岸的印第安人在不同的方向上加以发展。但就这些问题而言，这一看法只能说是暂定的。

82 Creel, *Birth of China*, pp. 159-160.

83 参见本书前文对书写艺术向埃及的"启发性传播"的讨论。俄国学者 S. P. Tolstov 宣称在奥克苏斯河—锡尔河地区发现一种文字，该文字同印度河文字和埃兰文字有联系，而且据粗略估计，其年代要早于后两种文字。如果他的推论是正确的，那么战车士兵征服中国时，有可能很容易地掌握了这种文字。参见：Karl Jettmar, "Zur Herkunft der türkischen Völkerschafte," *Archive für Völkerkund*, III（1948）, 18. Also I. J. Gelb, *A Study of Writing*, pp. 217-220；David Diringer, *The Alphabet：A Key to the History of Mankind*（New York：Philosophical Library, 1948）, pp. 98-106.

84 关于早期中国历史的纪年，古文献中有两种不同的版本，其中，周朝起始年代分别记载为公元前 1123 年和公元前 1051 年。现代学者倾向于后一个年代，有人甚至认为接近于公元前 1000 年，目前对此尚无定论。对于公元前 841 年以后的历史纪年，这两种传统的纪年已经一致，所以现代学术界在具体年代问题上几乎毫无争论。这确实是中国人的历史意识，以及近 3000 多年以来中国文献传统的连贯性所带来的非凡成就。

85 西周的崩溃也许同政治和军事关系的整体混乱有关，这种情况见于欧亚大陆北部和中部的所有地区，应该是骑兵战术的发展和马上游牧生活的成熟所致。见后文边码第 234-239 页。

86 传说是孔夫子选编了这些诗歌，但不可确信。参见：H. G. Creel，*Confucius：The Man and the Myth*（New York：John Day Co.，1949），p. 102.

87 Bachhofer，A Short History of Chinese Art，pp. 28-54.

88 这种现象是巴赫霍费尔（Bachhofer）指出来的，我只是转述了他的阐释而已。

89 克里尔的说法颇具吸引力，他认为皇权受命于天这一理论是意欲篡权的周人所使用的一种宣传工具，旨在为他们推翻商朝、掌握最高权力辩护。Creel，*The Birth of China*，pp. 367-375.

90 中国天文学是否从巴比伦学到一些东西，此问题尚有争议。参见 Joseph Needham，*Science and Civilization in China*（Cambridge：Cambridge University Press，1954），I，151-152. 资料表明，在某些方面，周人曾经接触过巴比伦的思想，比如他们把一周七日制引进中国，代替了商代奉行的一周十日制。参见 C. W. Bishop，*Origin of the Far Eastern Civilizations*［"Smithsonian Institution War Background Studies，" No. 1（1942）］，p. 23. 但是天地相配之说，似可从商代卜辞中得到证实。参见 Cheng Te-K'un，*Archaeology in China*，II，225.

91 值得注意的是，周代诸神似乎多为男性，而商代崇拜的诸神中，女神占有突出的地位。Bishop，*Origin of the Far Eastern Civilizations*，p. 41. 但神灵性别的变换并不像我们设想中那么罕见。

92 关于所谓的"井田制"的这一解释，我引自 Wolfram Eberhard，*Conquerors and Rulers：Social Forces in Medieval China*（Leiden：E. J. Brill，1952），pp. 6-9.

93 Henri Maspero，*La Chine antique*，pp. 131-132. 如果把中国的封建主义同欧洲中世纪的封建主义或巴比伦汉谟拉比帝国的同类制度相比较，我们会发现文化学习和宗教训练在中国的封建制度里占有显著位置，这一点可谓独一无二。在中国这样做是有其必要性的，因为中国没有像美索不达米亚的祭司集团或欧洲中世纪的教会之类的单独的宗教集团。因此，中国的贵族不能只务戎事。每当向祖宗献祭时，他们还必须亲自主持祭事。

94 Arthur Waley，*The Temple and Other Poems，with an Introductory Essay on Early Chinese Poetry*（New York：Alfred A. Knopf，Inc.，1923），p. 12.

95 H. G. Creel，*Confucius：The Man and the Myth*，pp. 7-11，概述了这一问题。参阅 Arthur Waley，*The Analects of Confucius*（London：Allen & Unwin，Ltd.，1938），pp. 13-26.

96 《论语》，VII，1. 本条及以下引文均出自 Arthur Waley 的英译本。孔子认为他的基本观念和理想不过是复述了周公旦的信念。据传，周公是周代第一个国王的兄弟，当时继位的国王年幼，便由周公摄政当国，以镇压叛乱。后来，他利用这个地位整饬纲纪，建立新的制度，待其侄子成年，即归政于周王。有理由认为，孔子把自己看作周公精神的继承人，总的说来，这是正确的。周公本人对周朝制度的健全确实起到过相当大的作用。

97 《论语》，IV，5；VI，4；VII，7；IX，7.

98 《论语》，IV，17，18；VI，25；VII，24，36；VIII，8，16；IX，24.

99 《论语》，IX，28. 参见：IV，14.

100 《论语》，IV，8，9.

101 《论语》，VII，32.

102 "道"可以译为英语的"Way"，读时要读注音。这个词在中国的其他思想流派中也十分重要，道教就是其中的一派，它尖锐地批判儒家思想。

103 Creel，*Confucius：The Man and the Myth*，p. 125. 根据《论语》判断，孔子本人并不十分强调孝。也许他认为这是理所当然的事，但后来的儒家认为应该明确“道”的这一层面。至少儒家学派的继承者们十分强调“孝”，把它列为最重要的美德。

104《论语》，IV，13；参见 XII，1.

105《论语》，V，12；VII，20；XI，11. 关于孔子学说、佛教以及早期希腊哲学之间的异同，参见本章注释 68。

106 众所周知，毛泽东刚上学时读的是儒家典籍，到 27 岁成年后才接触马克思主义。

107 Cf. M. Pallottino，*Gli Etruschi*（Rome：Casa Editrice Carlo Colombo，1939），pp. 43-72，129-154. Luisa Banti，*Die Welt der Etrusker*（Stuttgart：Gustav Kilper Verlag，1960），pp. 132-135.

108 H. Alimen，*Préhistoire de l'Afrique*（Paris：Èditions N. Boubée & Cie，1955）；Sonia Cole，*The Prehistory of East Africa*（Harmondsworth：Penguin Books，1954），pp. 271-285；Diedrich Westermann，*Geschichte Afrikas*（Cologne：Greven，1952），pp. 3-20. 不过，应该指出的是，非洲史前史的编年几乎完全根据推测。这么做具有一定的可能性，比如，在公元前 500 年以前很久，非洲东海岸，尤其是加达非角（Cape Gardafui）一带以及西非都受到“巨石文化”的影响。参见：Cf. Dominik Josef Wölfe，“Die kanarischen Inseln：die west-afrikanischen Hochkulturen und das alte Mittelmeer，”*Paideuma*，IV（1950），231-253. 迦太基人在非洲大西洋沿岸进行贸易，大概可以远及里约德奥罗（Rio del Oro），当然，探险者肯定会走得更远。沙金矿吸引了迦太基商船远道而来。当地还盛行一种“沉默交易”，各方将商品展示后即退去，以避免直接同对方接触。参见 B. H. Warmington，*Carthage*（London：Robert Hale，Ltd.，1960），pp. 59-66.

109 印度南部、东南亚，甚至在西太平洋的一些岛屿上都有巨石建筑，这也许可以证明公元前一千纪间这些不同地区之间存在某种联系。

110 D. G. E. Hall，*A History of South East Asia*（New York：St Martin's Press，1955），pp. 7-9；C. W. Bishop，“Long-Houses and Dragon-Boats，”*Antiquity*，XII（1938），411-424；Wolfram Eberhard，*Kultur und Siedlung der Randvölker Chinas*，pp. 326-331；G. Coedès，*Les Ètats hindouisés d'Indochine et d'Indonèsie*（Paris：E. de Boccard，1948），pp. 25-26. 东南亚的原初文明称为东山（Dongson）文化，因其主要考古遗物从东山出土，故名，它与克里特岛的早期文明具有可比性。但东山文化未能像克里特文明那样持久或充分发展，这也许主要因为它地处大陆，早就受到了中国汉朝军事和文化扩张的强烈影响。参见 A. J. Toynbee，*A Study of History*，I，340-360. 作者分析了流产的斯堪的那维亚北欧海盗（Viking）文明的命运。但是婆罗洲和印度尼西亚其他岛屿上却长期保有这种海盗传统，他们后来大约在公元纪元初期拓殖了马达加斯加岛（Madagascar）。参见 George Peter Murdock，*Africa：Its Peoples and Their Culture History*（New York：McGraw-Hill，1959），pp. 45，212-216. 公元后的第一个千年间，波利尼西亚人（Polynesian）的散布，也许来自同一根源。

111 Franz Hanc˘ar，*Das Pferd in prähistorischer und früher historischer Zeit*，pp. 551-563；William Ridgeway，*The Origin and Influence of the Thoroughbred Horse*（Cambridge：Cambridge University Press，1905），pp. 94，98. 作者认为，从人们开始学会骑马到骑术的普遍流行，其间相隔了很长一个时期，这是因为早期驯养的马匹体质虚弱，不足以长时间负载一个人的体重。

112 Franz Hanc˘ar，*Das Pferd*，p. 555；Karl Jettmar，“Archaeologische Spuren von Indogermanen in Zentralasien，”*Paideuma*，V（1950-54），236-237.

113 参见前文第 117-119 页（边码）对公元前 13 世纪时劣质钢刀对蛮族步兵的作战效率提高的分析。E. D. Phillips，“New Light on the Ancient History of the Eurasian Steppe”，*American Journal of*

Archaeology, LXI（1959），269-280. 其中对从辛梅里安人（Cimmerians）到匈奴人（Huns）的草原历史的总结和综述，颇有价值。

114 希罗多德的混乱描述也是有价值的。

115 Karl Jettmar，"The Altai before the Turks"，Museum of Far Eastern Antiquities，Stockholm，*Bulletin*，XXIII（1951），154-155.

116 M. Rostovtzeff，*Iranians and Greeks in South Russia*（Oxford：Clarendon Press，1922），pp. 35-44.

117 Karl Jettmar，"The Altai before the Turks"，pp. 156-157.

118 Rostovtzeff，*Iranians and Greeks*，pp. 35-44.

119 关于凯尔特人的扩张问题，参见 Henri Hubert，*Les Celtes et l'expansion celtique jusqu'à l'époque de la Tène*（Paris：La Renaissance du livre，1932）；关于骑兵对凯尔特人的作用的问题，参见 William McGovern，*The Early Empires of Central Asia*（Chapel Hill：1 University of North Carolina Press，1939），pp. 46-48. 草原型的骑兵为何没有深入西欧，凯尔特人为何爱用剑而不用刀，原因尚不清楚。西欧森林茂密、沼泽遍布，也许这至少也是一种原因。因为在枝叶茂密的森林里，弓箭的作用受到限制，必须近身才能与敌人搏斗。当然凯尔特人原有的、不合理的传统也是一部分原因。另见前文第 107 页（边码）注释中对荷马时代的战争的论述。

120 Karl Jettmar，"Zur Herkunft der türkischen Völkerschafte，" *Archiv für Völkerkund*，III（1948），16-17；K. Jettmar，"The Altai，" 148-150；B. Rubin，"Das neue Bild der Geschichte Eurasiens，" *Jahrbucher fur Geschichte Osteuropas*，N. F. II（1954），106-107. 16-18 世纪，骑术向北在大草原上的美洲印第安人中间传播一事，已是众所周知。它与这一时期的传播方式极其相似。骑术在美洲的传播不是依靠征服，而是仿效；其传播范围也涉及气候不同的地区，甚至陆续传到了气候不太适宜的地方。但北美气候的变化不像欧亚大陆那样明显。在美洲，沿大草原北上，我们只能感受到气温的降低和生长期的缩短；而如果穿过欧亚大陆的大草原向东前往蒙古，除气温变化外，我们还能明显感受到降雨量的减少，而降雨量又是尤为关键的因素。

121 W. McGovern，*Early Empires of Central Asia*，pp. 100-101.

122 秦国的兴起提供了一个典型实例，它展示了封建领主如何从其易受入侵的地理位置中获益。从不同的观点来看，秦国和波斯帝国都是在面对新兴骑马游牧方式的威胁时做出的"本能反应"。

123 Gregory Borovka，*Scythian Art*；M. I. Rostovtzeff，*The Animal Style in South Russia and China*（Princeton，N. J.：Princeton University Press，1929）；Ludwig Bachhofer，*A Short History of Chinese Art*，p. 46；Robert Heine-Geldern，"Das Tocharerproblem und die pontische Wanderung，" *Saeculum*，II（1951），225-255；Karl Jettmar，"The Altai before the Turks，" 148-156.

124 此种设想是根据 Jettmar "The Altai before the Turks，" 中所提出的质疑构思而成，当然全凭推测。只有当中国西部地区经考古调查以后，这种假设以及对公元前二千纪时战车士兵行军路线的推测才能得以证实或批驳。塔里木盆地（印欧语称 Tocharian）是中国的后门，该地的绿洲被占领可能发生于斯基泰人入侵时期。参见 René Grousset，*L'Empire des steppes*，p. 79. 果真如此的话，历史上遗留下来的这个用语可以用作支持上述解释的明确证据。

125 按照 Robert Heine-Geldern，"Die asiatische Herkunft der sudamerikanischen Metalltechnik，" *Paideuma*，V（1954），347-423，所提供的纪年，艺术图案和工艺技术跨越太平洋移植到美洲，恰恰发生在我们所说的草原游牧部落抵达华南沿海之后不久，即公元前 7 世纪或稍晚一点儿，此事因此变得极为重要。也许，当时半开化的"东山"社会把当地传统的航海技艺同来自中亚细亚的少数勇士（他们不久前才学会了骑术）的冒险精神结合到了一起。在两者混合的情况下，风俗习惯和社会模式的可塑性很大。一场空前的航海探险在这种环境下成为社会反应的一个方面。

Heine-Geldern 关于跨越太平洋有两条路线的论点似难接受。即使只有一条载有几名水手的船越过了太平洋——也许由于被风暴袭击，水手们发现无法有效控制船只，难以逆风返航，便明智地选择了顺风航行——就足以证实那些把美洲大陆和东南亚联系起来的相似性。诚然，只有在特殊情况下，一批遇险船员才能产生如此重大的作用。但是，如果墨西哥或秘鲁的印第安人当时的文化已经发展到一定的水平，即可以成功地吸收亚洲探险船上的水手所熟悉的高超技术（比如铜、青铜冶炼）和（有魔力的）艺术图案，并把它们糅合到当地的社会结构中去，那么这种微小而短暂的接触可能足以促使美洲印第安人原有的技术和艺术风格发生变革。

126 George F. Carter, "Plant Evidence for Early Contacts with America," *Southwestern Journal of Anthropology*, VI (1960), 161-182 ; George F. Carter, "Plants across the Pacific," Society for American Archaeology, *Memoirs*, No. 9 (1953), 62-72.

127 在公元纪元初期的几个世纪里，爱尔兰人尚保持着他们的"巨石文化"时代的航海传统。发现冰岛并首先在那里初次殖民，堪称当时最富有戏剧性的实际成就。"圣布伦丹岛"（St. Brendan's isle）的神话传说可能就反映了与大西洋其他岛屿甚至美洲大陆进行接触的情况。

128 阿兹特克人（Aztecs）对来自西方的文化传送者的传说，可能就是源于对这些跨越大西洋的探险者的想象。欧洲人首次到达加那利群岛时，发现该岛同欧洲具有文化亲缘关系。参见：Dominik J. Wölfe, "Die kanarischen Inseln : die westafrikanischen Hochkulturen und das alte Mittelmeer," *Paideuma*, IV (1950), 231-253.

129 原始船只并非绝对不能穿过北大西洋。17 世纪时，几艘爱斯基摩人（Eskimos）的独木舟载着人从格陵兰渡海到达苏格兰。参见 Ian Whitaker, "The Scottish Kayaks and the 'Finnmen,'" *Antiquity*, XXVIII (1954), 99-104. 现代也有一些同样的真实故事：在风暴中幸存的日本渔民飘过了北太平洋，证明亚洲和美洲之间即使在多风暴的北部洋面也并不是绝对分隔、无法逾越的。参见 Andrew Sharp, *Ancient Voyagers in the Pacific* (Wellington, N. Z. : Polynesian Society, 1956), p. 60. 在比较平静的海面上，古代原始小船相应地更容易穿越大洋了。Sharp 令人信服地指出，玻利尼西亚人只在岛屿间距不超过二三百英里以内的洋面上小心探航，但这并不意味着，凡遇航行失利，或在汪洋大海中看不到预期的岛屿时，人们就放弃远航。相反，他只是痛心地论述了欧洲人在开始远航大洋洲，沿用传统航海技术的几十年里，确实发生过的一些海难事件。

130 只是在近代欧洲人穿越撒哈拉旱海以后，西班牙人才发现了美洲。哥伦布深知大西洋的信风和海流朝向南方，可达亚速尔群岛，在那里他偶尔碰到一笔交易，迫使他调船西航。参见 S. E. Morison, *Admiral of the Ocean Sea* (Boston : Little Brown & Co., 1942), I, 265-270.

131 关于早期的跨太平洋交往问题的研究，参见 M. W. Smith, *Asia and North America : Trans-Pacific Contacts*, Society for American Archaeology, Memoir, No. 9 (1953). 这种接触的可能性遭到大多数美国人类学家的否定，但得到了德国民族学家如 Heine-Geldern 和 Walter Krickeberg 等人的赞同，参见 *Altmexikanische Kulturen* (Berlin : Safari Verlag, 1956), pp. 568-575. 双方争论相当激烈，但无任何一方认真考虑横渡太平洋的各种条件——风力、海流、航海技术，以及原始航海技术的局限和能力。Thor Heyerdahl, *American Indians in the Pacific* (Stockholm : Bokförlaget Forma, 1952) 一书中提出的论点加剧了这场争论，但是 Andrew Sharp, *Ancient Voyagers in the Pacific*, pp. 60-61 and passim 论及波利尼西亚人航海的技术问题时，对 Heyerdahl 关于存在一条从美洲西渡太平洋的航道的论点做出了有力的驳斥。

132 亚历山大采用的骑兵冲锋战术可以说是个例外。亚历山大时期马其顿的作战方式有相当部分是在与位于他们北方的色雷斯人和其他部落的战斗中形成的，他们顺便把马其顿的疆域推到多瑙河一线。这样，马其顿人就同草原民族发生了直接接触。但亚历山大的骑兵战术并不是马队弓箭手战术。可以这样说，他的骑兵是以步兵密集阵形的战术思想为基础的：快速冲锋，全凭冲击力压倒对方。亚历山大的骑兵实际上是骑在马背上的密集方阵。

133 参见 Wolfram Eberhard，"Der Prozess der Staatenbildung bei mittelasiatischen Nomadenvölker，*Forschungen und Fortschritte*，XXV（1949），52-54.

134 参见 Herodotus IV，78-80，他叙述了一个斯基泰国王因过分迷恋希腊风味和希腊生活方式而被臣下杀害的故事。

135 G. F. Hudson，*Europe and China*（London：Edward Arnold & Co.，1931），pp. 27-45；Gregory Borovka，*Scythian Art*，p. 29；Karl Jettmar，" The Altai before the Turks，"145-148，154-56；George Vernadsky，*Ancient Russia*（New Haven：Yale University Press，1943），pp. 56-74.

136 作者此说有误。卡尔梅克人属于卫拉特蒙古之土尔扈特部。17 世纪游牧于伏尔加河下游一带，后遭扩张中的沙皇俄国的不断欺凌。1771 年在渥巴锡汗率领下大部土尔扈特人东归中国故土，被乾隆皇帝安置在新疆境内。——编者注

第 6 章　希腊文明的扩张（公元前 500—前 146 年）

1 参见斯巴达国王波桑尼阿斯（Pausanius）的经历：他曾在普拉提亚战役中指挥希腊军队，梦想利用战争的胜利建立帝国。但是，他的计划失败了，斯巴达人封闭了他避难的神庙，最后他悲惨地饿死在里面。

2 经历"黄金时代"的雅典人不足25万。伯罗奔尼撒战争前夕，雅典的成年男性公民约在3. 5万~5万人之间。阿提卡半岛的全体居民人数在 25 万~ 30 万之间，其中将近半数是奴隶和没有公民权的外邦人。参见：Julius Beloch，*Die Bevölkerung der griechisch-römischen welt*，Leipzig：Duncker and Humblot，1886，pp. 99-101；A. W. Gomme，*The Population of Athens in the Fifth Centuries B. C.*，（Oxford：Basil Blackwell，1957），Appendix："The Citizen Population of Athens during the Peloponnesian War."

3 参见：George B. Grundy，*The Great Persian War*，（London：John Murray，1901），偶尔因为对希罗多德《历史》妙趣横生的重构而混淆了叙述。

4 然而，训练有素最为重要，因为只有听从号令，动作协调、节奏一致，军舰才能追上并制服敌舰。雅典海战战术是将军舰当作炮弹撞击敌人的侧翼舰只，因此，一切都取决于军舰的速度和机动性，取决于舰队在变换战斗队形时的密切配合。有节奏的划桨动作的训练大体上与希腊方阵的节奏训练相似。事实上，船员需要更严格的纪律。因为每一个划桨手都是背对前进方向的，必须像机器零件一样盲眼操作，不能停下来察看船只去向或有何危险，划桨手的训练还无法直接求助于肉搏战所固有的残暴本能。这些决定了服从船长和舵手的重要性。尽管有这些区别，划桨手的训练与希腊重装步兵一样明显地着重使个人意愿服从于集体的胜利。因此这就出现了绝无仅有的重要现象：只要方阵是城邦最主要的武装力量，军事训练和巩固城邦的信念就协调一致。一旦另一支武装力量兴起，重装步兵与划桨手之间就产生了潜在的分歧。只要雅典海军主要在海外活动，它的胜利不直接影响到作为方阵中坚力量的农民，这种分歧就不足为患。直到伯罗奔尼撒战争期间，雅典海军的侵略行径导致敌军占领阿提卡半岛，从而给农民带来灾难，这时有产的重装步兵与无产的划桨手之间的矛盾开始尖锐化。

5 人口的急剧增长迫使雅典小农寻求海外收入作为补偿，因为上一代还很富裕的农民已经无力供养多子女家庭。据亚里士多德《雅典政制》第 24 节的推算，在伯罗奔尼撒战争时期领取工薪者已达 2 万人。虽然划桨手并不都是公民，但是，如果公元前 431 年（当时雅典公民人数最多）的

雅典公民总数为3.5万~5万，由此可见相当普遍的雅典公民不得不依赖于海外探险来补充家庭预算。公元前479年—前431年间由阿提卡半岛移民到殖民地的居民有1万户，这进一步证实了人口压力的严重性。

6 上文已指出了美索不达米亚早期历史中与此相类似的经历，我相信这是国际政治中延续至今的周期性现象。希罗多德引人入胜的描写、修昔底德严谨的史学，以及德摩斯提尼（Demosthenes）的雄辩演说词，都有助于我们全面、深入、生动地理解希腊政治演进中的关键时期。与发生在其他地点和时间的类似现象相比，希腊历史得天独厚。这也使古代希腊史的研究特别引人入胜，使它对于即使是缺乏想象力的头脑来说也“不是记忆上的负担，而是心灵的启迪”。——而这正是阿克顿勋爵（Lord Acton）寄予历史学的期望。John Emerich Edward Dalberg，Lord Acton，*Lectures on Modern History*，（London：Macmillan and Co.，1906），p. 317. 参见汤因比在《希腊戏剧》中关于现代精神对古典希腊独有的迫切需求之评论，见 A.J.Toynbee *The Tragedy of Greece*，（Oxford：Clarendon Press，1921），pp. 8-15.

7 希罗多德全书贯穿着这一观点，请特别参考戴马拉图斯（Demaratus）对薛西斯说的话，第7卷，第102—104节。

8 因此，雅典成为“霸主”（或许雅典人自己也意识到了这一点）亵渎了祖先在萨拉米和普拉提亚英勇地保卫过的希腊人的自由。参见修昔底德书中记载的伯里克利（Pericles）的话，第2卷，第63节。

9 见 R. Crawley 的译本，第3卷，第82、83节。

10 无地农民和那些占地仅能满足最低生活需要的农民，必然难以忍受丧失他们父辈在公元前5世纪时所享有的得自服兵役和为帝国服务的收入。但是，伯罗奔尼撒战争期间人口损失严重，这或许为幸存者提供了机会。人们随即采取了预防性措施（例如弃婴），以阻止人口的迅速增长，而人口迅速增长是帝国相对强盛时期的特征之一。参见：A. H. M. Jones，“The Social Structure of Athens in the Fourth Century B. C.，” *Economic History Review*，VIII（1955），141-155.

11 即底比斯在希腊确立短暂霸权的战役，色诺芬之子在战斗中阵亡。

12 Hellenica，vii，5. A. J. Toynbee（trans.），in *Greek Historical Thought*（New York：New American Library，1953）.

13 除去音乐、服饰、布景，现代大歌剧与我们所了解的希腊戏剧大体相似。

14 D. W. Lucas，*The Greek Tragic Poets*（London：Cohen and West，1950），pp. 41，48.

15 尽管欧里庇得斯死后的声望使他的前辈们相形见绌，但传统认为，他在世时并未被雅典公众广泛接受。毫无疑问，他的思想因过于标新立异、过于背离对古代遗产的虔敬、背离深入人心的高雅传统，而不能得到大众的喜爱。

16 由粗俗的政治讽刺诗组成的“旧式喜剧”，与伯罗奔尼撒战争后出现的没有任何政治角色和政治主题的喜剧形成鲜明对比。这也表明，对个人存在来说，城邦已经不再是包罗万象或者接近包罗万象的框架，个人的生活空间远比伯里克利时代广阔。

17 对话形式不是柏拉图发明的，但是，柏拉图赋予对话以新的用途。参见 Leon Robin，*La Pensée hellénique，des origins à Èpicure*（Paris：Presses Universitaires，1942），p. 111.

18 伊利亚学派——巴门尼德（Parmenides，约生于公元前514年）和他的门徒芝诺（Zeno，约公元前480年—前430年）——沉溺于一系列著名的逻辑难题。人们怀疑，他们推论出的悖论即使其创造者也未必承认它们是真理的恰当陈述。无论如何，他们自觉的思维方法使得早期爱奥尼亚学派和毕达哥拉斯学派的单纯论断显得极不恰当。

19 *Phaedo*，118.

20 参见：David Grene，*Man in His Pride：A Study in the Political Philosophy of Thucydides and Plato*

（Chicago：University of Chicago Press，1950），p. 100. 柏拉图与孔夫子的经历有惊人的相似之处。二人在世时都是不得志的政治家，死后则成为备受帝国官僚们尊敬的先师。当然，柏拉图思想中的投机因素较多。这与早期希腊思想的特征相吻合。柏拉图思想在现实中获得了实质性的成功，虽然其成功时间不如孔夫子长。柏拉图死后四个或五个世纪，希腊化世界的统治者为培养自己的治国本领，通常借助学习一鳞半爪的哲学知识，其所学如果不是直接意义上的柏拉图哲学，也可溯源到柏拉图学派。儒学在中国取得统治地位之前，其偏离先师正统说教的程度至少与斯多葛学派（Stoics）偏离柏拉图同样彻底。

21 *Parmenides*，129-137.

22 柏拉图主义和佛教教义的相似性——诸如来世观念、视觉感觉世界为人与超验真理之间的帘幕等——让人们怀疑印度与希腊两种思辨传统在希腊化时代以前是否已有过接触。没有实际的证据证明这一假说，但是，请参考：E. J. Urwick，*The Message of Plato*（London：Methuen and Co.，1920），pp. 15-42；K. A. Nilakanta Sastri，"Ancient Indian Contacts withWestern Lands，" *Diogenes*，No. 29（1959），pp. 49-50. 没有记载表明印度圣贤到希腊世界游历过，或者从印度归来的希腊人说起过印度哲学和宗教思想。但这并不能证明双方没有接触过。另一方面，人们可以争辩说，佛陀和柏拉图生活在大致相同的社会环境中；新的社会和政治力量正在互相了解当地共和政府和贵族社会。因此，二者作为丧失了继承权的贵族，其思想必然遵循大致相同的方向。

23 I，22.

24 参见 F. M. Cornford，*Thucydides Mythistoricus*（London：Edward Arnold and Co.，1907）.

25 可供现代人观赏的公元前 5 世纪的雕塑艺术珍品寥寥无几。但是，随后几个世纪中的大量仿制品弥补了前者的不足。亚历山大人及其他贩卖艺术品的人将这些仿制品散播到希腊、罗马世界各地。仿制品的艺术价值差别悬殊，从现存的雕像"家族"追溯到它的古典原作，在各种仿制品的基础上重现原作是研究古典艺术的历史学家的主要工作。原作的损失为这一工作提供了几乎是无拘无束的创作天地。

26 关于菲狄亚斯的一则逸事谈到，在开始制作奥林匹斯的宙斯像之前，他宣称要把荷马用语言描绘的宙斯立体化。参见：E. A. Gardiner，*A Handbook of Greek Sculpture*（rev. ed.；London：Macmillan and Co.，1909），p. 262.

27 Quintilian（first century A. D.），*Inst. Orat.* XII，10，9.

28 其所以赢利是因为生产一定数量的油或酒与他们能够换来的粮食相比，所需要的土地和劳动力相对较少。

29 H. W. Parke，*Greek Mercenary Soldiers*（Oxford：Clarendon Press，1933），pp. 14-15.

30 马其顿步兵使用的长矛比希腊人惯用的要长，方阵攻击力也就较远。由此可见，腓力并非简单地移植军事技术，而是加以适当改进。参见：F. E. Adcock，*The Greek and Macedonian Art of War*（Berkeley：University of California Press，1957），pp. 50-51 and passim. 腓力也雇佣少量希腊雇佣军，主要用于防守。见 Parke，*Greek Mercenary Soldiers*，pp. 155-164.

31 Stanley Casson，*Macedonia*，*Thrace and Illyria*：*Their Relations to Greece from the Earliest Times down to the Time of Philip*，*Son of Amyntas*（Oxford：Oxford University Press，1926），pp. 80-86.

32 参考 17—18 世纪的哈布斯堡王朝（Hapsburgs），用包括反宗教改革、雕塑艺术、宫廷盛会、美妙音乐以及美丽的宫廷贵妇在内的维也纳的巴洛克文化（Baroque），软化匈牙利贵族粗放习性的做法。

33 通过这些微小的胜利，罗马势力缓慢增长。亚历山大进攻波斯时，罗马人只控制着意大利中西部的拉丁姆（Latium）和坎帕尼亚。由于大体是农业社会，埃特鲁里亚或希腊的豪华和奢侈，对地中海世界的未来中心来说还很陌生。这不是因为封闭，而是出于选择。罗马拒绝了以君主国为特征的埃特鲁里亚式的文明，从而保持了政治独立（公元前509年）。但是，出身于贵族或非贵族的古代美好传统的拥护者很难接受与王权相对立的文明传统。因此，原始经济条件下的平均主义，获得足够土地从而使每个家庭都能有一块土地的强烈愿望，因保持落后的共同体社会和经济结构才有效力的贵族式领导，使罗马共和国区别于相邻的民族。迅速的社会分化过程削弱了罗马的对手，为罗马在意大利内外扩张最后一幕中的迅雷之势奠定了基础。有意识地人为保持其淳朴特征的罗马政体，比埃特鲁里亚、迦太基，甚至马其顿所能想象的更为成熟的文明社会，更为强健有力。

34 由于埃特鲁里亚文字尚未释读，希腊人对埃特鲁里亚的影响主要依靠保存下来的艺术品来衡量。参见：Gisela M. A. Richter，*Ancient Italy：A Study of the Interrelations of Its Peoples as Shown in Their Arts*（Ann Arbor：University of Michigan Press，1955），pp. 1-33.

35 Stéphane Gsell，*Histoire ancienne de L'Afrique du Nord. IV：La civilization carthaginoise*（Paris：Hachette，1920），pp. 190-93，484-486，and passim；B. H. Warmington，*Carthage*（London：Robert Hale Ltd.，1960），pp. 134-135.

36 M. Rostovtzeff，*The Social and Economic History of the Hellenistic World*（Oxford：Clarendon Press，1941），I，104-125. M. Rostovtzeff 在书中收集了说明这一观点的粗略但令人信服的实例。

37 贸易中的批发和专门化普及到相当惊人的程度。考古学家在叙利亚沿海一个叫作阿尔米纳（Al-Mina）的地方发现了一个储藏进口雅典陶器（和当地产品一起）的仓库，其中的陶器都分类堆放：灯具、广口瓶、窄口瓶等都分别放在不同的房间。由此可见批发贸易规模之大。M. Rostovtzeff，*The Social and Economic History of the Hellenistic World*，I，85 ff.

38 H. W. Parke，*Greek Mercenary Soldiers*，pp. 23-41，57-62，105-112，165-169，177-185. 波斯军常常过分怀疑希腊雇佣军首领的忠诚，这严重妨碍了波斯人在小亚细亚对亚历山大的抵抗。也许正因此才保证了亚历山大在格拉尼库斯（Granicus）初战的胜利。

39 年轻人奔赴东方建立功勋使马其顿人口锐减。无论如何，安条克的军队不及腓力和亚历山大时军队的规模，而且雇佣军在其中占有更大比例。

40 美丽的公共建筑，如体育馆、剧院、庙宇，以及更实用的建筑如城墙、供水系统和港口设施，成为每个以希腊化为标志的城市的特征。城市布局常常有系统地设计成直线形，两条成直角的主要街道将城市分割成四个街区。主要的公共建筑集中在交叉路口附近。与城市的外观同时作为希腊城市组成部分的还有公民大会、陪审法官、法庭和议事会。

41 得益于波里比阿（Polybius）的记载，安条克三世（大帝）的活动得以完好地流传下来；而“神显者”安条克四世（Antiochus IV Epiphanes）的生平由于《马卡比书》的拙劣手笔而被弄得模糊不清。只有综合货币上的铸字和其他零散材料才能推断出，他的下属和亲信曾经推翻巴克特里亚的希腊人王朝，迫使后者放弃已经开始数年的征服印度的行动。关于希腊化历史中这些被湮没的章节奇迹般地重现，见：W. W. Tarn，*The Greeks in Bactria and India*（Cambridge：Cambridge University Press，1951），pp. 183-224. 然而，对于 Tarn 重建的安条克四世东方政策的历史依然存在分歧，参见：A. K. Narain，*The Indo-Greeks*（Oxford：Clarendon Press，1959），pp. 53-57.

42 塞琉古王国领土的东方边界大幅度的地理变动反映出，那里的希腊化城市宁愿听从塞琉古的管辖，向塞琉古军队敞开大门。这使塞琉古的“再征服”异常顺利，而对手则须一个一个地兼并城市，蹂躏城市统辖的领土，拦截商旅，直到城市向旷野乡村的主人帕提亚、萨卡和叛乱的总督等让步。

43 在希腊本土，各城市曾经组织强大联盟与大国在平等基础上交涉，并取得了些许成功。但是，希腊从未作为一个整体联合起来，希腊国家也从未组成对抗外敌的统一阵线。

44 在阿黑门尼德王朝统治时期，这一地区的农业已经有了一定程度的发展并开始了早期城市化。西亚文明的边界向东方扩展的关键因素，不仅在于波斯和希腊化统治者带来的和平，还在于地下灌溉水道的发展。这种方法通过减少蒸发保存该地区稀少的水源。参见：R. Ghirshman，*L'Iran des origines à L'Islan*（Paris：Payot，1951），p. 180. 采用地下水道灌溉的技术是由采矿供水系统技术演变而来，最早可能出现在阿黑门尼德王朝统治的亚美尼亚。参见：Charles Singer et al.，*A History of Technology*（Oxford：Clarendon Press，1956），II，666. 由于这一重大的技术进步，一个新兴的、虽然不甚富足的美索不达米亚出现在伊朗东部边缘的奥克苏斯河—锡尔（Oxus-Jaxartes）河谷。希腊化的巴克特里亚是第一个以这种扩展了的农业绿洲为基础的国家，但这不是最后一个。稍晚时候，更往东一些的绿洲也得益于这一技术发明。

45 参见：W. W. Tarn，*The Greeks in Bactria and India*，pp. 225-408；A. K. Narain，*The Indo-Greeks*.

46 在公元前217年拉斐亚战役（Raphia）之后，托勒密诸王发现了这一点。这次战役只是由于土著埃及方阵的援助才获胜。而当埃及人凯旋回乡时，他们面临的是大规模的起义。参见1000多年前喜克索斯人统治埃及时的情况。

47 Neilson C. Debevoise，*A Political History of Parthia*（Chicago：University of Chicago Press，1938），pp. 21-28.

48 《马卡比书》的某些段落生动地描绘了“神显者”安条克四世时期犹太教会领袖的行为，表明了这一过程达到何种地步。在希腊化世界所有社会集团中，犹太人或许最不易受外界影响。然而，据《马卡比书》记载，耶路撒冷教堂一个名叫詹森（Jason）的高级教士引导同胞们接受希腊生活方式。詹森将耶路撒冷更名为“安提阿”，并试图建立正规的希腊制度，因而使保守人士感到愤慨。更骇人听闻的是，詹森及其追随者在健身房学希腊人的样子“非法”（即裸体）嬉戏。见：II Maccabees 4：7-15. Edgar J. Goodspeed（trans.）.

49 这方面的最佳例证也见于犹太典籍。大约在公元前3世纪完成的希伯来文《旧约》的希腊文译本，对于丧失家园的犹太人来说，就如同詹姆士一世国王的《圣经》译本对讲英语的基督徒的意义一样。至于希腊语在巴勒斯坦流行的情况，见：Salo Wittmayer Baron，*A Social and Religious History of the Jews*（2d ed.；Philadelphia：Jewish Publication Society of America，1952），I，185-187.

50 关于当时工资和物价情况的唯一材料来自提洛岛的神庙记录。有些学者对此进行过煞费苦心的研究。Rostovtzeff，*Social and Economic History of the Hellenistic World*，I，235-236.

51 关于希腊化时代希腊城市的社会和经济状况的深入研究见：W. W. Tarn and G. T. Griffith，*Hellenistic Civilization*（3d ed.；London. Edward Arnold and Co.，1952），pp. 79-125.

52 爱的艺术也和许多其他活动一样职业化，少数名妓的声誉可以与职业竞技者和演员媲美。

53 参见：A. H. M. Jones，*The Greek City from Alexander to Justinian*（Oxford：Clarendon Press，1940），pp. 220-226. 教育的有组织性仅仅是希腊化世界更广泛发展的职业团体的一斑。例如，演员组成了特别严密的团体。酒神节艺术家有时与城市和国家就安全措施和雇佣条件打交道时像两个主权国家一样。这些职业和贸易团体在其内部复制了希腊城邦的大部分机构，包括议事会、陪审法官、宗教仪式、法律等。由于原先城邦内在的地理基础崩溃，人们竭力借助职业团体重建社会整体的认同意识，也因此自然地模仿城邦组织。参考第5章讨论的早期佛教寺院与此相同的社会特征。

54 这些背道而驰的现象是希腊化社会贫富两极分化的直接反映。

55 关于古典时代仿制雕像所依据的几何学原理和实用器械（立体缩放仪）参见：Gisela M. A. Richter，*Ancient Italy*，pp. 105-116.

56 叙拉古人阿基米德（卒于公元前212年）是一个值得一提的例外，因为他既是数学家又是机械师。

他发现了至今仍以其名字命名的物理学中的流体静力学原理。

57 萨摩斯岛的阿里斯塔克斯（Aristarchus of Samos，约公元前 310 年—前 230 年）是地球和其他行星围绕太阳转动理论最著名的拥护者。这一理论不久就因观测不到天体视差而被斥责为缺少坚实的几何学基础，但这一设想却从未被遗忘。

58 对这一问题的深入研究见：O. Neugebauer，"The History of Ancient Astronomy：Problems and Methods，" *Journal of Near Eastern Studies*，IV（1945），1-38.

59 萨拉皮斯实际上是三位一体神中的一位。这三位一体还包括埃及的女神伊西丝和一位不太重要的神阿努比斯（Anubis）。

60 *Epistolae*，2，1，line 156.

第 7 章 欧亚生存圈的联结（公元前 500 —公元 200 年）

1 奥克苏斯河即阿姆河，《史记》《汉书》作妫水，《北史》作乌许水，《隋书》《旧唐书》《新唐书》作乌浒水；锡尔河，中国古称药杀水。——编者注

2 参见：Albert Hermann，*Die alten Seidenstrassen zwischen China und Syrien*（Berlin：Weidmannsche Buchhandlung，1910）. 第 1-7 页以及后面的地图。丝绸之路的全部作用当然有赖于它全程复杂的政治、军事和经济状况，但是另一个很重要的因素是交通工具本身。只有巴克特里亚的骆驼（或双峰驼）能够运载大量货物穿越中国和中东之间无人居住的寒冷沙漠，而组织和护送一个商队的技术如同海运一样十分复杂。似乎没有清楚的材料说明巴克特里亚骆驼是什么时候被首先驯养的。它们大约作为珍稀之物，在阿黑门尼德时代已经为人所知（参见绘在波斯波利斯和其他外国贡品上的巴克特里亚骆驼像）；中国人也知道这种驯养的动物，可能早至公元前 5 世纪，肯定不迟于公元前 221 年，"兽多橐驼，善行流沙中，日三百里，负千斤"。[时学颜（Hsio Yen Shin）译自《太平御览》，第 901 卷]。

阿拉伯的骆驼或单峰驼大约同时（可能早一些）在开通非洲西部炎热的沙漠中起了类似作用。阿拉伯骆驼在阿黑门尼德王朝的波斯相当多且很重要，但是直到希腊化时代才传到北非，到罗马时代才传到西方。参见：W. W. Hyde，*Ancient Greek Mariners*（New York：Oxford University Press，1947），pp. 184-185；Stéphane Gsell，*Histoire ancienne de L'Afrique du Nord*（Paris：Hachette，1920），IV，139；Herodotus，VII，83-86；Xenophon，*Anabasis*，VI，1.

3 中国史学家班固认为与印度开始海上接触是从汉武帝时（公元前 140—前 86 年），但没有讲确切日期。

4 参见：Mortimer Wheeler，*Rome Beyond the Imperial Frontiers*（Harmondsworth：Pelican，1955），pp. 141-183；E. H. Warmington，*The Commerce between the Roman Empire and China*（Cambridge：Cambridge University Press，1928），pp. 1-34；W. W. Hyde，*Ancient Greek Mariners*，pp. 169-232；J. J. L. Duyvendak，*China's Discovery of Africa*（London：Arthur Probsthain，1949），pp. 7-12；K. A. Nilakanta Sastri，"The Beginnings of Intercourse between India and China，" *The Indian Historical Quarterly*，XIV（1938），380-387；G. F. Hudson，*Europe and China*（London：Edward Arnold&Co.，1931），pp. 53-102；Radhakumud Mookerji，*A History of Indian Shipping and Maritime Activity*（London：Longmans，Green，1912），pp. 116-141 and *passim*.

5 公元前 305 年，旃陀罗笈多劝塞琉古一世把亚历山大征服的印度地区放弃给他，此后，两位君主维持着诚挚的外交关系。旃陀罗笈多或他的儿子可能与一位塞琉古公主结婚，甚至可以认为，其著名的继承者阿育王可能是这次联姻的后代。参见：K. H. Dhruva，"Historical Contents of the Yugapurana"，*Journal of the Bihar and Orissa Research Society*，XVI，（1930），35.

6 梵语词汇“书”“笔”和“墨水”源自希腊语。这表明书写的学问只是印度人与希腊化的书籍贸易中得到了一些知识后才在印度开创的。参见：A. L. Basham，*The Wonder That Was India*（London：Sidgwick and Jackson，1954），p. 230.

7 除了学术性和神圣的文献之外，一种适合于国王和武士们的趣味性梵语英雄文学，确实以口头形式存在。在特有的献祭仪式上，婆罗门祭司可能朗诵源自世俗传统的诗句，以纪念和祝圣他们高贵保护人的祖先。由这类神圣和世俗文学风格的汇合，后来出现了印度的史诗。

8 参见：*Cambridge History of India*，I，237，240，248；A. L. Basham，*The Wonder That Was India*，p. 231.

9 佛教经书的文本用巴利文（Pali）记录。巴利文可能是佛陀本人时代通行的俗语之一。用巴利文记录的佛教经书包含比其他文集更古老和权威性的材料。迟至公元500年，新的经文和注释不断增入巴利文经书。只是因为印度口头语言的进化，巴利文成为一种学术性并且是神圣的语言，再也不能被轻易改动，如此才告停止。

10 传教者（约在公元前255年）被派往塞琉古、托勒密、马其顿、伊庇鲁斯和昔勒尼的宫廷，但是没有希腊化时期关于接待他们的的记载保留下来。

11 Nalinaksha Dutt，*Aspects of Mahayana Buddhism and Its Relation to Hinayana*（London：Luzac and Co.，1930），pp. 14-21. 除了恒河流域的起源中心（也就是佛陀本人活动的区域）之外，看来早期的门徒在印度西部即阿槃底（Avanti）王国也建立了另外一个中心，也许佛教经书的巴利文经典在这里基本形成。参见：*Cambridge History of India*，I，184-185；A. L. Basham，*The Wonder That Was India*，p. 391.

12 佛教舍利塔的形状和平面设计是源自简朴的坟堆。这种想法是为纪念一位逝去圣人的遗物，特将坟堆掏空，使活人得以更接近神圣的源泉，这样就设置了一个圆形的顶，通过一条窄道进入一个小的内室，里面放着遗物。参见：A. L. Basham，*The Wonder That Was India*，pp. 262-263.

13 N. A. Nikam and Richard Mckeon（eds.），*The Edicts of Asoka*（Chicago：University of Chicago Press，1959），p. 41.

14 西西里的狄奥多罗斯（Diodorus Siculus，II，60，公元前1世纪）将这一称号赋予巴利波特拉（即孔雀王朝首都，华氏城）的“王”。

15 实际上，在阿育王圆柱顶上雕刻狮子的艺术家可能是希腊或伊朗的工匠，是由一个希望把石雕技术引入印度的皇室人员所引进。参见：Niharranjan Jay，“Mauryan Art，”in K. A. Nilakanta Sastri，*Age of The Nandas and Mauryas*，pp. 356-361. 阿育王刻在岩石上的著名诏令，也采用了阿黑门尼德王朝的习惯，甚至其头衔方面的细节也与大流士大帝下令铭刻的著名的贝希斯敦（Behistun）铭文一致。

16 这个问题的学术争论很尖锐。这部书被认为是一个名为乔底利耶（Kautilya）的婆罗门的作品，他如首相那样服务于旃陀罗笈多。根据传说，君主成功地掌握权力和赢得后来的胜利与他有很大关系。对这部作品是否源于孔雀王朝的总结论证，见 K. A. Nilakanta Sastri，*Age of the Nandas and Mauryas*，pp. 190-201. 无论其来源是什么，这部书的最后形式直到公元300年才形成。参见：A. Berriedale Keith，*A History of Sanskrit Literature*，（London：Oxford University Press，1928），p. 461.

17 无论何时，神圣的法律若与理性法律抵触（另一种译法为，国王的法律），理性应当是权威性的……*Arthashastra*，III，I，引自 R. Shamasastry，*Kautilya's Arthashastra*，Mysore：Wesleyan Mission Press，1929，p. 171. 另一种译法是 Shamasastry 先生提供的。

18 参见 Machiavelli's *Prince*。

19 参见 K. A. Nilakanta Sastri 的判断：“孔雀王朝的行政系统如同孔雀王朝的艺术，本质上讲，它某种程度上是外来的。——是一个打破本地正常发展过程的插曲。"*Age of the Nandas and Mauryas*, p. 190.

20 存留下来的雕刻微妙地反映了孔雀王朝社会的两面性（Janus-face），因为和阿育王的西方式狮子柱头成对的其他柱头，明显地恢复了古印度文明本身特有的印章雕刻。

21 这类代理人，把村庄的成员作为陌生人和工头对待。他们通常出身于小贩或小商人家庭，他们的生计正是依靠一种传统之外的非个人关系的方式进行买卖。

22 参见：Wolfram Eberhard，*Conquerors and Rulers*：*Social Forces in Medieval China*，pp. 8-17；Henri Maspero，*La Chine antique*，pp. 134-137；Marcel Granet，*Chinese Civilization*（New York：Barnes and Noble，1951），p. 234. "乡绅的兴起" 这个术语当然是借自英格兰都铎王朝的社会史。类比似乎使这一术语有更充分的价值。

23 Karl A. Wittfogel，"The Foundations and Stages of Chinese Economic History，" *Zeitschrift für sozialforschung*，IV（1935），40-42.

24 古代中国的水利工程具有多大的重要性，成为一个学术争论的问题。卡尔·魏特夫（Karl A. Wittfogel）所构造理论的主旨是，"东方专制主义" 代表了一种独特的、明确的社会组织，这在印度、中国和中东部分地区是相同的。这种专制主义是建立在水利工程的基础之上的，特别是河渠的建设与灌溉。参见他完整的说明，Karl A. Wittfogel，*Oriental Despotism*：*A Comparative Study of Total Power*（New Haven, Conn.: Yale University Press, 1957）. 像许多概括性的理论一样，这看来也陷入单一因素论的谬误。关于中国，魏特夫的思想一直受到其他学者严重的挑战，例如：Eberhard，*Conquerors and Rulers*，pp. 18-51；Henri Maspero and Jean Escarra，*Les institutions de la Chine*（Paris：Presses Universitaires，1952）.

25 实际上，秦国的中心正好位于周朝起源的同一区域——渭河流域。

26 很明显，在那时，用毛笔写字已习以为常了。这比起以前一直使用的竹笔是一个巨大的进步。但是毛笔的运用与坚硬的竹笔不同，因此汉字的形状也必须做相应的改变。参见：O. Franke，*Geschichte des chinesischen Reiches*（Berlin：Walter de Gruyter and Co.，1931），I，239.

27 长城将以前建造的几段城墙连在一起，当军队适当地守卫时，便能够阻止北方草原来的游牧者的攻击。类似地，把旧有道路联系在一起的道路系统，可以说使中国有了一个中枢神经系统，信使和士兵、官员和皇帝本人都可以迅速并相对安全地往来。河渠适合重载货物的较慢运输，但要快速就需要道路了。

28 这些有关秦国统一中国的论述主要依据 Derk Bodde，*China's First Unifier*：*A Study of the Ch'in Dynasty as Seen in the Life of Li Ssu*（Leiden：E. J. Brill，1938）.

29 公元前 196 年一个诏令的译文，转自 Homer H. Dubs（trans.），*The History of the Former Han Dynasty by Pan Ku*（Baltimore，Md.：Waverly Press，1938），I，18.

30 秦朝皇帝已显示出，一个统一的中国能够成功地反击它的邻邦，把游牧部落驱逐到黄河大河曲以北并深入南方直到海岸。伴随着秦朝的瓦解，中国势力退出了这些疆域，直到汉朝将其长久地包括在中国边境之内。关于秦朝的征服，见 O. Franke，*Geschichte des chinesischen Reiches*，I，228-229.

31 可能在这一年，汉武帝接受了著名学者董仲舒的建议："罢黜百家，独尊儒术。" Fung Yu-lan，*A History of Chinese Philosophy*（Peiping：Henri Verch，1937），I，403.

32 古文无论如何均需重编，因为新的毛笔书写形式使一般学者都难以辨认旧的作品。

33 参见：Derk Bodde，*China's First Unifier*，p. 166.

34 参见希腊化时代特别是罗马时代的希腊哲学的类似演进。

35 两位现代翻译者对道家经文中的意义有着惊人的分歧，见 Joseph Needham，*Science and*

Civilization in China，II，109-111.

36 Fung Yu-lan，*A History of Chinese Philosophy*，I，81-84.

37 但是直到公元 59 年，当皇帝命令所有的学派要祭祀孔子时，圣人崇拜才明确地与中国家庭通常的“祖先崇拜”区分开来。参见：J. K. Shryock，*Origin and Development of the State Cult of Confucius*（New York：Century Co.，1932），p. 103.

38 它们是《易经》《书经》《诗经》《周礼》《春秋》。

39 Fung Yu-lan，*A History of Chinese Philosophy*，I，111-113.

40 由于道家经典意义的不确定性，战国时期的道家在某种程度上可能是（但并不确定）下层阶级的代言人，也可能特指中国南方的下层阶级。因为比起中国的其他地方，那里的原始村庄公社生活几乎原封不动地存留下来。看来这能为所有社会的重构提供一种可能的模式。参见：J. Needham，*Science and Civilization in China*，II，98-121. 在这本书里，道教徒被描绘为原始的共产主义者，只是缺少一位马克思向他们解释他们在世界历史中的辩证地位。

41 道教建筑在中国存在，但它们的兴起是对以基督纪元的头几个世纪里佛教对本地思想习惯挑战的反应。

42 中国的文化边界，当然也随着草原的尚武民族推进，秦国运用在对抗草原民族的边境战争中完善的军事技术征服了全中国。因此秦国与中国文明中心的关系很像罗马和希腊化世界的关系，但是秦帝国在其创建者逝世后就瓦解了。在日本，中国文化与一个传统上（不管来源如何）与欧洲一样十分好战的民族接触，但是在 16 世纪之前，日本没有做出任何长期认真的努力再现罗马式的辉煌，直到中国和日本文化之间的分歧根深蒂固时。而这要比粗鲁的罗马农民首次面对科林斯的奢侈品时的目瞪口呆深刻得多。

43 凯尔特人的征服自公元前 8 世纪开始，延续到公元前 2 世纪。

44 高卢的祭司德鲁伊德（druids）惯于去不列颠学习他们宗教更深奥的方面。Julius Caesar，*Gallic War*，VI，13.

45 对凯尔特人的论述，我受教于 Henri Hubert，*Les Celtes depuis L'époque de la Tene*（Paris：Renaissance du livre，1932），pp. 223-226；J. A. MacCulloch，*The Religion of the Ancient Celts*（Edinburgh：T. and T. Clark，1911），pp. 293-318 and passim；T. D. Kendrick，*The Druids：A Study in Celtic Prechistory*（London：Methuen and Co.，1927），pp. 194-211 and passim；T. G. E. Powell，*The Celts*（London：Thames and Hudson，1958）. 印度北部的早期雅利安文化和西欧的凯尔特文化之间的类似之处是显著的，且常被论及。如果人们记得印度北部和西欧代表了草原武士们在青铜时代扩张的两翼，这种类似并不足为奇。在文明世界的这两个边缘，印欧部落人以一种很可能是由祭司统治的社会越过了古代，他们这种社会与中东早期文明的最初中心有遥远而真实的联系。德鲁伊教和婆罗门教彼此非常类似，因为两者都分别来自印欧人祭司阶级与祭司传统的融合，这种传统是源自巨石（megalithic）文化和印度社会的。

46 费尔干纳，中国古代称大宛。——译者注

47 在其盛期，“匈奴”帝国从满洲（Manchuria）深入扩张到中亚，对从中国到锡尔河（药杀水）一路上的绿洲地区的居民行使宗主权，如同对西至咸海（Aral Sea）的游牧群落一样。许多不同语言和种族的人群被包括在这个联盟之内。统治者部族大约讲一种突厥（Turkish）语，并可能在一些特点上与后来欧洲史上的匈人（Huns）有关。但这是一个不清楚和有争论的问题，因为两者在年代上和地理上有着一个大的缺口，中国的最后一次记载是匈奴在公元 2 世纪向西边迁徙，而匈人是在公元 4 世纪晚期出现在俄罗斯南部。在此期间，小的部落群体有许多机会使军事队伍与联盟瓦解和重新组合，组成那种随着人群越过草原，时时都会分解的游牧“国家”。因此，在中国人所称的匈奴的政治军事联合与欧洲人所称的匈人的类似联盟之间，其连续性可能是很

小的。参见：William M. McGovern，*The Early Empires of Central Asia*，pp. 87-121，467-470；E. A. Thompson，*A History of Attila and the Huns*（Oxford：University Press，1948），pp. 43-46；Franz Altheim，*Reich gegen Mitternacht：Asiens Weg nach Europa*（Hamburg：Rowohlt，1955），pp. 27-29.

48 当阿卡德的萨尔贡深入美索不达米亚边疆时，蛮族人可能做出的反应，参见上文，第91—92页（边码）。

49 这个外交协定的缔结（公元前200年）表现了我们可能认为的中国与游牧者之间的正常关系。确实，这种关系经常被中断，或是由于中国人努力击溃游牧者的势力，或是由于游牧者征服了部分或全部中国。但是“正常”关系经常重新得到确定。把草原和中国农业世界联合为一个单一政治实体的努力从未得到持久的成功。这种组合国家的这一部分或另一部分经常分裂出去。当游牧者变得汉化，疏离了他们的游牧伙伴时，或者当中国士兵不得不像草原上的游牧者那样生活或斗争时，就不再服从一个遥远和外来的帝国宫廷。这种“正常”关系的持久性是基于它能提供给双方好处的程度。从中国来的贡品使得游牧军事领袖以国王的规模维持他的宫廷，而也许更重要的是，使其能用珍贵物品——丝绸、金属制品和其他奢侈品来赏赐主要的追随者，以保持他们的忠诚和服从。从中国人的观点看，这种礼品对防止来自草原的侵略，是一种便宜的保险形式。参见：Owen Lattimore，*The Inner Asian Frontiers of China*（New York：American Geographical Society，1940）对这种长期关系和它的地理决定因素的详细分析。

50 草原坡度起了把由西向东的人流倒转过来的作用。这股人流早先带来的首先是农民耕作者，然后是马车驾驶者，最后是跨过亚洲的绿洲和草原的游牧骑手。这种语言学上的漂移开始于公元前2世纪，连续进行了1600年，首先把突厥人，然后把蒙古人远远带向西方。这种运动在近代再次倒转过来，这是由于俄罗斯人对西伯利亚和中亚的殖民化和征服。

51 “贵霜时代”开始的时间范围，学者们估计是从公元前80年直到公元278年。参见：Louis de la Vallée Poussin，*L'Inde aux temps des Mauryas et des barbares，Grecs，Scythes，Parthes，Yuetchi*（Paris：E. de Boccard，1930），pp. 343-374. 我看到的最新研究，尝试性地推断这个帝国的统一大约在公元46年，但仍缺乏足够的证据。Roman Ghirshman，*Bégram：Recherches archéologiques et historiques sur les Kouchans*（Cairo：Institut Français d'Archéologie Orientale，1946），pp. 118-124.

52 以此名称著称于中国史学的部落于公元前165年从今天的甘肃省逃走，他们首先定居在现代哈萨克斯坦的伊犁河地区，然后集体向更西迁移到现在的阿富汗，很可能在那里他们中的成员构成了贵霜帝国的核心。月氏没有另外的名称为学术界通用，尽管把一个中国名词用于一个讲波斯语的人群可能会引起误解。参见：Berthold Laufer，*The Language of the Yüe-chi or Indo-Scythians*（Chicago：R. R. Donnelley and Sons，1917）；Sten Konow，“On the Nationality of the Kusanas，” *Zeitschrift der deutschen morgenlandischen Gesellschaft*，LXVIII，1914，85-100.

53 一些希腊人统治者后来在兴都库什山以南维持了一个多世纪。

54 这些斗争有大量不清楚之处，在年代确定上又不能令人十分满意。帕提亚人与萨卡人一样在印度作为侵略者出现，可能因为一些萨卡人继续承认帕提亚的宗主权。大多数印度的萨卡人国家后来被并入贵霜帝国，但是一些边远地区的统治者［“邬阇衍那（Ujjain）总督”］，比贵霜人存在更久，并且除了名义上，从未接受外部的控制。参见 *Cambridge History of India*，I，563-585；La Vallée Poussin，*L'Inde aux temps des Mauryas*，pp. 261-328.

55 参见 Michael I. Rostovtzeff，*Iranians and Greeks in South Russia*，pp. 113-146.

56 这个事件很可能标志着蒙古部落在历史上的首次出现。参见 René Grousset，*L'Empire des steppes*（paris：Payot，1929），pp. 73，93-94.

57 据普鲁塔克（Plutarch，*Life of Crassus*，33），帕提亚和亚美尼亚的国王们刚缔结了联姻，当克拉苏（Crassus）的头颅被信使从卡尔赫（Carrhae）的战场扔到舞台上时，他们正观看欧里庇得斯《酒神的伴侣》(*Bacchae*)演出。参见：Nelson C. Debevoise，*A Political History of Parthia*(Chicago：University of Chicago Press，1938)，p. 93.

58 在墨洛温王朝（Merovingian）的高卢存留下来的罗马人与在萨卡人统治下的巴克特里亚，处境大略相似。

59 用甲胄抵挡骑兵弓箭手的试验，在草原轻骑兵战术引入之后不久就进行了。例如希罗多德所记述的，马萨革泰人（Masagetae）在公元前530年用金属胸甲保护他们的马，他们居住在与后来出自该地区的帕提亚人几乎相同的区域。参见 Herodotus，I，215.

因此，公元前1世纪出现的新现象不是使用甲胄的想法，而是其使用规模及马的力量，使得穿甲胄的骑兵甚至在穿戴沉重的金属防护时还能保持灵活的机动性。一个理论认为，东伊朗的大型马是由混血交配培育出来的。参见：W. W. Tarn，*Hellenistic Military Naval Developments*（Cambridge：Cambridge University Press，1930），pp. 77-83. 另一方面，人们发现这种马能用收割的紫花苜蓿饲养，因而能全年充分地供给饲料，这似乎是解释此种高大强壮血统的马的最适当理由。中国的记载很清楚，神奇的“汗血马”来自伊朗东部，它如此之珍贵，以至于为了确保新种马的原型，汉武帝专门派遣一支远征军去费尔干纳，据说它们吃的紫花苜蓿也进口到中国（和葡萄一起由远征军带回，公元前101年）。参见：W. P. Yetts，“The Horse：A Factor in Early Chinese History，” *Eurasia Septentrionales Antiqua*，IX（1934），231-255.

60 在草原水源较好的西部地区，这种限制因素较少，事实上萨尔玛提亚人保持着相对大规模的新式骑兵力量。与斯基泰人相比，这可能是他们的主要优势。

在更东边，大型马的声誉（及美观）使它们成为珍贵物品，一个首领情愿以非常高的代价来供养它们。因而在阿尔泰（Altai），酋长们与矮小的草原马、大型马埋葬在一起，异常的气候条件使常年不化的冰雪堆砌在坟墓上。对大型马的胃容物进行检查表明，它们是用人类食用的粮食来喂养的！它们出现的鼓胀症表明，它们是被圈在栏中的。参见：Tamara Talbot Rice，*The Scythians*（London：Thames and Hudson，1957），p. 71.

61 装甲骑兵要依靠马镫给乘者在马上一个牢固的座位，以施展攻击战术，如此才能发挥充分效力。骑兵们能够用固定的长矛装备起来（就如西欧中世纪的骑士），把马与人的重量用于冲刺中，能够冲破任何敌手的队形，除非其采用同样的战术。

这似乎是中世纪西欧人在军事上最大的革新。中世纪的战争中反对用弓箭的古老偏见继续流行，直到克雷西（Crecy）和阿金库尔（Agincourt）战役的时代。而伊朗和拜占庭（Byzantine）的装甲骑兵没有这种偏见，他们经常用弓箭战斗，只是偶尔进行近身战。然而，一个萨珊王朝（Sassanian）的石雕证明，伊朗装甲骑兵用长矛比武（见边码第395页）。因此，与其说欧洲的骑士们是由西方的革新造就的，不如说是由于西方没能采用装甲骑兵战术的全部甲胄所造成。

马镫是何时在何地发明的，是个十分不清楚的问题。Lynn White，*Medieval Technology and Social Change*（Oxford：Clarendon Press，1962）将马镫的首次使用归于印度，其他人（证据很不充足）则归于草原游牧者。唯一肯定的事情是，在公元5到6世纪之间，马镫首先在欧洲和中国通用起来。参见：M. Rostovtzeff，*Iranians and Greeks in South Russia*，p. 130；Tamara T. Rice，*The Scythians*，p. 50；E. H. Minns，*The Scythians and Greeks*（Cambridge University Press，1913），P. 250；Charles Singer（ed.），*A History of Technology*，II，556-557.

62 参见：Berthold Laufer，*Chinese Clay Figures. Part* I：*Prolegomena on the History of Defensive Warfare*（Chicago：Field Museum of Natural History，1914），pp. 218-234. 如进行持久对抗的任何边界地区那样，战士阶层相互间的共同之处，比起中国—匈奴边界两边的平民之间的

共同之处要多得多。反复逃亡的现象很常见，著名的军事首领经常可以指望在敌营得到热情款待，如果他们愿意，可以被重新启用反对从前的朋友。一种骑兵法典在边疆战士中发展起来，一个英勇的将领，在战争中身先士卒，会赢得朋友与敌人的共同钦羡。关于这些情况的例证，参见：W. M. McGovern，*The Early Empires of Central Asia*，pp. 130-302.

63 王莽改动儒家经典的持久影响是一个学术争论问题，但是可能在传诸后代的文本上留下了一些痕迹。

64 他穿戴着全套王服坐在皇位上迎接死亡，可能希望砍他头的粗鲁士兵会畏服他的高贵形象和庄严礼仪。

65 有关汉朝政治的这些评论，依据 W. Eberhard，*A History of China*（London：Routledge and Kegan Paul，1948），pp. 71-105；O. Franke，*Geschichte des chinesischen Reiches*，I，358-431；Pan Ku，*The History of the Former Han Dynasty*，Homer H. Dubs（trans.），3 vols.（Baltimore，Md.：Waverly Press，1938-1955）.

66 在乡村，古老的身份关系和农村公社生活的个人联系纽带剧烈地改变了希腊—罗马城市的个人主义特点。甚至在城市内，手工匠人和其他职业群体形成了行会，用以履行经济与社会功能。宗教团体也很重要，早期基督教会就是其中之一。因而正文中的这种叙述，实际上只通用于希腊—罗马城市的上层阶级。从生物学上讲，这个阶级引人注目地失去了其繁殖能力，可能与家庭和其他联系纽带的衰败有关，这使得生育和培养后代看来没有意义。但是其他因素（疾病、热水洗澡）可能对罗马上层阶级自身繁殖的失败起了决定性作用。见下文第359—360页（边码）。但不管是什么原因，文化阶级在总体数量上的稀少，意味着古典文明传统的衰落。在公元2世纪的罗马帝国，异教的高级文化主要保持在地主和其他食租者中。中国的儒家人士也由类似的来源取得收入，但是他们把家庭的延续看作重要之事，这意味着这种特权群体很少在自身繁衍上失败。汉代风格的儒家文化，在经历了中国历史上后来的一切兴亡之后而被保留下来，肯定得此之助。反之，古典异教的瓦解会由于其主要拥护者人口的衰减而大为加速。

67 北非构成了一个例外，因为娴熟的水利工程，由迦太基人首先在这个地区开创，罗马时代在这个省份得到大大扩展。参见：R. M. Haywood，“Roman Africa，” in Tenney Frank（ed.），*An Economic Survey of Ancient Rome*（Baltimore，Md.：Johns Hopkins Press，1948），IV，48-49；Charles Singer er al.，*A History of Technology*（Oxford：Clarendon Press，1956），II，670，678.

68 与罗马社会的多元性相反，中国的文化统一性对中国帝国的一再恢复有很大的促进作用。

69 到公元2世纪，罗马帝国的财富循环可概括为如下程式：从东部省份得到的税收维持着莱茵河与多瑙河边界的士兵，这些钱由军队转到高卢和西班牙地主手中，他们供应维持军队所需的酒、油和一部分粮食。这些地主又转手将钱花在由东部省份输入的制品上，于是就完成了循环。

70 当然，完全理解任何特定的艺术风格，需要广泛了解它所产生的文化环境，并掌握体现在艺术本身中的传统和主题的象征性意义。但是这类知识不是欣赏、模仿和借鉴的必须前提。非洲雕塑对一些当代西方艺术家的影响就是证明，他们完全忽略了魔法与宗教信仰，而这些正是培育这种艺术的原始环境。

71 考古记载有一些显著的缺口，特别是在阿富汗的巴尔赫（Balkh）古坟。那里曾是希腊人王国巴克特里亚的首都，从未被发掘过。在那里的发掘可能会展现相同传统的实物大小的塑像。

72 学者们在这一点上得出完全相反的结论，他们的分歧由于民族的自豪感而尖锐化。参见：A. Foucher，*L'Art Greco-bouddhique du Gandhara*（new ed.；Paris：E. Leroux，1951）；Ludwig Bachhofer，*Early Indian Sculpture*，2 vols.（New York：Harcourt，Brace and Co.，1929）；A. K. Coomaraswamy，*History of Indian and Indonesian Art*（New York：E. Weyne，1927）；Benjamin Rowland，*The Art and Architecture of India*（London：Penguin Books，1953）；W. W. Tarn，

The Greeks in Bactria and India（Cambridge：Cambridge University Press，1951）；H. Ingholt，*Gandharan Art in Pakistan*（New York：Pantheon Books，1957）. 这些学者的主要分歧部分起于萨卡人和贵霜人时代的不确定性，但主要是由于对犍陀罗雕塑与希腊化或罗马复制品的关系的不同判断。

73 公元前 2 世纪之后，在地中海东部，雕像的大量制作成为一种常规业务，运用机械方法复制全尺寸的著名作品，用模型复制较小的作品。当然，这种雕像贸易主要面向西方的罗马市场，但没有什么能阻止有事业心的商人也在印度碰运气。可能由这条途径有些地中海艺术中的迷失作品到达印度，而为考古学家首先发现。

公元 1 世纪，当罗马与印度的贸易到达高峰时，来自罗马的商人常驻的（住有从罗马领土上来的商人的）经常性贸易站，在印度沿海岸涌现。一个这样的贸易站连同广场和神庙，显出一个小的罗马行省市镇的外观，它邻近后来在印度南海岸的法国贸易站本地治理（Pondicherry）。因而看来很明显，远在公元 1 世纪，在这些地区就有一些"真正的绅士"（Pukka ashibs），他们尽可能多地带来了他们本地的生活方式，包括小的艺术作品。参见：R. E. M. Wheeler，"Arikamedu：An Indo-Roman Trading Station on the East Coast of India，" *Ancient India*，II，1946，17-124；Mortimer Wheeler，*Rome beyond the Imperial Frontiers*（Harmondsworth：Penguin Books，1955），pp. 173-178.

74 公元 5 世纪中期，中国对佛教的官方迫害导致了佛教寺庙和艺术作品大量、系统性的毁灭。这可能解释了中国较早期的艺术作品没有保存下来的原因。O. Franke，*Geschichte des chinesischen Reiches*，II，203.

75 参见后来用于解释佛教传到中国的神话。它讲述了在公元 61 年（或 65 年），汉明帝如何在梦里看到了一个金人，因此受到鼓励派人去印度了解佛陀。O. Franke，*Geschichte des chinesischen Reiches*，I，407.

76 关于匈奴艺术，参见：René Grousset，*L'Empire des steppes*，pp. 59-62；关于萨尔玛提亚的艺术，参见：Rostovtzeff，*Iranians and Greeks in South Russia*，pp. 181-208；Rostovtzeff，*The Animal Style in South Russia and China*（Princeton，N. J.：Princeton Universtiy Press，1929）.

77 这没有什么新鲜之处，因为埃及和巨石文化的宗教也为它们的信奉者保有这种千禧年的希望，更不用说俄耳浦斯教了。而"获救"在一定意义上是一种新的观念，较早的宗教本质上把后世看作今世生活的一种继续，其丰富性可能不可避免地有所减少。相反，新的拯救性宗教认为，坟墓以外的生活还包括社会的激烈变化和改进，因而只有涤罪和纯洁的灵魂才能享受永生。

78 这样一种人类状况的观点在心理上的力量是毋庸强调的。诞生在这种宗教中的每一个人，要拒绝这种慰藉（即这种关于人在宇宙中地位的解释方法）只会感到悔恨。

79 这个分歧在时间上要追溯到很远。雅利安的祭司也可能曾经试图根除土地崇拜。但是婆罗门不久发现与农村的虔信妥协更为可取，不久就证明这类崇拜符合于教义，即抽象的神的某些部分就存在于崇拜的每一种形式中。另一方面，基督教神学继承了古代希伯来人在耶和华和迦南的巴力神（baals）之间的紧张关系。像希伯来人一样，基督教徒既不能排除，也不能完全赞同圣徒崇拜和其他地方崇拜活动。

80 伊朗人特别是琐罗亚斯德教徒，其突出主题是描绘世界末日的想象。巴比伦的犹太人可能在把这种思想潮流带入犹太教中起到了特别突出的作用，因为他们最密切地接触到了伊朗人的宗教思想。

81 在以后的基督教史中，教派团体一再出现大多数或全部异常的精神表现，它们是如此强有力地与第一个基督教团体联系在一起。在日常生活中遭到连续挫败的人，很容易陷入集体的激情状态之中。在这样的环境中，炽热的宗教提供了一个群众暴乱的替代物，并围绕在暴乱的边缘。

早期基督教的群众性迫害和后来基督教攻击像希帕蒂亚（Hypatia，逝世于415年）这样的异教徒，充分证明罗马帝国中宗教激情和狂暴行为之间的密切关系。更近时期的教派史，包括中世纪和近现代，提供了许多类似的例子。

82 在美索不达米亚、亚美尼亚、埃塞俄比亚（Ethiopia）和印度，成功的传教行动开始得很早，虽然有些学者怀疑这些地区的教会传说所认为的起源年代。参见：Johann Peter Kirsch，*Die Kirche in der antiken griechisch-römischen Kulturwelt*（Freiburg：Herder and Co.，1930），I，135-138；Kenneth Scott Latourette，*A History of the Expansion of Christianity. Vol. I：The First Centuries*（New York and London：Harper and Bros.，1937），pp. 100-108.

83 某些大乘经文翻译为中文的年代，是唯一提供大乘佛教在印度兴起年代的定论（*a terminus ad quem*）。

84 一个救主会在将来某个时候到来的思想完全来自于伊朗，并渗透到犹太教和佛教中。但是末世论（Eschatology）从来没有在佛教徒思想中起到重要作用，因为人们惯于经常思考无穷数目的世界。而对于正好生活在特定的、行将灭亡的世界中的救主，或者甚至也是佛陀无尽延续的系列化身之一的来世佛而言，救主就不具有特别的重要性。

85 这本书名为“弥兰陀问经”（*Milindapanha*），被译为 *The Questions of King Milinda*［T. W. Rhys Davids（trans）］in F. Max Müller，*The Sacred Books of the East*（Oxford：Clarendon Press，1890-1894），vols. XXXV-XXXVI. 这位回答弥兰陀（Milinda）问题的圣人，是一个名叫那加犀加（Nagasena）的僧侣。他可能是发展大乘教义的主要人物之一。但是，这个对话是不可能有历史真实性的。

86 关于耶槃那人（Yavanas），即希腊人在印度文学中留下令人惊奇的广泛痕迹的学术性考察，参见：Sylvain Levi，“La Grèce et L’Inde d’après les documents indiens，” *Revue des ètudes grecques*，IV（1981），24-25. 也参见：Gauranga Nath Banerjee，*Hellenism in Ancient India*（2d ed.；Calcutta：the author，1920）；Eugene F. A. comte Goblet d’Alviella，*Ce que L’Inde doit à la Grèce*（Paris：Leroux，1897）；Richard Fick，“Die buddhistische Kultur und das Erbe Alexanders des Grossen，” *Morgenland Darstellungen aus Geschichte und Kultur des Ostens*，Heft 25，1933；K. A. Nilakanta Sastri，“Ancient Indian Contacts with Western Lands，” *Diogenes*，No. 28（1959），pp. 52-62.

87 传统意义上讲，发展大乘教义的一些主要人物——马鸣（Ashvaghosa），一位诗人、剧作家和佛教道德家，和龙树（Nagarjuna），一位老于世故的佛教哲学家——是与迦腻色伽的宫廷联系在一起的。由于向经过王国的商人征税，这个宫廷取得了大量收入。这些主要的贸易中心一定见证了持续不断的人群的混合，而这些人广泛分布于世界各地。参见：Ghirshman，*Bégram*，pp. 15-54.

88 对于早期印度教和大乘佛教的这些评述，我求教于下列著作，Edward Conze，*Buddhism：Its Essence and Development*（New York：Philosophical Library，1951）；Edward J. Thomas，*The History of Buddhist Thought*（2d ed.；New York：Barnes and Noble，1951）；Nalinaksha Dutt，*Aspects of Mahayana Buddhism and Its Relation to Hinayana*（London：Luzac and Co.，1930）；A. Berriedale Keith，*Buddhist Philosophy in India and Ceylon*（Oxford：Clarendon Press，1923）；Helmut von Glasenapp，*Die fünf grossen Religionen*（Düsseldorf-Cologne：Eugen Diederichs Verlag，1951），Vol. I；Har Dayal，*The Bodhisattva Doctrine in Buddhist Sanskrit Literature*（London：Kegan Paul，Trench，Trubner and Co.，1932）；Emil Abegg，*Der Messiasglaube in Indien und Iran*（Berlin and Leipzig：Walter de Gruyter and Co.，1928）；Paul Masson-Oursel et al.，*L’Inde antique et la civilisation indienne*（Paris：Albin Michel，1951）；Paul Levy，*Buddhism：A“Mystery Religon”?*（London：Athone Press，1957）；A. L. Basham，*The Wonder That Was India*；Helmut

von Glasenapp, *Der Buddhismus in Indien und im Fernen Osten* (Berlin, Zurich : Atlantis Verlag, 1936).

89 Roman Ghirshman, *L'Iran des origins à L'Islam* (Paris : Payot, 1951), pp. 228, 239-243 ; R. C. Zachner, *The Dawn and Twilight of Zoroastrianism* (New York : G. P. Putnam's Sons, 1961).

90 这种政策的改变可能是部分希腊化城市和更为明显是伊朗人的乡村之间的紧张关系造成的。自从马其顿人征服以来，乡村就具有（的特色是）伊朗和部分美索不达米亚的特征（就是如此的）。依靠城市支持反对经常是难以控制的伊朗贵族的国王们，通常奖掖仍处于不明确生活状况的希腊化城市文化，而一个君主（的附庸）若直接依靠伊朗乡村骑士的支持，则愿意求助于（依靠）琐罗亚斯德教或这个古代信仰的一些变化形式作为他同化于伊朗人的标志。类似的紧张与王室政策的变动在萨珊（Sassanian）时期变得更极端化。而伊斯兰教中逊尼（Sunni）与什叶（Shi）派的分裂，在后来进一步反映了类似的社会分裂。

90 参见：Fung Yu-lan, *A History of Chinese Philosophy*, II, 7-132 ; John K. Shryock, *Origin and Development of the State Cult of Confucius* (New York : Appleton-Century, 1932).

92 毕竟只是在类似的情况下，基督教才征服了罗马帝国。

93 亦见《约伯书》(*The Book of Job*)。

94 当然，这类宗教的传播最后远远超出了城市范围。因为针对人类生活中一再出现的问题，它们给予的回答正好满足了那些生活比较集中的人类，而城市中人类的生活却是很分散的，尽管这些宗教首先是在城市中发展的。与此同时，较高级宗教的存在使后来的城市发展得更为容易、更有保证、更强大，因为它减少了社会冲突，保证了所有等级和生活状况的人们道德上的统一性。这是一种宗教发展所达到的较高水平。

95 这个地区的人口在公元132—135年的大战期间没有减少。

96 Salo W. Baron, *A Social and Religions History of the Jews* (2d ed. ; Philadelphia : Jewish Publication Society, 1952), II, 89-128.

97 Jacques Duchesne-Guillemin, *Ormazd et Ahriman, L'Aventure dualiste dans L'antiquité* (Paris : Presses Universitaires, 1953), pp. 55-134 ; H. S. Nyberg, "*Die Religion des alten Iran*," *Mitteilungen der Vorderasiatische-aegyptischen Gesellschaft*, Band 43 (Leipzig : J. C. Hinrichs, 1938) ; R. C. Zaehner, *Dawn and Twilight of Zoroastrianism.*

98 把私人关系包括在罗马法中的条文中，无疑是继承自早期城邦组成的极权主义，它把领土国家高高置于其他一切人类关系之上。

99 而且，万民法、自然法和自然的科学法则之间的关系永远是密切的。人类的思想习惯于发现一种制约活动的法则，也倾向于发现在其他地方起作用的法则。参见上文对爱奥尼亚思想和城邦法律的评述。相反，像罗马人的事务框架中法律所享有的范围与尊严一样，如果一个社会中的法律没有这样的地位，人们就不那么期望或寻求无生命的自然界的运行规律。因此，认为近代科学很大程度上归功于罗马法的说法看来并非没有道理。参见中国人和欧洲人对人类法律与科学法则态度的比较，见 Needham, *Science and Civilization in China*, II, 518-583.

100 不同的历法系统成为政治斗争的武器，特别是在王莽篡位的时代（公元前9年—公元24年）。由于这些派别的争论，后汉制定的新历法在天文学上没有王莽使用的历法精确。参见 Wolfram Eberhard, "Contributions to the Astronomy of the Han Period, III," *Harvard Journal of Asiatic Studies*, I (1936), 194-241. 关于中国的数学和天文学，一个按技术和专题排列、虽有些混乱但很详细的讨论，参见 Joseph Needham, *Science and Civilization in China*, III, 1-461.

101 前者将他们对儒家经典的解释建立在"今文"基础上，即在秦始皇禁止儒家书籍（公元前213年）并将其收缴后，在汉朝前期重新编辑的经文；另一方面，古文学者宣称，他们的观点是根据更有权威性的文本，即用古代的汉字书法书写，其时间在焚书之前。

102 关于司马迁，见 Burton Watson，*Ssu-ma Ch'ien：Grand Historian of China*（New York：Columbia University Press，1958）. 其著作的部分译文见：Èdouard Chavannes，*Les Memoires historiques de Ssu-ma Ts'ien*（5 vols.；Paris：Leroux，1895-1905）.

103 Homer H. Dubs 翻译了班固著作中有关皇帝本纪的部分。Pan Ku，*The History of the Former Han Dynasty*，trans. Homer H. Dubs（3 vols.；Baltimore，Md.：Waverly Press，1938-1955）.

104 Charles Singer et al.，*A History of Technology*，II，199；Roman Ghirshman，*L'Iran des origins à L'Islam*，p. 256；Alphonse de Candolle，*The Origin of Cultivated Plants*（New York：D. Appleton and Co.，1902）.

105 中国的技术发明看来一直是既特别重要，又特别发展缓慢。参见 J. Needham，*Science and Civilization in China*，I，240-243.

106 Charles Singer et al.，*A History of Technology*，II，57，322，593-601；G. F. Hudson，*Europe and China*（London：Edward Arnold and Co.，1931），pp. 68-102，120-122.

107 Sir Mortimer Wheeler，*Rome beyond the Imperial Frontiers*，p. 160；Homer H. Dubs，*A Roman City in Ancient China*（London：China Society，1957）.

108 这个推测是建立在对"耶槃那人（Yavanas，即爱奥尼亚人，或通指希腊人）建造的美丽船只"的赞美基础之上，见于早期印度南部泰米尔人（Tamil）的诗篇中。参见 Wheeler，*Rome beyond the Imperial Frontiers*.

109（Thorkild Jacobsen and Robert M. Adams，"Salt and Silt in Ancient Mesopotamian Agriculture"，*Science*，CXXVIII，（1958），1251；Robert M. Adams，"Agriculture and Urban Life in Early Southwestern Iran"，*Science*，CXXXVI，（April，1962），116-119。

110 在欧洲人联结了全球生存圈后，海员和其他人就把像麻疹甚至普遍感冒这类疾病带到美洲印第安人（Amerindians）、爱斯基摩人（Eskimos）、波利尼西亚人（Polynesians）中，新疾病的严重性就在生物学上无免疫力的人群中一再表现出来，例如，我们会看到牺牲者死于一种感染，而这种感染对欧洲人来说是相对轻微的。显而易见，欧洲人（以及亚洲人）仅仅通过之前对这些疾病的接触，就会获得对此的免疫力。而这个过程在在公元后头几个世纪一定经历了一个重要阶段。关于传染病，参见 Georg Sticker，*Abhandlungen aus der Seuchengeschichte und Seuchenlehre*，Band I，erster Teil：*Die Geschichte der Pest*（Giessen：Alfred Töpelman，1908）；W. H. S. Jones，*Malaria：A Neglected Factor in the History of Greece and Rome*（Cambridge：Macmillan and Bowes，1907）；Benno von Hagen，*Die Pest im Altertum*（Jena：Gustav Fisher，1939）. 关于中国，参见 K. Chimin Wong and Wu Lien-teh，*History of Chinese Medicine*（Shanghai：National Quarantine Service，1936），pp. 53—138. 但是这些著作中没有一本提供了有关心理上的重要问题的资料。一部真正高深的人类之间的传染病考察史尚有待写出。

111 甚至在现代，我们对发生的事情可以获得精确的资料时，人们对人口现象理论上的了解也不完善。所以，那种认为对古代人口的增长和衰落能够得到充分解释的说法是荒谬的。交通的改进使感染易于广泛流行，从而造成严重的传染病，这无疑减少了罗马的人口。除此之外，还有其他因素，各种反常的性行为，还有在非常热的水中洗澡的习惯（会杀死男子的精子），可能很大程度上解释了罗马帝国上层阶级难于生育的原因，而经济和心理上的状况无疑影响到农民和手工匠人的生育率。这些因素及其他因素的相对重要性和实际影响，都不能简单地加以确定。

112 有关罗马史上人口衰落基本的重要问题，参见引人注目的评述：Arnold Hugh Martin Jones，*Ancient Economic History：An Inaugural Lecture Delivered at University College*（London，H. K. Lewis，1948）.

113 参见 Hans Bielenstein，“The Census of China during the Period 2-742 A. D.,” *Museum of Far Eastern Antiquities*，Stockholm，*Bullentin*，XIX（1947），125-163.

114 人口的急剧衰退本身又带有矫正作用，因为它并没有终结长途贸易，特别是因为贸易基本上是奢侈品交易，因此而来的生产率下降被阻止了。但是当与世界上陌生部分的接触减少时，我们可以推断，疾病的传播也相对减少了，因而也就阻止了一个可能是最主要的因素，这一因素之前在欧亚生存圈两端毁掉了大量文明人口。而且，存留下来的人在其血统中携带了免疫力，这意味着当他们再次接触来自欧亚大陆遥远地方的疾病时，像公元 2—4 世纪时可能有的那种非常致命的后果再也不会发生。

第 8 章 野蛮人的进攻与文明人的反应（公元 200—600 年）

1 古典希腊文明是在实质上相同的环境中形成的，时当铁器时代的侵略者打破了早期中东地区的世界主义状态，它曾扩张到其边缘至少包括爱琴海的地方。

2 他的名字在梵文中与孔雀帝国的建立者相同，但是在英文中习惯上在后来帝国的建立者名字中间加上连字符，减少了这种混淆。公元 320 年标志着笈多时代的元年，是由旃陀罗—笈多一世所颁行的，可能是为庆祝他自己的加冕。R. C. Majumdar et al.（eds.），*The History and Culture of the Indian People*（Bombay：Bharatiya Vidya Bhavan，1954），III，2.

3 A. L. Basham，*The Wonder That Was India*（London：Sidgwick and Jackson，1954），p. 126.

4 中国的朝圣者法显，在旃陀罗—笈多二世统治时访问过佛教的圣地和寺院，他非常惊奇于帝国行政管理的仁慈宽大及其有限范围，以赞许的态度评论平民百姓的自由和繁荣：“这些人民是众多而快乐的，他们不必要登记他们的家庭，或侍候任何官吏和注意他们的规矩……如果他们想走就可以走，像居留在哪里就居留在哪里。”J. H. Legge，*Record of the Buddhistic Kingdoms, Being and Account of the Chinese Monk Fa-hsien's Travels*（Oxford：Clarendon Press，1886），pp. 42-43.

5 R. C. Majumdar et al.，*History and Culture of the Indian People*，II，254-257，335-359；M. Winternitz，*Geschichte der indischen Literatur*（Leipzig：Amelangs Verlag，1920），III，479-504；Arthur Berriedale Keith，*A History of Sanskrit Literature*（London：Oxford University Press，1928），pp. 439-448.

6 治国术的道德，在《教规圣典》中的解释与《政事论》中所讲的是尖锐对立的。可能在《政事论》中所推崇的维持权力的非道德方法，比《教规圣典》中的规定更准确地描述了印度国王们的真正实践。在这个问题上要对普遍情况提供证据是做不到的，因为我们关于印度诸国家的行政所知甚少。

7 南印度的德拉威语言之一泰米尔语（Tamil）必须被看作一个例外。在笈多时代泰米尔语的文字确定了下来，此后一直是一种重要的语言文字媒介。总的来说，在泰米尔地区，雅利安印度和希腊化地中海的知识同样作为外来的但是有魅力的新事物，在前几个世纪中渗透进来。泰米尔文学与艺术后来的繁盛像青年的青春期，不像梵语印度成熟的文化综合。虽然我们将会看到，泰米尔人对这个文明贡献了重要的一部分，特别是对于印度其余地区的宗教，尤其是在公元 600—1000 年这几个世纪，当南印度的地方文化独立性被更为大量而成熟的北方来的成就压倒之时，参照在同一时期爱尔兰基督教与拉丁基督教世界的关系。

8 梵语文学总是通过口头流传，因而这种语言在受教育的婆罗门中一直通用。这意味着完全不懂彼此的日常语言的人能够经常用梵语交谈。参照拉丁语在中世纪欧洲的作用或英语在当代印度的地位。

9 这首《薄伽梵歌》是《摩诃婆罗多》的主要英雄阿周那（Arjuna）和他的驾车者讫哩什那之间的对话，其中后者解释了人和宇宙的整个本质，显示他自己是毗湿奴的化身和阿周那的预定拯救者。甚至在这首《歌》相对较小的篇幅内，分歧的各种教义也得到了表现。但是这首诗神秘而虔诚的格调，据它的赞美者的看法，提供了一种超越逻辑的一致性。参见：Franklin Edgerton，*The Bhagavad Gita*，*Translated and Interpreted*［"Harvard Oriental Series，" Vols. XXXVIII-XXXIX Cambridge，Mass：Harvard Universtiy Press，1944）］.

没有令人满意的英文译文，但是 Edward P. Rice，*The Mahabharata*：*Analysis and Index*（London：Oxford University Press，1934），and S. C. Nott（ed.），*The Mahabharata of Vyasa Krishna Dwaipayana*：*Selections*（New York：Philosophical Library，1956），对全诗提供了有用的样本。

10 存留下来的最早的戏剧片段，是一个佛陀启迪他的两个弟子皈依的故事，其年代显然在公元后100年。最早的梵语戏剧完整存留下来的年代可能在公元4世纪，正当梵语戏剧家和宫廷诗人中公认的大师迦梨陀娑的时代之前。

11 希腊对梵语戏剧影响的性质和范围，一直有激烈争论。参见：A. Berriedale Keith，*The Sanskrit Drama*（Oxford：Clarendon Press，1924），pp. 12-77 中的总结。

12 引自迦梨陀娑最著名的诗《云使》(*Cloud Messenger*)，译文摘自 A. L. Basham in *The Wonder That Was India*，p. 420.

13 诗人跋提（Bhatti，公元7世纪）这样结束他的一部著作："这部诗只有靠评注才能理解，它对聪明人来说够得上是一种享受，对愚蠢的人来说就成为一种困难了，这就是我爱好学问的结果。"引自 A. B. Keith，*History of Sanskrit Literature*，p. 116.

14 追溯这些故事的传播是比较文学的一部杰作。对其成绩的总结，见 Keith，*History of Sanskrit Literature*，pp. 357-359.

15 英文译文见 V. R. R. Dikshitar，*The Lay of the Anklet*（Oxford：Oxford University Press，1939）.

16 R. C. Majumdar et al.，History and Culture of the Indian People，III，326-340；参见翻译的选段 A. L. Basham，*The Wonder That Was India*，pp. 330-331。泰米尔的感情表现对印度教虔诚的贡献，提供了一个表现出非常的宗教创造力的底层（或半底层的）文化的又一榜样。

17 这个时代两部重要的语法书分别是一个佛教徒和一个耆那教徒的著作，二人都企图创造一种没有令人反感的婆罗门教解释的例句的文本，参见：R. C. Majumdar et al.，*History and Culture of the Indian People*，III，319-320.

18 Henry R. Zimmer，*Hindu Medicine*（Baltimore，Md.：Johns Hopkins Press，1948），pp. 46-59，175-176. Jean Filliozat，*La Doctrine classique de la médicine indienne*，*ses origines et ses parallèles grecques*（Paris：Imprimerie Nationale，1949），pp. 199-215 and *passim*；A. B. Keith，*A History of Sanskrit Literature*，pp. 513-515.

19 传到印度的不是亚历山大里亚的托勒密的天文学，而是更早的、较不完善的，有着更多种计算的天文学。证据显示萨珊宫廷起了媒介作用。参见：Otto Neugebauer，*The Exact Sciences in Antiquity*，pp. 160-161，167-169，178，180.

20 一种晦涩难解、高度减缩的诗体形式使圣使的本意解释经常是难以确定的。参见 Walter Eugene Clark 的翻译和评注，*The Aryabhatiya of Aryabhata*（Chicago：University of Chicago Press，1930）.

21 我是在与 Dr. David Pingree 的谈话中得到这个消息的（1962年），他即将出版的 *Yavanajatake of Sphujidhvaja* 将使这个年代为学术界所注意。以前知道的最早包括圣使论文的参考资料年代为公元499年。参见：G. R. Kaye，*Indian Mathematics*（Calcutta and Simla：Thacker，Spink and Co.，1915）；A. B. Keith，*History of Sanskrit Literature*，pp. 523-528.

值得记住的是，巴比伦尼亚人早在公元前18世纪已知道了数位值系统，并将它们传给了希腊化数学家。有些巴比伦文献甚至用一个点来表示零，但是只用在中间，而不是最后的位置。例如202这个数可以明确地写出来，220却不能。因而这最后一步，似乎是约在公元后3世纪在印度迈出的，不仅是使一个“0”的符号的使用普遍化，同时，也使十进位符号摆脱了与六十进位系统不便利的混合。把十进位和六十进位数字系统混合在一起是巴比伦尼亚和希腊化天文学的特征。西方数学家在处理圆周度量时仍容忍同样的不便。参见：O. Neugebauer，*The Exact Science in Antiquity*，pp. 3-22.

22 在考虑印度艺术史时，穆斯林征服者在印度北部的系统的圣像破坏必须是永远不能忘记的。例如可能是笈多时代更成功的印度教艺术存在于印度北方，而存留的纪念物主要在印度南方，就显示了这个情况。

23 在天然的岩石上雕凿出来的石窟神庙，在印度比矗立石砌的神庙年代要早。在平面图上它们通常是狭窄的，在最远端有个凸出的半圆形部分。这与罗马会堂的类似处是很明显的，但可能只是出于偶然，因为石窟神庙看来是从一个舍利塔的圆形走廊和一个门厅连接而发展起来的。参见：Benjamin Rowland，*The Art and Architecture of India*，pp. 69-71.

24 一些最早的建筑在总的设计上明显地类似希腊的神庙，例如在桑奇的第17号神庙，这可能是希腊建筑产生的一些影响。

25 A. B. Keith，*A History of Sanskrit Literature*，p. 450.

26 无拘无束的色情可能是印度禁欲主义得以产生和维持的一个主要因素。因为极端的放纵和对性欲的极端厌恶经常是携手并进的。印度神庙的雕塑充分证明了，明显自由和行迹毕露的性活动在公众宗教中得到承认，与文字记载中受到高度尊重的禁欲主义并存。印度教特别的宽容表现在它成功地把赤裸裸的性行为包括在宗教之中，与基督教徒、穆斯林和儒家传统强调道德拘谨的重要性正好相反。

27 G. Coedès，*Les Ètats hindouisés d'Indochine et d'Indonesie*（Paris：E. de Boccard，1948），pp. 23-28；H. G. Quaritch Wales，*The Making of Greater India*（London：Bernard Quaritch，1951），pp. 47-83.

28 一些从印度港口出发的先驱性航行可能是由地中海世界航行来的商人冒险者进行的。一些罗马物品曾在远至交趾支那（Cochin China，今越南南部、柬埔寨之东南方）出现，年代远至公元2世纪。一部中国历史记载了公元166年马可·奥勒留（Marcus Aurelius）的“使节”的访问，他是从南方海路来的。Coedès，*Les Ètats hindouisés*，p. 38. 但是，在公元2世纪之后，地中海东部地区和印度南部的贸易随着罗马世界繁荣的普遍衰落而衰落了，印度商人迅速地把向东的航线接管过来（如果并非他们自己的开创）。

29 除了分别提到的书之外，我还求教于 R. C. Majumdar，*Ancient Indian Colonization in South East Asia*（Baroda：University of Baroda Press，1955）；Majumdar，*The History and Culture of the Indian People*，Ⅱ，651-658；Ⅲ，631-644.

30 马达加斯加大部分居民讲一种印度尼西亚语，他们的祖先必然是远渡印度洋，从婆罗洲或一些其他印度尼西亚岛屿移民来的。这个事实明显地表明，简单的船只载运人们长距离穿越平静的南部海域的能力。可能移民们沿着南亚的海岸行进，而不是一直驶过开阔的大洋；但是没有他们落脚站的明确痕迹被发现，如果他们存在的话。参见：George Peter Murdock，*Africa：Its Peoples and Their Culture History*（New York：McGraw-Hill，1959），212-271；James Hornell，“Indonesian Influences on East African Culture，” *Journal of the Royal Anthropological Institute*，LXIV（1934）. 325 and *passim*；G. W. B. Huntingford，“The Hagiolithic Cultures of East Africa，” *Eastern Anthropologist*，III（1950），119-133.

31 当通行税变得太高时，货物可以改道由商队运到波斯湾。帕尔麦拉（Palmyra）在公元3世纪的兴起，部分是由于贸易路线的这个转移，但是它在公元273年被破坏。随后罗马人和波斯人之间的长期战争，必然比控制亚丁海峡的国家的困扰更为有效地长期中断了这种贸易。

32 参见：Èmile Bréhier，*La Philosophie de Plotin*（Paris：Boivin and Co.，1923），pp. 107-134；Jean Filliozat，*Les Relations extérieures de L'Inde*（Pondicherry：Institut Français d'Indologie，1956），pp. 27-30，51-58.

33 直到最近，能供学者研究诺斯替派的可靠资料，比研究基督教徒攻击的更明确的材料几乎是没有的。在第二次世界大战之后，在埃及发现一份令人深刻印象的手稿，完全开辟了新的可能性；但是政治上的和其他的障碍阻止了对它们进行充分直接的研讨。参见：Jean Doresse，*The Secret Books of the Egyptian Gnostics*（New York：Viking Press，1960）；Eva Meyerovitch，"The Gnostic Manuscripts of Upper Egypt，" *Diogenes*，No. 25（1959），84-117；Robert M. Grant，*Gnosticism and Early Christianity*（New York：Columbia University Press，1959）；Hans Jonas，*The Gnostic Religion*：*The Message of the Alien God and the Beginnings of Christianity*（Boston：Beacon Press，1958）.

34 参见：Hippolyte Delehaye，*Les saints stylites*（Brussels：Société des Bollandistes，1923），pp. cxci-cxcv.

35 印度对修道制度和基督教虔诚的其他方面的影响的重要性，一直被无批判地夸大和无道理地否定。参见相关学术观点的总结，Henri de Lubac，*La Rencontre du Buddhisme et de L'Occident*（Paris：Aubier，1952），pp. 9-27. 印度对基督教的贡献的夸大在 50 年前比近些时候更常见。参见：Richard Garbe，*India and Christendom*：*The Historical Connections between Their Religions*（LaSalle，III.：Open Court Publishing Co.，1959）；Ernst Benz，"Indische Einflüsse auf frühchristliche Theologie，" Akademie der Wissenschaften und Literatur（Mainz），*Abhandlungen der Geistes-und Sozialwissenschaftlichen Klasse*，No. 3（1951），pp. 172-202；Mircea Eliade，*Le Yoga*（Paris：Payot，1954），p. 412；Karl Heussi，*Der Ursprung des Mönchtums*：*Geistesgeschichte des antiken Christentums*（Munich：Carl Beck Verlag，1955），I，523-529. 犹太人的禁欲主义团体，如在库姆兰（Qumran）的那种，和《圣经》叙述的住在旷野中的古代先知，明显地为基督教僧侣提供了另一种非常重要的榜样。但据我所知，犹太人的先驱从未承认禁欲戒律的结果是上帝的极乐幻象，如印度禁欲者长期认为的那样。此外，由禁食和其他肉体需求的剥夺带来的心理现象并没有明白宣称是神性的幻象。印度先驱用神学和超越性的意识解释这类体验，可能因此对首批基督教神秘主义者具有绝对关键的重要性。以这种有些模糊的，很大程度上难以描述的意识，印度对早期基督教的影响，在我看来可能有很大重要性。

36 Roman Ghirshman，*Bégram*，p. 100；Sir AuREL Stein，*On Central Asian Tracks*（London：Macmillan and Co.，1933）；Albert von LeCoq，*Auf Hellas Spuren in Ostturkestan*（Leipzig：J. C. Hinrichs，1926）.

37 复兴较古老的中国思想学派的各种努力，反映了汉代的儒家正统甚至在佛教开始进占这个空虚状态之前就已经破产，这些情况是在中国文化内部造成的。参见非常深入的分析：Arthur F. Wright，*Buddhism in Chinese History*（Stanford，Calif.：Stanford University Press，1959），pp. 20-31.

38 作为将佛教思想引入中国的最初困难的例子，Wright 指出这个事实，即中国的用语"道"（"路"）被无区别地用来翻译 Dharma（达摩）、Bodhi（彻悟）和 Yoga（修行）。这些佛教用语在英文中大概可以译为"正道""启蒙"和"训练。" Arthur F. Wright，*Buddhism in Chinese History*，p. 36.

39 参见：Laurence Binyon，"Chinese Art and Buddhism，" *Proceedings of the British Acadecy*，XXII（1936）.

40 蒙古（Mongolian）、通古斯（Tungusic）、突厥（Turkish）和藏（Tibetan）语言都出现在中国北

方的入侵者中，同一个军事联盟由说不同语言的群落组成是常见的。参见：O. Frank，*Geschichte des chinesischen Reiches*，II，54-117 对这个时代非常混乱的政治史的总结。

41 Arthur F. Wright，*Buddhism in Chinese History*，p. 57.

42 参见当希腊化文化成为希腊—罗马世界上层阶级高雅的教养时，它就丧失了获得皈依者的能力。

43 R. Ghirshman，*Les Chionites-Hephtalites*（Cairo：L'Institut Français d'Archéologie Orientale，1948），P. 115. 就这个部落的语言来源而论，一直通常是难以确定的。Ghirshman 认为他们讲一种波斯语言，较早的观点是把他们称为"突厥—蒙古人"。参见：René Groussset，*L'Empire des steppes*，p. 110.

44 中国南部和印度南部也免遭蛮族人入侵，但这更多是由于地理距离的原因，而不是因为本地的军事或政治力量。

45 参见比这早 800 年的意大利拉丁族人口的状况，他们也只是在较近时期定居于农业生活，并靠进行征服解决迅速增长的人口，最终形成了罗马帝国时的情形。考虑一下这个见解，即西方的罗马帝国是由创造它的同样力量所破坏的。

46 匈奴人突然侵入欧洲，与紧接在他们之前嚈哒人突然侵入萨珊国家的东部边疆并非不类似。嚈哒人定居在（古代巴克特里亚）奥克苏斯河上游的农业地区最早的确切资料，年代在公元 371 年之后。在那一年，波斯的沙普尔二世（Shapur II）看来与嚈哒人达成了协议，由此这个游牧部落承认了他的宗主权，并被委托保卫萨珊领土的这一部分，以给予他们统治这块仍然富饶的土地的权利为报酬。参见 R. Ghirshman，*Les Chionites-Hephtalites*，p. 82.

在年代上的明显重合表明，在中部草原地带内民族的变换，可能起源于柔然联盟成立的区域，这个联盟将匈奴人和嚈哒人都从他们习居的牧场赶了出来。

47 一个重要的地理区分在 5 世纪明显表现出来。在罗马帝国最西北部地区，潮湿而凉爽的大西洋气候使地中海方式的农业效率很低。该地区罗马生活的结构在日耳曼人入侵前已崩溃，日耳曼人的农业随着气候状况作了较好的调整。因此罗马定居者在不列颠和莱茵兰下游消失了，为一种几乎是纯粹的日耳曼人生活方式所取代。在"继承者各王国"中的混合型社会只是在更南方占优势，那里罗马人口牢固得多地定居下来，日耳曼人的占领相对是薄弱的。

48 Wolfram Eberhard，*Das Toba Reich Nordchinas：eine soziologische Untersuchung*（Leiden：E. J. Brill，1949）.

49 René Groussset，*L'Empire des steppes*，pp. 110-115；R. Ghirshman，*Les Chionites-Hephtalites*，pp. 83-134.

50 就阿瓦尔人是柔然还是嚈哒人联盟的残存者，学术上观点是有分歧的。参见 Groussset，*L'Empire des steppes*，pp. 226-227.

51 公元前 18 到前 15 世纪的入侵，毁灭了印度河和米诺斯文明，但只是蹂躏了中东较强大的文明社会，这提供了一个非常类似的情况。这种模式在公元前 12 到前 10 世纪不那么强有力地又重复出现，当时迈锡尼人、赫梯人和可能还有其他不那么著名的文明社会边缘地区，再度退回到野蛮状态。

但文明人 1000 年来的发展不是没有效果的，因而在公元 3 到 7 世纪之间，文明社会成功得多地抵抗了蛮族的进攻，丧失的地盘较少，复兴得比较早时代可能的速度快得多。

52 参见从事恢复嚈哒人原貌的著作，R. Ghirshman，*Les Chionites-Hephtalites*，pp. 115-134.

53 Groussset，*L'Empire des steppes*，pp. 129，131-32.

54 阿提拉营地的详细描述是由普利西安（Priscus）写的，他作为一个罗马使团的一员访问过那里，使人看到罗马文明的影响在罗马边界外迷人的一瞥。参见：F. A. Tompson，*A History of Attila and the Huns*（Oxford：Clarendon Press，1948），pp. 161-183. 阿提拉国家生动的画面就这样留存下来，可以作为几十个其他本质上类似的游牧军队总部的原型。他们在阿提拉之前和之后的时代在草原地带兴起，他们的军事成功使他们与中国、中东或欧洲等文明紧密地共处在一起。

55 参见老的罗马人对希腊文明的抵抗，及美国圣经地带（Bible belt）保守主义的坚定性。

56 蛮族国王们有很好的理由欢迎基督教传教者，他们提出的关于统治者地位的神圣性和特权，远超过部落习惯所承认的任何东西。一个基督教酋长能够求助于教会的热情支持，反对在政治上企图抵制将军队领导权转变为长久的领土上的王权的保守派，这些人在宗教上仍然忠于旧诸神。

57 这种现象不限于西欧。例如在查士丁尼时代，高加索（Caucasus）被括入基督教范围中。在南方，埃塞俄比亚早在 4 世纪就基督教化了。

58 详见 Arthur Christensen，*L'Iran sous les Sassanides*（2d ed.；Copenhagen：E. Munksgaard，1944）. 美索不达米亚在帕提亚和萨珊帝国中是城市生活的大规模中心。近来的考察显示出，那里的灌溉系统和水利工程在萨珊统治下达到了精巧复杂的最大规模，有着分支河渠系统、复杂精巧的水闸和建设例如包括用一条主干渠跨过较小的水流这类的技术成就。灌溉和经济组织需要建设和维持，这个系统此后再未在美索不达米亚达到可与之相较的水平，甚至在阿拔斯朝统治下也是如此。确实，直到中国人在唐代开辟了黄河和长江之间的大运河之前，世界上任何地方没有水利工程成就可与之相比较。参见：Thorkild Jacobsen and Robert M. Adams，"Salt and Silt in Ancient Mesopotamian Agriculture，" *Science*，CXXVIII（1957），1253-1257.

59 美索不达米亚和伊朗在帕提亚人统治下的宗教状况是非常不清楚的。似乎在阿尔达希尔开始他的征服时，没有统一的琐罗亚斯德教崇拜或教义体系在伊朗地区为各处都接受。参见：R. Ghirshman，*L'Iran des origines à L'Islam*，pp. 282-286；H. S. Nyberg，*Die Religionen des alen Irans*（Leipzig：J. C. Hinrichs，1938），pp. 404-410.

60 萨珊君主中许多人的长期统治，与成为三四世纪罗马史特点的一系列对皇帝的谋杀形成尖锐的对照。只是在罗马人也信奉了一种国家宗教之后，经常性的叛乱和杀害皇帝开始减少了，因为一种宗教氛围开始维持皇帝的权力以反对篡夺的危险。

61 像那类经常深入到罗马沿多瑙河防线的小规模袭击，在波斯被贵族重装骑兵组成的地方军队驱赶出去。需要有一个大规模的震荡，如嚈哒人进攻巴克特里亚那样，才能攻破波斯乡村的地方防线。

62 这类实验要追溯到哈德良（Hadrian）的时代（公元 117-138 年），因为图拉真（Trajan）越过多瑙河的战争，使萨尔马提亚人重骑兵的威力引起了罗马人的注意。Pauly-Wissowa，*Real-Encyclopädie der klassischen Altertumswissenschaft*（Stuttgart：J. B. Metzler Verlag，1899），*s. v. cataphracta*.

63 详述见 Robert Grosse，*Römische Militärgeschichte von Gallienus bis zum Beginn der byzantinischen Themenverfassung*（Berlin：Weidmannsche Buchhandlung，1920），pp. 314-337 and *passim*.

64 这些首领中最著名的贝利撒留（Belisarius），保持着 7000 人的一支个人侍从军队，据普罗科比（Procopius），*Gothic War*，III，1，20. 他于 533 年入侵北非的军队总数是 15000 人，但他的 5000 骑兵构成了唯一有真正作用的武装力量。

65 Steven Runciman，*Byzantine Civilization*（London：Edward Arnold and Co.，1933），p. 139.

66 中央政府当然明白边疆防务令人不满意的状况，企图用迫使人们住在靠近边疆的地方，并建筑和守卫地方堡垒来解决这个问题。在理论上这类要塞能够阻滞入侵者，直到机动的重骑兵军队出现，将劫掠者驱逐之时。但是只有真正大规模的进攻才会招致皇帝的御林军骑兵，小规模的袭击能够安全地避开这类障碍。

67 海上力量的优越性由查士丁尼在地中海西部的战争中生动地表现出来，而最富有戏剧性的是希拉克略（Heraclius）与波斯人的战争（610—630 年）。当时皇帝离开了被围攻的首都，把波斯围攻者甩在后面，最终迫使他们撤退。参见：Archibald R. Lewis，*Naval Power and Trade in the Mediterranean*，500-1100（Princeton，N. J.：Princeton University Press，1951），pp. 3-53.

68 阿拉伯人征服叙利亚和埃及，夺走了拜占庭人最富裕的城市，在伊苏里亚人利奥三世（Leo III，the Isaurian）统治时期（717—741 年），一个乡村文明的安纳托利亚腹地，开始至少在有限意义上，统治了爱琴海和黑海沿岸存留下来的城市中心。由于这个改变，拜占庭国家变得非常类似于萨珊王朝。十分有趣的是，只是在利奥开始的军事改革之后，像在安纳托利亚的那种有效的边疆防务才成为可能，这是由于在皇帝的支持下建立了一个军事地主阶级，其特点类似于构成萨珊帝国军团的大多数成员的波斯小贵族。

69 衣服的风格和总的艺术风格一道，构成文化趋向和来源的敏锐特征。这些在 5 世纪也变得东方化了，锦缎长袍取代了罗马的宽外袍。参见：Kondakov，"Les Costumes orientaux à la cour byzantine，" *Byzantion*，I（1924），7-49.

70 参见：Eusebius，*Life of Constantine*，III，10.（君士坦丁）本人进入会场的中央，有些像上帝的神圣使者，身上的衣服光彩夺目。

71 君士坦丁和他的继承者们都没有有意识按波斯的先例为模式，重新整顿罗马的宗教制度，宗教感情在任何地方都在高涨。君士坦丁作为一个粗鲁的士兵，可能认为是基督教上帝使他在米尔维桥（Milivian Bridge）获胜，因而值得给予尊敬的礼遇和所有应得的荣誉。

72 参见：Oscar Reuther，"Sassanian Architecture，" in Arthur Usham Pope，*A Survey of Persian Art*（London and New York：Oxford University Press，1938），I，493 ff. 在一些萨珊波斯的建筑遗迹中也可以发现印度—佛教因素。

73 这并不奇怪，因为许多萨珊纪念性建筑物，是波斯人利用在战争中俘虏的或用其他方式引入的"希腊人"的技艺建造的。参见：Steven Runciman，*Byzantine Civilization*，p. 259. 在拜占庭风格的起源中，关于伊朗和罗马的拥护者谁占首位的学术争端，有一个均衡的考察参见：O. M. Dalton，*East Christian Art*（Oxford，Clarendon Press，1925），pp. 68-69.

74 Salo Wittmayer Baron，*A Social and Religious History of the Jews*，II，204-209，294-298.

75 最初由一位叙利亚人聂斯托里（Nestorius）提出的，他于 428 年被新任命为君士坦丁堡大主教。聂斯托里教派认为，玛利亚只是在耶稣人性的意义上是他的母亲，因而不应当被尊为"上帝之母"（Theotokos）。431 年以弗所（Ephesus）宗教公会正式谴责了这种观点，这个教派的主要支持者是叙利亚讲阿拉米语的基督教徒。

76 实际上所有融合进这部瑣罗亚斯德教经典中的百科全书式的材料后来都失传了，因为新经文在礼仪崇拜上没有用处，因而不久便从记忆中消失了。R. C. Zaehner 认为，从沙普尔时代起，希腊哲学就输入进瑣罗亚斯德教的知识界。从文化融合产生的结果，亚里士多德中庸的道德原则的高超风格，成为创造宇宙的戏剧的一名演员，这真是有趣的现象。参见：R. C. Zaehner，*Zurvan：A Zoroastrian Dilemma*（Oxford：Clarendon Press，1955），pp. 250-251 and passim. . 我对萨珊文化和社会的评述大部分基于此书，和同一作者更充实的论文，R. C. Zaehner，*The Dawn and Twilight of Zoroastrianism*（New York：G. P. Putnam's Sons，1961），pp. 175-321；以及 A. Christensen，*L'Iran sous les Sassanides*.

77 像基督教诺斯替派中许多人一样，摩尼认为耶稣是一个完全超自然的形象，他的教义在传统上被基督教徒列为类似于一性派（Monophysitism）的一种异端形式。参见：F. C. Burkitt，*The Religion of the Manichees*（Cambridge：Cambridge University Press，1925），p. 71；Hans H. Schraeder，"Der Manichäismus nach neuen Funden und Untersuchungen，" *Morgenland*，XXVIII（1936），99；H. C. Puech，*Le Manichéisme*，*son fondateur*，*sa doctrine*（Paris：Musio Guimet Bibliothèque de Diffusion，1949），pp. 82-83 and *passim*. 摩尼对耶稣的重新评价，明显地类似于

大乘佛教的教导者将历史上的佛陀改观的形象引入佛教。但是印度的宗教容忍传统只是将大乘接受为佛教的一种形式，而摩尼的教导从一开始就被基督教徒认为是邪恶的异端，因为它接近于基督的启示，所以比所有的异端更邪恶。

78 作为一个有高度自觉意识的先知，摩尼企图防止他自己教义的任何类似的腐化，亲自写出了本教的“圣经”，并发布了严格的训令，严禁未经认可的抄写。A. Christensen，*L'Iran sous les Sassanides*，pp. 198-199.

79 琐罗亚斯德教的祭祀们将他们的愤怒不只指向摩尼，他们毕竟只指控他歪曲了先知的真正预言，他们也同样反对基督教徒、犹太人、佛教徒和婆罗门。参见：R. C. Zaehner，*Dawn and Twilight of Zoroastrianism*，pp. 186-190. 给整个事件增添了特别的尖锐性的是在琐罗亚斯德教的显贵中的派别争吵，它发生在一个更为大胆地思考与融合的派别［不准确地称为“楚尔凡派”（Zurvanism）］和更严格地保守与反知识化的“马兹达派”（Mazdean）正统之间。敌对的派别分裂倾向，是琐罗亚斯德教内无控制的神学思考精神的自然结果。同时代的基督教神学显示出同样的丰富性。参见：R. C. Zaehner，Zurvanism，对不同的“楚尔凡派”教义进行了天才的复原。

80 马兹达克派被他们的敌人指控为赞同在财产和女人上实行共产主义。一个新近的研究者认为，这可能不过是意味着他们通过公布新的婚姻和继承法律，打破了萨珊王朝的阶级和家庭感，这将破坏贵族在社会中的首要地位。参见：R. P. de Menasse，“L'Église mazdéene dans l'empire sassanide,” *Cahiers d'histoire mondiale*，II（1955），561-562. 但旧观点则参见：A. Christensen，*L'Iran sous les Sassanide*，pp. 337-340，而马克思主义的解释见 Ottokar Klima，*Geschichte einer sozialen Beweung im sassanadischen Persien*（Prague：National Czechoslovak Academy，1957）.

81 除了所有人类的灵魂在上帝眼中价值是平等的教义观点外，基督教会在它的头几个世纪的信众主要是城市的和下层的阶级。甚至在国家的支持使基督教信仰对富有的和有野心的人有吸引力之后，像埃及僧侣那样的群体，不止一次公开反抗帝国的权力，并和城市的穷人保持着强有力的联系。确实，尽管有军事独裁，晚期罗马和早期拜占庭社会从整体上说比早期罗马帝国远为民主。农民们一再地通过在军队的擢升，直到披上皇帝的紫袍，教会和国家的高级官员经常从背景低贱的人中募用。独裁和民主比初看起来要有远为密切的关系，如 20 世纪的政治使我们想到的那样。

82 S. Runciman，*Byzantine Civilization*，p. 109.

83 Eusebius 的叙述，*Life of Constantine*，III，6-15，清楚地反映了大多数在尼西亚集会的基督教主教，感受到皇帝的威严时的敬畏。

84 这个概括有一些例外。例如，米兰主教安布罗斯（Ambrose，卒于 397 年），能够迫使皇帝狄奥多西在萨罗尼加（Salonika）进行大屠杀的罪行做公开忏悔。安布罗斯对教士作用的高傲观念，在西部得到了主要的支持，那里在 5 世纪后民政权力衰弱或不存在了，主教们成为社区无形中的政治和精神领袖。

85 例如，查士丁尼的拉丁语与他的母语同样流利，虽然他出生在今天的南斯拉夫（Yugoslav）城镇尼士（Nish）。

86 例如这种观点，基督完全是神性的，化身为人身只不过披上了人性的外观，没有玷污他自己真正的本质。

87 Charles Diehl，*Manuel d'art byzantine*（2d ed.；Paris：Editions A. Picard，1925），I，9-23 and *passim*；O. M. Dalton，*East Christian Art*（Oxford：Clarendon Press，1925），pp. 1-14 and *passim*.

88 强健纵欲的雅利安武士转变为《奥义书》的苦行者可以说是同样戏剧性的，但这发生在印度的生活方式完全超出野蛮水平之前。

89 参见：George Peter Murdock，*Africa：Its Peoples and Their Culture History*（New York：MeGraw-

Hill, 1959), p. 45 and *passim*. Murdock 的方法是探索农业作物和其他文化踪迹的扩散，可能不是绝对可靠的，但是他的书代表了前伊斯兰化时期非洲史的巨大进步。参见：Diedrich Westermann, *Geschichte Afrikas：Staatenbildungen südlich der Sahara*(Cologne：Greven, 1925), 276-301 and *passim*；E. Wallace Budge, *A Histoy of Ethiopia*(London：Methuen and Co., 1928), I, 52-103, 204-264.

90 M. I. Rostovtzeff, *Iranians and Greeks in South Russia*, pp. 189-191, 206-208.

91 参见：René Grousset, *L'Empire des steppes*, pp. 109-110.

92 爱尔兰基督教的一些独有特点可能根源于凯尔特人的德鲁伊教，在德鲁伊教后面潜伏着西欧古代的巨石(Megalithis)宗教。例如，爱尔兰圣人们高级的社会地位，爱尔兰修道院中对学术的强调，都疑似德鲁伊(和巨石)祭司们已知的方术。Gordon R. Willey, "Prehistoric Civilizations of Nuclear America," *American Anthropologist*, LVII, pp. 571-593；G. H. S. Bushnell, *Peru*(New York：Praeger, 1957), pp. 52-53.

93 Gordon R. Willey, "Prehistoric Civilizations of Nuclear America," *American Anthropologist*, LVII, pp. 571-593；G. H. S. Bushnell, *Peru*(New York：Praeger, 1957), pp. 52-53.

94 印加人(Incas)的秘鲁，即从公元 14 世纪到 16 世纪早期的秘鲁，类似于法老的埃及，在政治和经济的控制上是非常中央集权化的。可能 20 世纪斯大林主义的苏联是一系列这类社会中最近的一个，即依靠中央集权和大规模的强制企图“赶上和超越”一个较古老的文明(不管是否有意识地这样做)。

95 玛雅人的纪年提供了独一无二的相当程度的精确性，这一点基于这个事实，即玛雅的象形文字已能达到最易辨读的程度，可释译刻在典礼石柱上的年代日期；并且，在把玛雅人的历法翻译成我们的历法上，专家近来已做得非常好。因而可以说，今天所知最早刻有年代的石柱，是在公元 328 年 4 月 9 日供奉的，其精确性是十分令人满意的。参见：J. Eric S. Thompson, *The Rise and Fall of Maya Civilization*(Norman, Okla.：Oklahoma University Press, 1954), p. 53.

96 估计每年工作 48 天能够维持今天一个玛雅人和他的家庭生活。因而农业技术在尤卡坦(Yucatán,现代玛雅人居住的地方)从古代以来改变很少，一种类似闲暇的空余时间可能很多，因而这时可以大规模建造玛雅的神庙群。

97 除了分别引用的书外，我参考了 G. Morley, *The Ancient Maya*(Stanford, Calif.：Stanford Universtiy Press, 1946)；Walter Krickeberg, *Altmexikanische Kulturen*(Berlin：Safari Verlag, 1956)；Hans Dietrich Disselhoff, *Geschichte der altamerikanischen Kulturen*(Munich：Verlag R. Oldenbourg, 1953).

第 9 章　中东的复兴(公元 600—1000 年)

1 当然，印度宗教在教条上规定的不那么苛刻，比基督教或伊斯兰教都要宽容得多。尽管如此，伊斯兰教单方面的不宽容，至少在原则上把所有印度宗教看作“偶像崇拜”，似乎已经在实际上将印度教徒孤立于伊斯兰文明之外，一直到 11 世纪穆斯林的政治统治到达印度河以外地区为止。

2 蚕茧在 552—554 年之间从中国偷运到拜占庭领地。到 6 世纪末，丝织业在那里发展得相当不错。参见：G. F. Hudson, *Europe and China* (London: Edward Arnold & Co. , 1913), pp. 120-122; R. S. Lopez, "Silk Industry in the Byzantine Empire," *Speculum*, XX (1945), 1-42.

3 安纳托利亚曾属于波斯，而这时在拜占庭统治之下(经常是不稳定的)。所以除它之外，穆斯林的第一次爆发式扩张几乎恰好是在曾经属于波斯和迦太基古代帝国的领土界限之内。希腊化时代的文化侵入及其凌驾于本地区更古老的文化之上的状况，还没有完全从这里的人们的记忆中消失。这一点无疑为最初的穆斯林进军提供了便利宽松的条件。

4 在文明民族的军队中作为雇佣兵服役，是第二位的但也经常是非常重要的熟悉文明民族的途径。

5 穆罕默德的宗教体现的是一种类似的做法。但是它在使文明人的宗教适应本地需要方面，更加重要和具有首创性。

6 穆罕默德启示的内容清楚地表明，他本人熟悉某些《圣经》故事。这可能是他年轻时到巴勒斯坦和叙利亚边境从事远途贸易时，在商队篝火旁听到的。

7 伊斯兰这个词的意思是“服从”或“顺从”（安拉的意愿）。

8 我对穆罕默德生平的评述总体上基于3本很好的书籍：Tor Andrac, *Mohammad: The Man and His Faith* (New York: Barnes & Noble, 1957); W. Montgomery Watt, *Muhammad at Mecca*(Oxford: Clarendon Press, 1953); and W. Montgomery Watt, *Muhammad at Medina* (Oxford: Clarendon Press, 1956).

9 穆罕默德没有留下儿子。穆斯林社团领袖职位的世袭权因而落在他的女儿法蒂玛（Fatima），即阿里的妻子的后裔手中。阿里是穆罕默德的表兄弟和最先皈依先知的杰出人物之一。随着日后波斯和拜占庭的世袭统治权理念渗透到穆斯林社团，并在其中流传开来，这种对权力的索求才变得重要起来。在伊斯兰教之前的阿拉伯地区，世袭原则没有成为人们遵循的定制。因为部落领导权非常重要，不能委托给未成年人或无能之辈。

10 在波斯，贵族、平民和君主之间存在着严重的紧张关系，马兹达克宗教革命运动就是其证明。6世纪末以后丝绸贸易的衰减，是使这种敌对关系尖锐化，并使国库严重枯竭的一个可能因素。当时拜占庭人培育蚕茧成功，不再需要从中国进口丝绸。长久以来，波斯人是丝绸贸易的中间人，萨珊波斯的城市和王室金库都从中获取了丰厚的财政收入。波斯人在606年到630年的战争中，以空前的规模进攻罗马，在某种程度上无疑是一种孤注一掷的努力。因为从前波斯国王向运丝到叙利亚的商队征税，现在想通过劫掠和攫取来弥补其从征税中所得的财富。没有这种金钱收入，他就不能维持适当的常备军，用以抗衡棘手的波斯封建贵族。有关萨珊王朝的记载缺乏，因此对帝国王权的任何估计只能是臆测；但萨珊王朝的某种急剧衰弱的现象，似乎解释了穆斯林征服何以如此容易。

11 有关阿拉伯人战争的武器、兵力、战术和其他方面的详情资料非常匮乏。参见：Reuben Levy, *The Social Structure of Islam* (Cambridge: Cambridge University Press, 1957), pp. 407-445; Friedrich W. Schwartzlose, *Die Waffen der alten Araber*(Leipzig: J. C. Hinrichs, 1886); *Encyclopedia of Islam*, “Yarmuk,” “Nehawand,” “Al-Kadisiya” 相关条目。有必要指出的是，每日的祈祷必然在很大程度上和现代的队列操练一样，对军队产生心理上的作用。祈祷者集体以正确的姿势诵经，每天祷告5次。这必然反复给士兵灌输了团结一致的意识，并使他们养成了服从指挥官的习惯，而指挥官在早期也就是祈祷仪式的领导者。这种训练无疑在很大程度上克服了任何游牧部落联盟长期存在的弱点——因部落和个人的争斗造成的不服从。另外，为安拉的事业战死必然会立即进入天堂这个信念，更增强了每个战士奋不顾身作战的勇气。

12 后来，虔诚的穆斯林以阿里及其于680年在与倭马亚人的战争中被杀的儿子侯赛因（Husain）为主题，编撰了许多神话。随之，围绕哈里发权位是否就属于阿里的后代这个问题，伊斯兰教内部产生了两个主要的派别：逊尼派（Sunni）和什叶派（Shi’a）。然而，阿里去世后，他的追随者很快就少得可怜了。

13 阿里本人以伊拉克为基地这个事实，使伊拉克人幻想事情本应是另一种状况，也使这个地区成为特别有利于阿里教派发展的地方。

14 《古兰经》有多种英译本，但是它的文字力量几乎难以用英语表达出来。从文字效果的角度来看，最好的译本是 A. J. Arberry, *The Holy Koran*(London: Allen & Unwin Ltd. , 1953)。

15 这不足为奇，即使对《古兰经》和圣训做巧妙解释，它们也不足以作为世间所有情况的指导。因而，穆斯林法学家开始接受信仰者社团的共识可作为法律的补充来源。对于此种做法的解释是，安拉不会让整个社团犯错。此外，还允许合法的类推，用以扩充宗教法可以处理的事情的范围。正是这两点补充原则将模棱两可和随机应变的特点，带进了穆斯林法律。随机应变形成的另一个元素来自伪造的圣训。通过这些做法，一个可行的法律体系便在伊斯兰教产生后的头两个世纪形成了。它几乎涵盖了复杂的和城市化了的中东穆斯林城市生活中可能发生的一切状况。四个正统的法理学派对其做了些微的改动，但没能抵消这样一个事实，即一旦某一法则进入宗教法，就不能被撤销或修正。穆斯林教法比西方法律僵化死板得多，从长远来看，这严重阻碍了穆斯林社会的发展。

16 在穆斯林世界遥远的西方——西班牙，从 756 年起就由倭玛亚家族统治着，但一直到 10 世纪才自立为哈里发政权。这个倭玛亚帝国从未承认阿拔斯哈里发政权。

17 阿拔斯家族是阿里的旁系亲属，他们极尽全力宣传和利用这个关系。

18 到 10 世纪，由犹太人经营的一种银行系统，使得通过信用证长途转移资金成为可能。巴格达的大银行家们以全部省份的预期的税收作担保，向哈里发放贷，从而满足后者的财政需求。参见：Walter Fischel, "The Origin of Banking in Medieval Islam," *Journal of the Royal Asiatic Society* (1933), pp. 339-352, 569-604.

19 这种遗产通过与伊斯兰教相抵触的基督教神学和论辩术而传入，有的则直接来自异教徒哲学。参见：Louis Gardet and M. M. Anawati, *Introduction à la théologie musulmane, essai de théologie comparée*(Paris: Librairie Philosophique, 1948), pp. 37ff.

20 阿拔斯时代主要的教义之争的症结是，《古兰经》是真主自有的语言，因而是神性本质不可缺少的一部分，还是后来随时随地创造的，因而是真主的创造物，不是其本质自有的一个部分。直到 9 世纪中叶，哈里发支持后一种观点。但是，民间虔诚派最终胜出，巴格达街头偶尔的暴乱反映了这一点。从此以后，那种极端主义的观点，即《古兰经》确实是神性本质不可缺少的一部分成为法定的看法。教义上的这个转折点多多少少表明了早期比较理性主义的神学的失败。比如，它曾经试图解释清楚《古兰经》中人格化的章节。但却依据这样一个观点：神是唯一的、永恒的和超越性的，在逻辑上不可能具有人类的特征。Gardet and Anawati, *Introduction à la théologie musulmane*, pp. 47-60.

21 阿拉伯知识和纯文学特别奇怪的地理分布，在很大程度上是世俗文学、哲学和科学过分依赖于宫廷保护的结果。从 10 世纪起，两者均倾向于集中在穆斯林世界的边缘地带：伊朗东部和西班牙。正是在这些地区，独立的宫廷和地方上层社会的庇护的做法最早出现，而且保持得最稳定。

22 参见：H. A. R. Gibb, *Arabic Literature, an Introduction* (London: Oxford University Press, 1926), pp. 14-81; R. A. Nicholson, *A Literary History of the Arabs* (Cambridge: Cambridge University Press, 1930)。有一本非常好的英语翻译作品汇编，Eric Schroeder, *Muhammad's People* (Portland, Me. : Bond Wheelwright Co. , 1955)。它生动地概述了早期阿拉伯文学和穆斯林社会的特征和多样性。

23 参见：George Marcais, *L'Art de l'Islam* (Paris: Larousse, 1946), pp. 19-60; M. S. Dimand, *A Handbook of Muhammedan Art* (2d ed. ; New York: Metropolitan Museum of Art, 1944), pp. 7-25, 85-91,132-135; Ernst Diez, *Die Kunst der islamischen Völker* (Berlin: Akademische Verlagsgesllschaft Athenaion, 1917), pp. 7-70.

24 在美索不达米亚北部的哈兰（Harran），一个博学的异教徒社团在穆斯林时代幸存了下来。或许是这些人把源自古代巴比伦尼亚知识中的一个数学传统，引进到穆斯林科学之中。参见：A. Mieli, *La Science arabe* (Leiden: E. J. Brill, 1938), pp. 84-85.

25 早在 622 年，一位叙利亚基督教徒就提到了这些数字。在哈里发曼苏尔（754—775 年在位）时期曾把梵文的悉檀历法（Siddhanta）翻译成阿拉伯文，这项工作引起了穆斯林对印度的算术符号方法的注意。几十年后，花拉子密赋予这些数字符号以新的用途。参见：George Sarton, *Introduction to the History of Science*, I (Washington: Carnegie Institute of Washington, 1927), 493-530.

26 关于苏菲主义，参见：A. J. Arberry, *Sufism: An Account of the Mystics of Islam* (London: Allen & Unwin, Ltd. , 1950).

27 一种形式独特的手工业行会迅速扩散，并从 10 世纪起在穆斯林世界时而显示出它在政治上的重要性。这或许可以被视为各种什叶派运动向外扩散的一个表现。参见：Bernard Lewis, "The Islamic Guilds," *Economic History Review*, VIII, (1973), 22-26. 应予注意的一点是，萨珊王朝宗教革命，即摩尼教和马兹达克派的模糊的历史，有可能是这些伊斯兰教派兴起的背景。

28 法蒂玛家族宣称是穆罕默德的女儿、阿里的妻子法蒂玛的后裔，基于这种祖先关系的力量，他们自命为真正信仰的伊玛目。在他们的北非掌权时期，整个伊斯玛仪派承认法蒂玛王朝的领导权。后来，当权者无视伊斯玛仪主义中比较唯信仰主义的方面，与现实责任妥协，从而导致了纯正派的分裂。关于伊斯玛仪派的概况，参见：Bernard Lewis, *The Origins of Isma'ilism* (Cambridge: W. Heffer & Sons, 1940)。

29 因为他们承认阿里之后的 12 位伊玛目，故被称为十二伊玛目派。

30 阿里的儿子侯赛因在 680 年卒于反对倭马亚政权的叛乱中。对侯赛因的哀悼仪式成为十二伊玛目派虔诚信仰的核心部分，其细节与非常古老的中东宗教悼念形式极其相似，即哀悼植被之神的死亡和再生。

31 除了单独引证的书籍外，我还参阅了下列有关早期伊斯兰教历史的权威著作：H. A. R. Gibb, *Mohammedanism: An Historical Survey* (New York: Mentor Books, 1953); H. A. R. Gibb, *The Arab Conquests in Central Asia* (London: Royal Asiatic Society, 1923); Bernard Lewis, *The Arabs in History* (2d ed. ; London: Hutchinson, 1954); Alfred Guillaume, *Islam* (Harmondsworth: Penguin Books, 1954); Ignac Goldziher, *Vorlesungen über den Islam* (2d ed. ; Heidelberg: Carl Winter, 19250; Gustave E. von Grunebaum, *Medieval Islam: A Study in Cultural Orientation*(2d ed. ; Chicago: University of Chicago Press,1953); G. von Grunebaum (ed.), *Unity and Variety in Muslim Civilization* (Chicago: University of Chicago Press,1955); G. von Grunebaum, *Islam:Essays in the Nature and Growth of a Cultural tradition* （"American Anthropological Association Memoirs," No. 81［April, 1955］; Carl Brockelmann, *History of the Islamic Peoples* (New York: G. P. Putnam's Sons, 1947); Edward G. Browne, *A Literary History of Persia* (Cambridge: Cambridge University Press, 1956); T. W. Arnold, *The Preaching of Islam* (2d ed. ; London: Constable& Co. ,1913); T. W. Arnold, *The Califate* (Oxford: Oxford University press, 1924); Berthold Spuler, *Iran in fruh-Islamischer Zeit* (Wiesbaden: Franz Steiner Verlag, 1952); A. J. Wensinck, *The Muslim Creed* (Cambridge: Cambridge University Press, 1932); Maurice Gaudefroy-Demombynes, *Muslim Institutions* (London: Allen & Unwin, Ltd. , 1950); M. Gaudefroy-Demombynes, *Le Monde musulman et byzantine jusqu'aux Croisades* (Paris: E. de Boccard, 1931); Louis Gardet, *La Cité musulman, vie sociale et politique* (Paris: J. Vrin, 1954). 然而，使我受益匪浅的主要是一篇尚未出版的"Manual of Islamic Civilization"，它是 Marshall G. S. Hodgson 为芝加哥大学的"Introduction to Islamic Civilization"课程准备的手稿。

32 毫无疑问，伊斯兰教统治区域内继续有相当多的基督教徒存在。但是，在阿拔斯时代，他们成为少数群体，通常被限定在特定的职业中，并沦为没有资格和社会地位的人。少数基督教徒在商业和知识方面的突出成就，经常与基督教徒的总人数不成比例。基督教世界中的这些零散和沉沦的地方没有构成一个有内聚力的社会实体，它们只是作为伊斯兰社会实体中的不同教派而存在。

33 在 673 年到 680 年间，哈里发的舰队从马尔马拉海（Marmora）内的一个基地封锁了君士坦丁堡。只是由于拜占庭方使用了“希腊火”（一种非常易燃的混合物，至今尚未确定其确切的化学成分，可能是当时的新发明），才迫使穆斯林舰队撤退。又如我们已知，在 717 年到 718 年，穆斯林再度封锁了君士坦丁堡，这次是从海陆两个方向。之后，内部动乱将能干的将军利奥三世推上了帝位，城市因其而得救。

34 斯拉夫人是怎样完全取代（或替换）了早期的巴尔干民族，一直以来是个争议性问题。J. P. Fallmerayer, *Geschichte der Halbinsel Morea während des Mittelalters* (Stuttgart: J. G. Cotta, 1830) 一书认为，巴尔干半岛曾经历过一次完全的斯拉夫化。对上述见解的赞成和反对的观点，A. A. Vasiliev, *History of the Byzantine Empire* (new ed. ; Madison: University of Wisconsin Press, 1958) 一书做了总结。通常的情况是，每当斯拉夫定居者渗入到地中海气候地带，希腊化（或亚得里亚海岸的拉丁化）就迅速展开。此种情况的可能是由下面这个事实造成的：原始的斯拉夫人独特的社会单位——家长制家族公社（Zadruga）几乎不能适应半商业化的农业，比如，在巴尔干半岛葡萄酒—橄榄油产区盛行的那种。家长制家族公社在它的成员中分摊损失和收入，成员是若干小家庭，他们通常因共有同几个祖先而联合起来。在近乎无政府状态下，当人身安全不断处于危险之中的时候，这种社会单位的维持性农业方式可能的确有其优势。在当时的那个时代，罗马法使早先的巴尔干社会流行这种单独的家庭农业单位，它很容易因丧失成年男子而消失。这种情况对属于一个家长制家族公社的家庭来说，算不上灾难。因为其他家长制家族公社成员会自然而然地承担起抚养和保护孤寡的义务。关于家长制家族公社，参见：Philip E. Mosley, “The Peasant Family: The Zadruga, or Communal Joint Family in the Balkans, and its Recent Evolution,” in Caroline F. Ware (ed.), *The Cultural Approach to History* (New York: Columbia University Press, 1940), pp. 95-108.

35 可萨人经常与穆斯林交战。在遭受了严重的失败之后，可萨汗王甚至一度被迫改信了伊斯兰教（737 年）。随着阿拔斯王朝革命而起的动乱事变（744—751 年），来自穆斯林方面的压力减缓。好像就在这时，可萨人的统治阶层信奉了犹太教，以此确保他们在精神上独立于穆斯林和基督教世界之外。关于这个时期西部草原地带历史的评述，我依据的是 Rene Grousset, *L'Empire des steppes* (Paris: Payot, 1939), pp. 124-142, 226-238; D. M. Dunlop, *The History of the Jewish Khazars* (Princeton, N. J. : Princeton University Press, 1954), pp. 41-170.

36 在 732 年丕平的儿子和继承者查理・马特顺势将其父在高卢没收的地产扩展为教会地产。但是，出于虔诚之心，他允许高级教士保留名义上的所有权，只要求主教和修道院长们把这些土地上的收入分配给合格的勇敢战士。因为这种封赐而致富的人必须装备为重装甲骑兵，随时响应查理的召唤。一支强有力的装甲骑兵队伍，或者按照他们熟知的欧洲名称——骑士，就这样首次在法兰克人的土地上创立了。比起较早的日耳曼人步兵，骑士掌握着更先进的技术。骑兵在战场上和赶赴战场时更加机动灵活。自从人类学会骑马开始，这个优点就表现了出来。更重要的是，马镫的使用和以固定的长矛攻袭敌人的战术的运用，产生了令人震撼的新的攻击力。这种战术将人和马的全部重量置于矛头之后。除了类似装备的骑兵，其他都不可能在相反方向挡住如此大的力量。其缺点是，要使这种战术发挥实效，需要长期的训练和特别昂贵的装备。所以，查理・马特没收反对者的地产。参见：Lynn White, *Medieval Technology and Social Change* (Oxford: Clarendon Press, 1962),1-18. 此书就此做了深刻的总结，取代了先前的讨论。

37 曾在 669—690 年间任坎特伯雷（Canterbury）大主教的塔尔苏斯的西奥多（Theodore of Tarsus），在将英格兰教会完全纳入罗马势力范围方面，发挥了很大作用。西奥多的职业生涯开始于小亚细亚圣保罗的诞生地。从那里，他先到了罗马，后又到了坎特伯雷。西奥多的事业说明，尽管那个时代基督教世界在政治上四分五裂，但它本质上还是统一的。

38 Archibald Lewis 的 *Naval Power and Trade in the Mediterranean* 500—1100（pp. 89-131）一书认为，这是一场拜占庭的经济战争。它开始于 693 年，但只是在 718 年之后才产生了效果。因为那时拜占庭舰队再度恢复了巡海力量，切断了法兰克地区和黎凡特之间的经济联系。这些联系在墨洛温王朝时代一直维持着，基本上是以奴隶和森林产品交换东方的手工业产品。拜占庭掌握了黑海以北的奴隶和森林产品，不需要高卢的任何东西。因而拜占庭的制海权对法兰克人和叙利亚的经济具有破坏性。此外，法兰克人和拜占庭人双方在意大利是政治竞敌，拜占庭当权者自然不会为了给新兴法兰克人增加财政收入来源，而鼓励加强加洛林王朝国家力量的贸易。Lewis 认为，拜占庭的重商主义政策导致了叙利亚和法兰克地区间贸易的衰落。而 Pirenne 则将这个贸易衰落的原因归于阿拉伯人的征服。这样，Lewis 就把 Pirenne 的著名论点整个颠倒了过来。参见：Henri Pirenne, *Mohamet et Charlemagne* (7th ed. ; Paris: Felix Alcan, 1937); Robert S. Lopez, "East and West in the Early Middle Ages: Economic Relations," *Relazioni del X Congresso Internationale di Scienzi Storiche*, III (Florence: G. C. Senisoni, 1956), 113-163; Bryce Lyon, "L'CEuvre de Henri Pirenne après vingt-cinq ans," *Le Moyen Age* (1960), 437-493.

39 基督教推动了日耳曼人内部的社会分化过程，因为基督教教义既提升了国王的权力和神圣不可侵犯性，又根据等级制度的教会组织这个基本原则，把一个全新观念引进到了边远的地区，即社会组织的非部落性和权威性。

40 究竟是什么力量推动偶像破坏运动，还不清楚。利奥三世是一个士兵，东部小亚细亚人，在倭马亚王朝对君士坦丁堡大围攻的危机时刻（717—718 年），他上台掌权。可能出于个人的宗教信念，或者是希望阻止穆斯林对基督教徒"偶像崇拜"的批评，他发动了偶像破坏运动。利奥三世可能曾企图安抚小亚细亚东部盛行的清教主义情感，因为拜占庭军队中的最优秀的战士是从那里征召来的。他或许也希望剥夺修道院的一些权力和财富。支持皇帝政策的确实大有人在，特别是在军队中。但是，获胜的偶像崇拜者制造了各种证据，它们非常细致全面，以至于使偶像破坏一方的动机和理由几乎不可能成立。参见：A. A. Vasiliev, *History of the Byzantine Empire*, I, 251-258, 263-264; P. J. Alexander, *The Patriarch Nicephorus of Constantinople: Ecclesiastical Policy and Image Worship in the Byzantine Empire* (Oxford: Clarendon Press, 1958), 111-125, 214-225.

41 在 812 年，法兰克人割让了亚得里亚海东北海岸的大片领土给东罗马帝国。作为报答，东罗马帝国皇帝承认了查理曼，并使其国王称号合法化。

42 在 904 年，穆斯林海上攻击者夺取并洗劫了拜占庭的第二大城市萨罗尼卡（Salonika）。除了君士坦丁堡本身的失守之外，这可能是拜占庭制海权衰败的最剧烈的表现了。就拜占庭舰队衰落的理由，A. Lewis 在其 *Naval Power and Trade in the Mediterranean*(pp. 120-131) 一书中，提出了有趣的看法。他基本上归因于帝国在 8 世纪早期采取的限制贸易的政策。Lewis 认为，拜占庭的这个政策妨碍了希腊人的海上事业，也中止了叙利亚和埃及的商业活动。随着希腊人海上贸易的衰落，北非近似海盗的冒险家，以及那些从未被君士坦丁堡完全控制的意大利"强盗"们，便取而代之。拜占庭海军力量的物质和人力基础萎缩了。一直到 827 年，地中海海军力量平衡的突然改变，才使原先的缓慢转换突显出来。这个有趣的观点看上去与现代自由贸易的原则吻合，而实际上也的确吻合。

43 详细的地理状况非常模糊，但可以参考：D. M. Dunlop, *History of the Jewish Khazars*, pp. 196-204; C. A. Macartney, The Magyars in the Ninth Century (Cambridge: Cambridge University Press, 1930); George Vernadsky and Michael de Ferdinandy, *Studien zur ungarischen Frühgeschichte* (Munich: Verlag R. Oldenbourg, 1957).

44 在斯堪的纳维亚发现了萨珊王朝、马玛亚王朝和阿拔斯王朝的钱币，证明中东和斯堪的纳维亚之间在特别早的时候，就已经有重要的商业往来。可能从 8 世纪晚期开始，罗斯人就沿着水路深入到了俄罗斯。但是，好像在 840 年左右，本地民族将它们驱逐出去。从那时起，大约又过了 20 年，罗斯人才被有条件地召请回来（862 年）。这是因为当时为了扼制可萨人的扩张（与可萨人一道的可能还有马扎尔人）威胁，需要这些北方人的军事威力的保护。参见：George Vernadsky, *A History of Russia* (new rev. ed. ; New Haven, Conn. : Yale University Press, 1944), pp. 19-30; Archibald R. Lewis, *The Northern Sea: Shipping and Commerce in Northern Europe, A. D.* 300-1100 (Princeton, N. J. : Princeton University Press, 1958),pp. 270-274; S. F. Cross, "The Scandinavian Infiltration into Russia," *Speculum*, XXI(1946),pp. 505-514; F. Dvornik, *The Making of Central and Eastern Europe* (London: Polish Research Center, 1949), pp. 5, 61-64.

45　罗斯人的成功可能在于人力资源的优势。正如保加尔人从前所做的那样，斯堪的纳维亚战士们本身很快就同化于他们统治的斯拉夫人社会。因而，罗斯国家获得了相当大量的农业人口的支持。而可萨人却可能是完全依赖于游牧社会，而这个社会本身的人口非常少。关于河流上的战争和商业的战术和战略，还没有完全弄清楚。如果近身战和掠船战术盛行，那么游牧者对务农者作战的固有优势，在控制水路和贸易的斗争中，基本派不上用场。游牧民的骑兵能够从岸上射箭骚扰船只，但此种战术却阻止不了航行。有两种情况除外，一是急流使船只不能连续航行；二是从一个河流系统到另一个必须需要路上搬运。而实际情况是，大多数搬运在北方森林地带进行，靠近罗斯河流的源头，因而游牧者不易控制。靠近现代第聂伯罗彼得罗夫斯克（Dniepropetrovsk）的第聂伯河等急流，因而成了最关键的战略地区。在那里，统治着辽阔草原的游牧者和控制着河道的罗斯人发生了直接冲突。

46　参见：Mathew Spinka, *A History of Christianity in the Balkans: A Study in the Spread of Byzantine Culture among the Slavs* (Chicago: American Society of Church History, 1953), pp. 22-56.

47　Lynn White, "Technology and Invention in the Middle Ages," *Speculum*, XV (1940).

48　这些论述的主要证据建立在对田地形状的研究的基础之上，因为重型铧式犁掉头困难，只能在"长条"田地上发挥很好的功效。详情参见 Marc Bloch, *Les Caractères origimaux de l'histoire rurale francaise*(Paris: A. Colin, 1952); Lynn White, "Technology and Invention in the Middle Ages," 141-159; *Cambridge Economic History of Europe*, I, 127-132; Charles Singer (ed.), *A History of Technology*, II, 86-93.

49　庄园史通常是从法律视角研究的。这个事实掩盖了在 9—10 世纪欧洲农业发生的重大技术变革。农民与地主的依附关系源自罗马时代，并在新秩序中保留下来。充分发展的中世纪庄园，是以重型铧式犁这种十分不同的技术为基础的。它取代了独立农民家庭耕种小块土地，或者大队奴隶开垦比较大片土地的耕种方式。应用这种技术，需要集中圈养耕畜，并在敞开的条地上耕种。我对中世纪庄园制度的技术基础的理解，大部分来自公认的一流的学术讨论。参见：C. S. and C. S. Orwin, *The Open Fields* (Oxford: Clarendon Press, 1938). 也参见：Lynn White, *Medieval Technology and Social Change*, pp. 39ff.

50　西北欧平稳的气候和潮湿的夏天是墨西哥湾暖流赐予的礼物，它使得这里在春秋两季都能种植谷物。这令地中海粮食耕作显著的季节性特点逊色不少。一个地中海农民每年只能耕种三到四个月，而西北欧的一个中世纪农夫却可以在一年中的大部分时间，不停地耕种。只有在冬天，牲畜因缺乏充足的草料可吃，不能干重活，并且土壤也结冻，他才不得不停工。在夏天，当其他田地长满庄稼时，他们还要整休耕地，为冬季作物播种做准备。在秋季和初春，种春季粮食的田地需要同样的工作。这样做的结果是，一般农民家庭能够耕种的土地面积增加了。公元前 5 世纪，一个雅典家庭平均约有 5～10 英亩地，而中世纪英格兰的农民家庭平均有 30 英亩耕地。此外，因为当时能在一年中比较平均地分配劳动，所以单个农民家庭能够比古典时期生产出更多的剩余粮食。城镇的粮食供应一直是古代希腊人和罗马人的问题，而在中世纪欧洲，只有在地方庄稼歉收时，城镇粮食的供应才成为问题。在这种情况下，与古典时代相比，集约型城镇化有了更多的可能性。

51 9世纪国王权威在这个地区完全崩溃，便利了地方防卫体系的发展。从国王起自上而下构成的封主封臣等级制度，虽多少有些不真实，但却给那个时代披上了一件合法的外衣。封建制度在法兰克北部发展较早的另一个原因是，那里的农民大部分源自罗马的隶农，早就失去了自卫的习惯。他们也没有部落团结的传统，可以用来阻止接受通常是自命的强势军阀作为主人。在东部纯日耳曼人的地区，部落团结仍明显存在。部落成员不那么容易接受依附和从属地位。部落的公爵（或日耳曼人国王）也比较不容易获取维持相当数量的重要骑士队伍的财富。但是，查理曼军队通常由农民士兵构成，在对抗机动的打击力量，如马扎尔人的骑兵、北欧海盗船员，或当时法兰克风格的骑士方面，几乎根本没用。因而，萨克森皇帝们（919-1024年）的“老式”军队组织，逐渐为采邑骑士所取代。然而，封建制度传入日耳曼，也导致日耳曼王国丧失了大部分实权，正如早些时候在法兰克发生的情况一样。

52 欧洲人使用了具有巨大冲击力的马镫和长矛，这一独特方式就构成了优势。同时，对于其他地方继续用作主要骑兵武器的弓箭，他们也予以蔑视。参见：Lynn White, *Medieval Technology and Social Change*, 1-38。法兰克人更喜欢肉搏战，这个古老的偏好至少可以追溯到迈锡尼时代。他们将它一直保持到中世纪盛期。为了不被射中，需要在树木很多的地方作战。欧洲人蔑视投掷武器，这或许是一个讲得通的解释。

53 作为反证的例子，参见穆罕默德早期追随者的职业生涯。他们被从贸易城市的周边地区招募而来，非常成功地进行了攻击和征服。

54 有关北欧海盗贸易的启发性的评述，参见：A. R. Lewis, *The Northern Seas*, pp. 282-286 ff.

55 参见 George Fadlo Hourani, *Arab Seafaring in the Indian Ocean in Ancient and Early Medieval Times* (Princeton: N. J. : Princeton University Press, 1951), pp. 51-84.

56 K. A. Nilakanta Sastri, *A History of South India from Prehistoric Times to the Fall of Vijayanagar*(Madras: Oxford University Press, 1955), pp. 361-363.

57 没有明显的证据表明神庙和朝廷间的不和。王室依靠慷慨赐赠的土地或其他收入，建立起宏大神庙。他们兴建神庙，不仅为了展现神的伟大，也为了光耀统治者自身。

58 根据 K. A. Nilakanta Sastri, *A History of Southern India*, pp. 57-59, 德拉维人从里海来到了印度，苏美尔人可能也是从那里来到印度的。关于美索不达米亚和印度河文明之间的联系的可能性，见上引书 p. 85。可想而知，乡村的信仰和崇拜活动保存了印度河或其他很古老的传统元素，例如非常鲜见的神庙妓女现象。由于神庙是木质结构，因此没有给考古学家留下可寻的痕迹，但它可能提供了一种社会的，而非建筑的模式。以此为基础，6世纪以及之后的几个世纪里的印度教神庙创造并发展起来。

59 有趣的是，欧洲的巫术呈现出某些与怛特罗派的相似之处。新石器时代的宗教背景也可能是欧洲巫术的根源。参见：Henry T. F. Rhodes, *The Satanic Mass: A Sociological and Criminological Study* (London: Rider & Co. , 1954); Margaret A. Murray, *The Witch Cult in Western Europe* (Oxford: Oxford University Press, 1921); Elliot Rose, *A Razor for a Goat: A Discussion of Certain Problems in the History of Witchcraft and Diabolism* (Toronto: University of Toronto Press, 1962). 虽然（或者也许因为）有大量的文学作品，但很少有怛特罗派教义的研究。至少直到最近，欧洲人从道德感情上厌恶怛特罗派的仪式；它的一些更为极端的表现，也使许多印度学者感到窘迫。对怛特罗派教义的总结，参见：Mircea Eliade, *Le Yoga* (Paris: Payot, 1954), pp. 205-273; Edward Conze, *Buddhism*, pp. 174-199.

60 参见：Surendranath Dasgupta, *A History of Indian Philosophy* (Cambridge: Cambridge University Press,

1951), I, 429-439.

61 确实还有拒绝走捷径的人保留下来。有趣的是，商羯罗不仅综合了印度教的传统知识，而且还把寺院制度引进了印度教，以此来贬抑佛教。根据以前的婆罗门教义，一个人在完成了家庭责任，进入老年之后，才应该完全将自己奉献于追求神圣。这种教义至少肯定会使一些没耐心的年轻的宗教狂热分子转而进入佛教寺院。商羯罗建立的印度教寺院至少有 3 所，为这类人在印度教之内提供了一种机构上的避难所。尽管如此，寺院制度在印度教中从未真正发挥过重要作用。

62 从时间上讲，佛教与印度教的共生共存在东南亚远远多于印度本土。参见：G. Coedès, *Les États hindounisés d'Indochine et d'Indonesie* (Paris: E. de Boccard, 1948), pp. 205-207。受西藏当地文化因素的重要影响，这个地区的印度教和佛教具有某些独特之处。参见 H. G. Quaritch-Wales, *The Making of Greater India* (London: Bernard Quaritch, Ltd. , 1951)。作者特别强调那种被 Coedès 在整体上忽视了的本地特点。

63 印度的耆那教在很大程度上抵制了但特罗派运动，因此保留了它本身的特质。但耆那教只是作为一个教派存在了下来，其成员大部分只限于某些特殊的职业，主要集中在印度南部和西部。另一个甚至更独特的社团是拜火教徒（Parsee），即琐罗亚斯德教的信奉者。他们为了躲避穆斯林征服的灾难，在 8—10 世纪间来到了印度。作为一个非常小的社团，他们一直存在到今天，主要生活在孟买周边地区。

64 仪式化了的情感和最深奥的玄学的微妙结合，是印度教的独特之处。关于这种结合所产生的力量，E. M. Forster, *Passage to India* (London: Edward Arnold & Co. , 1924) 这部小说的最后一节做了很好的阐述。

65 比较从大约公元前 1100 年到罗马时代的埃及文明，两者具有相似的经历。

66 直到 715 年，中国人没有调用自己的军队直接进攻穆斯林。715 年，他们只是鼓励其在中部草原地带的突厥人盟友，支持那些反叛阿拉伯人的当地王公。

67 塔拉斯河战役，中国史称怛逻斯之役。——编者注

68 关于此叛乱中发挥了作用的社会力量，Edwin G. Pulleyblank 的分析具有说服力。参见他的 *The Background of the Rebellion of An Lu-shan*(London: Oxford University Press,1955)。

69 在 743—744 年的一次内讧后，一个称为回纥人的部落取代了东突厥部落联盟原先的领袖。但是，构成这个联盟的民族没有本质上的区别。

70 关于中国南方和运河系统的发展，参见：Ch'ao-ting Chi, *Key Economic Areas in Chinese History*(London: Allen & Unwin, Ltd. ,1936), pp. 133-130 and passim; Pulleyblank, *Background of the Rebellion*, pp. 27-28, 32-38; Hans Bielenstein, "The Census of China during the Period 2-742 A. D. ," Museum of Far Eastern Antiquities, Stockholm, *Bulletin*, XIX (1947), 125-162。文章附录中的人口地图，特别值得参考。

71 例如，《旧唐书》(*The Old T'ang History* 84. 1. b) 提到，742 年，水陆发运使命令"应当出售府县的粗粮，换取轻巧货物"。引自 Pulleyblank, *Background of the Rebellion*, p. 36。

72 Edward A. Kracke, *Civil Service in the Early Sung China*, 960-1067 (Cambridge, Mass. : Harvard University Press, 1953), p. 13.

73 关于贸易和城市的发展，参见：Stefan Balasz, "Beiträge zur Wirtschaftsgeschichte der T'ang Zeit," *Mitteilungen des Seminars für orientalische Spranchern zu Berlin*, XXXIV (1931), 21-25; XXXV (1932) 37-73. 佛教寺院在货币经济和非官方贸易的发展中发挥了非常重要的作用。虔诚者的捐赠使这些机构积累了大量财富，它们试图在较小的规模上仿效皇宫的做法，为宗教祭祀和僧侣们的自用寻求其所能得到的奢侈品。放贷也成了寺院的一项重要活动。参见：*Mitteilungen des Seminars für orientalische Spranchern zu Berlin*, XXV (1932),15-21; Jacques Gernet, *Les Aspects économiques*

du Bouddhisme dans la société chinoise du Vᵉ au Xᵉ siècle(Saigon: École Francaise d'Extrème-Orient, 1956), pp. 149-184. 可以确信，佛教通过中亚绿洲的商业城市传入中国。因而，在某种意义上讲，佛教寺院的商业和财政活动，将长久以来普遍存在于欧亚大陆西部的经济交换方式，直接带进了中国；并且，它们被调整得适合中国特有的组织机构。在这一点上，可参考佛教艺术风格传入中国的方式。佛教艺术最初原样传入中国，然后被按中国的审美观进行了调整。可以说，佛教无论是为中国的艺术，还是为中国人的经济生活，均做出了重要贡献。

74 参见：Pulleyblank, *Background of the Rebellion*, pp. 27-29, 61-74; J. Gernet, *Aspects économiques du Bouddhisme*, pp. 126-138; S. Balasz, "Beiträge zur Wirtschaftsgeschichte der T'ang Zeit," XXXIV (1931), 61-92; Denis Twitchertt, "Lands under State Cultivation under the T'ang," *Journal of the Economic and Social History of the Orient*, II (1959), 162-204.

75 欧洲和中国农业的区别，在唐代还没有表现得像后来那么充分。稻米在中国谷类作物中的突出地位刚刚开始显露，且只有水稻文化为精耕细作的园艺农业的充分发展提供了空间。而在 624 年，按官方标准，中国一个农民持有的土地为 12 英亩，还不到欧洲的半份地。当时欧洲的一份地（virgate）有 30 英亩。从零散的统计来看，实际持有土地的面积大致如此。参见：S. Balasz, "Beiträge zur Wirtschaftsgeschichte der T'ang Zeit," XXXIV (1931), 44-52。

76 造成欧洲和中国农业生活水平不同的第二个很重要的因素是气候。欧洲农业在中世纪早期向西北部扩展，把一个温度较低的地区带进了文明圈。与气候较暖地区相比，在这个地区，单单维持生物意义上的生存，就需要摄入更多的食物，需要更完善的住所和衣物。在这几个世纪中，中国的农业基本上是从寒冷气候向温暖气候地带的扩展，因为在温暖地带生存，对食物、住所和衣物的需求较低。

77 中国和西欧地理上的差异再次强化了这个对比。因为中国似乎总是受制于金属短缺（特别是铁），而西欧的铁和其他金属资源则相对丰富。参见：S. Balasz, "Beiträge zur Wirtschaftsgeschichte der T'ang Zeit," XXXV (1932)，23-25.

78 参见：何炳棣（Ping-ti Ho），"Salt Merchants of Yang-chou: A Study of Commercial Capitalism in 18th Century China," *Harvard Journal of Asiatic Studies*, XVII (1954), 130-168.

79 汉代首先制造了纸张，制瓷在唐代达到了技术上的纯熟，印刷术在中国于 756 年开始，化学爆炸物首次用于军事记录是在公元 1000 年。参见：T. F. Carter, *The Invention of Printing in China and Its Spread Westward* (2d ed. ; New York: Ronald Press, 1955), pp. 82-85; L. Carrington Goodrich and Feng Chia-sheng（冯家昇），"The Early Development of Firearms in China," *Isis*, XXXVI (1946), 114-123.

80 参见：Fung Yu-lan（冯友兰），*A History of Chinese Philosophy*（《中国哲学简史》），II, 385-406。禅宗佛教的流行可能反映了一个基本的矛盾，即高度抽象的印度思维与中国人和日本人的气质之间的差异。中国和日本知识分子的气质，能用表意文字这样的具体符号不断表达出来。

81 Fung Yu-lan（冯友兰），*A History of Chinese Philosophy*（《中国哲学简史》），II, 407-433.

82 韩愈（768—824 年）在他的一篇著名的文章中，表述了其对佛教的攻击。"子焉而不父其父，臣焉而不君其君，民焉而不事其事……举夷狄之法而加之先王之教之上，几何其不胥而为夷也。"引自 Fung Yu-lan, *A History of Chinese Philosophy*, II, 410。

83 J. Gernet, *Les Aspects économiques du Bouddhisme*, pp. 240-298. 该书极其深刻地描述了佛教社会作用的改变，非常具有说服力。几个世纪之前，印度的佛教曾经历了类似的衰退。见上文边码 372。

84 O. Franke, *Geschichte des chinesischen Reiches*, II, 498. 这些统计数字可能有夸大。

85 摩尼教在回鹘人中又存在了几个世纪。被赶出大草原之后，他们在塔里木盆地成功地建立了一个残余王国（顺便提一句，这是突厥语取代中亚绿洲较早的印欧语言的转折点）。琐罗亚斯德教实际上消失了，景教（聂斯托里派基督教）作为少数人的信仰在中亚绿洲残存下来，但是中亚的未来留待穆罕默德宗教的进一步扩张。

86　如果说溯源到前雅利安和前文明时期的返祖现象是这个时期印度文化发展的主体，那么，中国人则团结在了一种变化巨大的儒教周围。这同样是一种返祖现象，只是表现得不那么剧烈而已。它的根源虽不是前文明时期，但却是一个消逝了的、更“纯真”和更多限制的时代。通过复兴儒学，中国文化传统有意识地紧缩。在后来的几个世纪中，当批判性的中国学术研究抛弃了许多新儒学派对儒家经典的重新解释的时候，这个现象就变得更鲜明了。欧洲文艺复兴和宗教改革同属返祖现象，但却产生了迥异的后果。这将在后面的某个章节中讨论。

87　一个印度天文学家在8世纪前半期被任命为钦天监的司天监，翻译了十进位法则、三角正弦表和其他有助于解释印度数学化的天文学的辅助性印度文献，但是这些新鲜事物却被中国人抛弃了。参见：Kiyoshi Yabuuchi, “The Development of the Sciences in China from the Fourth to the End of the Twelfth Century,” *Cahiers d'historie mondiale*, IV (1958), 337-339.

88　著名的中国朝圣者玄奘在645年从印度带回的不仅是梵文经典，也有“真正的”佛陀画像。中亚绿洲孕育的萨珊风格，也在一些中国佛教作品中留下了清楚的印证。

89　参见：Ludwig Bachhofer, *A Short History of Chinese Art* (New York: Pantheon, 1946), pp. 63-80; Lawrence Sickman and Alexander Soper, *The Art and Architecture of China* (Harmondsworth: Penguin Books, 1956), pp. 53-77.

90　或许这个事实背后的主要原因是，绘画和书法有着密切的关联，两者均为毛笔作品。因此，一位儒士—学者可以轻松地成为画家，又不失尊严。知名画家的确受到特别的尊敬。从公元500年开始，一种讨论著名画家的生活和工作的文学著作，通常与绘画艺术一同成为儒家文学传统的组成部分。

91　参见：Osvald Siren, *Chinese Painting* (New York: Ronal Press, 1956-1958).

92　E. D. Edwards, *Chinese Prose Literature of the T'ang Period* (London: Arthur Probsthain, 1937), I, 30-40, 60-72.

93　有一本李白的传记基本上是以其诗歌和取自诗歌的理论为主线的。参见：Arthur Waley, *The Poetry and Career of LiPo*(London: Allen & Unwin, Ltd. , 1950).

94　我对中国文学发展的评论，依据的是 E. D. Edwards, *Chinese Prose Literature of the T'ang Period*; James R. Hightower, *Topics in Chinese Literature*(Cambridge: Mass. : Harvard University Press, 1950); Herbert A. Giles, *A History of Chinese Literature* (New York: D. Appleton & Co. , 1901).

95　O. Franke, *Geschichte des chinesisichen Reiches*, II, 448-451, 501-504. 云南的政治独立一直保持到13世纪。

96　他们兴建了大寺庙和其他宗教建筑，其中一些以印度传统的雕像华丽地装饰起来。但是，维持这种高级艺术的社会制度却相对薄弱。参见：G. Coedès, *Les États hinduisés d'Indochine et d'Indonesie*, pp. 202-209.

97　参见：G. Coedès, *Les États hinduisés d'Indochine et d'Indonesie*, pp. 167-178, 188-201.

98　参见：Helmut Hoffmann, “Tibets Eintritt in die Universalgeschichte,” *Saeculum*, I (1950), 258-279.

99　中文缺乏语法上的词缀和词尾，但这些词类在朝鲜语和日语中极为重要，因此需要附加的符号。在适当的时候，从这些符号发展出了音节表，最后发展出字母符号。朝鲜的佛教徒试图掌握其宗教的第一手资料，展开了梵文研究工作。这可能是推动或导致朝鲜形成一种完全字母化文字的原因。

100　M. Frederick Nelson, *Korea and the Old Order in Eastern Asia* (Baton Rouge, La. : Louisiana State

University Press, 1945), pp. 28-57; Homer B. Hulbert, *The History of Korea*(2 vols. ; Seoul: Methodist Publishing House, 1905).

101 因为那时帝国的首都在奈良，故名。

102 日本人从5世纪起就开始使用中国汉字书写，而且采用其汉语的相同字义。但是，这种系统不适用于朝鲜语，同样也不适合日本语。

103 英译本有 Arthur Waley, *The Tale of Genji* (Boston, New York: Houghton Mifflin Co. , 1935).

104 有关日本的这些总括性评述，依据的是 G. B. Sansom, *Japan: A Short Cultural History* (rev. ed. ; New York: Appleton-Century, 1943), pp. 64-255.

105 下一章将叙述穆斯林在西部和中部草原地带的渗透。虽然穆斯林的扩张开始于公元1000年之前，但其主要的成熟性后果却在以后才显现出来。

106 从907年起控制中国最北部省份的契丹帝国，是这方面的一个很好的例证。它表明这些边疆民族是多么有意识地遵循这种做法。契丹国家内部存在的文化二元性似乎是蓄意制造的，目的是使契丹人保持他们的社会和文化特质，拒斥汉人文化。Karl A. Wittfogel and Feng Chia-sheng 对此做了精心周密的分析。参见他们的 *History of Chinese Society, Liao* (907-1125) (Philadelphia: American Philosophical Society, 1949)。

107 参见：E. W. Bovill, *Caravans of the Old Sahara: An Introduction to the History of the Western Sudan*(London: Oxford University Press, 1933), pp. 43-47, 59-63; Diedrich Westermann, *Geschichte Afrikas, Staatenbildungen südlich der Sahara*(Cologne: Greven Verlag, 1952), pp. 72-76; J. D. Fage, *An Introduction to the History of West Africa* (Cambridge: Cambridge University Press, 1955); Geoge Peter Murdock, *Africa: Its Peoples and Their Culture History* (New York: McGraw-Hill, 1959), pp. 72-73; J. Spencer Trimingham, *A History of Islam in West Africa* (London: Oxford University Press, 1962), pp. 20-22.

108 罗得西亚（Rhodesia，今津巴布韦）大规模的石头建筑在多处保留有遗存。关于它们的建造时期，说法不一。G. P. Murdock 认为，津巴布韦的遗迹建于公元7世纪。参见其 *Africa: Its Peoples and Their Culture History*, pp. 209-211; G. Caton-Thompson 认为是在9—10世纪，参见其 *The Zimbabwe Culture* (Oxford: Clarendon Press, 1931)；D. Westermann 和 H. A. Wieschoff 的看法是，这些建筑建于14世纪。分别参见各自的 *Geschichte Afrikas*, pp. 412-416; *The Zimbabwe-Monomotapa Culture in Southeast Africa* (Menosha: George Banta, 1941)。但所有人在一点上达成共识，即黄金开采是这些城市或半城市中心兴起的经济基础。

109 关于文明在东非渗透之开端，参见：R. Coupland, *East Africa and Its Invaders* (Oxford: Clarendon Press, 1938), pp. 1-14; Zoë Marsh and G. W. Kingsnorth, *Introduction to the History of East Africa* (Cambridge: Cambridge University Press, 1957), pp. 1-12.

110 让我们假想一下，由于便利高效的装有舷外托架的船只的发明，波利尼西亚人惊人的航行成为可能。一只携带食物和操纵适当的有舷外托架的独木舟，即使在严重的风暴中也能够生存，并一直持续不断地航行或漂流。

111 Andrew Sharp 实际上消除了对波利尼西亚人航海的特征和范围的误解。他系统地记录、梳理了欧洲人到达南方海域的最初几十年中，所发生的事故性漂流航行。这充分证明了他的观点：有计划航行的规模总是相对的小，但偶尔也可能变成长距离的航行。这就是对波利尼西亚殖民地的解释。参见：Andrew Sharp, *Ancient Voyagers in the Pacific* (Wellington, N. Z. : Polynesian Society, 1956)。Thor Heyerdahl, *American Indians in the Pacific* (Stockholm: Bokförlaget Forum AB, 1952) 一书尽管有趣，但却遭到 Sharp 有效的驳斥。关于 Heyerdah 的观点的改变，*Aku-Aku* (Chicago: Rand McNally, 1958), pp. 371-377 做了预见性分析。对植物分布以及它们给植物学家带来的困惑，参见：George F. Carter, “Plants across the Pacific,”［“Society for American Archaeology Memoirs,” No. 9（1953）］, pp. 62-72.

112 在最后一些玛雅人的雕刻中，有外来的墨西哥色调的痕迹。

113 对于起始和结束的年代，专家们均有争议。

114 Gordon R. Willey, “The Prehistoric Civilizations of Nuclear America,” *American Anthropologist*, LVII (1955), 571-593; J. Alden Mason, *The Ancient Civilizations of Peru* (Harmondsworth: Penguin Books, 1957), pp. 12-107; Wendell C. Bennett and Junius B. Bird, *Andean Culture History* (New York: American Museum of Natural History, 1949), pp. 153-201; G. H. Bushnell, *Peru* (London: Thames & Hudson, 1956), pp. 65-102; Walter Krickeberg, *Almexikanische Kulturen* (Berlin: Safari Verlag, 1956), pp. 283-487; J. Eric S. Thompson, *The Rise and Fall of Maya Civilization* (Norman, Okla: University of Oklahoma Press, 1954), pp. 56-118; G. C. Vaillant, *The Aztecs of Mexico* (Harmondsworth: Penguin Books, 1950), pp. 65-82. 中美洲和南美洲之间似乎一直保持着这些相似的发展，可能是由直接的（海上的？）或间接的接触造成的。但是，美洲文明的总体发展与整体上的早期美索不达米亚文明发展明显相似，这个问题比前面那个更重要。美洲印第安人文明在公元 600 年到 1000 年间的军事化以及艺术和知识的退步，使人想到由阿卡德的萨尔贡在美索不达米亚历史上所开创的时代。如果人们接受这样一个假说，即在各个“帝国主义”时期之前，边缘地带上的野蛮人已经侵入了古老的文明中心。那么，这种相似与可比性就变得更显著了。此种相似性足以在文明人类社会发展中构架一个一般生态发展的法则吗？

第 10 章　草原征服者与欧洲的远西部（公元 1000—1500 年）

1　公元 3—6 世纪日耳曼人民族大迁徙并未对印度产生很大影响，而公元前 11—前 9 世纪铁器时代的入侵，也未在印度或中国留下明显痕迹。因而，虽然在有限的程度上，这些民族迁徙运动有可比性，但是均未能对欧亚文明产生真正的普遍影响。

2　广泛使用奴隶士兵支持统治者的个人政权，是伊斯兰社会的一个显著特点。这个惯例起源于在私家大量使用奴隶的概念。一位统治者面临桀骜不驯的地主或社会中其他人的挑战时，会发现扩充和武装自己的私人奴隶，使其成为一支常备军，是件非常诱人的事情。很显然，哈里发穆塔西姆（Mutasim, 833—842 年）是第一位采取这种措施的人。之前的阿拔斯王朝的前任君主们曾经从呼罗珊的地主阶级中招募他们的护卫队，而穆塔西姆发现这里的地主阶级不驯服。于是，他转而用突厥奴隶取代了这些人。参见：Reuben Levy, *The Social Structure of Islam* (Cambridge: Cambridge University Press, 1957), pp. 417-418. 大概是草原上的部落战争保障了奴隶的供应来源，因为战胜者将战俘们卖给穆斯林商人。中国却不存在此种事情。中国政府兵役的独特之处在于，它卷入的是整个部落，甚或部落联盟，而不是个人，奴隶士兵的机制在中国闻所未闻。

3　参见 W. Barthold, *Turkestan down to the Mongol Invasion* (2d ed. , London: Oxford University Press, 1928), pp. 235-258, 391-393; W. Barthold, *Histoire des Turcs d’Asie centrale* (Paris: Maisonneuve, 1945), pp. 47-124. 公元 10 世纪及随后的数个世纪中，伊朗通常只是小规模地渗透到草原地区。而安息人和萨珊人在更早年代，却曾取得过保卫边疆的整体上的胜利。两者形成鲜明的对比。没有军事技术的变化用于解释这种差异。与之前一样，装甲骑兵对草原弓箭手的优势仍然有限。看来，所发生的是，虽然伊朗边疆地区的那些粗暴的乡村大地主和贵族的强大军队，曾在早期基督教世纪中遏制了草原民族；但这时他们已不再是不可战胜的。在呼罗珊和特兰索夏那，城镇的发展曾经是穆斯林时期的一个显著特点。许多地主或许已移居城市，享受舒适的城市生活，领受其教化。如此，他们失去了祖辈的尚武习俗，再也不想或者实际上没有能力征服突厥人。

我们可以通过公元10世纪及之后的波斯诗歌，了解伊朗绅士们的这种精神面貌的变化。这些诗歌读起来雅致优美、精妙细腻，但明显缺乏尚武气魄。可与之比照的一个例子是，高卢的凯尔特贵族类似的变化。公元前的两个世纪到公元后的两个世纪之间，由于高卢地方城市生活的扩展，凯尔特贵族从武士变成了罗马绅士。如伯纳德（Barthold）所称，经济和政治的种种原因，使得地主们债台高筑；或者还有其他一些做法，使拥有土地变得朝不保夕或无利可图，同时使商人们在呼罗珊和特兰索夏那的城市中占了上风。所有这些可能加速了伊朗缙绅们的衰微。参见 W. Barthold, *Turkestan down to the Mongol Invasion*, pp. 307-308. 此外，穆斯林的宗教要求都市化，因为居住在遥远偏僻的乡村，居民远离清真寺和宗教法专家，无法充分履行宗教义务。

4　法兰克人对已变为阿里乌派基督教徒的日耳曼部落拥有类似的优越感，两者可做比较。

5　关于奥斯曼帝国早期发展中“圣战”传统的重要性，参见：P. Wittek, *The Rise of the Ottoman Empire* (London: Royal Asiatic Society, 1938), pp. 42-43.

6　比较4世纪开始的日耳曼蛮族与拉丁基督教徒之间的关系。

7　René Grousset, *L'Empire des steppes* (Paris: Payot, 1939), pp. 592-593.

8　参见：B. Vladimirtsov, *Le Régime social des Mongols* (Paris: Maisonneuve, 1948), pp. 39-56. 没有戈壁沙漠阻碍中国势力向东北方向的渗透。从10世纪以来，游牧和定居人口在满洲进行了地理上的广泛交汇融合。参见 Karl A. Wittfogel and Feng Chia-sheng, *History of Chinese Society: Liao*, 907-1125 (New York: Macmillan Co. , 1940), pp. 53-58, 115-125. 在满洲地区的这种渗透程度和社会经济特点，与同期发生在伊朗—土耳其边界上的融合现象，看上去颇为相像。

9　与伊朗模式相比，拜占庭同南俄罗斯和多瑙河平原游牧民族的关系，更接近于中国模式。但是，或许是由于草原迁徙路线向南偏移，进入伊斯兰世界疆域，9世纪之后，游牧民族没有大规模突破拜占庭的防御。因此，我们可以忽略拜占庭同佩彻涅格人、库曼人以及其他游牧民族的交往。关于这一边疆史的有趣的细节，参见：F. Dvornik, “ Byzantium and the North,” in Michael Huxley (ed.), *The Root of Europe: Studies in the Diffusion of Greeks* (London: The Geographical Magazine, 1952).

10　Wittfogel and Feng, *History of Chinese Society: Liao*, 907—1125 一书指出了历次征服者在保持游牧民族同汉族人成分彼此分离方面的程度差异。与之前侵入中国北方的契丹（Kitan, 907—1125年）统治者相比，女真（Jurchen，1115—1234年）统治者比较多地允许汉族和蛮族文化元素的混合；而满族人（1616—1912年）也较蒙古人（1206—1368年）更倾向于汉化。这些差异虽然改变了文中的概括，但并未证明它是错误的。

11　在穆斯林世界，地下“抵抗”运动采用了宗教教派（什叶派）的形式。因而，阿萨辛派（Assassins）于1090—1256年间，建立了一个分散和秘密的奇怪的国中之国。他们竭尽全力要推翻塞尔柱突厥人的统治。他们可能曾经试图利用反突厥人和反逊尼派的人们的情绪。参见：Marshall G. S. Hodgson, *The Order of Assassins* (Gravenhage: Mouton, 1955).

12　A. N. Poliak, “Le Caractère colonial de l'état mamelouke dans ses rapports avec la Horde d'Or,” *Revue des études islamiques*, IX (1935), 231-248 提出了一个有趣的论点。马穆鲁克政权事实上是塞加西亚（Circassian）与突厥商人和武士的一个海外殖民帝国。他们以黑海之北的某地为根据地，在黎凡特取代了一个类似的“法兰克人”的殖民政权。

13　Claude Cohen, “Le Problème ethnique en Anatolie,” *Cahiers d'histoire mondiale*, II (1954-1955), 347-362 指出，突厥人早在曼齐克特之战以前就开始在安纳托利亚渗透。所以，与其说这一战役为突厥人的扩张开辟了一个新地带，不如说它确定了一个既成事实。

14　有趣的巧合是，在穆斯林国家中，唯有这两个国家挡住了13世纪骤然降临伊斯兰世界的蒙古人的侵袭。

15 B. Vladimirtsov, *Le Régime social des Mongols*, pp. 56-158 认为，蒙古人正处于从氏族部落社会向他所称的“封建”制度的转变过程中，财富和领导权从世袭氏族和部落首领，更多地转向被任命的人和统治家族的亲属。很明显，正是通过打破比较古老的氏族血缘关系，并在等级制度原则上组织其军队，成吉思汗创造了他的征服工具。但是，用“封建”一词描述蒙古的政治关系，似乎不恰当。除了本地传统之外，维吾尔人（从根本上讲是萨珊人？）和汉人的官僚机构的模式，也有助于成吉思汗的军事和地方行政机构的形成。

16 蒙古征服与武器方面的技术革新没有关系。然而，成吉思汗的军队却能够熟练地利用随时可得的新式军事装备。因此，蒙古将军使用穆斯林工匠所制的弩炮摧毁了中国的城墙，而中国人的火药则有可能在匈牙利使用过。蒙古军的打击力量基本上是骑兵。轻骑射手是蒙古人的传统力量，在早期辅以重装甲士兵，从而将火力和突袭力结合起来。蒙古人的正规战术是合围，模仿了每年一度的大狩猎活动，而它是蒙古部落社会生活的一个常规特点。在举行大狩猎仪式时，部落的全体男性骑马向前，形成一个巨大的包围圈，然后逐渐缩小包围圈，将猎物驱赶进一个有限的“战场”，以便于屠杀猎物，为冬季储备肉类。这种围猎活动需要长距离运动中的协调合作，以保持联络或控制。由于集猎人和士兵于一身，它因此成了训练蒙古官兵“团队”合作的最佳方式。一般来说，蒙古人对文明军队的优势不在于士兵的数量（在这方面，他们常常处于劣势），也不在于武器装备，而在于特别长距离运动中的机动性与协调配合。蒙古军队能够在各种地形区，以广泛分散的队形运动，同时又能保持各分散队列之间的联络，因而保证了全军能够在决定性的时间和地点集合起来。1241 年，指挥入侵欧洲的蒙古将领速不台（Subotai）极为重视协调在波兰行动的各个纵队与挺进匈牙利的其他纵队之间的配合，尽管它们之间有喀尔巴阡山屏障。通过如此长距离的作战协调，取得巨大成功，这是直至 19 世纪后期欧洲军队尚未能做到的。使所有这些成为可能的是蒙古草原凄风苦雨的严酷条件下成长起来的人员和马匹，及其非凡的强健耐劳、出色的传令信使，精心策划的进军和侧翼侦查。关于蒙古军事组织和战术策略的扼要说明，参见：H . Desmond Martin, *The Rise of Chingis Khan and His Conquest of North China* (Baltomore, Md. : Johns Hopkins Press, 1950, pp. 11-47).

17 据一位穆斯林史学家所述，成吉思汗的这三个儿子每人仅分有 4 000 名蒙古士兵，而他的小儿子却统帅着 12. 9 万名兵卒。参见：Barthold, *Turkestan down to the Mongol Conquest*, p. 404. 然而，如此不均的权力分配，确实有其优点；它维系了整个帝国的团结统一，虽然这个统一有些松散，但却一直保持到成吉思汗的孙子忽必烈去世之时。

18 金帐汗国的可汗与波斯的可汗曾就阿塞拜疆和高加索地区的所有权，发生过争执。Grousset, *L'Empire des steppes*, pp. 475-476; B. Grekov and A. Iakoubovski, *La Horde d'Or* (Paris: Payot, 1939), pp. 76-82.

19 1335 年创建的毗阇耶那伽罗（Vijayanagar），是最后一个军事上难以对付的印度教国家。它在 1565 年才被消灭。

20 声名显赫的突厥近卫军是一支军事奴隶军团。1438 年以后，主要从奥斯曼苏丹的基督教臣民中征募士兵。1500 年，近卫军装备了滑膛枪。奥斯曼人早在 1453 年围攻君士坦丁堡时，就已经拥有了一支颇有威力的炮兵部队。参见：David Ayalon, *Gunpowder and Firearms in the Mamluk Kingdom* (London: Vallentine, Mitchell, 1956), 附录 II。关于印度的枪械，参见：Syed Abu Zafar Navdi, “The Use of Cannon in Muslin India,” *Islamic Culture, the Hyderabad Quarterly Review*, XII (1938), 405-418.

21 直至 16 世纪后期，手用枪械对于骑兵来说仍过于笨重和难于使用。甚至在发明了骑兵枪械后，与步兵滑膛枪相比，它们发挥的作用仍微不足道。具有讽刺意味的是，历史上最伟大的草原民族的胜利，即蒙古人的征服，或许加速了火药时代的来临。中国人的火药和原始大炮的试验，比欧洲和其他任何地方都早。非常有可能的是，中国人在这些方面的某些知识，启迪了欧洲枪炮制造业和炮兵职业，使之取得了更大的成就。然而，没有亚洲的蒙古帝国，这种推动作用可能会延搁许久，甚或根本不会发生。关于中国人在火器方面的领先，参见：L. Carrington Goodrich and Feng Chia-sheng, "The Early Development of Firearms in China," *Isis*, XXXVI (1946), 114-123; Wang Ling, "On the Invention and Use of Gunpowder in China," *Isis*, XXXVII (1947), 160-178; 王引证史料，指出 1240—1241 年蒙古人入侵东欧期间，使用了弩炮猛掷出爆炸炮弹，这有可能是欧洲人首次见识火药。最早记录在案的欧洲大炮的形状（比如可以参见：Charles Oman, *A History of the Art of War in the Middle Ages*, Vol. II [Boston and New York: Houghton Mifflin Co. ,n. d.], Pl. XXIX）和 1221 年的"以两英寸厚的生铁铸成的葫芦形"的中国武器（Goodrich and Feng, p. 117）看上去非常相似。这就表明，欧洲工匠们在伟大的蒙古征服之后的数十年中，以某种方式获取了中国人所发明的火药的其他用途。正如《马可·波罗游记》所记，那几十年正是横贯欧亚大陆相对容易的时期。

22 就在突厥人和蒙古人的辉煌事业成为世界历史剧目的重大主题之时，在北非和西班牙上演了另一部类似的剧作。在这两地，从撒哈拉边缘接踵而至的游牧蛮族征服者们，倾覆并重组了穆斯林远西的政治体系。但是，这些柏柏尔部落人仅仅接触到一种高度的文明，因而，他们不能像突厥人和蒙古人在欧亚大陆那样，发挥文化交流互益的作用。只有在与苏丹西部的黑人社会发生联系后，由于进行中的文明化所产生的副作用，柏柏尔人的暴力行径才得以减缓。参见：Ibn Khaldun, *The Muqaddimah: An Introduction to History*, Franz Rosenthal (trans.) (3 vol. ; New York: Pantheon, 1958)。作者将他那个时代（14 世纪）的土著北非的衰微，归因于接二连三的游牧民族征服。

23 阿拔斯王朝的一名后裔逃亡埃及，并被那里的马穆鲁克统治者承认为哈里发。但其他穆斯林国家从未承认这位"哈里发"。参见：T. W. Arnold, *The Califate* (Oxford: Clarendon Press, 1924), pp. 87-120.

24 即使在信奉萨满教—佛教的日子里，伊朗的蒙古统治者们也允许伊斯兰教法官判定和指导穆斯林社会的事务。参见：Bertold Spuler, *Die Mongolen in Iran* (Berlin: Akademie Verlag, 1955), pp. 375-376.

25 著名旅行家伊本·白图泰（Ibn Batuta, 1304—1369 年？）的经历引人注目，它表明穆斯林知识和法理学的国际特征。白图泰生于摩洛哥，却在印度和马尔代夫群岛等遥远的地方担任司法职务。在去世前，他返回摩洛哥故土时，仍得到了同样的尊位。尽管政府和习俗迥然各异，但至少在原则上，相同的伊斯兰宗教律法适用于整个伊斯兰世界。因此，一位法律专家有资格在任何地方任职。参见：Ibn Batuta, *Travels in Asia and Africa*, H. A. R. Gibb (trans.)(London: George Routledge & Sons, 1929).

26 参见：Franz Taeschner, "Beiträge zur Geschichte der Achis in Anatolien (14-15 Jht)," *Islamic*, IV (1929), 1-47; Bernard Lewis, "The Islamic Guilds," *Economic History Review*, VIII (1937), 20-37.

27 参见：Claude Cohen, "L'Histoire économique et sociale de l'Orient musulman medieval," *Studia Islamica*, III (1955), 93-115.

28 参见：Thoekild Jacobsen and Robert M. Adams, "Salt and Silt in Ancient Mesopotamian Agriculture," *Science*, CXXVIII (1958), 1257. 关键问题是，数世纪的河泥淤塞，使河道高出田地。未能经常疏浚河道可能也确实造成了巨大破坏。但是，这样的危害在早期的美索不达米亚灌溉系统中，就已经出现，不过总是得到了长达整个季节的休整。河道升高造成了许多其他基本问题。它们的解决只能是兴建庞大的新河道工程，其规模之大和技术之复杂，唯有中央集权制的政府方可承担。就在 20 世纪下半叶的今日，现代伊朗才开始承担起重建农业所需的大型工程，而其规模却仅仅相当于早期基督教时代这块古老的土地上已经达到的那个水平。

29 古典希腊—罗马世界经历过类似的演化过程。旧的中心区域发生的经济衰微，恰好与其原先的边缘地带新出现的繁荣相吻合。后来的加勒比海地区的蔗糖种植园的历史也重蹈覆辙。然而，上述三个例子似乎没有共同的技术因素。

30 托钵僧的贝克塔什教团（The Bektashi Order）与奥斯曼奴隶士兵近卫军有密切关系，而且因其自由放任的政策，在苏菲派中也很突出。贝克塔什教团认为，伊斯兰教、基督教与其他宗教的本质相同，只是它们的表达不尽完美，因而束缚了神性的玄秘经验。很清楚，由于这种教义不铲除基督教，而只力图反对基督教对真理的绝对索取，因而有助于人们皈依伊斯兰教。参见：J. K. Birge, *The Bektashi Order of Dercishes* (Hartford, Conn. : Hartford Seminary Press, 1937); F. Hasluck, *Christianity and Islam under the Sultan*（Oxford：Clarendon Press, 1929）, I, 159-166.

31 在早期的奥斯曼军队中，各自君侯率领下的基督徒辅助部队也发挥了相当大的作用。罗马尼亚诸省一直处在这样的统治下。但在其他地方，苏丹们将突厥人的直接管理扩展到一个又一个地区，并将新行省的地产分给穆斯林战士，这些战士因而取代了先前的基督徒领主。结果，在大约 1450 年以后，基督徒辅助部队在突厥军队中不复重要。

32 奥斯曼突厥人在征服后，即刻在其所攻占的布鲁萨（Brusa, 1326 年）和尼西亚（Nicaea, 1331 年）等最重要的城市中，建立起高等宗教学府，旨在为新国家提供足够的法官和教师。参见：Abdulhak Adnan, *La Science chez les Turcs Ottomans* (Paris：Maisonneuve, 1939), pp. 9-11.

33 东正教的明显复兴，也削弱了苏菲主义对巴尔干基督徒的吸引。详见本书第 522 页（边码）。

34 关于奥斯曼政权体制，我的评述主要依赖于 Paul Wittek 的上乘小书：*The Rise of the Ottoman Empire* (London: Royal Asiatic Society, 1957). 还参见：A. H. Lybyer, *The Government of the Ottoman Empire in the Time of Suleiman the Magnificent* (Cambridge, Mass. : Harvard University Press, 1913); Franz Babinger, *Mehmed der Eroberer und seine Zeit* (Munich: F. Bruckmann, 1953).

35 参见：George Sarton, *Introduction to the History of Science* (Washington: Carnegie Institution, 1931), I, II; Aldo Mieli, *La Science arabe* (Leiden: E. J. Brill, 1939), 90-216.

36 加萨里写过一本简短的自传，由 W. Montegomery 翻译为：*The Faith and Practice of Al-Ghazali* (London: Allen & Unwin, Ltd. , 1953), pp. 19-85. 也参见 Louis Gardet and M. M. Anawati, *Introduction à la théologie musulmane* (Paris: J. Vrin, 1948), pp. 67-76; A. J. Wensinck, *La Pensée de Ghazzali* (Paris: Maisonneuve, 1940). 约于一个世纪之后，教皇英诺森三世成功地控制了高涨的圣方济运动（Franciscan），使之转向罗马天主教会的官方教阶组织。这与加萨里的工作有着有趣的相似之处。不过，人们或许会更确定地提到圣方济主义的神秘神学家圣・波那文图拉（St. Bonaventura），他为基督教做了类似于加萨里为穆斯林所做的工作。

37 阿威罗伊（即伊本・路世德）在思想史上的重要地位，在于他对拉丁基督教神学家们的激励之举。这些神学家认为他是一位富有魄力且非常重要的异端派思想家。虽然穆斯林哲学家们早已熟知亚里士多德，但奇怪的是，从古罗马后期起，亚里士多德的学说就一直被掩盖在一种新柏拉图主义的外衣之下。阿威罗伊的伟大智识成就，就在于从此异装中抽取出亚里士多德的学说，从而使巴黎的神学家们能在一个或多或少真实的亚里士多德学说基础上，开始他们的基督教哲学革命。

38 然而，即使苏菲主义传统本身也难以完全回避推理。有人已经尝试着系统阐述神秘主义途径的理论、步骤和阶段，他们大量使用新柏拉图主义式的语言和隐喻，在某种情况下，还采取了高度理性化的和抽象的形式。参见：Reynold Alleyne Nicholson, *Studies in Islamic Mysticism* (Cambridge: Cambridge University Press, 1921), pp. 77-142; A. J. Arberry, *Sufism* (London: George Allen, 1950), pp. 93-105. 伊斯兰社会中神秘主义的兴盛，与公元前 7—前 6 世纪印度的，以及基督教纪元最初几个世纪的罗马世界的知识潮流有可比性。任何本身不是神秘主义者的人，都可能寻求一种途径，来解释现世人类努力失败的现象。人们往往被诱惑，把那个最初的崇高理想——完全由上帝指导建立人世间的理想社会——的失败归咎于伊斯兰教思想的这一深远的变化。当现实政治使那个自命为根据神意而建造的社会，无法在自己的公民面前伪装的时候，穆斯林仍然明确拒绝接受西欧许多文人领袖后来构建的那种世俗主义；相反，他们找到了具有个人本质特点的神秘主义避难所。残暴的军人干涉，使本来就不稳定的客观市场关系趋于恶化。在这样的城市环境下，生活是艰辛的，这可能是神秘主义方式吸引人们的心理原因。从 11 世纪起，穆斯林世界广大地区的城市繁荣开始衰落，经济的磨难和沮丧可能助长了神秘主义的兴盛。然而，关于穆斯林经济史的信息资料太少，以至于此种解释事实上站不住脚。

39 这些学府在 11 世纪首次引进到伊朗和伊拉克，补充了原先以名人学者为中心的非正规律法和神学学校，并使之制度化。然而，这些学府似乎在穆斯林东方地区先前就存在。这个事实有助于解释布哈拉（Bokhara）之类的城市的文化特点。根据 W. Barthold, *Histoire des Turcs d'Asie centrale* (Paris: Maisonneuve, 1945), p. 48, 马德拉萨是穆斯林改造利用佛教教育机构的结果。这些佛教学府曾繁荣于 2—8 世纪的特兰索夏那，而在特兰索夏那佛教的背后，是最终回归《奥义书》中的森林隐居的印度诸学派。

40 H. A. R. Gibb, *Arabic Literature*, pp. 60-114. 参照欧洲故事诗和中国宋朝城市“中产阶级”的故事，两者有相似之处。

41 奥玛·开阳是一位数学家和天文学家，他在塞尔柱人苏丹马立克·沙（Malik Shah，1072—1092 年）时期，进行了精确的历法改革，并主要因此而出名。奥玛·开阳完全有可能写出优秀的诗歌。然而，在一个抨击享乐观念的时代，是他的自由思想家的身份，使标有其名字的诗集变得有名。参见：Edward G. Browne, *A History of Persia* (Cambridge: Cambridge University Press, 1956), II, 246-259.

42 参见：R. H. C. Davis, *The Mosques of Cairo* (Cairo: Middle East Publications, n. d.).

43 参见，例如：George Marcais, *L'Art de l'Islam* (Paris: Larousse, 1946), pp. 109-189; Percy Brown, *Indian Architecture: Islamic Period* (Bombay: D. B. Taraporevala Sons, 1942); Ernst Diez, *Die Kunst der islamichen Völker* (2d ed. ; Berlin: Akademische Verlagsgesellschaft Athenaion, 1917), pp. 71-185.

44 M. S. Dimand, *A Handbook of Muhammedan Art* (2d ed. ; New York: Metropolitan Museum of Art, 1944) 一书有一个有用的一览表。

45 穆斯林统治下的印度受波斯绘画的影响尤为显著，并在对波斯作品的模仿中，发展出了与波斯绘画有渊源关系的自己的独特流派。参见 T. W. Arnold, *Painting in Islam* (Oxford: Clarendon Press, 1928); Laurence Binyon, *The Spirit of Man in Asian Art* (Cambridge, Mass. : Harvard University Press, 1936), pp. 105-143; Arthur Upham Pope, *A Survey of Persian Art* (London: Oxford University Press, 1958).

46 在蒙古人侵袭中欧（1241 年）引起的最初的惊恐平息后，拉丁基督教世界抱有巨大的希望，指望利用蒙古人对基督教的偏爱。西方人多次组织了传教行动，欲使蒙古大汗皈依基督教。一些传教活动的报告保存下来，成为研究 13 世纪和 14 世纪初期亚洲历史的重要资料。参见：W. W. Rockhill, (ed. and trans.), *The Journey of William of Rubruck...with Two Accounts of the Journey of John of Pian de Carpine* (London: Hakluyt Society, 1900); Christopher Dawson (ed.), *The Mongol Mission* (London and New York: Sheed & Ward, 1955); Leonard Olschki, *Marco Polo's Precursors* (Baltimore, Md. : Johns Hopkins Press,1943).

47 经济动机或许在推动这场宗教迫害运动中发挥了作用，因为一直以来，基督徒们常常以商人、高利贷者和店主等为职业，这显然容易招致农民和无产者对他们的痛恨。可以比较犹太人在欧洲社会中的传统作用。此外，如果我们假定 13 世纪及随后的数个世纪中的军事动乱，导致了严重的经济混乱，那么攻击基督徒的经济动机就明显增大。

48 参见：Pierre Rondot, *Les Chrétien d'Orient* (Paris: J. Peyronnet, n. d.), pp. 78-79, 144-145, 154-155; William H. Shedd, *Islam and the Oriental Churches* (Philadelphia: Presbyterian Board of Publications, 1904), pp. 196-204 and passim.

49 犹太法和穆斯林宗教律法有着颇为相似的一般特点和目的，这可能使犹太思想家比较容易参与伊斯兰世界的文化生活。关于这两种宗教法的相似处，参见：S. D. Goitein, *Jews and Arabs* (New York: Schocken Books, 1955), pp. 59-61; Abraham I. Katsh, *Judaism and Islam: Biblical and Tamudic Backgrounds of the Koran and Its Commentaries* (New York: New York University Press, 1954).

50 麦蒙尼德本人用阿拉伯语写作，但他的著作几乎立即被翻译成希伯来文，并主要以此语言文本广为流传。

51 有趣的是，穆斯林的态度和行为基本上重演了雅利安人对印度文明的宗教礼仪的反应。

52 B. A. Saletore, *Social and Political Life in the Vijayanagara Empire* (Madras: B. G. Paul & Co. , 1934), I, 395-414.

53 参见：A. B. M. Habibullah, *The Foundation of Moslem Rule in India* (Lahore: S. Muhammad Ashraf, 1945), pp. 272-308.

54 参见：M. Hiriyanna, *The Essentials of Indian Philosophy* (London: Allen & Unwin, Ltd. ,1949), pp. 175-199; S. Dasgupta, *A History of Indian Philosophy* (Cambridge: Cambridge University Press, 1956).

55 Marshal G. S. Hodgson, *The Order of the Assassins*, pp. 277-278; J. N. Hollister, *The Shi'a of India* (London: Luzac & Co. , 1953), pp. 356-357.

56 对印度多神教而言，伊斯兰一神教并不是一个严重问题。因为印度哲学长期以来已经将传统的众神简化为一个终极实体的几个方面。

57 穆斯林和印度教徒的若干其他宗教群体，也宣称伽比尔是他们的鼻祖。参见 Charles Eliot, *Hinduism and Buddhism* (London: Edward Arnold & Co. , 1921), II, 262-266.

58 大马士革的约翰（卒于约 752 年），是他那个时代的主要基督教徒辩护士，他本人也是哈里发的一名臣民。约翰就把伊斯兰教当作基督教的一个异端，这也一直是东正教的标准观点。因此，从严格的教义观点来看，几乎难以辨别穆斯林异端和拉丁分裂派。两者都随意篡改真理（the Truth）。而且，如果说拉丁基督教中的和子说（filioque）信条看上去没有《古兰经》显眼，那么，这只不过说明拉丁基督教的谬误更隐晦，因而也更危险。

59 起码西方人有些时候饱受内部彼此争吵之苦。比如，彼特拉克就曾写道："突厥人是敌人，但希腊人是宗派分裂者，比敌人更坏"。引自 A. A. Vasiliev, *A History of the Byzantine Empire* (new ed. ; Madison, Wis. : University of Wisconsin Press, 1952), p. 671.

60 俄罗斯人称钦察人为波洛伏齐人（Polovtsi），拜占庭人称其为库曼人（Cumans），钦察克是他们的自称。这族人后来并入了蒙古人国家（金帐汗国，也称钦察汗国），由此又被称为鞑靼人（Tartars）。参见：R. Grosset, *L'Empire des steppes*, p. 242. 钦察人对罗斯草原的入侵，可以与马扎尔人 9 世纪入侵匈牙利相比。后者隔绝了拜占庭和西方斯拉夫人的联系，最终使圣西里尔（St. Cyril）和圣美多德（St. Methodius）在摩拉维亚的传教工作化为乌有。钦察人在乌克兰立足之后，将这里先前的游牧民族驱向多瑙河下游平原［佩彻涅格人、古兹人（Ghuzz）和其他民族］。因此，这些迁徙在东正教世界的腹地与北部"殖民"地区之间，构成了一道不可逾越的障碍。如果没有蒙古人的征服以及随后的伊斯兰化，这些非基督教的新来者可能会很快顺利皈依基督教，从而并入东正教世界。因为少数几位钦察人酋长早在蒙古人出现之前，就已经信奉了东正教。但作为金帐汗国的一部分，钦察人于14世纪变成了穆斯林。这在实际上确定了东正教世界分裂成两个独立的地区，拜占庭和俄罗斯。

61 罗马教皇保护诺曼人，反对日耳曼和拜占庭皇帝。这一平衡力量加速了1054年罗马教廷与整个基督教世界的统治者们之间的最终分裂。虽然罗马与拜占庭之间早些时候的分裂已经基本愈合，但是，一切旨在解决拉丁教的“和子说”信条争端的努力，均告失败。拜占庭皇帝在意大利不再拥有领地，这个事实说明，任何妥协都几乎不会给罗马教皇带来什么好处。因此，东正教一方不得不做所有的让步。于是，教皇们达成的任何交易都自然不会被多数东正教徒接受。

62 参见：Peter Charanis, “Economic Factors in the Decline of the Byzantine Empire,” *Journal of Economic History*, XIII (1953), 412-424.

63 参见：George Ostrogorsky, *Pour l'histoire de la féodalité byzantine* (Brussels: L'Institute de philologie et d' histoire orientales et slaves, 1954).

64 安息、萨珊和加洛林等君主政权发生过类似的演变，可以比照。

65 参见：Richard Busch-Zantner, *Agrarverfassung, Gesellschaft, und Siedlung in Südosteuropa* (Leipzig: Otto Harrassowitz, 1938), pp. 60-61; George Ostrogorsky, *History of the Byzantine State* (Oxford: Basil Blackwell, 1956), pp. 280-333; A. A. Vasiliev, *History of the Byzantine Empire*, pp. 351-354.

66 自12世纪以来，拜占庭国家上层和下层阶级之间一直存在明显的怨恨。起初，这种冲突往往表现为教派形式，即教会内部“狂热派”与“政客”之间的冲突。“狂热派”以希望教会摆脱一切世俗控制的僧侣为首，“政客”派则由城市上层中有知识的教士和官吏所控制，他们更喜欢教会从属国家的传统做法。其中一些人为了取得西方基督教世界的军事和外交支持，甚至打算与教皇妥协。神学教旨的问题，即东正教隐修派争端，后来被与这个争执联系了起来。到14世纪，大规模的社会革命在若干城市爆发了。其中最显著的是发生在萨罗尼加（Salonika）的革命运动。在1342-1349年，“狂热派”领导建立了一个激进的民主共和国，成功地否认了君士坦丁堡。在这次革命运动被镇压之后的11年，奥斯曼突厥人就占领了萨罗尼加。参见：Vasiliev, *History of the Byzantine Empire*, pp. 659-684.

67 参见：F. Braudel, *La Méditerranée et le monde méditerranéen à l' époque de Philippe* II (Paris: A. Colin, 1949), pp. 509-511.

68 Richard Busch-Zantner, *Agraverfassung, Gesellschaft, und Siedlung in Südosteuropa*, p. 63.

69 参见：Omer Lufti Barkan, “Essai sur les données statistiques des registres de recensement dans l'empire Ottoman aux XVe et XVI^{e}siècles,” *Journal of the Economic and Social History of the Orient*, I (1958), 9-36. 犹太人从西班牙和欧洲其他地方大规模地迁入奥斯曼帝国，这个现象可能既是城市繁荣的迹象，又是其繁荣的原因。到16世纪，讲西班牙语的犹太人在奥斯曼帝国的商业活动中占据了非常突出的地位。参见 I. S. Emmanuel, *Histoire des Israelites de Salonique* (Paris: Librairie Lipschutz, 1935); M. Franco, *Essai sur l' histoire des Israelites l'empire Ottoman depuis les origins jusqu' à nos jours* (Paris: Librairie A. Durlacher, 1897).

70 与后来的拜占庭统治者相比，在突厥人统治下的东正教会享有更广泛的自治和更多的内部安宁。拜占庭皇帝们从1274年起就多次试图尽快与罗马的宗教妥协，希望能在紧急关头得到西方的援救。

71 1229年，在波罗的海海岸建立的一个十字军教团。

72 这种思想状态的代表人物是亚历山大·涅夫斯基（Alexander Nevsky，卒于1263年）。他曾在1237年至1242年间通过一系列战斗击败了西方入侵者，因此获得了王公的绰号。然而，涅夫斯基却屈从了蒙古人。后来，在14、15世纪，这种潮流有所逆转。因为，随着立陶宛—波兰人扩张进入俄罗斯西部，许多贵族选择了西方世界，变成了波兰化的基督教徒。

73 鞑靼人通常指金帐汗国的突厥—蒙古人。成吉思汗死后，他的儿子们将蒙古帝国分为 4 个汗国，金帐汗国为其中之一。中国的大汗与金帐汗国的统治者们有过相当密切的合作，并持续到 14 世纪。这种密切关系在很大程度上，是因为双方有共同的敌人，那就是庞大的蒙古帝国的核心地区。例如，罗斯经常征募军队，派他们去补充大汗的军力。而一份偶然发现的资料证实，至迟在 1332 年，北京宫廷中驻有一支罗斯人特种部队。George Vernadsky, *The Mongols and Russia*, p. 87. 关于金帐汗国，还可参阅 B. Grekov and A. Iakoubovski, *La Horde d'Or* (Paris: Payot, 1939).

74 参见：George Vernadsky, *The Mongols and Russia*, p. 343.

75 据文字记录，罗斯在 1376 年首次使用了火器。那年，一支莫斯科军队进攻博勒盖里城（Bolgary）时，遭到了这种新式武器的攻袭。4 年之后，莫斯科城的防御中使用了大炮，可能是从波希米亚运进的。到 1450 年，莫斯科和特维尔（Tver）均有了制造大炮和较小枪支的兵工厂。据 George Vernadsky, *The Mongols and Russia* (p. 278)，帖木儿于 1391—1395 年袭击金帐汗国的领土时，摧毁了主要城市，驱散了城市里的工匠。这件事发生在金帐汗国开发利用火器之初，从而使鞑靼人处于极为不利的地位。就在这些新式武器被引进的时候，制造枪炮所需的熟练工匠，却被带往撒马尔罕或其他地方。相反，莫斯科公国的工匠却未受影响。这可能加速逆转了罗斯国家与鞑靼人国家之间的平衡。加速逆转这个平衡的另一因素是，手用枪械的引进。它使得步兵军力远远胜过鞑靼人的游牧骑兵，也使占大多数的罗斯农业社会有能力对抗数量有限的鞑靼骑兵。参照铁器时代的步兵击败青铜时代的战车战士的史实，本书的前面已有讨论（见边码第 117—118 页）。

76 16 世纪 30 年代瓦西里三世时期，以莫斯科公国为中心的俄罗斯统一国家基本形成。本书中一般译作俄罗斯或（沙皇）俄国。——编者注

77 伊凡三世娶君士坦丁堡末代皇帝的侄女为妻，这个事实使一种说法更可信了，那就是，莫斯科确实是被推翻的拜占庭的真正继承人。参见：V. O. Kluchevsky, *A History of Russia* (London: J. M. Dent & Sons, 1912), II,16-23; William K. Medlin, *Moscow and East Rome* (Geneva: E. Droz, 1952), pp. 78-80.

78 参见：Karl Krumbacher, *Geschichte der byzantinischen Literatur* (Munich: Carl Beck Verlag, 1891), pp. 78-107.

79 拜占庭文学的简明概括，可参见：Norman F. Baynes and H. St. L. B. Moss, *Byzantium: An Introduction to East Roman Civilization* (Oxford: Clarendon Press, 1948), pp. 221-252.

80 修士的神秘主义与具有政治头脑的高级教士之间的斗争，即隐修派论战的一个持久性后果是，修士们夺取了主教职位和世俗教会的全部高级官职。直到 14 世纪，世俗教士（或者有时甚至是仓促就任圣职的俗人）跃居主教和神父之高位，已成司空见惯之事。但在神秘主义修士派获得隐修派论战的胜利之后，教会的高级职位只能由修士阶层人士担任。这成为东正教有别于拉丁天主教会的另一个特别的标志。参见：Vasiliev, *A History of the Byzantine Empire*, p. 656-676; Baynes and Moss, *Byzantium*, pp. 114-116.

81 在小亚细亚，穆斯林圣者们将大众的不满情绪导入苏菲主义。而在欧洲，领先于穆斯林神秘派数十年，基督教修士就做了类似的工作。因为阿陀斯山的修士们得到了首都暴民的支持，取得了对政客派的胜利和对高级教职的控制。而此时，突厥人正在海峡另一侧的欧洲部分建立统治，他们也利用了大众对拜占庭地主和官吏阶层的不满情绪。此外，在穆斯林神秘主义和基督教神秘主义之间存在着重要的相互关系。拜占庭的神秘主义者似乎已经运用了某些技巧——呼吸控制和拖长重复神的名字。这些是苏菲主义者从前广泛运用的技巧；而且，再往前推，它们也曾是苏菲主义之前的印度苦行主义者的主要仪式。另外，一边是俗人和隐修派运动的联系；另

一边是安纳托利亚的苦行僧教团建立的俗人追随者，两种情况颇为相似。参见：L. Gardet, "Un problème de mystique compare: la mention du Nom divin-dhikr-dans la mystique musulmane," *Revue Thomiste*, 1952, pp. 642-679; 1953, pp. 197-216; G. G. Arnakis, "Gregory Palamas among the Turks," *Speculum*, XXVI (1951), 104-116; Jean Meyendorff, *St. Gregoire Palamas et la mystique orthodoxe* (Paris: Editions de Seuil, 1959), pp. 64, 85, 108-109, and passim. 然而，东正教神秘主义运动形成的社会和经济背景，如同苏菲运动的背景一样，也模糊不清。经济苦难，尤其是城市下层阶级的经济磨难，可能是两者同样的诱因。

82 多蒙尼科斯·狄奥托克普罗斯［Domenicos Theotocopoulos，（格列柯，EL Greco），卒于1614年］是克里特学派最负盛名的人物。

83 参见：O. M. Dalton, *East Christian Art* (Oxford: Clarendon Press, 1925), pp. 234-247 and passim; N. P. Kondakov, *The Russian Icon* (Oxford: Clarendon Press, 1927).

84 参见：Jung-pang Lo, "China as a Sea Power," *Far Eastern Quarterly*, XIV (1955), 489-503. 12—15世纪期间，中国航海业发展的基础，可能是前航海时代的南中国沿海古代航海传统。假如这是事实，中国海上实力的兴衰或许表明，在本地的南方传统与北方比较特定的内陆中国传统的争斗中，前者的最终失败。

85 11世纪晚期的中国文献首次提到了指南针。中国人不仅发现了磁针能指示方向的特性，并且开发出一系列的装置，包括从漂在一盆水上的简单浮板，到安装在罗经卡的中轴罗盘。参见：Li Shu-hua, "The South-Pointing Carriage and the Mariner's Compass," *Tsing-hua Journal of Chinese Studies*, n. s. , I, (1956),63-113. 关于中国的罗经卡，参见 W. Z. Mulder, "The Wu Pei Chih Charts," *T'oung Pao*, XXXVII(1944), 1-14.

86 W. W. Rockhill, "Notes on the Relations and Trade of China with the Eastern Archipelago and the Coasts of the Indian Ocean during the Fourteenth Century," *T'oung Pao*, XIV (1913), 473-476; XV (1914),419-447; Jung-pang Lo, "China as a Sea Power." 东南亚重要的华人商业和工匠社团的兴起，始于蒙古人时期。

87 J. J. Duyvendak, "The True Dates of the Chinese Maritime Expeditions in the Early Fifteenth Century," *T'oung Pao*, XXXIV(1938), 341-412.

88 这道圣旨后来被修改，允许了最后一次远航。J. J. Duyvendak, "The True Dates of the Chinese Maritime Expeditions," pp. 388-390.

89 据1393年皇帝的一道圣旨，每只海船应配有4尊"炮口有饭碗大小"的大炮、20尊较小口径的枪炮、10枚炸弹、20枚火箭和1 000发炮弹。Jung-pang Lo, "China as a Sea Power," p. 501.

90 Duyvendak, "The True Dates of the Chinese Maritime Expeditions," pp. 395-399. 在1465年到1487年之间的某个时候，朝廷曾提出一项恢复印度洋远航的计划，但未能实现。Duyvendak将其失败归因于朝廷官僚对太监的敌意。因为郑和的功业，这些太监被视为海上推进政策的倡导者。参见：Jung-pang Lo, "The Decline of the Early Ming Navy," *Oriens Extremus*, V, (1958), 149-168. 派系敌对可能曾是影响明朝帝国政策的一个主要决定因素。但这个决定并非荒谬，因为朝臣们有充足理由反对将帝国资源耗费在海外事业上。1421年，明王朝北上迁都北京城。政府抢在一个新的蒙古联盟的兴起之前，对蒙古发动了一连串的征战。然而，在1449年，皇帝却成了蒙古人的阶下囚。成吉思汗时代的重现似乎就在眼前。在这样的危险状况下，怎么能拨出资源用于不必要的海上探险呢？关于发生在中蒙边界上的事情，参见：D. Pokotilov, *History of the Eastern Mongols during the Ming Dynasty from* 1368 *to* 1634, Rudolf Loewenthal (trans.), (Chengtu: Chinese Cultural Studies Research Institute, 1947).

91 Ping-ti Ho, "Early Ripening Rice in Chinese History," *Economic History Review*, IX (1956—1957),

200-218. 新品种显然是由本地稻与来自印度支那的稻子杂交而成，因为后者有抗干旱特点。中国作者们首次注意到此种外来水稻，是在 1012 年，当时它从福建被引进到长江流域下游。此后，这种水稻以及由此培育出的诸种新的旱稻，逐渐在中国大部分地域普及开来。

92 Edward A. Kracke, "Sung Society: Change within Tradition," *Far Eastern Quarterly*, XIV (1955), 479-488; Ping-ti Ho, *The Ladder of Success in Imperial China* (New York: Columbia University Press, 1962).

93 比较欧洲和日本贵族社会的排他性，他们的尊贵社会地位建立在所谓的祖先优越性之上。正如汤因比指出，地位极端不利的少数人，比如中世纪和现代早期的欧洲市民，有时有意外的收获。

94 在蒙古人统治的最初数十年中，西亚穆斯林商人作为包税人和商人，如罗斯人所起的作用一样。

95 Herbert Franz Schurmann, *Economic Structure of the Yüan Dynasty* (Cambridge, Mass. : Harvard University Press, 1956), pp. 2-8.

96 当 1270 年对中国的征服将近完成之时，中国的“军事”家庭最多（即在通婚淡化了军事制度的外来特点之前），大约有 39 万个。根据 1290 年蒙古人统治时期所做的首次人口普查，这大约相当于中国人口的 3%。此人口普查表明当时的纳税家庭至少有 13 00 万户。参见：Herbert Franke, *Geld und Wirtschaft in China unter der Mongolen-Herrschaft* (Leipzig: Otto Harrassowitz, 1949), pp. 128-129.

97 在 1253 年蒙古人征服云南之前，那里一直是独立的南诏（Nan Chao）王国。之后，蒙古人迅速将其并入他们的中国。1274—1279 年，忽必烈委派了一位穆斯林总督到这个地区，似乎就是这位总督使伊斯兰教在该地区得以立足。参见：Marshall Broomhall, *Islam in China* (London: Morgan & Scott, 1910), pp. 123-125. 伊斯兰教沿着印度世界边缘，在东孟加拉也经历了类似的传播建立过程，亦发生在相同的几个世纪中。从那时起，这两个地区一直保持与周围的中国和印度世界截然不同的独特文化。

98 由于工匠和商人通常不写书，因此，还未发现这些发明从中国传出的文献证据，或许永远也不会发现。如果不是马可波罗沦为热那亚人的阶下囚，在监狱中有时间口述他在忽必烈宫廷中的经历，我们将无法知晓他那非凡的冒险奇遇。然而，在马可波罗一家旅行的前后，成千上万的工匠和商人穿越蒙古帝国疆域，某些返回者的故事完全可能包含与中国人的特殊技术相关的一些有用甚至确切的信息。一个明显的例子是，中国火药和指南针飞速传入伊斯兰世界和基督教世界。在 14 世纪中叶以前，穆斯林和基督教徒均有制造和使用火药。而航海指南针则在约一个世纪之前就已经传到地中海，与火药的传出不同，它是经过南方海洋，而不是经过陆地传出的。印刷术方面的情况比较复杂。中国做出这一发明相当早（雕版印刷出现在 8 或 9 世纪，活字印刷术在 11 世纪）。但至迟到 15 世纪，基督教世界才接受了印刷术，而伊斯兰世界更是晚到 18 世纪（那里的学界偏见长期以来禁止印刷品的复制）。这种拖延迟滞的关键原因似乎不是他们不知晓印刷发明，因为穆斯林在接受印刷术之前的数个世纪，对此已有相当的了解。而远在 1456 年古登堡（Gutenberg）印刷其著名的《圣经》之前，基督教徒也有过很多机会了解这一技术。更确切地说，由于造纸知识从中国经穆斯林世界非常缓慢地传至西欧，才造成了这种拖延。在获得复制印刷文本的廉价材料之前，印刷术几乎不比手抄有优势。例如，据计算，如果将古登堡的整本《圣经》用羊皮纸印刷，需要 300 张羊皮。Thomas Francis Carter, *The Invention of Printing in China and Its Spread Westward* (New York: Columbia University Press, 1925), p. 204. 然而，造纸术的秘密直到 14 世纪才传到莱茵河地区，上书，第 85 页。

99 从蒙古人时期直到 20 世纪，中国保持了政治统一，避免了之前经常发生的那种地方无政府状态。对中国这样一个幅员辽阔和复杂多样的国度来说，这是一个非凡的成就，是儒教和枪炮使之变成了现实。

100 Fung Yu-lan, *History of Chinese Philosophy*, II; J. Percy Bruce, *Chu Hsi and His Masters* (London: Arthur Probsthain, 1923).

101 中国戏剧是演唱的，更接近于欧洲的歌剧而非欧洲的戏剧。

102 参见 :Herbert A. Giles, *A History of Chinese Literature* (New York: D. Appleton & Co. , 1901), pp. 256-291; J. R. Hightower, *Topics in Chinese Literature*, pp. 84-102; Adolf Zucker, The Chinese Theater (Boston: Little, Brown, 1925), pp. 3-42.

103 赵孟頫（Chao Meng-fu, 1254—1322 年）曾在忽必烈及其 4 位后继者手下任显要职位。他写的一篇书末题记传神地表达了这种艺术主风。“画之要旨在于存古人之神。画无此神，虽精工良作，则不过尔尔……。吾之画作或可粗看颇为简朴无华，貌似漫不经心挥成，但真行家里手方可识其得古作之真传，由此可曰佳作。此可告内行之人而不可告于愚钝者。” Osvald Siren 引自 *Chinese Painting* (New York: Ronald Press, 1958), IV, 19.

104 Franz Michael, *The Origin of Manchu Rule in China* (Baltimore, Md. ,: Johns Hopkins Press, 1942), pp. 12-58.

105 M. F. Nelson, *Korea and the Old Order in Eastern Asia* (Baton Rouge, La: Louisiana State University Press, 1945).

106 忽必烈汗曾偏向藏传佛教，在蒙古王朝的末年，藏传佛教一直作为蒙古人在中国的官方宗教。然而，在蒙古人被逐出中国后，大汗们的这一宗教似乎在蒙古失去了一切官方地位。16 世纪，蒙古王公企图集中和巩固政权，控制桀骜不驯的宗族酋长，才再次引进藏传佛教。参见 D. Pokotilov, *History of the Eastern Mongols during the Ming Dynasty* (Chengtu: Chinese Cultural Research Institute, 1947), pp. 135-137. 关于藏传佛教，参见 L. Austine Waddell, *The Buddhism of Tibet* (London: W. H. Allen, 1895), pp. 5-76.

107 14 世纪的欧洲市民与同时期的日本市民不同，前者的海盗行径晚于后者若干世纪。

108 皇帝被视为天照大神的后代，因而依照中国人的孝顺虔诚传统，他有责任保持一个圣祖的神祠。在初期中国思想如洪水般涌入日本时，神道教仍幸存下来，原因或许在此。

109 关于日本文化的这些评论，主要基于 G. B. Sansom，*Japan：A Short Cultural History*（New York：Appleton-Century，1943），pp. 256-400.

110 就 10 世纪而言，这是对法兰西北部的适当描述。只是到了下一个世纪，骑士才在英格兰、德意志和西班牙等地，成为一种主要制度。而在诸如斯堪的纳维亚、大不列颠的凯尔特边缘地带以及地中海沿岸等地区，骑士阶级从未真正强盛过，因为在这些地区，其他各种各样的社会—政治—军事组织的控制过分强大。

111 由于地方敌对势力分裂了封建制度，因此，在任何争端中，德意志的世俗领主中都会有一些跟随皇帝。在随之而来的混乱中，皇帝在任命教会的高级教职时，必须慎重斟酌，以确保多数主教和修道院长对帝国事业的效忠。这使皇帝在多数场合压倒了其桀骜不驯的世俗诸侯封臣。

112 可溯源到查理曼帝国的法兰克王权，在理论上幸存到 987 年。这一年，卡佩王朝（Capetians）的第一位皇帝登上了法国王位。事实上，从此，法国的国王仅仅是大约 20 多个地方统治者中的一个。只有在符合地方诸侯利益的时候，国王对整个法国的宗主权才得以承认。而在西班牙，没有任何一个单一的政权在穆斯林征服中得以幸存，所以王权在理论和实践上均不存在。

113 有趣的是，与陆地上的神圣罗马帝国相对的是，一个以丹麦为中心的短命的海上帝国。这个帝国在卡努特（Canute）国王死后（1035 年），分解为各自独立的诸王国，即英格兰、丹麦、挪威以及波罗的海沿岸的多个小小的地区。

114 在意大利北部，教皇转而拥护和支持城邦国家反对帝国和封臣等敌人。在意大利南部，罗伯特·吉斯卡德（Robert Guiscard）父子们通过成功的土匪掠夺，兴建了一个高度中央集权的诺曼王国。与更早时期的教皇斯蒂芬二世和暴富的加洛林王室联盟非常相似，这次，教皇们也与新贵政府结为盟友。南意大利的诺曼征服不仅使教皇们有了一支可利用的军事力量，去抗衡从北方入侵的德意志军队；而且还永久地消除了拜占庭干涉意大利的可能性。从此，教皇们不再像先前那样，把神圣罗马帝国皇帝作为抗击君士坦丁堡的平衡力量来依靠了。

115 在战争的警钟中经历了其他类似的繁荣的社会，比如，公元前3000年开始的苏美尔人城市，公元前8—前3世纪的中国战国时期，以及公元前6—前4世纪的希腊城邦国家。

116 斯堪的纳维亚城市在某种程度上是本土固有的。但在波兰，与正忙于征服易北河以东的斯拉夫地区的德意志诸侯的军事冲突，使德意志国市民们多少有些嫌疑。而犹太人移民则因此受到欢迎，他们带来了城市生活的技艺和某种日耳曼人文化；而且德意志发生的大规模屠杀犹太人事件使十字军运动蒙受耻辱。此后，犹太人不再被怀疑有夺取德意志政治霸权的渴求。

117 因为奥斯曼土耳其人以条约确认了威尼斯人在黎凡特的贸易权力，所以，威尼斯人虽然战败，却仍然通过外交手段挽救了某些利益。参见：W. Heyd，*Histoire du commerce du Levant au Moyen-Âge*（Leipzig：Otto Harrassowitz，1885），II，324-326.

118 这样说就忽略了北方海域的北欧海盗帝国，此帝国不仅包括斯堪的纳维亚和不列颠群岛、诺曼底和俄罗斯河系地区，而且还将其触角伸入从大西洋到冰岛（约于874年殖民）的区域、格陵兰岛（985年殖民）和北美洲（1000年发现）。但是，北欧海盗在其帝国建立的时候，几乎还不能算是西方文明的一分子。而且，在斯堪的纳维亚进入拉丁基督教世界之时，北欧海盗们那种无限的活力很快就烟消云散了。无论如何，冰岛和格陵兰成了基督徒之地。尽管在格陵兰存在的一种危险贫困状态，这里的殖民活动仍一直持续到15世纪。小股挪威冒险家似乎也深入到了远至大湖区的北美洲。但是，在这个过程中，他们失去了与欧洲社会的联系，似乎也没有迹象表明他们曾对美洲大陆的印第安人产生过任何影响。

119 在这方面，圣托马斯酷似亚里士多德本人。亚里士多德的理论系统和完美，令他的学界后人无所作为。

120 卡特里派（在法国北部又称阿尔比派）的教义似乎源于巴尔干的鲍格米勒派（Bogomils），或许可追溯到摩尼教。尽管不断遭到迫害，摩尼教自萨珊时代起，就一直在伊拉克及其毗邻地区秘密地幸存下来。

121 黑死病造成的人口方面的严重影响，值得注意。最近的一项研究估计，在普罗旺斯（Provence），人口至少减少了50%，直到1470年才得到恢复。参见：Edouard Baratier，*La démographie provence du XIIIe au XVIe□siècle*，*avec chiffres de comparison pour le XVIIIe□siècle*（Paris：S. E. V. P. E. N.，1961）. 也参见：Josiah Cox Russell，"Late Medieval Population Patterns，"*Speculum*，XX（1945），157-171. 13世纪蒙古征服造成了欧亚大陆生存圈之内比较方便和更加频繁的交往，它与黑死病在年代上大致相应；公元2世纪的大瘟疫与本书第七章所讨论的"该生存圈的闭合"发生在大致同一个时段。两者的情形大致相当。或许，大瘟疫蹂躏下的欧洲人口的稳定和复苏，有可能发生在14—15世纪，因为欧洲人口已经提前经历了引发公元2世纪大瘟疫的诸种疾病。

122 伊斯兰教在东南亚的兴起，与海上和商业控制权转移到一个新兴国家马六甲有关。该国可能建于14世纪，在15世纪皈依了伊斯兰教。参见：D. G. E. Hall，*A History of South East Asia*（New York：St. Martin's Press，1955），pp. 37-186; J. C. van Leur，*Indonesian Trade and Society*（The Hague：W. van Hoeve，1955），pp. 44-117; G. Coedès，*Les États hindouisés d'Indochine et d'Indonesie*（Paris：E. de Boccard，1948）.

123 班图人征服可能造成了津巴布韦城镇和矿场的废弃。但有些学者持相反观点，认为正是班图人来到罗得西亚，才开始了大规模的采矿。参见上书，p. 481.

124 参见：C. W. Bovill，*Caravans of the Old Sahara*（London：Oxford University Press，1933），pp.

4-183; Diedrich Westermann, *Geschichte Afrikas* (Cologne : Greven Verlag, 1952), pp. 356-362, 382, 390-391, and passim. A. H. M. Jones and Elizabeth Monroe, *A History of Ethiopia* (Oxford: Clarendon Press, 1955), pp. 44-79; J. C. de Graft-Johnson, *African Glory* (London : Watt & Co., 1954), pp. 68-126; R. Coupland, *East Africa and Its Invaders* (Oxford : Clarendon Press, 1938), pp. 2-43; G. P. Murdock, *Africa : Its Peoples and Their Culture History* (New York : McGraw-Hill, 1959).

125 也许有可能并非如此。西班牙人来到新世界，带来了一种天花流行病。可能是这种病摧毁了印加帝国，并造成王朝的危机，从而大大帮助了皮萨罗。

126 G. C. Vaillant, *The Aztecs of Mexico* (Harmondsworth : Pelican, 1950); Walter Krickeberg, *Altmexicanische Kulturen* (Berlin : Safari Verlag, 1956); J. Eric Thompson, *The Rise and Fall of Maya Civilization* (Norman, Okla. : University of Oklahoma Press, 1954), pp. 84-130; J. Alden Mason, *The Ancient Civilizations of Peru* (Harmondsworth : Pelican Books, 1957), pp. 93-230; Hans Dietrich Diesselhoff, *Geschichte der Altamerikanischen* (Munich : Verlag R. Oldenberg, 1953), pp. 76-201, 303-348.

第 11 章 遥远的西方对世界的挑战（公元 1500—1700 年）

1 “逃跑对他们（中国士兵）来说并没有什么不光彩，他们也不懂得什么叫侮辱，他们争吵时会像妇人一样揪头发、谩骂和诋毁，但吵累了之后，就和好如初，完全不伤皮肉。”引自利玛窦 1584 年的一封信。见：G. F. Hudson, *Europe and China* (London : Edward Arnold and Co., 1931), p. 248.

2 运用科学航海新技术最生动的例子是 1497 年达·伽马选择去印度的航线。他在正确测算出的纬度上突然掉头向东，驶往 11 年前刚被巴塞洛谬·迪亚士发现的好望角。在此之前，他已向大西洋深处驶出很远（实际上可能已经距巴西海岸很近了）。这是一条避开险恶的热带在平静水域的最短航线，它远离海岸，因而不受沿岸急流和潮汐的影响，这些急流和潮汐常给在平静水域艰难行驶的船只造成危险。这条航线还能利用南大西洋上的西风向东行驶。达·伽马的船队在远离陆地的海上漂泊了 96 天，航程 4 500 英里，这大大超过了哥伦布 36 天，2 600 英里的航程。另外，达·伽马到达的非洲海岸离他想往的好望角只有 130 英里，考虑到当时使用的仪器的原始和在上下颠簸的船上观察太阳的艰难，这个成就是十分了不起的。摘自：K. G. Jayne, *Vasco da Gama and His Successors*, 1460-1580 (London : Methuen and Co., 1910), p. 40; Boies Penrose, *Travel and Discovery in the Renaissance*, 1420-1620 (Cambridge, Mass. : Harvard University Press, 1955), pp. 50-51; Henry H. Hart, *Sea Road to the Indies* (New York : Macmillan Co., 1950), pp. 128-129.

3 参见：Charles Singer et al., *A History of Technology* (Oxford University Press, 1958), III, 471-493.

4 到 16 世纪末，欧洲船只的船壁已多由橡木制成，厚约 2 尺，两侧叉钉有双层横木。

5 1500 年时，印度洋海岸的造船技术已经达到相当成熟、省工省料的地步。用植物纤维联结木料制成的轻型船只能经受南方海洋各种气候和风力条件的考验，时至今日，它们由于适应性强、快速和易于靠岸登陆等优点而仍然用于捕鱼和近海作业。但若论战船，印度洋沿岸的产品还不如葡萄牙专为对付北大西洋而特制的船只。显而易见，早在葡萄牙人牢固控制印度洋之前，穆斯林造船工匠们就已经下功夫学习欧洲造船技术了。但终因工艺设备落后又缺乏欧洲海船上所需用的那么大量的金属材料，因此穆斯林造船工匠无法做到完全仿效欧洲。参见：W. H.

Moreland，“Ships of the Arabian Sea c. 1500”，*Journal of the Royal Asiatic Society*（1939），pp. 63-74，173-192. 这时，中国船只在规模和数量上都远胜于印度洋上的穆斯林船队，它们虽然曾在远洋公海上对欧洲船只造成过威胁，但由于缺少金属材料，也由于当时中国和日本的统治者们对航海事业态度冷漠、不感兴趣——姑且不论他们的敌意情绪——因而威力不大。即使如此，中国南海上的一些私人海盗船仍然长期袭扰最早来到这片水域的欧洲船，与这些同属海盗性质但却公开装备起来的欧洲船只角逐争雄。

6　P. M. Ashburn，*The Ranks of Death：A Medical History of the Conquest of America*（New York：Coward McCann，1947），pp. 82-87.

7　这些在旧世界热带地区流传的疾病，曾因黑奴贩运而在美洲印第安人地区蔓延肆虐；甚至曾使亚马孙盆地和加勒比低地一时几乎无人居住。而梅毒则可称是美洲印第安人对征服他们的欧洲人的报复。但医学家们的意见尚有分歧，有人认为，实际上梅毒并非源出于美洲。P. M. Ashburn，*The Ranks of Death*，pp. 98-140，175-190.

8　Roger Mols，*Introduction à la démographie historique des villes d'Europe du XIVe à XVIIIe siècle*（Louvain：Publications universitaires de Louvain，1955），II，452. 瘟疫在西欧的最后一次流行是在1663—1684年，后来东欧一度流行瘟疫，迟至1724年，法国南部仍有瘟疫流行。参见：Georg Sticker，*Abhandlungen aus der Seuchengeschichte und Seuchenlehre*，Band I，Erster Teil：*Die Geschichte der Pest*（Giessen：Alfred Töpelmann，1908），pp. 175-236.

9　L. Carrington Goodrich，*A Short history of the Chinese People*（3d ed.；New York：Harper and Bros.，1959），pp. 198-199 认为中国人口上升由16世纪70年代开始。G. Findlay Shirras，“The Population Problem in India”，*Economic Journal*，XLIII（1933），p. 61 估计，在1650年印度人口为8000万，到1750年就达到了1. 3亿。Fernand Braudel，*a Méditerranée et le monde méditerranéen à l'époque de Phillippe* II（Paris：A. Colin，1949），pp. 353-357 曾指出，16世纪时奥斯曼帝国统治下的人口增长迅速。1958年出版的第1期第30页刊载的 Omer Lufti Barkan，“Essai sur les données statistiques des registres de recensement dans l'empire Ottoman aux XVe et XVIe siècles”，*Journal of the Economic and Social History of the Orient*，I（1958），30. 则认为从1528—1580年间安纳托利亚的人口增长了41%。

10　旧时代的人口估计大多不是十分精确的，但人口统计专家们却不约而同地认为，目前仍在持续的人口增长势头是由1650年开始的。这种意见恰恰表明，所谓人口统计也正是在那个时期的一些欧洲城市开始进行的。参见：Walter F. Willcox，“Population of the World and Its Modern Increase，” in *Studies in American Demography*（Ithaca, N. Y.：Cornell University Press，1940），PP. 22-52; United Nations Population Division，*The Past and Future Population of the World and Its Continents*（World Population Conference，paper No. 243，1954）. 无论如何，只要上述估算有近乎正确的地方，那么近代文明国家中人口的增长就大大先于医药事业取得的实质性突破，因此新的人口增长似乎不能归功于近代科学对疾病的控制。一些美洲作物，比如玉米、马铃薯、甘薯等的输入对某些地区来说是重要的，政治稳定对人口的增长当然也有极大影响，但这些都无法解释为什么会出现全球性的人口增长现象。参见：Raymond Pearl，*The Natural History of Population*（New York：Oxford University Press，1939）；A. M. Carr-Saunders，*World Population*（Oxford：Clarendon Press，1936）；Marcel R. Reinhard，*Histoire de la population mondiale de* 1700 *à* 1948（Paris：Editions Domat-Montchrestien，1949）. Roger Mols，*Introductionàla démographie historique*（II，426-459）经过非常艰苦的调查研究之后说，毫无疑问，1700年以前，流行病是限制欧洲人口增长的主要原因。

11　英国和法国的远征队也曾到北美洲沿岸那些荒芜、险恶及令人生畏的地区进行探险，但他们未能如愿以偿地找到通往东方黄金之地的西北通道。1553年，有人为了同一个目的而试探从东北方向打开通路，结果揭开了英俄双方在阿尔汉格尔进行贸易的序幕。接着英国商人就顺伏尔加河而下，穿过里海进入了波斯。

12 1582—1640年间，葡萄牙曾受西班牙统治，这个事实表明葡萄牙皇家属地的双重危险性。因为在葡萄牙人的心目中，来自西班牙的危险并不比来自西班牙的敌人——荷兰、法国和英国的威胁小。

13 西班牙在意大利的统治权并非轻易获得的。有些教皇以武力坚决反抗，但都没有成功。然而即使是在西班牙影响最盛时期，教皇也从未成为哈布斯堡王朝的御用神父，而是不断要求恢复任何世俗君主都无法实现的权力。

14 新教在法国最终失败的原因之一，或说唯一原因是早先于天主教外衣之下存在着的一个类似法国民族教会的体制。因为新教往往与狂暴的贵族和执拗的市民相联系，他们幻想以武力反抗中央政权，以维护他们的权利和特权，因此不仅法国王权，而且渴望安定的国民感情都反对新教。因此亨利四世早年虽然是新教的拥护者，但他感受到了上述事实，所以明智地改变了宗教信仰。

15 克伦威尔的独裁政权只是英国史上的插曲，它的主要作用是挑起了反对军人政府抑或是特殊的圣人政府的一次事变。然而假使联系欧洲以后的历史来看，克伦威尔政府尚有一项特别重要的贡献，它毕竟是由一个“党派”独裁政权，在全国范围内实现专制统治的最早先例。这个专制政体是在社会革命中产生的，它纠集了与时代不相称的军事力量去进行对外战争。假若抛开一系列革命理想方面的区别不谈，那么此前荷兰一些省份的“海上乞丐国”政权以及后来法国和俄国的革命都提供了十分有趣的同类事件。参见：Crane Brinton，*Anatomy of Revolution*（New York：W. W. Norton，1932）.

16 彼得大帝以前的俄国尚不应算作欧洲文明社会的真正成员，因此有关1500年到彼得即位之间俄国发展的评述将在本章后面提及。

17 机智的诡辩逐渐缓和了对高利贷行为的宗教谴责。此类谴责源于基督教《圣经·旧约》对金钱借贷行为的痛斥，实际上这是无可厚非的。只是在基督教义不能再对社会有约束力时，公开经营高利贷的职业才有可能发展。

18 参见：Ernst Troeltsch，“Renaissance and Reformation，”*Historische Zeitschrift*，CX（1913），519-556.

19 像笛卡儿这样具有数学头脑的理性主义者也像神学家一样热切而虔诚地追寻着绝对而无可辩驳的最高真理。由于他们人数很少，因此我从未听说，他们当中有谁曾设想用国家权力机构来推行他们的最高真理。

20 16、17世纪的新教与18、19世纪新教发展后具有的个人主义和自由主义之间存在的相同性被简单地夸大了。荷兰和英国允许保留异议的同时，德国新教曾却仍把自己严格地限制在正统之内。与此相反，在以天主教为国教的法国，17世纪以后却允许多种形式的宗教和文化存在。当时只有像意大利、奥地利和波兰那样一些反宗教改革运动带有西班牙和耶稣会痕迹的国家里，天主教才具有我上文中说过的那种教条性。总之，在城市中产阶级在社会上占据最高地位的地方，文化和宗教的多样化最为突出。这也许比各国政府组建的宗教阵线更能说明荷兰、英国、法国目前的发展。甚至意大利，虽然表面上看好像是反宗教改革促进思想文化自由发展的范例，但这其实也可以被视为是意大利城镇中市民经济早衰的反映。另一方面，马克思·韦伯有一个著名的论点，他把欧洲阿尔卑斯山脉北麓中间阶层的政治和社会地位的上升归因于加尔文教的伦理。

21 精确的观察与巧妙的实验使没受过教育的普通人确信某种事物，同时也能使有学问的人确信。但是苛求的人还是会顽固地拒绝接受通过不可靠的感受做出的结论，根据是这种结论缺乏以不容置疑的原则演绎出的合乎逻辑的理论基础。在发生争执时，哪种论点站得住是十分明显的，所以那些生怕伽利略的望远镜玷污其头脑的意大利天文学家不是没有理性，而仅仅是片面强调逻辑。

22 参见：A. Wolf, *A History of Science, Technology, and Philosophy in the 16th and 17th* Centuries（New York：Macmillan Co.，1935），pp. 71-120.

23 直到 1650 年以后，这些农作物才被欧洲人所重视。

24 参见：Alfred Métaux，"The Revolution of the Ax，" *Diogenes*，No. 25（Spring，1959），pp. 30-31. 该文有趣地评述了金属工具和武器在西班牙传教过程中曾起到的作用。

25 印第安人各阶层大概早在哥伦布到来之前就已经把以前对印加、阿兹克特和其他土著阶层祭司的忠诚转移到了新的宗教代理人身上，就此而论，基督教僧侣取得的成功是前哥伦布时代的产物。从这个角度看，异教的残余在美洲西班牙管辖区新社会模式的形式中占有重要地位。

26 Charles Gibson，"The Transformation of the Indian Community of New Spain，1500-1810，" *Cahiers d'histoire mondiale*，II（1954-1955），581-607.

27 参见：S. F. Cook and L. B. Stephens，"The Population of Central Mexico in the 16th Century，" *Ibero-Americana*，XXXI（1948），1-48. 原先对最初人口和下降后人口的估计没有那么大，参见：Angel Rosenblat，*La Población Indígena de América desde* 1492 *hasta la Actualidad*（Buenos Aires：Institución Cultural Espanola，1945），pp. 57，92，for Mexico; and summary table for the entire New York，p. 109.

28 Woodrow Borah，"New Spain's Century of Depression"，*Ibero-Americana*，XXXV（1951），p. 18. 估计在 1646 年墨西哥中部的西班牙人（包括欧洲人与当地印第安人的混血儿在内）约为 11. 4 万人。博拉指出，在印第安人村落缩小的同时，对毁灭印第安人的瘟疫更有抵抗力的西班牙人和混血儿却在增多。而这种情况使被雇佣的印第安劳力所受的剥削更加惨重，因为那些西班牙血统的官员、教士、地主和矿产主们都想要继续享受其殖民者祖先留给他们的不劳而获的特权。这样做的结果必将是进一步破坏当地村落和乡镇组织，虽然西班牙政府在统治墨西哥的最初 10 年中曾执行维护这些乡镇组织的政策。主要依靠负债者劳动的大庄园和主要由半奴隶式劳工进行生产的矿井，成为当时占主导地位的经济和社会组织，甚至有些原属于村镇上层的居民也都沦为外表体面实则寒酸的破落户了。这与罗马后期的社会变化极为相似。这也是人口减少后的必然结果。无论是此时的墨西哥还是当年的罗马，出现这种情况的原因都是毁灭性的瘟疫。

29 可笑的是，当时流行于美国和世界其他地区的那种印第安人形象，实在是对平原地区印第安人文化生活的一种讥讽。因为当对西部文明有更多贡献的牛仔发挥作用时，这些印第安人正处在调整自身适应新生活的过程中。骑术在平原印第安人中传播时有一种极有趣的特征，即它与欧亚游牧文化发展的形式极为相似。参见上文第 234—238 页。

30 伊比利亚人和英国人对种族混杂的看法极为不同，这也许是不同的法律和宗教传统所致。但更重要的原因是白种人男女比例失调。按照西班牙和葡萄牙的习俗，一般要对未婚女子实行严厉的监督，所以没有多少妇女移民到殖民地去。而英国的家庭风气要开放得多，他们允许未婚妇女跟随第一批先驱者一起到殖民地去，其结果是殖民地有了大量的未婚妇女，其数目之多足以使以下原则得以确立，即白种男人只要娶的是白种女人，这个婚姻就值得尊重。但是白种妇女毕竟人数有限，这个事实就意味着，对于当时相当盛行的剩余未婚男子娶印第安人或黑人妇女为妻的事只能以公众舆论的非难作为手段来尽量限制。这样做的后果是，在美国南部诸州和其他一些英国人保持着奴隶制的殖民地里，极其深刻的肤色界限不可逾越，即使在性的问题上也表现出一种完全受感情支配的种族偏见。印度肤色隔阂的历史是一个绝妙的参照系。只是在英国妇女大量进入印度以后，才出现肤色上的隔阂。在印度的英国主妇们尽力在白人社会中保持一种强烈的肤色意识和狭隘的社会种族歧视。实际上，那些花掉昂贵费用由英国本土来到异国的穷乡僻壤而又无所事事的白人妇女们之所以要保持这种意识和歧视，其目的仅仅是为了设置一道障碍，用它来阻止白人社会中那种可以迎娶当地妇女为妻的观念，使这种观念不为人们所接受。任何一个研究过美国或英国海外驻军的人都不会相信，在没有白人妇女的情况下，英美的文化、法律或意识因素会导致某种种族偏见从而影响到性行为。

31 除了前面所列举的之外，我还查阅了下列有关拉丁美洲历史的书籍：C. H. Haring，*Trade and Navigation between Spain and Indies in the Time of the Hapsburgs*（Cambridge，Mass.：Harvard University Press，1918）；C. H. Haring，*The Spanish Empire in America*（New York：Oxford University Press，1947）；Julian H. Steward and Louis Faron，*Native Peoples of South America*（New York：McGraw-Hill，1959）；William Lytle Schurz，*This New World*：*The Civilization of Latin America*（New York：E. P. Dutton，1954）；Philip Ainsworth Means，*Fall of the Inca Empire and the Spanish Rule in Peru*，1530-1780（*New York*：*Scribner's Sons*，1932）；Herbert Ingram Priestley，*The Coming of the White Man*（New York：Macmillan Co.，1929）；John Collier，*The Indians of the Americas*（New York：W. W. Norton，1947）；H. A. Wyndham，*The Atlantic and Slavery*（London：Oxford University Press，1935）.

32 参考当时新教会关于没收教产的政策和两个世纪以前由圣方济各会所挑起的危机。俄国的宗教改革者与德意志新教之间即使有关系的话，也是极不明显的。

33 经过改制（1588—1590 年），莫斯科大主教被提升为最高一级主教。从此莫斯科大主教区与其他四个古老的东正教大主教区，即君士坦丁堡、安提阿、亚历山大里亚和耶路撒冷相并列。

34 参见后来成为“旧礼仪派”主要领袖的阿瓦库姆大主教那本发人深思的自传——*The Life of the Archpriest Avvakum by Himself*，trans，Jane Harrison and Hope Mirrlees，（LondonLeonard and Virginia Woolf，1924），按 James H. Billington1962 年的口头说法，在俄国犹太人社团的发展中，萨巴泰·塞维于 1666—1667 年曾自称救世主，从而引起了剧烈的骚动。这是旧礼仪派救世主义的主要根源。关于萨巴泰·塞维，请看本书边码第 639 页的叙述。

35 伊凡四世是第一位在俄国正式采用“沙皇”称号的君主。这个称号在他之前只是被非正式地使用过。这个称号是古罗马“恺撒”一词的变化形式，所以不言而喻，采用这一称号含有莫斯科皇位是继承古罗马和君士坦丁堡而来的意思。

36 伊凡竭力动员庞大的军事力量以对付外来侵略，其必然结果是限制了普通农民在国内随意迁移的权利。只给服役贵族分封土地而没人替他们耕种那是无济于事的，所以政府制订一系列法令强迫农民为新领主劳动。这些法令包括：一项更严格的以劳役抵债的规定；集体交纳村民税；禁止农民家庭擅自投奔新主人等。到 17 世纪中叶，这种变革接近完成，大多数俄国农民都被类似奴隶制的农奴制所束缚。法律之所以如此严厉，是因为心怀不满的农民可以轻易地越过国家公地的界限跑到南部草原或西伯利亚森林中去开荒，那里的哥萨克们也张开双臂欢迎新来者。

37 Raymond H. Fisher，*The Russian Fur Trade*，1550-1700（Berkeley，Calif.：University of California Press，1943），p. 122 页估计，17 世纪时国家从事毛皮贸易的利润以及从经营毛皮生意的承包商那里收缴的税款加在一起，总数约可达到当时国家财政总收入的 10%。

38 多数哥萨克信奉正教，他们不喜欢波兰人的天主教政策，这一事实是把乌克兰带进莫斯科营垒的主要原因。即使当自由哥萨克社团不再作为独立的实体而存在时——波兰和俄国引诱哥萨克首领变成地主的政策使之无法存在——多数哥萨克还是宁愿同属正教的俄国联盟而抛弃信奉天主教的波兰。

39 我对于俄国历史的评述主要依据的是：Michael T. Florinsky，Russia：*A History and an Interpretation*（New York：Macmillan Co.，1955），Vol. I; 此外还参考了 S. Platonov，*Histoire de la Russie*（Paris：

Payot，1929），pp. 167-487; W. E. D. Allen，*The Ukraine：A History*（Cambridge：Cambridge Universtiy Press，1940）; Gunter Stökl，*Die Entstehung des Kosakentums*（Munich：Isar Verlag，1953）; Frederick C. Conybeare，*Russian Dissenters*（Cambridge，Mass.：Harvard Universtiy Press，1921）; James Mavor，*An Economic History of Russia*（2d ed.; London and Toronto：J. M. Dent and Sons，1925），Vol. I; Serge Bolshakoff，*Russian Nonconformity*（Philadelphia：Westminster Press，1950）.

40 新的强大的波斯人国家兴起的原因，主要是由于乌兹别克的威胁。虽然此类事件古已有之，但这是历史上最后一次由西亚荒原上的部族颠覆一个文明政权。这个事件还引起印度和中东一系列连锁反应，出现了一些新的国家。在东方草原，满洲人于下一个世纪征服了中国，此事也具有同样的历史意义。

41 1511年以前，马六甲是贸易和传教的主要基地，葡萄牙人攻占该地之后，其他一些较为逊色的中心城镇成为穆斯林活动的据点。参见：D. G. E. Hall，*A History of South East Asia*（New York：St Martin's Press，1955），pp. 176-185; G. Coedès，*Les Ètats hindouisés d'Indochine et d'Indonesie*（Paris：E. de Boccard，1948），pp. 382-386，398-411. 亚洲东南部的这些穆斯林以贸易兼营传教的方式成功地建立起国家，这与早年印度教徒和佛教徒在同一地区的活动极为相似。而且穆斯林的势力范围更大，一直延伸到婆罗州和棉兰老岛。但在日本和吕宋，穆斯林的传教活动遇到了基督教传教士的阻碍。

42 J. Spencer Trimingham，*A History of Islam in West Africa*（London：Oxford University Press，1962），pp. 93-103，121-147.

43 George Peter Murdock，*Africa：Its Peoples and Their Culture History*（New York：McGraw-Hill，1959），pp. 138-141，320-324.

44 这次在首相穆罕默德·柯普吕律领导下的奥斯曼帝国的复兴，不仅扶植了克里特（1669年）与波多利亚（1676年）两地的苏丹政权，而且也使得特兰西瓦尼亚（1661年以后）以及摩尔多瓦与瓦拉几亚（1658—1659年以后）这些过去的保护国重新臣服于奥斯曼。奥地利哈布斯堡王朝为挽回在特兰西瓦尼亚的损失所做的努力，只导致了1661—1664年一场不了了之的战争，战争结局对奥斯曼人有利。波兰人也曾试图制止奥斯曼帝国势力的扩张，但最后却使波多利亚被奥斯曼帝国所吞并。

45 红海地区的造船工业由于缺乏木材而不景气。奥斯曼船只所需的木材只能取自小亚和叙利亚，经由埃及转口远道运来。

46 最后一次攻击是在东非沿海进行的，在那里穆斯林舰队经常击退沿海岸南下的葡萄牙势力。奥斯曼帝国舰队在蒙巴萨附近最终土崩瓦解，既是葡萄牙海军实力所致，也是因为当地群众群起攻之。参见：F. Braudel，*La Méditerranée et le monde méditerranéen à l'époque de Philippe* II，p. 1019。Braudel的著作是关于伊比利亚与穆斯林争斗问题的主要入门书，尤其是关于16世纪后半叶部分。

47 B. Schrieke，*Indonesian Sociological Studies*（The Hague：W. van Hoeve，1955），I，45.

48 Braudel，*La Méditerranée*，pp. 483-502; Paul Masson，*Histoire du commerce français dans le Levant au* XVII *siècle*（Paris：Hachette，1896），pp. xi-xxxiii.

49 最能说明早年新教徒的贸易公司与穆斯林统治之间友好关系的代表性事件是1641年荷兰人在柔佛苏丹所提供的陆军资助下从葡萄牙人手中夺取了马六甲。但与此同时，在荷兰人拥有主权的爪哇和其他东印度群岛，穆斯林却发动了一场虽然无效但却强有力的“反十字军运动”。参见：D. G. E. Hall，*A History of South East Asia*，pp. 252-282.

50 参见：W. H. Moreland，*From Akbar to Aurangzeb：A Study in Indian Economic History*（London：

Macmillan and Co.，1923）; Bal Krishna，*Commercial Relations between India and England*，1601-1757（London: George Routledge and Sons, 1924）; J. C. van Leur, *Indonesian Trade and Society*（The Hague：W. VAN Hoeve，1955），pp. 159-245.

51 我没有找到能满意地说明奥斯曼帝国与萨菲帝国经济情况的资料。但可以参考: Paul Masson，*Histoire du commerce français*; A. C. Wood，*A History of the Levant Company*（London：Oxford University Press，1935）; H. A. R. Gibb and Harold Bowen，*Islamic Society and the West*（London：Oxford University Press，1950）Vol. I，Part I，pp. 294-313. Braudel，*La Méditerranée*，pp. 616-643 曾含糊其词地说过，从西班牙到意大利，在整个地中海地区曾掀起一场当地封建主和庄园主反抗土耳其人的运动；并且还说，有资产阶级贸易倾向的人宁愿投资土地也不愿投资于不太可靠的工商业。Traian Stoianovich，"The Conquering Balkan Orthodox Merchant"，*Journal of Economis History*，XX（1960），pp. 234-262 也从另一侧提供了 14 到 18 世纪期间奥斯曼臣民中商业力量增长的例证。除非深入研究过奥斯曼帝国经济史，否则贸然对 16、17 世纪中东地区社会经济状况下结论是很不合宜的。尽管与欧洲相比中东的商业地位日趋下降，然而 12 世纪以后已经处于殖民地地位的拜占庭帝国与意大利各商业城市间的关系同 17 世纪最后 10 年奥斯曼帝国与西北欧之间的经济关系相比，二者似乎极其相似。

52 哥萨克游牧部落在陆地上的角色就像海盗们在西印度群岛、中国南海与非洲北部"野蛮"口岸所扮演的角色一样，海盗的老巢一般设在政府势力鞭长莫及的地方，哥萨克的老巢也是如此。哥萨克基本上依靠定居的农业社区供给他们所需的武器火药，这也与海盗们一般都依赖于文明港口提供装备一样。

53 John F. Baddeley，*Russia*，*Mongolia*，*and China*（2 vols.; London：Macmillan and Co.，1919），I，lxix，lxxiii; Robert J. Kerner，*The Urge to the Sea*：*The Course of Russian History*（Berkeley and Los Angeles，Calif.：University of California Press，1946），pp. 66-88; Raymond H. Fisher，*The Russian Fur Trade*，1550-1700（Berkeley and Los Angeles，Calif.：University of California Press，1943）.

54 这构成了穆斯林传教活动的大倒退。卡尔梅克人聚居的伊犁河流域曾一度皈依穆斯林教，但当那个地区的乌兹别克人向南向西推进到河间地带并把这个地方让给当时仍信奉异教的卡尔梅克人之后，伊斯兰教就在那里衰落下去了。

55 奥斯曼帝国确曾于 1659 年派遣一支远征军，想把俄国势力从伏尔加河下游地带驱逐出去，并借机联合中亚汗国的力量从背面攻占什叶派所控制的波斯。然而近卫军的哗变和同克里米亚汗的反目——这也许是因为克里米亚汗担心其自治权利会因奥斯曼帝国占据其侧腹内陆地区而受到威胁——使奥斯曼帝国不得不放弃这次行动。关于这次三心二意的行动及其失败的重大意义，有一些有趣的评述，参见：A. J. Toynbee，*A Study of History*，viii，225-227.

56 近卫部队是与伊斯兰教托钵僧比克特西教团密切联系的。可能是由于他们同情什叶派地下社团，因此不愿让正统逊尼派取得彻底胜利。我没能找到可以证实这种推测的直接根据，但是一般而论，比克特西教团那些具有宗教信仰自由倾向的教义容易使其信徒同情虔诚的教友，同情他们探索通往真主的不同道路。参见：John K. Birge，*The Bektashi Order of Dervishes*（Hartford，Conn.：Hartford Seminary Press，1937）.

57 奥斯曼帝国与萨菲帝国之间的斗争对欧洲具有重要意义，从 1606 年至 1639 年，由于奥斯曼集中全力用于与波斯的战争，因而减轻了基督教欧洲的压力——这样三十年战争才得以爆发。在某种默契之下，哈布斯堡王朝和奥斯曼帝国都掉头去对付各自的宗教异端势力，当然其结果都是白费力气，但双方都消耗了实力。因此直到 1683 年奥斯曼土耳其人又开始进攻并再次占领维也纳，穆斯林和基督教徒才重新在多瑙河地区燃起战火。

58 为抵抗葡萄牙与西班牙对非洲沿岸的侵犯而进行圣战，这是刺激萨阿迪采取行动的主要因素，并非是萨菲王朝促其所为。然而，在奥斯曼看来，当奥斯曼境内的什叶派同情者正酝酿起事之际，在东西方同时出现两个什叶派王国实在是大不利的现象。在摩洛哥历史上，他们从此遗憾地与广袤的穆斯林世界分道扬镳。参见：Coissac de Chavrebière，*Histoire du Maroc*（Paris：Payot，1931），pp. 268-294.

59 当时奥斯曼人宣称对摩洛哥有宗主权，但这与其说是为了实现目的，毋宁说是为将来的行动造舆论。参见：Braudel，*La Méditerranée*，p. 995.

60 Alphonse Gouilly，*L'Islam dans l'Afrique occidentale française*（Paris：Larousse，1952），pp. 62-63.

61 哈里发这个称呼意为先知的继承人，即世上最虔诚伊斯兰教徒的领袖，但在 16 世纪时，他失去了这一鲜明意义。逊尼派经学家倾向于这样的一种观点，即真正的哈里发已于 13 世纪蒙古人扫荡阿拔斯王朝的残存者时就消失了。因此奥斯曼帝国苏丹各种官方正式头衔中偶尔出现的“哈里发”称谓已经丧失其严肃性，因为其他穆斯林统治者也曾以此头衔称呼。不过，无论是什叶派还是逊尼派，根据穆斯林的政治理论，都主张精诚团结于一个统一的政治共同体中。每一个像奥斯曼苏丹那样宣称宗教上合法性的穆斯林统治者也都以建立全世界的统治为目的，而不管这种世界性多么空泛。关于哈里发及其与奥斯曼苏丹的关系，参见：H. A. R. Gibb and Harold Bowen，*Islamic Society and the West*，Vol. I，Part I，pp. 26-38. T. W. Arnold，*The Caliphate*（Oxford：Clarendon Press，1924），chap. Xi.

62 阿克巴宗教政策的性质和动机一直是人们争论的热门话题。就他本人来看，阿克巴似乎是一个思想开明、想要探索教义真谛的人。他倾听每一个他接触到的宗教领袖的讲经，但又绝不轻信他们当中的任何人。他在自己身边还聚集了一班知己朋友，这些人熟悉各种不同来源的教义和规章。阿克巴很可能把这些人视为一个类似萨菲教会的组织，而他本人就是该组织的创始人和领袖。这种半公开的调和行为既触怒了虔诚的穆斯林教派们，也愚弄了那些有所期待的基督教徒使团，但在印度人看来却是再自然不过。参见：F. W. Buckle，“A New Interpretation of Akbar's ‘Infallibility Decree’ of 1579，” *Journal of the Royal Asiatic Society*（1924），pp. 590-608; M. L. Roychourdouri，*The State and Religion in Mughal India*（Calcutta：Indian Publicity Sciety，1951），pp. 67-118 and *passim*; Sri Ram Sharma，*The Religious Policy of the Mughal Emperors*（Oxford University Press，1940），pp. 15-69; Arnulf Camps，*Jerome Xavier S. J. and the Muslims of the Mogul Empire*（Schöneck-Beckenried，Switzerland：*Nouvelle Revue de Science Missionaire*，1957），pp. 51-91; Aziz Ahmad，“Akbar，Hérétique ou Apostat?” *Journal Asiatique*，CCXLIX（1961），21-35.

63 同阿克巴一样，个人的宗教信仰可能影响了奥朗则布的政策。但应当指出的是，当他在印度登位时，奥斯曼的势力正在衰落，因此奥朗则布希望能够取代苏丹成为整个逊尼派的领袖。奥朗则布对印度南部的征伐以无信仰者和异端为对象，因此他有资格成为真正的哈里发和所有信徒的首领。他或许正是由于这个原因才决定出征的。实际上，甚至在他统治区域之外，也已经有博学的伊斯兰经学家封给他这样的头衔了。参见：H. A. R. Gibb and Harold Bowen，*Islamic Society and the West*，Vol. I，Part I，p. 35. 也参见 Aziz Ahmad，“Moghulindien und Dar-al-Islam”，*Saeculum*，XII（1961），266-290 深入绝妙的文章；以及 John Norman Hollister，*The Shi'a of India*（London：Luzac and Co.，1953），pp. 126-140.

64 教义简编在西欧基督教会里起到过简明教理问答手册的作用。关于什叶派神学文献和典型教义简编释文等，参见：E. G. Browne，*History of Persian Literature*（Cambridge：Cambridge University Press，1920），IV，368-411.

65 除非对突厥及诗歌中所叙述的一切都不相信或充耳不闻，否则就会知道，正像集合在其旗帜下的突厥同胞所相信的那样，伊斯梅尔确曾宣布他就是上帝的化身。然而，这不是正统的十二伊玛目派的观点。他们主张，萨菲只是十二个合法伊玛目中第七人的后代。据此推论，萨菲同上帝的距离只比普通人近一点点。参见：Hans Robert Roemer，"Die Safawiden，" *Saeculum*，IV（1953），31-33.

66 来自阿塞拜疆的七个突厥部落构成了最初军事力量的核心。

67 Sir Percy Sykes，*A History of Persia*（2d ed.；London：Macmillan and Co.，1921），II，175-176; Laurence Lockhart，*The Fall of the Safavi Dynasty*（Cambridge：Cambridge University Press，1958），pp. 18-22. 直到阿拔斯时代，波斯人一直缺乏火炮和步兵火器，阿拔斯从欧洲商人和投机家——其中最著名的是英国罗伯特和安东尼·谢尔利——手中购买。

68 例如，比克特西托钵僧就可因身为近卫军的顾问而受到近卫军的保护，其他托钵僧组织也与首都的城市行会或地方社团（在安纳托利亚省尤为显著）有类似的战略性关系。

69 参见：A. H. Lybyer，*The Government of the Ottoman Empire in the Time of Suleiman the Magnificen*（Cambridge，Mass.：Harvard University Press，1913）. H. A. R. Gibb and Harold Bowen，*Islamic Society and the West*，尽管这个书名似乎与本问题无关，但实际上，书中对这一时期奥斯曼帝国的宗教政策有着极其精辟的分析。

70 参见：Jadunath Sarkar，*Mughal Administration*（Calcutta：M. C. Sarkar and Sons，1920）; W. H. Moreland，*India at the Death of Akbar*（London：Macmillan and Co.，1920），pp. 31-94; R. C. Majumdar et al.，*Advanced History of India*（London：Macmillan and Co.，1958），pp. 554-565; J. N. Hollister，*The Shi'a of India*，*passim*.

71 这些自传已由 A. S. Beveridge 译成英文（4 vols.；London：Luzac and Co.，1912-1921）。关于突厥语和乌尔都语文学，参见：E. J. W. Gibb，*A History of Ottoman Poetry*，II，III（London：Luzac and Co.，1902，1904），该书的描述可能过于热情，译文十分丰富。也见：Ram Babu Saksena，*A History of Urdu Literature*（Allahabad：Ram Narain Lal，1940）.

72 关于这一时期穆斯林的艺术，我参考了下列文献：F. B. Havell，*Indian Architecture from the First Mohammedan Invasion to the Present Day*（London：John Murray，1913）; Heinrich Glück and Ernst Diez，*Die Kunst des Islam*（Berlin：Popyläen-Verlag，1925）; Arthur Upham Pope，*An Introduction to Persian Art*（London：Peter Davies，1930）; Arthur U. Pope（ed.），*A Survey of Persian Art*（6vol.；London：Oxford University Press，1938-1939）; Sir Thomas W. Arnold，*Painting in Islam*（Oxford：Clarendon Press，1928）; Percy Brown，*Indian Painting under the Mughals*（Oxford：Clarendon Press，1924）; L. A. Mayer，*Islamic Architects and Their Works*（Geneva：Albert Kundig，1956）; Hermann Goetz，*Bilderatlas zur Kulturgeschichte Indiens in der Grossmogulzeit*（Berlin：Dietrich Reimer and Ernst Vohsen，1930）.

73 在伊斯兰教逊尼派中一度出现的宗教极度混乱的现象在伊斯兰世界并未发生，但这应归功于新的机构，而不是新的思想。既然用其他手段不能应付异端思想的挑战，简单地肯定过去的做法就成为惯例，再以后迎接挑战时也就难以采取创新的方式。况且最虔诚、最有知识的逊尼派穆斯林渐渐发现，毫无保留地接受宗教信仰是唯一可靠的思维模式，而且越无保留越好。但是既然没有争论，话题的思想也就在奥斯曼帝国消失。乌里玛们甚至对他们自己的文化遗产都越来越生疏。这种思想沉闷的局面是逊尼派为维持正统，反对异端的挑战而付出的高昂代价。有趣的是，在波斯和印度，思想界显然相对活跃，尤其是在印度，宗教纷争仍很激烈。

74 参见：Abdulah Adnan-Adwar，"Interaction of Islam and Western Thought in Turkey，" in T. Cuyler Yong（ed.），*Near Eastern Culture and Society*（Princeton，N. J.：Princeton University Press，

1951), pp. 121-122.

75 Gibb and Bowen, *Islamic Society*, I, Part II, 179-206.

76 柴坦雅主要活动于孟加拉，当时该地那些未开化的人正在融入印度人的社会。这些部落的地位通常接近印度种姓社会的底层，他的某些习惯、仪式也被认为是不合法的。这就造成在柴坦雅时代以前伊斯兰教得以在孟加拉传播，但是以柴坦雅为中心的这场运动有效地阻止了伊斯兰教在这些地区的继续发展。那些被人们在神的化身面前表现出来的激情所感染过的人，肯定会觉得伊斯兰教的仪式和教义死气沉沉，不能令人激动和满意，即使以其神秘主义泛神论的形式表现亦是如此。况且在运动早期，柴坦雅的追随者根本否认种姓区别，所以伊斯兰教这一主要优势也就丧失殆尽。可参考在基督教正统派内部关于寂静主义的争论中，修士和民众的宗教观所取得的胜利怎样地阻止了伊斯兰教在巴尔干的发展。见上文第 522 页（边码）。

77 参见：K. B. Jindal, *A History of Hindi Literature*（Allahabad：Kitab Mahal, 1955）, pp. 52-155; Dinesh Chandra Sen, *History Bengali Language and Literature*（Calcutta：Universtiy of Calcutta, 1911）, pp. 398-565; F. E. Keay, *A History of Hindi Literature*（Calcutta：Association Press, 1920）, pp. 19-72; Surendranath Dasgupta, *A History of Indian Philosophy*（Cambridge：Cambridge University Press, 1922-1955）, IV, 384-395; Melville T. Kennedy, *The Chaitanya Movement*（Calcutta：Association Press, 1925）.

78 暹罗是在与法国之间发生了一件不同寻常的事情之后才封闭外来世界的。一个名叫福尔根的希腊冒险家是这件事的主角。他是克法罗尼亚岛人，先是在东方为英国东印度公司服务，后来转为法国服务并皈依罗马天主教。他得到暹罗王的信任，一度几乎控制了暹罗的外交政策。他利用其地位把法国士兵和传教士引进暹罗。路易十四的宫廷一度对暹罗不久后将彻底皈依基督教充满了信心。福尔根在 1688 年一次宫廷政变中丧命，不久法国人撤出了暹罗。参见：W. A. R. Wood, *A History of Siam*（London：T. Fisher Unwin, 1926）, pp. 189-216; D. G. E. Hall, *A History of South East Asia*, pp. 297-315.

79 这一变化意味着军人所占土地迅速减少，骑兵在奥斯曼军中所占数量也相应减少。新的土地所有者主要是有城市背景的穆斯林，他们占有土地是因为担任一些具有战略意义的职务。很多头衔的合法性都是颇值得怀疑的。参见：Richard Busch-Zantner, *Agraverfassung*, *Gesellschaft und Siedlung in Sudosteuropa*（Leipzig：Otto Harrassowitz, 1938）, p. 63; Jovan Cvijic, *La Péninsule Balkanique：géographie humaine*（Paris：A. Colin, 1918）; L. S. Stavrianos, *The Balkans since* 1453（New York：Rinehart, 1958）, pp. 138-142; Traian Stoianovich, "Land Tenure and Related Sectors of the Balkan Economy, 1600-1800," *Journal of Economic History*, XIII（1953）, 398-411.

80 1560—1579 年统治奥斯曼帝国的大维齐尔穆罕默德·索克里利用其权力重设伊贝克的塞尔维亚主教一职，并指定其兄担任这一职务。

81 奥斯曼人对基督教建筑极为厌恶，总是反对兴建新教堂。他们还设置障碍，阻止修复旧教堂，规定如果翻修，必须事先得到官方同意。

82 参见：Cecil Roth, *The House of Nasi*：*The Duke of Naxos*（Philadelphia：Jewish Publication Society of America, 1949）.

83 Traian Stoianovich, "The Conqquering Balkan Orthodox Merchant," *Journal of Economic History*, XX（1960）, 244-248.

84 有这样一件事十分说明问题。一个曾成功地重建中国沿海防务的海军将领，由于遭阴谋陷害，不但被罢了官，甚至还丢掉了性命。参见：C. R. Boxer, *South China in the 16th Century*, *Being the Narratives of Galeote Peireira*, *Fr. Gaspar da Cruz*, *Fr. Martin de Rada*（1550-1577）（London：Hakluyt Society, 1953）, pp. xxvi-xxix.

85 John F. Baddeley, *Russia*, *Mongolia and China*; Michel N. Pavlovsky, *Chinese-Russian Relations* (NewYork : Philosophical Library, 1949), pp. 4-41.

86 国姓爷系郑成功（卒于 1662 年）的葡语音译（作者此说有误，郑成功原名郑森，字明俨，号大木。后由南明唐王隆武帝赐国姓朱，名成功，并封忠孝伯，故又称国姓爷。——译者注）。此人自封为南明政权遗臣，曾以中国南方沿海（主要在福建省）各港湾水域及周围海岛为基地建立海盗国家，1662 年他临死前又从荷兰人手中夺得台湾岛。有关郑成功的事情参见：Arthur W. Hummel (ed.), *Eminent Chinese of the Ch'ing Period* (Washington, D. C. : Government Printing Office, 1943-1944, s. v.); Henri Cordier, *Historie générale de la Chine* (Paris : Paul Genthner, 1920), III, 262-265.

87 中国的海军战舰有时还是很强大的，例如 1520—1522 年就曾几次战胜葡萄牙船队。然而朝廷中根深蒂固的大陆意识却使海上竞争不能成为长期战略，被裁处的水兵又都不可避免地加入了海盗行列，这反过来更加深了朝廷的忧虑。参见：P. A. Tschepe, *Japans Beziehungen zu China seit den ältesten Zeiten bis zum jahre* 1600 (Jentschoufu : Verlag der katolischen Mission, 1907), pp. 216-307.

88 澳门好像就是葡萄牙人与中国地方官员经过协商而建立的基地，葡萄牙人同意使用其船舰去对付海盗。参见：Boxer, *South China in the 16th Century*, pp. xxxv-xxxvi; Tien-tse Chand, *Sina-Portuguese Trade from* 1514 *to* 1644 (Leyden : E. J. Brill, 1934), pp. 86-93. 中俄之间于 1689 年正式形成的文字协定是值得注意的。此后中国南部地方当局与葡萄牙、荷兰及英国商旅团达成的一系列非正式协议的条文基本上与中俄协定相同。这两件事表明，中国选择了远交近攻的策略，即与边远势力达成妥协而集中全力对付身边的直接威胁以确保各地的和平与秩序。因此，从中国人的立场看，欧洲人在中国南方口岸取得的那个小的立足点完全无关大局，只不过是朝廷在处理无穷无尽的袭扰边防问题时所采取的一个权宜的外交手段而已。

89 参见：Ping-ti Ho, "The Introduction of American Food Plants into China," *American Anthropologist*, LVII (1955), 191-201.

90 这些数字可能有很大误差，学者们的估计也极不一致。我这里是根据 Ping-ti Ho, *Studies on the Population of China*, 1368-1953 (Cambridge, Mass. : Harvard University Press, 1959), pp. 10, 264-266.

91 清朝时期，中国学者为整理古代典籍而表现出的钻研精神也可能是受当时欧洲正在发展的科学理论研究的影响。这是面对新事物心理失去平衡因而产生的一种怀古情调。与此同时，俄国也发生了由东正教牧首尼康领导的、以复古方式弥补地方文化缺陷的自卫反应式运动。在暹罗、缅甸和日本也都同样出现过坚持宣扬其古老的民族文化以反抗欧洲势力入侵的行动。然而在所有这些逃避现实的倒退性行动中，只有中国能在发掘古典文化的技能方面取得欧洲最优秀学者也难以企及的进步。

92 参见：J. R. Hightower, *Topics in Chinese Literature* (Cambridge, Mass. : Harvard University Press, 1950), pp. 68-70; Fung Yu-lan, *History of Chinese Philosophy*, II, 592-672; Osvald Siren, *A History of Later Chinese Painting* (London : The Medici Society, 1938), ii, 70-77 and *passim*; Cyrus H. Peake, "Some Aspects of the Introduction of Modern Science into China," *Isis*, XXII (1934-1935), 173-177. 事实上，很难评价 1582 年后开始深入中国，并于 1601 年开始在帝国朝廷中设立总部的基督教传教士的功绩。有些传教士已经在帝国统治阶层中占据了高级职位，如在 1640—1664 年间居传教士首席的汤若望。其人员对满清第一个幼年即继承大统的康熙皇帝起到过明显的教导作用，因为康熙是把他看作良师益友。参见：Alfons Väth, *Johann Adam Schall von Bell, S. J.*, *Missionar in China*, *Kaiserlicher Astronom und Ratgeber am Hofe von Peking*, 1592-1666; *Ein*

Lebens und Zeitbild（Cologne：J. P. Bachem，1933），p. 192. 书中甚至将其吹捧到如此程度，意说：由于康熙皇帝本身对于管制国家事务之方法所知甚少，因此汤若望在1651—1660年间实际上曾一度成为中国真正的统治者。但是，尽管传教士们能进入朝廷，能作为天文气象、机械工程以及数学物理方面的专家受到朝廷的重用，能够忠诚地传播基督教文化并使中国居民信奉和加入基督教会，可他们毕竟只是在一个有限的范围内起作用，因为在大多数有修养的中国人眼里，基督的真理和教义依据只是个外来的旁门邪道，而一些与科举无关的旁门邪道对于那些专注于传统文化的中国文人来说都是完全不屑一顾或无暇顾及的。参见：Arnold H. Rowbotham，*Missionary and Mandarin*：*The Jesuits at the Court of China*（Berkeley and Los Angeles，Calif.：University of California Press，1942）. 在学习方法上面，基督教传教士们的批判方法也许有助于刺激中国汉学家去批判佛教对儒教经典的补充部分。参见：Herrlee G. Creel，*Confucius*，*the Man and the Myth*（New York：John Day Co.，1939），pp. 258-259. 但这样以来也会产生副作用，因为在中国学术界对儒教经典中所参杂的佛教教义进行批判的同时，由于基督教正在中国传播开来，中国人很可能也会把他们新学会的挑剔眼光转向基督教。参见：Kenneth Scott Latourette，*A History of Christian Missions in China*（New York：Macmillan Co.，1929），pp. 196-197.

93　欧洲新式火器引进日本与日本中央政权统一全国有着密切关系，因为枪（旧式滑膛枪）炮比刀剑更便于控制其供应渠道。参见：Delmer M. Brown，"The Impact of Firearms on Japanese Warfare"，*Far Eastern Quarterly*，VII（1948），236-253.

94　参考11世纪斯堪的纳维亚的专制君主们对北欧海盗（8至11世纪时，他们不断骚扰欧洲沿海）的镇压措施。在这两种社会里，每个真正成功的海盗最终都会成为当权者不能容忍的敌人。在日本，由于军阀众多而可封授的土地很少，因而形成幕府统治中一个尖锐棘手的问题。那些封地少的军阀明显地表现出对当权者的不满，同时很自然地置其野心于海外劫掠行业。这样，禁止航海的极端严厉措施，对于那些觊觎封土者来说，无疑是显得合情合理的。

95　在16世纪后半叶，从澳门出发的葡萄牙商人曾经扮演过奇特而具有重要意义的角色。由于日本海盗对中国沿海的骚扰，中国与日本的官方联系早已断绝，因此两国间的和平贸易，至少官方贸易是完全不可能的事。但中国的丝绸和其他奢华服饰却早已成为日本贵族不可或缺的必需品；同时中国也需要日本的白银。这样葡萄牙商人就成了沟通两国的中间人，在两国之间运载货物往来，并从转手贸易中赚得丰厚的利润。参见：C. R. Boxer，*Fidalgos in the Far East*，1550-1770（The Hague：M. Nijhoff，1948）.

96　John F. Baddeley，*Russia*，*Mongolia*，*and China*，I，lxxiv-lxxxiii. 回纥（鹘）人的摩尼教和哈扎尔人的犹太教也曾发生过同样的作用。

97　参见：G. P. Murdock，*Africa*，pp. 284-327，364-368，392-405，410-421，and *passim*; D. Westermann，*Geschichte Afrikas*，pp. 94-208，211-275，288-292，390-397，412-416，and *passim*; J. Spencer Trimingham，*A History of Islam in West Africa*，141-147 and *passim*.

第12章　蹒跚起步的世界均势（公元1700—1850年）

1　这个词借自R. R. Palmer，*The Age of the Democratic Revolution*：*A Political History of Europe and America*，1760-1800，Princeton，N. J.，Princeton University Press，1959，以描述18世纪后期和19世纪早期西方世界政治观念和实践所发生的变化。美国革命和法国革命当然是这种变化最显著的表现，但不是唯一的表现。

2　Raymond H. Fisher，*The Russian Fur Trade*，（Berkeley and Los Angeles：University of California Press，1943），PP. 43-45. 关于最后这次远征仍存有疑问，不知走的是陆路或海路，若是后者，

白令海峡一定已被发现——尽管未被认作海峡——这应当在白令开始第一次航行前3/4世纪。

3 葡萄牙人与西班牙人在南部，以及葡萄牙人与法国人在北部的国家间的竞争，也推动了葡萄牙人扩张他们在巴西海岸线上的殖民地。参见：Bailey W. Diffie，*Latin-American Civilization：Colonial Period*，（Harrisburg，Pa.：Stackpole Sons，1945），pp. 652-681; Felix Reichwein，*Sugar，Gold and Coffee：Essays on the History of Brazil*（Ithaca，N. Y.：Cornell University Library，1959），pp. 88-117.

4 参见：Christopher Lloyd，*Captain Cook*，（New York：Roy Publishers，n. d.），pp. 93-95，120. 库克舰长不止一次借助于皮鞭强迫他的那些不情愿的海员食用这种稀奇的新食物。只是在大约30年之后，效果更佳的酸橙汁才开始在英国海军中食用。

5 东印度群岛丁香的主要产地班达（Banda）、安汶（Amboina）和德那地（Ternate）在1621至1657年间被荷兰人征服。当望加锡（Macassar）成为重要的竞争产地时，也在1669年被征服了。随即，这些岛屿的居民便被要求只生产欧洲、印度和中国市场能吸收的多种数量的丁香——这种政策要求种植规模时而扩大，时而收缩。参见：J. H. Parry，*Europe and a Wider World*，1415-1715，（New York：Hutchinson's University Library，1949），pp. 154-156：B. H. M. Vlekke，*Nusantara：A History of the East Indian Archipelago*（Cambridge，Mass：Harvard University Press，1943），pp. 138-139，145.

6 甘蔗经伊斯兰教徒从印度洋地区传入欧洲，在中古后期成为马德拉群岛的重要作物。

7 在18世纪，这类袖珍小岛的经济作用十分惊人。迟至1773年，官方记录表明，英国与西印度群岛的贸易额高于它与北美大陆殖民地的贸易额，同样，整个远东贸易的数额也落后于对这些小岛贸易的数额。参见埃里克・威廉（Eric William）所辑图表，*Capitalism and Slavery*（Chapel Hill，N. C.：University of North Carolina Press，1944），pp. 225-226. 按17、18世纪的生产方式，蔗糖种植极其耗费地力。因此，那些首先生产蔗糖的岛屿逐渐不能像后来新投入生产的地区那么便宜地生产。结果，到18世纪末，英国产糖诸岛在法国的竞争下衰退，而在19世纪，法国产糖诸岛以及前法属海地则又在西属古巴、波多黎哥的竞争前败下阵来。蔗糖像一种金色的瘟疫，从加勒比海群岛招摇而过，留下肥力榨尽的土地、贫困穷苦的人民、支离破碎的社会。尽管19世纪奴隶制度废除，但此举对这一过程遗留的社会问题却无济于事。

8 B. H. M. Vlekke，*Nusantare*，pp. 179-185.

9 英国人在1745年苏格兰起义后，借用了这种方法以制服苏格兰高地。和其同时代的俄国与匈牙利贵族一样，苏格兰的民族首领也被授予大片地产，所有与之对抗的“本地人”对土地权利的要求被英国法律粗暴地抛到了九霄云外。与此同时，无数苏格兰人被编入高地的特别团队。不过，这些团队不像俄国和奥地利的那些团队那样用于地方防护，而是到世界各地去实现英帝国的目的。但是，鉴于俄国的哥萨克和奥地利边境居民团队也被投入远离边境的战争，二者的区别实际上就不大了。

10 参见：Henry Morczali，*Hungary in the Eighteenth Century*（Cambridge：Cambridge University Press，1910），pp. 46-61; W. E. D. Ellen，*The Ukraine*（Cambridge：Cambridge University Press，1940），pp. 206-232; Boris Nolde，*La formation de l'empire russe*（2 vols.：Paris; Institut d'études slaves，1952-1953），*passim*; Konrad Schunemann，*Oesterreichs Bevölkerungs-Politik unter Maria Theresia*，（Berlin：1935）.

11 参见：W. H. McNeill，“The Influence of the Potato on Irish History”（unpublished Ph. D. dissertation，Cornell University，1947）.

12 这种情况一般说来似乎如此，但偶尔印第安人也会爆发起义。最重要的一次起义于1780—1781年在秘鲁爆发，其领导人自称出身于印加王族。更多的是，在某次传教中“归顺”的原始部落往往试图摆脱他们新的依附地位，但通常西班牙统治者不必大规模动用武力就能够迫使他们再次归顺。

13 参见：迪菲（Bailey W. Diffie）收集的统计，*Latin-American Civilization. Colonial Period*（Harrisburg, Pa.: Stackpole Sons，1945），pp. 381，439-440，450-455，and passim; R. A. Humphreys，"The Fall of the Spanish American Empire"，*History*，XXXVII，（1952），213-227.

14 关于西班牙政府的行动如何影响墨西哥的矿业，这个详尽而有趣的研究，参见：Clement G. Motten，*Mexican Silver and the Enlightenment*（Philadelphia：University of Pennsylvania Press，1950）.

15 参见：C. H. Haring，*The Spanish Empire in America*，pp. 235 ff.

16 教会以自己的权利拥有土地，还向无远见的地主放债。结果，根据一种统计，新西班牙中部4/5的土地属于教会或被抵押给教会。参见：C. H. Haring，*The Spanish Empire in America*（New York：Oxford，1952），pp. 190-191. 此外，像耶稣会这种组织的成员已经成为显赫一时的承包商和商人，因为他们要处理他们的印第安教区的产品。其中一些教区，如在巴拉圭的教区，已经变成人口繁荣、经济兴旺的庞大社会。

17 例如，巴西人通过长期游击战把荷兰人赶出了他们的国家（1643—1654年）。起初，巴西起义者拒绝听命于葡萄牙母国政府，后者在1641年承认了荷兰在巴西的领地以争取荷兰人对其反西班牙战争的支持。参见：C. R. Boxer，*The Dutch in Brazil*，1623-1654（Oxford：Clarendon Press，1957）.

18 关于巴西，我参考了：Diffie，*Latin-American Civilization*，pp. 633-753; Gilberto Freyre，*The Masters and the Slaves：A Study in the Development of Brazilian Civilization*（New York：Alfred A. Knopf，Inc.，1946）; Lawrence F. Hill，*Brazil*（Berkeley and Los Angeles，Calif：University of California Press，1947）; Gilberto Freyre，*Brazil：An Interpretation*（New York：Alfred A. Kopf，Inc.，1947）.

19 Diffie，*Latin-American Civilization*，p. 453.

20 这两场革命的关系在一个年代的巧合事件中有趣地体现出来：1789年4月30日，乔治·华盛顿就任美国第一任总统，就在第二天，三级会议在凡尔赛召开。

21 历史学家似乎未曾探讨过皇家禁卫军团与奥斯曼帝国奴隶家族制惊人的相似之处。虽然禁卫军的士兵在法律上并非奴隶，他们被管制的地位却与奥斯曼帝国的土耳其兵及宫廷侍臣在奥斯曼大帝时接受的管制大同小异。而且，从离开俄国的乡村庄园到一个禁卫军团服役，这一过程所引起的思想、生活方式和道德的转变，几乎与年轻的基督教农民变为奥斯曼帝国的帕夏时发生的急剧转变一样。像土耳其人一样，彼得允许各种背景的人进入他的军团。不过，占优势的是外国人和俄国贵族的儿子们。很少有农民愿意为"反基督者"服役，即使他们能够逃离自己的领主去入伍，他们也不想干。

22 参见：Èmile Haumont，*La culture Française en Russie*，1700-1900（Paris：Hachette，1913），pp. 85-90. 正规学校只是慢慢地才被人们接受。最重要的正规学校是侍卫团（the Corps of Pages，1731年建立），它允许年轻的贵族取得被授予军衔（或在政府中任职）的资格，而不必像彼得时代所必需的那样在禁卫军中服役。

23 在叶卡捷琳娜统治时期，经济的发展十分明显。城市人口在彼得统治末期为33万左右，到叶卡捷琳娜去世时增加到130万到230万之间。家庭手工业及大制造业都成倍增长。出口货物在1773年价值为3 000万卢布，到叶卡捷琳娜去世时增加到8 100万多卢布。这些数字得自Michael T. Florinsky，*Russia：A History and an Interpretation*（New York：Macmillan Co.，1955），pp. 561-564. 关于南俄及邻近地区经济高涨的概览，可参见Traian Stoianovich，"The Conquering

Balkan Orthodox Merchant," *Journal of Economic History*，XX，（1960），pp. 234-313.

24 瑞典虽然国内人口稀少，三十年战争结束时却拥有了一个潜在的富饶广阔的波罗的海帝国。然而，瑞典的贵族喜欢在国内实行波兰式的自由，而与之抗衡的各种力量——国王、官僚和中间阶级——也不足以制止，因此产生了国家力量的衰退。1772年，一次王室政变在最后时刻拯救了瑞典，使它免于遭受波兰的命运而无可挽回地成为俄国或普鲁士的走卒。

25 勃兰登堡曾在三十年战争中几经蹂躏，变得十分荒芜，而在过去漫长的年代中，选帝侯领地上的大多数居民一直在瑞典和其他外国人的占领下艰难度日，这种情况无疑有利于清除反对大选帝侯集中权力的旧势力。城市依然又少又小，因此，并不存在从上面反对革命的法国社会的那种多重社团结构。而且，任何政策，无论多么激烈，只要以阻止三十年战争重演为目的，就能够获得广泛的支持。然而，正如俄国彼得大帝的情况一样，不能把统治者个人的性格抛开不计。德意志大部分地区都曾遭受过类似霍亨索伦家族的土地遭蹂躏的苦难，城市生活在德意志许多部分同样发展不充分。但是，仅仅是在霍亨索伦家族统治的地区，这些情况才激起或者说允许社会和政府的高度军事化。大选帝侯的意志和判断，与条顿骑士和整个德意志向往的东方的军事传统相结合，注定了会有这种结局。

26 纽科门原来是用气压把一个活塞推入一个由汽缸内的蒸汽冷聚而造成的不完全的真空，瓦特现在用流动蒸汽做了推动力。

27 参见：H. St. J. B. Philby，*Arabia*（London：Ernest Benn，Ltd.，1930），pp. 8-102. 确切地说，在穆罕默德帝国的形成和瓦哈比国家的成长过程中，起作用的是同样的社会机制。二者的主要区别在于，在瓦哈比运动中，预言家和政治家并未集于同一人之身，因为瓦哈比在其宗教复古理论中，把沙特的王公们视作伸张正义的利剑。二者不同的军事结局在于这样的事实，即到19世纪，与阿拉伯游牧武士们抗衡的是大炮和步枪，而不是曾与穆罕默德的直接继承人们对阵的、垂头丧气的穿甲胄的骑兵。

28 在奥斯曼帝国内，苏菲派的神秘主义和逊尼派信奉的教法综合为一体，这在某种程度上带有官方教义的色彩，知识界对这种综合予以彻底否定。这种否定表明，人们开始意识到，像阿拉伯和土耳其这样的民族间存在着竞争的民族特性，这种意识成为了瓦哈比运动的精神力量。参见胡拉尼（A. Hourani）的透彻分析："The Changing Face of the Fertile Crescent in the XVIII Century"，*Studia Islamica*，VIII（1957），89-122.

29 参见：Triaian Stoianovich，"The Conquering Balkan Orthodox Merchant"，*Journal of Economic History*，XX（1960），234-313.

30 参见：L. S. Stavrianos，"Antecedents to the Balkan Revolutions of Nineteenth Century"，*Journal of Modern History*，XXIX（1957），335-348.

31 这样称呼是因为他们在君士坦丁堡居住区邻近有灯塔，法纳尔即灯塔之意。

32 参见：Ladislas Hadrovics，*Le peuple serbe et son īglise sous la domination Turque*（Paris：Presses universitaires，1947）.

33 参见：L. Sainéan，"La regime et la société en Roumamie pendent la règne des Phanariotes，1711-1821"，*Revue internationale de sociologie*，X（1902），717-748. 这是一个关于法纳尔人宫廷中的拜占庭遗风与奥斯曼礼规混杂交织情形的有趣叙述。

34 参见：Nicholas Jorga，"Le despotisme éclairé dans les pays Roumains au XVIIIe siècle"，*Bulletin of the International Committee of Historical Sciences*，IX，（1937），110-115.

35 可参见奥斯曼帝国的犹太人社会在萨瓦塔伊·塞维（Sabbatai Sevi）称弥赛亚之后所遭受的类似灾难（1666年）。

36 土耳其人很少研究西方的社会和技术（除军事这一狭窄课题之外），直到1792年，苏丹才第一次在欧洲一些主要国家的首都建立一般的外交使团。参见：Bernard Lewis，“The Impact of French Revolution on Turkey”，*Cahiers d'histoire mondiale*，I（1953），111-112.

37 Henry Herbert Dodwell，*The Founder of Modern Egypt：A Study of Mohammed Ali*（Cambridge：Cambridge University Press，1931）. 其他军事首领也进行了同样的但不那么引人注目、成就不那么显赫的事业，如亚尼纳（Janina）的阿里帕夏（卒于 1822 年）和阿克的艾哈迈德·杰扎尔（卒于 1804 年）。关于对奥斯曼帝国阿拉伯诸省这段动乱的政治史的概述，以及对地方军事首领的势力赖以存在的私人雇佣军的社会影响的透彻分析，参见：H. A. R. Gibb and Harold Bowen，*Islamic Society and West*，Vol. I Part 1，pp. 200-234.

38 到 1841 年，奥斯曼帝国已被法国人夺去阿尔及利亚，被俄国人割去远至普鲁特河的黑海岸，被受到英国、法国和俄国保护的希腊独立王国占去巴尔干半岛的南部。此外，塞尔维亚是一个自治的公国，埃及除了名义上的臣服外，实际上完全独立；罗马尼亚诸省已成为俄国保护下的自治公国；而在东方，君士坦丁堡对伊拉克、库尔德斯坦和阿拉伯的控制很不完全。不过，通过清除一大批反叛的帕夏和地方军事长官，帝国在欧洲和小亚细亚旧有的核心以及边缘地区的叙利亚，都重新回到君士坦丁堡的管辖之下。在这种意义上，奥斯曼的改革在 19 世纪上半叶确实获得了真正成功。

39 参见：E. J. W. Gibb，*A History of Ottoman Poetry*（London：Luzac and Co.，1902-1905），IV，3-14 and passim.

40 选择黑塞哥维那方言旨在便利塞尔维亚和克罗地亚的语言会聚，从而使塞尔维亚对克罗地亚和长期享受到的西方文化的影响更为开放。和大多数类似计划不同，这一计划确实起了作用，使现代南斯拉夫的建立成为可能。倘若重新安排，比如在塞尔维亚语和保加利亚语中选择马其顿方言，那么，在巴尔干斯拉夫人中，将会产生一种截然不同的民族和文化的形式。

41 纳迪尔沙的宗教政策很奇怪。在他登上王位时，便废止了什叶派教义，这一教义自 1500 年以来已深入波斯生活。后来，他或者劝说或者强迫逊尼教学者承认什叶派教义为正统律法的第五支派，试图把什叶派教义硬掺入逊尼派教义中。这一政策彻底失败了，因为无论逊尼派学者或什叶派学者都不接受这种对他们分歧的政治掩盖。纳迪尔沙也许有意建立一个泛伊斯兰帝国，希望把土耳其和印度联合为一个光荣复兴的哈里发国家；他可能考虑到有必要调和伊斯兰教的这两个敌对派别，以便为达到这个理想做必要准备。在个人生活中，他看来完全、几乎是天真地漠视宗教。参见：L. Lockhart，*Nadir Shah*（London：Luzac and Co.，1938），pp. 99-100，278-279.

42 参见：W. K. Fraser-Tytler，*Afghanistan*（London：Oxford University Press，1950），pp. 60-69.

43 参见：W. Barthold，*Histoire des Turcs d'Asie centrale*（Paris：Maisonneuve，1945），pp. 188-197; Mary Holdsworth，“Turkestan in the Nineteenth Century”（mimeographed; Central Asin Research Center，Oxford，1959）; Lockhart，*Nadir Shah*，pp. 276-278. 在 19 世纪中期俄国正要征服布哈拉的前夕，这个地区出现了一种明显可见的趋向于瓦哈比原教旨主义的伊斯兰教研究的复兴。此外，在伊斯兰世界的最西北边缘，中国的穆斯林们经历了一次被错解的宗教动乱——一种“新教义”出现——这次动乱在 1762 年第一次引起中国官方的注意，在 1781 年和 1783 年发展成反对中国权威的公开起义。参见：H. M. G. D'Ollone，*Recherches sur les Musulmans Chinois*（Paris：Leroux，1911）.

44 莫卧儿的军队既无战斗力，纪律又腐败不堪，甚至马拉特人也苦于同样的弊病，因为各个首领之间的派别斗争和奢侈的生活很快使他们的军事素质降低。伊朗人和阿富汗人的战斗力远为强大，正如他们在印度北部的胜利所表现的那样，但是，他们国内政治局势的动荡不安却使他们不能对印度实行长期的占领。

45 在这些战争中，参加并赢得决定性战役的欧洲部队的数量之少确实令人难以相信。1751 年，克莱武向阿科特进军时只有一支 200 名欧洲人和 300 名印度土兵组成的军队，正是这支军队摧毁了法国人在马德拉斯—本地治里地区的势力。同样，按 18 世纪欧洲战争的标准，使英国人在孟加拉获得第一个重要立足点的普拉西战役（1757 年）不过是场小冲突。

46 参见：Murray T. Titus，*Indian Islam*（London：Oxford University Press，1930），pp. 178-193.

47 关于穆斯林在印度崩溃的评论根据的是：*Cambridge History of India*（Cambridge：Cambridge University Press，1929），IV，V; R. C. Majumda et al.，*An Advanced History of India*（London：Macmillan and Co.，1958），pp. 645-783. *Oxford History of India*（Oxford：Clarendon Press，1958），pp. 455-672. Holden Furber，*John Company at Work*（Cambridge，Mass.：Harvard University Press，1948）.

48 参见：John Spencer Trimingham，*Islam in the Sudan*（London：Oxford University Press，1949），pp. 102-104. *Islam in Ethiopia*（London：Oxford University Press，1952），pp. 104-117; *History of Islam in West Africa*（London：Oxford University Press，196），pp. 155 ff.；J. N. D. Anderson，"Tropical Africa：Infiltration and Expanding Horizon"，in Gustav E. von Grunebaum（ed.），*Unity and Variety in Muslim Civilization*（Chicago：University of Chicago Press，1955），pp. 261-283.

49 在怪异的信仰复兴运动的鼓励下，东印度群岛爆发了两次穆斯林起义：一次是 1750 年的爪哇起义，另一次于 19 世纪 20 年代发生在苏门答腊。荷兰人费了好大力气才把这两次起义镇压下去。直到 19 世纪晚期，非洲发生的类似的运动却没有遭到欧洲军队的反对，伊斯兰教在非洲获得较大成功无疑与这一事实有关。关于东印度群岛的伊斯兰运动，参见：B. H. M. Vlekke，Nusantara，pp. 201，263; G. W. J. Drewes，"Indonesia：Mysticism and Activism"，in G. E. von Grunnebaum（ed.），*Unity and Variety in Muslim Civilization*，pp. 284-310.

50 这一论断的一个不完全的例外是形形色色秘密会社的兴起，其中一些标榜佛教（和道教）的种种思想，这些思想在 18 世纪后期和 19 世纪早期表现为人民不甘沉默跃跃欲试，有时甚至是强烈反抗的不满情绪。参见：B. Favre，*Les Sociétés secrètes en Chine*（Paris：Maisonneuve，1933），pp. 89 ff.

51 当法国人在革命战争中横行于荷兰时，英国人夺取了荷兰在锡兰和东印度群岛的领地。1815 年的和约只把东印度群岛的领地归给了荷兰人。

52 当法国在拿破仑时代吞并荷兰时，英国人占领了东印度群岛以阻挡法国人。从 1811 年到 1816 年，托马斯·斯坦福德·莱佛士爵士（Sir Thomas Stamford Raffles）担任爪哇以及属地的代理总督，他在那里进行了彻底的自由主义改革，希望爪哇人能长久依附于英帝国。在某种意义上，他后来在马来亚的冒险是代替东印度群岛的第二种最佳方式，后者在 1816 年已被归还给荷兰人。

53 这些对东南亚佛教的评论根据的是：D. G. E. Hall，*A History of South East Asia*（New York：St. Martin's Press，1955），pp. 315-460; John F. Cady，*A History of Modern Burma*（Ithaca，N. Y.：Cornell University Press，1958），pp. 3-86; Lennox A. Mills，*Ceylon under British Rule*，1795-1932（Oxford：Oxford University Press，1933），pp. 1-205.

54 参见：*Cambridge History of India*，IV，426-427. 像马拉特人的国家那样，独立、强大的印度教国家在莫卧儿和欧洲势力夹缝中的兴起，对印度文化似乎没有什么刺激。在世俗事务中，马拉特人的领导者们一般说来满足于仿效他们莫卧儿前任的奢侈和政治管理形式，而在宗教事务上，则遵循传统的印度教的礼仪。

55 印度人对他们宗教的追根寻源也可能没有欧洲人的插手。对任何自身感到威胁的文化来说，拟古主义确实是一种自然的反应；有趣的是，在印度穆斯林中间，也发生了完全同样的情况。对他们来说，回到《古兰经》纯洁的宗教上去意味着对苏非派和印度教惯例的一种打击。在这里，穆斯林并不需要欧洲人的激励。去麦加朝圣的穆斯林所遇到的阿拉伯的瓦哈比教徒们，已经尝试的正是这种纯化，他们并没有等待西方学术的声援。

56 东印度公司最初是通过与莫卧儿政权达成协议而在印度建立的，因而一开始就采取了一种禁止基督教传教士利用公司的庇护进行活动的严厉政策。尽管如此，随着英国福音派新教会的复兴，传教士在 18 世纪最后十年开始渗入印度；开始，他们或者秘密地或者在丹麦贸易站的保护下活动。

57 直到 1835 年以前，英国人继续使用莫卧儿官方语言，即波斯语。因此，任何希望获得官职的印度人必须学习波斯语，通过语言学习，自然难免受到整个穆斯林文化的影响。

58 他的母语是孟加拉语；拉姆·莫汉·罗易用那种文字写的论辩文成为孟加拉文学发展的重要里程碑。他是用孟加拉语进行认真的散文创作的第一人，他所创造的形式被后来的作家们普遍接受。参见：J. C. Ghosh，*Bengali Literature*（London：Oxford University Press，1948），pp. 98-115.

59 在这里，我参考了下述著作：R. C. Majumdar，*Advanced History of India*，pp. 812-826; Upendra Nath Ball，*Rammohun Roy：A Study of His Life*、*Works and Thoughts*（Calcutta：U. Ray and Sons，1933）; Sophia Dobson Collet，*The Life and Letters of Raja Rammohun Roy*（London：H. Collet，1900）; Sahitya Akademi，*Contemporary Indian Literature*（2d ed.；Calcutta：Ministry of Information and Broadcasting，1959）; J. N. Farquhar，*Modern Religious Movements in India*（New York：Macmillan Co.，1915），pp. 1-45.

60 中国还经常中断与俄国的贸易，无视《恰克图条约》（1727 年）的条款，该条约规定俄国商队三年一次到北京，并在边界城市恰克图本地进行常年贸易。1762 年以后，俄国商队不再到北京，直到 1792 年重新建立更正常友好的关系之前，甚至边界贸易也被中国人频频中断。关于中俄关系和中国在中亚的政策，参见：Michel N. Pavlovsky，*Chinese-Russian Relations*（New York：Philosophical Library，1949），pp. 18-40.

61 由于中国的礼仪把任何外交或贸易关系都归为“纳贡”关系，这个词的伸缩性就相当大。尽管中国 1769 年战争失败，缅甸仍然继续被官方认为是纳贡国；英国也被归入同一类。俄国是中国西北部边界上以前几个帝国的继承者，而中国人曾被迫与这些帝国平等交往，所以独自逃脱了这种分类。作为这种特殊地位的一个必然结果，俄国自 1727 年起，独自享有在北京长期保持外交和贸易使团的权利。

62 英国东印度公司自 1699 年开始在广州进行贸易，以作为对欧洲在澳门旧有据点的补充，这在很大程度上立足于在中国销售印度和东南亚产品。英国贸易自此便迅速扩大，使早到的葡萄牙人和后来的欧洲竞争者相形见绌。同样，广州超过澳门成为中国和欧洲交往的主要地点。

63 在中国和其他地方，鸦片为人所知已为时不短了；但它只被作为一种治病的药物，间或服用。1689 年，一个在爪哇的荷兰人提到了吸鸦片烟，他所说的是和烟草混在一起的鸦片烟。到 18 世纪末，吸鸦片烟（已没有烟草了）在中国已很普遍。中国本身生产了大量鸦片，尽管 1729 年的敕令禁止它的出售。对鸦片的需求急剧上升。1821 年，从广州进口的鸦片为 5 000 箱，到 1839 年上升到不下 30 000 箱。参见：L. C. Goodrich，*A Short History of the Chinese People*（3d ed.；New York：Harper and Bros.，1959），pp. 222-223.

64 早在 1628 年，这场争论就已开始，并且持续到 1742 年才最后平静下来。当时，一个教皇再一次颁布训令，强调坚决禁止耶稣会对中国习俗的妥协。

65 这类组织遍布中国社会，其特点是用宗教的形式表现人们对社会的不满。

66 1770 年前后，中国热，就像它的突然兴起一样，突然消失了。在 19 世纪早期，中国海岸的欧洲商人们、士兵们和传教士们再次表现出一种更通常的对“腐败的”中国方式的蔑视；他们的态度很大程度上也传给了欧洲。然而，随着欧洲对中国的赞美声降低，印度似乎要补上这个缺口，因为对印欧语言联系的发现令人振奋，对古代印度哲学和神秘主义的探讨更是令人神往。中国在18世纪哲学家心目中所占据的位置，就是印度在19世纪早期浪漫作家心目中所拥有的地位。因此，欧洲人对异国文明的好奇和同情的焦点虽然转移了，但是，从利玛窦在中国以及那些声名略逊的传教士如罗伯托·德·诺比莱（Roberto de Nobile，卒于1656年）在印度的事业开始，从他们首次试图按其本身的措辞理解别国的文明传统开始，这种情趣就从来没有中断过。奇怪的是，虽然可能并不令人吃惊，欧洲最近的邻居，历史上的竞争者——伊斯兰世界，却是最后才得到欧洲人的认真研究；甚至在今天，历史学家们也习惯于主要根据伊斯兰教世界与基督教世界及现代欧洲的关系来处理其1256年以来的历史。正是因为欧洲文明和穆斯林文明有如此多的相通之处，才有十字军东征和反东征的近两百年恶战。

67 这部小说篇幅浩繁，使翻译颇为困难，参见：Tsao Chan，*Dream of the Red Chamber*，Chi-chen Wang（trans.）（New York：Twayne Publishers，1958）. 该书翻译了小说的第一章并概述了其余章节。

68 参见：Ou Itai，*Le roman chinois*（Paris：Editions Vega，1933）.

69 参见：Osvald Siren，*A History of Later Chinese Painting*，II，152-227；Laurence Sickman and Alexander Soper，*The Art and Architecture of China*，pp. 188-204. 在我看来，对较近代画家的低估似乎是对古代作品过分崇拜的结果，事实上，其中许多作品主要是通过现代画才为人所知或被人提及。中国的绘画与18世纪的中国文学不同，对西方技巧偶尔有所反应或有所尝试。此外，单个的欧洲人，如耶稣会教士朗世宁（Giuseppe Castiglione，1766年逝世），作为画师颇受乾隆皇帝赏识。朗世宁把西方的自然主义揉进中国的一种普遍的创作风格中，从而赢得了自己的声誉。少数中国人仿效他的画法，由此再一次表现出艺术的基调和技巧更容易从一种文化向另一种文化转移，因为在这里，语言的障碍大体上与之无关。

70 Ping-ti Ho，Studies on the Population of China，1368-1953，pp. 270-278. 据估计，中国的人口在1700年为约1.5亿，到1794年上升到3.13亿。到1850年，即在造成大规模破坏的太平天国运动的前夕，人口达到4.3亿。他指出，用现代术语说，“最适条件”在1750年和1775年期间达到了，在此以后，人口的继续增长只能导致更严重的贫困和不满。

71 Chung-li Chang，*The Chinese Gentry：Studies on Their Role in Nineteenth Century Chinese Society*（Scattle，Wash.：University of Washington Press，1955），pp. 70-141. 此书提供了绅士阶级的人数在19世纪增长的有趣材料。另可参见：Wang Yu-Ch’uan，“The Rise of Land Tax and the Fall of Dynasties in Chinese History”，*Pacific Affairs*，IX，（1936），pp. 201-220.；Maurice Meissner，“The Agrarian Economy of China in the Nineteenth Century”，（unpublished Master’s thesis，University of Chicago，1955）.

72 参见：L. C. Goodrich，*The Literature Inquisition of Ch’ien Lung*（Baltimore，Md.：Waverly Press，1955）.

73 参见：Chung-li Chang，*The Chinese Gentry*，pp. 174-182; David Nivison and A. F. Wright（eds.），*Confucianism in Action*（Stanford，Calif.：Stanford University Press，1959），pp. 4-24.

74 一个英国水手杀了人，当不能确认凶手时，中国人根据他们的惯例，认为整个英国人社会应该对违背法律和秩序的行为负责，要求交出一个英国人——任何一个英国人——以便让他们予以惩罚。这是一个再恰当不过地表现欧洲人和中国人观点冲突的例子，因为双方都极其自然地认为自己是完全正确的。

75 除专门列出的书外，关于中国的论述我还参考了以下著作：G. F. Hudson，*Europe and China*，pp. 258-357; Henri Cordier，*Histoire générale de la Chine*（Paris：Libriare Paul Genthner，1920-1921），III，IV，passim; Kenneth Scott Latourette，*A History of Christian Missions in China*（New York：Macmillan Co.，1929），pp. 120-302; A. H. Rowbotham，*Missionary and Mandarin*，pp. 119-301;

Antonio Sisto Rosso, *Apostolic Legations to China of the Eighteenth Century* (South Pasadena, Calif.: P. D. and Iona Perkins, 1948); H. B. Morse, *The Gilds of China, with an Account of the Gild Merchant or Co-Hong of Canton* (Shanghai: Kelly and Walsh, 1932); B. Favre, *Les Sociétés secrètes en Chine* (Paris: Maisonneuve, 1933); J. R. Hightower, *Topics in Chinese Literature*, pp. 102-113; Ssu-yu Teng and John K. Fairbank, *China's Response to the West* (Cambridge, Mass.: Harvard University Press, 1954), pp. 1-45; John K. Fairbank, "*Synarchy under the Treaties*", pp. 204-234, in John K. Fairbank (ed.), *Chinese Thought and Institutions* (Chicago: University of Chicago Press, 1957); L. Petech, *China and Tibet in the Early Eighteenth Century* (Leiden: E. J. Brill, 1950); Marshall Broomhall, *Islam in China*, pp. 129-130, 147-151; Grace Fox, *British Admirals and Chinese Pirates*, 1832-1869 (London: Kegan Paul, Trench, Trubner and Co., 1940); Adolf Reichwein, *China and Europe: Intellectual and Artistic Contacts in the Eighteenth Century* (New York: Alfred A, Knopf, Inc., 1925); Lewis A. Maverick, *China: A Model for Europe* (San Antonio, Texas: Paul Anderson Co., 1946); Donald F. Lach, *Contributions of China to German Civilization*, 1648-1740 (*Chicago: University of Chicago Press*, 1944); Virgile Pinot, *La Chine et la formation de l'esprit philosophique en France*, 1640-1740 (Paris: Librairie Paul Genthner, 1932); Earl Pritchard, *Ango-Chinese Relations during the 17th and 18 th Centuries* (Urbana, III.: University of Illinois Press, 1929).

76 杀害婴孩的事十分普遍，这虽然受到官方的指责，却使日本人口保持了某种程度的稳定，无疑有助于日本农民免于彻底破产。参见：Ryoichi Ishii, *Population Pressure and Economic Life in Japan* (Chicago: University of Chicago Press, n. d.), pp. 3-16.

77 参见：George Sansom, *The Western World and Japan* (New York: Alfred A. Knopf, Inc., 1950), pp. 144-195. 针对物价浮动，政府设计了多种“常年平价粮食”的方案，并付诸实施，但却没有实施这一方案的条件，因为既缺乏诚实可靠的官员，又没有所需的经商技术，结果，所有努力可耻的失败了。用法令和通过操纵通货来进行价格管理的可能性在理论上也进行了讨论，但在实际中却没有持久的成功。不过，1715 年至 1742 年间实行的限制金属，特别是银和铜的输出，确实使荷兰人和中国人的贸易缩减了，达到了预期的目的。参见：Takao Tsuchiya, *An Economic History of Japan* (Tokyo: Asiatic Society of Japan, 1937), pp. 206-207.

78 引进了灌溉的新方法——踏车和荷兰水泵被用作抽水——和一些耕作种植的新工具以及稻谷去壳、碾磨的新工具。新的作物如甘蔗、白薯、马铃薯、花生、玉米和一些欧洲蔬菜也被引进日本经济生产。同样，在政府对开荒特别免税的促进下，相当数量的新土地被开成了可耕地，种上了植物。参见：Takao Tsuchiya, *An Economic History of Japan*, pp. 154-157.

79 甚至在这张日本民族宗教的秘方中，也可能发现爱国主义和西方化的联系，因为重造神道教的人们似乎从基督教中借用了宗教组织的思想和其他许多观念。参见：Donald Keene, *The Japanese Discovery of Europe* (New York: Grove Press, 1954), pp. 110-111.

80 在 18 世纪和 19 世纪早期，“兰学”在日本具有 18 世纪早期中国学在法国曾有的那种异国风采的吸引力。在这两种情况下，通过对一个遥远的、朦朦胧胧知道一些的外部世界的研究，可以对身边的社会予以迂回的批判；这种批判如果直接说出，是会遭致杀身之祸的。参见史密斯的叙述：Thomas C. Smith, *Political Change and Industrial Development in Japan: Government Enterprise*, 1868-1880 (Stanford, Calif.: Stanford University Press, 1955), p. 2.

81 除了单独列出的书外，关于日本这一节，我还参考了下述著作：George B. Sansom, *Japan: A Short Cultural History*, pp. 441-524; E. Herbert Norman, *Japan's Emergence as a Modern State* (New York: Institute of Pacific Relations, 1940), pp. 3-35; C. R. Boxer, *Jan Compagnie in*

Japan, 1600-1817 (The Hague : Martinus Nijhoff, 1936); George Alexander Lensen, *The Russian Push Towards Japan* : *Russo-Japanese Relations*, 1697-1875 (Princeton, N. J. : University Press, 1959), pp. 9-306. Masaharu Anesaki, *Religious Life of Japanese People* (Tokyo : Kokusai Bunka Shinkokai, 1938); Noritake Tsuda, *Handbook of Japanese Art* (Tokyo : Sanseido Co., 1936), pp. 218-280; Peter C. Swan, *An Introduction to the Arts of Japan* (Oxford : Bruno Cassirer, 1958), pp. 159-213; D. C. Holm, *The National Faith of Japan* : *A Study in Modern Shinto* (London : Kegan Paul, Trench, Trubner and Co., 1938), pp. 44-52; Robert N. Bellah, *Tokugawa Religion* (Glencoe, Ill. : Free Press, 1957).

82 前面已提到过俄国在乌克兰和下伏尔加河流域的扩张。再往东，俄国人在1730年至1819年间的不同时期与哈萨克族的所有四个部落订立了一系列条约，确立了对这个民族的宗主权，没有发生激烈战斗。卡尔梅克人的命运使哈萨克人相信，有必要与亚洲的这个或那个大农业帝国达成妥协，俄国是二者中较近的一个。参见：E. B. Bekmakhanav, *Prisoedinenie Kazakhstana k Rossii* (Moscow : Izdatelstvo Akademii Nauk, 1957). 这部书是乔治・斯莫利（George W. Smalley）读给我听的。卡尔梅克同盟的失败还有进一步的意义，它促使蒙古人和西藏人停止了长期进行的旨在推翻中国人统治的种种阴谋活动。参见上书第650页。

83 力图制止奴隶贸易是欧洲对西部非洲政治扩张的主要动因之一。与人道主义的反对奴隶制运动紧密联系的传教活动，也是一个重要因素。参见：J. D. Fage, *An Introduction to the History of West Africa* (Cambridge : Cambridge University Press, 1959), pp. 98-133.

84 参见：Zoe Marsh and G. W. Kingsnorth, *An Introduction to the History of East Africa* (Cambridge : Cambridge University Press, 1957), pp. 16-24.

85 参见：Leo Marquard, *The Story of South Africa* (London : Faber and Faber, 1955), pp. 74-155.

第13章 西方的兴起：全球范围的世界主义（公元1850—1950年）

1 这一总是吸引一些学者的对原始民族和其他文明国家系统的研究工作，很容易变成对令人感兴趣的社会标本方面的调查。在这个调查中，即使是最富有同情心的观察家，尽管他们有着合乎科学的好奇心，仍旧要与之保持较远的距离。这种科学的社会距离抑制了一般文化的相互作用，与早期宗教教义在这方面的所作所为比起来，它显得更加有效。

2 数据来自“皇家委员会关于人口的报告”（Report of the Royal Commission on Population, *Cmd.* 7695, 1949年，图三）。

3 从1756年至1815年，英国有37年是断断续续和法国（以及其他一些国家）打仗，只有22年时间处于和平状态。

4 据不完全统计，1814年英国已有总数为106.2万人正服兵役，其中包括民兵、志愿军和正规军部队。即使是以最低限度来装备这个数字，也需要这个国家1 200万民众最大努力才能达到目的。参见：W. W. Rostow, *British Economy of Nineteenth Century* (Oxford, Clarendon Press, 1948), p. 13.

5 参见：Robert Owen, *The Life of Robert Owen* (2vols., London, E. Wilson, 1857-1858)，该书生动地描述了19世纪初期的几十年里，一个精力充沛的幸运儿如何迅速地在棉花上大发其财的故事。

6 简・奥斯汀的小说有益地提示了战争和革命——在工业或其他方面——对乡村社会的影响是多么微弱。直到19世纪中叶以后，英国乡村仍保持着数量上的优势、经济上的繁荣以及在社会和政治方面的重要性。

7 参见 Sir Eric Ashby，*Technology and the Academics; An Essay on Universities and the Scientific Revolution*（London：Macmillan and Co.，1958）第 1—49 页及其他各处。

8 参见 Charles Singer et al., *A History of Technology*（Oxford:Oxford University Press, 1958）, Vol. 4, pp. 95-96，pp. 656-657.

9 《大不列颠百科全书》，Kelvin 条。

10 苯胺染料工业的历史就是一个恰切的例证。这一工业于 19 世纪 50 年代在英国有了显赫的开端，到 60 年代就被德国人接收了很大部分。德国化学研究机构和染料、化学工业之间的紧密联系与英国公司靠专利保障、只寻求开发好事物的观点相比较有明显差异。这个优于其他任何单一动力的差异，使得德国人于第一次世界大战前在染料工业中显得十分卓越。关于英国苯胺染料工业的开始，参见辛格等合著的《技术史》第五卷第 269—274 页和第 281 页。

11 李比希（Justus von Liebig），德国化学家，1824—1873 年在吉森（Giessen）和慕尼黑任化学教授。他的经历恰当地代表了理论化学与技术的联姻。除了他本人的发明（其中最著名的是植物生长对化学要求的标准和分析）外，19 世纪中叶的大批工业化学家和商业化学家都受过李比希的教诲。

12 在法国、荷兰、英国及其他银行家和企业家的合作下，卡特尔原则在第一次世界大战以前超过了国界，用于调节一些商品在国际范围内的供应。

13 和其他书籍比较，Thorstein Veblen，*Imperial Germany and the Industrial Revolution*，New York：Macmillan Co.，1915. 一书也许较多地表达了我的关于德国工业主义独特性的概念。J. H. Clapham，*The Economic Development of France and Germany*，1815-1914，Cambridge，Cambridge University Press，1951. 一书中的资料也有帮助。

14 由法国大革命突然引起的激烈的感情和行为，与法国在整个西方世界的地位、权力以及重要性混在一起，致使分不清楚早期北美洲先例在 1789 年后的影响。由于这个原因，看来在这里只好全部集中在法国，放弃考虑美国民主思想的兴衰和成功。19 世纪时，美国的发展明显地独具一格，很大程度上归功于它的边界位置。美国的经验是地方性的，在 17 世纪是这样，但在 18 世纪就不是这样了，到 20 世纪就完全不同了。即使是 1861—1865 年的美国内战也几乎没有对美国以外的地区产生影响。除了古巴和巴西外，西方世界的其他地区都早于美国废除了奴隶制和农奴制，美国内战时期的军事技术曾经预示了第一次世界大战战争的一些特点，几乎没有引起人们的注意就消失了。美国内战结束后的五年里，普鲁士人两次演示了如何在一个计划周全的运动中，赢得一场战争的胜利。有普鲁士样板在眼前摆着，欧洲和世界其他地区的专业军事人员认为，没有理由再去研究穿制服的美国平民大量笨拙的行动。

15 经济远景和拿破仑一世法典中人人平等的遗嘱权益一起，使得农民极其不自愿地面对把他们的土地按照孩子的数目而分开的必要性。所以，他们一般都严格控制他们的家庭规模。法国工业化发展迅速，人口增长率相对缓慢，就是法国革命造成的法律和财产变化无常、难以预料的长期结果之一。

16 在古代和中世纪时代后期，一些城邦就已得到了同等或者说优于 19 世纪欧洲民族国家得到的那种人民与政府的整合。值得注意的是，一些法国大革命领导人以古罗马历史学家们在书中称颂的共和政体的优点为崇拜偶像，期望按照罗马的古城邦形式来塑造法国。

17 这个影响和近代工业化的地理影响一起，在长达一个世纪或一个多世纪的时间里，颠倒了西欧国家与东欧国家之间的均势。在旧制度的最后十年，俄国相继吸引了欧洲其他国家的政治组织。这个均势看来处于决定性地倾向于东方的边缘。在克里米亚战争中（1853—1856 年），法英远征军在熟悉情况的条件下打败了俄国，从而使这种形势戏剧化地倒转了。

18 自由和民主的政府没必要要求边境地区在语言、爱国及行政管理上与政府一致，就像阿尔萨斯讲德语的法国人、讲法语的比利时人和瑞士人足以证明的那样。但是，在中欧和东欧，那些讲不同语言的民族由于地理上混在一起而变成了特别复杂的地方，要求边远地区在语言和政治方面应当相同的思想赢得了广泛的支持。从古老的乡村日常生活的崩溃中产生的普遍不稳定——大半是工业化传播的副产品——与宗教改革时期相似的不稳定的惯常社会关系的力量相比较，为19世纪晚期的民族主义增添了特殊的感情上的紧张。东欧杰出的民族主义者实际上试图在全国范围内设计一种紧凑交织在一起的农村生活的理想化记忆。第一次世界大战以后，为获得这种田园生活而采取的民族自治的全面失败，以及向一个工业化世界初期调整激烈阶段的推移，也许可以说明自从第一次世界大战以来，在欧洲政治中作为一个人们极为关切的问题的语言民族主义明显消失的原因。1945年以来，非洲和亚洲这种恶性的、有时候在政治上有分歧的民族主义，在这方面可谓早期欧洲经历的重演。

19 与其他著作相比较，Bertrand de Juvenel，*Du Pouvoir : Histoire naturelle de sa croissance*，Geneve，Editions du cheval alle，1945一书较为集中地分析了法国革命及其结局。

20 这种情况在一些美国作家中间同样真实存在，尽管是以不很尖锐的形式表现的，例如：马克·吐温（卒于1910年）。

21 加上一些纯属形而上学的创造，如：一本随便放在壁炉架上的书内，存在的那种潜在的能量可以起着能量平衡的作用，以至于此书不从上面掉下来。

22 与17、18、19世纪的概念一样，意识理解力（通过测试和视觉放大的工具或者说通过敏感的人类技能得到加强）提供了一个对科学家自由创立学说的检验方法，并且把理论和真实世界连接在一起。这个概念看来对近来的科学研究起来越不实用。寻找深入到原子物理和天文学方面无法感觉和超感觉的实验所带来的人类感性现象，只是远远地和所发生的令科学家们感兴趣的事情有联系。例如：就像一条冗长又脆弱的推论与假设在底版的图样上出现一样，任何“真正的”亚原子事件有可能根据已有的记载给予解答。再明确一点，科学家在他的底版上“所看到”的东西是精确的预先决定和他早已期待的预期结果。这个预期结果来自一个理论体系，而这个体系越来越接近基督教信仰中《圣经》的定义“信就是所望之事的实底，是未见之事的确据”（《希伯来书》，11 : 1）。

23 在1872年出版的《人类的由来》一书中，达尔文把其第一部伟大著作中暗含的内容都明确地表述出来了。

24 G. J. Whitrow，*The Structure and Evolution of the Universe : An Introduction to Cosmology*，New York，Farper Torchbooks，1959. 为这个段落的很多内容提供了基础。

25 为了一切正常目的，西班牙殖民统治者喜欢靠骡马运输穿越地峡，而不喜欢绕好望角的长距离旅行，这和围绕非洲的大西洋航线被发现以前，中东的旅行路线把印度洋和地中海连一起是一样的。

26 当然，第一次和第二次世界大战死伤人数的绝对数字很大；但是，按照参战人数的比例来计算，尤其是按照平民受害者潜在数字的比例计算，最近两次大战的死伤数字已经算是低的了。

27 新石器时代引进农业所产生的人口统计和社会生态的结果，对于近期人口增长提供了一定的启示。那时出现的人口成倍增加，在比例上远远大于过去农业人口密度的公认增长。但是，当未占用的资源和易开发的土地开始短缺时，在农业人口中的那种非常迅速的人口增长率，几个世纪后降下来了。战争、杀婴和生育方面不甚强烈的习惯限制，同时在疾病和饥荒造成的绝对限制下开始出现，以维持人口和现有生存方式之间的基本平衡。

28 如果不是这样的情况，那就令人奇怪了。甚至在西欧地区内部，语言的差异也会导致不完美的翻译。的确如此，任何一个阅读了关于自己作品评论的人一般都会得出这样的结论：同专业、同一语种人们之间的思想交流现象很少出现。

29 参见 E. M. Forster，*A Passage to India* 一书对这种现象的微妙的研究。

30 19世纪下半叶，当云南、新疆和甘肃的反叛被中国当局严厉镇压时，中国穆斯林地区也遭到了严重的破坏。参见：Martin Hartmann，*Zur Geschichte des Islams in China*（Leipzig：Wilheim Heims，1921）；G. Cordier，*Les Musulmans du Yunnan*，（Hanoi：Imprimerie Tonkinoise，1927）.

31 当然，重新解释已尝试过了，但尚未赢得广泛采纳或者强烈的承诺。神学的，更准确地说是合法的现代主义者，其中最著名的有埃及的穆罕默德·阿卜杜（Mohammed Abduh，卒于1905年）和印度思想家穆罕默德·伊克巴尔（Mohammed Iqbal，卒于1938年），他们在哲学上对伊斯兰教义转为激进的重述已经进入到了这个境地。不过还是为正统伊斯兰学术传统的顽强保守主义提供了选择余地。参见 M. Iqbal，*The Reconstruction of Religious Thought in Islam*（Oxford，Oxford University Press，1934）一书，该书用英语撰写。格鲁内鲍姆的"当代伊斯兰教自我阐释的尝试"（G. E. von Grunebaum，"Attempts at Self-Interpretation in Contemporary Islam"，in *Islam*：*Essays in the Nature and Growth of a Cultural Tradition*，American Anthropogical Association，Memoir，No. 81，April 1955，pp. 185-236）一文提供了这些方面有用的分析，并为重新赋予穆斯林信仰和社会较古老的概念以新活力提供了一系列类似相同的努力。再参见：Wilfred Cantwell Smith，*Islam in Modern History*（New York，Mentor Books，1957）。

32 这个日益削弱的伊斯兰信仰到底降到了社会范畴的什么程度还不能肯定，但是一个优势看来可以肯定，土耳其、伊朗和讲阿拉伯语国家的农民与他们在市区的同胞们相比，更多地停留在家中，恪守古老的规定和虔诚的信仰。与受过教育的乡村人相比较，这个人数更为众多。面对伊斯兰世界的边缘，主要在非洲，在某种程度上也同样在东南亚，伊斯兰保持着其惯有的沉着自若。在这些地区，伊斯兰教为伊斯兰部落和严格的地方社会的人们提供了一种适合于文明生活的方式。自从它反对欧洲统治者的基督教义以来，这一生活方式就加倍地吸引人。参见下列诸书中关于热带非洲和印度尼西亚的有关论述：G. E. von Grunebaum，*Unity and Variety in Muslim Civilization*（Chicago，University of Chicago Press，1955）pp. 261-310; Jean-Paul Roux，*L'Islam en Asie*（Paris：Payot，1958），pp. 251-274; Alphonse Gouilly，*L'Islam dans l'Afrique occidentale fraincaise*（Paris，Larousse），pp. 267-292.

33 埃及正规教育体制反映了这样一种妥协，委托艾资哈尔这座古老的穆斯林大学训练出来的教师进行宗教教育，同时对于在西方式学院培养出来的其他教师分派给"新的"科目。

34 参见：Leonard Binder，*Religion and Politics in Pakistan*（Berkeley，Calif.：University of California Press，1961）。

35 除了那些在不同地方引用的书籍外，我还就上述关于穆斯林的论述参考了以下著作：Wilfred Cantwell Smith，*Modern Islam in India*：*A Social Analysis*（London：Victor Gollancz，1946）；George E. Kirk，*A Short History of the Middle East*（London：Methuen and Co.，1948）；George Antonius，*The Arab Awakening*（London：Hanish Hamilton，1938）；T. Cuyler Young（ed.），*Near Eastern Culture and Society*：*A Symposium on the Meeting of East and West*（Princeton：Princeton University Press，1951）；H. A. R. Gibb（ed.），whither Islam?（London:Victor Gollancz,1932）；H. A. R. Gibb，*Modern Trends in Islam*（Chicago：University of Chicago Press，1947）；Richard N. Frye（ed.），*Islam and the West*（'s Gravenhage: Mouton，1957）；A. J. Arberry and Rom Landau，*Islam Today*（London：Faber and Faber，1943）；Alfred Bonne，*State and Economics in the Middle East*（London：Kegan Paul，Trench，Trubner and Co.，1948）；David S. Landes，*Bankers and Pashas:International Finance and Economic Imperialism in Egypt*（London：Heinemann，1958）；Richard A. Pierce，*Russian Central Asia*，1867-1917（Berkeley,Calif：Vniversity of California Press，1960）；Vincent Monteil，*Les Musulmans soviétiques*（Paris：Éditions du Seuil，1957）；Olaf Caroe，*Soviet Empire*：*The Turks of Central Asia and Stalinism*（London：Macmillan and Co.，1953）；Walter Z.

Laquer，*Communism and Nationalism in the Middle East*（New York：Praeger，1956）.

36 当然，印度教习惯和行为的确和西方的观点、态度存在尖锐的对立冲突。然而，破除了传统的学生在加尔各答或者伦敦过着世俗化和半西方化的生活。如果极度贫困的话，只有现实情况才能把他扔回到传统印度教环境中去，在那里，他有办法再次去顺应地方、家庭和等级习惯。对照之下，穆斯林法律宣称是普遍有效的。所以，至少在理论上它独立于区域和社会环境之外，而与印度教礼仪受这些环境限定不同。所以，伊斯兰教不能像一件衣服一样被脱去、穿上，然而印度教在没有什么逻辑矛盾的情况下可以被用于社会现状。在这个现状中，它在缺少全部传统可适用的时间和地点被调和与忽略了。

37 1911 年，首都从加尔各答迁往新德里，是新的权力基础和铁路引进的经济和政治结合力在新原则方面的象征。像加尔各答、孟买和马德拉斯这样的港口不再是管理广大印度内陆便利而又令人满意的基地了。

38 据统计，在第二次世界大战结束时，印度确实是名列世界第六位的工业国家。参见：Vincent A. Smith，*The Oxford History of India*（3d ed.，Oxford：Clarendon Press，1958），p. 835.

39 除了单独援引的著作外，我就近阶段印度历史有关论述参考了下列著作：Abdulah Yusuf Ali，*A Cultural History of India during British Rule*（Bombay:D. B. Taraporevala Sons，1940）; Nirad C. Chauduri，*The Autobiography of an Unknown Indian*（New York：Macmillan Co.，1951）; Romesh Chunder Dutt，*An Economic History of India in the Victorian Age*（2d ed.，London:Kegan Paul，Trench，Trubner and Co.，1929）; J. N. Farquhar，*Modern Religious Movements in India*（London:Macmillan and Co.，1929）; Atulchandra Gupta，*Studies in the Bengal Renaissance*（Jadavpur:National Council of Education，Benal，1958）; J. G. Ghosh，*Bengali Literature*（London:Oxford University Press，1948）; Percival Griffiths，*The British Impact on India*（London:Macdonald, 1952）; Percival Griffiths, *Modern India*（London:Ernest Benn, Ltd, 1957）; R. C. Majumdar et al.，*An Advanced History of India*，pp. 829-1004; Lewis S. S. O'Malley，*Modern India and the West*（Oxford University Press, 1941）; K. M. Panikkar, *A Survey of Indian History*（3d ed.，Bombay，Calcutta，New Delhi，Madras:Asia Publishing House，1956）; William Theodore de Bary，*Sources of Indian Tradition*（New York:Columbia University Press，1958）.

40 参见：Hsiao-tung Fei, *Peasant Life in China：A Field Study of Country Life in the Yangtse Valley*,（New York：Oxford University Press，1946）,pp. 233-235 and passim；Chow Tse-tsung，*The May Fourth Movement：Intellectual Revolution in Modern China*（Cambridge，Mass.：Harvard University Press，1960），pp. 257-259.

41 参见：Eugene Powers Boardman，*Christian Influence upon the Ideology of the Taiping Rebellion*，1851-1864（Madison，Wis.：University of Wisconsin Press，1952）.

42 在中国，马克思列宁主义信条的吸引力，和早期的异端宗教信仰对那些出现在已经有高度发达文化地区边缘地带的人们的吸引力基本相同。就像维吾尔人喜欢摩尼教或者哈扎尔人喜欢犹太教，而不喜欢他们的文明邻居的任何正统学说一样，所以，在当代以西方为中心的世界主义运动中，中国人和其他骄傲的新入门者更喜欢共产主义，而不喜欢西方业已形成的任何一种正统理论。只有这样，新入门者才能公开反抗他的前辈，又能获得他们的技巧。

共产主义本身已经成为一种官方的正统学说。在俄国，马列主义信条理所当然地失去了这个优势，因为世界上未受约束的各民族对于在共产主义范围内被俘获，会比在自由资本主义网络被俘获而更为甘心情愿。知识以及政治独立对那些认为自己处于劣势的民族来说有特殊的魔力。

43 参见：Mary Clabaugh Wright，*The Last Stand of Chinese Conservatism*（Stanford，Calif.:Stanford

University Press，1957）.

44 一种统计表明，到 1917 年，大约有 1 000 万中国人受到西方教育某种形式的影响。参见：Chow Tse-tsung，*The May Fourth Movement*，pp. 379-380. 令人奇怪的是，像毛泽东（生于 1893 年）这样一个早年生活在完全儒家环境的人，在仅仅 27 岁时就信奉马克思主义。其他中国共产党领导人也跨过了新旧政权之间和个人生活中存在的鸿沟，这个事实有助于保证中国的过去向中国共产主义可能创立的任何前途的大规模过渡。

45 参见：M. P. Redfield ed.，*China's Gentry：Essays in Rural-Urban Relations by Hsiao-tung Fei*（Chicago:University of Chicago Press，1953）一书中收集的有力并且尖锐的论述。

46 参见：E-tu Ren Sun，"The Pattern of Railway Development in China"，*Far Eastern Quarterly*，XIV，1955，pp. 179-199.

47 除了单独援引的著作外，我还就中国问题的论述参考了以下著作：Geroge C. Allen and Audrey G. Donnithorne，*Western Enterprise in Far Eastern Economic Development：China and Japan*（London:Allen and Unwin，Ltd.，1954）；G. E. Hubbard，*Eastern Industrialization and Its Effect on the West*（London:Oxford University Press，1939）；Kuo-heng Shih，*China Enters the Machine Age*（Cambridge,Mass. :Harvard University Press，1944）；Li Chien-nung，*The Political History of China*，1840-1928（Princeton，N. J. :Van Nostrand，1956）；E. R. Hughes，*The Invasion of China by the Western World*（London，Adam and Charles Black，1937）；Ssu-yu Teng，*New Light on the History of the Taiping Rebellion*（Cambridge，Mass.，Harvard University Press，1950）；Siang-tseh Chiang，*The Nien Rebellion*（Seattle，Wash. :University of Washington Press，1954）；Meribeth E. Cameron，*The Reform Movement in China*，1898-1912（Stanford, Calif. :Stanford University Press，1931）；Hu Shih，*The Chinese Renaissance*（Chicago:University of Chicago Press，1931）；F. F. Liu，*A Military History of Modern China*，1924-1949（Princeton，N. J. :Princeton University Press，1956）；Étienne Balasz，"Les Aspects significatifs de la société chinoise"，*Asiatische Studien*，VI（1952），77-78; Franz H. Michael and George E. Taylor，*The Far East in the Modern World*（New York:Henry Holt and Co.，1956）;Kenneth Scott Latourette，*A History of Christian Missions in China*（New York:Macmillan Co.，1929）；Chiang Monlin，*Tides from the West：A Chinese Autobiography*（New Haven，Conn. :Yale University Press，1947）；Y. Chu Wang，"The Intelligentsia in Changing China"，*Foreign Affairs*，1958，pp. 315-329.

48 与比较大的社会安定背景中的中国思想的发挥相比较，日本的形势正好相反。然而，似是而非的是，日本思想的稳定仅仅通过有组织的不稳定制度得以维持，这个制度使得国家有力，并且为武士领导权正名。反过来，制度变化的迅速性也是可能的，这是因为传统价值和新编的神话以及象征都保留了社会上的规律性。参见在恢复古老的正统学说名义下进行的欧洲宗教改革时代的激进变革。

49 Ruth Benedict，*The Chrysanthemum and the Sword*，Boston，Houghton Mifftin Co.，1946. 和 Robert N. Bellah，*Tokugawa Religion：The Values of Pre-Industrial Japan*，Glencoe，Ill.，Free Press，1947. 这是两部令人感兴趣的杰作。它们运用不同的理论计划去阐明日本生活中的特殊之处。这样可以"解释"为日本历史的不连贯性。在西方历史上，决斗的风俗给近代日本民族行为提供了一个发人深思的相似之物。承认相似之处，使近代日本品行的激烈波动在其他民族看来更易理解。总之，近代早期的决斗简化为未成文但又有约束力的剑客们的行为准则。剑客们在社会中的传统位置迅速变得多余无用了。行为的裁决人创立了事实上的决斗准则。通过使他们在境遇方面出现的极端感情适应争吵与调和的仪式，从而找出一条途径，让他们自己以及他们的战士都适合于日益发展的国外都市化的活力世界。日本武士、剑客亦是如此。在过去的世纪中，他们面临着同样的或者说更为严重的生活方式方面的重新调整。然而，与他们的欧洲同行不一样，他们可以让整个国家和他们一同严守与决斗规则相同的日本式规则。也许日本从“封建”中脱颖而出、转向国际社会环境的迅速性使得武士功绩成为可能。然而，这个较为缓慢的进化，就像欧洲进化那样，或许已经把日本社会分裂开来，防止所有阶级为了国家把武士道全盘接受下来。

50 三菱财阀创始人制订的管理规章中明确承认了这一点。第四条说：“怀着民族利益管理所有企业。”参见：Robert N. Bellah，*Tokugawa Religion*：*The Values of Pre-Industrial Japan*，p. 187.

51 参见 James C. Abegglen，*The Japanese Factory*：*Aspects of Its Social Organization*（Glencoe，Ill.，Free Press，1958）一书中有趣的分析。

52 经济寡头的主要家族均是武士出身，并且引伸到经济管理中实行一种武士的带有浓厚的斯巴达色彩的个人道德规范。作为最终目的的赚钱或者作为允许个人明显浪费的某种形式的手段，在日本从来不是一种可接受的动机。当然，战争造成的明显的公共浪费则是另一码事了。

53 从 1850—1950 年，日本政治进化中的武士风格，很少能满足吸引人的错综复杂事物的需要。从 19 世纪 70 年代起，总有一些日本人鼓吹西方自由思想。在刚刚出现的头 10 年中以及在 20 世纪 20 年代，如果说由于他们的对立面刺激而导致他们采取大规模、积极的冒险行动的话，这些追求西方自由思想的人们在国家事务中只产生了有限的作用。自美国占领后期以来，马克思主义，不论在俄国共产主义模式还是在西方社会主义模式中，看来只是扮演了一个煽动者的角色。

54 相比较而言，日本海军的军官集团更加贵族化。

55 除了单独引用的著作外，有关日本的论述我还参考了以下著作：Hugh Borton，*Japan's Modern Century*（New York:Ronald Press，1955）; George B. Sansom，*The Western World and Japan*；Thomas C. Smith，*Political Change and Industrial Development in Japan*：*Government Enterprise*，1868-1880（Stanford，Calif. :Stanford University Press，1955）; William W. Lockwood，*The Economic Development of Japan*：*Growth and Structural Change*，1868-1938（Princeton，N. J. :Princeton University Press，1954）; E. Herbert Norman，*Japan's Emergence as a Modern State*（New York:Institute of Pacific Relations，1940）; *Soldier and Peasant in Japan*：*The Origins of Conscriptions*（New York:Institute of Pacific Relations，1943）; Jerome B. Cohen，*Japanese Economy in War and Reconstruction*（Minneapolis，Minn. :University of Minnesota Press，1949）; F. C. Jones，*Japan's New Order in East Asia*：*Its Rise and Fall*，1937-1945（London:Oxford University Press，1954）;Inazo Nitobe et al.，*Western Influence in Modern Japan*（Chicago:University of Chicago Press，1931）; Fujii Jintaro，*Outline of Japanese History in the Meiji Era*（Tokyo:Obunsha，1958）;Charles David Sheldon，“Some Economic Reasons for the Marked Contrast in Japanese and Chinese Modernization”，*Kyoto University Economic Review*，XXIII，1953，pp. 30-60 ; Yukio Yashiro，2000 *Years of Japanese Art*（London:Thames and Hudson，1958）; George M. Beckman，*The Making of the Meiji Constitution*：*The Oligarchs and the Constitutional Development of Japan*，1868-1891（Lawrence，Kan. :University of Kansas Press，1957）; Shibusawa Keizo，*Japanese Society in the Meiji Era*（Tokyo: Obunsha，1958）; Irene B. Taeuber，*The Population of Japan*（Princeton，N. J. :Princeton University Press，1958）.

56 何塞·奥罗斯科（Jose Orozco，卒于 1949 年）和迭戈·里维拉（Diego Rivera，1880—1957 年）喜欢装扮成阿兹特克人、托尔特克人以及古代欧洲人的继承者。对比一下，源于西部非洲的“旧世界”原始主义，只是在第一次世界大战前夕才被欧洲人发现。

57 一方面由于放射素对大气的污染，人类和所有形式的高级生命的完全毁灭已明显成为可能。另一方面，尽管令人生畏的现代武器具有无法想象的毁灭力，但是它还是有其特殊的弱点的。武器越是复杂，其供应和对其的控制就越困难。由于供应、指挥失灵会导致整个军队和国家的突然瘫痪。换言之，运输和通信是现代军事设施的唯一致命弱点。就像第二次世界大战期间所出现的那样，当战败国的人口和生产力被完全毁掉后，就会出现完全胜利或者完全失败的局面。因此必须以高价购买现代武器装备。同样，高层社会组织和复杂机器不得不在牺牲任何动乱的弱点基础上换取其效率。当然，这种做法不会和依赖各方紧密合作的简单结构产生矛盾。

58 更深入的评论参见：W. H. McNeill，*America*，*Britain*，*and Russia*：*Their Cooperation and Conflict*，1941-1946（London：Oxford University Press，1954），pp. 747-768. 一些或全部的评论都适用于日本、美国、苏联、（或者所涉范围更窄些）德国和英国。然而，日本的战争计划建立在细致入微的预先准备工作基础上（就像1866年和1870年普鲁士模式的胜利），它还依靠猛兽般的顽强来维持已有的安定局面。从1941年以后，船只和其他物资的匮乏导致保存日本的工业和武装力量成为困难的事情。因此日本政府官员和制定计划的人没有机会展示他们的能力。德国的战争计划与日本保守主义有些共同之处，因为德国总参谋部寄希望于速战速决，如同1866年和1870年至1871年的战争一样，所以德国每次战役初期都有预谋。这一迟延提供一个非常有趣的例子，这表明伟大民族的后裔，为了适应变化了的条件而改变其方法的时候，显得多么迟疑不决。

59 20世纪中叶，冷战时期的领导人举行的国际秩序会议不会毫无内容，但一定会召开。当大多数人为争取权力、财富和安全而争斗的时候，如果这样的会议召开了，而且在很多情况下是为了生存而开会，就会使其过程复杂化，而且会加速这个过程。饥饿并且受害的外部的人们（如中国人）某一天会驱使苏联和美国投入对方的怀抱，就像德国在第二次世界大战期间所做的那样，使得双方成为一个潜在强大的富于爆炸性的政治联合体，让世界沿着比苏美两国在20世纪50年代所形成的意识形态倾向更加尖锐的民族—文化路线发展。

60 如同本书的题目和意义所示，当一个又一个亚洲、非洲民族通过利用西方的技术、观点和思想来摆脱欧洲人统治时，西方的兴起只是起了加速的作用。

索 引

（页码为原文页码，即本书边码。）

Abbas the Great，shah，621，626，629，阿拔斯大帝
Abbasids，394n.，429，431，432，434，435，438，439，440，441n.，442，444，486n.，495，502，515，622n.，694，阿拔斯都
Abdalmalik，429，阿卜杜勒马立克
Abduh，Mohammed，774n.，阿卜杜，穆罕默德
Abelard，Peter，547，548，阿贝拉德，彼得
Abraham，16，158，159n.，421，亚伯拉罕
Abu Bakr，425，426，431，618，艾布·伯克尔
Abyssinia（*see also* Ethiopia），233，441，阿比西尼亚（埃塞俄比亚）
Acarnania，259，阿卡尔纳尼亚
Achaea，Achaeans，97，194，亚该亚，亚该亚人
Achaemendis，150，154，156，237，280，285n.，296n.，399，400，阿黑门尼德王朝
Achilles，198n.，795，阿喀琉斯
Acre，699n.，阿克
Addison，Joseph，698，艾迪生
Aden，Straits of，296，380，412，亚丁海峡
Adnan-Adwar，A.，499n.，632n.，阿德南—阿德瓦尔
Adrianople，243，阿德里安堡
Adriatic，442n.，446n.，494，亚得里亚海
Aegean，94，98，100，133，144，189，192，193，249，251，255，256，259，272，276，282，287，295，298，353，363n.，398，399，516，546，697，爱琴海
Aeschylus，261，262，埃斯库罗斯
Afghanistan，Afghans，285，319，320n.，330n.，490，693，700—704，773，阿富汗，阿富汗人
Africa，3，4，5n.，64，76n.，98，100，102n.，134，170，233，234，250，252，276，296，328，379，388，389，396n.，405，412，419，429，440—442，446，447，480，481，485，486，494n.，495，526，559—561，565，566，570n.，572，574，576，577，601，611— 613，617n.，621，650—651，652，653，659，660，694，704，705n.，724，725，731，751n.，762，764，765，768，773，774n.，793n.，795，807，非洲
Agamemnon，192n.，215n.，阿伽门农
Agincourt，322n.，阿金库尔
Ahmad Shah Durrani，701，艾哈迈德·沙·杜兰尼
Ahura Mazda，154，155，156，阿胡拉·马兹达
Ajanta caves，376，阿旃陀石窟
Akbar，622，623n.，632，633，635，阿克巴
Akif Pasha，700，阿奇夫帕夏
Akkad，Akkadians，43，43n.，46，47，48，50，51，54，61，113，126，136，阿卡德，阿卡德人
al-Farabi，438，法拉比
al-Ghazali，502，503，加萨里
al-Khwarizli，438，花拉子密
al-Mahdi，432，马赫迪
al-Mamun，438，马蒙

al-Mansur，432，438n.，曼苏尔
al-Masudi，438，马苏第
al-Mina，277n.，阿尔·米纳
al-Razi，438，拉齐
al-Tabari，438，塔巴里
Alaska，659，阿拉斯加
Albania，499，699，阿尔巴尼亚
Alberti，Leon Battista，555，阿尔伯蒂
Albertus Magnus，551，大阿尔伯特
Alberuni（al-Biruni），501，比鲁尼
Albuquerque，Alfonso de，569，阿布奎基
Aleppo，126，阿勒颇
Aleutians，659，阿留申群岛
Alexander the Great，129，174，243n.，250，272，274，275，276，277，280—282，286，299，304，332，353，400，亚历山大大帝
Alexander Nevsky，519n.，亚历山大·涅夫斯基
Alexanderia，280，285，288，289，290，292，293，296，341，370，374n.，380，406，501，607n.，亚历山大里亚
Algeria，614，621，699n.，773n.，阿尔及利亚
Ali，425n.，428，430，431，432，434，439，440，511，618，阿里
Ali Pasha of Janina，699n.，亚尼纳的阿里帕夏
Alice in Wonderland，804，《爱丽丝奇遇记》
Alimen，H.，233n.，阿利芒
Allah，421，424，425，426，428，431n.，434，439，488，安拉
Almeida，569，阿尔梅达
Almohades，495，501，阿尔摩哈德人
Almoravids，495，560，阿尔摩拉维德人
Alps，315，446，547，556，592，阿尔卑斯山
Alsace，751n.，阿尔萨斯
Altai，107，239，244，322n.，442，阿尔泰
Altheim，F.，317n.，阿尔特海姆
Amazon，572n.，574，652，658，765，亚马孙河
Amboina，659n.，安汶
Ambrose，Saint，408n.，圣安布罗斯
Amenhotep IV（*see* Ikhnaton），139，阿蒙霍特普四世，也见埃赫那吞
America（*see also* North America; South America; United States），6，11，11n.，12n.，233，234，238，240，242，243，363，414，416，482—483，486，526，561，565，566，569，574，576，585，599—604，605，644，651，652，656，659，660，661，664—670，674，676，703，724，美洲
Amerindians，76n.，89n.，222n.，238，240n.，243，252，359n.，416，482—483，547n.，561—562，565，571，572n.，578，599—604，605，651，652，661，665，666，667，669，724，768，793，美洲印第安人
Amon，79，139，140，142，阿蒙
Ammonius Saccas，380，阿蒙纽斯·萨卡斯
Amorites，51，61，阿摩利特人
Amos，147，161，阿摩斯
Amur，362，492，559，658，黑龙江
Anahita，156，阿纳希塔
Anatolia（*see also* Asia Minor），93，96，97，104，113，117，118，123，129，133，144，146n.，282，338，350，351，398，417，419n.，450，451，490，492，497，504，508，522，546，573n.，619，626n.，637，656，安纳托利亚，也见小亚细亚
Anawati，M. M.，436n.，502n.，阿纳瓦蒂
Anaximander，213，阿纳克西曼德
Anaximened，213，阿那克西米亚
Andalusia，501，504，安达卢西亚
Anderson，E.，10n.，安德森
Anderson，J. N. D.，704n.，安德森
Anderson，J. G.，23n.，219n.，安德森

Andes，415，483，安第斯山
Andrae，T.，424n.，安德烈亚
Anesaki，M.，722n.，姊崎
Annam，233，251，309，379，535，559，781，安南
Anselm，St.，547，548，安塞尔姆
Antioch，282，285，342，406，546，607，安条克
Antiochus III，283，安条克三世
Antiochus IVEpiphanes，283，286n.，340，安条克四世
Antionius，G.，775n.，安东尼厄斯
Anubis，293n.，阿努比斯
Anyang，107n.，219，220，222，安阳
Apennines，314，亚平宁山脉
Appalachians，668，阿巴拉契亚山脉
Aquinas，St. Thomas，551，552，圣托马斯·阿奎那
Arabia，Arabs，4，12，18，68，94n.，102n.，134n.，135，324，329，374，419，421，424，425，426，428—432，448，463，468，488，560，694，695，696，699，704，707n.，724，773，775，807，阿拉伯半岛，阿拉伯人
Arabian Sea，85，135，296，364，412，571，阿拉伯海
Aral Sea，317，388，487，701，咸海
Aramaeans，114，125，127，阿拉米人
Araucanians，601，阿劳坎人
Arberry，A. J.，430n.，439n.，503n.，775n.，阿伯里
Arcadia，254，阿卡狄亚
Archangel，576n.，606，672，阿尔汉格尔
Archimedes，290n.，阿基米德
Arcot，703，阿尔科特
Arctic，108，559，658，659，731，754，765，北极
Ardashir，386，387，394，401，402，阿尔达希尔
Ardrey，R.，4n.，阿德里
Argentina，574，603，661，662，阿根廷
Argos，270，阿戈斯
Aristarchus，292n.，593，阿里斯塔克斯
Aristophanes，264，阿里斯托芬
Aristotle，189，257n.，266，267，274，402n.，438，501，502n.，509，550，551，552，亚里士多德
Arjuna，370n.，阿周那
Arkwright，Richard，738，理查·阿克赖特
Armenia，Armenians，102，285n.，320，324，344，410，441，449，512，775，亚美尼亚，亚美尼亚人
Artaxerxes II，156，阿塔薛西斯二世
Aruni，King，181n.，阿鲁尼王
Aryabhata，374，圣使
Aryans，27，88，89，108，134，170，171n.，172，174，175，176，177，178，179，183，365，雅利安人
Asclepius，264，阿斯克勒庇俄斯
Ashoka，299—304，313，332，阿育王
Ashur，48n.，93，133，148n.，150，阿舒尔
Ashurbanipal，138，亚述巴尼拔
Ashvaghosa，349n.，马鸣
Asia Minor（*see also* Anatolia），89，93，94，96，102，107n.，117，152，190，193，202，233，237，256，275，277，280，282，283，286，315，342，405，408，444，446，448，451，485，494，515，518，522，614n.，661，700n.，小亚细亚（也见安纳托利亚）
Assam，175n.，阿萨姆
Assyria，Assyrians，48n.，52，94，113，114，116，118，120—122，126—127，128，130，133，135，136，148，150，161，162，198n.，237，281，亚述，亚述人
Astrakhan，608，617，阿斯特拉罕
Athena，206，270，雅典娜
Athens，182n.，189，194，196，199，200，201，202，203，205，206，216，256—272，286，287，288，289，400，405，

755，807，雅典
Athos，Mount，522，阿陀斯山
Atlantic，12，18，98，100，103，108，134，233n.，240，241，251，315，389n.，419，480，547n.，565，566，569，570，571，572n.，579，602，603，604，613，656，660，668，744，764，大西洋
Aton，139，140，142，阿吞
Attica，193，194n.，201，256n.，257n.，269，阿提卡
Attila the Hun，252，338，392，匈奴人阿提拉
Augsburg，584，奥格斯堡
Augustine of Canterbury，St.，444，坎特伯雷的圣奥古斯丁
Augustine of Hippo，St.，405，409，希波的圣奥古斯丁
Augustus，325，328，393，397，奥古斯都
Aurangzeb，622，623，628，632，693，702，奥朗则布
Aurelian，387，奥勒良
Austen，Jane，734n.，奥斯汀，简
Australia，233，234，252，412，481，486，559，565，566，578，652，653，657，659，661，663，724，731，澳大利亚
Austria，Austrians，580，590，612n.，613，663，664，674，675，676，678，690，693，722，727，742，746，750，奥地利，奥地利人
Avanti，301n.，阿槃底
Avars，390，420，426，442，445，阿瓦尔人
Averroes，501，502n.，550，阿威罗伊
Avicenna，501，阿维森纳
Avignon，542，阿维农
Avvakum，608n.，阿瓦库姆
Azerbaijian，493n.，623，626n.，阿塞拜疆
Azores，240，242，亚速尔群岛
Azov，Sea of，275，672，亚速海
Aztecs，240n.，561，571，574，600，605，793n.，阿兹特克人
Baal，161，巴阿尔
Babinger，F.，501n.，巴宾格尔
Babur，622，628，巴布尔
Babylon，Babylonians，40n.，50，51，52，54n.，56，58，61，62，88，114，116，123，126，128，130，133，135—138，144，147，148，150，162，163，164，166，174，228n.，280，290，337，340n.，341，353，374n.，381，巴比伦，巴比伦尼亚人
Bach，Johann Sebastian，690，巴赫，约翰·塞巴斯蒂安
Bacon，Francis，592，594，691，培根，弗朗西斯
Bacon，Rogen，552，培根，罗杰
Bactria，283，285，299，320，321，330，388n.，389，396n.，巴克特里亚（大夏）
Baghdad，432，434，436，437，440，442，444，495，502，619，巴格达
Bali，636，巴厘
Balkans，189，315，388，390，408，442，443，449，450，494，497，512，514，518，519，524，546，554n.，634，637—639，676，696—700，巴尔干
Balkash，Lake，386，477，巴尔喀什湖
Baluchistan，88n.，俾路支
Baltic，100，387，449，519n.，541n.，543，545，547，556，675，677n.，波罗的海
Banat，664，巴纳特
Banda，659n.，班达
Bantu，412，560，561，651，725，班图
Barbados，661，巴巴多斯
Barbary coast，617n.，巴巴利海岸
Barlaam，348，巴兰
Barnabas，342，巴拿马
Basham，A. L.，299n.，300n.，301n.，349n.，364n.，371n.，372n.，巴沙姆
Basil，Saint，409，圣巴西尔
Basil I of Byzantium，448，巴西尔一世（拜占庭）

Basil II of Byzantium，449，450，512，515，巴西尔二世（拜占庭）
Basques，104n.，巴斯克人
Basra，429，巴士拉
Bavarians，445，巴伐利亚人
Beethoven，Ludwig van，754，贝多芬，路德维希·冯
Behistun，302n.，贝希斯敦
Beirut，145，贝鲁特
Belgians，751，比利时人
Belisarius，396n.，贝利撒留
Benedict of Nursia，St.，187n.，409，努西亚的圣本尼狄克特
Bengal，364，457，511，530n.，634n.，703，706，孟加拉
Bengal，Bay of，108，250，296，364，377，615，孟加拉湾
Bennett，W. C.，483n.，贝内特
Bentham，Jeremy，690，边沁，杰里米
Berbers，406，480，495n.，柏柏尔人
Bergman，F.，24n.，107n.，伯格曼
Bering，Vitus，658，659，白令，维图斯
Bering Strait，11n.，658n.，白令海峡
Berkeley，Bishop of George，686，贝克莱，乔治（主教）
Berossus，353，贝若苏
Bhatti，371n.，跋提
Bismarck，Otto van，741，750，751，俾斯麦，奥托·冯
Bithynia，275，276，282，283，俾泰尼亚
Black Sea，91，103，232，233，238，244，251，256，275，276，387，392，397n.，398，399，444，445，446，490n.，512，514，516，546，612，616，674，696，697，699n.，黑海
Bloch，M.，452n.，布洛赫
Blok，Alexander，775，布洛克，亚历山大
Bobbio，444，博比奥
Boeotia，194，维奥提亚
Boers，725，布尔人
Bohemia，448，520n.，556，波希米亚
Bokhara，503n.，618，702n.，布哈拉
Bolgary，520n.，博勒盖里
Bologna，552，波隆那
Bombay，460n.，702，777n.，779，孟买
Bonaventura，Saint，502n.，551，圣波那文图拉
Boniface，St.，445，圣卜尼法斯
Boniface VIII，Pope，542，547，552，教皇卜尼法斯八世
Borneo，234n.，379，612n.，婆罗洲
Bornu，612，博尔努
Bosnia，499，波斯尼亚
Bosphorus，275，390，442，521，674，697，博斯普鲁斯
Bossuet，Bishop Jacques，685，波舒埃，雅克（主教）
Brahms，Johannes，754，勃拉姆斯，约翰内斯
Brancusi，Constantine，755，布兰卡塞，康斯坦丁
Brandenburg，678，勃兰登堡
Brazil，570，576，656，658，660，661，662，667，744n.，795，巴西
Brazilia，85，巴西利亚
Bristol，679，布里斯托尔
Britain，British（*see also* England; Great Britain），100，134，190，250，316，388，389n.，392，414，444，574n.，658，659，663，667，669，670，675，676，677，678—682，693，699，701，703，704，705，706，707，708，710n.，717，721，725，727，728，739，744，750n.，773，776，778，783，795，797，不列颠，英国人（也见英格兰、大不列颠）
British Columbia，659，不列颠哥伦比亚
Brittany，316，414，布列塔尼
Brusa，499，布鲁萨
Bucharest，697，布加勒斯特

Buddha，116，168，174，176，177，178，182n.，183，185，186，187，188，214n.，232n.，265，266，299，300，301，330，334n.，344，345，346，347，348，349，368，369，370n.，372，402，460，473n.，佛陀
Buffon，George de，686，布丰，乔治·德
Bulgaria，Bulgars，273，390，420，443，447，448n.，449，512，578，697，700n.，保加利亚，保加尔人
Burgundy，Burgundians，389，444，558，勃艮第，勃艮第人
Burma，188，233，347，377，379，419，460，477，485，492，636，637，645n.，652，705，706，710，缅甸
Burns，Robert，688，彭斯，罗伯特
Burton-Brown，T.，112n.，伯顿 - 布朗
Busch-Zantner，R.，515n.，519n.，638n.，布希—桑特纳
Bushmen，651，布须曼人
Byzantium，Byzantines（see also Constantinople），322，386，388，389，390，393，394，398，399，401，405—412，421，426，428，430，442—456，485，487，489，490，498，512—519，521，522，538，547，616n.，697，拜占庭，拜占庭人，也见君士坦丁堡
Cadiz，666，加的斯
Caesar，Julius，316，324，恺撒
Cairo，506，开罗
Calcutta，708，776n.，777n.，779，加尔各答
Calicut，526，卡利卡特
California，659，加利福尼亚
Calvin，John，589，590，592，加尔文，约翰
Cambyses，114，128，255，冈比西斯
Cameron，G. G.，667，卡梅伦
Camoens，Luis de，592，卡蒙斯，路易斯·德
Campania，275，446，坎帕尼亚
Campo Formio，748，坎波福米奥
Camps，A.，622n.，坎普斯
Canaan，Canaanites，94，159，160，339，迦南，迦南人
Canada（*see also* America; North America），602，659，663，669，加拿大（也见美洲、北美洲）
Canary Islands，100，240，加那利群岛
Canberra，85，堪培拉
Candy，637，706，坎迪
Canterbury，444，坎特伯雷
Canton，457，574，640，711，712，717，广州
Canute，541n.，卡努特
Capetians，540n.，卡佩王朝
Capetown，663，开普敦
Cappadocia，283，卡帕多细亚
Carchemish，126，133，卡赫米什
Caribbean，11n.，497n.，572n.，576，603，660，加勒比海
Carlowitz，693，卡洛维茨
Carmel，Mount，5n.，卡麦尔山
Carolingians，445，515n.，541n.，548，加洛林朝
Carpathians，492n.，614，喀尔巴阡山
Cartagena，666，卡塔赫纳
Carthage，Carthaginians，200，233n.，275，282，314，315，328n.，419n.，迦太基，迦太基人
Caspian，238，321，458n.，463，487，514，576n.，619，672，701，里海
Castiglione，G.，714n.，郎世宁
Catherine II，the Great，673，674，叶卡捷琳娜二世
Cato，315，加图
Caton-Thompson，G.，481n.，卡顿 - 汤普森
Catallus，354，加塔拉斯
Caucasus，102，103，104，324，393n.，441，443，447，493n.，701，731，高加索

Cavaignac，E.，94n.，卡韦尼亚克
Celts，237，251，315，316，凯尔特人
Cephalonia，627n.，克法利尼亚
Cervantes，Miguel de，592，塞万提斯，米格尔·德
Ceylon，188，301，347，369，460，526，560，576，636，637，705，锡兰
Cézanne，Paul，753，塞尚，保罗
Chadwick，J.，98n.，查德威克
Chaeronia，270，喀罗尼亚
Chaitanya，634，635，柴坦雅
Chalcedon，408，409，查尔西顿
Chalcis，198n.，200，卡尔基斯
Chaldaeans，114，125，迦勒底人
Chalderan，619，查尔迪兰
Chandra-gupta I，364，旃陀罗-笈多一世
Chandragupta II，364，365n.，371，旃陀罗笈多二世
Chandragupta Maurya，172n.，176n.，299，302n.，304，旃陀罗笈多·孔雀
Chang'an，464，469，长安
Chang-k'ien，295，张骞
Charaka，373，阇罗迦
Charlemagne，445，446，454n.，540n.，545，查理曼
Charles II of England，674，英格兰的查理二世
Charles V，Emperor，580，613，皇帝查理五世
Charles XII of Sweden，672，瑞典的查理十二世
Charles Martel，428，443n.，444n.，查理·马特
Cheng Ch'eng Kung，641n.，郑成功
Cheng-ho，526，527n.，529，531，郑和
Cheshire，804，柴郡
Chichen-Itza，483，561，奇琴伊察
Ch'ien-Lung，712，714n.，乾隆
Chile，574，601，智利
Ch'in，238，307，308，309，310，313，314，318，323，356n.，393，464，秦国，秦朝
China，3，6n.，23，24，27，108，116，167，168，169，188，214n.，217—232，234，238，239，242，244，245，250，251，252，254，265，294，295，296，297，298，304—313，314，316，317，317，320，321，322n.，323，324，325，328，329，330，332，334n.，347，351，353，356，357，358，359，360，361，362，363，365，372，377，379，381，382—385，386，387，389，390，391，393，394，401，418，419，426n.，434，437，456，457，462—480，484，485，486n.，487，488，489，490，492，504n.，509，520，524—538，544n.，566，569，573，574，577，583，598，599，611，612n.，615，628，640—645，646，647，649，650，652，653，659n.，701，702n.，705，710—717，718，719，721，722，726，727，728，730，762，773n.，775，780，781—786，787，788，791，792，795，799n.，806，807，中国
China Sea，526，571n.，617n.，南海
Ch'ing dynasty，641，645，清朝
Choroes I of Persia，400，404，405，波斯的科斯洛埃斯一世
Chou dynasty，27，223，224，227，228，238，239，305，306，307，309，323，325，周朝
Christ（*see also* Jesus），265，339，342，409n.，410，446，554，585，607，684，基督，也见耶稣
Christendom，418，437，441—456，490，493，498，509，512—524，530n.，531n.，538—559，605，611，613，638，674，694，773，基督教世界
Ch'u，229，楚国
Chu His，534，朱熹
Cicero，354，西塞罗

Cimmerians，236n.，237，239，辛梅里安人
Claudius Gothicus，387，克劳狄乌斯·哥提库斯
Clive，Robert，703，克莱武，罗伯特
Clovis，389，392，393，443，克洛维
Cluny，542，克吕尼
Cochin China，234，378n.，交趾支那
Codrus，194n.，科特洛斯
Columbia，574，哥伦比亚
Columba，St.，414，圣科伦巴
Columban，St.，444，圣科伦班
Columbus，242n.，565，570n.，574，哥伦布
Comneni，518，科穆宁王朝
Comte，August，732，孔德，奥古斯都
Confucius，116，168，214n.，224，226，227，229，230—232，265，304，305，308，309，310，311，351，408，534，712，807，孔夫子
Congo，412，481，561，651，刚果
Constance，Lake，444，康斯坦斯湖
Constantinople（*see also* Byzantium），397，401，406，408，409，410，441，442，445，446，447，449，494n.，499，515，516，518，521，522，524，538，541n.，546，607，608n.，629，695，697，699，700n.，君士坦丁堡，也见拜占庭
Cook，Captain James，658，659，库克，詹姆斯（船长）
Cook，S. F.，601n.，库克
Copernicus，593，594，哥白尼
Corinth，200，203，208，276，289，295，314，315，科林斯
Corneille，Pierre，689，科内利尔
Cortez，Hernando，561，569，571，574，科尔特斯，埃尔南多
Cos，353，科斯岛
Cossacks，608，610n.，611n.，617，641，661，663，664，670，哥萨克
Crassus，321n.，克拉苏
Crete，23n.，51，89，94—98，138n.，189，190，193，210，234n.，446，449，524，612n.，699，克里特
Crimea，276，444，618n.，663，699，728，克里米亚
Croatia，Croats，663，700n.，克罗地亚
Crompton，Samuel，692，克朗普顿，塞缪尔
Cromwell，Oliver，582n.，664，克伦威尔，奥利弗
Croton，215，126，克罗顿
Ctesiphon，400，泰西封
Cuba，660n.，744n.，古巴
Cumae，275，丘米
Cumans，489n.，514n.，库曼人
Cyprus，190，449，塞浦路斯
Cyril，St.，448，449，514n.，圣西里尔
Cyrus the Great，113，114，116，128，150，156，163，237，255，居鲁士大帝
Cyrus the Younger，259，260，小居鲁士
Da Gama，Vasco，526，565，570n.，574，达·伽马，瓦斯科
Dahomey，560，达荷美
Dalton，O. M.，400n.，410n.，524n.，多尔顿
Damascus，126，133，342，428，429，大马士革
Dante，552，但丁
Danube，243，254，315，321，329n.，387，388，390，393，396n.，408，420，443，447，494，514n.，614，多瑙河
Danubians，22，多瑙河人
Dardanelles，192，达达尼尔海峡
Darius I of Persia，127，128，134，150，156，237，243，255，302n.，波斯的大流士一世
Darwin，Charles，760，761，达尔文，查尔斯
David，King of Israel，125，159，160，161n.，164，340，以色列的大卫王

Davy，Humphrey，735，戴维，汉弗莱
Deccan，102，364，702，德干
Decius，387，德修斯
Defoe，Daniel，689，笛福，丹尼尔
Delhi，491，492，701，德里
Delphi，42n.，255，德尔斐
Demosthenes，260，269，807，德谟斯梯尼
Denmark，Danes，26，541，545，707n.，丹麦，丹麦人
Descartes，René，588n.，592，593，666，683，684，笛卡儿，勒内
Dionysus，206，261，狄奥尼索斯
Diu，571，574，第乌
Dnieper，388，447，448，第聂伯河
Don River，244，388，顿河
Dorians，114，125，192，193，194，442，多利亚人
Dostoevsky，Fëdor，755，陀思妥耶夫斯基，费奥多尔
Dravidians，337，458n.，德拉维人
Duns Scotus，552，邓斯·斯科特
Dupleix，Marquis Joseph Francois，703，迪普莱克斯，约瑟夫·弗朗索瓦侯爵
Dutch，544，576，580，582，602，603，605，614，615，616，642n.，647，657，659，660，663，667n.，705，706n.，719n.，725，荷兰人
East Indies，615，656，659，660，705n.，706n.，东印度群岛
Ecbatana，133，爱克巴坦那
Ecuador，574，厄瓜多尔
Edison，Thomas，738，爱迪生，托马斯
Egypt，Egyptians，20，24，25，26，41，51，68，69—84，85，88，89，94，97，98，100，106，110，112，113，114，116，118，119—120，122，124，126，128，129，130，134，135，138—144，146，152，158，159，160，162，166，169，190，192，212，216n.，219，223n.，252，255，277，280，281，282，283，285，286，296，302，328，337，352，353，379，381，397，398，406，409，414n.，416，417，426，440，444，480，490，492，493，495n.，497，508，614n.，621，656，695，699，773，774n.，埃及，埃及人
Einstein，Albert，756，757，爱因斯坦，阿尔伯特
El Greco，524n.，格列柯
Elam，Elamites，51，66，94，146n.，223n.，埃兰，埃兰人
Elbe，251，445，545，546，易北河
Eleusis，206，厄琉西斯
Elijah，161n.，以利亚
Empedocles，216，恩培多克勒
England，English，103n.，176，306n.，414，444，451，453n.，540，541，542，548，556，576，580，581，582，590，592，602，603，604，605，610，614，615，616，657，660，667，668，674，675，678，682，685，687，689，691，692，693，703，705，707n.，709，711，732，734，738，777，778，英格兰，英国人
English Channel，451，英吉利海峡
Enlil，40，42，恩利尔
Ephesus，401n.，以弗所
Ephthalites，364，365，385，386，388，389，390，391，嚈哒人
Epirus，259，283，314，伊庇鲁斯
Erasmus，592，伊拉斯谟
Eretria，198n.，200，201，厄瑞特里亚
Eskimos，242，359n.，爱斯基摩人
Ethiopia，344，362，363，393n.，412，414，419，561，613，650，埃塞俄比亚
Etruscans，201，233，275，276，314，埃特鲁里亚人
Euclid，290，501，欧几里得
Eudoxos，290，欧多克索
Euphrates，28，29，30，31，32，40，43n.，

46，48n.，64，66，71n.，112，113，119，133，215n.，286，316，319，417，幼发拉底河
Euripides，259，261，262，263，270，274，321n.，欧里庇得斯
Eusebius，399n.，408n.，攸西比乌斯
Ezekiel，163，164，以西结
Ezra，164，以斯拉
Fa-hsien，365n.，367，法显
Fatima，425n.，431，440n.，法蒂玛
Fatimids，440，法蒂玛朝
Ferdinand of Aragon，579，580，阿拉贡的斐迪南
Ferghana，316，322n.，费尔干纳
Fertile Crescent，112，113，118，146，肥沃新月地带
Filaret，Patriarch，610，菲拉雷特大主教
Finland，Gulf of，671，672，芬兰湾
Firdausi，504，菲尔杜西
Florence，584，607，佛罗伦萨
Ford，Henry，738，福特，亨利
Fox，George，689，福克斯，乔治
France，French，8，100，273，454，540，541，542，548，552，554n.，556，573n.，576，580，581，582，590，591，592，602，603，604，610，614，615，616，637n.，654，655，657，658，659，660，667，669，670，674，675，676，678，679，685，687，689，690，691，693，699，703，706n.，713，721n.，727，733，742，744—751，795，800，法国，法兰西，法国人
Francis of Assisi，St.，554，阿西西的圣方济
Franklin，Benjamin，668，富兰克林，本杰明
Franks，329，389，390，392，443，444，445，446，447，450，456，488n.，512，514，546，法兰克人
Frederick II，the Great，678，腓特烈二世，大帝
Frederick William，the Great Elector，678，大选侯，腓特烈·威廉
Freud，Sigmund，761，弗洛伊德，西格莱德
Frisians，445，弗里西亚人
Fukien，527n.，641n.，福建
Galen，354，355，373，438，501，594，盖仑
Galilee，Galileans，341，342，354，加利利，加利利人
Galileo，593n.，595，598，599，756，伽利略
Gandhara，330，332，334，418，犍陀罗
Gandhi，Mohandas K.，177，779，甘地，莫汉达斯
Ganges，171，172，174，183，249，298，299，301n.，347，364，477，490，恒河
Gardafui，Cape，233n.，加达非角
Gaudi，Antoni，755，高迪，安东尼
Gauguin，Paul，753，高更，保罗
Gaul，316，321n.，328，329n.，388，389，390，414，442，443，444，445，487n.，661，高卢
Genoa，Genoese，515，530n.，546，584，热那亚，热那亚人
Galatia，283，加拉太
Genghis Khan，252，484，488，490，491，492，493，520n.，527，622，643，成吉思汗
George III of England，682，英国的乔治三世
Georgia，668，佐治亚
Germany，Germans，237，315，329，386—392，412，420，443，445，449，452，454n.，488n.，540，541，542，543，545，548，556，580，584，589，590，591，592，605，614，678，679，685，686，687，689，691，700，732，734，735，736n.，737，739—744，751，795，

796，797，799n.，德意志，德意志人，日耳曼人
Ghana，412，480，560，加纳
Ghuzz，544n.，古兹人
Gibbon，Edward，686，759，吉本，爱德华
Gibraltar，22，613，直布罗陀
Glasgow，735，736，格拉斯哥
Gluck，Christoph Willibald，690，格鲁克，克里斯托夫·维利巴尔德
Goa，574，果阿
Gobi Desert，488，戈壁沙滩
Goethe，Johann Wolfgang von，689，歌德，约翰·沃尔夫冈·冯
Gogh，Vincent van，753，梵高，文森特
Good Hope，Cape of，570n.，650，651，725，好望角
Goths，387，389，392，哥特人
Granada，501，613，格拉纳达
Great Britain（*see also* Britain; England），668，669，682，693，728，732—737，大不列颠，也见不列颠、英格兰
Great Lakes，547n.，657，大湖
Greece，Greeks，44，62，97，98，107n.，116，118，122n.，125，128，133，134，135，146n.，167，169，171，187，188—217，223，232，233，237，243，244，254—294，295，310，314，315，325，328，329，330，332，337，348n.，358n.，369，374，392，409，426，435，442，449，453n.，501，512，514n.，518，521，538，544n.，578，637，656，674，689，696—700，729，775，希腊，希腊人
Greenland，242，547n.，格陵兰
Gregory the Great，Pope，444，456，教皇大格列高利
Gregory Palamas，St.，圣格列高利·帕拉马斯
Gregory VII，Pope，541，教皇格列高利七世
Groseilliers，Médart，C.，658，格罗塞耶，梅达尔
Grosseteste，Bishop of Robert，552，格罗斯泰特，罗伯特（主教）
Guatemala，415，482，562，危地马拉
Guinea，379，560，几内亚
Gupta，A.，781n.，古普塔
Gurkhas，702，廓尔喀人
Gutium，Gutians，48，50，52，古提，古提人
Hadrian，396n.，哈德良
Hafiz，504，哈菲兹
Haiti，660n.，海地
Halicarnassus，267，哈利卡纳苏
Hamath，126，哈马特
Hammurabi，40n.，45n.，50，51，52，53，54，56，60，61，62，110，113，122，123，124，126，129，130，135，136，137n.，228n.，汉谟拉比
Han，168，232，234n.，304，305，308，309，310，311，318，320，323，324，325，334，351，356，357，360，379，382，384，393，464，469n.，472，474，524，710，807，汉朝
Han Yü，470n.，韩愈
Hannibal，314，315，汉尼拔
Hapsburgs，274n.，580，591，612n.，614，621，676，哈布斯堡王朝
Harappa，84，85，86n.，88，哈拉帕
Haremhab，119，142，哈列姆赫布
Haring，C. H.，604n.，666n.，667n.，哈林
Harran，158，438n.，哈兰
Harsha，386，戒日王
Harvey，William，594，哈维，威廉
Haydn，Franz Joseph，690，海顿，弗朗茨·约瑟夫
Hebrews，114，125，126，145n.，157—166，希伯来人
Hecataeus，211，赫克提乌斯
Hegel，Georg W. F.，759，黑格尔，格奥尔格

Heliopolis，78，139n.，希拉波利斯
Hellenes（*see also* Greece），希腊人
Helmholtz，Hermann，L. F. von，757，亥姆霍兹，赫尔曼
Henry IV of France，580，581n.，法国的亨利四世
Henry the Navigator，565，570，航海家亨利
Heraclitus，213，赫拉克利特
Heraclius，397n.，希拉克略
Hermes，270，赫尔墨斯
Herder，Johann Gottfried，689，赫尔德，约翰·戈特弗里德
Herodotus，122n.，134n.，171n.，199n.，202，237n.，244n.，256n.，258，267，268，296n.，322n.，357，521，759，希罗多德
Herrmann，A.，295n.，赫尔曼
Herzegovina，700，黑塞哥维那
Hesiod，58，206，211，212，赫西俄德
Hideyoshi，640，646，647，648，丰臣秀吉
Himalayas，171，189，361，364，457，462，490，喜马拉雅山
Hindu Kush，243，297，320n.，330，363，391，456，兴都库什山
Hindustan，418，437，457，490，493，524，776，印度斯坦
Hipparchus，292，希帕恰斯
Hiriyanna，M.，511n.，伊里扬纳
Hitler，Adolf，796，希特勒，阿道夫
Hittites，93，94，113，114，117，118，123—124，126，190，192，223，391n.，赫梯人
Hobbes，Thomas，683，687，霍布斯，托马斯
Hodja Zada，503，霍德亚·扎达
Hoffman，H.，477n.，霍夫曼
Hohenzollerns，678，霍亨索伦王朝
Holland（*see also* Dutch），580，581，590，592，593，677，679，691，705n.，706n.，荷兰
Holy Roman Empire，641n.，神圣罗马帝国
Homer，58，107n.，171n.，192，203，206，210，211，212，213，214，215n.，268，270n.，369，410，荷马
Hong Kong，717，香港
Horace，294，354，贺拉斯
Hormuz，526，574，霍尔姆兹
Horn，Cape，764，合恩角
Hornell，J.，379n.，霍内尔
Horus，78，79，80n.，荷鲁斯
Hosea，161，何西阿
Hottentots，651，霍屯督人
Hsia dynasty，219，夏朝
Hsiung-nu，192n.，309，310，317，318，319，320，321，323n.，324，329，336n.，匈奴
Hsuan-tsang，473n.，玄奘
Hsuan Tsung，Emperor，463，唐玄宗
Hu Shih，785，786n.，胡适
Hudson's Bay，656，658，哈德孙湾
Humayun，622，胡马雍
Hume，David，686，休谟，大卫
Hungary（*see also* Magyars），237，388，390，442，445，447，492n.，514n.，540，541，543，545，612，662，663，676，693，696，722，733，750，匈牙利（也见马扎尔人）
Huns，236n.，317，388，390，392，匈奴人
Hurrians，94，111，112，胡里安人
Hyderabad，702，海得拉巴
Hyksos，82，89n.，106，110，111，112，113，119，124，138，190，285n.，喜克索斯人
Hypatia，342n.，希帕蒂亚
Iberia，Iberians，546，613，614，622，657，伊比利亚，伊比利亚人
Ibn Batuta，496n.，504，伊本·白图泰
Ibn Khaldun，495n.，504，伊本·赫勒敦
Ibn Rushd，501，502，503，509，550，伊本·路世德

Ibn Saud, Abd al-Aziz, 696n., 775，伊本·沙特，阿卜杜·阿齐兹
Ibn Sina，501，503，伊本·西拿
Iceland，240n.，547n.，冰岛
Ieyasu，646，647，德川家康
Ignatius of Loyola，Saint，592，599，圣伊格纳修·罗耀拉
Ikhnaton，119，139，140，142，144，埃赫那吞
Ili River，320n.，618n.，650，伊犁河
Incas，414n.，561—562，572，574，600，605，665n.，印加人
India，Indians，4，5n.，20，23，27，51，54，68，84，88，100，102，107，108，116，134，135，167，168，169，170—188，189，194，214n.，215n.，216，217，232，234，243，249，250，251，252，253，254，266n.，280，282，283，294，296，297，298—304，306n.，310，313，316n.，319，320，321，323，332，334n.，336，337，338，344，345，347，348，349，353，356，357，358，361—382，383，384，385，396，389，391，400，405，418，419，434，456—462，463，470，473n.，476，477，479，484，485，490，492，493，494，496n.，501，503，506，509—512，526，536，560，566，570n.，572，573，574，577，598，603n.，611，612，615，622，623，628，629，632，633，652，653，656，659n.，676，693，695，700，701，702—704，705，706—709，711n.，713n.，726，727，730，762，773，775，776—781，785，795，印度，印度人
Indian Ocean，102，134n.，174，296，379n.，457，480，481，525，526，527n.，529，531，559，571n.，574，576，611，613，614，616，646，660，724，764，印度洋
Indians（*see* Amerindians），印第安人（也见美洲印第安人）
Indies（*see also* East Indies; West Indies），526，印度群岛（也见东印度群岛、西印度群岛）
Indochina，251，378，379，477，527n.，印度支那
Indonesia，234n.，250，361，377，378，412，773，774n.，印度尼西亚
Indra，88，因陀罗
Indus，23，28，66，68，84—89，97n.，102，108，134，167，169，172，174，178，233n.，249，252，298，299，304n.，391n.，416，418n.，456n.，458，477，510n.，701，印度河
Innocent III，Pope，179n.，502n.，547，554，教皇英诺森三世
Ionia，Ionians，116，150，193，194n.，200，213，214，215，爱奥尼亚，爱奥尼亚人
Iran，23，107，108，113，114，168，171n.，236，237，277，280，282，319—323，337，350，361—363，377，379，381，386，387，393，394n.，396，398—401，417，426，432，437，451，453，477，486，489，493，495n.，497，501，503n.，612，656，700—702，703，774n.，伊朗，波斯
Iranian plateau，64，104，129，154n.，538，619，伊朗高原
Iraq，48n.，426，428，429，430，432，437，444，490，492，497，503n.，508，554n.，619，621，623，694，699n.，伊拉克
Ireland，25n.，240n.，316，362，363，414，444，456，664，爱尔兰
Irnerius，552，埃纳里乌斯
Isabella of Castile，579，卡斯蒂利亚的伊莎贝拉
Isaiah，147，161，163，164，166，以赛亚
Isfahan，629，伊斯法罕

Isin，51，52n.，伊斯
Isis，80n.，293n.，353，伊西丝
Islam（*see also* Moslems），250，418，419，420—441，442，457，461，476，485，486，487，488，490，493，495—524，530n.，531n.，535，545，547，550，559，561，577，611—633，634，635，636，637，650，651，694，701—705，713n.，772，774，伊斯兰教
Iamail，Shah，613，619，621，623，626，700，伊斯梅尔，沙
Isocrates，269，伊索克拉底
Israel，Israelites（*see also* Jews），125，126，130，152，159n.，160，161，162，163，166，以色列，以色列人，也见犹太人
Italy，Italians，44，215，216，249，251，259，263，273，275，276，313，314，328，329，387，388，389，390，444，445，446，469，514n.，515，516，519，524，540，541n.，542，543，544，546，547，548，552，555，558，570，578，580，584，590，591，592，593，604，616n.，686，700，意大利，意大利人
Ivan III of Moscow，520，521n.，606，617，伊凡三世（莫斯科的）
Ivan IV，the Terrible，606，608，610，671，恐怖者伊凡四世
Jackson，Andrew，800，杰克逊，安德鲁
Jahangir，622，贾汉吉尔
Jains，182，183，184，185，186，耆那教徒
James，St.，342，圣詹姆斯
Janina，699n.，亚尼纳
Japan，Japanese，134n.，188，250，251，309，313，314，361，362，363，384，418，472，476，478，479，484，492，525，535，536，537，558，559，566，569，574，582，610，612n，615，640，643，645—649，652，653，705，718—722，726，727，735，752，762，782，783，785，786—792，796，797 日本，日本人
Jassy，697，雅西
Java，485，492，525，559，576，612，615，661，705n.，706n.，711n.，爪哇
Jaxartes，66，68，107，223n.，285n.，295，313，317，391，锡尔河（药杀水）
Jefferson，Thomas，800，杰弗逊，托马斯
Jericho，66，耶利哥
Jerusalem，159n.，160，162，163，164，165，286n.，341，342，343，353，421，607，耶路撒冷
Jesus（*see also* Christ），340，341，342，343，344，401n.，402，421，耶稣
Jettmar，K.，8n.，18n.，23n.，104n.，105n.，107n.，223n.，236n.，237n.，238n.，239n.，244n.，耶特马尔
Jews（*see also* Israelites），128，163，164，165，166，337，340，341，342，343，353，401，420，421，422，424，430，508n.，509，510，519，545n.，636—640，775，犹太人，也见以色列人
Jindal，K. B.，635n.，英达儿
John of Damascus，512n.，大马士革的约翰
Johnson，Samuel，685，688，约翰逊，塞缪尔
Johore，615n.，柔佛
Jonas，H.，381n.，乔纳斯
Jones，William，707，琼斯，威廉
Jordan，66，约旦
Jorga，N.，697n.，约尔加
Joseph II of Austria，690，奥地利的约瑟夫二世
Joshua，160，约书亚
Joule，James，756，焦耳，詹姆斯
Juan-juan，386，388n.，390，柔然
Judea，283，353，犹太地
Julian，the Apostate，398，背教者朱利安
Junker，H.，78n.，容克儿
Jurchens，489n. 525，女真人

Justinian，362，389，390，393，396，397，400，408n，410，450，512，552，查士丁尼
Kaaba，421，422，克尔白（圣石）
Kabir，511，512，卡比尔
Kabul，463，喀布尔
Kairawan，429，凯鲁万
Kalidasa，370n.，371，376，迦梨陀娑
Kalmuks，192n.，245，618n.，650，710，722，724，卡尔梅克人
Kamchatka，658，堪察加半岛
K'ang His 710，康熙
Kaṇishka，347，349n.，迦腻色迦
Kano，612，卡诺
Kansu，223，320n.，773n.，甘肃
Kant，Immanuel，686，687，761，康德，伊曼纽尔
Kao-tsu，308，309，汉高祖
Karadjich，Vuk，700，卡拉第奇，武克
Karakorum，529，哈拉和林
Karun River，66，卡仑河
Kashmir，419，457，463，克什米尔
Kassites，51，94，106，110，111，112，113，114，123，133，135，136，190，加喜特人
Katsh，A.I.，509n.，卡施
Kautilya，302n.，考底利耶
Kay，John，692，凯伊，约翰
Kaye，G. R.，374n.，凯
Kazakhstan，Kazakhs，23，320n.，724n.，哈萨克斯坦，哈萨克人
Kazan，608，716，喀山
Kelvin，Lord，735，开尔文，勋爵
Kemal，Mustafa，775，凯末尔，穆斯塔法
Kent，444，肯特
Kepler，Johannes，593，开普勒，约翰尼斯
Khalid ibn al-Walid，417，哈立德·伊本·瓦利德
Khayyam，Omar，504，开阳，奥玛
Khazars，420，443，447，448，477，479，650n.，782n.，可萨人
Khmers，559，高棉人
Khurasan，486n.，487n.，呼罗珊
Kiakhta，641，710n.，恰克图
Kiev，512，514，520，608，基辅
Kipchak Turks，514，钦察突厥人
Kish，42，43，46，基什
Kitai，463，478，479n.，489n.，契丹
Knossos，94，97，98，190n.，192，272，克诺索斯
Kobad，403，404，卡瓦德
Kolyma River，658，科力马河
Koprulu，Mohammed，612，科普律吕，穆罕默德
Korais，Adamantios，700，科莱斯，阿扎曼蒂奥斯
Korea，251，309，313，324，330，361，384，418，463，472，476，478，479，535，640，710，781，788，朝鲜
Kosala，172，居萨罗
Kossovo，518，639，科索沃
Koxinga，641，642n.，643，国姓爷（郑成功）
Kraus，F. R.，34n.，46n.，51n.，52n.，克劳斯
Krishna，370n.，634，635，克里希那
Kuban Valley，103，库班盆地
Kublai Khan，493n.，529，530n.，534n.，535n.，忽必烈汗
Kuchuk Kainardji，696，库楚克凯纳吉
Kufa，429，库法
Kurdistan，Kurds，699n.，库尔德斯坦，库尔德人
Kushans，294，299，316，319，320，321，323，332，336，347，363，382，391，401，贵霜人
Kyushu，648，九州
Lach，D. F.，718n.，拉赫
Lagash，33，43，44，52n.，拉格什
Laplace，Pierre Simon，686，拉普拉斯，皮埃尔·西蒙

La Plata River，662，拉普拉塔河
Larsa，51，拉尔萨
La Salle，Sieur de，658，拉萨尔，西厄尔·德
Latium，90n.，275n.，拉丁姆
Lavoisier，Antoine，686，拉瓦锡，安托万
Leeward Islands，660，背风群岛
Leibniz，Gottfried W.，666，683，莱布尼兹，戈特弗里德
Lenin，Vladimir I.，801，列宁，弗拉基米尔
Leo the Great，Pope，408，教皇大利奥
Leo III，the Isaurian，398n.，441n.，446，伊苏里亚人利奥三世
Lepanto，614，勒班陀
Levant，97，144，190，192，251，277，441，445，451，490n.，491，508，509，518，546，616，653，黎凡特
Lhasa，650，拉萨
Li Po，474，李白
Libyans，69，利比亚人
Lima，604，利马
Limpopo River，651，林波波河
Lincoln，552，林肯
Linnaeus，686，林奈
Lisbon，85，572，里斯本
Lithuania，519n.，521，545，607，617，立陶宛
Livonia，546，立窝尼亚
Livy，354，李维
Locke，John，668，686，687，洛克，约翰
Lombards，390，442，445，446，伦巴德人
London，85，572，667，683，685，702，732，735，776n.，伦敦
Lope de Vega，592，洛佩·德·维加
Loukaris，Patriarch Cyril，639，卢卡里斯，西里尔大主教
Louis VIII of France，541，法国的路易八世
Louis XIII，581，路易十三
Louis XIV，637n.，655，674，675，682，路易十四
Louis XVI，693，路易十六
Low Countries（*see also* Holland），556，580，584，614，低地国家（也见荷兰）
Loyang，223，229，464，469，洛阳
Lucretius，354，卢克莱修
Lugalzaggisi，45，53，卢伽尔扎吉西
Luthe，Martin，589，590，592，599，689，路德，马丁
Luxeuil，444，吕克瑟伊
Luzon，612n.，吕宋
Lycurgus，199，200，来库古
Lydia，Lydians，130n.，133，202，吕底亚，吕底亚人
Mabillon，Jean，686，马比容，让
Macao，574，640，642n.，647n.，711n.，澳门
MacAthur，Douglas，791，麦克阿瑟，道格拉斯
Maccabees，283，286n.，340，马卡比派
Macedonia，116，243n.，259，270，272，273，274，275，280，282，282，283，285，294，377，524，700n.，马其顿
Macedonian dynasty，450，451，453，521，538，马其顿王朝
Machiavelli，304n.，555，马基雅维利
Mackenzie，Alexander，659，麦肯齐，亚历山大
Madagascar，234n.，379n.，412，马达加斯加
Madiera Islands，660，马德拉群岛
Madras，703，777n.，马德拉斯
Madrid，604，马德里
Magadha，172，299，304，摩揭陀
Magellan，565，麦哲伦
Magyars（*see also* Hungary），447，448，449，452，454，514n. 马扎尔人，也见匈牙利
Mahavira，183，185，188，大雄
Mahmud of Ghazni，490，501，510，伽色尼的马穆德

Maimonides，509，550，麦蒙尼德
Maitreya，348，米勒
Majapahit，559，满者伯夷
Malabar coast，177，马拉巴海岸
Malacca，526，560，574，576，612n.，615n.，马六甲
Malagasy，412，马尔加什
Malaya，296，377，706，马来亚
Maldive Islands，496n.，马尔代夫群岛
Mali，560，马里
Malta，98，马耳他
Marmelukes，490，491，492，493，495n.，497，621，699，马穆鲁克人
Manchester，679，735，曼彻斯特
Manetho，353，曼涅托
Mani，394，402，403，405，摩尼
Mantinea，260，曼提尼亚
Manzikert，490，曼西克特
Maoris，768，毛利人
Marathas，701，702，703，704，706，马拉特人
Marco Polo，466，494n.，527，530，马可·波罗
Marcus Aurelius，378n.，马可·奥勒留
Marduk，40n.，52，58，60，61，128，136，137，148n.，293，353，401，马都克
Mark Twain，755n.，马克·吐温
Marmora，Sea of，441n.，马尔马拉海
Marx，Karl，311n.，759，801，马克思，卡尔
Mary，the Virgin，401n.，446，圣母马利亚
Masaccio，555，马萨乔
Massachusetts，604，669，马萨诸塞
Massagetae，322n.，马萨革泰
Matabele，725，马塔贝勒人
Maurice，emperor of Byzantium，397，拜占庭皇帝摩里斯
Mauryas，299，302，304，364，365，孔雀王朝
Maxim the Greek，607，希腊人马克西姆
Maxwell，James Clerk，756，麦克斯韦，詹姆斯·克拉克
Maya，Mayans，415，416，482，483，561—562，玛雅，玛雅人
Mayapan，561，马雅盘
Mayer，L. A.，629n.，迈耶
Mazdak，394，404，405，马兹达克
Means，P. A.，604n.，米恩斯
Mecca，420，421，422，424，496，560，621，707n.，麦加
Medes，114，148，154，156，237，米底人
Medina，421，422，424，426，429，430，431，434，435，496，621，麦地那
Mediterranean，5，12，12n.，20，22，91，94，96，97，98，100，102，127，133，135，147，178，192n.，201，210，232，233，243，250，253，254，256，257，275，276，282，287，295，296，304，313，315，316，324，325，330，332，334，337，348，351，354，358，361，363，368n.，377，379，380，386，389n.，392，397n.，399，408，414，419，441，442，444，447，449，450，451，452，497，530n.，540n.，546，547，570，613，614，616，656，696，697，764，地中海
Megara，200n.，麦加拉
Mehemet Ali，699，穆罕默德·阿里
Meiji，Emperor，790，明治天皇
Mekong River，476，559，湄公河
Melanesia，481，美拉尼西亚
Memphis，78，79，134，216n.，孟菲斯
Menander，348，米南德
Mencius，311，孟子
Menes，69，71n.，81n.，美尼斯
Mesolithic，8，10，12，15n.，19，中石器时代
Mesopotamia，26，29—34，36，38，40—53，56，58，60—64，66，71，72，74，76，81，82，84—86，88，93，94，97，

98，102，104—106，108，110—113，117，118，120，123，125，126，128，129，133—135，144，146n.，152，154，156，162n.，166，169，219，234，252，254，258，282，284，318，320，321，324，337，344，350，353，381，387，394n.，398，399，401，403，410，416，417，426，438n.，440，441，458n.，480，483n.，497，509，656，美索不达米亚
Methodius，St.，448，514n.，圣美多德
Mexico，239，240，243，252，414，415，482，483，561，565，600，601，604，659，666，667，793，墨西哥
Mexico City，604，667，墨西哥城
Michael I of Russia，606，610，俄国的米哈伊尔一世
Michelson，Albert A.，757，麦克尔森，阿尔伯特
Micronesia，481，密克罗尼西亚
Middle East，5n.，11—24，26，28，29，64，66，68，82，88，90，91，92，93，100，103，105，106，107，110—164，167，168，169，171，174n.，176n.，177，178，183，189，192n.，194，201，202，218，219，223，236，237，238，239，245，249，250，252，253，254，255，282，286，295，299，306n.，320，336，353，354，358，359，390，391n.，417—483，485，487，489，490，491，492，493，497，505，508，529，536，538，566，573，599，612n.，616，653，656，730，761，764，795，中东地区
Milan，408n.，米兰
Miletus，200，201，212，215，米利都
Milinda，348n.，米兰陀
Mills，L. A.，706n.，米尔斯
Milton，John，592，686，弥尔顿，约翰
Milvian Bridge，399n.，米尔维桥
Mindinao，560，612n.，棉兰老岛
Ming dynasty，464，489，525，526—534，535，640，641，642，643，明朝
Ming-ti，334n.，汉明帝
Minns，E. H.，323n.，明斯
Minos，Minoans，94，96，97，134，167，189，192，391n.，米诺斯，米诺斯人
Minussinsk，412，米努辛斯克
Mississippi River，658，密西西比河
Mitanni，106，112，113，123，124，145，190，米坦尼
Mithra，156，339，348，350，密特拉教
Mithridates，II，320，米特里达梯二世
Mitsubishi，789，三菱
Mitsui，789，三井
Mode，H.，23n.，85n.，97n.，莫德
Moguls，252，577，611，615，622，623，626，628，632，633，693，695，701，702—704，706，莫卧儿人
Mohammed，89n.，155n.，250，252，265，419，420—441，454n.，462，472n.，498，506，511，618，694，695，696n.，807，穆罕默德
Mohammed ibn Abdul Wahhab，694，696n.，穆罕默德·伊本·阿卜杜勒·瓦哈比
Mohammed of Ghur，510，古尔的穆罕默德
Mohammed II the Conqueror，499，503，519，632，征服者穆罕默德二世
Mohenjo-daro，84，85，86，88，摩亨佐—达罗
Moldavia，612n.，637，摩尔达维亚
Molière，689，莫里哀
Mols，R.，573n.，574n.，莫尔斯
Moluccas，574，摩鹿加
Momhasa，614n.，蒙巴萨
Mongolia，Mongols，85n.，105n.，238，244，245，317，318，319，320n.，321，324，385n.，386，420，442，462，484—494，495，497，508，512，514n.，519，520，525，527，529，530，531n.，534，

535，556n.，640，641，643，649.，650.，652，694，710，724n.，蒙古，蒙古人
Monomatapa，651，莫诺马塔帕
Montaigne，Michel de，592，蒙田，米歇尔·德
Monteil，V.，775n.，蒙泰伊
Montesquieu，676，孟德斯鸠
Montreal，659，蒙特利尔
Moravia，449，514n.，摩拉维亚
Moreland，W. H.，517n.，616n.，628.，莫兰
Morocco，496n.，560，612，621，622，651，773，摩洛哥
Moscow，520，521，605，606，608，610，611，617，670，671，莫斯科
Moses，158，159，160，165，摩西
Moslems，250，251，390，405，420—441，442，443，445，446，449，450，456，460，461，463，477，479，488，490，498—524，531n.，538，543，546，548，559，565，569，577，611—640，650，652，653，654，660，693—705，706，713n.，730，762，772—775，776，穆斯林
Mozambique，724，莫桑比克
Mozart，Wolfgang Amadeus，690 莫扎特，沃尔夫冈·阿马德乌斯
Muawiya，428，穆阿维亚
Munda，337，蒙达
Munich，737n.，慕尼黑
Murasaki，Lady，479，紫式部
Muscovy，Muscovites（*see also* Russia），520，524，582，604—611，613，617，莫斯科公国（也见罗斯、俄罗斯、俄国）
Mutasim，440，486n.，穆塔西姆
Mycenae，Mycenaeans，107n.，118，134，170，189，190，193，194n.，206，210，215，391n.，454n.，迈锡尼，迈锡尼人
Nabonidus，138，拿波尼德
Nadir Shah，700—701，纳迪尔·沙
Nagarjuna，349n.，龙树
Nan Chao，530n.，南诏
Nanak，512，那纳克
Nanking，646，717，南京
Nantes，655，南特
Napoleon，746，747，748，749，750，拿破仑
Nara，479，535，奈良
Naram Sin，48，50，53，105n.，纳拉姆辛
Narbada River，85，纳巴达河
Nasi，Joseph，639，纳西，约瑟夫
Nathan the Prophet，125，161n，先知拿单
Naucratis，134，瑙克拉提斯
Navarino，699，纳瓦里诺
Nazareth，340，342，拿撒勒
Nebuchadnezzar，148，150n.，162，401，尼布甲尼撒
Negroes，174n.，560，601，603，622，667，724，738，黑人
Nehemiah，164，尼希米
Nepal，702，尼泊尔
Nerchinask，641，尼布楚
Nestorius，401n.，聂斯托利
New Delhi，777n.，新德里
New England，603，604，660，661，662，668，669，738，新英格兰
New Guinea，765，新几内亚
New Hampshire，668，新罕布什尔
New Mexico，601，新墨西哥
New Spain，662，667n.，新西班牙
New Zealand，663，731，新西兰
Newcomen，Thomas，692，732，纽科门，托马斯
Newfoundland，660，纽芬兰
Newton，Isaac，593，598，666，684，685，686，756，牛顿，伊萨克
Nicaea，292，408，499，尼西亚
Nicholson，R. A.，437n.，503n.，尼科尔森
Nietzsche，Friedrich，761，尼采，弗里德里希

Niger，724，尼日尔
Nikon，Patriarch，607，608，645n.，尼康大主教
Nile，28，，66，68，69，71，72，76，82，85，89n.，96，102，114，120，124，134n.，138，296，451，724，尼罗河
Nineveh，114，133，152，210，尼尼微
Nippur，42，尼普尔
Nish，408n.，尼什
Nobile，Roberto de，713，诺比莱，罗伯托·德
Nobunaga，647，织田信长
Nolde，B.，664n.，诺尔迪
Nootka，659，诺特卡
Norfolk，679，诺福克
Norman，E. H.，722n.，792n.，诺曼
Normandy，Normans，112n.，514，541n.，546，547n.，诺曼底，诺曼人
North America，8，238，547n.，566，578，601—604，652，656，657，660，662，664，667，668，669，728，730，734，744，北美洲
North Sea，451，543，北海
Northumbria，444，诺森伯里亚
Norway，541，545，挪威
Novgorod，605，诺夫哥罗德
Nubia，Nubians，71，74，102，113，124，233，419，441，560，561，650，努比亚，努比亚人
Ob River，617，鄂毕河
Obradovich，Dositej，700，奥布拉多维奇
Oceania，242，578，659，724，731，大洋洲
Okhotsk，617，658，鄂霍次克海
Old Oligarch，204n.，旧寡头制
Olympia，208，270，奥林匹亚
Olympus，Mount，206，211，215n.，奥林波斯山
Oman，724，阿曼
Omar，426，428，429，430，431，488，618，奥马尔
Origenm 380，406，奥勒根
Orinoco，600，奥里诺科
Orozco，Jose，793n.，奥罗斯科
Orpheus，152，俄耳甫斯
Osiris 78，79，80n.，293，奥西里斯
Ostrogoths，388，392，446，东哥特人
Othman，428，430，618，奥斯曼
Otto the Great，449，奥托大帝
Ottomans（*see also* Turks; Turkey），252，493，494，499，518，519，522，524，546，547，566，591，612—616，617，618，619—626，628，632，637，638，639，663，672，674，693，694，695—700，701，702，727，751，773，奥斯曼人（也见突厥人，土耳其人）
Owen，Robert，732，734n.，欧文，罗伯特
Oxus，66，68，107，114，223n.，285n.，295，313，388n.，390，391，428，462，阿姆河 / 奥克苏斯河
Pachomius，St.，409，圣帕科米乌斯
Pacific，11，100，102，108，109，134n.，234，239，240，242，243n.，415，419，480，481，482，565，574，617，657，658，659，724，太平洋
Padua，593，帕多瓦
Pakistan，285，773，775，780，巴基斯坦
Palesitne，5n.，110，113，114，119，124，125，135，146n.，147，158，159，164，192n.，283，286n.，338，340，341，342，343，397，417，421n.，426，441，巴勒斯坦
Pan Ku，296n.，324n.，357，班固
Panama，764，巴拿马
Panini，299，300，356，373，波尼尼
Paracelsus，594，帕拉切尔苏斯
Paraguay，600，667n.，巴拉圭
Pareto，Vilfredo，761，帕累托，维尔弗雷多
Paris（France），85，502n.，548，667，

685，702，753，762，巴黎（法国）
Parmenides，263n.，巴曼尼德
Parthis，Parthians，152n.，283，285，286，294，316，319，320，321，322n.，323，329，336，337，349，350，386，393，394，451，487n.，515n.，帕提亚，帕提亚人
Pasargadae，133，帕萨迦德
Pascal，Blaise，592，685，帕斯卡，布莱兹
Pataliputra，302，华氏城
Patrick，St.，414，圣帕特里克
Paul St.，342，343，344，444，圣保罗
Pechenegs，447，489n.，514n.，佩彻涅格人
Peisistratus，201，206，庇西特拉图
Peking，3，4，520，527n.，529，640，641，644，710n.，711，712，北京
Peloponnesus，193，194n.，258，260，494，696，伯罗奔尼撒
Pelops，190，珀罗普斯
Pennsylvania，738，宾夕法尼亚
Penrose，R.，570n.，彭罗斯
Pepin of Heristal，443，445，赫里斯托尔的丕平
Pepin the Short，445，446，矮子丕平
Percy，Bishop，689，珀西主教
Pergamum，283，288，289，帕加马
Pericles，258n.，262n.，288，伯里克利
Perry，Commodore Matthew，787，佩里准将，马修
Persepolis，133，150，210，296n.，302，400，波斯波利斯
Persia，Persians，52，113，114，116，122，127—128，133，135，150—157，182n.，194n.，202，208n.，237，243，249，255，256，258，259，275，277，280，281，296n.，302，363，380n.，386，388n.，391，392，393，396，397，399—405，410，419n.，426，430，468，492，493，504，508，576n.，612，618，621，623，628，632，663，672，695，701，773，775，波斯，波斯人
Persian Gulf，31，43n.，66，68，129，296，380n.，444，526，574，波斯湾
Peru，239，240，243，252，363，414，415，416，483，561，562，565，572，600，604，665n.，666，秘鲁
Peter，St.，341，408，圣彼得
Peter the Great，582，670—672，673，674，678n.，755，彼得大帝
Peter II of Russia，672，俄国的彼得二世
Petrarchm 514n.，彼得拉克
Pharoahs，72，74，78，79，89n.，119—120，124，138，140n.，142，160，192n.，法老
Phidias，270，费狄亚斯
Philip II of Spain，580，西班牙的菲利普二世
Philip Augustus of Franc，541，法国的腓力·奥古斯都
Philip of Macedon，272，273，274，275，281，马其顿的腓力
Philip the Good of Burgundy，558，“勃艮第善人”菲利普
Philippines，250，560，574，615，644，菲律宾
Philistines，114，125，159，192n.，非利士人
Philo，341，斐洛
Phoenicia，Phoenicians，122n.，126，127，133，134，233，276，656，腓尼基，腓尼基人
Phrygians，114，117，弗里吉亚人
Picasso，Pablo，754，毕加索，巴勃罗
Pico della Mirandola，555，皮科·德拉·米兰多拉
Piraeus，256，皮莱乌斯
Pizarro，Francisco，562，569，572，574，皮萨罗，弗朗西斯科
Planck，Max，757，758，普朗克，马克思
Plassey，703，普拉西

Plataea，116，256n.，258n.，普拉提亚
Plato，182n.，216，231，262，263，264，265，266，267，290，柏拉图
Plotinus，380，普罗提诺
Plutarch，80n.，321n.，354，普鲁塔克
Po River，315，波河
Podolia，612n.，波多利亚
Pokotilov，D.，527n.，535n.，波科委诺夫
Ploland，Polish，492n.，519n.，521，540，541，543，545，582，590，605，607，608，611，612n.，617，670，674，675，676，677，678，波兰，波兰人
Poliak，A. N.，490n.，波利亚克
Polovtsi，514n.，波洛伐齐人
Polynesia，Polynesians，234，242，243n.，359n.，481，482，波利尼西亚，波利尼西亚人
Pombal，Marquis de，667，庞巴尔侯爵
Pompey，417，庞培
Pondicherry，332n.，703，本地治里
Pontus，283，本都
Pope，Alexander，689，蒲柏，亚历山大
Porto Bello，666，波托贝洛
Portugal，Portuguese，526，543，565，570，571，574，576，592，603，612，613，614，615n.，639，640，642n.，647，648，650，651，658，662，665，667，676，711n.，724，787，葡萄牙，葡萄牙人
Prajapati，179，普罗阇帕蒂
Praxiteles，270，普拉克希特利
Prester，John，613，普雷斯特，约翰
Priscus，392，普里斯库斯
Protagoras，263，普罗塔戈拉斯
Proust，Marcel，755，普鲁斯特，马塞尔
Provence，556n.，普罗斯旺
Prussia，Prussians，546，675，677，678，682，739，740，742，744n.，746，797，普鲁士，普鲁士人
Pruth，699n.，普鲁特河
Ptah，78，79，普塔赫
Ptolemies，129，281，282，283，285，293，302，托勒密王朝
Ptolemy the astronomer，354，355，438，501，托勒密，天文学家
Ptolemy II Euergetes，296，托勒密二世
Pueblos，601，普韦布洛人
Puerto Rico，660n.，波多黎各
Pufendorf，Samuel，689，普芬道夫，萨穆埃尔
Pugachev，Emilian，676，普加乔夫，叶梅连
Punjab，174，299，485，490，492，633，702，777，旁遮普
Punt，74，蓬特
Pushkin，Alexander，755，普希金，亚历山大
Pyrenees，104n.，428，445，654，665，比利牛斯山脉
Pyrrhus，314，皮洛士
Pythagoras，215，216，217，263n.，毕达哥拉斯
Quebec，657，魁北克
Quintilian，270n.，昆体良
Qumra，340，381n.，库姆兰
Rabelais，François，592，拉伯雷，弗朗索瓦
Racien，Jean，689，拉辛，让
Radisson，Pierre，658，拉迪松，皮埃尔
Ram Mohan Roy，708—709，779，拉姆·莫汉·罗易
Rama，370，511，635，罗摩
Ramananda，511，罗摩衍那
Ramanuja，510，罗摩奴者
Rameses，II，144，拉美西斯二世
Raphia，285n.，拉斐亚
Ravenna，446，拉韦纳
Razin，Stenka，676，拉辛，斯坦卡
Red Sea，68，134n.，296，380，412，561，614，红海

Reshid Pasha，698，雷希德帕夏
Reza Shah，775，礼萨汗
Rhine River，254，329n.，362，387，393，420，674，莱茵河
Rhineland，389，392，443，444，531n.，莱茵兰
Rhodes，288，罗得斯
Rhodesia，481n.，560n.，罗得西亚
Ricci，Matteo，569，713，利玛窦
Richelieu，Cardinal，581，黎塞留，红衣主教
Rockefeller，John D.，739，洛克菲勒，约翰
Rocky Mmountains，659，落基山
Rodin，Auguste，755，罗丹，奥古斯特
Romanovs，606，610，670，罗曼诺夫王朝
Rome，Romans，84，122，126，250，255，259，275，282，285，286，288，298，313—316，320，324—329，336，337，342n.，343，344，350，351，353，355，358，359，360，362，377，379，380n.，387，388，389，391，392，393，396，398，400，401，405，408，410，414，417，426n.，444，445，453n.，514n.，519n.，521，538，542，589，598，607，608n.，729，750n.，759，807，罗马，罗马人
Rousseau，Jean-Jacques，687，749，卢梭，让—雅克
Rumania，Rumanians，637，663，696，697，699n.，罗马尼亚，罗马尼亚人
Rumi，504，鲁米
Rus，446，447，448，罗斯
Russia，Russians，23，107，116，237，238，239，245，250，251，273，317n.，319，321，414n.，442，447，449，485，489，514，519—524，529，546，547，559，566，576n.，582n.，604—611，613，617，641，642n.，645n.，652，656，657，658，659，662，663，664，665，670—674，675，676，677n.，678，686，693，696，697，699，701，710，722，724n.，727，735，750，751，752，755，782n.，783，794，795，796，801，俄罗斯，俄国，俄罗斯人（俄国人）
Sabbatai Sevi，608n.，639，697n.，萨巴泰·塞维
Sa'di，504，621，萨迪
Safavi，Safavids，613，619，621n.，622，623，626，632，693，695，700，萨菲
Sahara，5n.，12，98，233，242，252，412，447，480，495n.，559，560，611，650，652，659，724，撒哈拉
St. Brendan's Isle，240n.，圣布伦丹岛
St. Gall，444，圣高尔
St. George's Channel，664，圣乔治海峡
St. Lawrence River，663，圣劳伦斯河
St. Petersburg，671，圣彼得堡
Saint-Simon，Henri，732，圣西门，亨利
Saladin，490，萨拉丁
Salamanca，550，萨拉曼卡
Salamis，116，200n.，256，258n.，萨拉米
Salerno，550，萨莱诺
Samarkand，520n.，撒马尔罕
Samnites，314，萨莫奈人
Samos，215，216n.，292n.，萨摩斯
Samothrace，290，萨摩色雷斯
Samudra-gupta，364，沙摩陀罗 - 笈多
San Francisco，659，旧金山
Sanchi，332，376，桑奇
Sardinia，97n.，190，撒丁岛
Sardis，133，萨狄斯
Sargon of Akkad，41，46，47，48，50，51，53，56，81n.，86，91，112，113，318，483n.，阿卡德的萨尔贡
Sarkar J.，628n.，萨卡尔
Sarmatians，319，321，322n.，329，336，387，396n.，萨尔马提亚人
Sarton，G.，438n.，501n.，萨顿
Sassanians，152n.，354，363，381，387，388，390，391，394，396，397，399—

405，417，421，451，487n.，515n.，萨珊王朝
Saudi Arabia（*see also* Arabia），773，775，沙特阿拉伯（也见阿拉伯）
Saul，King of Israel，125，159，160，以色列王扫罗
Sava River，494，萨瓦河
Saxons，445，454，545，撒克逊人
Scandinavia，Scandinavians，234n.，251，412，420，445，448，449，456，540，543，545n.，547n.，647n.，斯堪的纳维亚，斯堪的纳维亚人
Schall，Adam von，645n.，沙尔，亚当·冯
Schiller，Friedrich von，689，席勒，弗里德里希·冯
Schnitzler，Arthur，755，施尼茨勒，阿瑟
Scotland，Scots，242，414，444，663n，664，676，687，692，693，苏格兰，苏格兰人
Scylax，134n.，塞拉克斯
Scythia，Scythians，114，222n.，237，238，239，243，244，245，321，322n.，斯基泰，斯基泰人
Seleucids，62，243，281，282，285，320，塞琉古王朝
Seleucus I，299n.，塞琉古一世
Selim the Grim，621，632，残酷的谢里姆
Seljuks（*see also* Turks；Ottomans），490，504n.，514，塞尔柱人（也见突厥人，奥斯曼人）
Semites，32，43，111，112，闪米特人
Septimus Severus，325，斯普提姆斯·塞维鲁斯
Serapis，293，353，萨拉皮斯
Serbia，Serbs，518，524，663，696，697，699n.，700，塞尔维亚，塞尔维亚人
Shakas，243，283n.，285，294，299，319，320，321，332，萨卡人
Shakespeare，William，592，689，莎士比亚，威廉
Shamash，60，沙马什
Shang dynasty，107n.，219，220，222，223，224，226，227，商朝
Shanghai，785，上海
Shankara，373，460，511，商羯罗
Shantung Peninsula，229，山东半岛
Shapur I，402，403，405，沙普尔一世
Shapur II，388n.，沙普尔二世
Shih Huang-ti，307，308，318，秦始皇
Shiloh，125，夏伊洛
Shiva，297，339，345，346，372，373，376，635，湿婆
Shivaji，702，西瓦吉
Siam，188，378，637，645n.，652，705，706，暹罗
Siberia，8n.，14n.，23，76n.，107，218n.，244，320n.，336，412，447，477，520，566，608，610n.，611，617，641，658，661，663，731，西伯利亚
Sibir，617，西伯利亚汗国
Sicily，190，215，249，259，275，276，446，514，550，656，西西里
Sicyon，270，西思温
Sidon，133，147，西顿
Siena，524，锡耶纳
Silk Road，168，251，295，304，332，347，382，419，丝绸之路
Sina，74，82，158，西奈
Sind，418，456，457，信德
Sita，370，悉多
Smith，Adam，687，734，斯密，亚当
Smyrna，193n.，士麦拿
Socrates，264，265，267，苏格拉底
Sofala，480，苏法拉
Sogdians，468，索格代亚纳人
Sokolli，Mohammed，638n.，索克里，穆罕默德
Solomon，125，126，160，所罗门
Solon，200，201，梭伦
Sophocles，261，262，270，索福克勒斯

Sorel，Georges，761，索雷尔，乔治
South Africa，663，731，南非
South America（*see also* America）566，578，651，656，724，731，744，765，南美洲（也见美洲）
South Carolina，667，南卡罗来纳
Southeast Asia，174，234，242，361，363，377—379，457，460n.，462，525，526，559，577，611，612n.，633，636，637，694，704—706，711n.，724，731，774n.，东南亚
Soviet Union（*see also* Russia），794—800，苏联（也见俄国，俄罗斯）
Spain，Spaniards，8，190，251，328，329n.，388，389，417，428，431n.，437，442，447，494n.，495，501，519n.，540，543，548，562，565，574，576，579，580，585，590，592，599—605，613，614，616n.，621，639，654，658，659，660，662，665，667，675，676，705，西班牙，西班牙人
Sparta，Spartans，189，194，199，200，202，203，205，255，256n.，258，259，287，289，斯巴达，斯巴达人
Spinoza，Baruch，683，斯宾诺莎，巴鲁克
Sprat，Bishop，685，斯普拉特主教
Srivijaya，559，室利佛逝
Ssu-ma Ch'ien，356，357，司马迁
Stagira，267，斯塔吉利亚
Stalin，Josef，671，798，斯大林，约瑟夫
Stephen II，Pope，446，541n.，教皇斯蒂芬二世
Stonehenge，103n.，巨石柱
Stradivari，Antonio，690，斯特拉底瓦里，安东尼奥
Stuarts，733，斯图亚特王朝
Subotai，492n.，速不台
Sudan，233，379，412，419，495n.，612，651，699，724，苏丹
Suez，764，苏伊士
Sui dynasty，383，390，462，463，464，隋朝
Suleiman the Lawgiver，614，626，632，立法者苏莱曼
Sullivan，Louis，755，沙利文
Sumatra，379，559，苏门答腊
Sumer，Sumerians，20，24，25，26，32，33，34，36，38，40，41，42，43，44，46，47，48，50，51，52，54，56，60，61，62，63，66，68，71，72，76，81n.，85，88，93，97n.，103，104，126，138，148，150n.，154n.，158，160，363，415，544n.，苏美尔，苏美尔人
Sun Yat-sen，782，孙中山
Sung dynasty，464，466，470，472，476，478，479，504n.，524—526，531，534，宋朝
Superior，Lake，657，苏必利尔湖
Sur Das，634，635，苏尔达斯
Susa，133，152，280，282，苏萨
Susruta，373，妙闻
Svetaketu，181n.，斯韦塔凯图
Sweden，Swedes，98，106n.，521，541，545，591，608，671，672，675，676，677，678n.，瑞典，瑞典人
Switzerland，Swiss，544，558，582，679，751，瑞士，瑞士人
Syracuse，288，190n.，叙拉古
Syria，23n.，45n.，74，97n.，106，110，113，119，123，124，125，126，133，135，146n.，147，277n.，282，286，337，338，381，397，398，401，405，409，410，417，421n.，426，428，429，432，437，440，444，445n.，449，490，492，493，497，508，512，614n.，621，699，700n.，叙利亚
Szechuan，239，四川
Tabriz，619，塔布里兹
Tacitus，354，387，塔西陀
Tagore，Rabindranath，781，泰戈尔，拉宾

德拉纳特
T'ai Tsung，463，唐太宗
Talas River，456，463，恒逻斯（塔拉斯）河
Tamerlane，493，520，611，622，跛子帖木儿
Tamils，368n.，371，372，510，637，泰米尔人
Tan，Duke of Chou，230，周公旦
T'ang dynasty，384，390，394n.，418，419，463，464，465，466，468，469，470，473，474，476，478，479，515，531，710，唐朝
Tarim basin，108，239n.，382，472n.，493，塔里木盆地
Tarsus，342，444，塔尔苏斯
Tartars，514n.，520，617，663，鞑靼人
Tel Amarna，142n.，泰勒阿马尔奈
Tenochtitlan，561，571，特诺奇蒂特兰
Ternate，659n.，德那地
Thais，559，560，泰人
Thales，212，213，泰勒斯
Thar Desert，12，塔尔沙漠
Thebes（Egypt），79，81，89n.，134，139n.，底比斯（埃及）
Thebes（Greece），259，274，289，底比斯（希腊）
Themistocles，203，狄米斯托克利
Theodore of Tarsus，444n.，塔尔苏斯的西奥多
Theodosius，408n.，狄奥多西
Theophrastus，267，狄奥弗拉斯塔
Theotocopoulos，D.，524n.，狄奥托克普罗斯
Theseus，194n.，提修斯
Thessaly，254，塞萨利
Thomson，John Joseph，756，汤姆森，约翰·约瑟夫
Thrace，Thracians，116，243，259，275，276，色雷斯，色雷斯人
Thucydides，97n.，199n.，258n.，259，263，268，269，357，521，755，修昔底德
Thuringians，445，图林吉亚人
Tiahuanaco，483，蒂亚瓦纳科
Tiber，315，台伯河
Tibet，188，251，418，419，460，463，477，479，535，641，649，650，652，710，714n.，781，吐蕃，西藏
Tientsin，785，天津
Tiglath-Pilesar III，126，提格拉特-帕列沙尔三世
Tigris，28，29，30，31，32，40，43n.，46，48，48n.，64，66，71n.，91，215n.，400，432，底格里斯河
Timbuctu，612，622，廷巴克图
Titicaca，Lake，416，的的喀喀湖
Toba，386，389，拓跋
Tokugawa，646，648，649，718—722，726，786，787，790，891，德川
Toledo，550，托莱多
Tours，428，图尔
Trajan，396n.，图拉真
Transoxiana，428，463，487n.，503n.，577，611，618n.，619，701，特兰索夏那
Transylvania，612n.，637，特兰西瓦尼亚
Trebizond，444，特拉布松
Troy，Trojans，94，192，特洛伊，特洛伊人
Tsao Chan，714n.，曹霑（曹雪芹）
Tu Fu，474，杜甫
Tudors，306n.，都铎王朝
Tula，606，图拉
Tulsi Das，634，635，图尔西达斯
Tung Chung-shu，309n.，董仲舒
Tungus，484，535，通古斯
Tunis，614，773，突尼斯
Turkestan，107，239，251，612，700—702，710，773n.，突厥斯坦
Turkey，Republic of，773，774n.，土耳其共和国
Turks（see also Ottoman Turks），320n.，385n.，390，391，420，442，462，463，466，477，484，485，486，487，488，

489，490，493，494n.，498，499，505，508，512，514，522n.，538，611，626，628，突厥人（也见奥斯曼土耳其人）
Tutankhamon，142，图坦卡蒙
Tver，520n.，特维尔
Tweed，254，特威德
Tyre，126，133，147，推罗
Tyrtacueus，211，泰提乌斯
Ugarit，145，146，乌伽里特
Uighurs，420，463，468，472，477，478，479，508，529，650n.，782n.，回纥（鹘）人，维吾尔人
Ujjain，321n.，邬阇衍那
Ukraine，24n.，239，514，607，611，617，661，663，664，670，696，724n.，乌克兰
Ulfilas，Bishop，392，乌尔斐拉主教
Ulm，584，乌尔姆
Ulpian，355，乌尔比安
Umma，44，45，乌玛
Ummayads，428，429，430，431，432，435，440n.，442，444，446，447，倭马亚王朝
United States（*see also* America; North America），174n.，392，483，574，601，603n.，668，669，670n.，708，717，732，734，737—739，744，764，787，790，794—800，美国
Ur，16，38，50，51，52，93，158，乌尔
Ural River，447，乌拉尔河
Urals，8n.，321，442，617，671，乌拉尔山
Uriah，126，乌利亚
Urukagian，43，52n.，乌鲁卡基那
Uzbeks，576，611，612n.，618，619，622，693，乌兹别克人
Vasili III of Russia，607，俄罗斯的瓦西里三世
Venezuela，574，委内瑞拉
Venice，Venetians，272，494，514，515，524，546，550，584，606，614，威尼斯，威尼斯人
VeraCruz，666，维拉克鲁斯
Vergil，354，410，维吉尔
Versailles，670n.，凡尔赛
Vesalius，594，维萨里
Vienna，274n.，612，621n.，693，维也纳
Viet-Nam 234，238，越南
Vijayanagar，494n.，510，612，维贾亚纳加尔
Vikings，234n.，240，414，448，449，451，452，454，456，547n.，647n.，维京人（北欧海盗）
Virginia，661，662，667，668，弗吉尼亚
Visigoths，388，西哥特人
Volga，443，444，447，448，492，493，514，520，576，608，617，618n.，724n.，伏尔加河
Voltaire，687，713，伏尔泰
Wadi Hammamat，68，瓦迪·哈马马特
Wagner，Richard，754，瓦格纳，理查德
Wales，Welsh，414，559，威尔士，威尔士人
Wallachia，612n.，637，瓦拉几亚
Wang Mang，323，356n.，王莽
Warsaw，617，华沙
Washington，D. C.，85，华盛顿特区
Washington，George，669，670n.，华盛顿，乔治
Waterloo，748，滑铁卢
Watt，James，692，734，738，瓦特，詹姆斯
Wei dynasty，386，魏朝
Wei River，223，307n.，渭河
West Indies，617，656，660，661，679，西印度群岛
Westphalia，654，威斯特伐利亚
Wheatstone，Charles，735，惠特斯通，查尔斯
Whitby，444，惠特比
William of Ockham，552，奥卡姆的威廉

Willibrord，Saint，445，圣威利布罗德
Windward Islands，660，向风群岛
Wittenberg，589，维登堡
Wu-ti，396n.，309，322n.，323，汉武帝
Wyclif，John，556，威克利夫，约翰
Xavier，St. Francis，647，沙勿略，圣方济各（沙维尔）
Xenophanes，212，色诺芬尼
Xenophon，260，264，269，296n.，色诺芬
Xerxes，122n.，128，156，171n.，255，258，薛西斯
Yahweh，126，145n.，158，160，161，162，163，164，165，339，耶和华
Yangtze，229，324，384，394n.，464，467，525，527n.，646，长江
Yarmuk，417，雅穆克河
Yavanas，348n.，耶槃那人
Yellow River，23，107，168，217，218，220，229，309n.，394n.，464，477，黄河
Yenesei，107，414，叶尼塞河
Yuan dynasty（see also Mongols），525，元朝
Yucatan，415n.，483，562，尤卡坦
Yueh-chi，320，月氏
Yugoslavia，700n.，南斯拉夫
Yunnan，309，418，419，463，476，477，530，535，773n.，云南
Zagros Mountains，12，91，102，扎格罗斯山
Zambesi，560，650，赞比西河
Zanzibar，724，桑给巴尔
Zeno，263，芝诺
Zenta，613，曾塔
Zeus，211，270，293，795，宙斯
Zimbabwe，481，560n.，津巴布韦
Zoroaster，128，147，150—157，158，401，402，460n.，琐罗亚斯德
Zossima，521，索西玛
Zulu，725，祖鲁

译后记

威廉·麦克尼尔的《西方的兴起》是西方史学界最具代表性的“整体世界史”著作，被认为是“全球史”学科兴起的一个重要标志。因此，在郭方研究员的牵头和组织下，首都师范大学全球史研究中心[1]（以下简称“全球史中心”）承担了本书的中译本翻译工作，参与翻译工作的主要是全球史中心的学者和博士生。

全球史中心历来重视组织翻译全球史研究专著，并注意与国外同行建立紧密的学术联系。全球史中心自成立以来，已组织翻译了一系列全球史研究专著，将最新的全球史研究成果介绍给国内学人。《西方的兴起》作者麦克尼尔在知悉全球史中心承担其著作的中译工作后，特地为全球史中心写来致辞，感谢全球史中心为此付出的努力，并希望《西方的兴起》中译本能进一步推进全球史研究范式的发展进程。

由于《西方的兴起》这本书影响力太大，我们在翻译过程中总是有种惴惴不安的心情。一方面，作为如此皇皇巨著的人类共同体史，作者本人也会存在知识层面的某些不平衡。例如，关于中国历史的论述，麦克尼尔在字里行间不可避免地使用了一些西方学者常用的表达

---

[1] 首都师范大学全球史研究中心成立于2004年。该中心以首都师范大学历史学院为依托，成员包括世界史专业和中国史专业的十余位教师。中心的研究侧重打破传统的中国史与世界史之间的学科界限，将中国史纳入世界史之中进行整体研究。经过10年的努力，全球史研究中心已形成一个真正意义上的全球史研究团队。2006年起，中心开始招收全球史专业硕士和博士研究生，研究方向主要有全球史理论、地中海史、历史上的跨文化交流、早期近代世界文明互动、近现代的西方文明与世界、全球史视野下的国际冲突、全球史中的中国与世界。2008年，中心承担了教育部重大课题攻关项目“世界历史进程中多元文明互动与共生研究”。2011年，中心联合国际世界史学会（WHA）成功主办了世界史学会第20届年会。2013年，中心主办的学术刊物《全球史评论》被收录为CSSCI来源期刊。中心官方网站：http://ghc. cnu. edu. cn/。

形式。我们在翻译的过程中，只能尽量在忠实原文的基础上，用中国人比较熟悉的话语体系来表述。另一方面，英语中很多词汇没有准确对应的汉语，贴近的字词又多，选择哪个字词都不是绝对的准确，读者也会因为不同的知识背景而有自己的偏好。所以尽管我们尽最大努力去准确表达原文的叙述逻辑和思维方式，但是在具体文字的呈现方面，肯定还是有不少值得商榷的地方，恳请读者诸君不吝赐教。

本书翻译具体分工如下：

致中国读者	孙　岳　译
推荐序	郭　方　撰
二十五年后再评《西方的兴起》	郭　方　译　李永斌　校
英文第一版前言	郭　方　译　李永斌　校
第 1 章	李建军　译　陈志坚　校
第 2 章	陈志坚　译　李建军　校
第 3 章	易凌飞　译　李永斌　校
第 4 章	李建军　译　陈志坚　校
第 5 章	杜宪兵　译　陈志坚　校
第 6、7 章	李永斌　译　易凌飞　校
第 8 章	田　婧　译　李永斌　校
第 9、10 章	何美兰　译　于　展　校
第 11 章	田　婧　译　李永斌　校
第 12 章	孙　岳　译　李永斌　校
第 13 章、结语	于　展　译　何美兰　校

郭　方　李永斌　统校全书

见识丛书

见识城邦出品

人与人的本质差别是认知的差别，超越平庸的必要方法，是更新和升级自己的认知系统。学科分界之后，学术日益专精，整体性视野日渐萎缩，碎片化的知识不能增长人的见识。

见识城邦致力于人的深度学习，打破学科边界，精选具备整体性通识、突破性思想的经典和新作，陆续推出重点品牌丛书："见识丛书"。见识丛书提供有观点的通识和思想，助力今天的人们升级认知系统，应对碎片化的世界。

[已出书目]

01《时间地图：大历史，130亿年前至今》 [美] 大卫·克里斯蒂安

02《太阳底下的新鲜事：20世纪人与环境的全球互动》 [美] 约翰·R. 麦克尼尔

03《革命的年代：1789—1848》 [英] 艾瑞克·霍布斯鲍姆

04《资本的年代：1848—1875》 [英] 艾瑞克·霍布斯鲍姆

05《帝国的年代：1875—1914》 [英] 艾瑞克·霍布斯鲍姆

06《极端的年代：1914—1991》 [英] 艾瑞克·霍布斯鲍姆

07《守夜人的钟声：我们时代的危机和出路》 [美] 丽贝卡·D. 科斯塔

08《1913，一战前的世界》 [英] 查尔斯·埃默森

09《文明史：人类五千年文明的传承与交流》 [法] 费尔南·布罗代尔

10《基因传：众生之源》（平装+精装） [美] 悉达多·穆克吉

11《一万年的爆发：文明如何加速人类进化》

［美］格雷戈里·柯克伦 ［美］亨利·哈本丁

12《审问欧洲：二战时期的合作、抵抗与报复》 ［美］伊斯特万·迪克

13《哥伦布大交换：1492年以后的生物影响和文化冲击》

［美］艾尔弗雷德·W. 克罗斯比

14《从黎明到衰落：西方文化生活五百年，1500年至今》（平装+精装）

［美］雅克·巴尔赞

15《瘟疫与人》 ［美］威廉·麦克尼尔

16《西方的兴起：人类共同体史》 ［美］威廉·麦克尼尔

17《奥斯曼帝国的终结：战争、革命以及现代中东的诞生，1908—1923》

［美］西恩·麦克米金

18《科学的诞生：科学革命新史》（平装+精装） ［美］戴维·伍顿

19《内战：观念中的历史》 ［美］大卫·阿米蒂奇

20《第五次开始》 ［美］罗伯特·L. 凯利

21《人类简史：从动物到上帝》（精装） ［以色列］赫拉利·尤瓦尔

……后续新品，敬请关注……